本书为国家社科基金 2020 年度重大项目“吴语语料库建设和吴语比较研究”
（项目号：20&ZD301）阶段性成果

上海文化发展基金会图书出版专项基金资助项目

游汝杰
盛益民
主编

近代稀见吴语文献集成

A Series of Rare Books on Pre-Modern Wu Dialects

第一辑

第一册

上海教育出版社

图书在版编目（CIP）数据

近代稀见吴语文献集成. 第一辑 / 游汝杰，盛益民主编. — 上海：上海教育出版社，2023.9
ISBN 978-7-5720-1880-0

Ⅰ. ①近… Ⅱ. ①游… ②盛… Ⅲ. ①吴语－文献－汇编－1850-1950 Ⅳ. ①H173

中国国家版本馆CIP数据核字(2023)第150593号

责任编辑　毛　浩
封面设计　陆　弦

近代稀见吴语文献集成　第一辑
游汝杰　盛益民　主编

出版发行　上海教育出版社有限公司
官　　网　www.seph.com.cn
地　　址　上海市闵行区号景路159弄C座
邮　　编　201101
印　　刷　山东韵杰文化科技有限公司
开　　本　890×1240　1/32　印张 92.125　插页 16
字　　数　1946 千字
版　　次　2023年11月第1版
印　　次　2023年11月第1次印刷
书　　号　ISBN 978-7-5720-1880-0/H·0058
定　　价　1980.00 元

如发现质量问题，读者可向本社调换　电话：021-64373213

前言

Preface

游汝杰

鸦片战争之后，吴语区的上海、宁波、温州相继开埠，许多西方基督教传教士（大多属基督教新教，也有属天主教的）来到吴语地区传教。为传教方便，他们往往学习当地方言，并且将《圣经》用汉字或教会罗马字翻译成苏州土白、上海土白、宁波土白、杭州土白、金华土白、台州土白、温州土白等吴方言，包括《福音书》《新约》《旧约》或《新旧约全书》。据不完全统计，共有158种。以上海土白最多，有58种，其次为宁波土白，再次为台州土白，其余4种土白少于5种（见表1）。

表1　吴语土白《圣经》数量分地统计　（单位：种）

	苏州	上海	宁波	杭州	金华	台州	温州	合计
《新约》	6	10	5	0	0	2	1	
《旧约》	1	2	2	0	0	2	0	
《新旧约全书》	0	2	1	0	0	1	0	
单篇	2	33	33	3	2	9	3	
多篇合订	7	11	10	1	0	8	1	
合计	16	58	51	4	2	22	5	158

最早的吴语《圣经》译本是麦都思（W. H. Medhurst）翻译的上海土白《约翰福音》，1847 年在上海出版。

差不多同时，传教士还编写、出版了大量记录吴方言的著作，包括语音学论著、词典类著作、课本类著作和语法书四大类。这四大类著作涉及以下地点方言：上海、宁波、杭州、温州、苏州、台州等，据不完全统计，共有 75 种，以上海方言最多（见表 2）。

表2　西洋传教士吴语方言学著作分地统计　（单位：种）

	苏州	上海	宁波	杭州	金华	台州	温州	合计
语音论文	1	4	4	3	0	1	2	
词汇、词典	0	21	2	0	0	0	1	
课本		25	4	1	1	0	2	
语法	0	3	0	0	0	0	0	
合计	1	53	10	4	1	1	5	75

研究各地语音的专著内容包括音系、单音字表、同音字表等。例如穆麟德（P.G.von Möllendorf）的《宁波方言音节》(*The Ningbo Syllabary*，上海美华书馆，241 页，1901)，书前序言说，宁波音节表

系参考苏州音节表，由夏清瑞制定。导言对声调、韵母、声母、一字多音有所说明。第一部分是为宁波话 762 个音节，按同音字表形式排列，包括 4000 个汉字。第二部分为方言字，大多不见于别地方言，今亦不用。第三部分为宁波、绍兴、台州三地方音对照表。

吴语词汇研究专著或词典，以上海话居多，最早的是艾约瑟（Joseph Edkins）的《上海方言词汇集》（*A Vocabulary of the Shanghai Dialect*，上海美华书馆，1869）。词条以英文出条，用上海话对译，如 absorbent“会吃水个，有吸力个”。有的词条实际上是短语，如 equal in age“勿分老少”、as I walked along“我拉走个辰光”。篇幅最长的是蒲君南（Albert Bourgeois）的《法华新字典（上海方言）》（*Dictionaire Francais-Chinois*，*Dialecte de Shanghai*，土山湾印书馆，894 页，1950）。其他吴语词典中最重要的、篇幅最长的是睦礼逊（William T. Morrison）的《宁波方言字语汇解》（*An Anglo-Chinese Vocabulary of the Ningbo Dialect*，上海美华书馆，559 页，1876），此书序言说参考了睦礼逊和艾约瑟的词典，曾请五位中文教师协助。书中指出同一字当地学者可以有不同写法，如 nahwun（infant 婴孩）的写法有“奶欢、奶唤、奶花”，故弃而不用，改用文理词“婴孩”。有的方言词有字可写，但是意义不同，也弃而不用，而改用官话词。如“小孩”宁波话称为“小人”，但“小人”的字面意义是“非君子”，故改用“小孩”。还指出声调很重要，可以辨词，如“水——书”“冰——饼”。“序”后有音节表，书后附录有英文地名的宁波话译音。

吴语课本大多是上海话课本，正式出版的最早的上海话课本是

麦嘉湖（J. MacGowan，或译“麦高温”）的 *A Collection of Phrases in the Shanghai Dialect*（上海美华书馆，193 页，1862）。篇幅最长的是 *Lecons ou exercise de langue chinois. Dialecte de Song-kiang*（徐家汇出版，320 页，1883）。全书用法文写。书前有序。全书分为 40 课，前 10 课按词的语法类别分，即代词、实词、量词、数词、比较、程度、连词（分两课）、介词、疑问和否定词，后 30 课按话题分，如人体、建筑、家具、时间、金钱、宗教仪礼等。课文前有缩略语说明，而无标音说明。每课先出中文，后出罗马字，最后为法文译文。用发圈法标入声。入声不分阴阳，也不分 -h、-k 两套。用传统的句逗符号。原书无中文书名，可译为《松江话练习课本》。

此外较重要的有：晏玛太（M.T. Yates）的《中西译语妙法》（*First Lessons in Chinese*，上海美华书馆，1899）；卜舫济（Francis Lister Hawks Pott）的《上海方言教程》（*Lessons in the Shanghai Dialect*，上海美华书馆，99 页，1907）等。其他吴语课本中最重要的是宁波话课本，如穆麟德的《宁波方言便览》（*The Ningbo Colloquial Handbook*，上海美华书馆，282 页，1910）。书前有编者 Sheppard 牧师写的序言。作者穆麟德（1847—1901）是宁波海关专员和汉学家。他所写的导论极有价值，述及汉语方言的分类，对吴语内部差异讨论尤细，认为温州话属吴语。他指出吴语的特点有：无 -p、-t、-g、-m 尾，声母有 g、d、b、z。全书共 29 课，每课分生词和短语两部分，先出中文，后出英译，再出罗马字。附《新约》若干片段的中文、英文和罗马字的对照文本。另有熟语、海关用语、宗教用语、正式用语和礼仪。入声尾只

有 -h 一套。若干词汇用例：一直以来等西国弗相来往（“等”为“与、和”义）（第 178 页）；我有一件事干托倍（第 81 页）。“礼仪”一篇描写交际往来颇详，其中有划拳用语。此书实际写于 19 世纪末期。还有温州话课本，如孟国美（P. H. S. Montgomery）的《温州方言入门》〔*Introduction to the Wenchow dialect*，上海别发洋行（别發洋行，Kelly & Walsh，Ltd.），294 页，1893〕。

研究吴语语法的专著只有 3 种，都是研究上海话的，其中最重要的是艾约瑟的《上海口语语法》（*A grammar of colloquial Chinese*，*as exhibited in the Shanghai dialect*，伦敦布道团 1853 年初版 248 页，上海长老会 1868 年再版 225 页）。在汉语方言学史上，这是第一本研究语法的专著。作者艾约瑟（1823—1905），英国人，传教士，东方学家，1848 年来上海任教职，并研究中国宗教和语言。全书分三部分，第一部分“语音”，只占全书四分之一。用拉丁字母标音，并通过与西方语言作比较，说明音值。除分析声母、韵母和声调外，还讨论连读字组的重音，并附有上海话和官话韵母对照表。作者对上海方音的审音和分析相当细致，十分准确。第二部分是“词类”，第三部分是“句法”。这两部分是全书主干，系用英语语法框架和术语分析上海口语语法，如词类的名称、动词的时态、句法结构等。例如“‘个’或‘拉个’用在动词后，使动词变为形容词：种拉个稻、话拉个物事”。

还有一大类是通俗读物，又可分三小类，第一类是圣经故事，例如上海土白《蒙童训》《天路历程》；第二类是一般故事书或小说，例如宁波土白《路孝子》《一杯酒》；第三类是日用生活指南等其他杂书，

例如宁波土白《地球图》《方言西乐问答》。这一大类多为成篇语料，适合用来研究近代吴语语法。

西洋传教士吴语方言学著作的研究价值主要有以下几方面。

第一，这些著作是研究19世纪后半期至20世纪初期吴方言自然口语的最有价值的资料。这一时期的其他吴语文献资料只有一些方言文学作品，例如方言小说、地方戏曲、民歌，以及地方志中的方言志、地方韵书等。一则它们都是汉字本，不能直接反映语音面貌，其价值远远不及教会罗马字方言土白文献；二则其中的方言成分大多不够纯粹，或者只是掺杂一些方言词汇，其价值不及成篇都是方言口语的《圣经》译本和方言课本。

第二，从各地方言罗马字本可以考见当时当地方言的音系。由于汉字不是表音的，所以从任何用汉字记录的方言文献，都很难获知方言语音的真实面貌。利用这些著作，可以十分完整地归纳19世纪至少下述地点方言的语音系统：上海、苏州、宁波、台州、温州、杭州。

第三，方言《圣经》为不同方言的共时比较提供了宝贵资料。方言共时比较的前提是，必须有用不同方言记录下来的内容或项目一致的资料。各地方言《圣经》的内容是完全一致的，因此可以逐句、逐词比较不同的方言。

第四，通过一百多年来大量各地方言文献和当代方言的比较，可以了解近代以来方言的历史演变。

本丛书收录文献的原则如下。

1. 仅收稀见的文献。近年来国内已经重印的文献不收，例如艾约瑟的《上海方言词汇集》(1868)、睦礼逊的《宁波方言字语汇解》(1876)。有的文献国内已重新出版，但是重新编排本，不是影印版，因其重要性，我们还是酌情收录了，例如《松江话练习课本》(1883)。

2. 影印，不重新编排，以见原书原貌。尽可能采用原书电子版，如无电子版，采用复印本。

3. 方言《圣经》暂不收。

4. 方言词典暂不收。

5. 对每一种文献配一篇导读。

目前出版的是第一辑，分四册，前两册是课本，后两册是通俗读物，共15种文献，希望条件具备时再出版其他文献。

本丛书的出版得到加州大学伯克利分校东亚图书馆周欣平先生和薛燕女士、加州大学洛杉矶分校图书馆程洪先生、哈佛燕京图书馆马小鹤先生、澳大利亚国立图书馆郑冰女士、复旦大学图书馆古籍部眭俊先生、复旦大学图书馆特藏与数字化部张春梅女士等同仁的帮助。感谢上海教育出版社编辑的辛勤付出。

2020年6月26日初稿

2021年1月6日改定

目录

Contents

上海土白功课

Lessons in the Shanghai Dialect

秦　右（Benjamin Jenkins）编纂

稿　本

1850年代

Based on original material held at the Bancroft Library and made available through the courtesy of the C.V.Starr East Asian Library, University of California，Berkeley.

导读

Introduction

游汝杰

Lessons in the Shanghai Dialect（1850年代稿本），未署作者姓名。书前扉页有用钢笔写的英文题签，内容如下："Lessons in the Shanghai Dialect from Ollendorff Systems. Romanized words on Keith's system. Supported & have been arranged by Dr. B. Jenkins，Shanghai，about 1850."。题签应是装订者或收藏者所为。扉页上印有一方印章，内容如下："Private Library of John Fryer，University of California，Berkeley，California."。由此可以推测，这一稿本可能最初是傅兰雅（John Fryer）的私人藏书，后捐赠给美国加利福尼亚大学伯克利分校。据题签，暂定作者为美国监理会传教士秦右（Benjamin Jenkins）。书脊上有"上

海土白”四字，可能是藏书者傅兰雅所题。傅兰雅是英国人，生于1839 年，1861 年受英国圣公会的派遣，到该会所属的香港圣保罗书院任校长。两年后，北上京师任同文馆英文教习。又过了两年，转任上海英华学塾校长。在港、京、沪等地，他很快掌握了当地的方言。1868 年 5 月，他就职于上海制造局，从事西方科技著作的翻译工作。他在制造局译书 28 年，口译的译著达 113 种。1896 年赴美任加利福尼亚大学首任东方语文教授。1928 年卒于美国。此书本无书名，笔者根据扉页题签和全书内容，将其命名为《上海土白功课》。

此书是毛边纸毛笔手写本，高 22 厘米，阔 27 厘米，纸张对折成一叶，两面用毛笔写字。全书约有一半是用钢笔手写的英语译文，写在插页上，夹在每一叶的中间。如第 4 课的英语译文如下：“Have you anything beautiful? Nothing beautiful. Are you thirsty or hungry? I am hungry.”。但因年久日深，墨色减退，字迹已难以辨认。故本次影印未包括英语译文。全书分六册，合订成一本，共 31 课。第一册为第一日功课至第八日功课，第二册为第九日功课至第十五日功课，第三册为第十六日功课至第十九日功课，第四册为第二十日功课至第二十三日功课，第五册为第二十四日功课至第二十七日功课，第六册为第二十八日功课至第三十一日功课。全书不标页码。据笔者点算，各册页数及六册总页数如下：89 页＋89 页＋89 页＋100 页＋99 页＋104 页＝570 页。无标点符号。方块汉字约有 27500 个。在内容上，各册、各课是否先难后易，或以类相从，没有明显的线索。

本书每课每句都先出汉字，再用罗马字和另一种拼音符号逐字翻

译。课文内容系据 Ollendorff 系统，罗马字据 Keith 系统，拼音系统据 Crawford 系统（这种拼音系统是以方块汉字的笔画为基础创制的）。关于高第丕（T. P. Crawford）的拼写系统可参考其著作《上海土音字写法》(上海，1855 年)。这是上海话拼法入门书，教授如何用高第丕创制的上海土音字写上海话。吉士（C. Keith）于 1859 年翻译的《路加福音》曾由郑爱比（A. B. Cebaniss）用高第丕设计的语音符号转写，于 1872 年出版。

本书所录词汇和句子口语程度高，语料真实可信，对于研究 19 世纪中期上海话的词汇和语法具有很高的价值。字音用发圈法标单字调，只分平上去入四声，不标变调。声母分尖团，如“枪”ts^{h}iang、“心”sing 为尖音。入声韵尾分 -h 和 -k 两套，如“笔”pih、“只”tsak。有些词今已不用，如常见的“担”tan（拿）；也有的词读音与今音不同，例如“加非”ka-fe（咖啡），前一音节声母不送气，今音送气。在用字上，除用一般通用的汉字外，也有个别方言字，如“倻”(你们)、“囝”(小孩）等，“囝”本来是闽语方言字，传教士多借用来写上海话，并有个别方言同音词，如“邱”(差、坏)、“一颜”(一点儿)。利用此书语料可以归纳 19 世纪上海话的语音系统，甚至语法系统，例如代词系统、动词的时态表达法、疑问句的构成等，并且可以比较古今上海话的差别及演变。例如，是非问句只有疑问语气词“哓”后置于句末的一种结构，即“V＋neg.”，如“侬还有点纸哓？”。没有见到“V＋neg.＋V”结构和“K-VP”结构，展现了早期上海话是非问的面貌。

本书是最早的上海土白课本，但可惜是手写的稿本，并未出版。正式出版的最早的上海话课本是 1862 年麦嘉湖（J. MacGowan）所编的 *A Collection of Phrases in the Shanghai Dialect*（上海美华书馆，193 页，24 厘米，1862 年）。

此书今藏美国加利福尼亚大学伯克利分校东亚图书馆，1997 年秋天笔者到访时将其拣出复印带回。另有一本同类上海土白课本（手写稿本），书名《上海土白》，毛笔手抄，未标页码，只有汉字，但开头五页以铅笔用罗马字逐字注音。第一页有“John Fryer，Shanghai。上海傅兰雅”字样的印章。据第一页钢笔题签，此书英文名也是 *Lessons in the Shanghai Dialect*。根据复旦大学中文系马晨璐同学的核对，该书的内容与前一种相同，但为残本。

本次影印的底本藏于加利福尼亚大学伯克利分校东亚图书馆（rare 5155.4482），由该馆周欣平馆长与薛燕女士提供；复旦大学陈忠敏教授也提供了帮助，特此致谢。

2020 年 5 月 19 日稿

Lessons in the Shanghai Dialect.
from Ollendorffs Systems.

Romanized words on Keith's System
short hand by Crawfords System

Supposed to have been arranged by
Dr. B. Jenkins. Shanghai about 1850

THE
JOHN FRYER
CHINESE LIBRARY
SIGILLVM UNIVERSITATIS CALIFORNIENSIS
FIAT LVX
MDCCCLXVIII
EX LIBRIS

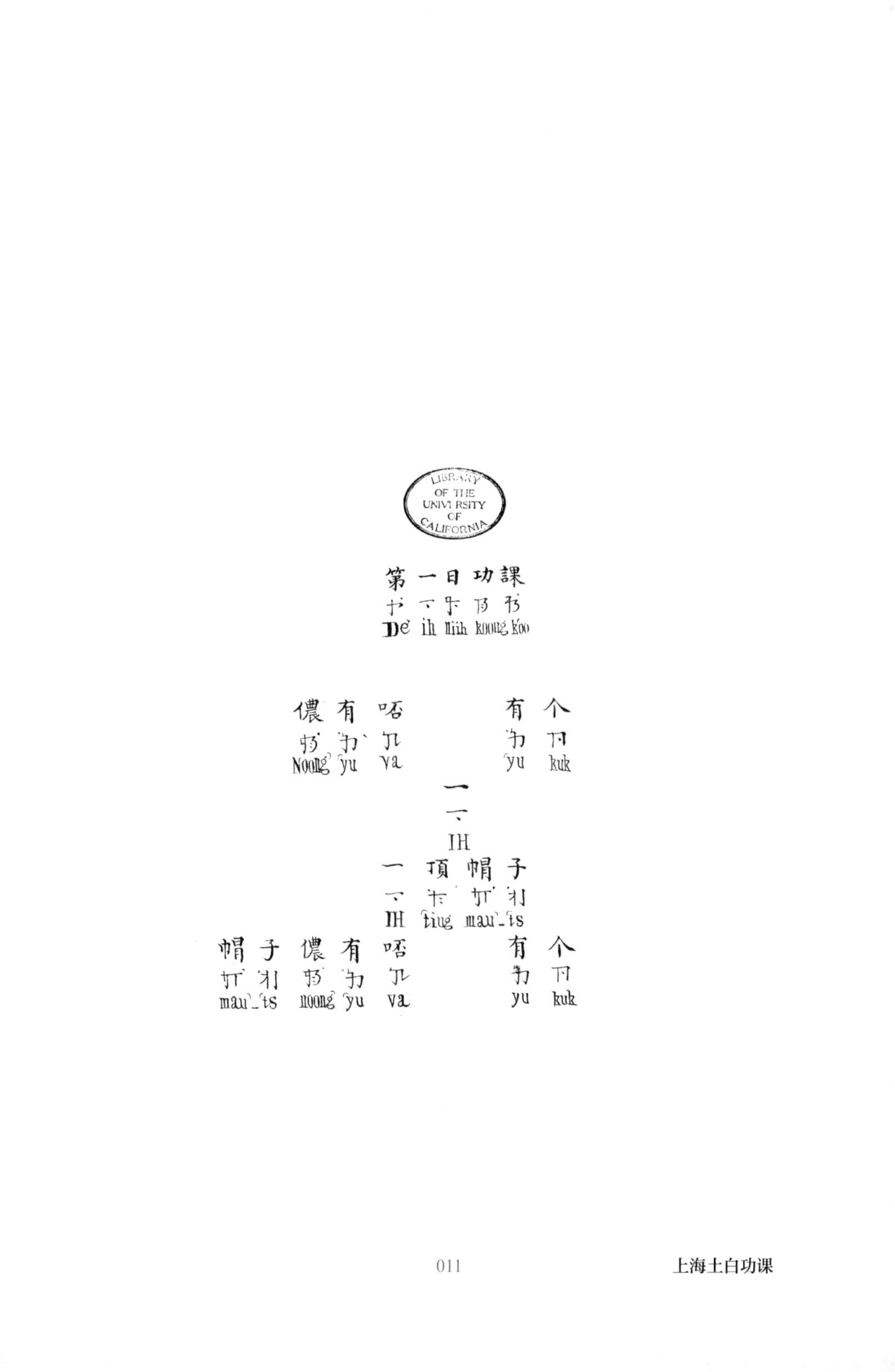

第一日功課

De ih niih koong koo

儂有唔 有个

Noong yu va yu kuk

一

IH

一項帽子

IH ting mau'-ts

帽子儂有唔 有个

mau'-ts noong yu va yu kuk

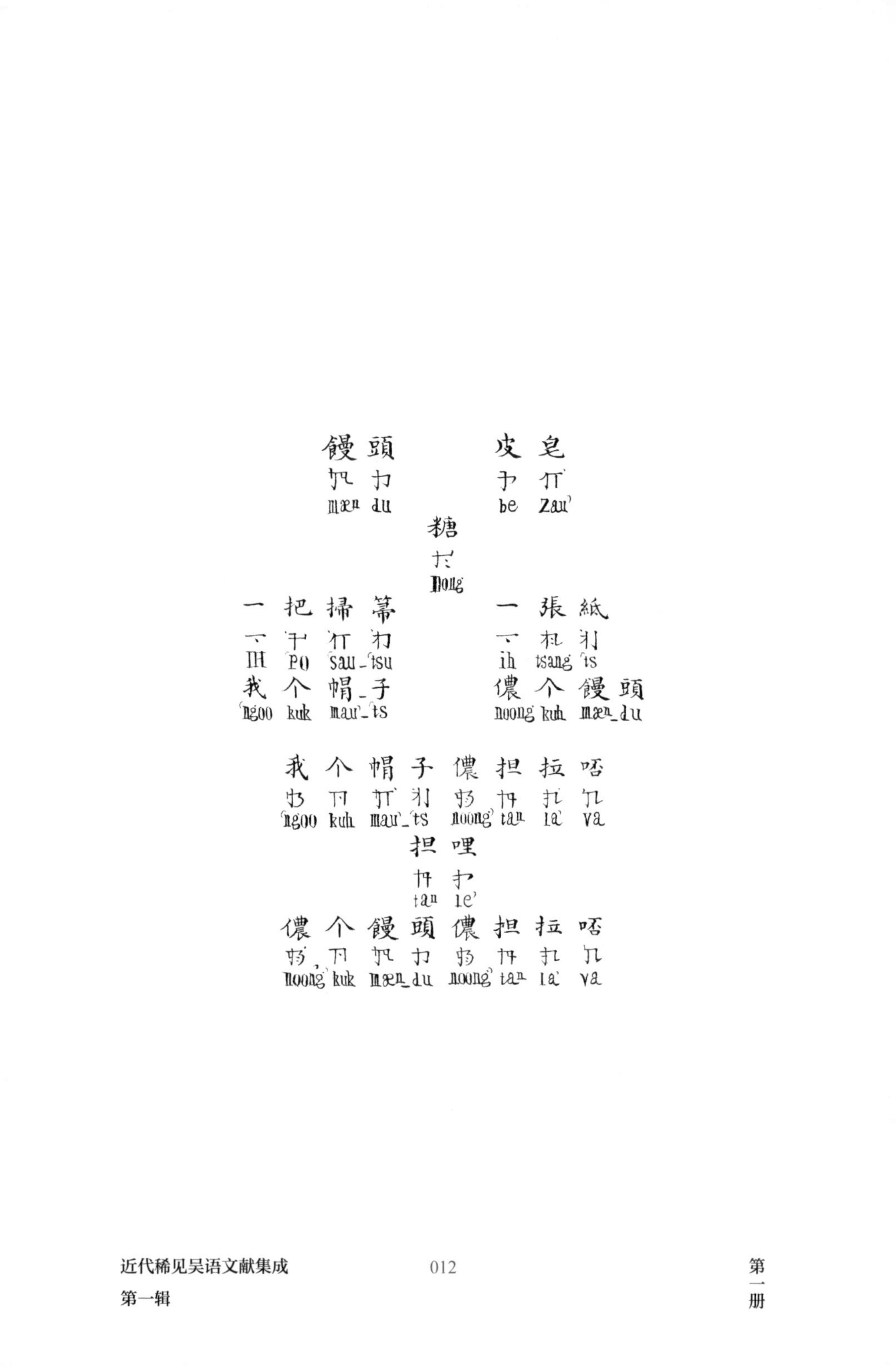

饅頭 mæn du

皮皂 be zau'

糖 Dong

一把掃箒 IH PO sau_tsu

一張紙 ih tsang ts

我个帽_子 ngoo kuk mau'_ts

儂个饅頭 noong kuh mæn_du

我个帽子儂担拉唔

ngoo kuh mau'_ts noong' tan la' va

担哩

tan le'

儂个饅頭儂担拉唔

noong' kuk mæn_du noong' tan la' va

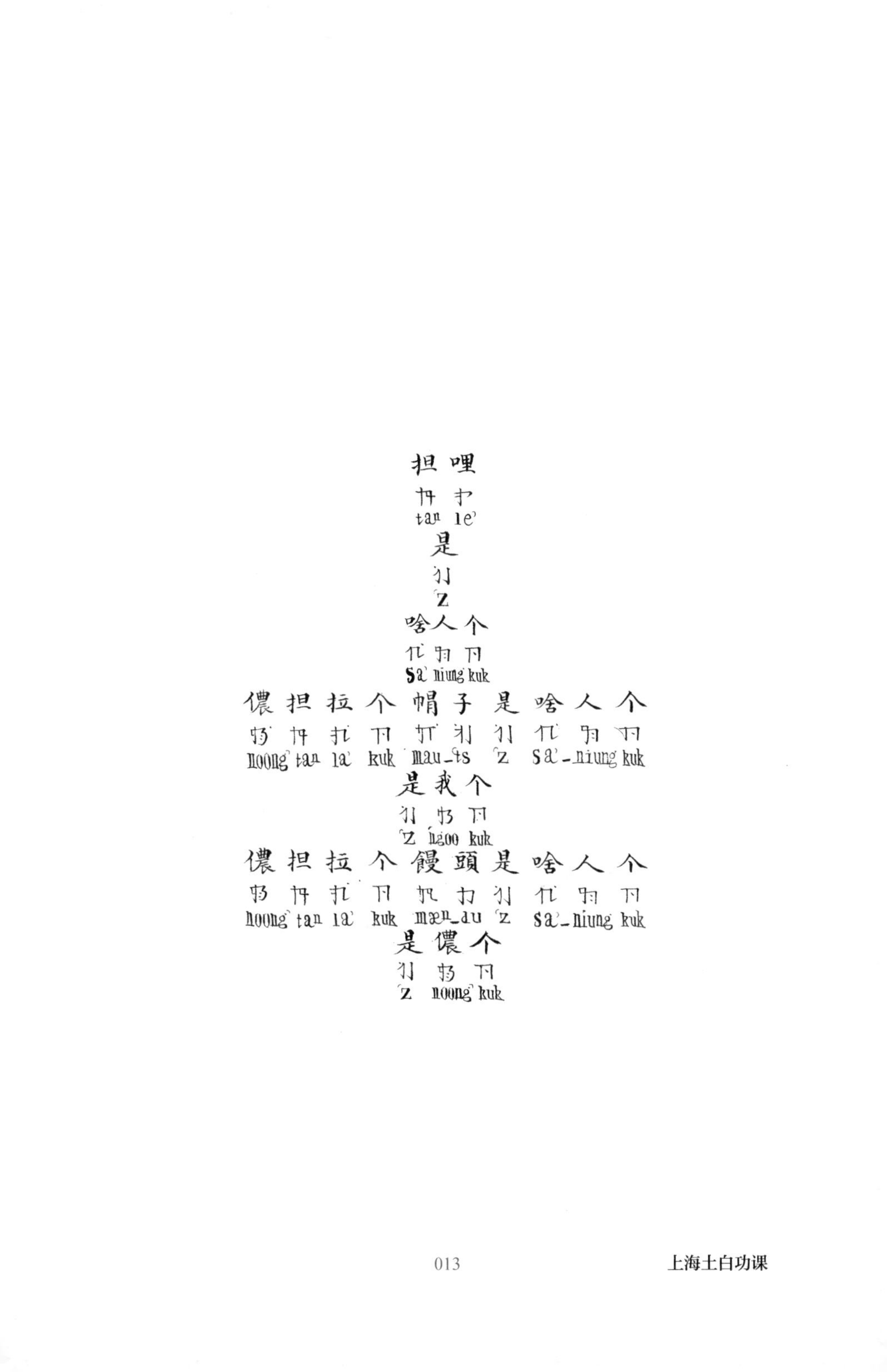

担哩

tan le'

是

'z

啥人个

sa' niung kuk

儂 担 拉 个 帽 子 是 啥 人 个

noong' tan la' kuk mau_ts 'z sa'_niung kuk

是我个

'z 'ngoo kuk

儂 担 拉 个 饅 頭 是 啥 人 个

noong' tan la' kuk mæn_du 'z sa'_niung kuk

是儂个

'z noong' kuk

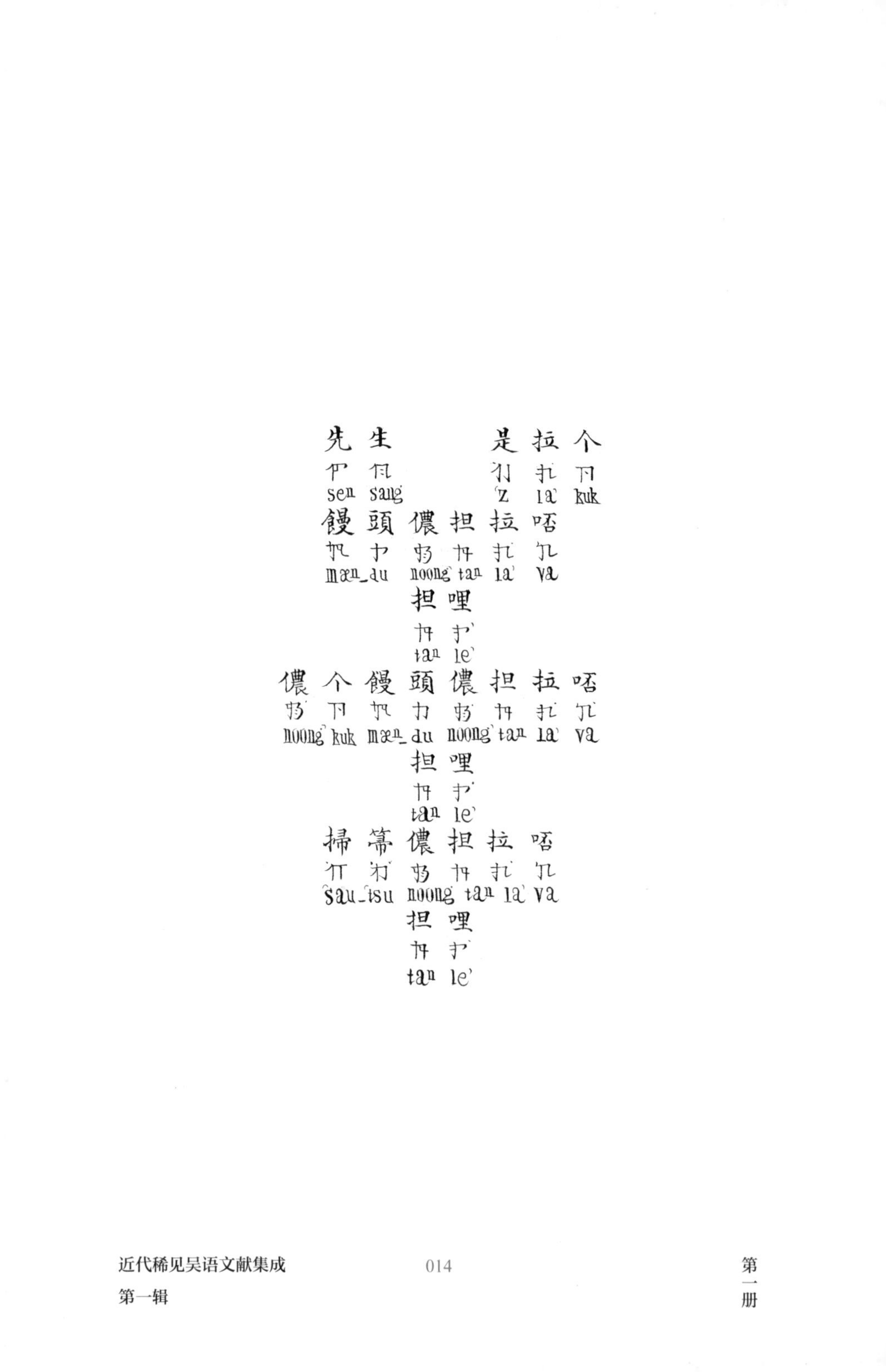

先生 是拉个
sen sang 'z la' kuk

饅頭儂担拉𠲎
mæn_du noong' tan la' va

担哩
tan le'

儂个饅頭儂担拉𠲎
noong' kuk mæn_du noong' tan la' va

担哩
tan le'

掃箒儂担拉𠲎
'sau_'tsu noong tan la' va

担哩
tan le'

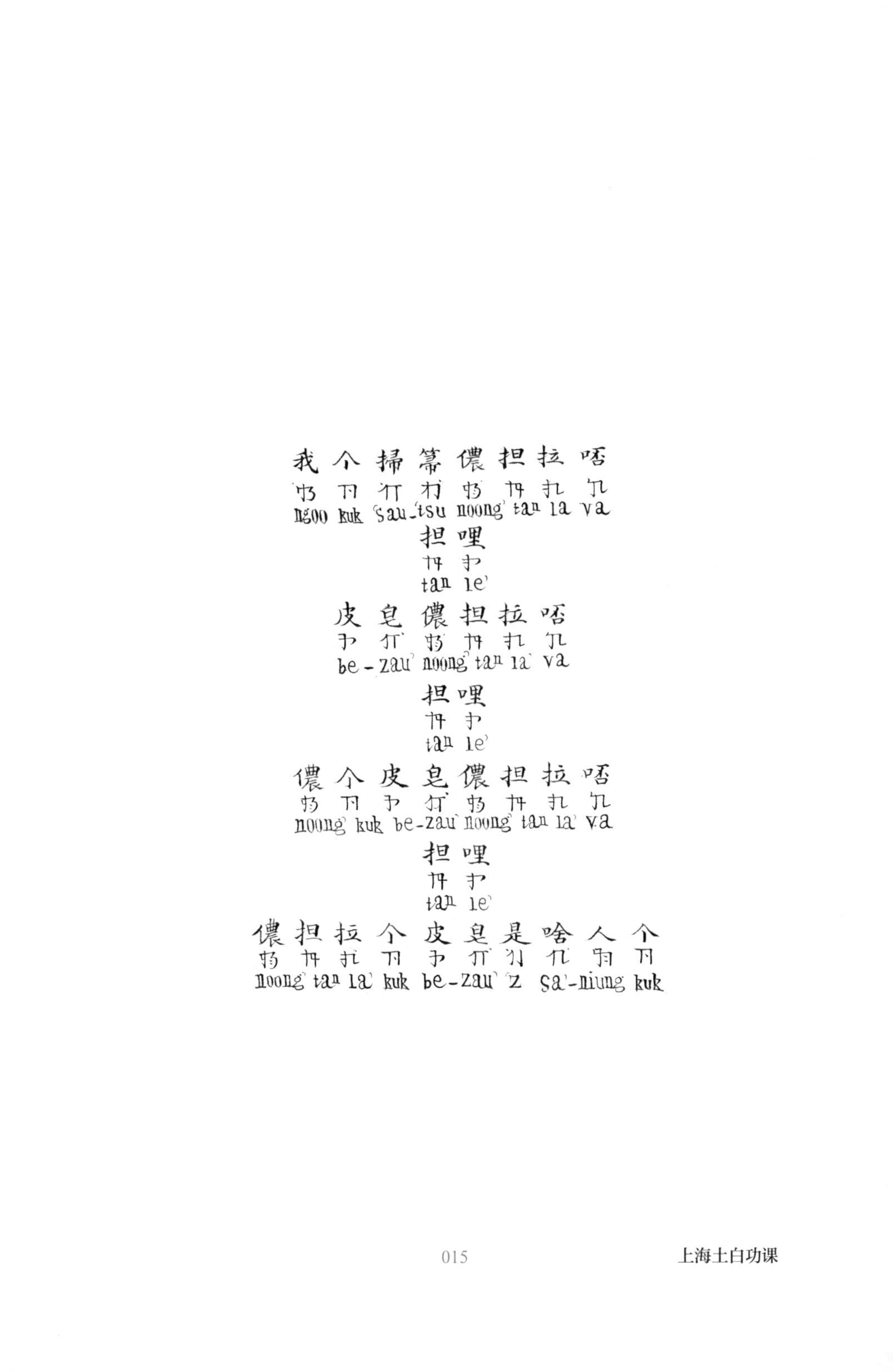

我 个 掃 箒 儂 担 拉 唔
ngoo kuk sau-tsu noong tan la va
担 哩
tan le
皮 皂 儂 担 拉 唔
be-zau noong tan la va
担 哩
tan le
儂 个 皮 皂 儂 担 拉 唔
noong kuk be-zau noong tan la va
担 哩
tan le
儂 担 拉 个 皮 皂 是 啥 人 个
noong tan la kuk be-zau z sa-niung kuk

是儂个
'z noong' kuk

儂个糖儂担拉唔
noong' kuk dong noong' tan la' va

担哩
tan le'

儂担拉个糖是啥人个
noong' tan la' kuk dong 'z sa' niung' kuk

是儂个
'z noong' kuk

儂担拉个紙是啥人个
noong' tan la' kuk ts 'z sa' niung' kuk

是我个
'z ngoo' kuk

我个紙儂担拉唔

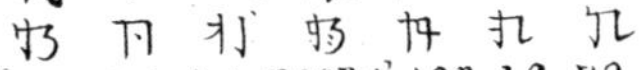

ngoo kuk ts noong tan la va

担拉

tan la

儂担拉个饅頭是啥人个

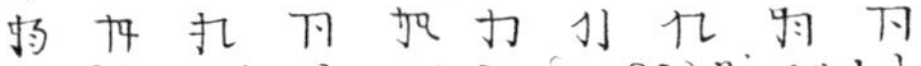

noong tan la kuk mæn-du z sa-niung kuk

是我个

z ngoo kuk

儂担拉个掃箒是啥人个

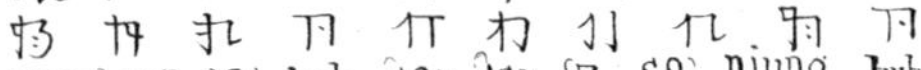

noong tan la kuk sau-tsu z sa-niung kuk

是儂个

z noong kuk

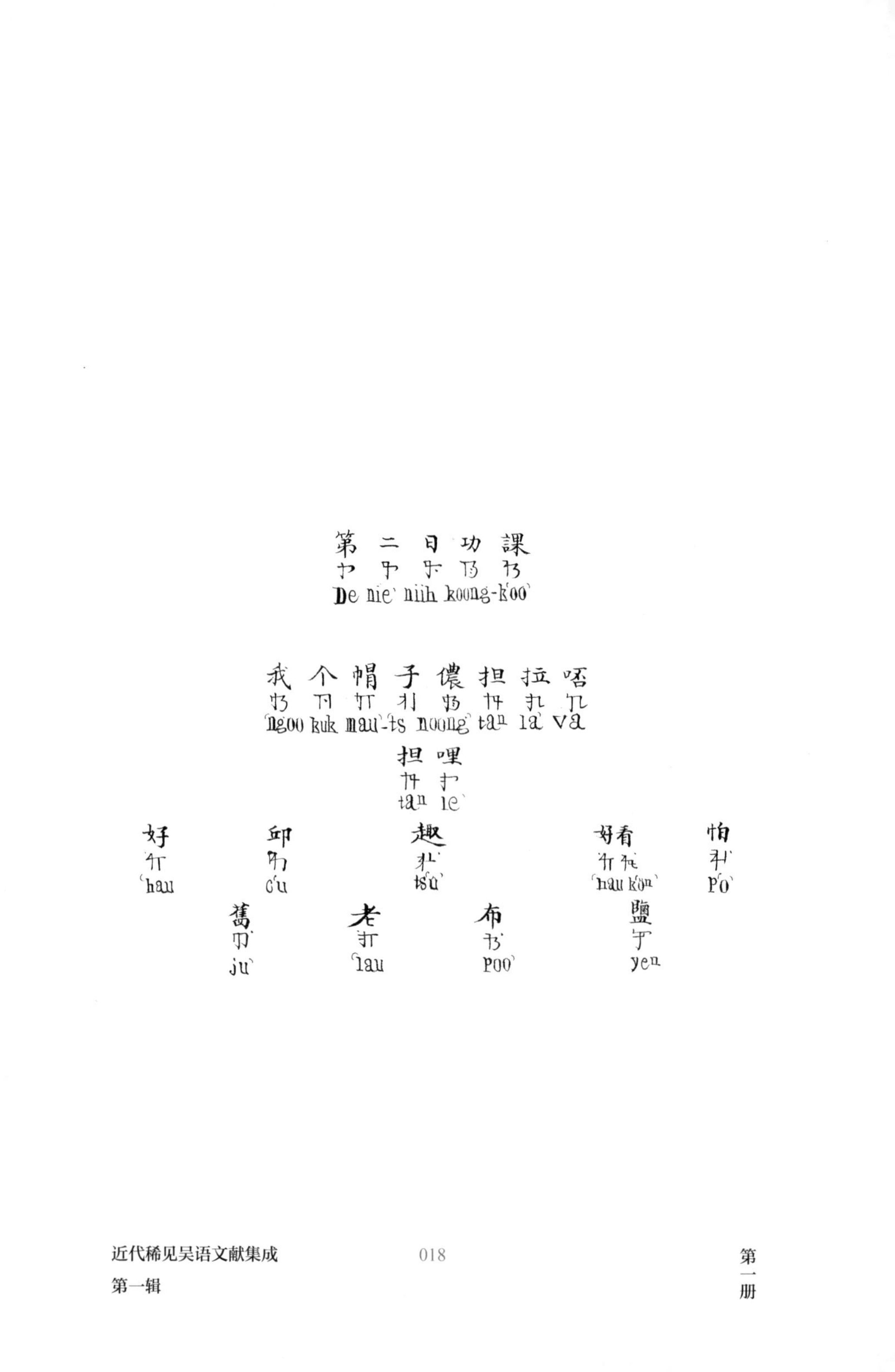

第 二 日 功 課

De nieˋ niih koong-k'ooˋ

我 个 帽 子 儂 担 拉 唔

ʻngoo kuk mauˋ-ts noongˋ ta^{n} laˋ va

担 哩

ta^{n} leˋ

好 ʻhau　　卯 c'u　　趣 ts'üˋ　　好看 ʻhau k'ö^{n}ˋ　　怕 p'oˋ

舊 juˋ　　老 ʻlau　　布 pooˋ　　鹽 ye^{n}

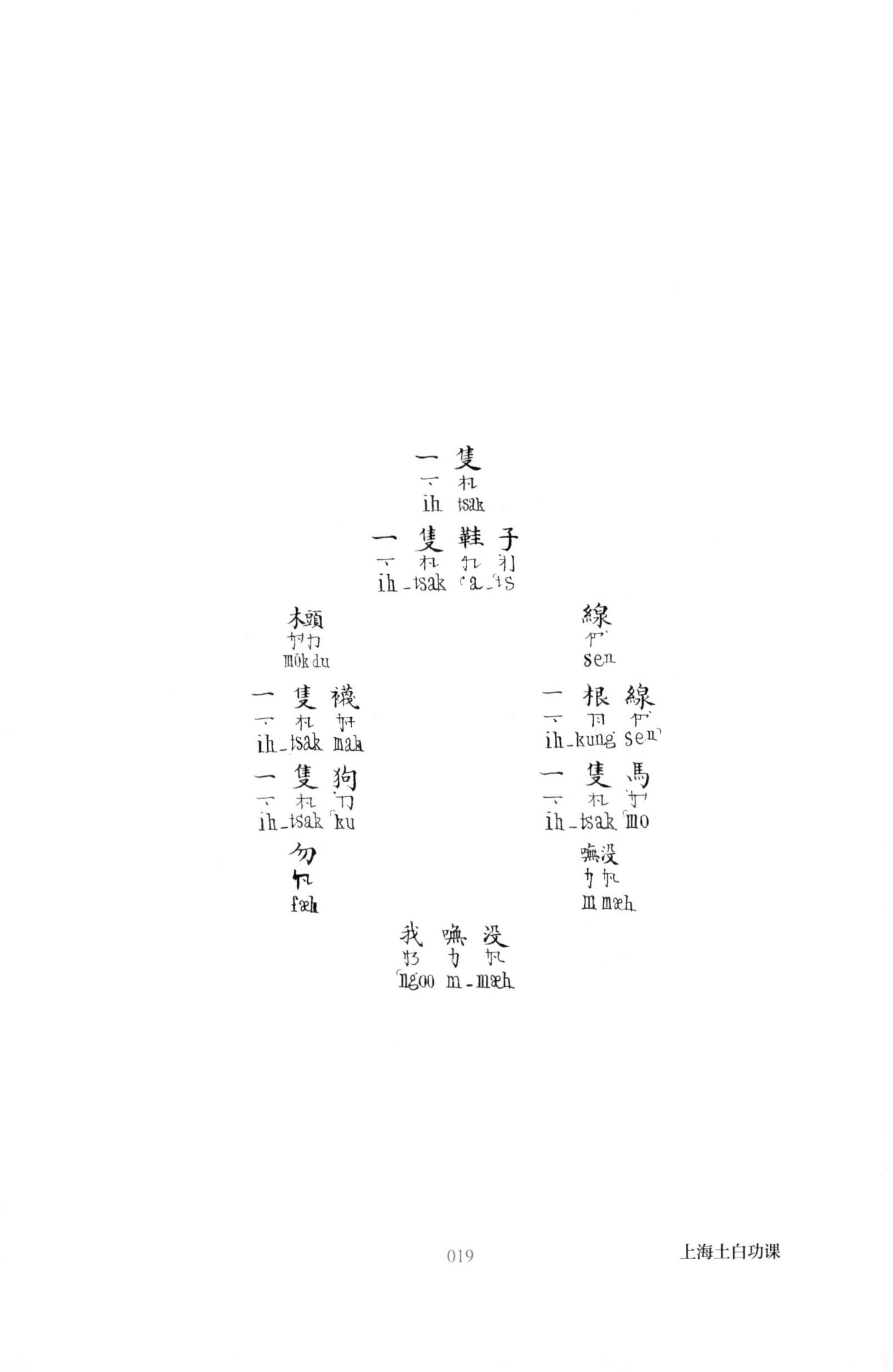

一隻
ih tsak

一隻鞋子
ih-tsak ʿa-ts

木頭
mŏk du

一隻襪
ih-tsak mak

一隻狗
ih-tsak ʿku

勿
fæh

線
sen

一根線
ih-kung sen

一隻馬
ih-tsak ʿmo

嘸没
m mæh

我嘸没
ʿngoo m-mæh

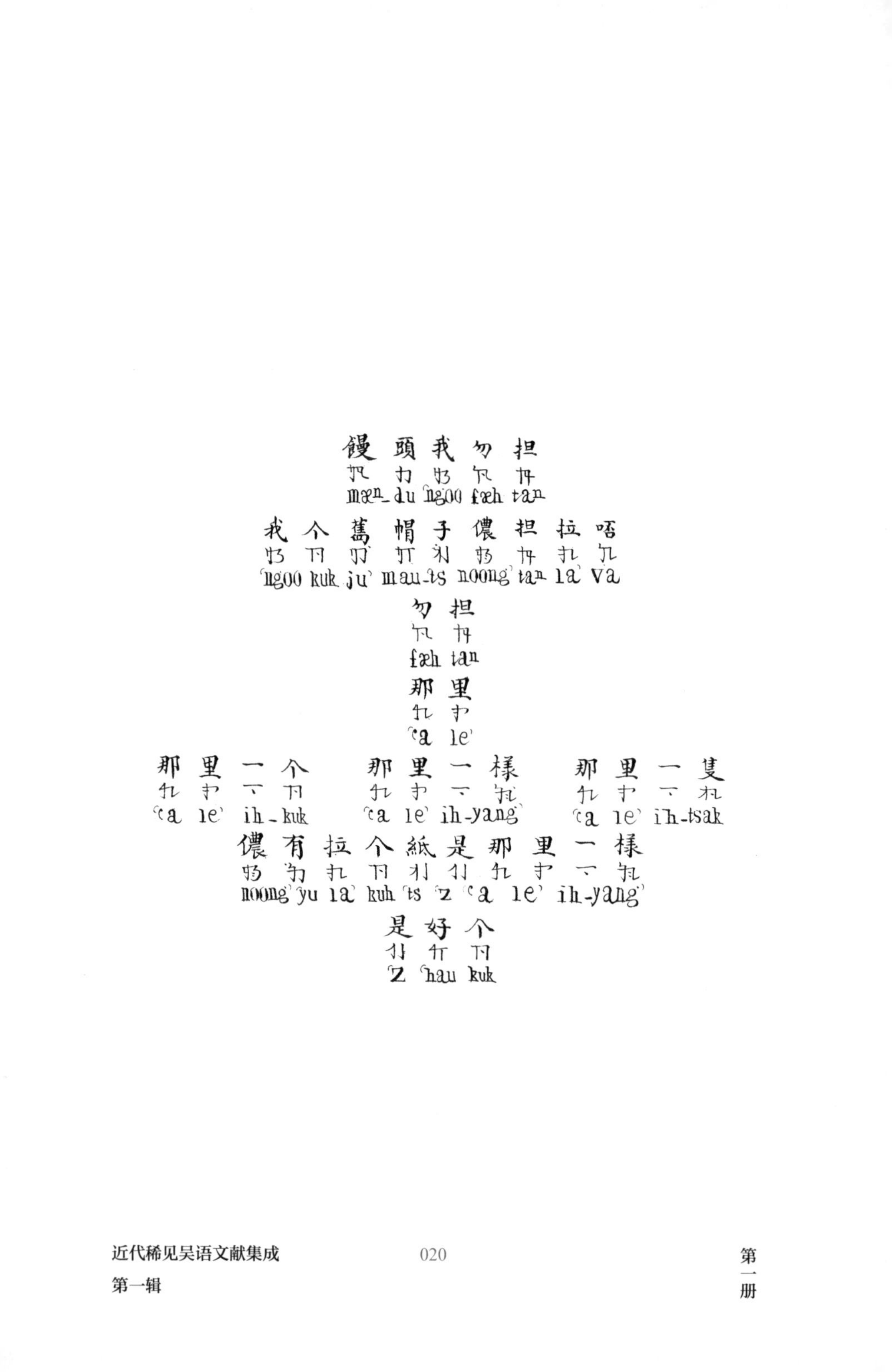

饅頭我勿担

mæn-du ‘ngoo fæh tan

我个舊帽子儂担拉唔

‘ngoo kuk ju’ mau-ts noong’ tan la’ va

勿担

fæh tan

那里

‘‘a le’

那里一个　那里一様　那里一隻

‘‘a le’ ih-kuk　‘‘a le’ ih-yang’　‘‘a le’ ih-tsak

儂有拉个紙是那里一様

noong’ ‘yu la’ kuh ‘ts ‘z ‘‘a le’ ih-yang’

是好个

‘z ‘hau kuk

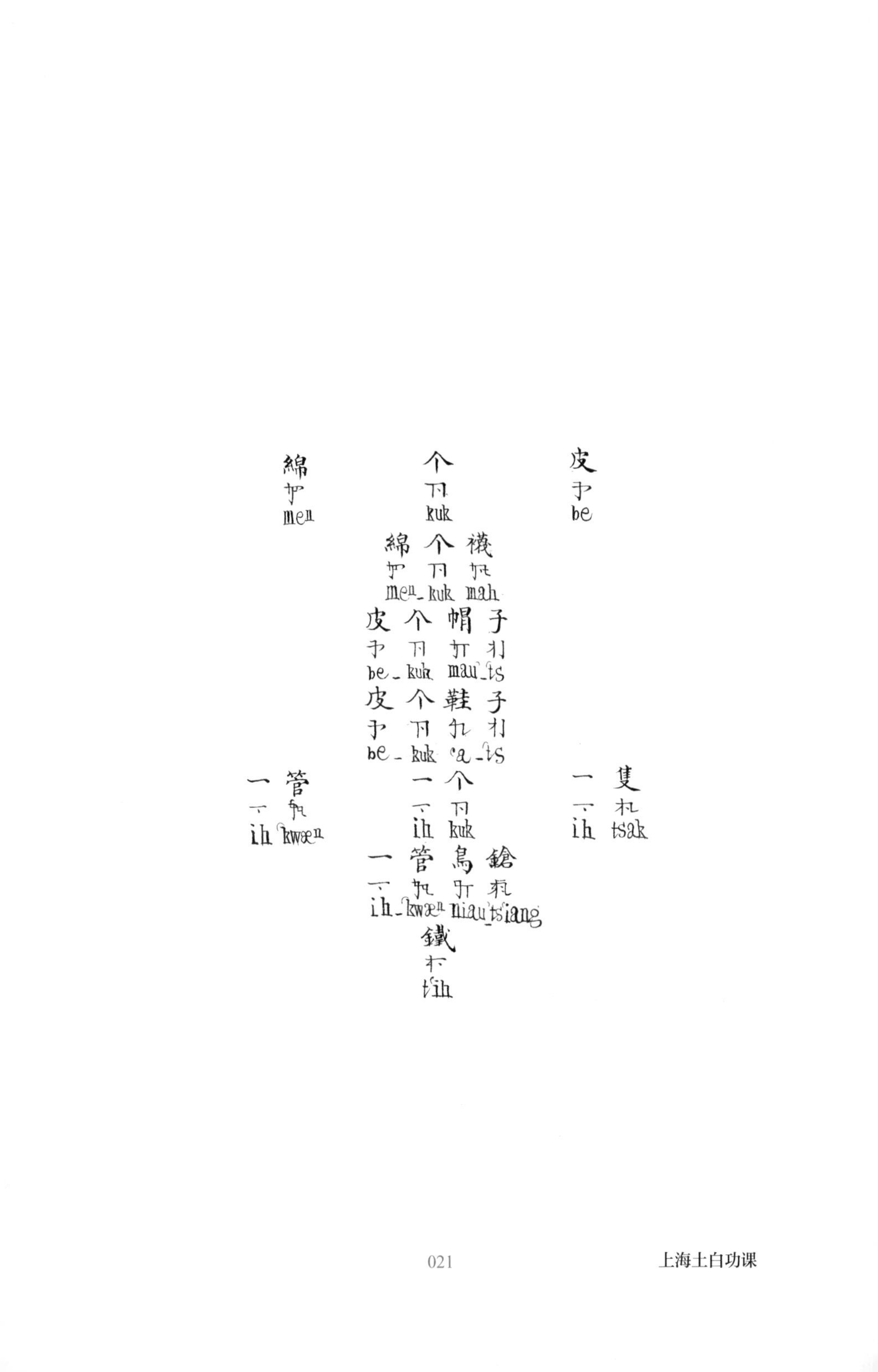

綿 men　　个 kuk　　皮 be

綿个襪
men-kuk mah

皮个帽子
be-kuk mau-ts

皮个鞋子
be-kuk 'a-ts

一管 ih kwæn　　一个 ih kuk　　一隻 ih tsak

一管鳥鎗
ih-kwæn niau-tsiang

鐵
t'ih

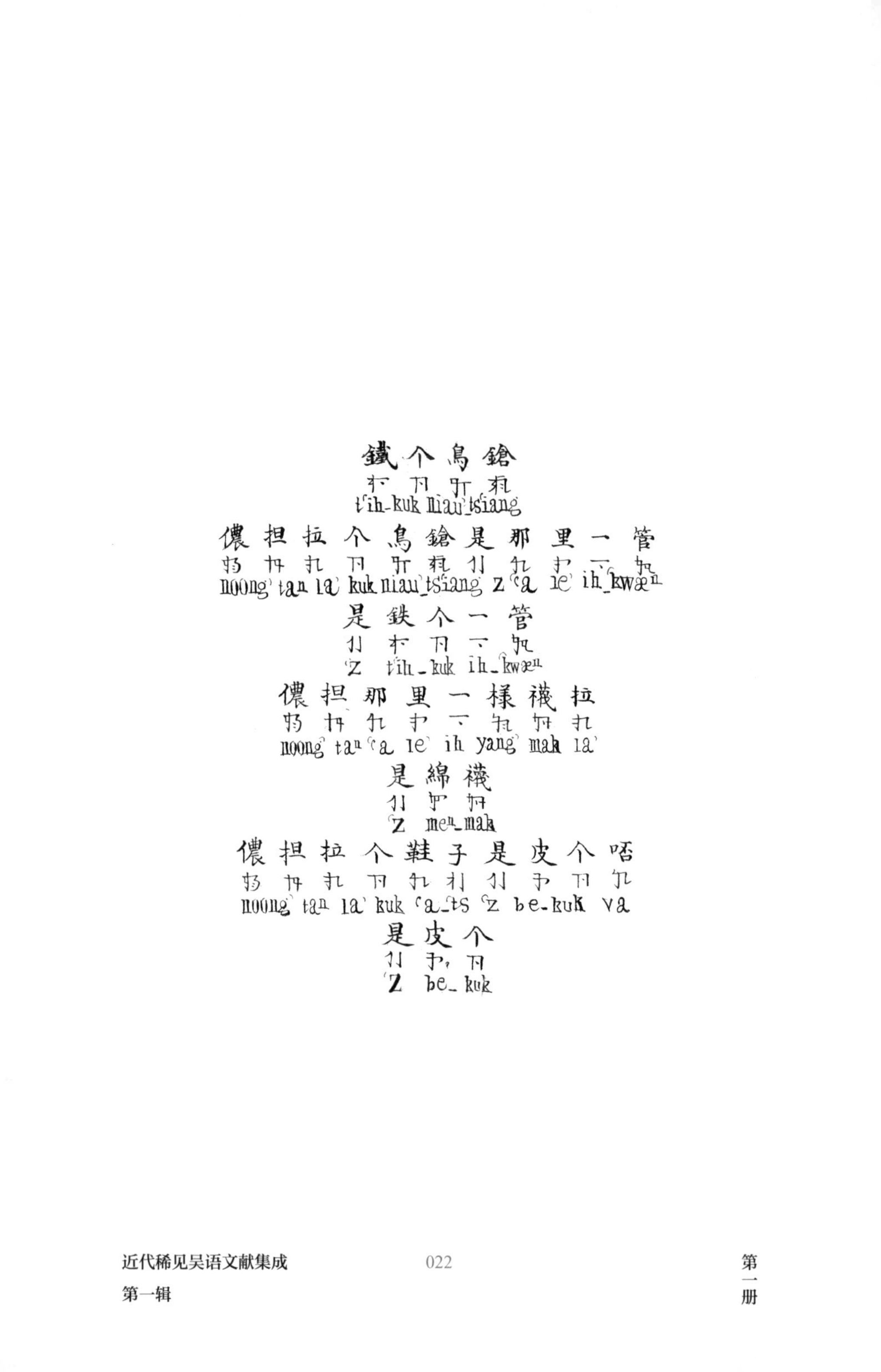

鐵个鳥鎗

t'ih-kuk niau'_ts'iang

儂担拉个鳥鎗是那里一管

noong' ta^n la' kuk niau'_ts'iang z ʻa le' ih_kwæ^n

是鉄个一管

ʻz t'ih_kuk ih_kwæ^n

儂担那里一様襪拉

noong' ta^n ʻa le' ih yang' mah la'

是綿襪

ʻz me^n_mah

儂担拉个鞋子是皮个唔

noong' ta^n la' kuk ʻa_ts ʻz be-kuk va

是皮个

ʻz be_kuk

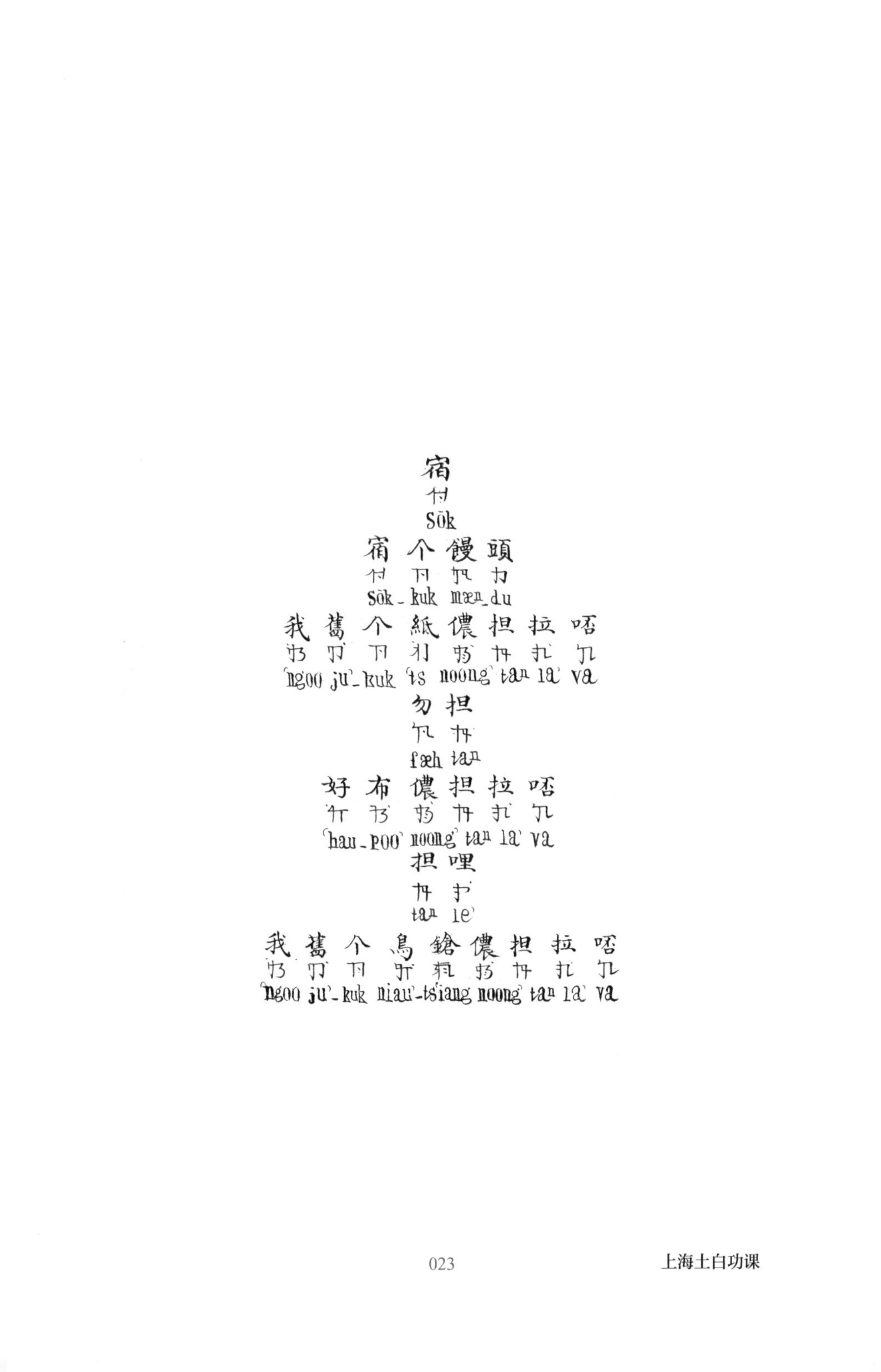

宿

Sōk

宿个饅頭

Sōk-kuk mæn-du

我舊个紙儂担拉唔

'ngoo ju'-kuk 'ts noong' tan la' va

勿担

fæh tan

好布儂担拉唔

'hau-poo' noong' tan la' va

担哩

tan le'

我舊个鳥鎗儂担拉唔

'ngoo ju'-kuk niau'-ts'iang noong' tan la' va

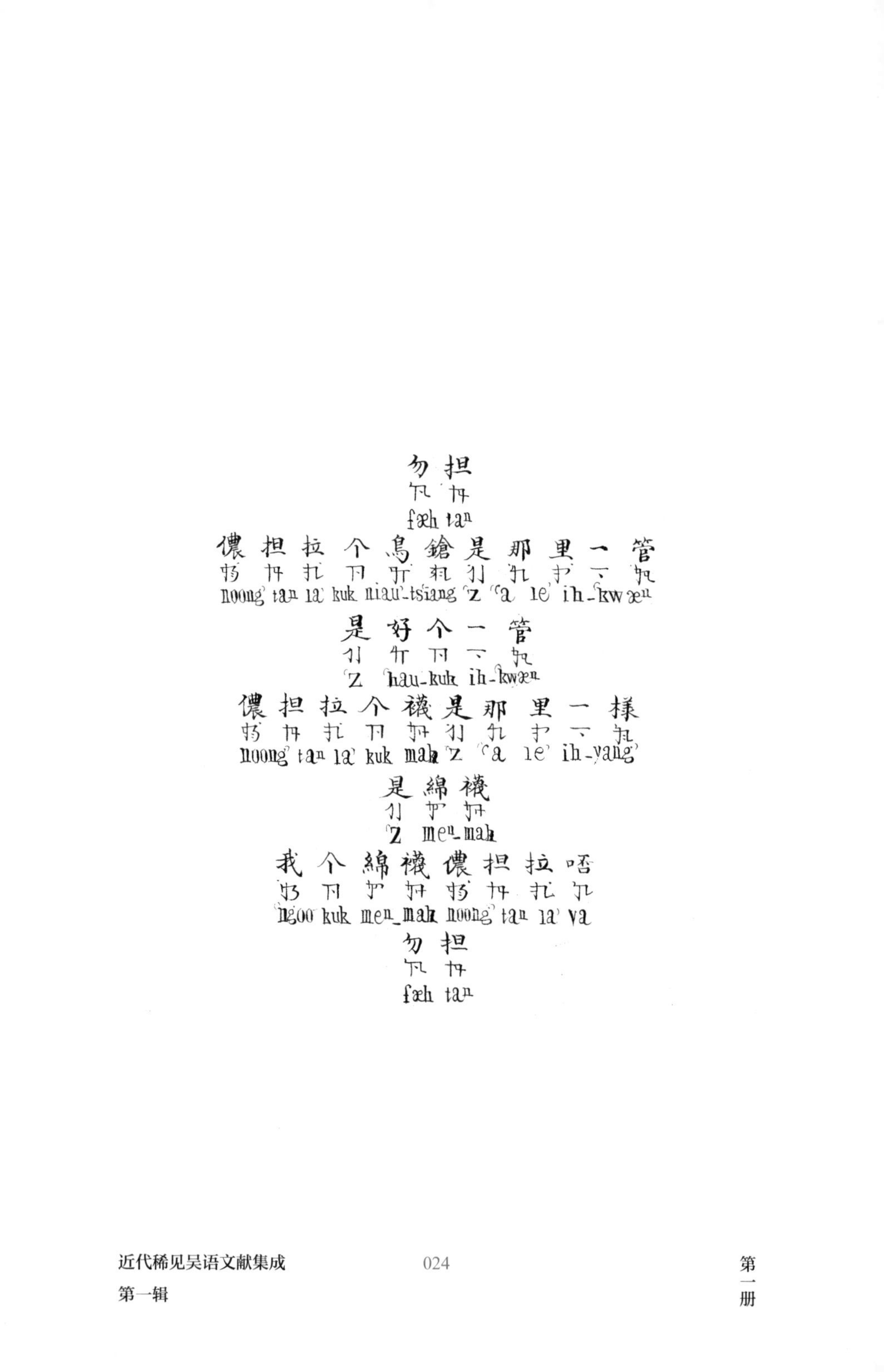

勿担

fæh ta^n

儂担拉个鳥鎗是那里一管

noong' ta^n la' kuk niau'-tsiang 'z ʻa le' ih-ʻkwæ^n

是好个一管

'z ʻhau-kuk ih-ʻkwæ^n

儂担拉个襪是那里一樣

noong' ta^n la' kuk mah 'z ʻa le' ih-yang'

是綿襪

'z me^n-mah

我个綿襪儂担拉唔

ʻngoo kuk me^n_mah noong' ta^n la' va

勿担

fæh ta^n

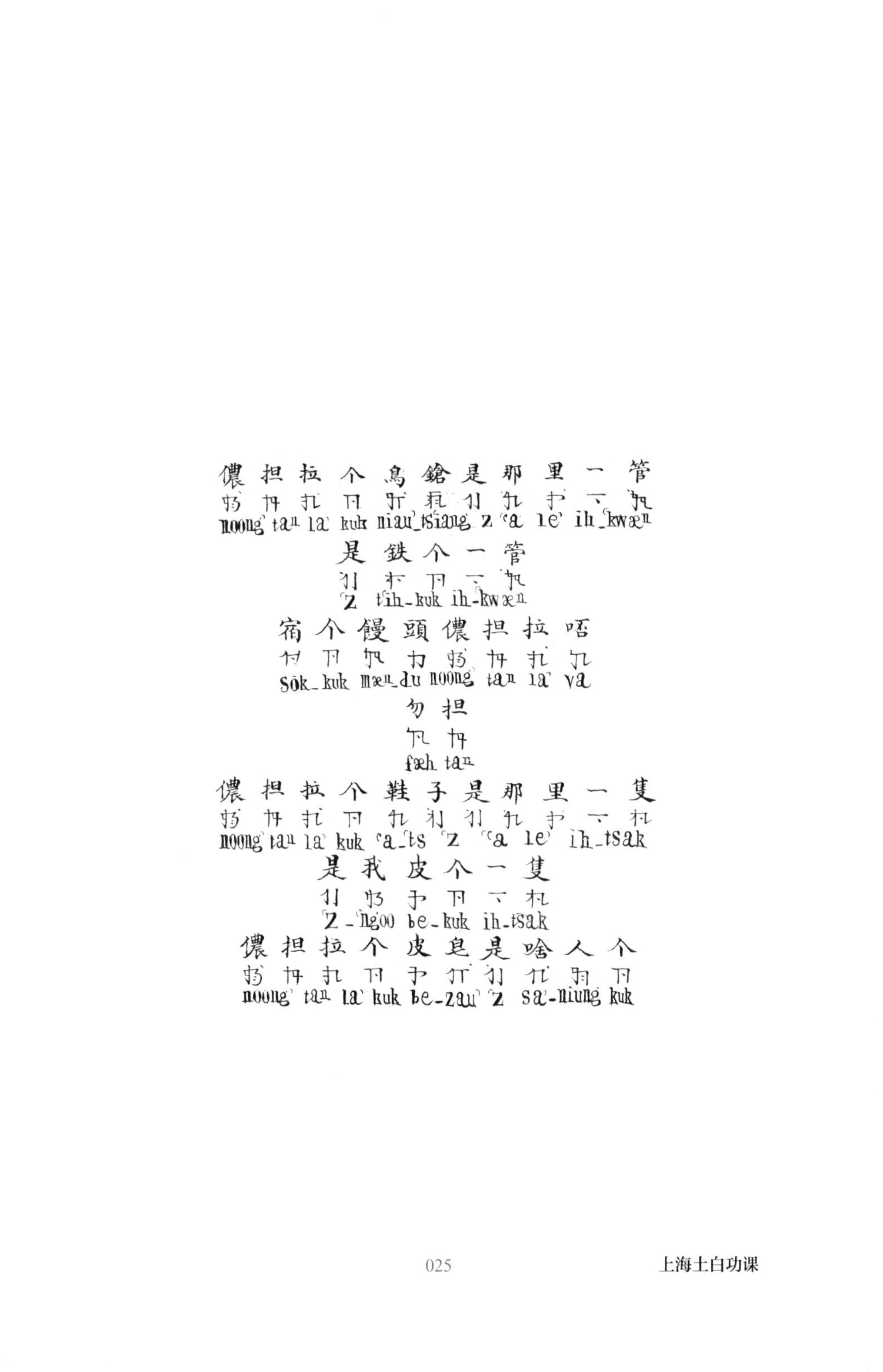

儂担拉个鳥鎗是那里一管

noong' ta^{n} la' kuk niau'-tsiang ʿz ʿʿa le' ih-kwæ^{n}

是鉄个一管

ʿz t'ih-kuk ih-kwæ^{n}

宿个饅頭儂担拉唔

sōk-kuk mæ^{n}-du noong' ta^{n} la' va

勿担

fæh ta^{n}

儂担拉个鞋子是那里一隻

noong' ta^{n} la' kuk ʿa-ʿts ʿz ʿʿa le' ih-tsak

是我皮个一隻

ʿz-ʿngoo be-kuk ih-tsak

儂担拉个皮皂是啥人个

noong' ta^{n} la' kuk be-zau' ʿz sa'-niung kuk

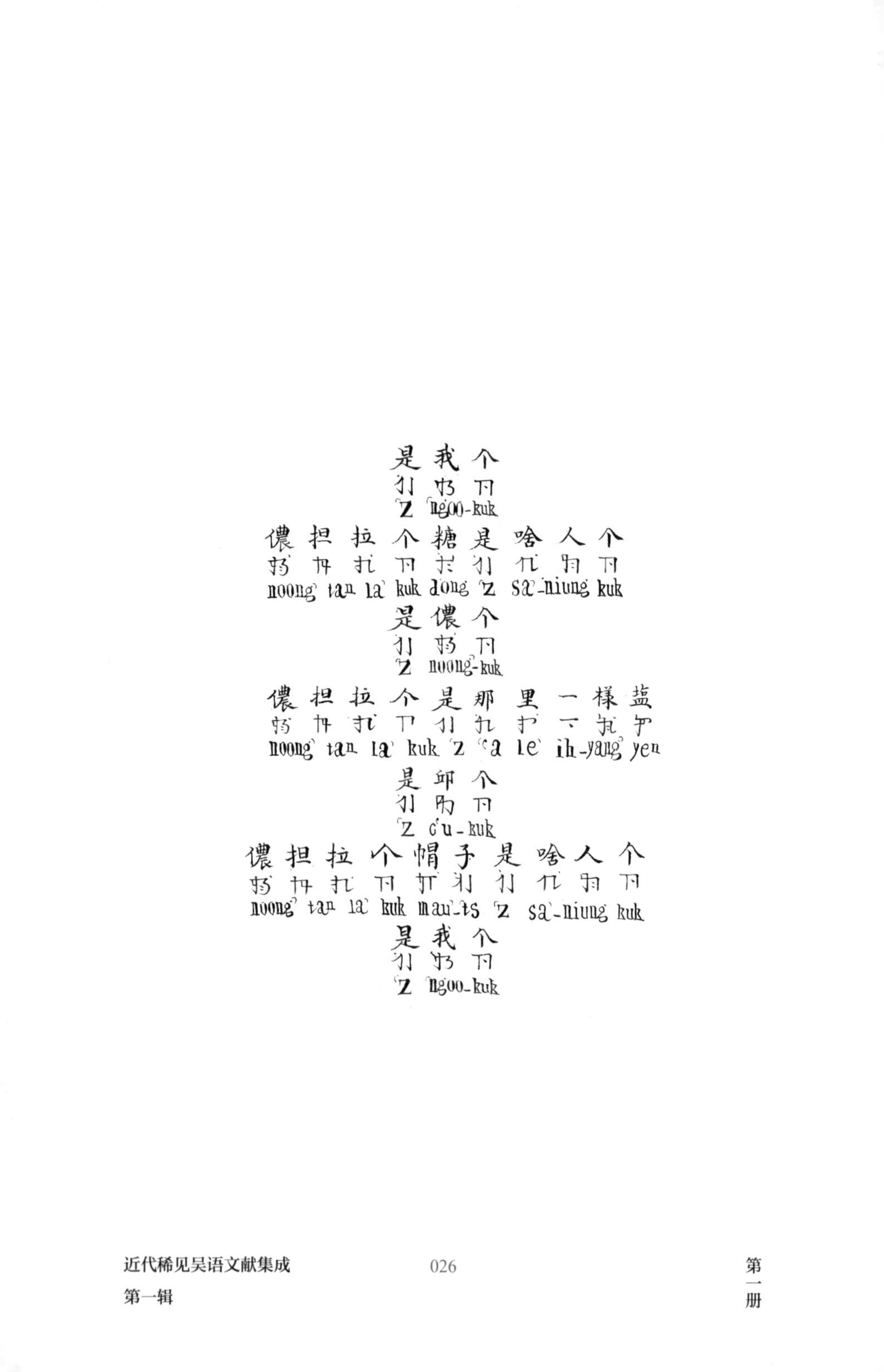

是 我 个

z ngoo-kuk

侬 担 拉 个 糖 是 啥 人 个

noong tan la kuk dong z sa-niung kuk

是 侬 个

z noong-kuk

侬 担 拉 个 是 那 里 一 様 盐

noong tan la kuk z 'a le ih-yang yen

是 卯 个

z 'u-kuk

侬 担 拉 个 帽 子 是 啥 人 个

noong tan la kuk mau-ts z sa-niung kuk

是 我 个

z ngoo-kuk

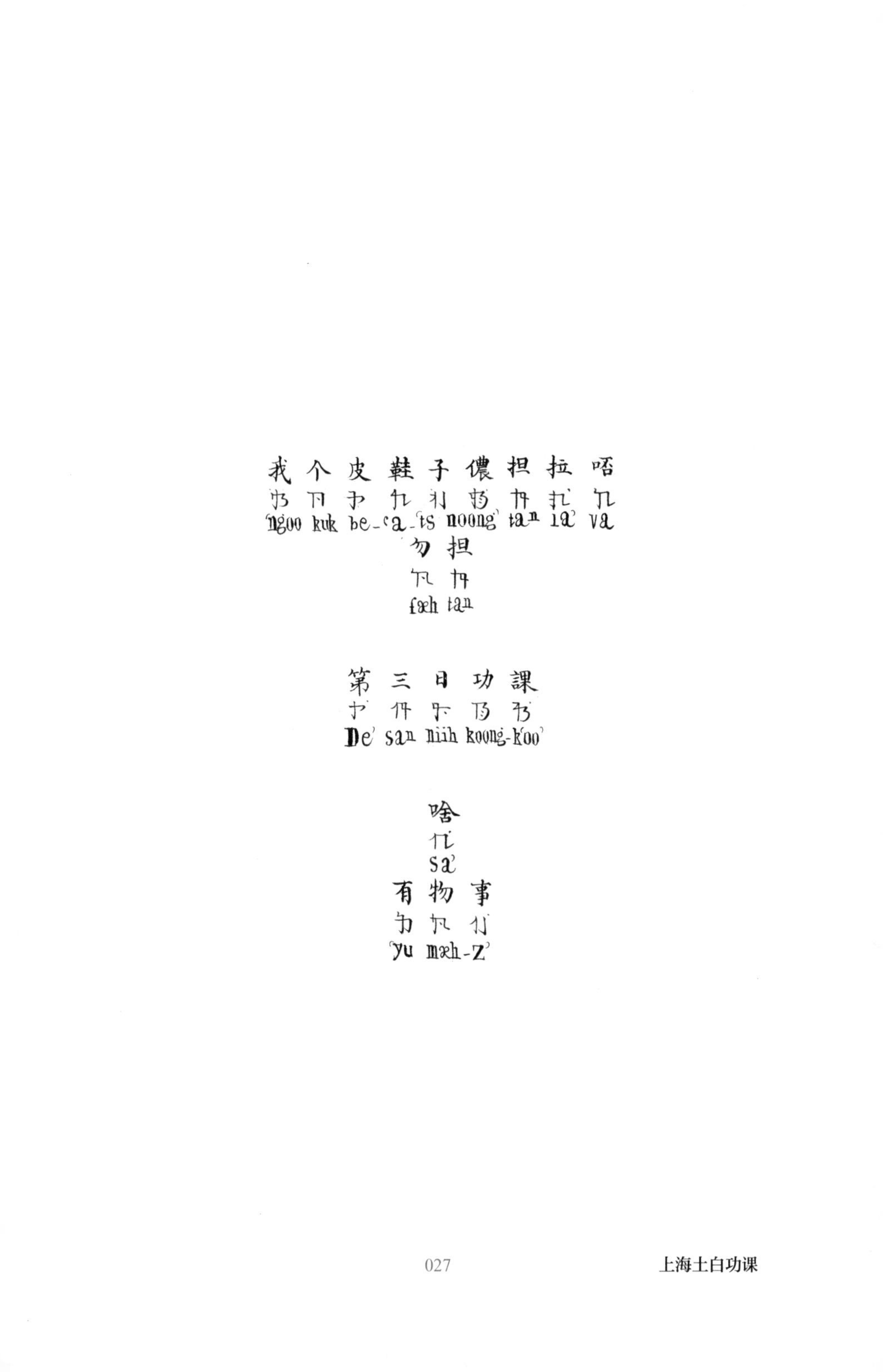

我 个 皮 鞋 子 儂 担 拉 唔

‘ngoo kuk be-‘ca-‘ts noong’ tan la’ va

勿 担

fæh tan

第 三 日 功 課

De’ san niih koong-k‘oo’

啥

sa’

有 物 事

‘yu mæh-z’

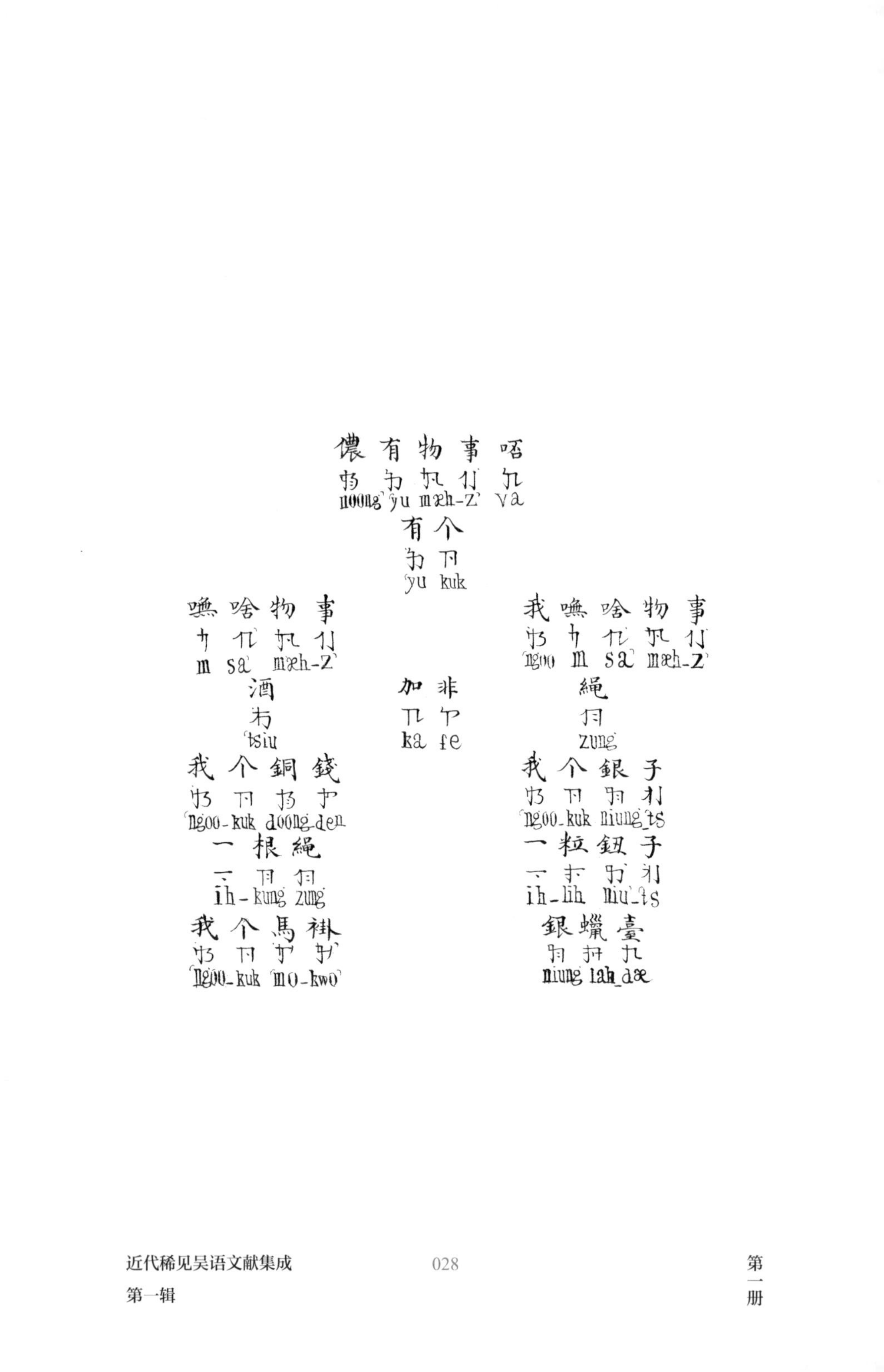

儂有物事唔
noong yu mæh-z va

有个
yu kuk

嘸啥物事
m sa mæh-z

酒
tsiu

我个銅錢
ngoo-kuk doong-den

一根繩
ih-kung zung

我个馬褂
ngoo-kuk mo-kwo

加非
ka fe

我嘸啥物事
ngoo m sa mæh-z

繩
zung

我个銀子
ngoo-kuk niung-ts

一粒鈕子
ih-lih niu-ts

銀蠟臺
niung lah-dæ

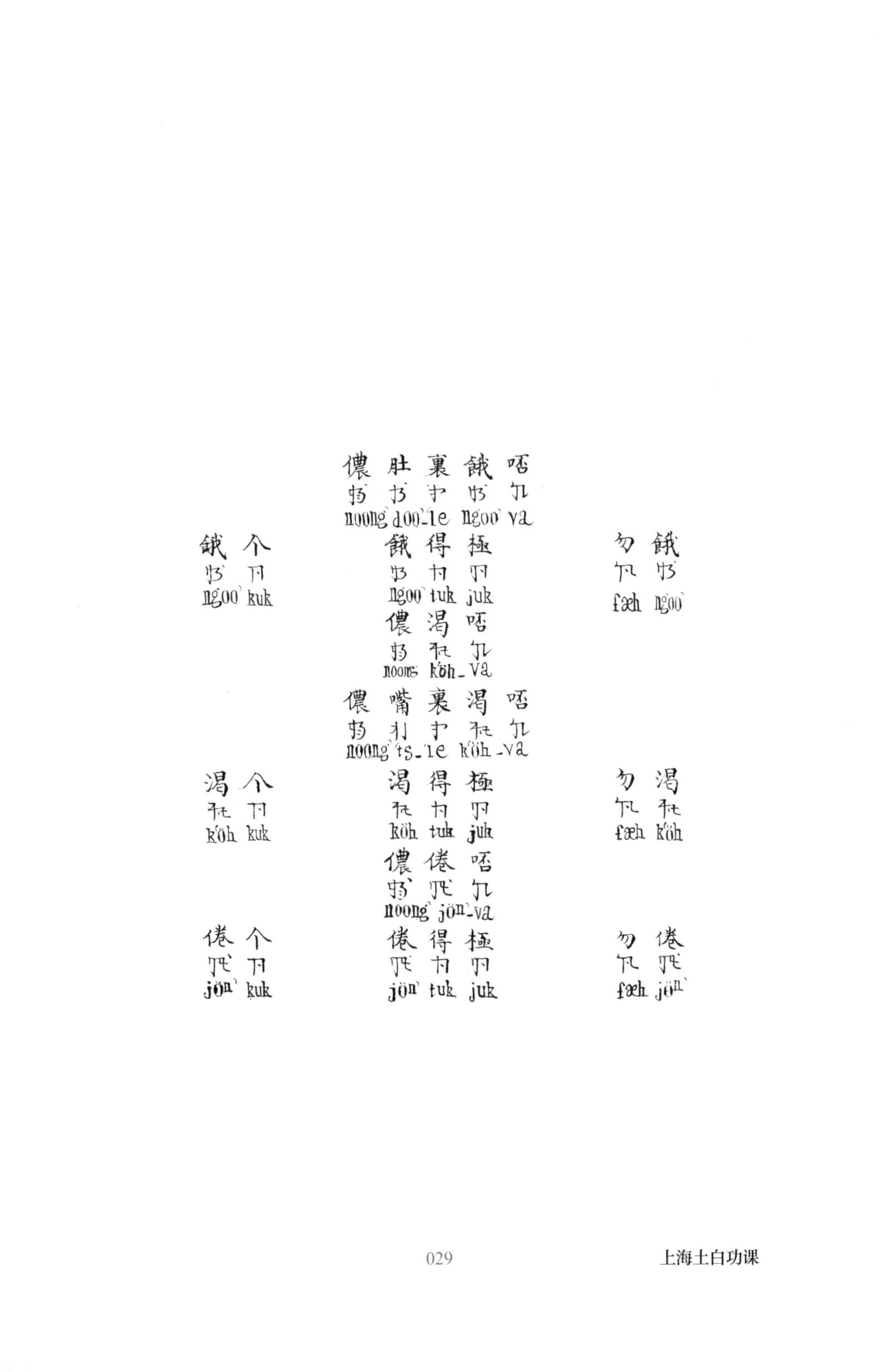

儂肚裏餓哦
noong' doo'-le ngoo' va

餓个
ngoo' kuk

餓得極
ngoo' tuk juk

勿餓
fæh ngoo'

儂渴哦
noong k'öh-va

儂嘴裏渴哦
noong' ts-le k'öh-va

渴个
k'öh kuk

渴得極
k'öh tuk juk

勿渴
fæh k'öh

儂倦哦
noong' jön'-va

倦个
jön' kuk

倦得極
jön' tuk juk

勿倦
fæh jön'

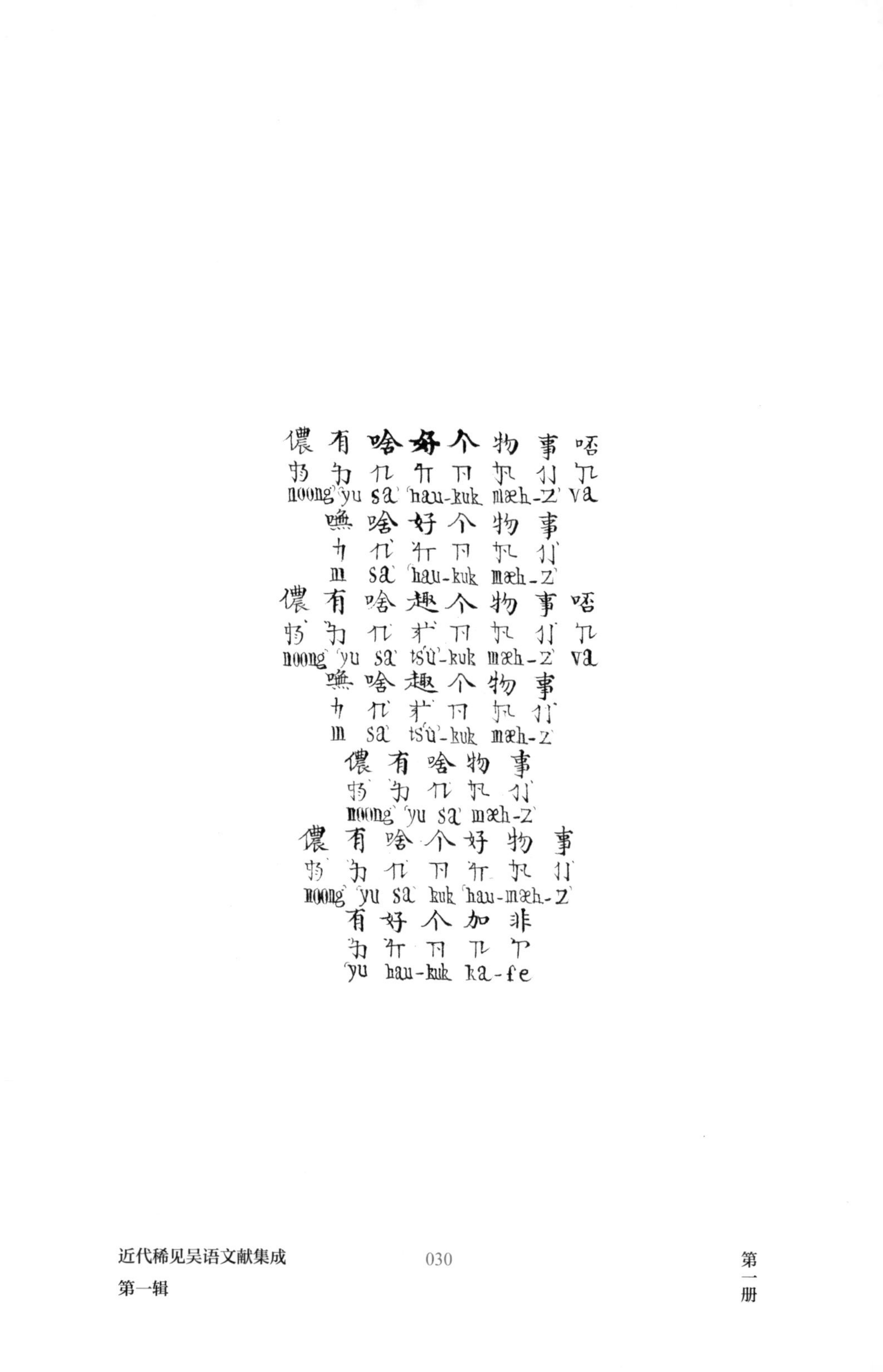

儂有啥好个物事唔

noong' ʻyu sa' ʻhau-kuk mæh-z' va

嘸啥好个物事

m sa' ʻhau-kuk mæh-z'

儂有啥趣个物事唔

noong' ʻyu sa' tsʻü'-kuk mæh-z' va

嘸啥趣个物事

m sa' tsʻü'-kuk mæh-z'

儂有啥物事

noong' ʻyu sa' mæh-z'

儂有啥个好物事

noong' ʻyu sa' kuk ʻhau-mæh-z'

有好个加非

ʻyu hau-kuk ka-fe

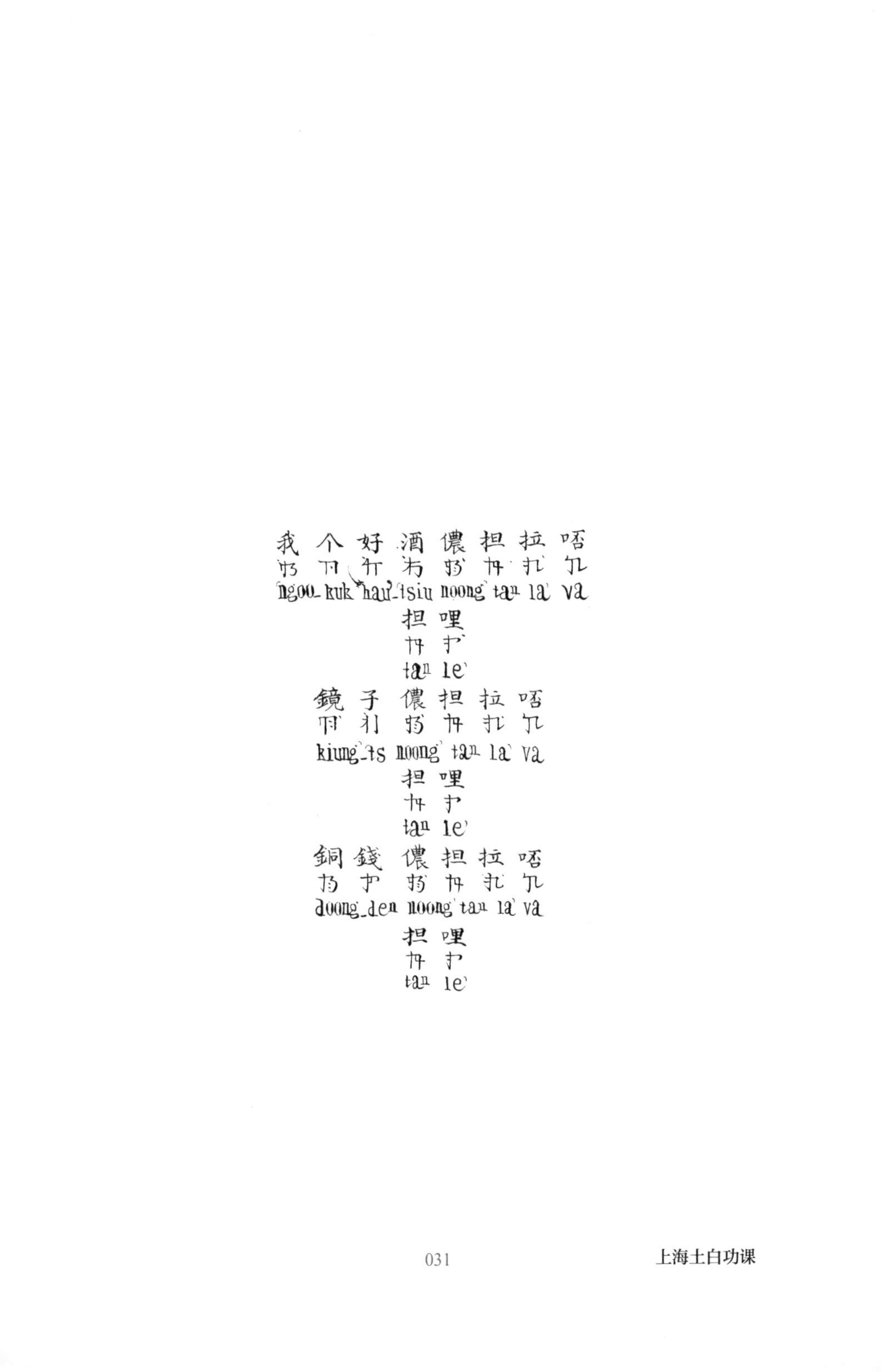

我 个 好 酒 儂 担 拉 唔

ngoo_kuk hau_tsiu noong tan la va

担 哩

tan le

鏡 子 儂 担 拉 唔

kiung_ts noong tan la va

担 哩

tan le

銅 錢 儂 担 拉 唔

doong_den noong tan la va

担 哩

tan le

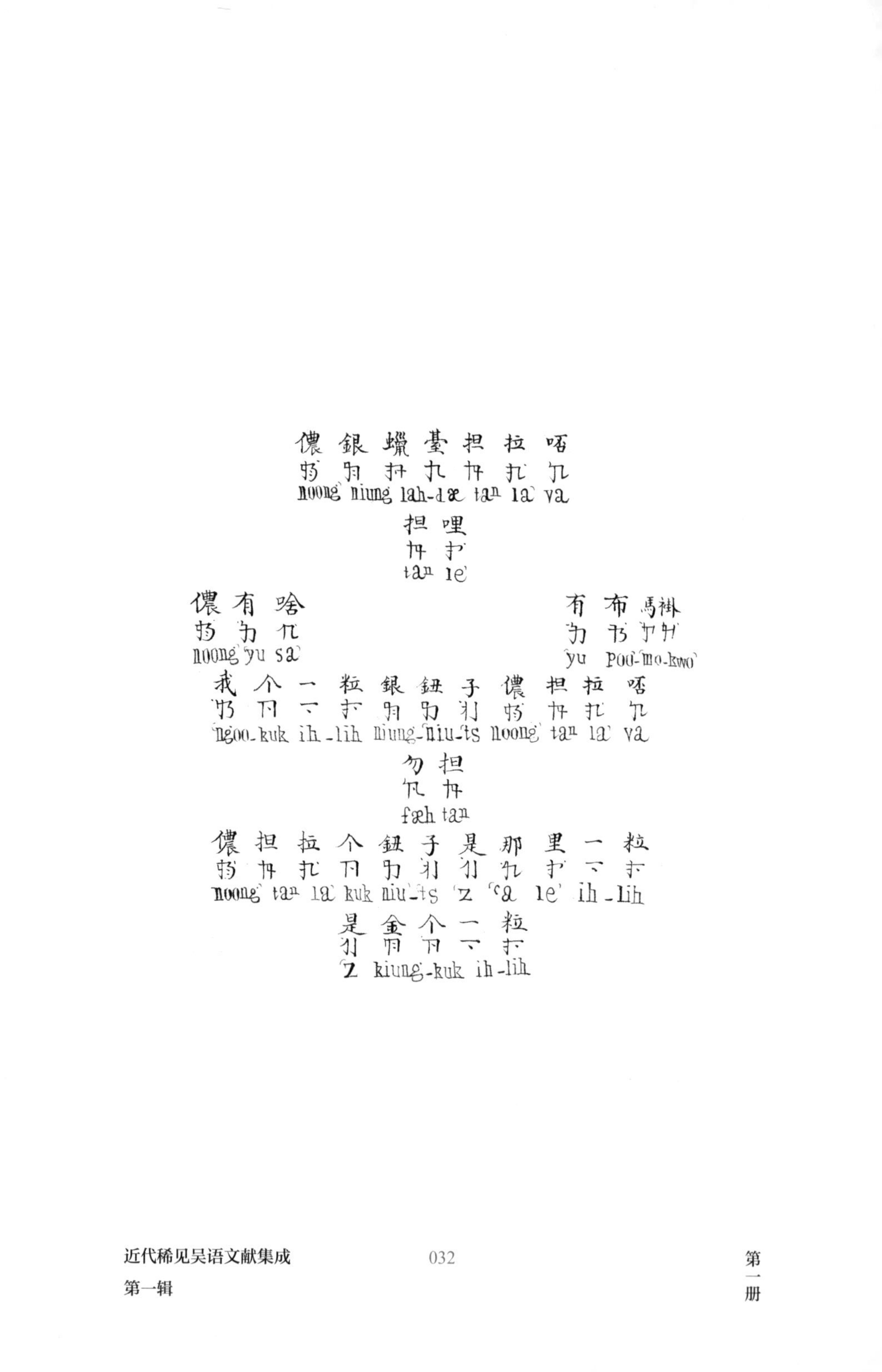

儂銀蠟臺担拉哶
noong' niung lah-dæ tan la' va

担哩
tan le'

儂有啥
noong' 'yu sa'

有布馬褂
'yu poo'-mo-kwo'

我个一粒銀鈕子儂担拉哶
'ngoo-kuk ih-lih niung-'niu-'ts noong' tan la' va

勿担
fæh tan

儂担拉个鈕子是那里一粒
noong' tan la' kuk niu-'ts 'z 'ʿa le' ih-lih

是金个一粒
'z kiung-kuk ih-lih

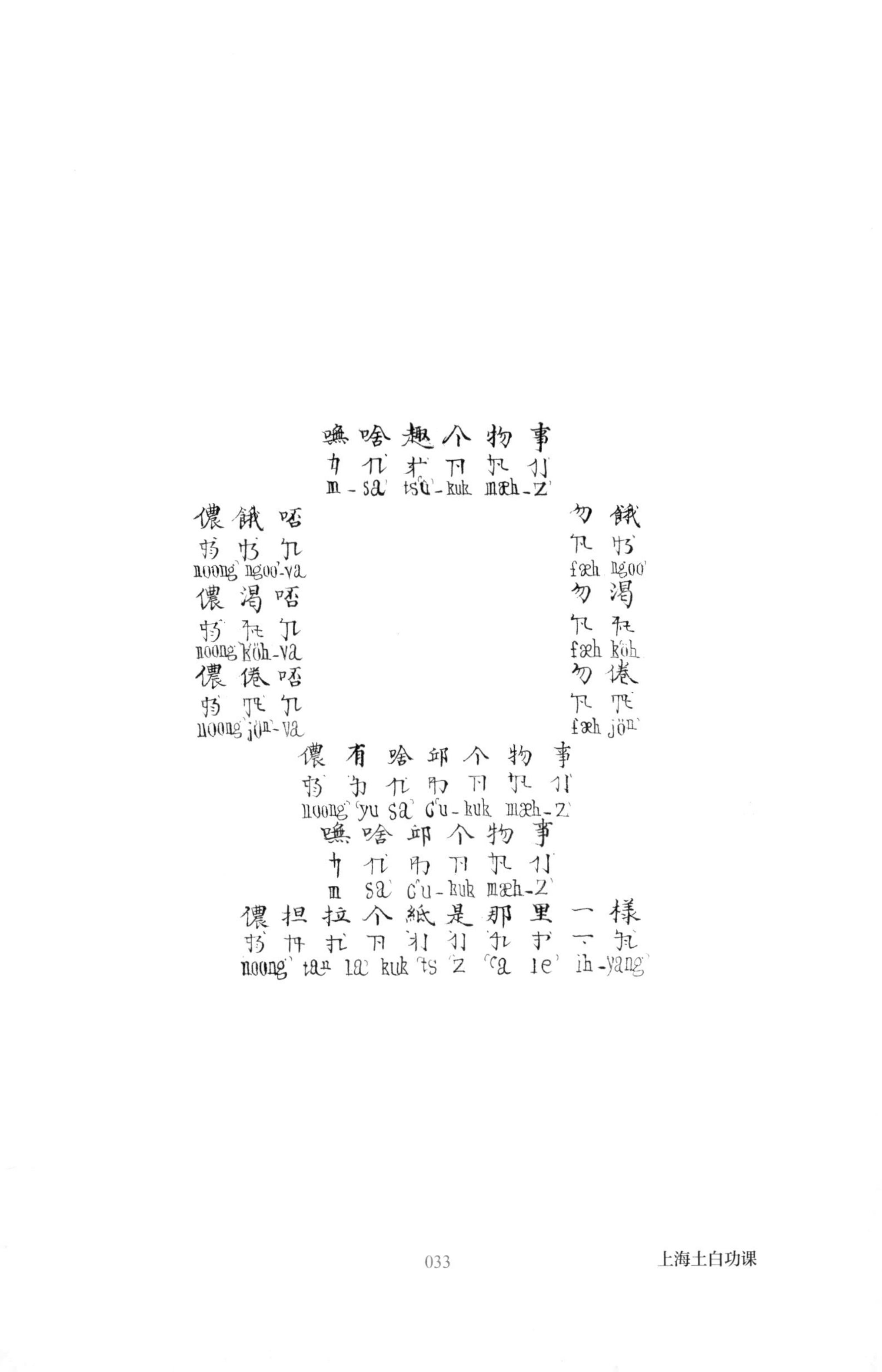

嘸啥趣个物事
m-sa' ts'ü-kuk mæh-z'

儂餓唔
noong' ngoo'-va
儂渴唔
noong' köh-va
儂倦唔
noong' jön'-va

勿餓
fæh ngoo'
勿渴
fæh köh
勿倦
fæh jön'

儂有啥趣个物事
noong' 'yu sa' c'u-kuk mæh-z'
嘸啥趣个物事
m sa' c'u-kuk mæh-z'

儂担拉个紙是那里一樣
noong' tan la' kuk 'ts 'z 'ca le' ih-yang'

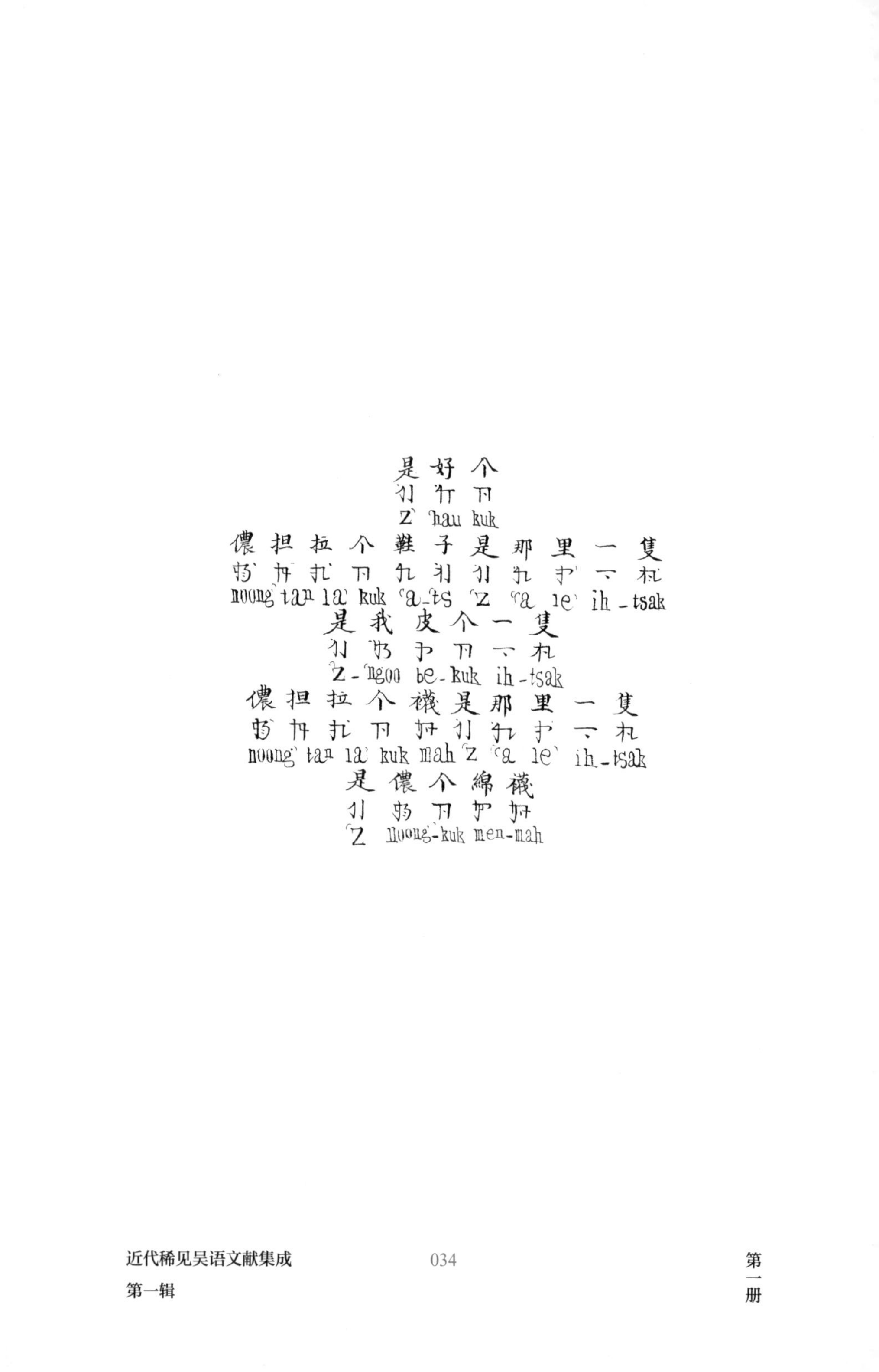

是好个

[illegible]

Z' ʽhau kuk

儂担拉个鞋子是那里一隻

[illegible]

noong' tan' la' kuk ʽa-ts ʽZ ʽa le' ih-tsak

是我皮个一隻

[illegible]

ʽZ-ʽngoo be-kuk ih-tsak

儂担拉个襪是那里一隻

[illegible]

noong' tan' la' kuk mah ʽZ ʽa le' ih-tsak

是儂个綿襪

[illegible]

ʽZ noong'-kuk men-mah

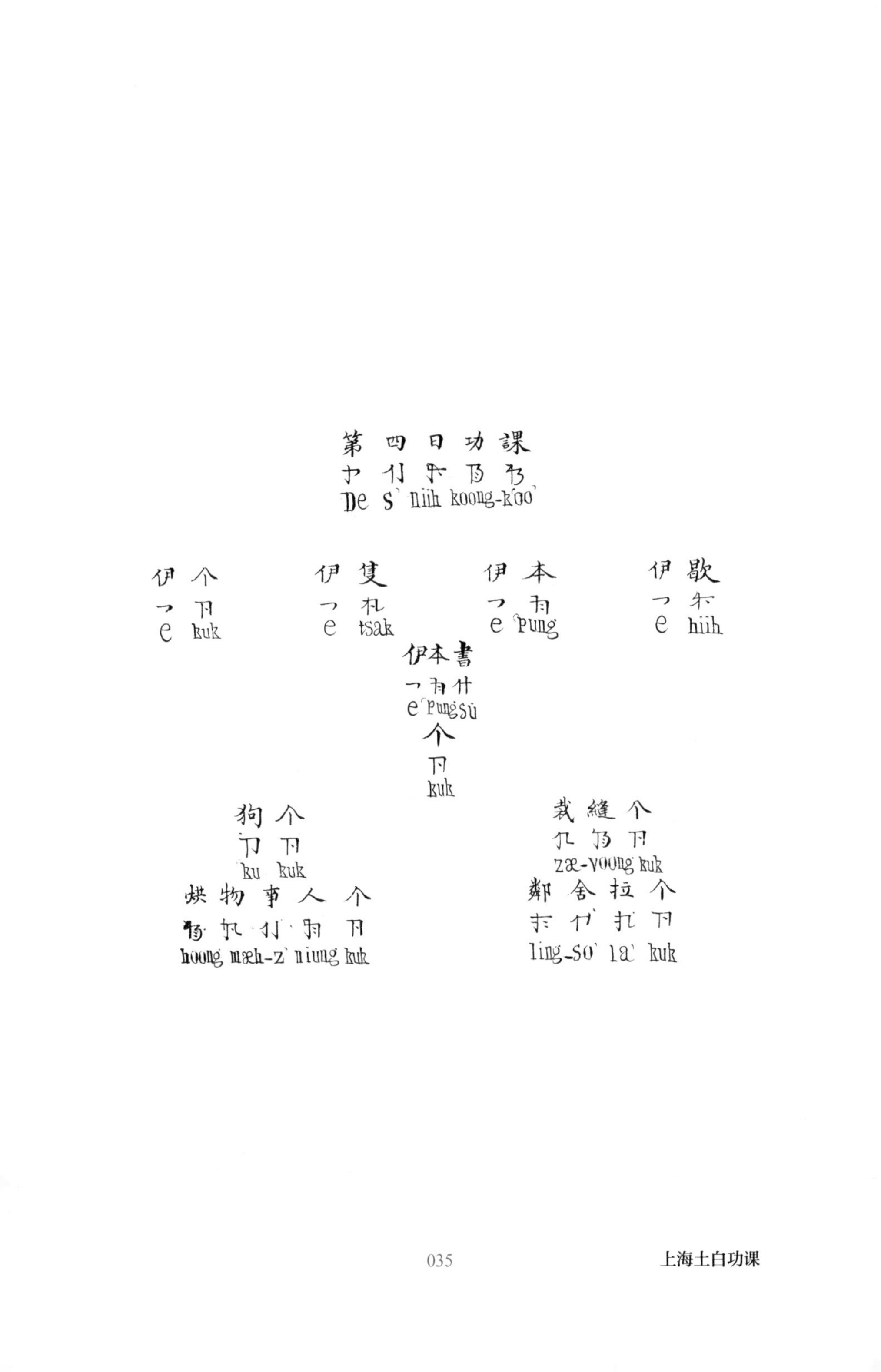

第四日功課

De s` niih koong-k'oo`

伊个
e kuk

伊隻
e tsak

伊本
e ʻpung

伊歇
e hiih

伊本書
e ʻpungsû

个
kuk

狗个
ku kuk

烘物事人个
hoong mæh-z` niung kuk

裁縫个
zæ-voong kuk

鄰舍拉个
ling-so` la` kuk

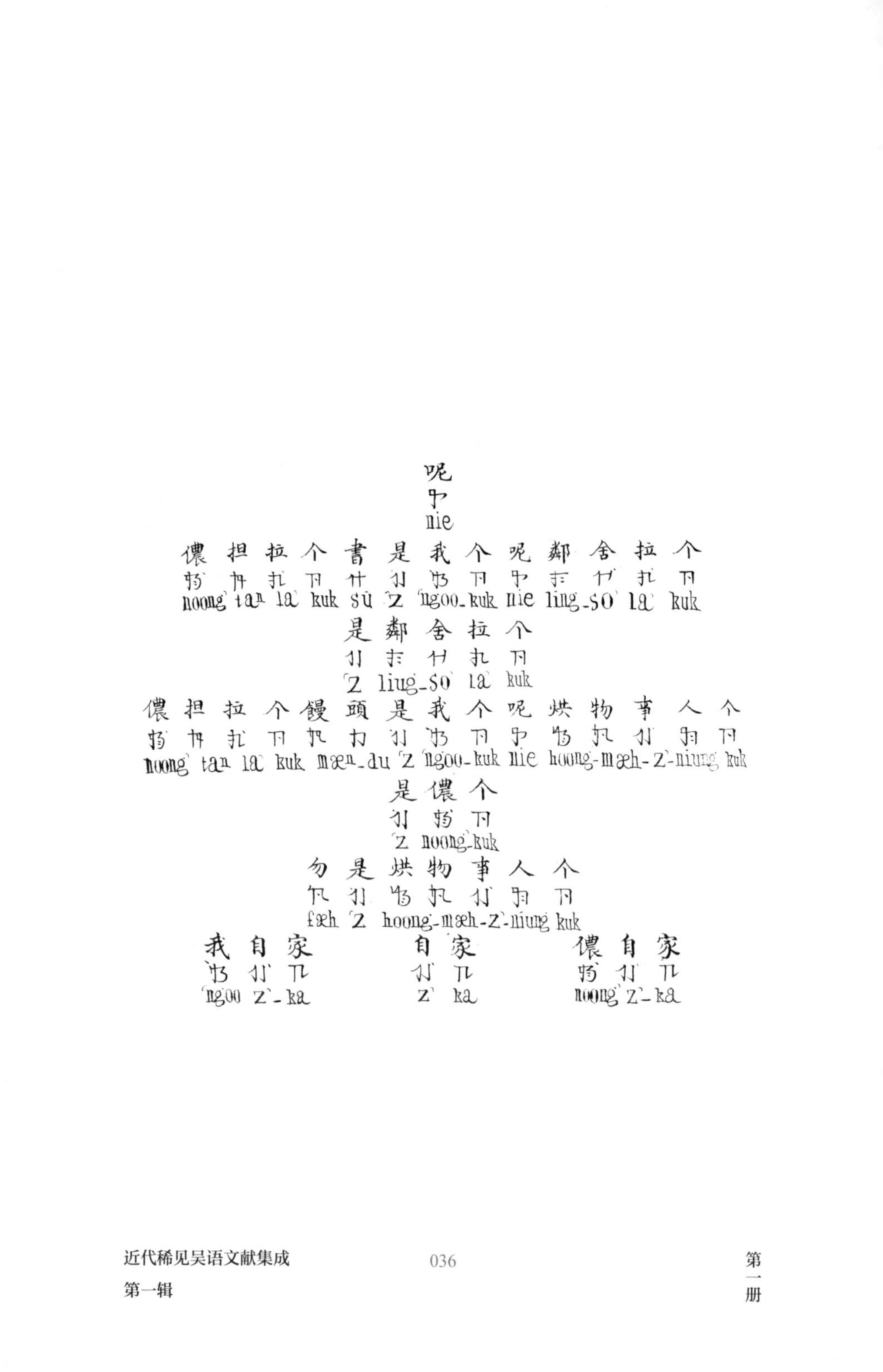

呢
[illegible]
nie

儂担拉个書是我个呢鄰舍拉个
[illegible]
noongˊ tan laˊ kuk sû ʻz ʻngoo-kuk nie ling-soˊ laˊ kuk

是鄰舍拉个
[illegible]
ʻz liug-soˊ laˊ kuk

儂担拉个饅頭是我个呢烘物事人个
[illegible]
noongˊ tan laˊ kuk mæn-du ʻz ʻngoo-kuk nie hoong-mæh-zˋ-niung kuk

是儂个
[illegible]
ʻz noongˊ-kuk

勿是烘物事人个
[illegible]
fæh ʻz hoong-mæh-zˋ-niung kuk

我自家
[illegible]
ʻngoo zˋ-ka

自家
[illegible]
zˋ ka

儂自家
[illegible]
noongˊ zˋ-ka

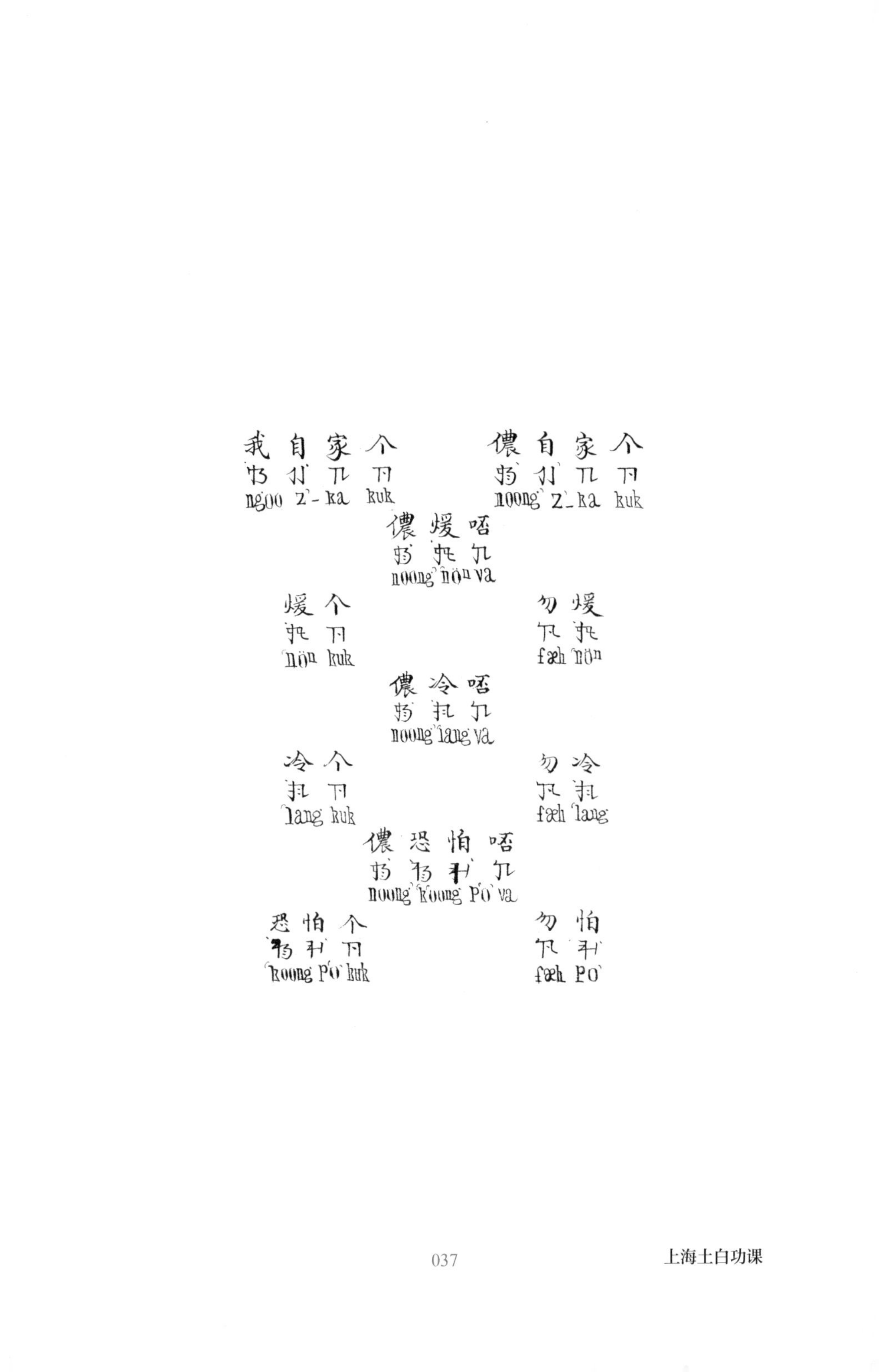

我 自 家 个
ngoo z'-ka kuk

儂 自 家 个
noong' z'-ka kuk

儂 煖 唔
noong' 'nön va

煖 个
'nön kuk

勿 煖
fæh 'nön

儂 冷 唔
noong' 'lang va

冷 个
'lang kuk

勿 冷
fæh 'lang

儂 恐 怕 唔
noong' 'k'oong p'o' va

恐 怕 个
'k'oong p'o' kuk

勿 怕
fæh p'o'

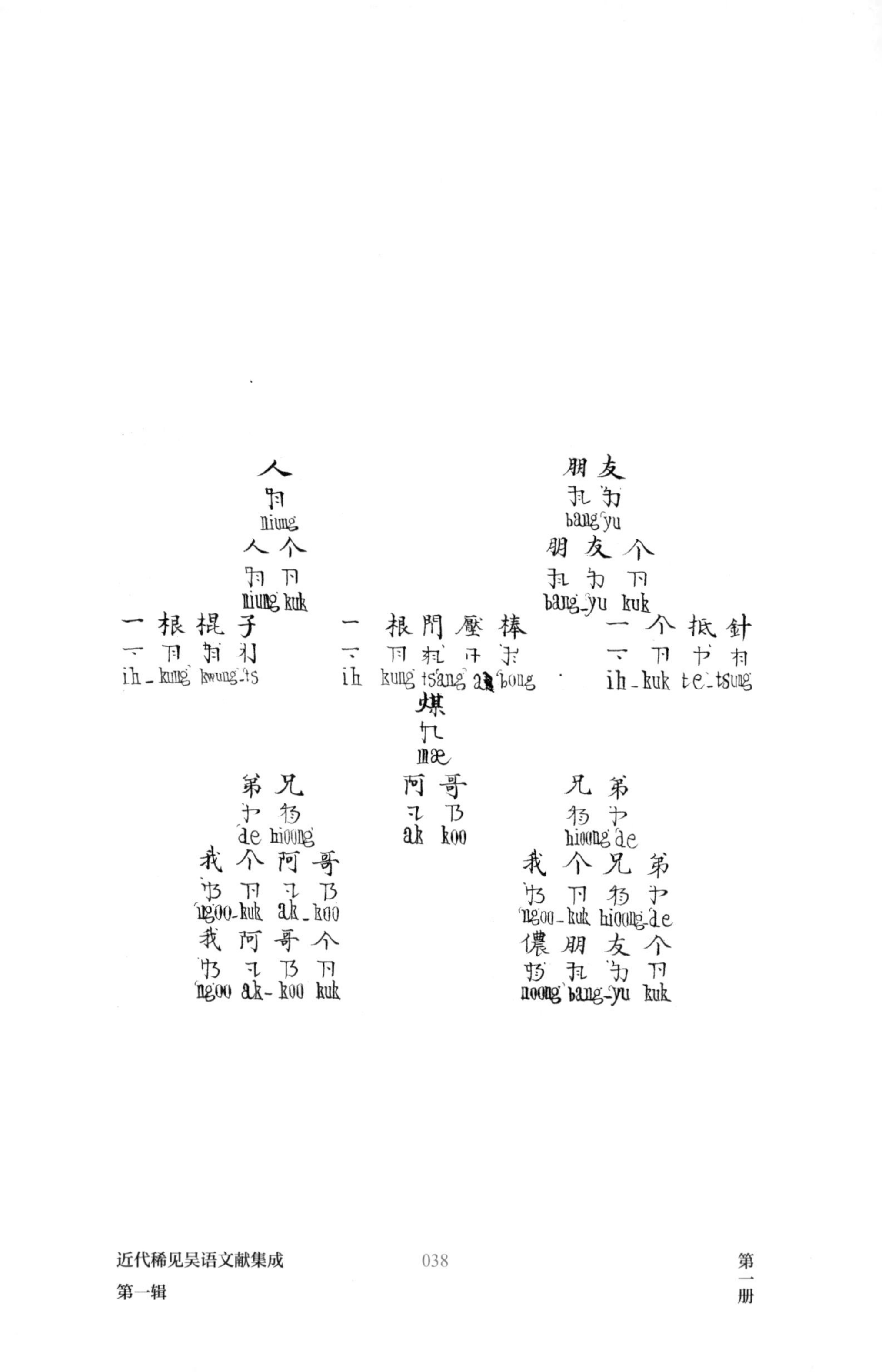

人

niung

人个

niung kuk

朋友

bang 'yu

朋友个

bang-yu kuk

一根棍子

ih-kung kwung-ts

一根門壓棒

ih kung tsang a[illegible] 'bong

一个抵針

ih-kuk te-tsung

煤

mæ

弟兄

'de hioong

我个阿哥

'ngoo-kuk ak-koo

我阿哥个

'ngoo ak-koo kuk

阿哥

ak koo

兄弟

hioong 'de

我个兄弟

'ngoo-kuk hioong-'de

儂朋友个

noong bang-yu kuk

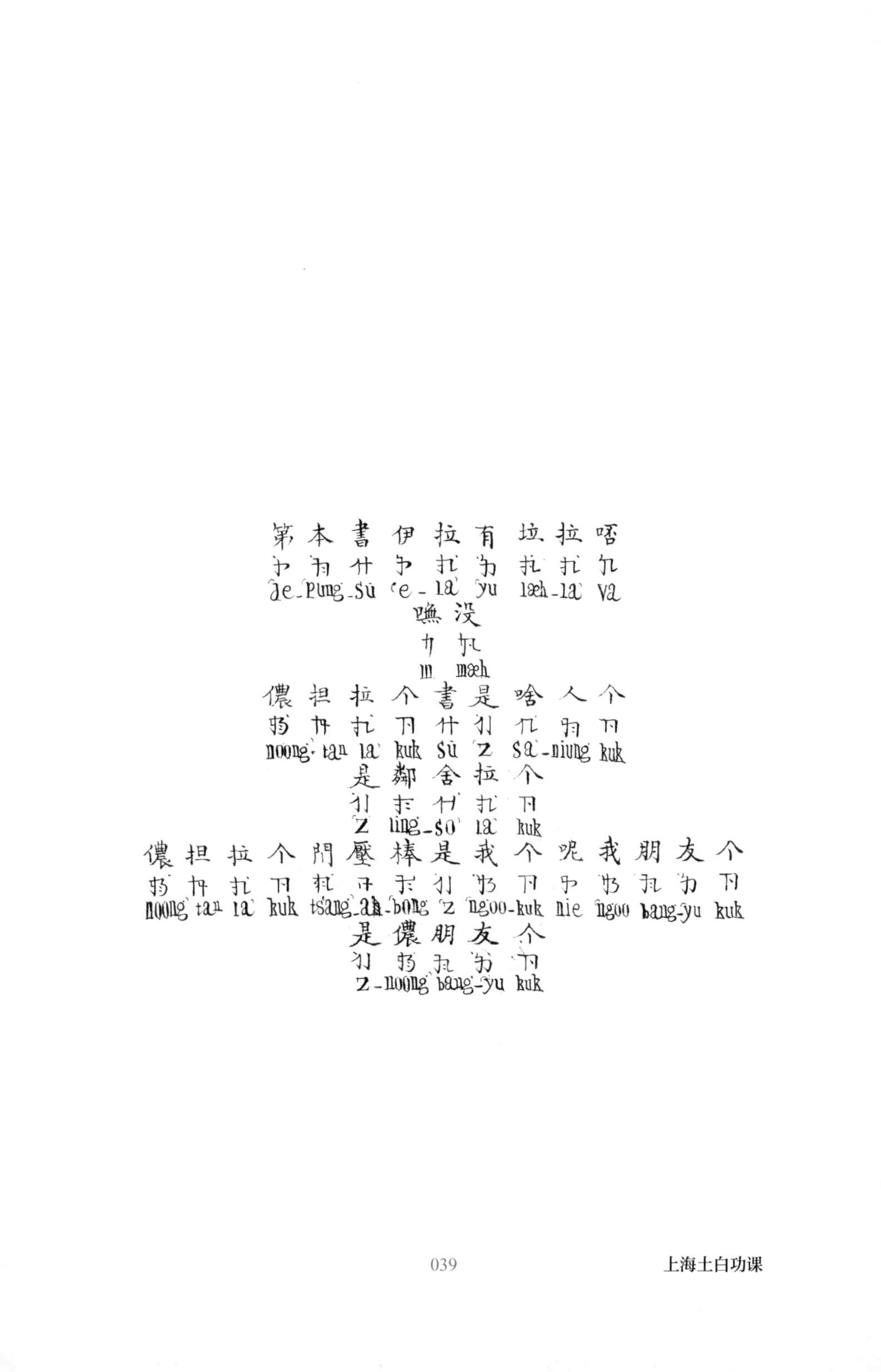

第本書伊拉有垃拉喑

de-pung-sû e-la yu læh-la va

嘸没

m mæh

儂担拉个書是啥人个

noong tan la kuk sû z sa-niung kuk

是鄰舍拉个

z ling-so la kuk

儂担拉个門壓棒是我个呢我朋友个

noong tan la kuk tsang-ah-bong z ngoo-kuk nie ngoo bang-yu kuk

是儂朋友个

z-noong bang-yu kuk

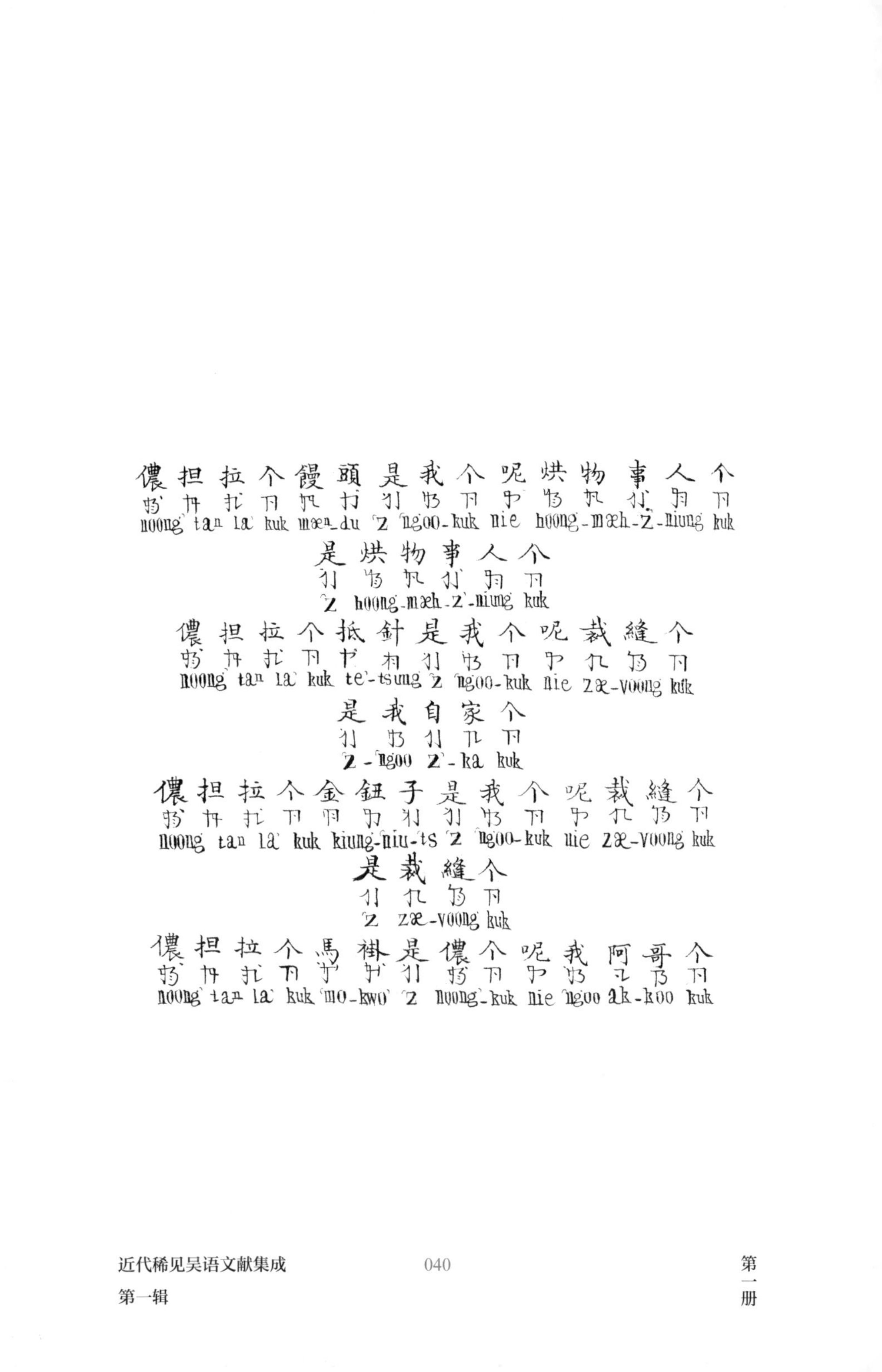

儂担拉个饅頭是我个呢烘物事人个

noong' tan la' kuk mæn-du 'z 'ngoo-kuk nie hoong-mæh-z-niung kuk

是烘物事人个

'z hoong-mæh-z'-niung kuk

儂担拉个抵針是我个呢裁縫个

noong' tan la' kuk te'-tsung 'z 'ngoo-kuk nie zæ-voong kuk

是我自家个

z-'ngoo z'-ka kuk

儂担拉个金鈕子是我个呢裁縫个

noong tan la' kuk kiung-niu-ts 'z 'ngoo-kuk nie zæ-voong kuk

是裁縫个

'z zæ-voong kuk

儂担拉个馬褂是儂个呢我阿哥个

noong' tan la' kuk 'mo-kwo' 'z noong'-kuk nie 'ngoo ak-koo kuk

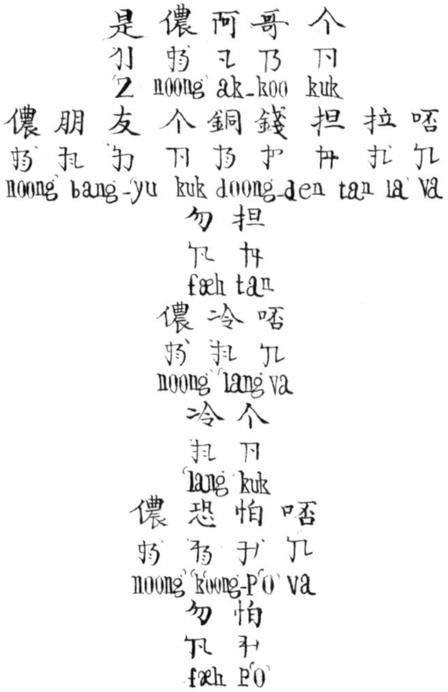
是儂阿哥个
z noong ak-koo kuk
儂朋友个銅錢担拉晤
noong bang-yu kuk doong-den tan la va
勿担
fæh tan
儂冷晤
noong lang va
冷个
lang kuk
儂恐怕晤
noong koong-po va
勿怕
fæh po

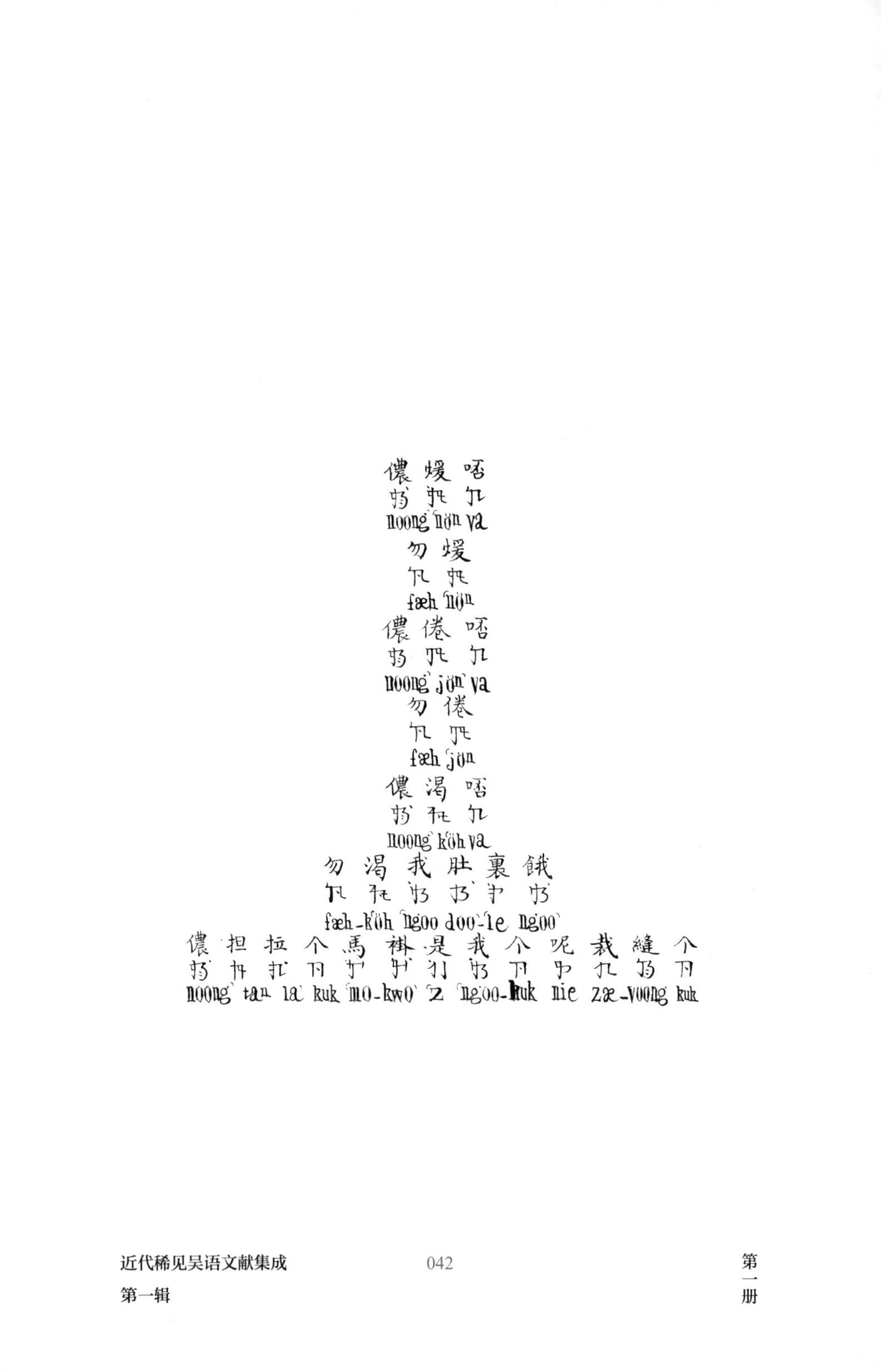

儂煖啞
noong nön va

勿煖
fæh nön

儂倦啞
noong jön va

勿倦
fæh jön

儂渴啞
noong köh va

勿渴我肚裏餓
fæh-köh ngoo doo-le ngoo

儂担拉个馬褂是我个呢裁縫个
noong tan la kuk mo-kwo z ngoo-kuk nie zæ-voong kuk

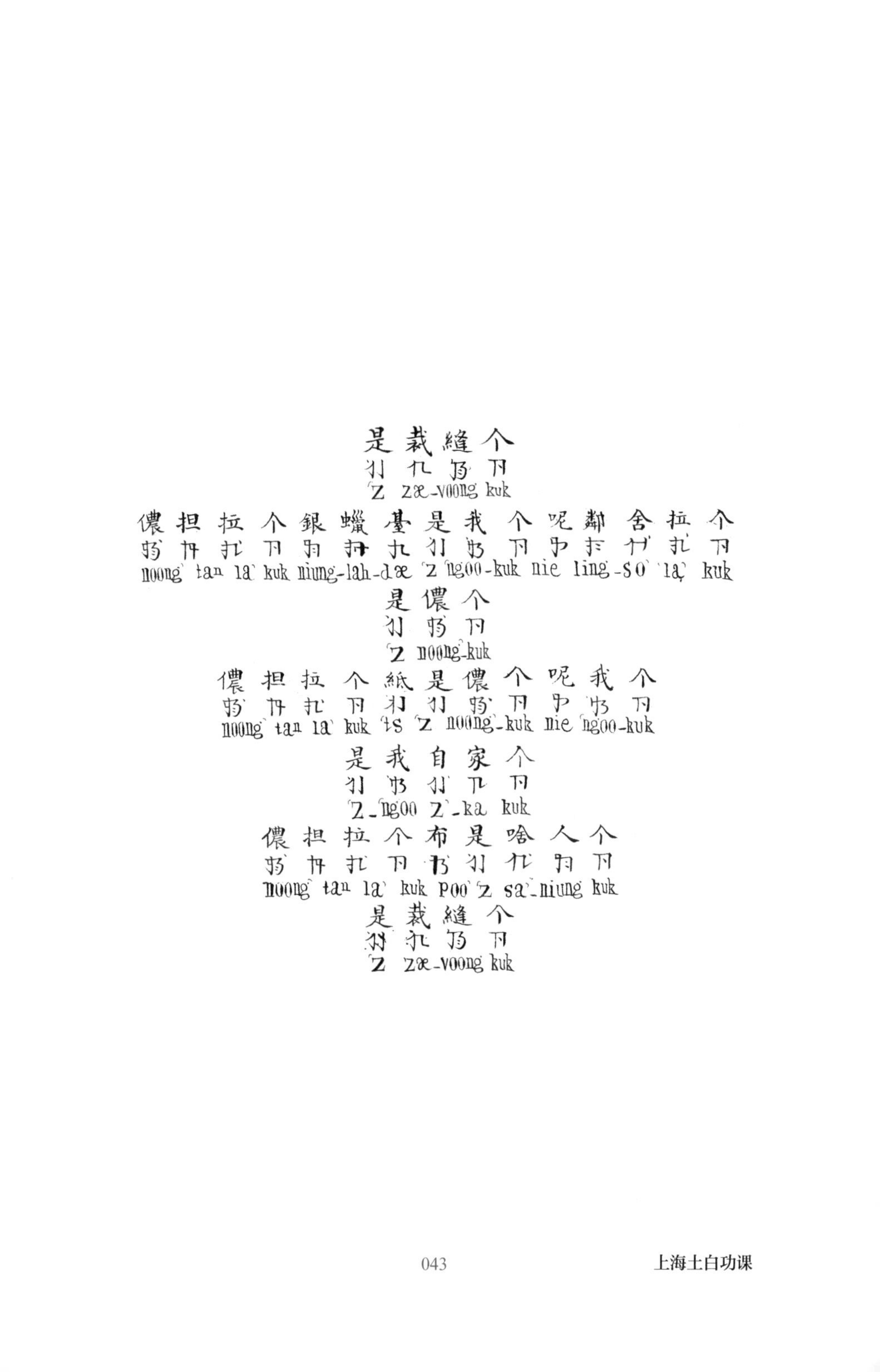

是裁縫个

ʻz zæ-voong kuk

儂担拉个銀蠟臺是我个呢鄰舍拉个

noong` tan la` kuk niung-lah-dæ ʻz ʻngoo-kuk nie ling-so` ʻla` kuk

是儂个

ʻz noong`-kuk

儂担拉个紙是儂个呢我个

noong` tan la` kuk ʻts ʻz noong`-kuk nie ʻngoo-kuk

是我自家个

ʻz-ʻngoo z`-ka kuk

儂担拉个布是啥人个

noong` tan la` kuk poo` ʻz sa`-niung kuk

是裁縫个

ʻz zæ-voong kuk

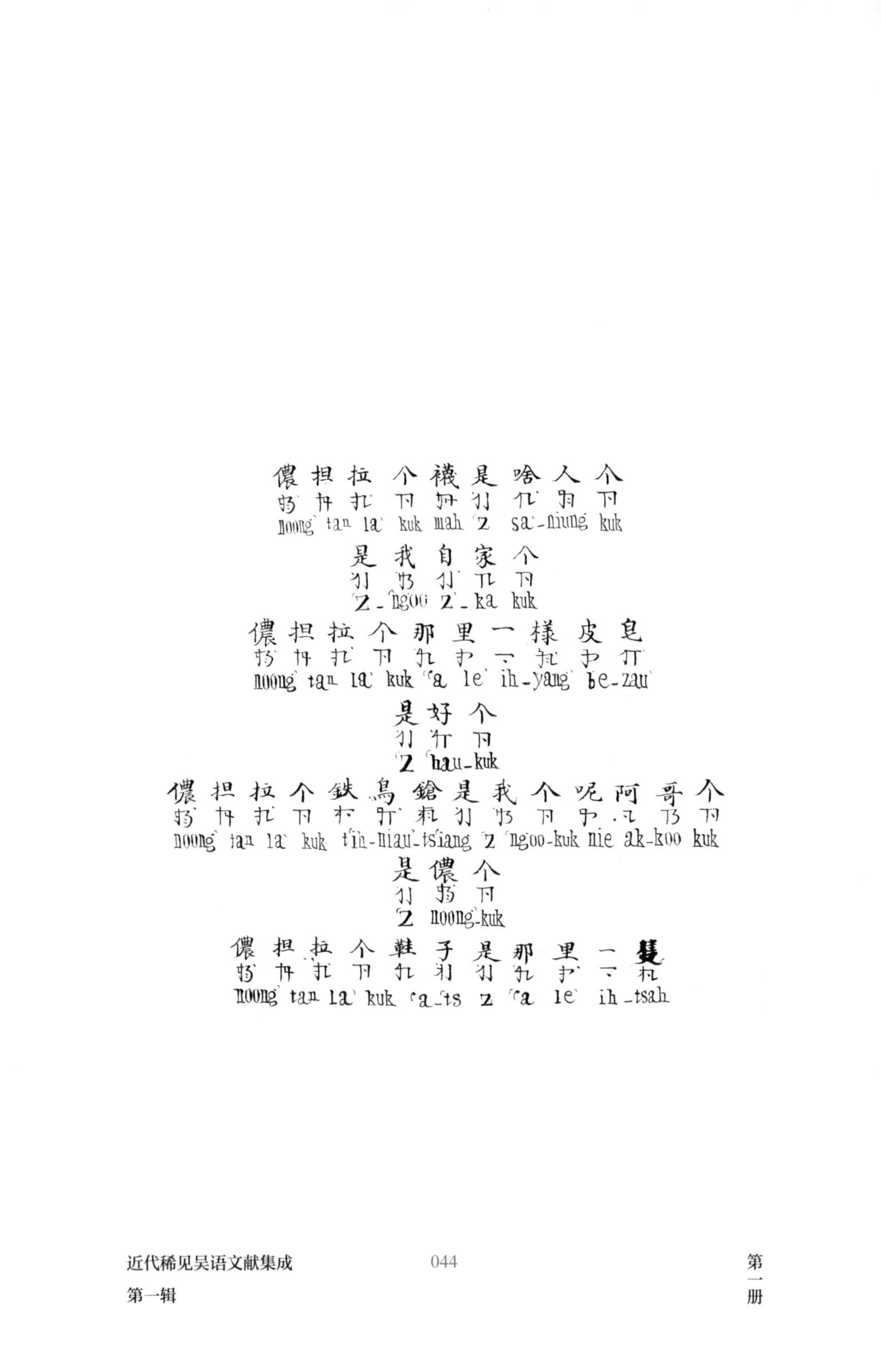

儂担拉个襪是啥人个
noong' tan la' kuk mah 'z sa'-niung kuk
是我自家个
'z-'ngoo 'z-ka kuk

儂担拉个那里一樣皮皂
noong' tan la' kuk 'a le' ih-yang' be-zau'
是好个
'z 'hau-kuk

儂担拉个鉄鳥鎗是我个呢阿哥个
noong' tan la' kuk t'ih-niau'-ts'iang 'z 'ngoo-kuk nie ak-koo kuk
是儂个
'z noong'-kuk

儂担拉个鞋子是那里一隻
noong' tan la' kuk 'a-'ts z 'a le' ih-tsah

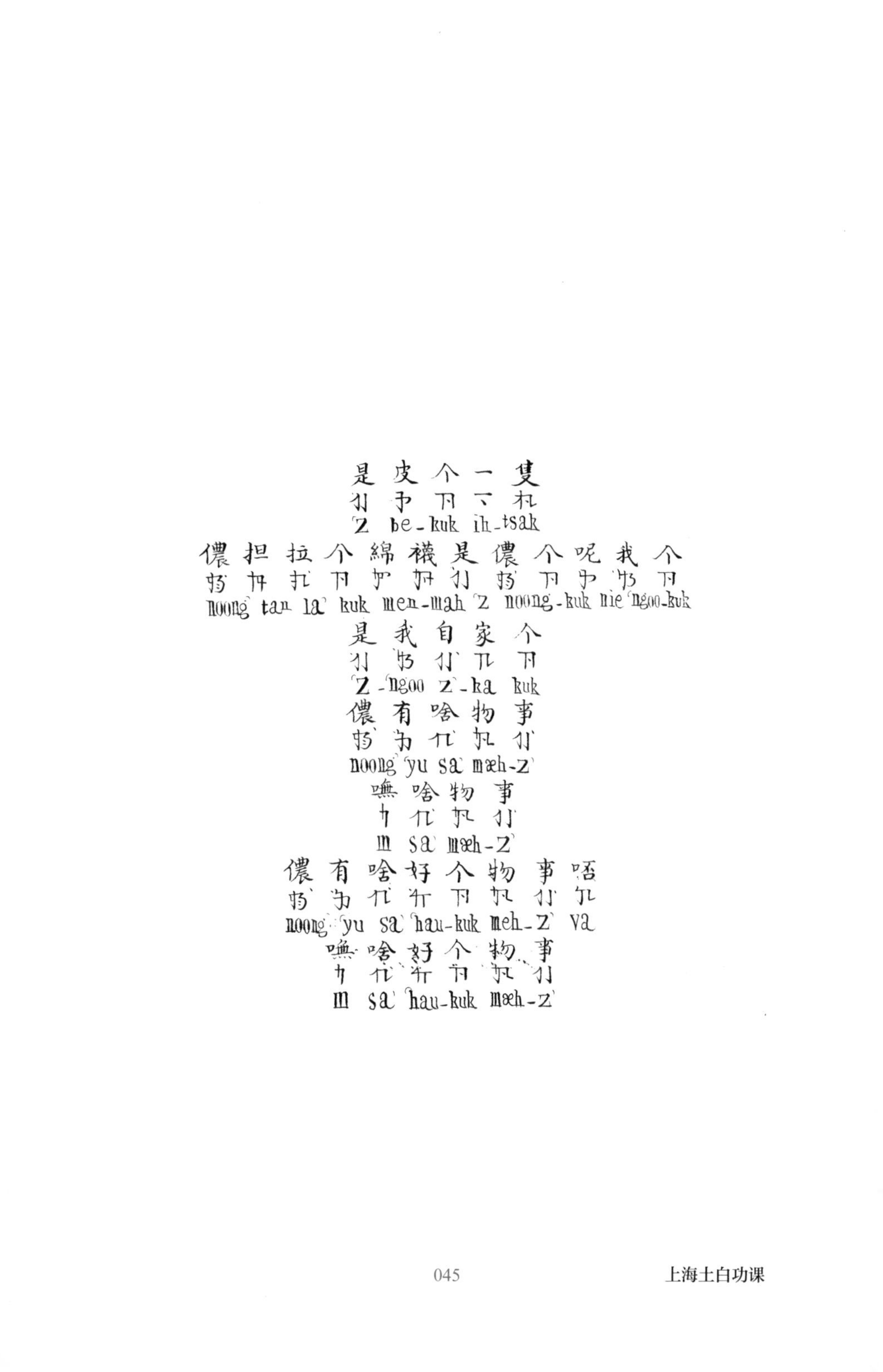

是皮个一隻

Z be-kuk ih-tsak

儂担拉个綿襪是儂个呢我个

noong tan la kuk men-mah Z noong-kuk nie ngoo-kuk

是我自家个

Z-ngoo Z-ka kuk

儂有啥物事

noong yu sa mæh-Z

嘸啥物事

m sa mæh-Z

儂有啥好个物事唔

noong yu sa hau-kuk meh-Z va

嘸啥好个物事

m sa hau-kuk mæh-Z

儂有啥趣个物事唔

noong yu sa ts'û-kuk mæh-z' va

嘸啥趣个物事

m sa ts'û-kuk mæh-z'

儂渴呢餓

noong k'öh nie ngoo

我餓

ngoo ngoo

第五日功課

De ung niih koong-k'oo

5

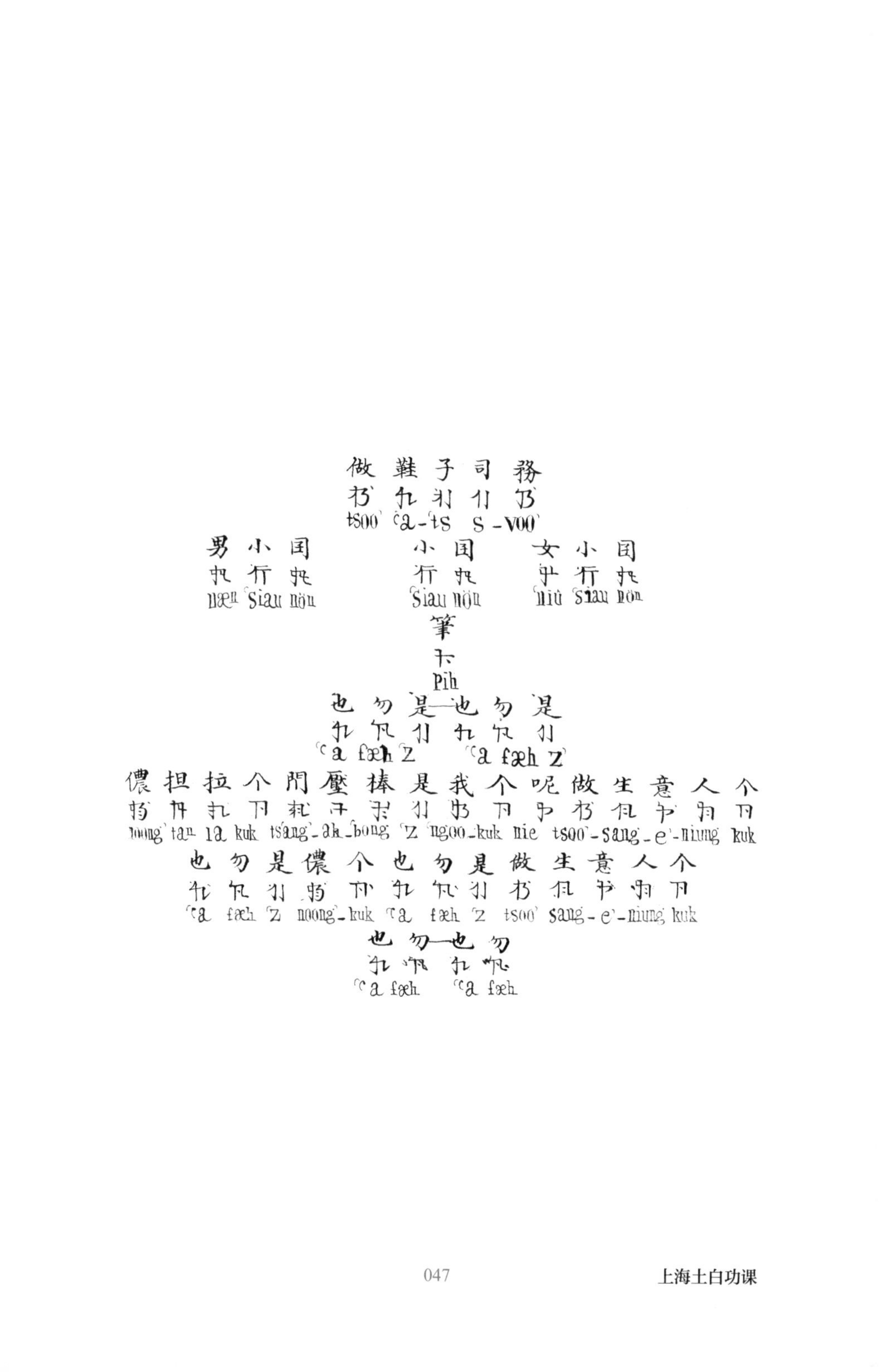

做鞋子司務

tsooʾ ʿa-ʿts s-vooʾ

男小囡　　小囡　　女小囡

nœn ʿsiau nön　　ʿsiau nön　　ʿniu ʿsiau nön

筆

pih

也勿是—也勿是

ʿa fæh ʿz　　ʿa fæh ʿz

儂担拉个門壓棒是我个呢做生意人个

noongʾ tan la kuk ʿtsangʾ-ak-ʿbong ʿz ʿngoo-kuk nie tsooʾ-sang-eʾ-niung kuk

也勿是儂个也勿是做生意人个

ʿa fæh ʿz noongʾ-kuk ʿa fæh ʿz tsooʾ sang-eʾ-niung kuk

也勿—也勿

ʿa fæh　　ʿa fæh

儂渴呢餓

noong' k'öh nie ngoo'

也勿渴也勿餓

'a fæh k'öh 'a fæh ngoo

儂担拉个是酒呢饅頭

noong' tan la' kuk 'z tsiu nie mæn-du

也勿是酒也勿是饅頭

'a fæh 'z tsiu 'a fæh 'z mæn-du

儂担拉个馬褂是儂个呢我个

noong' tan la' kuk mo-kwo 'z noong-kuk nie ngoo-kuk

也勿是儂个也勿是我个

'a fæh 'z noong-kuk 'a fæh 'z ngoo-kuk

儂担拉个線是儂个呢裁縫个

noong' tan la' kuk sen' 'z noong-kuk nie zæ-voong kuk

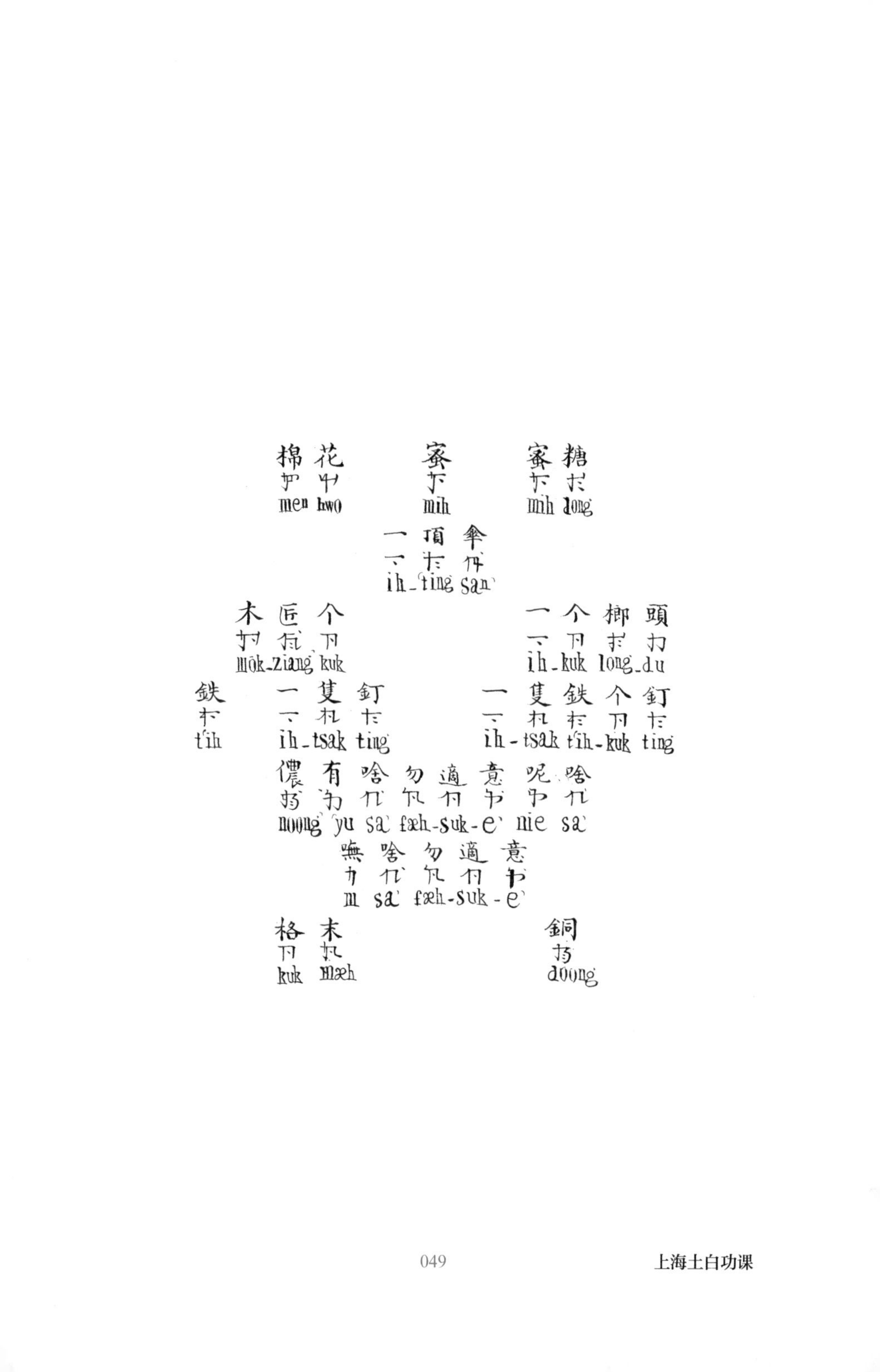

棉花 men hwo　　蜜 mih　　蜜糖 mih dong

一頂傘 ih-ting san'

木匠个 mŏk-ziang kuk　　一个榔頭 ih-kuk long-du

鉄 t'ih　　一隻釘 ih-tsak ting　　一隻鉄个釘 ih-tsak t'ih-kuk ting

儂有啥勿適意呢啥 noong 'yu sa' fæh-suk-e' nie sa'

嘸啥勿適意 m sa' fæh-suk-e'

格末 kuk mæh　　銅 doong

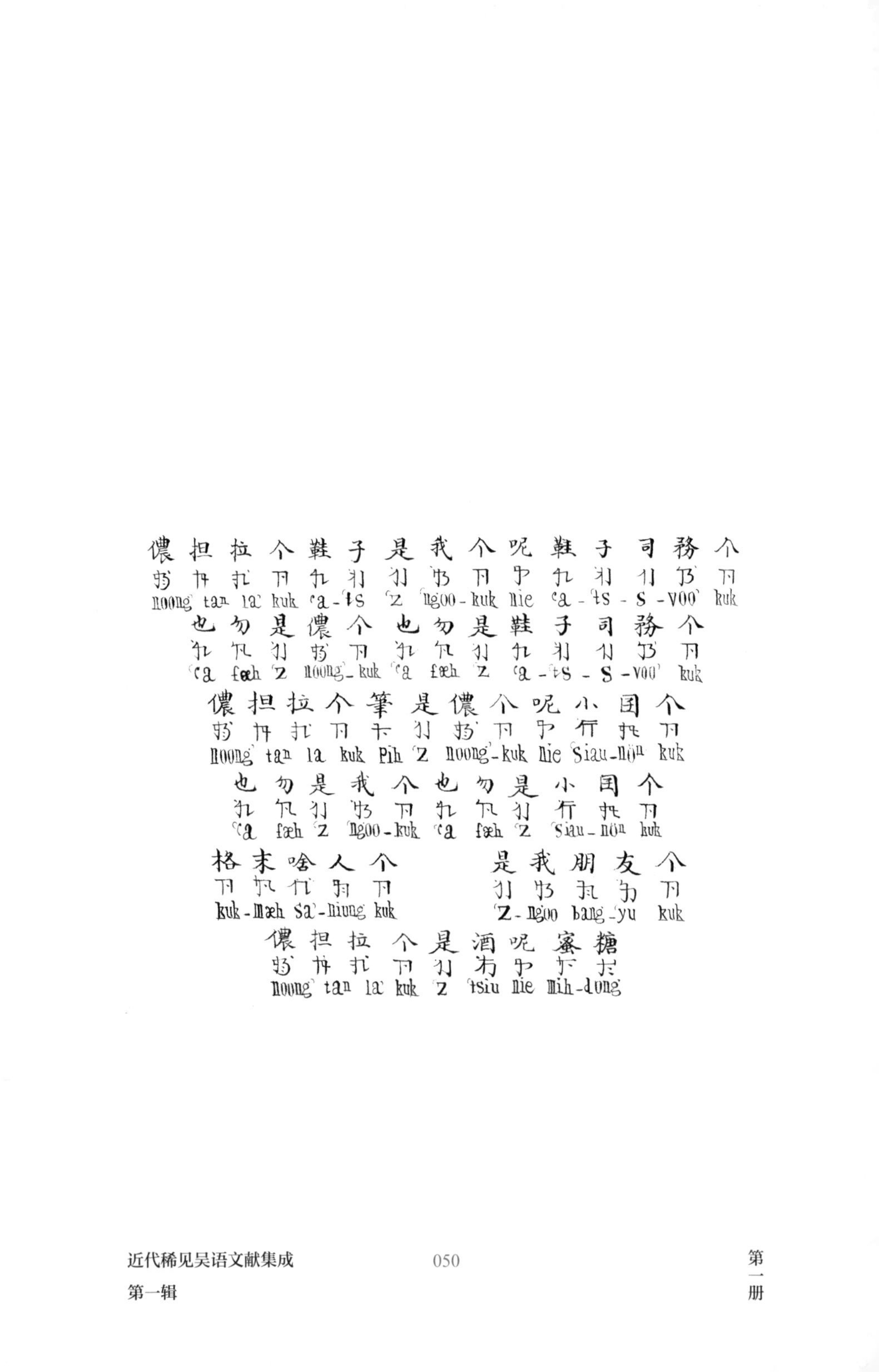

儂担拉个鞋子是我个呢鞋子司務个
noong' tan la' kuk 'a-'ts 'z 'ngoo-kuk nie 'a-'ts-s-voo' kuk

也勿是儂个也勿是鞋子司務个
'a fæh 'z noong'-kuk 'a fæh 'z 'a-'ts-s-voo' kuk

儂担拉个筆是儂个呢小囝个
noong' tan la kuk pih 'z noong'-kuk nie 'siau-nön kuk

也勿是我个也勿是小囝个
'a fæh 'z 'ngoo-kuk 'a fæh 'z 'siau-nön kuk

格末啥人个　　是我朋友个
kuk-mæh sa'-niung kuk　　'z-ngoo bang-'yu kuk

儂担拉个是酒呢蜜糖
noong' tan la' kuk 'z 'tsiu nie mih-dong

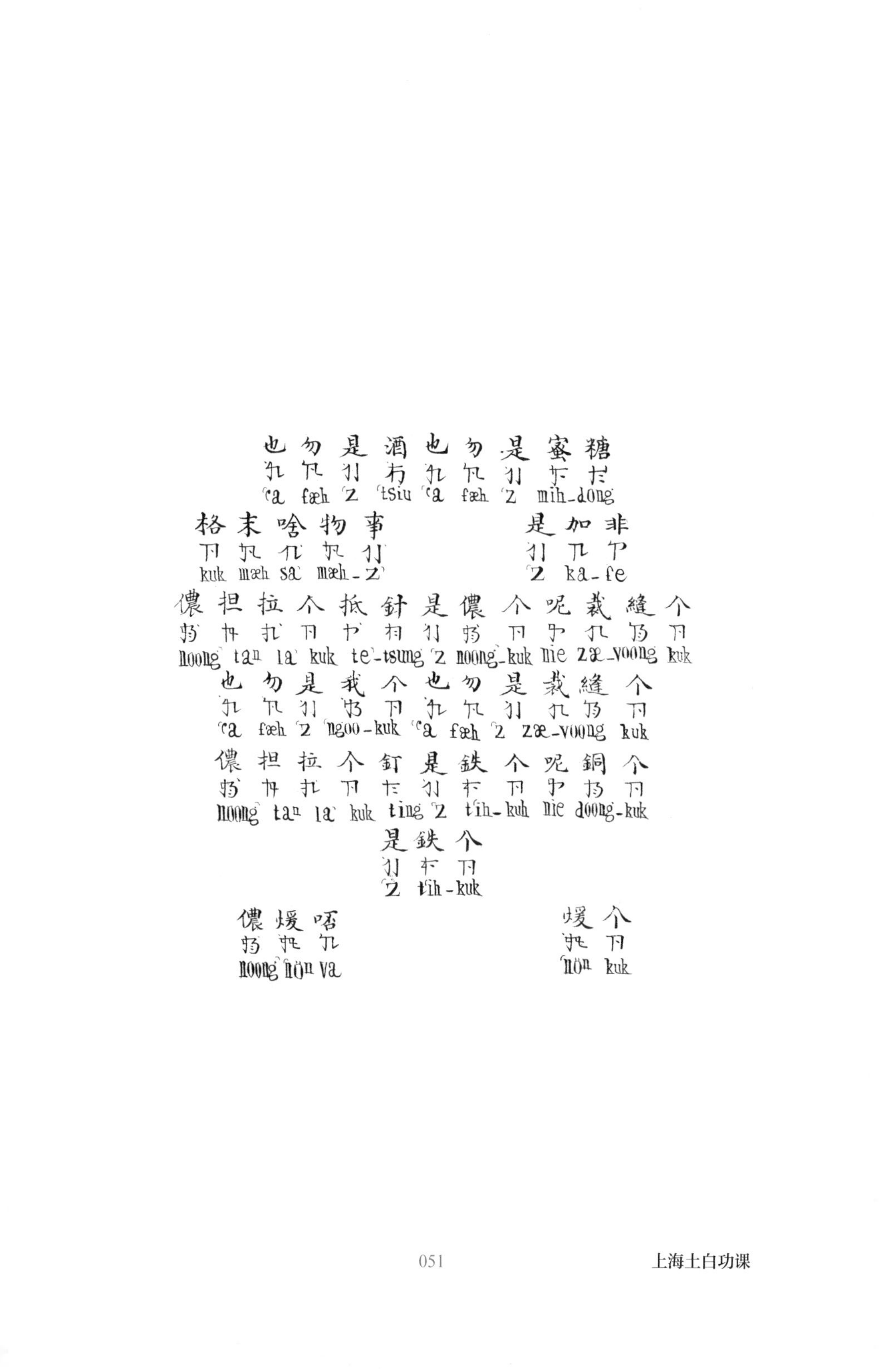

也勿是酒也勿是蜜糖
'a fæh 'z 'tsiu 'a fæh 'z mih-dong

格末啥物事　　　　是加非
kuk mæh sa' mæh-z'　　　　'z ka-fe

儂担拉个抵針是儂个呢裁縫个
noong' tan la' kuk te'-tsung 'z noong'-kuk nie zæ-voong kuk

也勿是我个也勿是裁縫个
'a fæh 'z 'ngoo-kuk 'a fæh 'z zæ-voong kuk

儂担拉个釘是鉄个呢銅个
noong' tan la' kuk ting 'z t'ih-kuh nie doong-kuk

是鉄个
'z t'ih-kuk

儂煖嗒　　　　煖个
noong' nön va　　　　'nön kuk

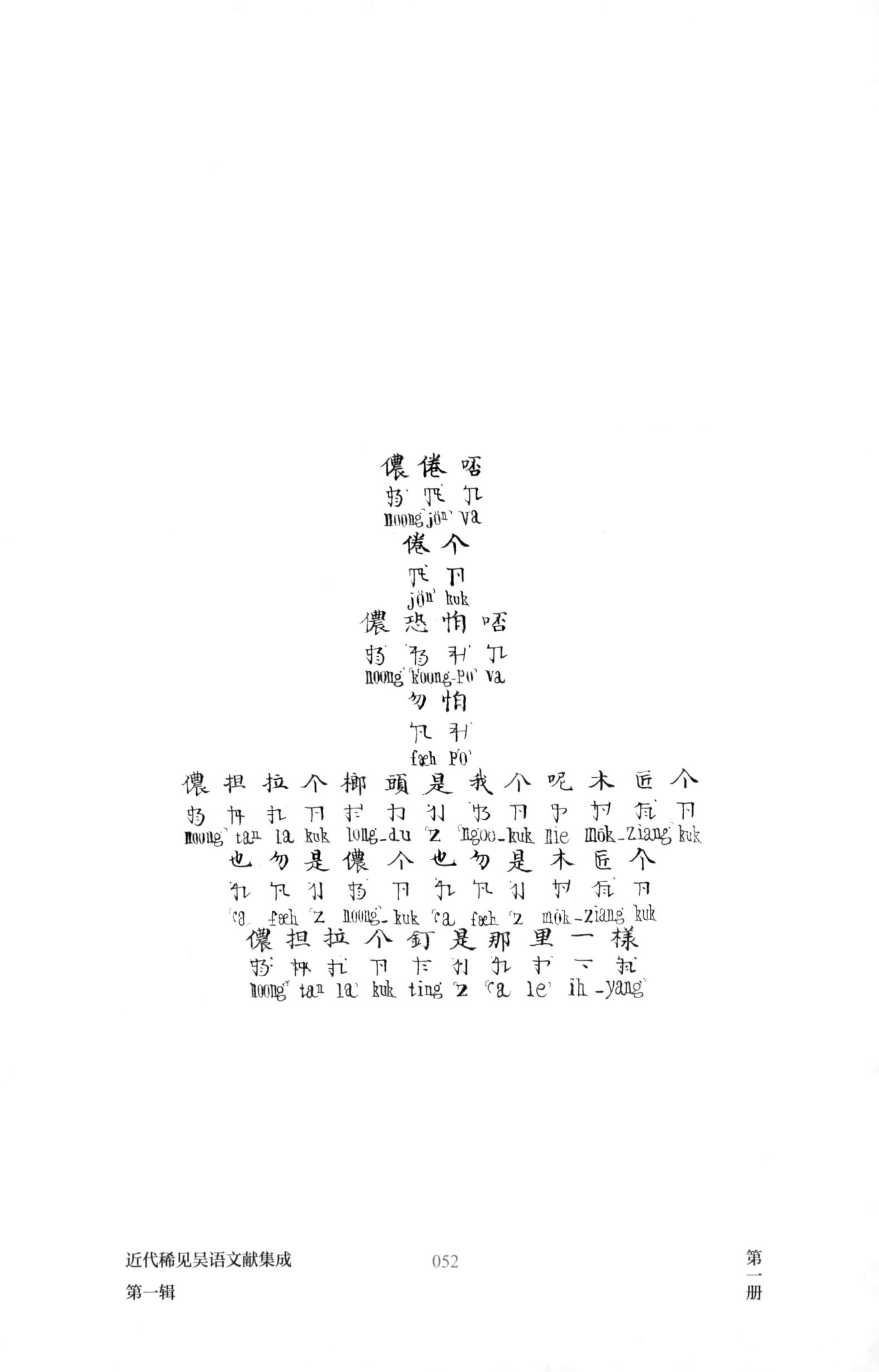

儂倦唔

noong jön' va

倦个

jön' kuk

儂恐怕唔

noong' ‘koong-p‘o' va

勿怕

fæh p‘o'

儂担拉个榔頭是我个呢木匠个

noong' tan la kuk long-du ‘z ‘ngoo-kuk nie mŏk-ziang' kuk

也勿是儂个也勿是木匠个

‘a fæh ‘z noong'-kuk ‘a fæh ‘z mŏk-ziang kuk

儂担拉个釘是那里一樣

noong' tan la' kuk ting ‘z ‘a le' ih-yang'

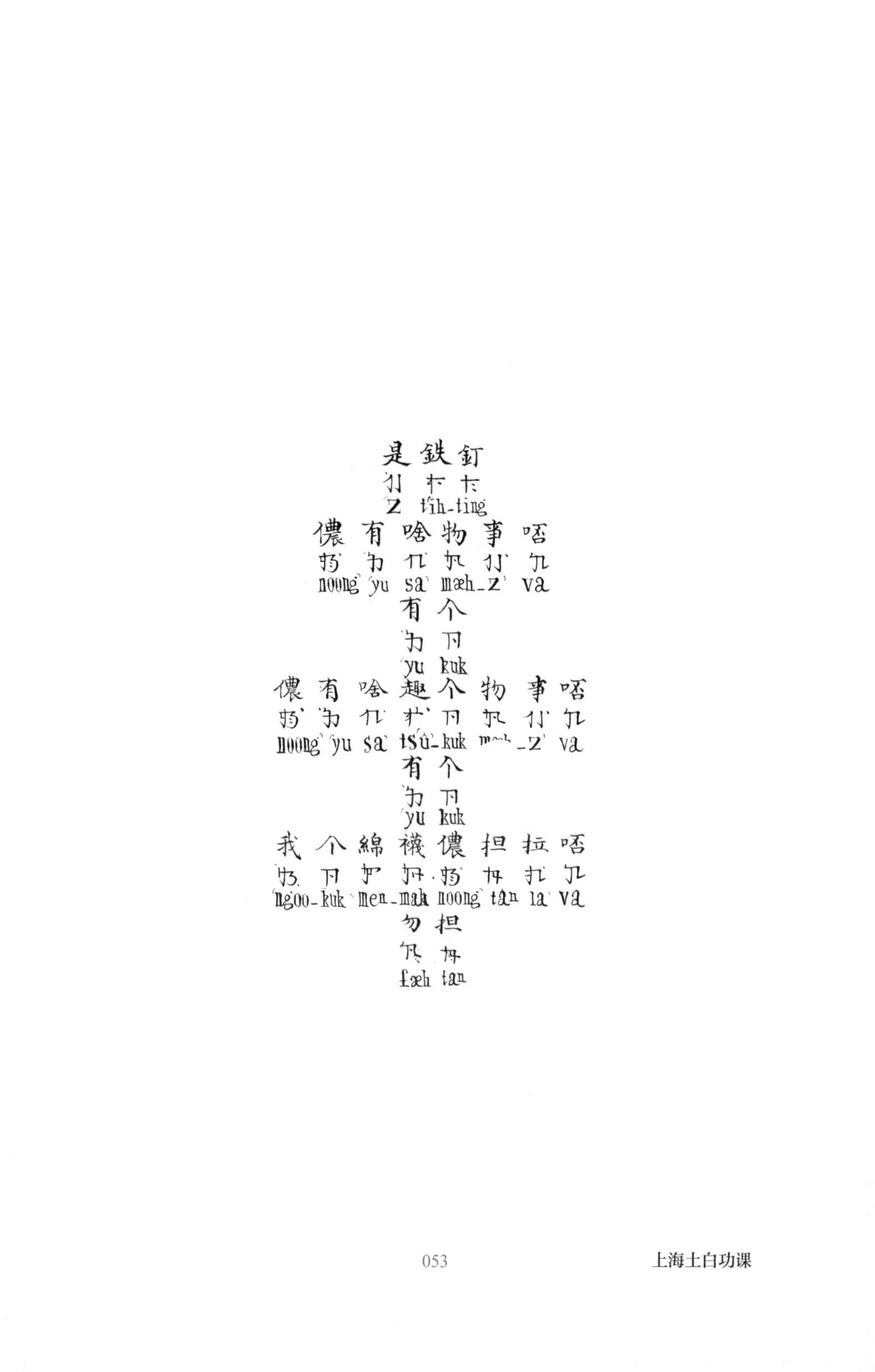

是鉄釘

Z t'ih-ting

儂 有 啥 物 事 喑

noong yu sa mæh-z va

有 个

yu kuk

儂 有 啥 趣 个 物 事 喑

noong yu sa ts'û-kuk mæh-z va

有 个

yu kuk

我 个 綿 襪 儂 担 拉 喑

ngoo-kuk men-mah noong tan la va

勿 担

fæh tan

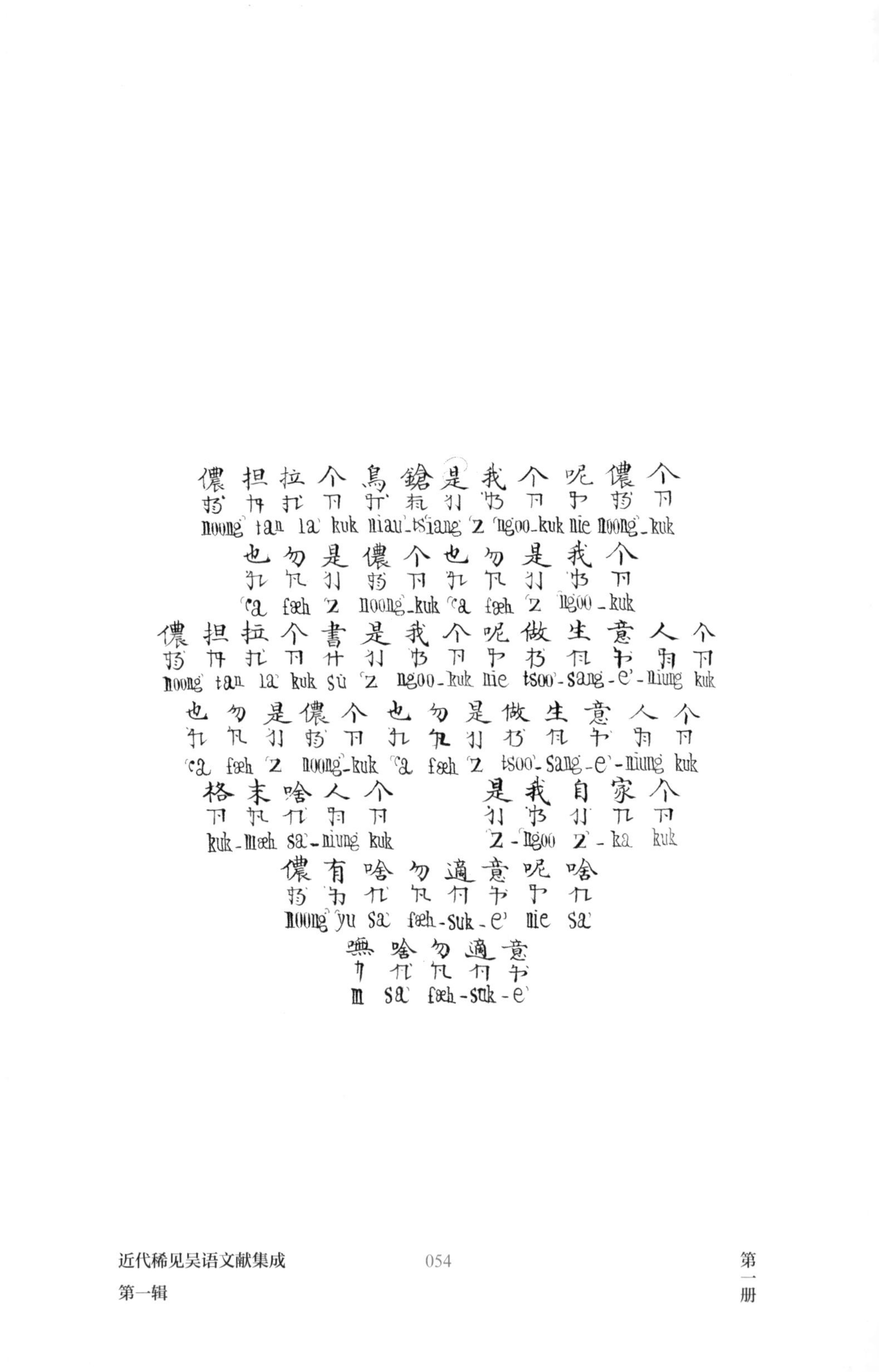

儂担拉个鳥鎗是我个呢儂个

noong' tan la' kuk niau'-ts'iang 'z 'ngoo-kuk nie noong'-kuk

也勿是儂个也勿是我个

'a fæh 'z noong'-kuk 'a fæh 'z 'ngoo-kuk

儂担拉个書是我个呢做生意人个

noong' tan la' kuk sü 'z ngoo-kuk nie tsoo'-sang-e'-niung kuk

也勿是儂个也勿是做生意人个

'a fæh 'z noong'-kuk 'a fæh 'z tsoo'-sang-e'-niung kuk

格末啥人个　　是我自家个

kuk-mæh sa'-niung kuk　　'z-'ngoo 'z'-ka kuk

儂有啥勿適意呢啥

noong' 'yu sa' fæh-suk-e' nie sa'

嘸啥勿適意

m sa' fæh-suk-e'

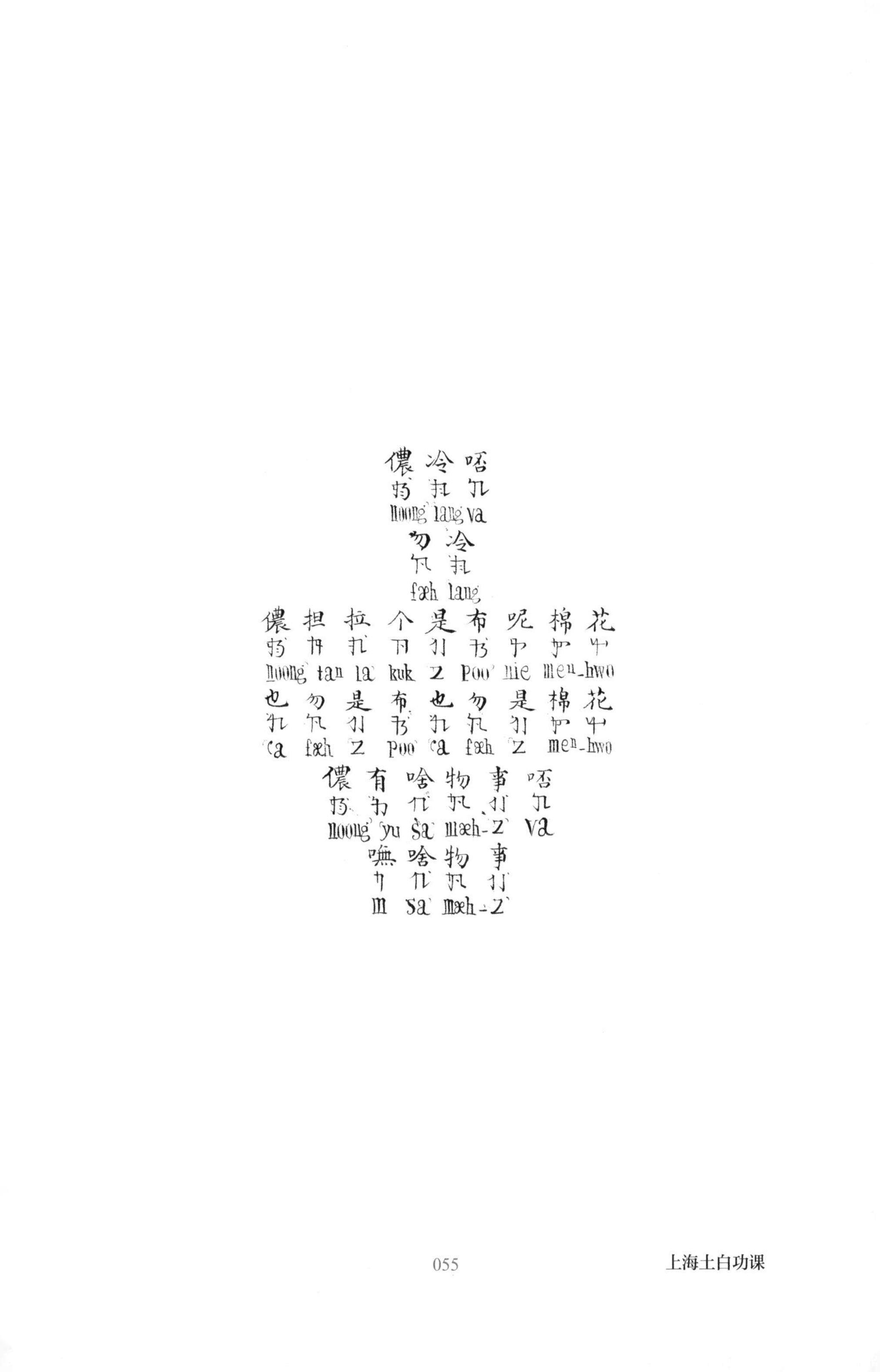

儂冷唔
noong lang va

勿冷
fæh lang

儂担拉个是布呢棉花
noong tan la kuk z poo nie men-hwo

也勿是布也勿是棉花
ca fæh z poo ca fæh z men-hwo

儂有啥物事唔
noong yu sa mæh-z va

嘸啥物事
m sa mæh-z

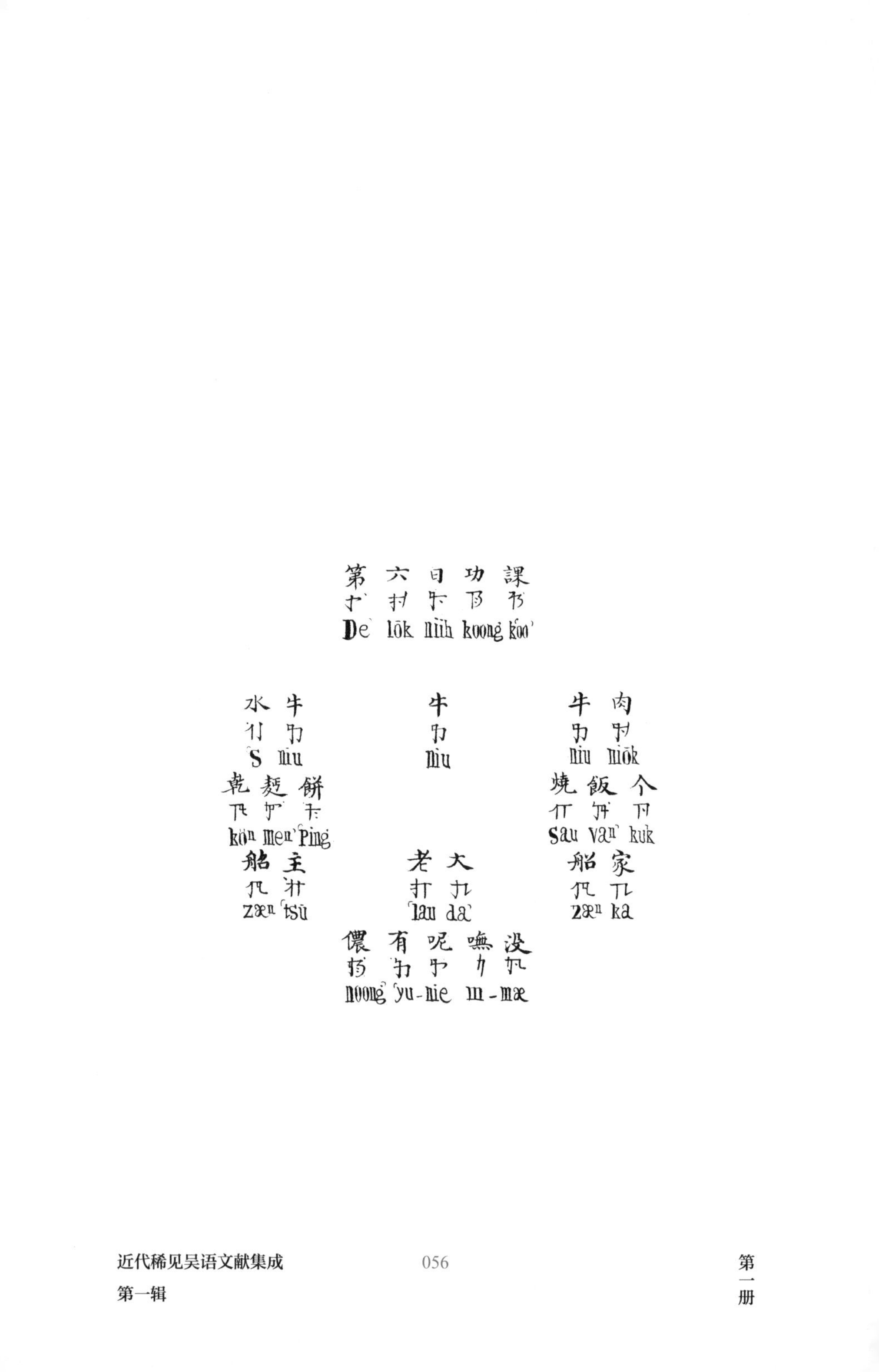

第六日功課

De' lōk nüh koong koo'

水牛
‘S niu

牛
niu

牛肉
niu niōk

乾麪餅
kö^{n} men^{n}' ‘ping

燒飯个
sau van^{n}' kuk

船主
zæ^{n} ‘tsü

老大
‘lau da'

船家
zæ^{n} ka

儂有呢嘸没
noong' ‘yu-nie m-mæ

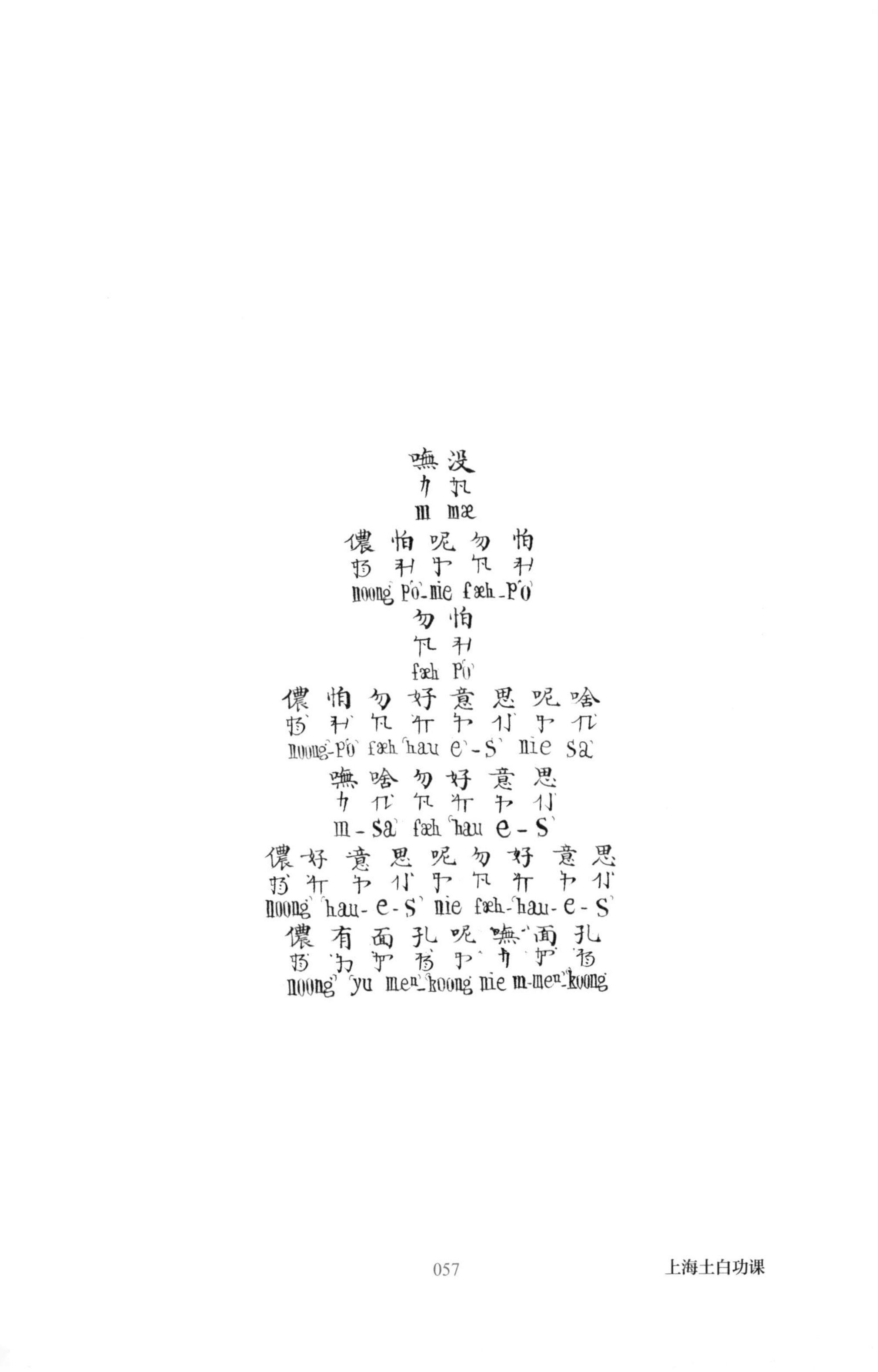

嘸没
[illegible]
m mæ

儂怕呢勿怕
[illegible]
noong Pó-nie fæh-Pó

勿怕
[illegible]
fæh Pó

儂怕勿好意思呢啥
[illegible]
noong-Pó fæh hau e-S nie sa

嘸啥勿好意思
[illegible]
m-sa fæh hau e-S

儂好意思呢勿好意思
[illegible]
noong hau-e-S nie fæh-hau-e-S

儂有面孔呢嘸面孔
[illegible]
noong yu men-koong nie m-men-koong

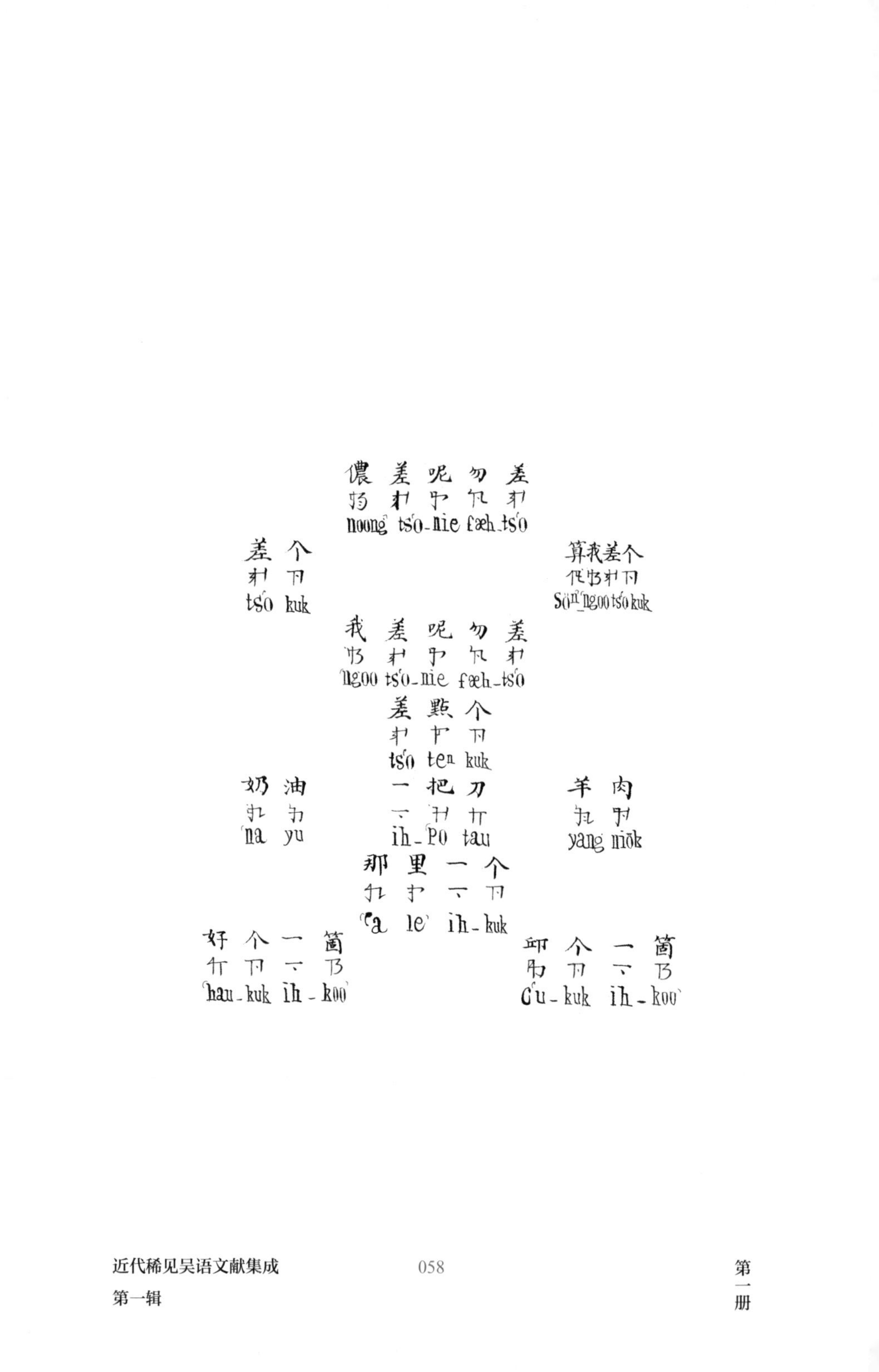

儂 差 呢 勿 差

noong ts'o-nie fæh-ts'o

差 个

ts'o kuk

算我差个

Sön-ngoo ts'o kuk

我 差 呢 勿 差

ngoo ts'o-nie fæh-ts'o

差 點 个

ts'o ten kuk

奶 油

na yu

一 把 刀

ih-po tau

羊 肉

yang niōk

那 里 一 个

'a le ih-kuk

好 个 一 箇

hau-kuk ih-koo

邱 个 一 箇

C'u-kuk ih-koo

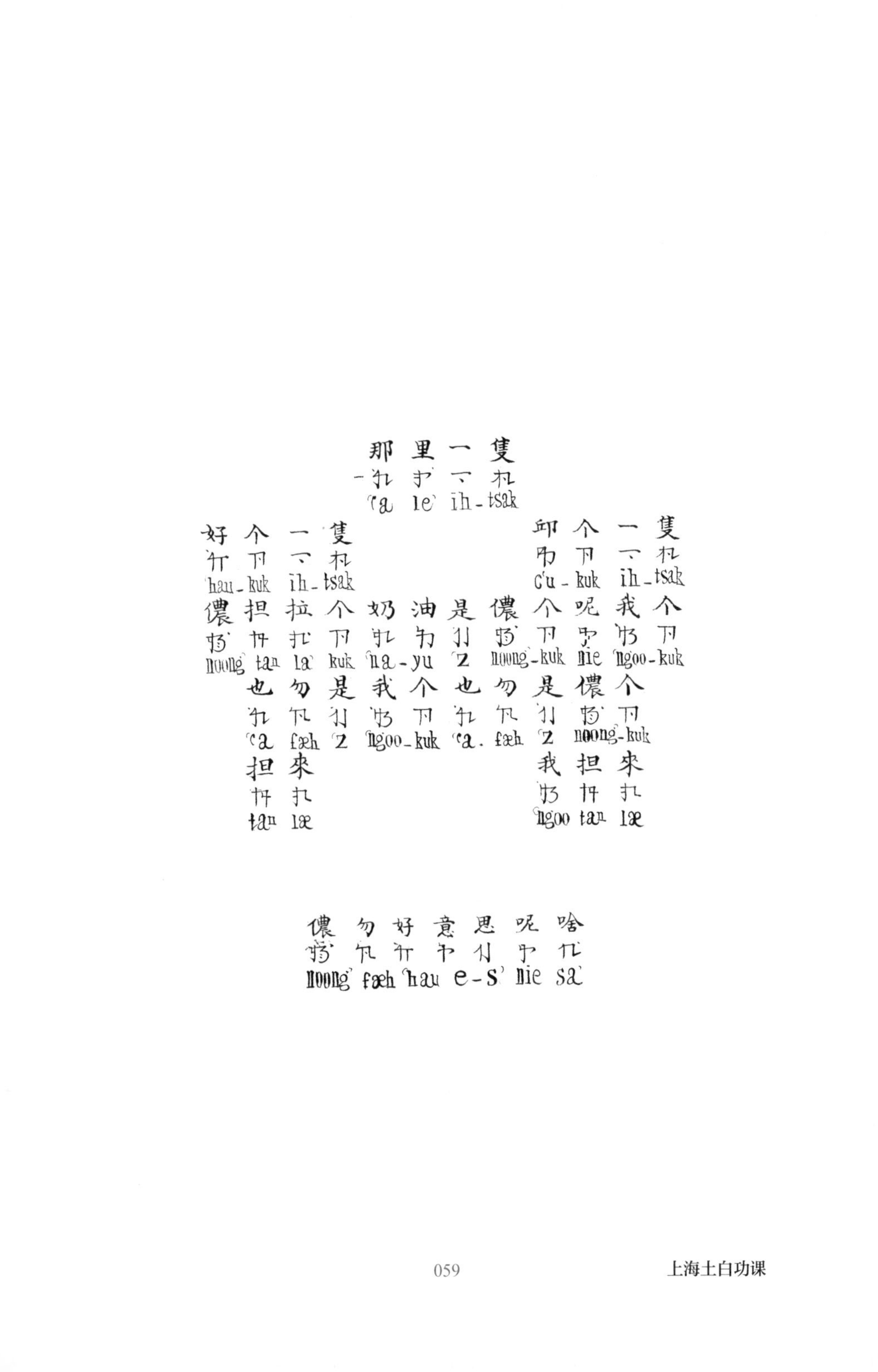

那里一隻
'a le' ih-tsak

好个一隻
'hau-kuk ih-tsak

卯个一隻
C'u-kuk ih-tsak

侬担拉个奶油是侬个呢我个
noong' tan la' kuk 'na-yu 'z noong'-kuk nie 'ngoo-kuk

也勿是我个也勿是侬个
'a fæh 'z 'ngoo-kuk 'a. fæh 'z noong'-kuk

担来
tan læ

我担来
'ngoo tan læ

侬勿好意思呢啥
noong' fæh 'hau e-s' nie sa'

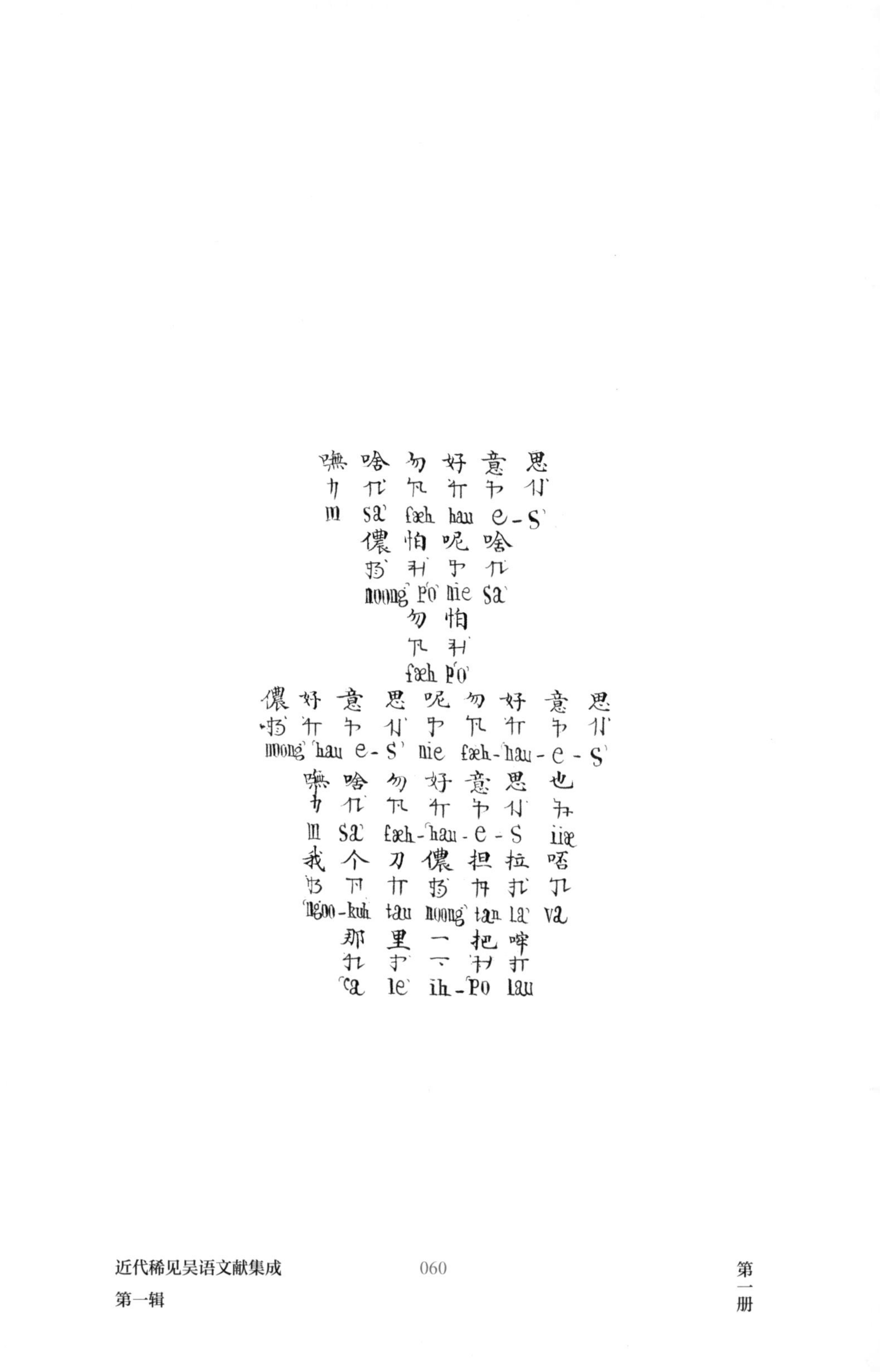

嘸啥勿好意思
m sa fæh hau e-s

儂怕呢啥
noong p'o nie sa

勿怕
fæh p'o

儂好意思呢勿好意思
noong hau e-s nie fæh-hau-e-s

嘸啥勿好意思也
m sa fæh-hau-e-s iiæ

我个刀儂担拉唔
ngoo-kuh tau noong tan la va

那里一把哰
'ca le ih-p'o lau

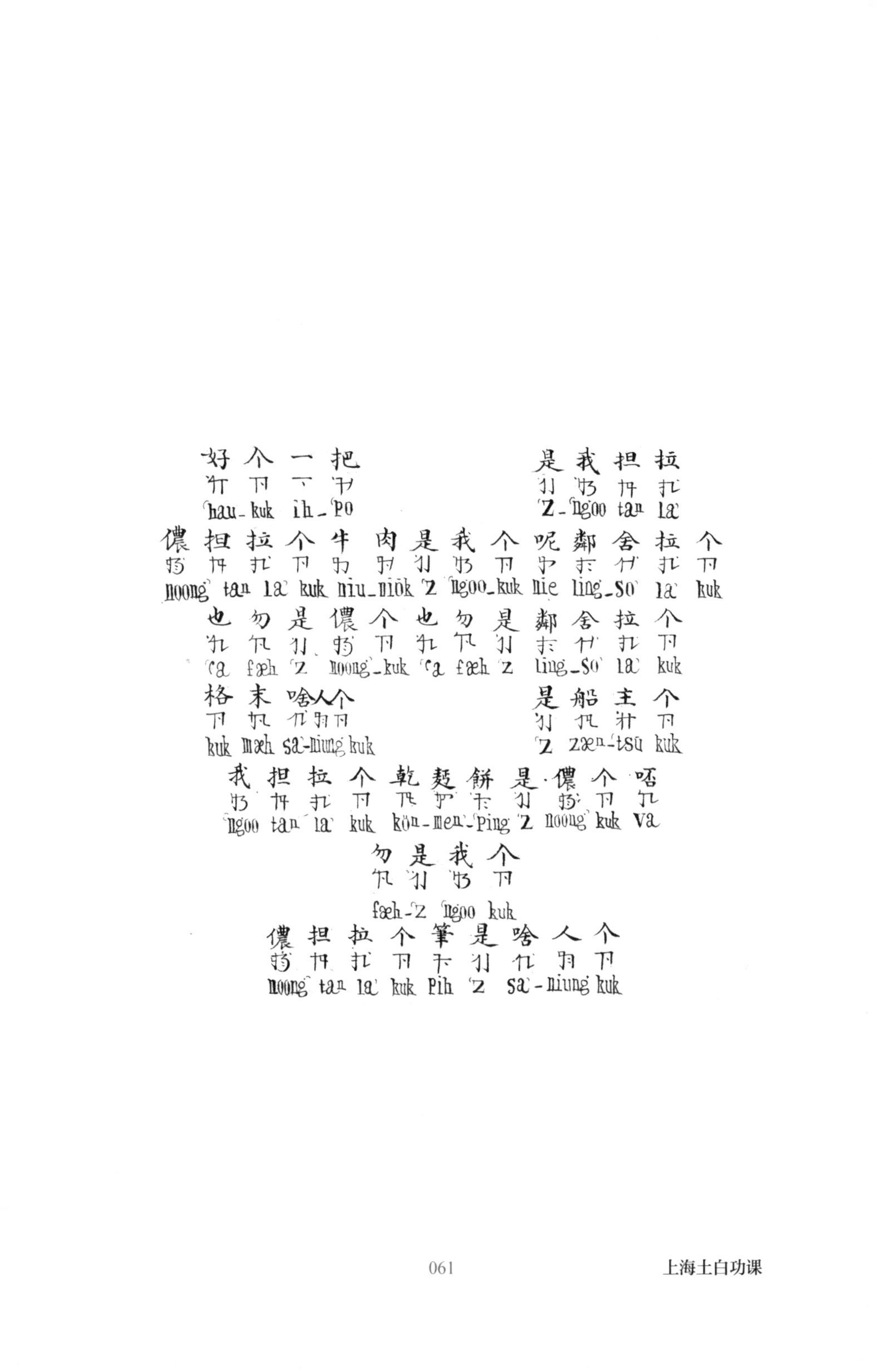

好 个 一 把 　　　　 是 我 担 拉
hau-kuk ih-po 　　　　 Z-ngoo tan la

儂 担 拉 个 牛 肉 是 我 个 呢 鄰 舍 拉 个
noong tan la kuk niu-niok Z ngoo-kuk nie ling-so la kuk

也 勿 是 儂 个 也 勿 是 鄰 舍 拉 个
a fæh Z noong-kuk a fæh Z ling-so la kuk

格 末 啥人个 　　　　 是 船 主 个
kuk mæh sa-niung kuk 　　　　 Z zæn-tsu kuk

我 担 拉 个 乾 麪 餅 是 儂 个 唔
ngoo tan la kuk kön-men-ping Z noong kuk va

勿 是 我 个
fæh-Z ngoo kuk

儂 担 拉 个 筆 是 啥 人 个
noong tan la kuk pih Z sa-niung kuk

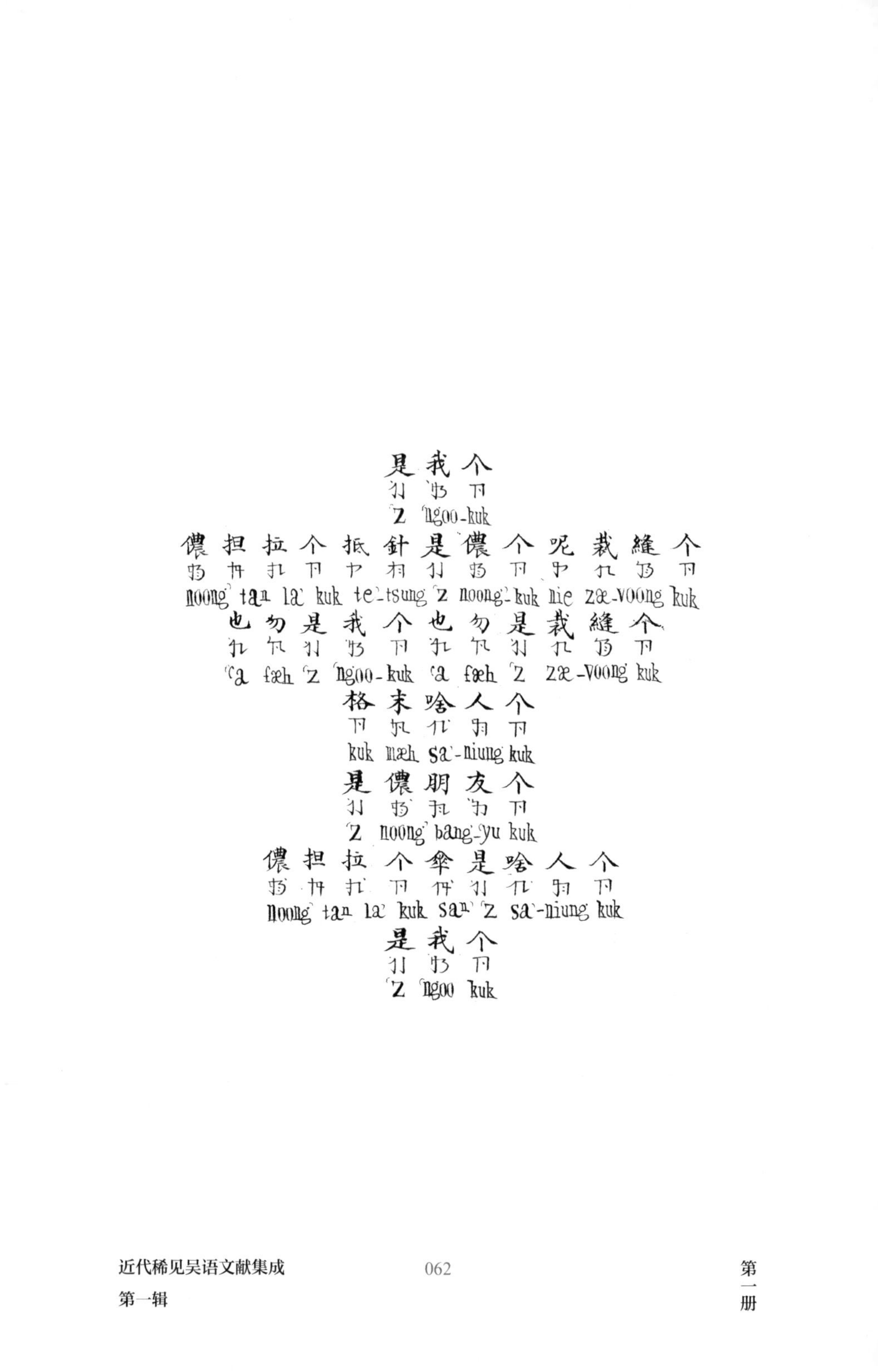

是我个

‘Z ‘ngoo-kuk

侬担拉个抵針是侬个呢裁縫个

noong' tan la' kuk te'-tsung ‘z noong'-kuk nie zæ-voong kuk

也勿是我个也勿是裁縫个

‘a fæh ‘z ‘ngoo-kuk ‘a fæh ‘z zæ-voong kuk

格末啥人个

kuk mæh sa'-niung kuk

是侬朋友个

‘z noong' bang-‘yu kuk

侬担拉个伞是啥人个

noong' tan la' kuk san' ‘z sa'-niung kuk

是我个

‘z ‘ngoo kuk

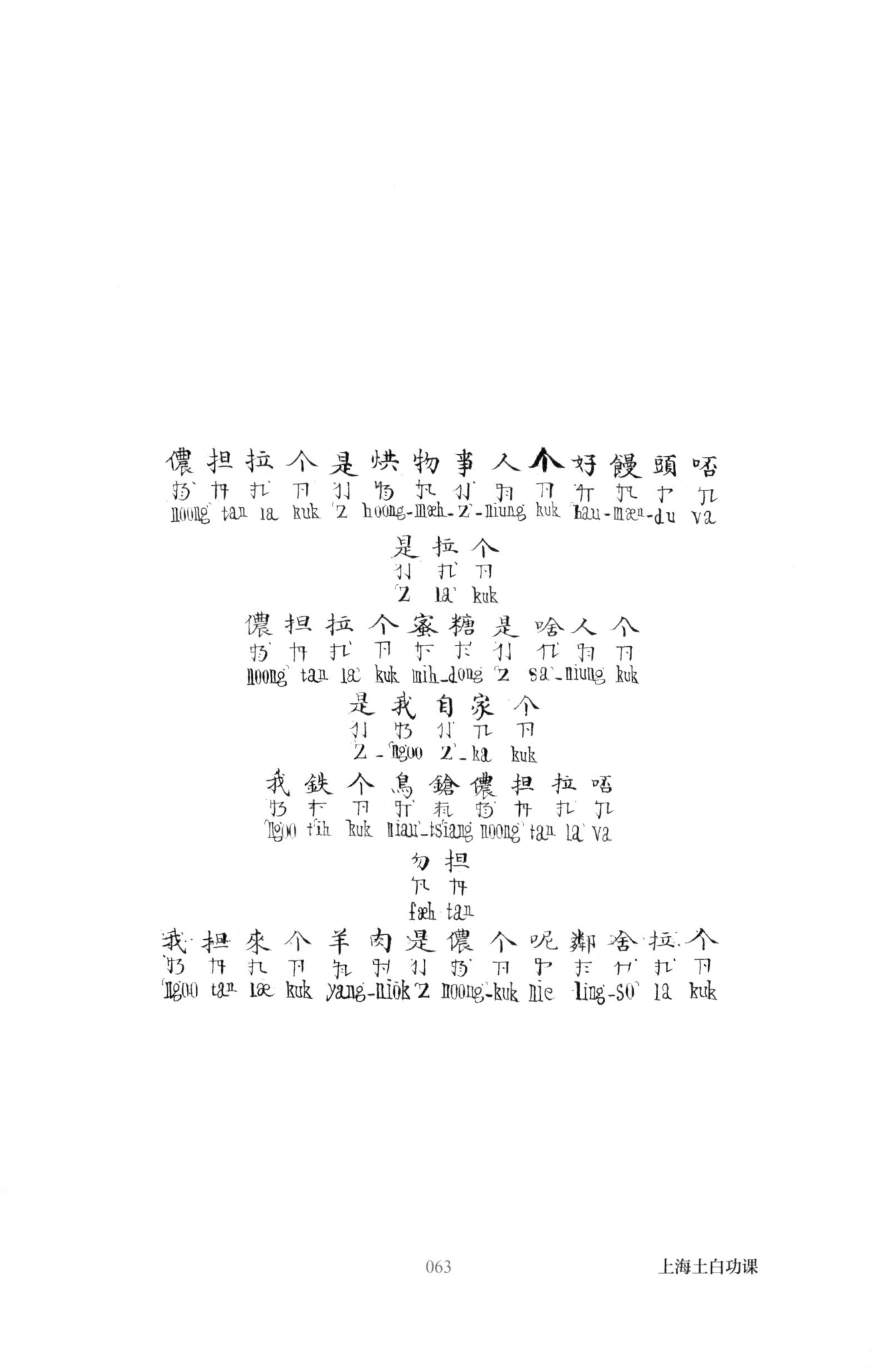

儂担拉个是烘物事人个好饅頭唔

noong tan la kuk z hoong-mæh-z-niung kuk hau-mæn-du va

是拉个

z la kuk

儂担拉个蜜糖是啥人个

noong tan la kuk mih-dong z sa-niung kuk

是我自家个

z-ngoo z-ka kuk

我鉄个鳥鎗儂担拉唔

ngoo t'ih kuk niau-tsiang noong tan la va

勿担

fæh tan

我担來个羊肉是儂个呢鄰舍拉个

ngoo tan læ kuk yang-niok z noong-kuk nie ling-so la kuk

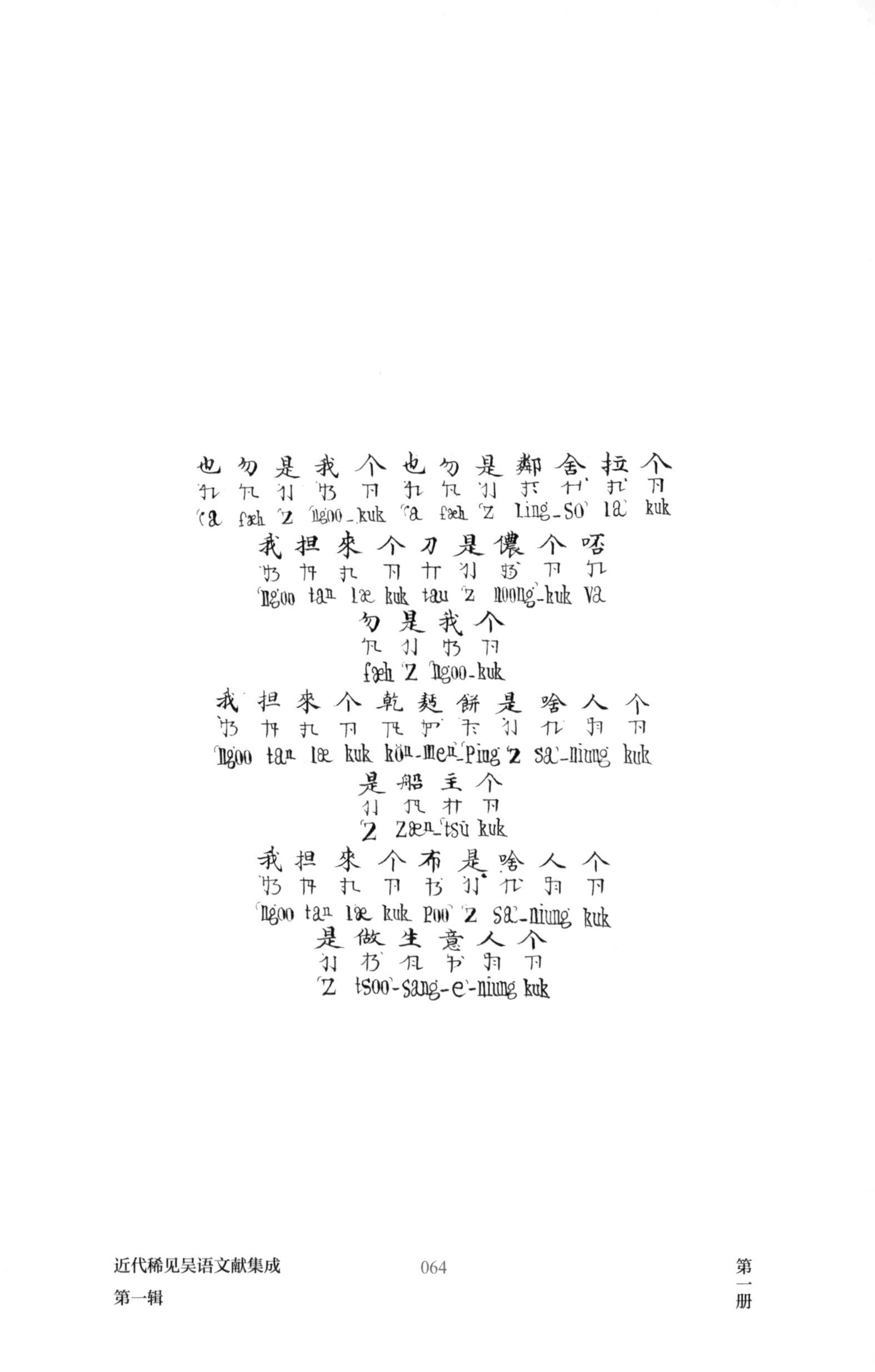

也勿是我个也勿是鄰舍拉个

'a fæh 'z 'ngoo-kuk 'a fæh 'z Ling-so' la' kuk

我担來个刀是儂个唔

'ngoo tan læ kuk tau 'z noong'-kuk va

勿是我个

fæh 'z 'ngoo-kuk

我担來个乾麪餅是啥人个

'ngoo tan læ kuk kön-men'-'ping 'z sa'-niung kuk

是船主个

'z zæn-'tsü kuk

我担來个布是啥人个

'ngoo tan læ kuk poo' 'z sa'-niung kuk

是做生意人个

'z tsoo'-sang-e'-niung kuk

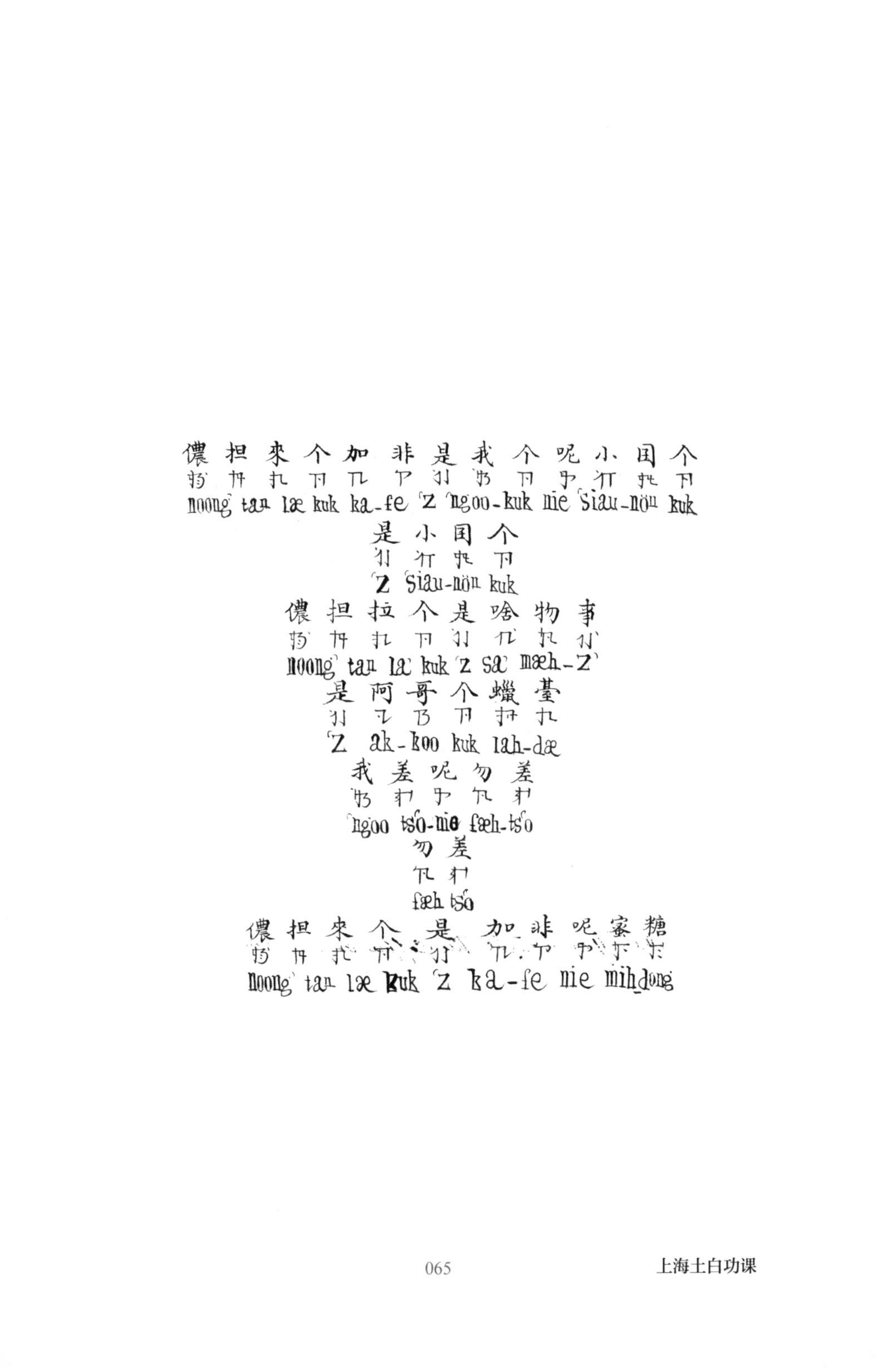

儂 担 來 个 加 非 是 我 个 呢 小 囝 个

noong' tan læ kuk ka-fe 'Z 'ngoo-kuk nie 'Siau-nön kuk

是 小 囝 个

'Z 'Siau-nön kuk

儂 担 拉 个 是 啥 物 事

noong' tan la' kuk 'Z sa' mæh-Z'

是 阿 哥 个 蠟 臺

'Z ak-koo kuk lah-dæ

我 差 呢 勿 差

'ngoo ts'o-nie fæh-ts'o

勿 差

fæh ts'o

儂 担 來 个 是 加 非 呢 蜜 糖

noong' tan læ kuk 'Z ka-fe nie mih-dong

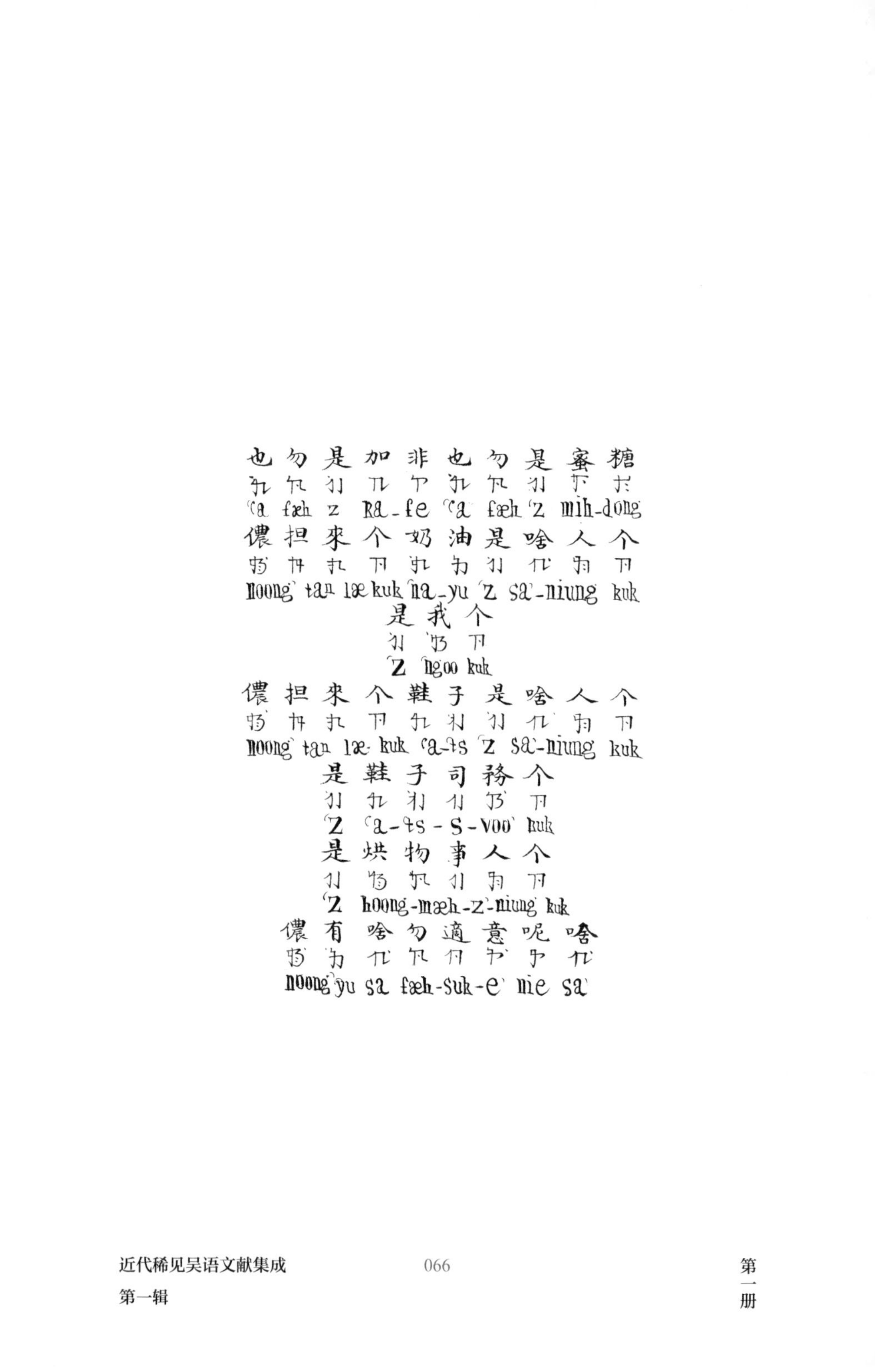

也勿是加非也勿是蜜糖

ʻa fæh z ka-fe ʻa fæh ʻz mih-dong

儂担來个奶油是啥人个

noong` tan læ kuk ʻna-yu ʻz sa`-niung kuk

是我个

ʻz ʻngoo kuk

儂担來个鞋子是啥人个

noong` tan læ kuk ʻa-ts ʻz sa`-niung kuk

是鞋子司務个

ʻz ʻa-ts-s-voo` kuk

是烘物事人个

ʻz hoong-mæh-z`-niung kuk

儂有啥勿適意呢啥

noong` ʻyu sa fæh-suk-e` nie sa`

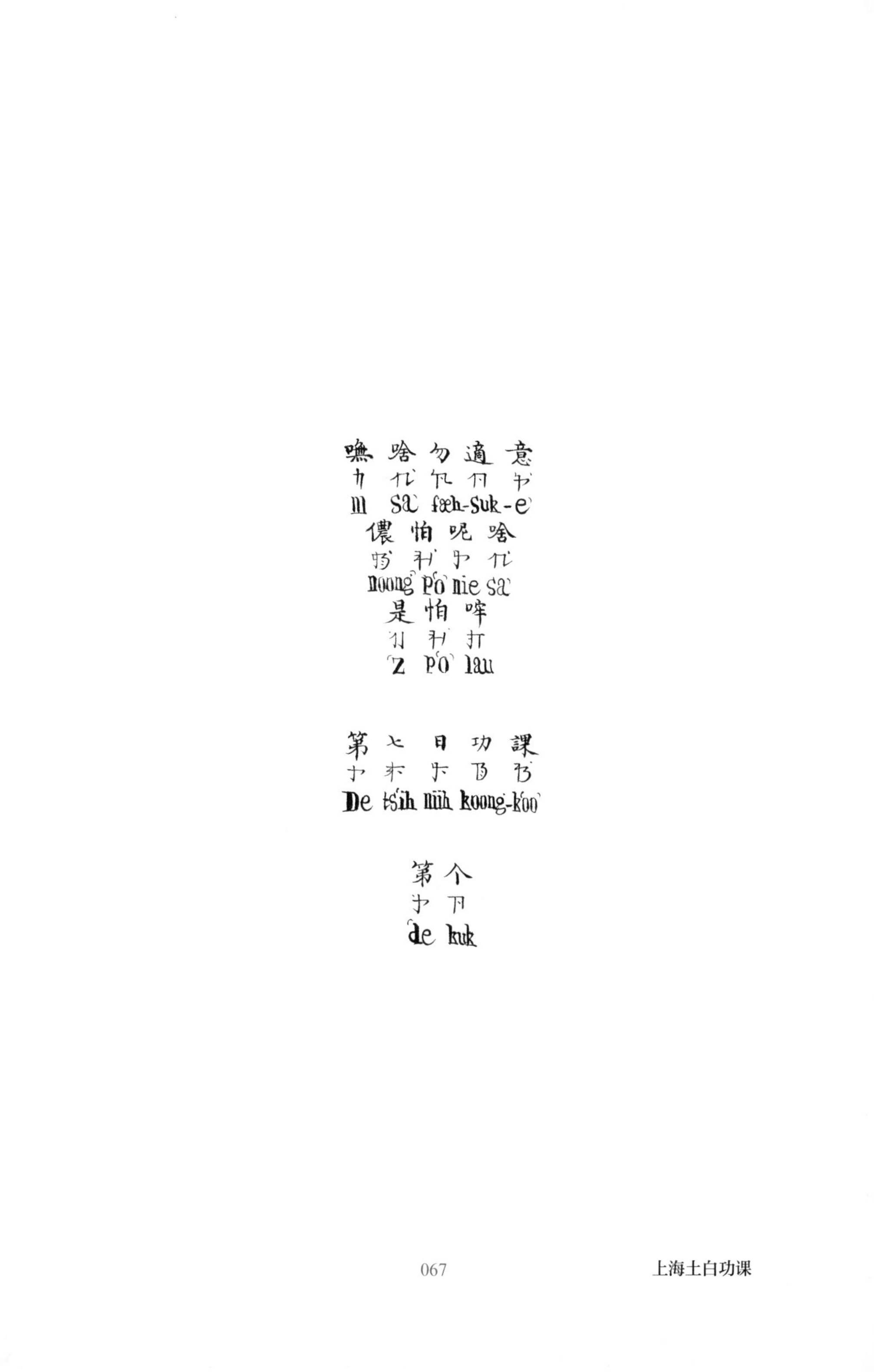

嘸啥勿適意

m sa' fæh-suk-e'

儂怕呢啥

noong po' nie sa'

是怕咾

'z po' lau

第七日功課

De ts'ih niih koong-k'oo

第个

'de kuk

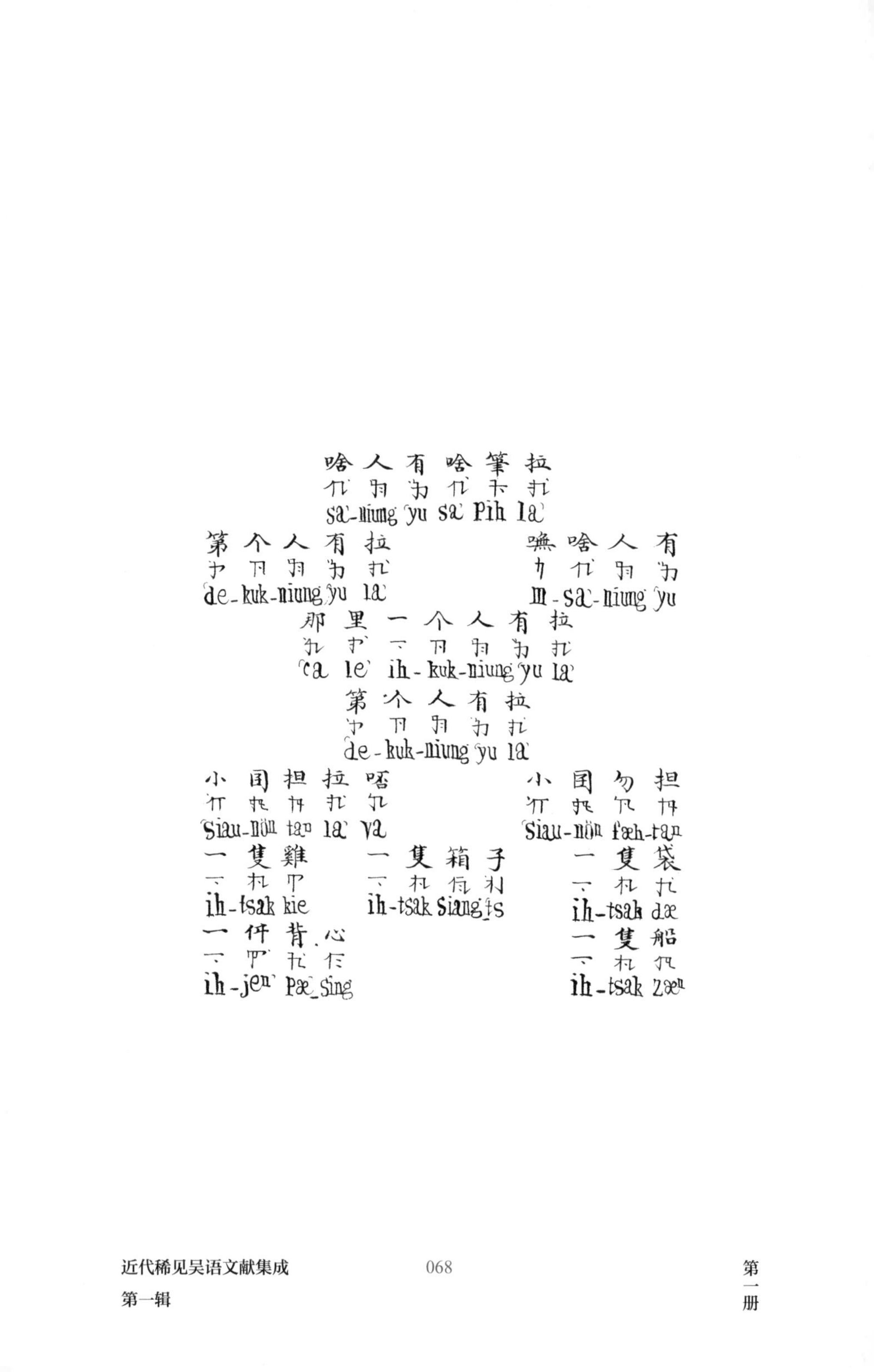

啥人有啥筆拉
sa'-niung 'yu sa' pih la'

第个人有拉
'de-kuk-niung 'yu la'

嘸啥人有
m-sa'-niung 'yu

那里一个人有拉
'ca le' ih-kuk-niung 'yu la'

第个人有拉
'de-kuk-niung 'yu la'

小囝担拉嗒
'Siau-nö^{n} ta^{n} la' va

小囝勿担
'Siau-nö^{n} fæh-ta^{n}

一隻雞
ih-tsak kie

一隻箱子
ih-tsak siang-ts

一隻袋
ih-tsak dæ

一件背心
ih-je^{n}' pæ-sing

一隻船
ih-tsak zæ^{n}

年 紀 輕 个 人
nien-kie c'ung kuk niung
後 生 家
c'u sang ka
伊
ce
背 心 伊 有 拉
Pæ-sing ce yu la
伊 有 拉
ce yu la
伊 有
ce yu
背 心 伊 嘸 没
Pæ-sing ce m-mæ
伊 嘸 没
ce m mæ
伊 有 啥 刀 唔
ce yu-sa tau va
嘸 没
m mæh

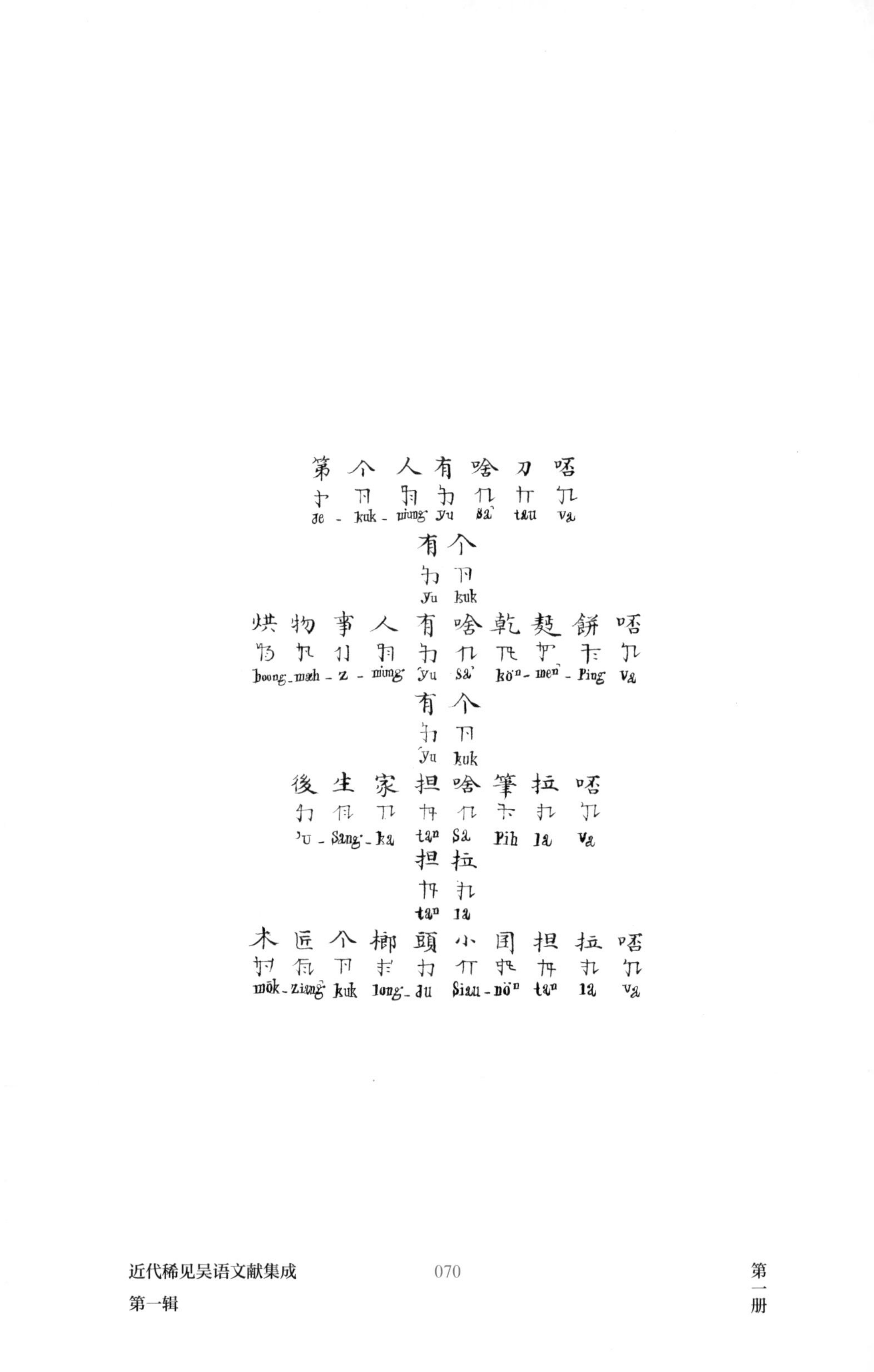

第个人有啥刀𠲎

je - kuk - niung yu sa' tau va

有个

yu kuk

烘物事人有啥乾麪餅𠲎

hoong-mæh - z - niung 'yu sa' kö^{n} - me^{n} - Ping va

有个

'yu kuk

後生家担啥筆拉𠲎

'u - Sang - ka ta^{n} Sa Pih la va

担拉

ta^{n} la

木匠个榔頭小囯担拉𠲎

mōk - ziang kuk long - du Siau - nö^{n} ta^{n} la va

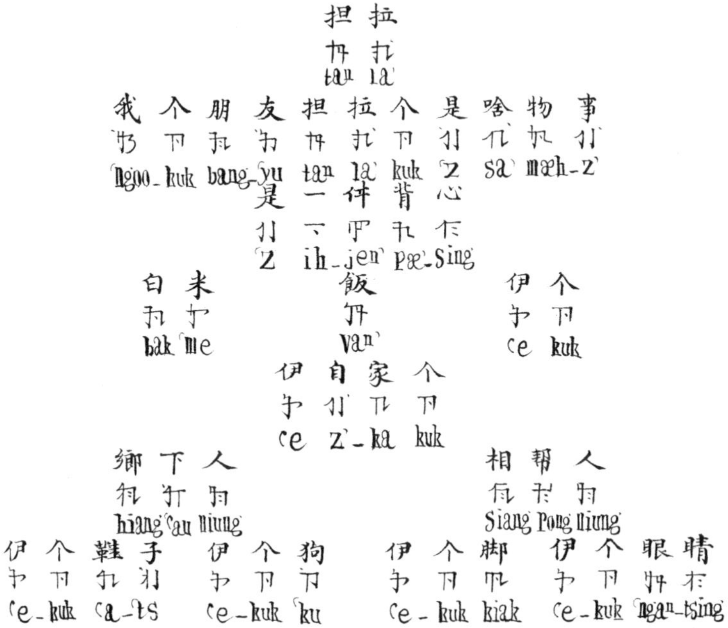
担拉
tan la
我个朋友担拉个是啥物事
Ngoo-kuk bang-yu tan la kuk z sa mæh-z
是一件背心
z ih-jen pæ-sing
白米
bak me
飯
van
伊个
ce kuk
伊自家个
ce z-ka kuk
鄉下人
hiang au niung
相帮人
Siang pong niung
伊个鞋子
ce-kuk a-ts
伊个狗
ce-kuk ku
伊个脚
ce-kuk kiak
伊个眼睛
ce-kuk ngan-tsing

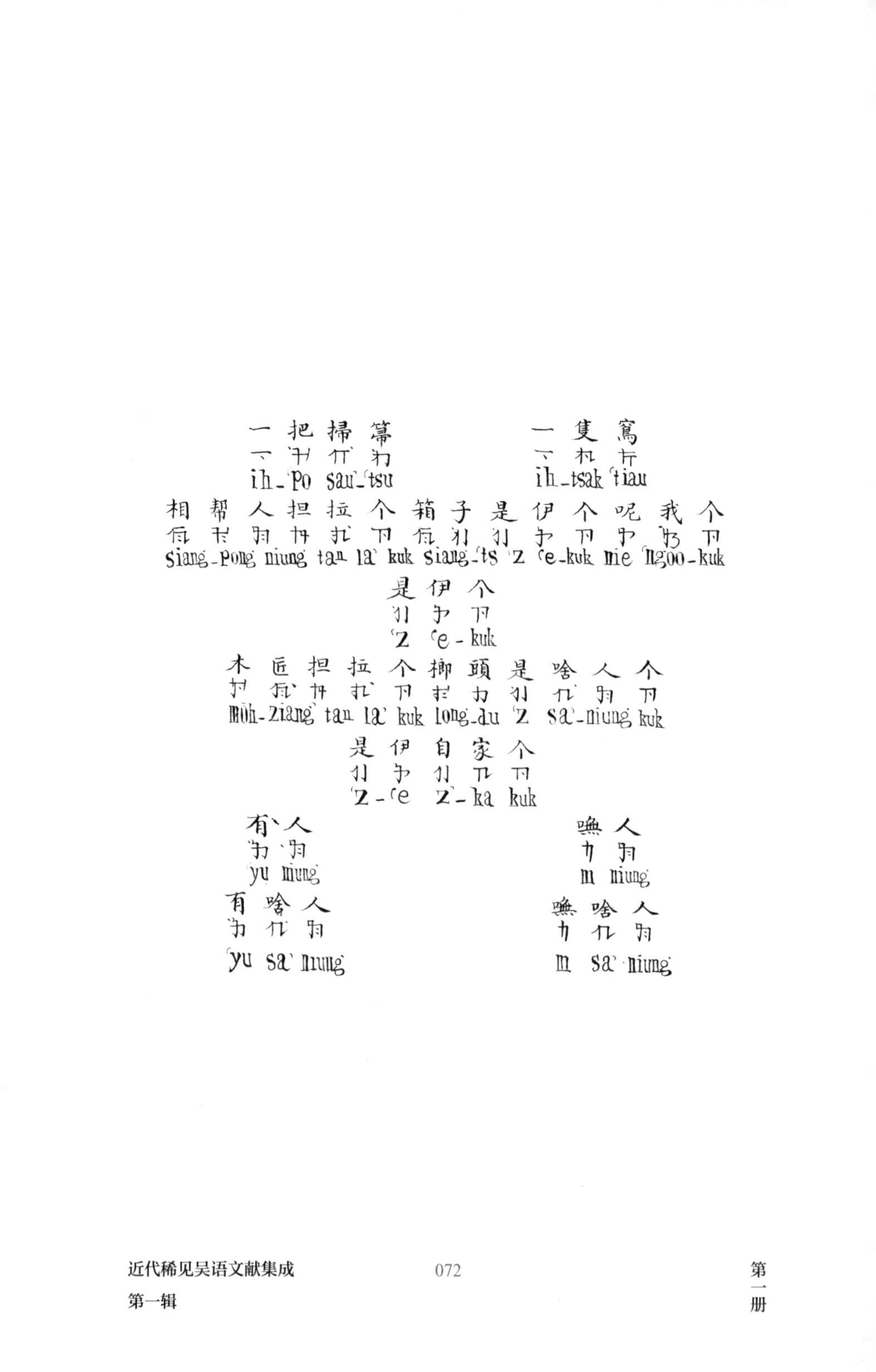

一把掃箒
ih-ʻpo sau'-ʻtsu

一隻鳥
ih-tsak ʻtiau

相帮人担拉个箱子是伊个呢我个
siang-pong niung tan la' kuk siang-ʻts ʻz ʻe-kuk nie ʻngoo-kuk

是伊个
ʻz ʻe-kuk

木匠担拉个榔頭是啥人个
mŏh-ziang' tan la' kuk long-du ʻz sa'-niung kuk

是伊自家个
ʻz-ʻe z'-ka kuk

有人
ʻyu niung

嘸人
m niung

有啥人
ʻyu sa' niung

嘸啥人
m sa' niung

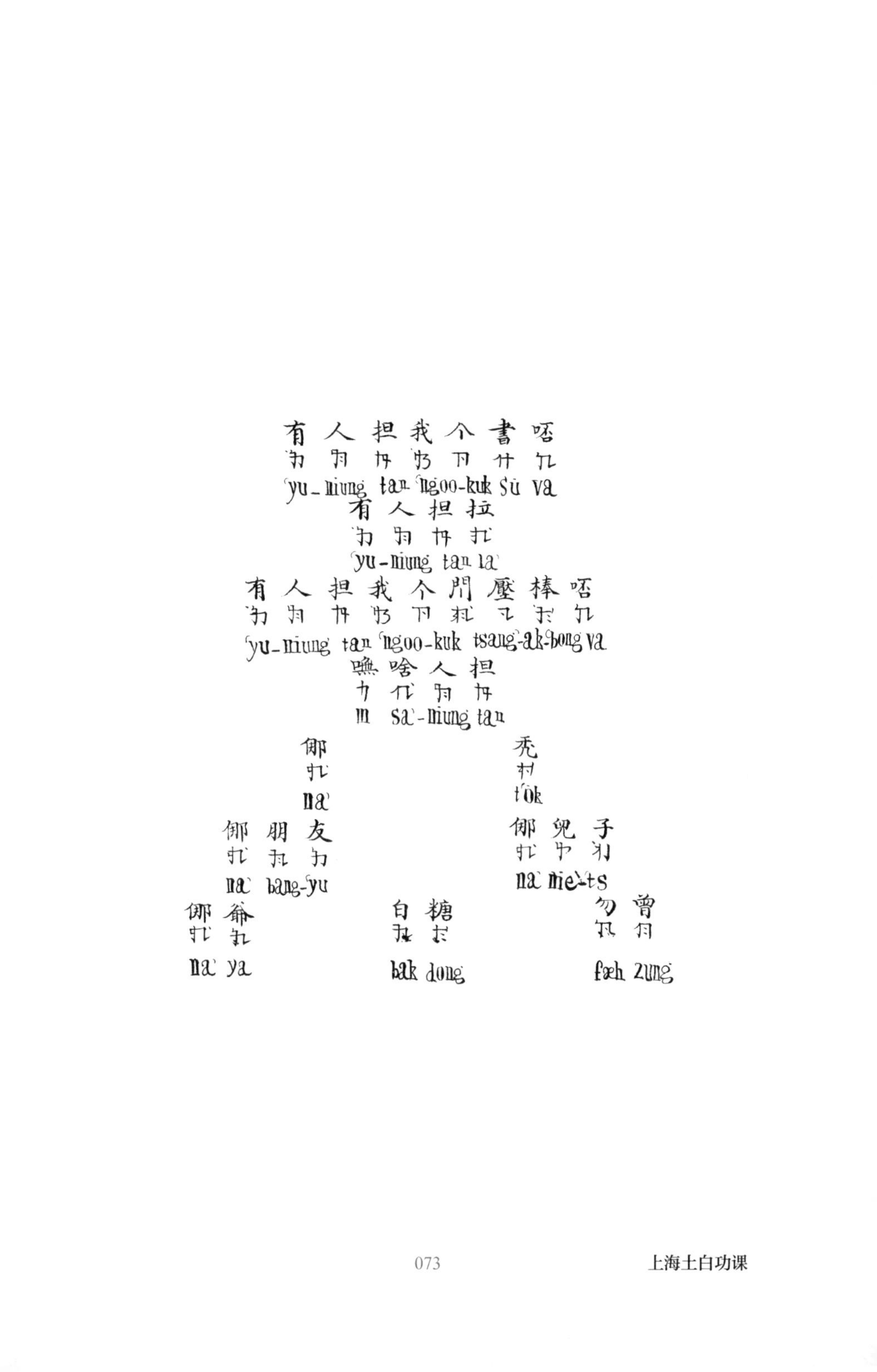

有人担我个書唔

'yu-niung tan 'ngoo-kuk sü va

有人担拉

'yu-niung tan la'

有人担我个門壓棒唔

'yu-niung tan 'ngoo-kuk tsang-ak-bong va

嘸啥人担

m sa'-niung tan

㑚

na'

秃

t'ok

㑚 朋 友

na' bang-'yu

㑚 兒 子

na' nie-'ts

㑚 爺

na' ya

白 糖

bak dong

勿 曾

fæh zung

秃 勿 曾 担 儂 个 書

t'ŏk fæh zung tan noong-kuk sû

啥 人 担 我 个 箱 子

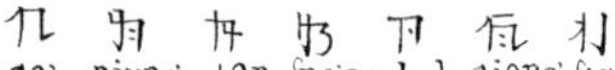

sa-niung tan ʻngoo-kuk siang-ʻts

小 囝 担 拉

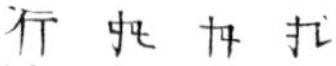

ʻsiau-nön tan la

伊 渴 呢 餓

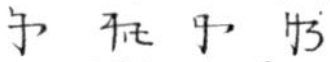

ʻe k'öh nie ʻngoo

也 勿 渴 也 勿 餓

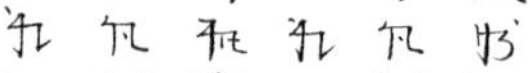

ʻa fæh-k'öh ʻa fæh-ngoo

後 生 家 担 啥 雞 咾

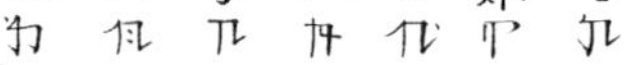

ʻu-sang-ka tan sa kie va

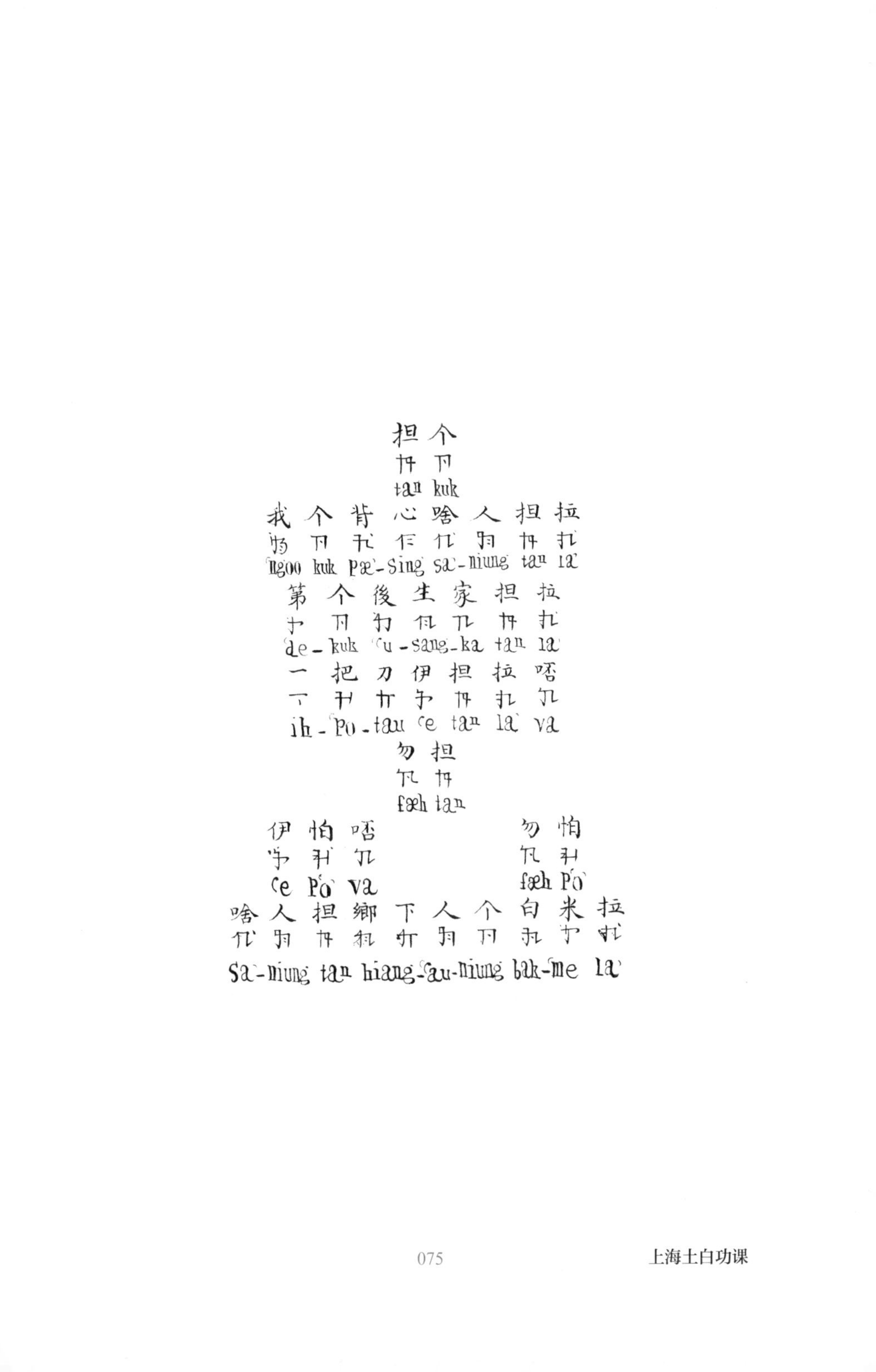

担 个

ta^{n} kuk

我 个 背 心 啥 人 担 拉

ngoo kuk pæ‘-sing sa‘-niung ta^{n} la‘

第 个 後 生 家 担 拉

de-kuk ‘u-sang-ka ta^{n} la‘

一 把 刀 伊 担 拉 唔

ih-po-tau ‘e ta^{n} la‘ va

勿 担

fæh ta^{n}

伊 怕 唔　　　　勿 怕

‘e po‘ va　　　　fæh po‘

啥 人 担 鄉 下 人 个 白 米 拉

sa‘-niung ta^{n} hiang-‘au-niung bak-me la‘

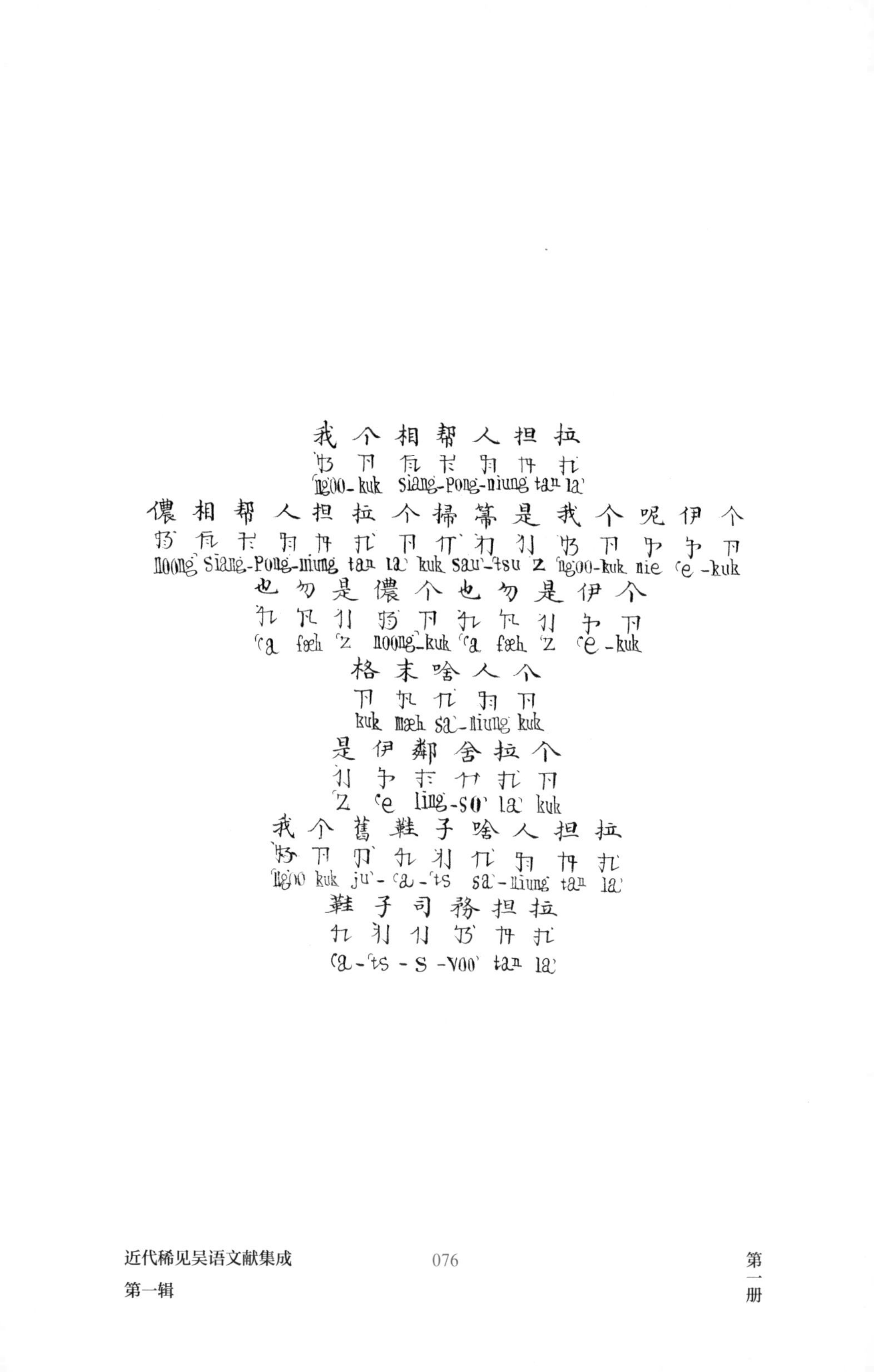

我个相帮人担拉

‘ngoo-kuk siang-pong-niung tan la’

侬相帮人担拉个掃箒是我个呢伊个

noong’ siang-pong-niung tan la’ kuk sau’-tsu ‘z ‘ngoo-kuk nie ‘e-kuk

也勿是侬个也勿是伊个

‘a fæh ‘z noong’-kuk ‘a fæh ‘z ‘e-kuk

格末啥人个

kuk mæh sa’-niung kuk

是伊鄰舍拉个

‘z ‘e ling-so’ la’ kuk

我个舊鞋子啥人担拉

‘ngoo kuk ju’-‘a-‘ts sa’-niung tan la’

鞋子司務担拉

‘a-‘ts-s-voo’ tan la’

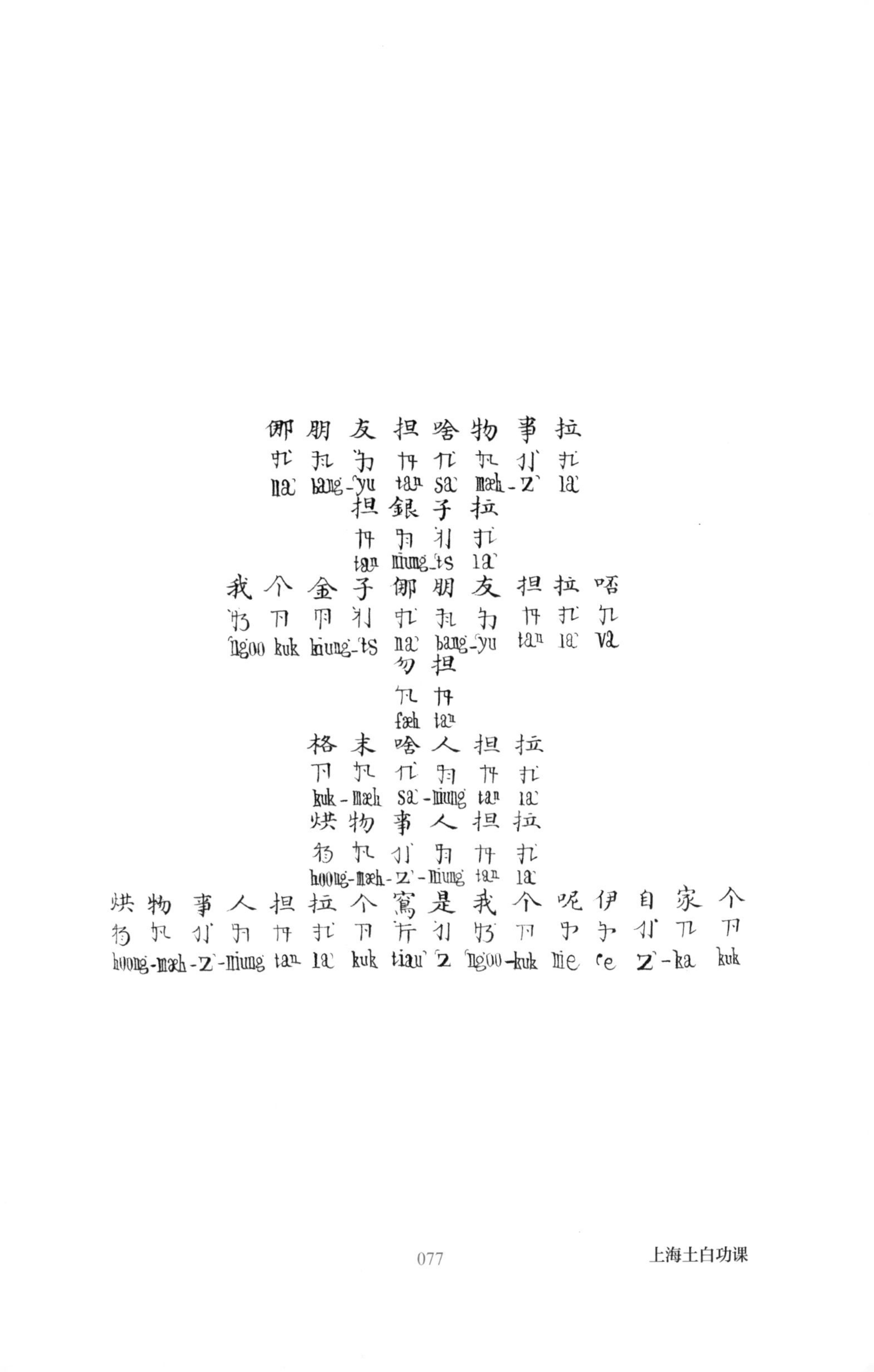

倻朋友担啥物事拉

na' bang-'yu tan sa' mæh-z` la'

担銀子拉

tan niung-'ts la'

我个金子倻朋友担拉唔

'ngoo kuk kiung-'ts na' bang-'yu tan la' va

勿担

fæh tan

格末啥人担拉

kuk-mæh sa'-niung tan la'

烘物事人担拉

hoong-mæh-z`-niung tan la'

烘物事人担拉个寫是我个呢伊自家个

hoong-mæh-z`-niung tan la' kuk tiau' 'z 'ngoo-kuk nie 'e z`-ka kuk

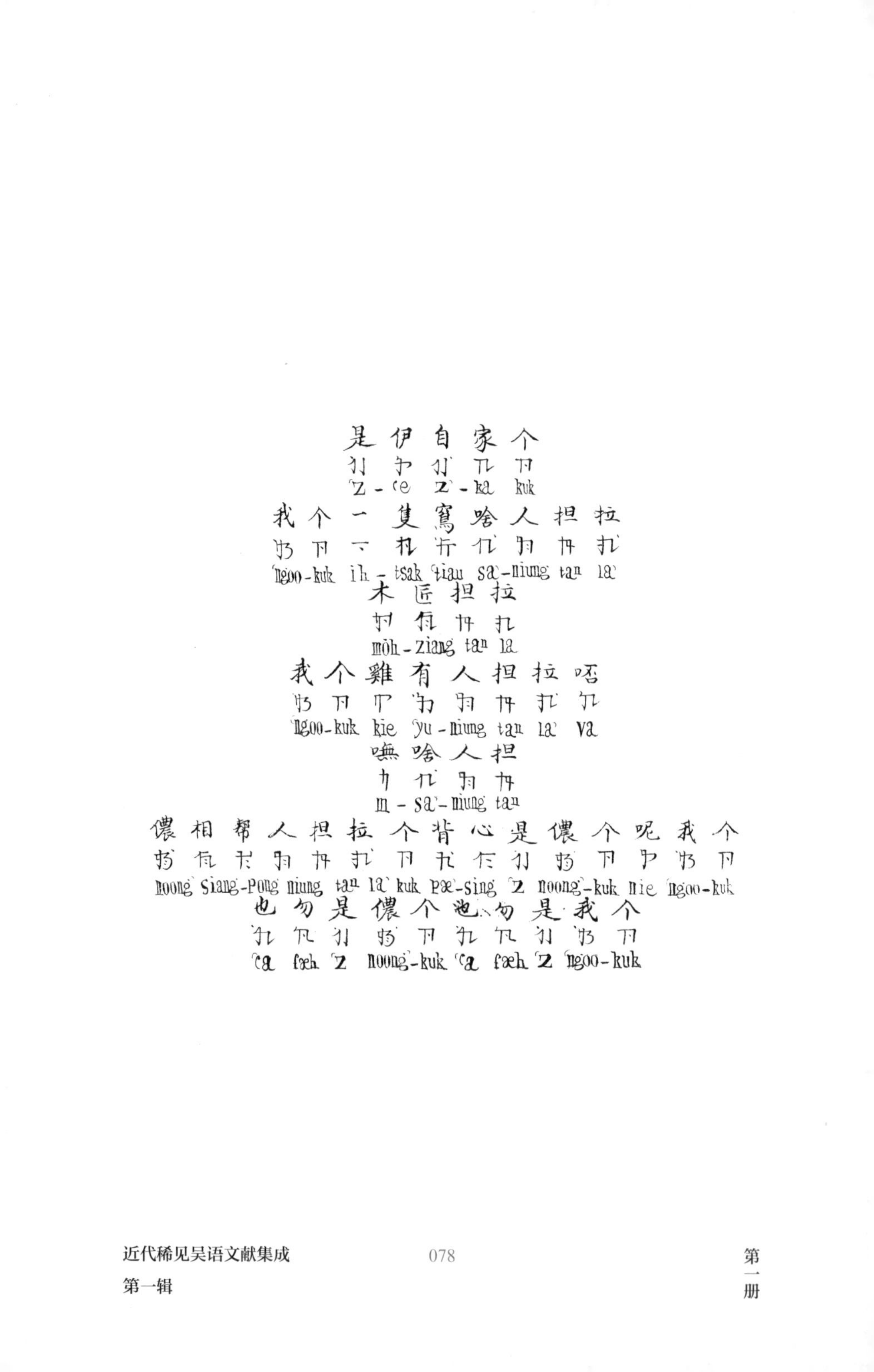

是伊自家个
Z-'e z-ka kuk

我个一隻窵啥人担拉
ngoo-kuk ih-tsak tiau sa-niung tan la
木匠担拉
mōh-ziang tan la

我个雞有人担拉唔
ngoo-kuk kie yu-niung tan la va
嘸啥人担
m-sa-niung tan

儂相帮人担拉个背心是儂个呢我个
noong Siang-Pong niung tan la kuk pæ-sing z noong-kuk nie ngoo-kuk
也勿是儂个也勿是我个
'a fæh z noong-kuk 'a fæh z ngoo-kuk

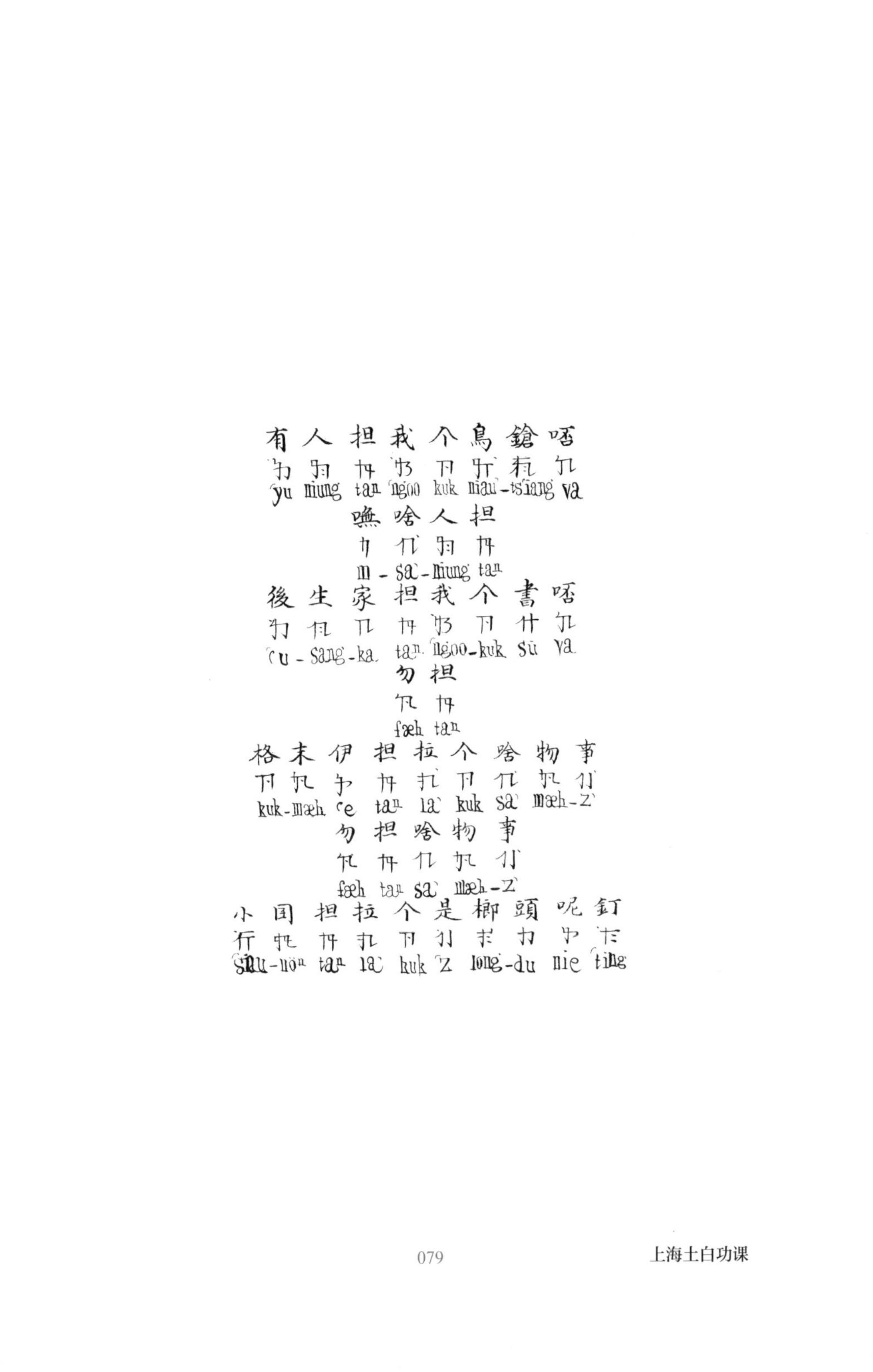

有 人 担 我 个 鳥 鎗 唔

'yu niung tan 'ngoo kuk niau'-ts'iang va

嘸 啥 人 担

m - sa'-niung tan

後 生 家 担 我 个 書 唔

'u - sang-ka tan 'ngoo-kuk sü va

勿 担

fæh tan

格 末 伊 担 拉 个 啥 物 事

kuk-mæh 'e tan la' kuk sa' mæh-z'

勿 担 啥 物 事

fæh tan sa' mæh-z'

小 囝 担 拉 个 是 榔 頭 呢 釘

'siau-nön tan la' kuk 'z long-du nie 'ting

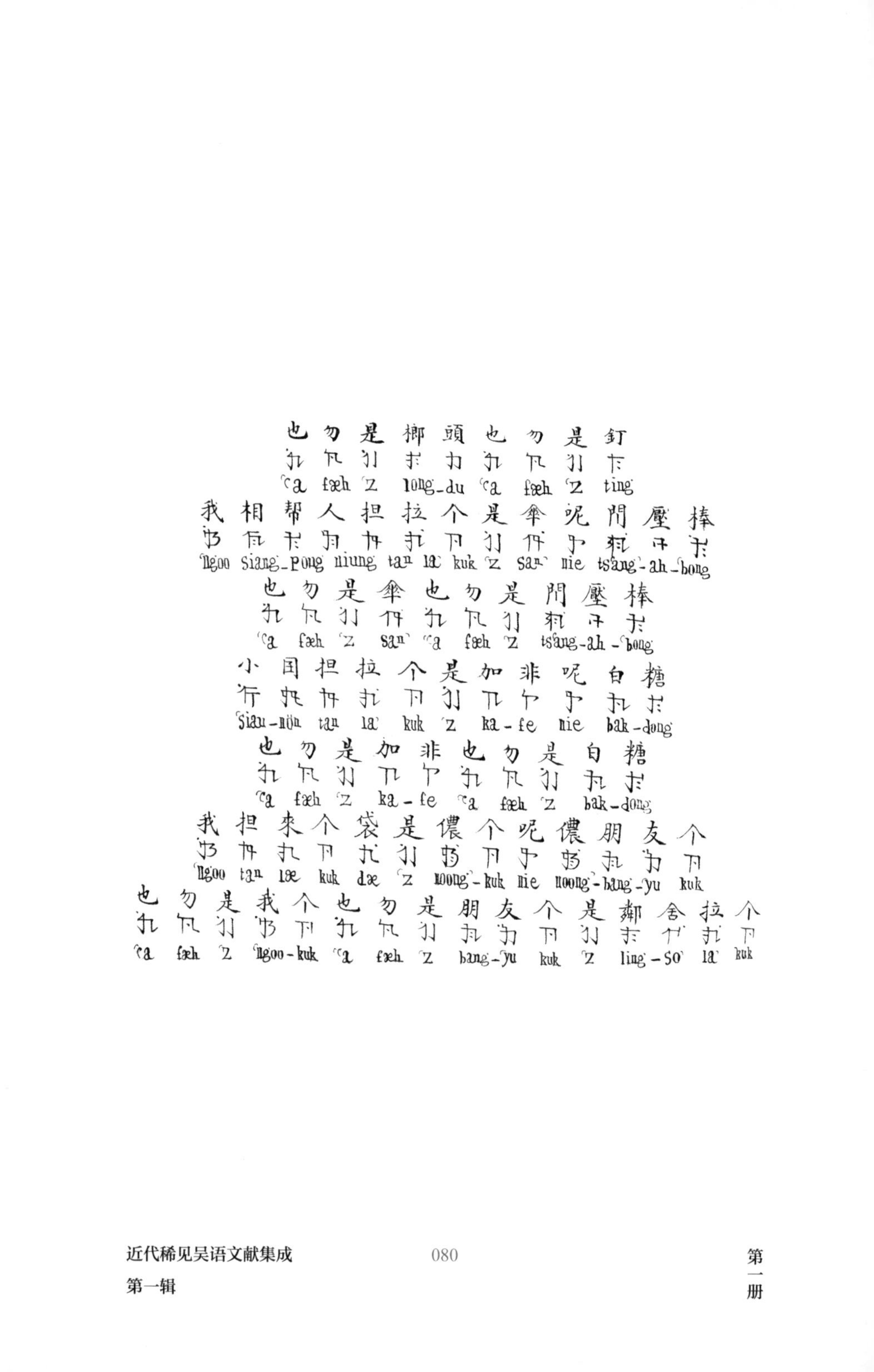

也勿是榔頭也勿是釘

ʻa fæh ʻz long-du ʻa fæh ʻz ting

我相帮人担拉个是傘呢門壓棒

ʻngoo siang-pong niung tan la kuk ʻz sanˋ nie tsʻang-ah-ʻbong

也勿是傘也勿是門壓棒

ʻa fæh ʻz sanˋ ʻa fæh ʻz tsʻang-ah-ʻbong

小囝担拉个是加非呢白糖

ʻsiau-nön tan la kuk ʻz ka-fe nie bak-dong

也勿是加非也勿是白糖

ʻa fæh ʻz ka-fe ʻa fæh ʻz bak-dong

我担来个袋是儂个呢儂朋友个

ʻngoo tan læ kuk dæ ʻz noongˋ-kuk nie noongˋ-bang-ʻyu kuk

也勿是我个也勿是朋友个是鄰舍拉个

ʻa fæh ʻz ʻngoo-kuk ʻa fæh ʻz bang-ʻyu kuk ʻz ling-soˋ la kuk

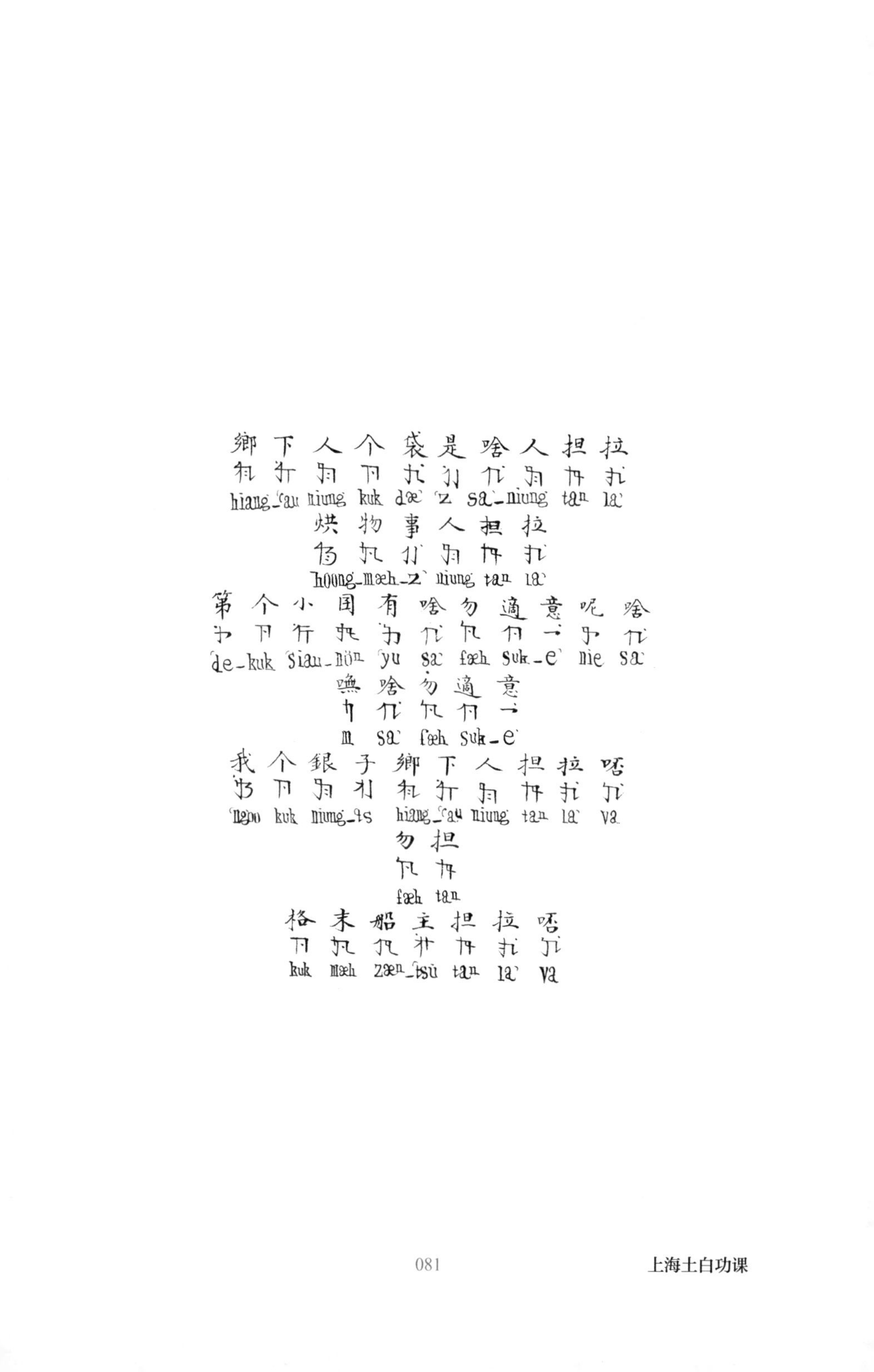

鄉 下 人 个 袋 是 啥 人 担 拉

hiang-ʿau niung kuk dæ` ʿz sa`-niung ta^n la`

烘 物 事 人 担 拉

hoong-mæh-z` niung ta$^n$ la`

第 个 小 国 有 啥 勿 適 意 呢 啥

ʿde-kuk ʿsiau-ko^n ʿyu sa` fæh suk-e` nie sa`

嘸 啥 勿 適 意

m sa` fæh suk-e`

我 个 銀 子 鄉 下 人 担 拉 唔

ʿngoo kuk niung-ʿts hiang-ʿau niung ta^n la` va

勿 担

fæh ta^n

格 末 船 主 担 拉 唔

kuk mæh zæ^n-ʿtsû ta^n la` va

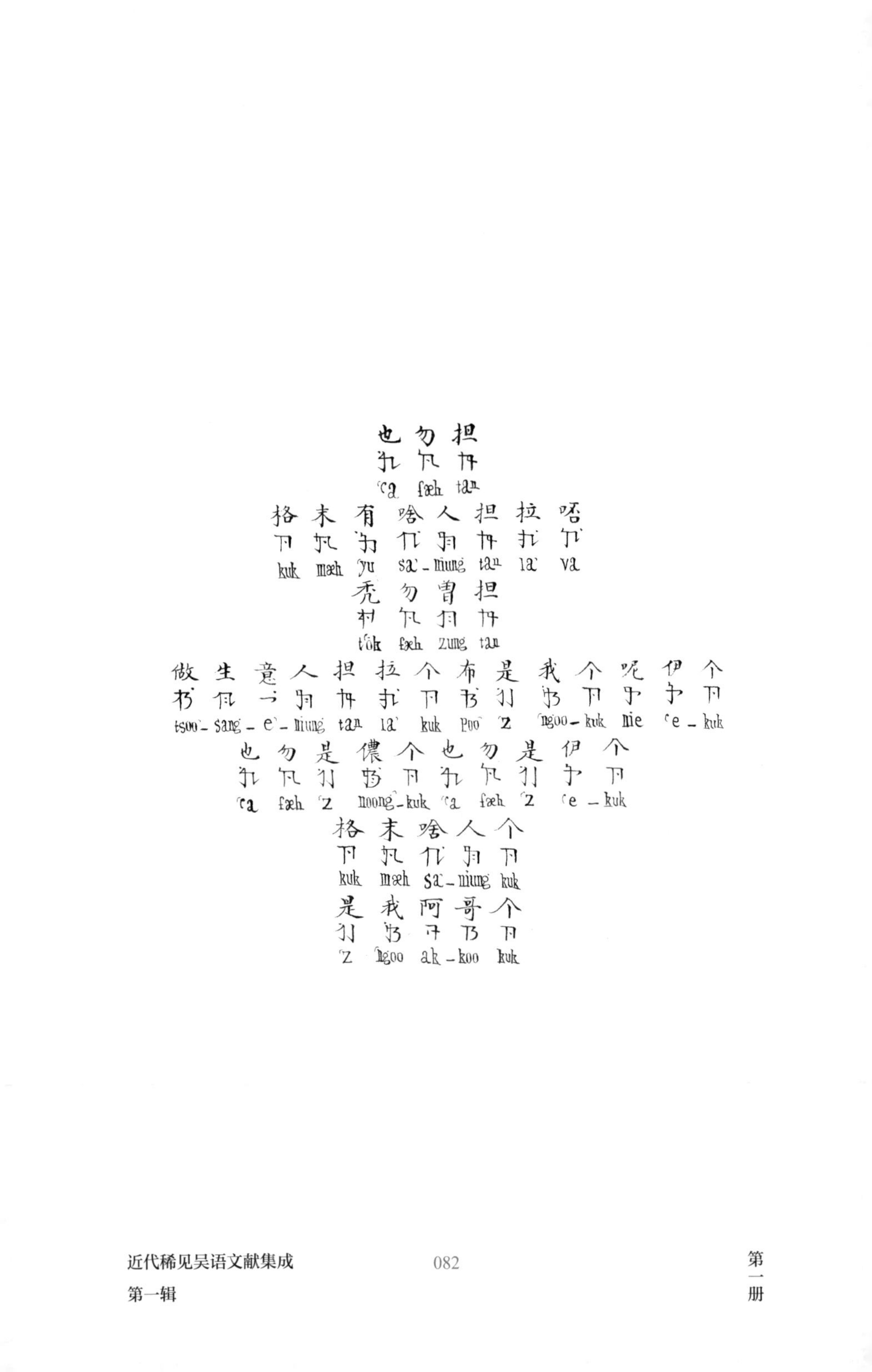

也勿担

ʿca fæh taⁿ

格末有啥人担拉咾

kuk mæh ʿyu saʾ-niung taⁿ laʾ va

秃勿曾担

tʿok fæh zung taⁿ

做生意人担拉个布是我个呢伊个

tsooʾ-sang-eʾ-niung taⁿ laʾ kuk pooʾ ʿz ʿngoo-kuk nie ʿe-kuk

也勿是侬个也勿是伊个

ʿca fæh ʿz noongʾ-kuk ʿca fæh ʿz ʿe-kuk

格末啥人个

kuk mæh saʾ-niung kuk

是我阿哥个

ʿz ʿngoo ak-koo kuk

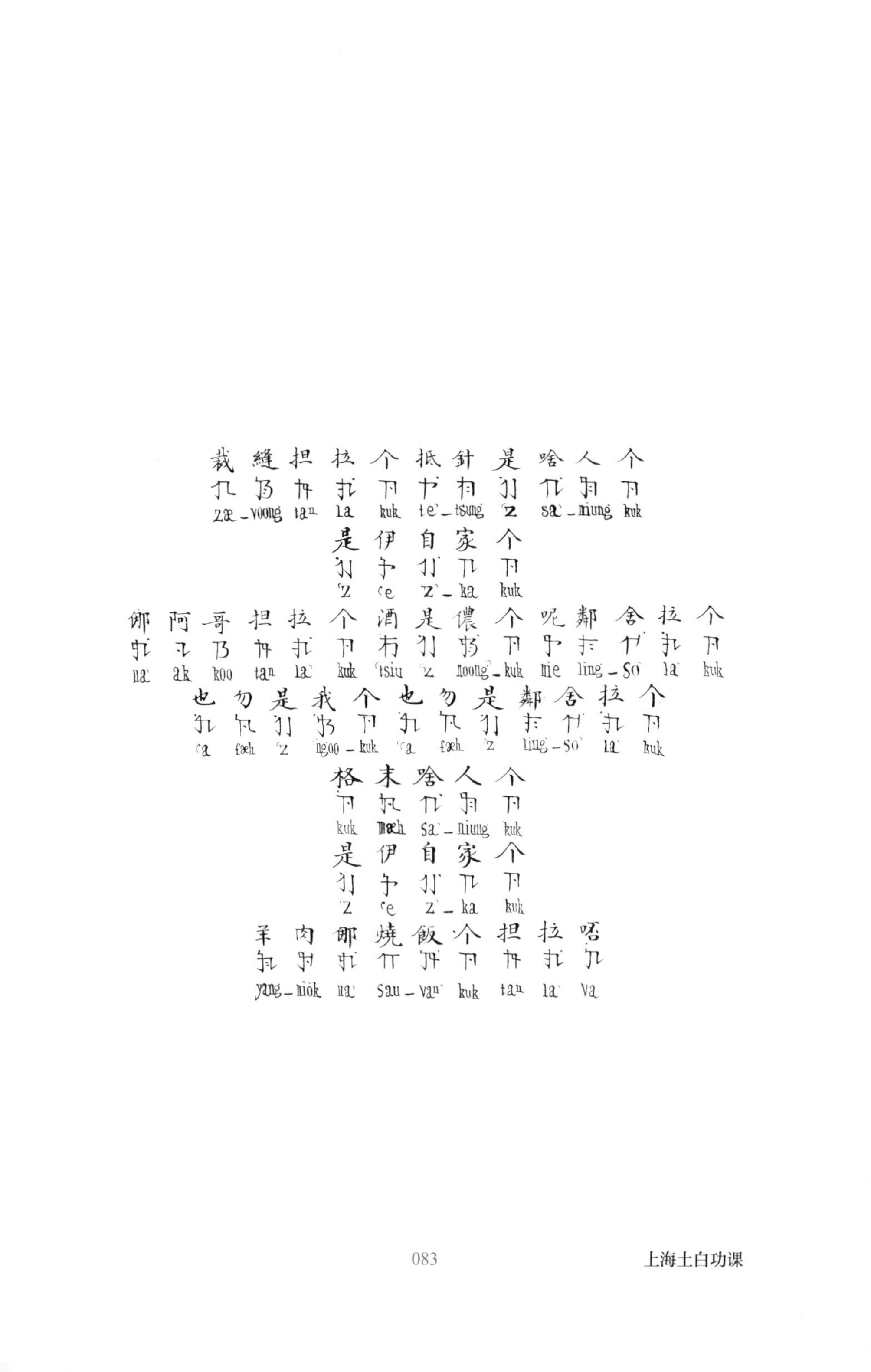

裁 縫 担 拉 个 抵 針 是 啥 人 个

zæ-voong tan la kuk te'-tsung 'z sa'-niung kuk

是 伊 自 家 个

'z 'e z'-ka kuk

倷 阿 哥 担 拉 个 酒 是 儂 个 呢 鄰 舍 拉 个

na' ak koo tan la' kuk 'tsiu 'z noong-kuk nie ling-so la' kuk

也 勿 是 我 个 也 勿 是 鄰 舍 拉 个

'a fæh 'z ngoo-kuk 'a fæh 'z ling-so la' kuk

格 末 啥 人 个

kuk mæh sa'-niung kuk

是 伊 自 家 个

'z 'e z'-ka kuk

羊 肉 倷 燒 飯 个 担 拉 唔

yang-niok na' sau-van' kuk tan la' va

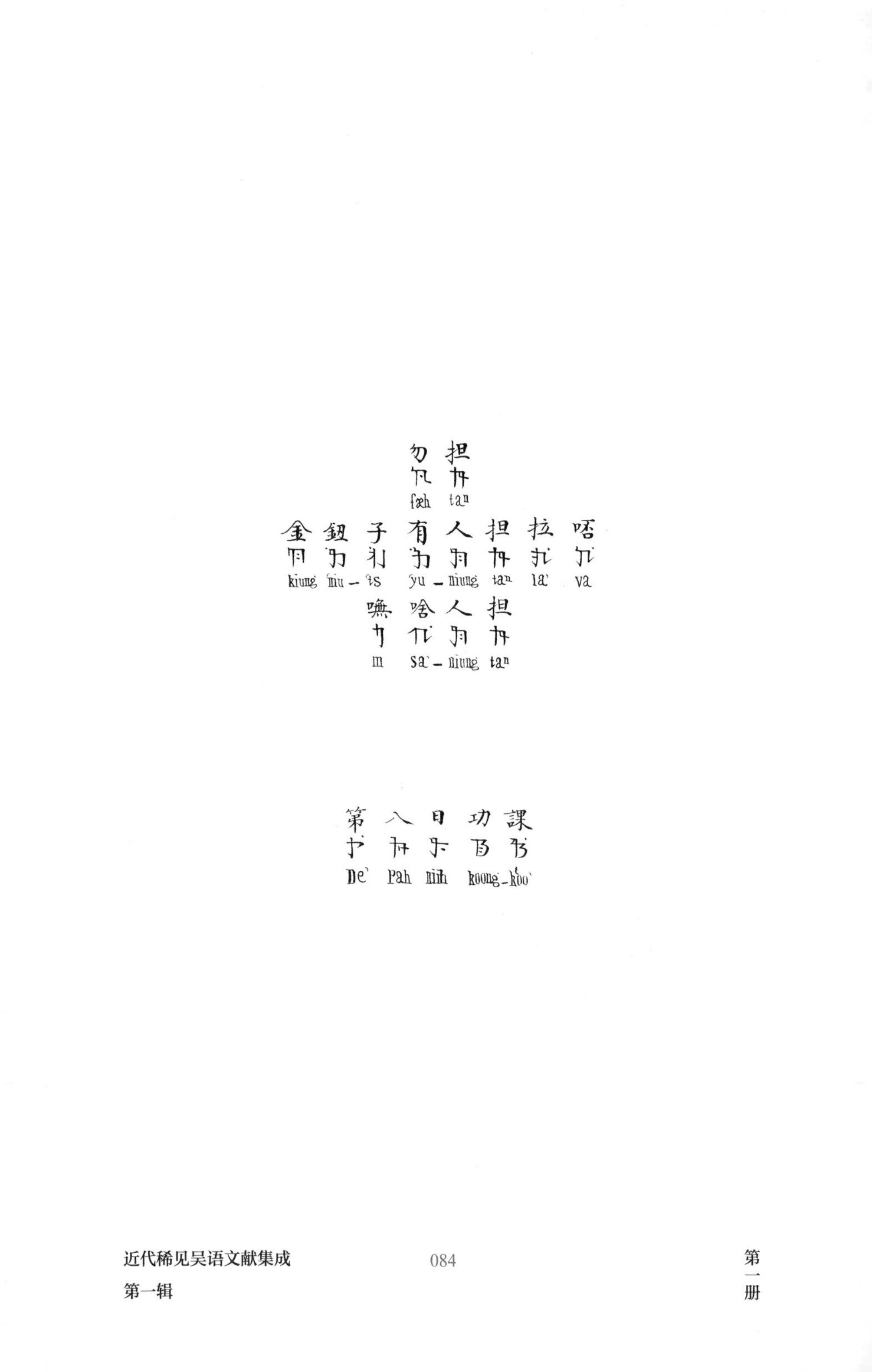

勿 担

fæh ta^{n}

金 鈕 子 有 人 担 拉 唔

kiung ʻniu - ʻts ʻyu - niung ta^{n} la` va

嘸 啥 人 担

m sa` - niung ta^{n}

第 八 日 功 課

De` Pah nih koong - k'oo`

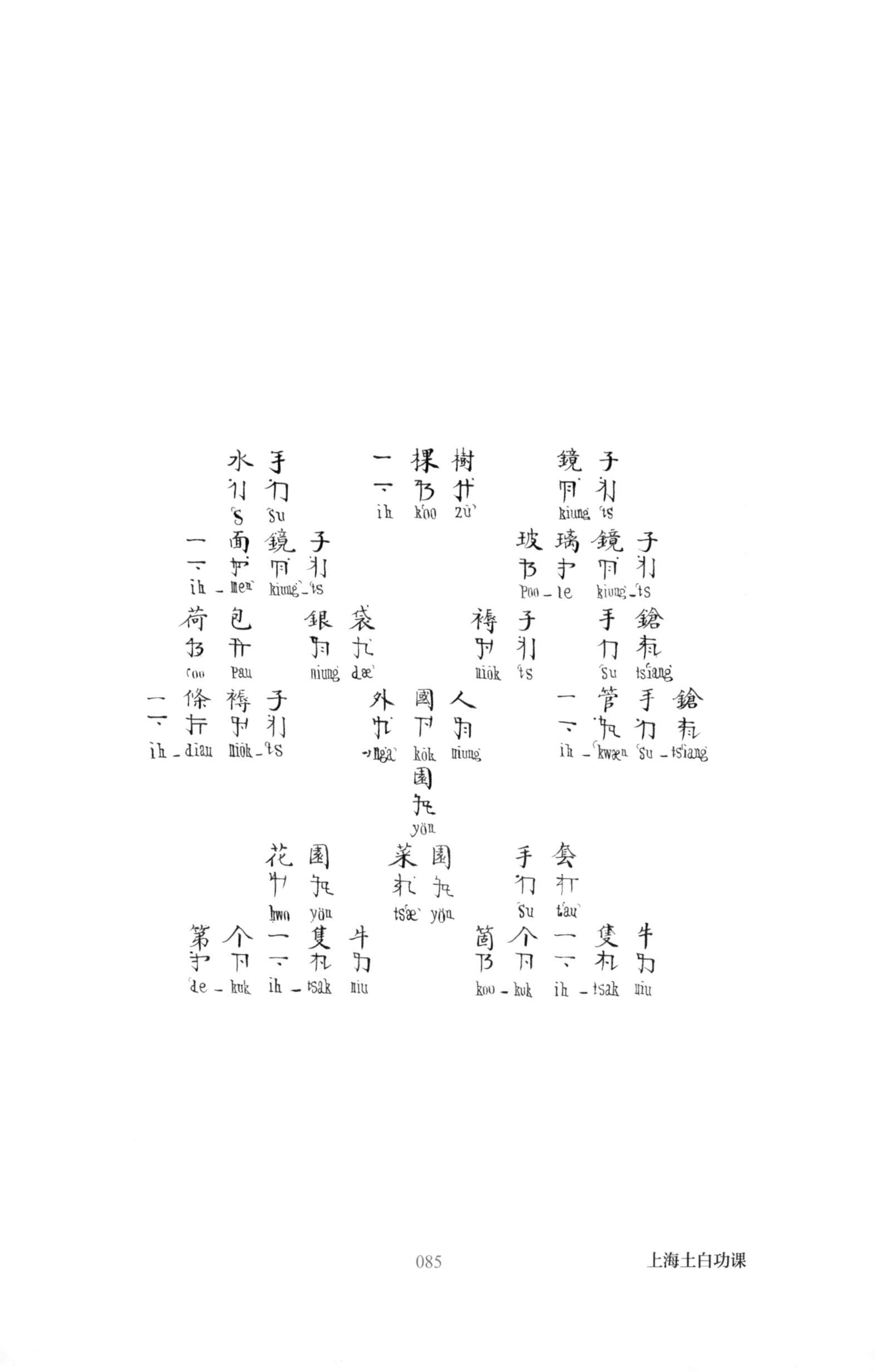

水手 'S 'su　　一棵樹 ih k'oo zû'　　鏡子 kiung 'ts

一面鏡子 ih-men' kiung'-'ts　　玻璃鏡子 Poo-le kiung-'ts

荷包 'oo pau　　銀袋 niung dæ'　　褥子 niôk 'ts　　手鎗 'su ts'iang

一條褥子 ih-diau niôk-'ts　　外國人 ngâ' kôk niung　　一管手鎗 ih-'kwæn 'su-ts'iang

園 yön

花園 hwo yön　　菜園 ts'æ' yön　　手套 'su t'au'

第个一隻牛 'de-kuk ih-tsak niu　　箇个一隻牛 koo-kuk ih-tsak niu

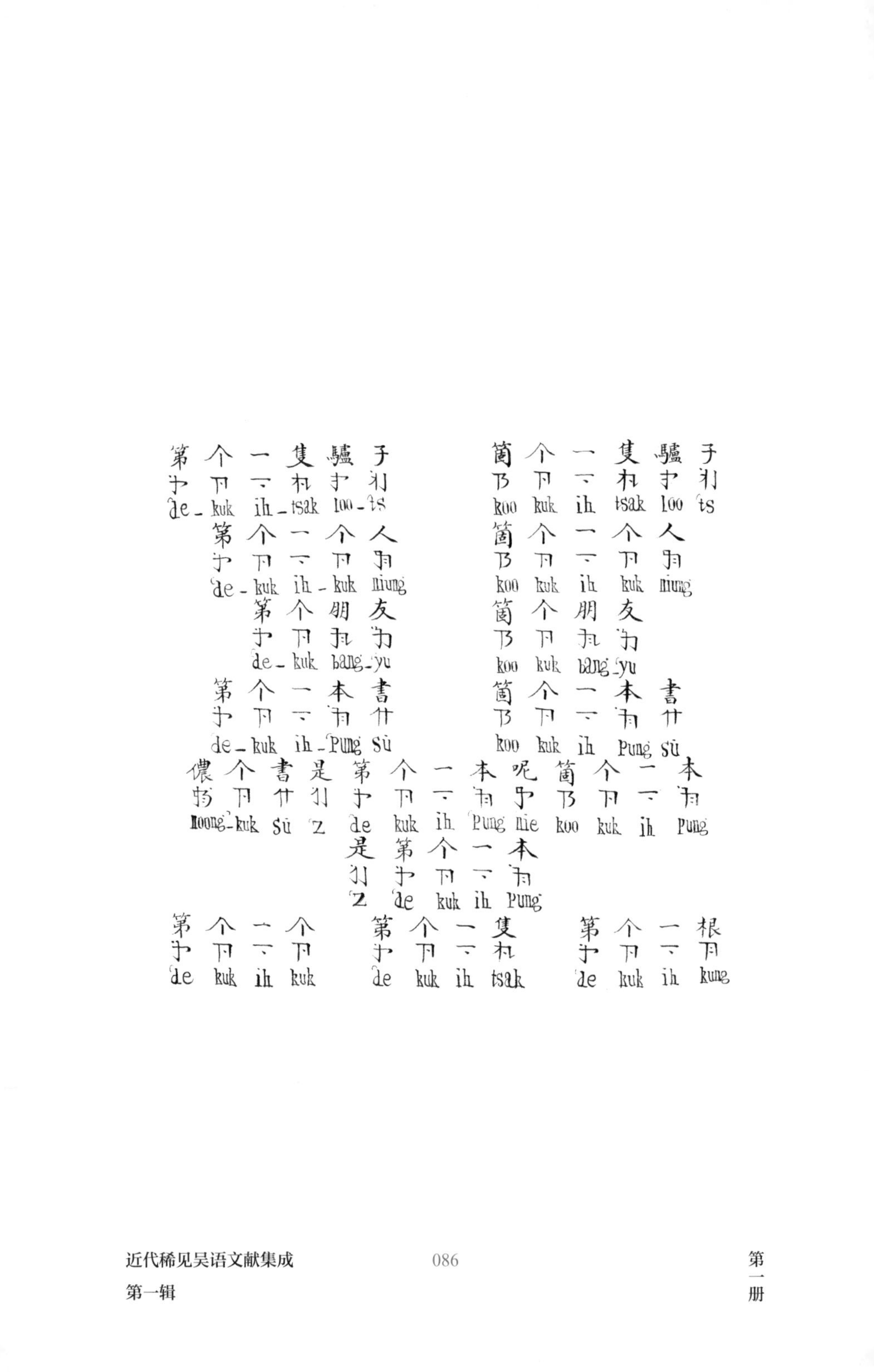

第个一隻驢子

ʻde-kuk ih-tsak loo-ʻts

第个一个人

ʻde-kuk ih-kuk niung

第个朋友

ʻde-kuk bang-ʻyu

第个一本書

ʻde-kuk ih-ʻpung sû

箇个一隻驢子

koo kuk ih tsak loo ʻts

箇个一个人

koo kuk ih kuk niung

箇个朋友

koo kuk bang-ʻyu

箇个一本書

koo kuk ih pung sû

儂个書是第个一本呢箇个一本

noongʼ-kuk sû ʻz ʻde kuk ih ʻpung nie koo kuk ih pung

是第个一本

ʻz ʻde kuk ih pung

第个一个

ʻde kuk ih kuk

第个一隻

ʻde kuk ih tsak

第个一根

ʻde kuk ih kung

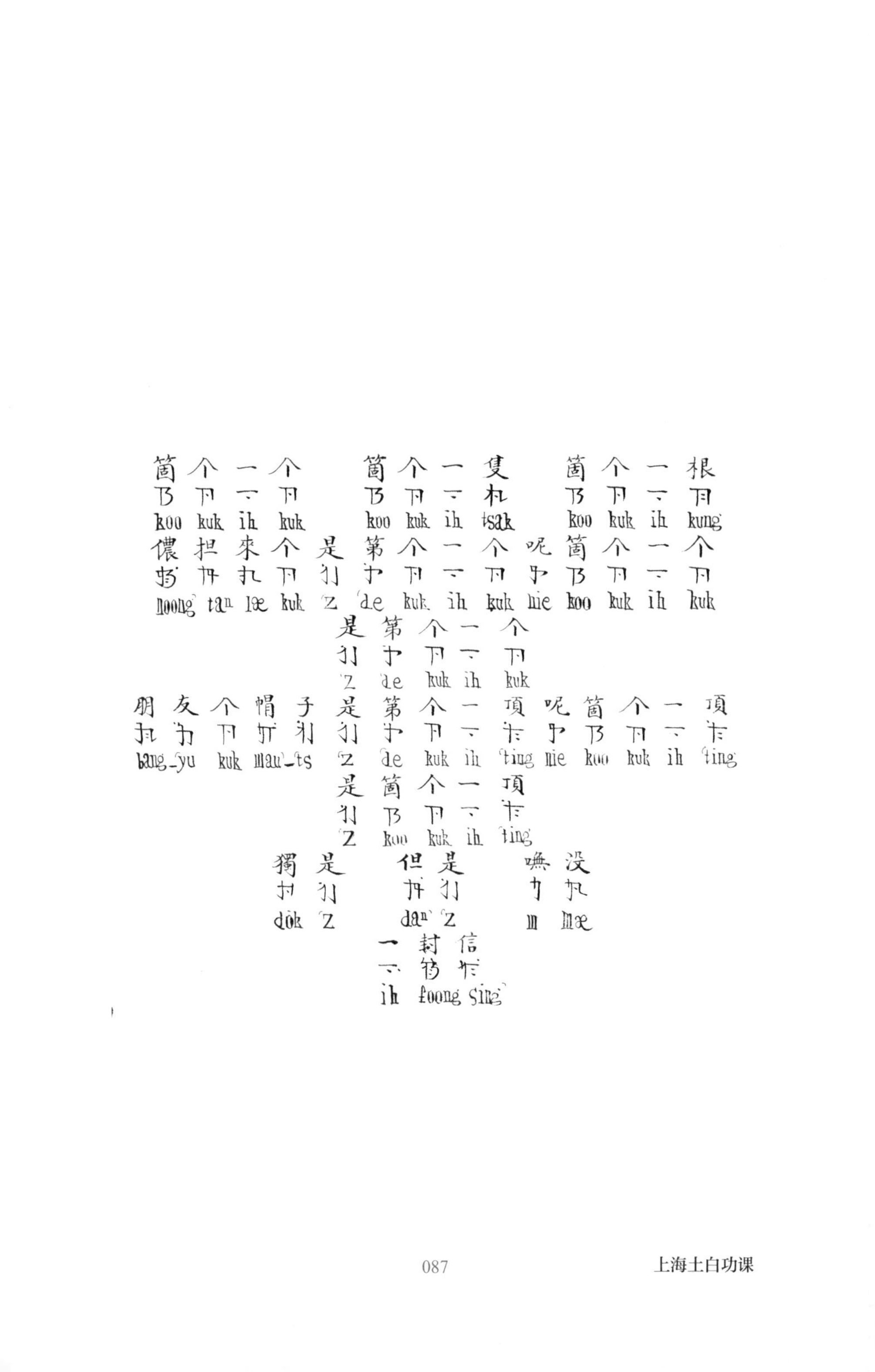

箇 个 一 个　　箇 个 一 隻　　箇 个 一 根

koo kuk ih kuk　　koo kuk ih tsak　　koo kuk ih kung

儂 担 來 个 是 第 个 一 个 呢 箇 个 一 个

noong tа^{n} læ kuk 'z 'de kuk ih kuk nie koo kuk ih kuk

是 第 个 一 个

'z 'de kuk ih kuk

朋 友 个 帽 子 是 第 个 一 項 呢 箇 个 一 項

bang-yu kuk mau'-ts 'z 'de kuk ih 'ting nie koo kuk ih 'ting

是 箇 个 一 項

'z koo kuk ih 'ting

獨 是　　但 是　　嘸 没

dŏk 'z　　da^{n}' 'z　　m mæ

一 封 信

ih foong sing'

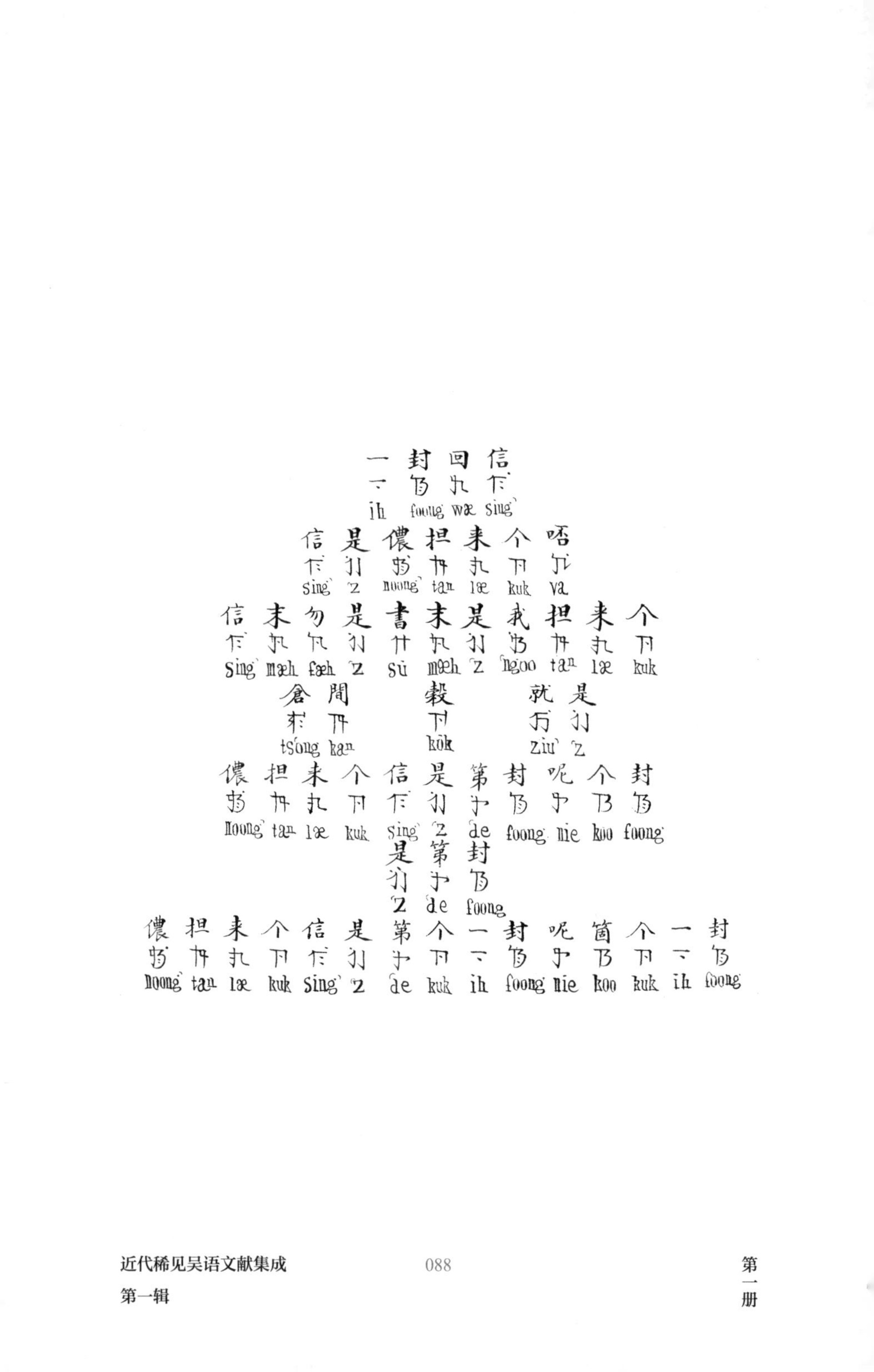

一封回信

ih foong wæ singˋ

信是儂担来个唔

singˋ ʿz noongˋ tan læ kuk va

信末勿是書末是我担来个

singˋ mæh fæh ʿz sû mæh ʿz ʿngoo tan læ kuk

倉間 穀 就是

tsʻong kan kŏk ziuˋ ʿz

儂担来个信是第封呢个封

noongˋ tan læ kuk singˋ ʿz ʿde foong nie koo foong

是第封

ʿz ʿde foong

儂担来个信是第个一封呢箇个一封

noongˋ tan læ kuk singˋ ʿz ʿde kuk ih foong nie koo kuk ih foong

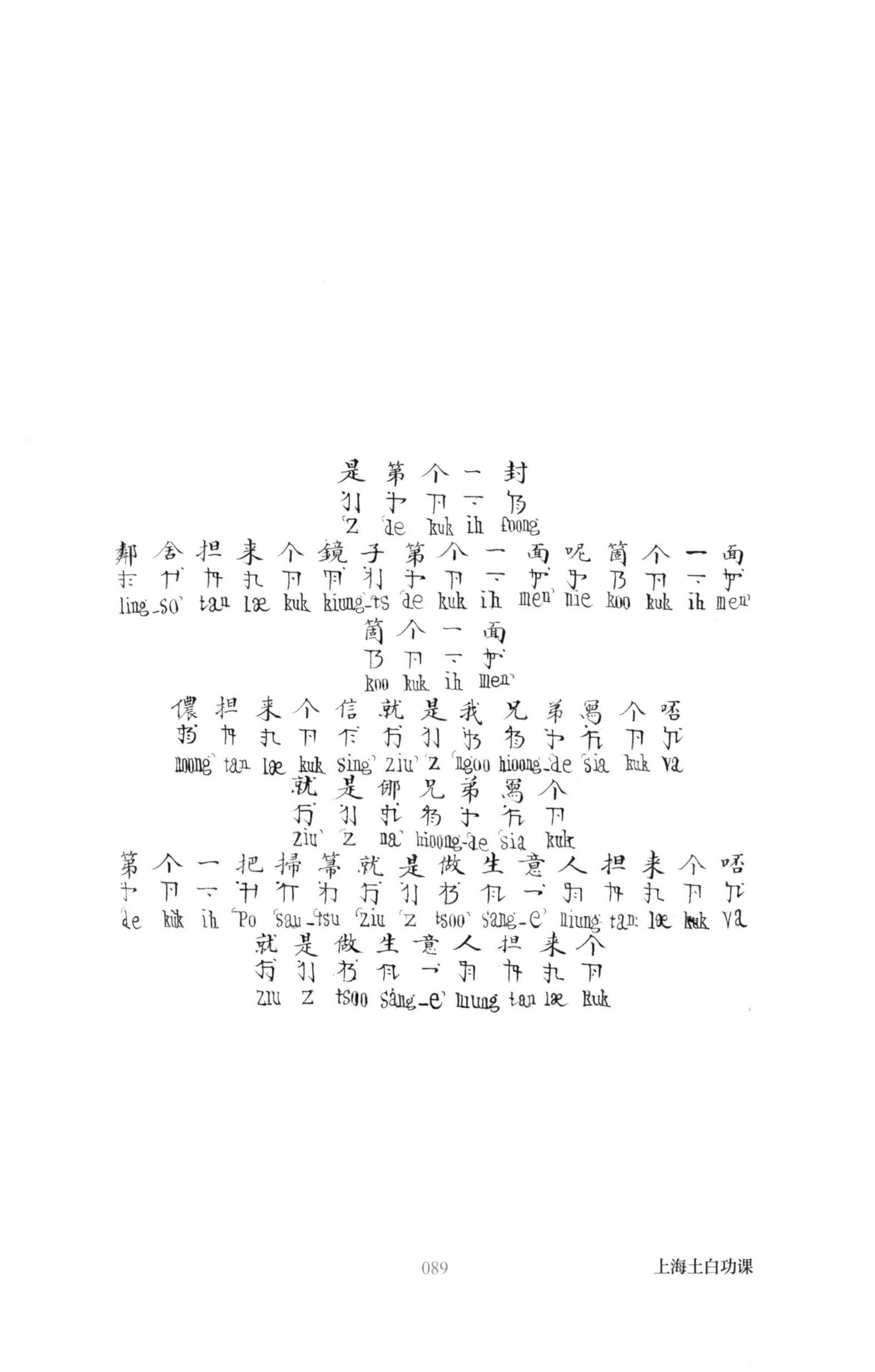

是 第 个 一 封

ʻZ ʻde kuk ih foong

鄰 舍 担 来 个 鏡 子 第 个 一 面 呢 箇 个 一 面

ling-so' tan læ kuk kiung-ts ʻde kuk ih men' nie koo kuk ih men'

箇 个 一 面

koo kuk ih men'

儂 担 来 个 信 就 是 我 兄 弟 寫 个 唔

noong' tan læ kuk sing' ziu' ʻZ ʻngoo hioong-ʻde ʻsia kuk va

就 是 㑚 兄 弟 寫 个

ziu' ʻZ na' hioong-ʻde ʻsia kuk

第 个 一 把 掃 箒 就 是 做 生 意 人 担 来 个 唔

ʻde kuk ih ʻpo ʻsau-ʻtsu ʻziu ʻZ tsoo' sang-e' niung tan læ kuk va

就 是 做 生 意 人 担 来 个

ziu Z tsoo sáng-e' niung tan læ kuk

第 个 一 面 鏡 手 就 是 都 舍 担 来 个 唔
de kuk ih men kiung ts ziu z ling-So tan læ kuk va

勿是
fæh z

外 國 人 担 来 个 手鏡 就 是 第 个 一 管 呢 啥
nga-kok niung tan læ kuk su-tsiang ziu z de kuk ih kwæn nie sa

就 是 第 个 一 管
ziu z de kuk ih kwæn

我 个 一 封 信 小囝 担 呢 勿 担
ngoo kuk ih foong sing siau-nön tan nie fæh tan

勿 担
fæh tan

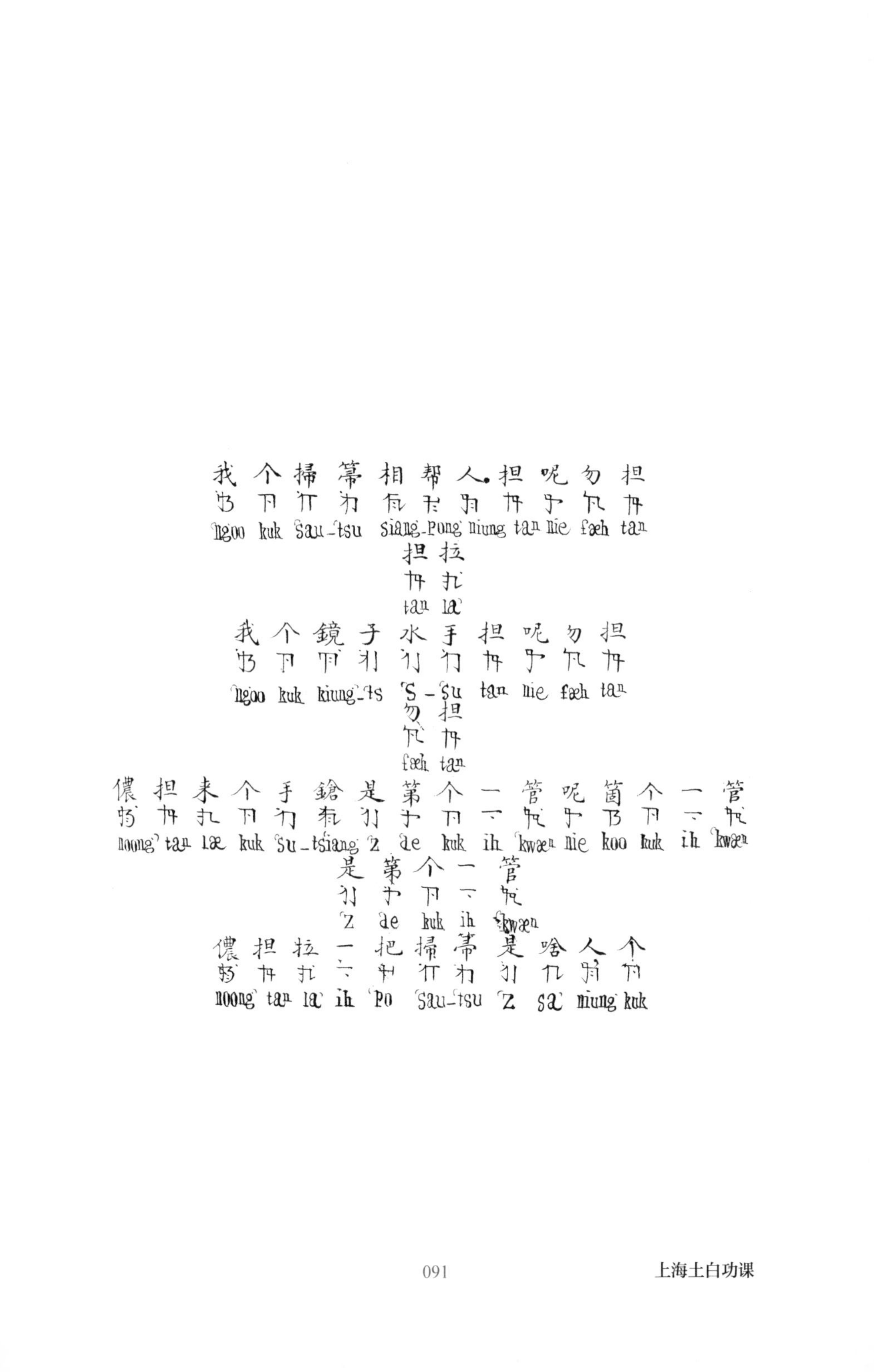

我个掃箒相帮人。担呢勿担担拉

ngoo kuk sau-tsu siang-pong niung ta^{n} nie fæh ta^{n} ta^{n} la

我个鏡子水手担呢勿担勿担

ngoo kuk kiung-ts s-su ta^{n} nie fæh ta^{n} fæh ta^{n}

儂担来个手鎗是第个一管呢箇个一管是第个一管

noong ta^{n} læ kuk su-tsiang z de kuk ih kwæ^{n} nie koo kuk ih kwæ^{n} z de kuk ih kwæ^{n}

儂担拉一把掃箒是啥人个

noong ta^{n} la ih po sau-tsu z sa niung kuk

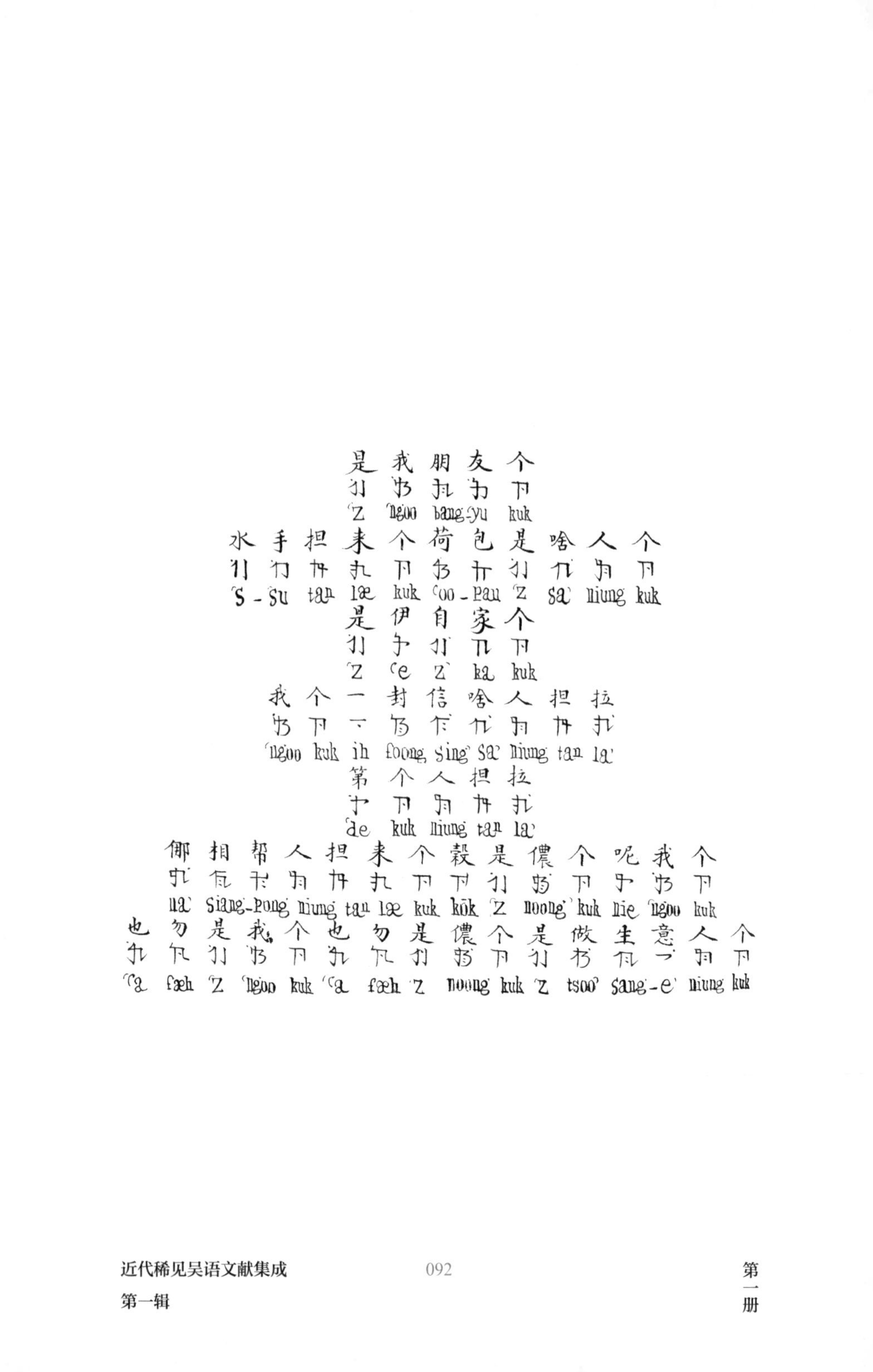

是我朋友个
ʻZ ʻngoo bang-yu kuk

水手担来个荷包是啥人个
ʻS-su tan læ kuk ʻoo-pau ʻZ sa` niung kuk

是伊自家个
ʻZ ʻe z` ka kuk

我个一封信啥人担拉
ʻngoo kuk ih foong sing` sa` niung tan la`

第个人担拉
ʻde kuk niung tan la`

伽相帮人担来个穀是侬个呢我个
na` siang-pong niung tan læ kuk kōk ʻZ noong` kuk nie ʻngoo kuk

也勿是我个也勿是侬个是做生意人个
ʻa fæh ʻZ ʻngoo kuk ʻa fæh ʻZ noong kuk ʻZ tsoo` sang-e` niung kuk

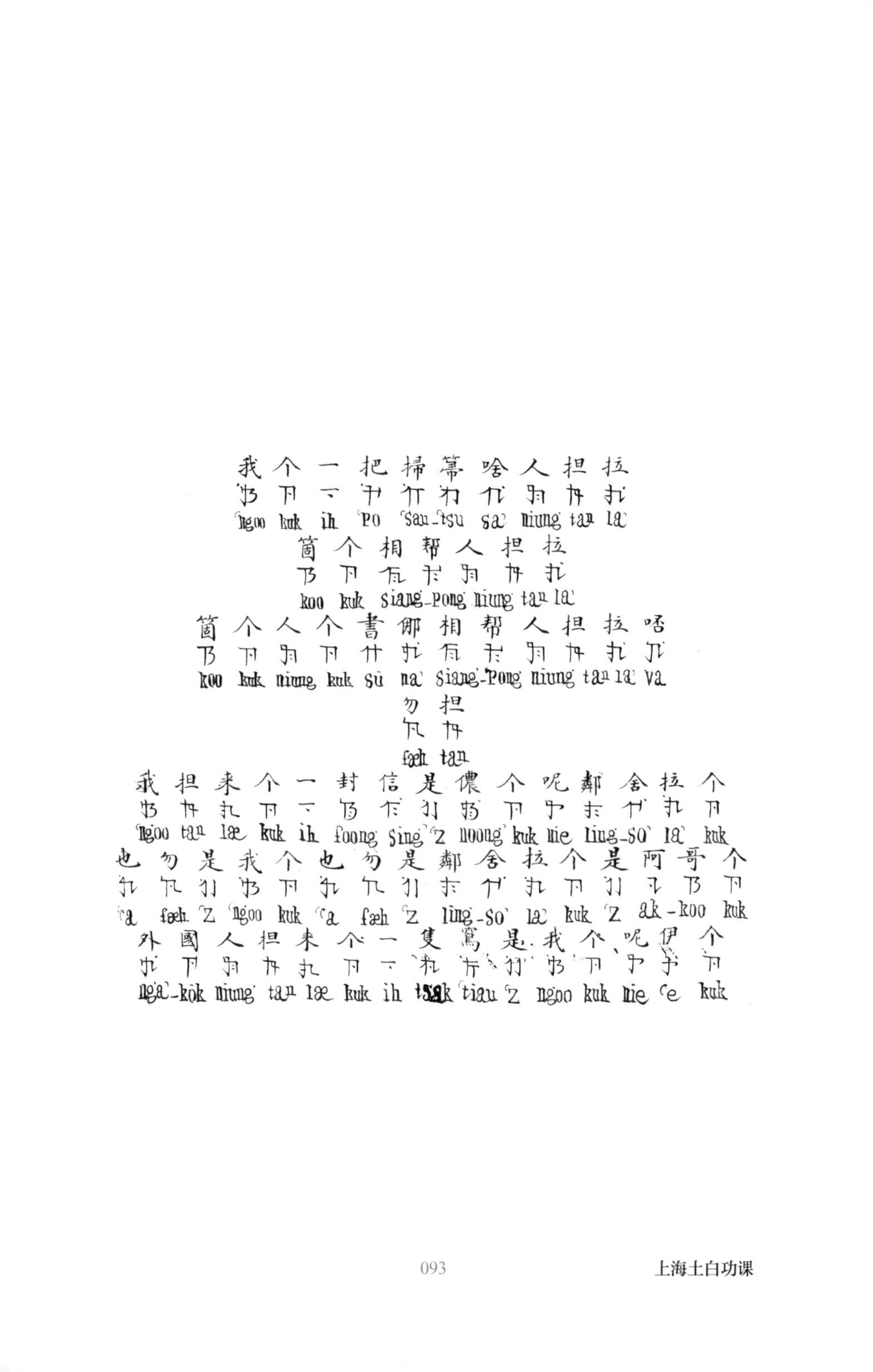

我个一把掃箒啥人担拉

‘ngoo kuk ih ‘po ‘sau-‘tsu sa’ niung tan la’

箇个相帮人担拉

koo kuk siang-pong niung tan la’

箇个人个書㑚相帮人担拉否

koo kuk niung kuk sü na’ siang-‘pong niung tan la’ va

勿担

fæh tan

我担来个一封信是儂个呢鄰舍拉个

‘ngoo tan læ kuk ih foong sing’ ‘z noong’ kuk nie ling-so’ la’ kuk

也勿是我个也勿是鄰舍拉个是阿哥个

‘a fæh ‘z ‘ngoo kuk ‘a fæh ‘z ling-so’ la’ kuk ‘z ak-koo kuk

外國人担来个一隻鳥是我个、呢伊个

nga’-kok niung’ tan læ kuk ih tsak ‘tiau ‘z ngoo kuk nie ‘e kuk

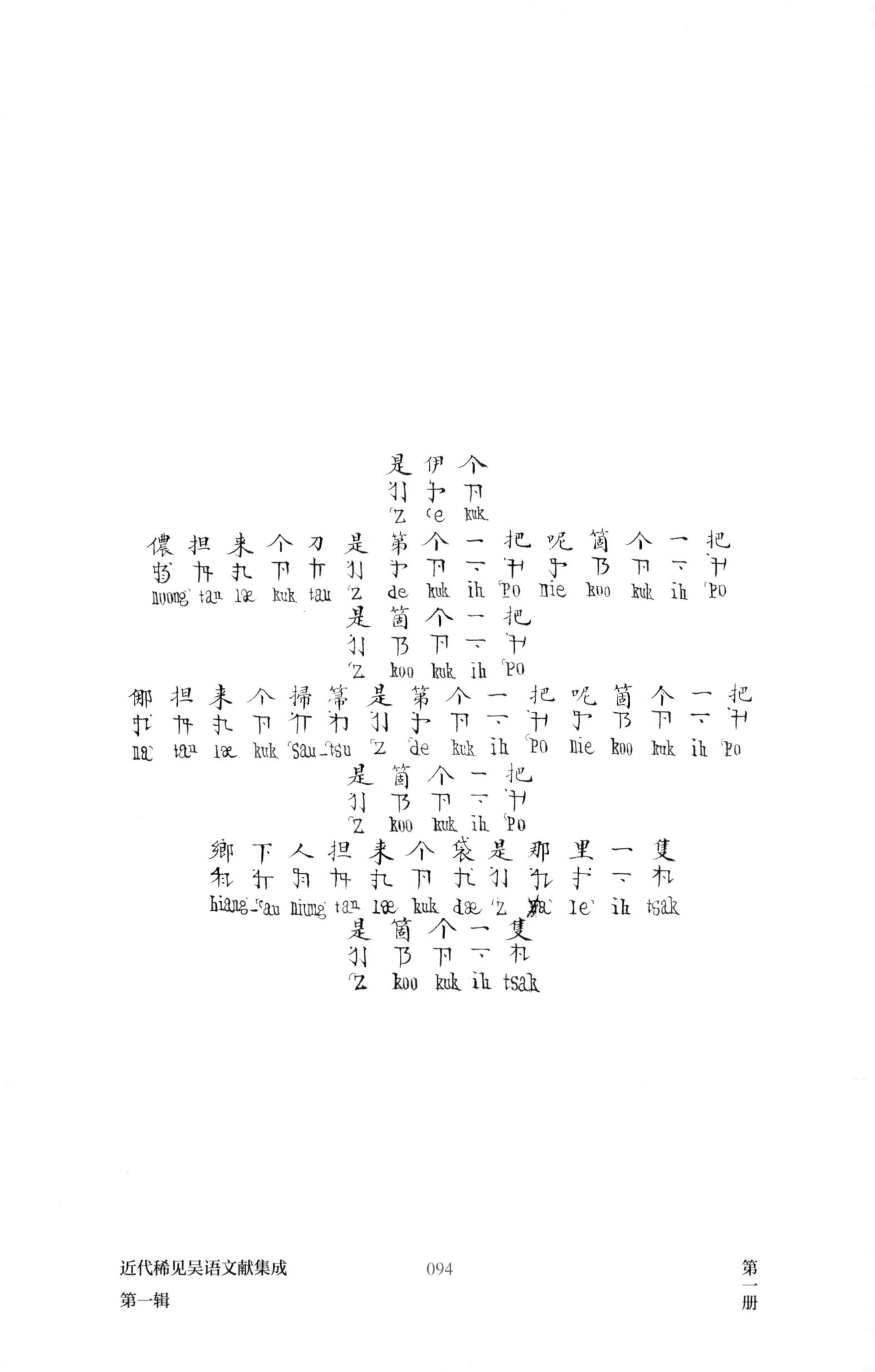

是伊个
'z 'e kuk

儂担来个刀是第个一把呢箇个一把
noong' tan læ kuk tau 'z de kuk ih 'po nie koo kuk ih 'po

是箇个一把
'z koo kuk ih 'po

伽担来个掃箒是第个一把呢箇个一把
na' tan læ kuk 'sau-'tsu 'z 'de kuk ih 'po nie koo kuk ih 'po

是箇个一把
'z koo kuk ih 'po

鄉下人担来个袋是那里一隻
hiang-'au niung' tan læ kuk dæ 'z 'a le' ih tsak

是箇个一隻
'z koo kuk ih tsak

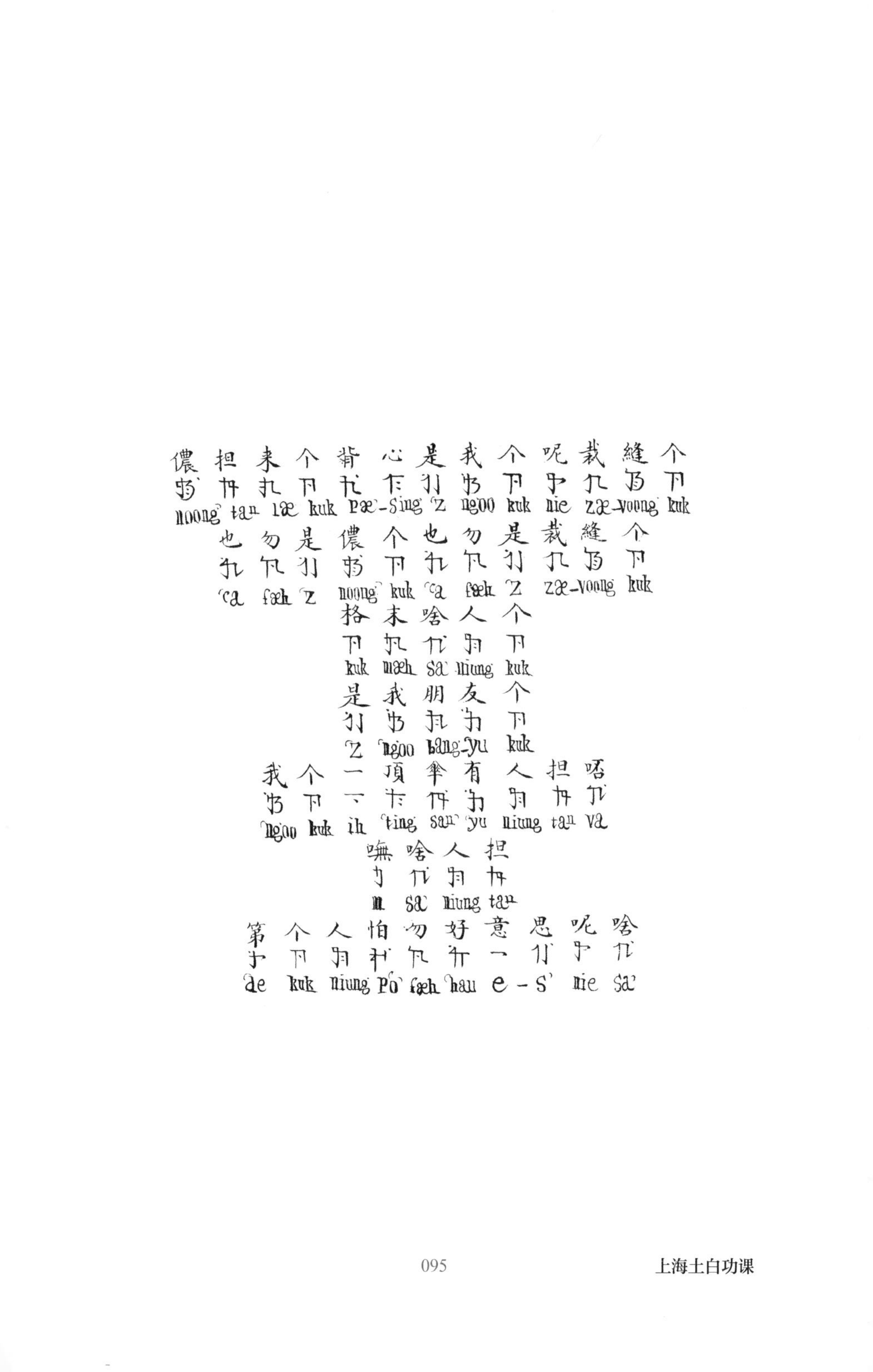

儂担来个背心是我个呢裁縫个
noong' tan læ kuk pæ-sing 'z ngoo kuk nie zæ-voong kuk

也勿是儂个也勿是裁縫个
'ca fæh 'z noong' kuk 'ca fæh 'z zæ-voong kuk

格末啥人个
kuk mæh sa' niung kuk

是我朋友个
'z 'ngoo bang-'yu kuk

我个一頂傘有人担唔
'ngoo kuk ih 'ting san' 'yu niung tan va

嘸啥人担
m sa' niung tan

第个人怕勿好意思呢啥
'de kuk niung po' fæh 'hau e-s' nie sa'

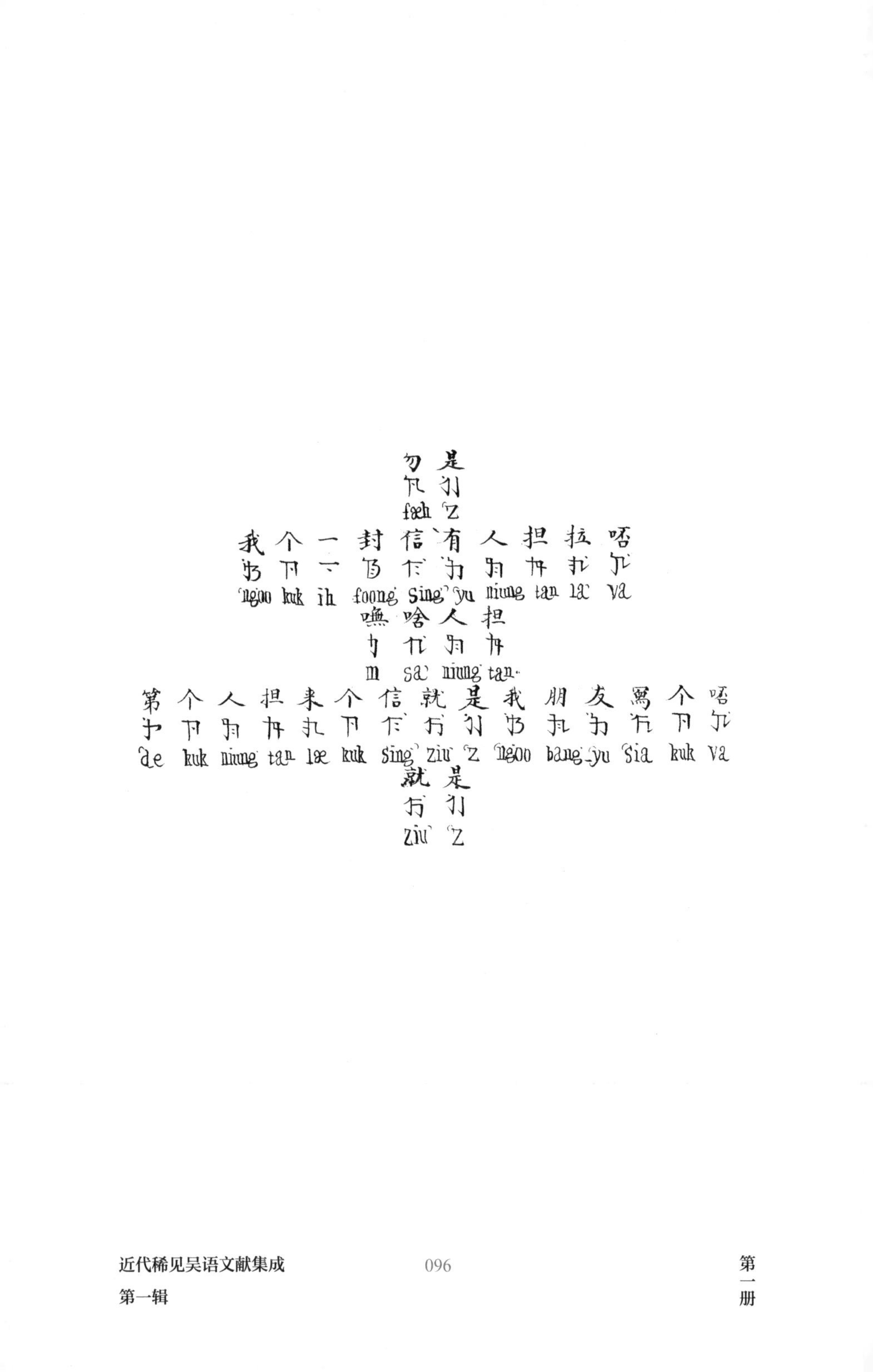

勿是

fæh z

我个一封信有人担拉唔

ngoo kuk ih foong sing yu niung tan la va

嘸啥人担

m sa niung tan.

第个人担来个信就是我朋友写个唔

de kuk niung tan læ kuk sing ziu z ngoo bang-yu sia kuk va

就是

ziu z

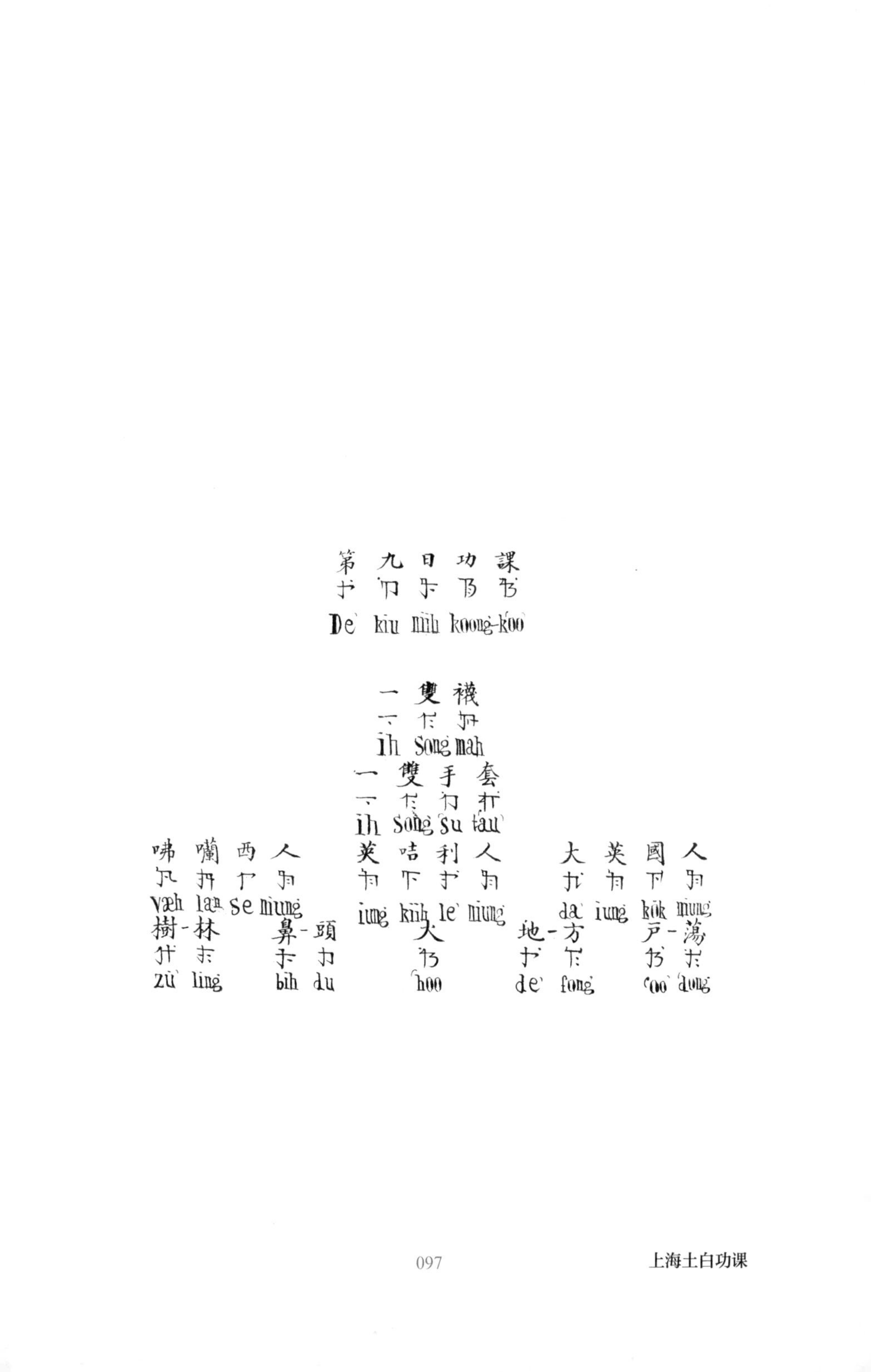

第九日功課

De kiu nih koong-koo

一雙襪

ih song mah

一雙手套

ih song su tau

咈囒西人	英咭利人	大英國人
væh lan se niung	iung kiih le niung	da iung kŏk niung
樹-林	鼻-頭	大
zü ling	bih du	hoo
地-方	戸-蕩	
de fong	'oo dong	

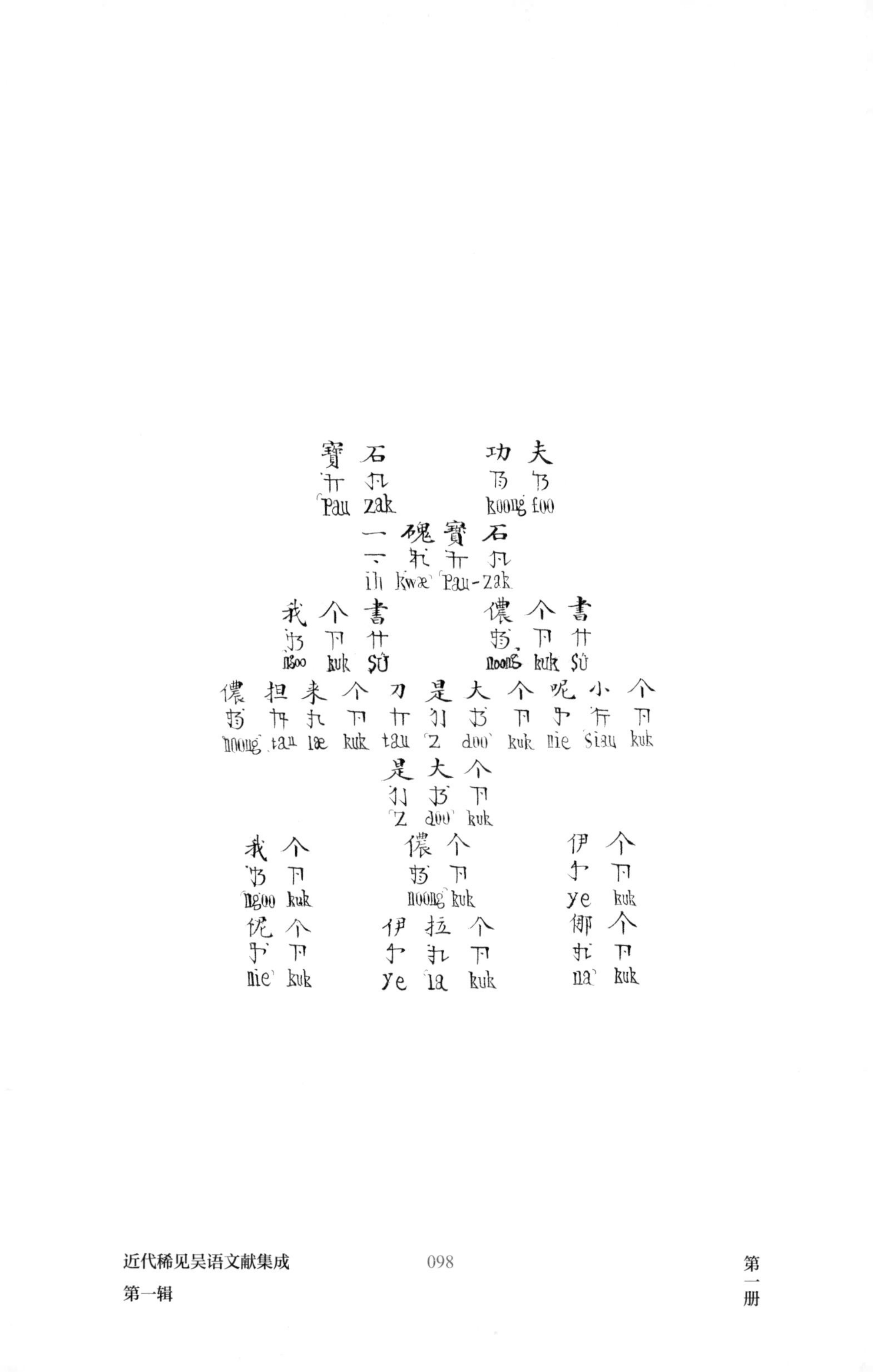

寶石　　功夫
Pau zak　　koong foo

一魂寶石
ih kwæ Pau-zak

我个書　　儂个書
ngoo kuk sü　　noong kuk sü

儂担来个刀是大个呢小个
noong tau læ kuk tau z doo kuk nie siau kuk

是大个
z doo kuk

我个　　儂个　　伊个
ngoo kuk　　noong kuk　　ye kuk

伲个　　伊拉个　　僤个
nie kuk　　ye la kuk　　na kuk

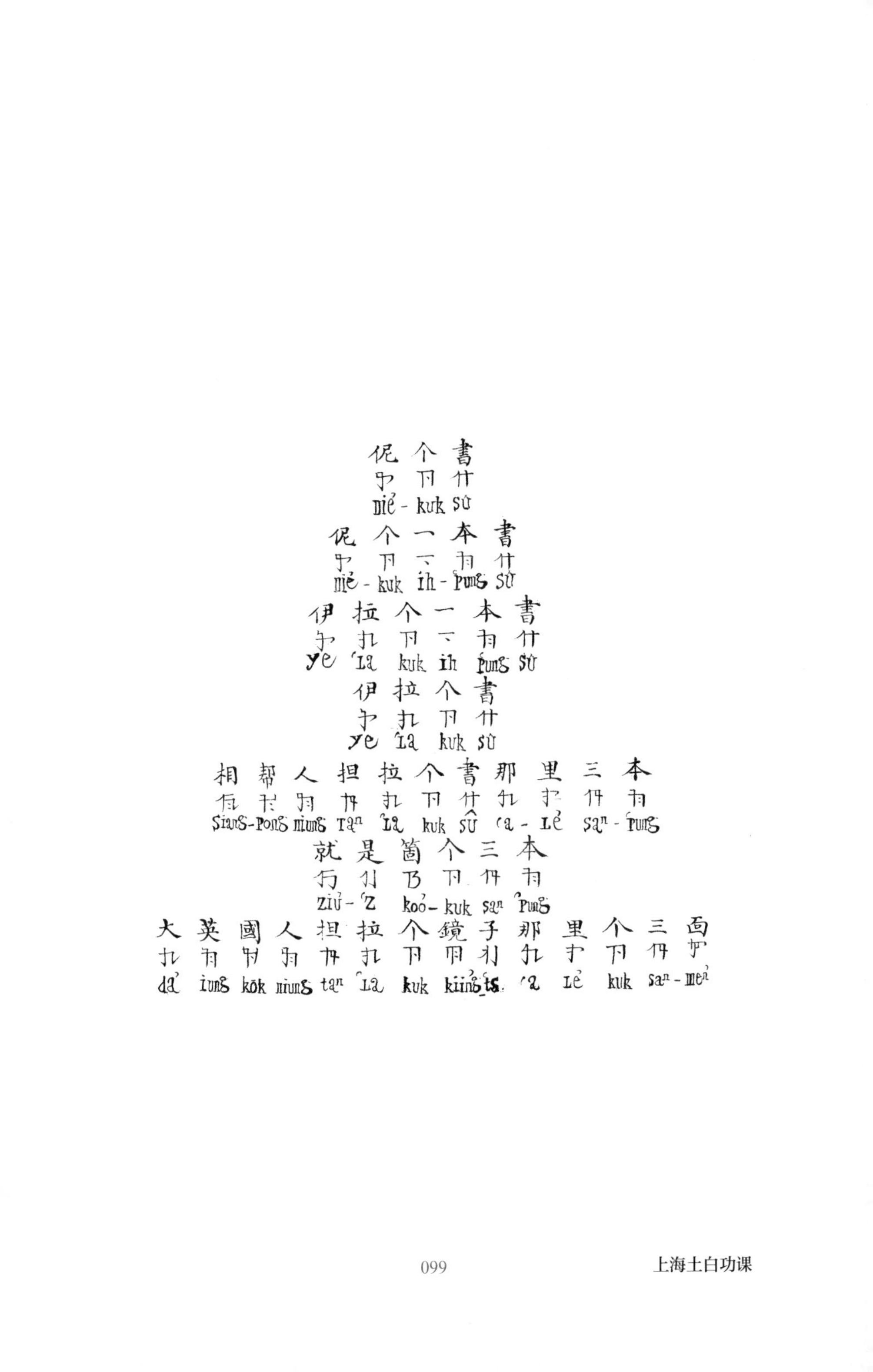

伲个書

niė-kuk sû

伲个一本書

niė-kuk ih-pung sû

伊拉个一本書

ye 'la kuk ih pung sû

伊拉个書

ye 'la kuk sû

相帮人担拉个書那里三本

Siang-pong niung ta^{n} 'la kuk sû̂ 'a-lė sa^{n}-'pung

就是箇个三本

ziú-'z koó-kuk sa^{n} 'pung

大英國人担拉个鏡子那里个三面

dá iung kōk niung ta^{n} 'la kuk kiing-ts 'a lė kuk sa^{n}-me^{n}

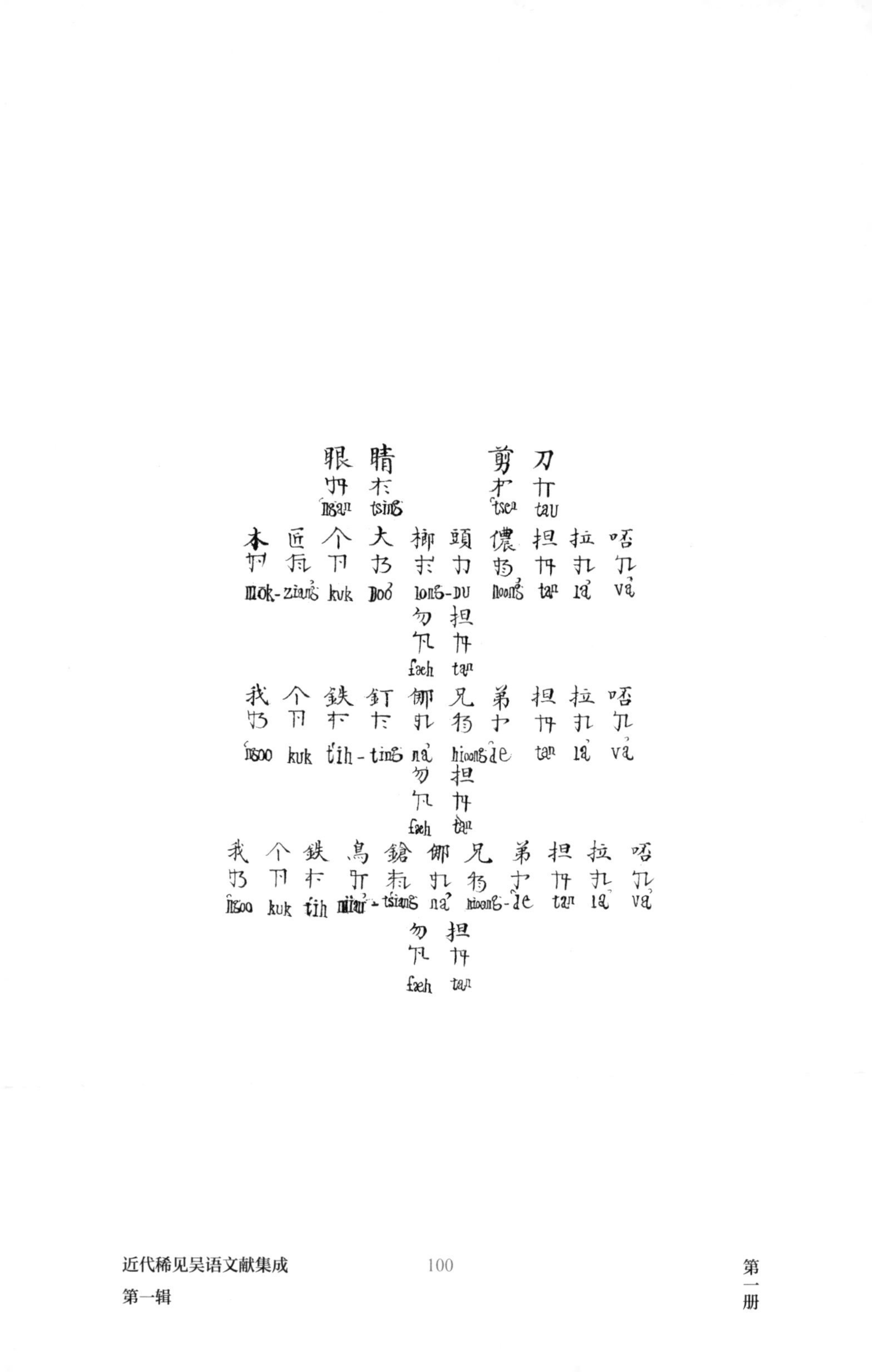

眼 睛　　剪 刀

'ngan tsing　　'tsen tau

本 匠 个 大 榔 頭 儂 担 拉 唔

mok-ziang kuk doo long-du noong tan la va

勿 担

faeh tan

我 个 鉄 釘 㑚 兄 弟 担 拉 唔

'ngoo kuk t'ih-ting na hioong-de tan la va

勿 担

faeh tan

我 个 鉄 鳥 鎗 㑚 兄 弟 担 拉 唔

'ngoo kuk t'ih miau-tsiang na hioong-de tan la va

勿 担

faeh tan

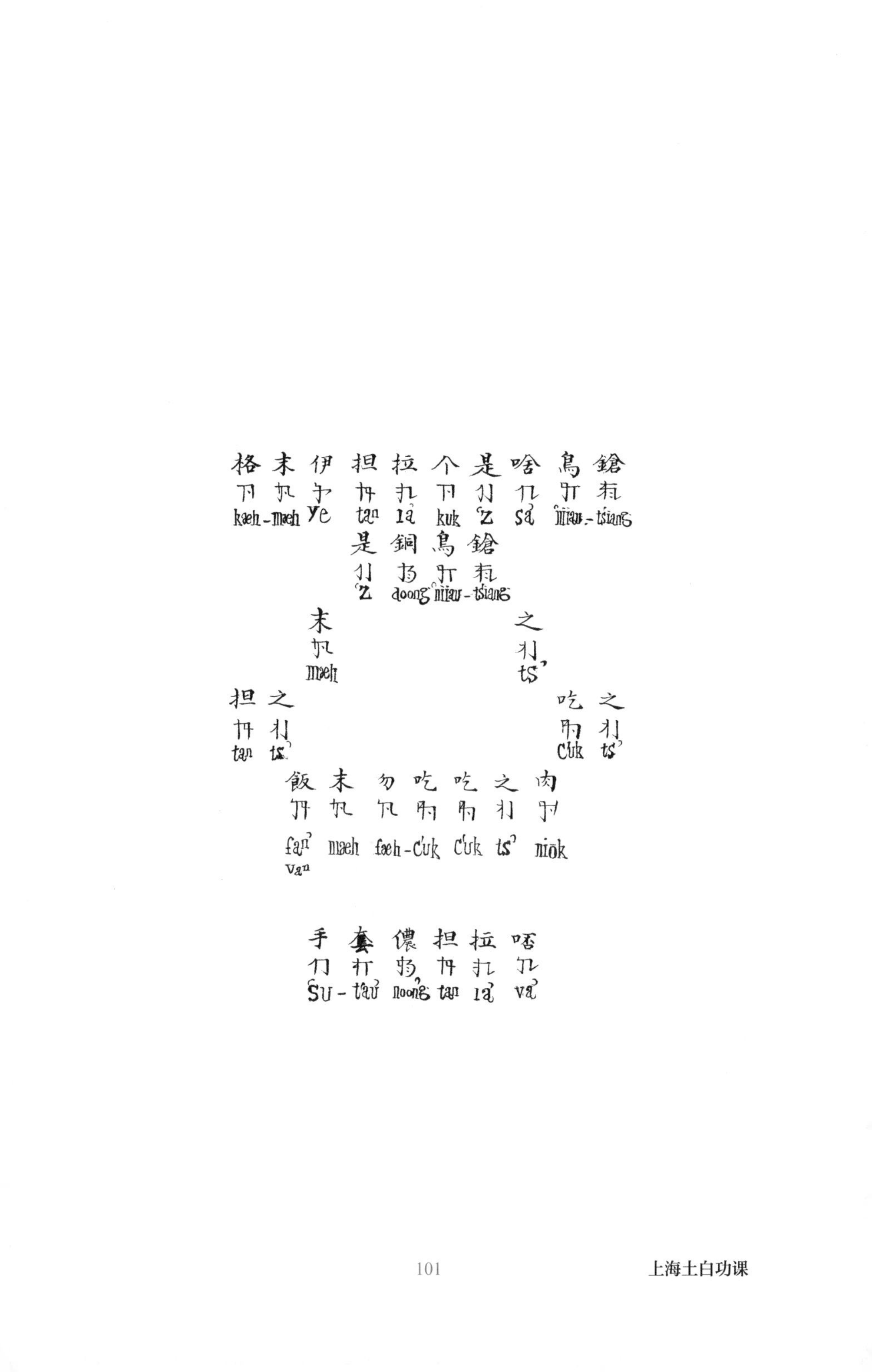

格 末 伊 担 拉 个 是 啥 鳥 鎗
kaeh-maeh ye tan la kuk 'z sa niau-tsiang

是 銅 鳥 鎗
'z doong niau-tsiang

末 之
maeh ts'

担 之 吃 之
tan ts' c'uk ts'

飯 末 勿 吃 吃 之 肉
fan' maeh faeh-c'uk c'uk ts' niok
van

手 套 儂 担 拉 哦
su-tau noong tan la va

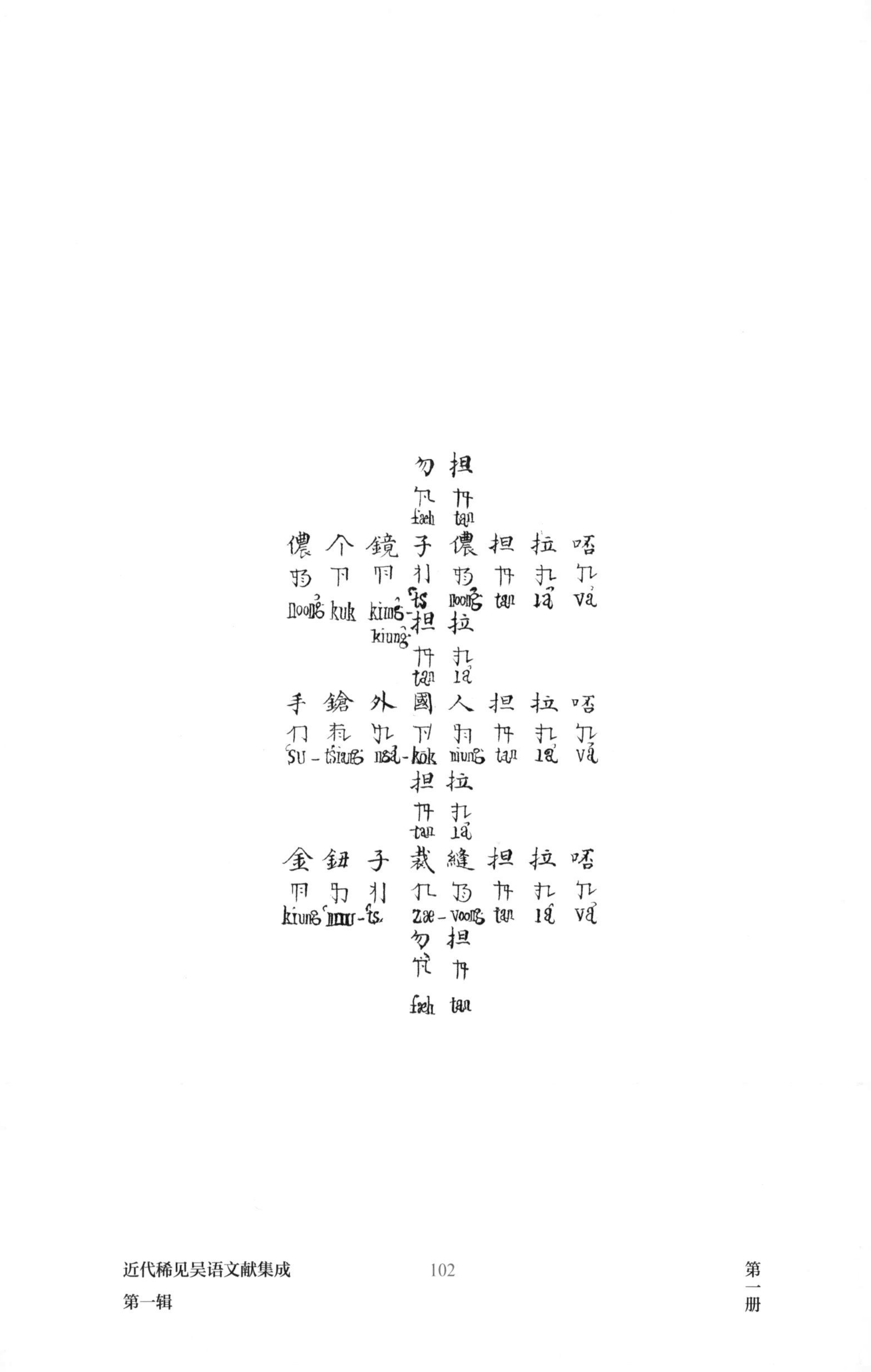

勿 担
fæh tan

儂 个 鏡 子 儂 担 拉 咯
noong kuk kiung-ts noong tan lá vá

担 拉
tan lá

手 鎗 外 國 人 担 拉 咯
'su-tsiang ngá-kok niung tan lá vá

担 拉
tan lá

金 鈕 子 裁 縫 担 拉 咯
kiung 'nnu-ts zæ-voong tan lá vá

勿 担
fæh tan

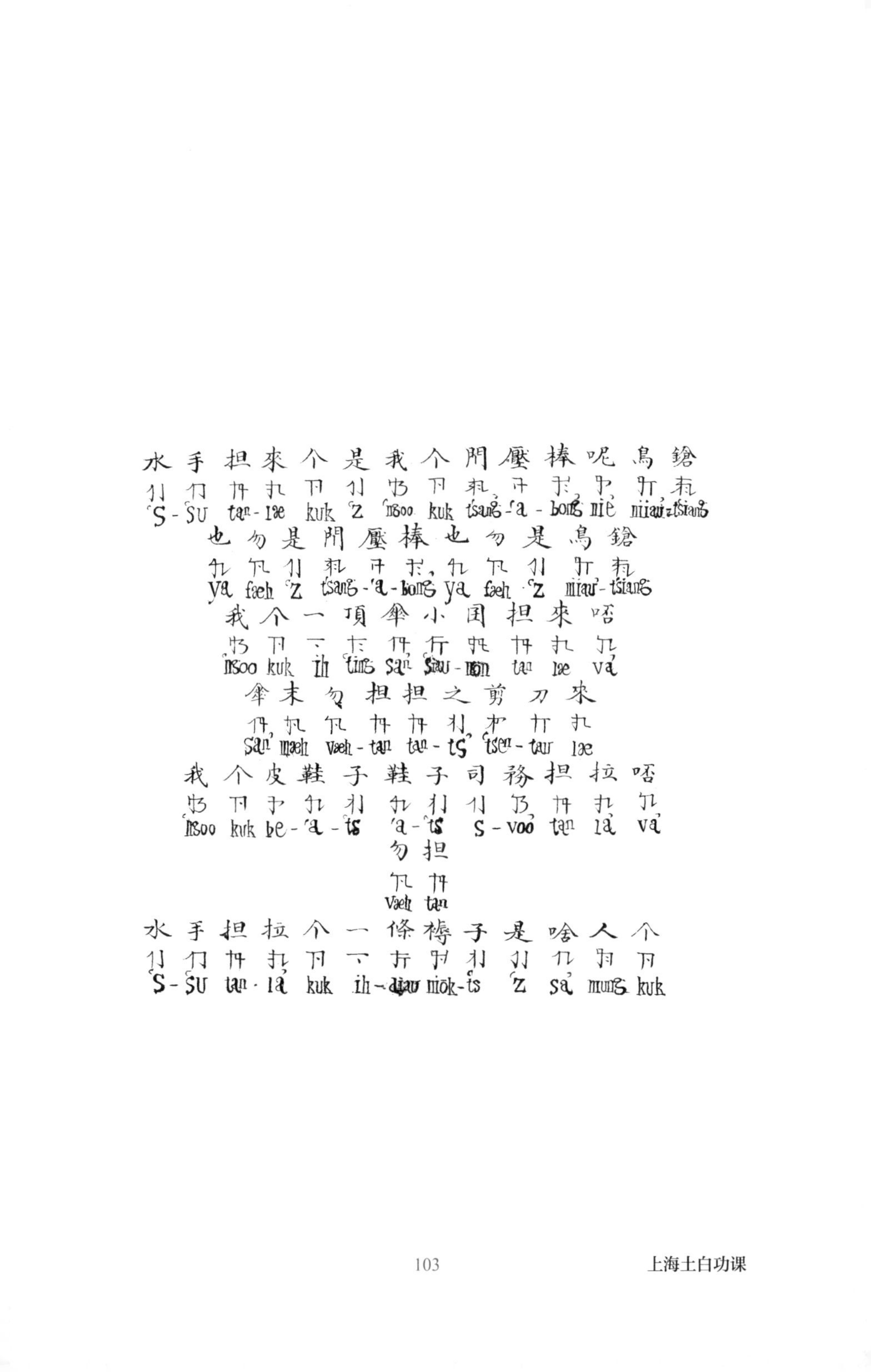

水手担來个是我个門壓棒呢鳥鎗

'S-'su tan-lae kuk 'z 'ngoo kuk tsang-'a-bong nie niau-tsiang

也勿是門壓棒也勿是鳥鎗

ya faeh 'z tsang-'a-bong ya faeh 'z niau-tsiang

我个一頂傘小囯担來[口否]

'ngoo kuk ih 'ting san' 'siau-noen tan lae va'

傘末勿担担之剪刀來

san' maeh vaeh-tan tan-ts' 'tsen-tau lae

我个皮鞋子鞋子司務担拉[口否]

'ngoo kuk be-'a-'ts 'a-'ts s-voo tan la' va'

勿担

vaeh tan

水手担拉个一條褲子是啥人个

'S-'su tan-la' kuk ih-diau niok-ts 'z sa' mung kuk

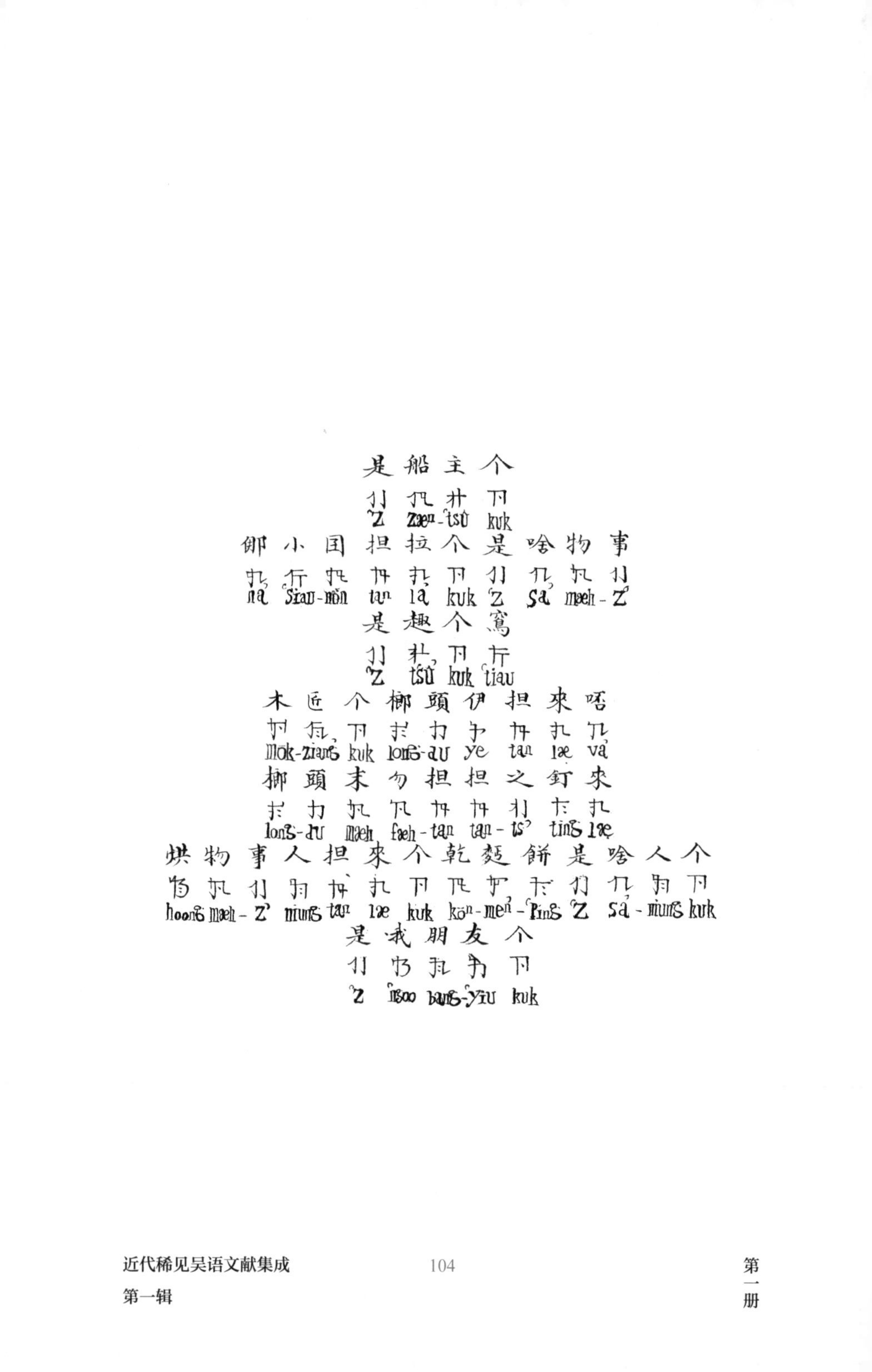

是船主个

'Z Zæ^{n}-'tsû kuk

㑚小囡担拉个是啥物事

na Siau-nön tan la kuk 'Z Sa mæh-Z'

是趣个鳥

'Z tsû kuk 'tiau

木匠个榔頭伊担來咶

Mök-ziang kuk long-du ye tan læ va

榔頭末勿担担之釘來

long-du mæh fæh-tan tan-ts' ting læ

烘物事人担來个乾麪餅是啥人个

hoong mæh-Z' ming tan læ kuk kön-meⁿ-'Ping 'Z Sa-ming kuk

是我朋友个

'Z 'ngoo bang-'yiu kuk

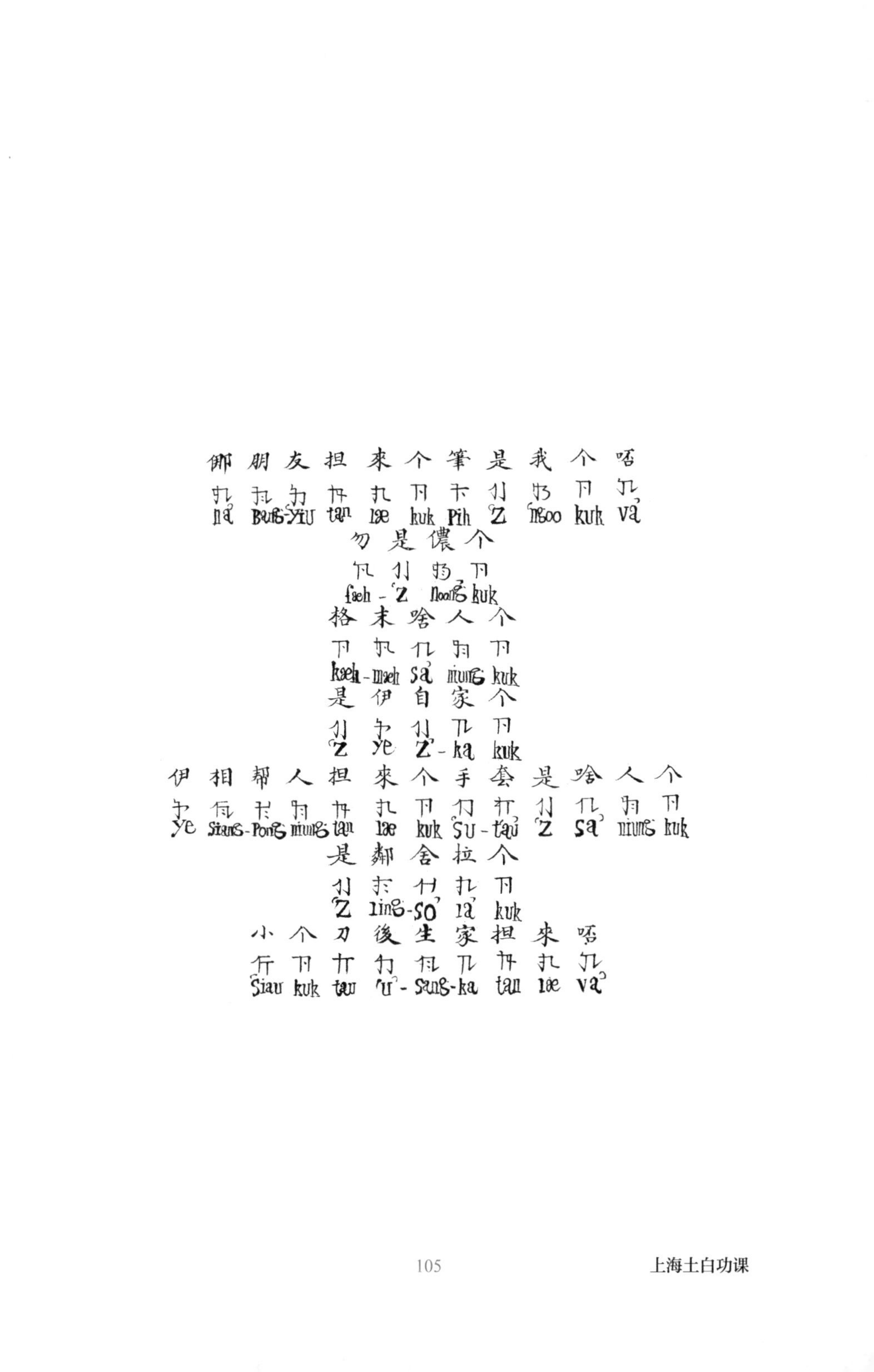

倻朋友担來个筆是我个唔

na Bung-yiu tan lae kuk Pih Z ngoo kuk va

勿是儂个

faeh-Z noong kuk

格末啥人个

kaeh-maeh sa niung kuk

是伊自家个

Z ye Z-ka kuk

伊相帮人担來个手套是啥人个

ye Siang-Pong niung tan lae kuk Su-tau Z sa niung kuk

是鄰舍拉个

Z ling-so la kuk

小个刀後生家担來唔

Siau kuk tau U-sang-ka tan lae va

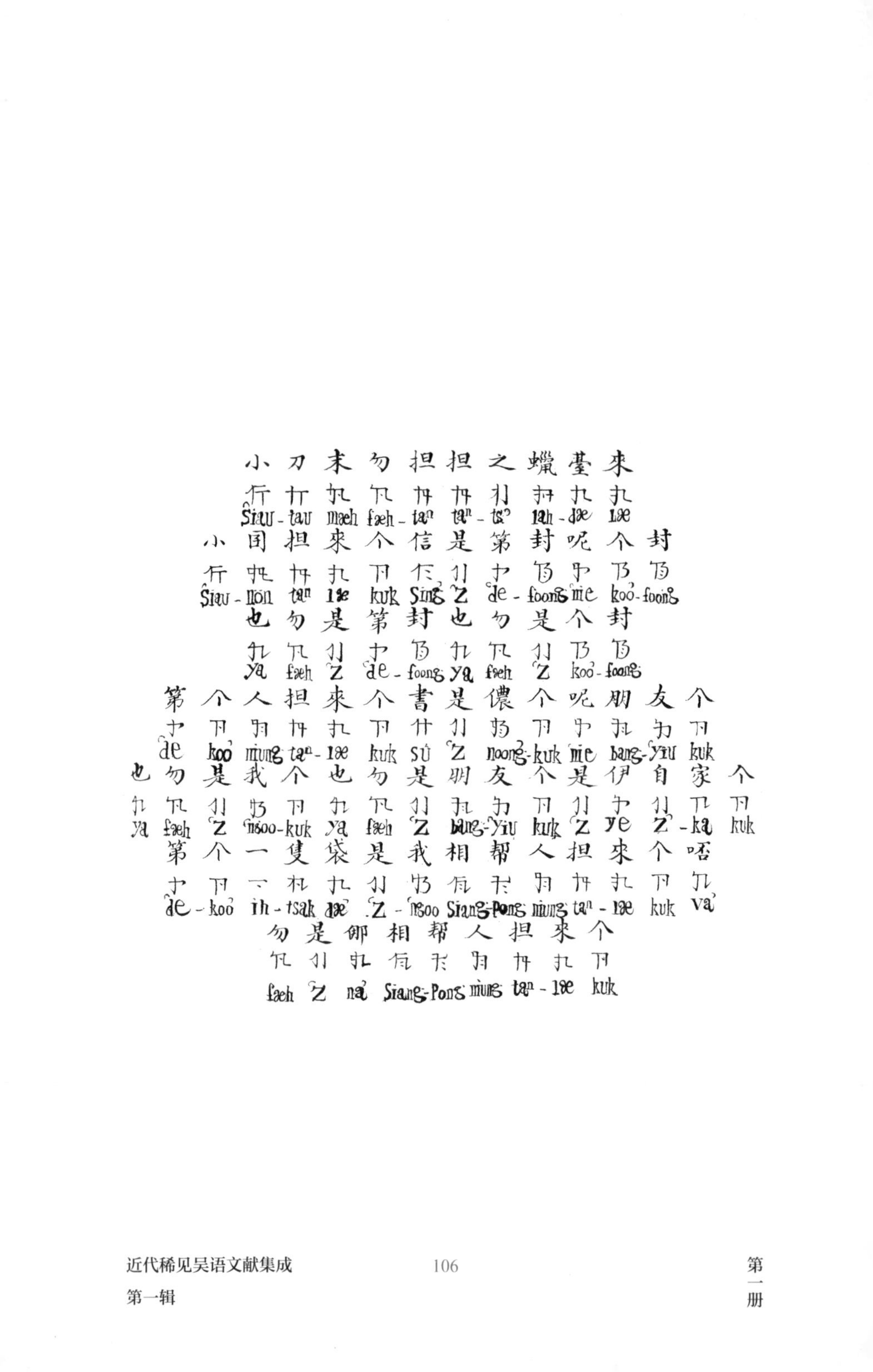

小刀末勿担担之蠟臺來

Ŝiau-tau maeh faeh-ta^{n} ta^{n}-ts^{o} lah-dæ læ

小囝担來个信是第封呢个封

Ŝiau-nön ta^{n} læ kuk Sing 'Z 'de-foong 'mie koo'-foong

也勿是第封也勿是个封

ya faeh 'Z 'de-foong ya faeh 'Z koo'-foong

第个人担來个書是儂个呢朋友个

'de koo' miung ta^{n}-læ kuk sû 'Z noong-kuk 'mie bang-'yiu kuk

也勿是我个也勿是朋友个是伊自家个

ya faeh 'Z 'ngoo-kuk ya faeh 'Z bang-'yiu kuk 'Z ye 'Z-ka kuk

第个一隻袋是我相帮人担來个唔

'de-koo' ih-tsak dæ' 'Z-'ngoo Siang-Pong miung ta^{n}-læ kuk va'

勿是㑚相帮人担來个

faeh 'Z na' Siang-Pong miung ta^{n}-læ kuk

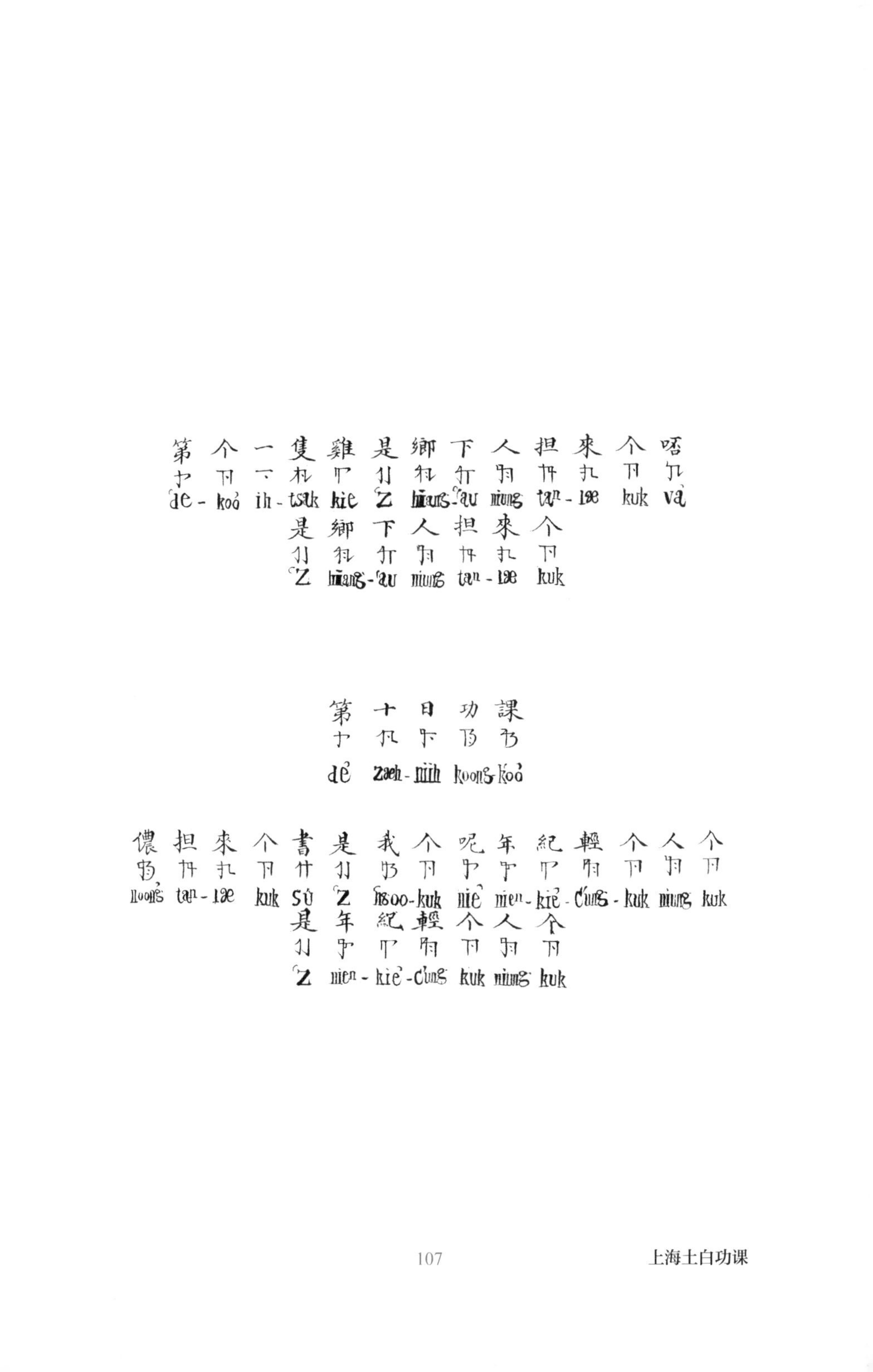

第个一隻雞是鄉下人担來个唔

de-koó ih-tsak kie Z hiang-au niung tan-lae kuk vá

是鄉下人担來个

Z hiang-au niung tan-lae kuk

第十日功课

dé zaeh-nih koong-koó

儂担來个書是我个呢年紀輕个人个

noong tan-lae kuk sú Z ngoo-kuk nié nien-kié-c'ung-kuk niung kuk

是年紀輕个人个

Z nien-kié-c'ung kuk niung kuk

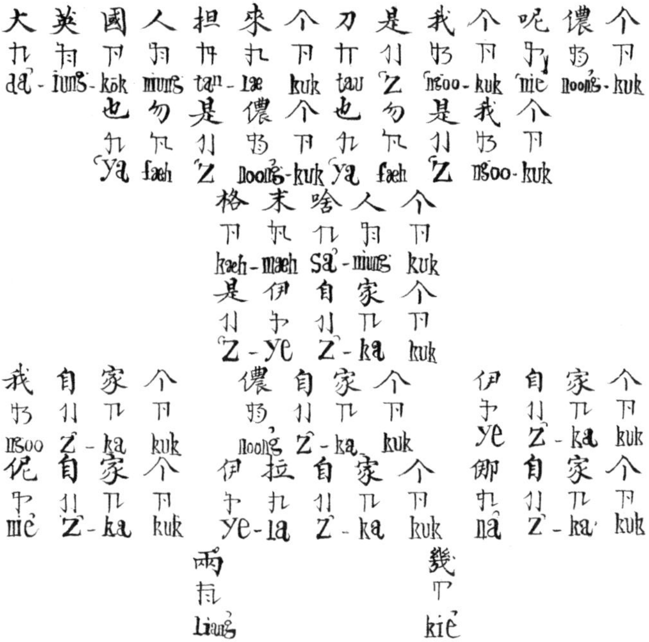
大英國人担來个刀是我个呢儂个
da-iung-kōk niung tan-lae kuk tau Z ngoo-kuk nie noong-kuk
也勿是儂个也勿是我个
ya faeh Z noong-kuk ya faeh Z ngoo-kuk
格末啥人个
kaeh-maeh sa-niung kuk
是伊自家个
Z-ye Z-ka kuk
我自家个
ngoo Z-ka kuk
儂自家个
noong Z-ka kuk
伊自家个
ye Z-ka kuk
伲自家个
nie Z-ka kuk
伊拉自家个
ye-la Z-ka kuk
倻自家个
na Z-ka kuk
兩
liang
幾
kie

第　个　兩　本　書
de-kuk liang-pung su

第　个　幾　本　書
de-kuk kie-pung su

箇　个　兩　本　書
koo-kuk liang-pung su

箇　个　幾　本　書
koo-kuk kie-pung su

儂　担　來　个　書　是　第　个　兩　本　呢　箇　个　兩　本
noong tan-lae-kuk su z de-kuk liang-pung nie koo-kuk liang-pung

第　个　兩　隻
de-kuk liang-tsak

第　个　兩　根
de-kuk liang-kung

箇　个　兩　隻
koo-kuk liang-tsak

箇　个　兩　根
koo-kuk liang-kung

第　个　兩　箇
de-kuk liang-koo

第　个　兩　面
de-kuk liang-men

箇　个　兩　箇
koo-kuk liang-koo

箇　个　兩　面
koo-kuk liang-men

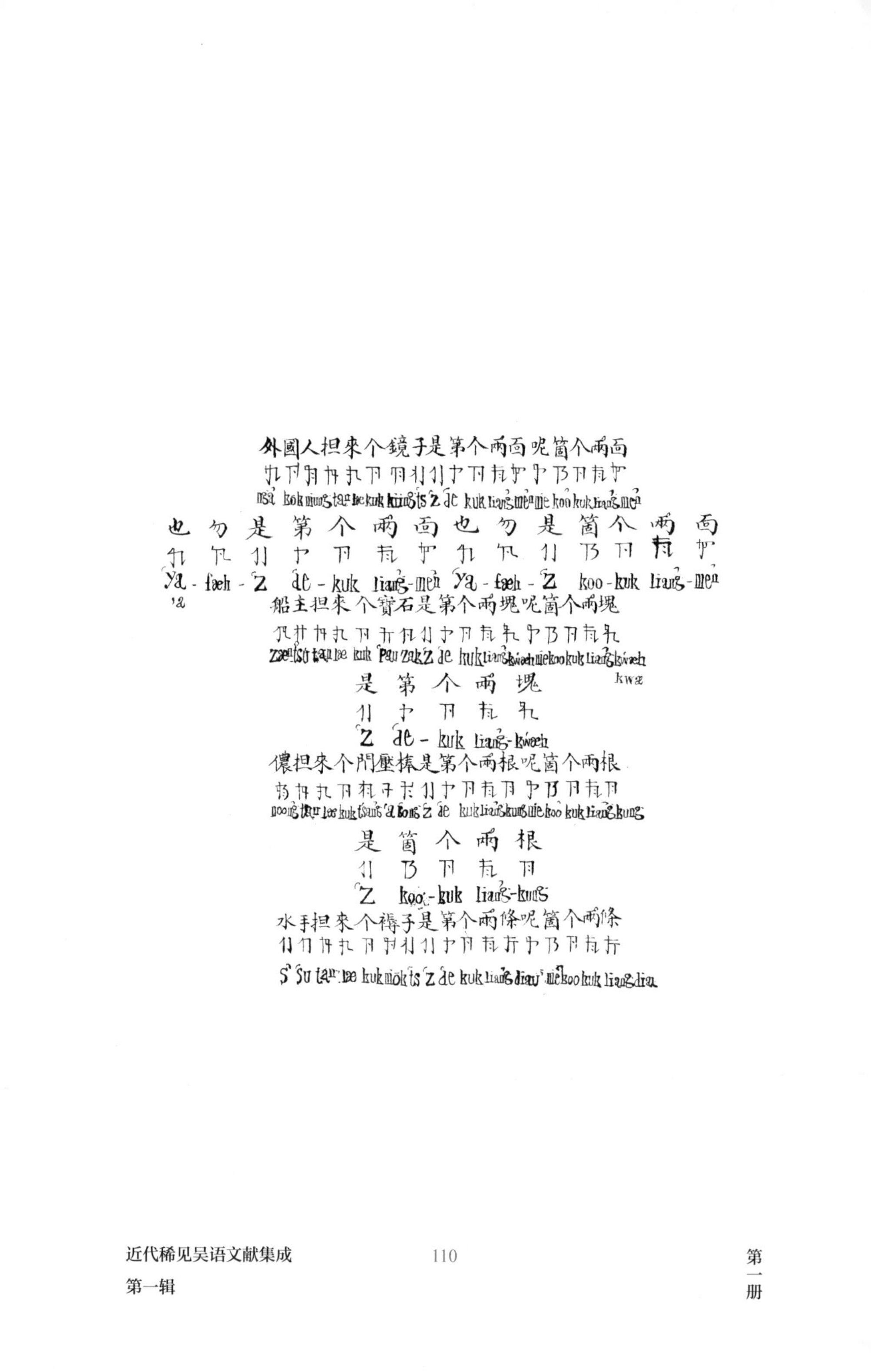

外國人担來个鏡子是第个兩面呢箇个兩面

nga kok niung tan lae kuk kiung ts z de kuk liang men nie koo kuk liang men

也勿是第个兩面也勿是箇个兩面

ya - fæh - z de - kuk liang - men ya - fæh - z koo - kuk liang - men

'a

船主担來个寶石是第个兩塊呢箇个兩塊

zæn tsü tan lae kuk pau zak z de kuk liang kwæh nie koo kuk liang kwæh

是第个兩塊 kwæ

z de - kuk liang - kwæh

儂担來个門壓棒是第个兩根呢箇个兩根

noong tan lae kuk tsang 'a bong z de kuk liang kung nie koo kuk liang kung

是箇个兩根

z koo - kuk liang - kung

水手担來个褥子是第个兩條呢箇个兩條

s su tan lae kuk niok ts z de kuk liang diau nie koo kuk liang diau

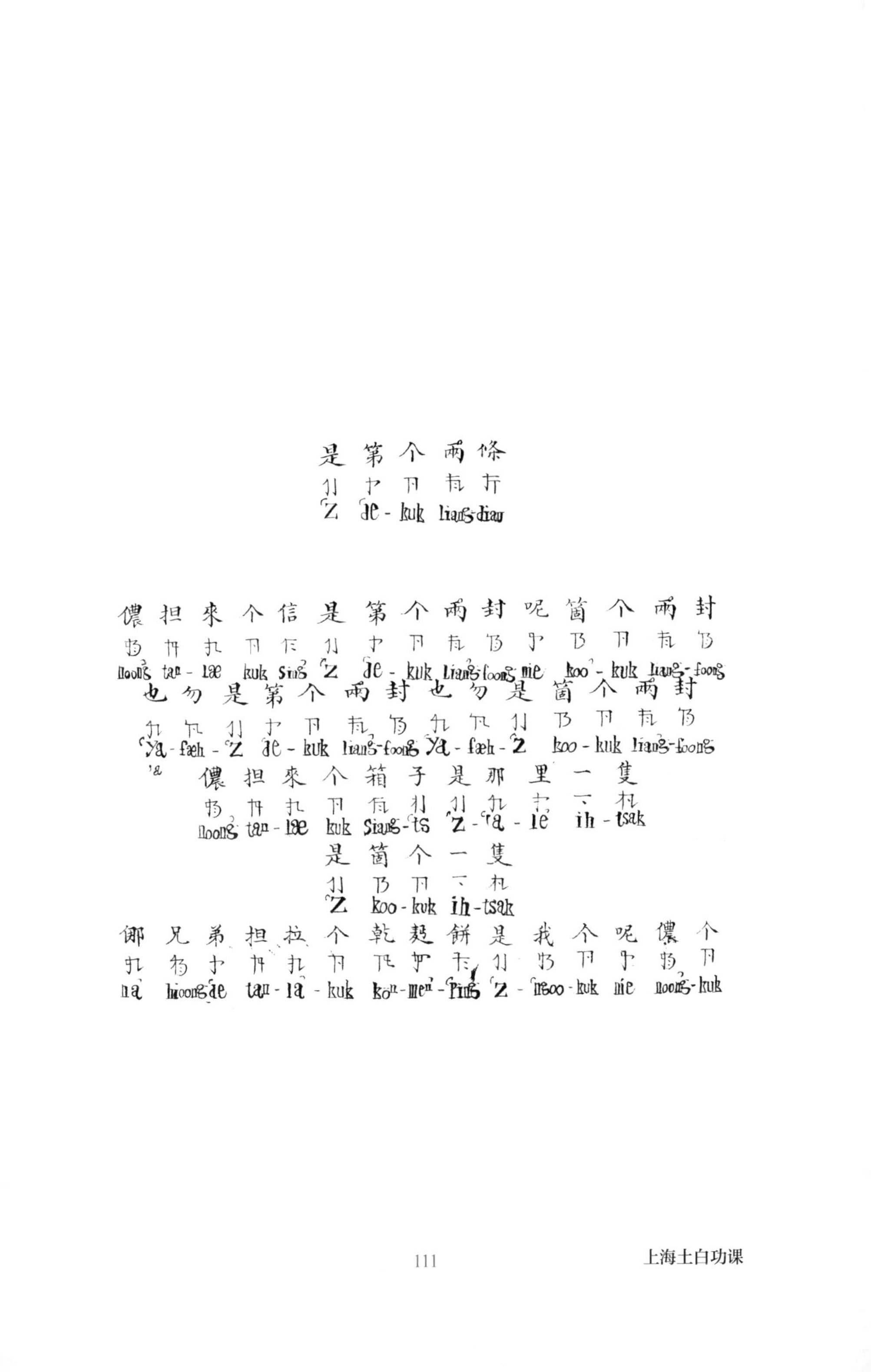

是第个兩條

'Z de-kuk liang-diau

儂担來个信是第个兩封呢箇个兩封

noong tan-lae kuk sing 'Z de-kuk liang-foong nie koo-kuk liang-foong

也勿是第个兩封也勿是箇个兩封

'Ya-faeh-'Z de-kuk liang-foong 'Ya-faeh-'Z koo-kuk liang-foong

'a

儂担來个箱子是那里一隻

noong tan-lae kuk siang-ts 'Z-'a-le ih-tsak

是箇个一隻

'Z koo-kuk ih-tsak

伽兄弟担拉个乾麪餅是我个呢儂个

na hioong-de tan-la-kuk kön-men-ping 'Z-'ngoo-kuk nie noong-kuk

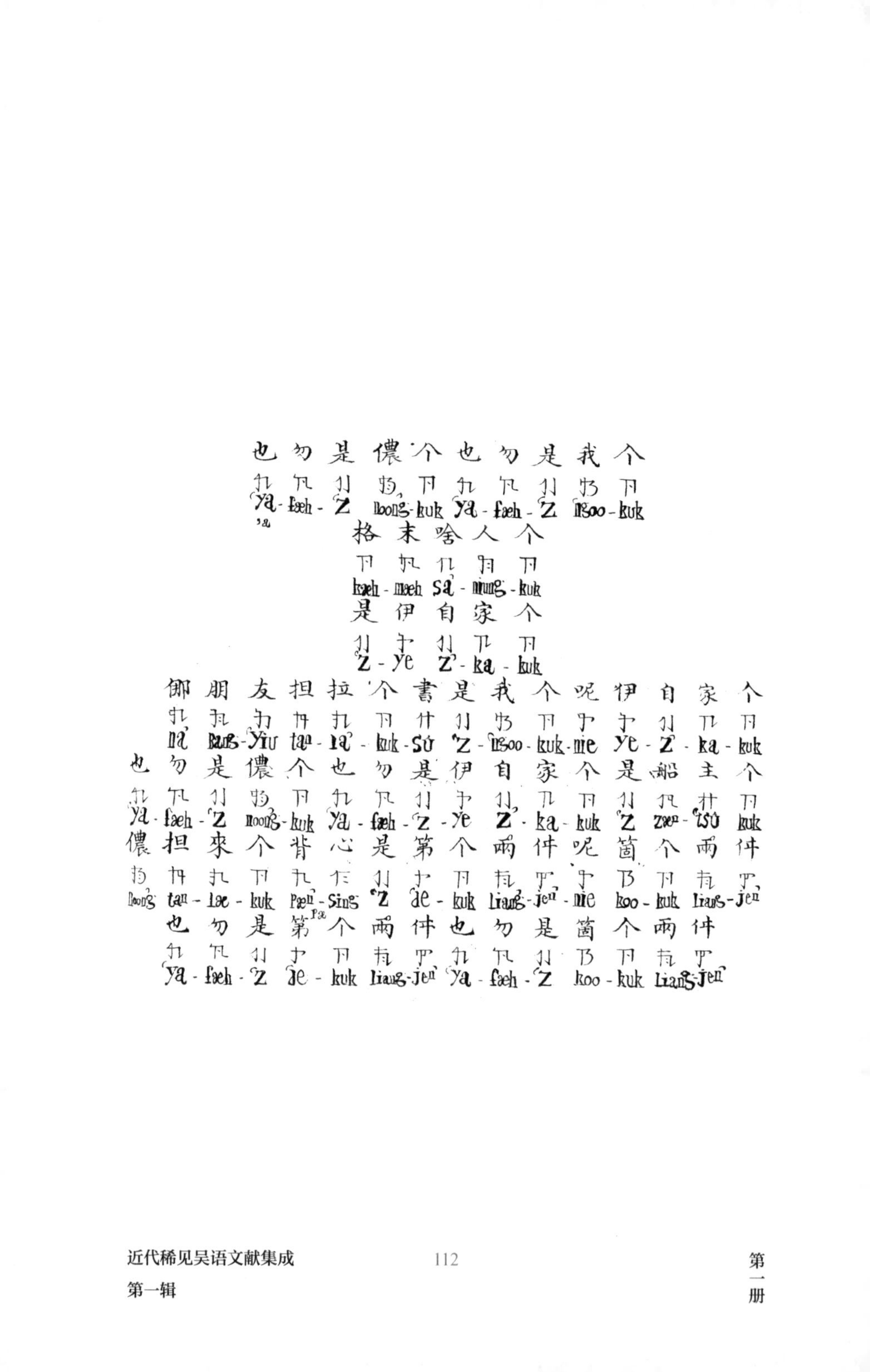

也勿是儂个也勿是我个

'ya - fæh - 'z noong - kuk 'ya - fæh - 'z ngoo - kuk

格末啥人个

kæh - mæh sa - niung - kuk

是伊自家个

'z - ye 'z - ka - kuk

㑚朋友担拉个書是我个呢伊自家个

na bang - yiu tan - la - kuk - sû 'z - ngoo - kuk - nie ye - 'z - ka - kuk

也勿是儂个也勿是伊自家个是船主个

'ya - fæh - 'z noong - kuk 'ya - fæh - 'z - ye 'z - ka - kuk 'z zæn - tsû kuk

儂担來个背心是第个兩件呢箇个兩件

noong tan - læ - kuk pæn - sing 'z de - kuk liang - jen - nie koo - kuk liang - jen

也勿是第个兩件也勿是箇个兩件

'ya - fæh - 'z de - kuk liang - jen 'ya - fæh - 'z koo - kuk liang - jen

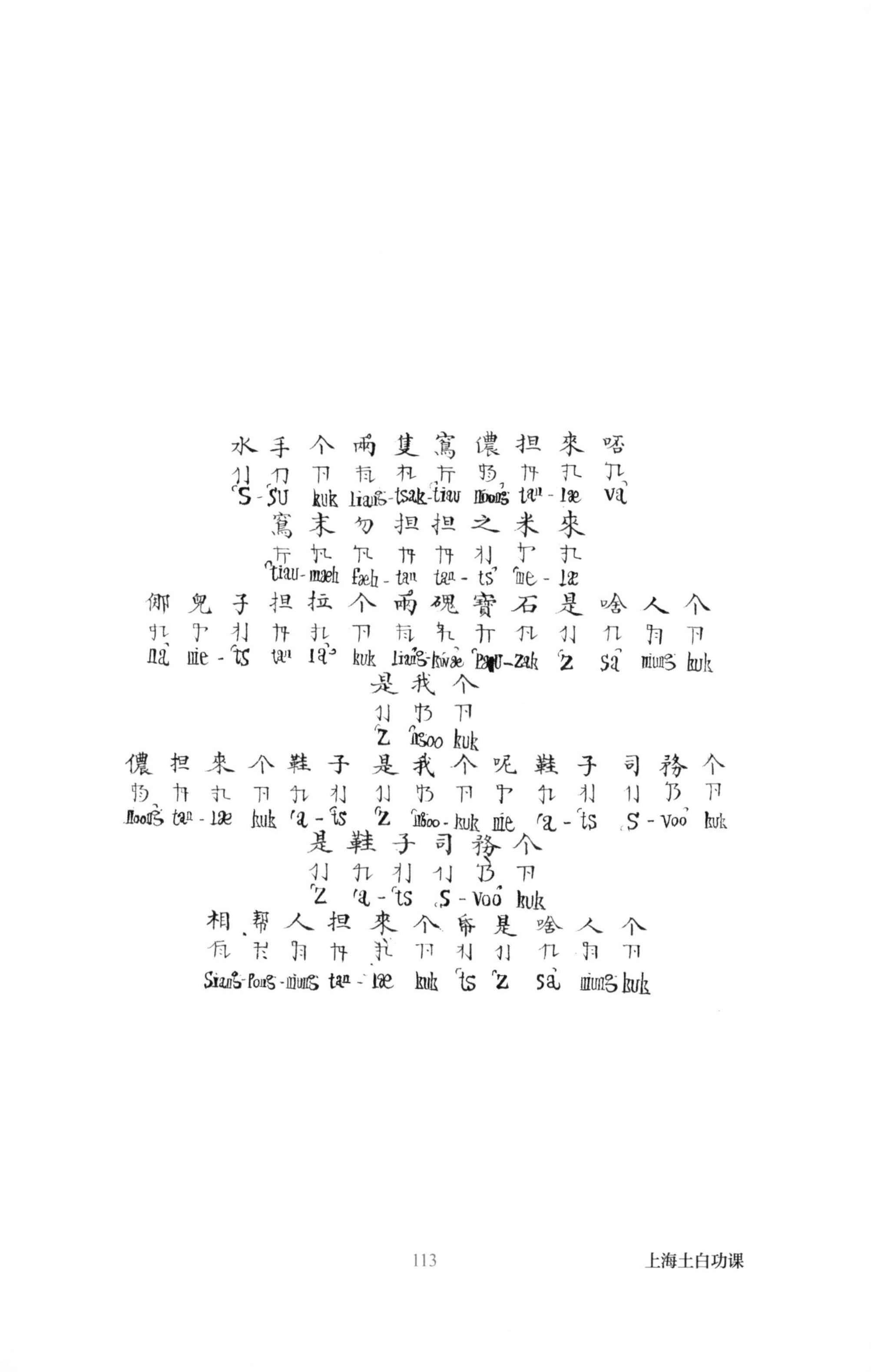

水手个兩隻寫儂担來否

'S-'SU kuk liang-tsak-'tiau noong tan-læ va'

寫末勿担担之米來

'tiau-maeh faeh-tan tan-ts' 'me-læ

䢺兒子担拉个兩磈寶石是啥人个

na' nie-'ts tan la' kuk liang-kwæ' 'pau-zak 'z sa' niung kuk

是我个

'z 'ngoo kuk

儂担來个鞋子是我个呢鞋子司務个

noong tan-læ kuk 'a-'ts 'z 'ngoo-kuk nie 'a-'ts 'S-voo' kuk

是鞋子司務个

'z 'a-'ts 'S-voo' kuk

相帮人担來个鞋是啥人个

Siang-Pong-niung tan-læ kuk 'ts 'z sa' niung kuk

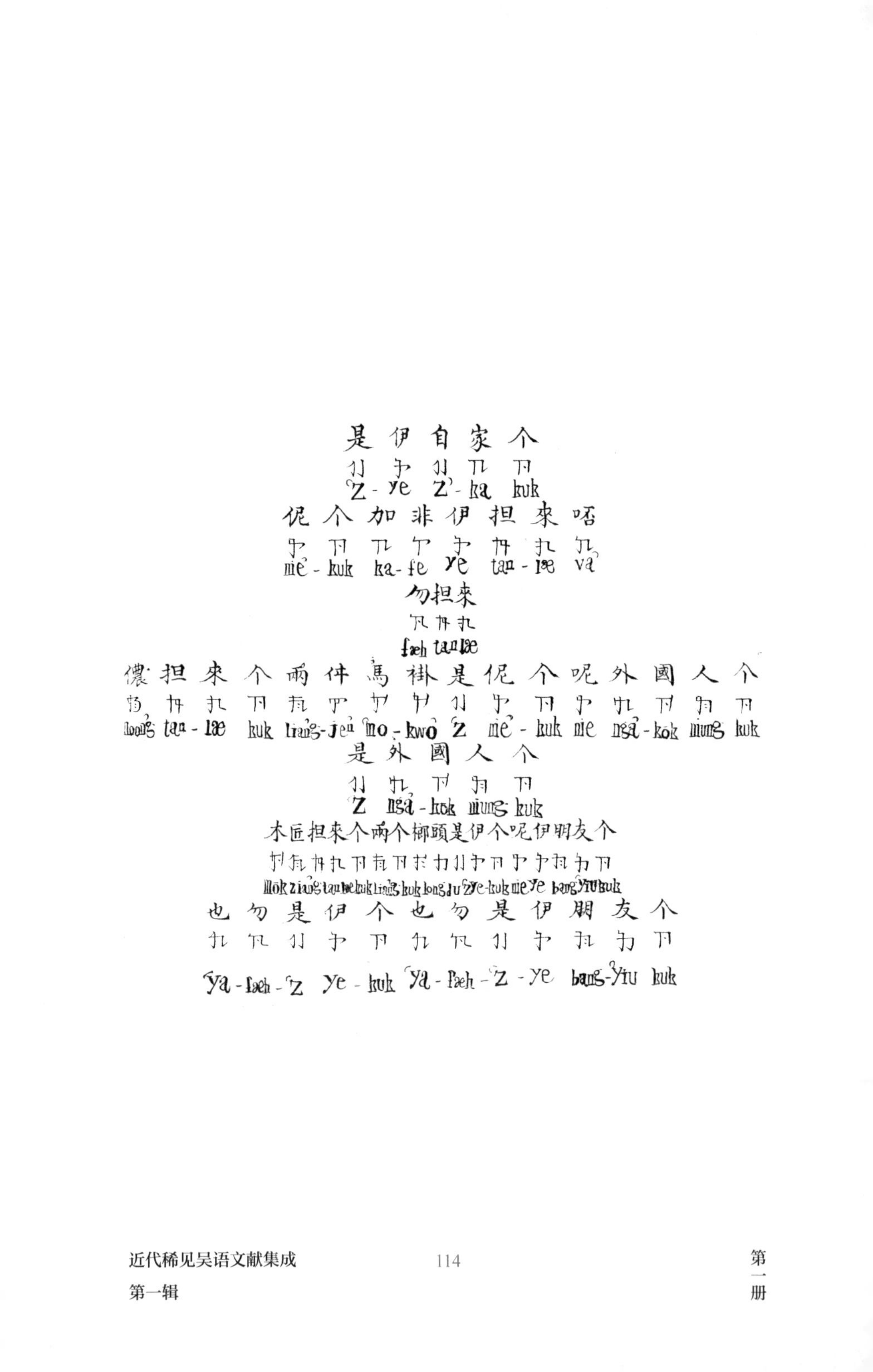

是伊自家个

Z-ye Z-ka kuk

伲个加非伊担來咾

nie-kuk ka-fe ye tan-lae va

勿担來

faeh tan-lae

儂担來个兩件馬褂是伲个呢外國人个

noong tan-lae kuk liang-jeu mo-kwo Z nie-kuk nie nga-kok ning kuk

是外國人个

Z nga-kok ning kuk

木匠担來个兩个榔頭是伊个呢伊朋友个

Mok ziang tan-lae kuk liang kuk long-du Z ye-kuk nie ye bang-yiu kuk

也勿是伊个也勿是伊朋友个

ya-faeh-Z ye-kuk ya-faeh-Z-ye bang-yiu kuk

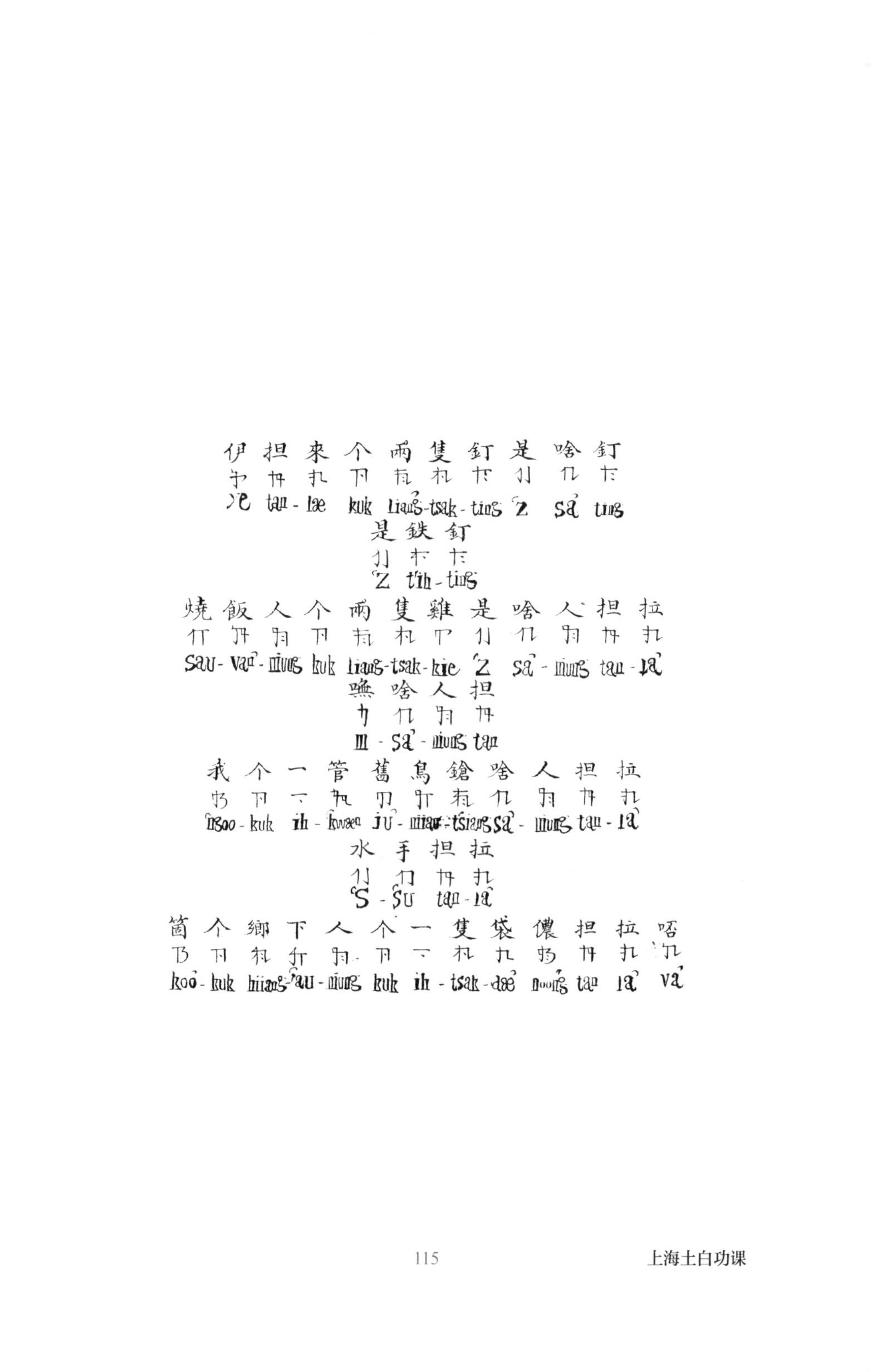

伊 担 来 个 两 隻 釘 是 啥 釘

ye tan - lae kuk liang-tsak - ting 'z sa ting

是 鉄 釘

'z t'ih - ting

燒 飯 人 个 两 隻 雞 是 啥 人 担 拉

sau - van - niung kuk liang-tsak - kie 'z sa - niung tan - la

嘸 啥 人 担

m - sa - niung tan

我 个 一 管 舊 鳥 鎗 啥 人 担 拉

ngoo - kuk ih - kwaen ju - niau - tsiang sa - niung tan - la

水 手 担 拉

's - su tan - la

箇 个 鄉 下 人 个 一 隻 袋 儂 担 拉 唔

koo - kuk hiang - 'au - niung kuk ih - tsak - dae noong tan la va

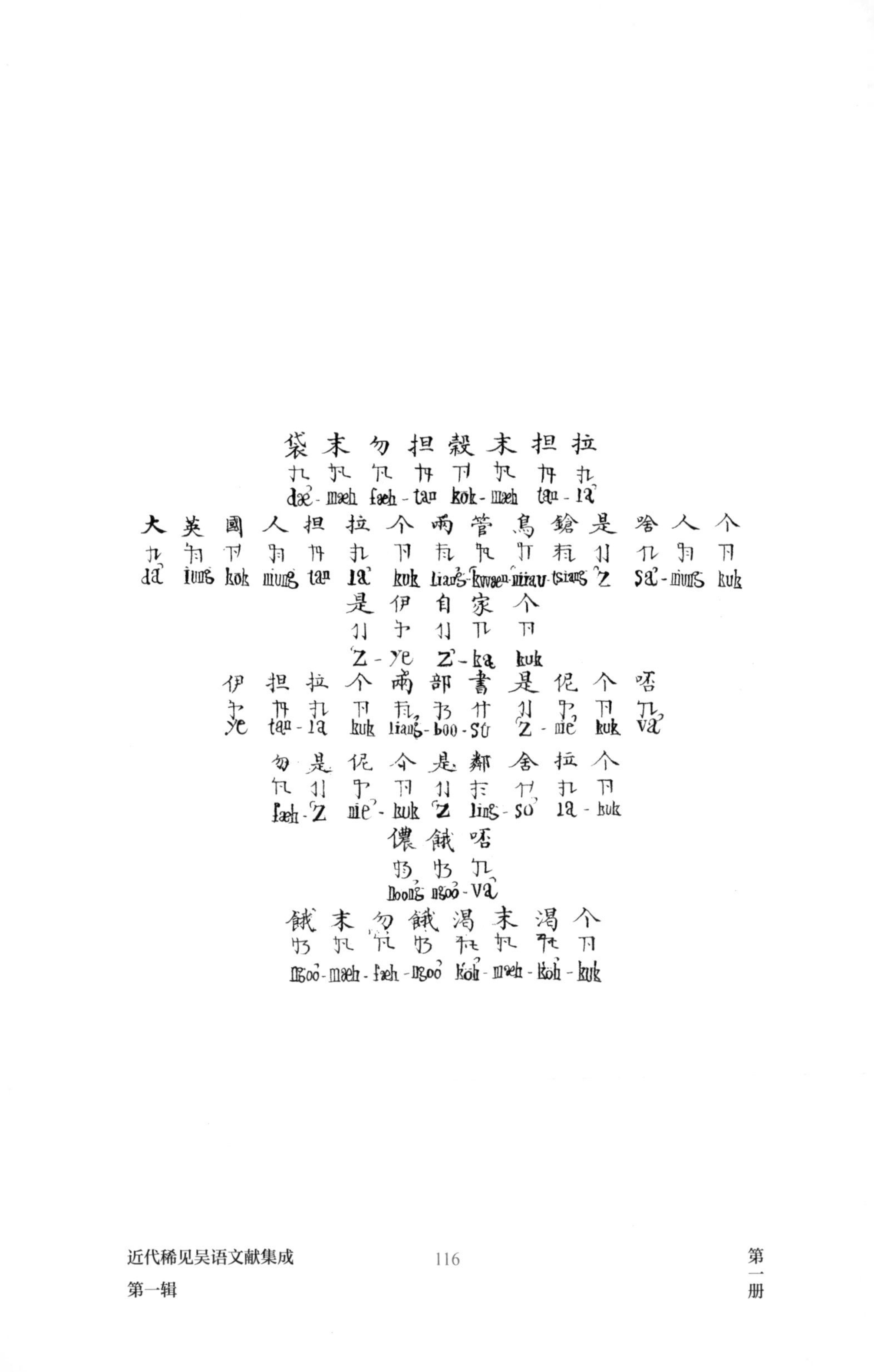

袋末勿担㲉末担拉

dæ-maeh faeh-tan kok-maeh tan-la

大英國人担拉个兩管鳥鎗是啥人个

da iung kok niung tan la kuk liang-kwaen-niau-tsiang Z sa-niung kuk

是伊自家个

Z-ye Z-ka kuk

伊担拉个兩部書是伲个㕶

ye tan-la kuk liang-boo-sû Z-nie kuk va

勿是伲个是鄰舍拉个

faeh-Z nie-kuk Z ling-so la-kuk

儂餓㕶

noong ngoo-va

餓末勿餓渴末渴个

ngoo-maeh-faeh-ngoo koh-maeh-koh-kuk

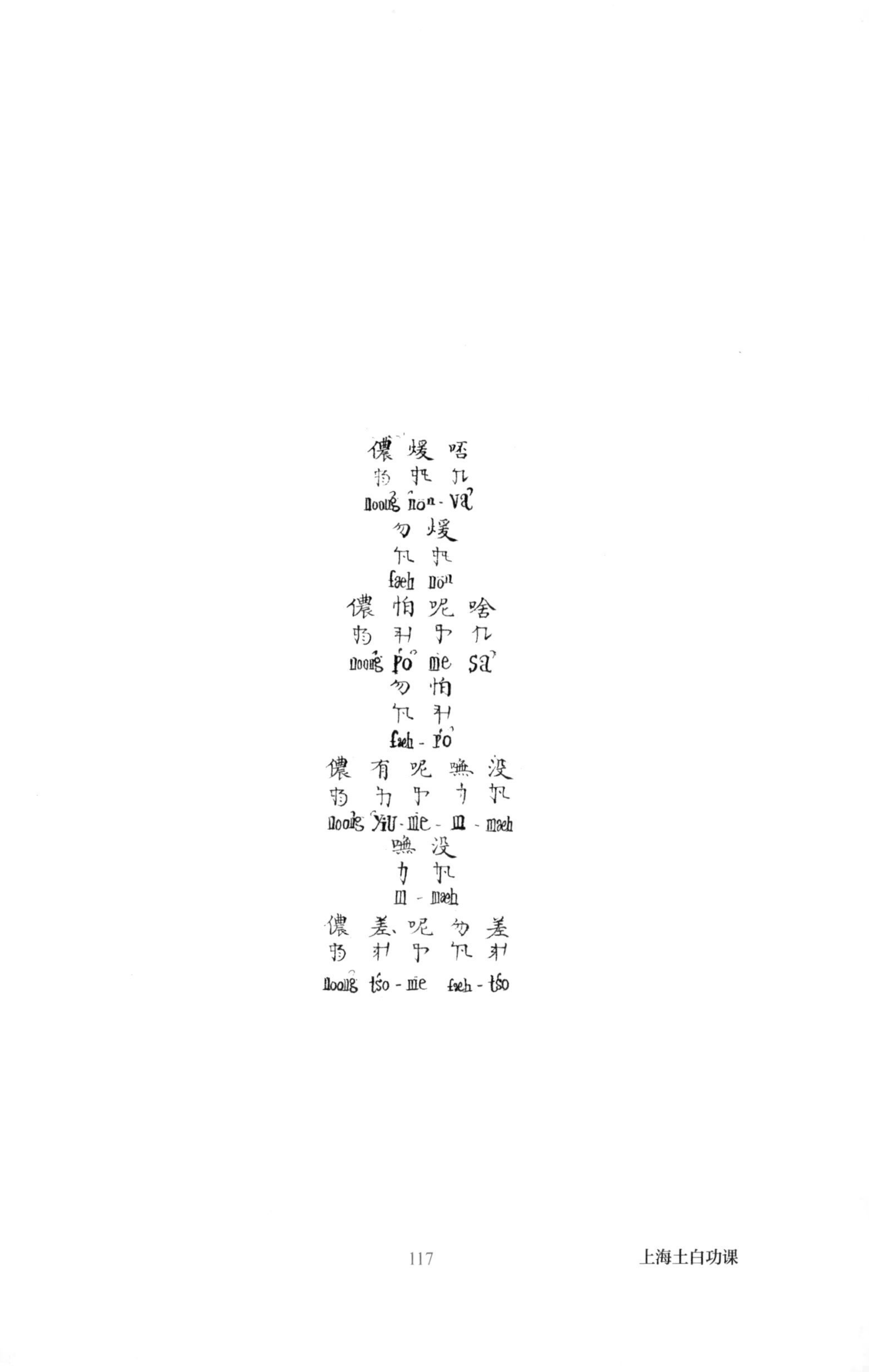

侬 煖 唔
[illegible]
noong nôn-va'

勿 煖
[illegible]
faeh nön

侬 怕 呢 啥
[illegible]
noong pó' me sa'

勿 怕
[illegible]
faeh-pó'

侬 有 呢 嘸 没
[illegible]
noong yiu-me-m-maeh

嘸 没
[illegible]
m-maeh

侬 差、呢 勿 差
[illegible]
noong tśo-me faeh-tśo

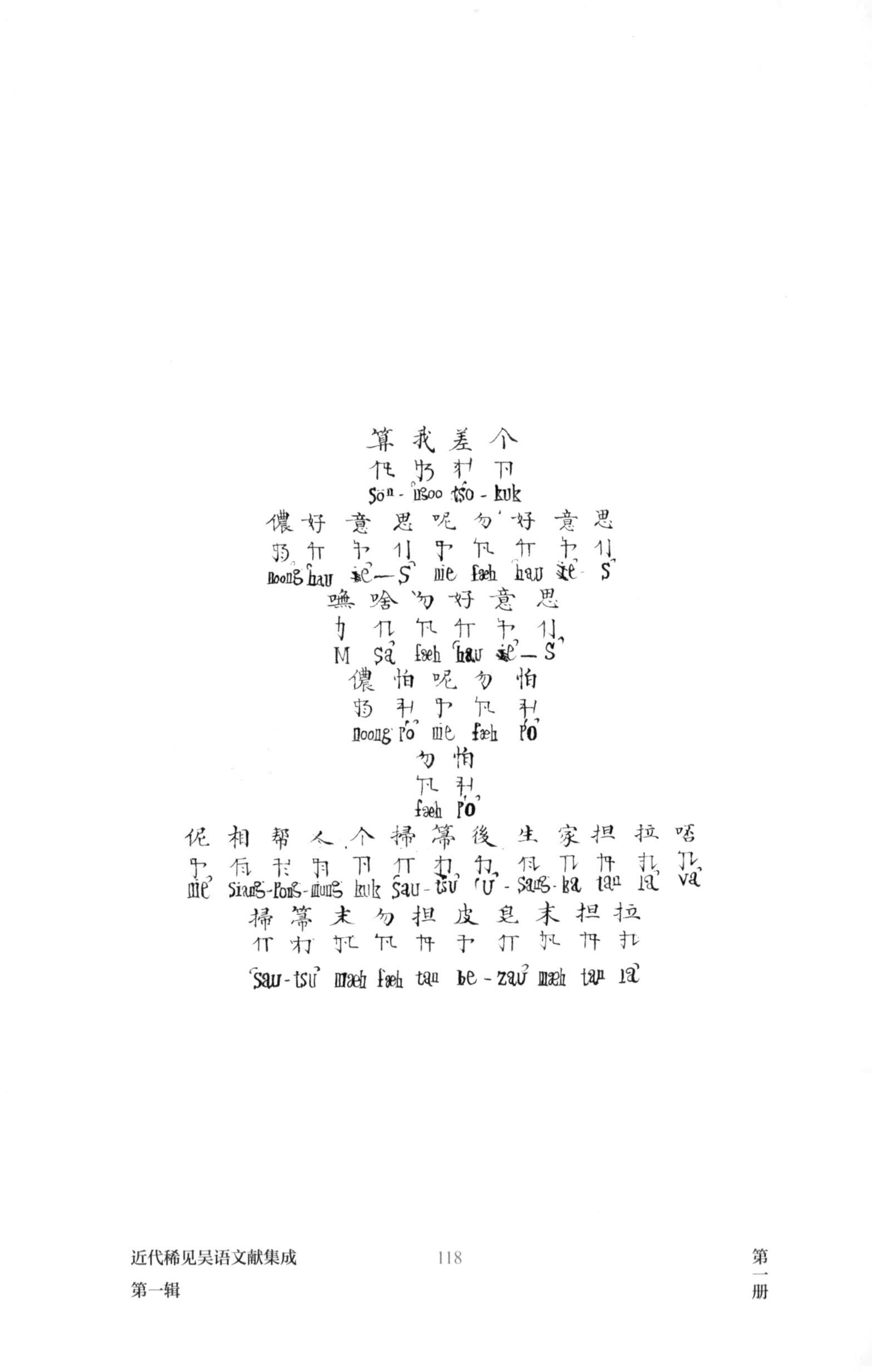

算我差个

Sön-ngoo tsô-kuk

儂好意思呢勿好意思

noong hau ie-s nie faeh hau ie-s

嘸啥勿好意思

M sa faeh hau ie-s

儂怕呢勿怕

noong po nie faeh po

勿怕

faeh po

伲相帮人个掃箒後生家担拉𠲎

nie siang-pong-niung kuk sau-tsu u-sang-ka tan la va

掃箒末勿担皮皂末担拉

sau-tsu maeh faeh tan be-zau maeh tan la

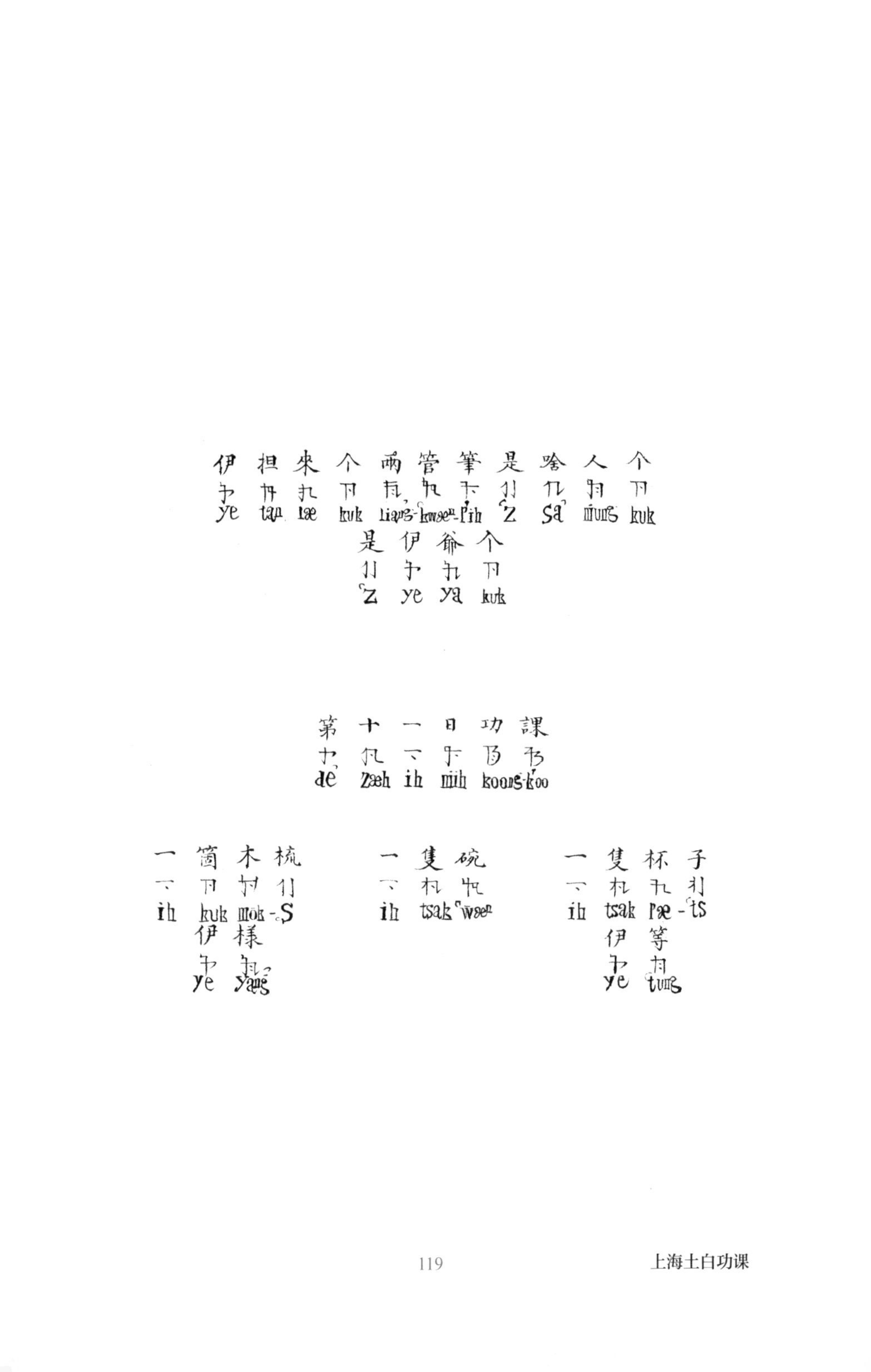

伊担来个两管筆是啥人个

ye tan læ kuk liang-kwœn-pih 'z sa' miung kuk

是伊爺个

'z ye ya kuk

第十一日功課

de zæh ih mih koong-k'oo

一箇木梳

ih kuk mŏk-'s

伊樣

ye yang

一隻碗

ih tsak 'wœn

一隻杯子

ih tsak pæ-'ts

伊等

ye 'tung

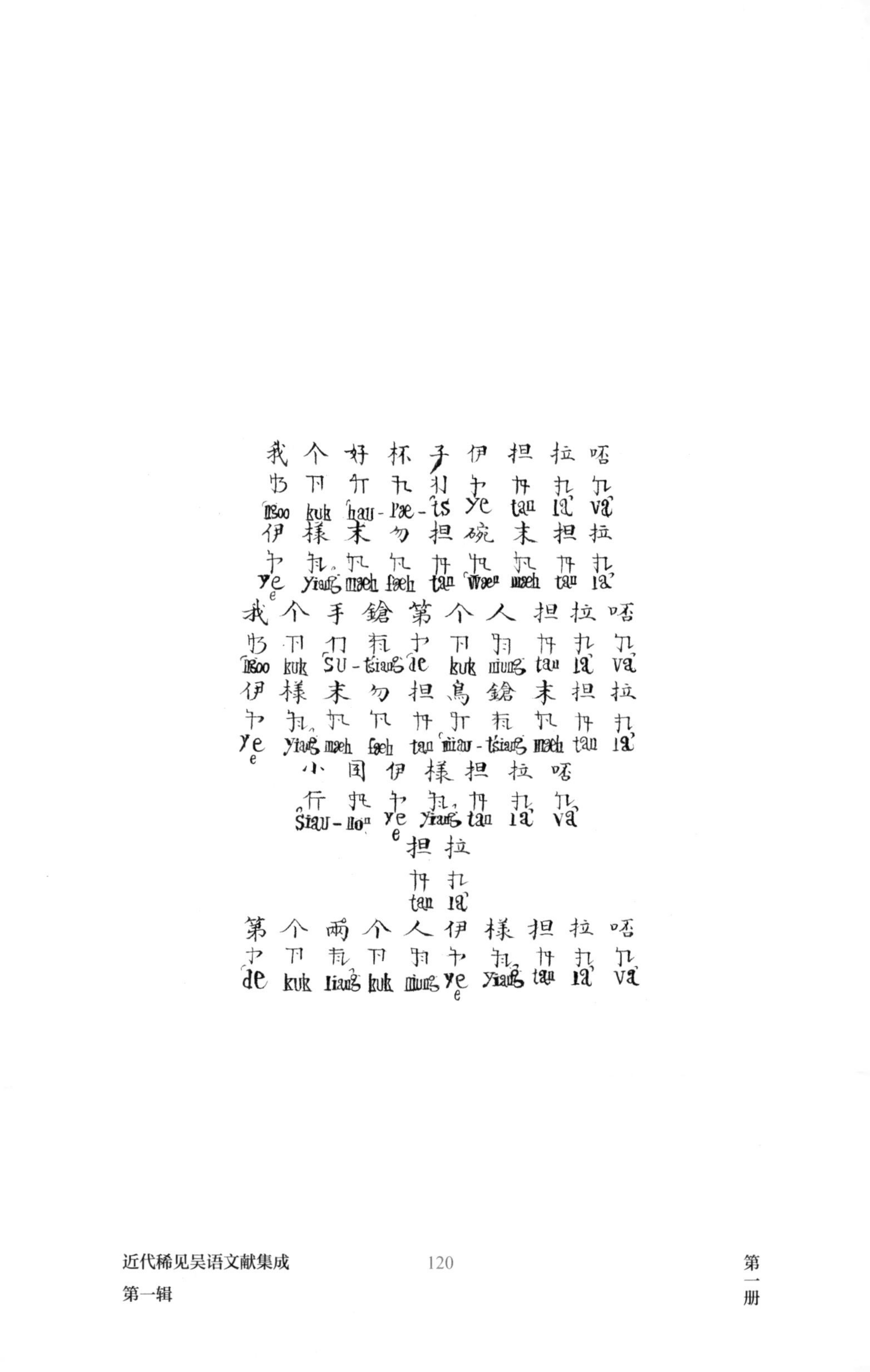

我个好杯子伊担拉嗒

ngoo kuk hau-p'æ-ts ye tan la va

伊様末勿担碗末担拉

ye yiang mæh fæh tan wæn mæh tan la

我个手鎗第个人担拉嗒

ngoo kuk su-ts'iang de kuk niung tan la va

伊様末勿担鳥鎗末担拉

ye yiang mæh fæh tan niau-ts'iang mæh tan la

小囝伊様担拉嗒

siau-non ye yiang tan la va

担拉

tan la

第个兩个人伊様担拉嗒

de kuk liang kuk niung ye yiang tan la va

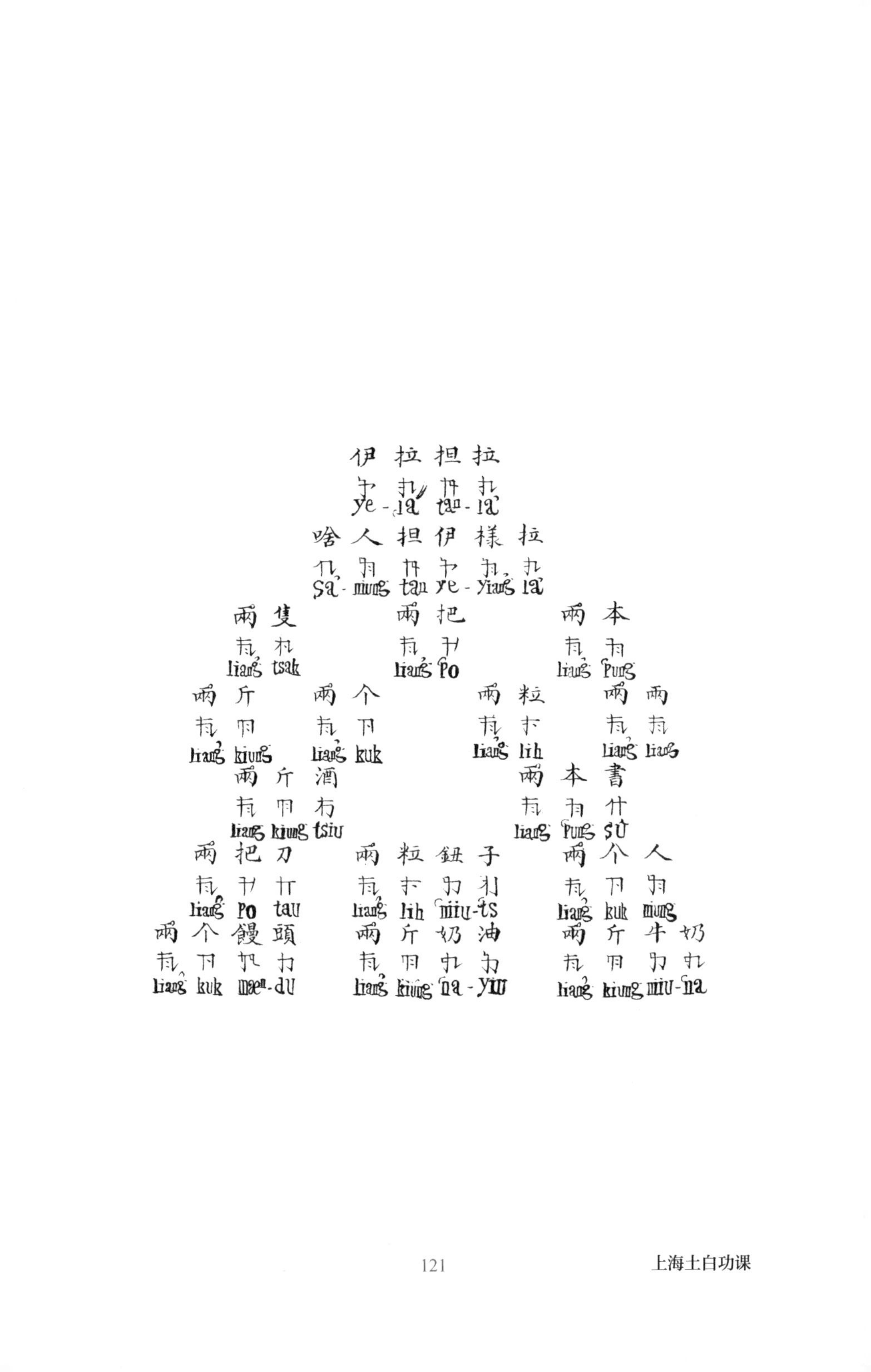

伊拉担拉

ye-la tan-la

啥人担伊樣拉

sa-niung tan ye-yiang la

兩隻 liang tsak　　兩把 liang po　　兩本 liang pung

兩斤 liang kiung　　兩个 liang kuk　　兩粒 liang lih　　兩兩 liang liang

兩斤酒 liang kiung tsiu　　兩本書 liang pung sû

兩把刀 liang po tau　　兩粒鈕子 liang lih niu-ts　　兩个人 liang kuk niung

兩个饅頭 liang kuk maen-du　　兩斤奶油 liang kiung na-yiu　　兩斤牛奶 liang kiung niu-na

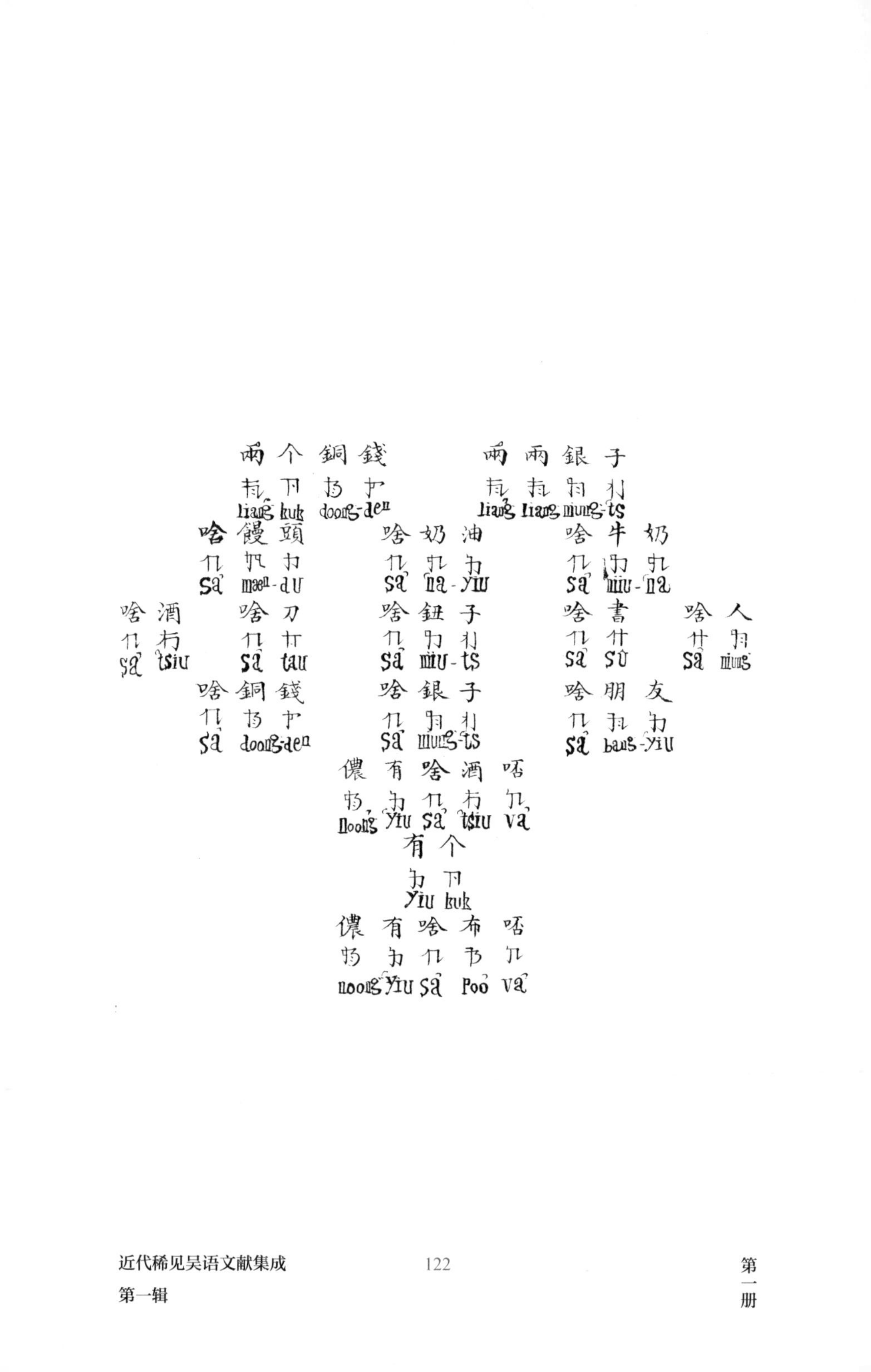

兩个銅錢　　兩兩銀子

liang kuk doong-den　　liang liang niung-ts

啥饅頭　　啥奶油　　啥牛奶

sa maen-du　　sa na-yiu　　sa niu-na

啥酒　　啥刀　　啥鈕子　　啥書　　啥人

sa tsiu　　sa tau　　sa niu-ts　　sa su　　sa niung

啥銅錢　　啥銀子　　啥朋友

sa doong-den　　sa niung-ts　　sa baung-yiu

儂有啥酒唔

noong yiu sa tsiu va

有个

yiu kuk

儂有啥布唔

noong yiu sa poo va

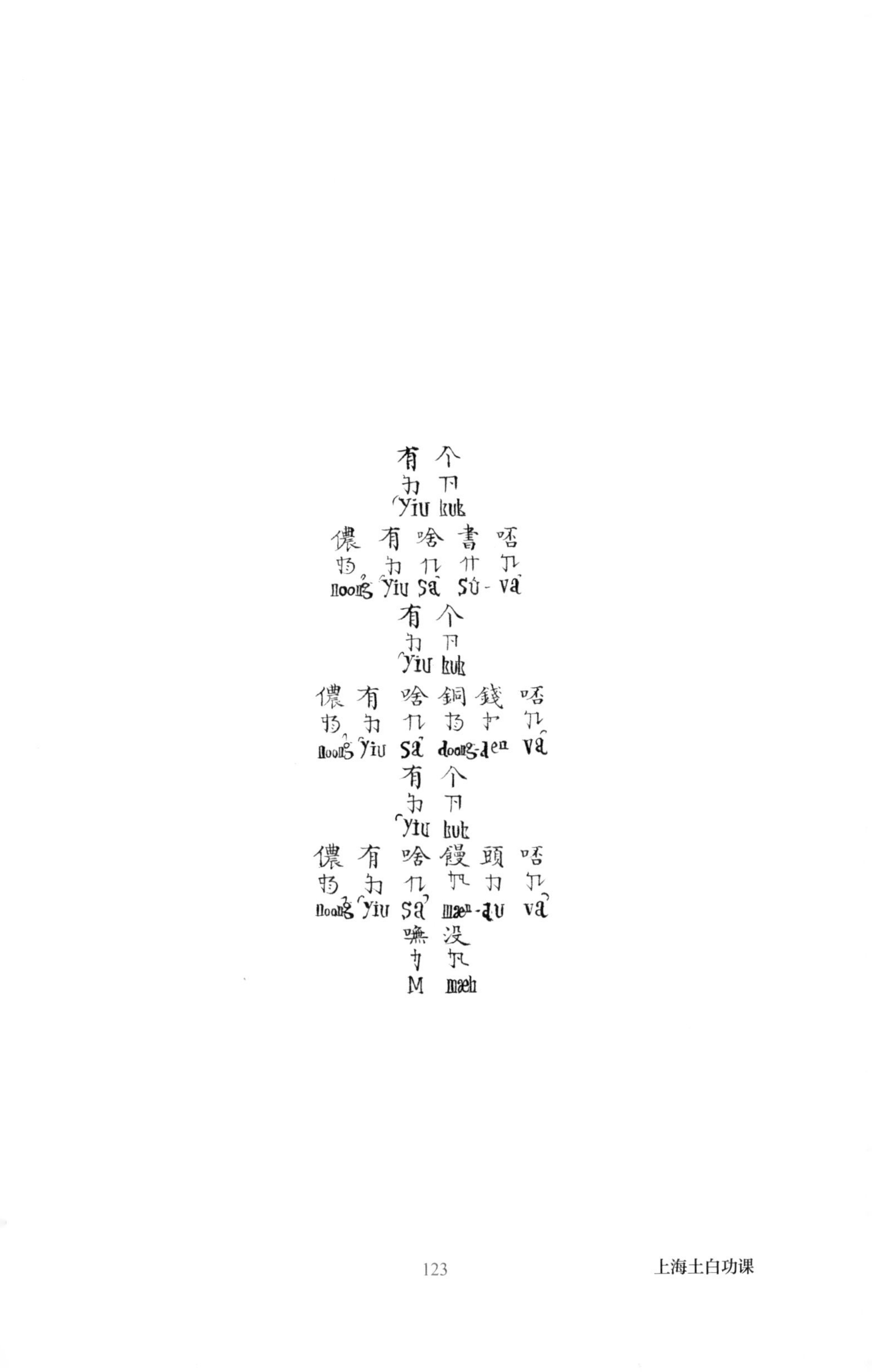

有 个
ʻyiu kuh

儂 有 啥 書 唔
noong ʻyiu sa sû-va

有 个
ʻyiu kuh

儂 有 啥 銅 錢 唔
noong ʻyiu sa doong-den va

有 个
ʻyiu kuh

儂 有 啥 饅 頭 唔
noong ʻyiu sa maen-deu va

嘸 没
M maeh

儂 有 啥 朋 友 唔
noong ʻyiu saʻ baung-ʻyiu vaʻ

嘸 没 啥 朋 友
m̄ maeh saʻ baung-ʻyiu

儂 有 啥 鈕 子 唔
noong ʻyiu saʻ miu-ts vaʻ

嘸 没 啥 鈕 子
m̄ maeh saʻ miu-ts

啥 好 酒　　　　　　　　　啥 好 書
saʻ ʻhau tsiu　　　　　　　saʻ ʻhau sŭ

啥 好 加 非　　　　　　　　啥 趣 寶 石
saʻ ʻhau ka-fe　　　　　　 sa tsŭʻ ʻpau-zak

儂 有 啥 好 奶 油 唔
noong ʻyiu saʻ ʻhau ʻna-ʻyiu vaʻ

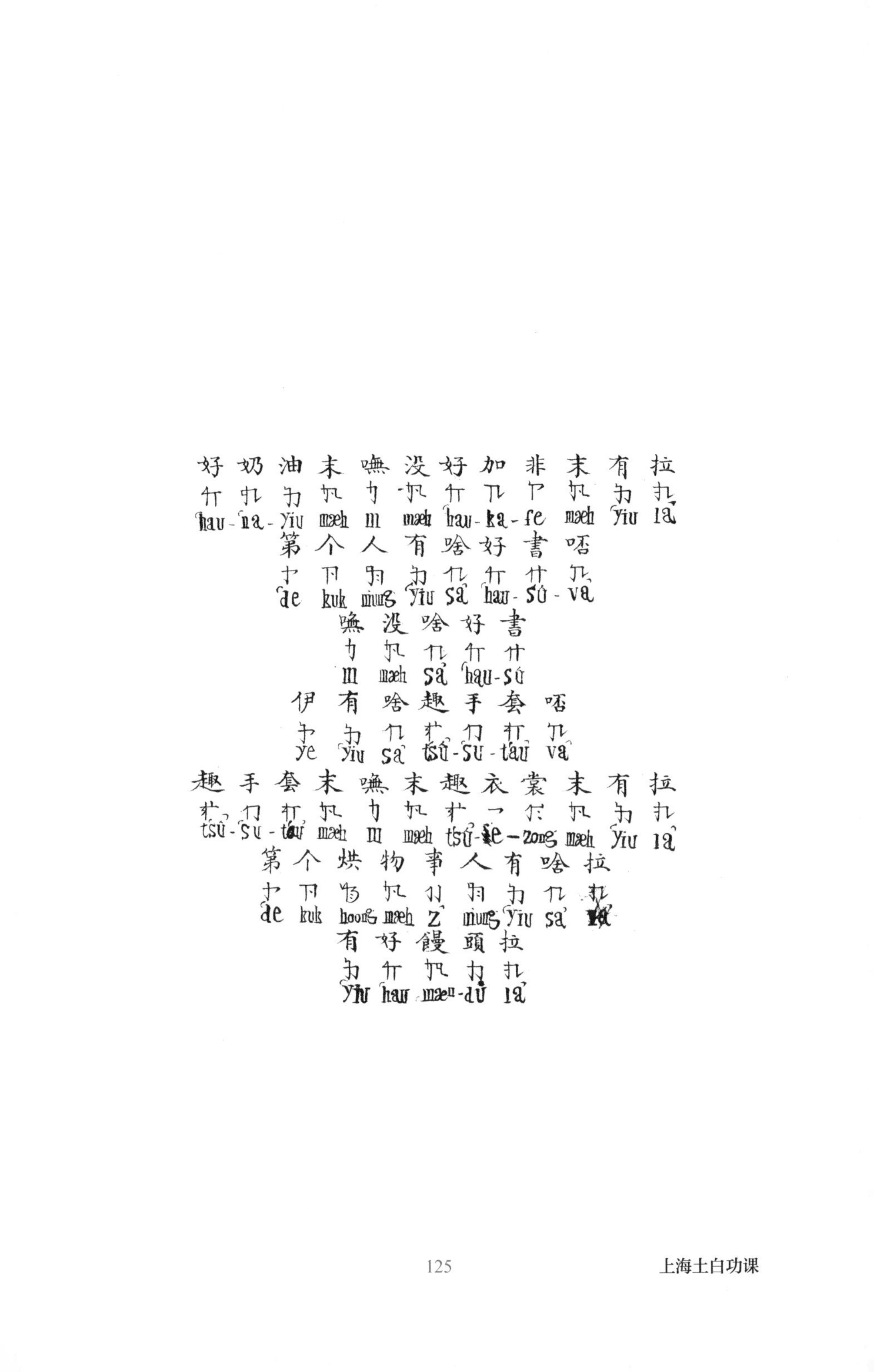

好奶油末嘸没好加非末有拉

hau-na-yiu mæh m mæh hau-ka-fe mæh yiu la

第个人有啥好書唔

de kuk niung yiu sa hau-sû-va

嘸没啥好書

m mæh sa hau-sû

伊有啥趣手套唔

ye yiu sa tsû-su-tau va

趣手套末嘸末趣衣裳末有拉

tsû-su-tau mæh m mæh tsû-ie-zong mæh yiu la

第个烘物事人有啥拉

de kuk hoong mæh z niung yiu sa la

有好饅頭拉

yiu hau mæu-dû la

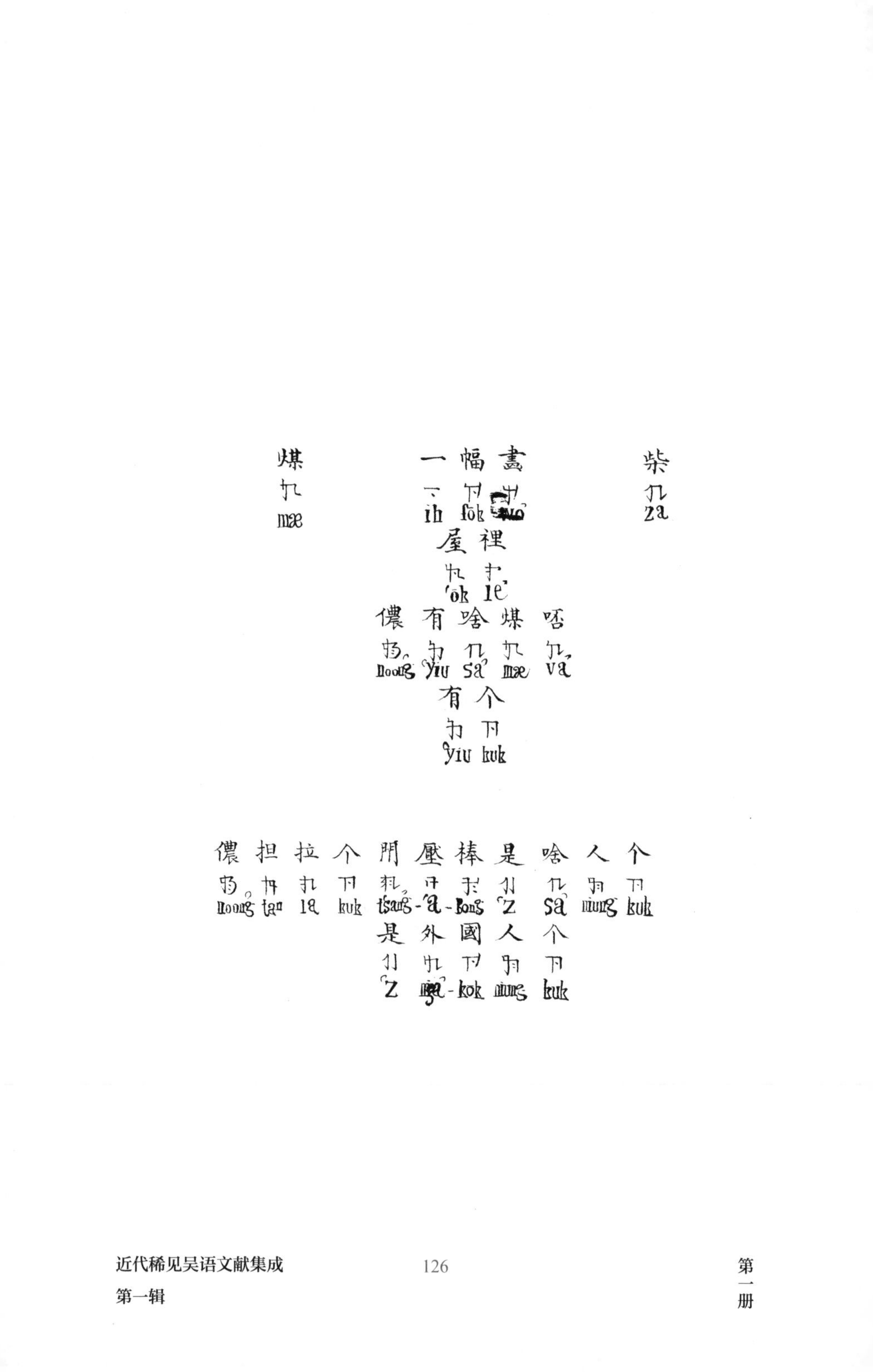

煤 一幅畫 柴

mæ ih fok wo za

屋裡

'ok le

儂有啥煤唔

noong yiu sa mæ va

有个

yiu kuk

儂担拉个門壓棒是啥人个

noong tan la kuk tsang-'a-bong 'z sa niung kuk

是外國人个

'z nga-kok niung kuk

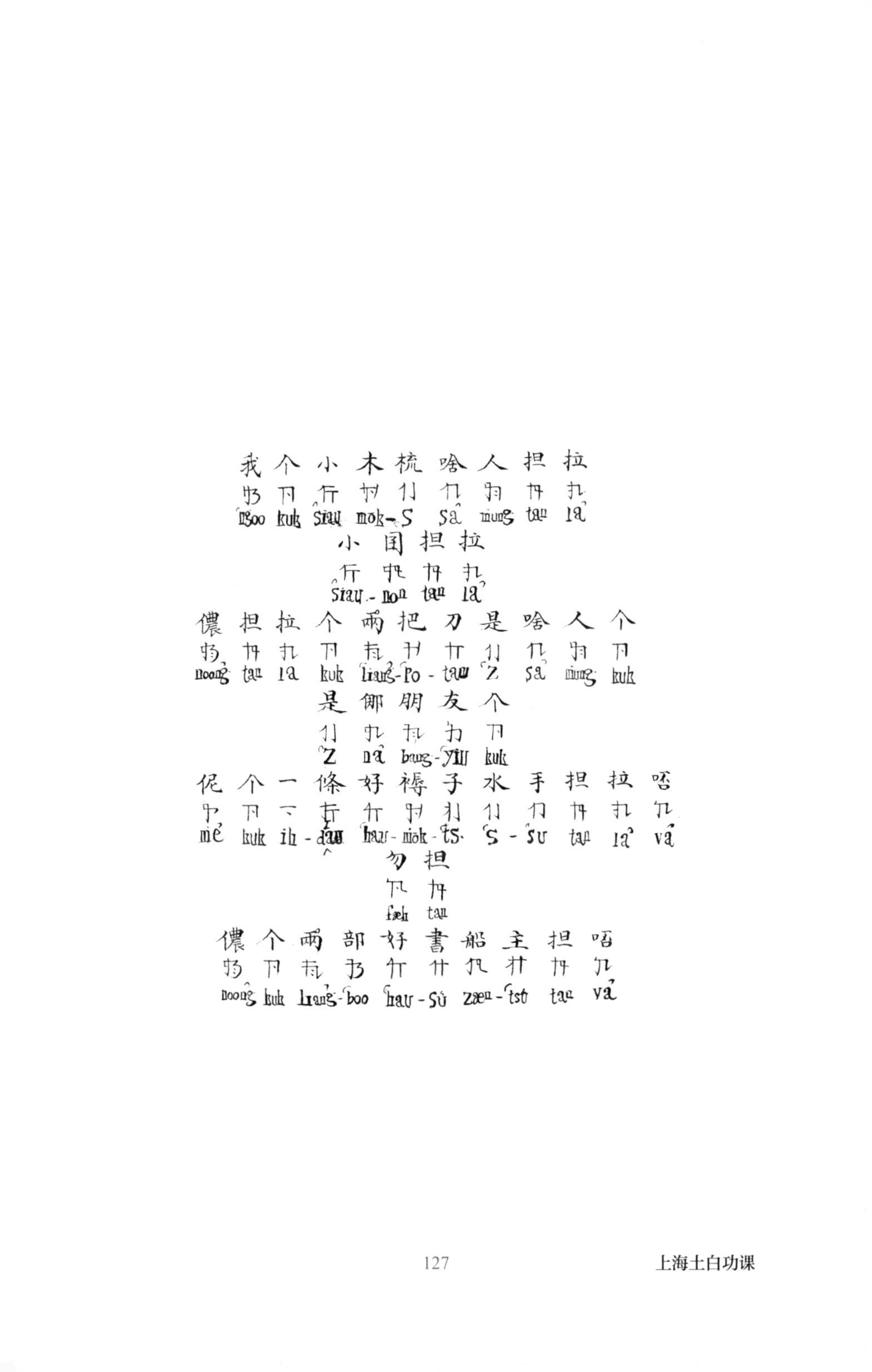

我个小木梳啥人担拉

ngoo kuk siau mok-s sa nung tan la

小囯担拉

siau-non tan la

儂担拉个兩把刀是啥人个

noong tan la kuk liang-po-tau z sa nung kuk

是卿朋友个

z na bang-yu kuk

伲个一條好褥子水手担拉喒

mé kuk ih-diau hau-mok-ts s-su tan la va

勿担

fæh tan

儂个兩部好書船主担喒

noong kuk liang-boo hau-sû zæn-tsû tan va

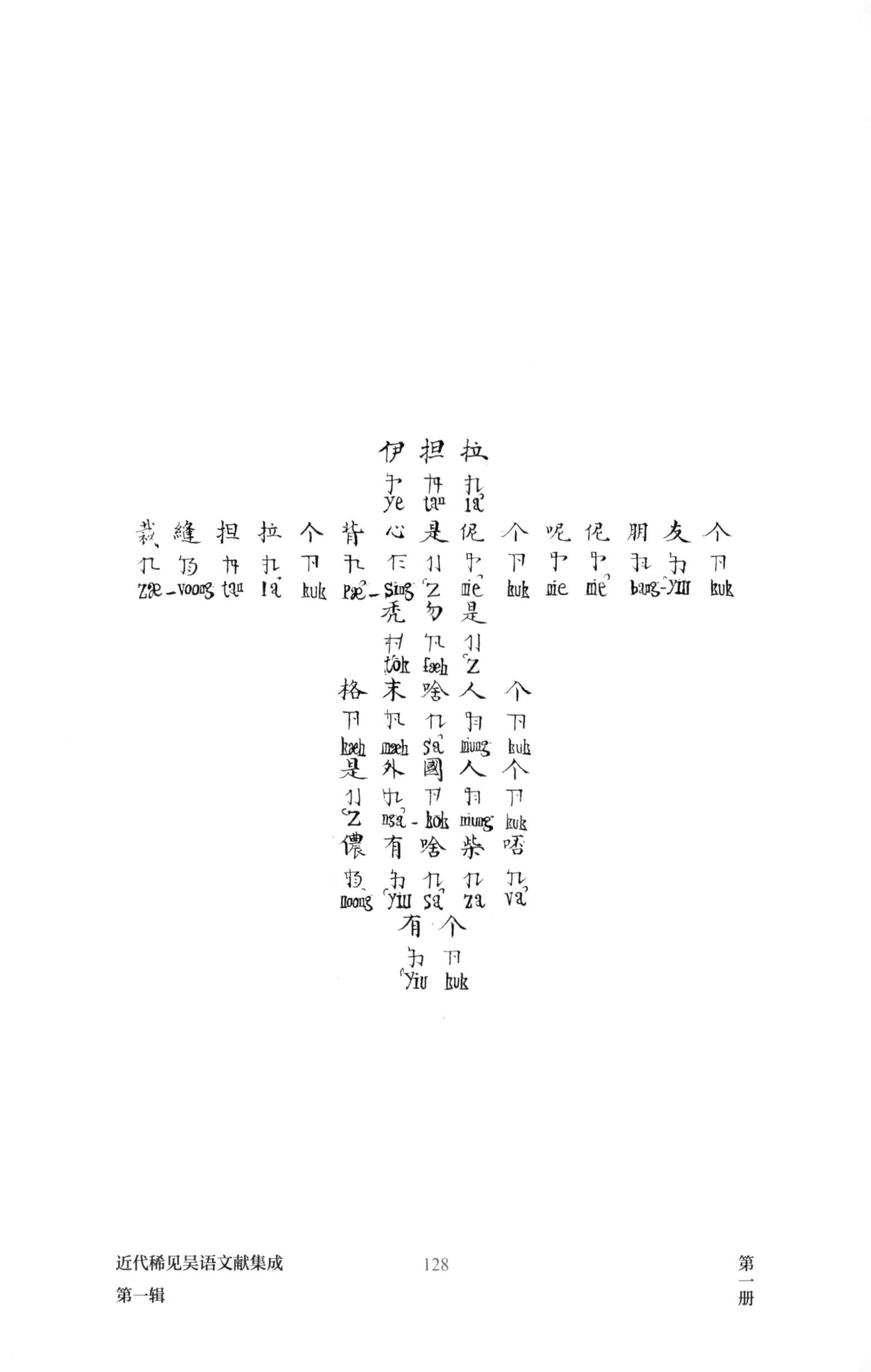

伊 担 拉

ye tau la

裁 縫 担 拉 个 背 心 是 伲 个 呢 伲 朋 友 个

zæ-voong tau la kuk pæ-sing z nie kuk nie nie bang-yiu kuk

禿 勿 是

tòk fæh z

格 末 啥 人 个

kæh mæh sa ming kuk

是 外 國 人 个

z nga-kok ming kuk

儂 有 啥 柴 唔

noong yiu sa za va

有 个

yiu kuk

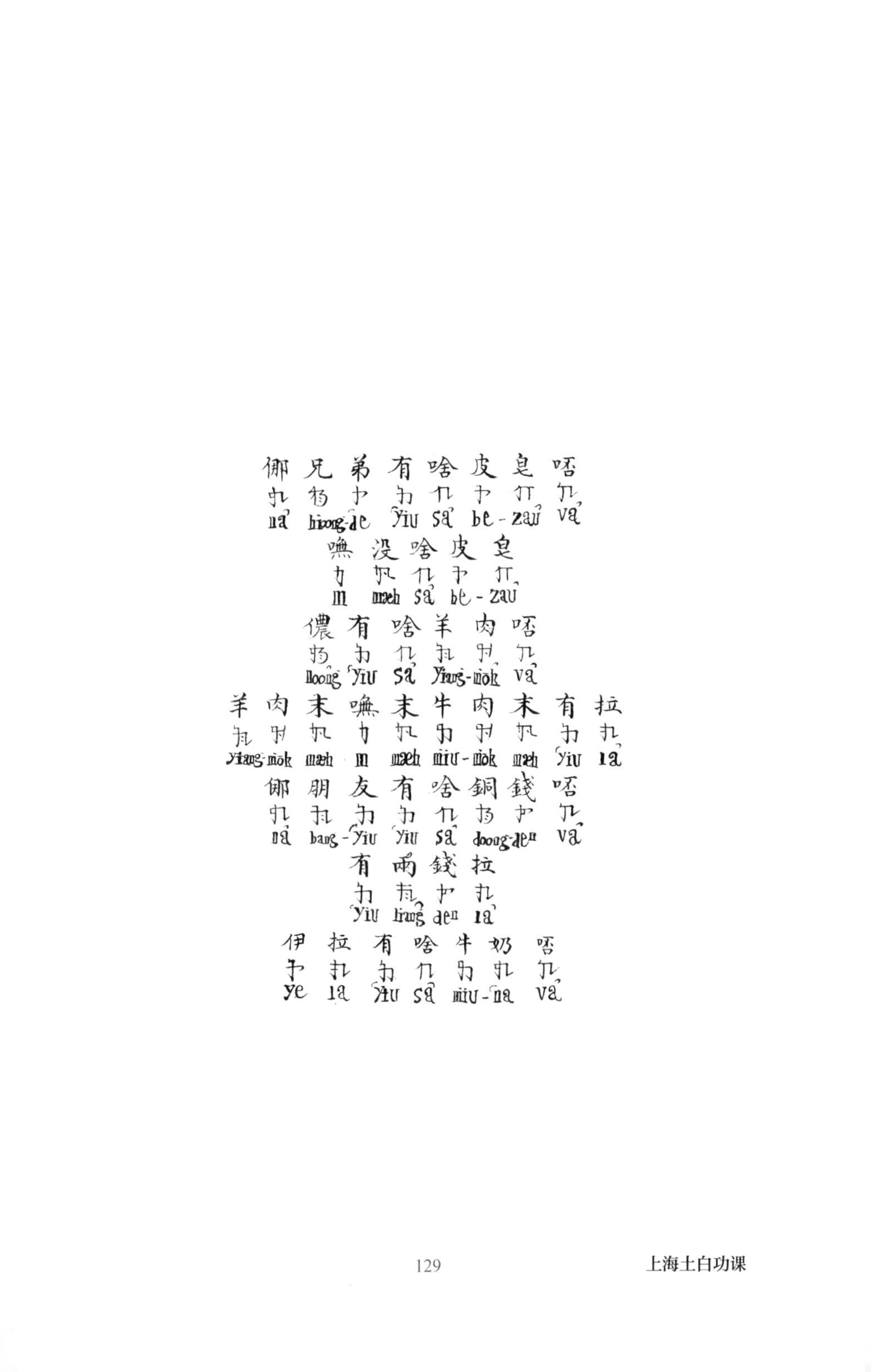

㑚兄弟有啥皮皂否

na hioong-de yiu sa be-zau va

嘸没啥皮皂

m maeh sa be-zau

儂有啥羊肉否

noong yiu sa yiang-niok va

羊肉末嘸末牛肉末有拉

yiang-niok maeh m maeh niu-niok maeh yiu la

㑚朋友有啥銅錢否

na bang-yiu yiu sa doong-den va

有兩錢拉

yiu liang den la

伊拉有啥牛奶否

ye la yiu sa niu-na va

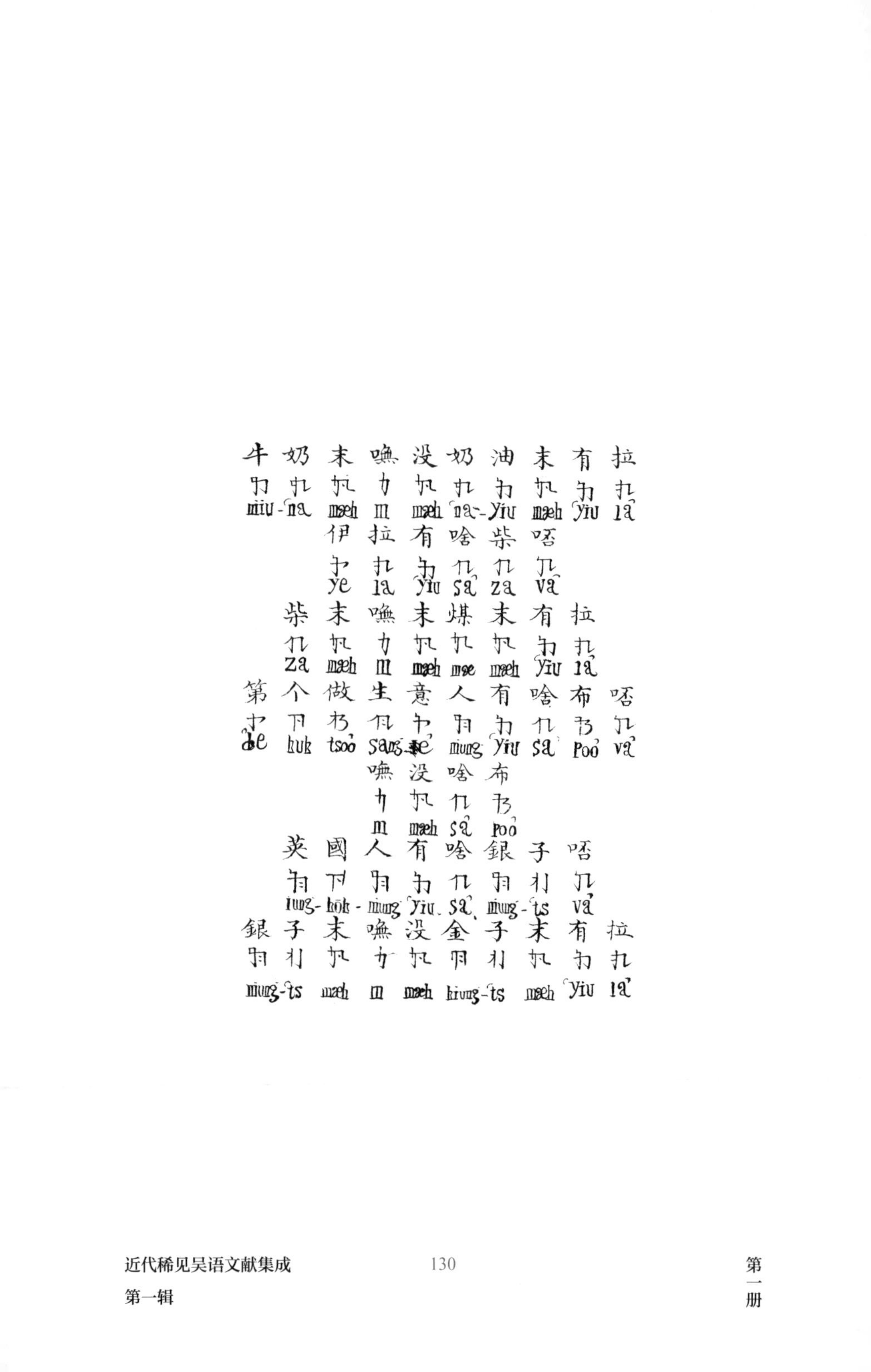

牛 奶 末 嘸 没 奶 油 末 有 拉
miu-na maeh m maeh na-yiu maeh yiu la

伊 拉 有 啥 柴 咾
ye la yiu sa za va

柴 末 嘸 末 煤 末 有 拉
za maeh m maeh moe maeh yiu la

第 个 做 生 意 人 有 啥 布 咾
de kuk tsoo sang-e miung yiu sa poo va

嘸 没 啥 布
m maeh sa poo

英 國 人 有 啥 銀 子 咾
iung-kōk-miung yiu sa miung-ts va

銀 子 末 嘸 没 金 子 末 有 拉
miung-ts maeh m maeh kiung-ts maeh yiu la

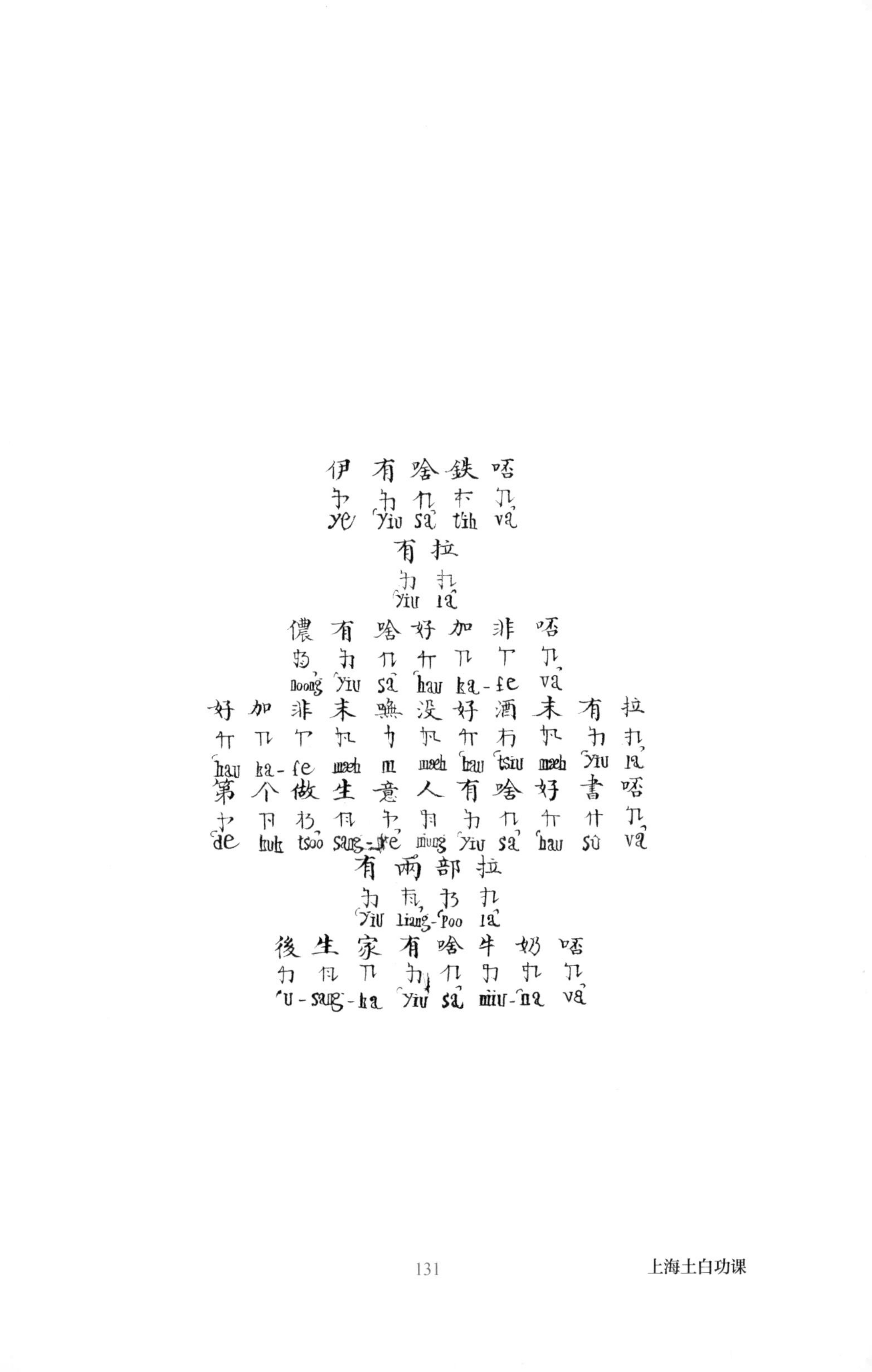

伊 有 啥 铁 唔

ye yiu sa tih va

有 拉

yiu la

儂 有 啥 好 加 非 唔

noong yiu sa hau ka-fe va

好 加 非 末 嘸 没 好 酒 末 有 拉

hau ka-fe maeh m maeh hau tsiu maeh yiu la

第 个 做 生 意 人 有 啥 好 書 唔

de kuk tsoo sang-ye niung yiu sa hau sû va

有 兩 部 拉

yiu liang-poo la

後 生 家 有 啥 牛 奶 唔

u-sang-ka yiu sa niu-na va

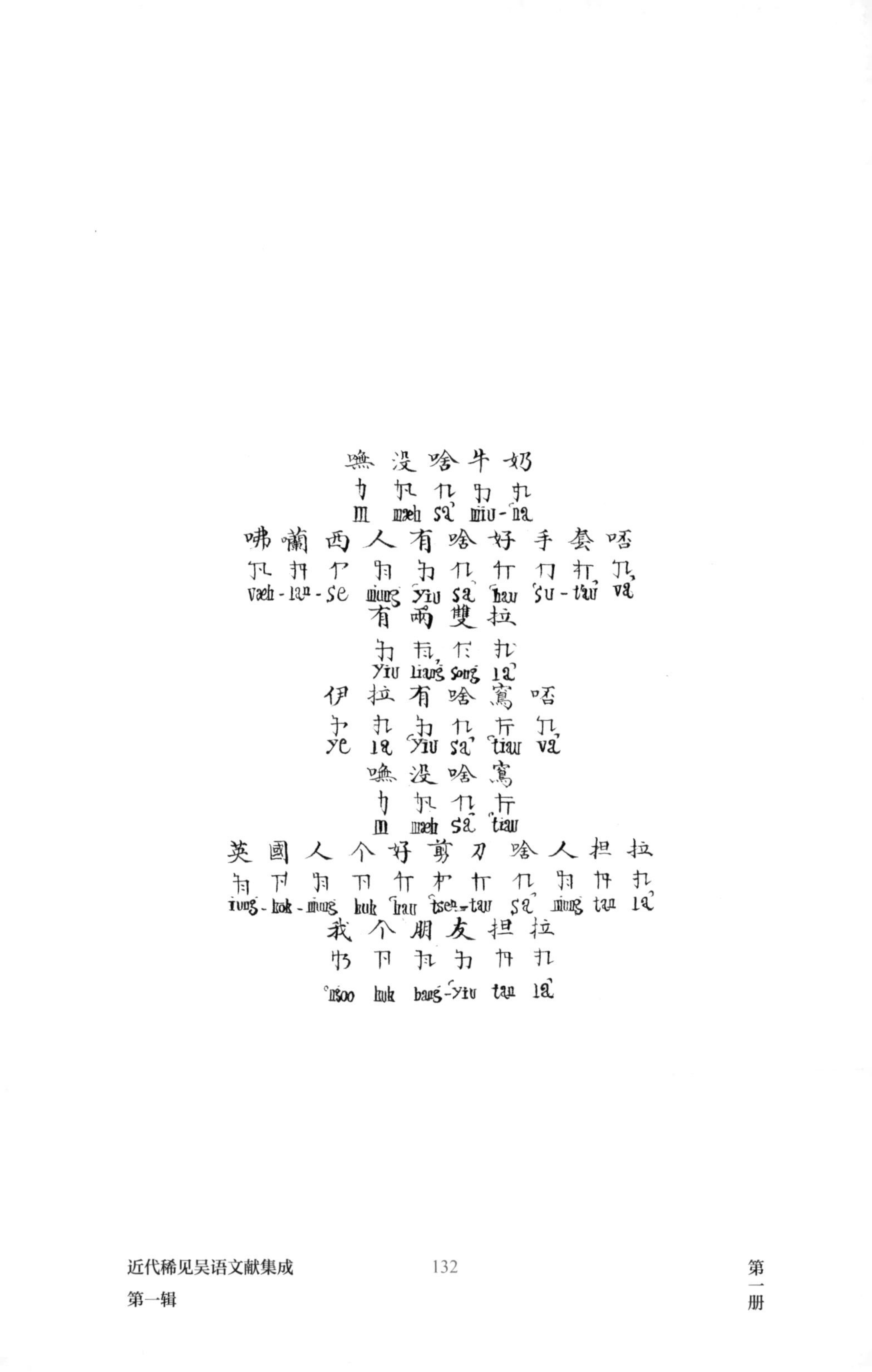

嘸没啥牛奶

m maeh sa niu-na

咈蘭西人有啥好手套唔

vaeh-lan-se niung yiu sa hau su-tau va

有兩雙拉

yiu liang song la

伊拉有啥鳥唔

ye la yiu sa tiau va

嘸没啥鳥

m maeh sa tiau

英國人个好剪刀啥人担拉

iung-kok-niung kuk hau tsen-tau sa niung tan la

我个朋友担拉

ngoo kuk bang-yiu tan la

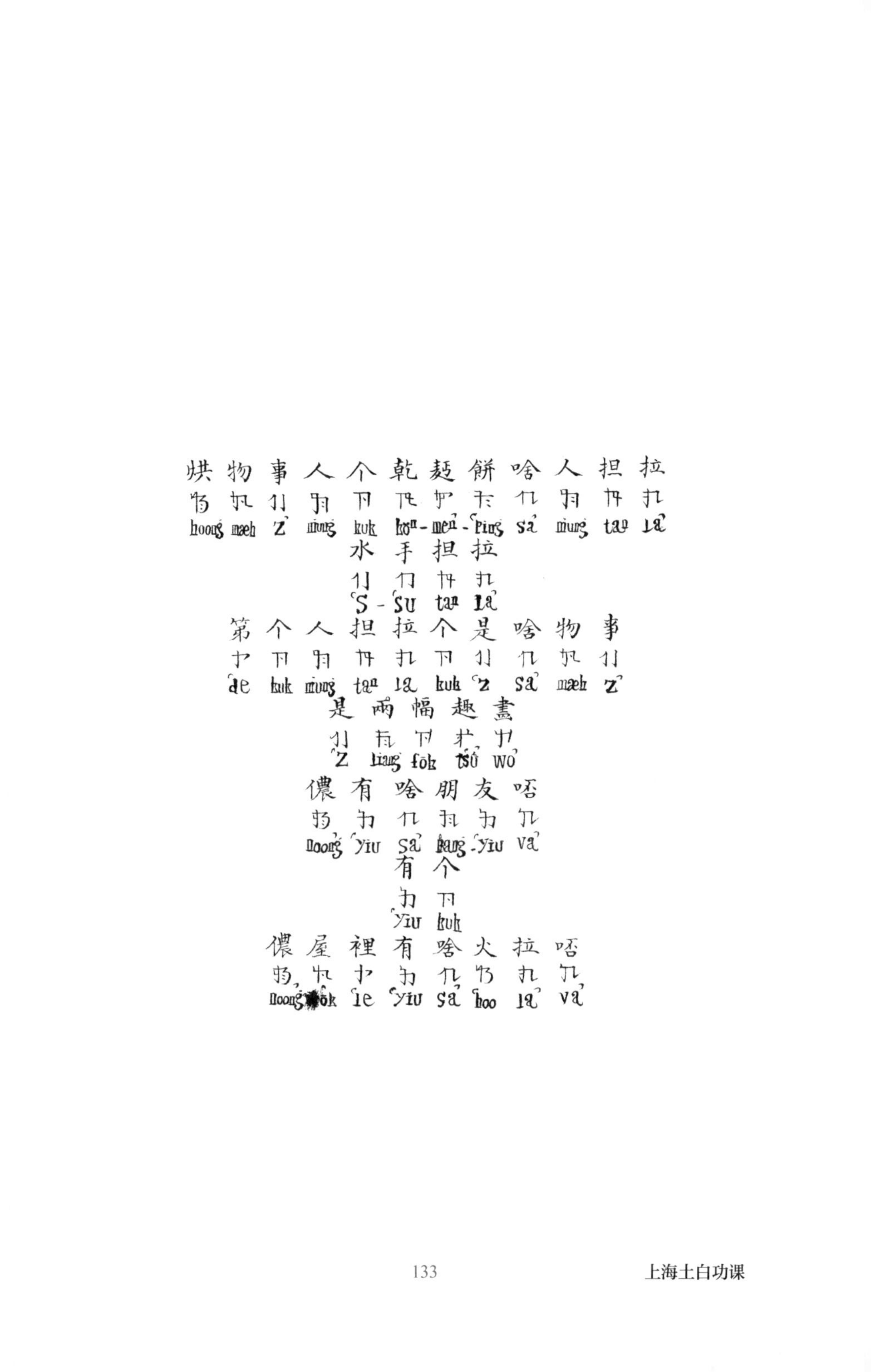

烘 物 事 人 个 乾 麪 餅 啥 人 担 拉

hoong maeh z ming kuk kön-men-ping sa ming tan la

水 手 担 拉

s-su tan la

第 个 人 担 拉 个 是 啥 物 事

de kuk ming tan la kuk z sa maeh z

是 兩 幅 趣 畫

z liang fok tsû wo

儂 有 啥 朋 友 唔

noong yiu sa bang-yiu va

有 个

yiu kuk

儂 屋 裡 有 啥 火 拉 唔

noong ok ie yiu sa hoo la va

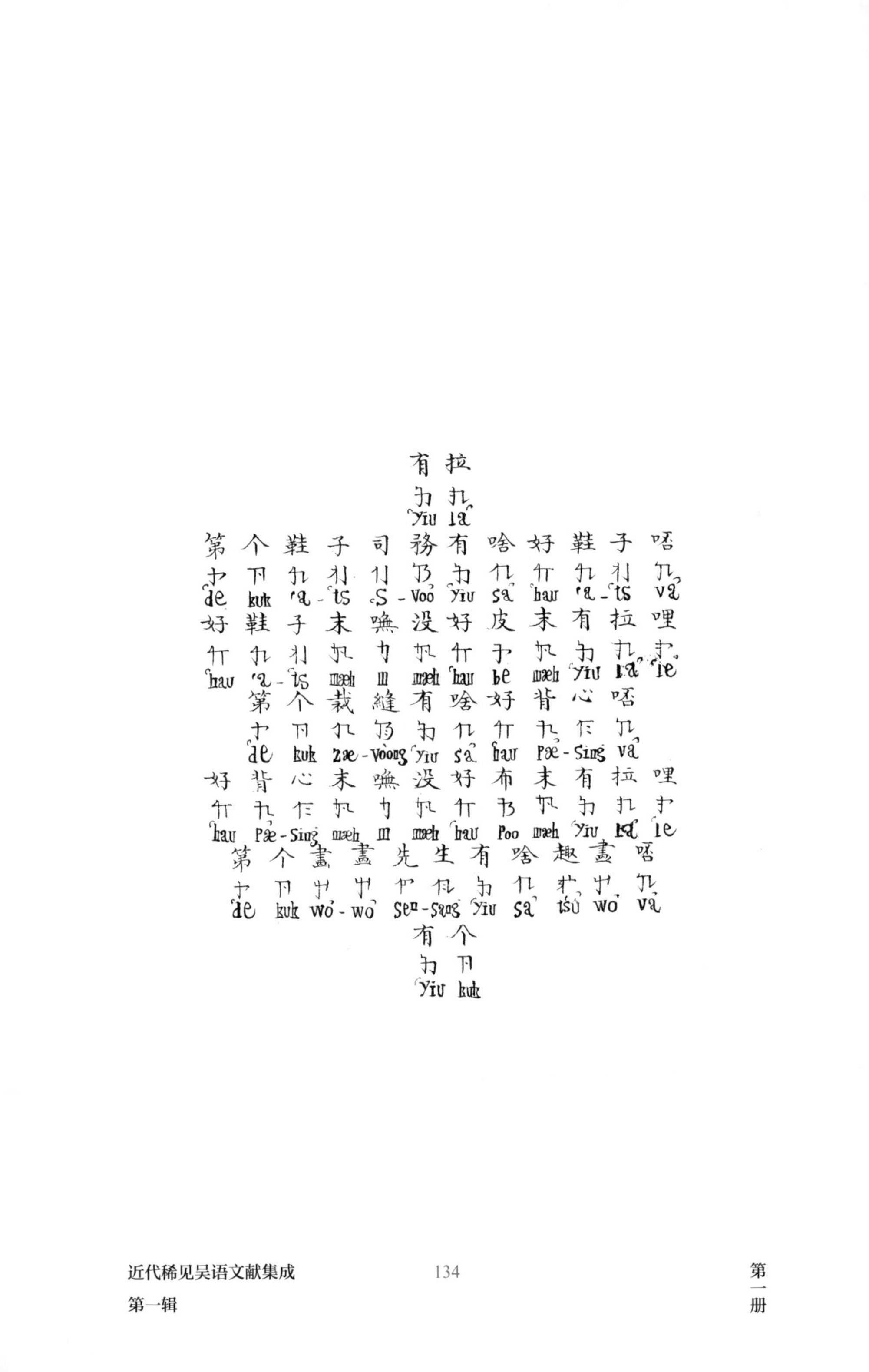

有拉

Yiu la

第个鞋子司務有啥好鞋子咾

de kuk 'a-ts S-Voo Yiu sa hau 'a-ts va

好鞋子末嘸没好皮末有拉哩

hau 'a-ts mæh m mæh hau be mæh Yiu la le

第个裁縫有啥好背心咾

de kuk zæ-voong yiu sa hau pæ-sing va

好背心末嘸没好布末有拉哩

hau pæ-sing mæh m mæh hau poo mæh Yiu la le

第个畫畫先生有啥趣畫咾

de kuk wo-wo sen-sang yiu sa tsü wo va

有个

Yiu kuk

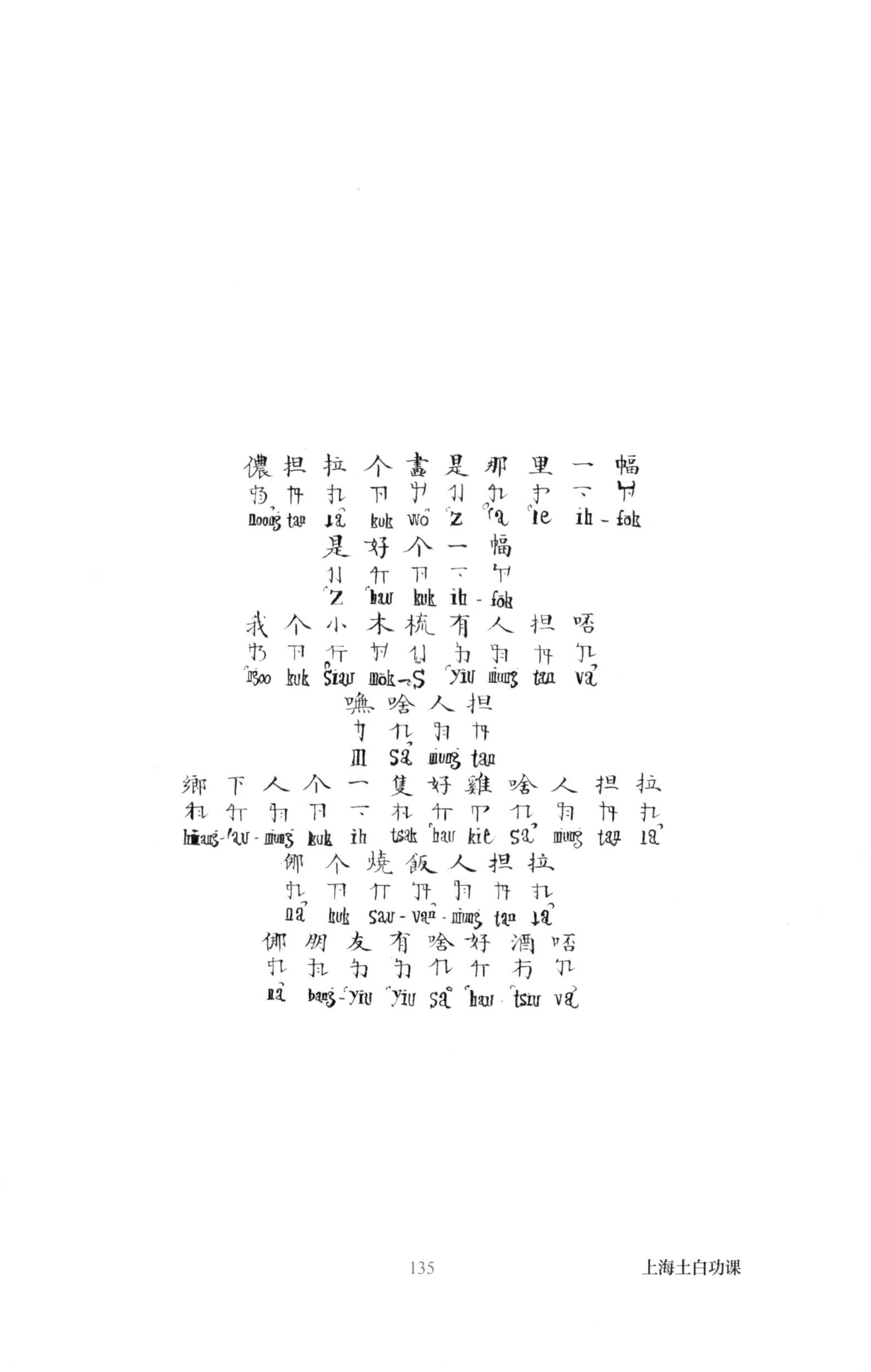

儂担拉个畫是那里一幅

noong tan la kuk wo 'z 'a 'ie ih-fok

是好个一幅

'z 'hau kuk ih-fok

我个小木梳有人担㕭

'ngoo kuk siau mok-s 'yiu niung tan va

嘸啥人担

m sa niung tan

鄉下人个一隻好雞啥人担拉

hiang-'au-niung kuk ih tsak 'hau kie sa niung tan la

㑚个燒飯人担拉

na kuk sau-van-niung tan la

㑚朋友有啥好酒㕭

na bang-'yiu 'yiu sa 'hau 'tsiu va

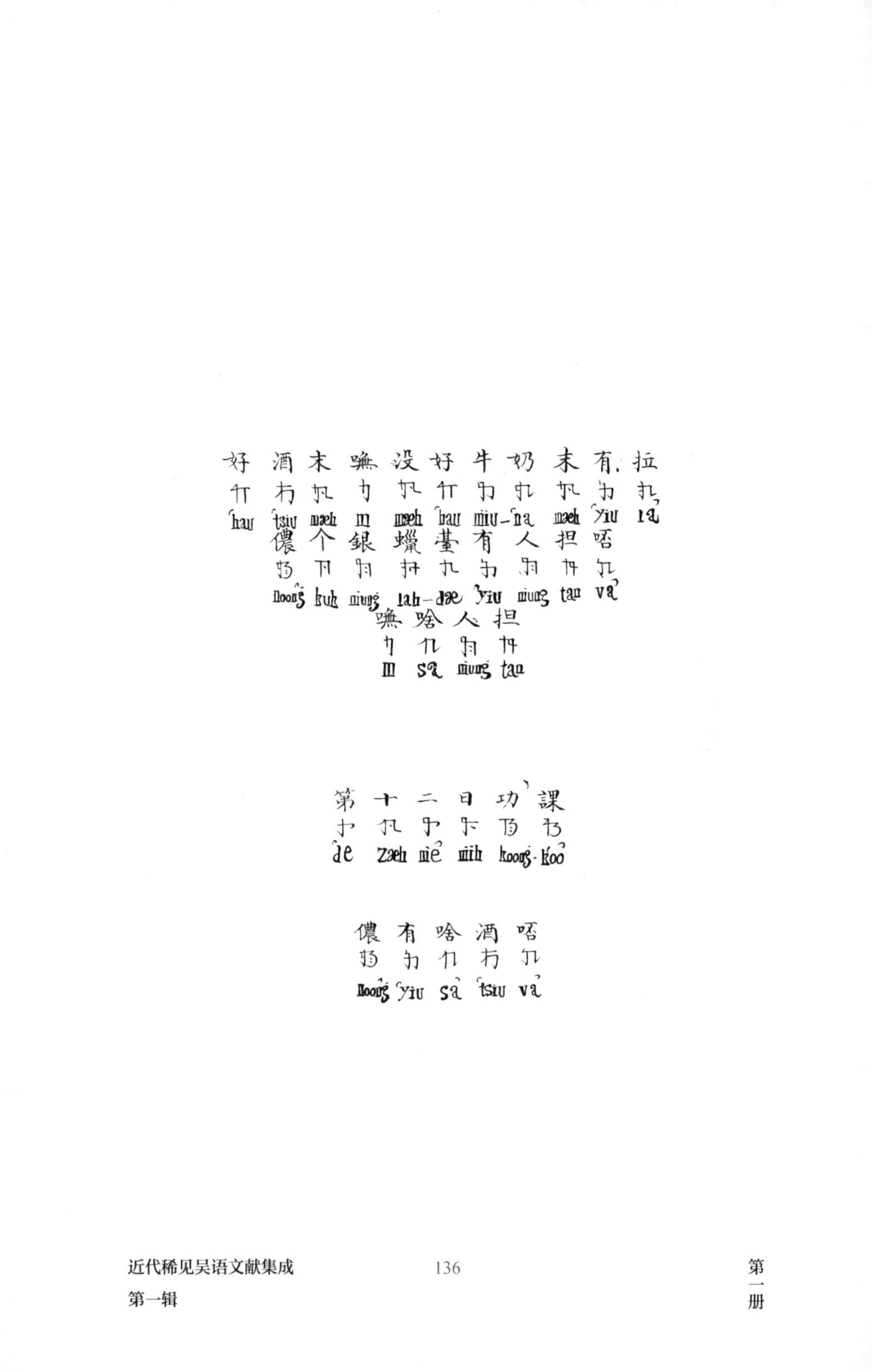

好 酒 末 嘸 没 好 牛 奶 末 有 拉
hau tsiu maeh m maeh hau miu-na maeh yiu la

儂 个 銀 蠟 臺 有 人 担 唔
noong kuh niung lah-dae yiu niung tan va

嘸 啥 人 担
m sa niung tan

第 十 二 日 功 課
de zaeh nie nih koong-koo

儂 有 啥 酒 唔
noong yiu sa tsiu va

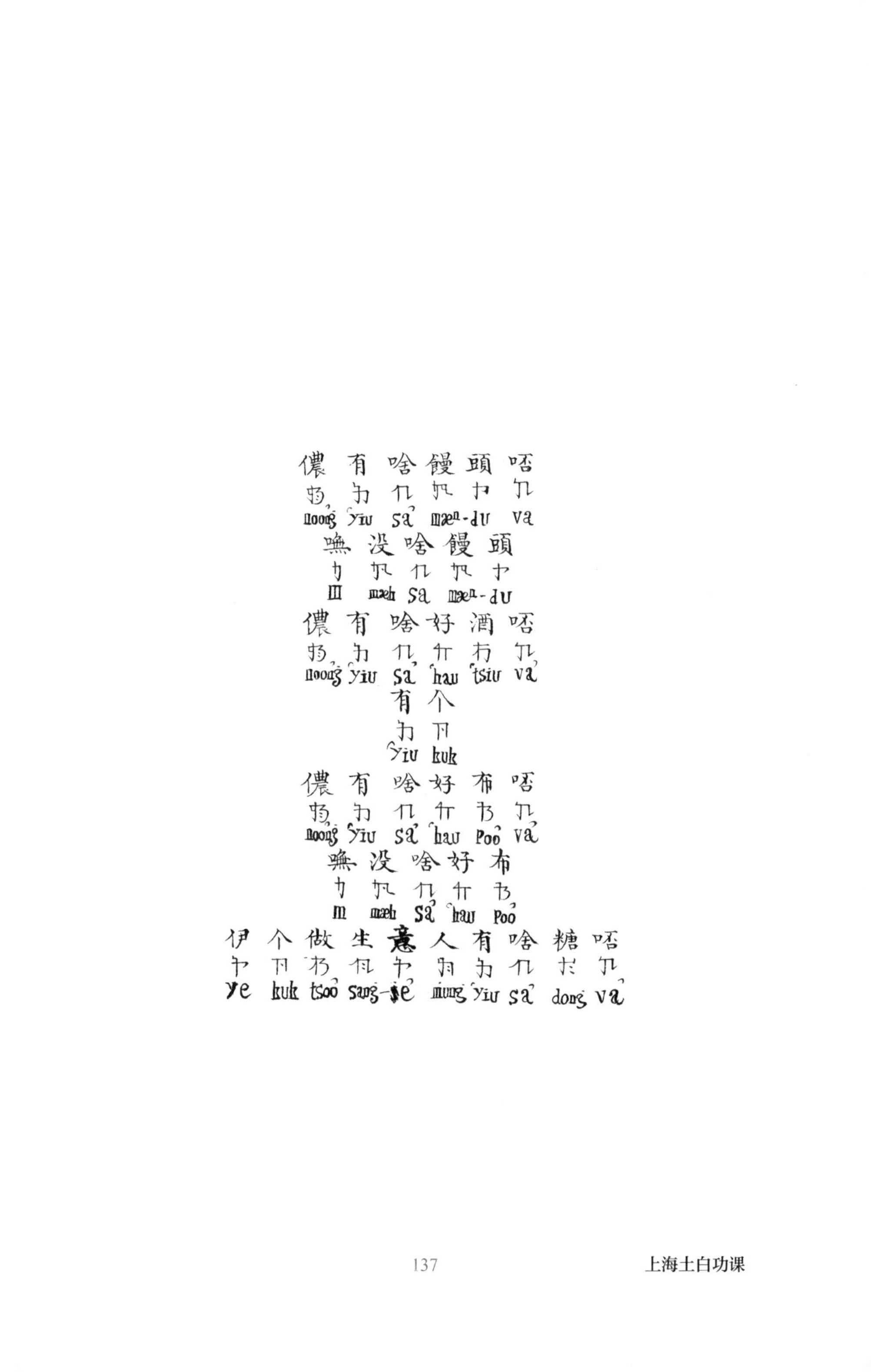

儂有啥饅頭唔

noong yiu sa mæn-du va

嘸没啥饅頭

m mæh sa mæn-du

儂有啥好酒唔

noong yiu sa hau tsiu va

有个

yiu kuk

儂有啥好布唔

noong yiu sa hau poo va

嘸没啥好布

m mæh sa hau poo

伊个做生意人有啥糖唔

ye kuk tsoo sang-ie niung yiu sa dong va

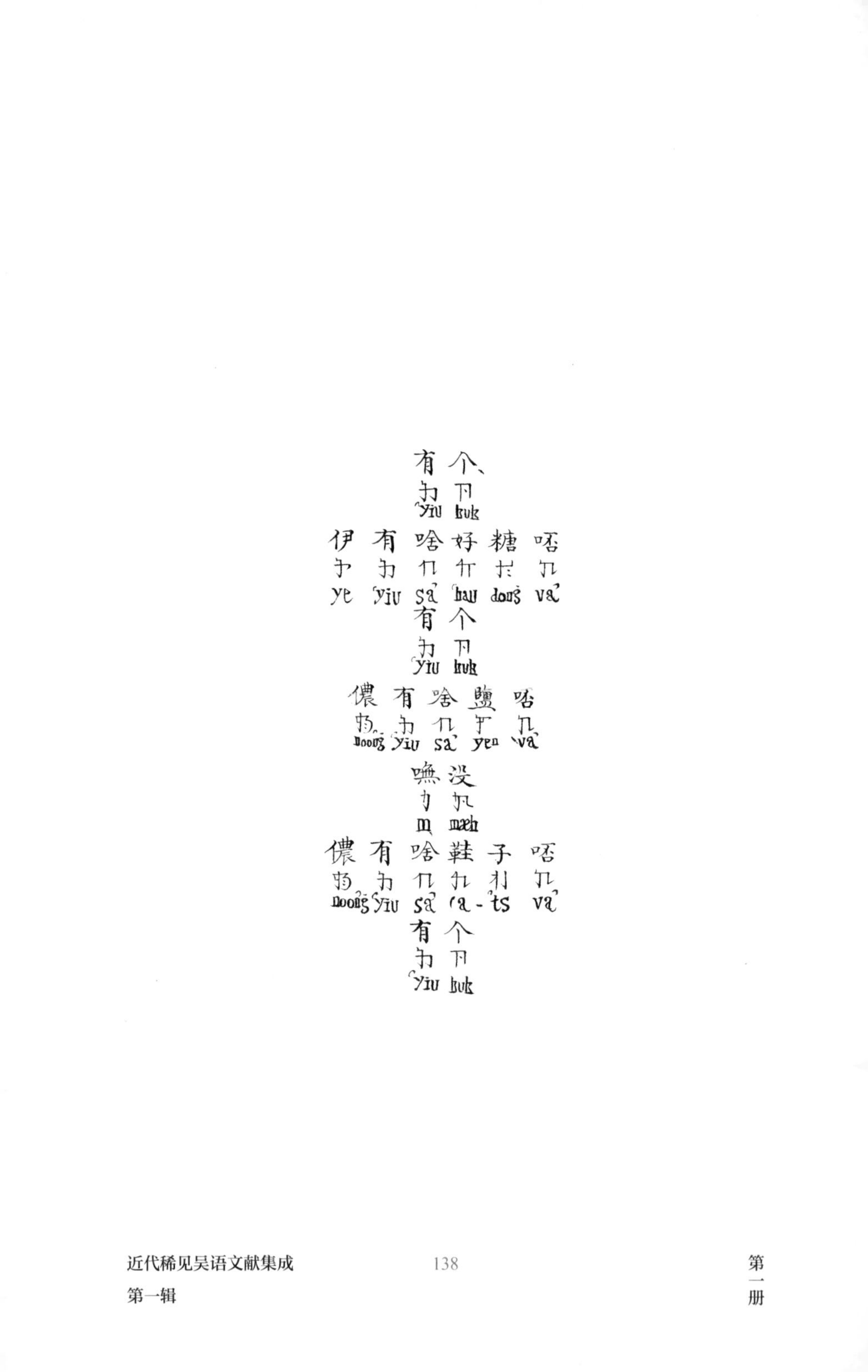

有个、

yiu kuk

伊 有 啥 好 糖 否

ye yiu sa hau doong va

有个

yiu kuk

儂 有 啥 鹽 否

noong yiu sa yen va

嘸没

m mæh

儂 有 啥 鞋 子 否

noong yiu sa a-ts va

有个

yiu kuk

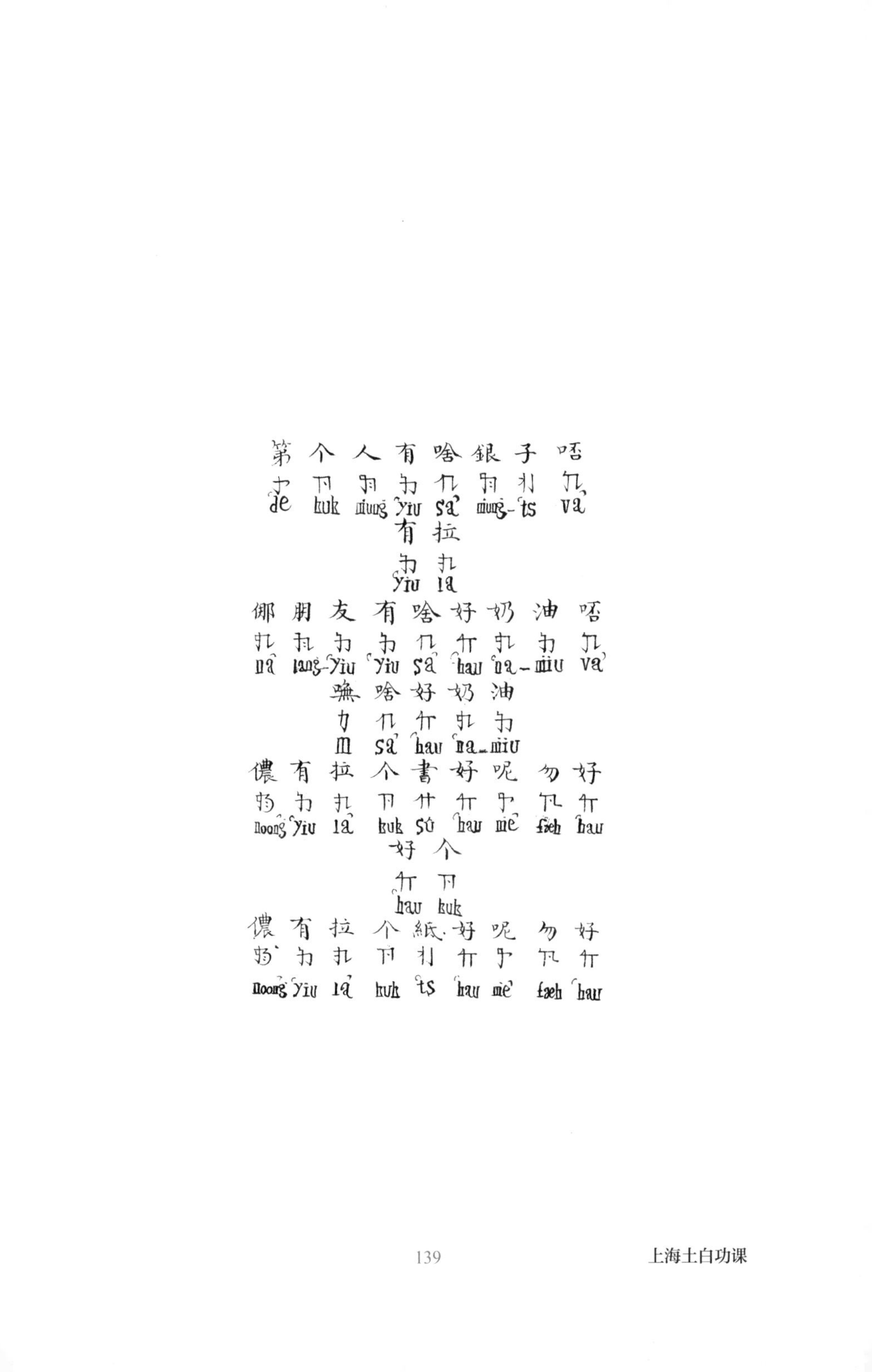

第 个 人 有 啥 銀 子 唔

de kuk niung yiu sa niung-ts va

有 拉

yiu la

㑚 朋 友 有 啥 好 奶 油 唔

na lang-yiu yiu sa hau na-miu va

嘸 啥 好 奶 油

m sa hau na-miu

儂 有 拉 个 書 好 呢 勿 好

noong yiu la kuk sû hau me fæh hau

好 个

hau kuk

儂 有 拉 个 紙 好 呢 勿 好

noong yiu la kuk ts hau me fæh hau

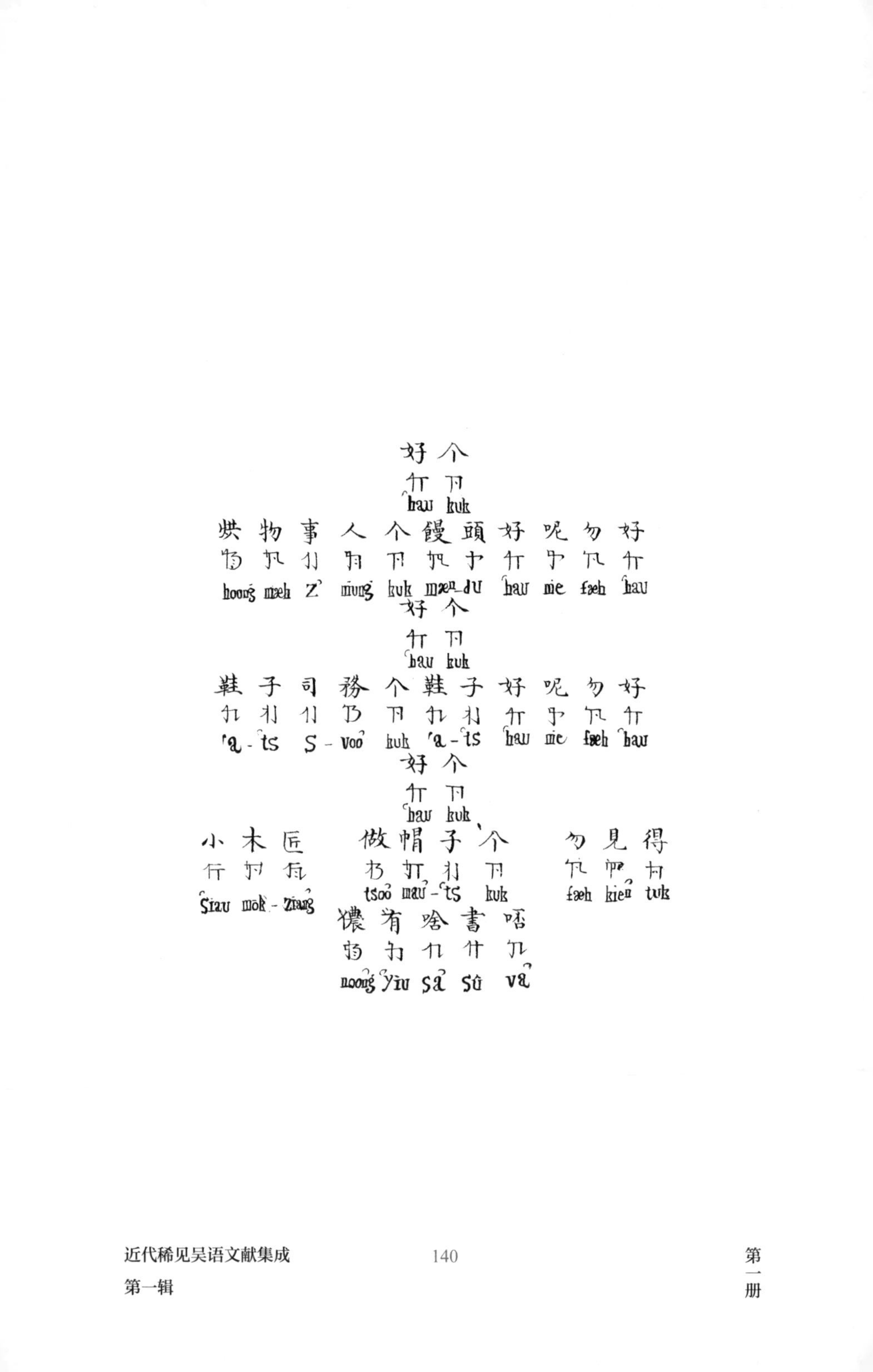

好个

hau kuk

烘物事人个饅頭好呢勿好

hoong mæh z' mung kuk mæn-du hau nie fæh hau

好个

hau kuk

鞋子司務个鞋子好呢勿好

'a-ts s-voo kuk 'a-ts hau nie fæh hau

好个

hau kuk

小木匠 做帽子个 勿見得

siau mok-ziang tsoo mau-ts kuk fæh kien tuk

儂有啥書唔

noong yiu sa sû va

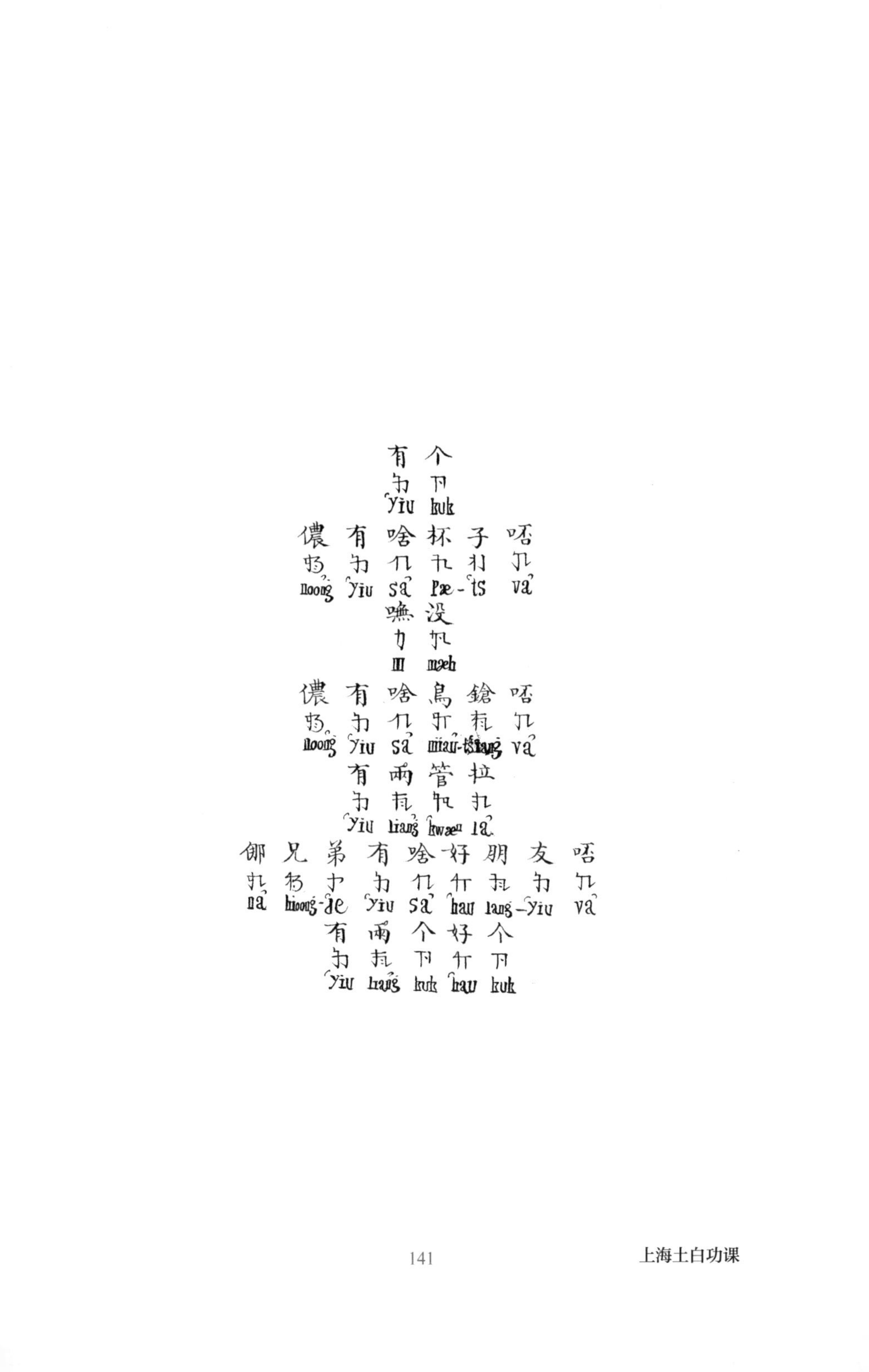

有个
yiu kuk

儂 有 啥 杯 子 唔
noong yiu sa pæ-ts va

嘸 没
m mæh

儂 有 啥 鳥 鎗 唔
noong yiu sa miau-tsiang va

有 兩 管 拉
yiu liang kwæn la

㑚 兄 弟 有 啥 好 朋 友 唔
na hioong-de yiu sa hau lang-yiu va

有 兩 个 好 个
yiu liang kuk hau kuk

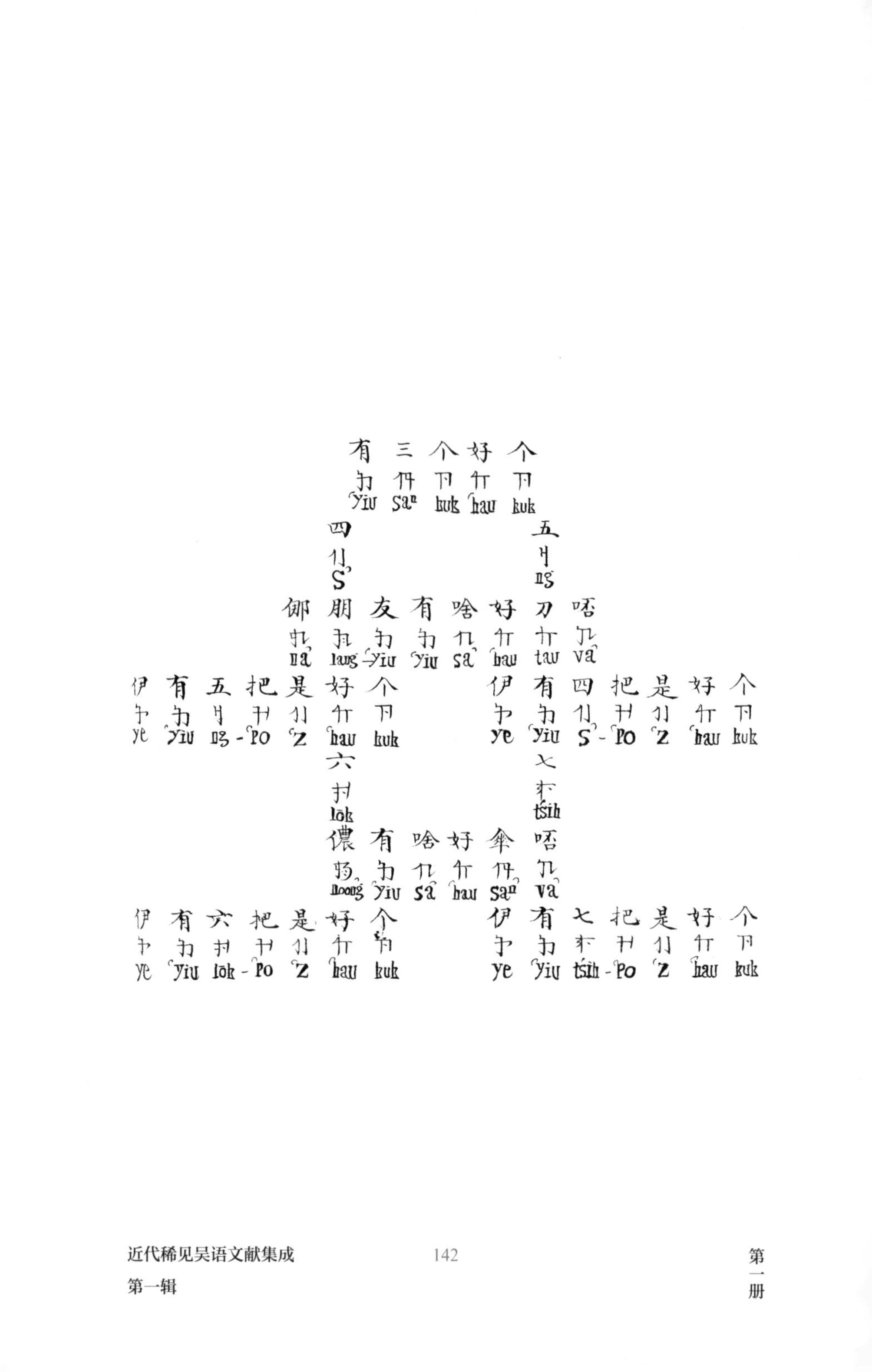

有三个好个
ʻYiu sa^{n} kuk ʻhau kuk

四　　五
Sʼ　　ng

㑚朋友有啥好刀唔
naʼ lang-ʻyiu ʻyiu saʼ ʻhau tau vaʼ

伊有五把是好个
ye ʻyiu ng-ʻpo ʻz ʻhau kuk

伊有四把是好个
ye ʻyiu Sʼ-ʻpo ʻz ʻhau kuk

六　　七
lŏk　　tśih

儂有啥好伞唔
noongʼ ʻyiu saʼ ʻhau sa^{n}ʼ vaʼ

伊有六把是好个
ye ʻyiu lŏk-ʻpo ʻz ʻhau kuk

伊有七把是好个
ye ʻyiu tśih-ʻpo ʻz ʻhau kuk

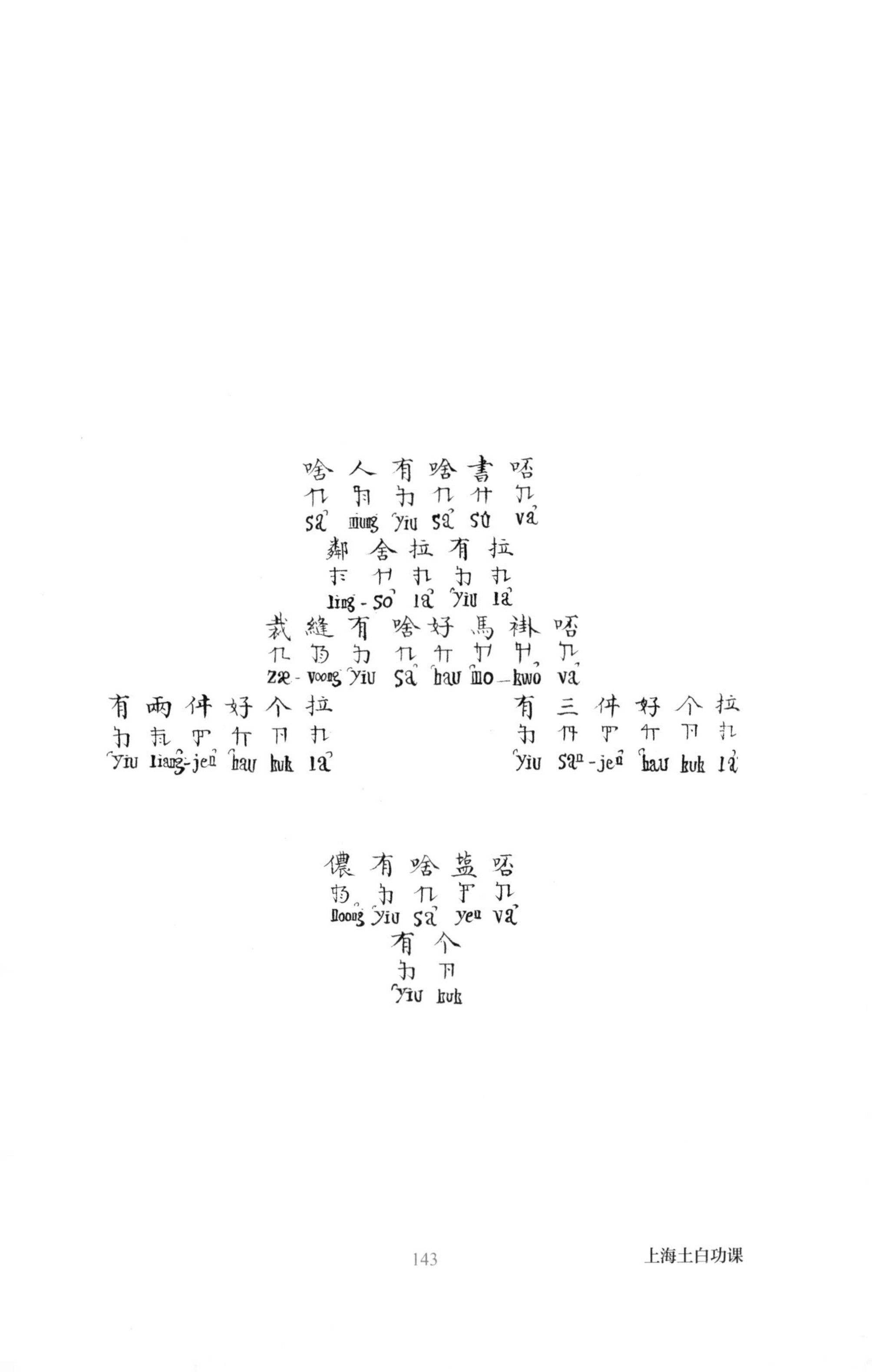

啥人有啥書咾

sa mung yiu sa sû va

鄰舍拉有拉

ling-so la yiu la

裁縫有啥好馬褂咾

zæ-voong yiu sa hau mo-kwo va

有兩件好个拉

yiu liang-jen hau kuk la

有三件好个拉

yiu san-jen hau kuk la

儂有啥鹽咾

noong yiu sa yen va

有个

yiu kuk

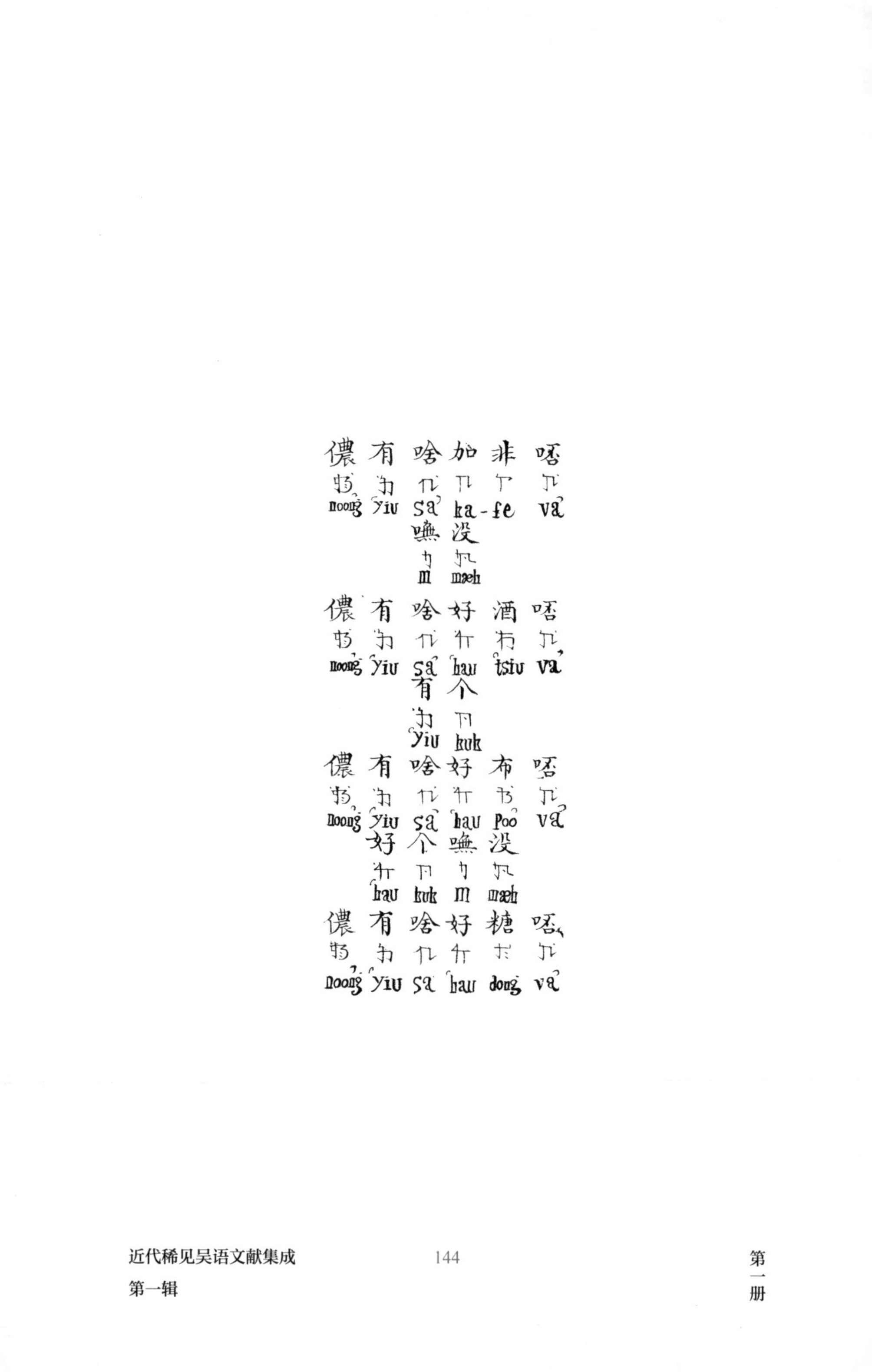

儂有啥加非⿰口否
noong yiu sa ka-fe va
嘸没
m mæh

儂有啥好酒⿰口否
noong yiu sa hau tsiu va
有个
yiu kuk

儂有啥好布⿰口否
noong yiu sa hau poo va
好个嘸没
hau kuk m mæh

儂有啥好糖⿰口否
noong yiu sa hau dong va

好　个　嘸　没
ḥau kuk m mæh

第　个　人　有　啥　好　家　糖　唔
de kuk niung yiu sã ḥau mih-dong vã

有　个
yiu kuk

花　旂　國　人　有　啥　銀　子　唔
hwo-je kok niung yiu sã niung-ts vã

有　个
yiu kuk

英　國　人　有　啥　好　牛　奶　唔
iung-kok niung yiu sã ḥau miu-nã vã

好　牛　奶　末　嘸　没　好　奶　油　末　有　拉
ḥau miu-nã mæh m mæh ḥau nã-yiu mæh yiu lã

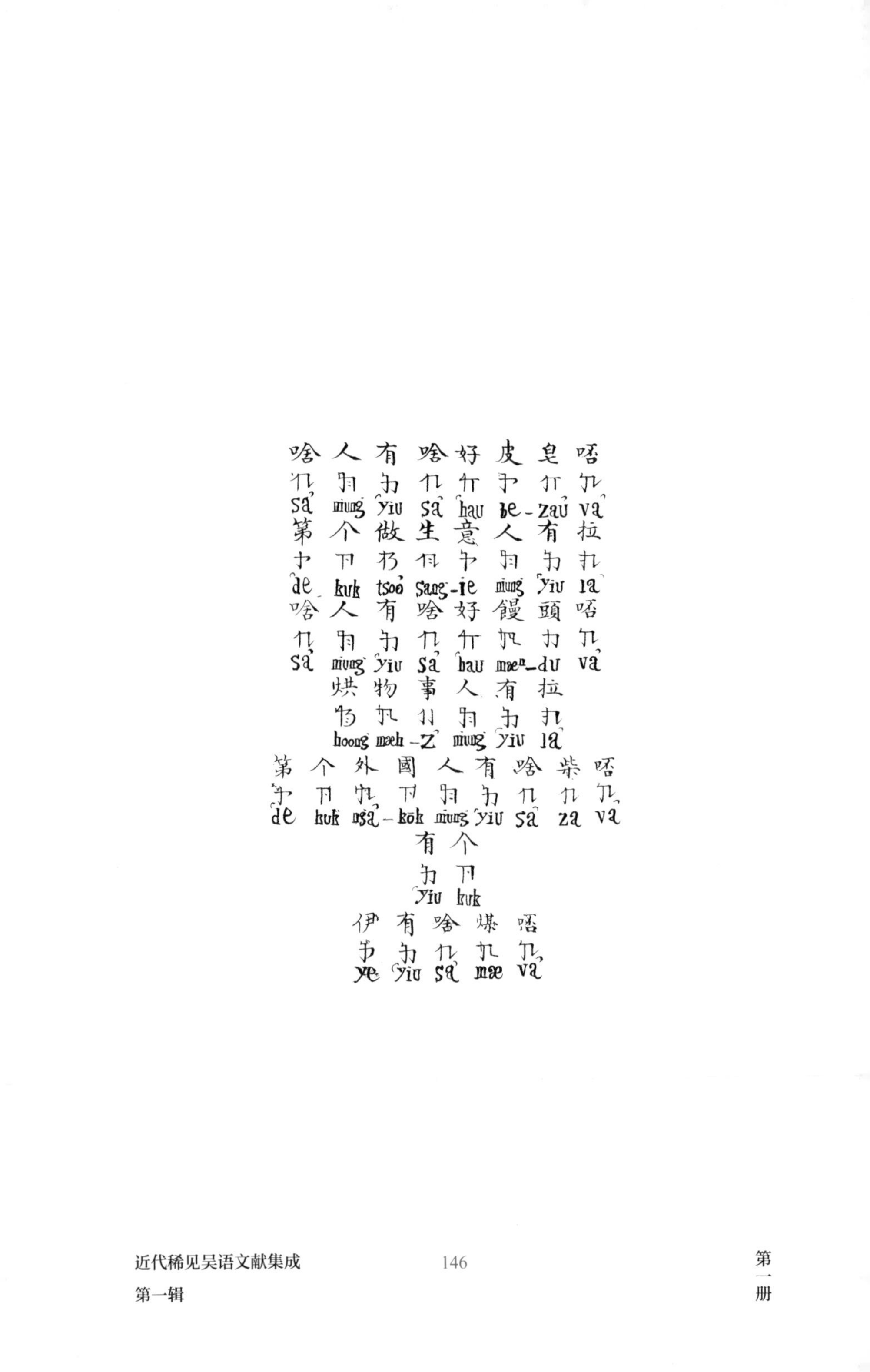

啥 人 有 啥好 皮 皂 㕭

sa miung yiu sa hau be-zau va

第 个 做 生 意 人 有 拉

de kuk tsoo sang-ie miung yiu la

啥 人 有 啥好 饅 頭 㕭

sa miung yiu sa hau mæn-du va

烘 物 事 人 有 拉

hoong mæh-z miung yiu la

第 个 外 國 人 有 啥 柴 㕭

de kuk nga-kōk miung yiu sa za va

有 个

yiu kuk

伊 有 啥 煤 㕭

ye yiu sa mæ va

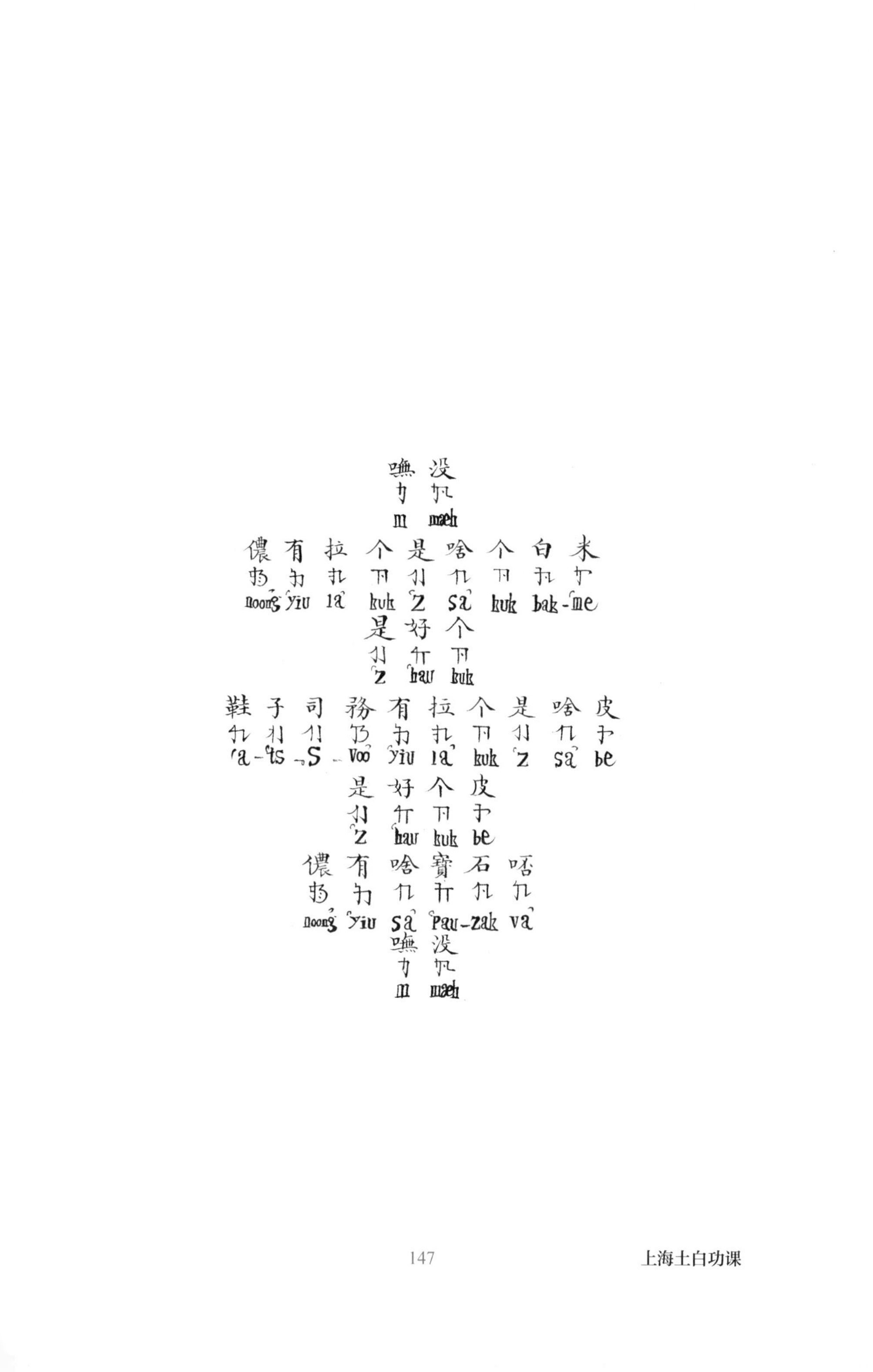

嘸 没
m maeh

儂 有 拉 个 是 啥 个 白 米
noong yiu la kuk z sa kuk bak-me

是 好 个
z hau kuk

鞋 子 司 務 有 拉 个 是 啥 皮
'a-ts-s-voo yiu la kuk z sa be

是 好 个 皮
z hau kuk be

儂 有 啥 寶 石 唔
noong yiu sa pau-zak va

嘸 没
m maeh

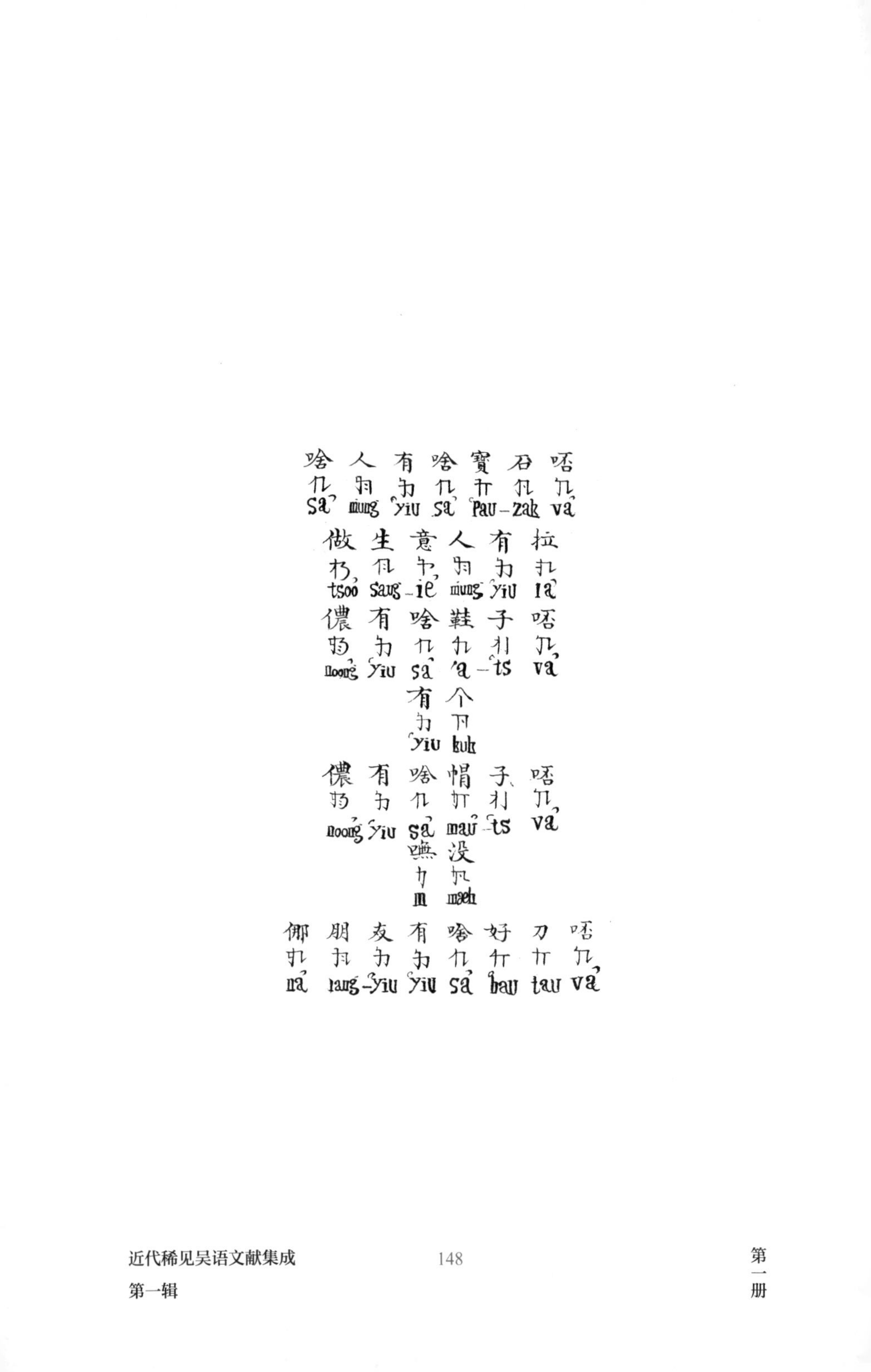

啥 人 有 啥 寶 石 唔

sa mung yiu sa pau-zak va

做 生 意 人 有 拉

tsoo saung-ie mung yiu la

儂 有 啥 鞋 子 唔

noong yiu sa 'a-ts va

有 个

yiu kuh

儂 有 啥 帽 子 唔

noong yiu sa mau-ts va

嘸 没

m maeh

倻 朋 友 有 啥 好 刀 唔

na pang-yiu yiu sa hau tau va

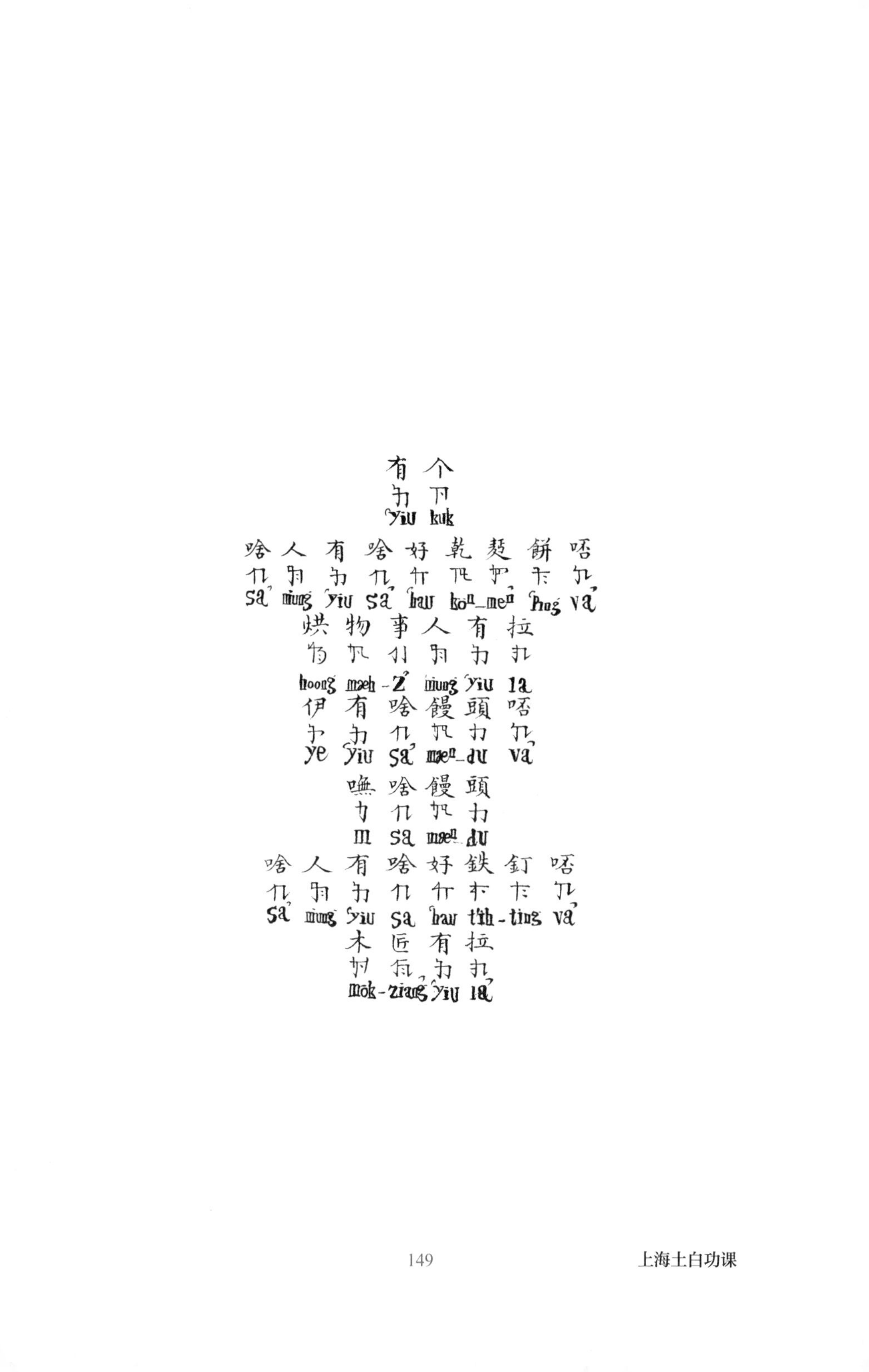

有 个

'yiu kuk

啥 人 有 啥 好 乾 麪 餅 唔

sa' niung 'yiu sa' 'hau ko^n-me^n 'ping va'

烘 物 事 人 有 拉

hoong maeh-z' niung 'yiu la

伊 有 啥 饅 頭 唔

ye 'yiu sa' mae^n-du va'

嘸 啥 饅 頭

m sa mae^n du

啥 人 有 啥 好 鉄 釘 唔

sa' niung 'yiu sa 'hau t'ih-ting va'

木 匠 有 拉

mok-ziang 'yiu la'

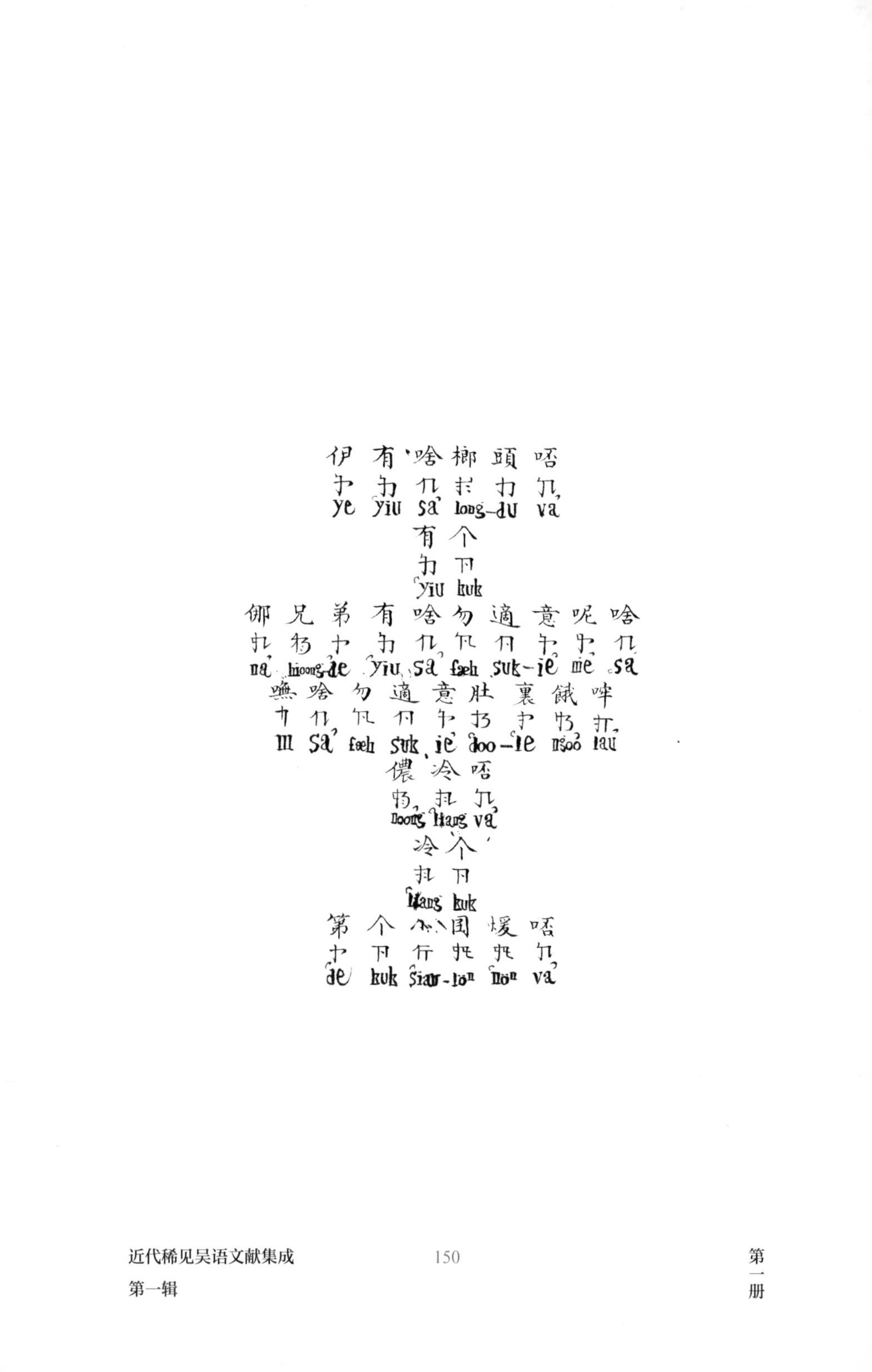

伊 有 啥 榔 頭 𠲎

ye yiu sa long-du va

有 个

yiu kuk

㑚 兄 弟 有 啥 勿 適 意 呢 啥

na hioong-de yiu sa fæh suk-ie me sa

嘸 啥 勿 適 意 肚 裏 餓 哰

m sa fæh suk-ie doo-ie ngoo lau

儂 冷 𠲎

noong lang va

冷 个

lang kuk

第 个 小 囝 煖 𠲎

de kuk siau-lön nön va

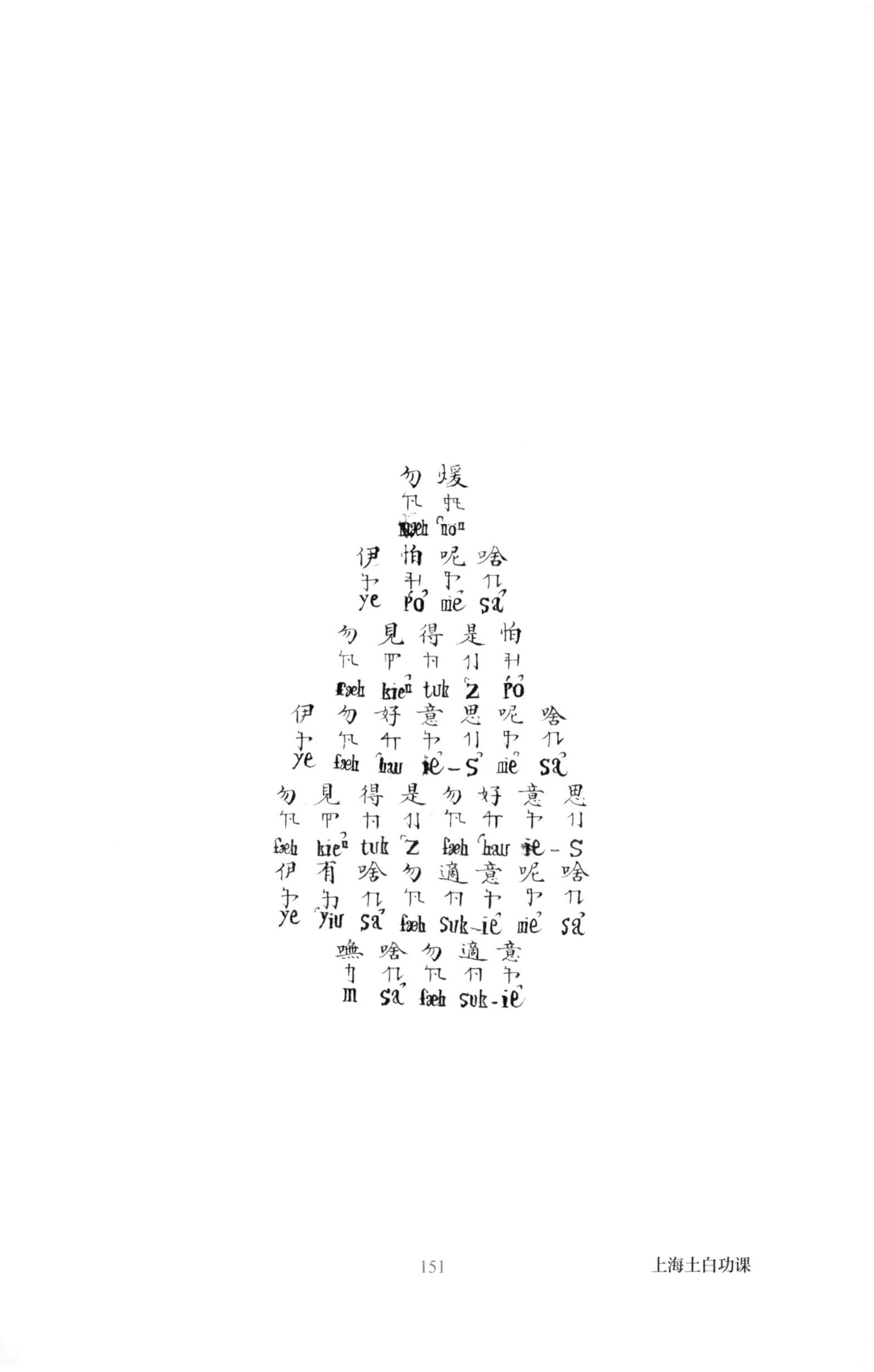

勿煖

fæh non

伊怕呢啥

ye p'o mé sa

勿見得是怕

fæh kien tuk z p'o

伊勿好意思呢啥

ye fæh hau ie-s mé sa

勿見得是勿好意思

fæh kien tuk z fæh hau ie-s

伊有啥勿適意呢啥

ye yiu sa fæh suk-ie mé sa

嘸啥勿適意

m sa fæh suk-ie

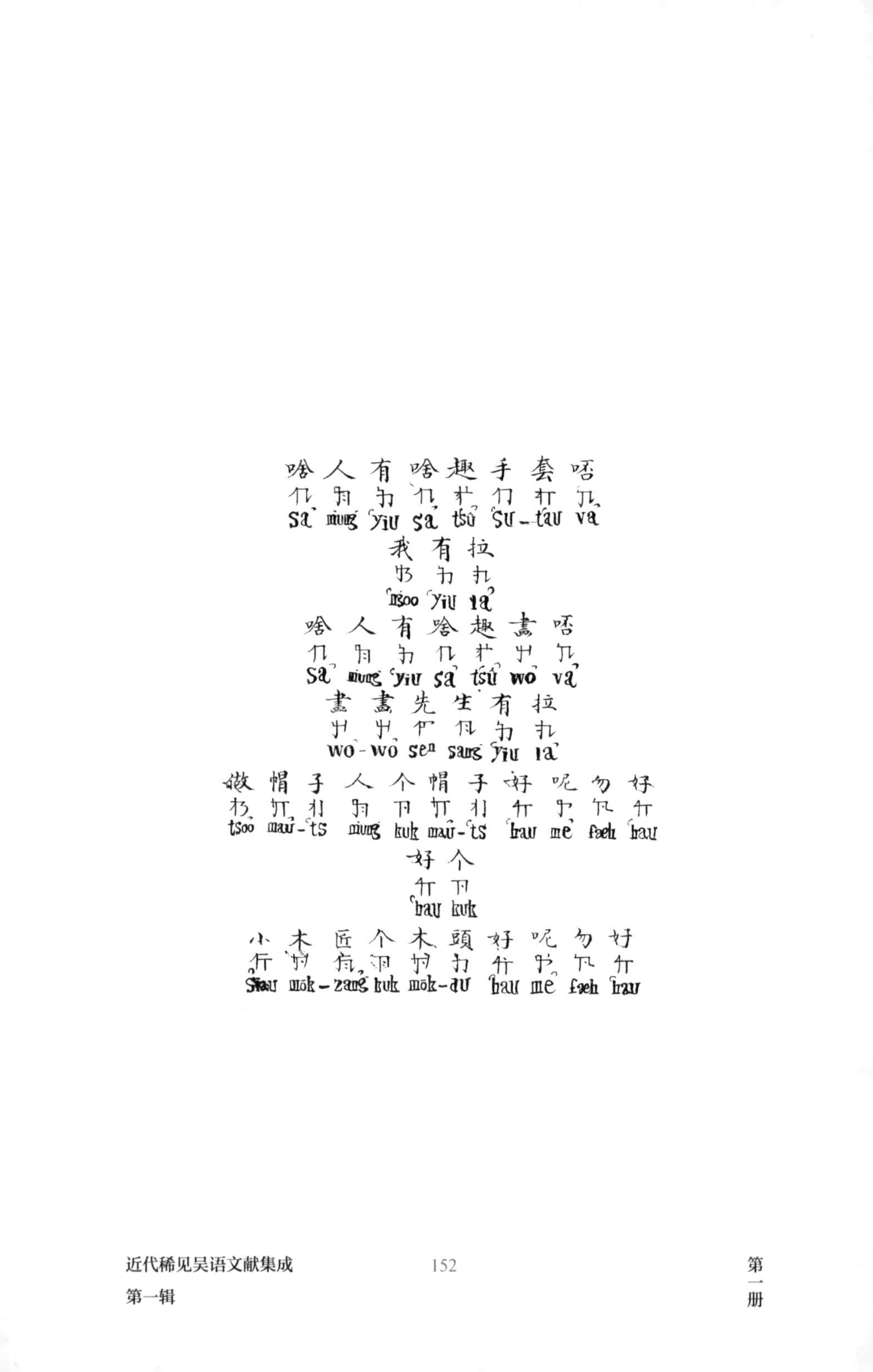

啥人有啥趣手套唔

sa niung yiu sa tsû su-tau va

我有拉

ngoo yiu la

啥人有啥趣畫唔

sa niung yiu sa tsû wo va

畫畫先生有拉

wo-wo sen sang yiu la

做帽子人个帽子好呢勿好

tsoo maû-ts niung kuk maû-ts hau me faeh hau

好个

hau kuk

小木匠个木頭好呢勿好

siau mōk-zang kuk mōk-du hau me faeh hau

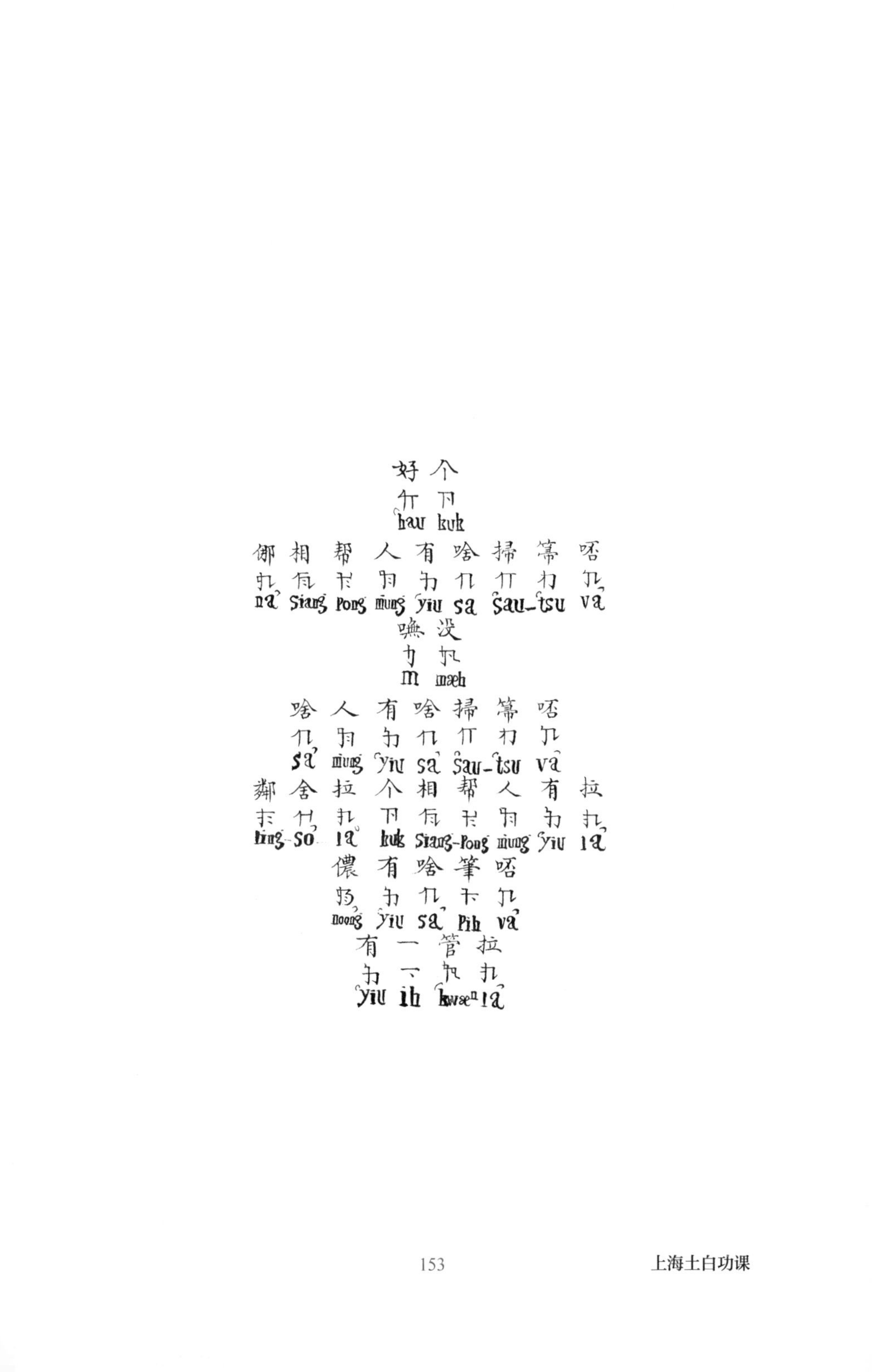

好个
hau kuk

㑚相帮人有啥掃箒㗎
na Siang Pong ming yiu sa sau-tsu va
嘸没
m maeh

啥人有啥掃箒㗎
sa ming yiu sa sau-tsu va
鄰舍拉个相帮人有拉
ling-so la kuk Siang-Pong ming yiu la
儂有啥筆㗎
noong yiu sa pih va
有一管拉
yiu ih kwaen la

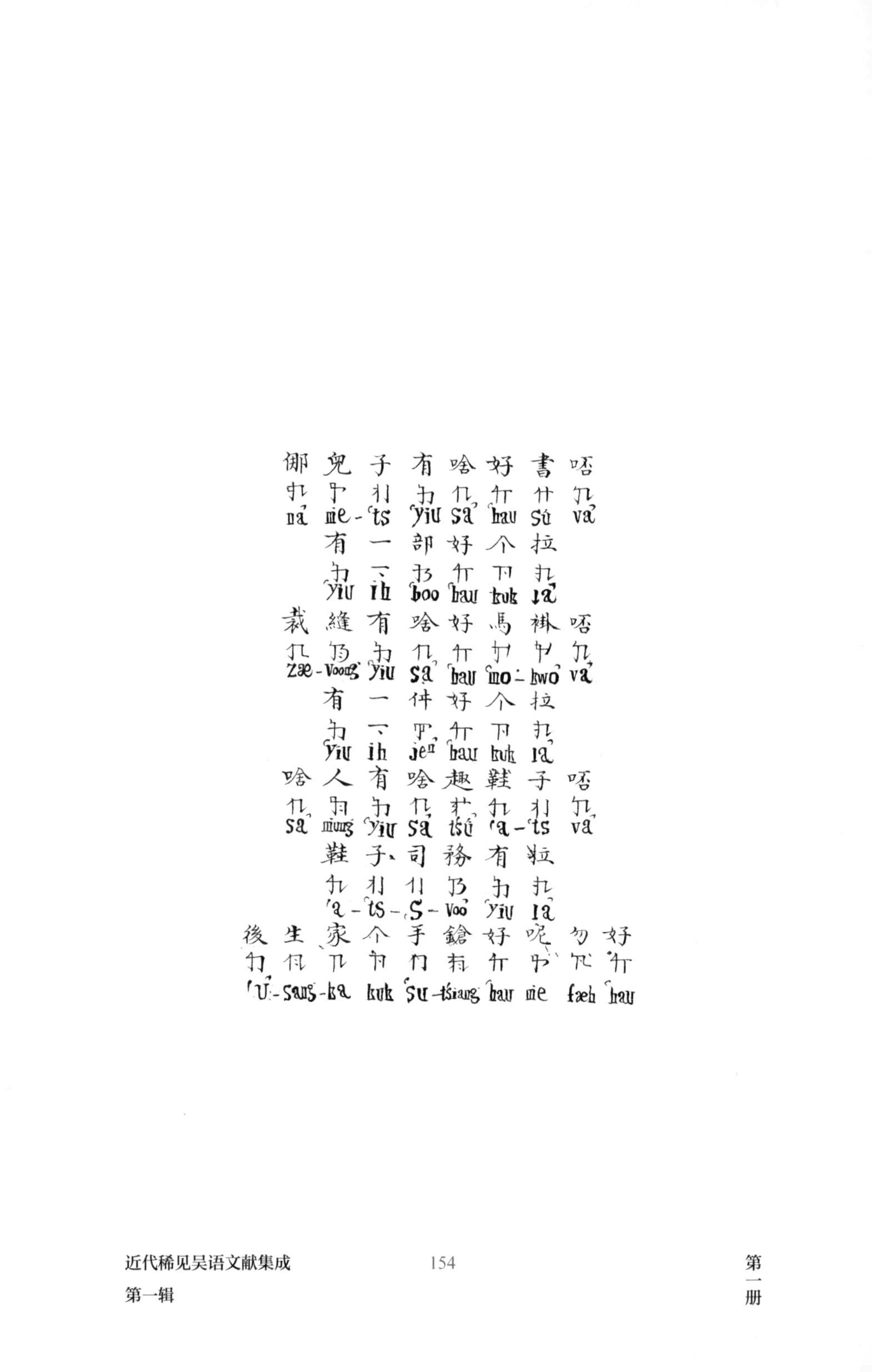

儺 兒 子 有 啥 好 書 嗎

na mie - ts yiu sa hau sú va

有 一 部 好 个 拉

yiu ih boo hau kuk la

裁 縫 有 啥 好 馬 褂 嗎

zæ - voong yiu sa hau mo - kwo va

有 一 件 好 个 拉

yiu ih jen hau kuk la

啥 人 有 啥 趣 鞋 子 嗎

sa niung yiu sa tsú 'a - ts va

鞋 子、司 務 有 粒

'a - ts - s - voo yiu la

後 生 家 个 手 鎗 好 呢 勿 好

'ú - sang - ka kuk su - tsiang hau nie fæh hau

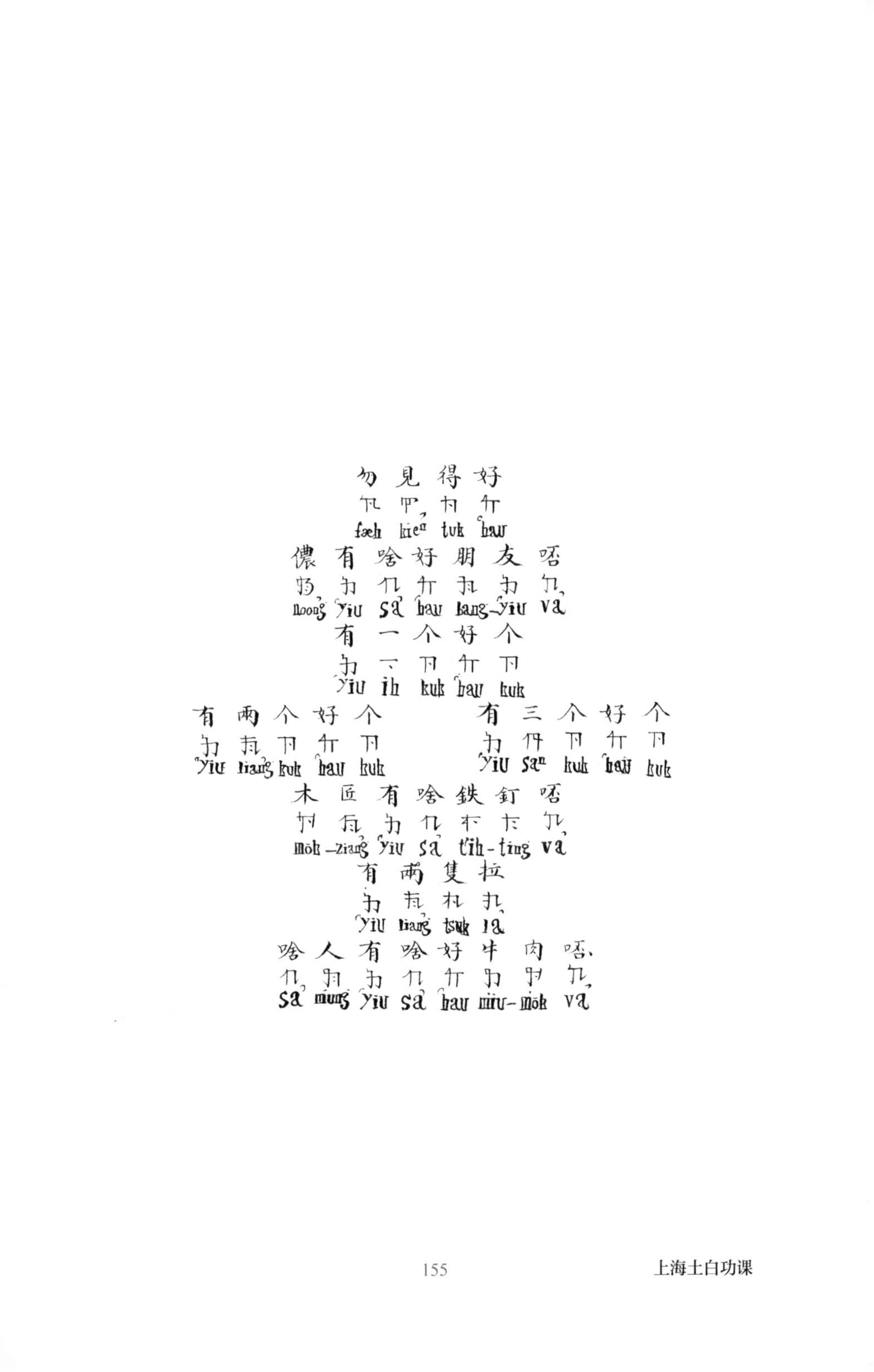

勿見得好

fæh kie^n tuk hau

儂有啥好朋友咾

noong yiu sa hau bang-yiu va

有一个好个

yiu ih kuk hau kuk

有兩个好个

yiu liang kuk hau kuk

有三个好个

yiu sa^n kuk hau kuk

木匠有啥铁釘咾

mōk-ziang yiu sa tih-ting va

有兩隻拉

yiu liang tsuk la

啥人有啥好牛肉咾

sa nung yiu sa hau niu-nōk va

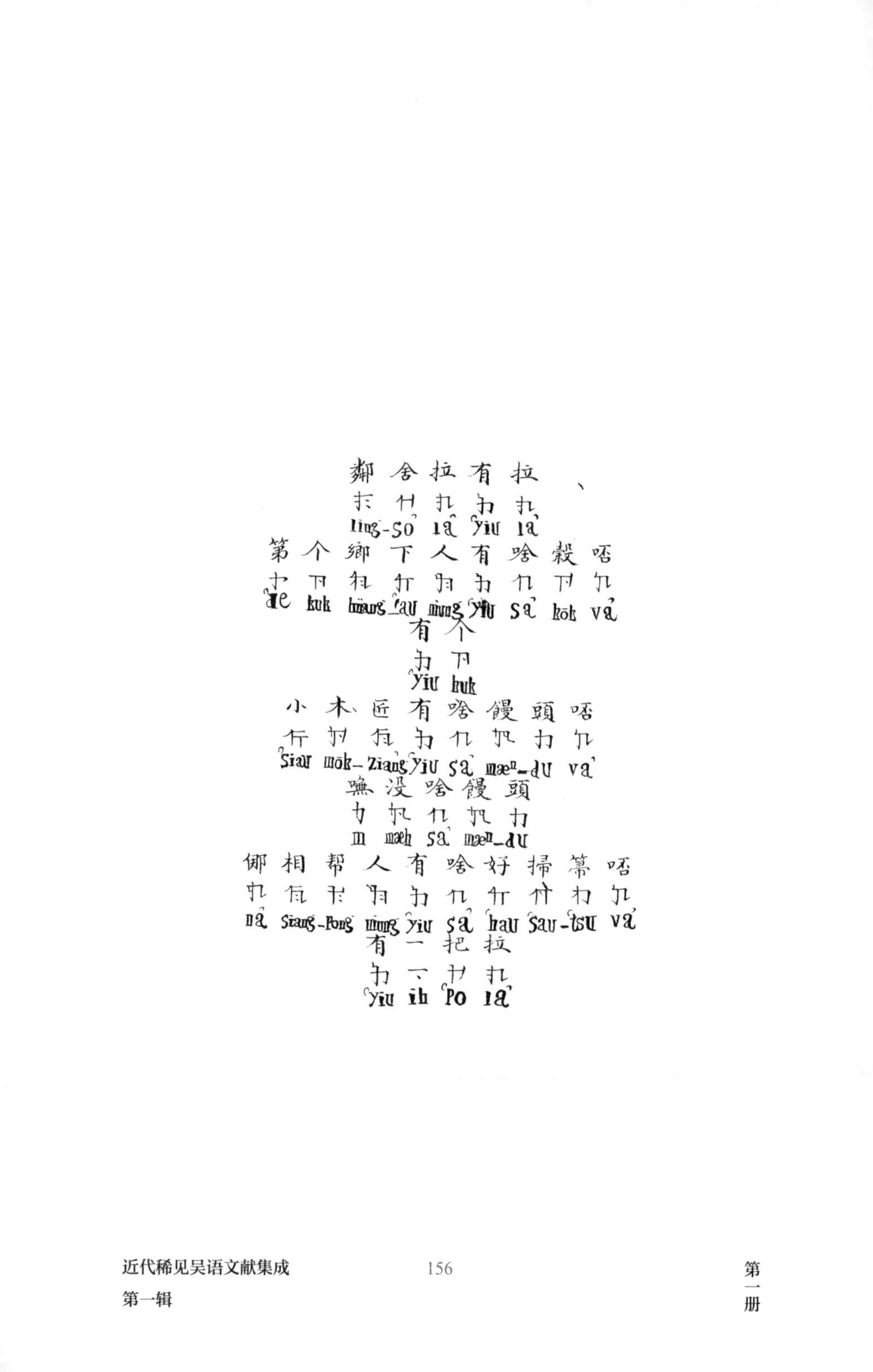

鄰舍拉有拉　、

ling-so la yiu la

第个鄉下人有啥穀唔

de kuk hiang-'au ning yiu sa kōk va

有个

yiu kuk

小木匠有啥饅頭唔

siau mōk-ziang yiu sa mæ^{n}-du va

嘸没啥饅頭

m meh sa mæ^{n}-du

儂相帮人有啥好掃箒唔

na siang-pong ning yiu sa hau sau-tsu va

有一把拉

yiu ih po la

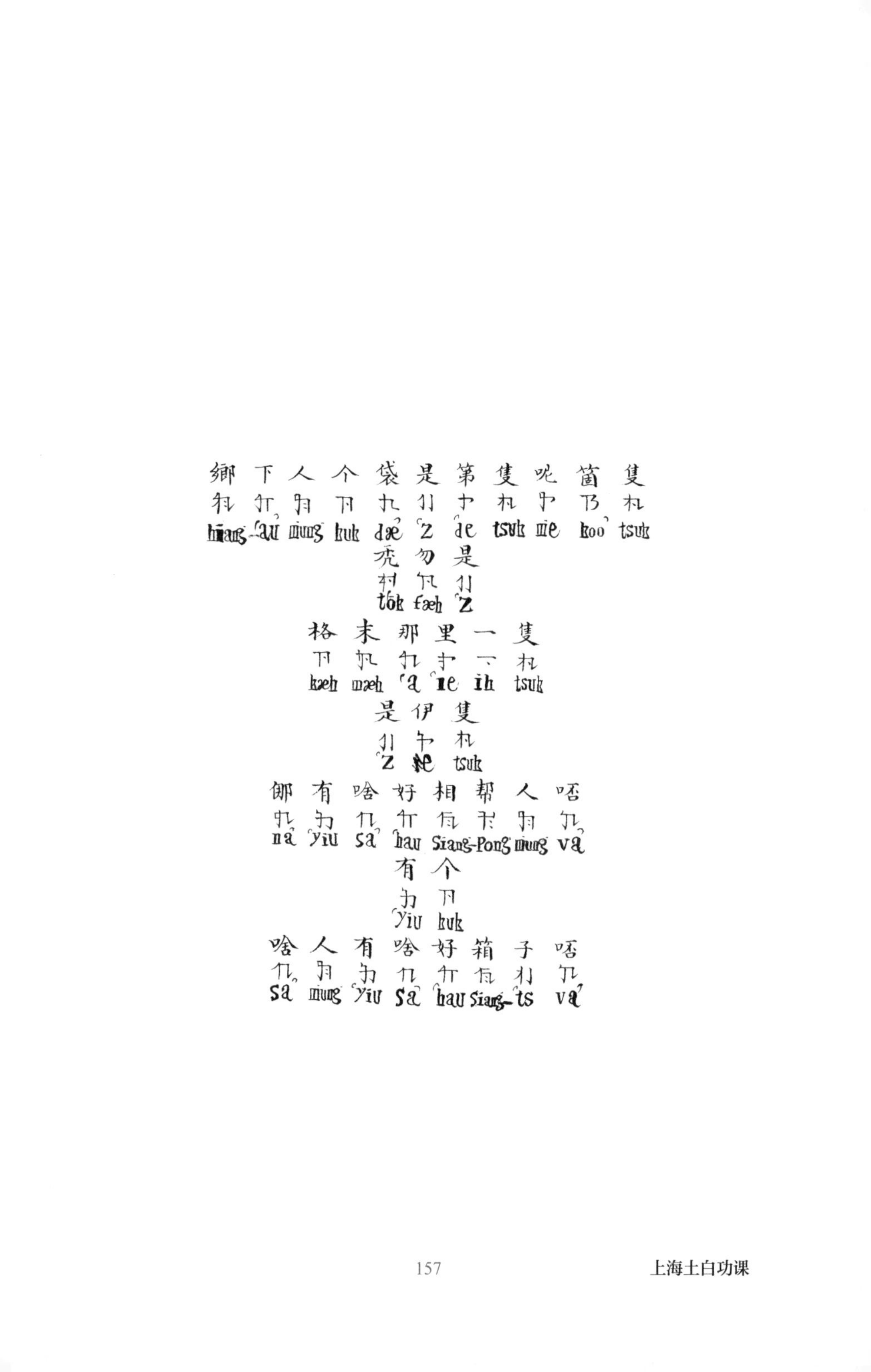

鄉下人个袋是第隻咾箇隻

hiang-au niung kuk dæ z de tsuk nie koo tsuk

秃勿是

tok fæh z

格末那里一隻

kæh mæh a ie ih tsuk

是伊隻

z ie tsuk

伲有啥好相帮人唔

na yiu sa hau Siang-Pong niung va

有个

yiu kuk

啥人有啥好箱子唔

sa niung yiu sa hau Siang-ts va

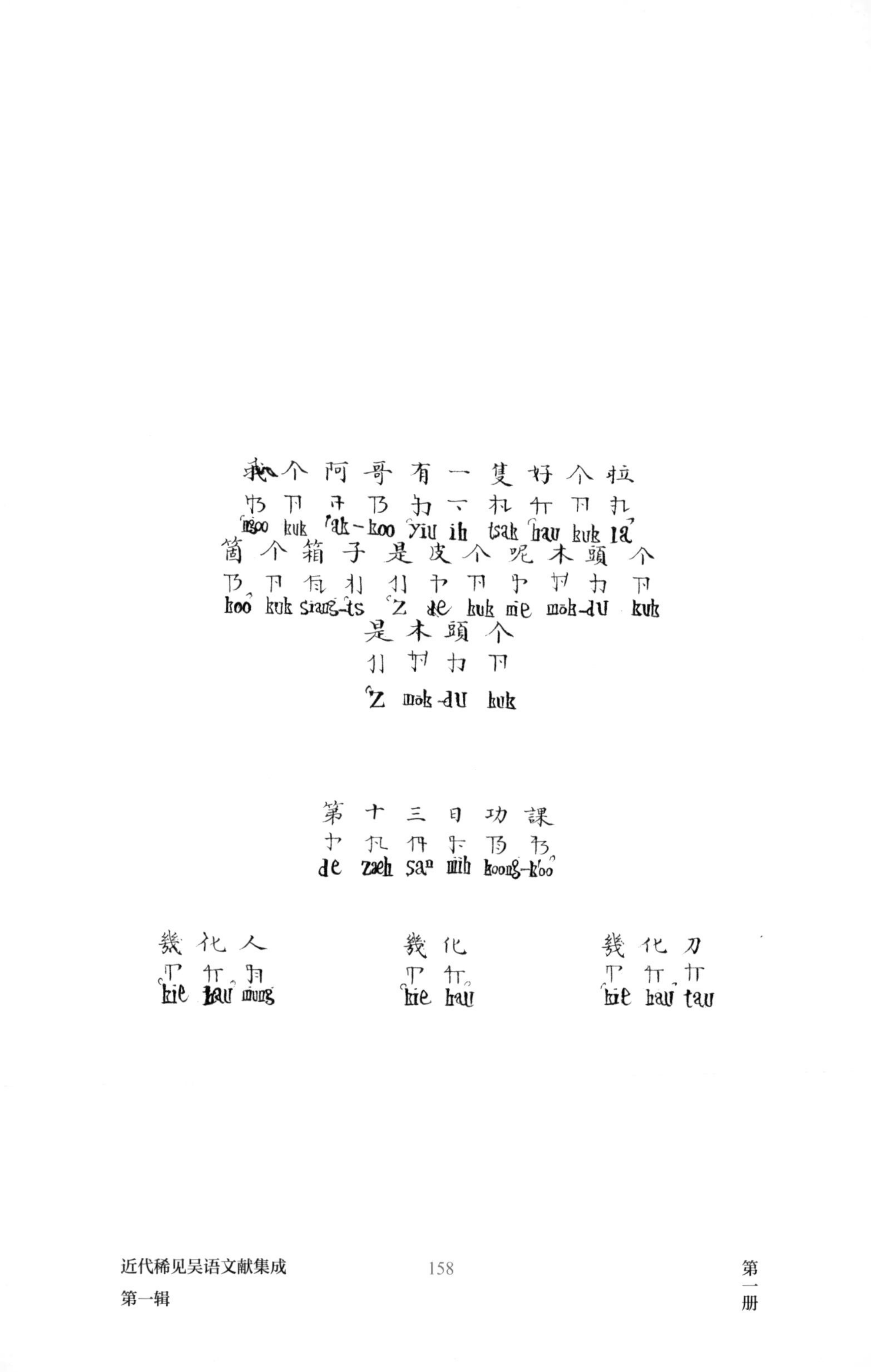

我个阿哥有一隻好个拉

'ngoo kuk 'ak-koo yiu ih tsak 'hau kuk la'

箇个箱子是皮个呢木頭个

koo kuk siang-ts 'z de kuk nie mok-du kuk

是木頭个

'z mok-du kuk

第十三日功課

de zaeh sa^n nih koong-k'oo

幾化人	幾化	幾化刀
'kie hau' niung	'kie hau'	'kie hau' tau

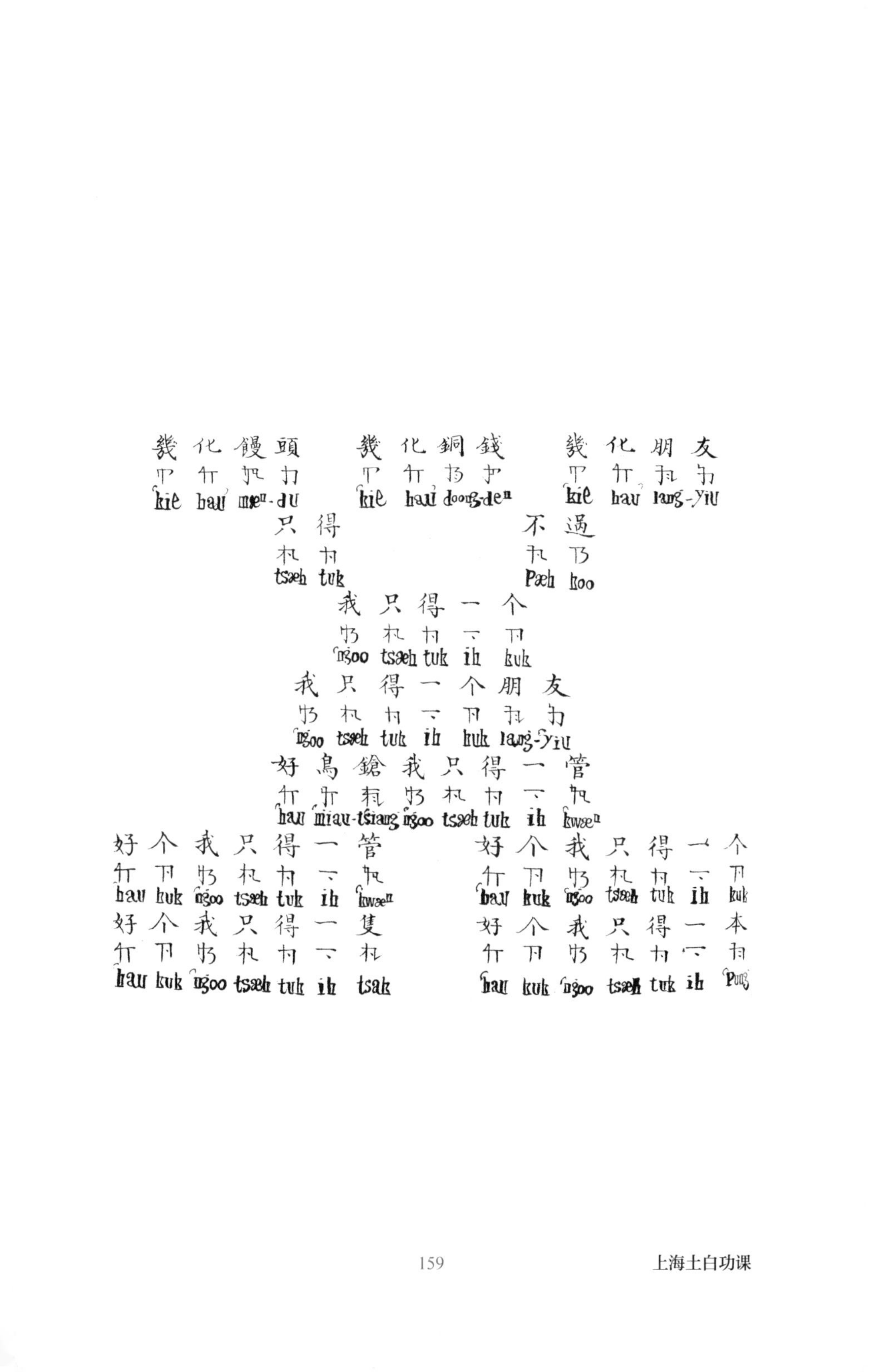

幾化饅頭　幾化銅錢　幾化朋友
kie hau mœ^{n}-du　kie hau doong-de^{n}　kie hau lang-yiu

只得　不過
tsæh tuk　Pæh koo

我只得一个
ngoo tsæh tuk ih kuk

我只得一个朋友
ngoo tsæh tuk ih kuk lang-yiu

好鳥鎗我只得一管
hau miau-tsiang ngoo tsæh tuk ih kwœ^{n}

好个我只得一管　好个我只得一个
hau kuk ngoo tsæh tuk ih kwœ^{n}　hau kuk ngoo tsæh tuk ih kuk

好个我只得一隻　好个我只得一本
hau kuk ngoo tsæh tuk ih tsak　hau kuk ngoo tsæh tuk ih Pung

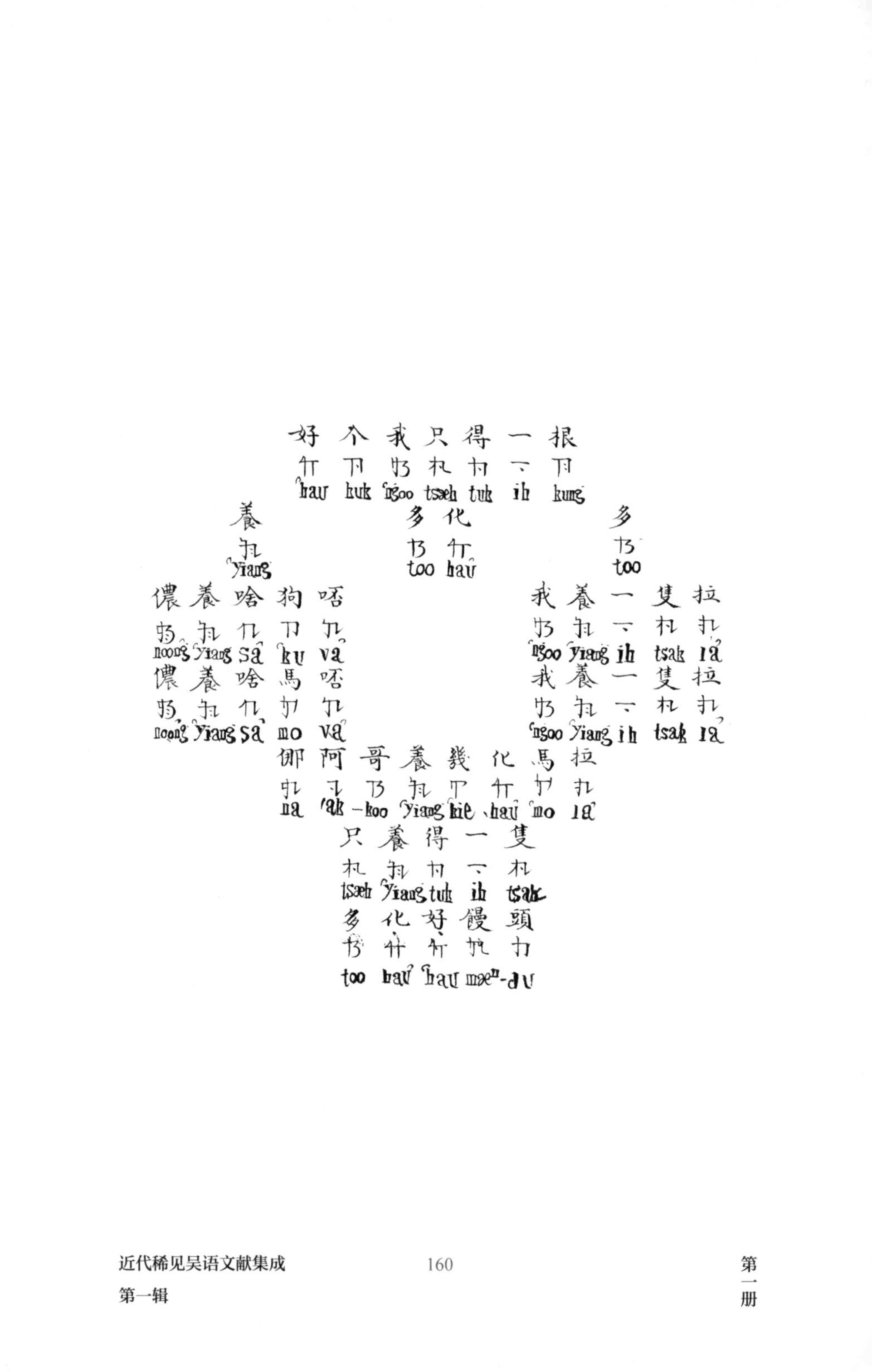

好 个 我 只 得 一 根

hau kuk ngoo tsaeh tuk ih kung

養 多 化 多

yiang too hau too

儂 養 啥 狗 唔

noong yiang sa ku va

儂 養 啥 馬 唔

noong yiang sa mo va

我 養 一 隻 拉

ngoo yiang ih tsak la

我 養 一 隻 拉

ngoo yiang ih tsak la

伽 阿 哥 養 幾 化 馬 拉

na 'ak-koo yiang kie hau mo la

只 養 得 一 隻

tsaeh yiang tuk ih tsak

多 化 好 饅 頭

too hau hau mæ^{n}-du

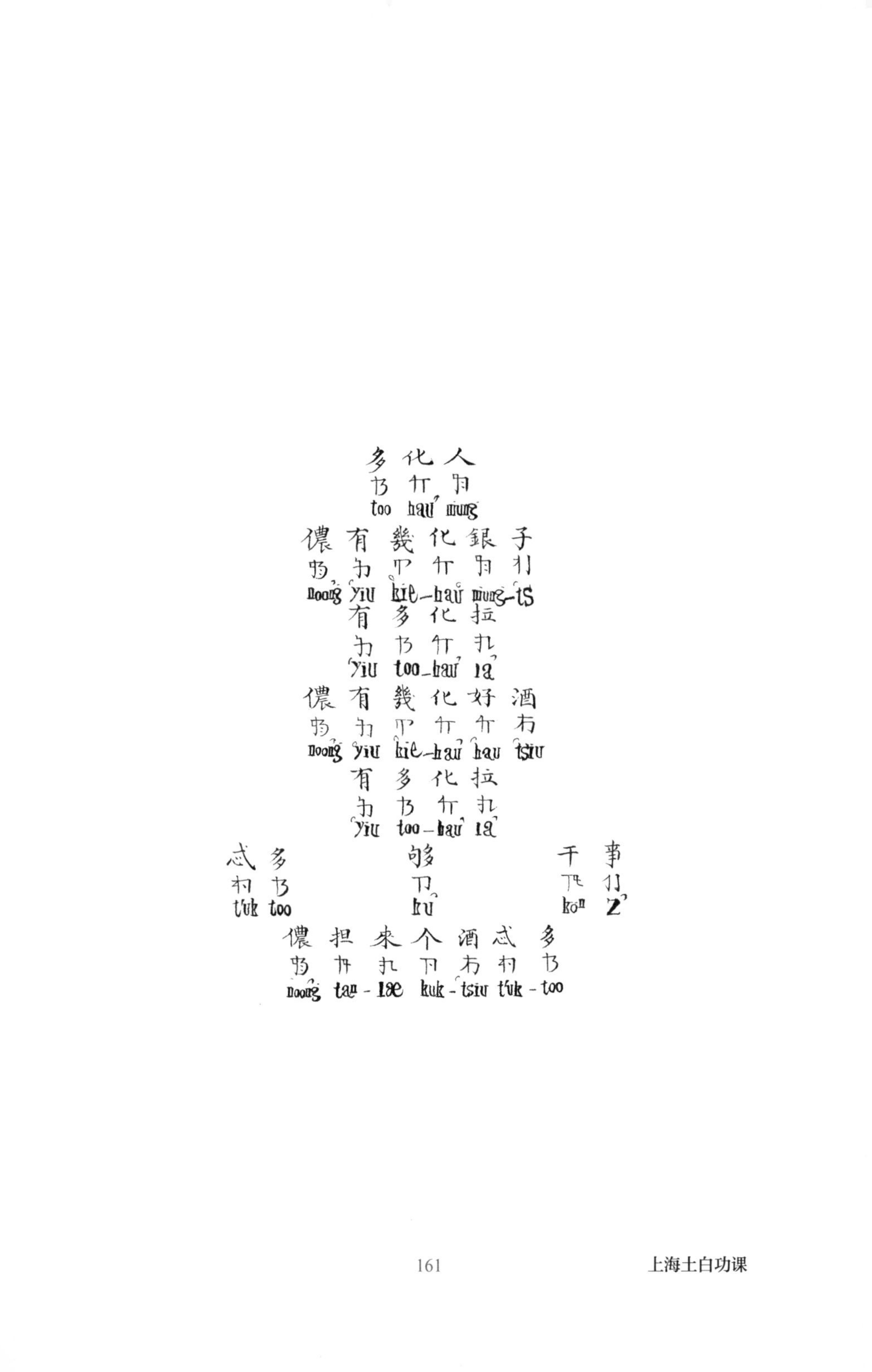

多化人

too hau mung

儂有幾化銀子

noong yiu kie-hau mung-ts

有多化拉

yiu too-hau la

儂有幾化好酒

noong yiu kie-hau hau tsiu

有多化拉

yiu too-hau la

忒多　　够　　干事

t'uk too　　ku　　kön z

儂担來个酒忒多

noong tan-lae kuk-tsiu t'uk-too

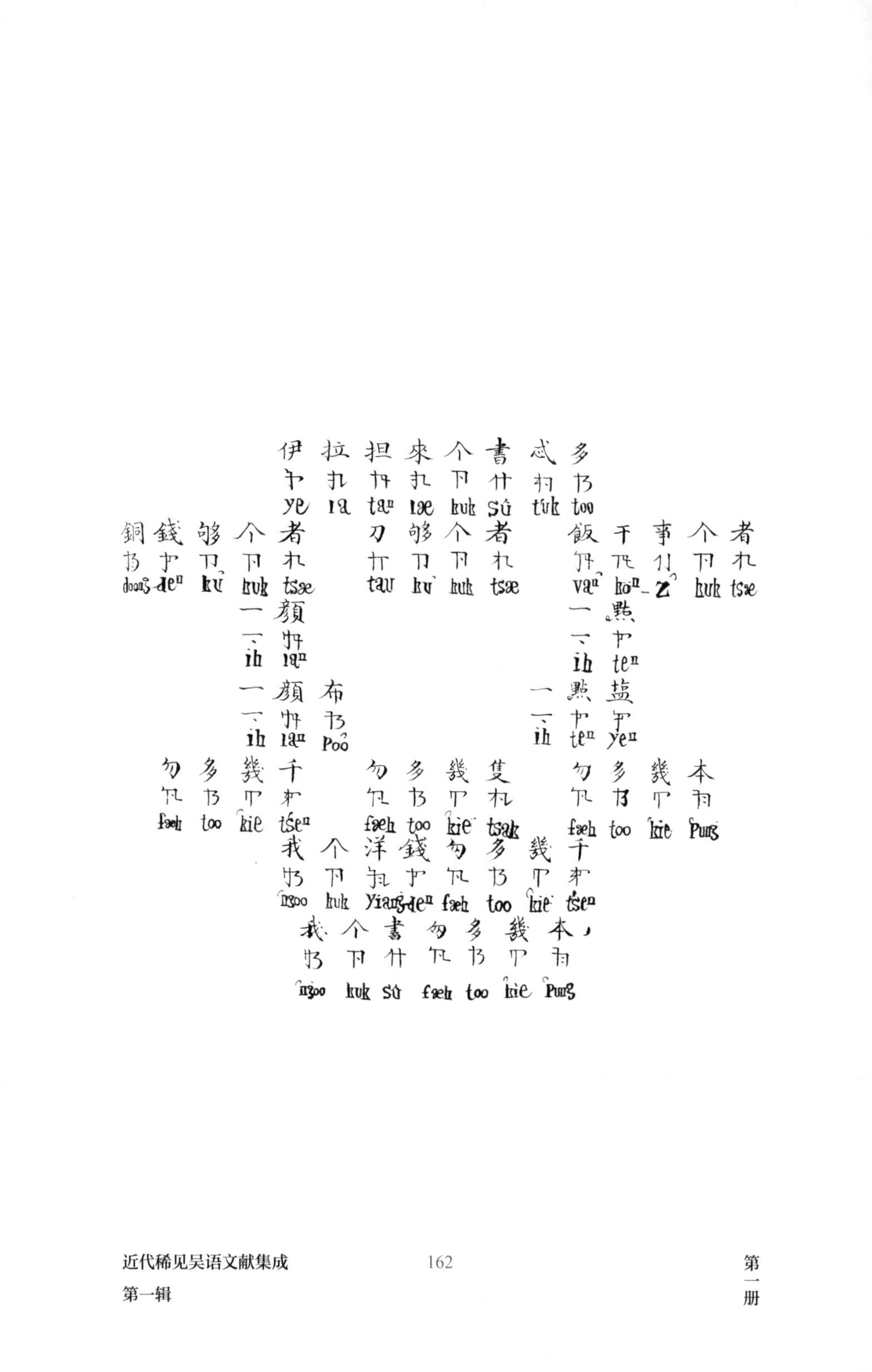

伊拉担來个書忒多

ye la ta^{n} lae kuk sû tûk too

銅錢够个者

doong-de^{n} kû kuk tsæ

一顏

ih la^{n}

一顏布

ih la^{n} poo

刀够个者

tau kû kuk tsæ

飯干事个者

va^{n} kö^{n}-z kuk tsæ

一點

ih te^{n}

一點鹽

ih te^{n} ye^{n}

勿多幾千

fæh too kie tse^{n}

勿多幾隻

fæh too kie tsak

勿多幾本

fæh too kie pung

我个洋錢勿多幾千

ngoo kuk yiang-de^{n} fæh too kie tse^{n}

我个書勿多幾本，

ngoo kuk sû fæh too kie pung

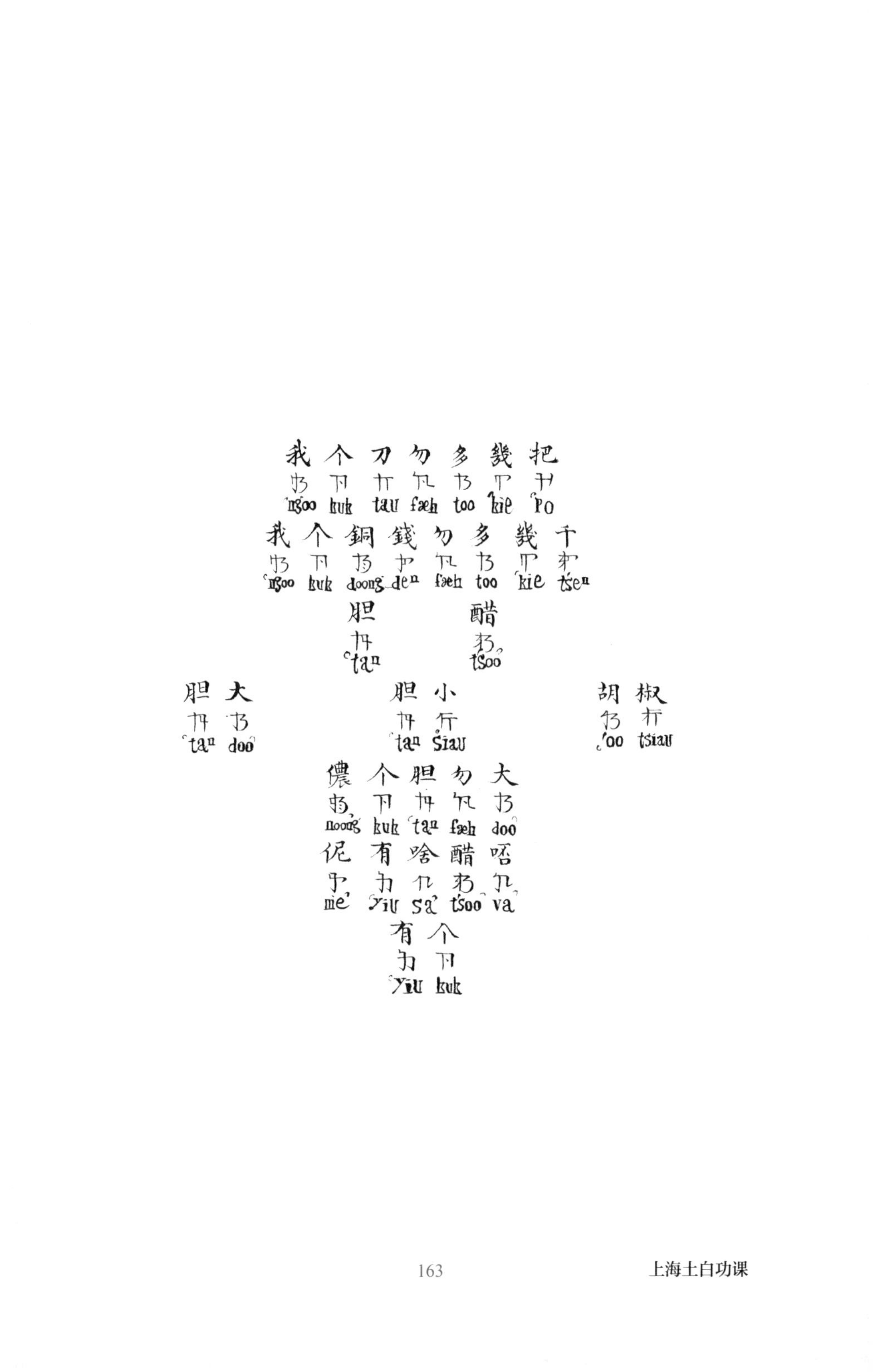

我 个 刀 勿 多 幾 把

ngoo kuk tau fæh too kie po

我 个 銅 錢 勿 多 幾 千

ngoo kuk doong de^{n} fæh too kie tse^{n}

胆 醋

ta^{n} tsoo

胆 大

ta^{n} doo

胆 小

ta^{n} siau

胡 椒

oo tsiau

儂 个 胆 勿 大

noong kuk ta^{n} fæh doo

伲 有 啥 醋 啞

me yiu sa tsoo va

有 个

yiu kuk

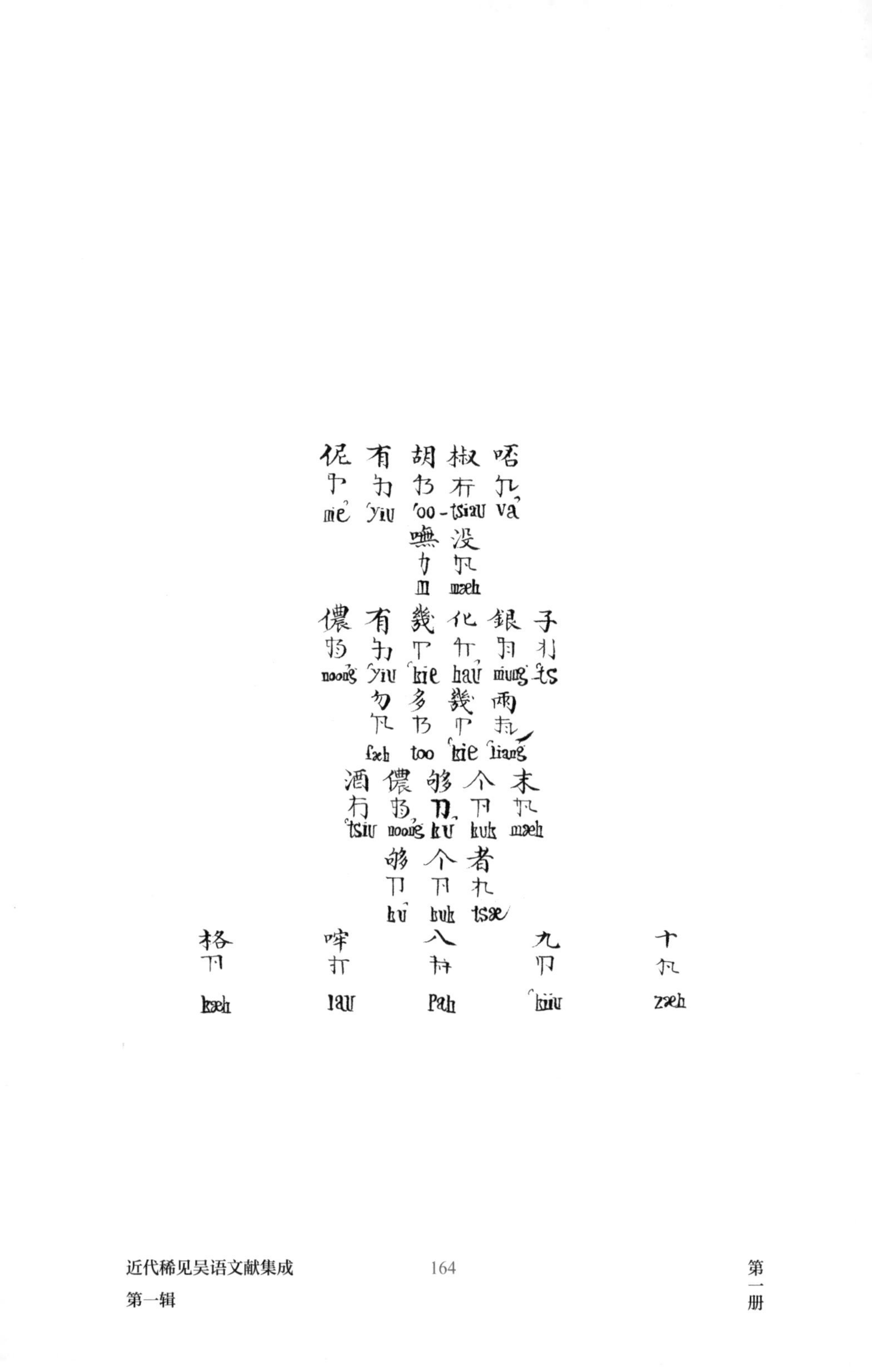

伲 有 胡椒 唔
mieʾ ʿyiu ʿoo-tsiau vaʾ
嘸 没
m mæh

儂 有 幾 化 銀 子
noongʾ ʿyiu ʿkie hauʾ miung ʿts
勿 多 幾 兩
fæh too ʿkie ʿliang

酒 儂 够 个 末
ʿtsiu noongʾ kuʾ kuk mæh
够 个 者
kuʾ kuk tsæ

格 啐 八 九 十
kæh lau pah ʿkiiu zæh

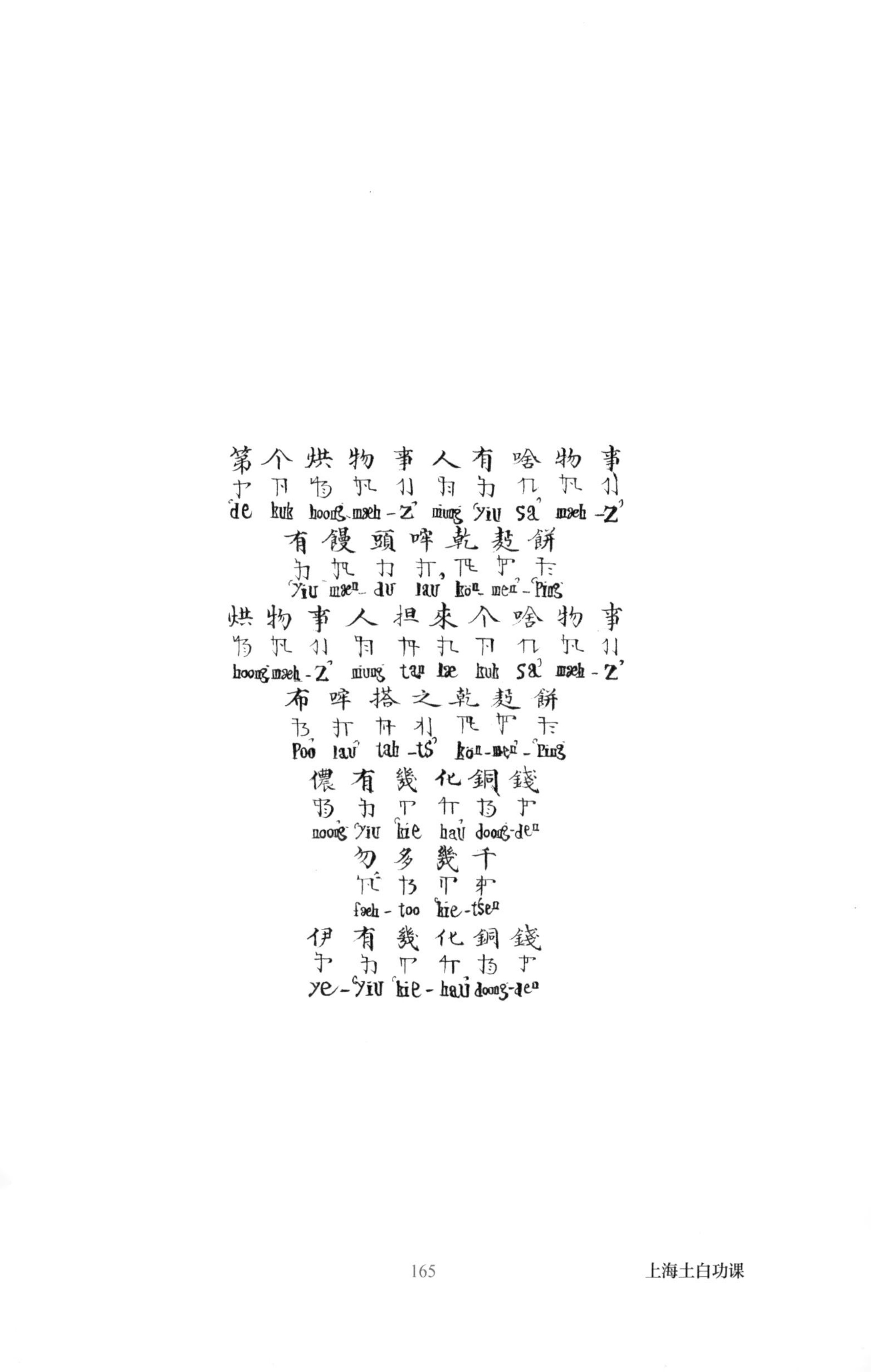

第个烘物事人有啥物事

de kuk hoong-mæh-z miung yiu sa mæh-z

有饅頭哰乾麪餅

yiu mæn-du lau kön-men-ping

烘物事人担来个啥物事

hoong-mæh-z miung tan læ kuk sa mæh-z

布哰搭之乾麪餅

poo lau tah-ts kön-men-ping

儂有幾化銅錢

noong yiu kie hau doong-den

勿多幾千

fæh-too kie-tsen

伊有幾化銅錢

ye-yiu kie-hau doong-den

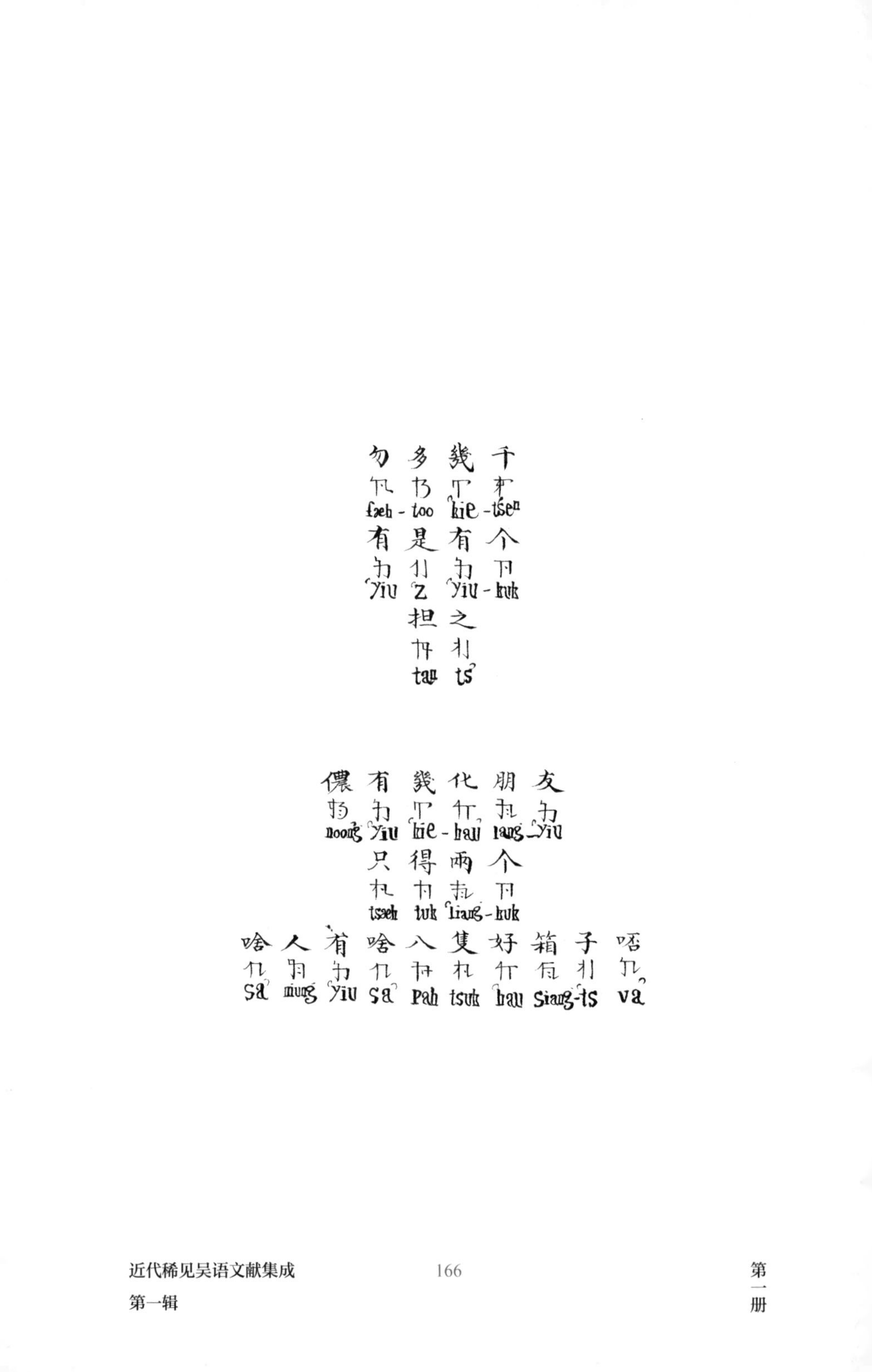

勿多幾千

fæh - too kie - tsen

有是有个

yiu z yiu - kuk

担之

tan ts

儂有幾化朋友

noong yiu kie - hau lang - yiu

只得兩个

tsaeh tuk liang - kuk

啥人有啥八隻好箱子唔

sa niung yiu sa pah tsuk hau siang-ts va

有 个

yiu kuk

倻 相 帮 人 有 啥 三 把 掃 箒 喒

na siang-pong niung yiu sa san-po sau-tsu va

有 是 有 个 好 个 末 只 得 一 把

yiu z yiu kuk hau kuk mæh tsæh tuk ih-po

木 匠 有 幾 化 榔 頭

mok-ziang yiu kie-hau long-du

只 得 兩 个

tsæh tuk liang kuk

鞋 子 司 務 有 幾 雙 鞋 子

'a-ts s-voo yiu kie song 'a-ts

有 十 雙

yiu zæh song

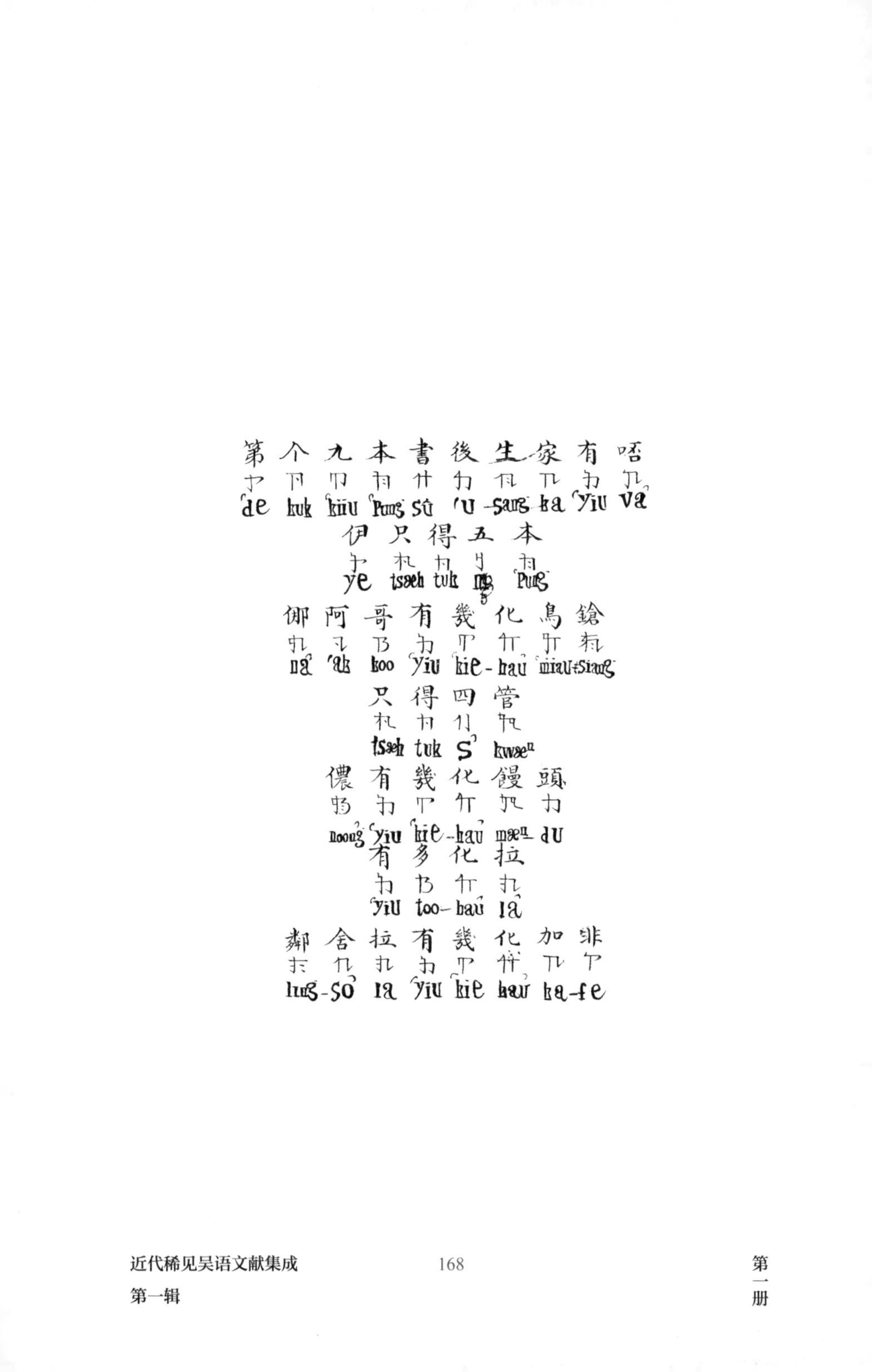

第个九本書後生家有唔

de kuk kiiu Pung sû 'u-sang ka yiu va

伊只得五本

ye tsaeh tuk ng Pung

倻阿哥有幾化鳥鎗

na 'ak koo yiu kie-hau miau-siang

只得四管

tsaeh tuk s kwaen

儂有幾化饅頭

noong yiu kie-hau maen du

有多化拉

yiu too-hau la

鄰舍拉有幾化加非

ling-so la yiu kie hau ka-fe

只得一顏

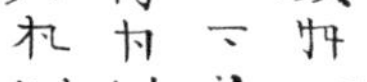

tsaeh-tuk ih-ia^{n}

外國人有幾化穀拉

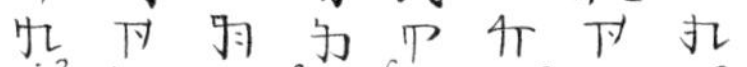

nga-kok-niung yiu kie-hau kok la

有多化拉

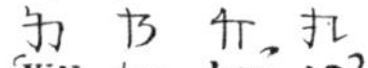

yiu too-hau la

花旂國人有啥物事拉

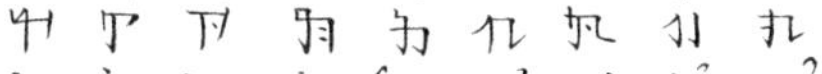

hwo-je-kok niung yiu sa maeh-z la

有糖拉

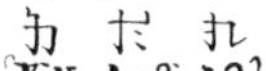

yiu dong la

鄉下人有幾化白米拉

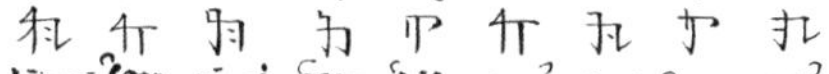

hiang-'au niung yiu kie-hau bak-me la

嘸沒啥白米

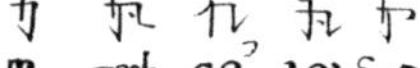

m maeh sa bak-me

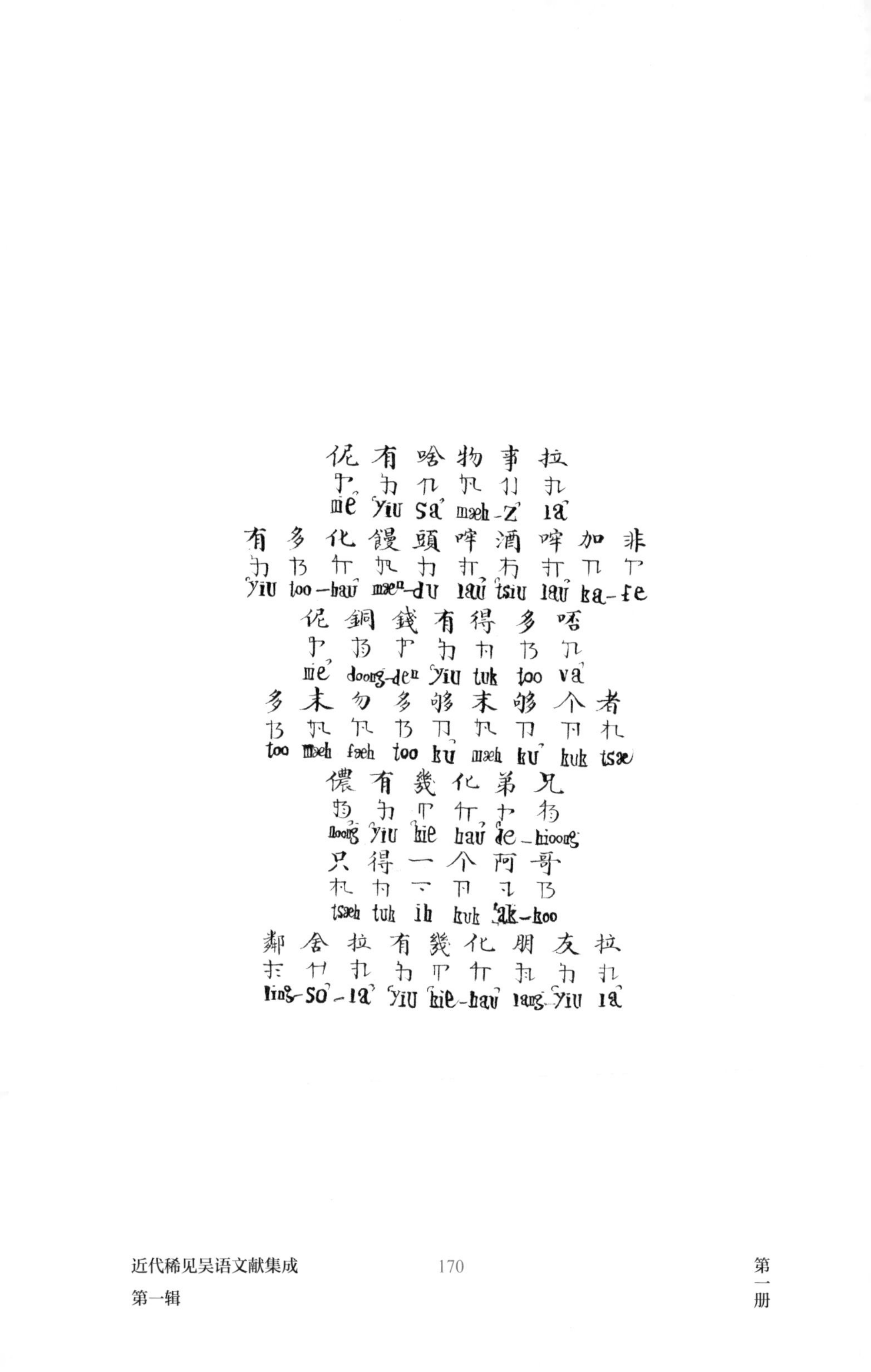

伲有啥物事拉

mie yiu sa mæh-z la

有多化饅頭哰酒哰加非

yiu too-hau mæ^{n}-du lau tsiu lau ka-fe

伲銅錢有得多唔

mie doong-de^{n} yiu tuk too va

多末勿多够末够个者

too mæh fæh too ku mæh ku kuk tsæ

儂有幾化弟兄

noong yiu kie hau de-hioong

只得一个阿哥

tsæh tuk ih kuk 'ak-koo

鄰舍拉有幾化朋友拉

ling-so-la yiu kie-hau lang-yiu la

勿　多　幾　个
faeh　too　kie　kuk

儂　胆　大　唔
noong　taa　doo　va

我　是　胆　小　个
ngoo　z　taa　siau　kuk

第　个　小　國　有　啥　筆　唔
de　kuk　siau-woo　yiu　sa　pih　va

有　个
yiu　kuk

儂　有　幾　化　胡　椒
noong　yiu　kie　hau　'oo　tsau　tsiau

只　得　一　顔
tsaeh　tuk　ih　ian

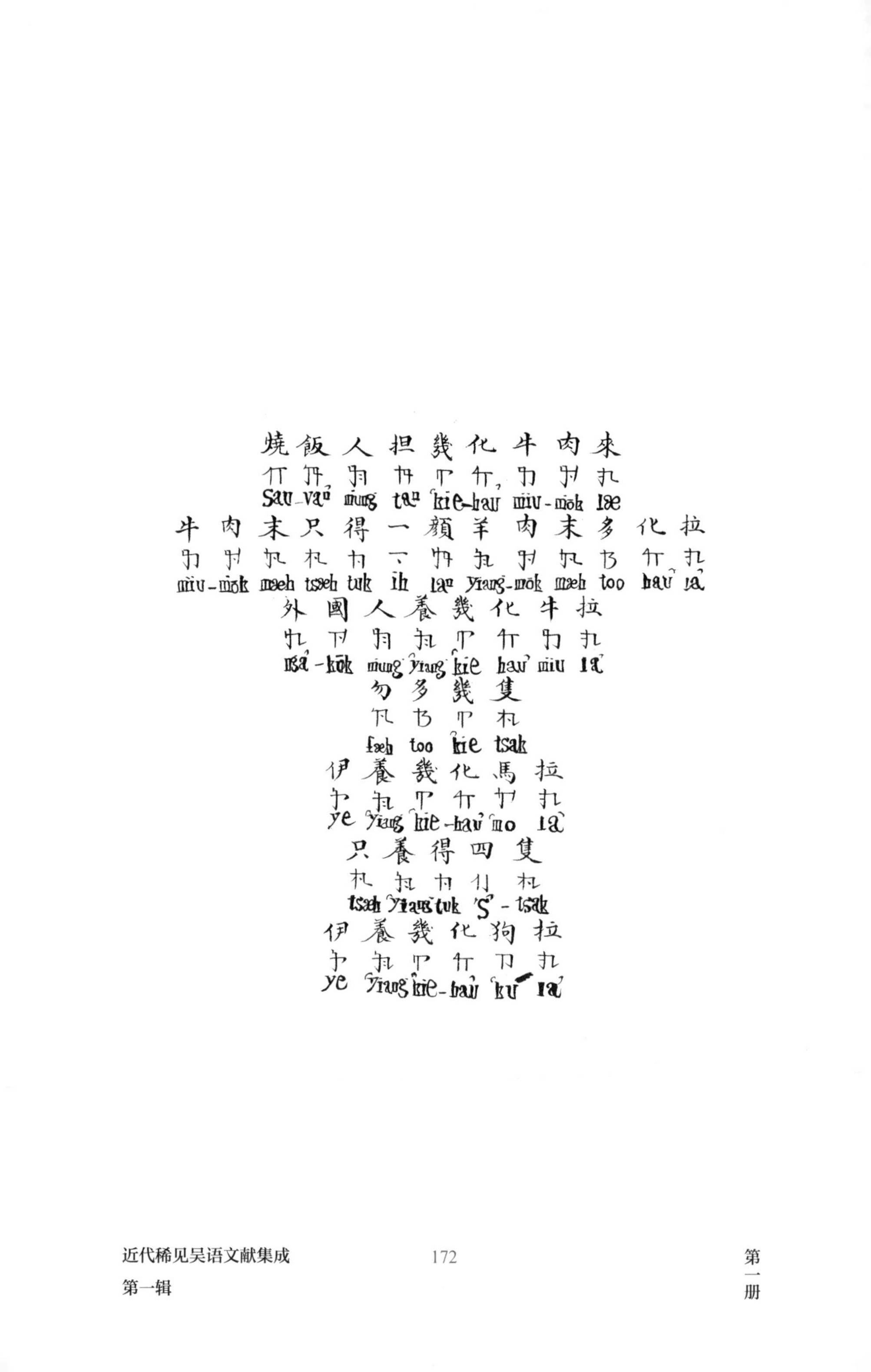

燒飯人担幾化牛肉來

Sau-va^{n} mung ta^{n} kie-hau miu-mŏk læ

牛肉末只得一顏羊肉末多化拉

miu-mŏk mæh tsæh tuk ih la^{n} yiang-mŏk mæh too hau la

外國人養幾化牛拉

ŋá-kŏk mung yiang kie hau miu la

勿多幾隻

fæh too kie tsak

伊養幾化馬拉

ye yiang kie-hau mo la

只養得四隻

tsæh yiang tuk s-tsak

伊養幾化狗拉

ye yiang kie-hau ku la

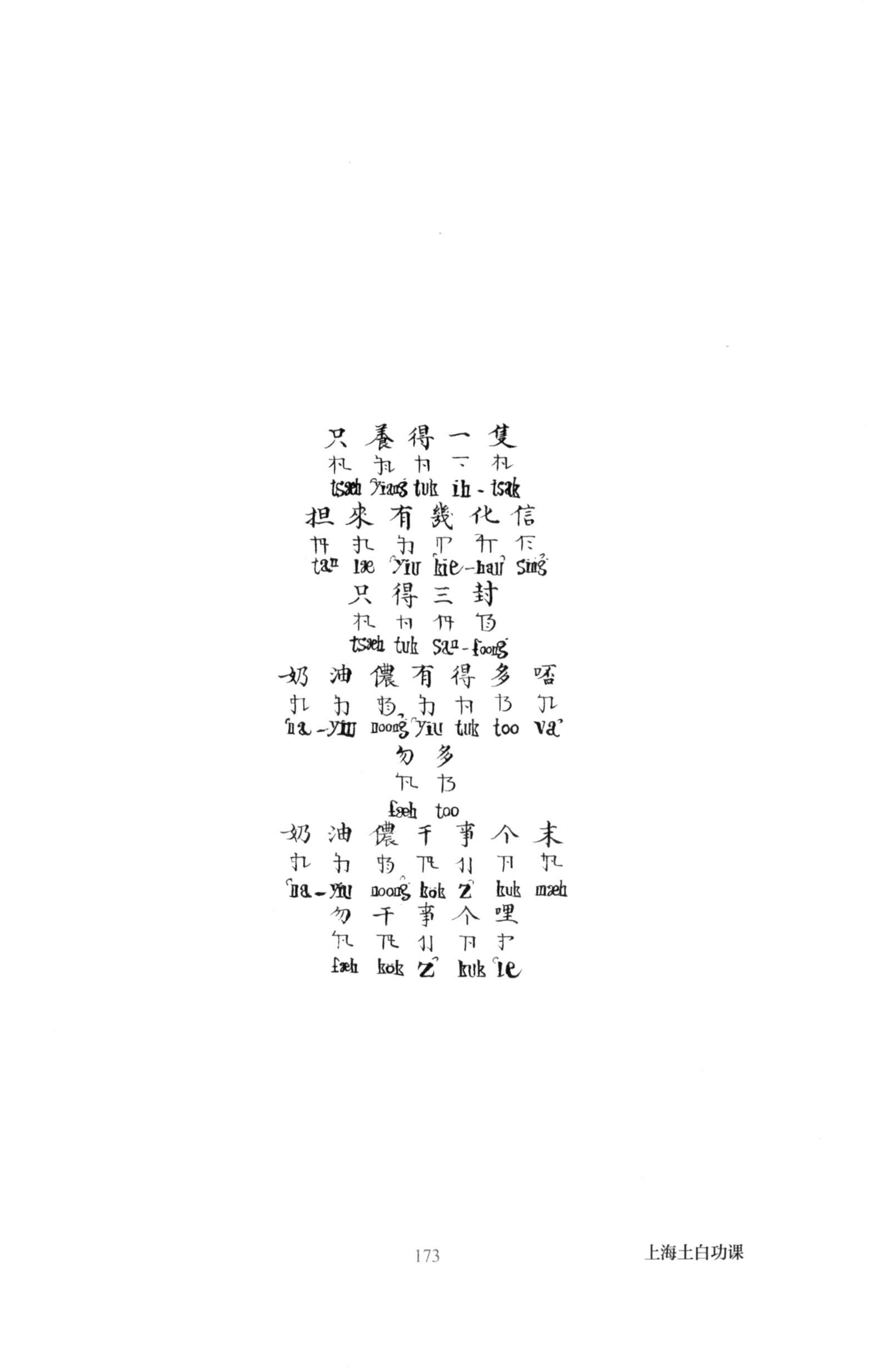

只養得一隻

tsæh yiang tuk ih-tsak

担來有幾化信

ta^n lae yiu kie-hau sing

只得三封

tsæh tuk sa^n-foong

奶油儂有得多否

na-yiu noong yiu tuk too va

勿多

fæh too

奶油儂干事个末

na-yiu noong kök z kuk mæh

勿干事个哩

fæh kök z kuk le

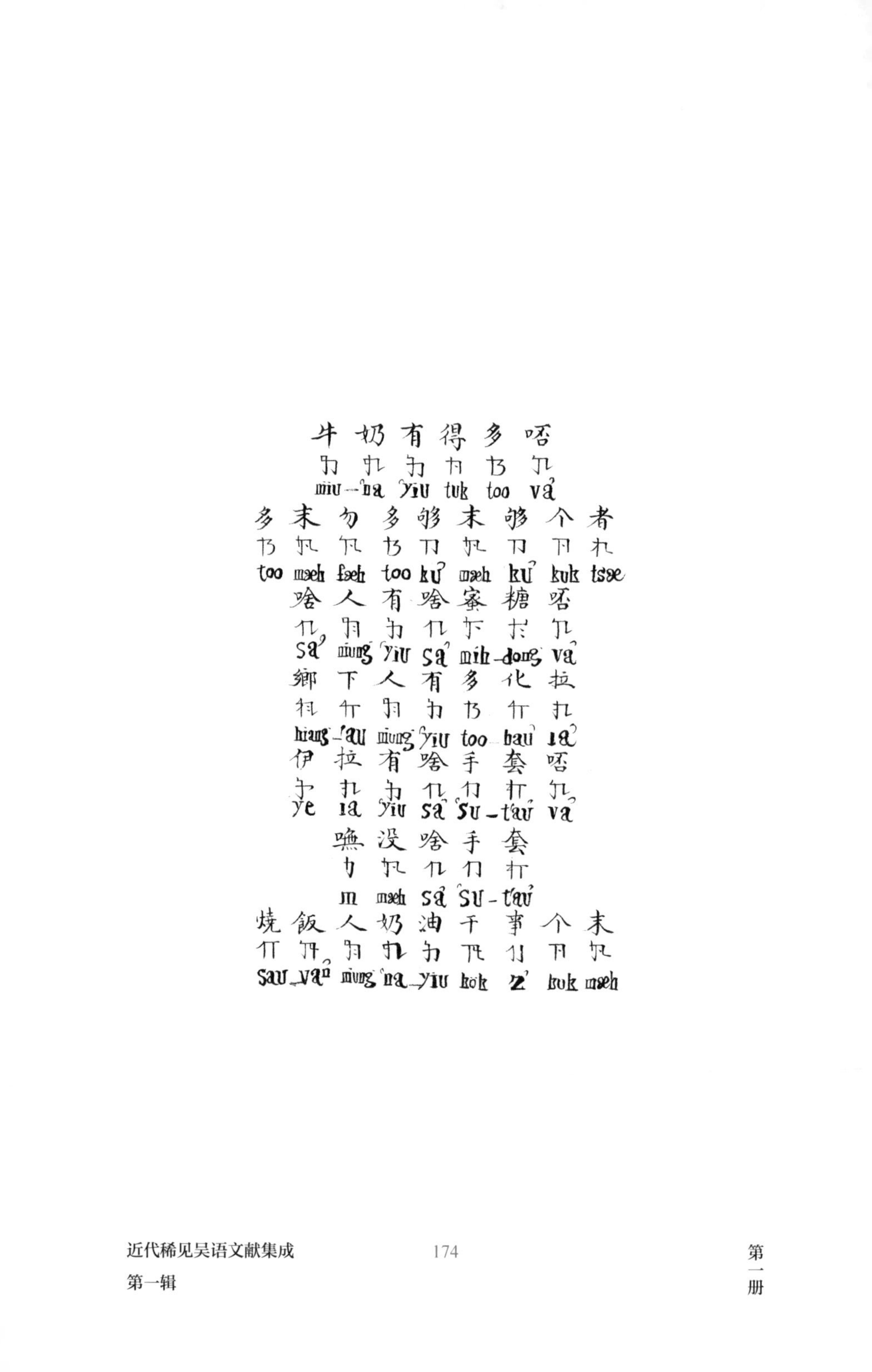

牛奶有得多唔
niu-'na 'yiu tuk too va

多末勿多够末够个者
too mæh fæh too kü mæh kü kuk tsæ

啥人有啥蜜糖唔
sa niung 'yiu sa mih-dong va

鄉下人有多化拉
hiang-'au niung 'yiu too hau la

伊拉有啥手套唔
ye la 'yiu sa 'su-t'au va

嘸没啥手套
m mæh sa 'su-t'au

烧飯人奶油干事个末
sau-van niung 'na-yiu kök z kuk mæh

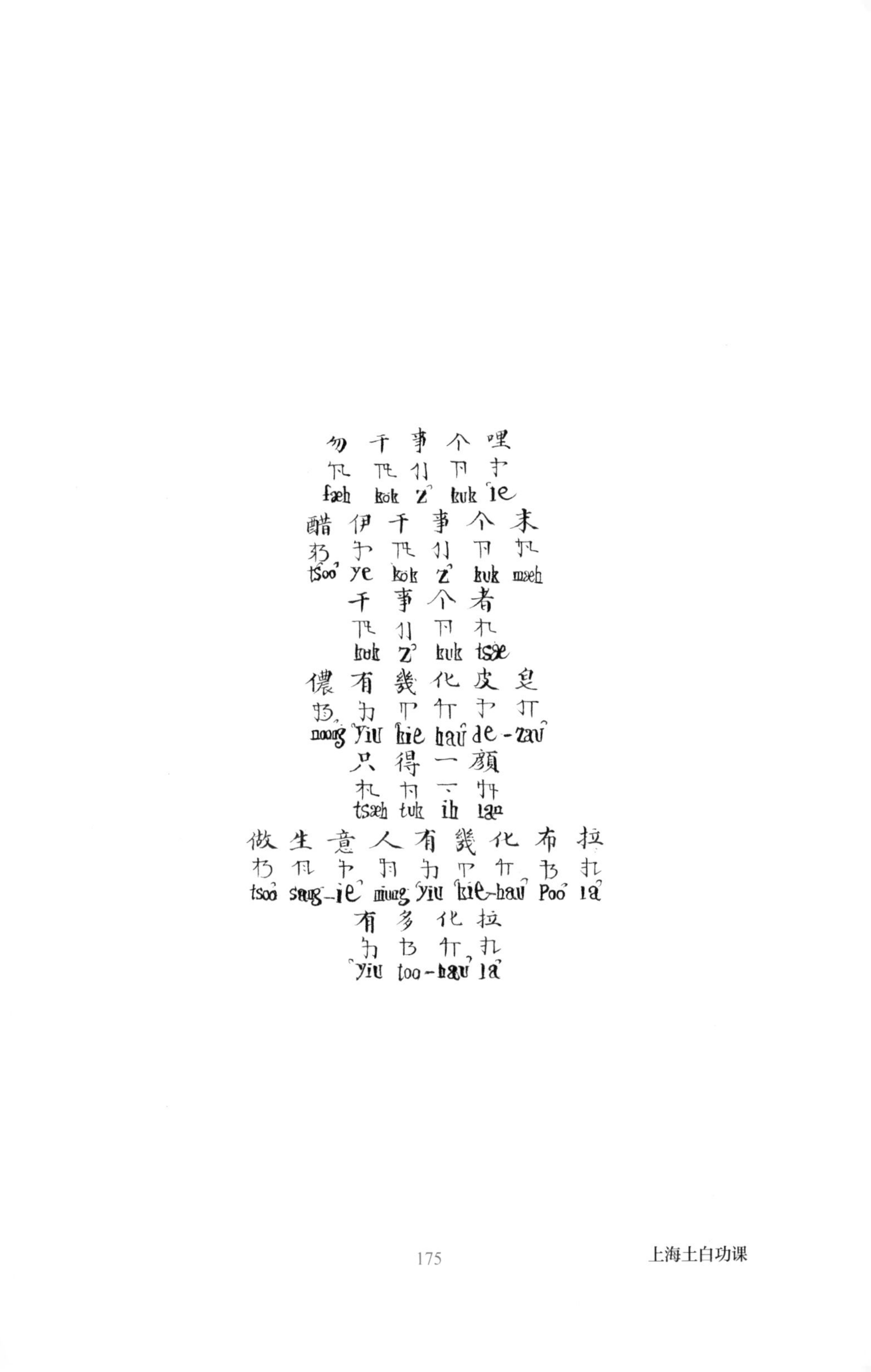

勿干事个哩

fæh kok z kuk ie

醋伊干事个末

tsoo ye kok z kuk mæh

干事个者

kuk z kuk tsæ

儂有幾化皮皂

noong yiu kie hau de-zau

只得一顔

tsæh tuk ih lan

做生意人有幾化布拉

tsoo sang-ie niung yiu kie-hau poo la

有多化拉

yiu too-hau la

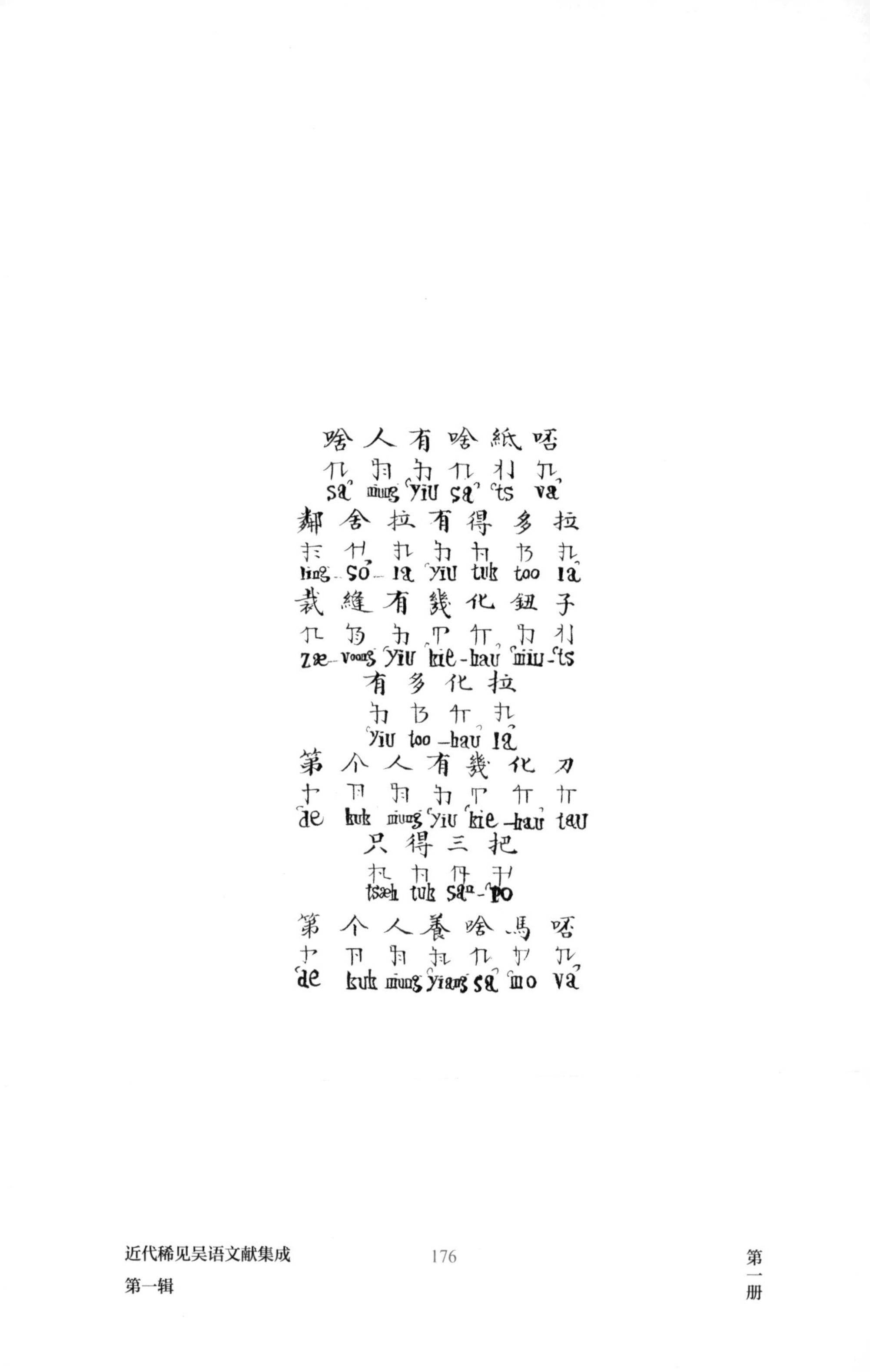

啥人有啥紙唔

sa miung yiu sa ts va

鄰舍拉有得多拉

ling-so-la yiu tuk too la

裁縫有幾化鈕子

zæ-voong yiu kie-hau niu-ts

有多化拉

yiu too-hau la

第个人有幾化刀

de kuk miung yiu kie-hau tau

只得三把

tsæh tuk sa^{n}-po

第个人養啥馬唔

de kuk miung yiang sa mo va

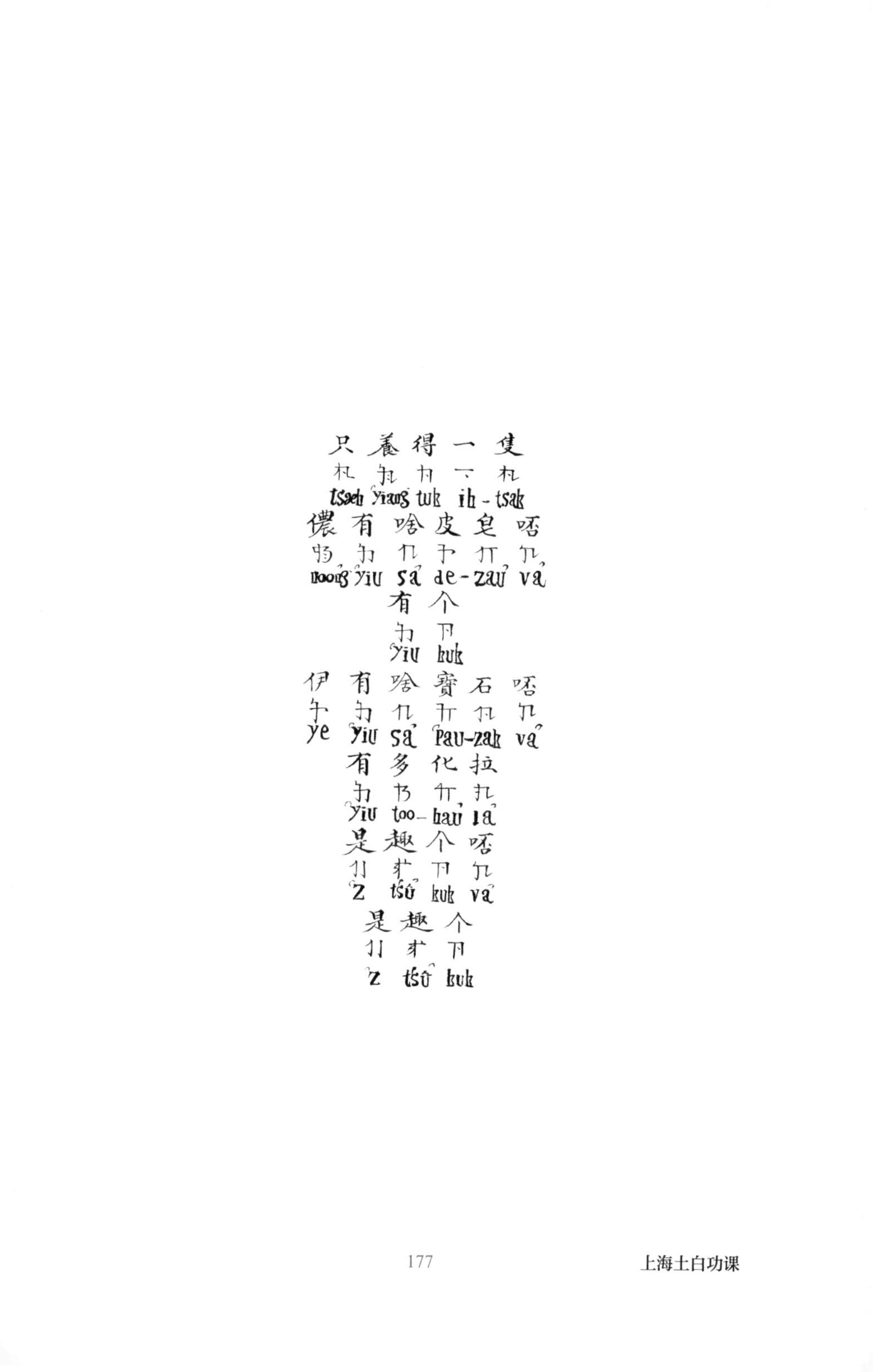

只 養 得 一 隻

tsah yiang tuk ih-tsak

儂 有 啥 皮 皂 啞

noong yiu sa de-zau va

有 个

yiu kuk

伊 有 啥 寶 石 啞

ye yiu sa pau-zak va

有 多 化 拉

yiu too-hau la

是 趣 个 啞

z tsû kuk va

是 趣 个

z tsû kuk

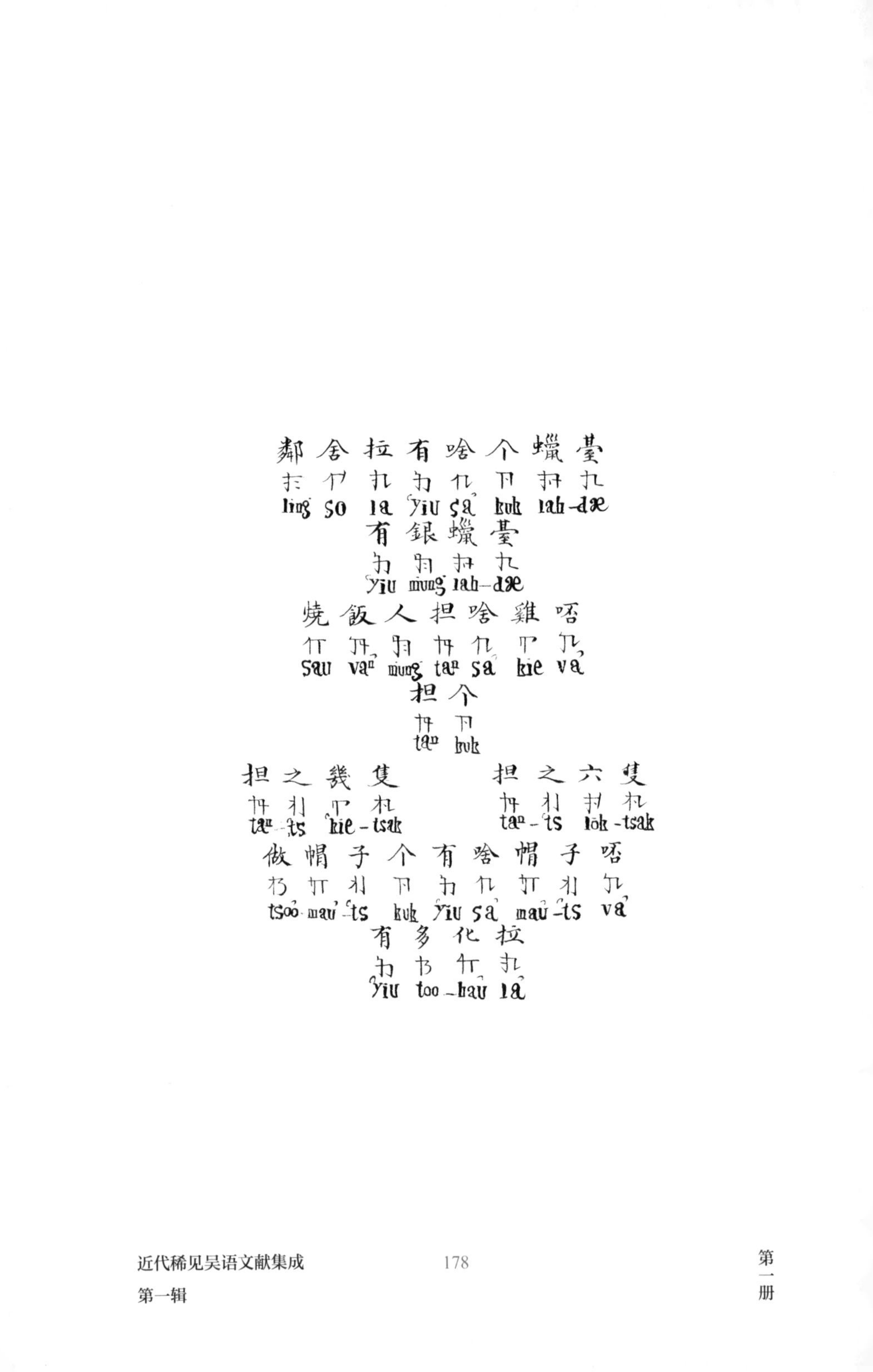

鄰舍拉有啥个蠟臺

ling so la yiu sa kuk lah-dæ

有銀蠟臺

yiu ming lah-dæ

燒飯人担啥雞咯

sau va^n mung ta^n sa kie va

担个

ta^n kuk

担之幾隻　　担之六隻

ta^n-ts kie-tsak　　ta^n-ts lok-tsak

做帽子个有啥帽子咯

tsoo mau-ts kuk yiu sa mau-ts va

有多化拉

yiu too-hau la

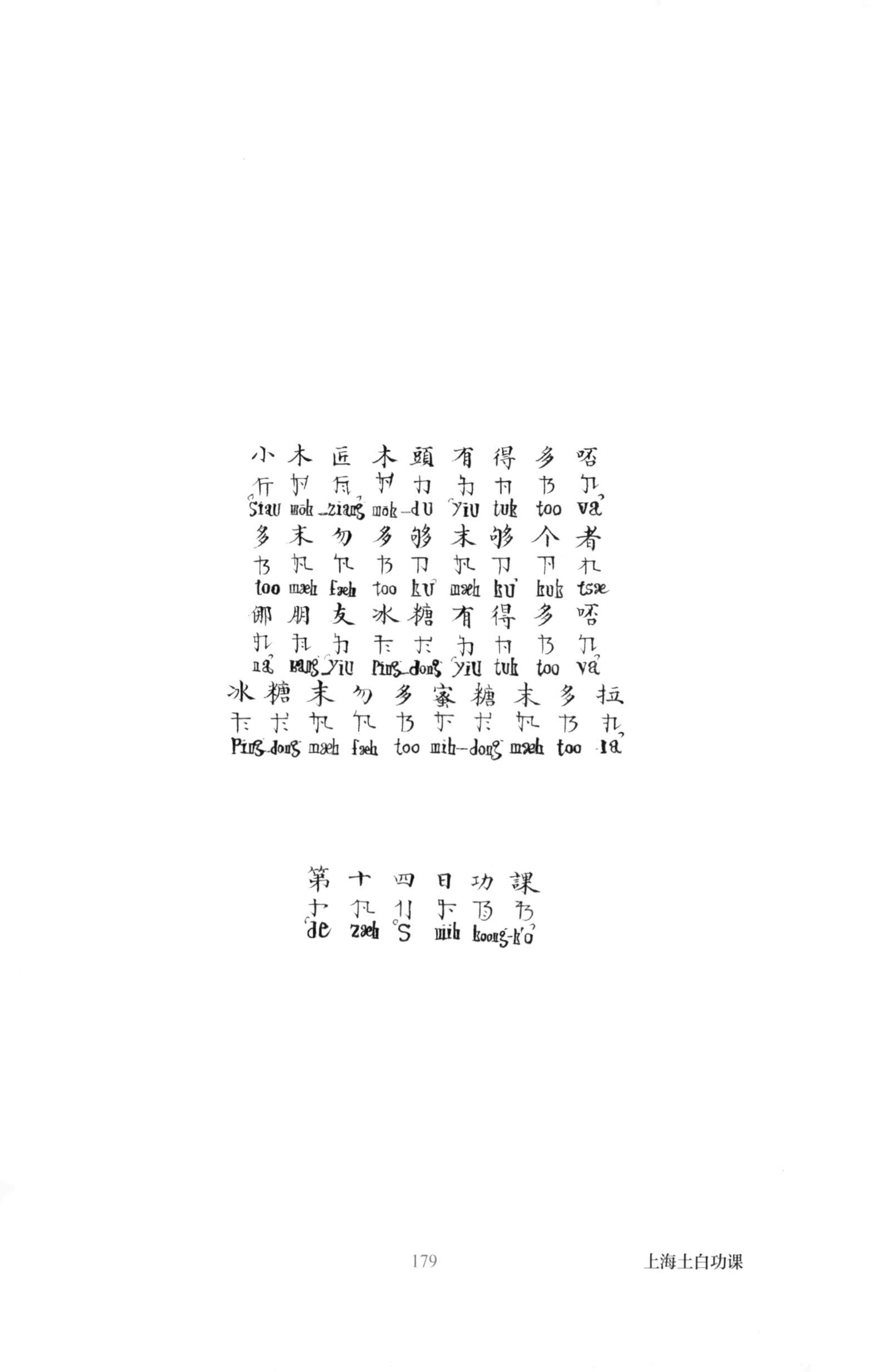

小木匠木頭有得多喑
Siau mok-ziang mok-du yiu tuk too va

多末勿多够末够个者
too mæh fæh too ku mæh ku kuk tsæ

㑚朋友冰糖有得多喑
na bang-yiu Ping-dong yiu tuk too va

冰糖末勿多𧶼糖末多拉
Ping-dong mæh fæh too mih-dong mæh too la

第十四日功課
de zæh S mih koong-k'o

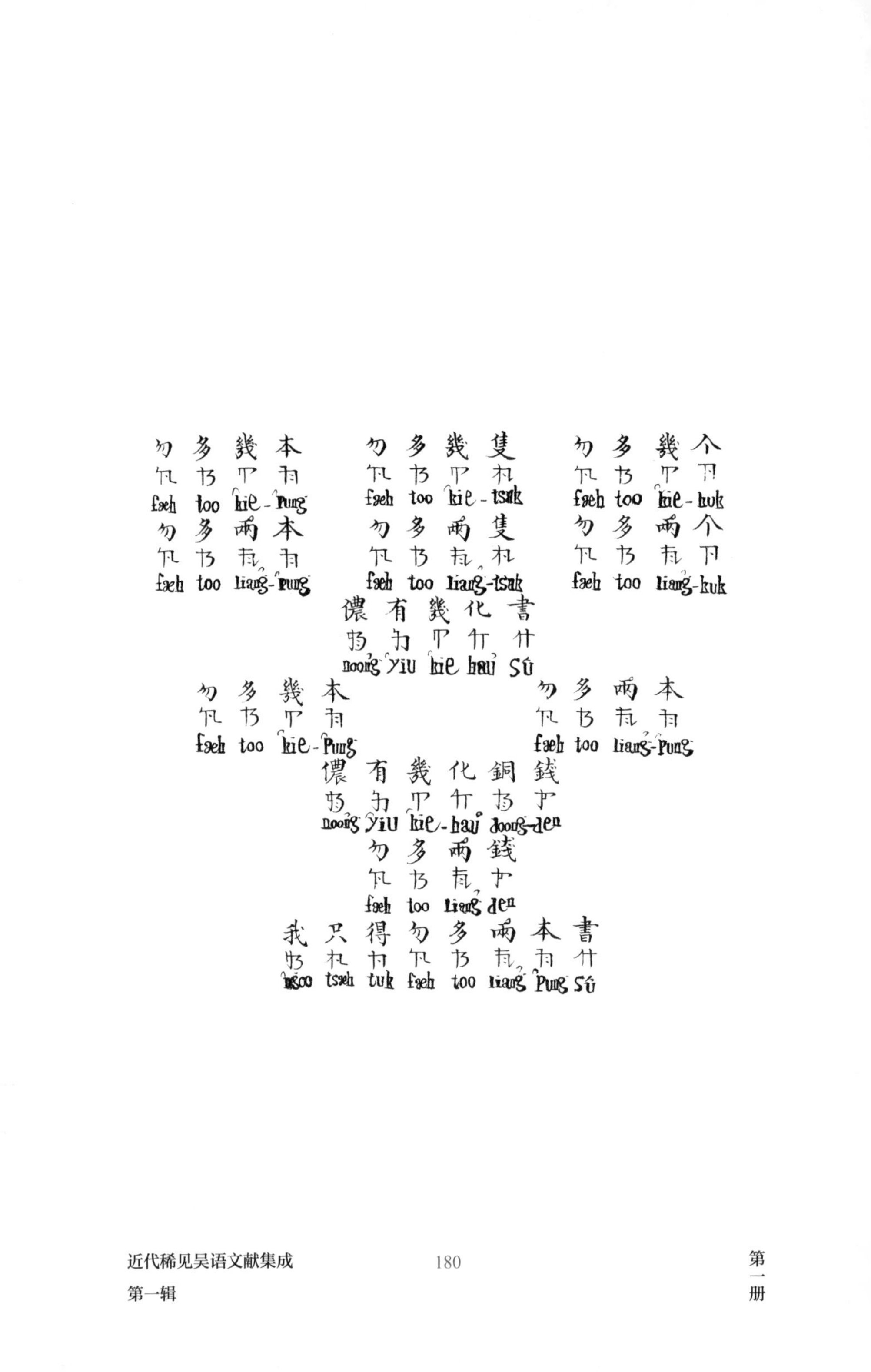

勿多幾本

fæh too kie-pung

勿多兩本

fæh too liang-pung

勿多幾隻

fæh too kie-tsak

勿多兩隻

fæh too liang-tsak

勿多幾个

fæh too kie-kuk

勿多兩个

fæh too liang-kuk

儂有幾化書

noong yiu kie hau sû

勿多幾本

fæh too kie-pung

勿多兩本

fæh too liang-pung

儂有幾化銅錢

noong yiu kie-hau doong-den

勿多兩錢

fæh too liang den

我只得勿多兩本書

ngoo tsæh tuk fæh too liang pung sû

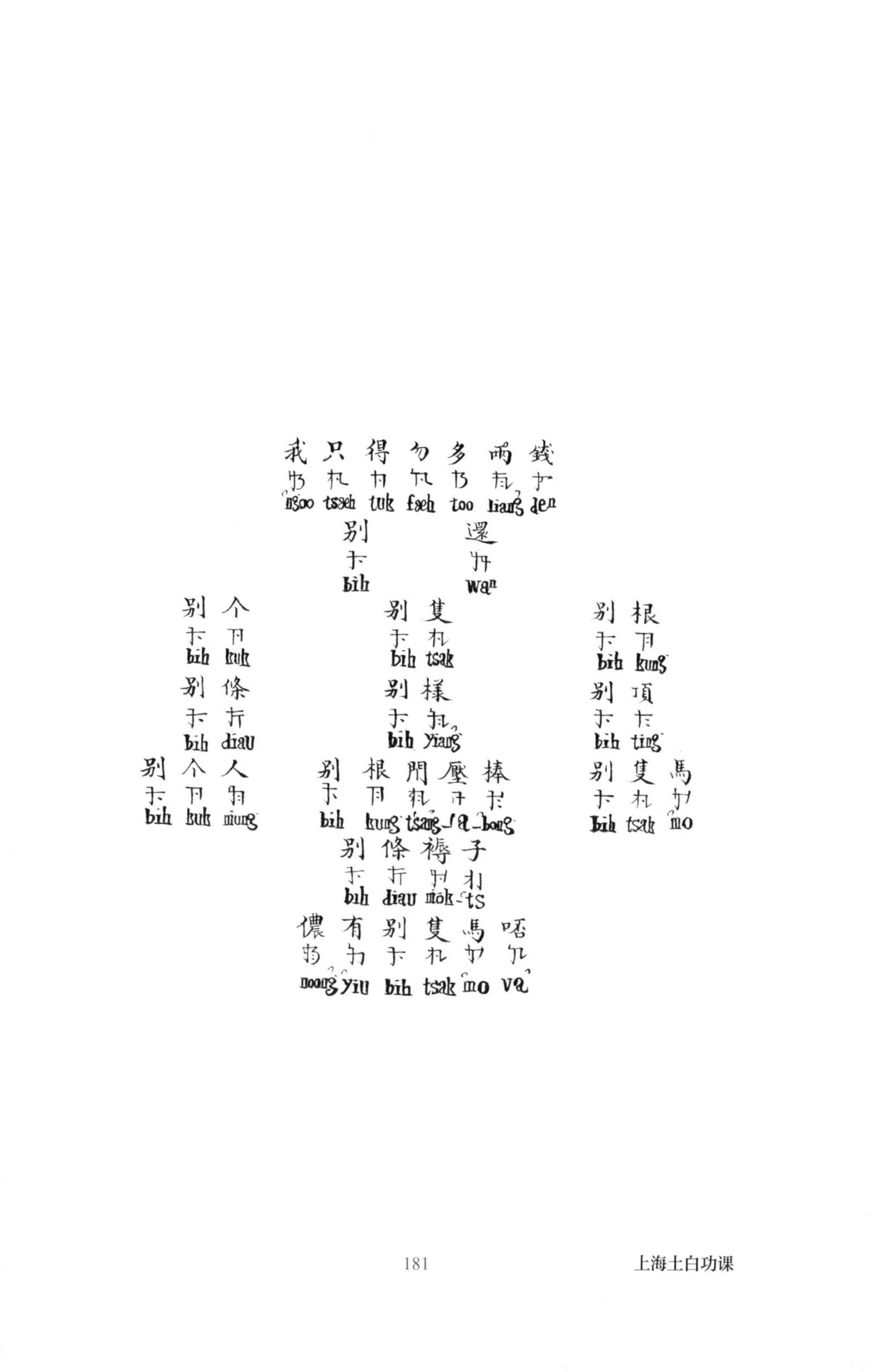

我只得勿多兩錢
ngoo tsæh tuk fæh too liang den

別　　還
bih　wan

別个
bih kuk

別條
bih diau

別个人
bih kuk niung

別隻
bih tsak

別樣
bih yiang

別根閂壓棒
bih kung tsang-'a-bong

別根
bih kung

別項
bih ting

別隻馬
bih tsak mo

別條襪子
bih diau mók-ts

儂有別隻馬唔
noong yiu bih tsak mo va

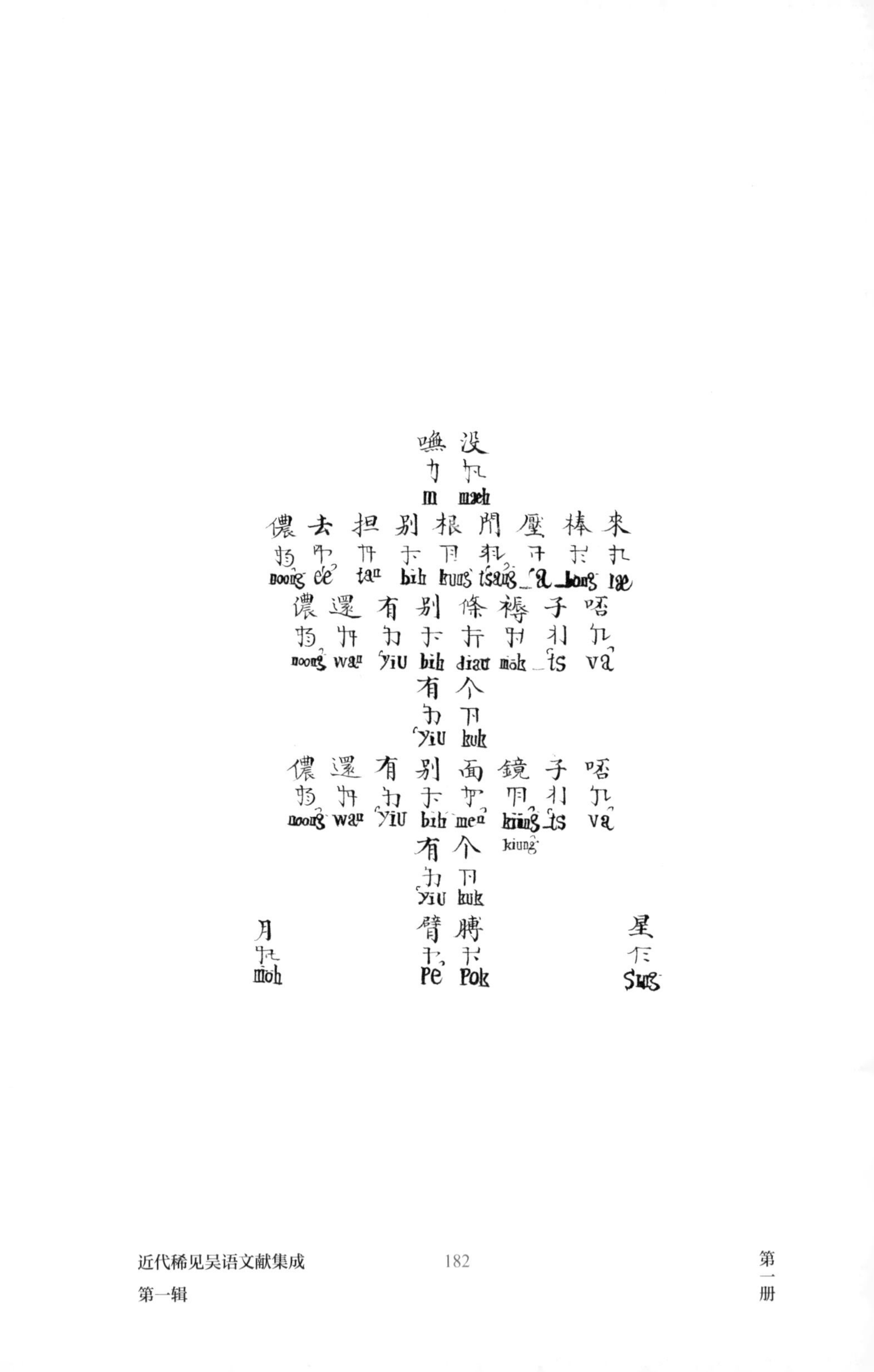

嘸 没
m maeh

儂 去 担 别 根 門 壓 棒 來
noong ce tan bih kung tsang-'a-bong lae

儂 還 有 别 條 褥 子 唔
noong wan 'yiu bih diau mök-ts va

有 个
'yiu kuk

儂 還 有 别 面 鏡 子 唔
noong wan 'yiu bih men kiung-ts va

kiung

有 个
'yiu kuk

月 臂 膊 星
mōh pe pok sing

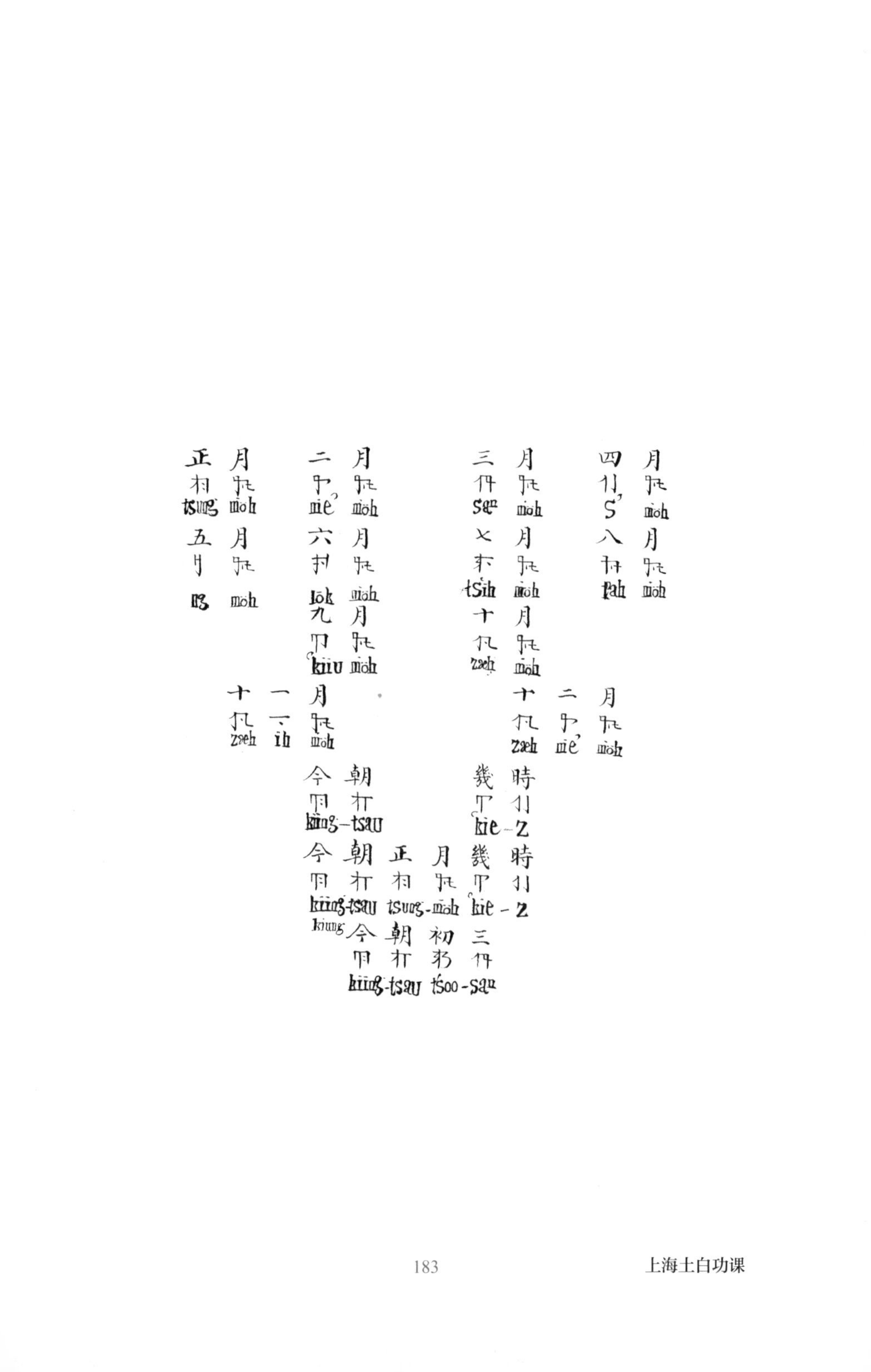

正月	tsung möh
二月	nie möh
三月	san möh
四月	s möh
五月	ŋ möh
六月	lōk möh
七月	tsih möh
八月	pah möh
九月	kiu möh
十月	zæh möh
十一月	zæh ih möh
十二月	zæh nie möh
今朝	kiung-tsau
幾時	kie-z
今朝正月幾時	kiung-tsau tsung-möh kie-z
今朝初三	kiung-tsau tsoo-san

kiung

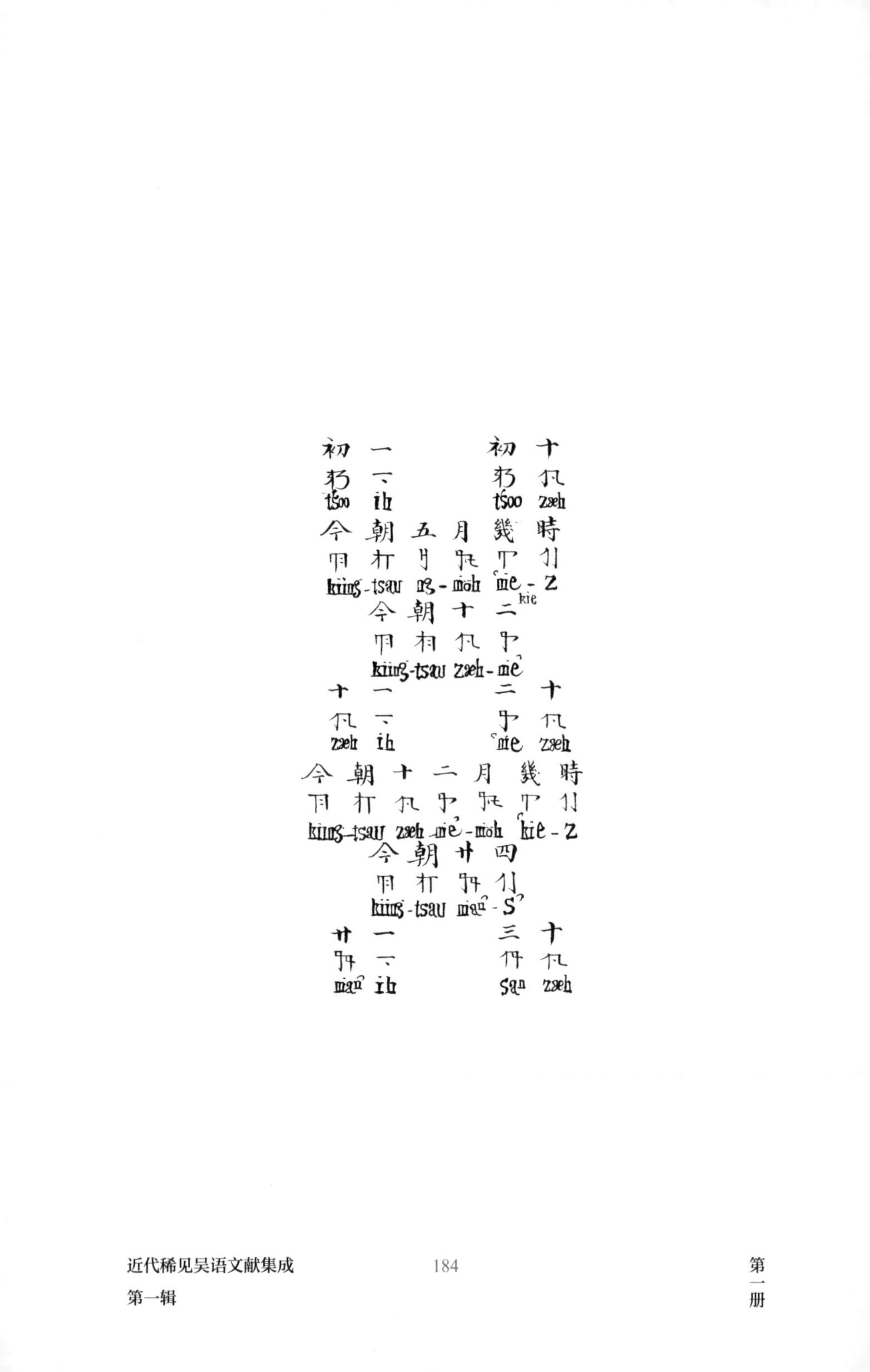

初 一　　　初 十

tsoo ih　　　tsoo zæh

今 朝 五 月 幾 時

kiing-tsau ng-möh me-z
kie

今 朝 十 二

kiing-tsau zæh-me

十 一　　　二 十

zæh ih　　　me zæh

今 朝 十 二 月 幾 時

kiing-tsau zæh me-möh kie-z

今 朝 廿 四

kiing-tsau nian-s

廿 一　　　三 十

nian ih　　　san zæh

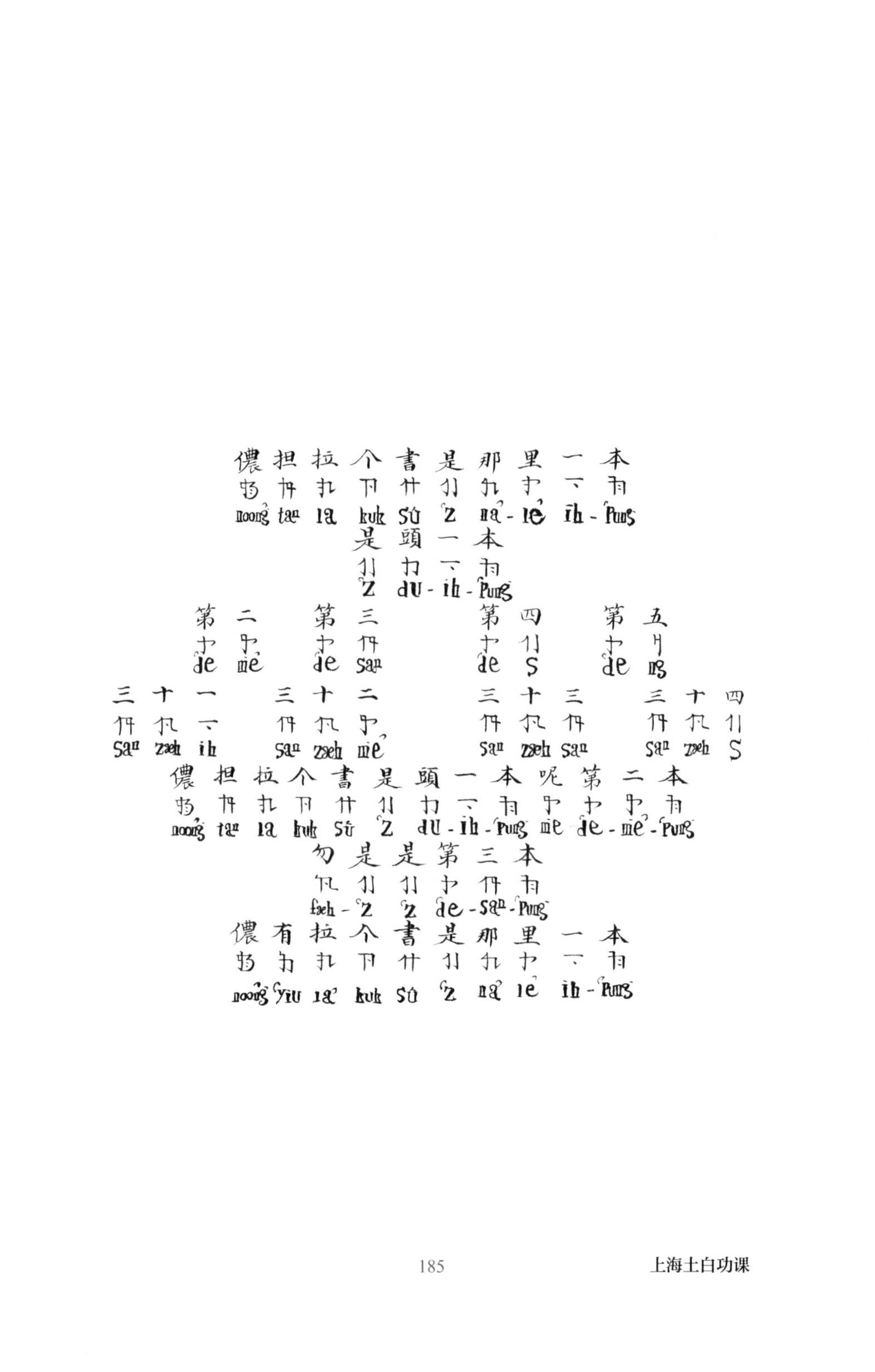

儂担拉个書是那里一本

noong tan la kuk sû z na-le ih-pung

是頭一本

z du-ih-pung

第二　第三　第四　第五

de nie　de san　de s　de ng

三十一　三十二　三十三　三十四

san zaeh ih　san zaeh nie　san zaeh san　san zaeh s

儂担拉个書是頭一本呢第二本

noong tan la kuk sû z du-ih-pung nie de-nie-pung

勿是是第三本

faeh-z z de-san-pung

儂有拉个書是那里一本

noong yiu la kuk sû z na le ih-pung

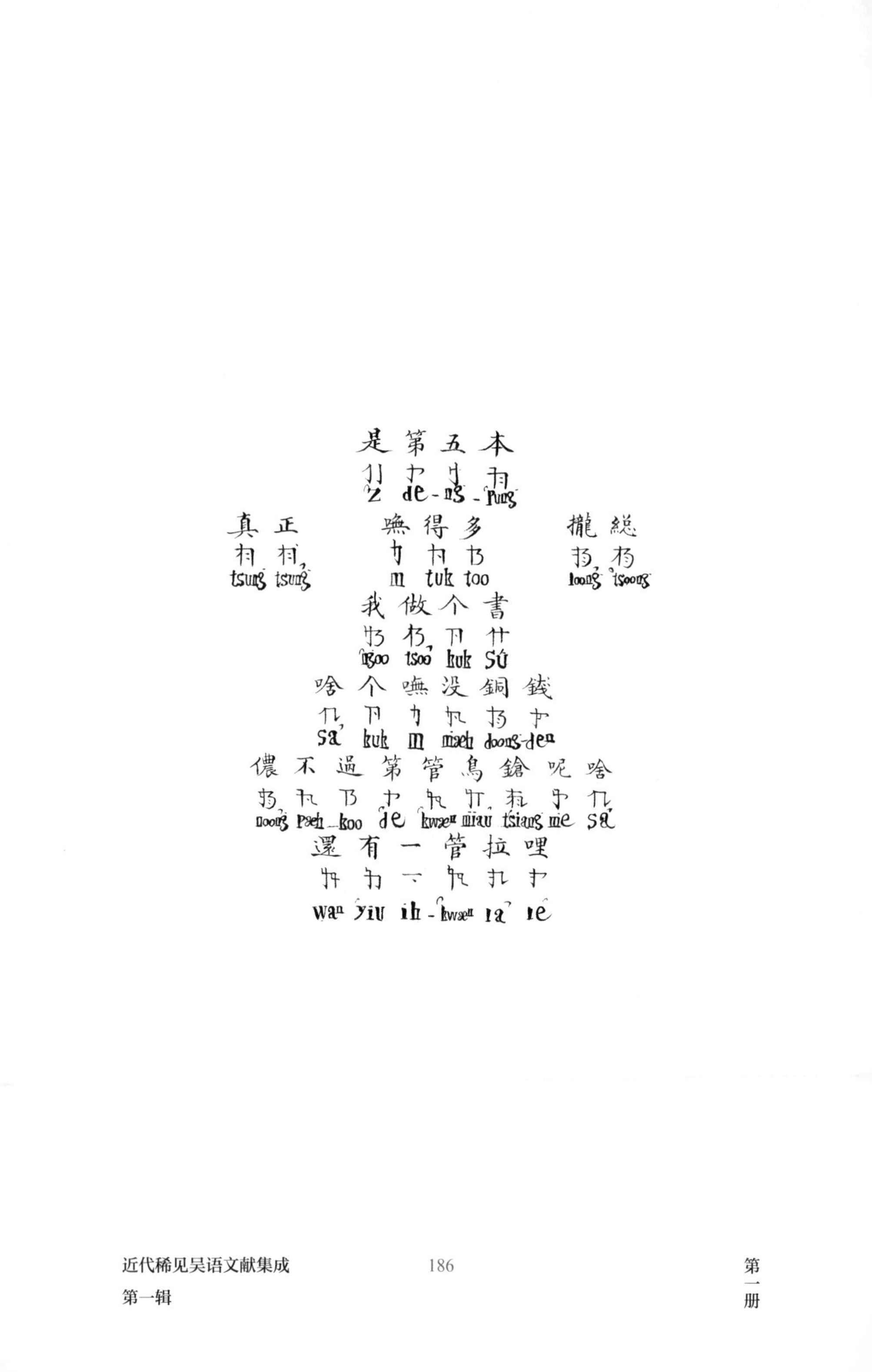

是第五本

z de-ng-pung

真正　　嘸得多　　攏総

tsung tsung　　m tuk too　　loong tsoong

我做个書

ngoo tsoo kuk sú

啥个嘸没銅錢

sa kuk m miaeh doong-de^{n}

儂不過第管鳥鎗呢啥

noong paeh-koo de kwae^{n} miau tsiang nie sa

還有一管拉哩

wa^{n} yiu ih-kwae^{n} la le

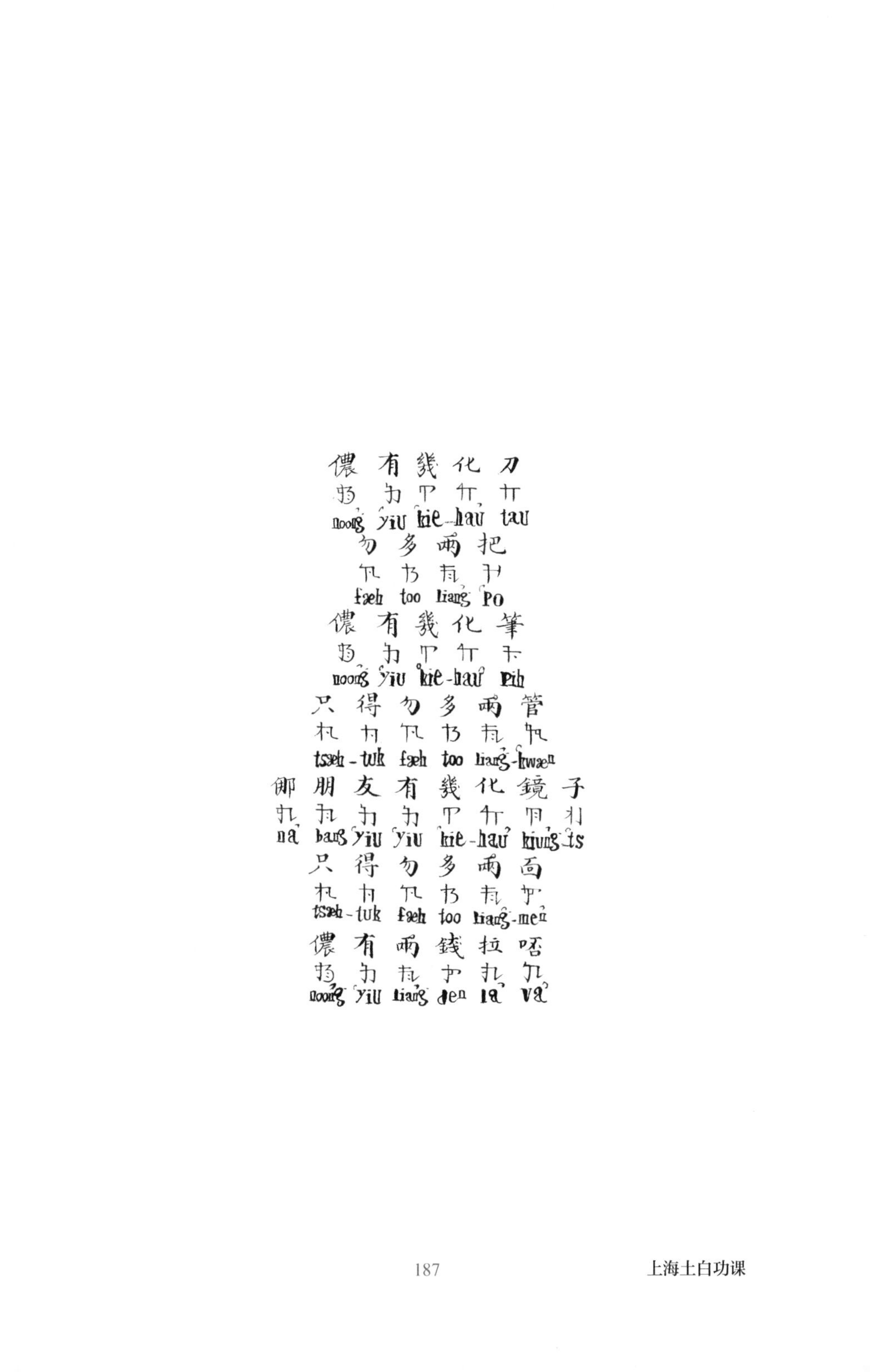

儂有幾化刀

noong yiu kie-hau tau

勿多兩把

faeh too liang po

儂有幾化筆

noong yiu kie-hau pih

只得勿多兩管

tsaeh-tuk faeh too liang-kwaen

㑚朋友有幾化鏡子

na bang yiu yiu kie-hau kiung-ts

只得勿多兩面

tsaeh-tuk faeh too liang-men

儂有兩钱拉𠲎

noong yiu liang den la va

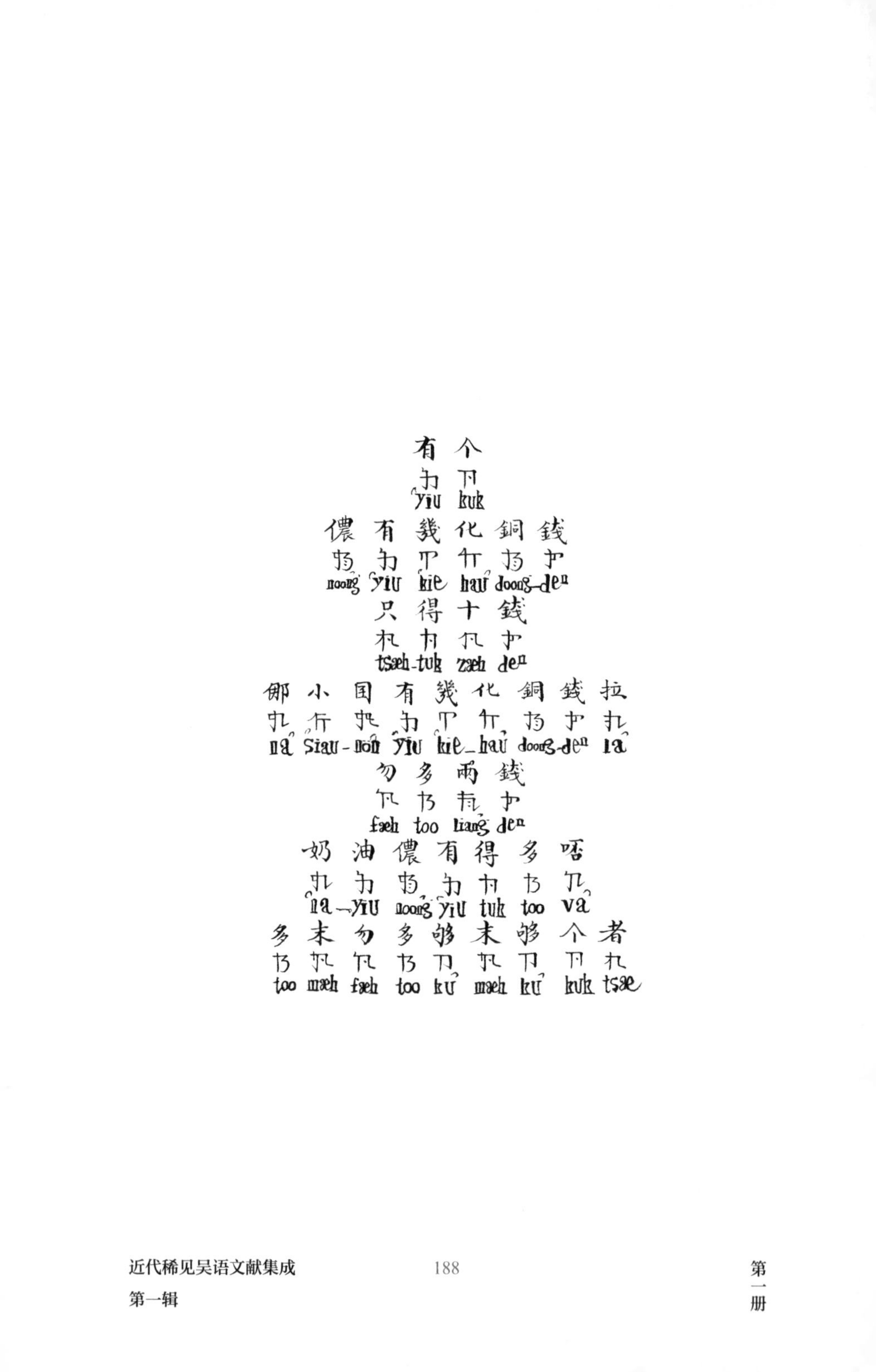

有个

yiu kuk

儂有幾化銅錢

noong yiu kie hau doong-de^{n}

只得十錢

tsaeh-tuk zaeh de^{n}

仴小国有幾化銅錢拉

na siau-non yiu kie-hau doong-de^{n} la

勿多兩錢

faeh too liang de^{n}

奶油儂有得多唔

na-yiu noong yiu tuk too va

多末勿多够末够个者

too maeh faeh too ku maeh ku kuk tsae

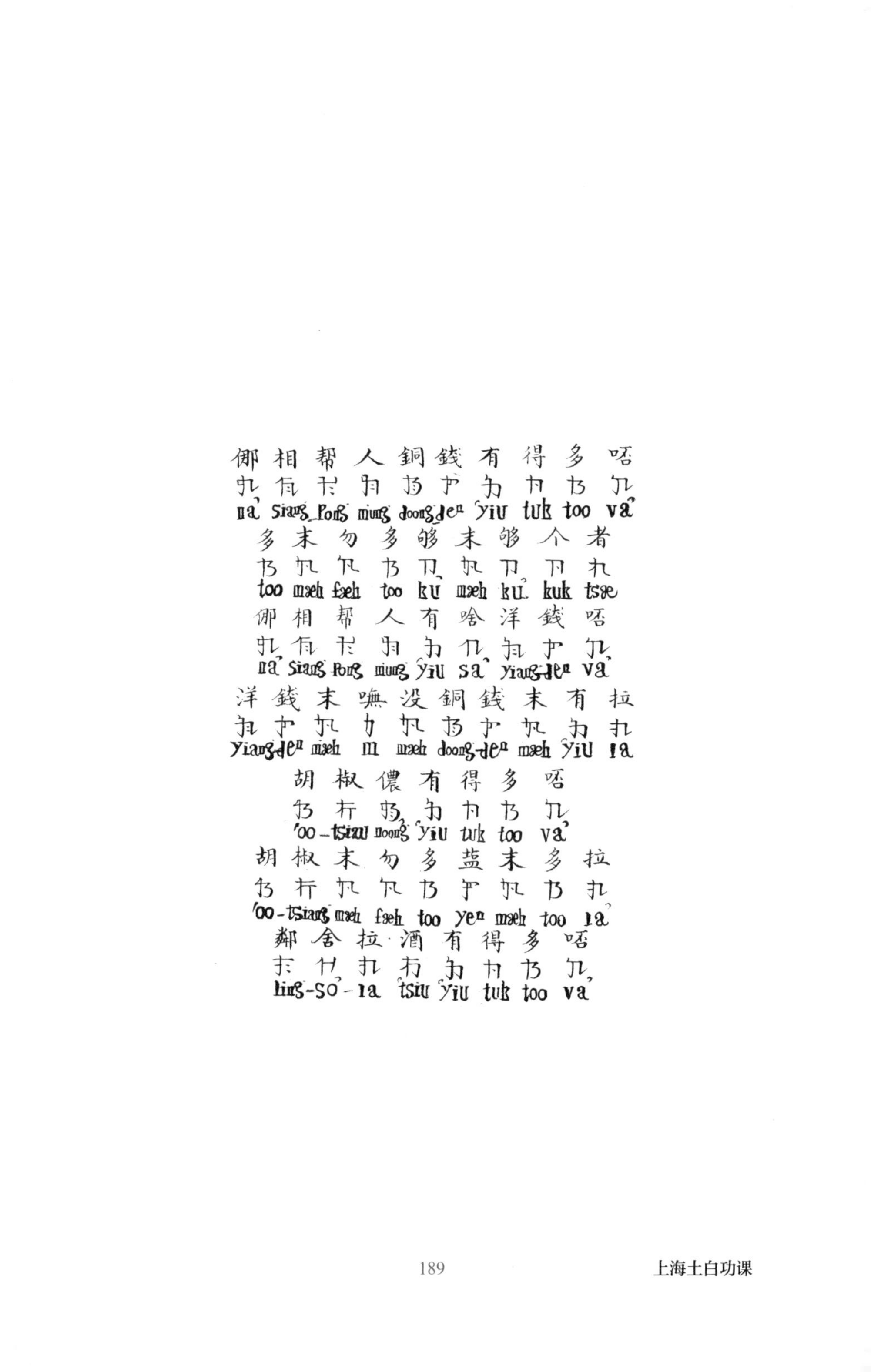

倻 相 帮 人 銅 錢 有 得 多 唔
na' siang-pong miung doong-de^n 'yiu tuk too va'
多 末 勿 多 够 末 够 个 者
too mæh fæh too ku mæh ku kuk tsæ
倻 相 帮 人 有 啥 洋 錢 唔
na' siang-pong miung 'yiu sa' yiang-de^n va'
洋 錢 末 嘸 没 銅 錢 末 有 拉
yiang-de^n mæh m mæh doong-de^n mæh 'yiu la
胡 椒 儂 有 得 多 唔
'oo-tsiau noong 'yiu tuk too va'
胡 椒 末 勿 多 塩 末 多 拉
'oo-tsiau mæh fæh too ye^n mæh too la
鄰 舍 拉 酒 有 得 多 唔
ling-so-la tsiu 'yiu tuk too va'

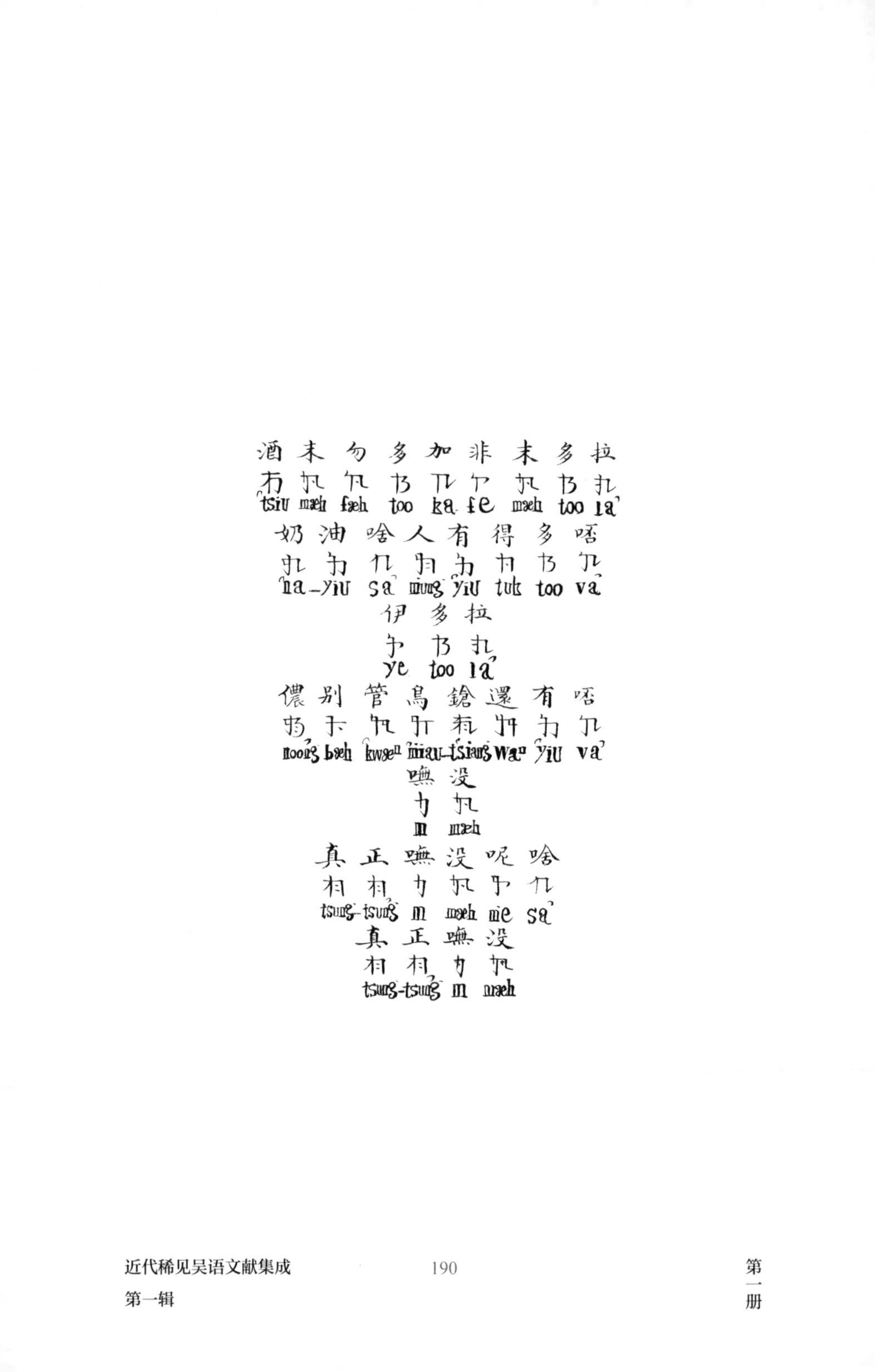

酒末勿多加非末多拉

tsiu mæh fæh too ka fe mæh too la

奶油啥人有得多唔

na-yiu sa niung yiu tuk too va

伊多拉

ye too la

儂别管鳥鎗還有唔

noong bæh kwæn niau-tsiang wan yiu va

嘸没

m mæh

真正嘸没呢啥

tsung-tsung m mæh nie sa

真正嘸没

tsung-tsung m mæh

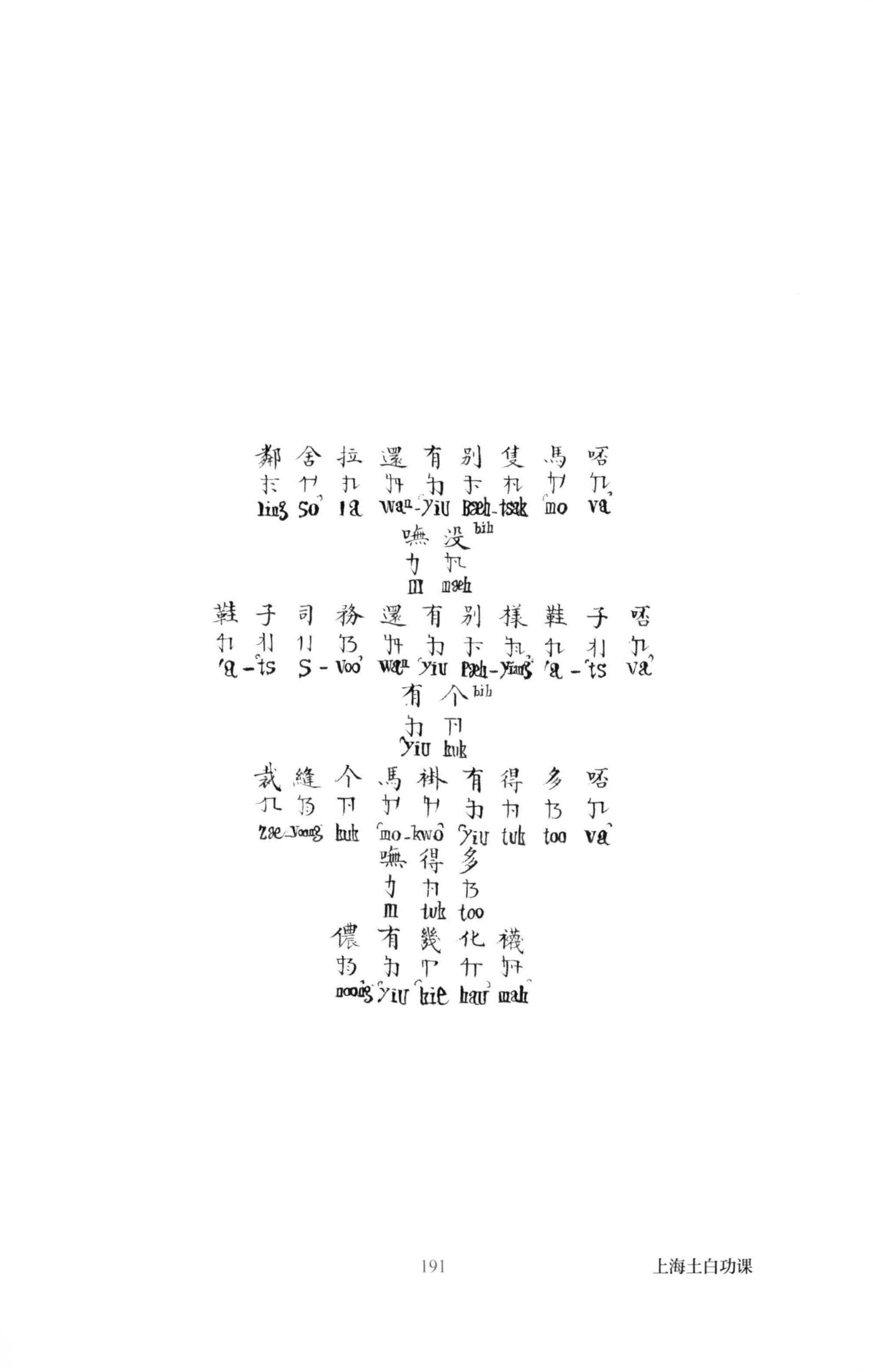

鄰 舍 拉 還 有 別 隻 馬 唔
ling so la wan-yiu Bæh-tsak mo va

嘸 没 bih
m mæh

鞋 子 司 務 還 有 別 樣 鞋 子 唔
'a-ts S-voo wan yiu Pæh-yiang 'a-ts va

有 个 bih
yiu kuk

裁 縫 个 馬 褂 有 得 多 唔
Zæ-voong kuk mo-kwô yiu tuk too va

嘸 得 多
m tuk too

儂 有 幾 化 襪
noong yiu kie hau mah

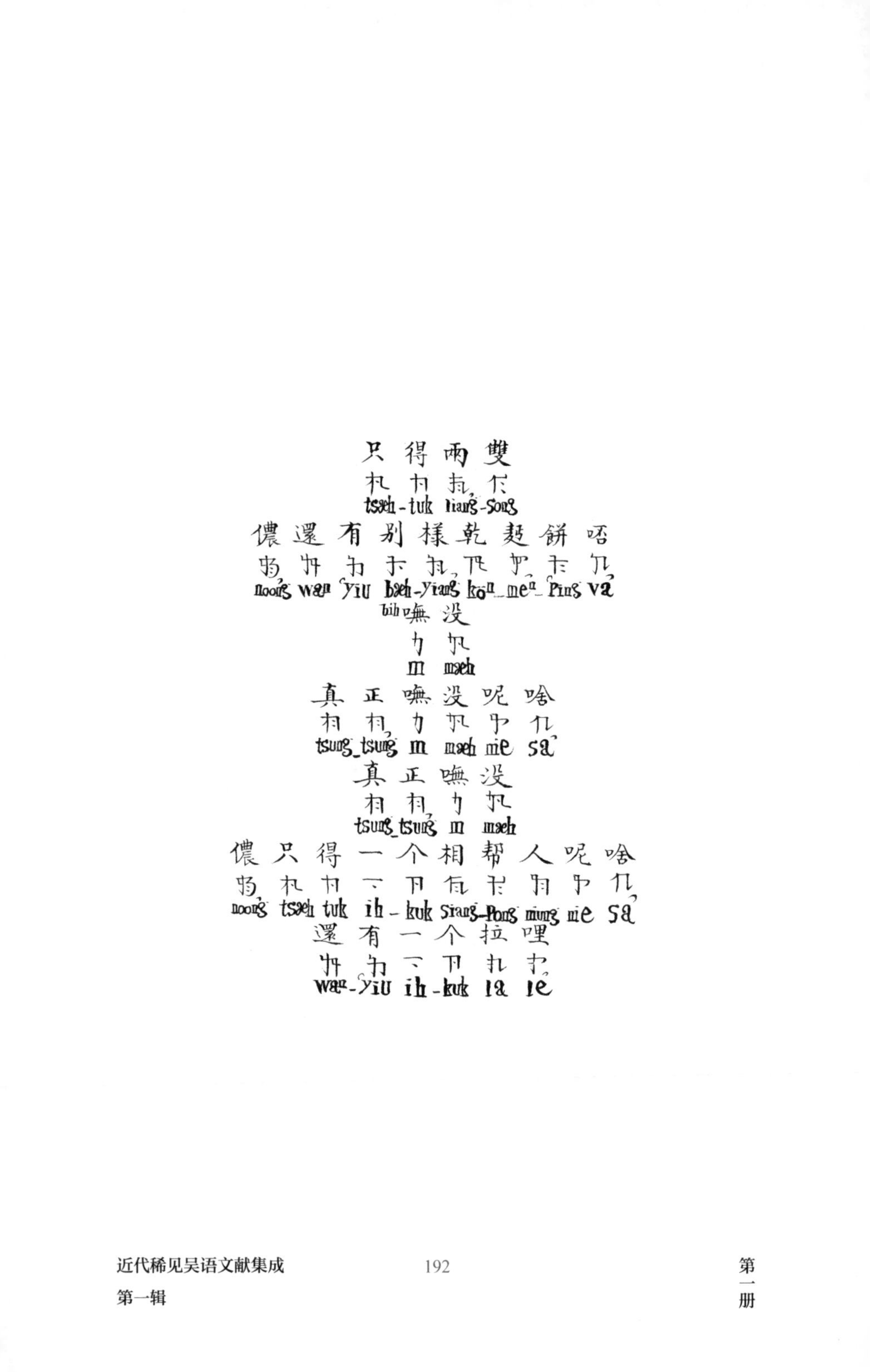

只得兩雙
tsæh-tuk liang-song

儂還有別樣乾麪餅唔
noong wan yiu bæh-yiang kön-mên-ping va

bih 嘸没
m mæh

真正嘸没呢啥
tsung-tsung m mæh mie sa

真正嘸没
tsung-tsung m mæh

儂只得一个相帮人呢啥
noong tsæh tuk ih-kuk siang-pong ming mie sa

還有一个拉哩
wan-yiu ih-kuk la le

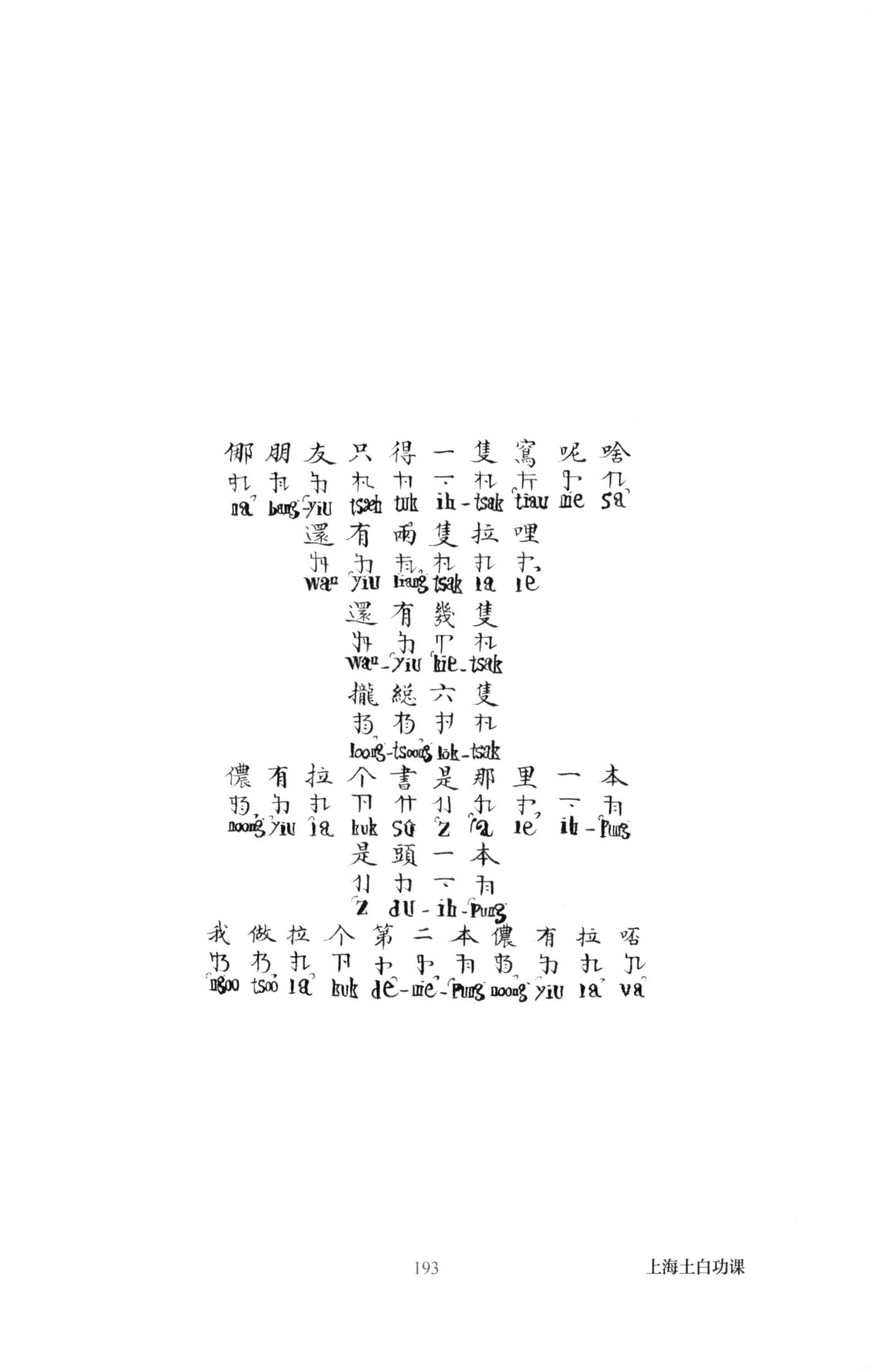

倻朋友只得一隻寫呢啥
na bang-yiu tsaeh tuk ih-tsak tiau nie sa

還有兩隻拉哩
wan yiu liang tsak la le

還有幾隻
wan-yiu kie-tsak

攏總六隻
loong-tsoong lok-tsak

儂有拉个書是那里一本
noong yiu la kuk sû z 'a le ih-pung

是頭一本
z du-ih-pung

我做拉个第二本儂有拉唔
ngoo tsoo la kuk de-nie-pung noong yiu la va

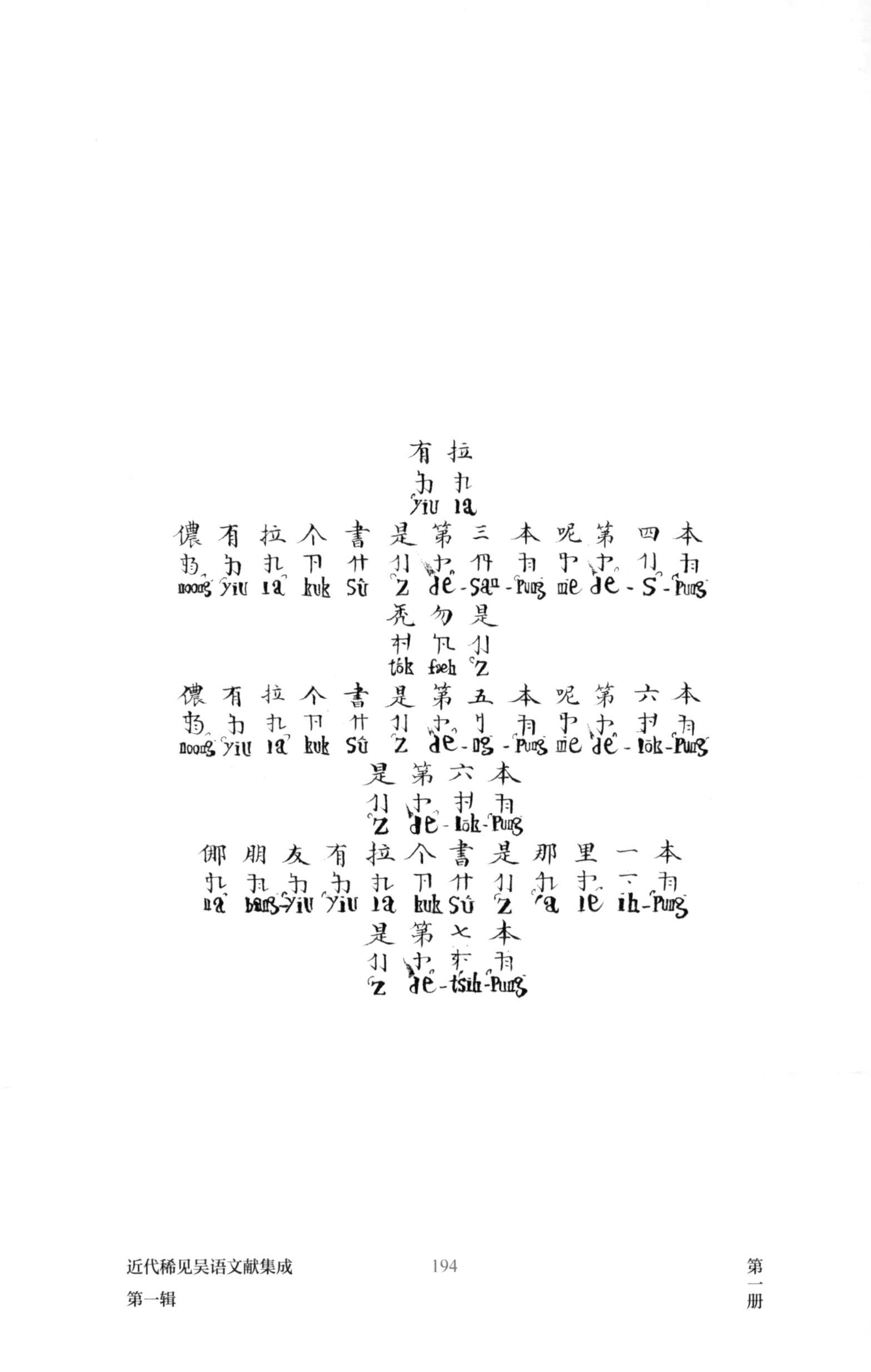

有拉
yiu la

儂有拉个書是第三本呢第四本
noong yiu la kuk sû z de-san-pung me de-s-pung

秃勿是
tók faeh z

儂有拉个書是第五本呢第六本
noong yiu la kuk sû z de-ng-pung me de-lók-pung

是第六本
z de-lók-pung

儞朋友有拉个書是那里一本
na bang-yiu yiu la kuk sû z 'a le ih-pung

是第七本
z de-tsih-pung

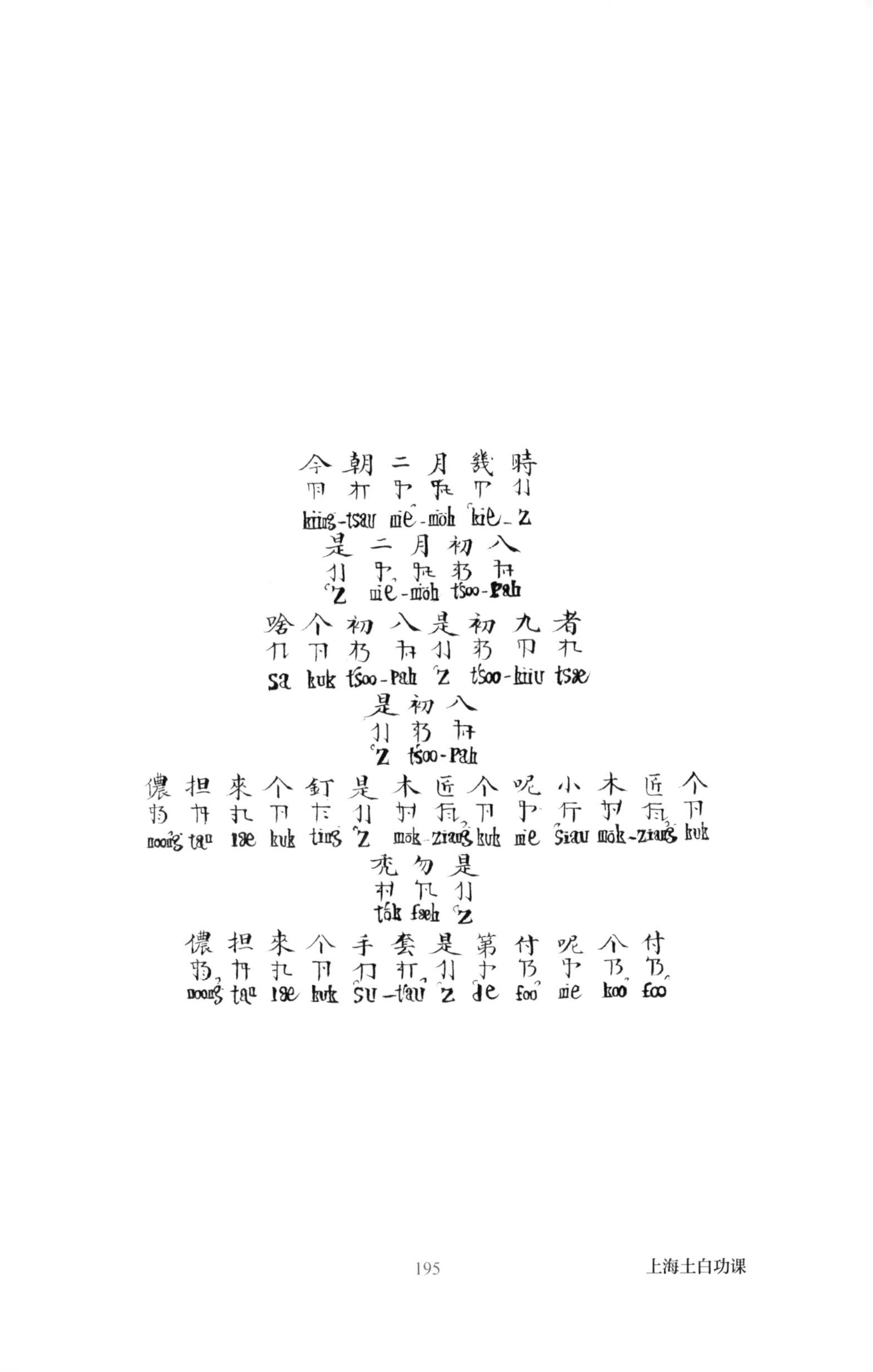

今朝二月錢時
kiing-tsau mie-mõh kie-z
是二月初八
z mie-mõh tsoo-pah
啥个初八是初九者
sa kuk tsoo-pah z tsoo-kiiu tsæ
是初八
z tsoo-pah
儂担来个釘是木匠个呢小木匠个
noong tau læ kuk ting z mok-ziang kuk mie siau mok-ziang kuk
秃勿是
tók fæh z
儂担来个手套是第付呢个付
noong tau læ kuk su-tau z de foo mie koo foo

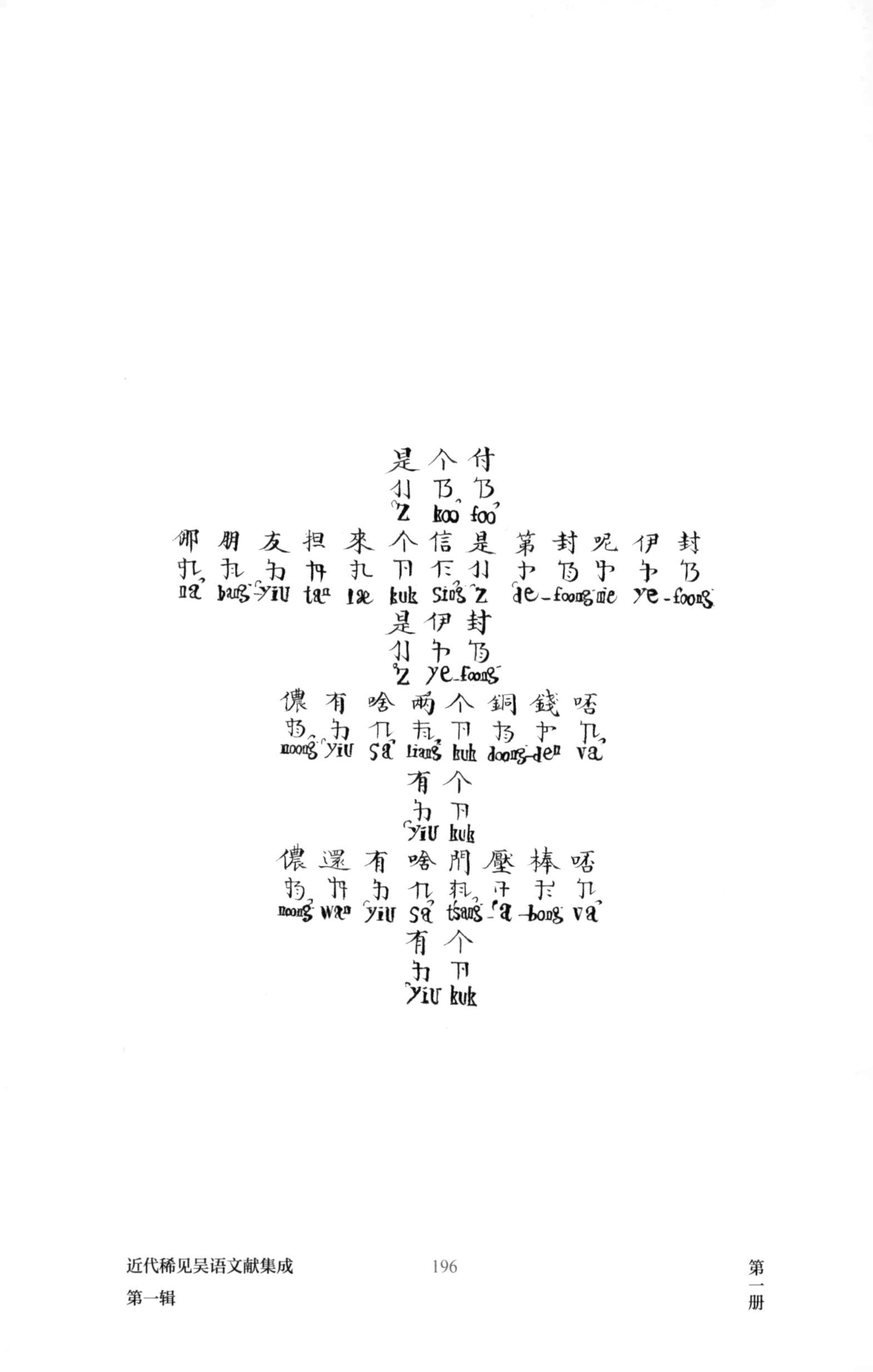

是个付

z koo foo

倷朋友担來个信是第封呢伊封

na bang-yiu tan læ kuk sing z de-foong nie ye-foong

是伊封

z ye-foong

儂有啥兩个銅錢唔

noong yiu sa liang kuk doong-den va

有个

yiu kuk

儂還有啥門壓棒唔

noong wan yiu sa tsang-'a-bong va

有个

yiu kuk

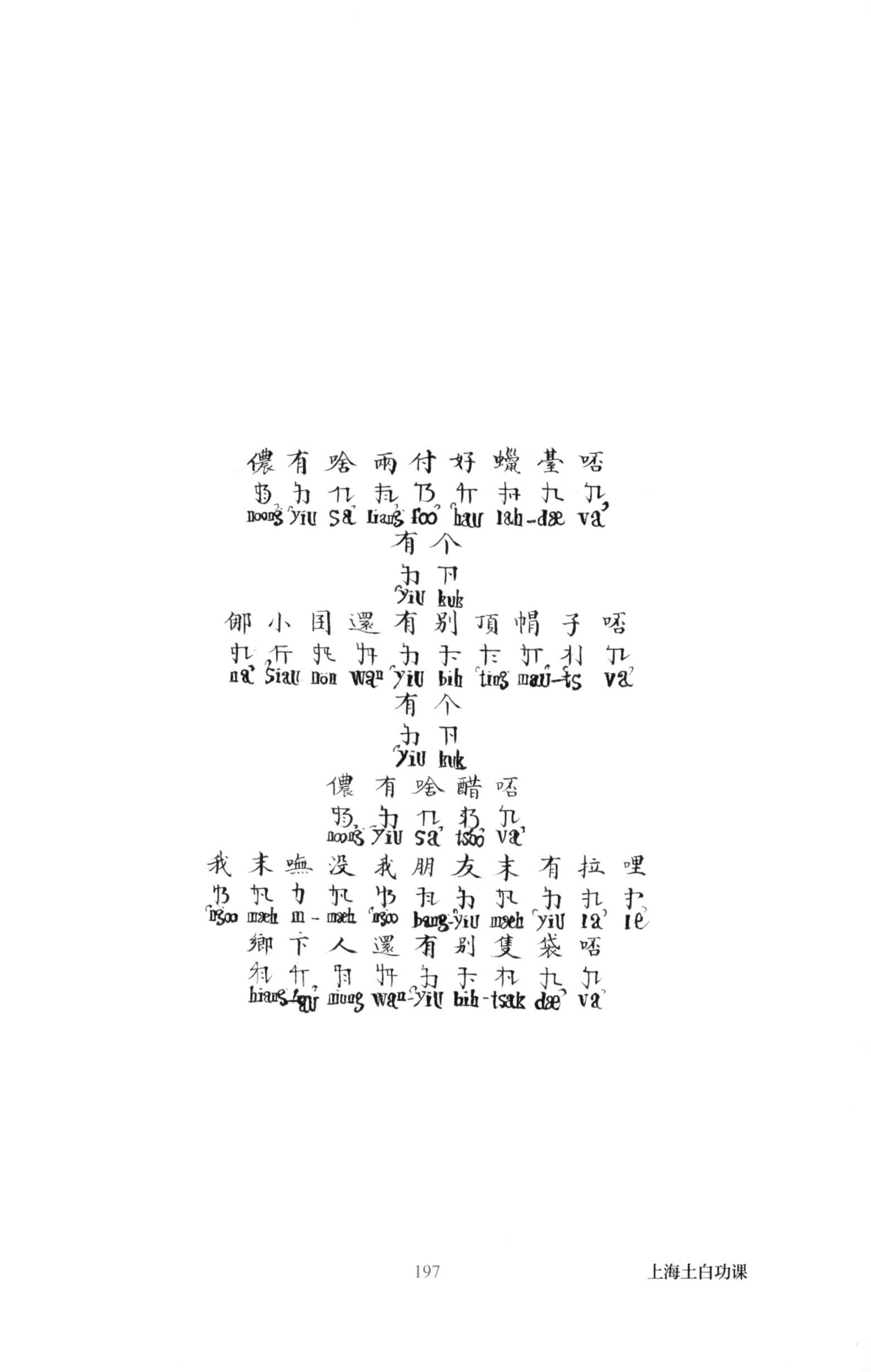

儂有啥兩付好蠟臺唔

noong yiu sa liang foo hau lah-dæ va

有个

yiu kuk

倷小囝還有别頂帽子唔

na siau nön wan yiu bih ting mau-ts va

有个

yiu kuk

儂有啥醋唔

noong yiu sa tsoo va

我末嘸没我朋友末有拉哩

ngoo meh m-meh ngoo bang-yiu meh yiu la le

鄉下人還有别隻袋唔

hiang-'au niung wan-yiu bih-tsak dæ va

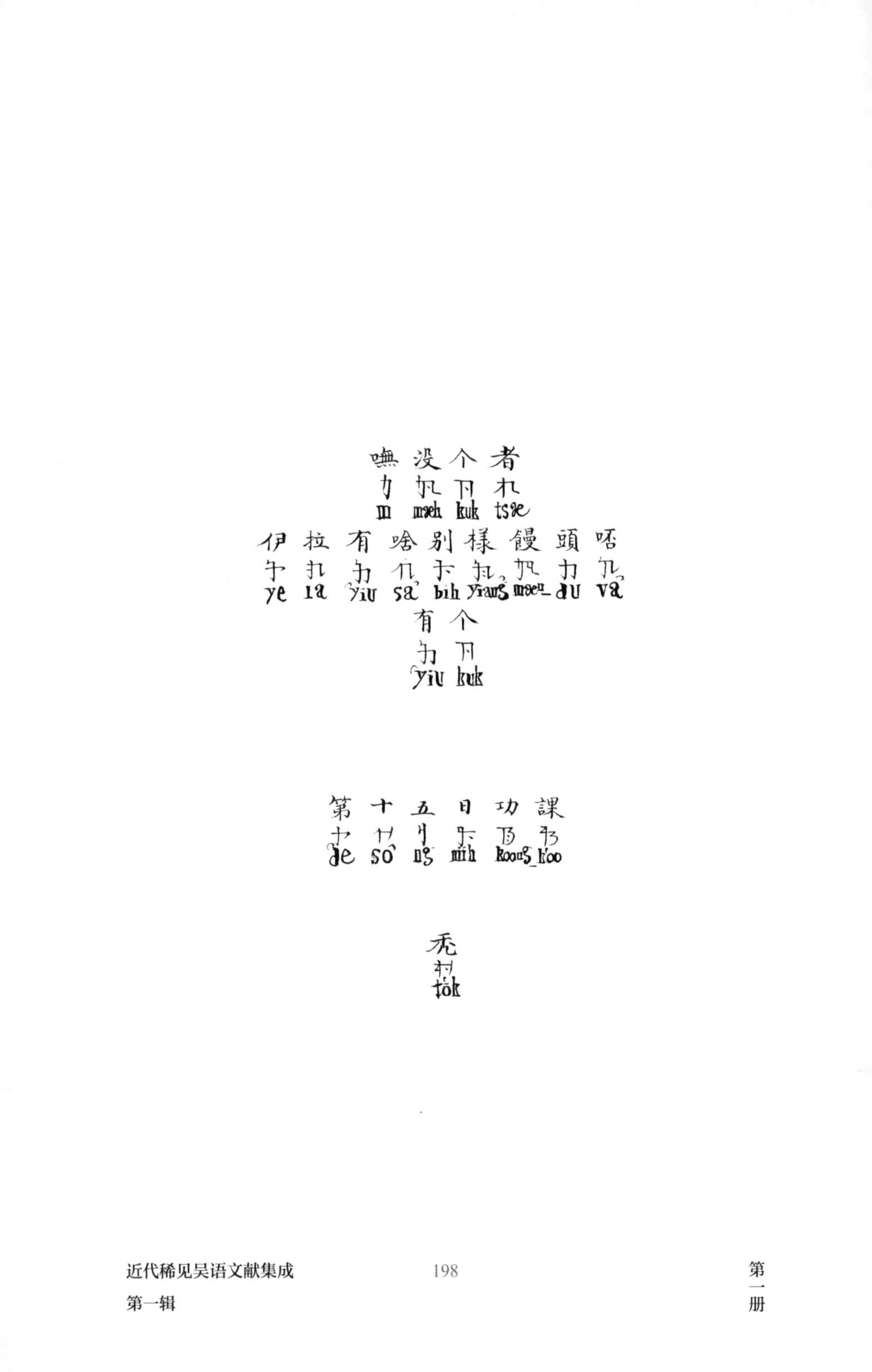

嘸没个者

m mæh kuk tsæ

伊拉有啥别樣饅頭唔

ye la yiu sa bih yiang mæn_du va

有个

yiu kuk

第十五日功課

de sô ng mih koong_k'oo

秃

tök

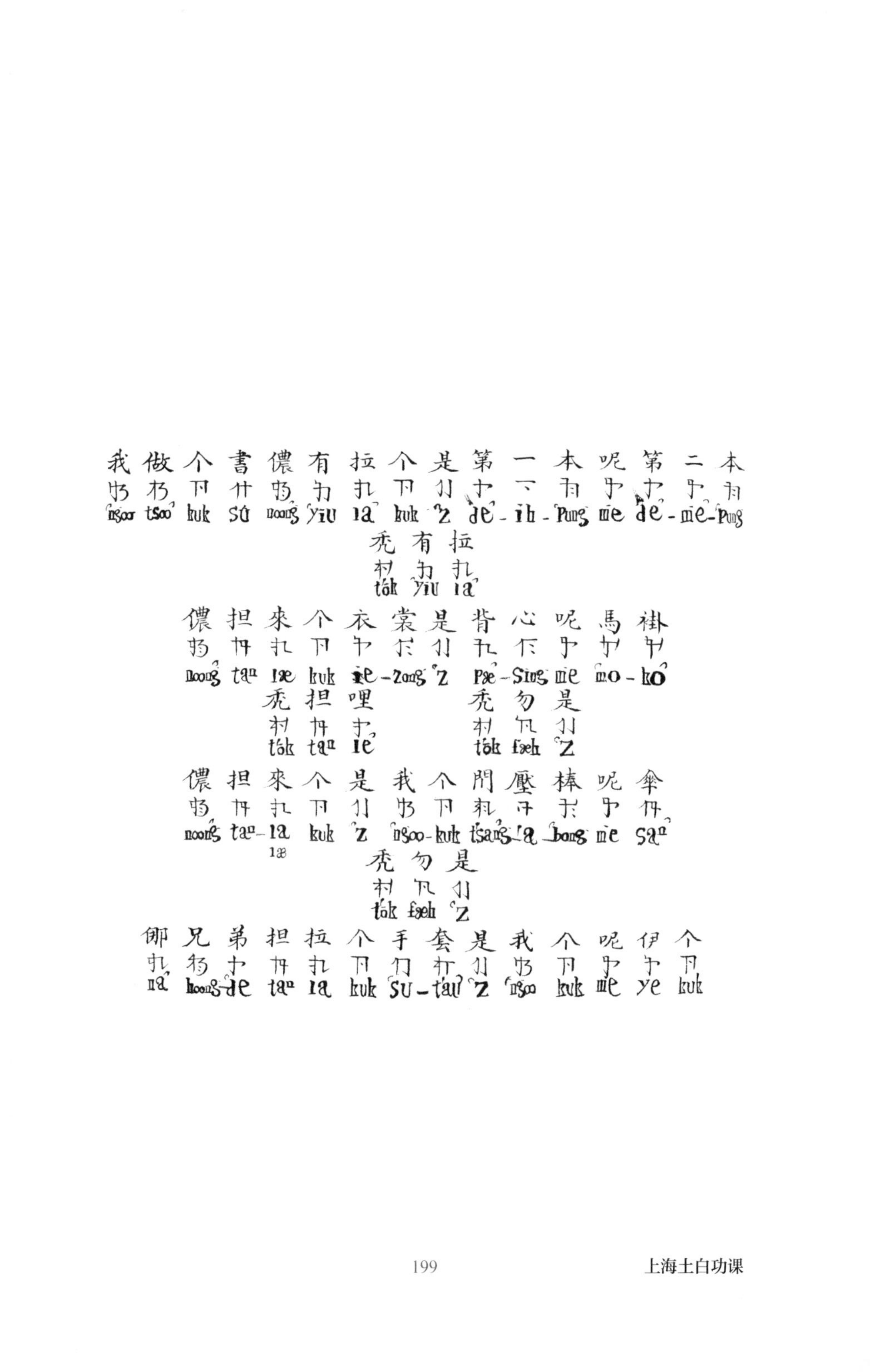

我做个書儂有拉个是第一本呢第二本
ngoo tsoo kuk sû noong yiu la kuk z de-ih-pung nie de-nie-pung

秃有拉
tók yiu la

儂担來个衣裳是背心呢馬褂
noong tan læ kuk ie-zong z pæ-sing nie mo-ko

秃担哩　　秃勿是
tók tan le　　tók fæh z

儂担來个是我个門壓棒呢傘
noong tan-la kuk z ngoo-kuk tsang-ia-bong nie san
læ

秃勿是
tók fæh z

倻兄弟担拉个手套是我个呢伊个
na hoong-de tan la kuk su-tau z ngoo kuk nie ye kuk

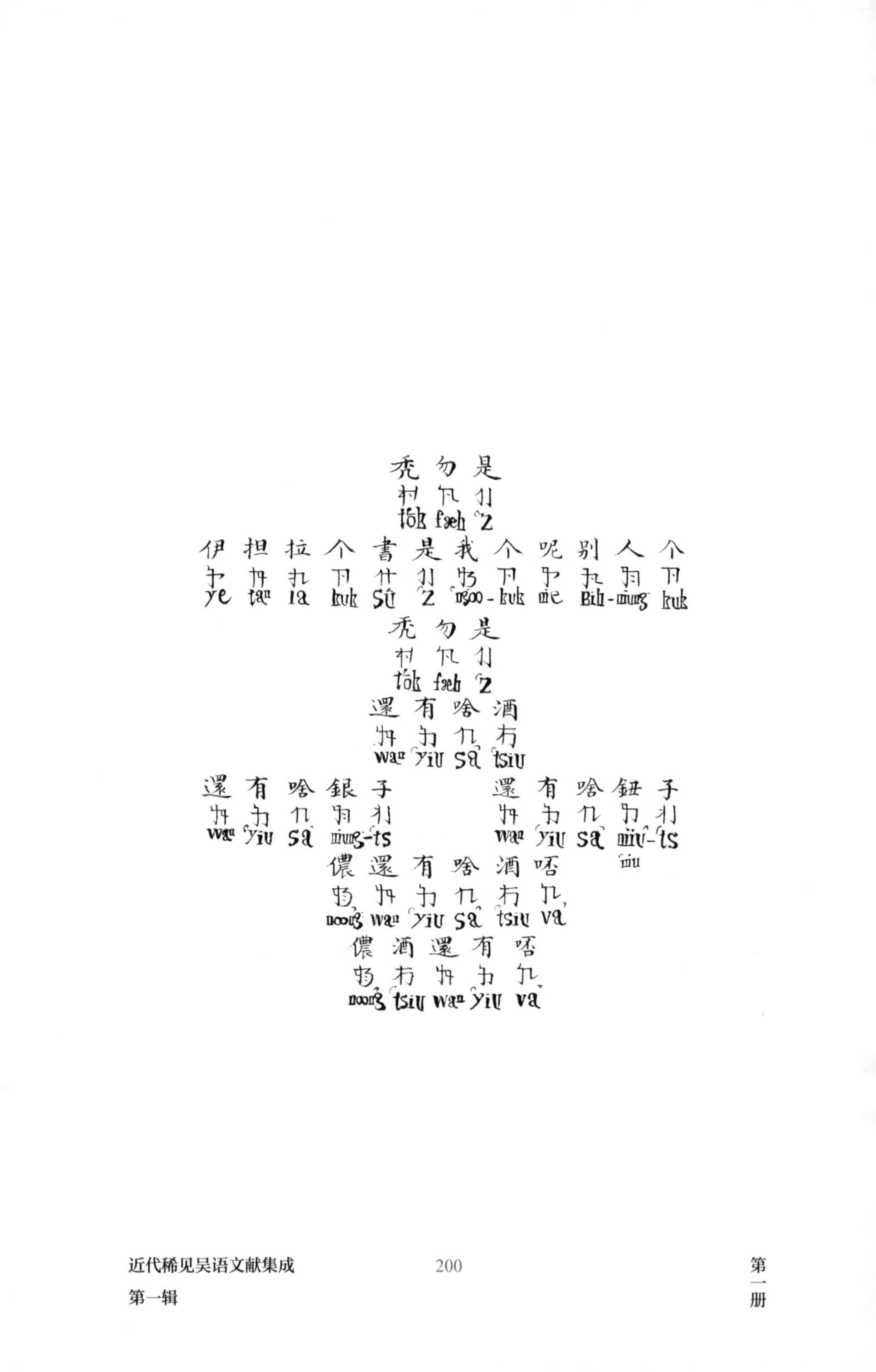

秃勿是

tok faeh z

伊担拉个書是我个呢别人个

ye tan la kuk sû z ngoo-kuk nie Bih-ming kuk

秃勿是

tok faeh z

還有啥酒

wan yiu sa tsiu

還有啥銀子

wan yiu sa ming-ts

還有啥鈕子

wan yiu sa niu-ts (niu)

儂還有啥酒唔

noong wan yiu sa tsiu va

儂酒還有唔

noong tsiu wan yiu va

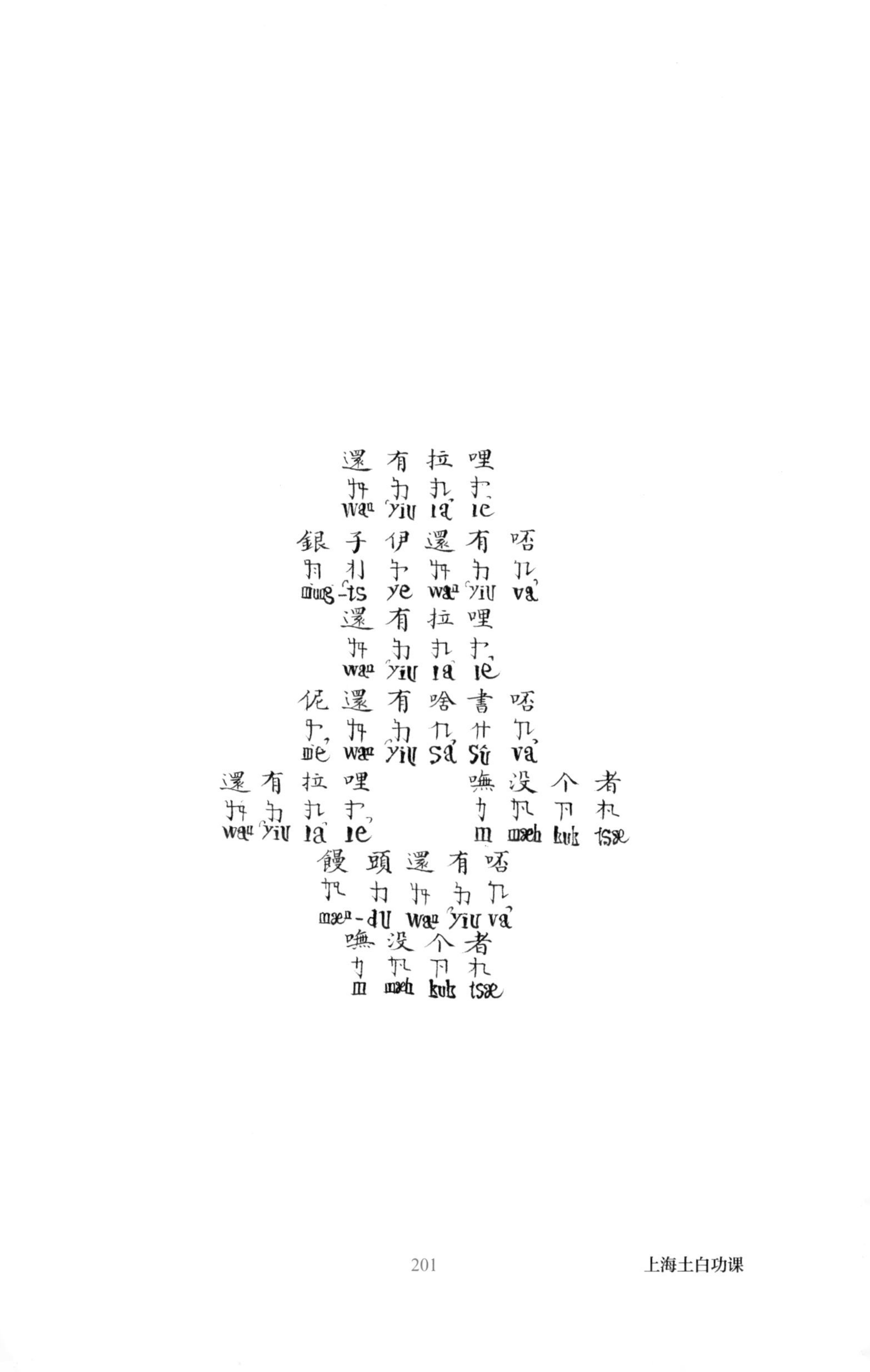

還 有 拉 哩

wa^{n} yiu la ie

銀 子 伊 還 有 唔

ming-ts ye wa^{n} yiu va

還 有 拉 哩

wa^{n} yiu la ie

侬 還 有 啥 書 唔

me wa^{n} yiu sá sû va

還 有 拉 哩　　　嘸 没 个 者

wa^{n} yiu la ie　　　m mæh kuh tsæ

饅 頭 還 有 唔

mæ^{n}-du wa^{n} yiu va

嘸 没 个 者

m mæh kuh tsæ

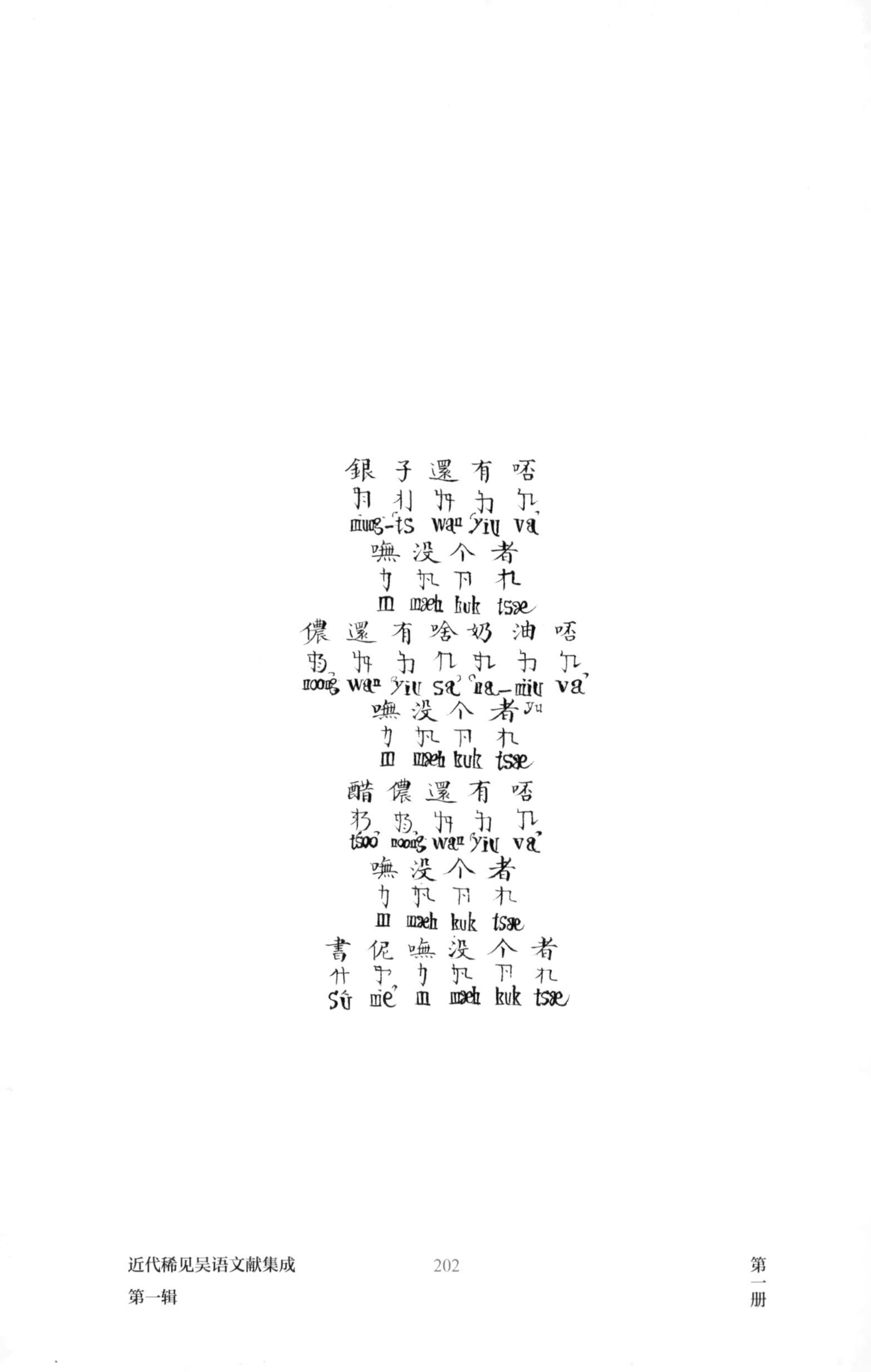

銀子還有唔

ming-ts wa^{n} 'yiu va'

嘸没个者

m mæh kuk tsæ

儂還有啥奶油唔

noong wa^{n} 'yiu sa' 'na-miu va'

嘸没个者 yu

m mæh kuk tsæ

醋儂還有唔

tsoo' noong wa^{n} 'yiu va'

嘸没个者

m mæh kuk tsæ

書伲嘸没个者

sû mie' m mæh kuk tsæ

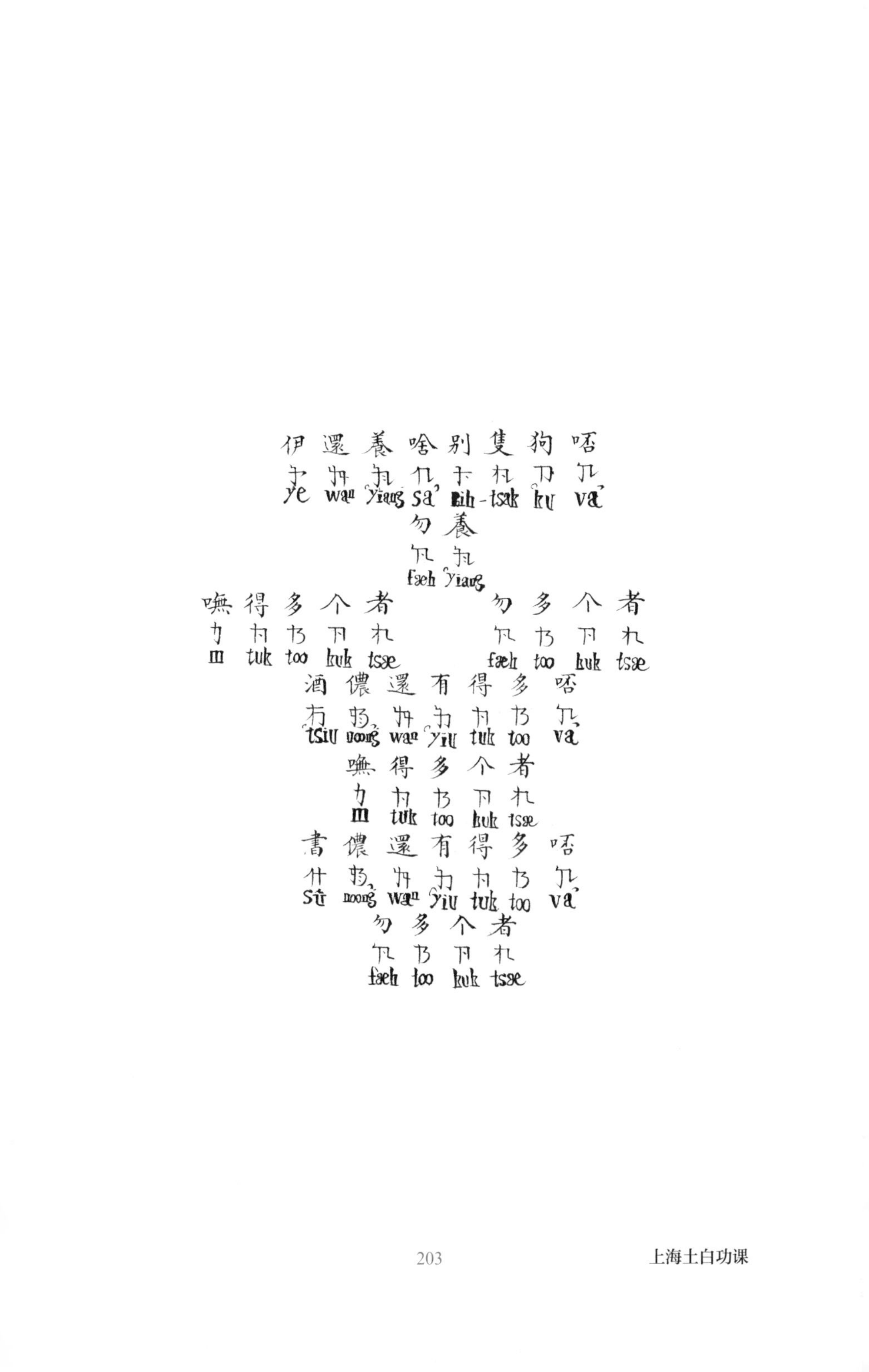

伊 還 養 啥 別 隻 狗 唔

ye wan 'yiang sa' bih-tsak ku va'

勿 養

fæh 'yiang

嘸 得 多 个 者　　勿 多 个 者

m tuk too kuk tsæ　　fæh too kuk tsæ

酒 儂 還 有 得 多 唔

tsiu noong wan 'yiu tuk too va'

嘸 得 多 个 者

m tuk too kuk tsæ

書 儂 還 有 得 多 唔

sû noong wan 'yiu tuk too va'

勿 多 个 者

fæh too kuk tsæ

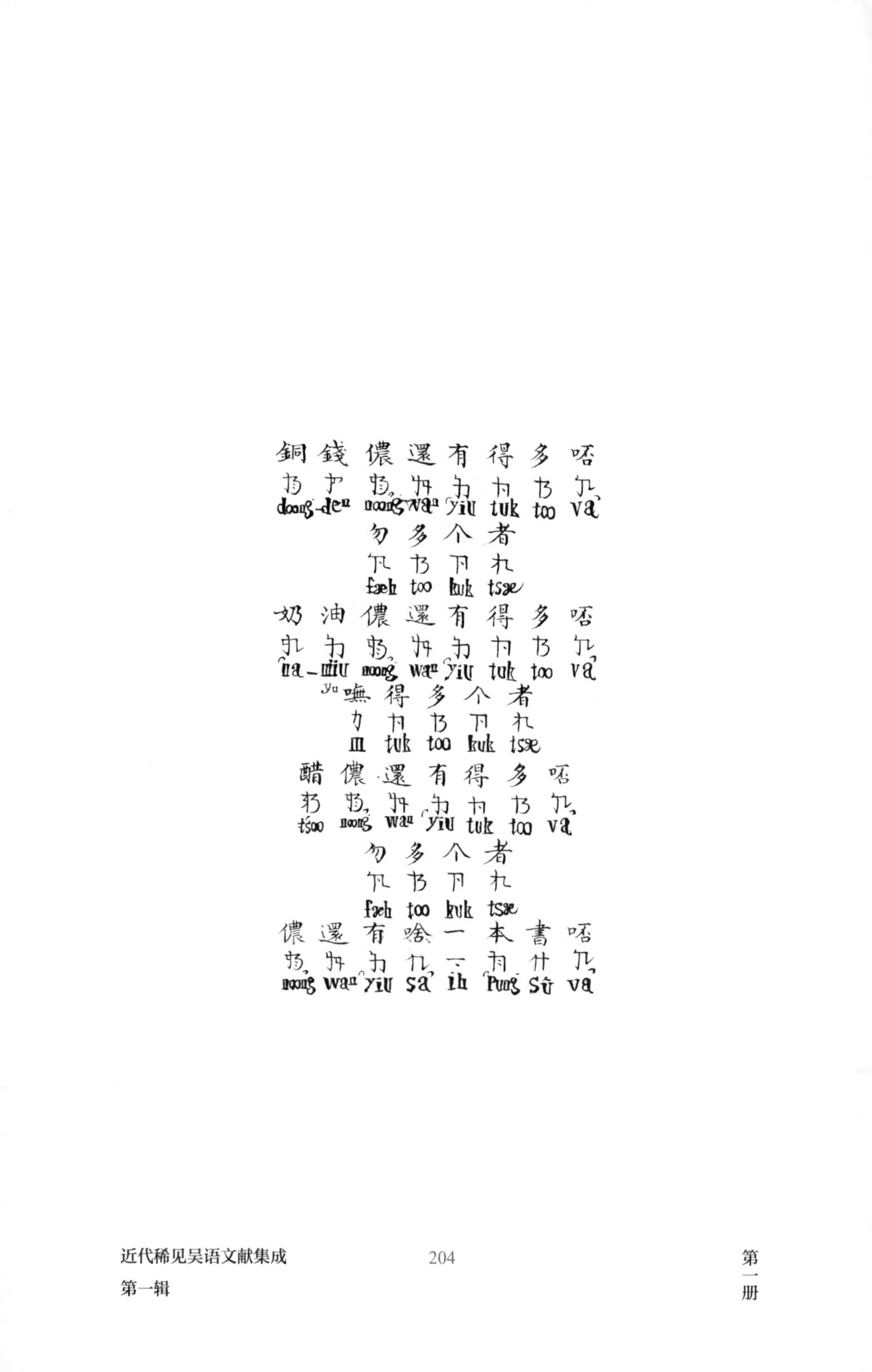

銅錢儂還有得多唔

doong-de^{n} noong wa^{n} yiu tuk too va

勿多个者

fæh too kuk tsæ

奶油儂還有得多唔

na-miu noong wa^{n} yiu tuk too va

^{ya}嘸得多个者

m tuk too kuk tsæ

醋儂還有得多唔

tsoo noong wa^{n} yiu tuk too va

勿多个者

fæh too kuk tsæ

儂還有啥一本書唔

noong wa^{n} yiu sa ih pung sû va

好个一本書儂還有唔

hau-kuk ih-Pung sú noong wa^{n} yiu va

儂還有啥兩本書唔

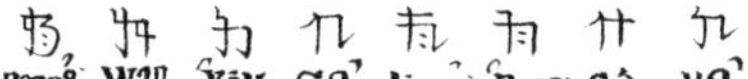

noong wa^{n} yiu sa liang Pung sû va

儂還有兩个銅錢唔

noong wa^{n} yiu liang kuk-doong dè^{n} va

有个

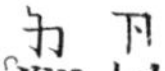

yiu kuk

儂還有點塩唔

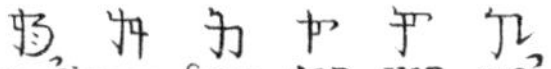

noong wa^{n} yiu te^{n} ye^{n} va

有點拉哩

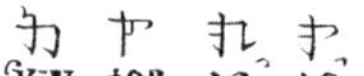

yiu te^{n} la le

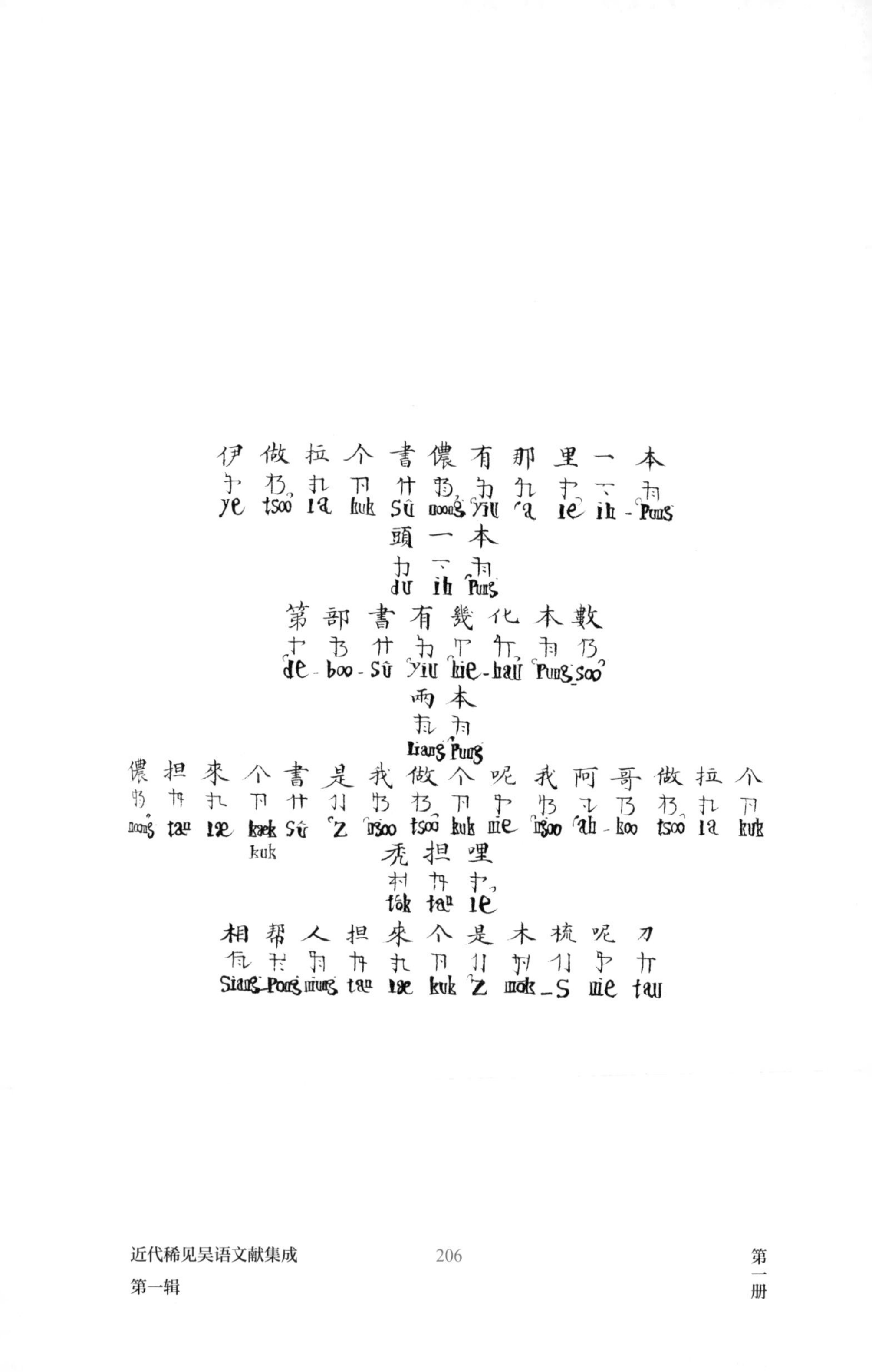

伊 做 拉 个 書 儂 有 那 里 一 本

ye tsoo la kuk sû noong yiu 'a ie ih-pung

頭 一 本

du ih pung

第 部 書 有 幾 化 本 數

de-boo-sû yiu kie-hau pung-soo

兩 本

liang pung

儂 担 來 个 書 是 我 做 个 呢 我 阿 哥 做 拉 个

noong tan lae kaek sû z ngoo tsoo kuk nie ngoo ah-koo tsoo la kuk

kuk

禿 担 哩

t'ok tan le

相 帮 人 担 來 个 是 木 梳 呢 刀

siang-pong niung tan lae kuk z mok-s nie tau

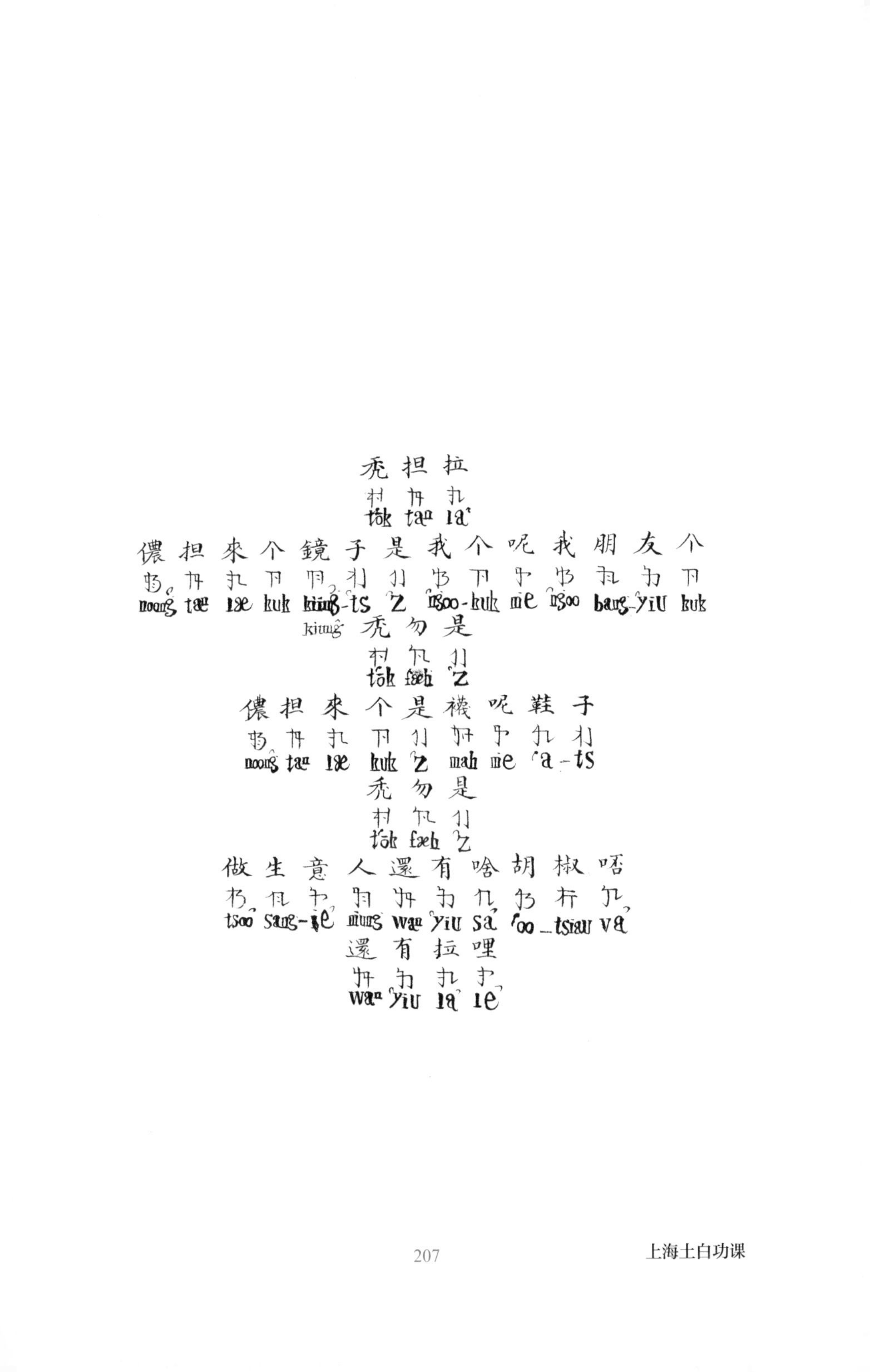

秃担拉

tŏk tan la

儂担來个鏡子是我个呢我朋友个

noong tæ læ kuk kiung-ts z ngoo-kuk nie ngoo bang-yiu kuk

kiung

秃勿是

tŏk fæh z

儂担來个是襪呢鞋子

noong tan læ kuk z mah nie 'a-ts

秃勿是

tŏk fæh z

做生意人還有啥胡椒唔

tsoo sang-ie niung wan yiu sa 'oo-tsiau va

還有拉哩

wan yiu la le

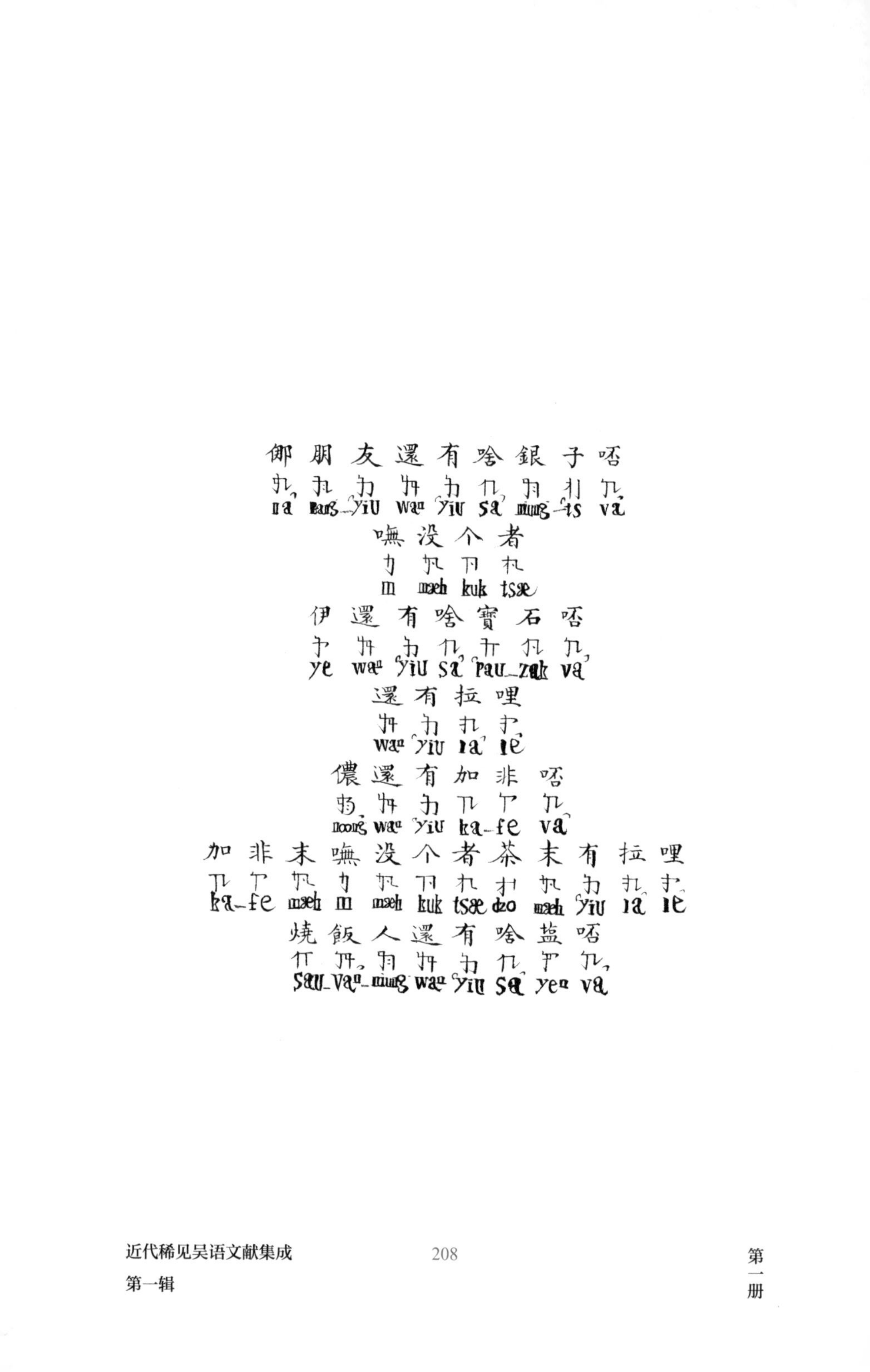

儞朋友還有啥銀子咾

na bang-yiu wa^{n} yiu sa niung-ts va

嘸没个者

m maeh kuk tsae

伊還有啥寶石咾

ye wa^{n} yiu sa pau-zak va

還有拉哩

wa^{n} yiu la le

儂還有加非咾

noong wa^{n} yiu ka-fe va

加非末嘸没个者茶末有拉哩

ka-fe maeh m maeh kuk tsae dzo maeh yiu la le

燒飯人還有啥塩咾

sau-va^{n}-niung wa^{n} yiu sa ye^{n} va

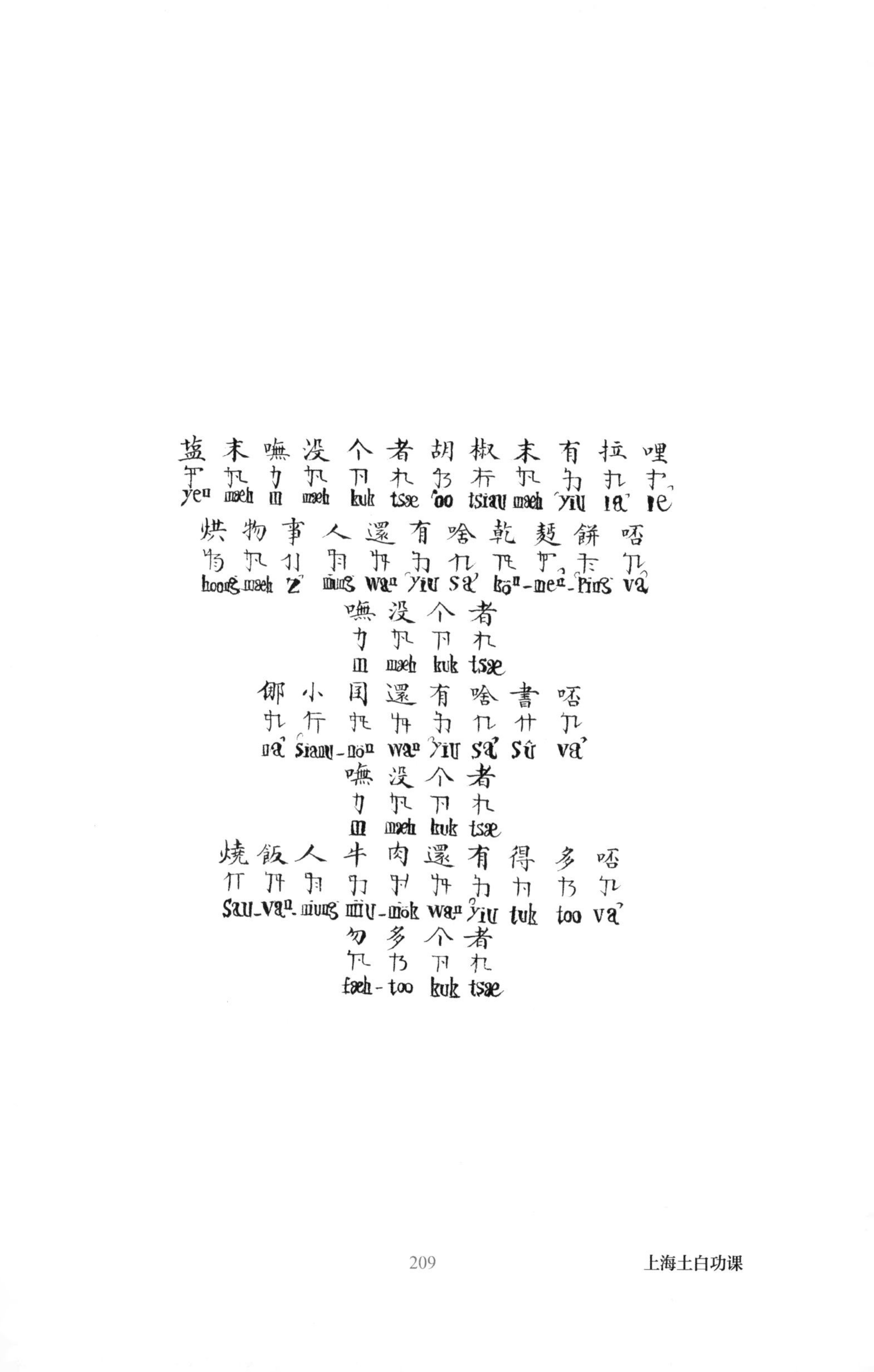

盐末嘸没个者胡椒末有拉哩

ye^{n} maeh m maeh kuk tsae 'oo tsiau maeh yiu la' le

烘物事人還有啥乾麪餅唔

hoong-maeh z' miung wa^{n} yiu sa' kö^{n}-me^{n}-ping va'

嘸没个者

m maeh kuk tsae

倻小囝還有啥書唔

na' siau-nö^{n} wa^{n} yiu sa' sû va'

嘸没个者

m maeh kuk tsae

燒飯人牛肉還有得多唔

sau-va^{n}-miung niu-mök wa^{n} yiu tuk too va'

勿多个者

faeh-too kuk tsae

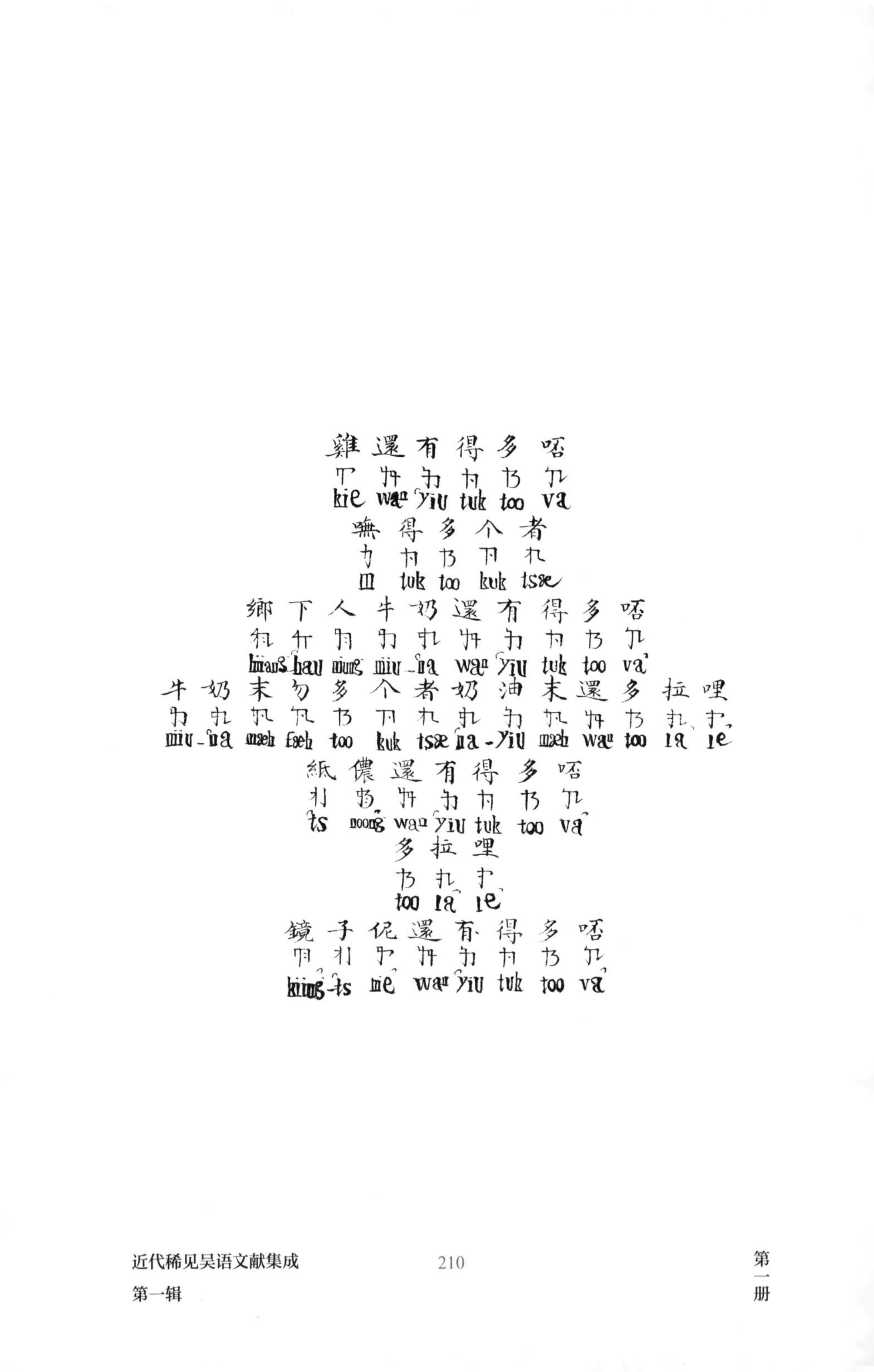

雞還有得多喀

kie wan yiu tuk too va

嘸得多个者

m tuk too kuk tsæ

鄉下人牛奶還有得多喀

hiang hau niung niu-nga wan yiu tuk too va

牛奶末勿多个者奶油末還多拉哩

niu-nga maeh faeh too kuk tsæ nga-yiu maeh wan too la le

紙儂還有得多喀

ts noong wan yiu tuk too va

多拉哩

too la le

鏡子伲還有得多喀

kiing-ts nie wan yiu tuk too va

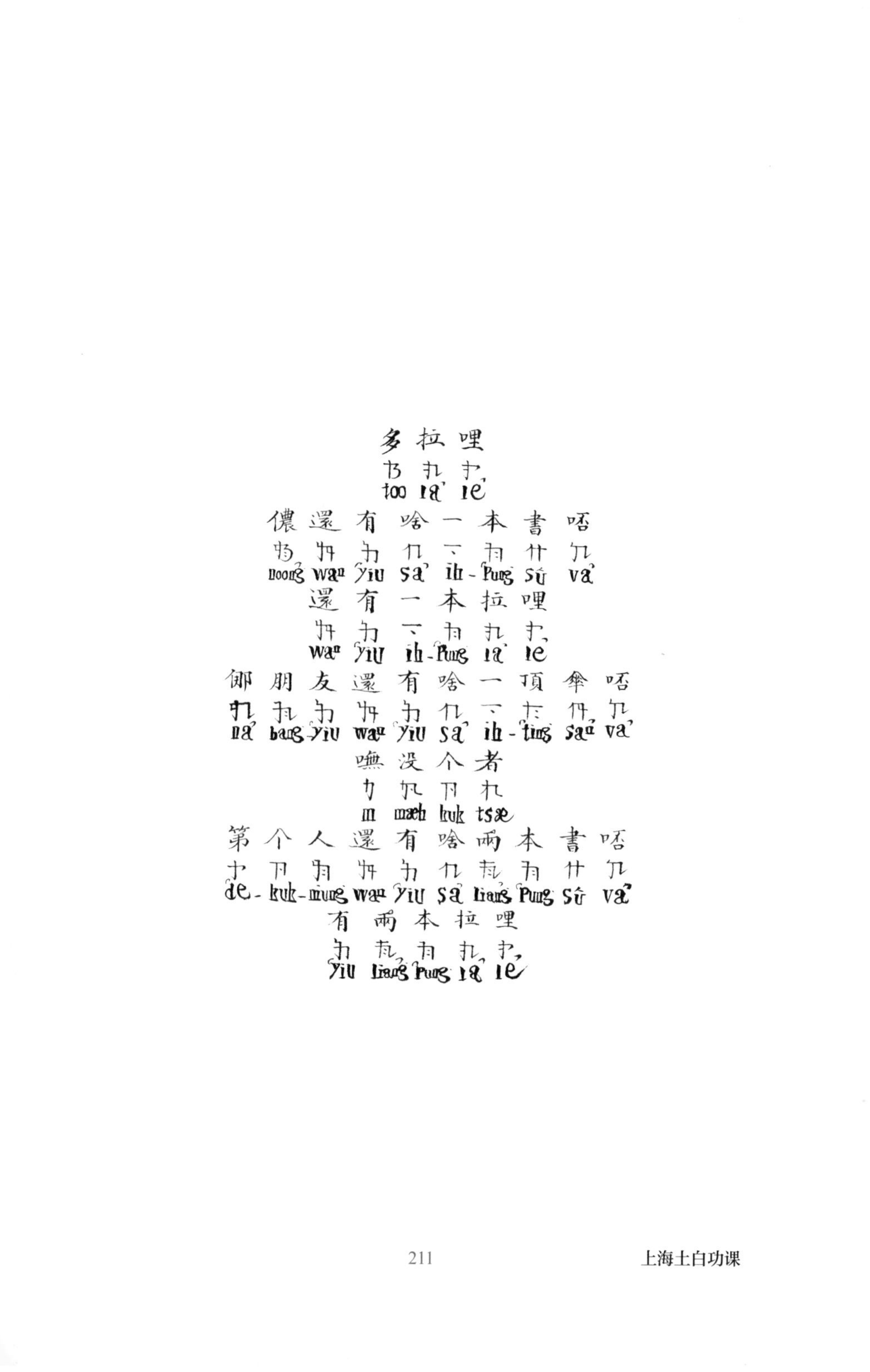

多 拉 哩

too la' le'

儂 還 有 啥 一 本 書 啞

noong wan yiu sa' ih-pung sû va'

還 有 一 本 拉 哩

wan yiu ih-pung la' le'

儕 朋 友 還 有 啥 一 頂 傘 啞

na' bang-yiu wan yiu sa' ih-ting san va'

嘸 没 个 者

m meh kuk tsæ

第 个 人 還 有 啥 兩 本 書 啞

de-kuk-niung wan yiu sa liang pung sû va'

有 兩 本 拉 哩

yiu liang pung la' le'

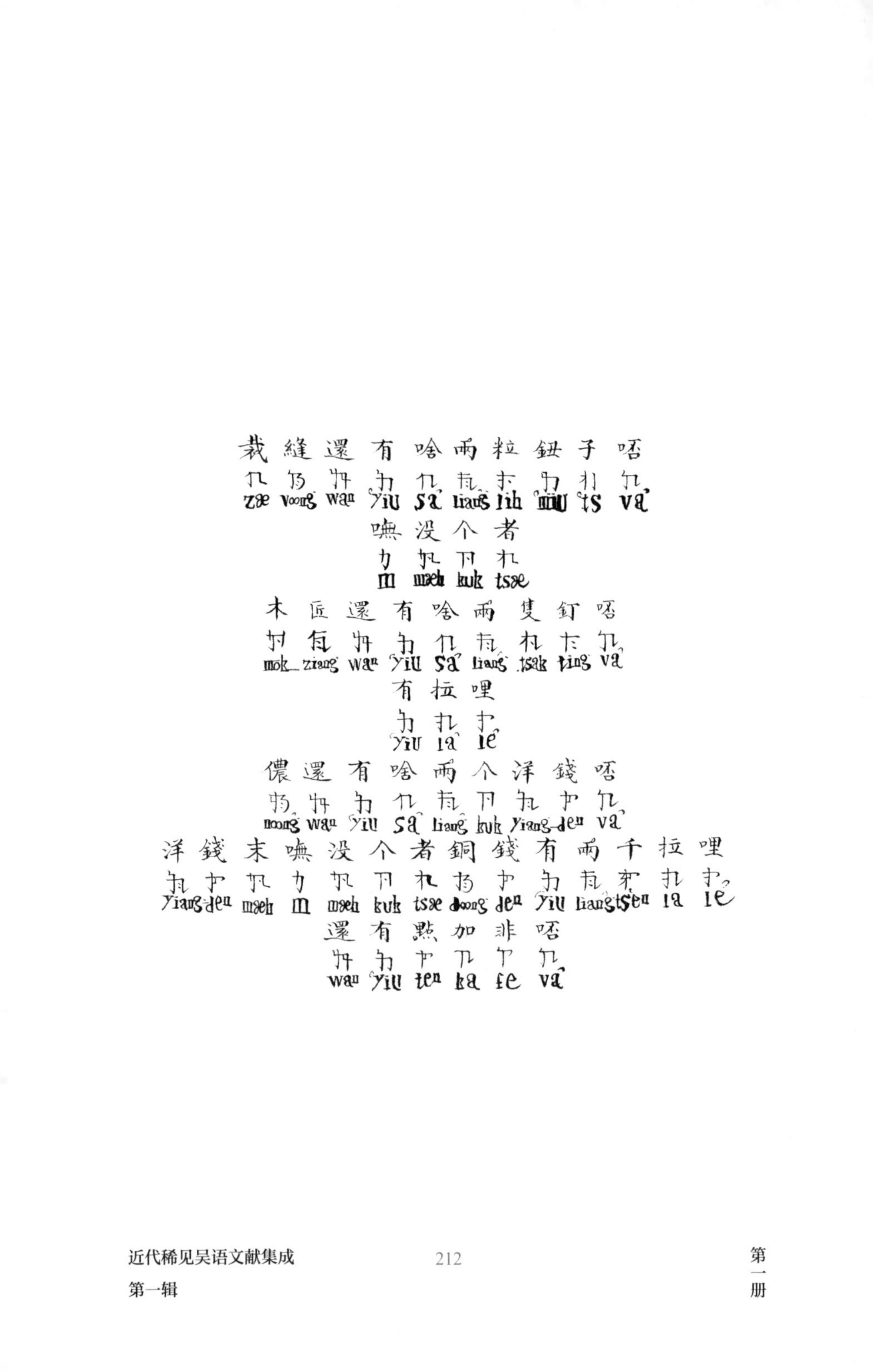

裁縫還有啥兩粒鈕子咾

zæ voong wan yiu sa liang lih niu ts va

嘸沒个者

m mæh kuk tsæ

木匠還有啥兩隻釘咾

mok ziang wan yiu sa liang tsak ting va

有拉哩

yiu la le

儂還有啥兩个洋錢咾

noong wan yiu sa liang kuk yiang-den va

洋錢末嘸沒个者銅錢有兩千拉哩

yiang-den mæh m mæh kuk tsæ doong den yiu liang tsen la le

還有點加非咾

wan yiu ten ka fe va

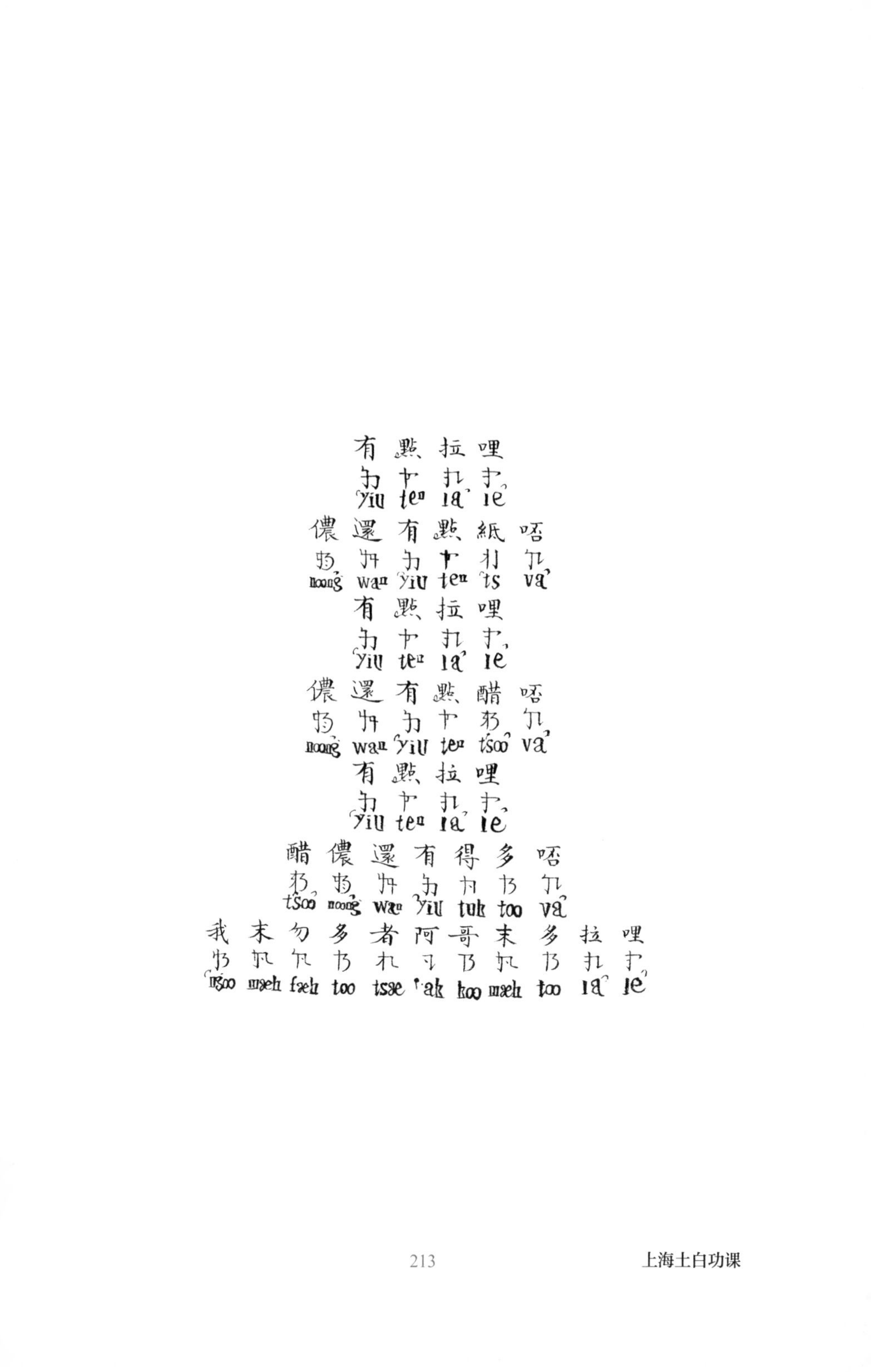

有 點 拉 哩

yiu ten la le

儂 還 有 點 紙 唔

noong wan yiu ten ts va

有 點 拉 哩

yiu ten la le

儂 還 有 點 醋 唔

noong wan yiu ten tsoo va

有 點 拉 哩

yiu ten la le

醋 儂 還 有 得 多 唔

tsoo noong wan yiu tuk too va

我 末 勿 多 者 阿 哥 末 多 拉 哩

ngoo maeh faeh too tsae 'ak koo maeh too la le

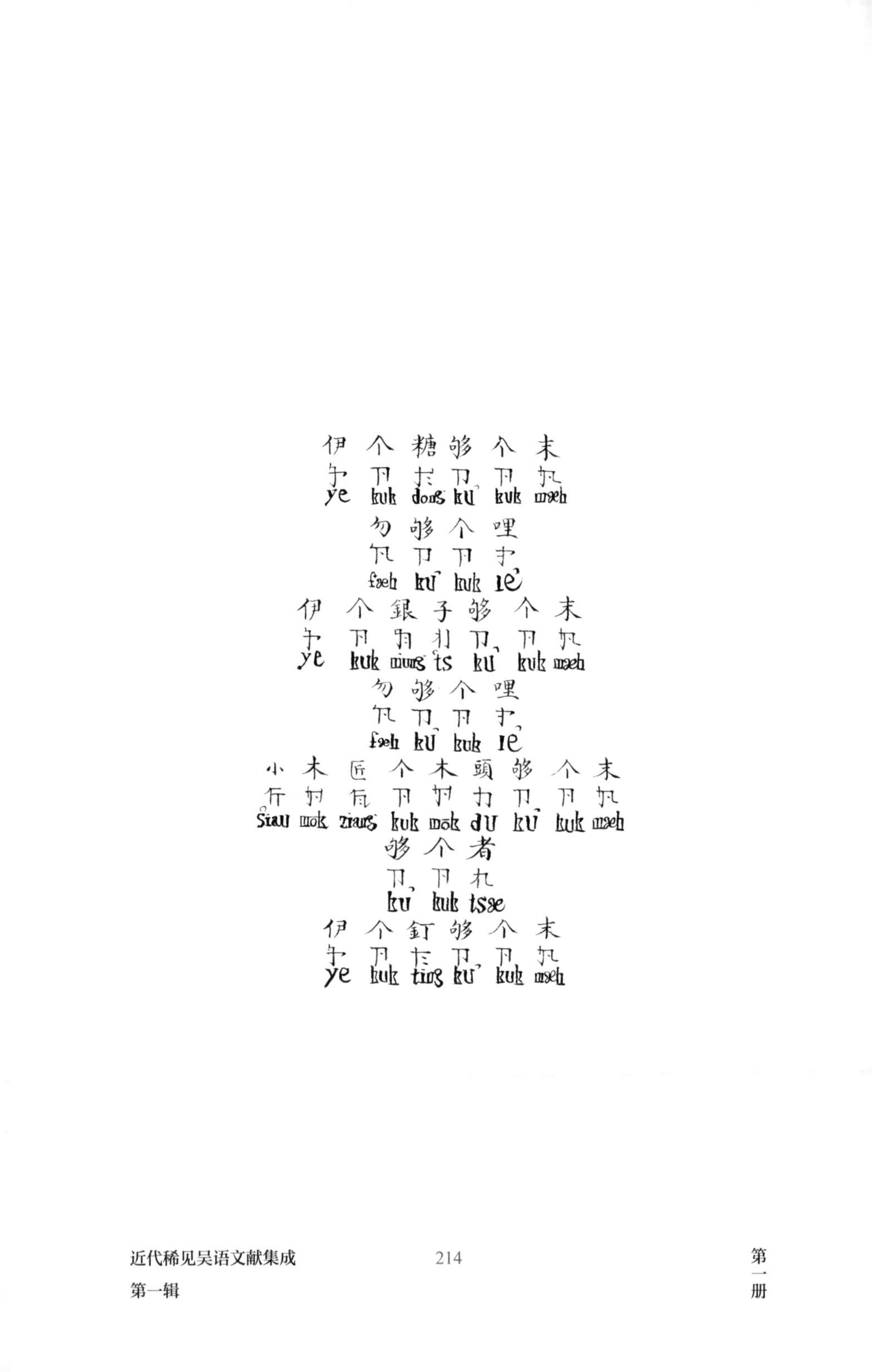

伊 个 糖 够 个 末

ye kuk dong ku kuk mæh

勿 够 个 哩

fæh ku kuk ie

伊 个 銀 子 够 个 末

ye kuk niung ts ku kuk mæh

勿 够 个 哩

fæh ku kuk ie

小 木 匠 个 木 頭 够 个 末

siau mok ziang kuk mōk du ku kuk mæh

够 个 者

ku kuk tsæ

伊 个 釘 够 个 末

ye kuk ting ku kuk mæh

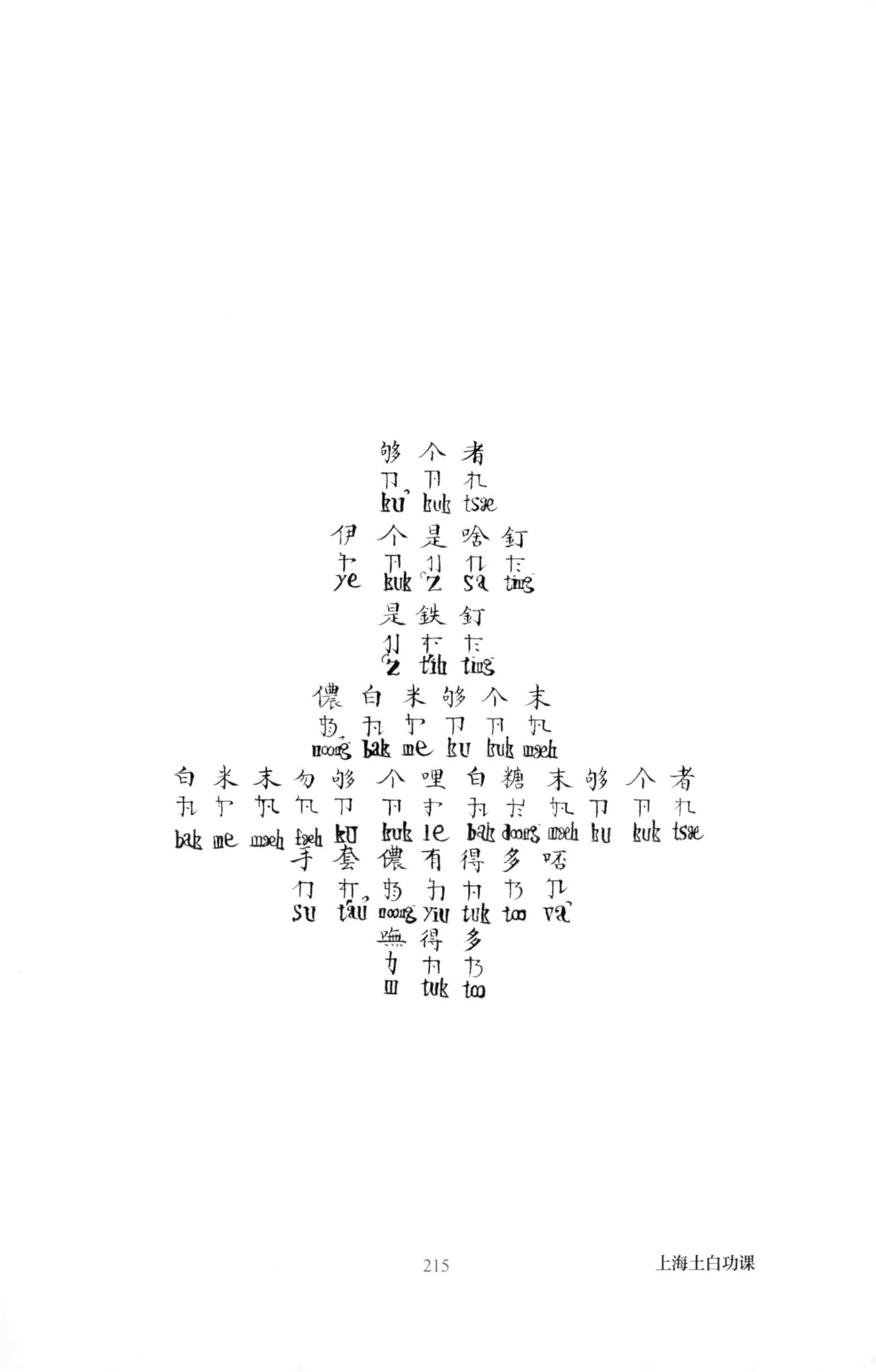

够 个 者

ku' kuk tsae

伊 个 是 啥 钉

ye kuk 'z sa ting

是 铁 钉

'z t'ih ting

侬 白 来 够 个 末

noong bak me ku kuk meh

白 来 末 勿 够 个 哩 白 糖 末 够 个 者

bak me meh feh ku kuk le bak doong meh ku kuk tsae

手 套 侬 有 得 多 哇

su t'au noong yiu tuk too va'

呒 得 多

m tuk too

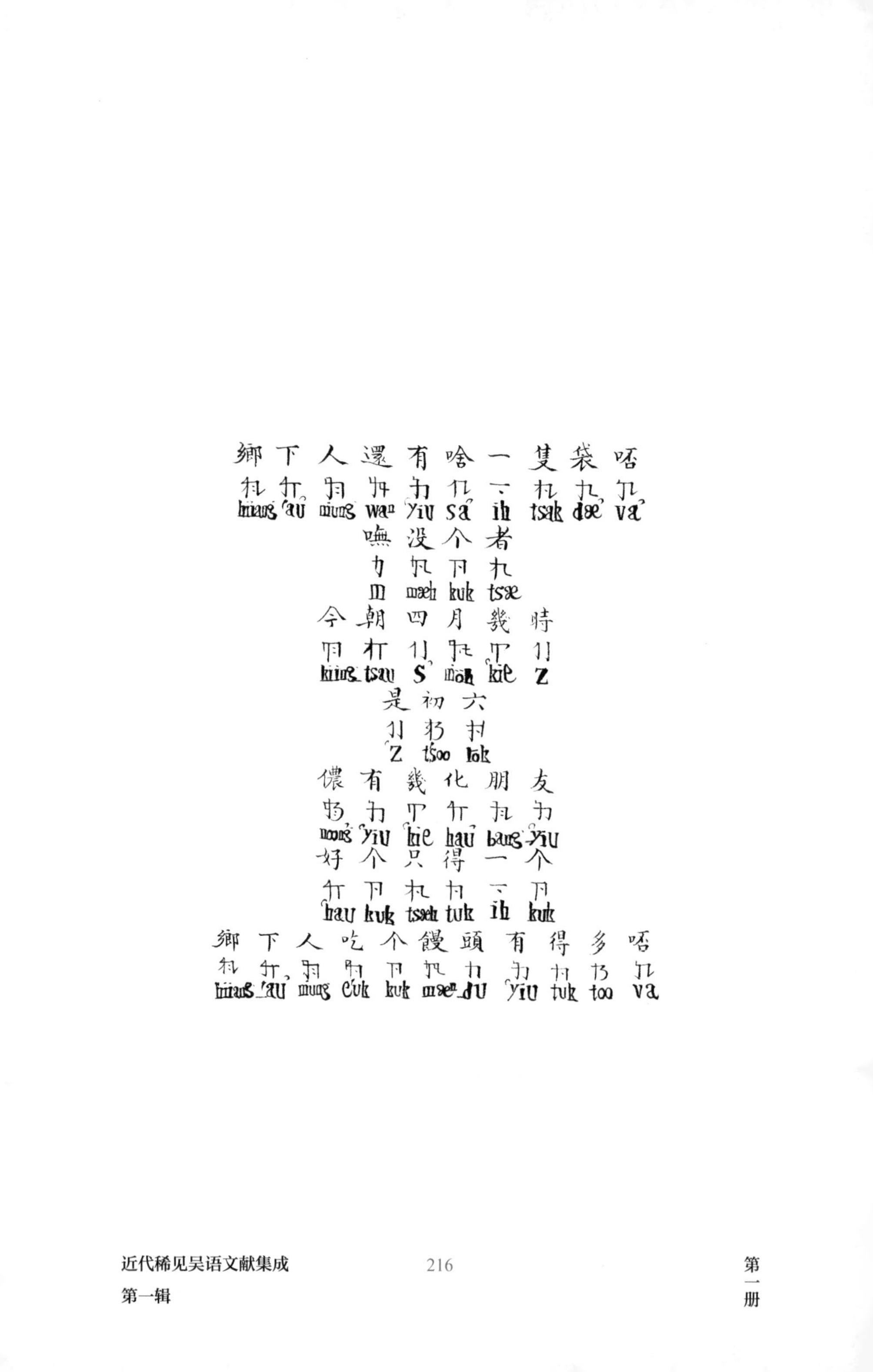

鄉下人還有啥一隻袋唔
hiang 'au niung wan yiu sa ih tsak dæ va

嘸没个者
m mæh kuk tsæ

今朝四月幾時
kiing tsau s nöh kie z

是初六
z tsoo lok

儂有幾化朋友
noong yiu kie hau bang yiu

好个只得一个
hau kuk tsæh tuk ih kuk

鄉下人吃个饅頭有得多唔
hiang 'au niung c'uk kuk mæn dü yiu tuk too va

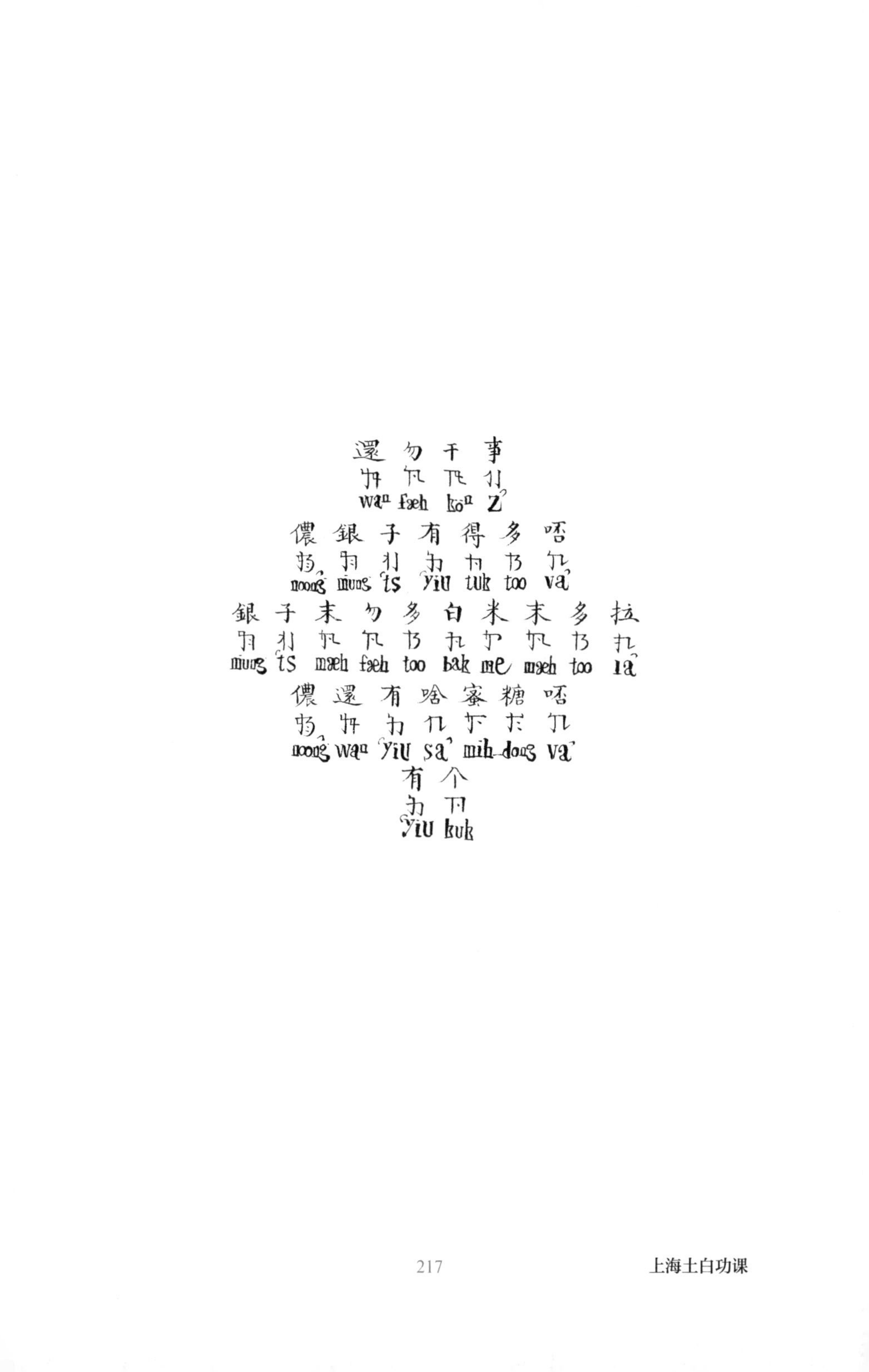

還勿干事

wan fæh kön z

儂銀子有得多唔

noong mung ts yiu tuk too va

銀子末勿多白米末多拉

mung ts mæh fæh too bak me mæh too la

儂還有啥蜜糖唔

noong wan yiu sa mih-dong va

有个

yiu kuk

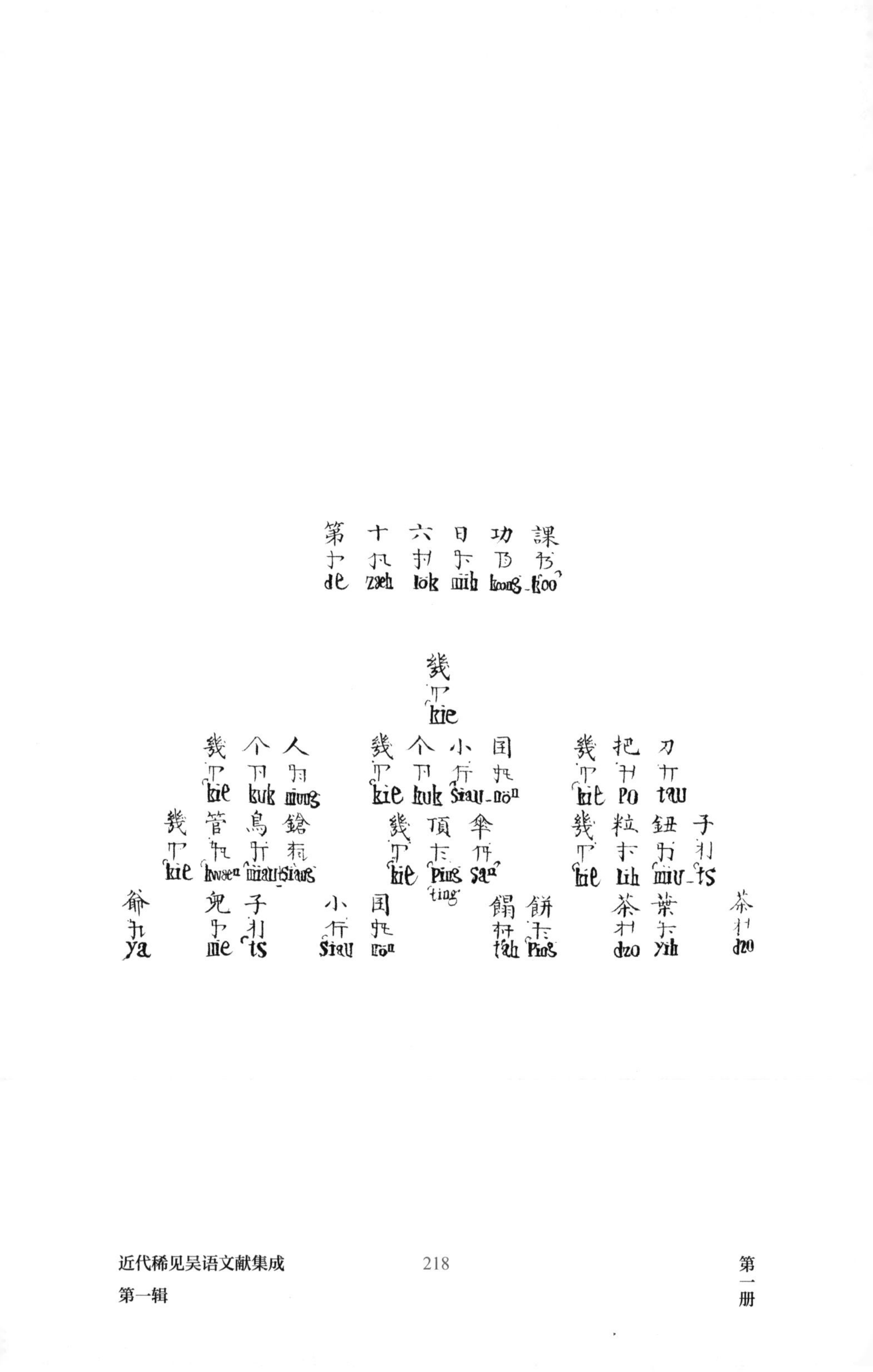

第十六日功課

de zæh lok nih kong-koo

幾

kie

幾个人　kie kuk nyung

幾个小囡　kie kuk siau-nön

幾把刀　kie po tau

幾管鳥鎗　kie kwæn tiau-siang

幾頂傘　kie ping (ting) san

幾粒鈕子　kie lih nyiu-ts

爺　ya

兒子　me ts

小囡　siau nön

錫餅　sih ping

茶葉　dzo yih

茶　dzo

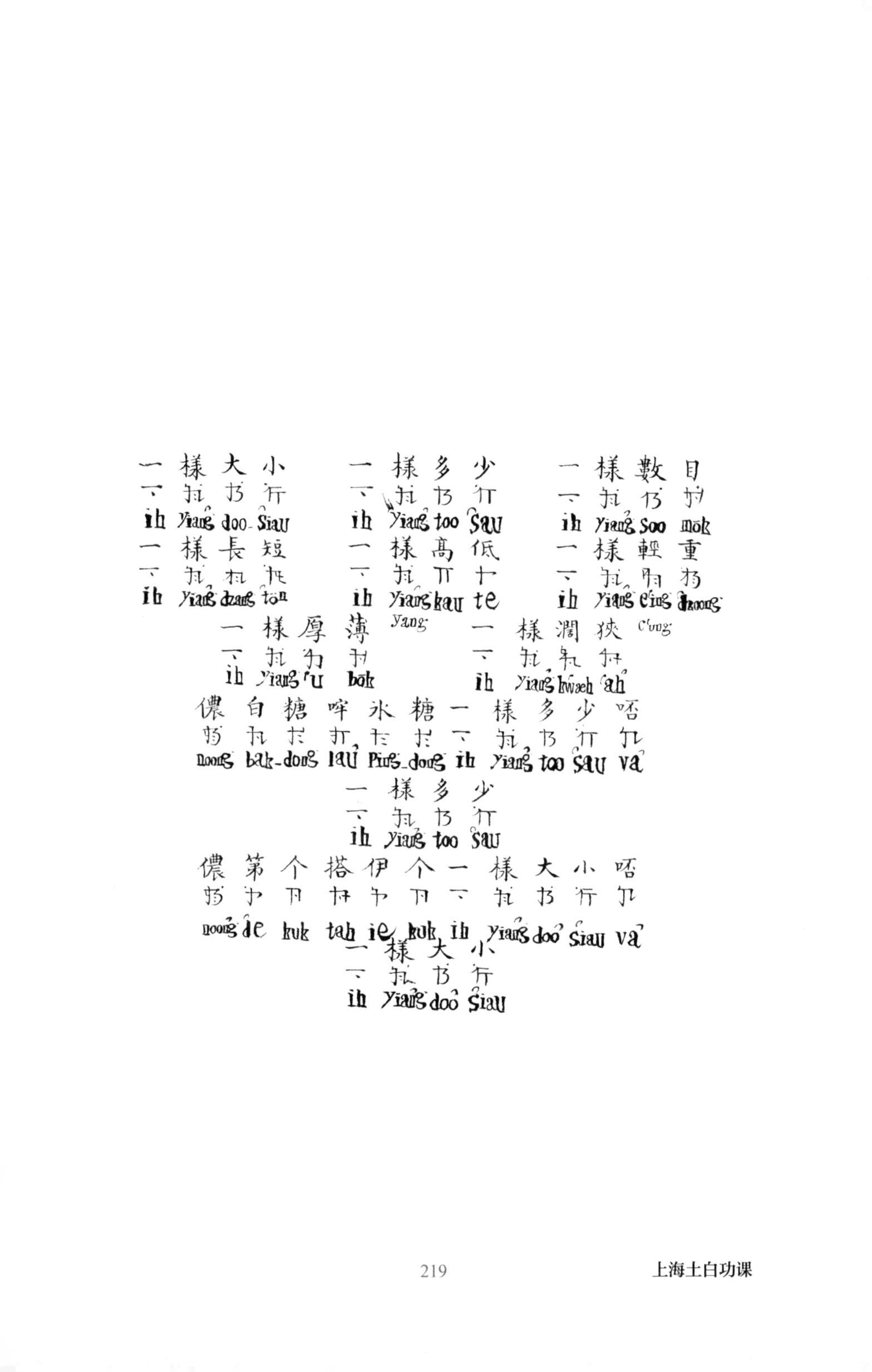

一樣大小　　一樣多少　　一樣數目

ih yiang doo-siau　　ih yiang too sau　　ih yiang soo mŏk

一樣長短　　一樣高低　　一樣輕重

ih yiang dzang tŏn　　ih yiang kau te　　ih yiang c'ing dzoong

一樣厚薄 Yang　　一樣闊狹 C'ung

ih yiang 'u bŏk　　ih yiang kwaeh 'ah

儂白糖咊冰糖一樣多少唔

noong bak-dong lau ping-dong ih yiang too sau va

一樣多少

ih yiang too sau

儂第个搭伊个一樣大小唔

noong de kuk tah ie kuk ih yiang doo siau va

一樣大小

ih yiang doo siau

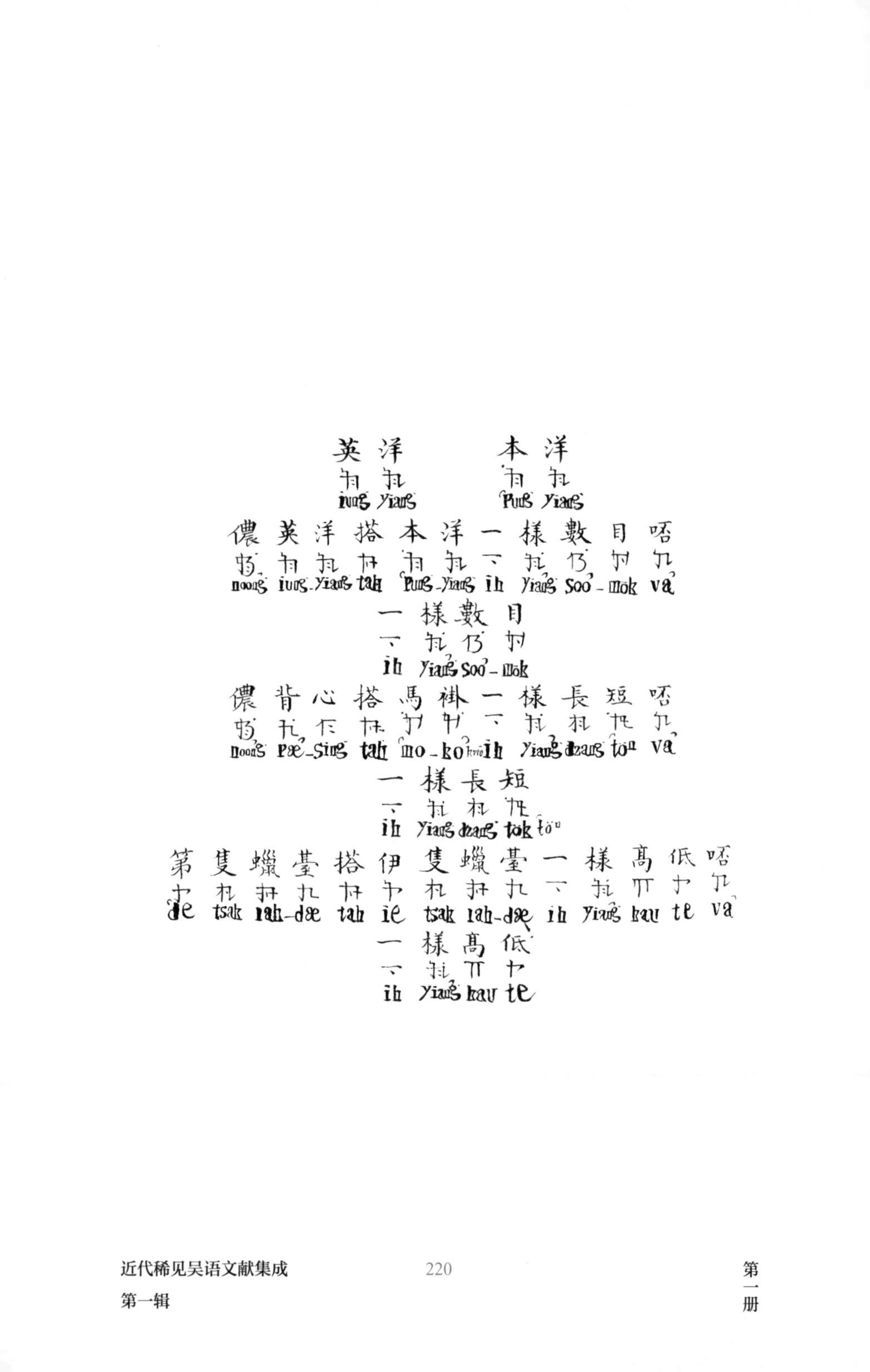

英洋　本洋

iung yiang　Pung yiang

儂英洋搭本洋一樣數目唔

noong iung-yiang tah Pung-yiang ih yiang soo-mok va

一樣數目

ih yiang soo-mok

儂背心搭馬褂一樣長短唔

noong pæ-sing tah mo-ko (kwo) ih yiang dzang tön va

一樣長短

ih yiang dzang tok (tön)

第隻蠟臺搭伊隻蠟臺一樣高低唔

de tsak lah-dæ tah ie tsak lah-dæ ih yiang kau te va

一樣高低

ih yiang kau te

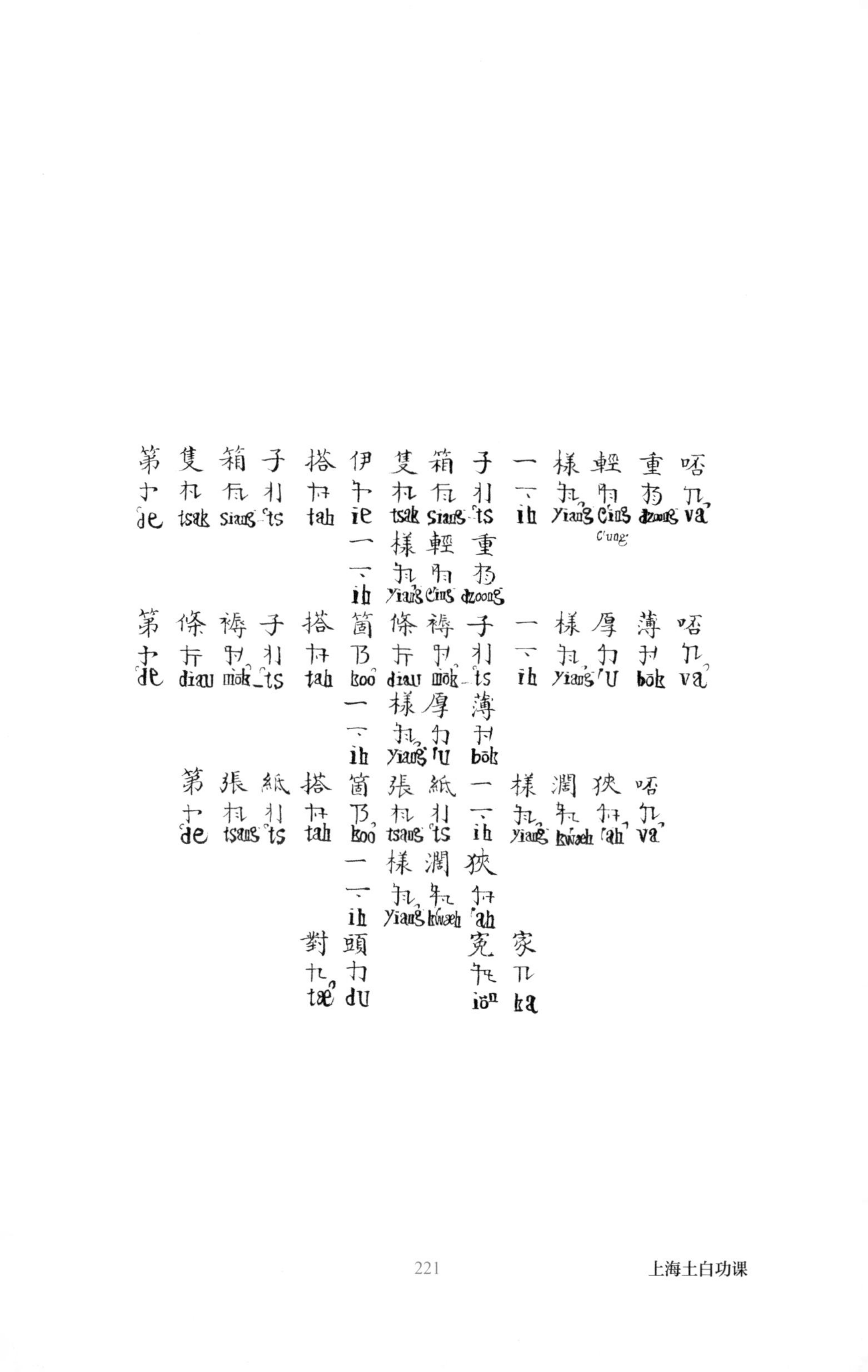

第 隻 箱 子 搭 伊 隻 箱 子 一 樣 輕 重 否

de tsak siang-'ts tah ie tsak siang-'ts ih yiang c'ing dzoong va

c'ung

一 樣 輕 重

ih yiang c'ing dzoong

第 條 褥 子 搭 箇 條 褥 子 一 樣 厚 薄 否

de diau mök-'ts tah koo diau mök-'ts ih yiang 'U bök va

一 樣 厚 薄

ih yiang 'U bök

第 張 紙 搭 箇 張 紙 一 樣 濶 狹 否

de tsang 'ts tah koo tsang 'ts ih yiang kwaeh 'ah va

一 樣 濶 狹

ih yiang kwaeh 'ah

對 頭 寬 家

tæ du iön ka

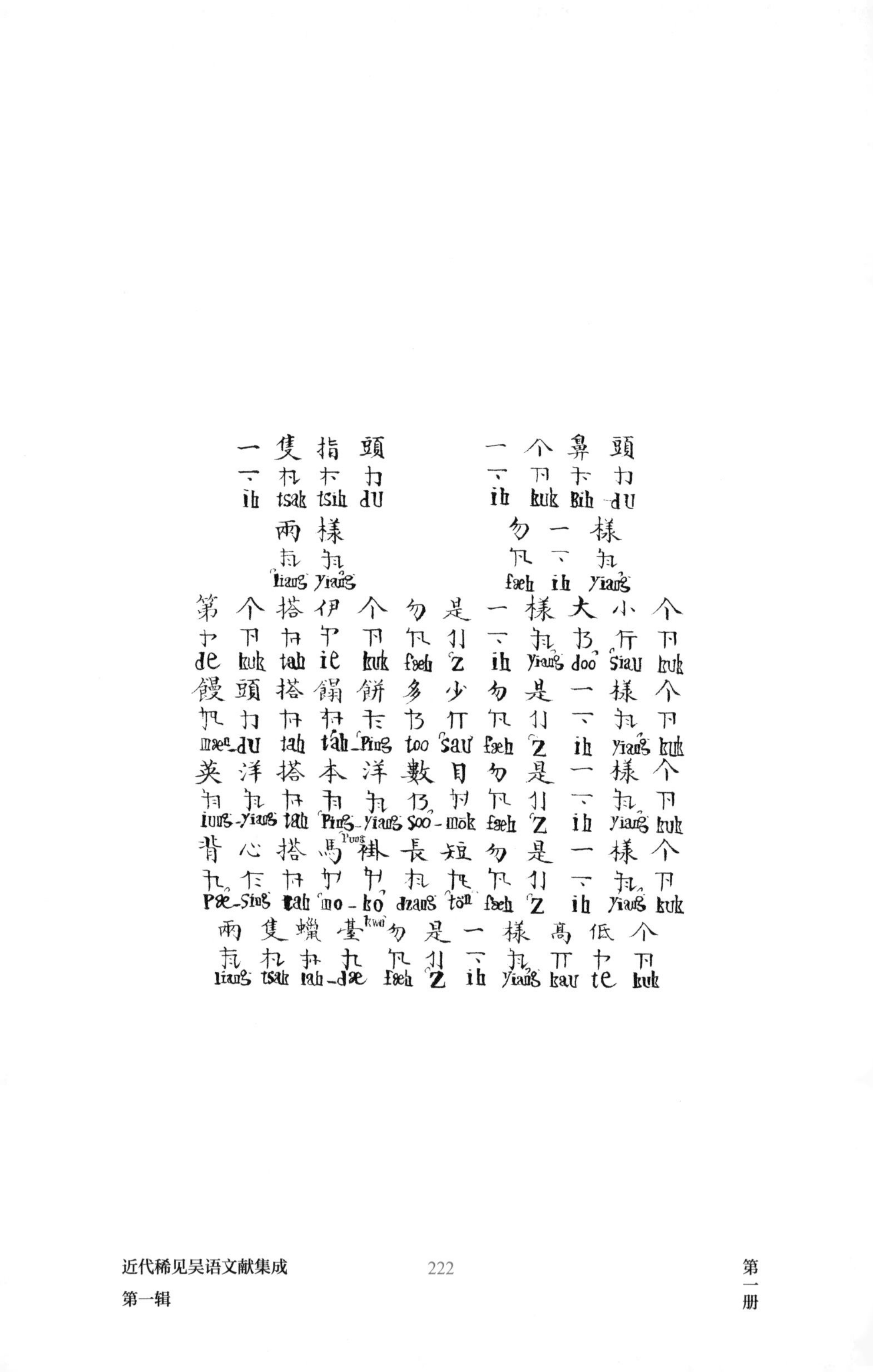

一 隻 指 頭　　一 个 鼻 頭
ih tsak tsih dU　　ih kuk Bih -dU

兩 樣　　勿 一 樣
liang yiang　　fæh ih yiang

第 个 搭 伊 个 勿 是 一 樣 大 小 个
de kuk tah ie kuk fæh Z ih yiang doo siau kuk

饅 頭 搭 餲 餅 多 少 勿 是 一 樣 个
mæn-dU tah tah-Ping too sau fæh Z ih yiang kuk

英 洋 搭 本 洋 數 目 勿 是 一 樣 个
iung-yiang tah Ping-yiang soo-mok fæh Z ih yiang kuk

背 心 搭 馬 [Puog] 褂 長 短 勿 是 一 樣 个
Pæ-Sing tah mo-ko dzang tön fæh Z ih yiang kuk

兩 隻 蠟 臺 [kwo] 勿 是 一 樣 高 低 个
liang tsak lah-dæ fæh Z ih yiang kau te kuk

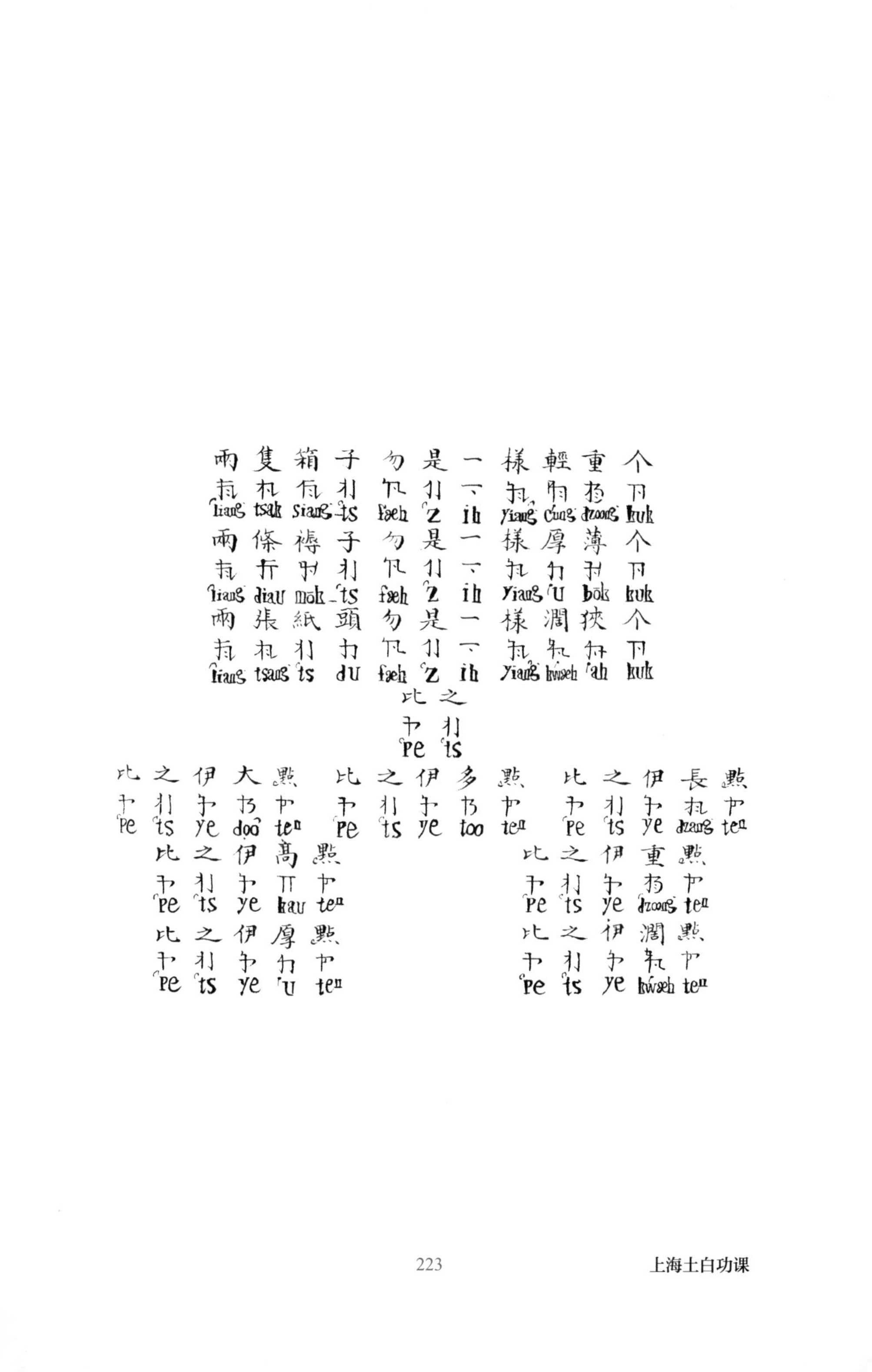

兩 隻 箱 子 勿 是 一 樣 輕 重 个

'liang tsak siang 'ts feh 'z ih yiang ching dzoong kuk

兩 條 褥 子 勿 是 一 樣 厚 薄 个

'liang diau mok 'ts feh 'z ih yiang 'u bok kuk

兩 張 紙 頭 勿 是 一 樣 闊 狹 个

'liang tsang 'ts du feh 'z ih yiang kw'aeh 'ah kuk

比 之

'pe 'ts

比 之 伊 大 點

'pe 'ts ye doo ten

比 之 伊 多 點

'pe 'ts ye too ten

比 之 伊 長 點

'pe 'ts ye dzang ten

比 之 伊 高 點

'pe 'ts ye kau ten

比 之 伊 重 點

'pe 'ts ye dzoong ten

比 之 伊 厚 點

'pe 'ts ye 'u ten

比 之 伊 闊 點

'pe 'ts ye kw'aeh ten

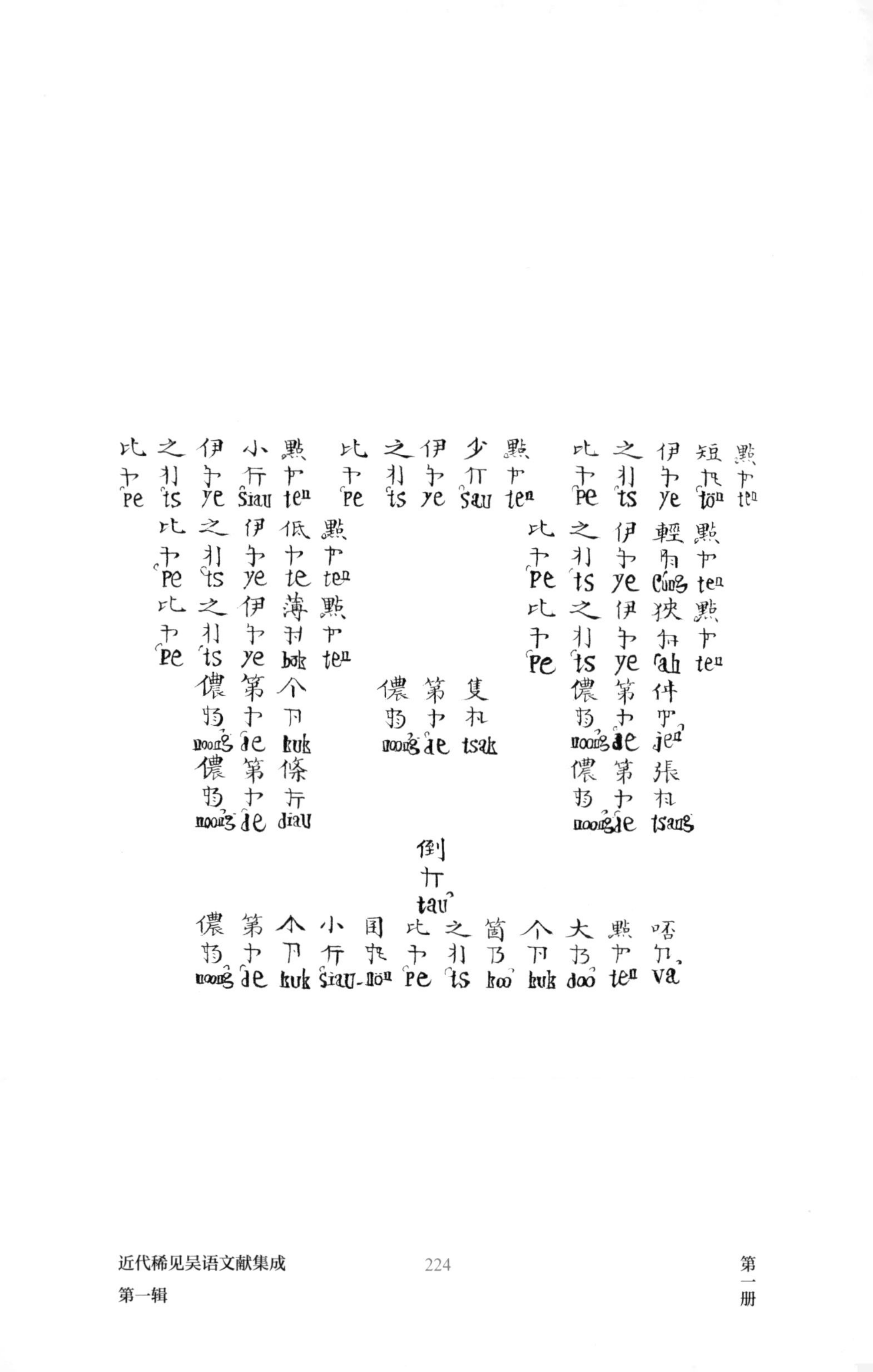

比之伊小點
pe ts ye ŝiau ten

比之伊少點
pe ts ye sau ten

比之伊短點
pe ts ye tön ten

比之伊低點
pe ts ye te ten

比之伊輕點
pe ts ye ćüng ten

比之伊薄點
pe ts ye bok ten

比之伊狹點
pe ts ye 'ah ten

儂第个
noong de kuk

儂第隻
noong de tsak

儂第件
noong de jen

儂第條
noong de diau

儂第張
noong de tsang

倒
tau

儂第个小囡比之箇个大點唔
noong de kuk ŝiau-nön pe ts koo kuk doo ten va

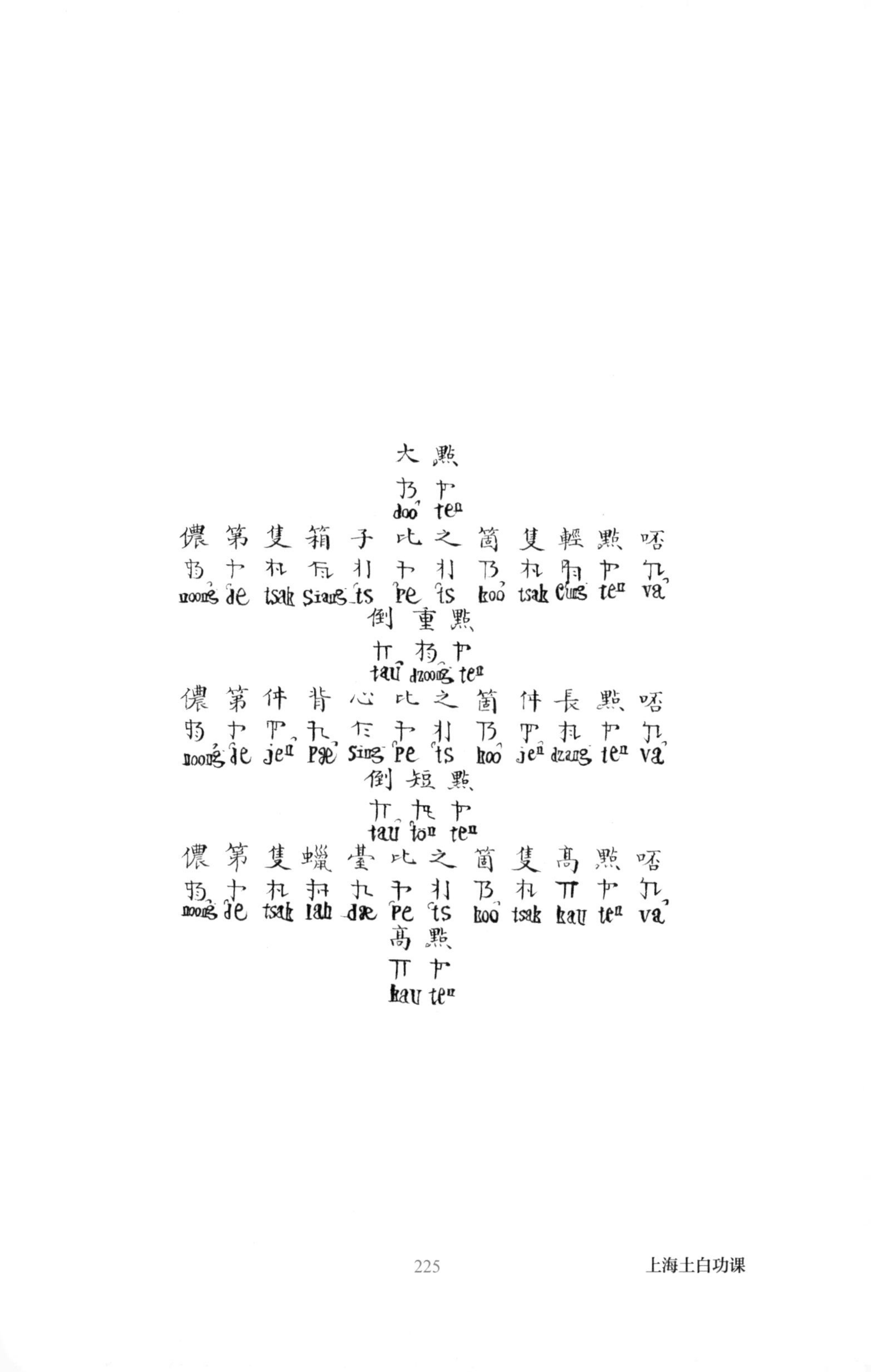

大點

doo te^n

儂第隻箱子比之箇隻輕點哣

noong de tsak siang ts pe ts koo tsak Cung te^n va

倒重點

tau dzoong te^n

儂第件背心比之箇件長點哣

noong de je^n pæ sing pe ts koo je^n dzang te^n va

倒短點

tau tön te^n

儂第隻蠟臺比之箇隻高點哣

noong de tsak lah dæ pe ts koo tsak kau te^n va

高點

kau te^n

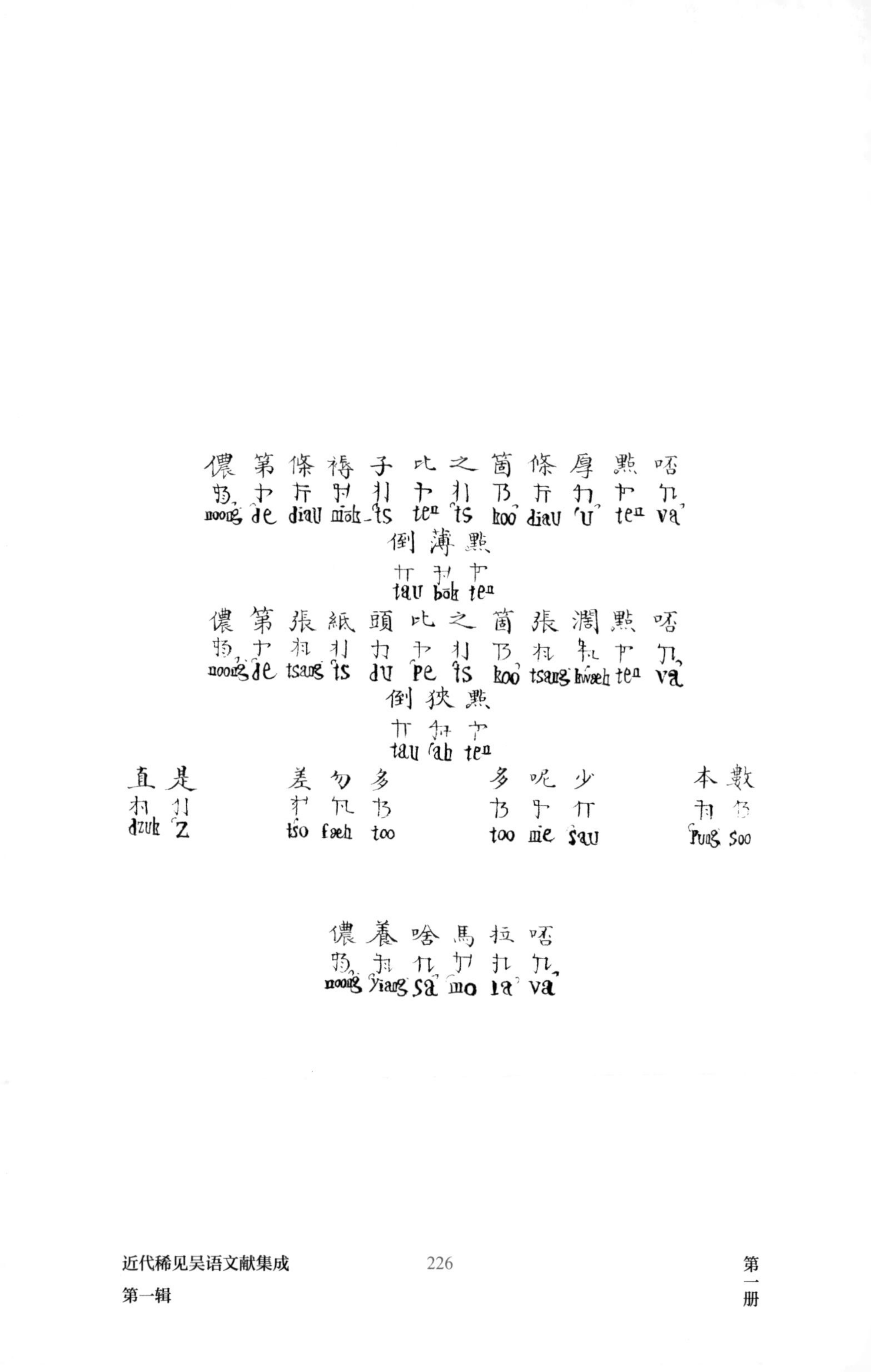

儂 第 條 褥 子 比 之 箇 條 厚 點 唔
noong de diau miok-ts ten ts koo diau 'u ten va
倒 薄 點
tau bok ten

儂 第 張 紙 頭 比 之 箇 張 濶 點 唔
noong de tsang ts du pe ts koo tsang kwæh ten va
倒 狹 點
tau 'ab ten

直 是 | 差 勿 多 | 多 呢 少 | 本 數
dzuk z | tso fæh too | too nie sau | pung soo

儂 養 啥 馬 拉 唔
noong yiang sa mo la va

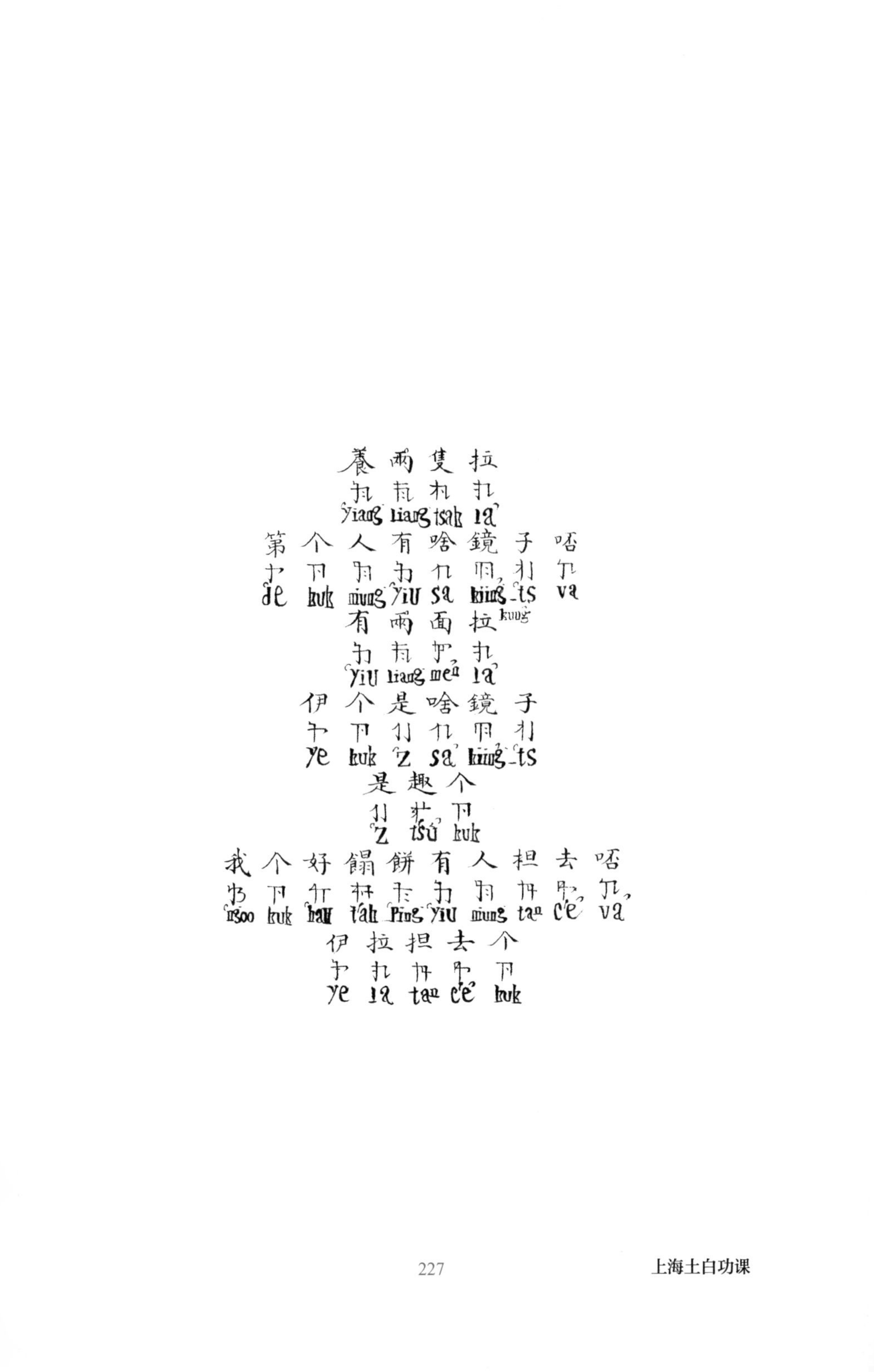

養兩隻拉

yiang liang tsak la

第个人有啥鏡子唔

de kuk niung yiu sa kiung-ts va

kuung

有兩面拉

yiu liang men la

伊个是啥鏡子

ye kuk z sa kiung-ts

是趣个

z ts'u kuk

我个好餲餅有人担去唔

ngoo kuk hau tah ping yiu niung tan c'e va

伊拉担去个

ye la tan c'e kuk

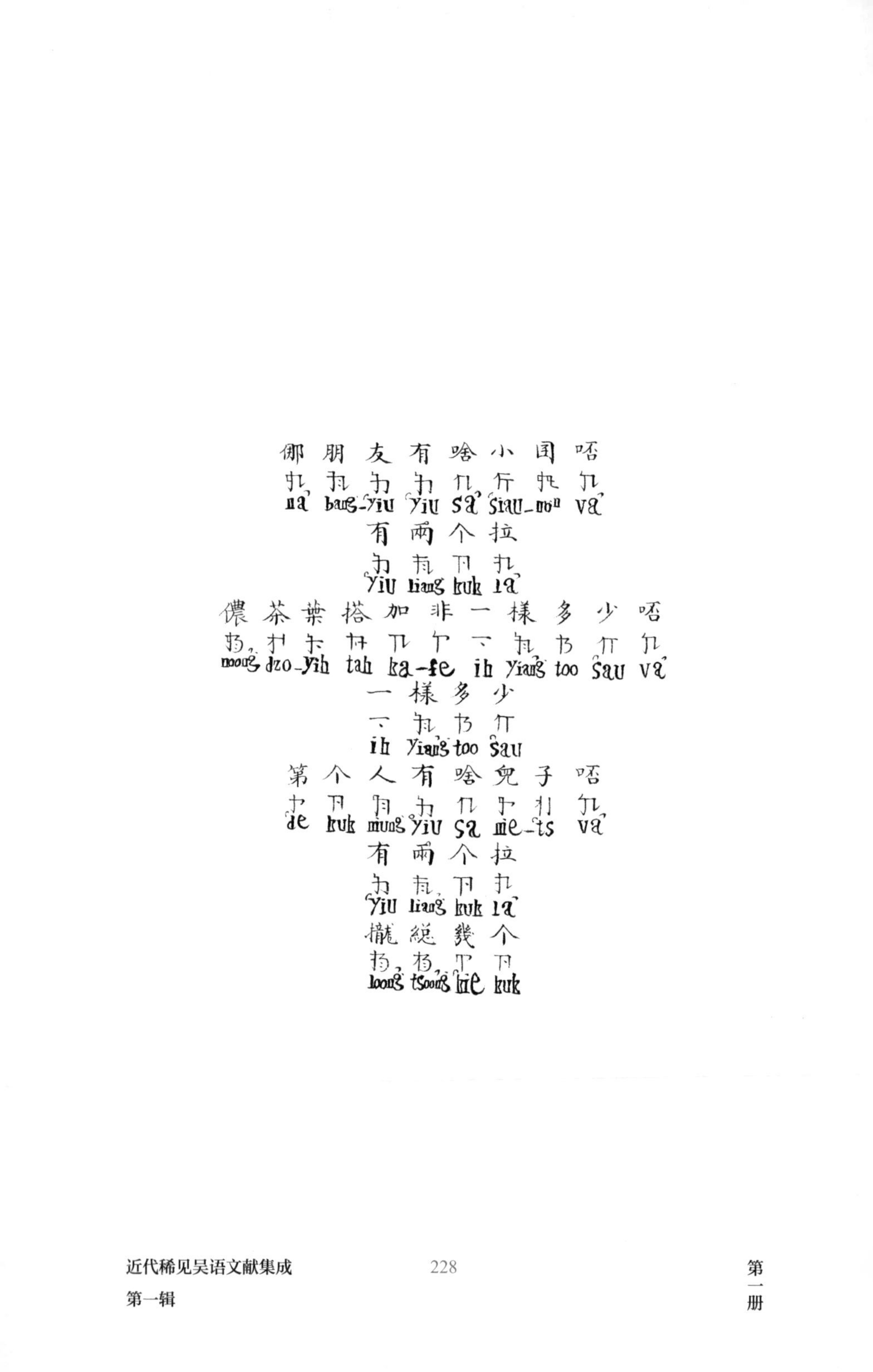

伽朋友有啥小囝唔
na bang-yiu yiu sa siau-nön va
有兩个拉
yiu liang kuk la
儂茶葉搭加非一樣多少唔
moong dzo-yih tah ka-fe ih yiang too sau va
一樣多少
ih yiang too sau
第个人有啥兒子唔
de kuk nyung yiu sa nie-ts va
有兩个拉
yiu liang kuk la
攏總幾个
loong tsoong kie kuk

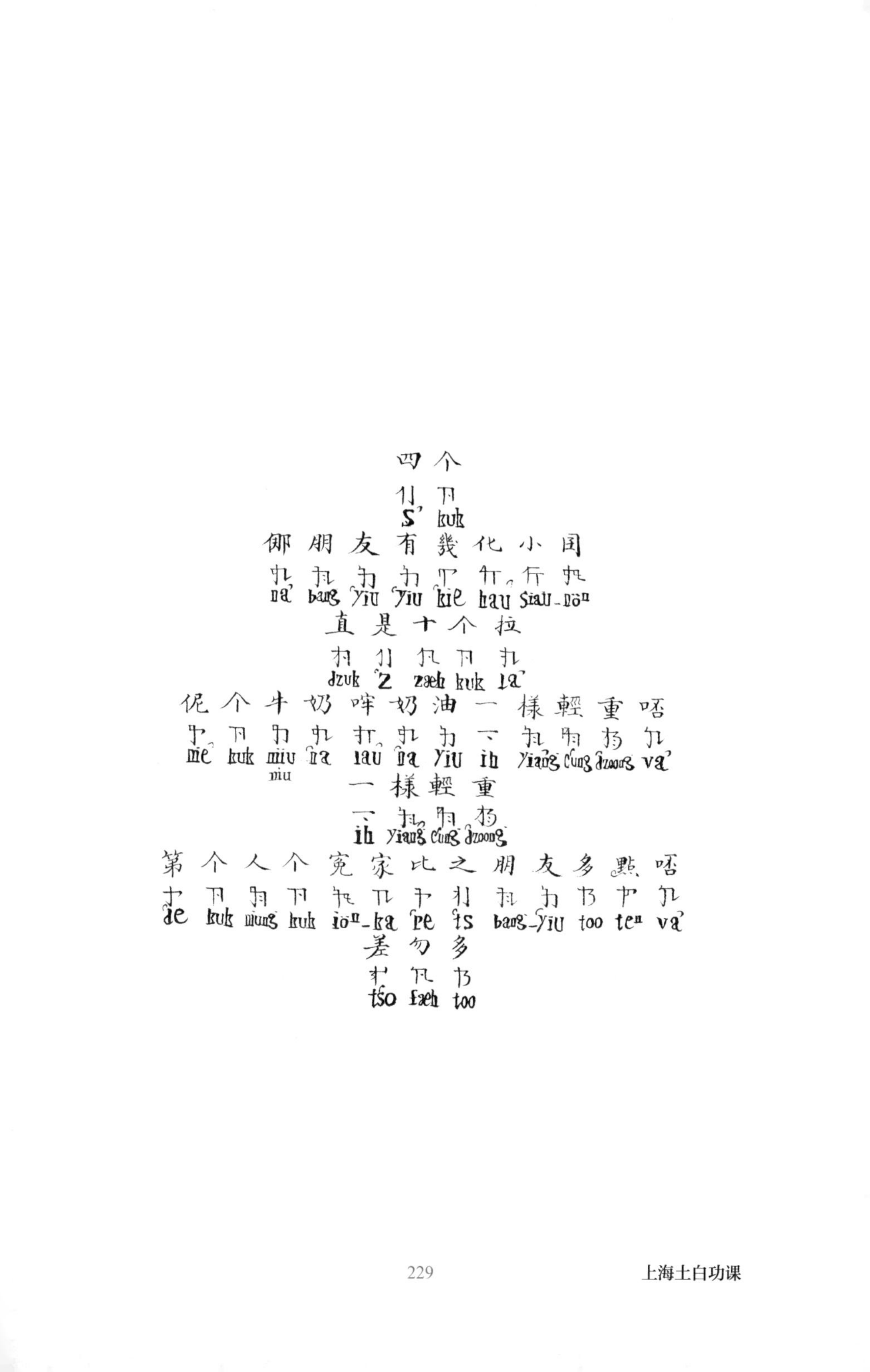

四个

s' kuk

倻朋友有幾化小囝

na' bang 'yiu 'yiu 'kie hau siau-nön

直是十个拉

dzuk 'z zaeh kuk la'

伲个牛奶咔奶油一様輕重唔

me kuk miu na iau na yiu ih yiang cung dzoong va'

miu

一様輕重

ih yiang cung dzoong

第个人个宽家比之朋友多點唔

de kuk niung kuk iön-ka pe ts bang-yiu too ten va'

差勿多

tso faeh too

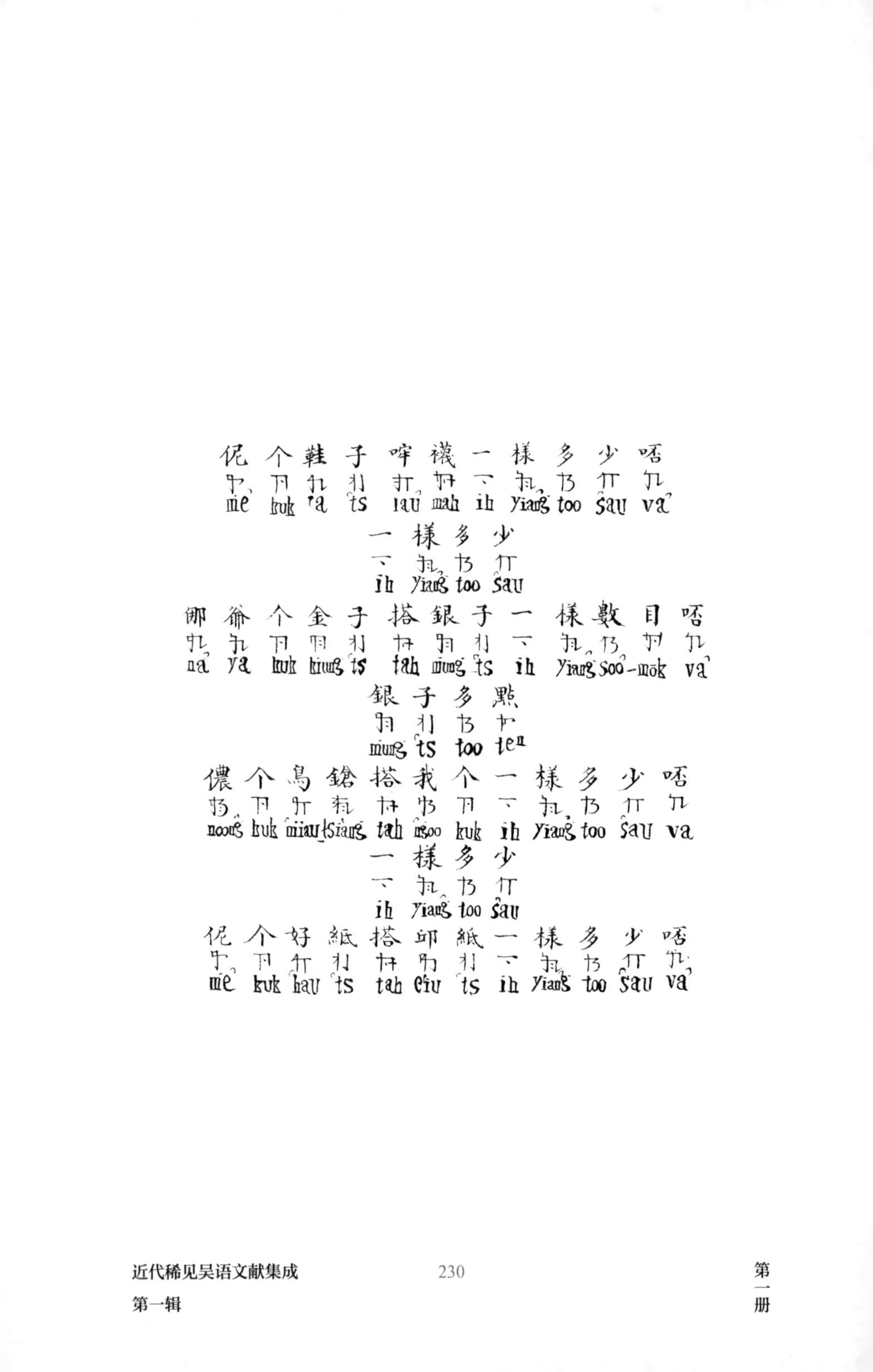

伲个鞋子哰襪一樣多少唔
me kuk 'a 'ts lau mah ih yiang too sau va

一樣多少
ih yiang too sau

僩爺个金子搭銀子一樣數目唔
na ya kuk kiung 'ts tah miung 'ts ih yiang soo-mok va

銀子多點
miung 'ts too teen

儂个鳥鎗搭我个一樣多少唔
noong kuk miau-tsiang tah ngoo kuk ih yiang too sau va

一樣多少
ih yiang too sau

伲个好紙搭卯紙一樣多少唔
me kuk hau 'ts tah ciu 'ts ih yiang too sau va

差　勿　多
tsŏ　fĕh　too

儂　小　囝　个　饅　頭　搭　之　餡　餅　一　樣　多　少　唔
ng̊　siau　noñ　kuk　maeh　du　tah　ts　tah　p̊ing　ih　yiang　too　sau　va

餡　餅　多　點
tah　p̊ing　too　ten

儂　有　幾　化　手　鎗
noong　yiu　hie　hau　su　siang

我　末　只　得　一　管　我　个　爺　末　有　五　管　拉
ng̊oo　maeh　tseh　tuh　ih　kwaen　ng̊oo　kuk　ya　maeh　yiu　ng̊　kwaen　la
唔

儂　个　銀　子　搭　我　个　一　樣　數　目　唔
noong　kuk　niung　ts　tah　ng̊oo　kuk　ih　yiang　soo　mok　va

儂　比　我　多
noong　pe　ng̊oo　too

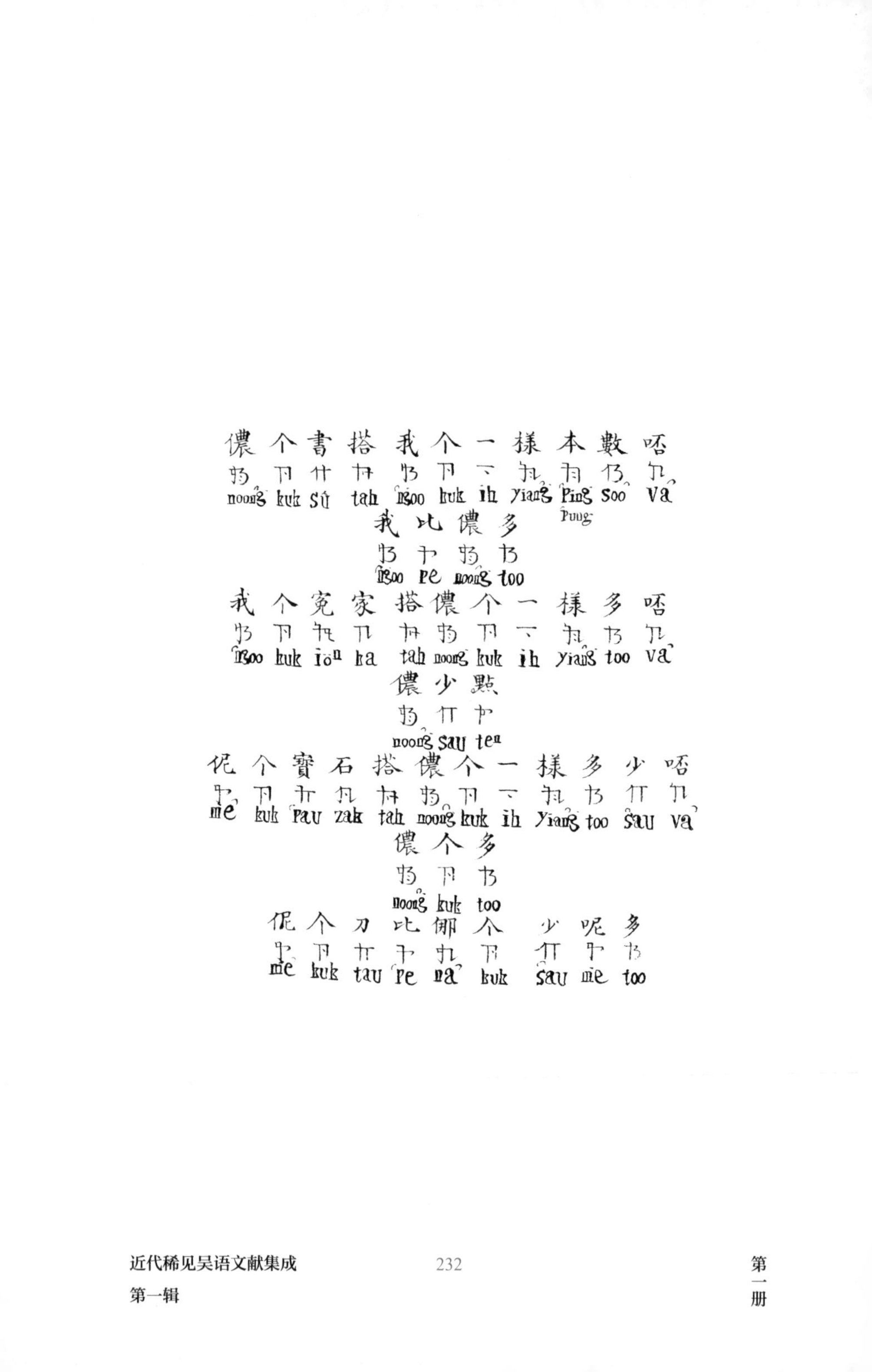

儂个書搭我个一様本數唔

noong kuk sû tah ngoo kuk ih yiang ping soo va
puug

我比儂多

ngoo pe noong too

我个宽家搭儂个一様多唔

ngoo kuk iön ka tah noong kuk ih yiang too va

儂少點

noong sau ten

伲个寶石搭儂个一様多少唔

me kuk pau zak tah noong kuk ih yiang too sau va

儂个多

noong kuk too

伲个刀比倻个少呢多

me kuk tau pe na kuk sau me too

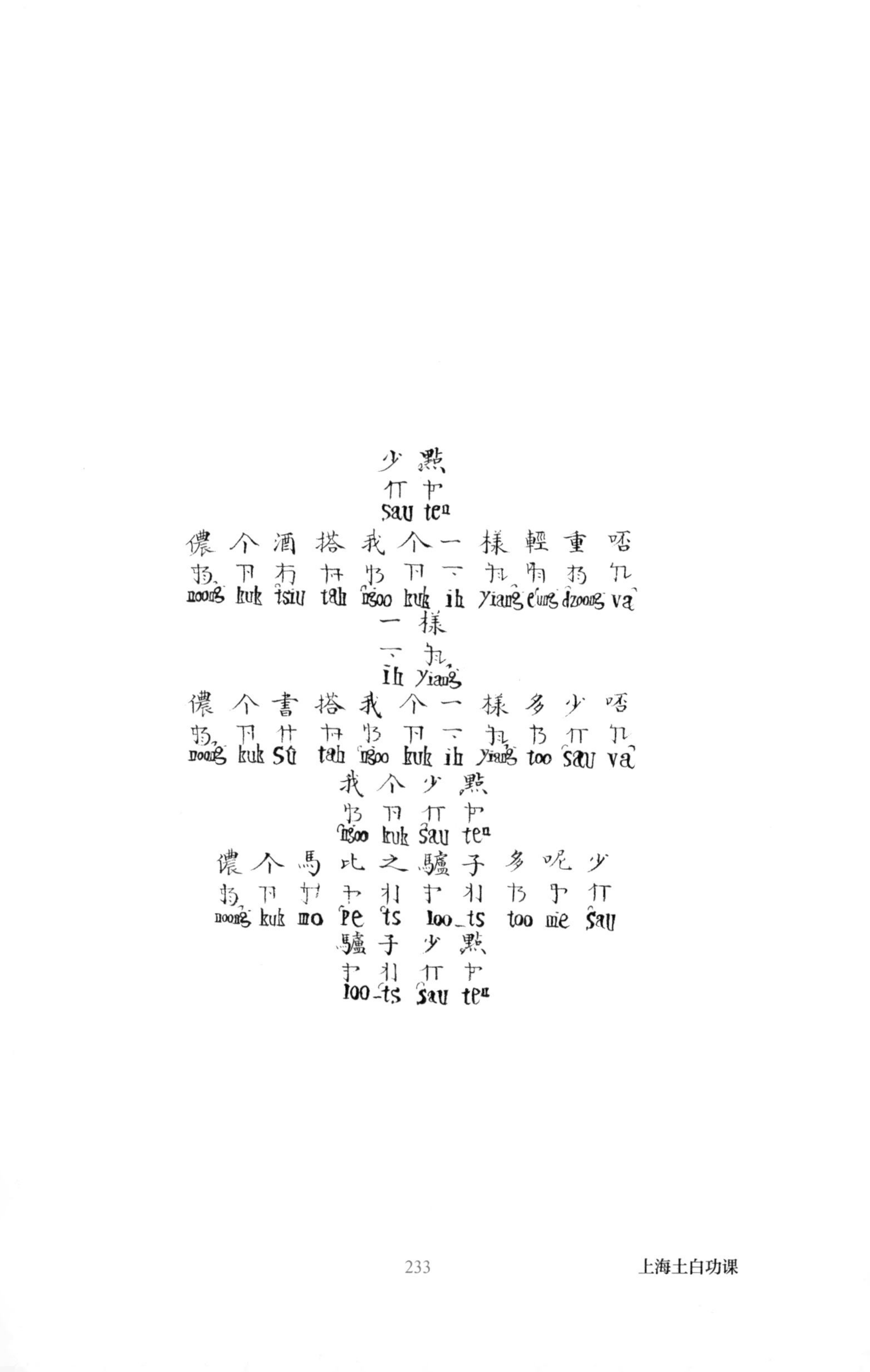

少點

sau te^{n}

儂个酒搭我个一樣輕重唔

noong kuk tsiu tah ngoo kuk ih yiang c'ung dzoong va

一樣

ih yiang

儂个書搭我个一樣多少唔

noong kuk sû tah ngoo kuk ih yiang too sau va

我个少點

ngoo kuk sau te^{n}

儂个馬比之驢子多呢少

noong kuk mo pe ts loo-ts too me sau

驢子少點

loo-ts sau te^{n}

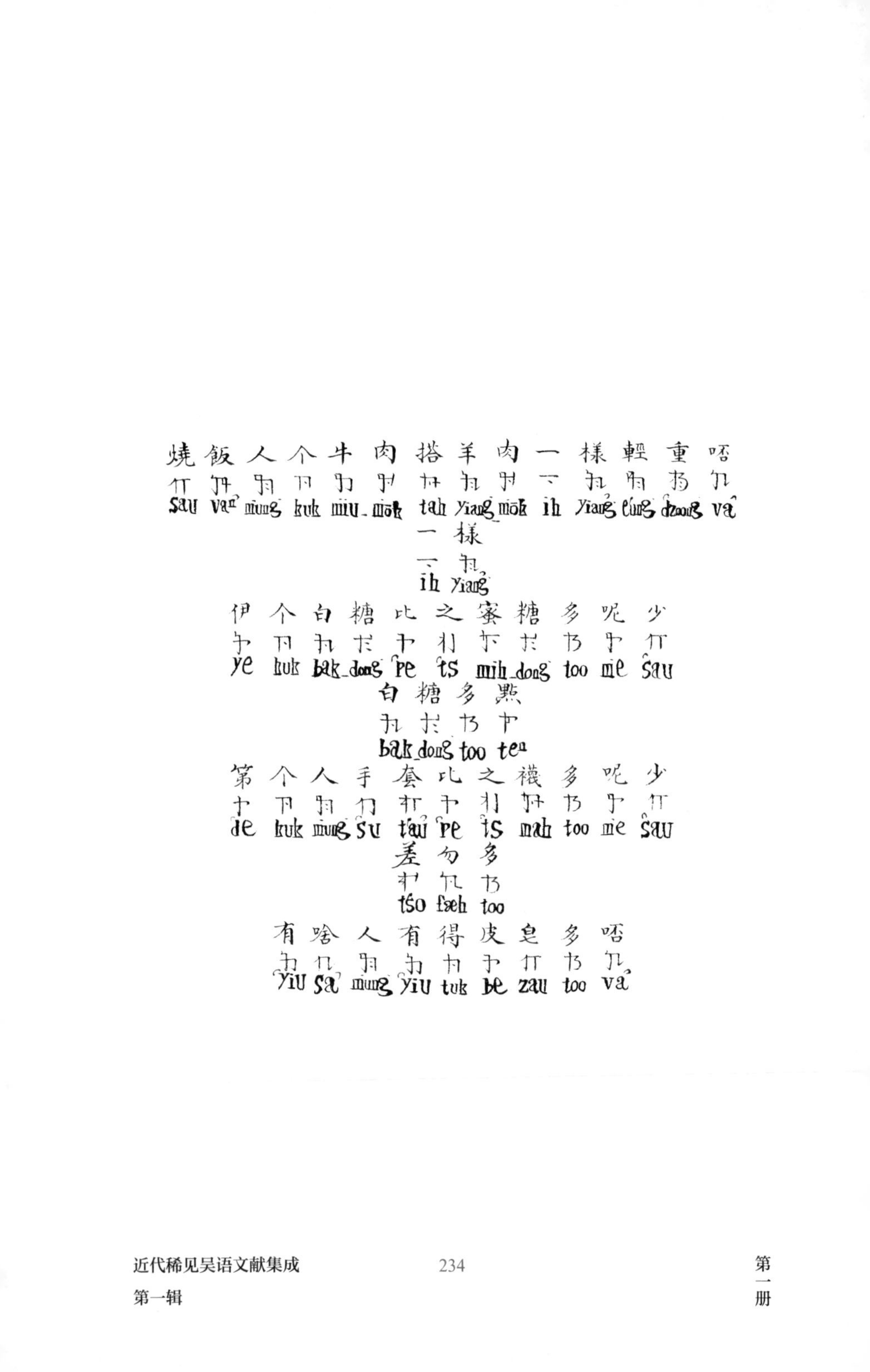

燒 飯 人 个 牛 肉 搭 羊 肉 一 樣 輕 重 唔
sau va^{n} mung kuk miu_mok tah yiang_mok ih yiang ćung dzoong va

一 樣
ih yiang

伊 个 白 糖 比 之 蜜 糖 多 呢 少
ye kuk bak_dong pe ts mih_dong too me sau

白 糖 多 點
bak_dong too te^{n}

第 个 人 手 套 比 之 襪 多 呢 少
de kuk mung su tau pe ts mah too me sau

差 勿 多
tso faeh too

有 啥 人 有 得 皮 皂 多 唔
yiu sa mung yiu tuk be zau too va

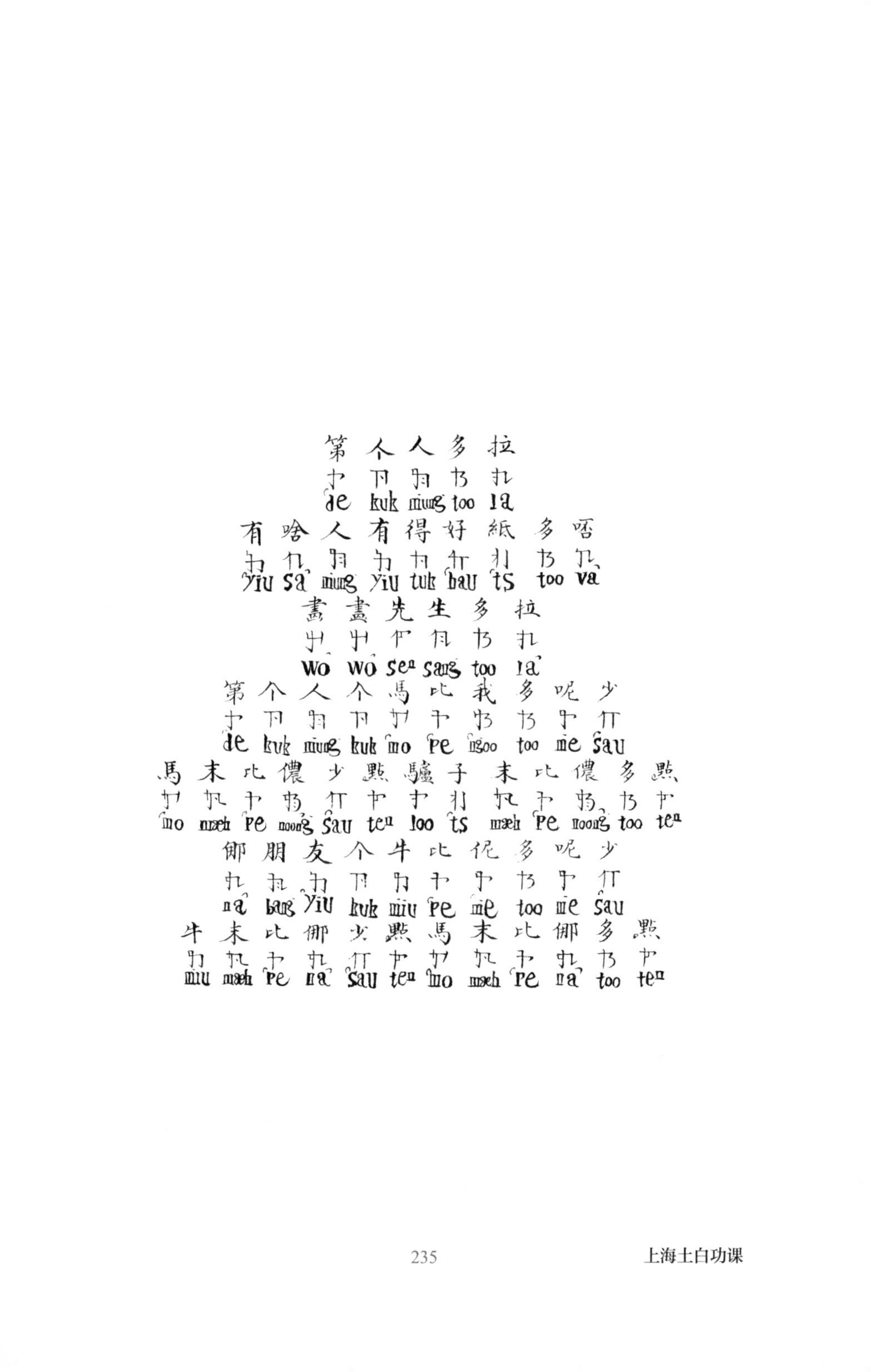

第个人多拉

de kuk miung too la

有啥人有得好紙多唔

yiu sa' miung yiu tuk hau ts too va'

畫畫先生多拉

wo wo se^{n} sang too la'

第个人个馬比我多呢少

de kuk miung kuk mo pe ngoo too me sau

馬末比儂少點驢子末比儂多點

mo meh pe noong sau te^{n} loo ts meh pe noong too te^{n}

伽朋友个牛比伲多呢少

na' bang yiu kuk miu pe nie too me sau

牛末比伽少點馬末比伽多點

miu meh pe na' sau te^{n} mo meh pe na' too te^{n}

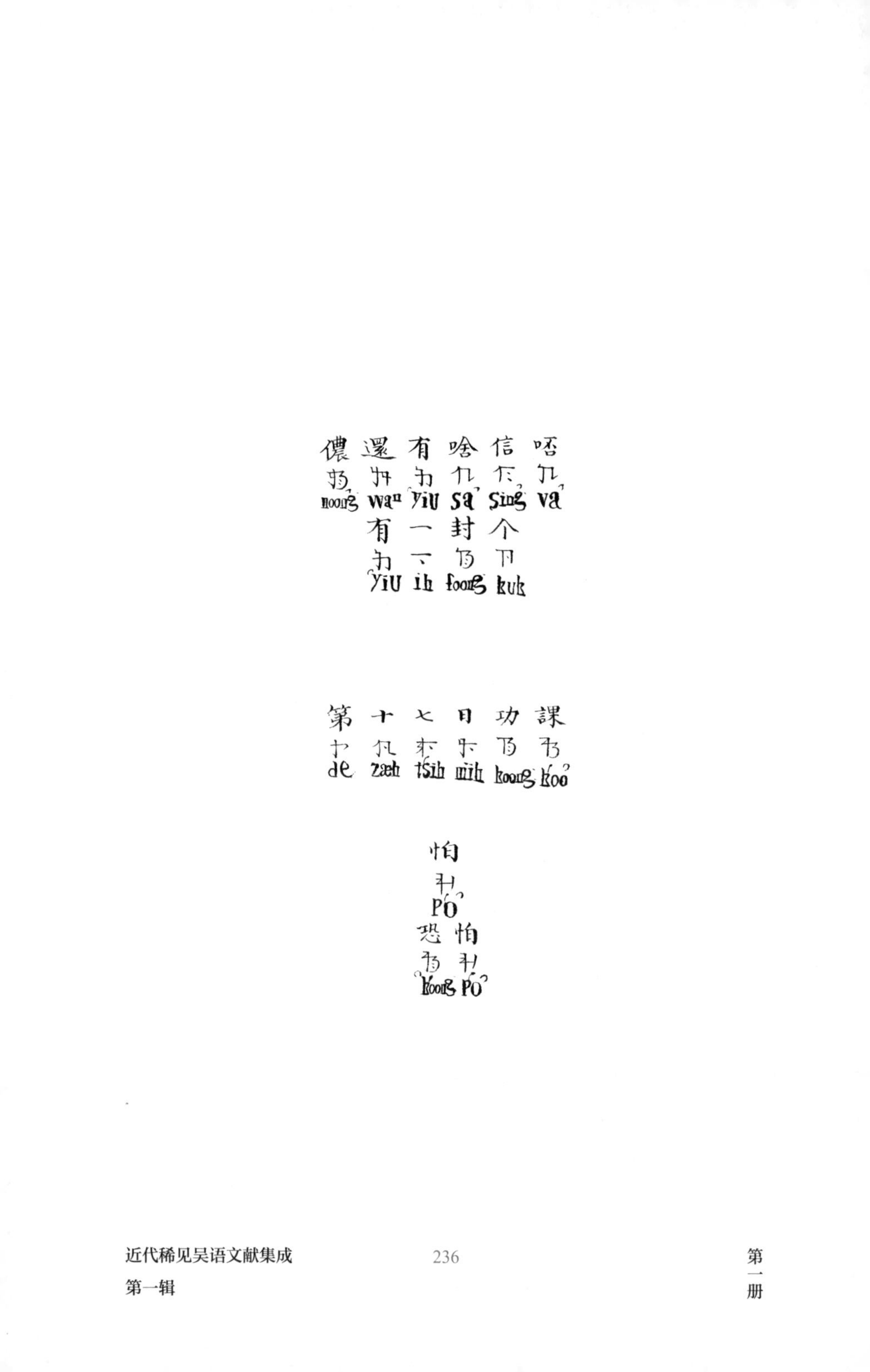

儂 還 有 啥 信 唔
noong wan yiu sa sing va

有 一 封 个
yiu ih foong kuk

第 十 七 日 功 課
de zæh tsih nih koong koo

怕
po

恐 怕
koong po

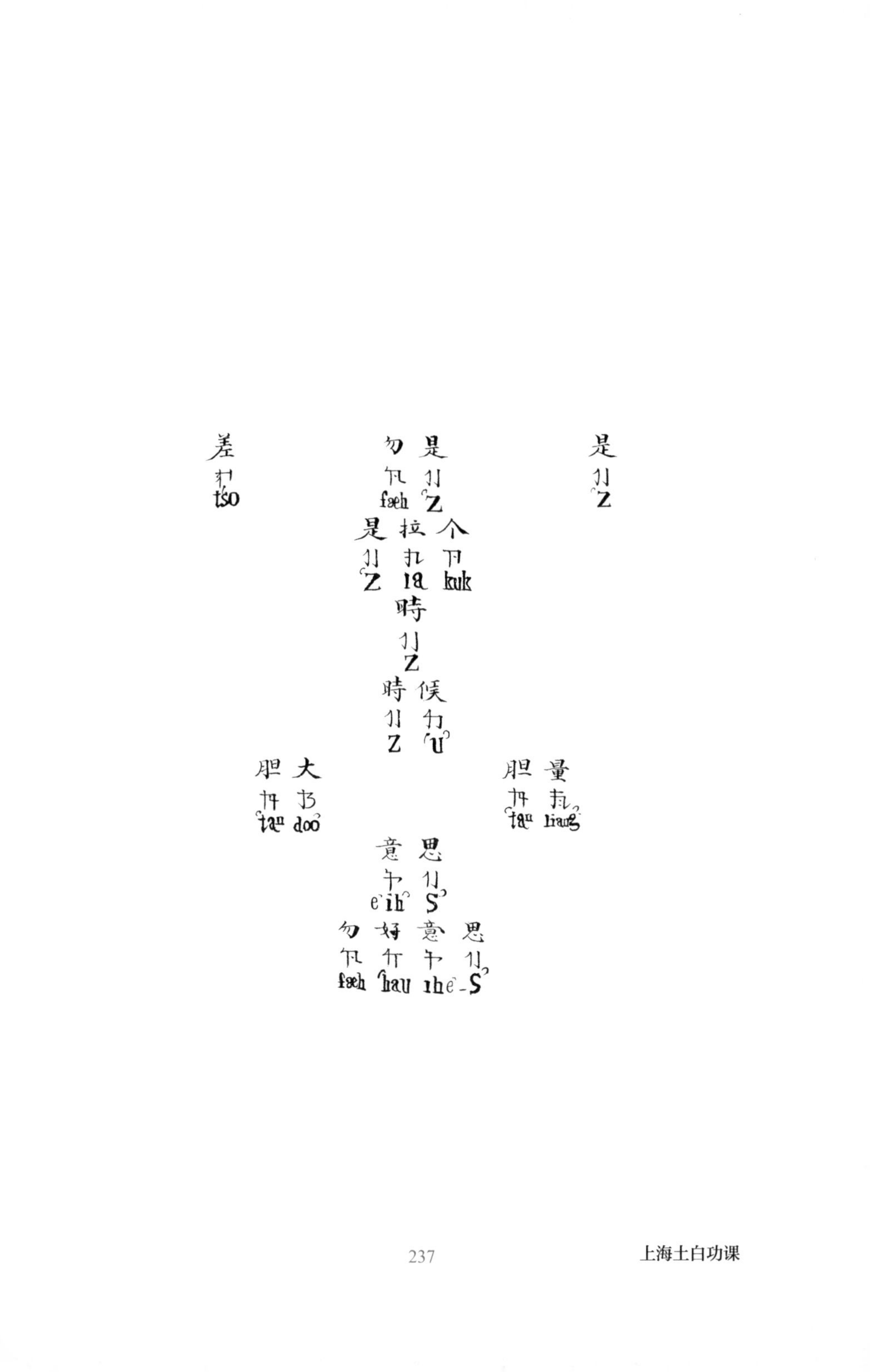

差
tso

勿是
fæh z

是
z

是拉个
z la kuk

時
z

時候
z u

胆大
tan doo

胆量
tan liang

意思
e'ih s

勿好意思
fæh 'hau ihe'-s

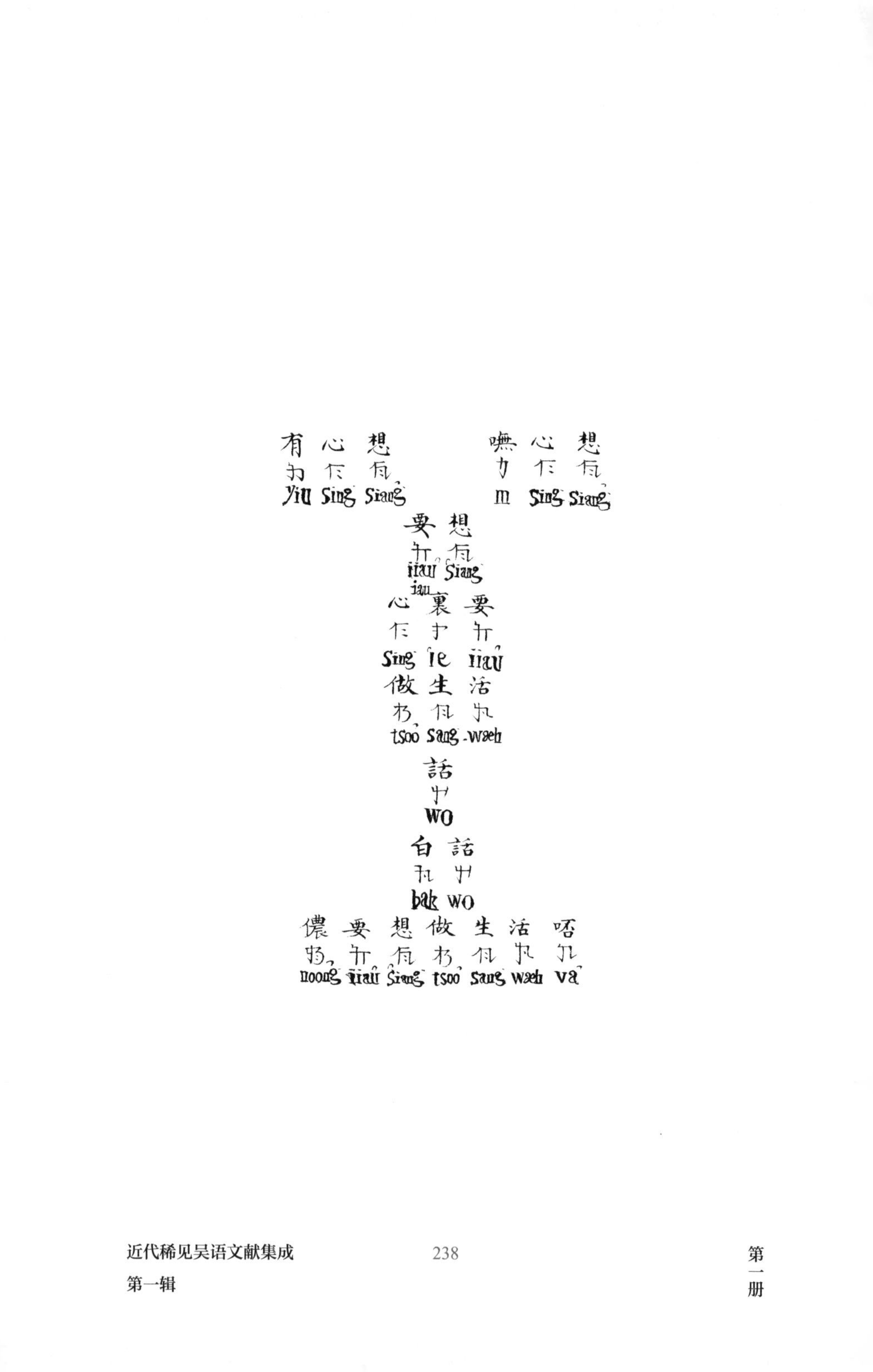

有 心 想　　　嘸 心 想
yiu sing siang　　　m sing siang

要 想
iiau siang
iau

心 裏 要
sing le iiau

做 生 活
tsoo sang-waeh

話
wo

白 話
bak wo

儂 要 想 做 生 活 唔
noong iiau siang tsoo sang waeh va

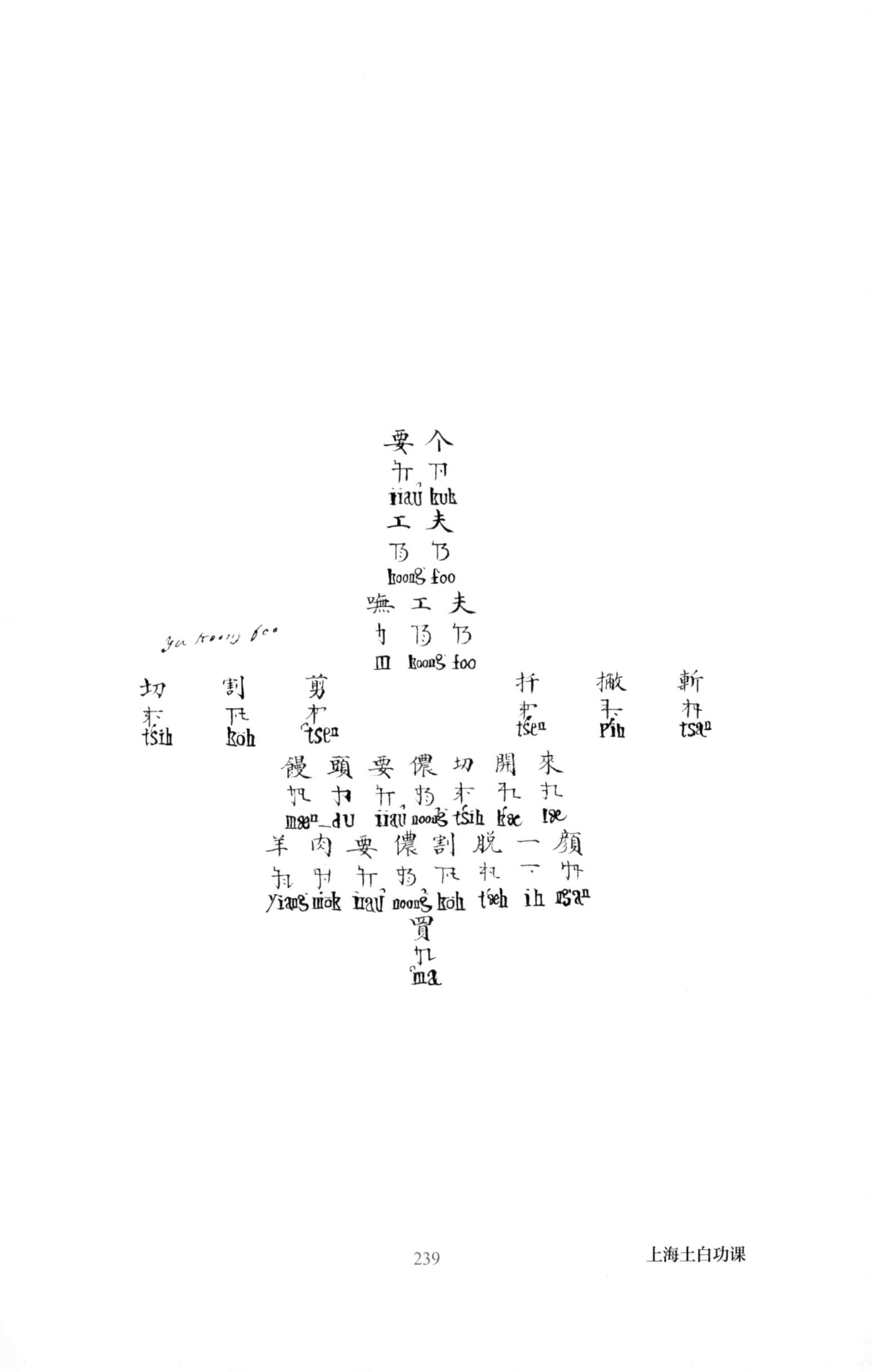

要个

iau kuh

工夫

koong foo

嘸工夫

m koong foo

yu koong foo

切 割 剪

tsih koh tsen

扦 撇 斬

tsen pih tsan

饅頭要儂切開來

mœn du iau noong tsih kæ læ

羊肉要儂割脫一顏

yiang niok iau noong koh t'eh ih ngan

買

ma

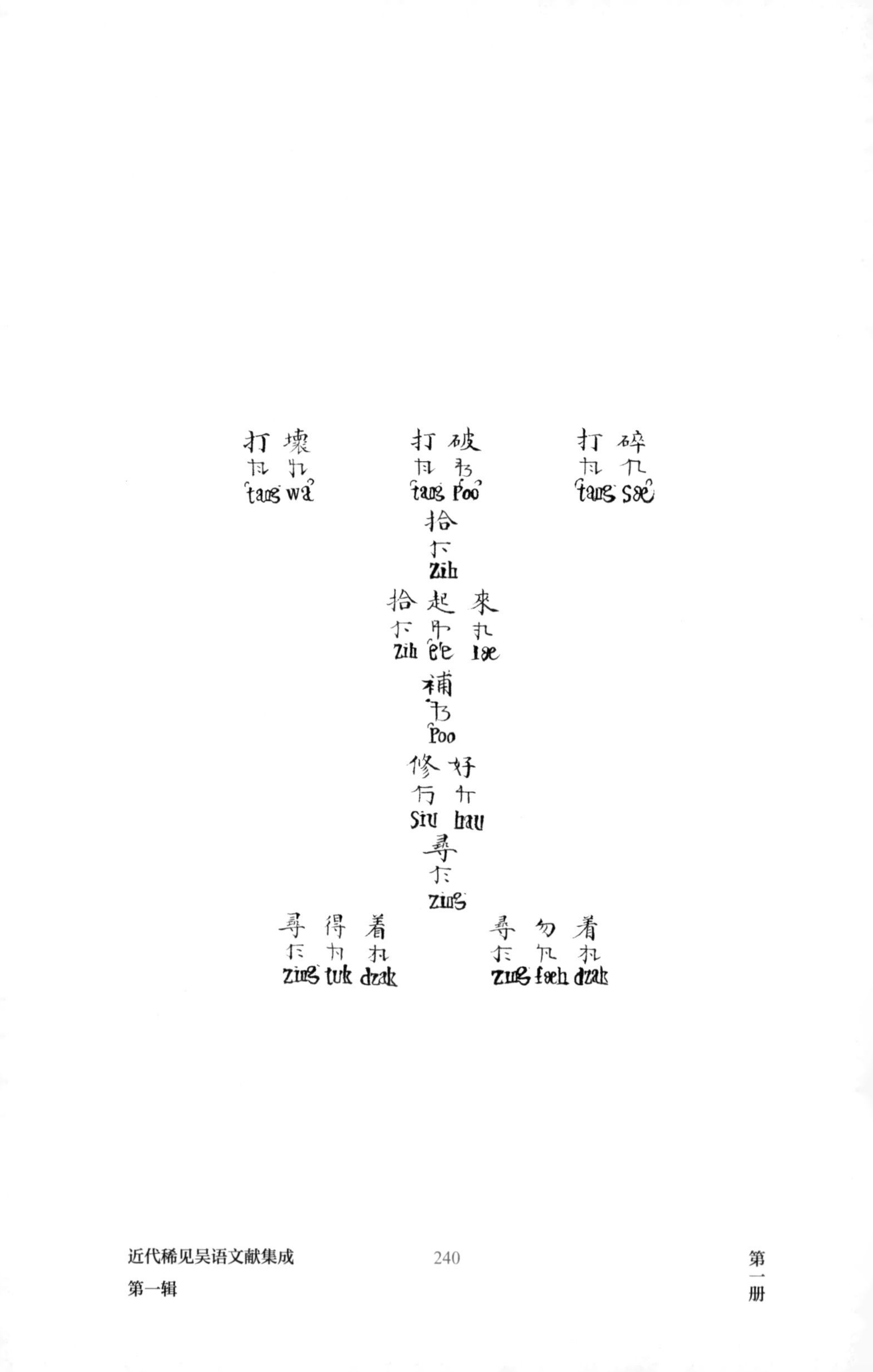

打壞
tang wa

打破
tang Poo

打碎
tang sæ

拾
Zih

拾起來
Zih e'e læ

補
Poo

修好
Siu hau

尋
zing

尋得着
zing tuk dzak

尋勿着
zing fæh dzak

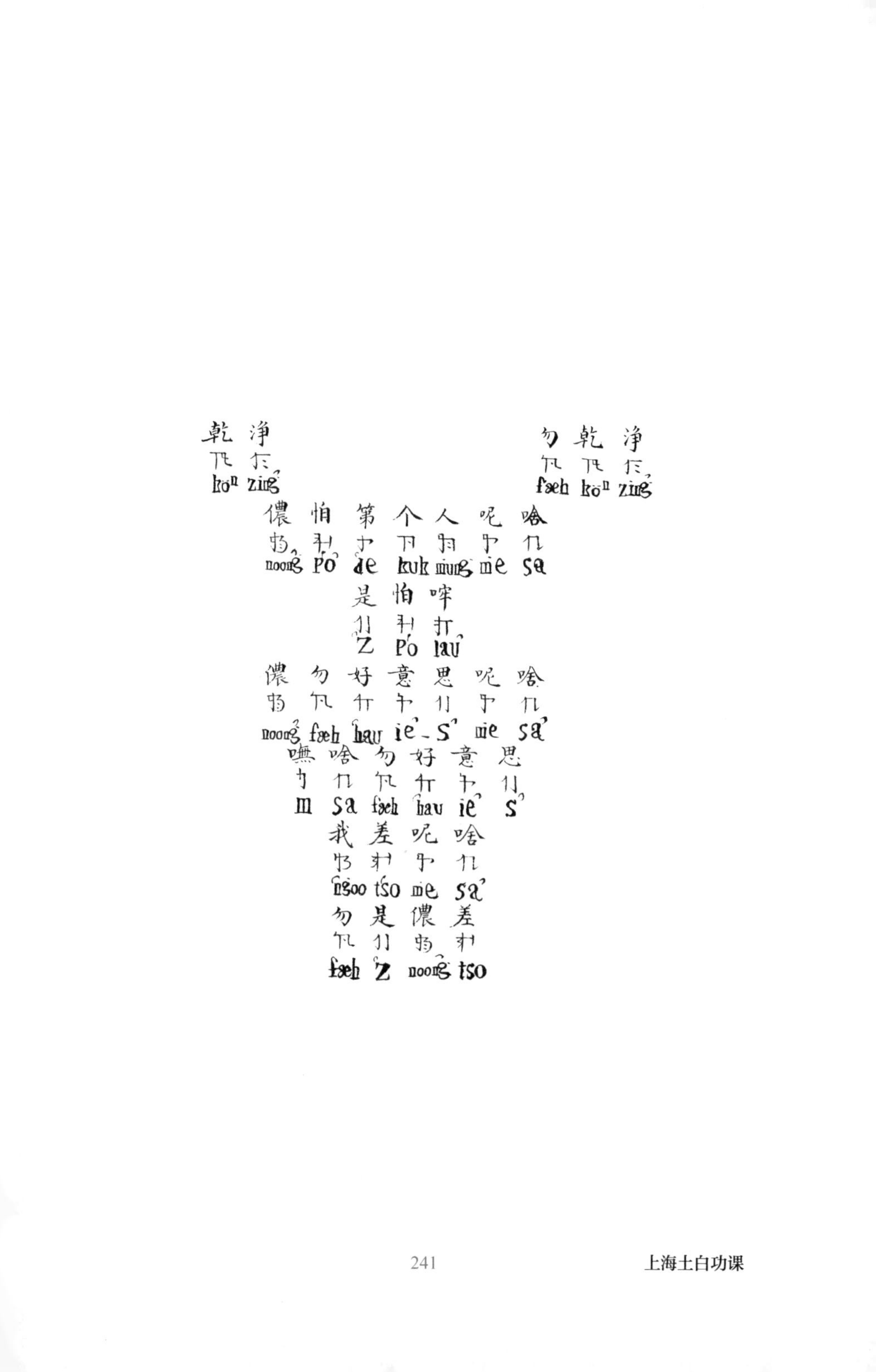

乾 淨　　　　　　　　　　　　勿 乾 淨
kö^{n} zing　　　　　　　　　　　fæh kö^{n} zing

儂 怕 第 个 人 呢 啥
noong po de kuh ming nie sa

是 怕 咾
z po lau

儂 勿 好 意 思 呢 啥
noong fæh hau ie-s nie sa

嘸 啥 勿 好 意 思
m sa fæh hau ie s

我 差 呢 啥
ngoo tso nie sa

勿 是 儂 差
fæh z noong tso

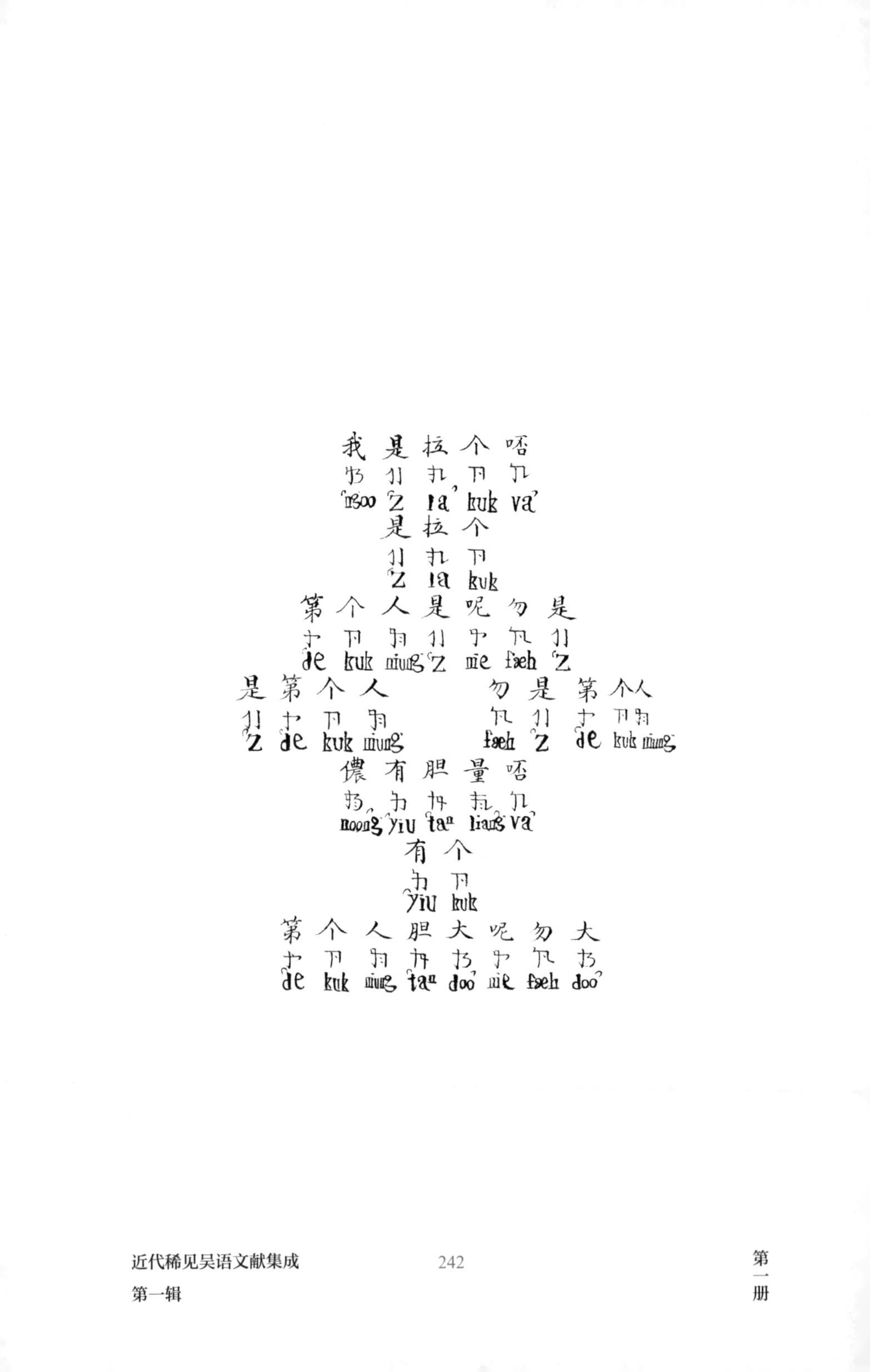

我 是 拉 个 唔
ngoo z la kuk va

是 拉 个
z la kuk

第 个 人 是 呢 勿 是
de kuk niung z nie fæh z

是 第 个 人　　勿 是 第 个人
z de kuk niung　　fæh z de kuk niung

儂 有 胆 量 唔
noong yiu ta^n liang va

有 个
yiu kuk

第 个 人 胆 大 呢 勿 大
de kuk niung ta^n doo nie fæh doo

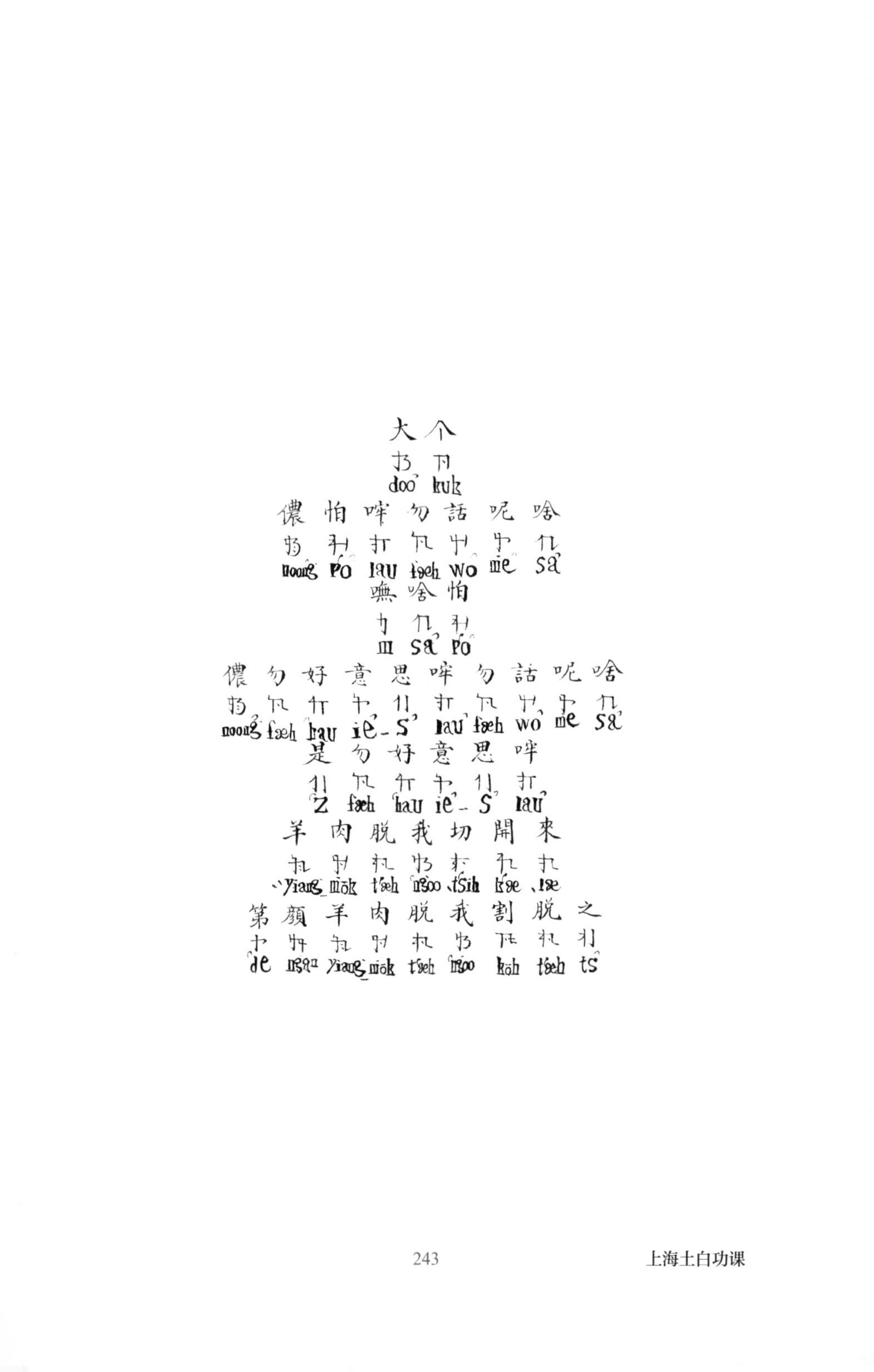

大 个

doo kuk

儂 怕 哰 勿 話 呢 啥

noong po lau fæh wo me sa

嘸 啥 怕

m sa po

儂 勿 好 意 思 哰 勿 話 呢 啥

noong fæh hau ie-s lau fæh wo me sa

是 勿 好 意 思 哰

z fæh hau ie-s lau

羊 肉 脫 我 切 開 來

yiang-mök t'sæh ngoo tsih k'æ læ

第 顏 羊 肉 脫 我 割 脫 之

de ngan yiang-mök t'sæh ngoo köh t'sæh ts

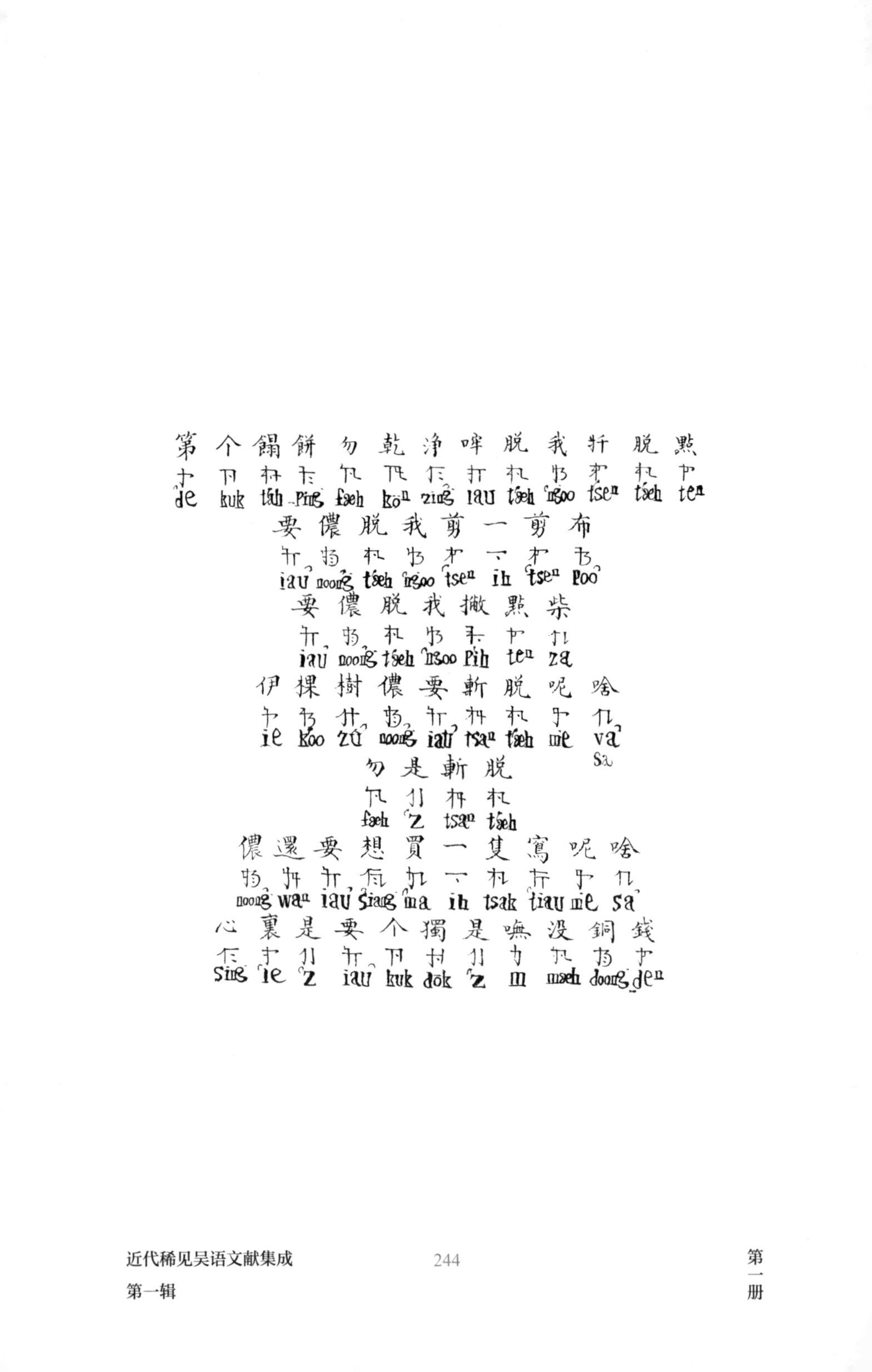

第 个 餲 餅 勿 乾 淨 哰 脫 我 扦 脫 點

de kuk tah-ping fæh kōn zing lau tsæh ‘ngoo tsen tsæh ten

要 儂 脫 我 剪 一 剪 布

iau noong tsæh ‘ngoo tsen ih tsen poo

要 儂 脫 我 撇 點 柴

iau noong tsæh ‘ngoo pih ten za

伊 棵 樹 儂 要 斬 脫 呢 啥

ie koo zû noong iau tsan tsæh nie va
sa

勿 是 斬 脫

fæh ‘z tsan tsæh

儂 還 要 想 買 一 隻 鳥 呢 啥

noong wan iau siang ‘ma ih tsak ‘tiau nie sa

心 裏 是 要 个 獨 是 嘸 沒 銅 錢

sing ‘ie ‘z iau kuk dok ‘z m mæh doong den

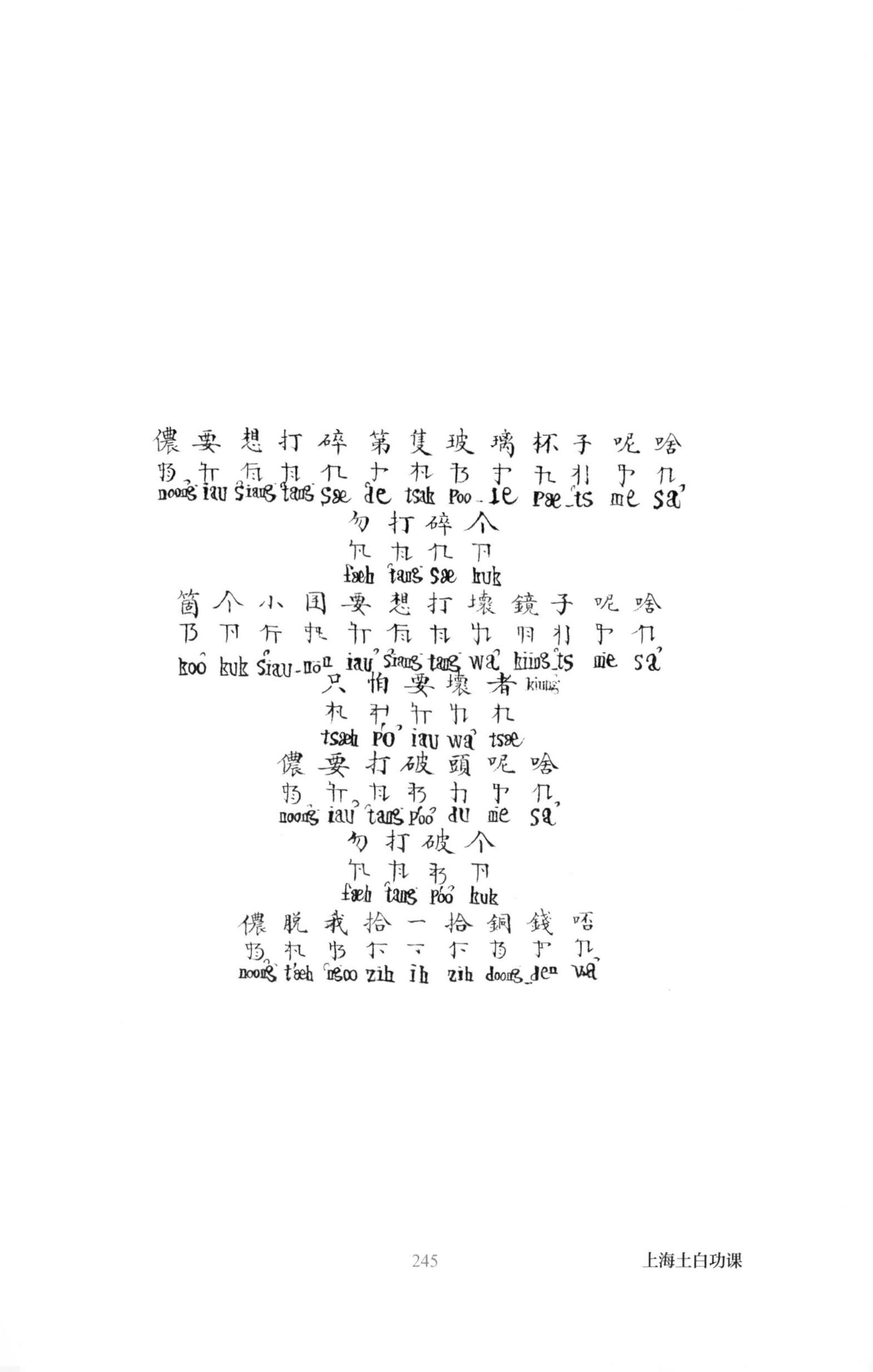

侬要想打碎第隻玻璃杯子呢啥

noong iau siang tang sæ de tsak poo-le pæ-ts me sa'

勿打碎个

fæh tang sæ kuk

箇个小囝要想打壞鏡子呢啥

koo kuk siau-nön iau siang tang wa' kiung-ts me sa'

只怕要壞者 kiung

tsæh p'o iau wa' tsæ

侬要打破頭呢啥

noong iau tang poo du me sa'

勿打破个

fæh tang poo kuk

侬脱我拾一拾銅錢唔

noong t'æh ngoo zih ih zih doong-den va'

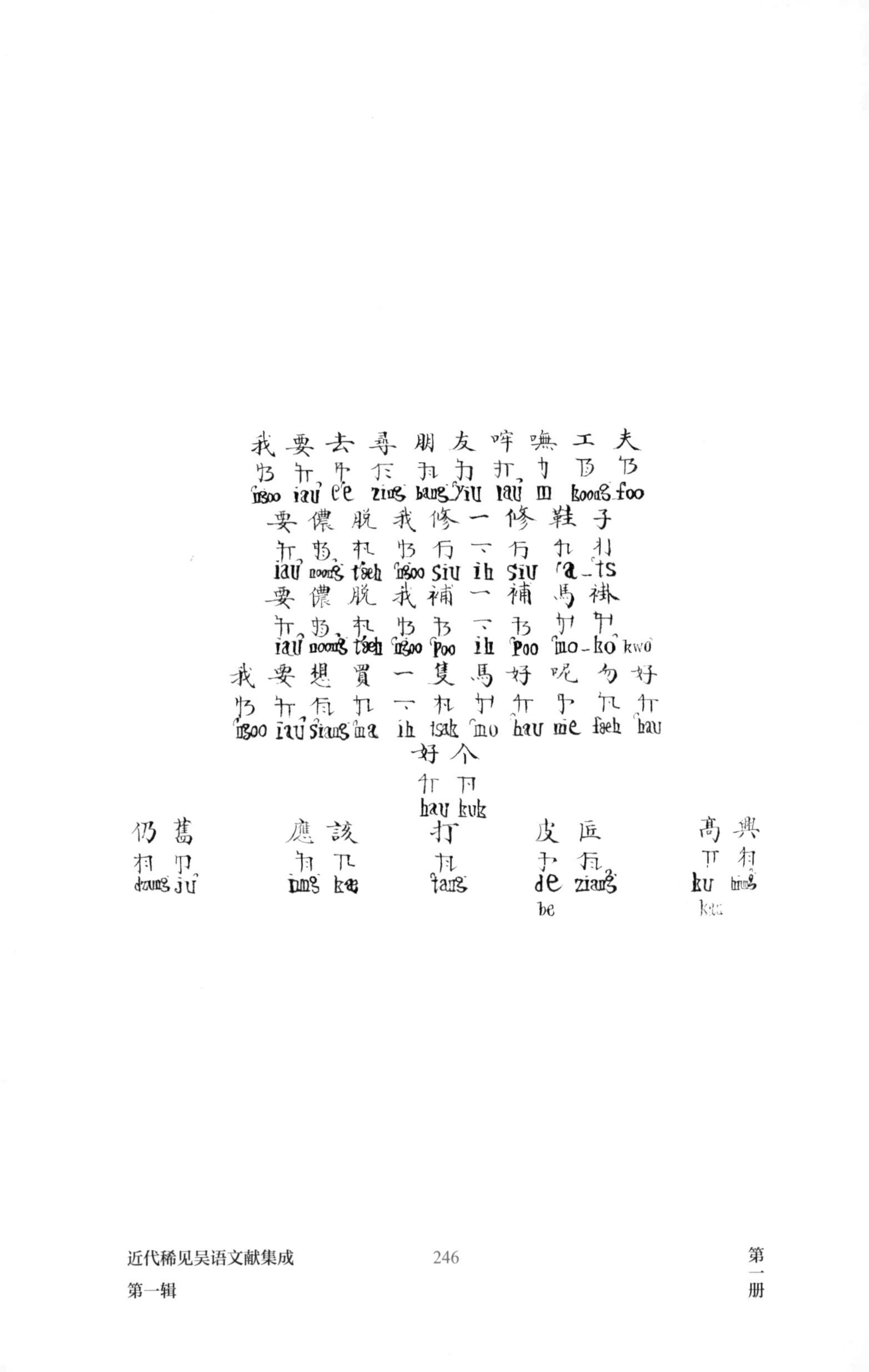

我要去尋朋友哰嘸工夫

ngoo iau c'e zing bang yiu lau m koong foo

要儂脱我修一修鞋子

iau noong t'seh ngoo siu ih siu 'a-ts

要儂脱我補一補馬褂

iau noong t'seh ngoo poo ih poo mo-ko kwo

我要想買一隻馬好呢勿好

ngoo iau siang ma ih tsak mo hau me feh hau

好个

hau kuk

仍舊 dzung ju

應該 ing kae

打 tang

皮匠 de ziang be

高興 ku hing kau

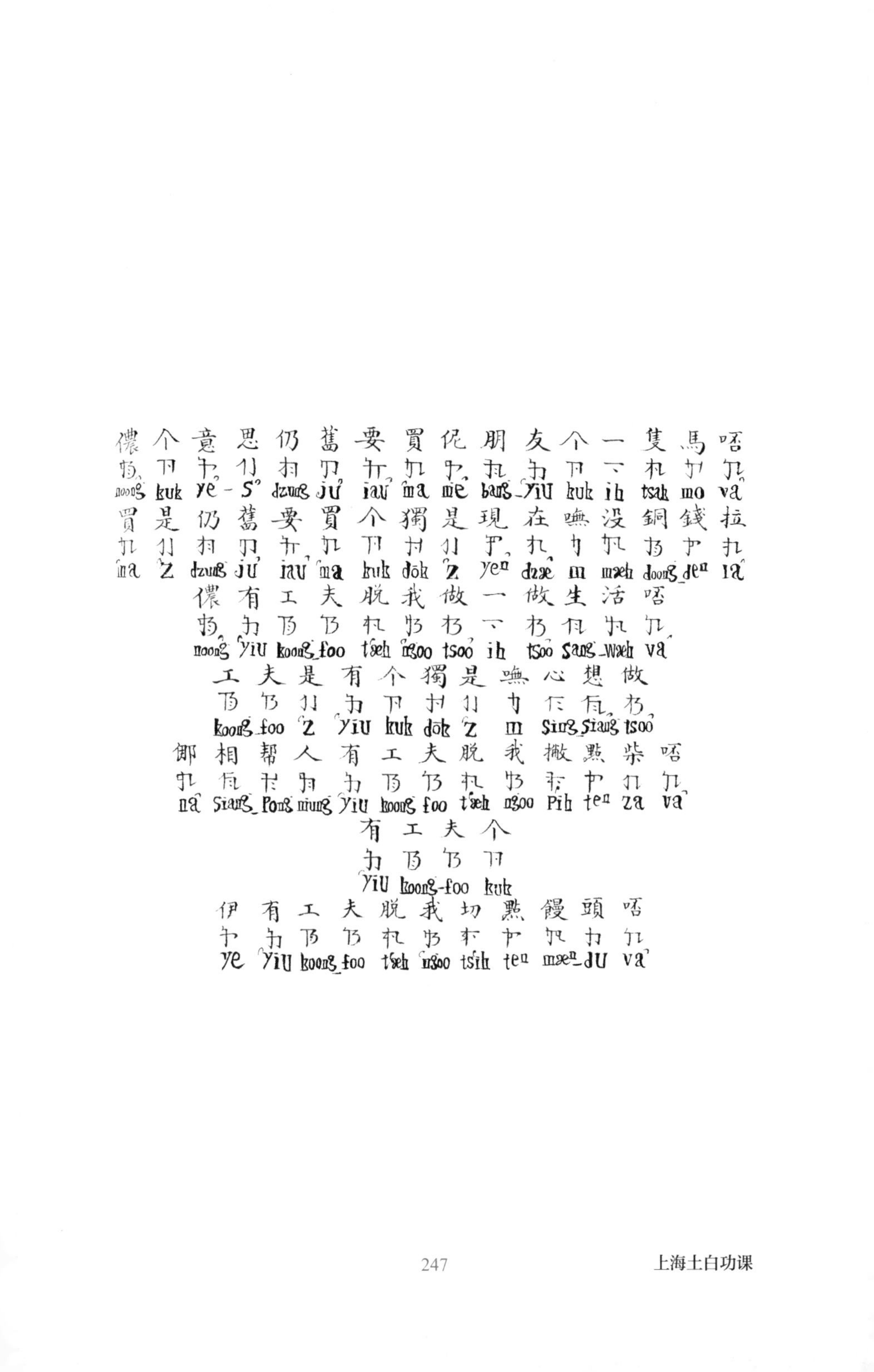

儂 个 意 思 仍 舊 要 買 伲 朋 友 个 一 隻 馬 唔
noong kuk ye-s dzung ju iau ma ne bang-yiu kuk ih tsak mo va
買 是 仍 舊 要 買 个 獨 是 現 在 嘸 没 銅 錢 拉
ma z dzung ju iau ma kuk dok z yen dzæ m mæh doong-den la

儂 有 工 夫 脱 我 做 一 做 生 活 唔
noong yiu koong-foo t'eh ngoo tsoo ih tsoo sang-wæh va

工 夫 是 有 个 獨 是 嘸 心 想 做
koong-foo z yiu kuk dok z m sing-siang tsoo

倻 相 帮 人 有 工 夫 脱 我 撇 點 柴 唔
na siang-pong niung yiu koong foo t'eh ngoo pih ten za va

有 工 夫 个
yiu koong-foo kuk

伊 有 工 夫 脱 我 切 點 饅 頭 唔
ye yiu koong-foo t'eh ngoo tsih ten mæn-du va

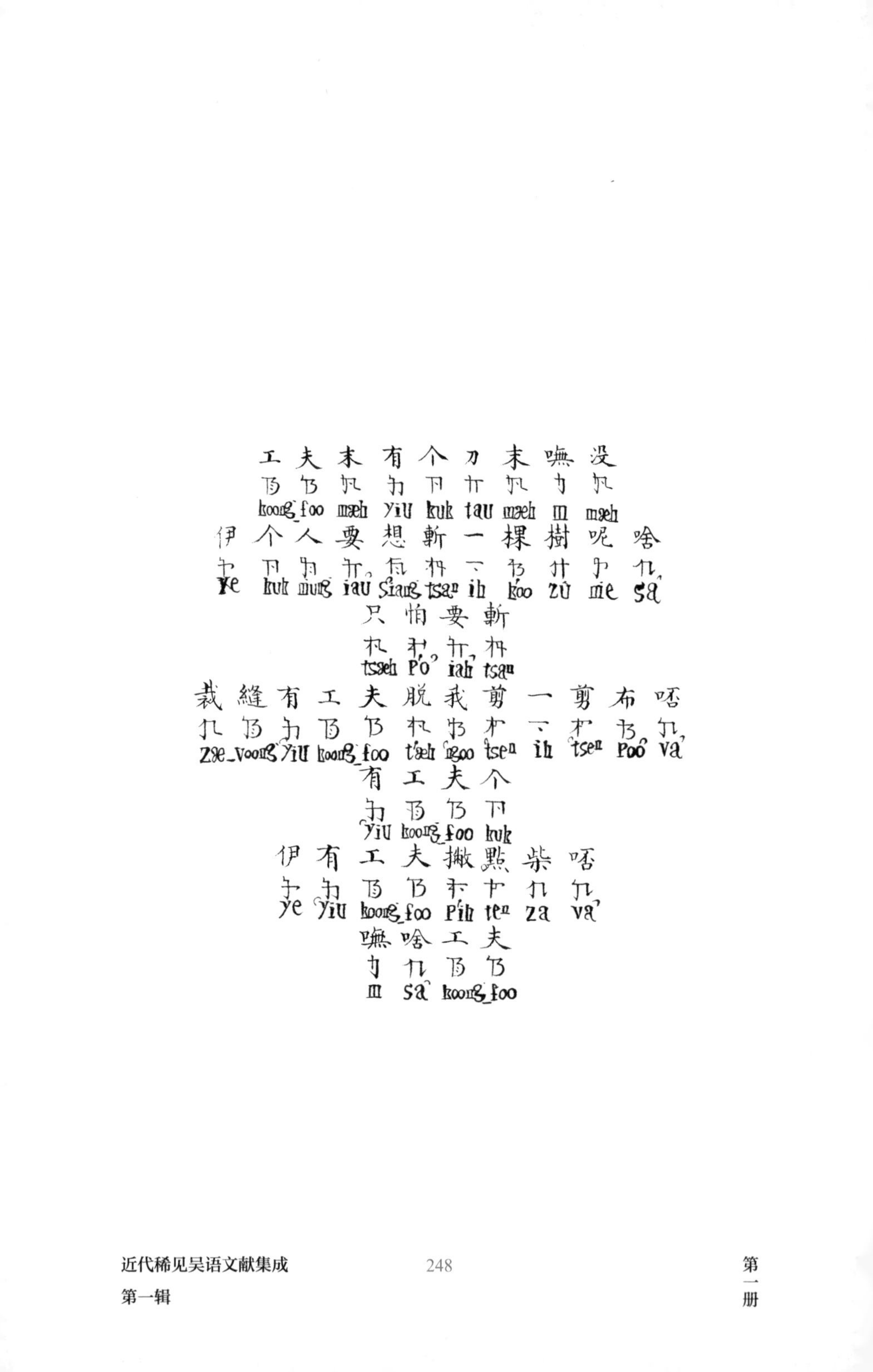

工 夫 末 有 个 刀 末 嘸 没

koong-foo mæh yiu kuk tau mæh m mæh

伊 个 人 要 想 斬 一 棵 樹 呢 啥

ye kuk niung iau siang tsan ih koo zû nie sa

只 怕 要 斬

tsæh p'o iah tsan

裁 縫 有 工 夫 脱 我 剪 一 剪 布 ⿰口否

zæ-voong yiu koong-foo t'æh ngoo tsen ih tsen poo va

有 工 夫 个

yiu koong-foo kuk

伊 有 工 夫 撇 點 柴 ⿰口否

ye yiu koong-foo p'ih ten za va

嘸 啥 工 夫

m sa koong-foo

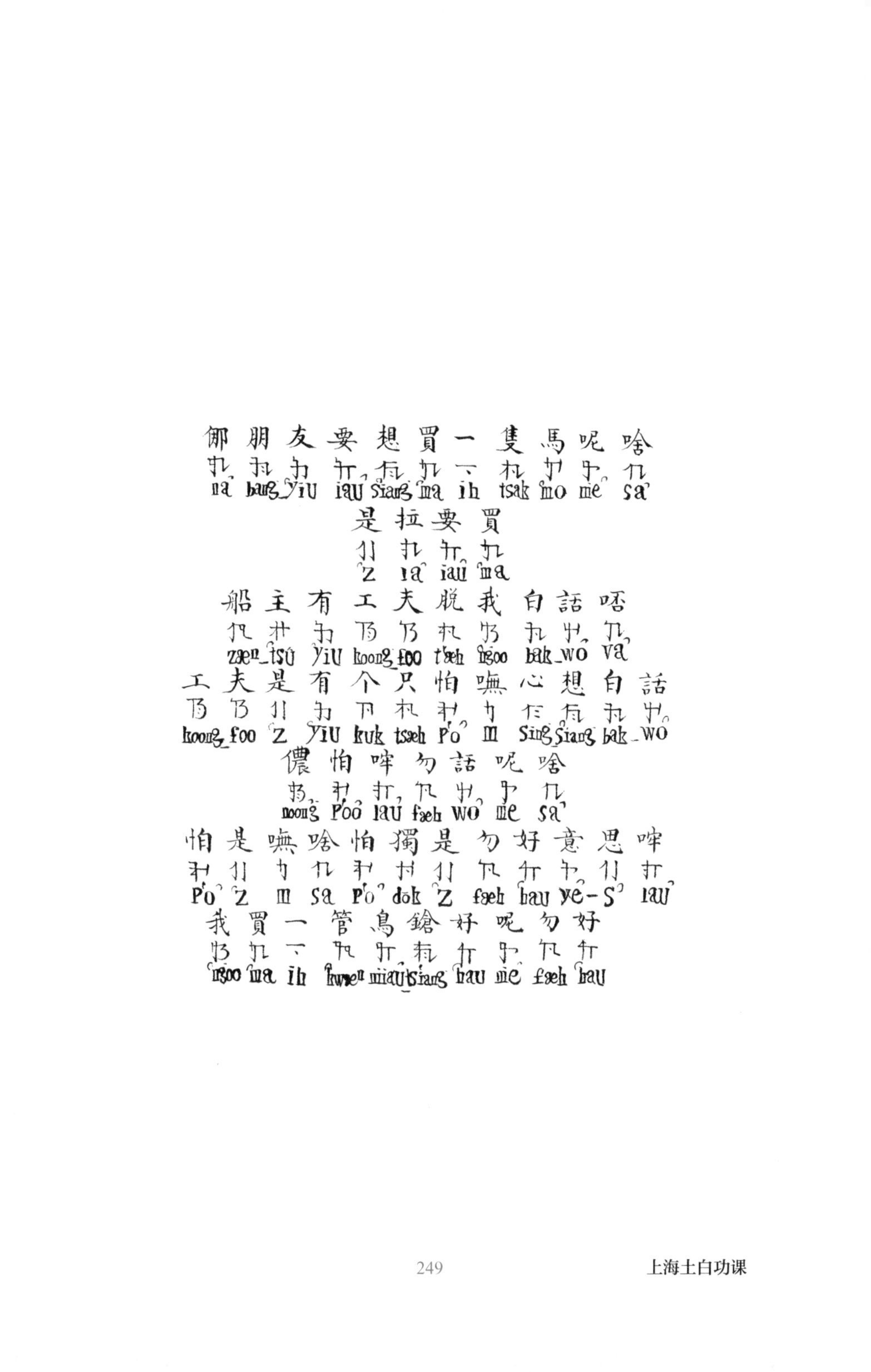

伽朋友要想買一隻馬呢啥

na bang_yiu iau siang ma ih tsak mo me sa

是拉要買

z la iau ma

船主有工夫脫我白話唔

zaen_tsû yiu koong_foo t'aeh ngoo bak_wo va

工夫是有个只怕嘸心想白話

koong_foo z yiu kuk tsaeh p'o m sing_siang bak_wo

儂怕哰勿話呢啥

noong p'oo lau faeh wo me sa

怕是嘸啥怕獨是勿好意思哰

p'o z m sa p'o dok z faeh hau ye-s lau

我買一管鳥鎗好呢勿好

ngoo ma ih kwaen miau_tsiang hau me faeh hau

好个

hau kuk

㑚兄弟買之一隻驢子好呢勿好

na hioong-de ma ts ih tsak loo ts hau me fæh hau

勿好

fæh hau

我買之兩隻牛好呢勿好

ngoo ma ts liang tsak niu hau me fæh hau

好个

hau kuk

儂要想白話呢啥

noong iau siang bak-wo me sa

話是要話个獨是嘸胆量

wo z iau wo kuk dok z m tan-liang

儂 有 胆 量 打 第 个 人 唔
noong yiu ta^{n}-liang tang de kuk niung va
嘸 胆 量
m ta^{n}-liang

我 話 个 應 該 呢 勿 應 該
ngoo wo kuk iung kœ nie feh iung kœ
應 該 个
iung kœ kuk

𠰥 朋 友 還 要 買 啥 鳥 唔
na bang-yiu wa^{n} iau ma sa tiau va
還 要 買 一 隻
wa^{n} iau ma ih tsak

儂 還 要 買 兩 隻 馬 唔
noong wa^{n} iau ma liang tsak mo va

要是要个獨是嘸没銅錢
iau z iau kuk dōk z-m mæh doong-den

皮匠有工夫脱我修一修鞋子唔
de-ziang yiu koong-foo t'sæh ngoo siu ih siu ra-ts va
be

工夫是有个只怕嘸心想
koong-foo z yiu kuk tsæh po m sing-siang

帽子司務有工夫脱我修一修帽子唔
mau-ts-s-voo yiu koong-foo t'sæh ngoo siu ih siu mau-ts va

有工夫个
yiu koong foo kuk

儂有胆量打第个小囯唔
noong yiu tan-liang tang de kuk siau-nön va

胆量是有个獨是嘸工夫
tan-liang z yiu kuk dōk z m koong-foo

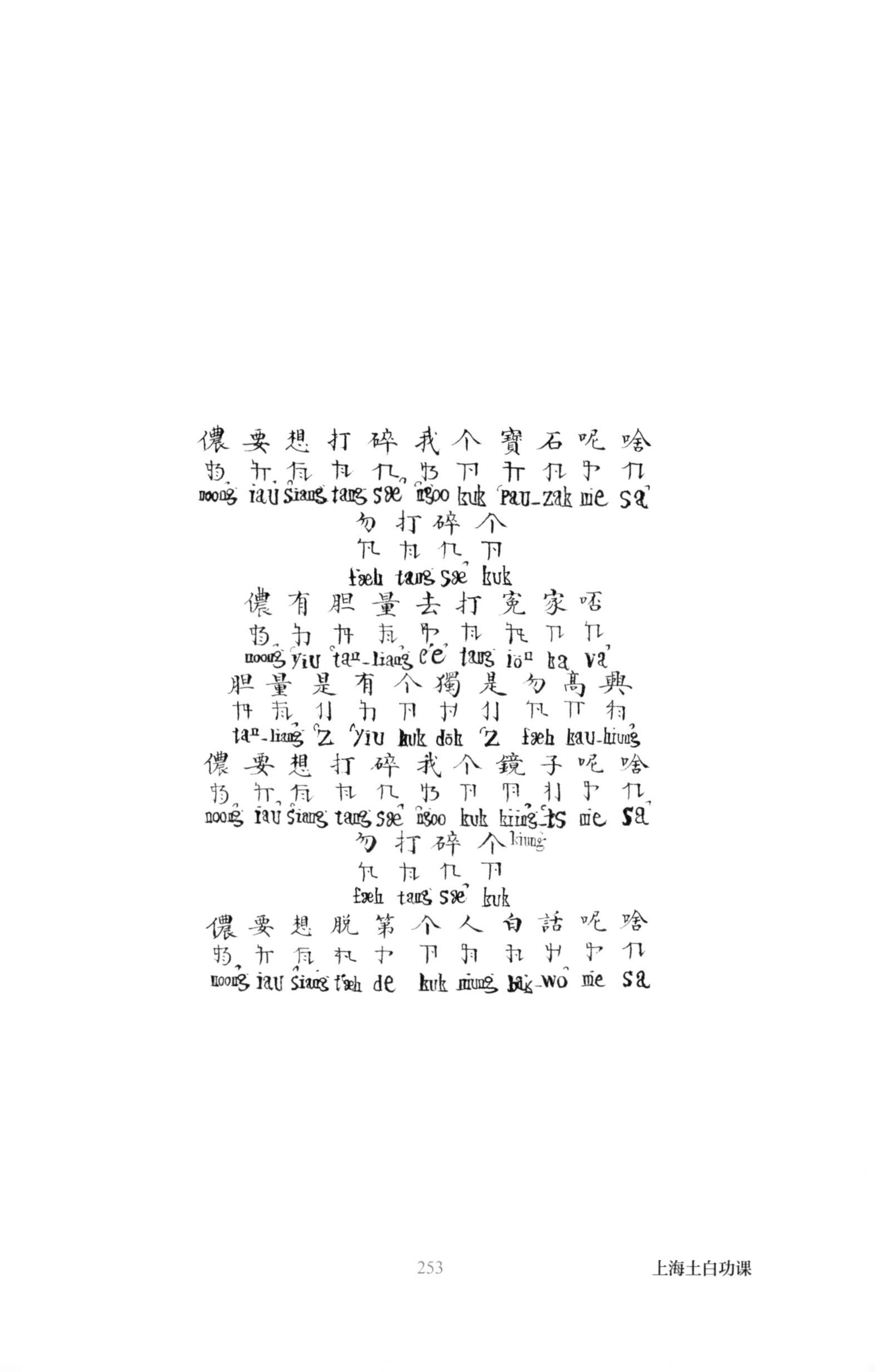

儂要想打碎我个寶石呢啥
noong iau siang tang sæ ngoo kuk pau-zak me sa
勿打碎个
fæh tang sæ kuk
儂有胆量去打寃家唔
noong yiu tan-liang c'e tang iön ka va
胆量是有个獨是勿高興
tan-liang 'z yiu kuk dōh 'z fæh kau-hiung
儂要想打碎我个鏡子呢啥
noong iau siang tang sæ ngoo kuk kiung-ts me sa
勿打碎个 kiung
fæh tang sæ kuk
儂要想脱第个人白話呢啥
noong iau siang t'æh de kuk niung bak-wo me sa

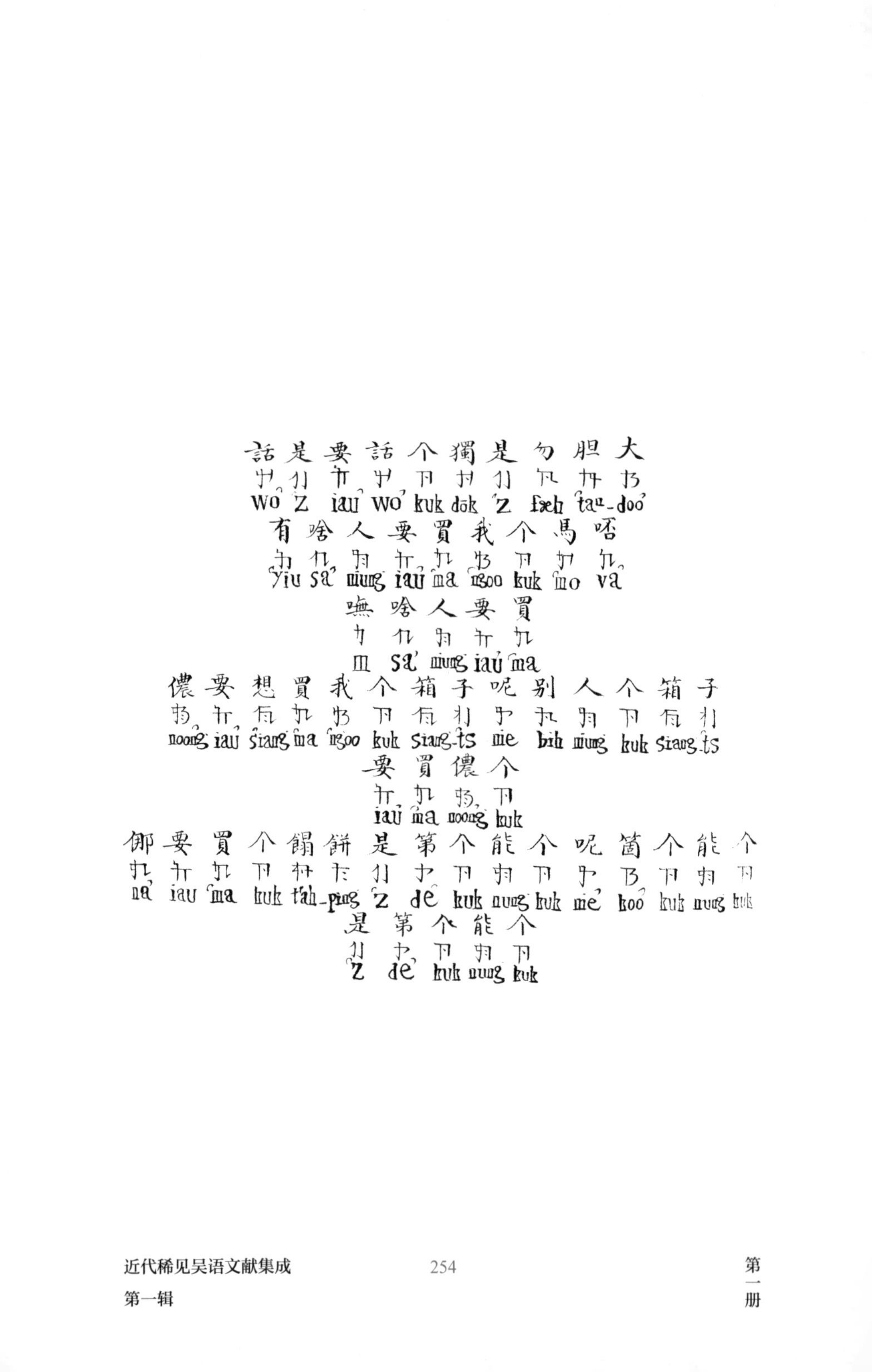

話是要話个獨是勿胆大

wo z iau wo kuk dōk z fæh tau-doo

有啥人要買我个馬唔

yiu sa ming iau ma ngoo kuk mo va

嘸啥人要買

m sa ming iau ma

儂要想買我个箱子呢别人个箱子

noong iau siang ma ngoo kuk siang-ts me bih ming kuk siang-ts

要買儂个

iau ma noong kuk

伽要買个餳餅是第个能个呢箇个能个

na iau ma kuk tah-ping z de kuk nung kuk me koo kuk nung kuk

是第个能个

z de kuk nung kuk

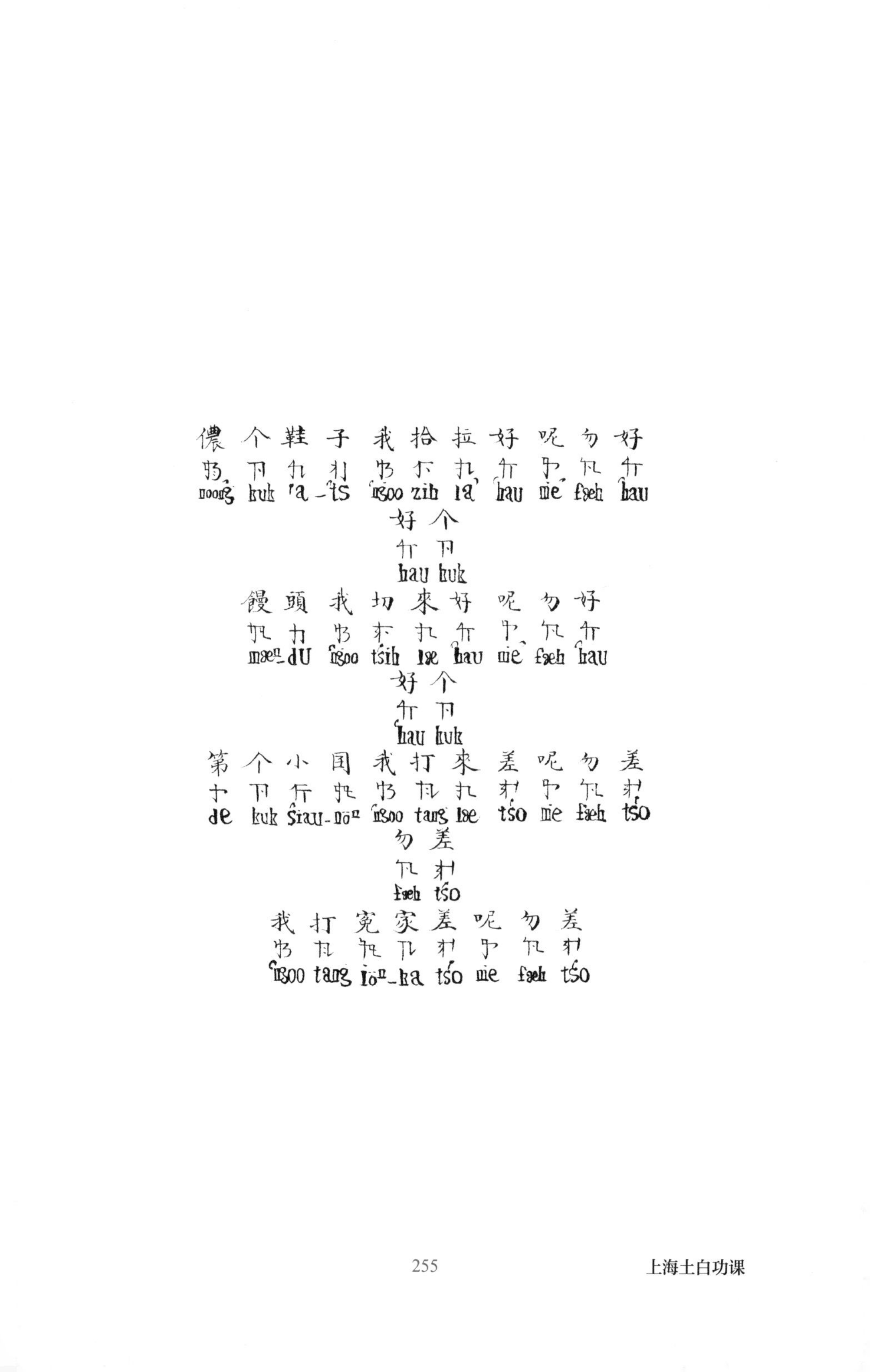

儂 个 鞋 子 我 拾 拉 好 呢 勿 好

noong kuk 'a-ts ŋoo zih la hau nie fæh hau

好 个

hau kuk

饅 頭 我 切 來 好 呢 勿 好

mæn-dU ŋoo tsih læ hau nie fæh hau

好 个

hau kuk

第 个 小 国 我 打 來 差 呢 勿 差

de kuk siau-ŋōn ŋoo tang læ tso nie fæh tso

勿 差

fæh tso

我 打 冤 家 差 呢 勿 差

ŋoo tang iōn-ka tso nie fæh tso

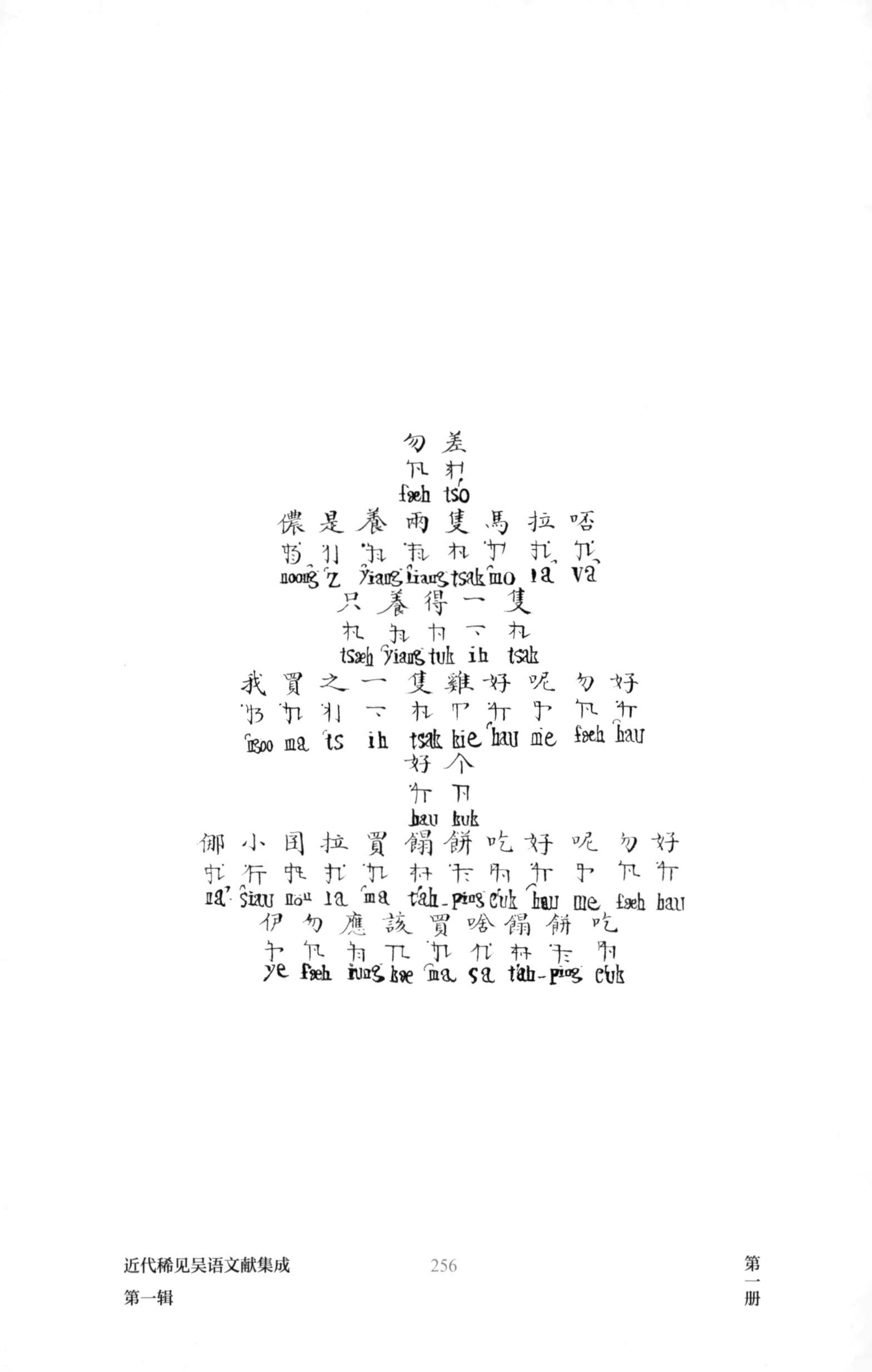

勿差

fæh tsó

儂是養兩隻馬拉唔

noong z yiang liang tsak mo la va

只養得一隻

tsæh yiang tuk ih tsak

我買之一隻雞好呢勿好

ngoo ma ts ih tsak kie hau me fæh hau

好个

hau kuk

伽小囝拉買餲餅吃好呢勿好

na siau nöu la ma t'ah-ping c'uk hau me fæh hau

伊勿應該買啥餲餅吃

ye fæh iung kæ ma sa t'ah-ping c'uk

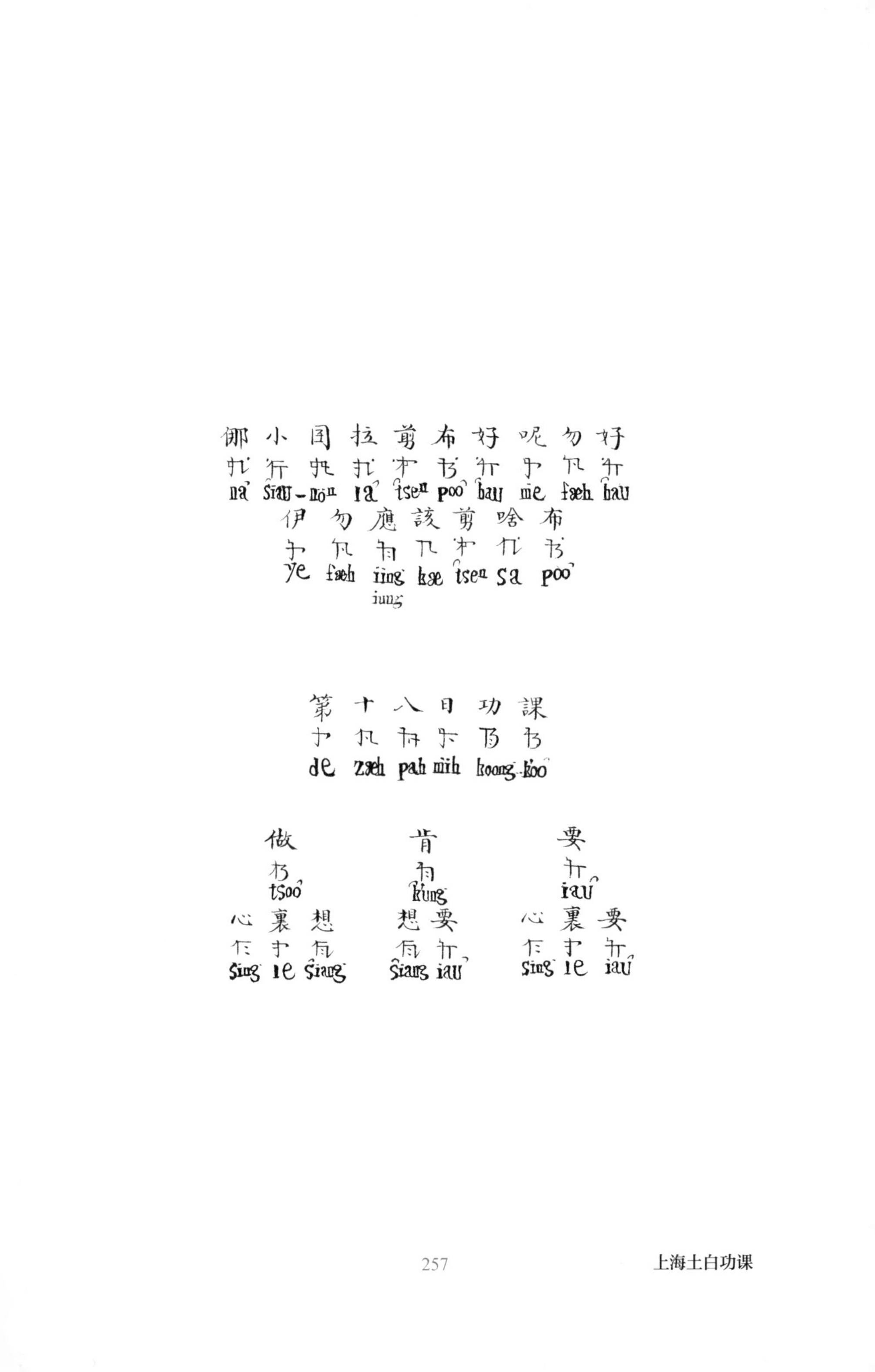

倻小囝拉剪布好呢勿好

na siau-nön la tsen poo bau me fæh bau

伊勿應該剪啥布

ye fæh iing kæ tsen sa poo

iung

第十八日功課

de zæh pah nih koong-koo

做	肯	要
tsoo	k'ung	iau
心裏想	想要	心裏要
sing le siang	siang iau	sing le iau

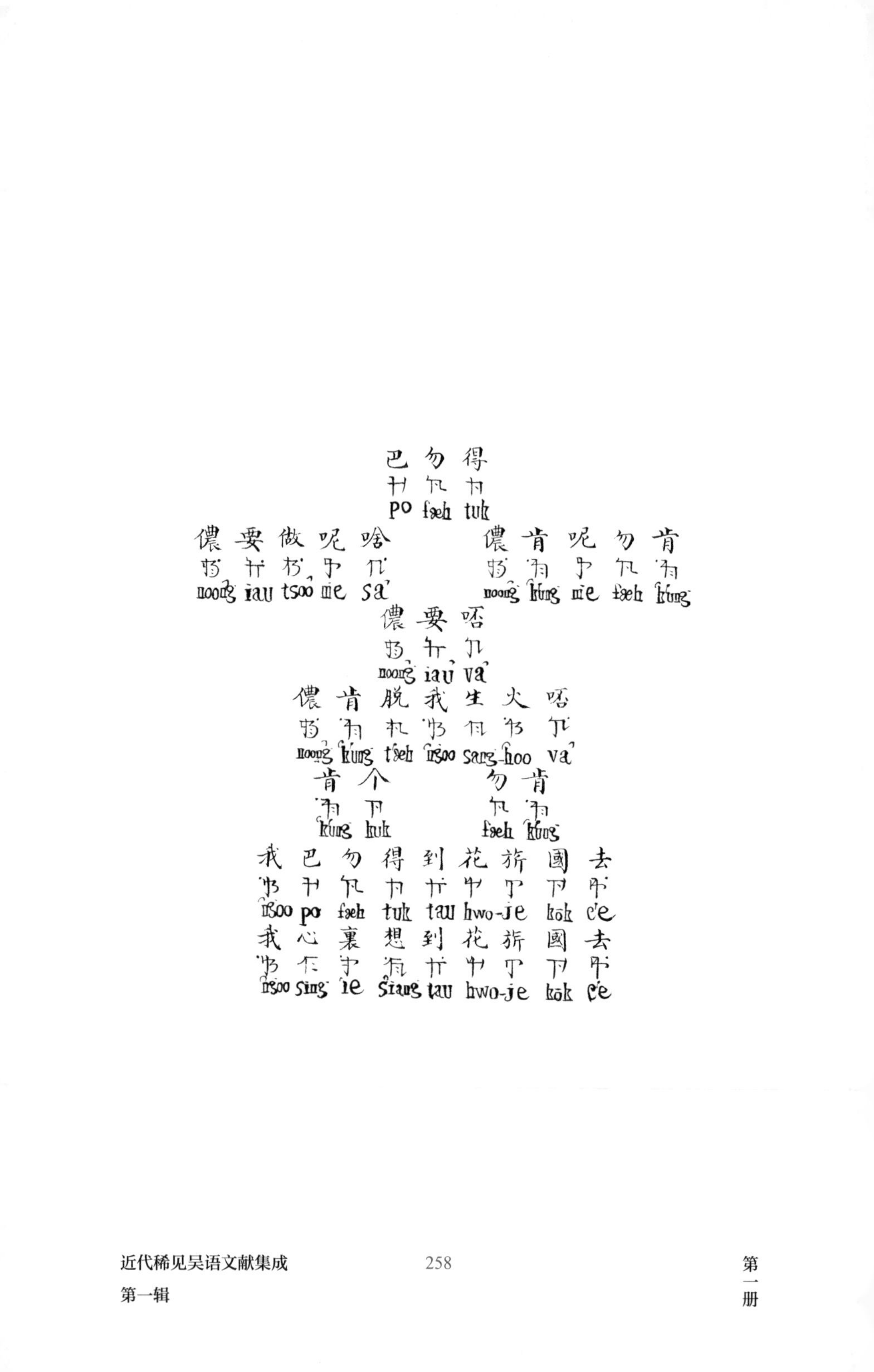

巴勿得

po fæh tuk

儂要做呢啥

noong iau tsoo nie sa'

儂肯呢勿肯

noong k'ung nie fæh k'ung

儂要唔

noong iau va'

儂肯脱我生火唔

noong k'ung t'æh ngoo sang-hoo va'

肯个

k'ung kuk

勿肯

fæh k'ung

我巴勿得到花旂國去

ngoo po fæh tuk tau hwo-je kōk c'e

我心裏想到花旂國去

ngoo sing le siang tau hwo-je kōk c'e

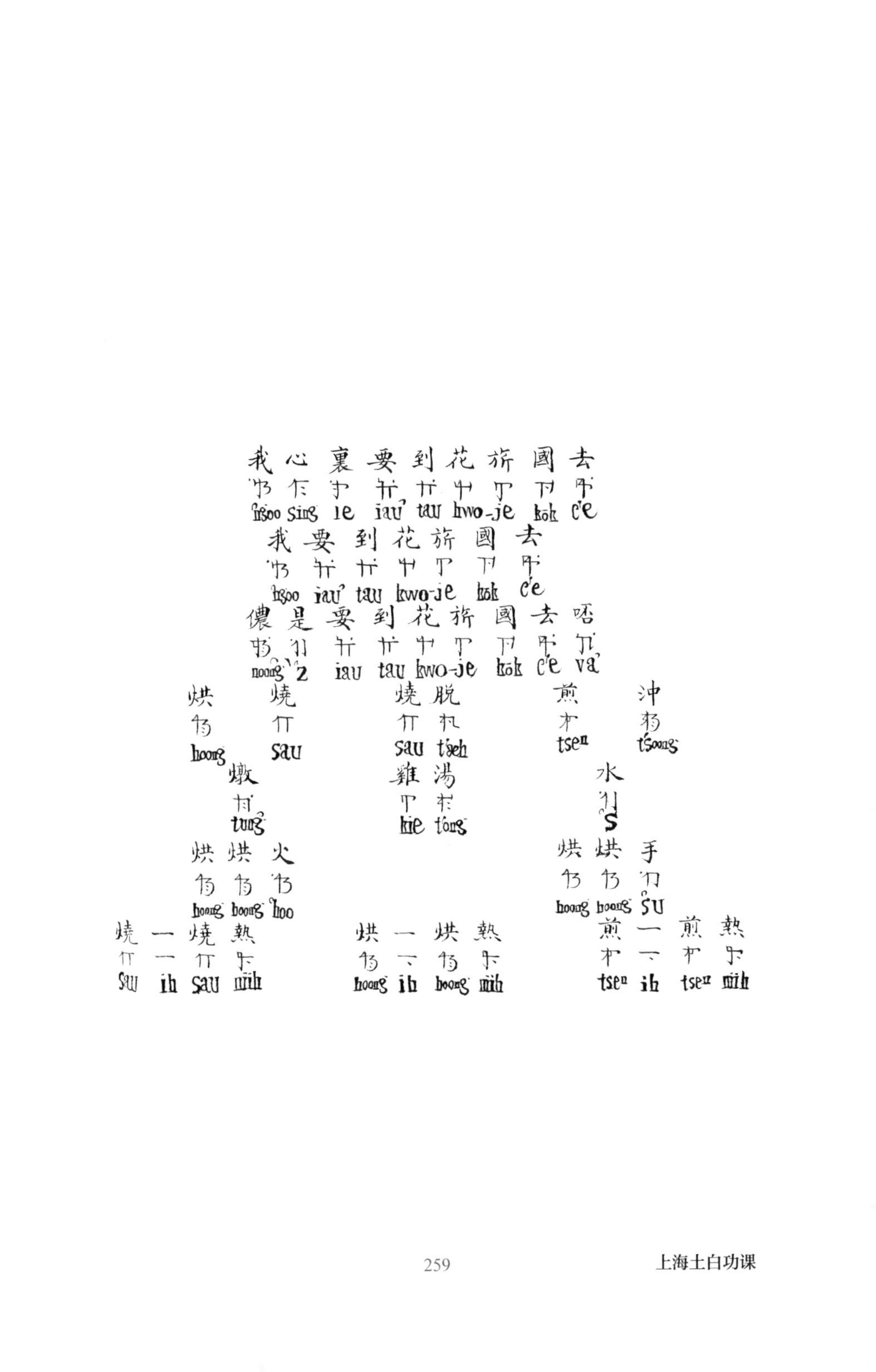

我心裏要到花旗國去

ngoo sing ie iau' tau hwo-je kok c'e

我要到花旗國去

ngoo iau' tau kwo-je kok c'e

儂是要到花旗國去唔

noong z iau tau kwo-je kok c'e va'

烘 hoong　　烧 sau　　烧脱 sau t'seh　　煎 tse^{n}　　沖 t'soong

燉 tung　　雞湯 kie t'ong　　水 s

烘烘火 hoong hoong hoo　　烘烘手 hoong hoong su

烧一烧熱 sau ih sau nih　　烘一烘熱 hoong ih hoong nih　　煎一煎熱 tse^{n} ih tse^{n} nih

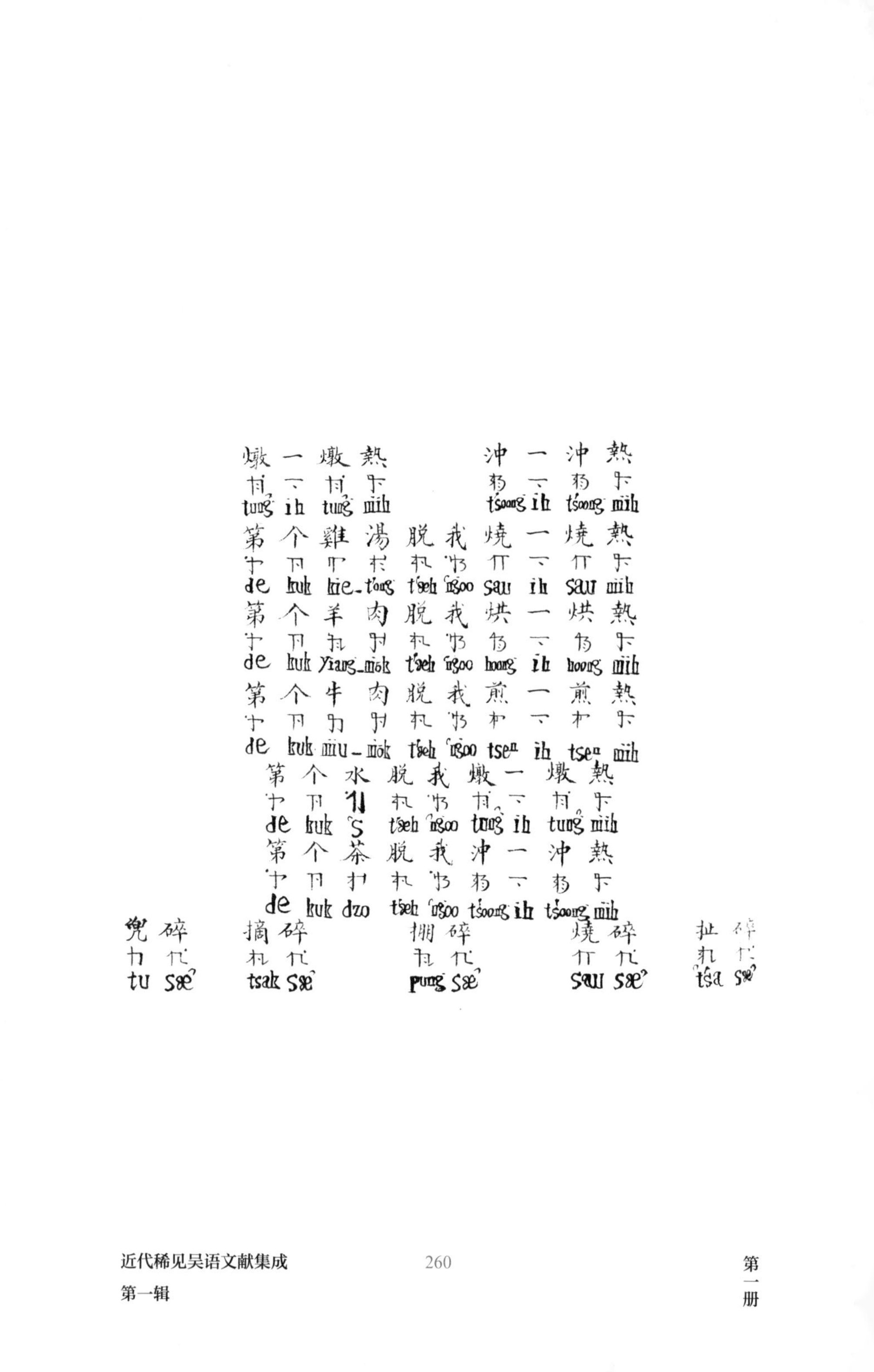

燉一燉熱　　沖一沖熱

tung ih tung mih　　t'soong ih t'soong mih

第个雞湯脱我燒一燒熱

de kuk kie-t'ong t'seh 'ngoo sau ih sau mih

第个羊肉脱我烘一烘熱

de kuk yiang-niok t'seh 'ngoo hoong ih hoong mih

第个牛肉脱我煎一煎熱

de kuk niu-niok t'seh 'ngoo tse^{n} ih tse^{n} mih

第个水脱我燉一燉熱

de kuk 's t'seh 'ngoo tung ih tung mih

第个茶脱我沖一沖熱

de kuk dzo t'seh 'ngoo t'soong ih t'soong mih

兜碎　　摘碎　　掤碎　　燒碎　　扯碎

tu sœ'　　tsak sœ'　　pung sœ'　　sau sœ'　　'tsa sœ'

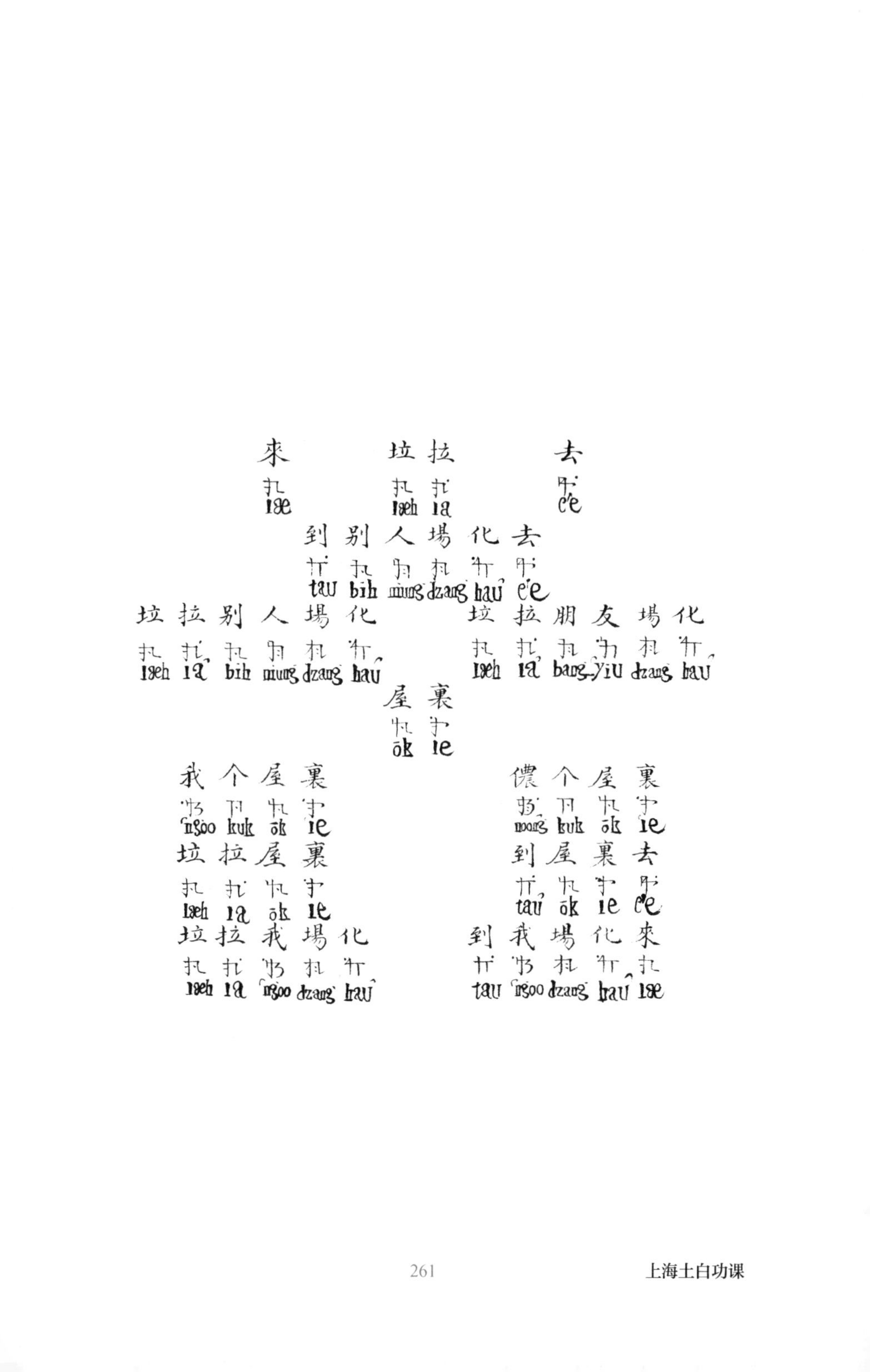

來　　拉拉　　去

læ　　læh la　　c'e

到别人場化去

tau bih niung dzang hau c'e

垃拉别人場化　　垃拉朋友場化

læh la bih niung dzang hau　　læh la bang yiu dzang hau

屋裏

ok le

我个屋裏　　儂个屋裏

ngoo kuk ok le　　noong kuk ok le

垃拉屋裏　　到屋裏去

læh la ok le　　tau ok le c'e

垃拉我場化　　到我場化來

læh la ngoo dzang hau　　tau ngoo dzang hau læ

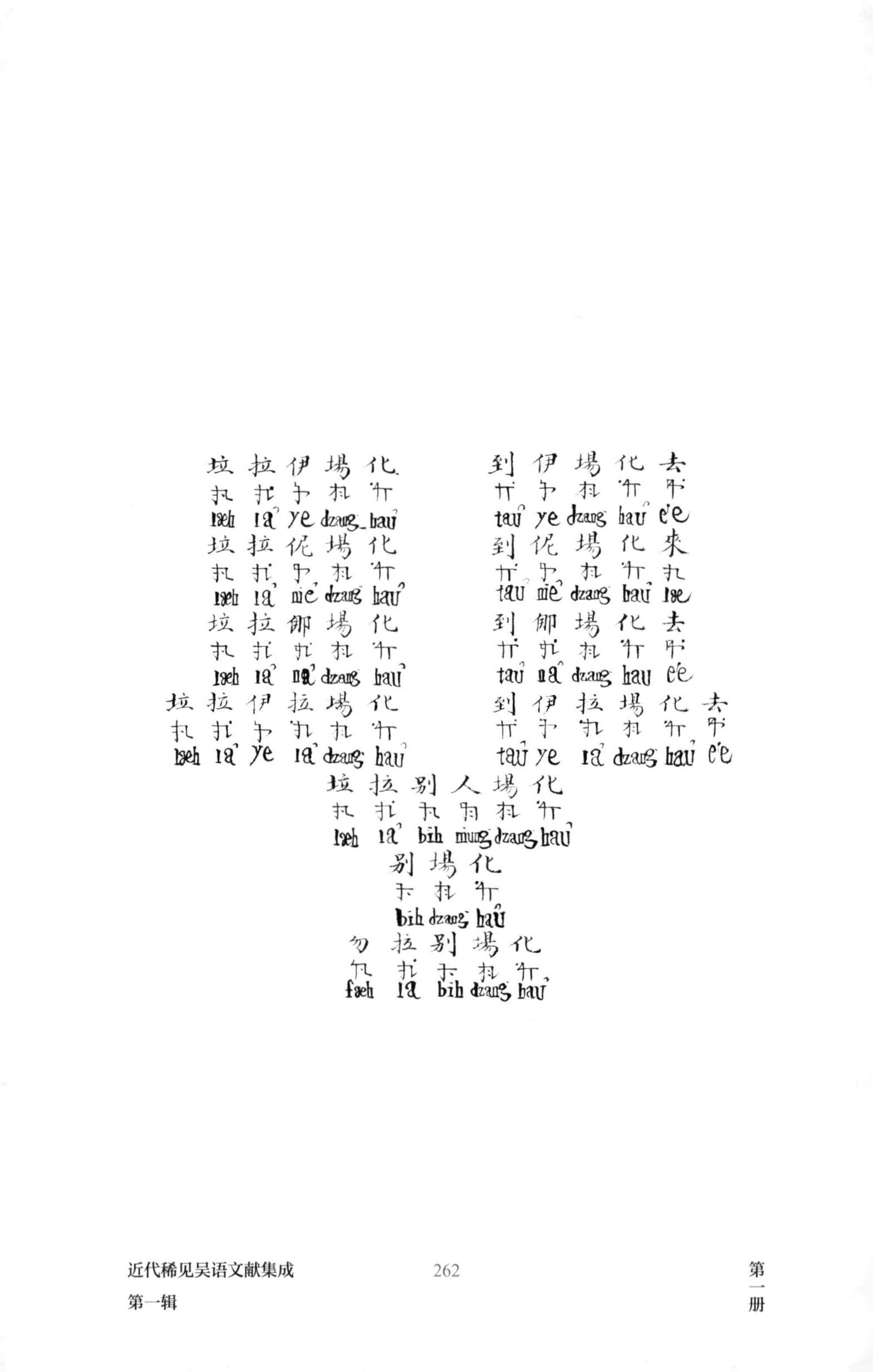

垃拉伊場化　　到伊場化去

læh la ye dzang hau　　tau ye dzang hau c'e

垃拉侬場化　　到侬場化來

læh la nie dzang hau　　tau nie dzang hau læ

垃拉伽場化　　到伽場化去

læh la na dzang hau　　tau na dzang hau c'e

垃拉伊拉場化　　到伊拉場化去

læh la ye la dzang hau　　tau ye la dzang hau c'e

垃拉別人場化

læh la bih nyung dzang hau

別場化

bih dzang hau

勿拉別場化

fæh la bih dzang hau

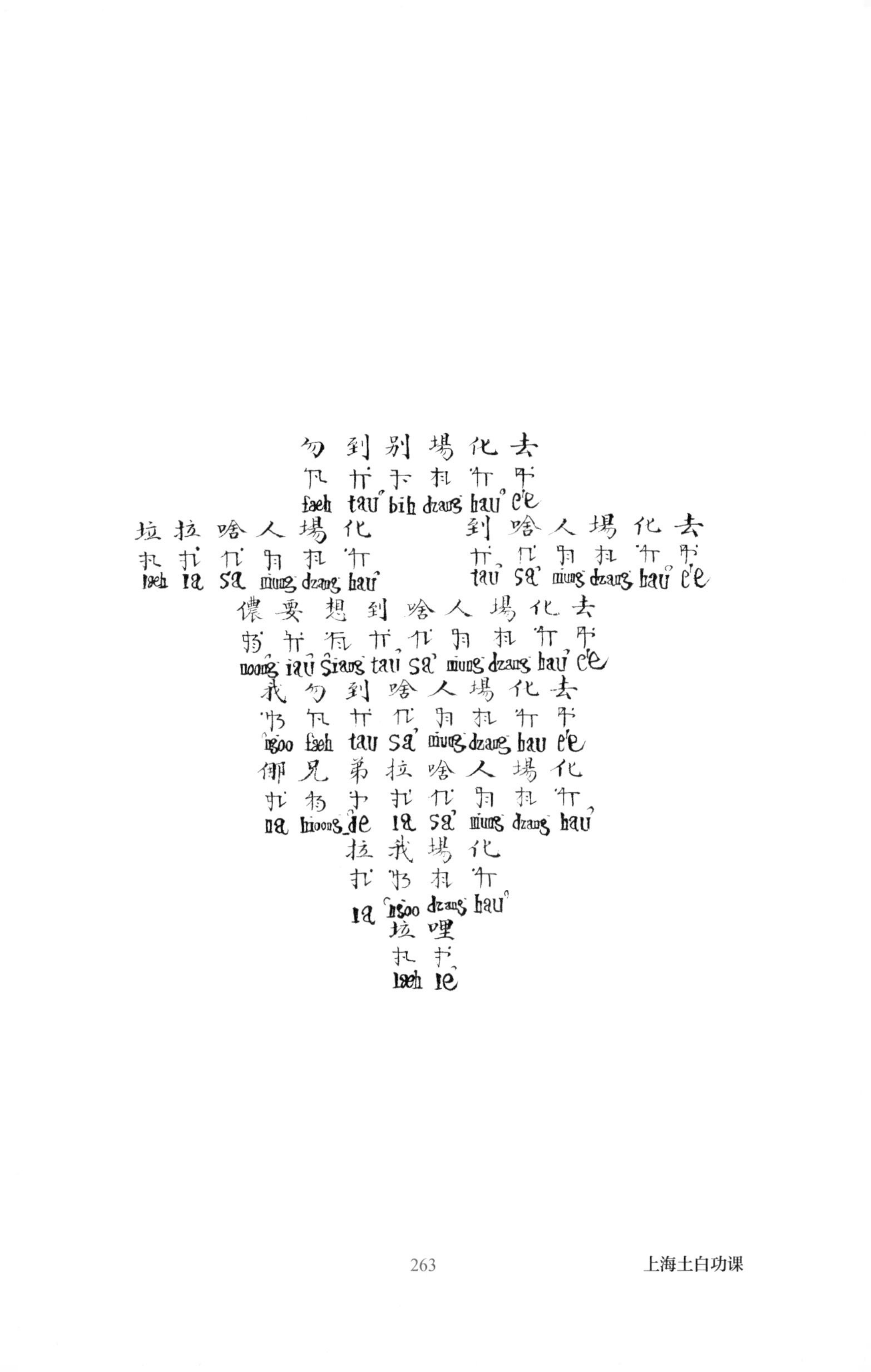

勿到别場化去
faeh tau bih dzang hau e'e

垃拉啥人場化
laeh la sa niung dzang hau

到啥人場化去
tau sa niung dzang hau e'e

儂要想到啥人場化去
noong iau siang tau sa niung dzang hau e'e

我勿到啥人場化去
ngoo faeh tau sa niung dzang hau e'e

伲兄弟拉啥人場化
na hioong_de la sa niung dzang hau

拉我場化
la ngoo dzang hau

垃哩
laeh le

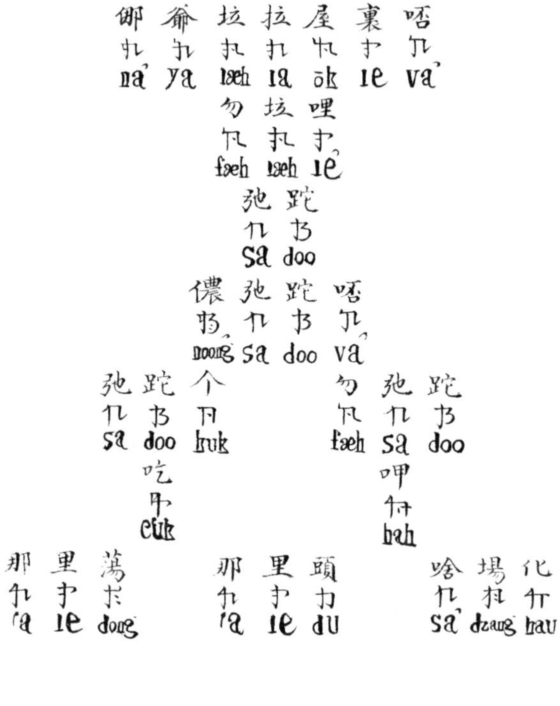
㑚 爺 垃 拉 屋 裏 唔
na' ya laeh la ok le va'
勿 垃 哩
faeh laeh le
弛 跎
sa doo
儂 弛 跎 唔
noong sa doo va'
弛 跎 个
sa doo kuk
勿 弛 跎
faeh sa doo
吃
cuk
呷
hah
那 里 蕩
'a le dong
那 里 頭
'a le du
啥 場 化
sa' dzang hau

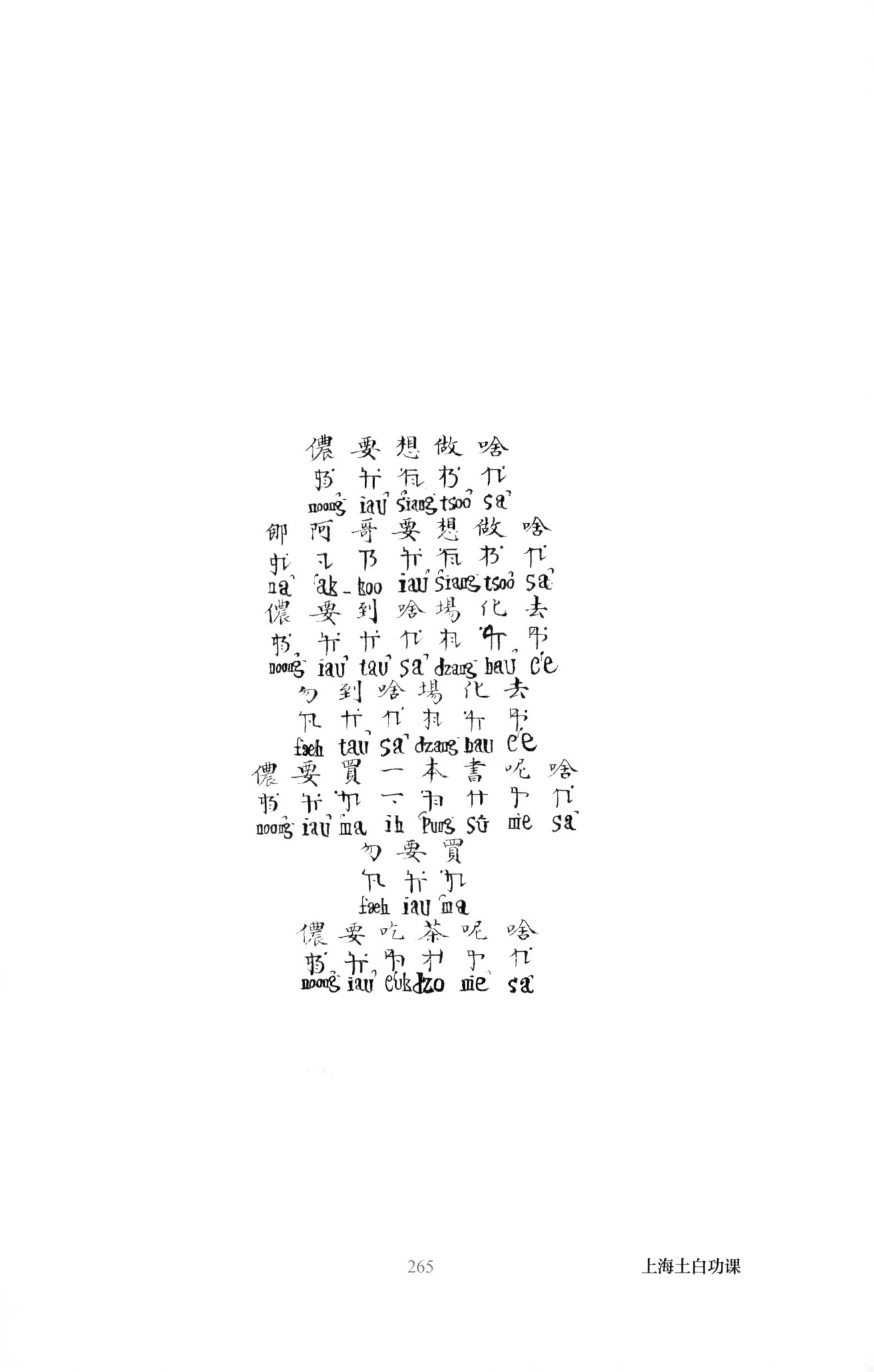

儂要想做啥

noong iau siang tsoo sa

㑚阿哥要想做啥

na ak-koo iau siang tsoo sa

儂要到啥場化去

noong iau tau sa dzang hau c'e

勿到啥場化去

faeh tau sa dzang hau c'e

儂要買一本書呢啥

noong iau ma ih pung sû me sa

勿要買

faeh iau ma

儂要吃茶呢啥

noong iau c'uk dzo me sa

勿要吃

fæh iau c'uk

儂脱我寫一寫唔

noong t'æh ngoo sa sia ih sa va

脱儂寫末者

t'æh noong sa mæh tsæ

檯子　　椅子

dæ ts　　iû ts

去者　　伊去者

c'e tsæ　　ye c'e tsæ

儂要想做生活唔

noong iau siang tsoo sang-wæh va

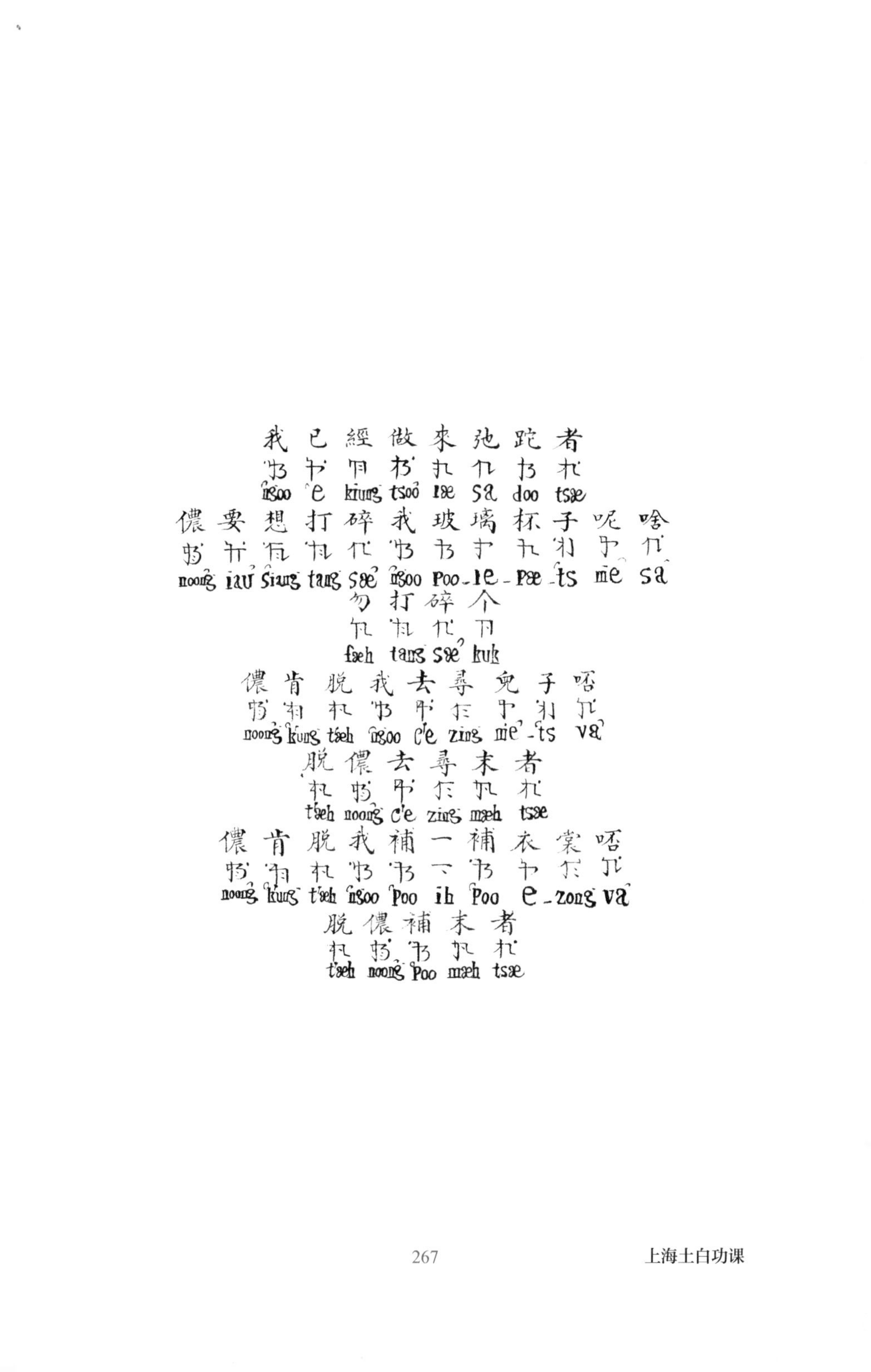

我已經做來弛跎者
ngoo 'e kiung tsoo læ sa doo tsæ

儂要想打碎我玻璃杯子呢啥
noong iau siang tang sæ ngoo poo-le-pæ-ts me sa

勿打碎个
fæh tang sæ kuk

儂肯脫我去尋免子唔
noong k'ung t'æh ngoo c'e zing mie-ts va

脫儂去尋末者
t'æh noong c'e zing mæh tsæ

儂肯脫我補一補衣裳唔
noong k'ung t'æh ngoo poo ih poo e-zong va

脫儂補末者
t'æh noong poo mæh tsæ

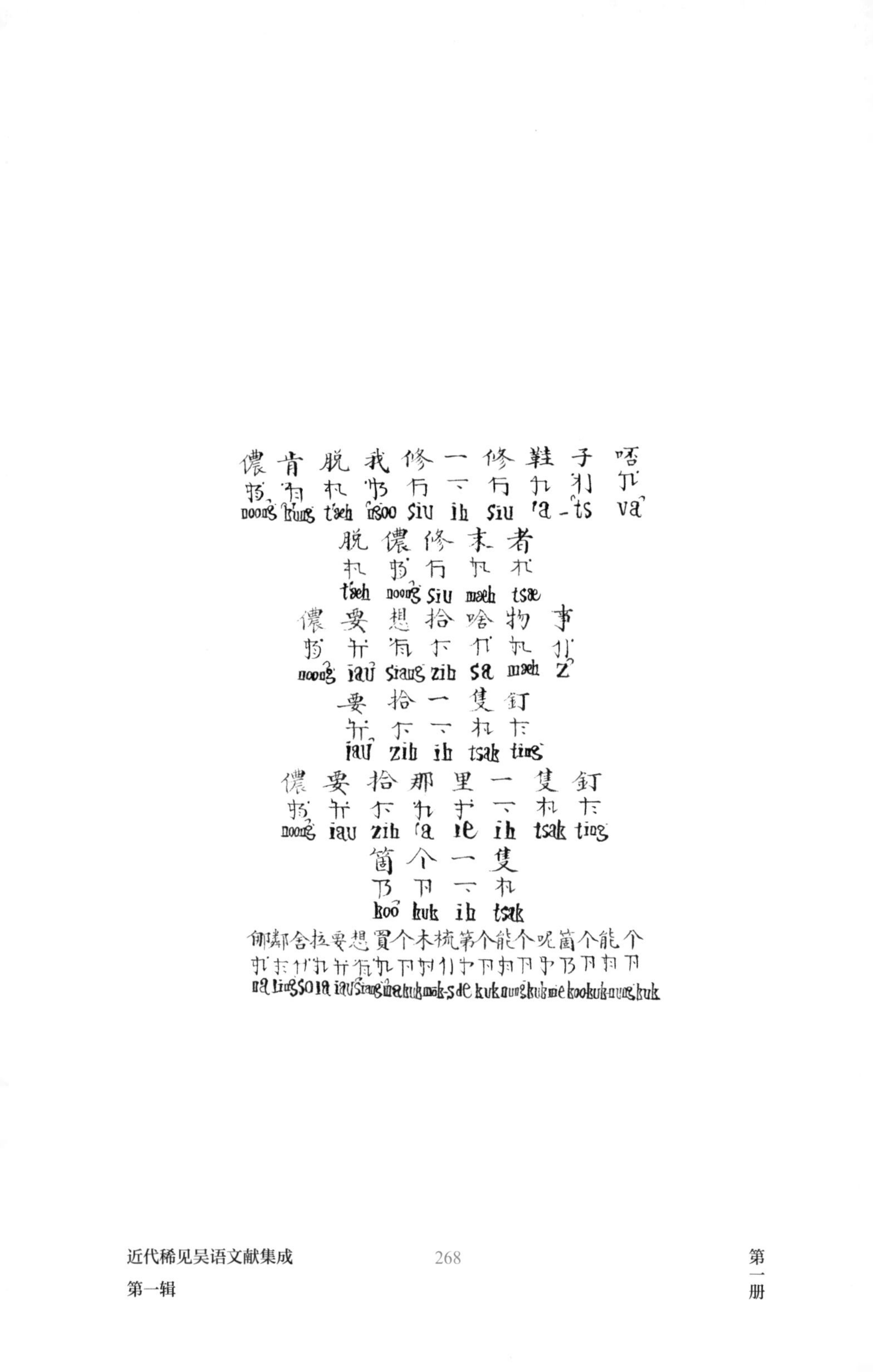

儂 肯 脱 我 修 一 修 鞋 子 唔

noong k'ung t'seh ngoo siu ih siu 'a-ts va

脱 儂 修 末 者

t'seh noong siu maeh tsae

儂 要 想 拾 啥 物 事

noong iau siang zih sa maeh z

要 拾 一 隻 釘

iau zih ih tsak ting

儂 要 拾 那 里 一 隻 釘

noong iau zih 'a ie ih tsak ting

箇 个 一 隻

koo kuk ih tsak

伽鄰舍拉要想買个木梳第个能个呢箇个能个

na ling so la iau siang ma kuk mok-s de kuk nung kuk nie koo kuk nung kuk

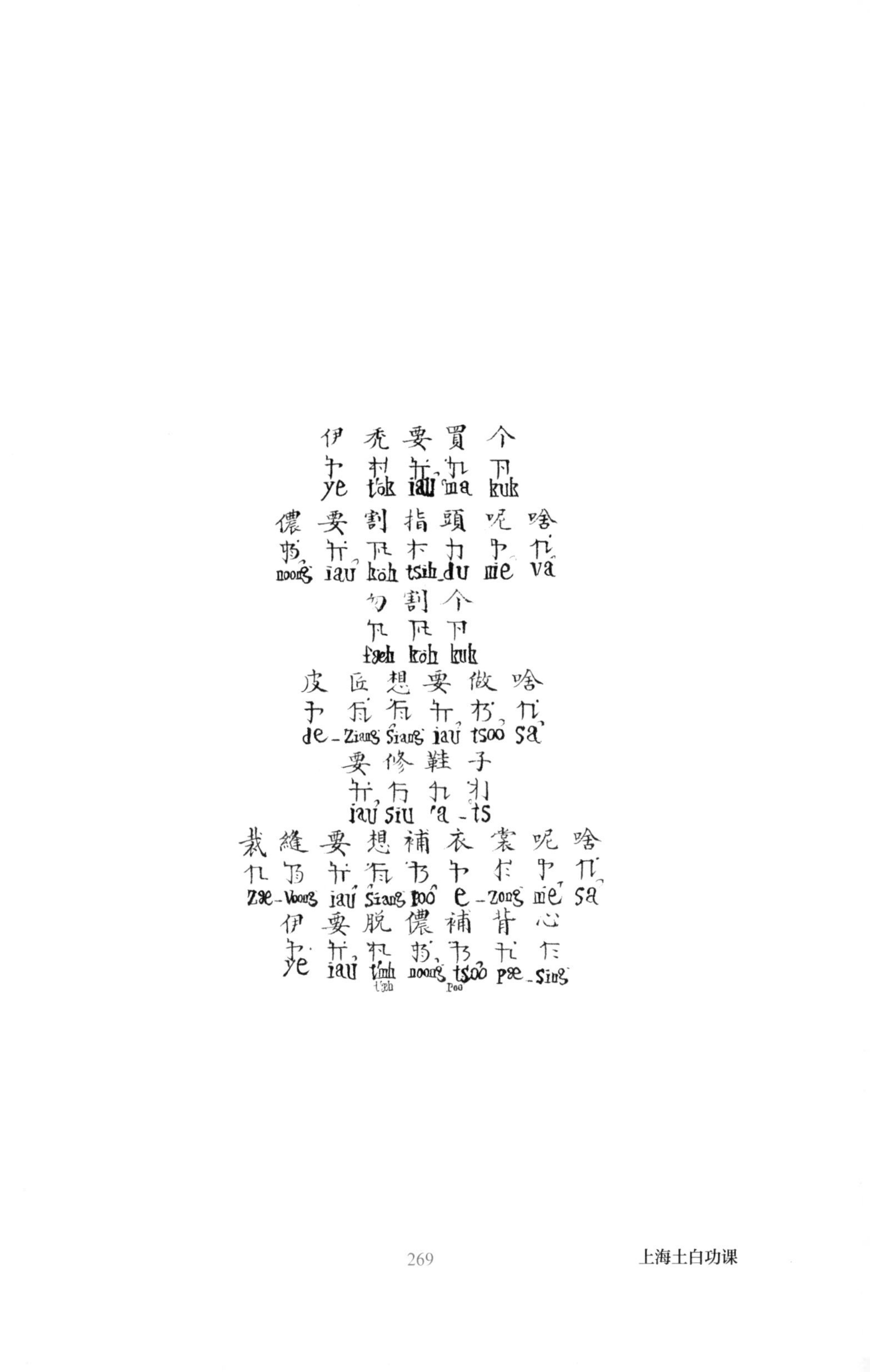

伊 秃 要 買 个

ye t'ok iau ma kuk

儂 要 割 指 頭 呢 啥

noong iau koh tsih-du me va

勿 割 个

feh koh kuk

皮 匠 想 要 做 啥

de-ziang siang iau tsoo sa

要 修 鞋 子

iau siu 'a-ts

裁 縫 要 想 補 衣 裳 呢 啥

zæ-voong iau siang poo e-zong me sa

伊 要 脫 儂 補 背 心

ye iau t'eh noong tsoo pæ-sing

t'eh poo

儂想要做啥呢啥

noong siang iau tsoo sa mie sa

勿要做啥

tseh iau tsoo sa

儂要做啥

noong iau tsoo sa

要燉一燉加非�茶

iau tung ih tung ka-fe lau tso

我阿哥个雞湯儂脫我燉一燉熱唔

ngoo 'ah-hoo kuh kie-tong noong t'eh ngoo tung ih tung nih va

燉末者

tung meh tsae

伽相帮人肯脫我生一生火唔

na siang-pong ming k'ung t'eh ngoo sang ih sang hoo va

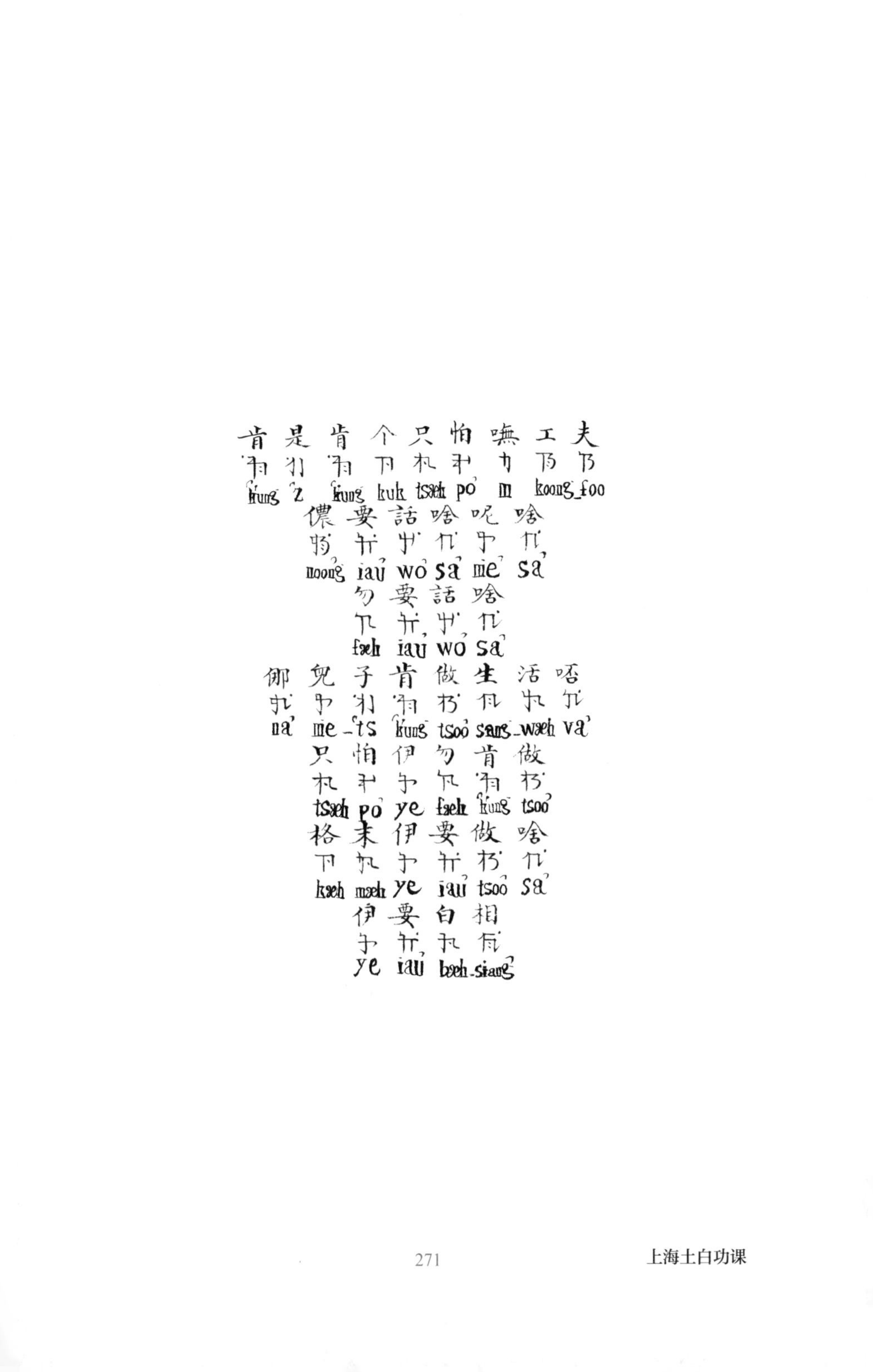

肯 是 肯 个 只 怕 嘸 工 夫

k'ung z k'ung kuk tsæh po m koong-foo

儂 要 話 啥 呢 啥

noong iau wo sa me sa

勿 要 話 啥

fæh iau wo sa

倻 兒 子 肯 做 生 活 唔

na me-ts k'ung tsoo sang-wæh va

只 怕 伊 勿 肯 做

tsæh po ye fæh k'ung tsoo

格 末 伊 要 做 啥

kæh mæh ye iau tsoo sa

伊 要 白 相

ye iau bæh-siang

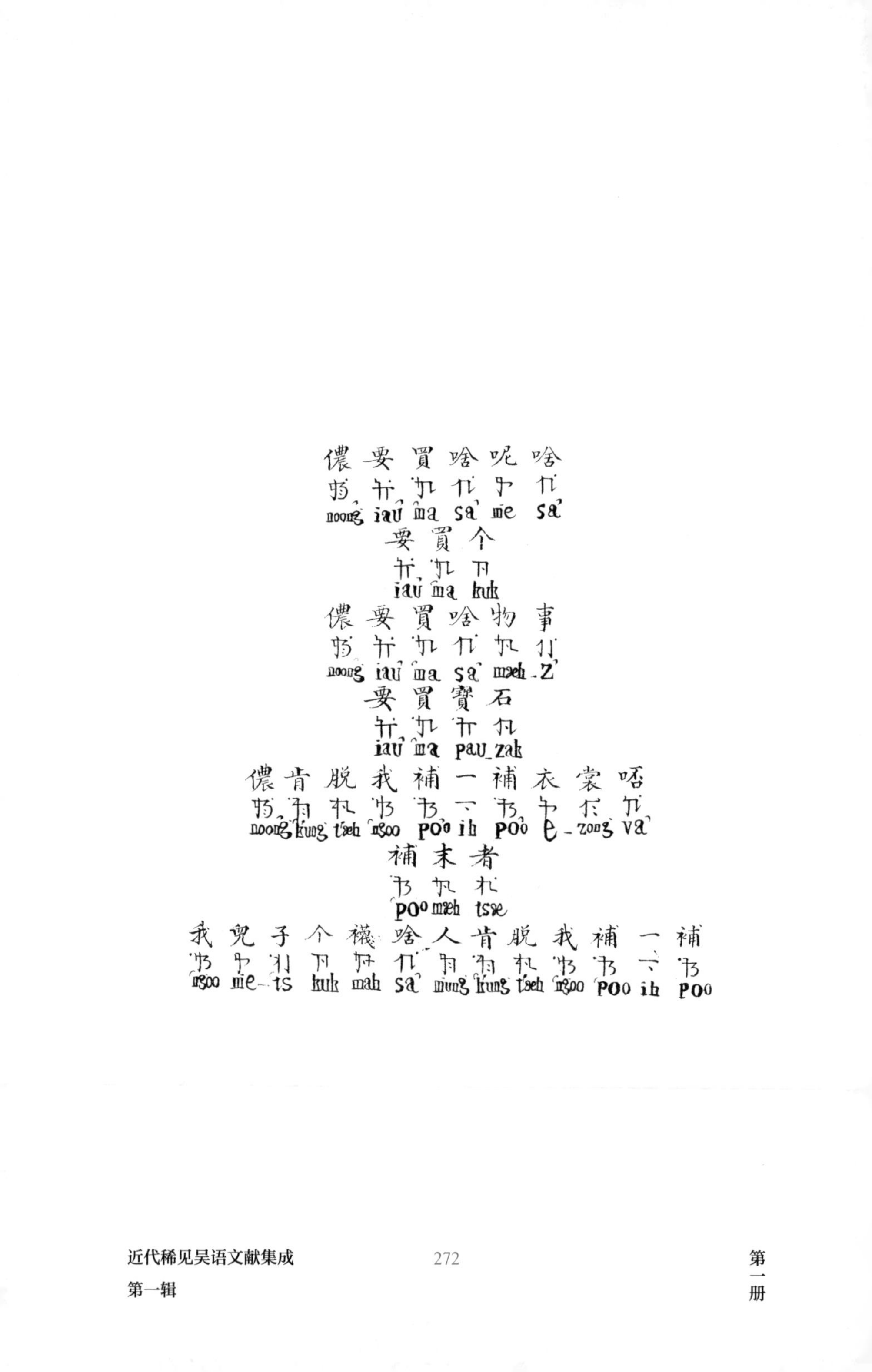

儂要買啥呢啥
noong iau ma sa me sa

要買个
iau ma kuk

儂要買啥物事
noong iau ma sa meh-z

要買寶石
iau ma pau-zak

儂肯脱我補一補衣裳唔
noong kung tseh ngoo poo ih poo e-zong va

補末者
poo meh tsæ

我兒子个襪啥人肯脱我補一補
ngoo nie-ts kuk mah sa niung kung tseh ngoo poo ih poo

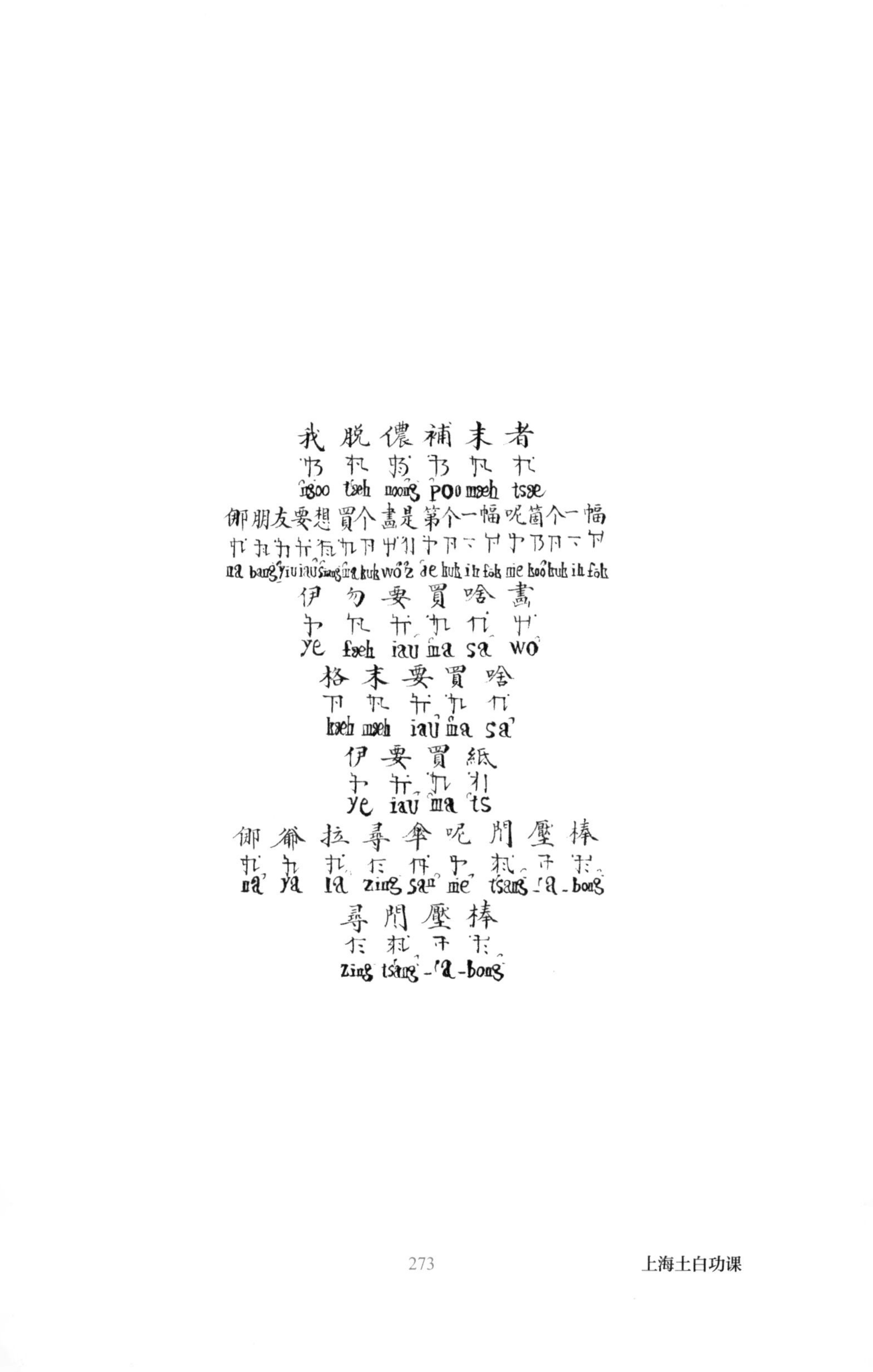

我脱儂補末者

ngoo tseh noong poo meh tsæ

伽朋友要想買个畫是第个一幅呢箇个一幅

na bang yiu iau siang ma kuk wo z de kuk ih fok me koo kuk ih fok

伊勿要買啥畫

ye fæh iau ma sa wo

格末要買啥

kæh mæh iau ma sa

伊要買紙

ye iau ma ts

伽爺拉尋傘呢門壓棒

na ya la zing san me tsang-'a-bong

尋門壓棒

zing tsang-'a-bong

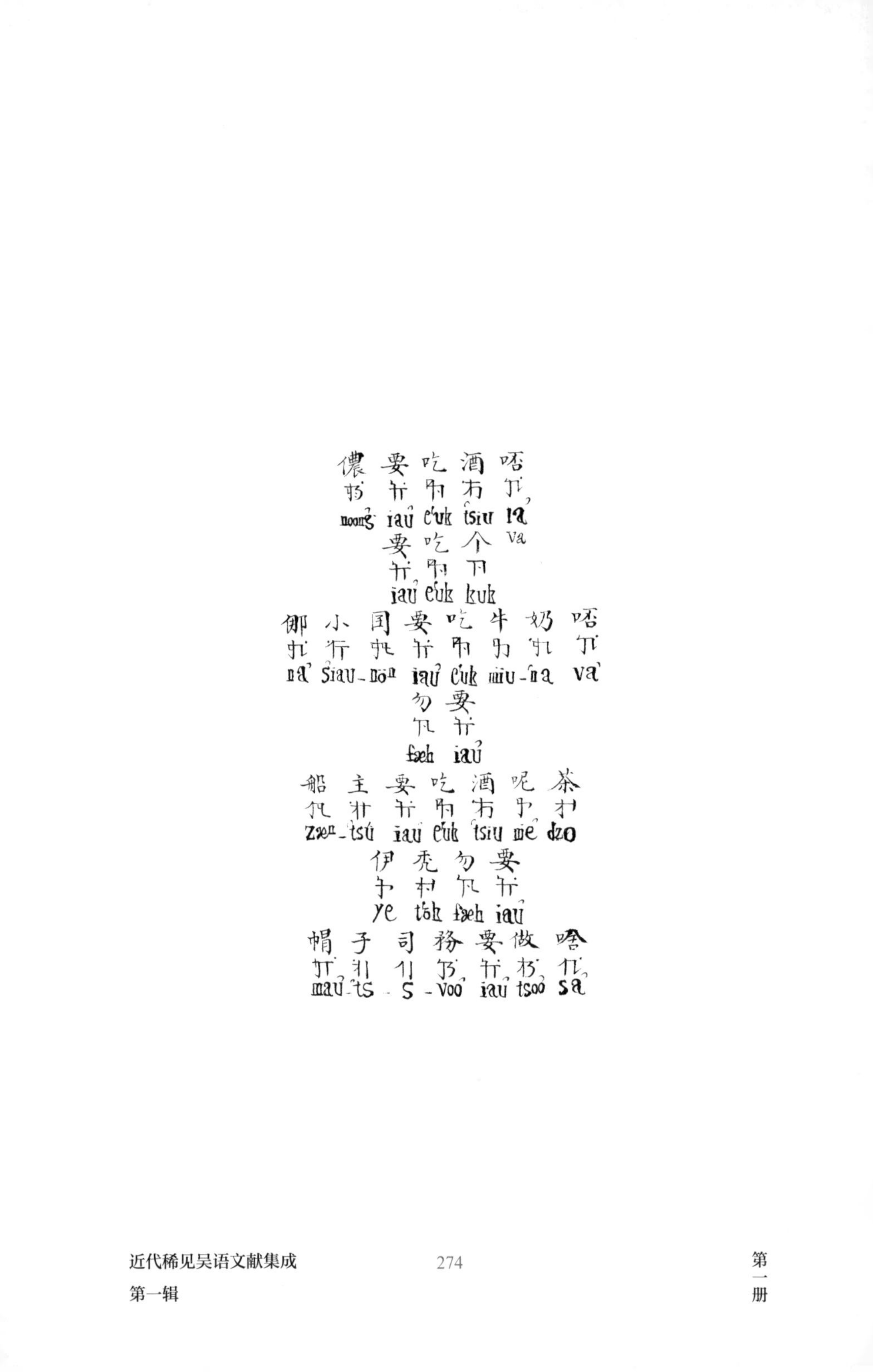

儂 要 吃 酒 唔
noong iau c'uk tsiu va
要 吃 个 Va
iau c'uk kuk

伽 小 囝 要 吃 牛 奶 唔
na siau-nön iau c'uk miu-na va
勿 要
faeh iau

船 主 要 吃 酒 呢 茶
zæn-tsu iau c'uk tsiu nie dzo
伊 秃 勿 要
ye t'ok faeh iau

帽 子 司 務 要 做 啥
mau-ts s-voo iau tsoo sa

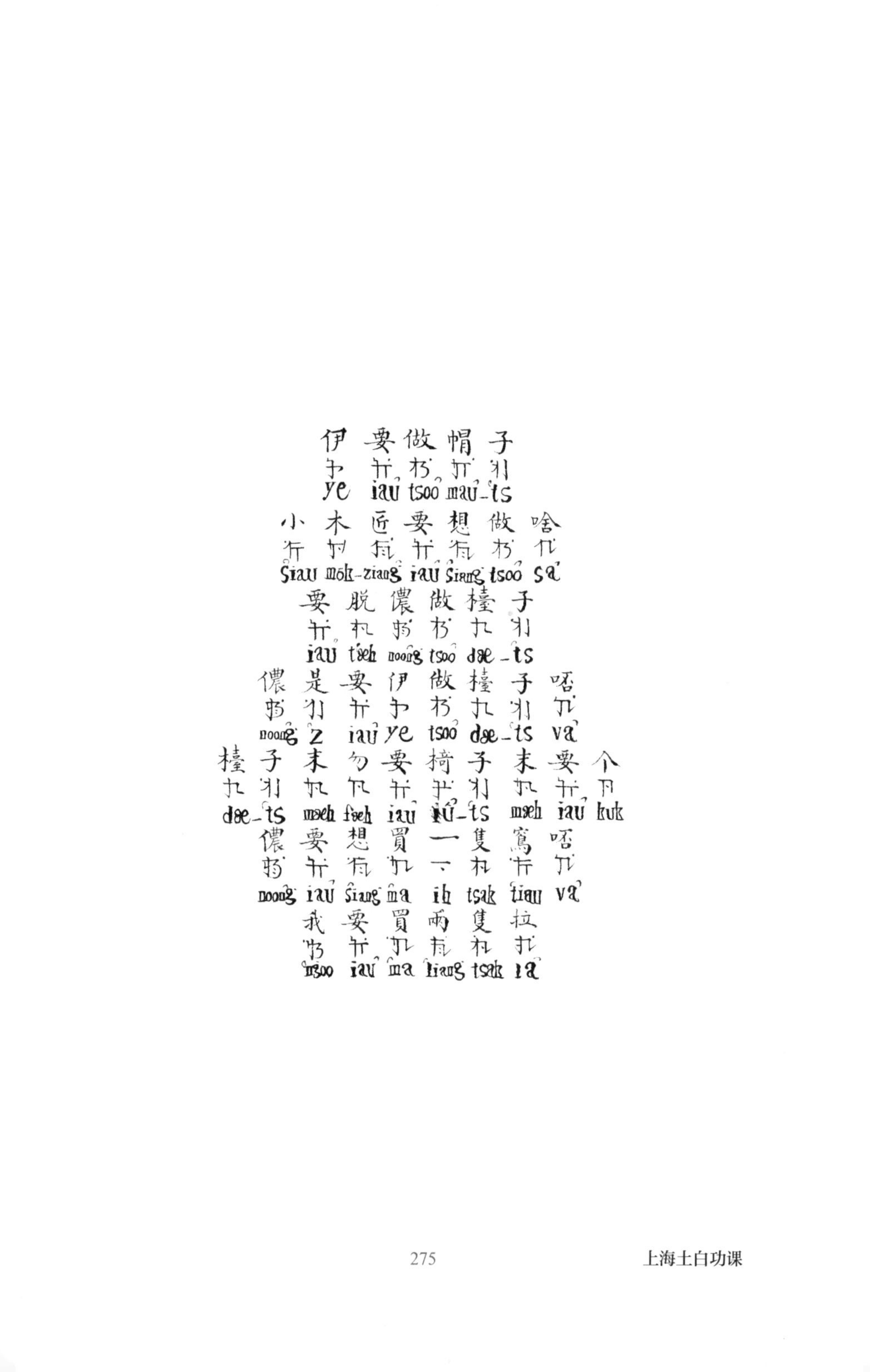

伊要做帽子

ye iau tsoo mau-ts

小木匠要想做啥

siau mok-ziang iau siang tsoo sa

要脱儂做檯子

iau t'æh noong tsoo dæ-ts

儂是要伊做檯子否

noong z iau ye tsoo dæ-ts va

檯子末勿要椅子末要个

dæ-ts mæh fæh iau iú-ts mæh iau kuk

儂要想買一隻鳥否

noong iau siang ma ih tsak tiau va

我要買兩隻拉

ngoo iau ma liang tsak la

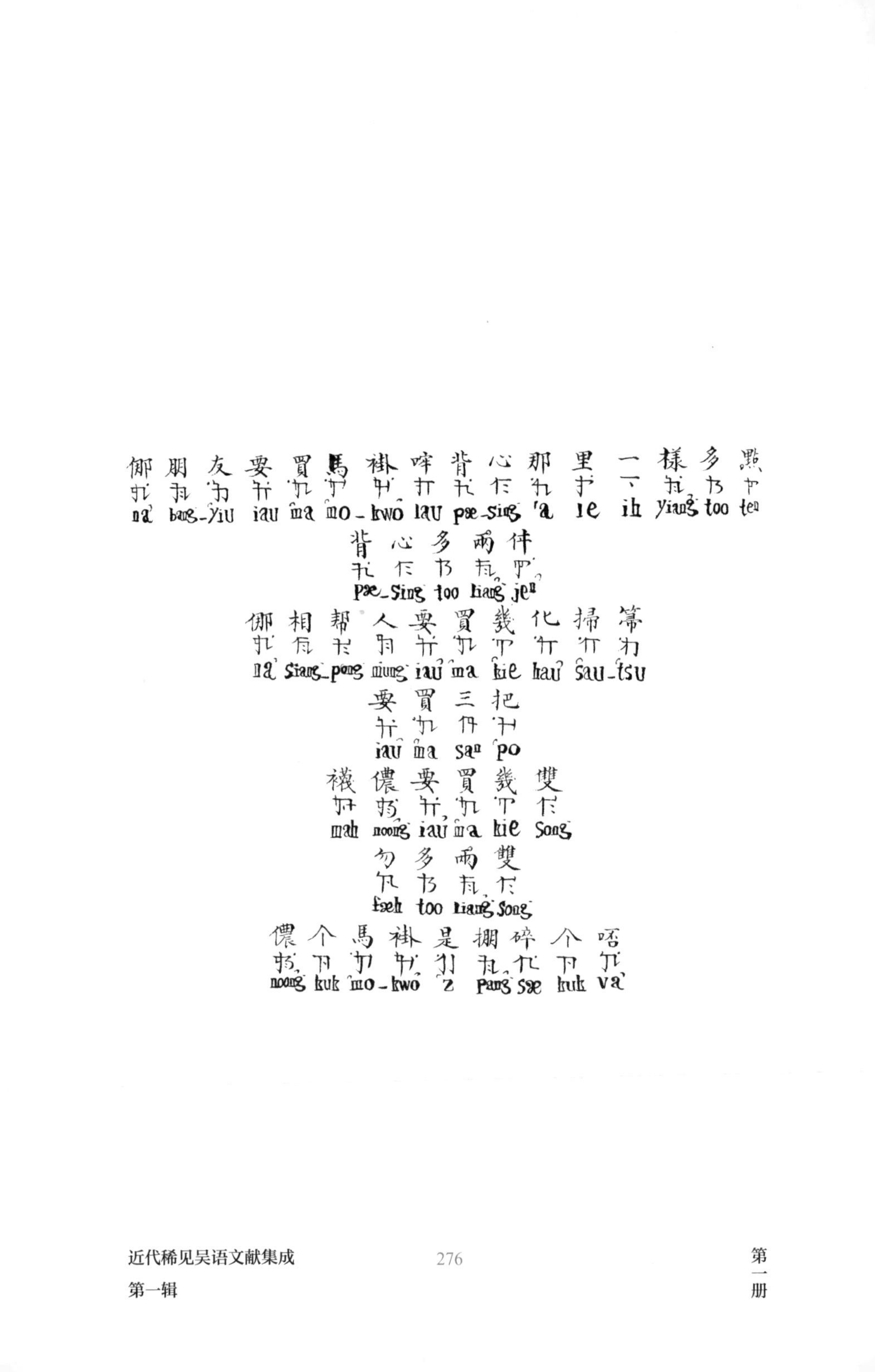

倻朋友要買馬褂咾背心那里一樣多點
na' bang-yiu iau ma mo-kwo lau pæ-sing 'a le ih yiang too te^{n}

背心多兩件
pæ-sing too liang je^{n}

倻相帮人要買幾化掃箒
na' siang-pong nung iau ma kie hau sau-tsu

要買三把
iau ma sa^{n} po

襪儂要買幾雙
mah noong iau ma kie song

勿多兩雙
fæh too liang song

儂个馬褂是棚碎个唔
noong kuk mo-kwo z pang sæ kuk va'

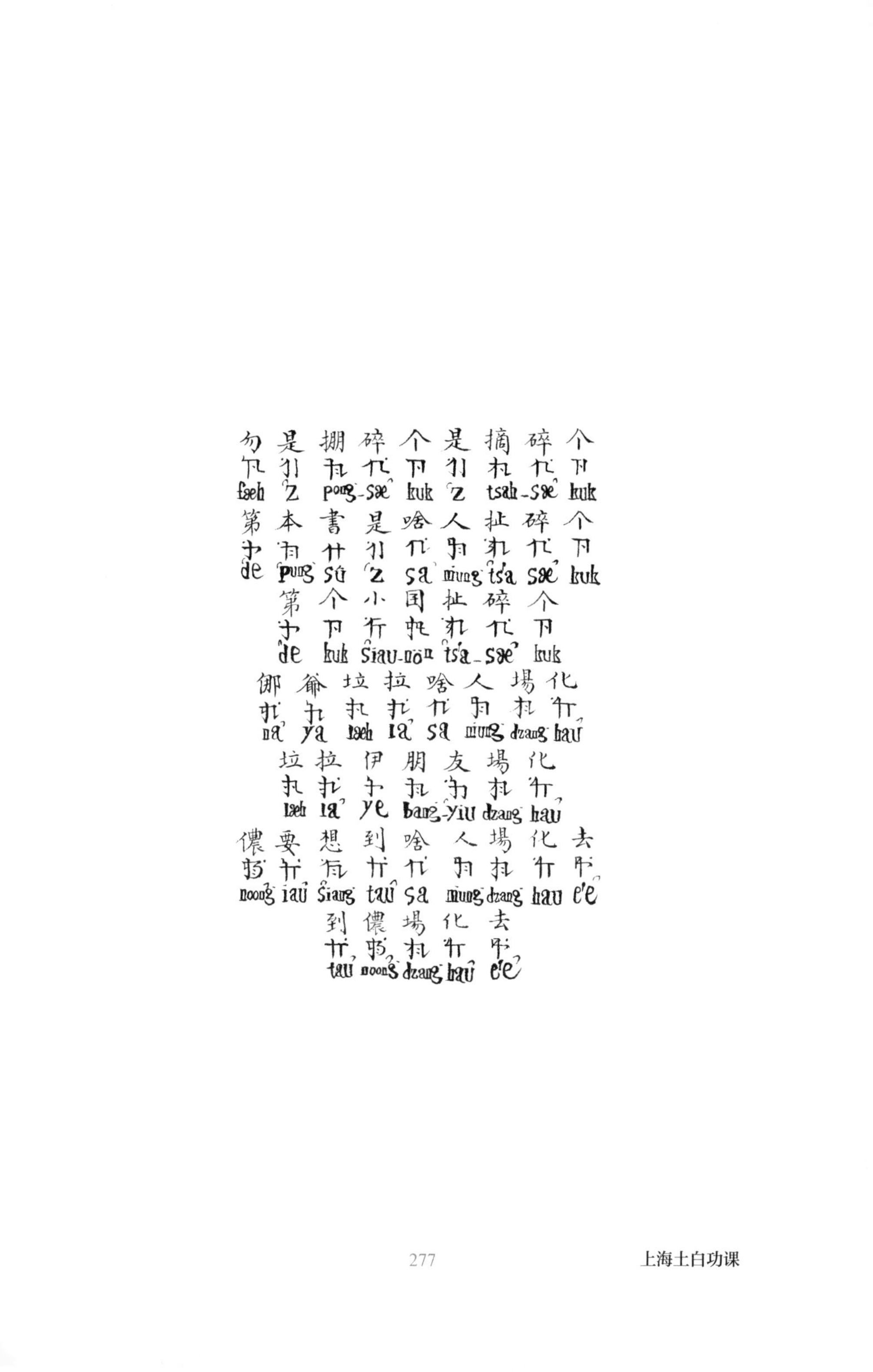

勿 是 掤 碎 个 是 摘 碎 个
fæh 'z pong-sæ kuk 'z tsah-sæ kuk

第 本 書 是 啥 人 扯 碎 个
de pung sû 'z sa niung ts'a sæ kuk

第 个 小 囝 扯 碎 个
de kuk siau-nön ts'a-sæ kuk

鄉 爺 垃 拉 啥 人 場 化
na ya læh la sa niung dzang hau

垃 拉 伊 朋 友 場 化
læh la ye bang-yiu dzang hau

儂 要 想 到 啥 人 場 化 去
noong iau siang tau sa niung dzang hau c'e

到 儂 場 化 去
tau noong dzang hau c'e

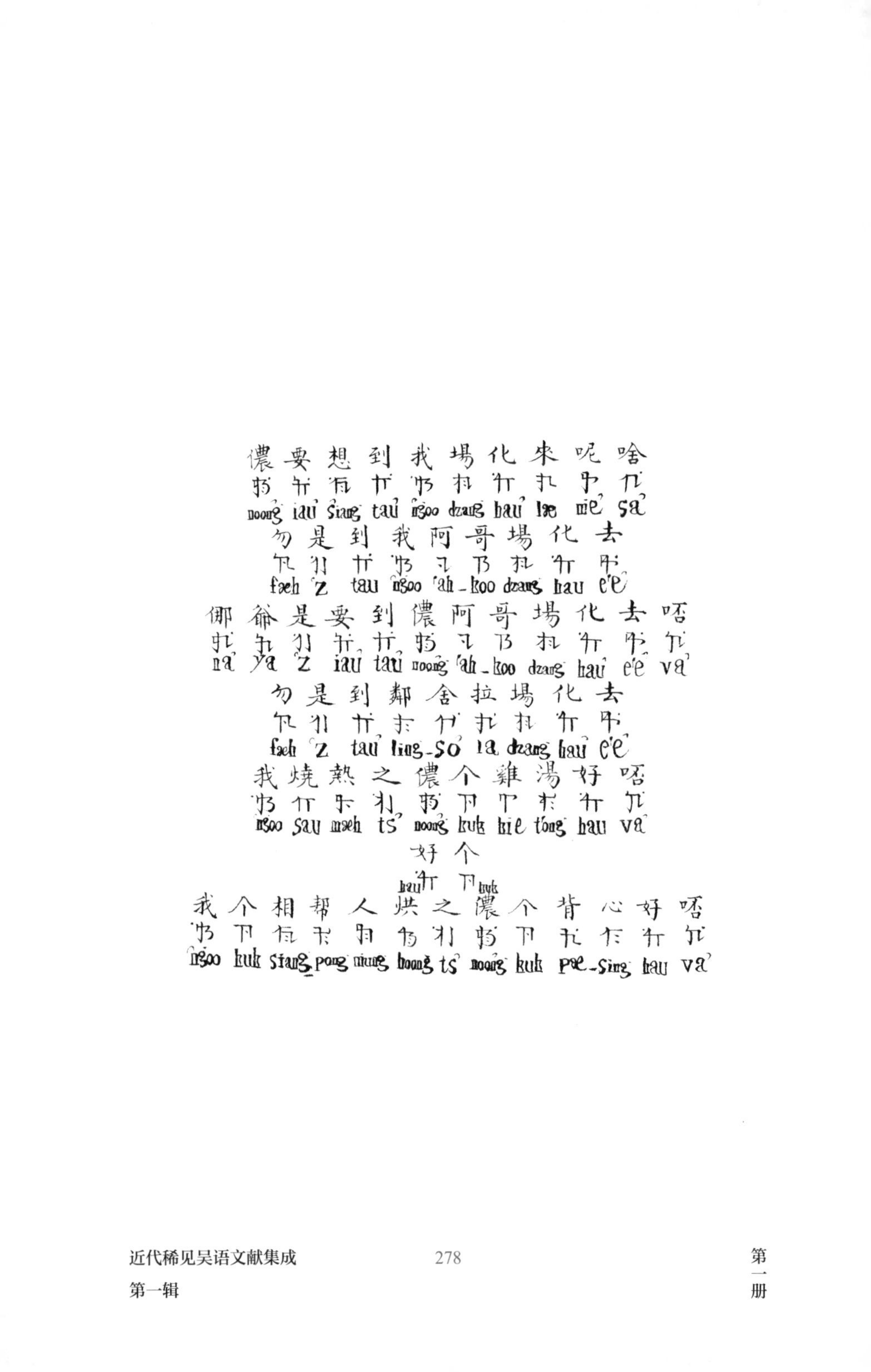

儂要想到我場化來呢啥

noong iau siang tau ngoo dzang hau læ nie sa

勿是到我阿哥場化去

fæh z tau ngoo 'ah-koo dzang hau e'e

伽爺是要到儂阿哥場化去唔

na ya z iau tau noong 'ah-koo dzang hau e'e va

勿是到鄰舍拉場化去

fæh z tau ling-so la dzang hau e'e

我燒熱之儂个雞湯好唔

ngoo sau mæh ts noong kuk kie tong hau va

好个

hau kuk

我个相帮人烘之儂个背心好唔

ngoo kuk siang-pong niung hoong ts noong kuk pæ-sing hau va

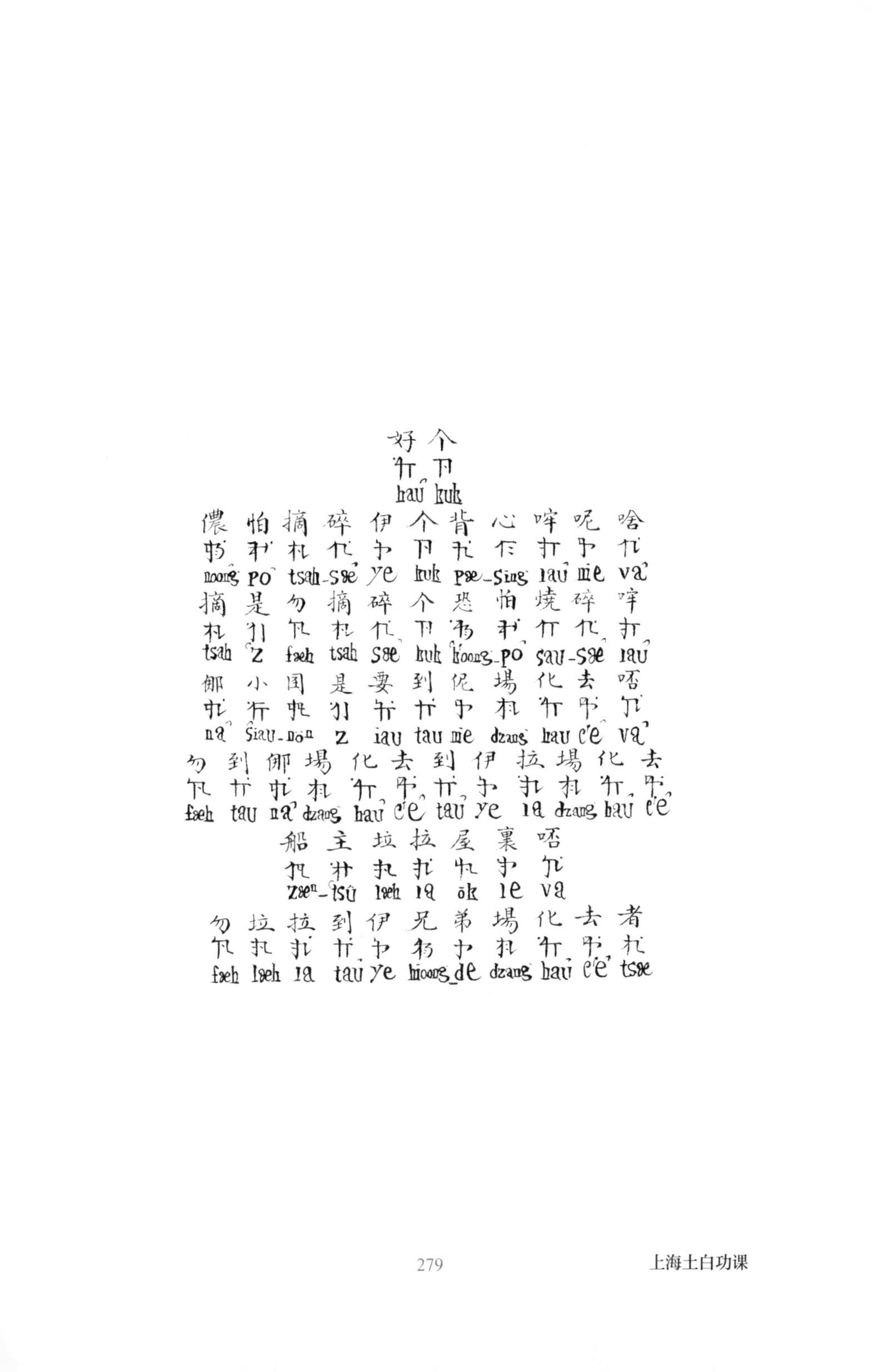

好个
hau kuk

儂怕摘碎伊个背心哰呢啥
noong po tsah-sæ ye kuk pæ-sing lau nie va

摘是勿摘碎个恐怕燒碎哰
tsah z fæh tsah sæ kuk k'oong-po sau-sæ lau

倻小囝是要到伲場化去唔
na siau-nön z iau tau nie dzang hau c'e va

勿到倻場化去到伊拉場化去
fæh tau na dzang hau c'e tau ye la dzang hau c'e

船主垃拉屋裏唔
zæn-tsû læh la ōk le va

勿垃拉到伊兄弟場化去者
fæh læh la tau ye hioong-de dzang hau c'e tsæ

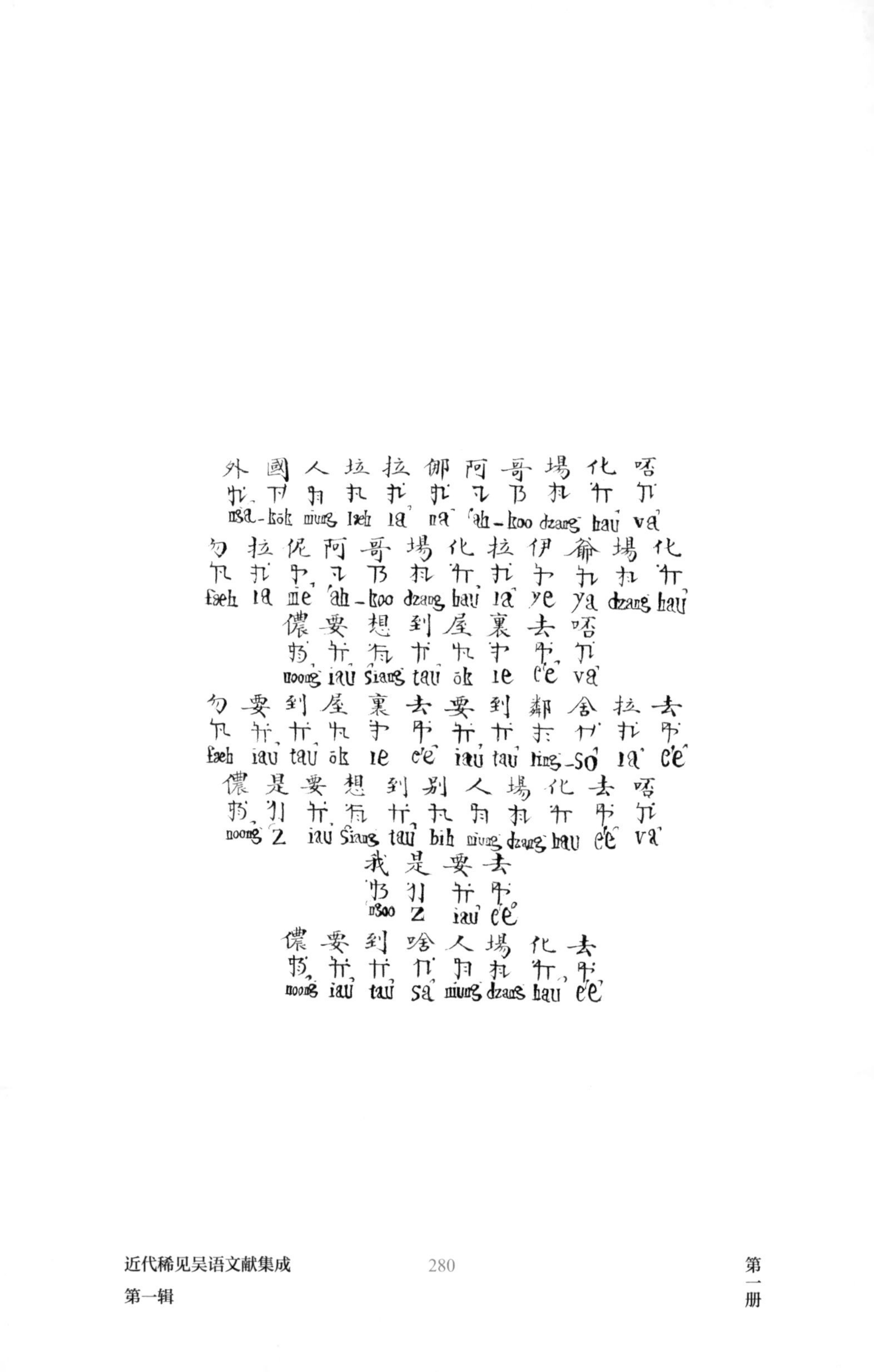

外國人垃拉伽阿哥場化咯

nga-kōk niung læh la na 'ah-koo dzang hau va

勿拉伲阿哥場化拉伊爺場化

fæh la nie 'ah-koo dzang hau la ye ya dzang hau

儂要想到屋裏去咯

noong iau siang tau ōk le c'e va

勿要到屋裏去要到鄰舍拉去

fæh iau tau ōk le c'e iau tau ling-sò la c'e

儂是要想到别人場化去咯

noong z iau siang tau bih niung dzang hau c'e va

我是要去

ngoo z iau c'e

儂要到啥人場化去

noong iau tau sa niung dzang hau c'e

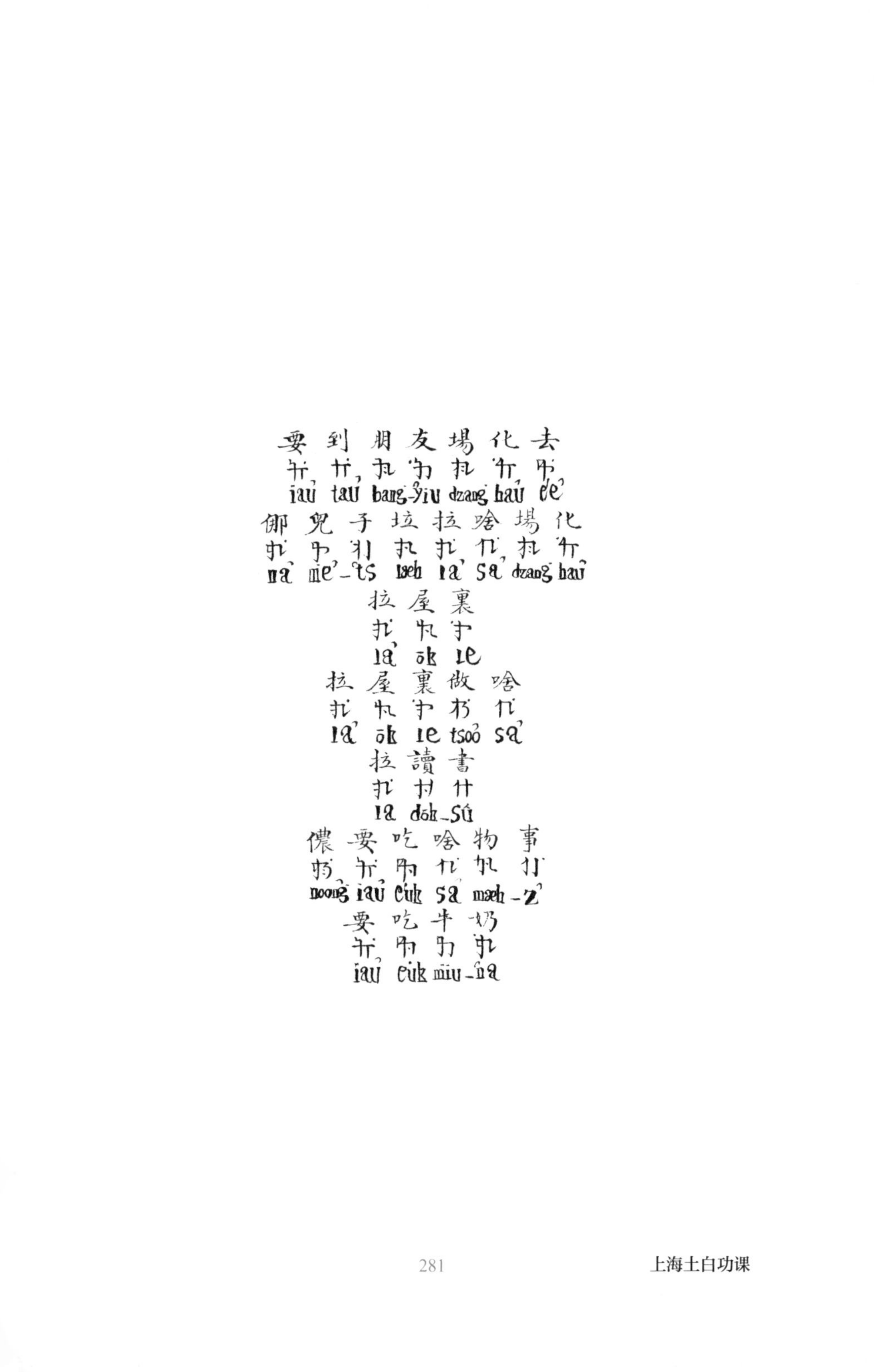

要到朋友場化去

iau tau bang-yiu dzang hau ce

伲兒子垃拉啥場化

na nie-ts weh la sa dzang hau

拉屋裏

la ok le

拉屋裏做啥

la ok le tsoo sa

拉讀書

la dok-su

儂要吃啥物事

noong iau chuk sa maeh-z

要吃牛奶

iau chuk niu-na

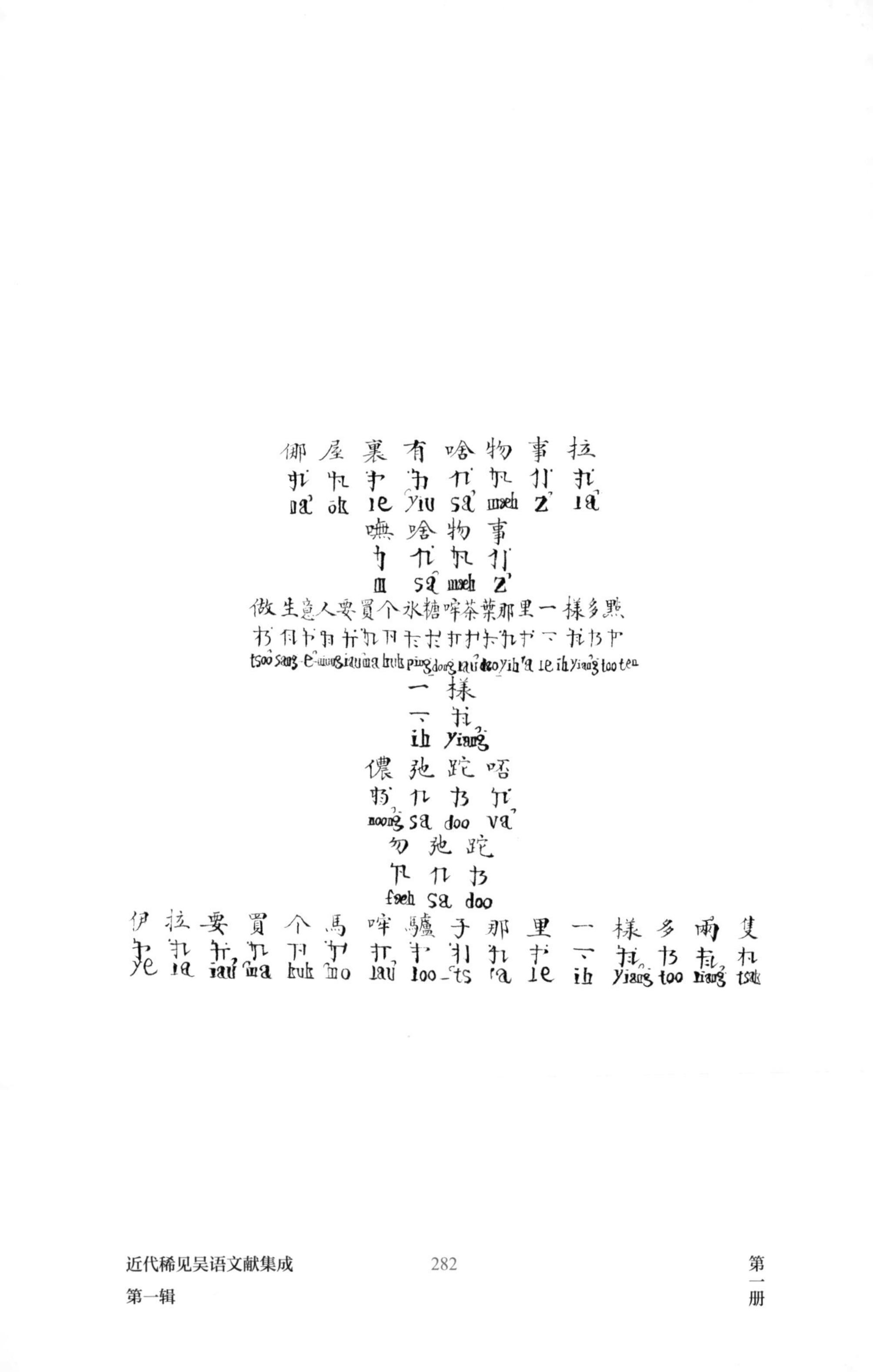

倻屋裏有啥物事拉

na' ok le yiu sa' meh z' la'

嘸啥物事

m sa meh z'

做生意人要買个氷糖㖿茶葉那里一樣多點

tsoo sang-e-nying iau ma kuk ping-dong lau dzo-yih 'a le ih yiang too ten

一樣

ih yiang

儂𤞑跎㖶

noong sa doo va'

勿𤞑跎

feh sa doo

伊拉要買个馬㖿驢子那里一樣多兩隻

Ye la iau ma kuk mo lau loo-ts 'a le ih yiang too niang tsak

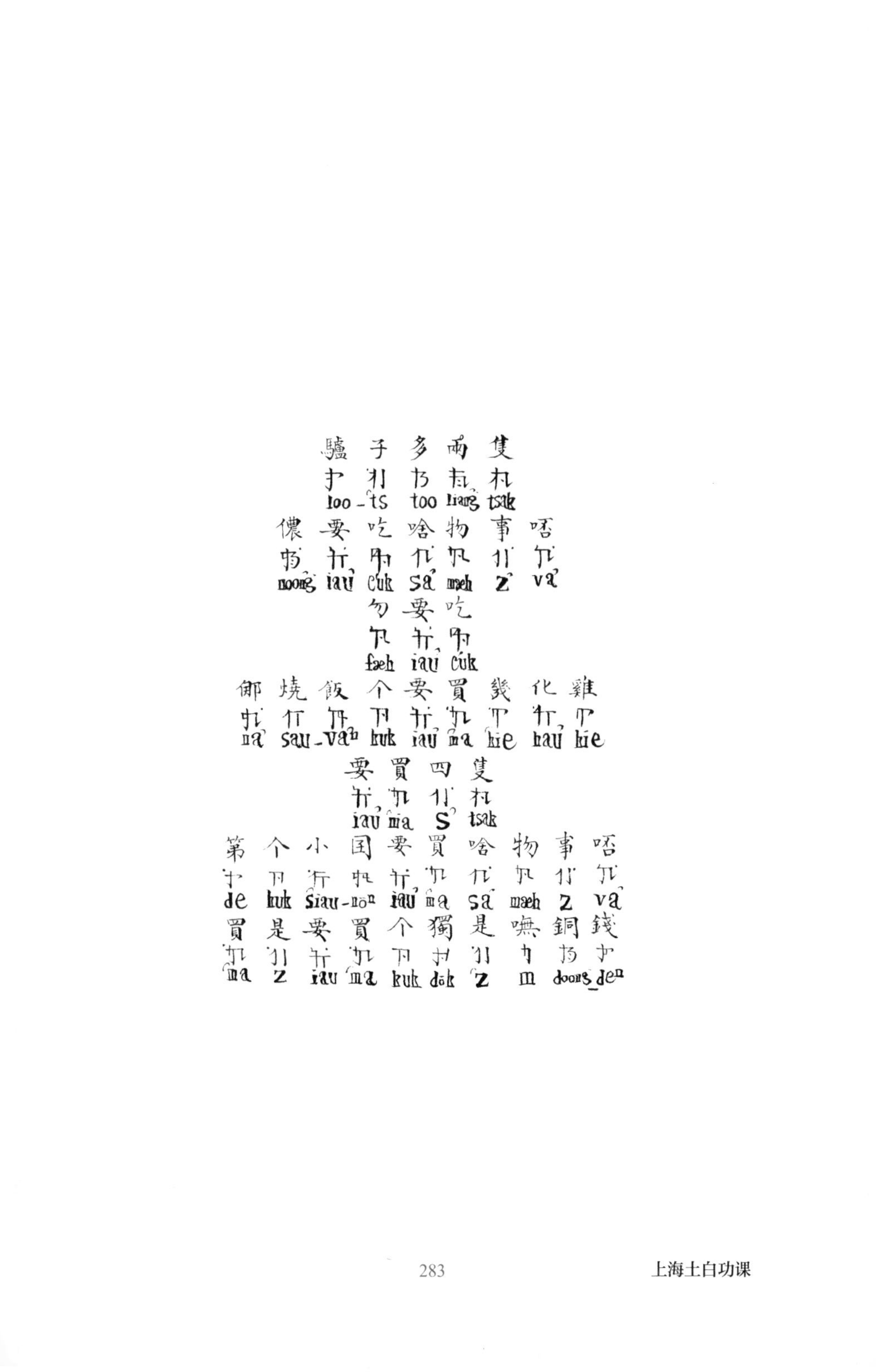

驢子多兩隻

loo-ts too liang tsak

儂要吃啥物事唔

noong iau cuk sa maeh z va

勿要吃

faeh iau cuk

啣燒飯个要買幾化雞

na sau-van kuk iau ma kie hau kie

要買四隻

iau ma s tsak

第个小囯要買啥物事唔

de kuk siau-nön iau ma sa maeh z va

買是要買个獨是嘸銅錢

ma z iau ma kuk dŏk z m doong-den

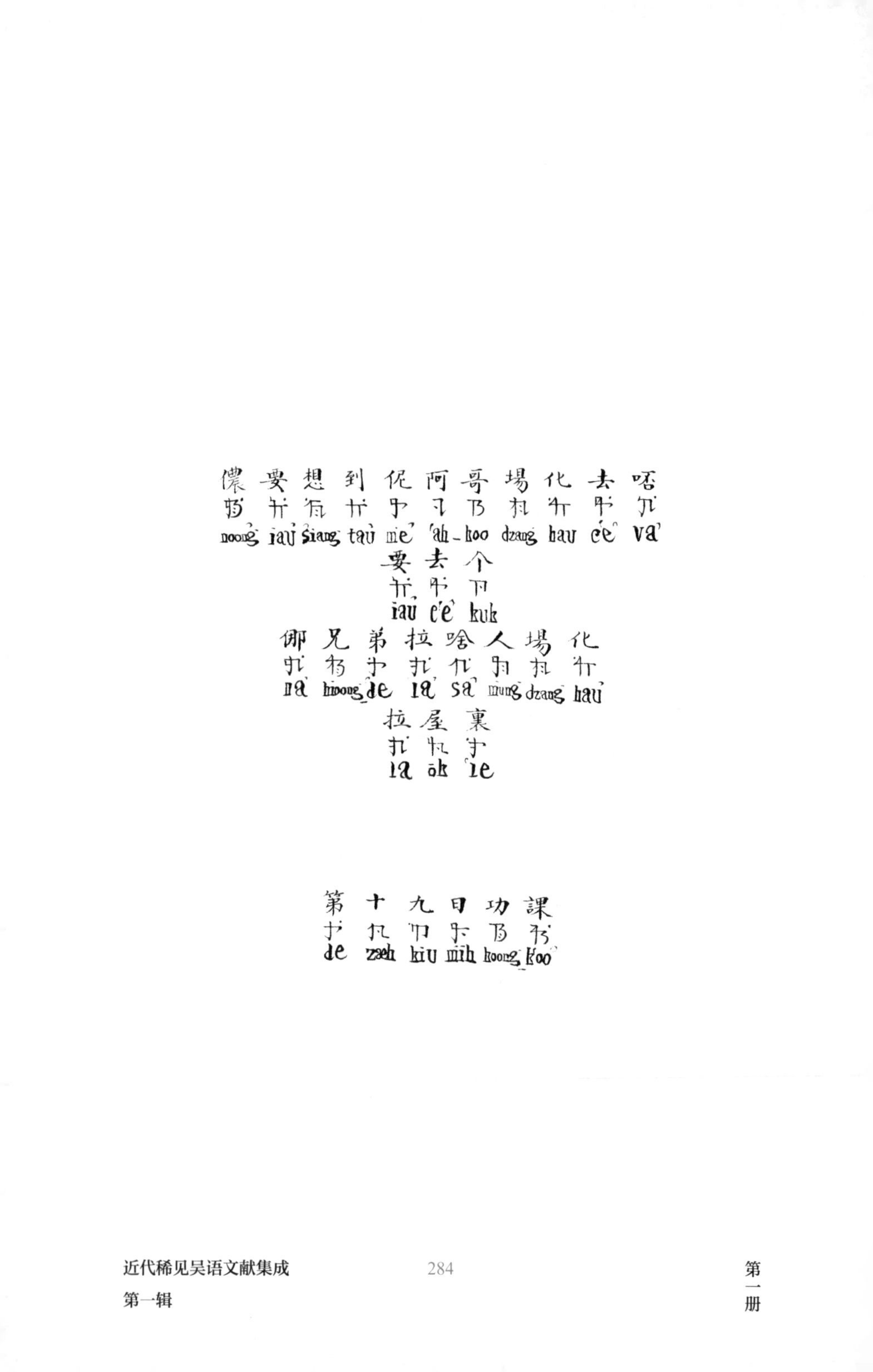

儂要想到伲阿哥場化去唔
noong iau siang tau me 'ah-koo dzang hau c'e va
要去个
iau c'e kuk

倗兄弟拉啥人場化
na hioong de la sa mung dzang hau
拉屋裏
la ok 'ie

第十九日功課
de zaeh kiu mih koong k'oo

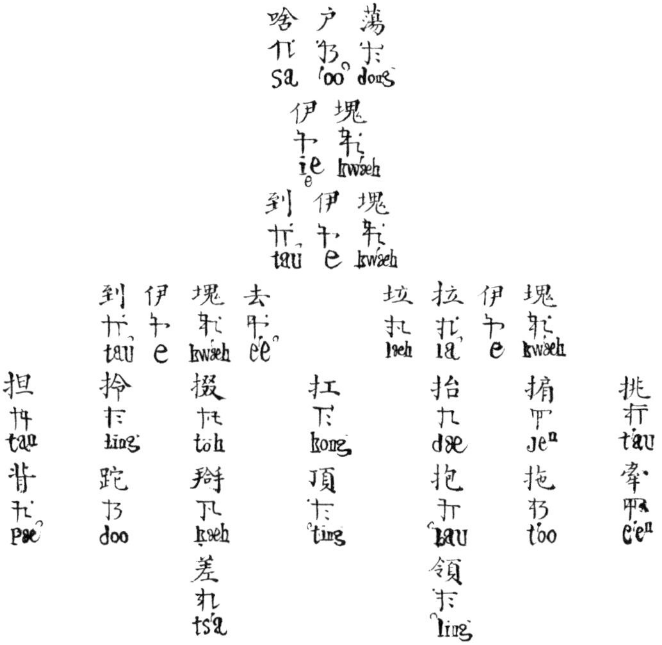

啥 户 蕩
sa 'oo dong
伊 塊
ie kwæh
到 伊 塊
tau e kwæh
到 伊 塊 去
tau e kwæh 'ee
垃 拉 伊 塊
læh la e kwæh
担
tan
背
pæ
拎
ting
跎
doo
掇
töh
擨
k'æh
差
ts'a
扛
kong
頂
'ting
抬
dæ
抱
bau
領
ling
掮
jen
拖
t'oo
挑
t'au
牽
c'ien

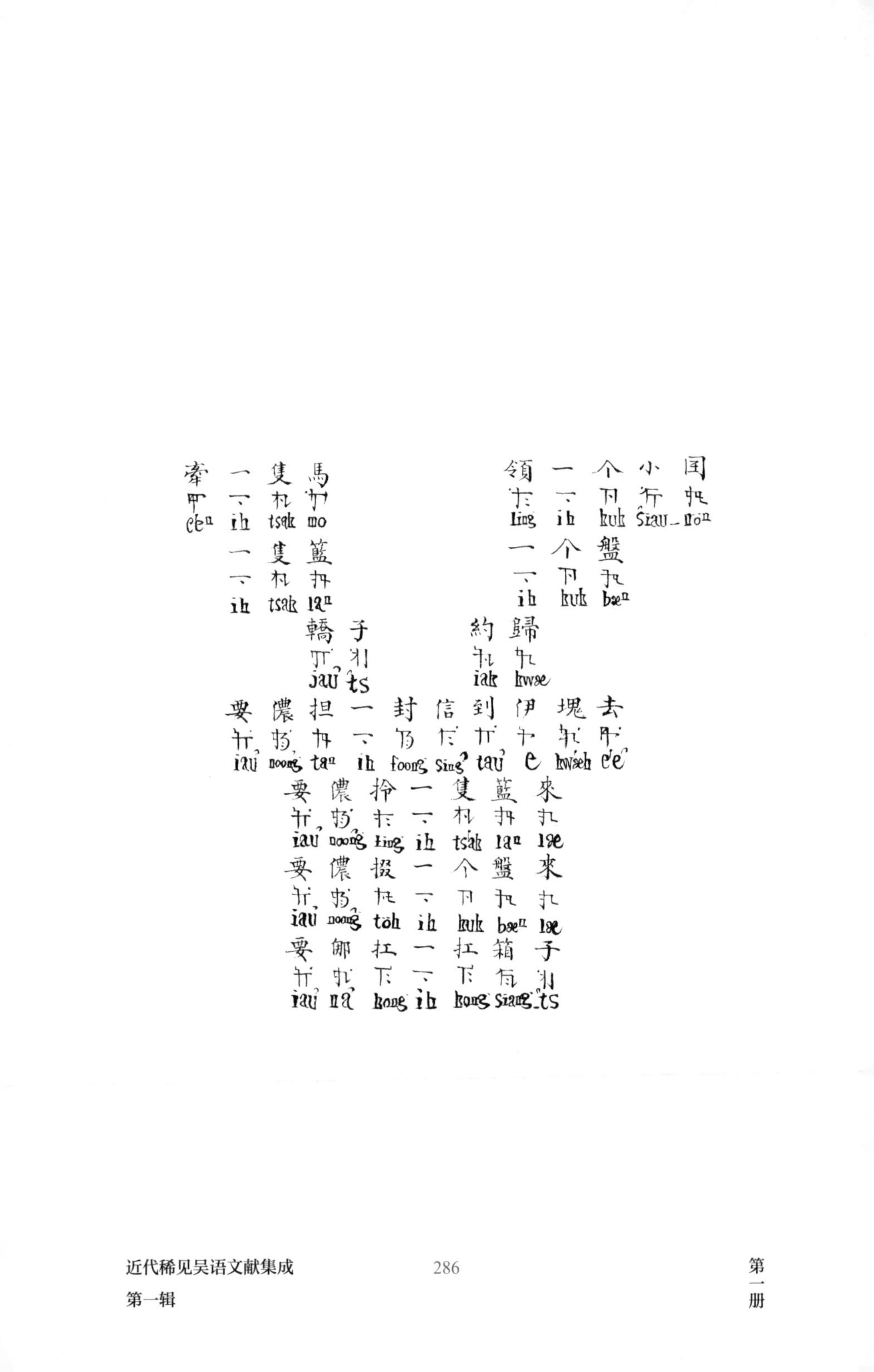

領一个小囝

ling ih kuh siau-nö^{n}

一个盤

ih kuh bœ^{n}

約歸

iak kwæ

牽一隻馬

c'e^{n} ih tsak mo

一隻籃

ih tsak la^{n}

轎子

jau ts

要儂担一封信到伊塊去

iau noong ta^{n} ih foong sing tau e kwæh c'e

要儂拎一隻籃來

iau noong ling ih tsak la^{n} læ

要儂掇一个盤來

iau noong töh ih kuh bœ^{n} læ

要伲扛一扛箱子

iau na kong ih kong siang ts

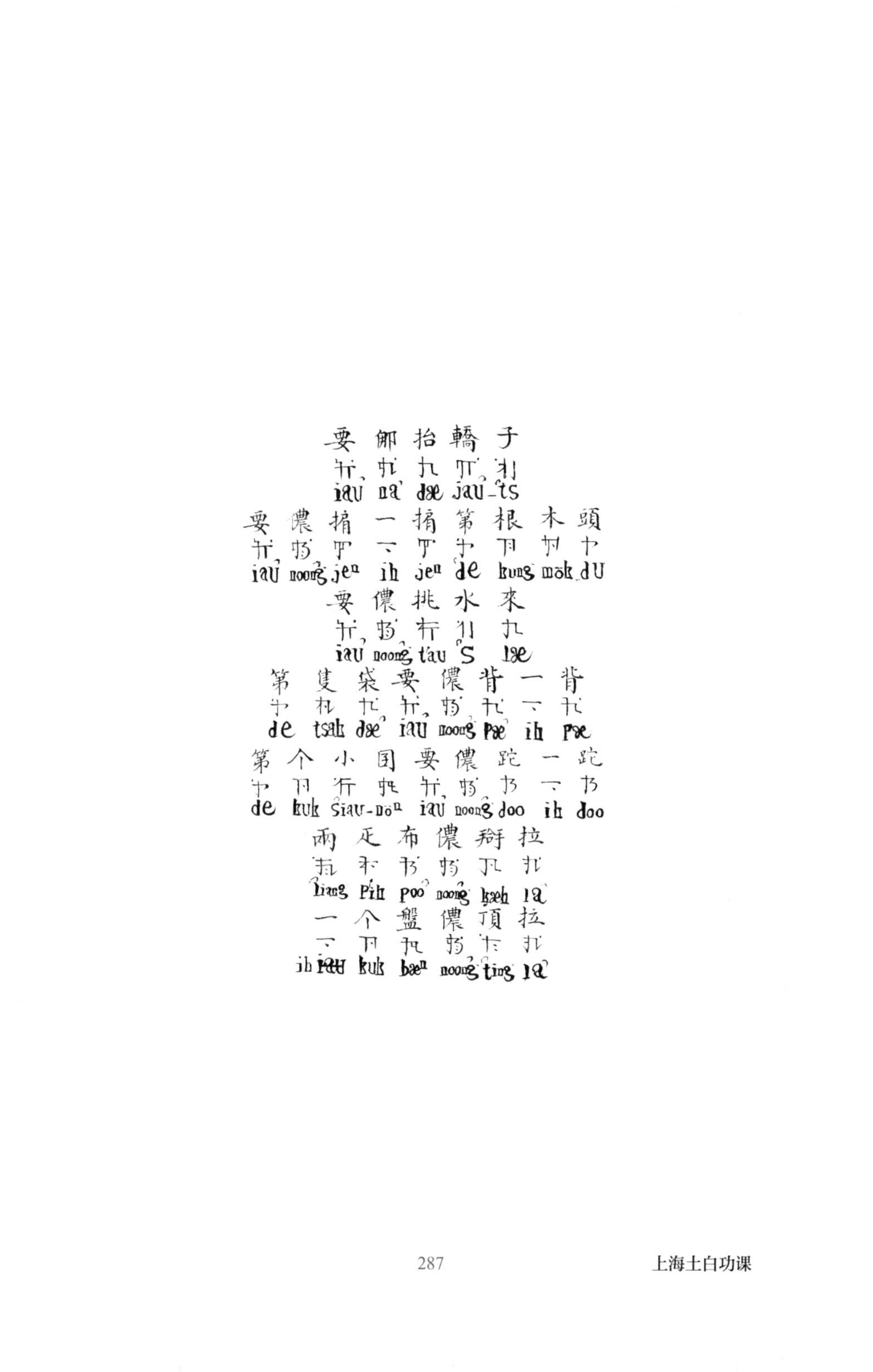

要 儕 抬 轎 子

iau na' dæ jau-ts

要 儂 掮 一 掮 第 根 木 頭

iau noong je^{n} ih je^{n} de kung mök dU

要 儂 挑 水 來

iau noong t'au S læ

第 隻 袋 要 儂 背 一 背

de tsak dæ iau noong pæ ih pæ

第 个 小 囝 要 儂 駝 一 駝

de kuk siau-$nö^{n}$ iau noong doo ih doo

兩 疋 布 儂 𢲾 拉

liang p'ih poo noong kæh la

一 个 盤 儂 頂 拉

ih iau kuk $bæ^{n}$ noong ting la

抱抱小囝

bau bau siau-nön

伊勿跑末儂脫我拖伊來

ye feh bau meh noong t'eh ngoo too ye le

儂牽伊到鄰舍拉去

noong c'en ye tau ling-so la c'e

我要差相帮人到伊塊去

ngoo iau ts'a siang-pong nung tau ye kwe c'e

要伊牽我个小囝到伊塊去

iau ye c'en ngoo kuh siau-nön tau ye kwe c'e

儂肯差伊到我爺壚頭去唔

noong k'ung ts'a ye tau ngoo ya han du c'e va

可以个

k'o e kuh

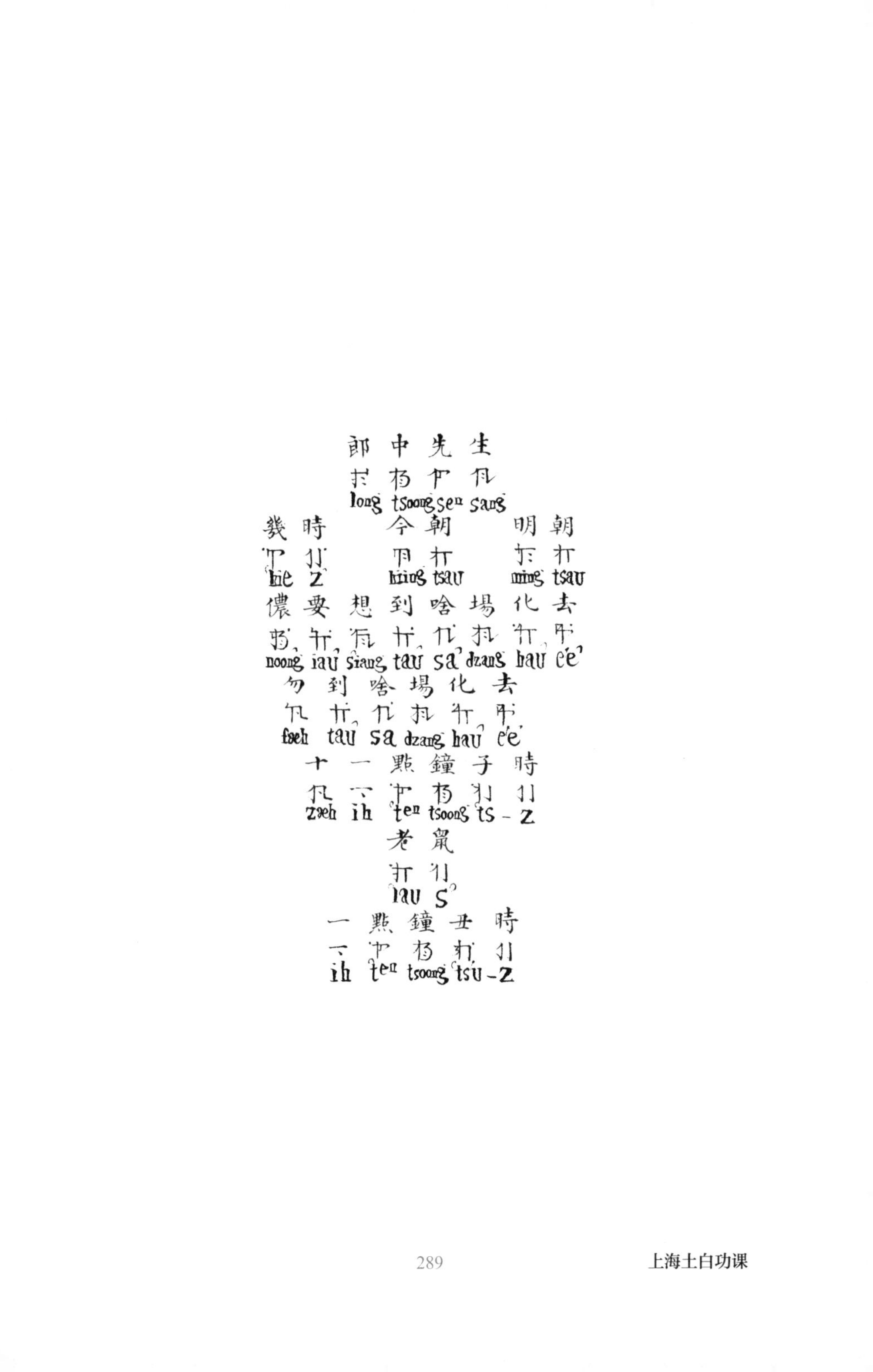

郎 中 先 生

long tsoong sen sang

幾 時　　今 朝　　明 朝

kie z　　kiung tsau　　ming tsau

儂 要 想 到 啥 場 化 去

noong iau siang tau sa dzang hau ċe

勿 到 啥 場 化 去

fæh tau sa dzang hau ċe

十 一 點 鐘 子 時

zæh ih ten tsoong ts-z

老 鼠

lau s

一 點 鐘 丑 時

ih ten tsoong tsu-z

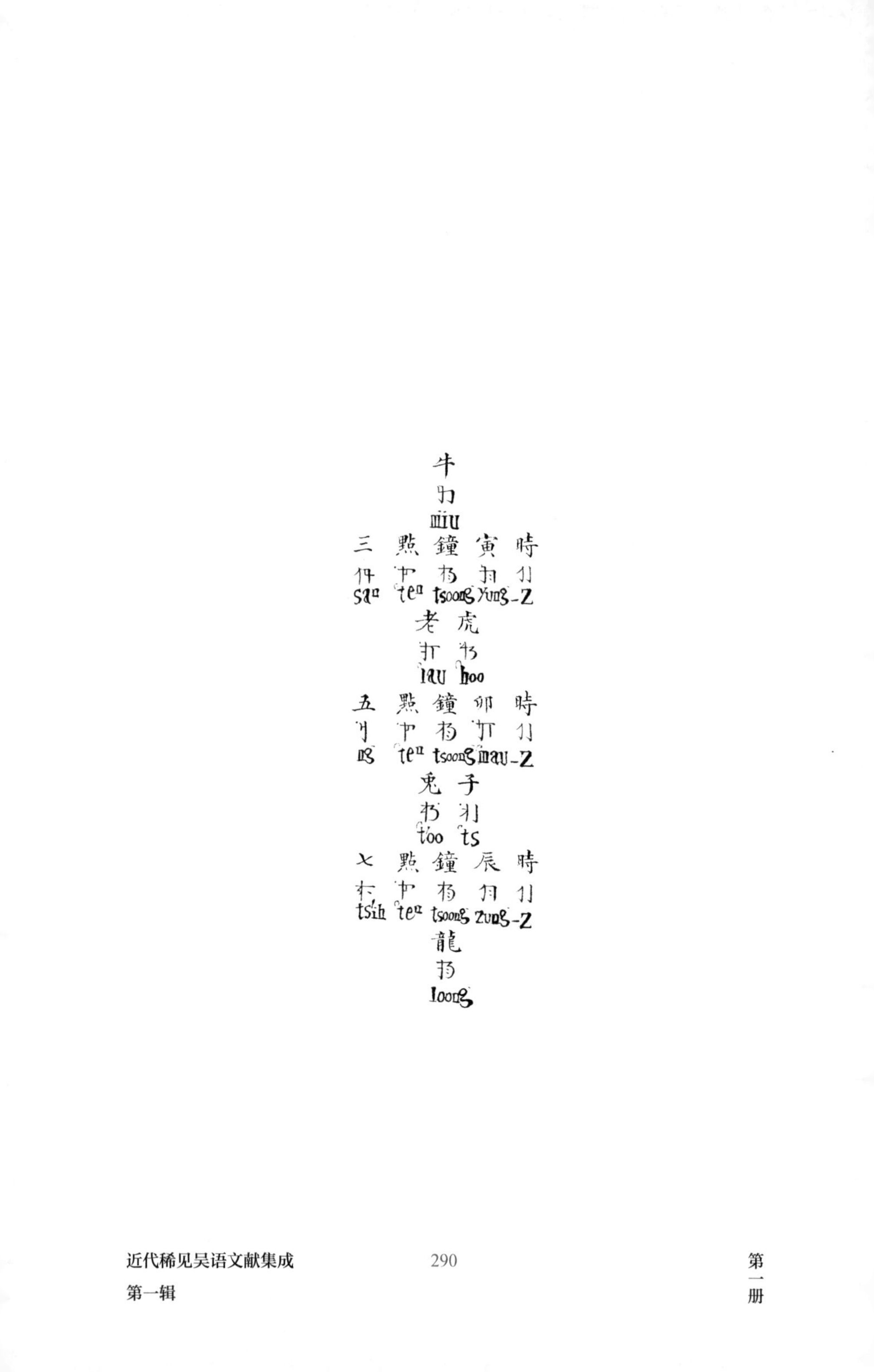

牛

m̈iu

三 點 鐘 寅 時

$\mathrm{sa^{n}}$ $\mathrm{te^{n}}$ tsoong yung-z

老 虎

lau hoo

五 點 鐘 卯 時

ng $\mathrm{te^{n}}$ tsoong mau-z

兎 子

too ts

七 點 鐘 辰 時

ts'ih $\mathrm{te^{n}}$ tsoong zung-z

龍

loong

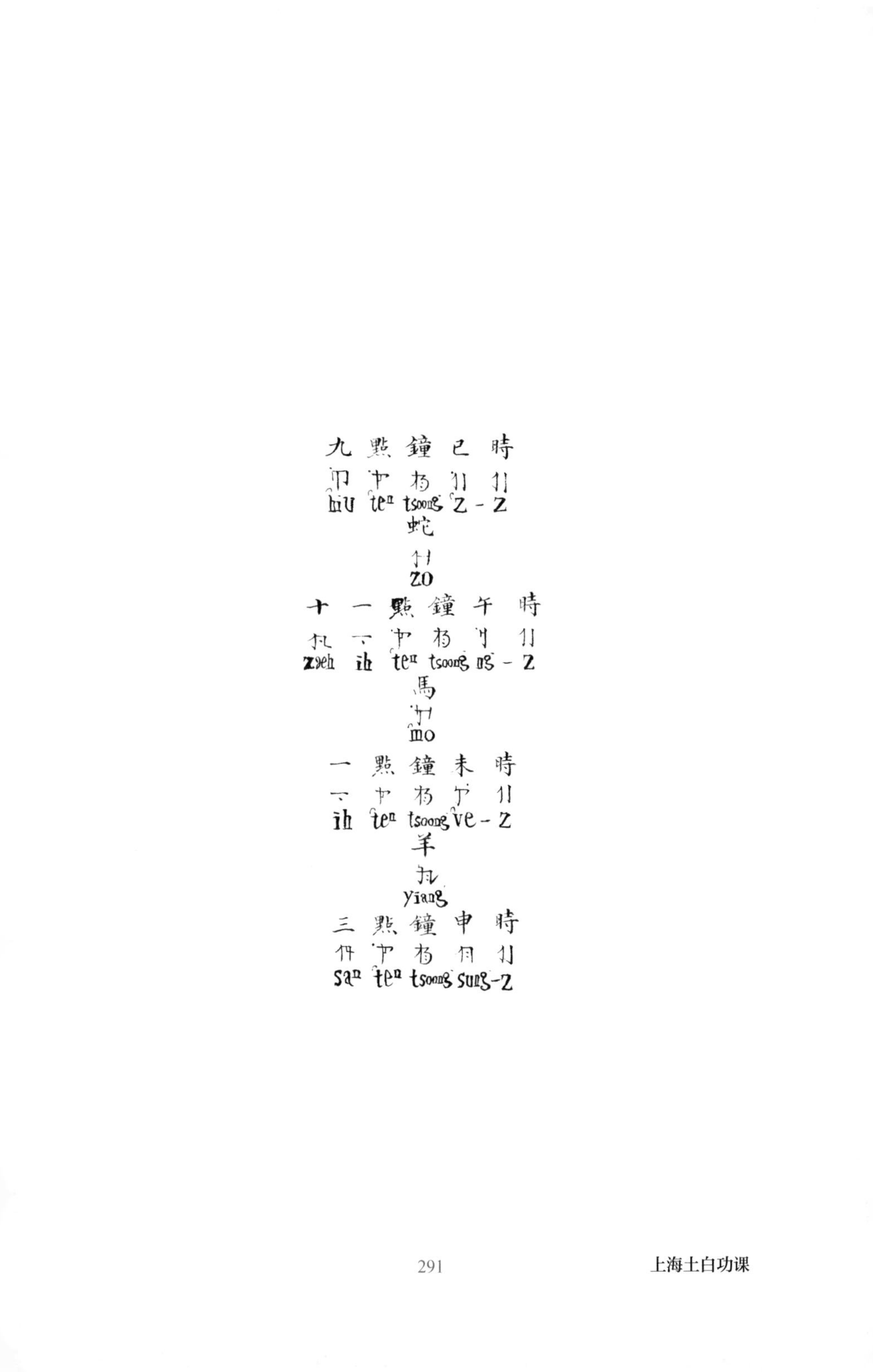

九 點 鐘 巳 時

kiu ten tsoong z - z

蛇

zo

十 一 點 鐘 午 時

zeh ih ten tsoong ng - z

馬

mo

一 點 鐘 未 時

ih ten tsoong ve - z

羊

yiang

三 點 鐘 申 時

san ten tsoong sung - z

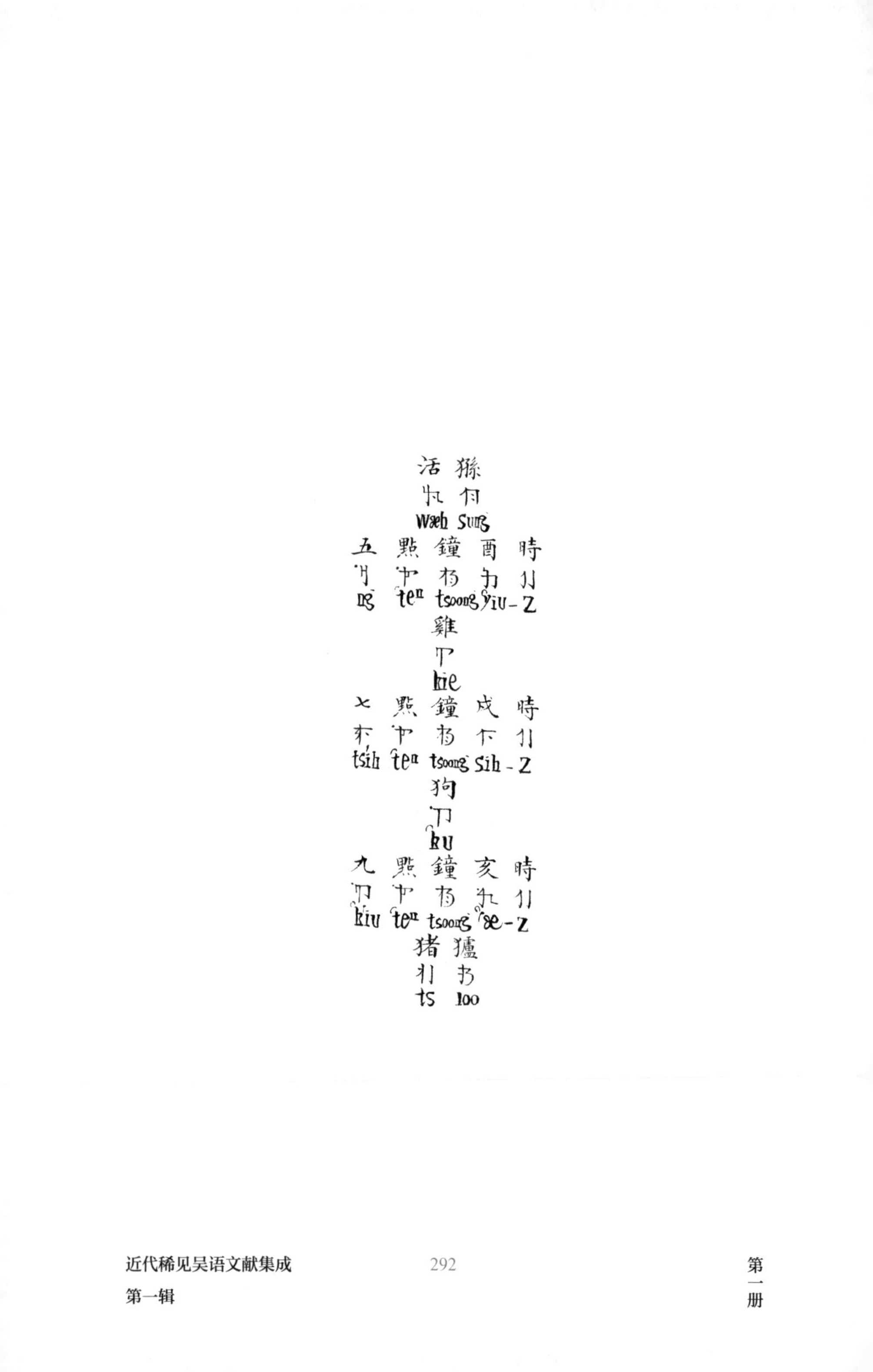

活 猻

wæh sung

五 點 鐘 酉 時

ng te^{n} tsoong yiu-z

雞

kie

七 點 鐘 戌 時

tsih te^{n} tsoong sih-z

狗

ku

九 點 鐘 亥 時

kiu te^{n} tsoong 'æ-z

猪 玀

ts loo

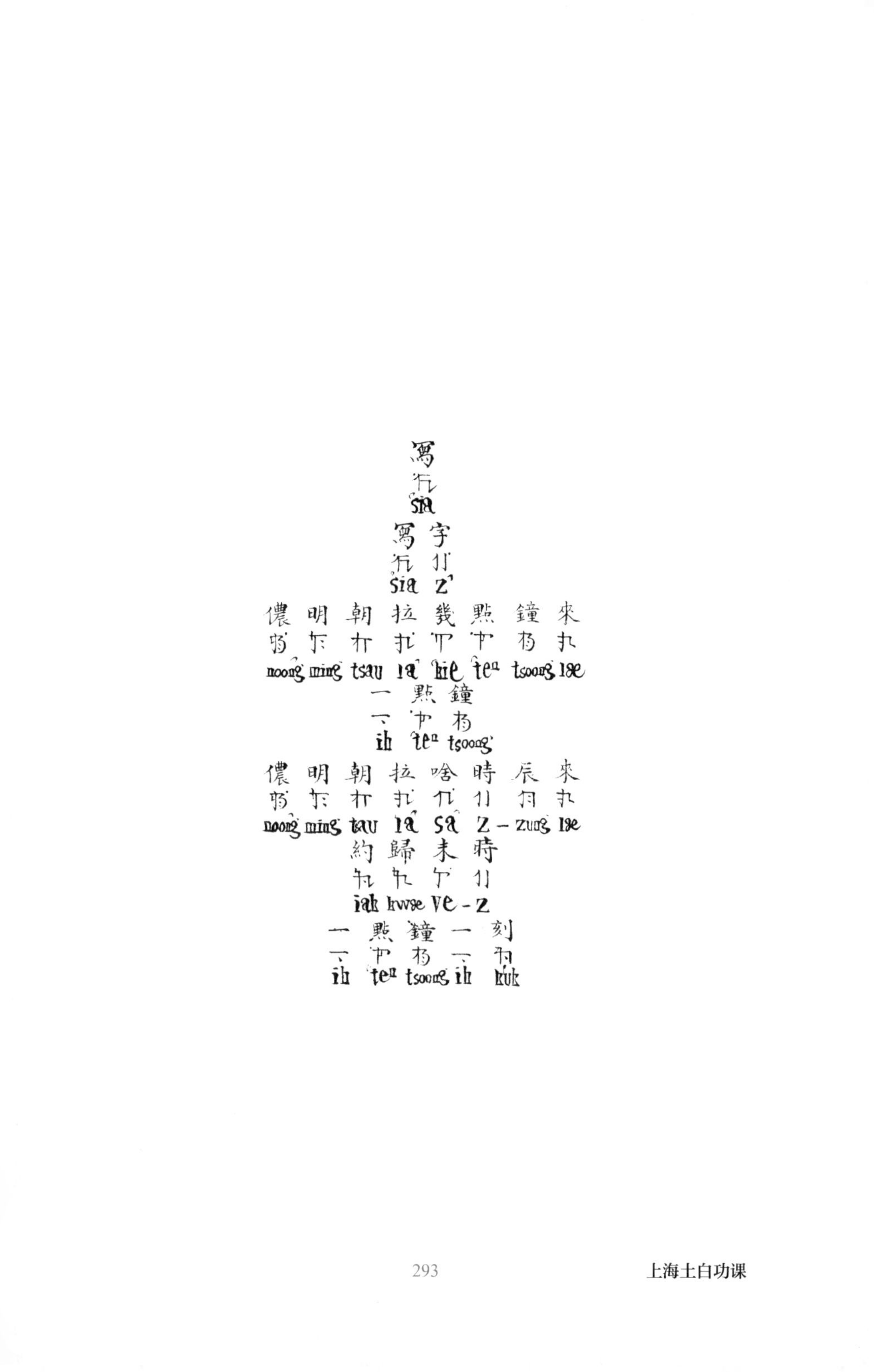

寫

sia

寫 字

sia z'

儂 明 朝 拉 幾 點 鐘 來

noong ming tsau la kie ten tsoong læ

一 點 鐘

ih ten tsoong

儂 明 朝 拉 啥 時 辰 來

noong ming tsau la sa z - zung læ

約 歸 未 時

iak kwæ ve - z

一 點 鐘 一 刻

ih ten tsoong ih kuk

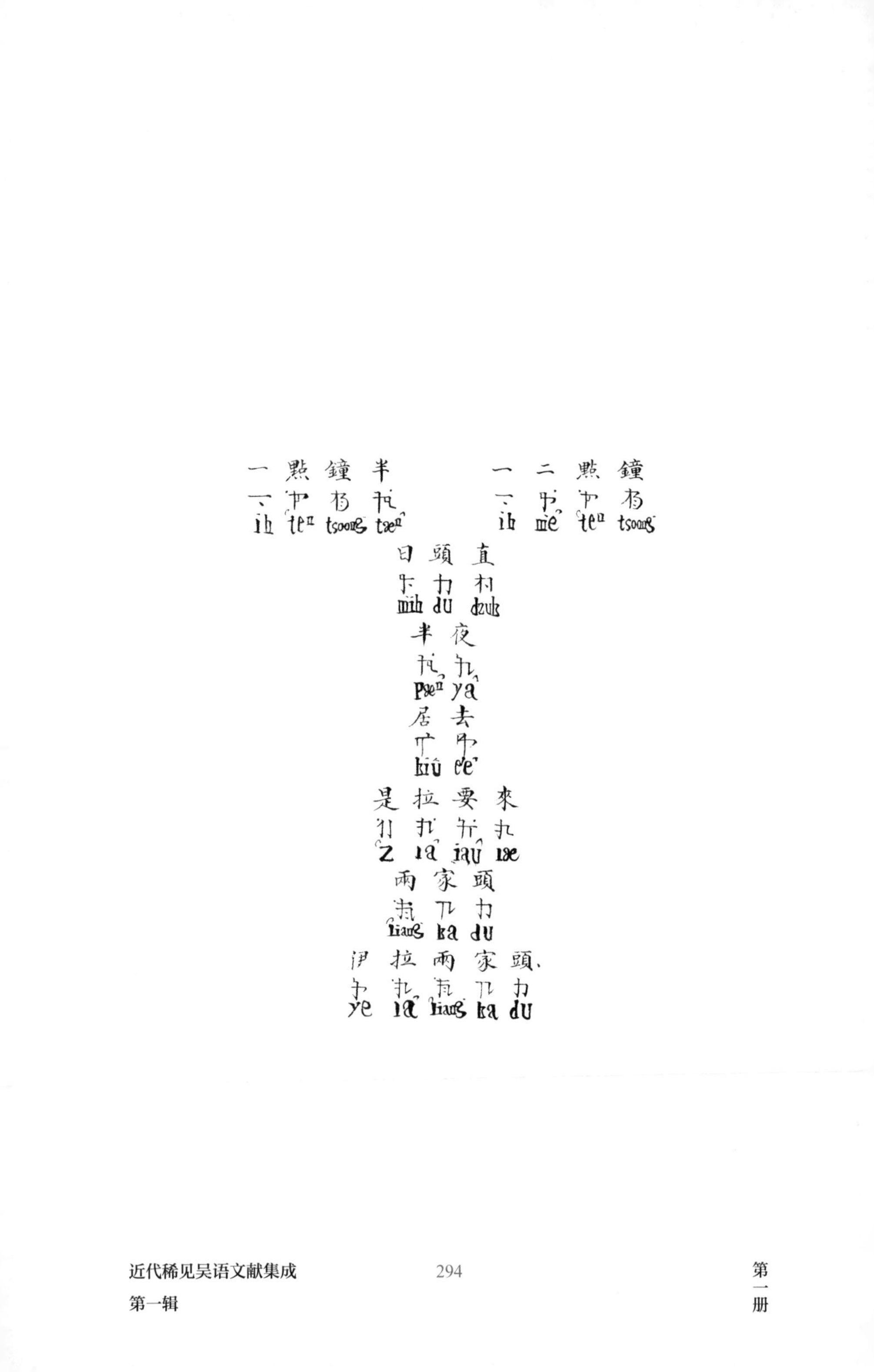

一點鐘半

ih te^{n} tsoong tæ^{n}

一二點鐘

ih mie te^{n} tsoong

日頭直

mih du dzuh

半夜

pæ^{n} ya

居去

kiû ce'

是拉要來

z la iau læ

兩家頭

liang ka du

伊拉兩家頭.

ye la liang ka du

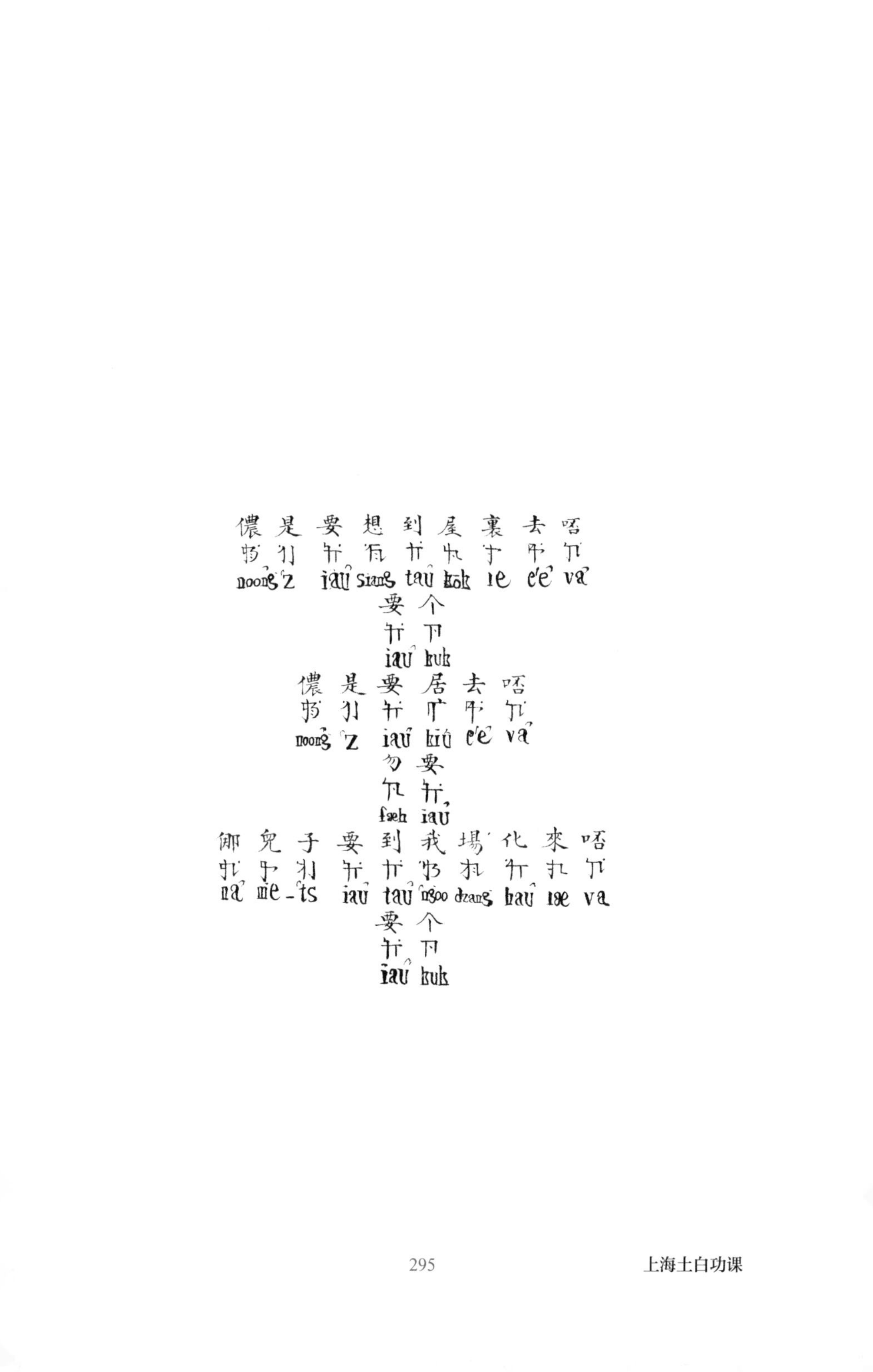

儂 是 要 想 到 屋 裏 去 咟

noong z iau siang tau ok le c'e va

要 个

iau kuk

儂 是 要 居 去 咟

noong z iau kiü c'e va

勿 要

fæh iau

㑚 兒 子 要 到 我 場 化 來 咟

na nie-ts iau tau ngoo dzang hau læ va

要 个

iau kuk

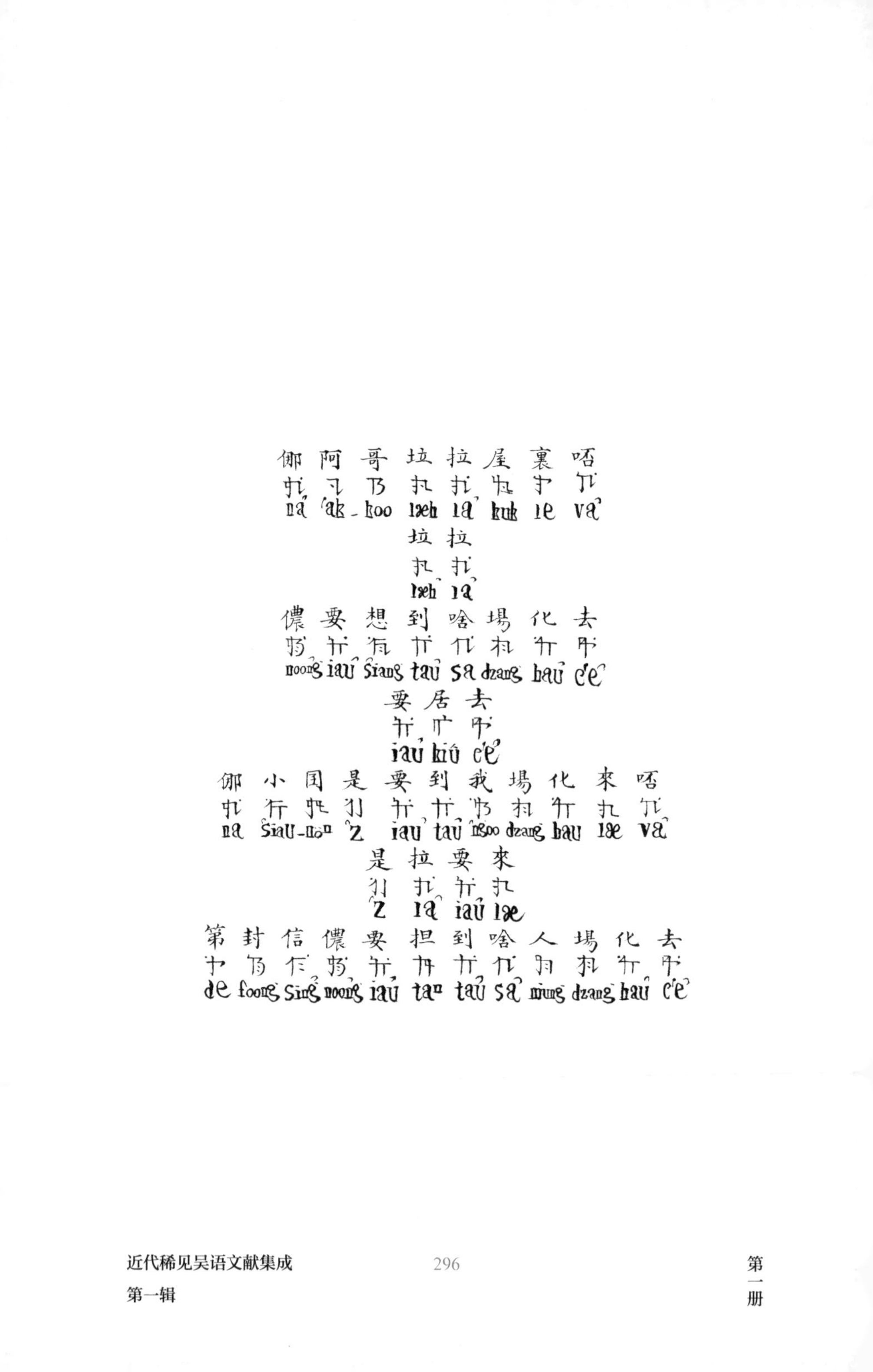

伱阿哥垃拉屋裏唔

na 'ak-koo læh la kuk le va

垃拉

læh la

儂要想到啥場化去

noong iau siang tau sa dzang hau c'e

要居去

iau kiú c'e

伱小囡是要到我場化來唔

na Siau-nön z iau tau ngoo dzang hau læ va

是拉要來

z la iau læ

第封信儂要担到啥人場化去

de foong sing noong iau tan tau sa niung dzang hau c'e

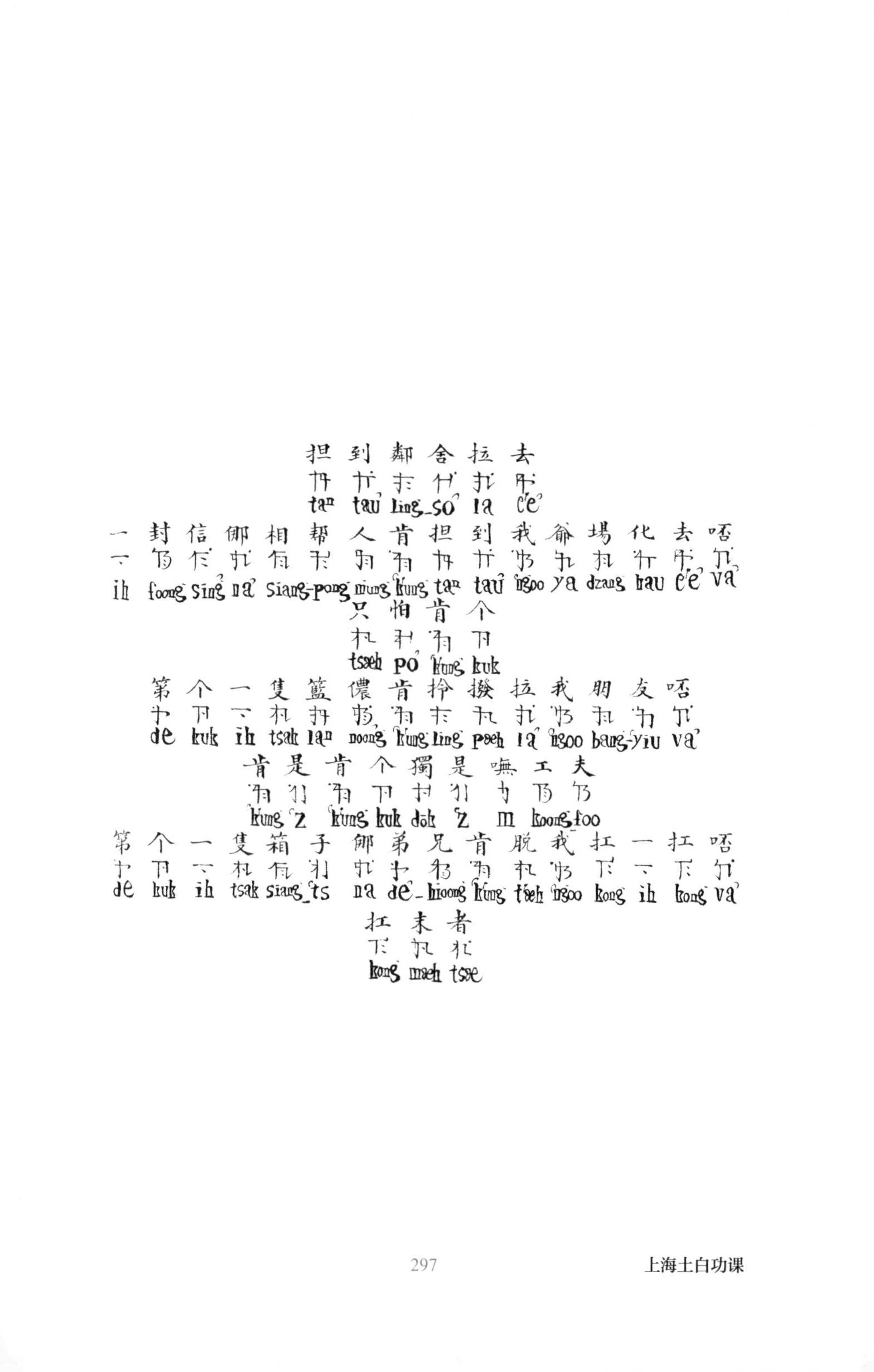

担到鄰舍拉去

tan tau ling-so la c'e

一封信伽相帮人肯担到我爺場化去唔

ih foong sing na siang-pong nung k'ung tan tau ngoo ya dzang hau c'e va

只怕肯个

tseh p'o k'ung kuk

第个一隻籃儂肯拎撥拉我朋友唔

de kuk ih tsak lan noong k'ung ling peh la ngoo bang-yiu va

肯是肯个獨是嘸工夫

k'ung z k'ung kuk doh z m koong-foo

第个一隻箱子伽弟兄肯脱我扛一扛唔

de kuk ih tsak siang-ts na de-hioong k'ung t'seh ngoo kong ih kong va

扛末者

kong meh tse

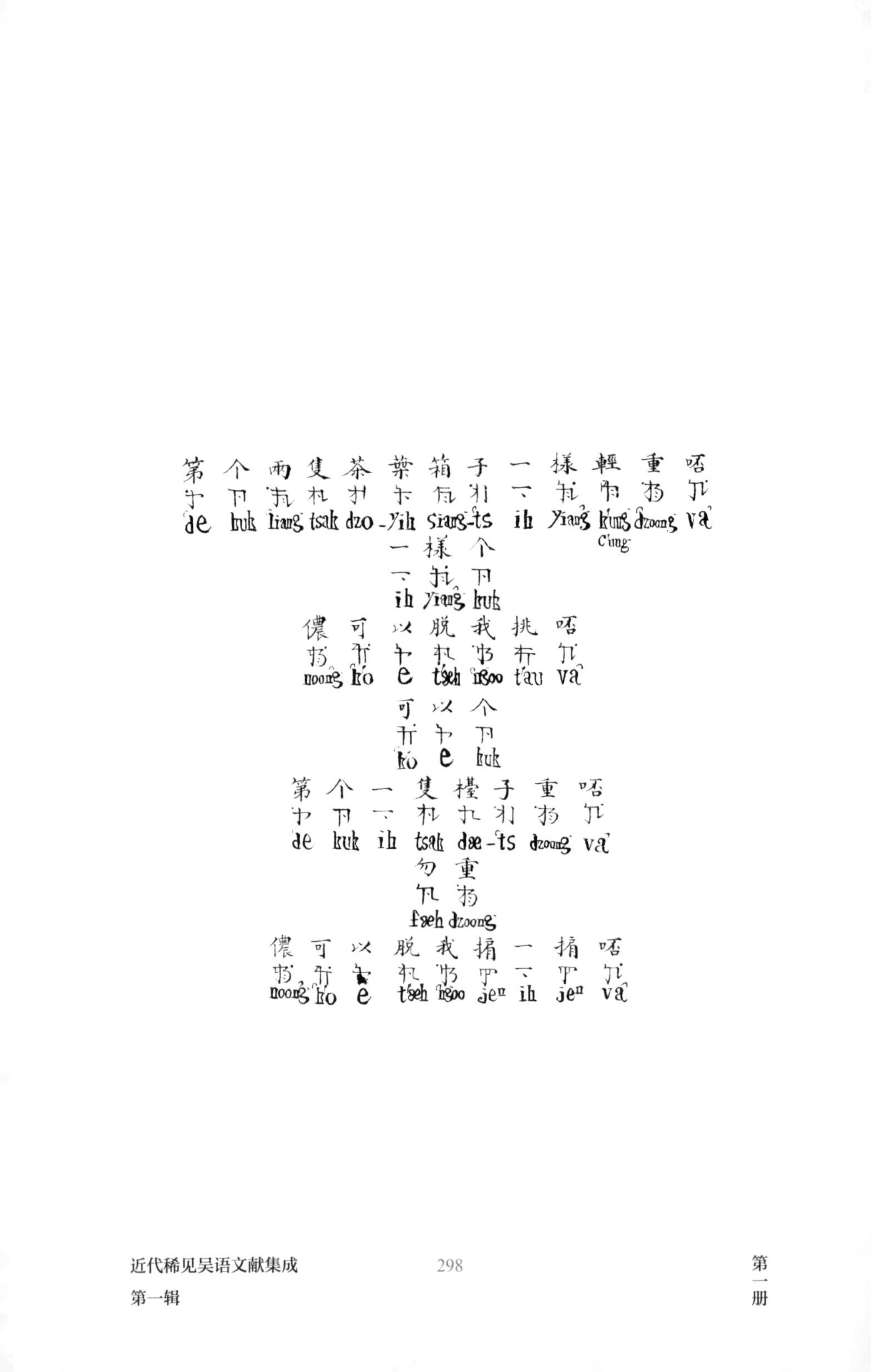

第个两隻茶葉箱子一樣輕重唔
de kuk liang tsak dzo-yih siang-ts ih yiang k'ung dzoong va
c'ing

一樣个
ih yiang kuk

儂可以脫我挑唔
noong k'o e t'seh ngoo t'iau va

可以个
k'o e kuk

第个一隻檯子重唔
de kuk ih tsak dæ-ts dzoong va

勿重
fæh dzoong

儂可以脫我揹一揹唔
noong k'o e t'seh ngoo jen ih jen va

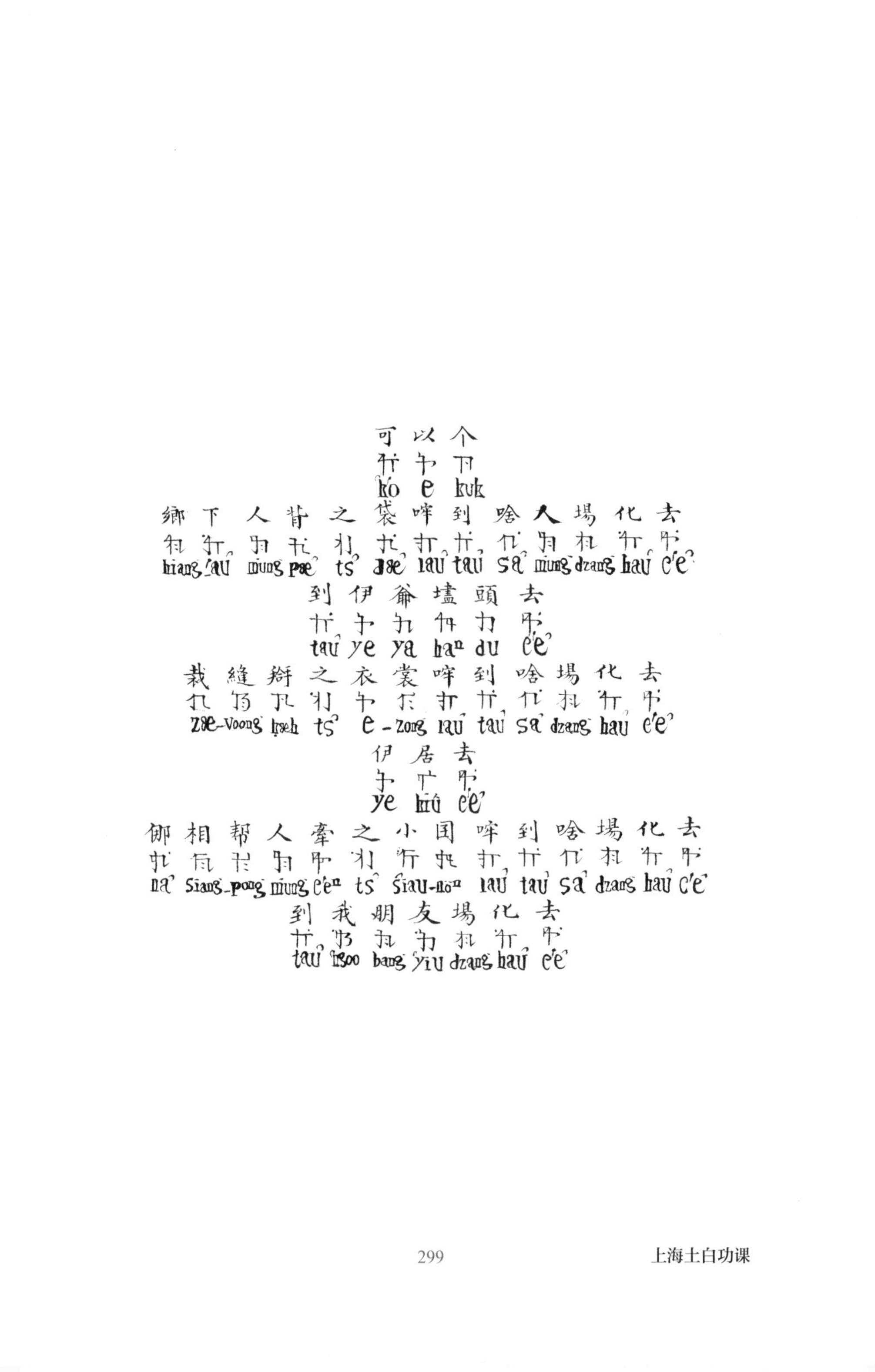

可以个

ko e kuk

鄉下人背之袋哰到啥人場化去

hiang-'au niung pæ ts dæ lau tau sa niung dzang hau c'e

到伊爺壚頭去

tau ye ya han du c'e

裁縫爿之衣裳哰到啥場化去

zæ-voong kæh ts e-zong lau tau sa dzang hau c'e

伊居去

ye kiû c'e

伽相帮人牽之小囡哰到啥場化去

na siang-pong niung c'en ts siau-nön lau tau sa dzang hau c'e

到我朋友場化去

tau ngoo bang yiu dzang hau c'e

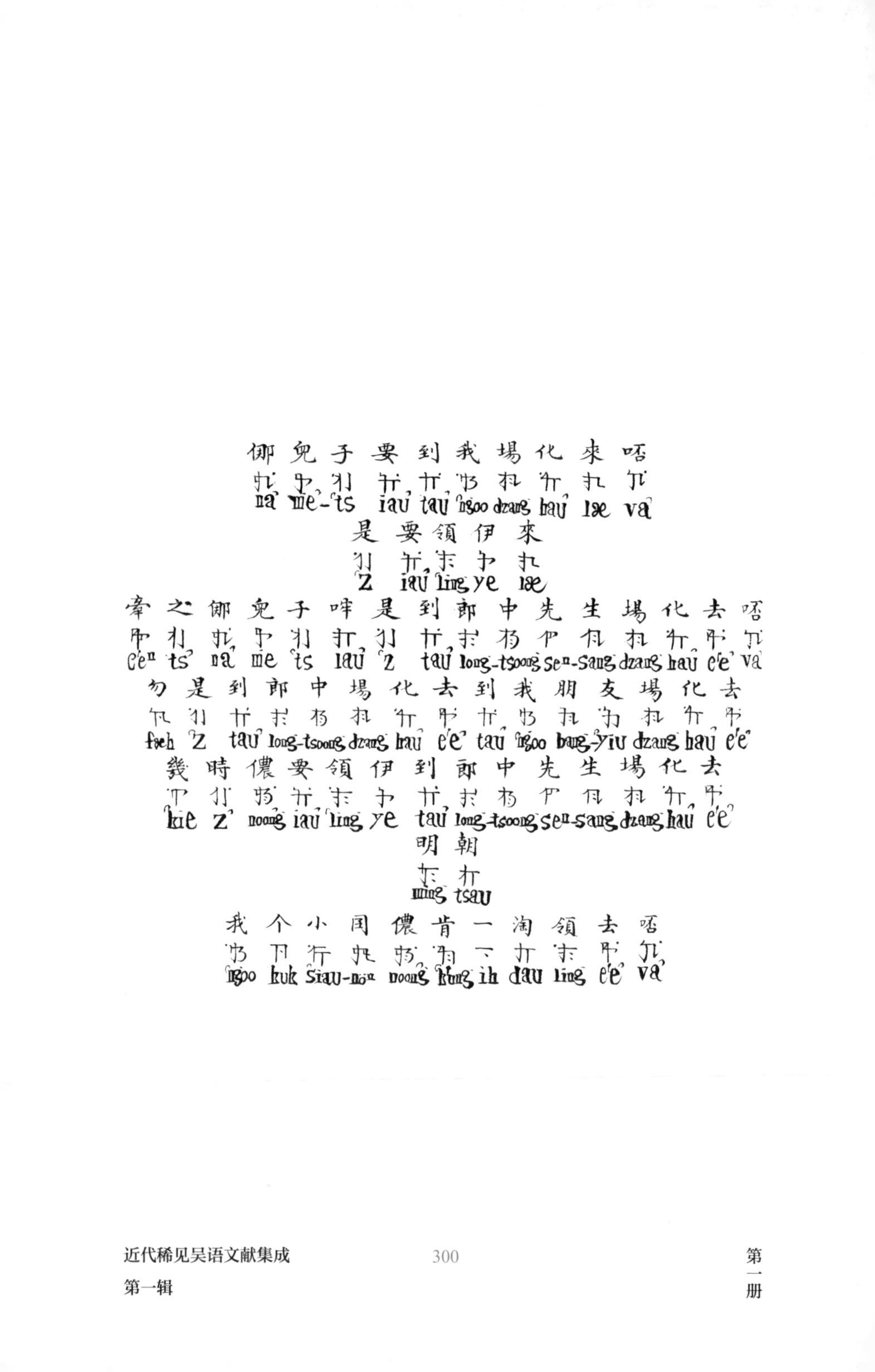

偌兒子要到我場化來啞

na me-ts iau tau ngoo dzang hau læ va

是要領伊來

z iau ling ye læ

牽之偌兒子哰是到郎中先生場化去啞

c'en ts na me ts lau z tau long-tsoong sen-sang dzang hau c'e va

勿是到郎中場化去到我朋友場化去

feh z tau long-tsoong dzang hau c'e tau ngoo bang-yiu dzang hau c'e

幾時儂要領伊到郎中先生場化去

kie z noong iau ling ye tau long-tsoong sen-sang dzang hau c'e

明朝

ming tsau

我个小囡儂肯一淘領去啞

ngoo kuk siau-nön noong k'ung ih dau ling c'e va

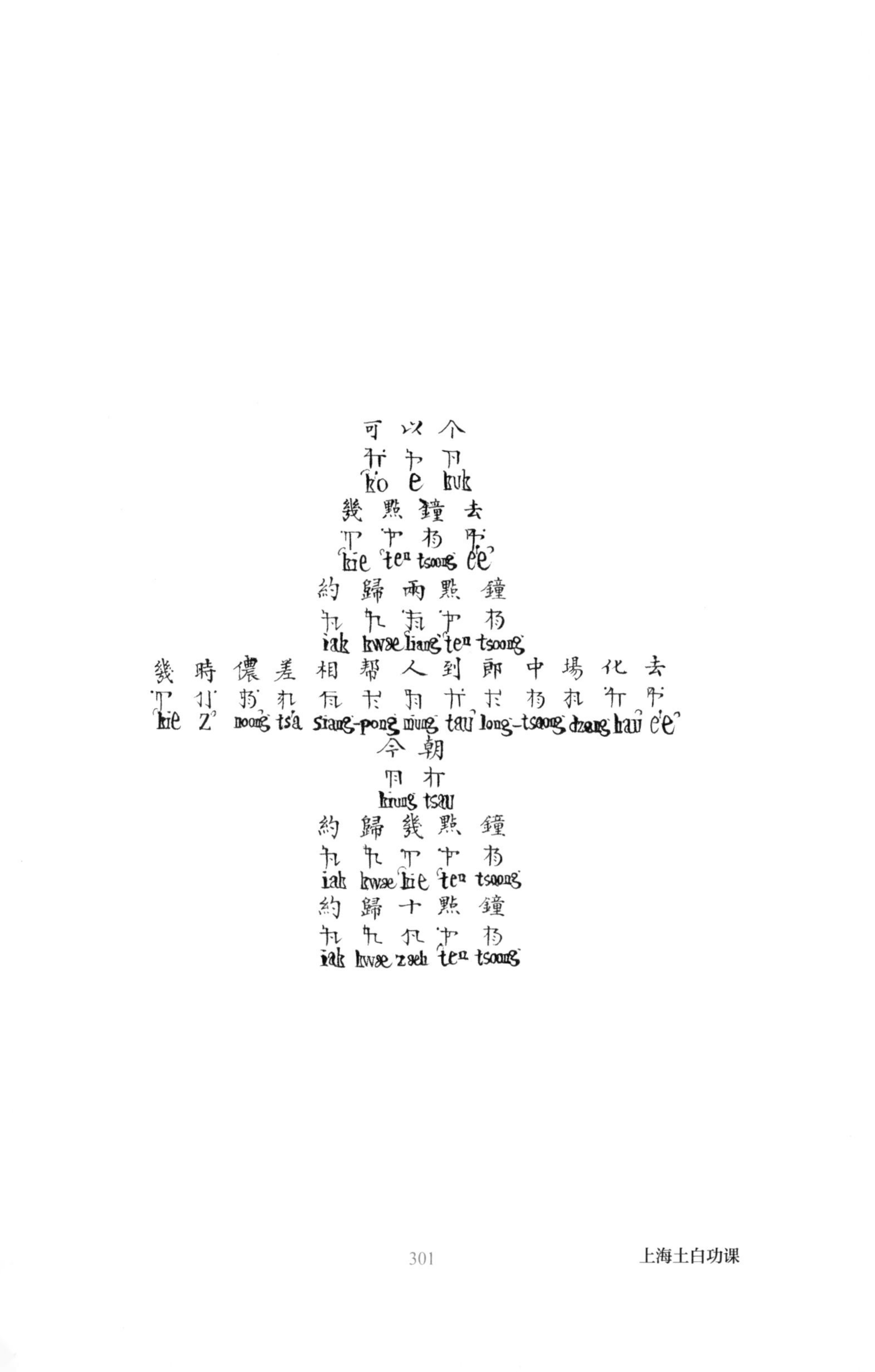

可以个

k'o e kuk

幾點鐘去

kie te^n tsoong c'e

約歸兩點鐘

iak kwæ liang te^n tsoong

幾時儂差相帮人到郎中場化去

kie z' noong ts'a siang-pong nung tau long-tsoong dzang hau c'e

今朝

kung tsau

約歸幾點鐘

iak kwæ kie te^n tsoong

約歸十點鐘

iak kwæ zæh te^n tsoong

儂 要 到 啥 人 場 化 去
noong iaú taú sǎ miung dzang haú c'e

要 到 爺 場 化 去
iaú taú yá dzang haú c'e

幾 時 儂 要 領 俚 兒 子 到 畫 畫 先 生 場 化 去
kie z̀ noong iaú ling na me-ts̀ taú wo-wo sen-sang dzang haú c'e

今 朝
kiung tsau

伊 拎 之 寫 哞 到 啥 場 化 去
ye ling ts̀ tiau naú taú sǎ dzang haú c'e

到 伊 兄 弟 場 化 去
taú ye hioong de dzang haú c'e

郎 中 先 生 幾 時 到 俚 阿 哥 墻 頭 去
long-tsoong sen-sang kie z̀ taú na' 'ak-koo han dú c'e²

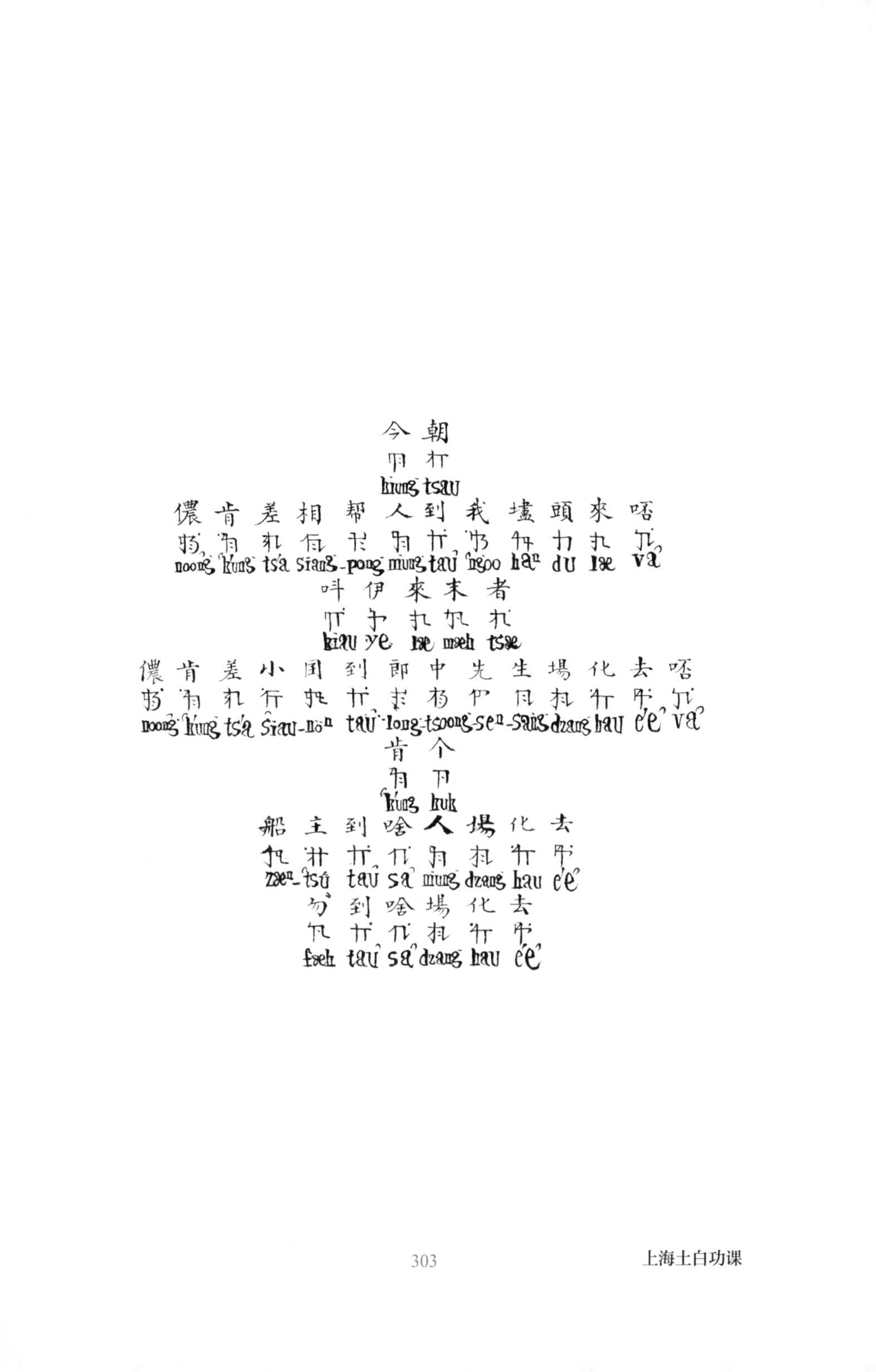

今朝

kiung tsau

儂肯差相帮人到我墟頭來唔

noong k'ung ts'a siang-pong niung tau 'ngoo han du lae va

吽伊來末者

kiau ye lae meh tsae

儂肯差小囝到郎中先生場化去唔

noong k'ung ts'a siau-nön tau long-tsoong-sen-sang dzang hau c'e va

肯个

k'ung kuh

船主到啥人場化去

zaen-tsû tau sa niung dzang hau c'e

勿到啥場化去

feh tau sa dzang hau c'e

倻 兄 弟 有 工 夫 到 我 場 化 來 唔
 na° hioong°dé yiu hoong-foo tau ngoo dzang hau læ° va°

嘸 工 夫
m hoong foo

儂 還 要 寫 啥 信 唔
noong wan iau sia sa° sing° va°

要 寫 个
iau sia kuk

儂 寫 拉 个 信 搭 之 我 个 一 樣 兩 封 唔
noong sia la° kuk sing tah ts° ngoo kuk ih yiang liang° foong va°

差 勿 多
ts'o fæh too

儂 个 信 要 伊 担 到 啥 人 場 化 去
noong kuk sing iau ye tan tau sa° niung dzang hau e°

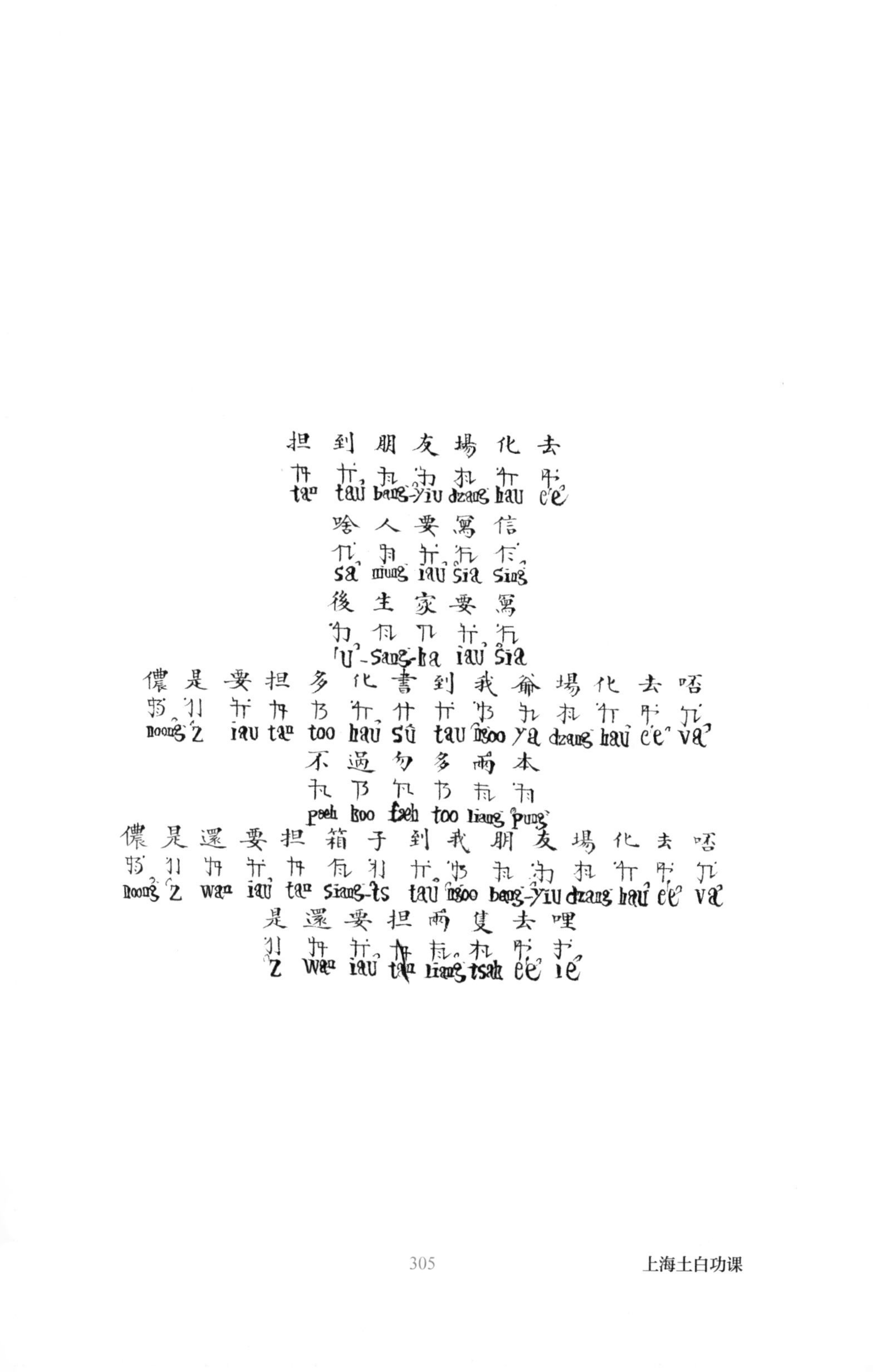

担到朋友場化去

tan tau bang-yiu dzang hau ce

啥人要寫信

sa nyung iau sia sing

後生家要寫

'U-sang-ka iau sia

儂是要担多化書到我爺場化去唔

noong z iau tan too hau sû tau ngoo ya dzang hau ce va

不過勿多兩本

peh koo feh too liang pung

儂是還要担箱子到我朋友場化去唔

noong z wan iau tan siang-ts tau ngoo bang-yiu dzang hau ce va

是還要担兩隻去哩

z wan iau tan liang tsak ce ie

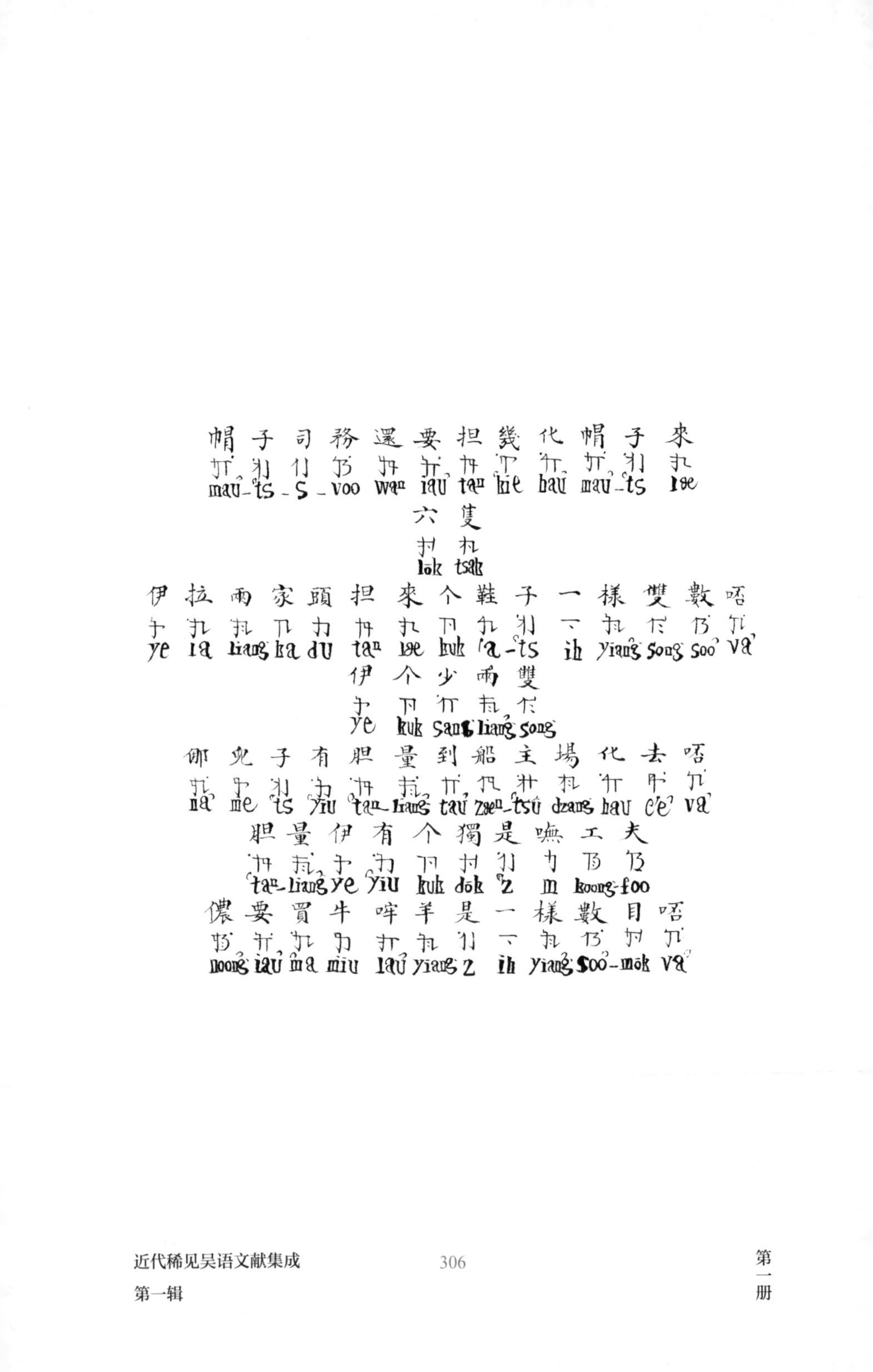

帽子司務還要担幾化帽子來

mau-ts-s-voo wan iau tan kie hau mau-ts lae

六隻

lok tsak

伊拉兩家頭担來个鞋子一樣雙數唔

ye la liang ka du tan lae kuk 'a-ts ih yiang song soo va

伊个少兩雙

ye kuk sang liang song

㑚兒子有胆量到船主場化去唔

na me ts yiu tan-liang tau zaen-tsu dzang hau c'e va

胆量伊有个獨是嘸工夫

tan-liang ye yiu kuk dōk z m koong-foo

儂要買牛哰羊是一樣數目唔

noong iau ma miu lau yiang z ih yiang soo-mōk va

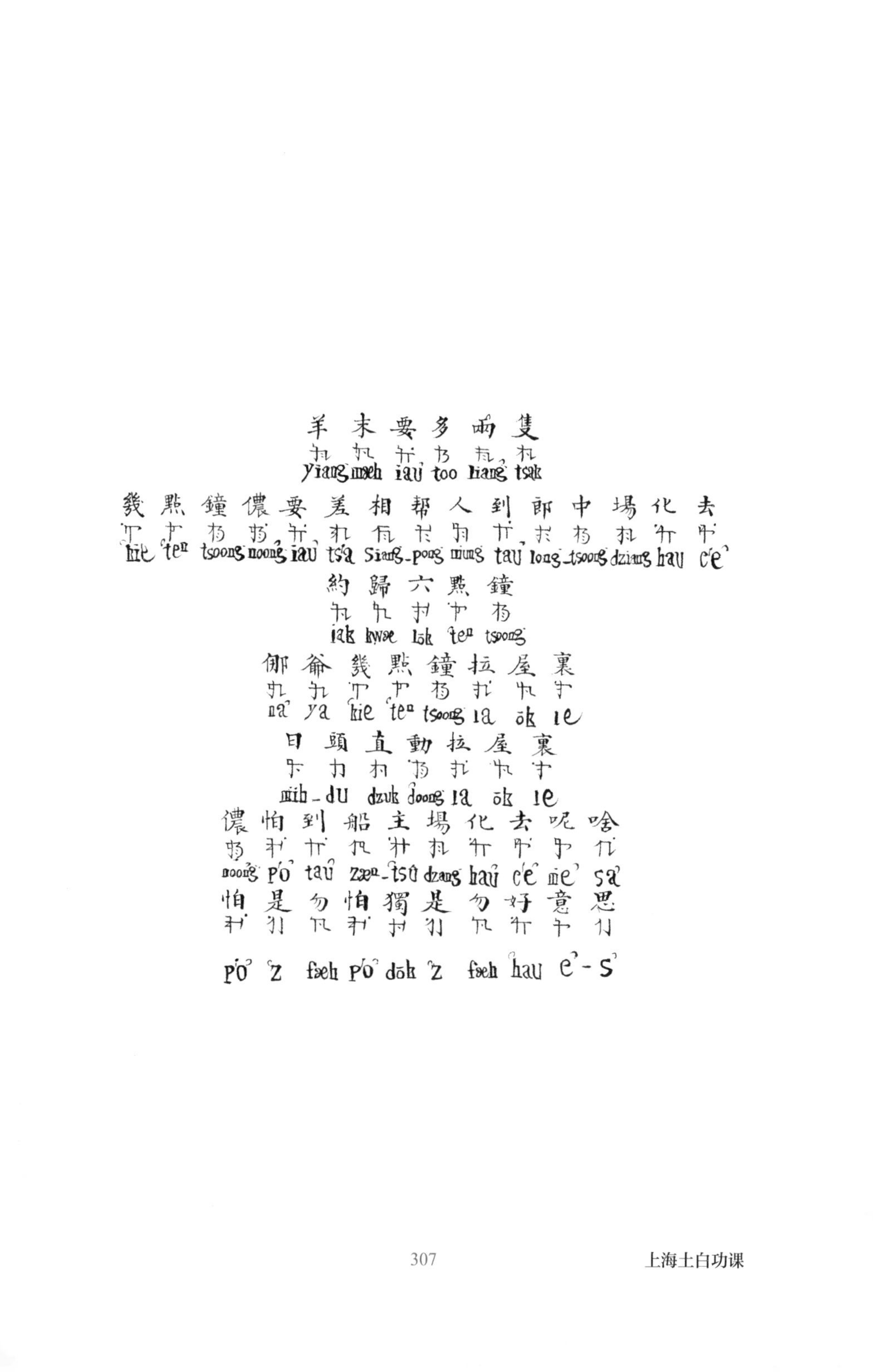

羊末要多两隻

yiang meh iau too liang tsak

幾點鐘儂要差相帮人到郎中場化去

kie ten tsoong noong iau ts'a siang-pong niung tau long-tsoong dziang hau c'e

約歸六點鐘

iak kwae lok ten tsoong

倻爺幾點鐘拉屋裏

na ya kie ten tsoong la ok le

日頭直動拉屋裏

nih-du dzuk doong la ok le

儂怕到船主場化去呢啥

noong p'o tau zæn-tsû dzang hau c'e nie sa

怕是勿怕獨是勿好意思

p'o z fæh p'o dok z fæh hau e-s

第 二 十 日 功 課

dé me' zæh mih koong-koo'

拉
扎
la

儂 有 啥 銅 錢 拉 買 饅 頭 唔

noong yiu sa doong-den la ma mæn-du va'

有 拉

yiu la

看 見　　　望 望　　　拜 見

koen kien　　mong mong　　pa kien

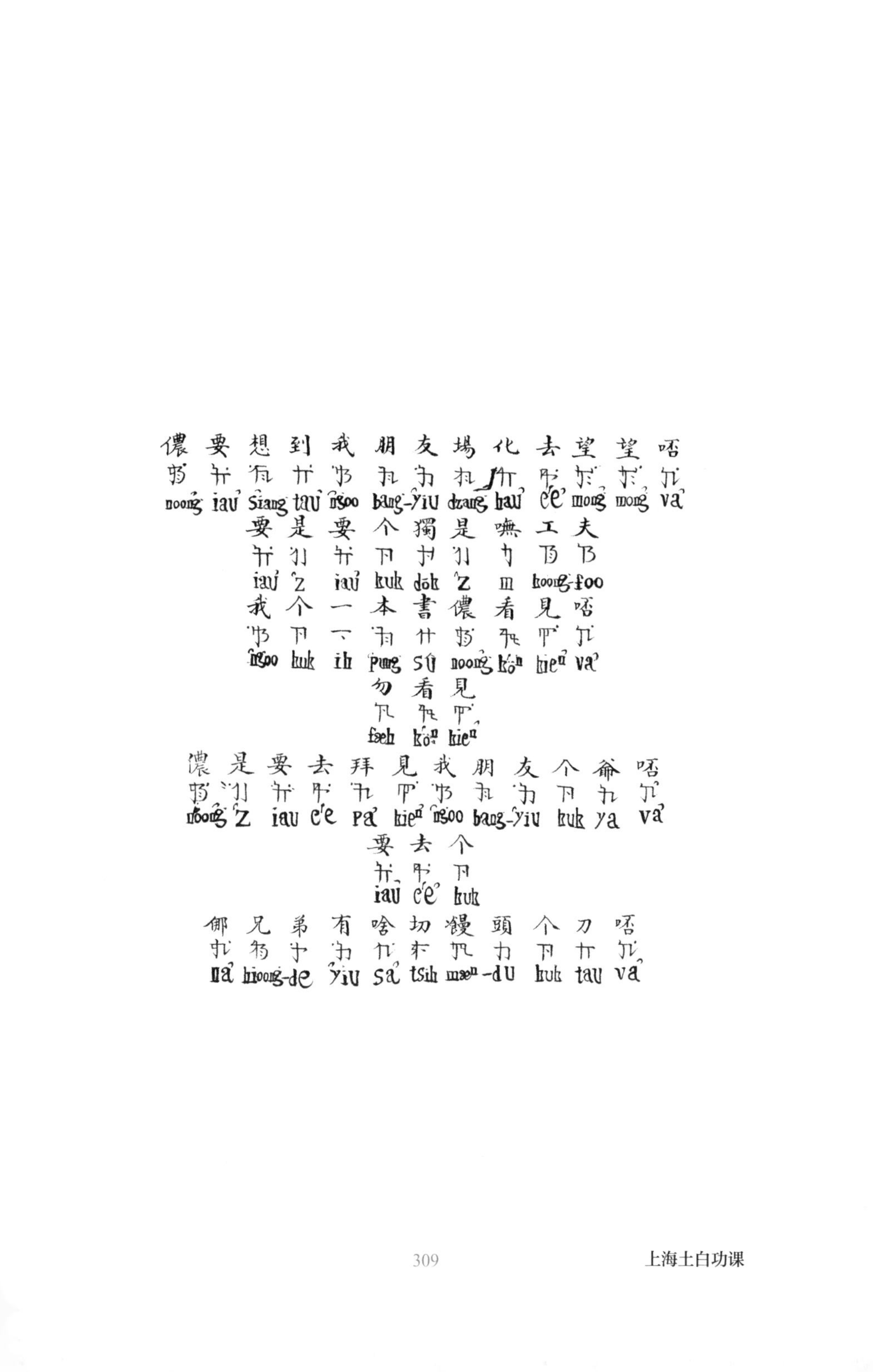

儂 要 想 到 我 朋 友 場 化 去 望 望 嗎

noong iau siang tau ngoo bang-yiu dzang hau c'e mong mong va

要 是 要 个 獨 是 嘸 工 夫

iau z iau kuk dok z m koong-foo

我 个 一 本 書 儂 看 見 嗎

ngoo kuk ih pung sû noong k'ō^{n} kie^{n} va

勿 看 見

feh k'ō^{n} kie^{n}

儂 是 要 去 拜 見 我 朋 友 个 爺 嗎

noong z iau c'e pa kie^{n} ngoo bang-yiu kuk ya va

要 去 个

iau c'e kuk

倻 兄 弟 有 啥 切 饅 頭 个 刀 嗎

na hioong-de yiu sa tsih mæ^{n}-du kuk tau va

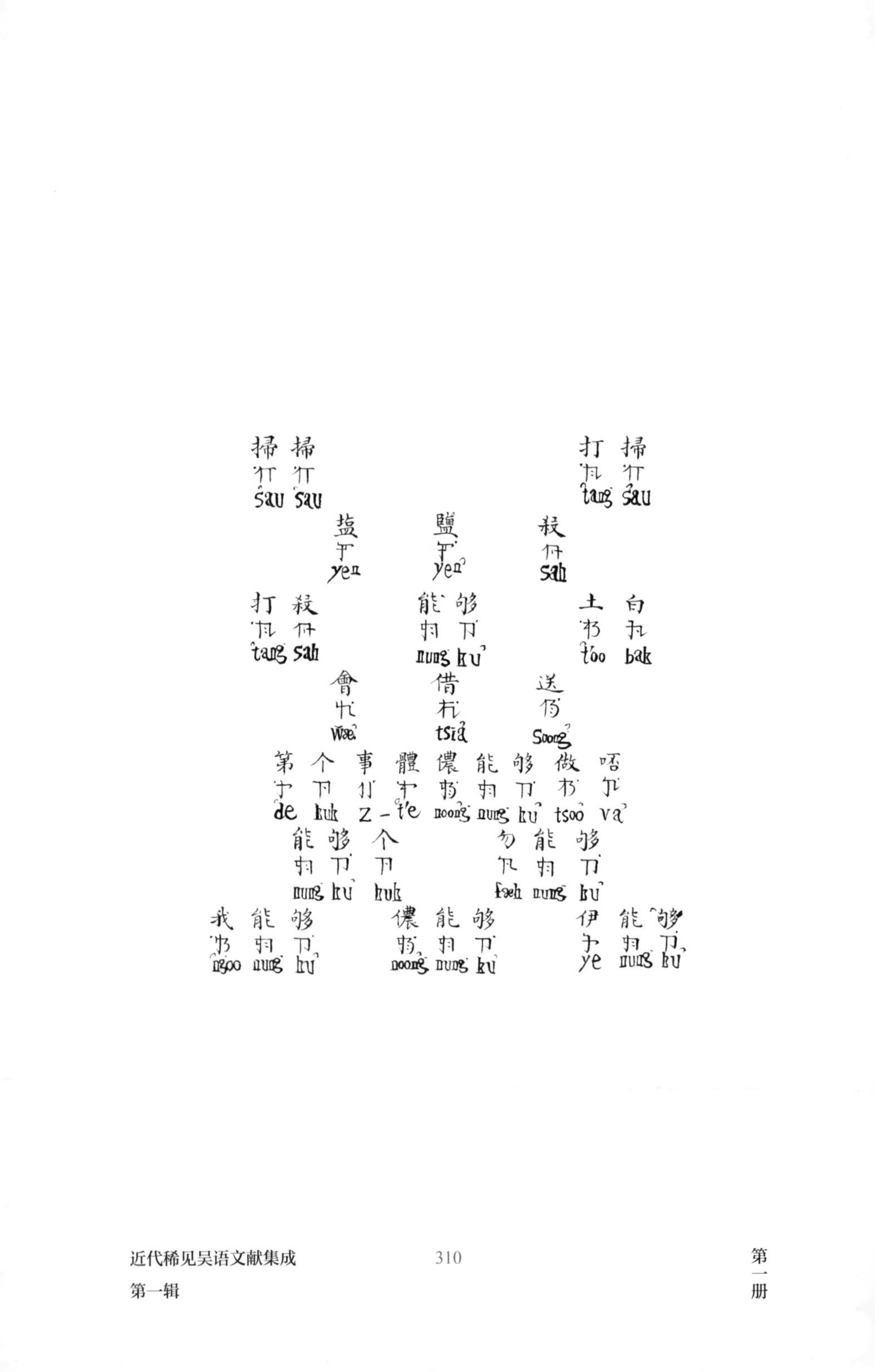

掃掃
sau sau

打掃
tang sau

塩
yen

鹽
yen

殺
sah

打殺
tang sah

能够
nung ku

土白
t'oo bak

會
wæ

借
tsia

送
soong

第个事體儂能够做唔
de kuk z-t'e noong nung ku tsoo va

能够个
nung ku kuk

勿能够
faeh nung ku

我能够
ngoo nung ku

儂能够
noong nung ku

伊能够
ye nung ku

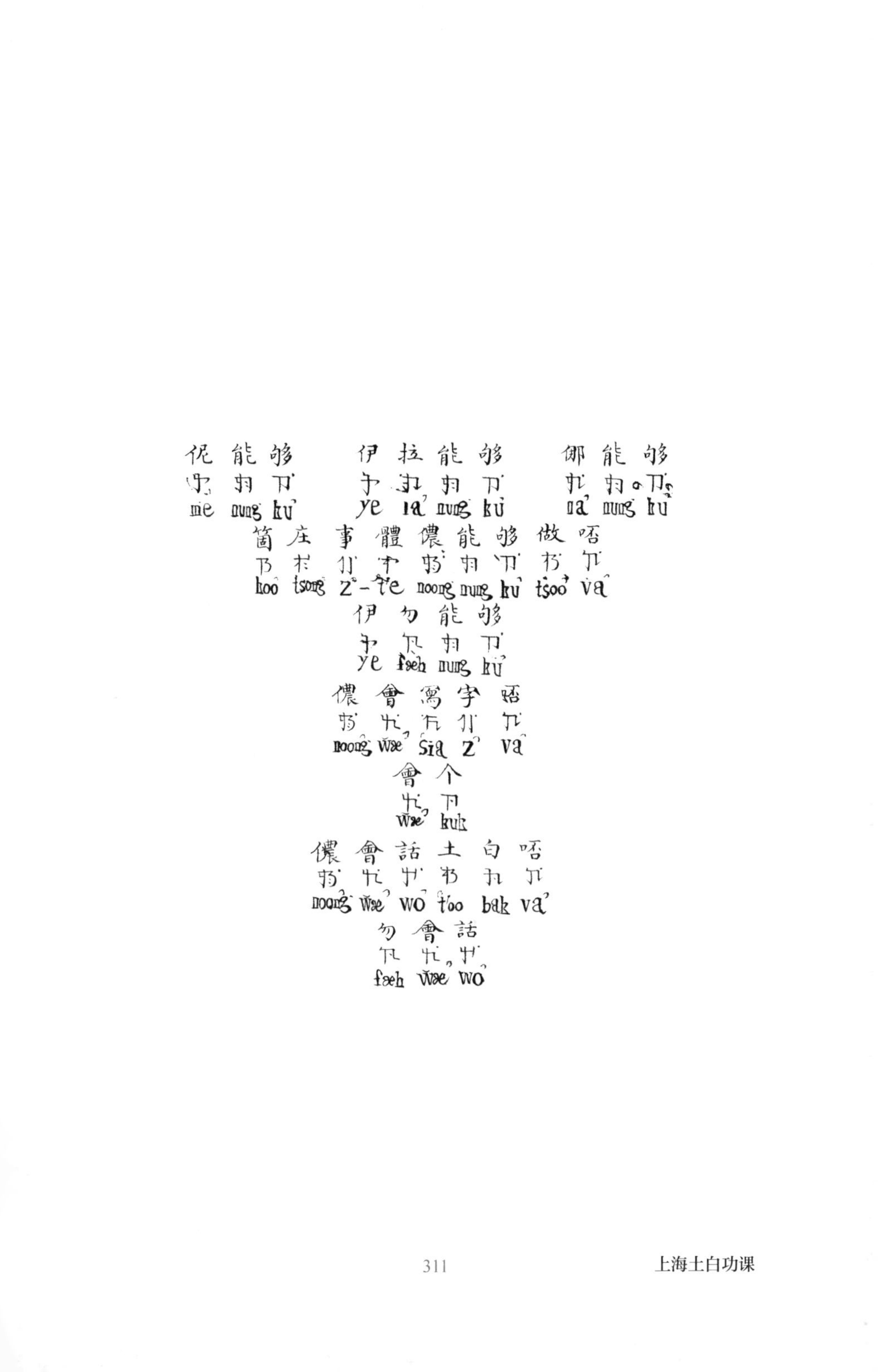

伲 能 够　　伊 拉 能 够　　㑚 能 够

ŋe nung ku　　ye la nung ku　　na nung ku

箇 庄 事 體 儂 能 够 做 唔

koo tsong z-te noong nung ku tsoo va

伊 勿 能 够

ye feh nung ku

儂 會 寫 字 唔

noong wæ sia z va

會 个

wæ kuk

儂 會 話 土 白 唔

noong wæ wo too bak va

勿 會 話

feh wæ wo

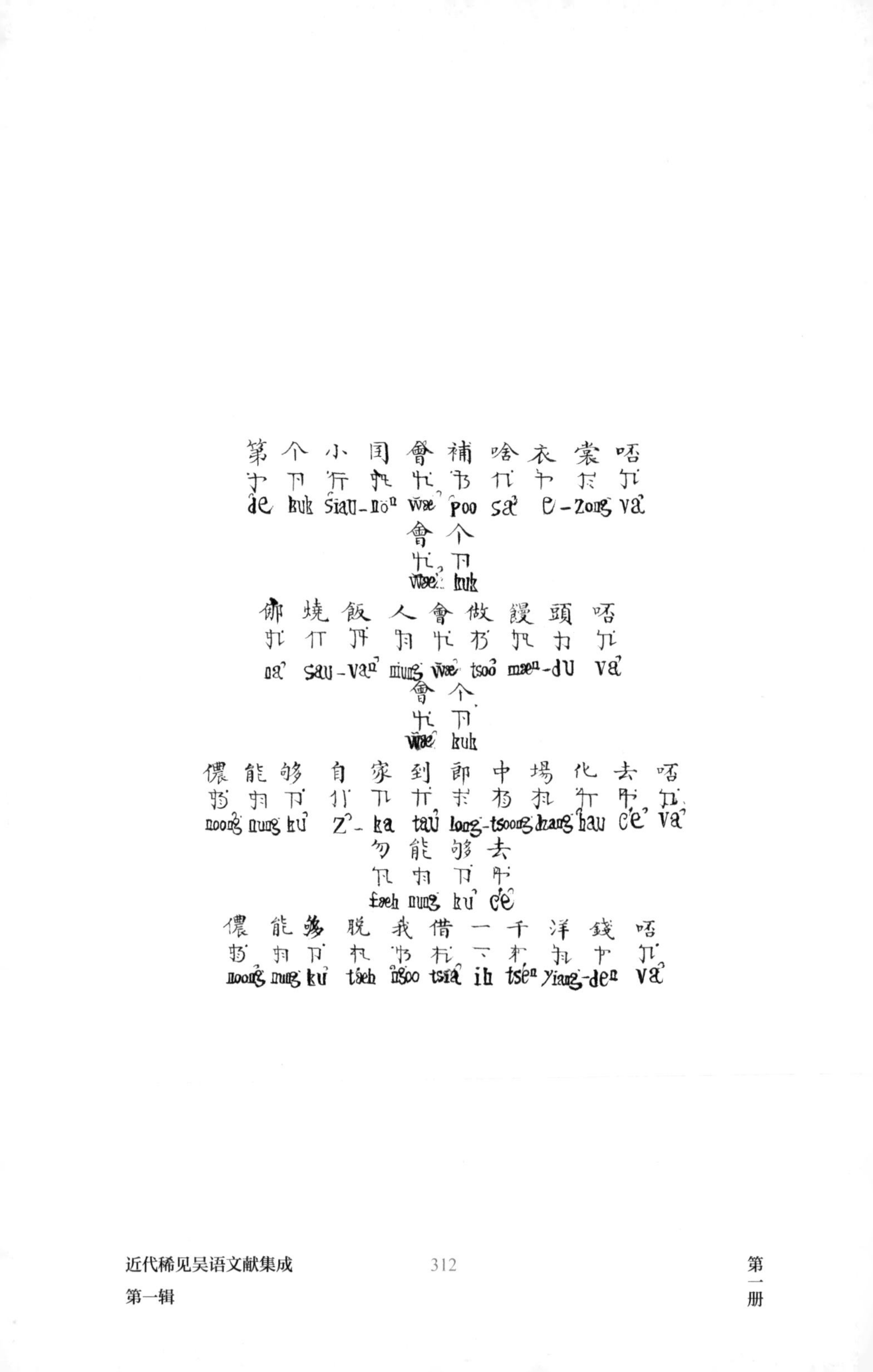

第个小囝會補啥衣裳唔

de kuk siau-nön wæ poo sa e-zong va

會个

wæ kuk

倻燒飯人會做饅頭唔

na sau-van niung wæ tsoo mæn-du va

會个

wæ kuk

儂能够自家到郎中場化去唔

noong nung ku z-ka tau long-tsoong dzang hau c'e va

勿能够去

fæh nung ku c'e

儂能够脱我借一千洋錢唔

noong nung ku t'æh ngoo tsia ih ts'en yiang-den va

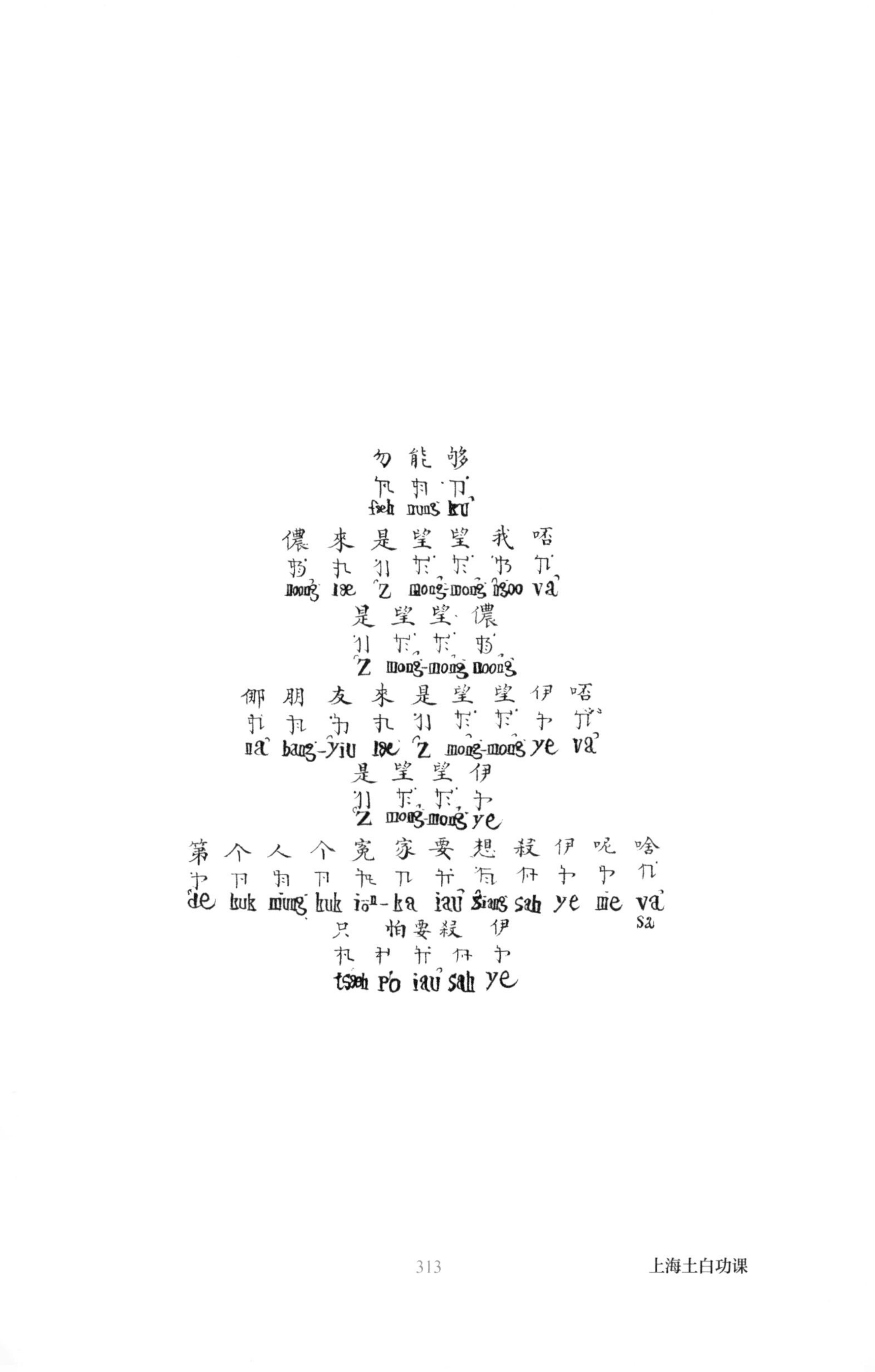

勿能够

feh nung ku

儂來是望望我唔

noong lae z mong-mong ngoo va

是望望儂

z mong-mong noong

倻朋友來是望望伊唔

na bang-yiu lae z mong-mong ye va

是望望伊

z mong-mong ye

第个人个寃家要想殺伊呢啥

de kuk niung kuk iön-ka iau siang sah ye me va

sa

只怕要殺伊

tsah p'o iau sah ye

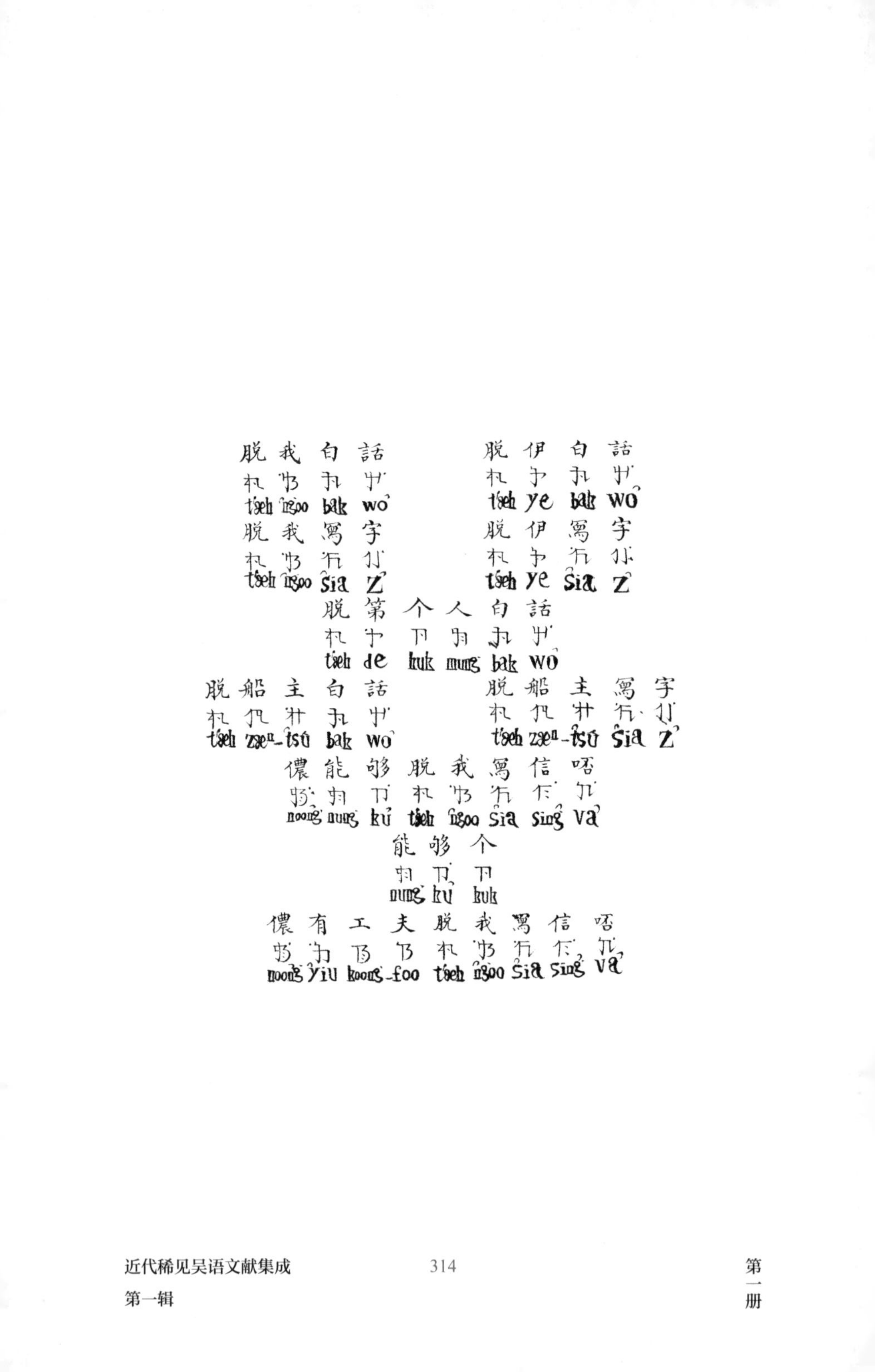

脱 我 白 話　　脱 伊 白 話
t'seh ngoo bak wo　　t'seh ye bak wo

脱 我 寫 字　　脱 伊 寫 字
t'seh ngoo sia z　　t'seh ye sia z

脱 第 个 人 白 話
t'seh de kuk nung bak wo

脱 船 主 白 話　　脱 船 主 寫 字
t'seh zaen-tsû bak wo　　t'seh zaen-tsû sia z

儂 能 够 脱 我 寫 信 咯
noong nung ku t'seh ngoo sia sing va

能 够 个
nung ku kuk

儂 有 工 夫 脱 我 寫 信 咯
noong yiu koong-foo t'seh ngoo sia sing va

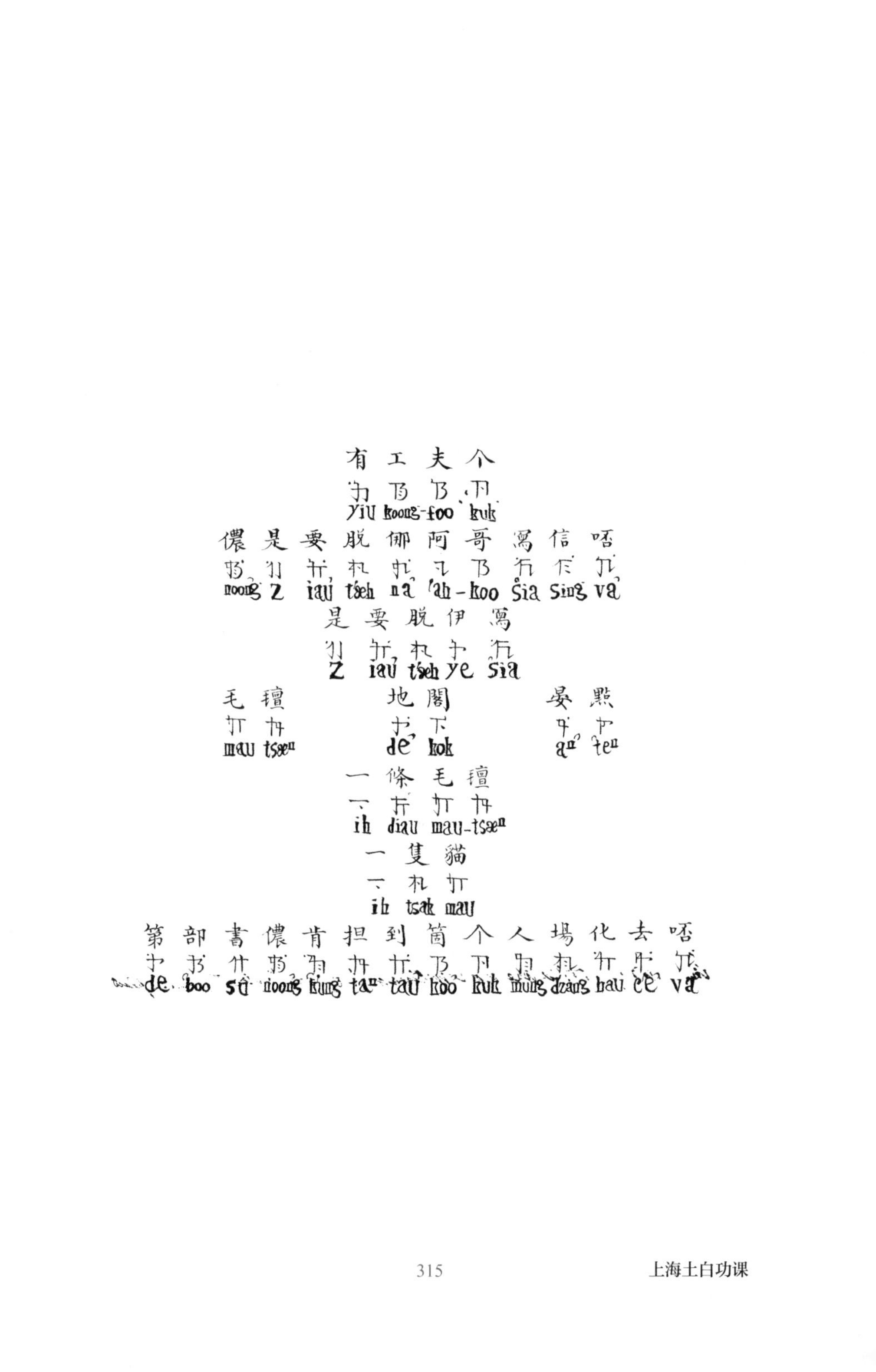

有工夫个

yiu koong-foo kuk

儂是要脫伲阿哥寫信唔

noong z iau tseh na 'ah-koo sia sing va

是要脫伊寫

z iau tseh ye sia

毛氈 地閣 晏點

mau tsæ^{n} de kok a^{n} te^{n}

一條毛氈

ih diau mau-tsæ^{n}

一隻貓

ih tsak mau

第部書儂肯担到箇个人場化去唔

de boo sū noong kung ta^{n} tau koo kuk nung dzang hau ce va

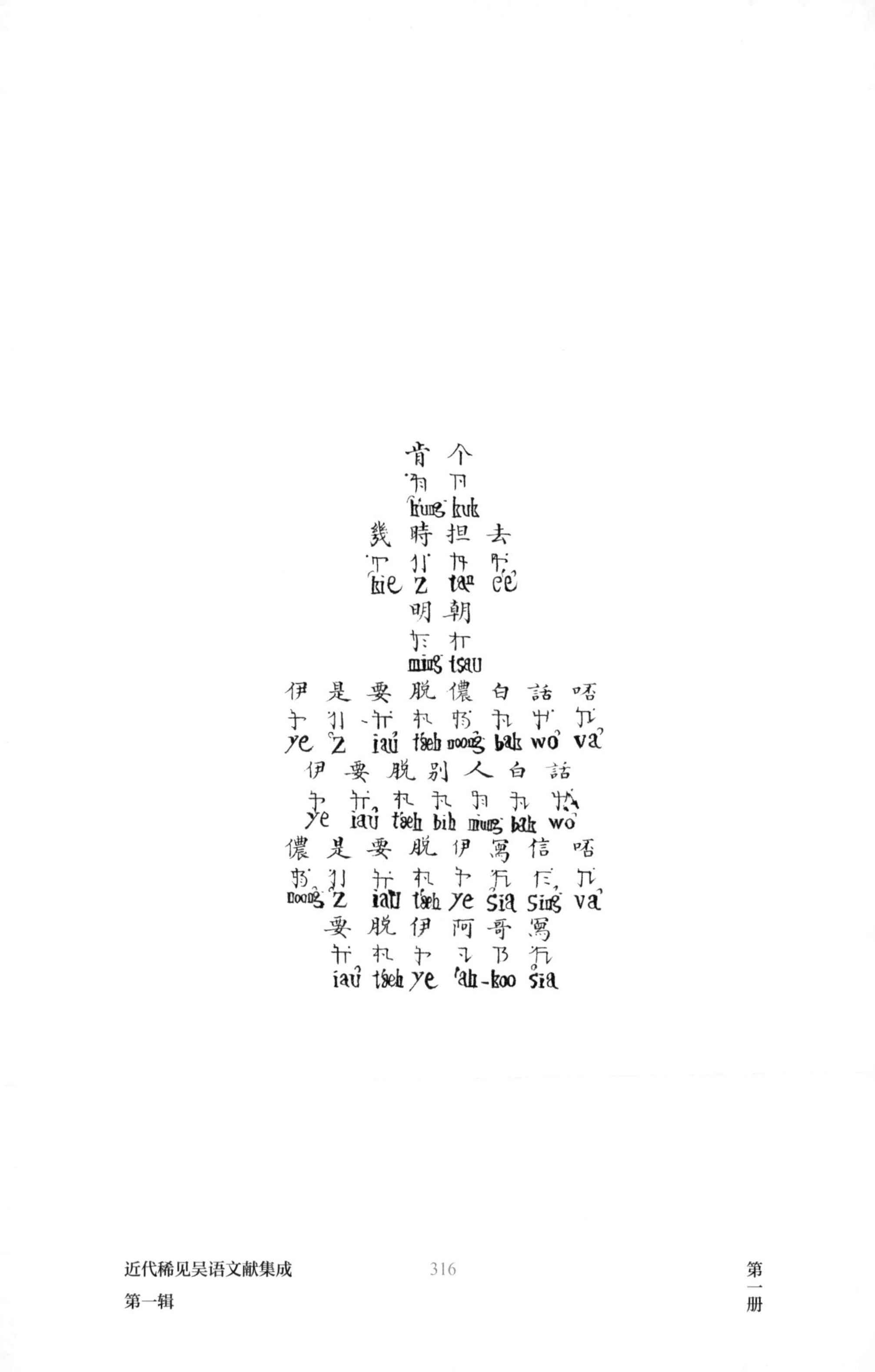

肯个

k'ung kuk

幾時担去

kie z tan ce

明朝

ming tsau

伊是要脱儂白話唔

ye z iau tseh noong bak wo va

伊要脱别人白話

ye iau tseh bih ming bak wo

儂是要脱伊寫信唔

noong z iau tseh ye sia sing va

要脱伊阿哥寫

iau tseh ye 'ah-koo sia

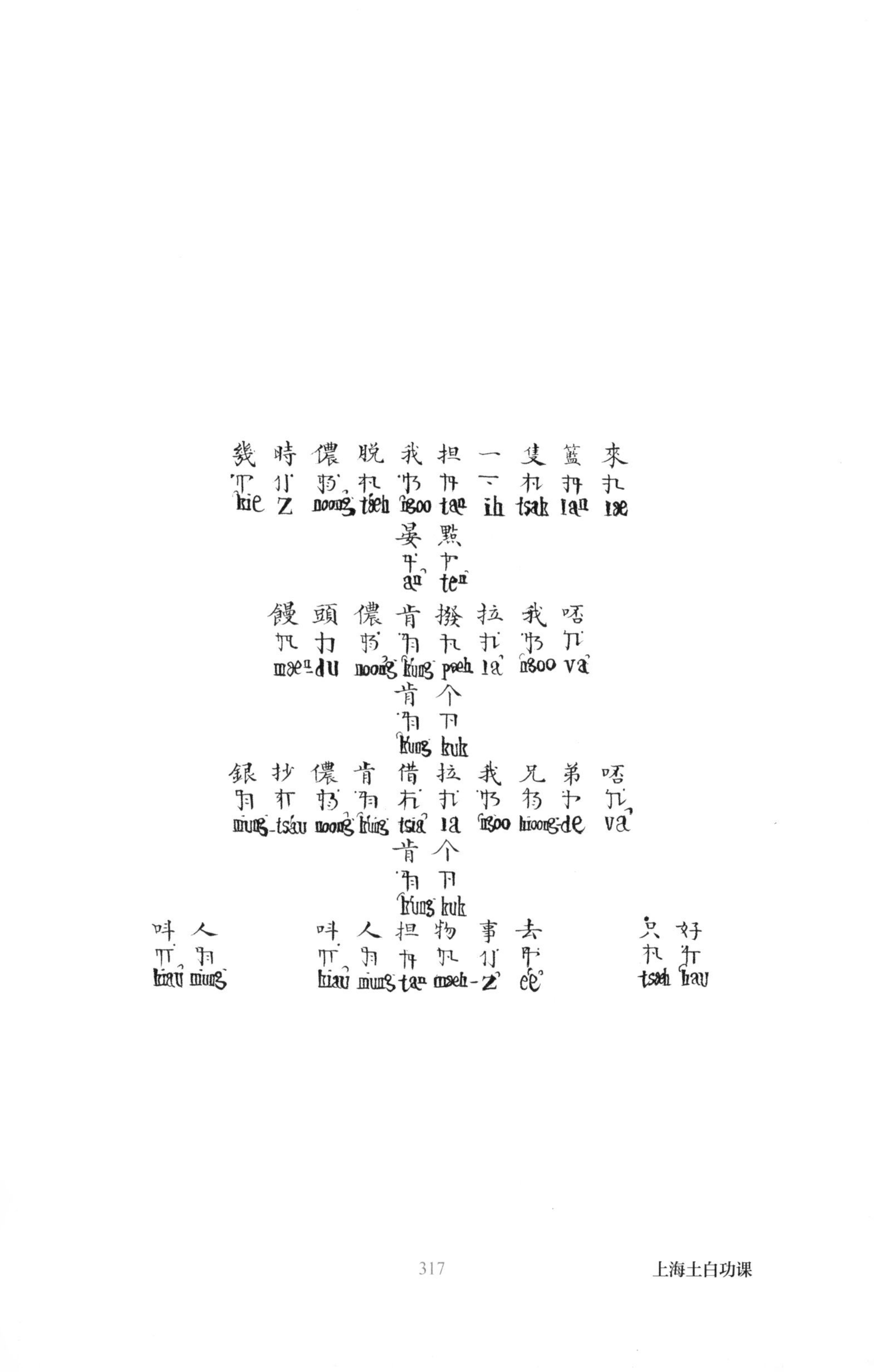

幾	時	儂	脫	我	担	一	隻	籃	來
kie	z	noong	t'seh	ngoo	tan	ih	tsak	lan	læ
				晏	點				
				an	ten				

饅	頭	儂	肯	撥	拉	我	啞
mæn-	du	noong	k'ung	pæh	la	ngoo	va
			肯	个			
			k'ung	kuk			

銀	抄	儂	肯	借	拉	我	兄	弟	啞
ming-	tsau	noong	k'ung	tsia	la	ngoo	hioong-	de	va
			肯	个					
			k'ung	kuk					

叫	人	叫	人	担	物	事	去	只	好
kiau	ming	kiau	ming	tan	mæh-	z	cé	tsah	hau

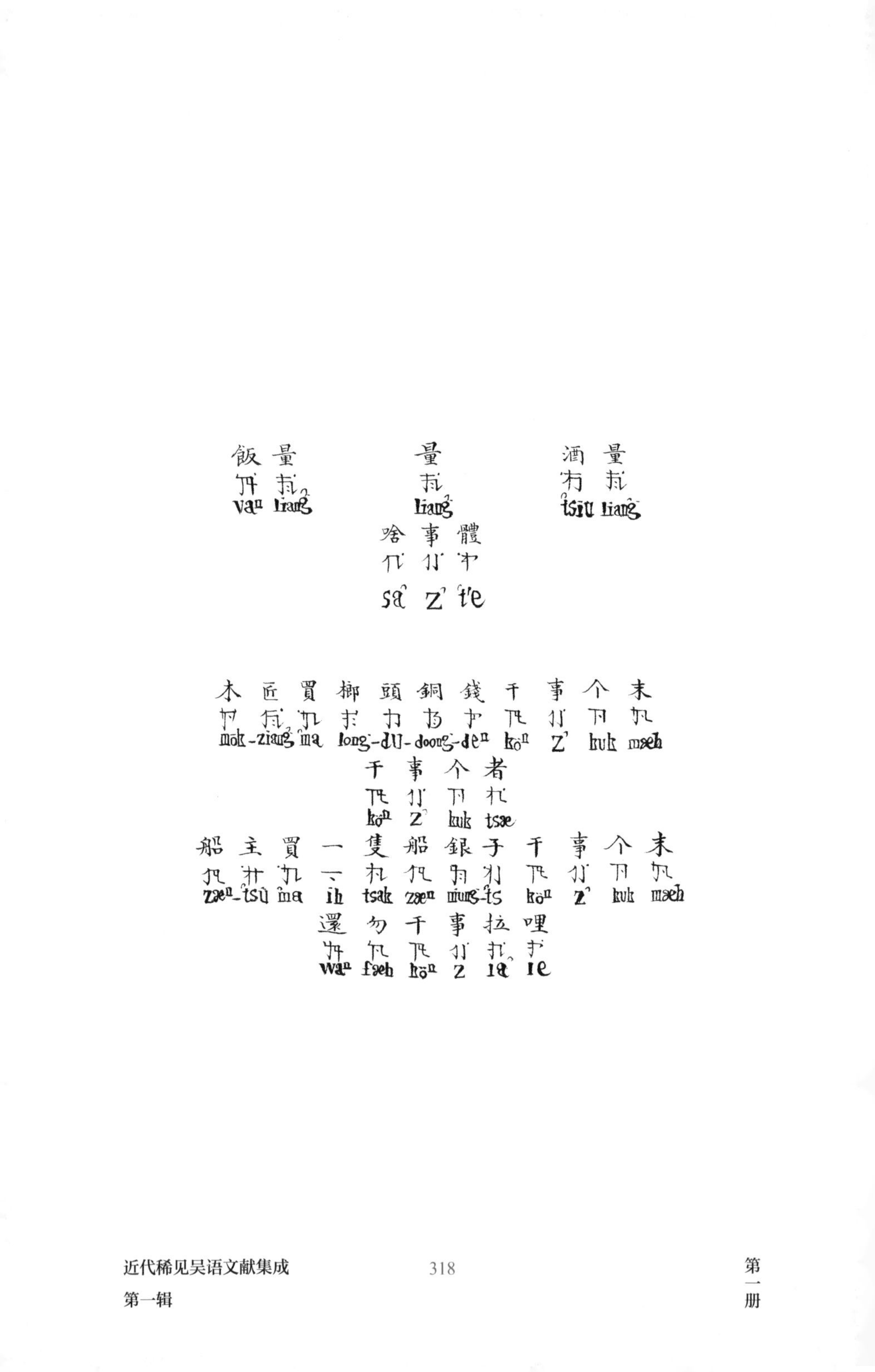

飯 量　　　　量　　　　酒 量

van liang　　　　liang　　　　tsiu liang

啥 事 體

sa z t'e

木 匠 買 榔 頭 銅 錢 干 事 个 末

mok-ziang ma long-dU-doong-den kön z kuk mæh

干 事 个 者

kön z kuk tsæ

船 主 買 一 隻 船 銀 子 干 事 个 末

zæn-tsû ma ih tsak zæn miung-ts kön z kuk mæh

還 勿 干 事 拉 哩

wan fæh kön z la le

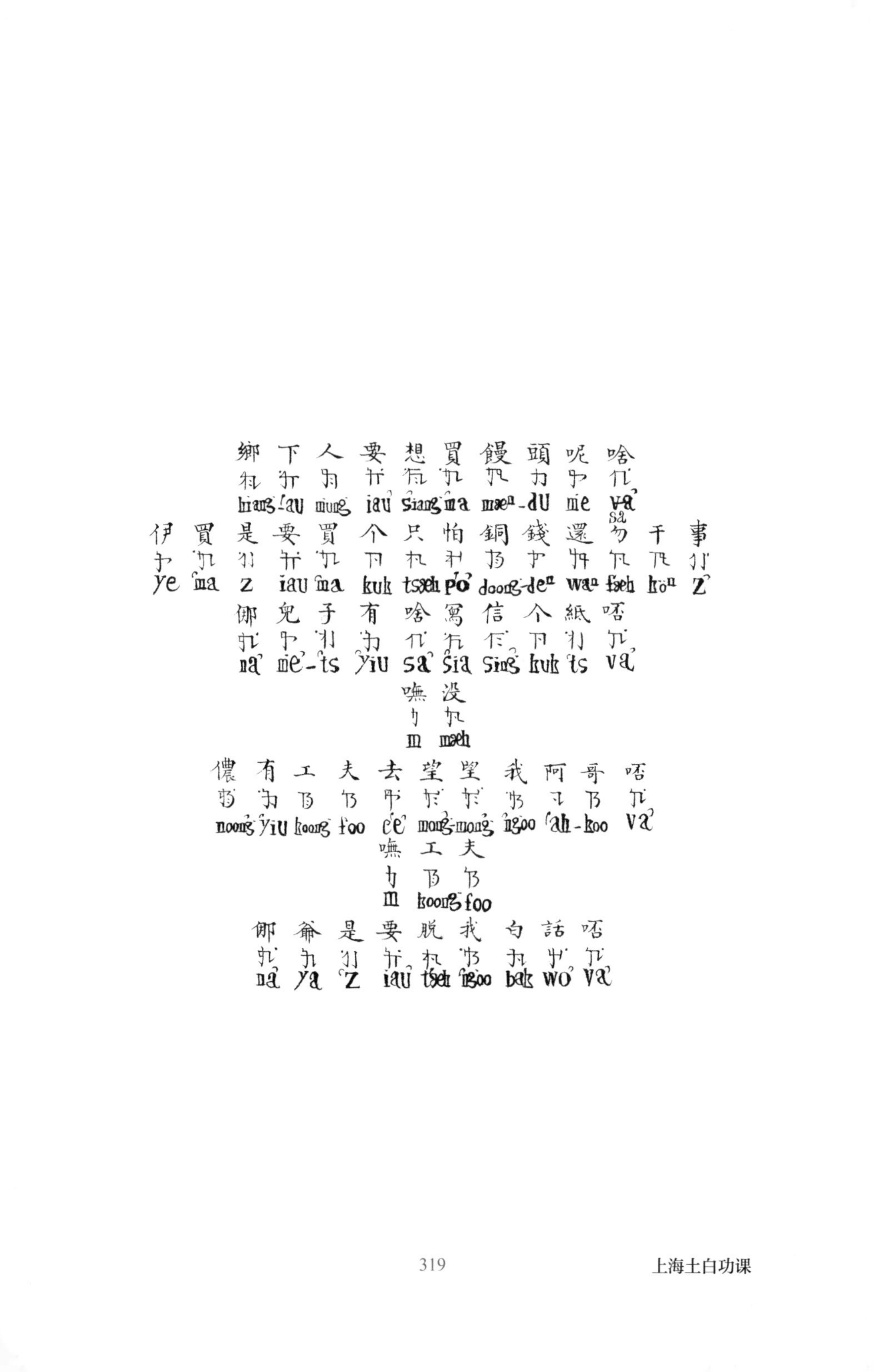

鄉 下 人 要 想 買 饅 頭 呢 啥

hiang-'au niung iau siang ma mæn-du nie va

sa

伊 買 是 要 買 个 只 怕 銅 錢 還 勿 千 事

ye 'ma z iau 'ma kuk tsæh p'o doong-den wan fæh k'ön z'

㑚 兒 子 有 啥 寫 信 个 紙 咾

na me-ts yiu sa sia sing kuk ts va

嘸 沒

m mæh

儂 有 工 夫 去 望 望 我 阿 哥 咾

noong yiu koong foo c'e mong-mong ngoo 'ah-koo va

嘸 工 夫

m koong foo

㑚 爺 是 要 脫 我 白 話 咾

na ya 'z iau t'eh ngoo bak wo va

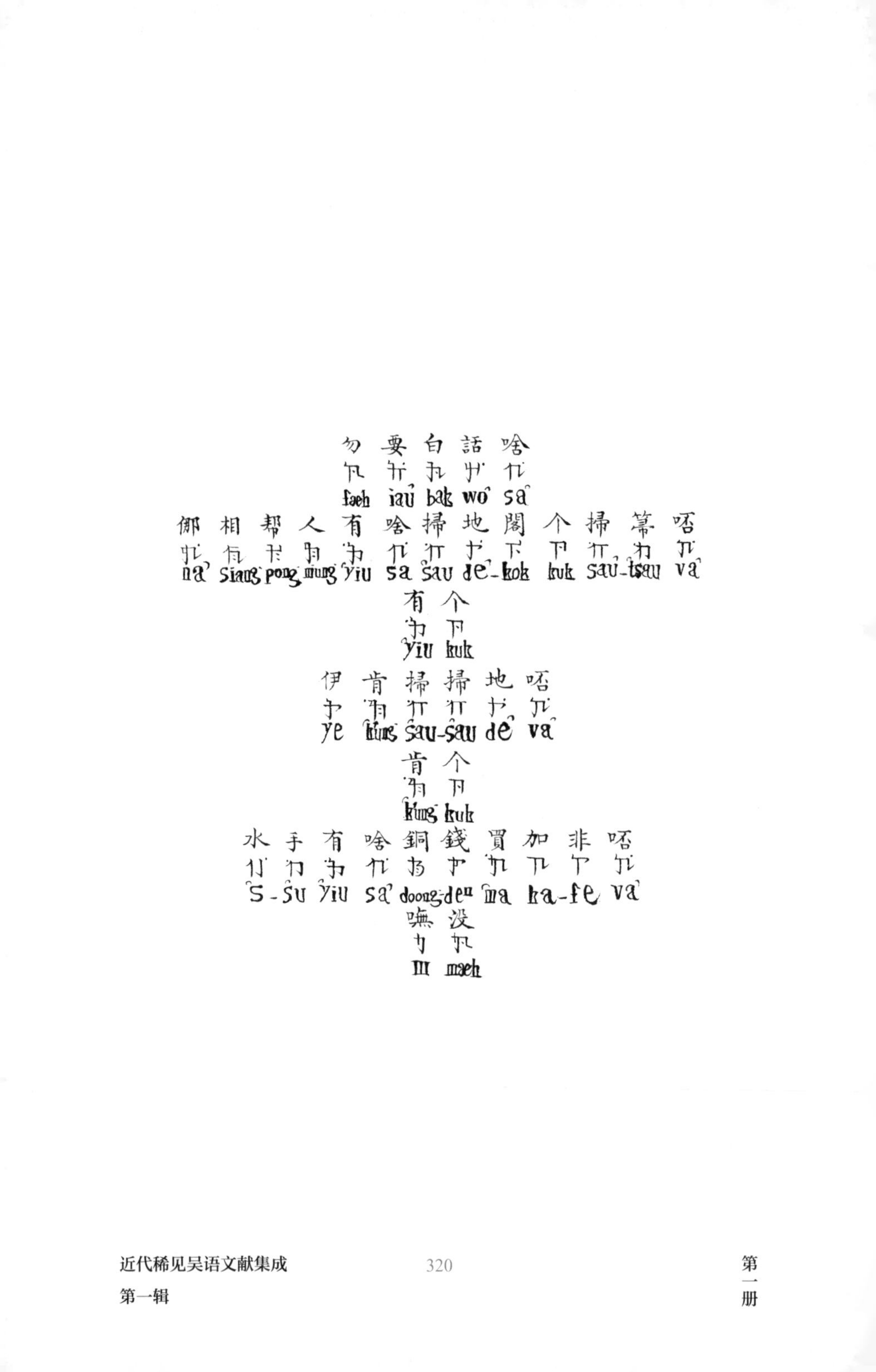

勿要白話啥
faeh iau bak wo sa

倻相帮人有啥掃地閣个掃箒唔
na siang pong mung yiu sa sau de-kok kuk sau-tsau va

有个
yiu kuk

伊肯掃掃地唔
ye kung sau-sau de va

肯个
kung kuk

水手有啥銅錢買加非唔
s-su yiu sa doong-deu ma ka-fe va

嘸没
m maeh

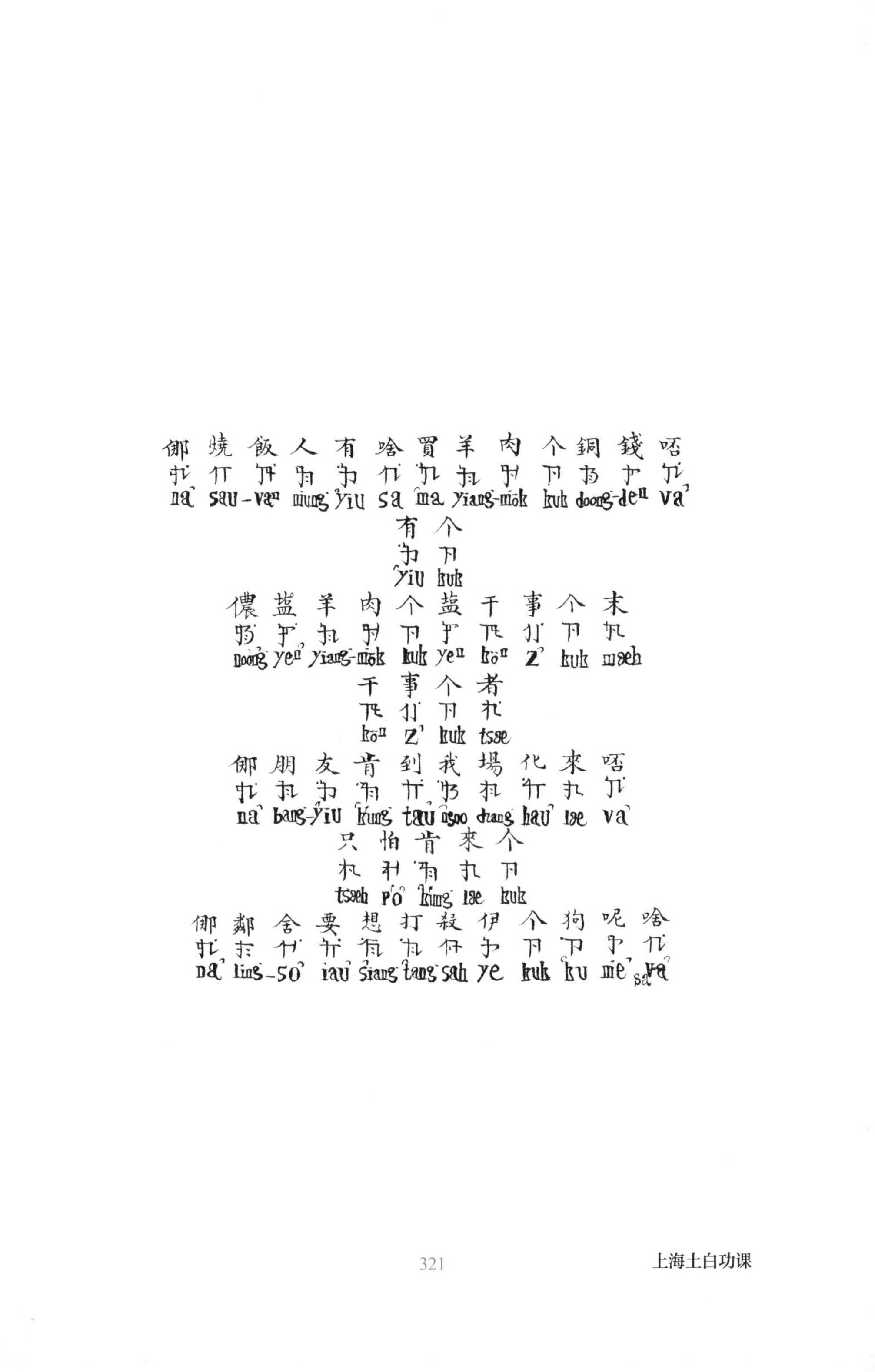

御烧饭人有啥買羊肉个銅錢唔
na sau-va^{n} niung yiu sa ma yiang-mök kuk doong-de^{n} va

有个
yiu kuk

儂盐羊肉个盐干事个末
noong ye^{n} yiang-mök kuk ye^{n} kö^{n} z kuk mæh

干事个者
kö^{n} z kuk tsæ

御朋友肯到我場化來唔
na bang-yiu kung tau ngoo dzang hau læ va

只怕肯來个
tsæh pó kung læ kuk

御鄰舍要想打殺伊个狗呢啥
na ling-so iau siang tang sah ye kuk ku me $_{sa}$va

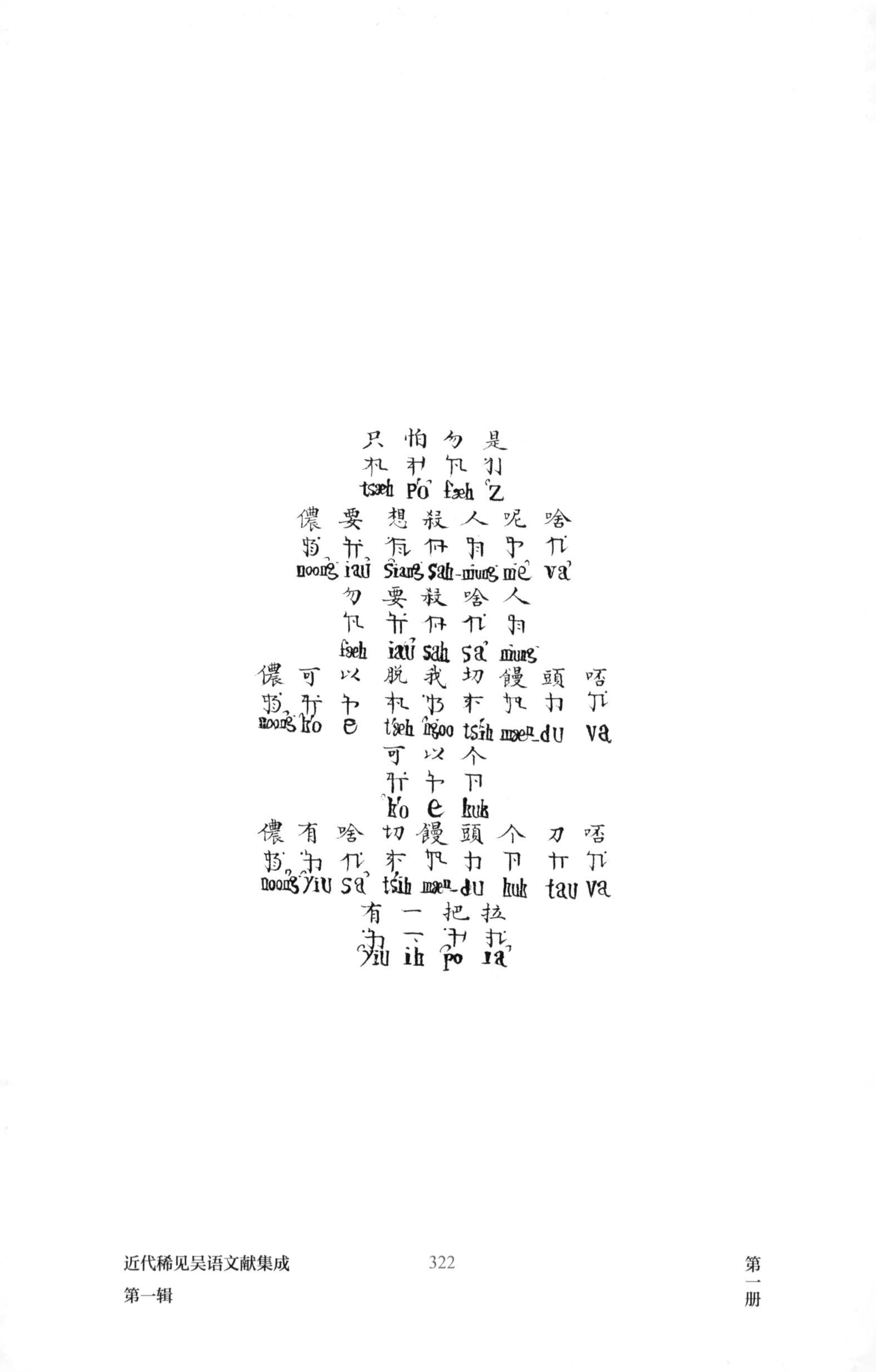

只 怕 勿 是
tsæh p'o fæh 'z

儂 要 想 殺 人 呢 啥
noong iau siang sah-miung me va

勿 要 殺 啥 人
fæh iau sah sa miung

儂 可 以 脱 我 切 饅 頭 唔
noong k'o e t'seh ngoo tsih mæn-du va

可 以 个
k'o e kuk

儂 有 啥 切 饅 頭 个 刀 唔
noong yiu sa tsih mæn-du kuk tau va

有 一 把 拉
yiu ih po la

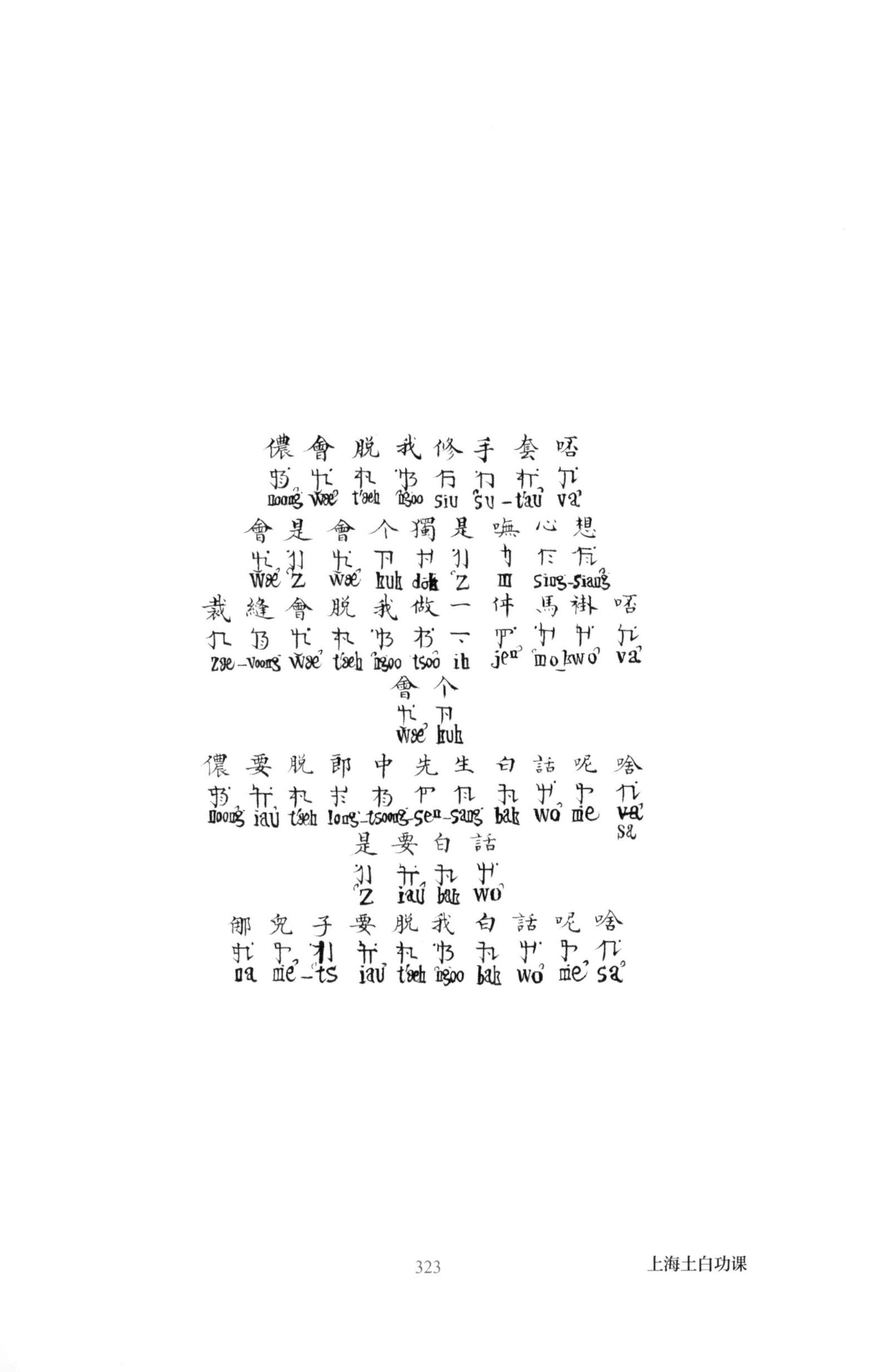

儂會脱我修手套唔

noong wæ t'æh ngoo siu su-t'au va

會是會个獨是嘸心想

wæ z wæ kuh dok z m sing-siang

裁縫會脱我做一件馬褂唔

zæ-voong wæ t'æh ngoo tsoo ih jen mo-kwo va

會个

wæ kuh

儂要脱郎中先生白話呢啥

noong iau t'æh long-tsoong sen-sang bak wo me va / sa

是要白話

z iau bak wo

伲兒子要脱我白話呢啥

na me-ts iau t'æh ngoo bak wo me sa

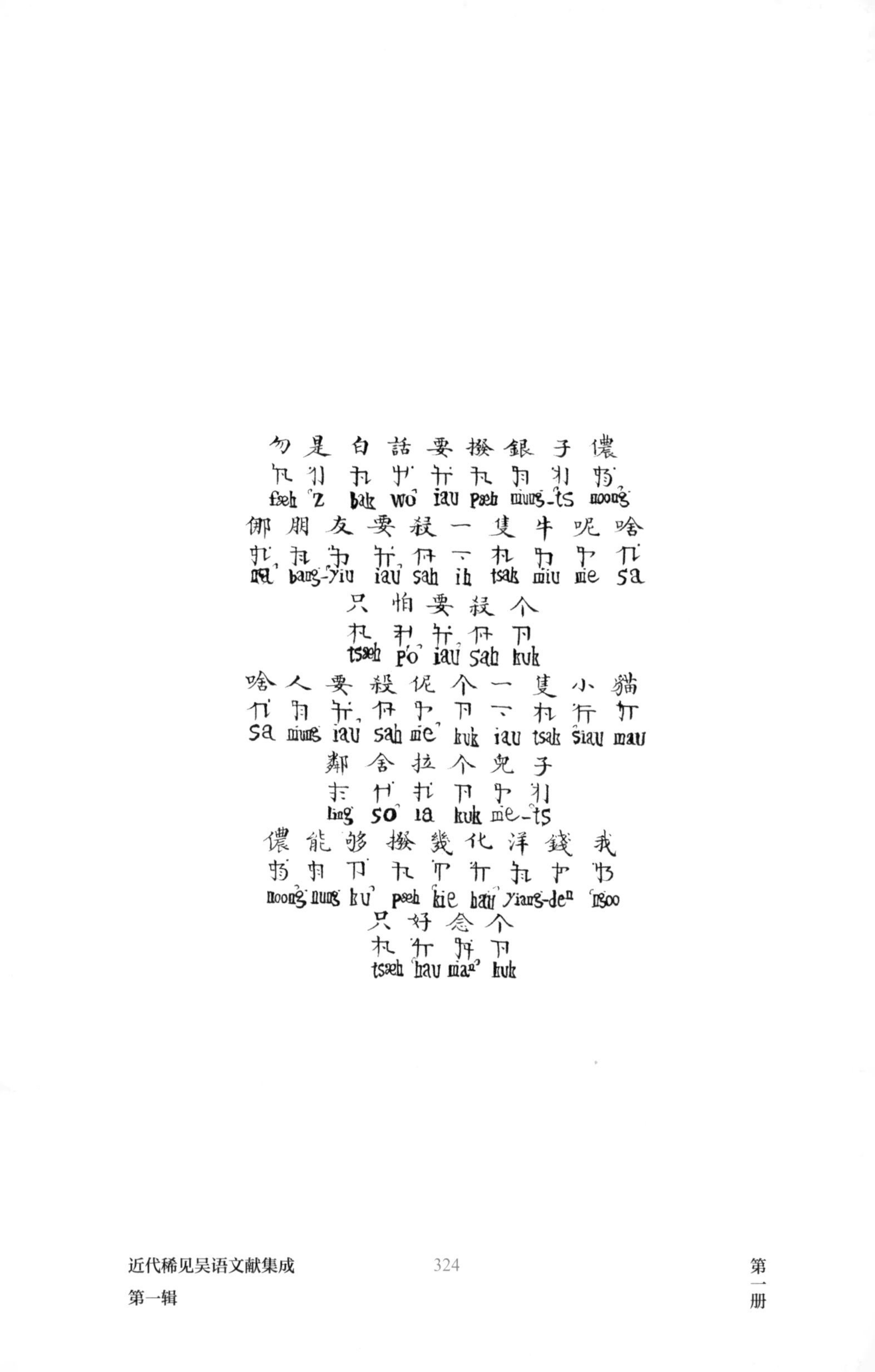

勿是白話要撥銀子儂

fæh 'z bak wo' iau pæh miung-ts noong

伽朋友要殺一隻牛呢啥

nga' bang-yiu iau' sah ih tsak miu me sa

只怕要殺个

tsæh po' iau sah kuk

啥人要殺伲个一隻小貓

sa miung iau sah nie' kuk iau tsak siau mau

鄰舍拉个兒子

ling so' la kuk nie-ts

儂能够撥幾化洋錢我

noong nung ku' pæh kie hau' yiang-deⁿ 'ngoo

只好念个

tsæh 'hau nian' kuk

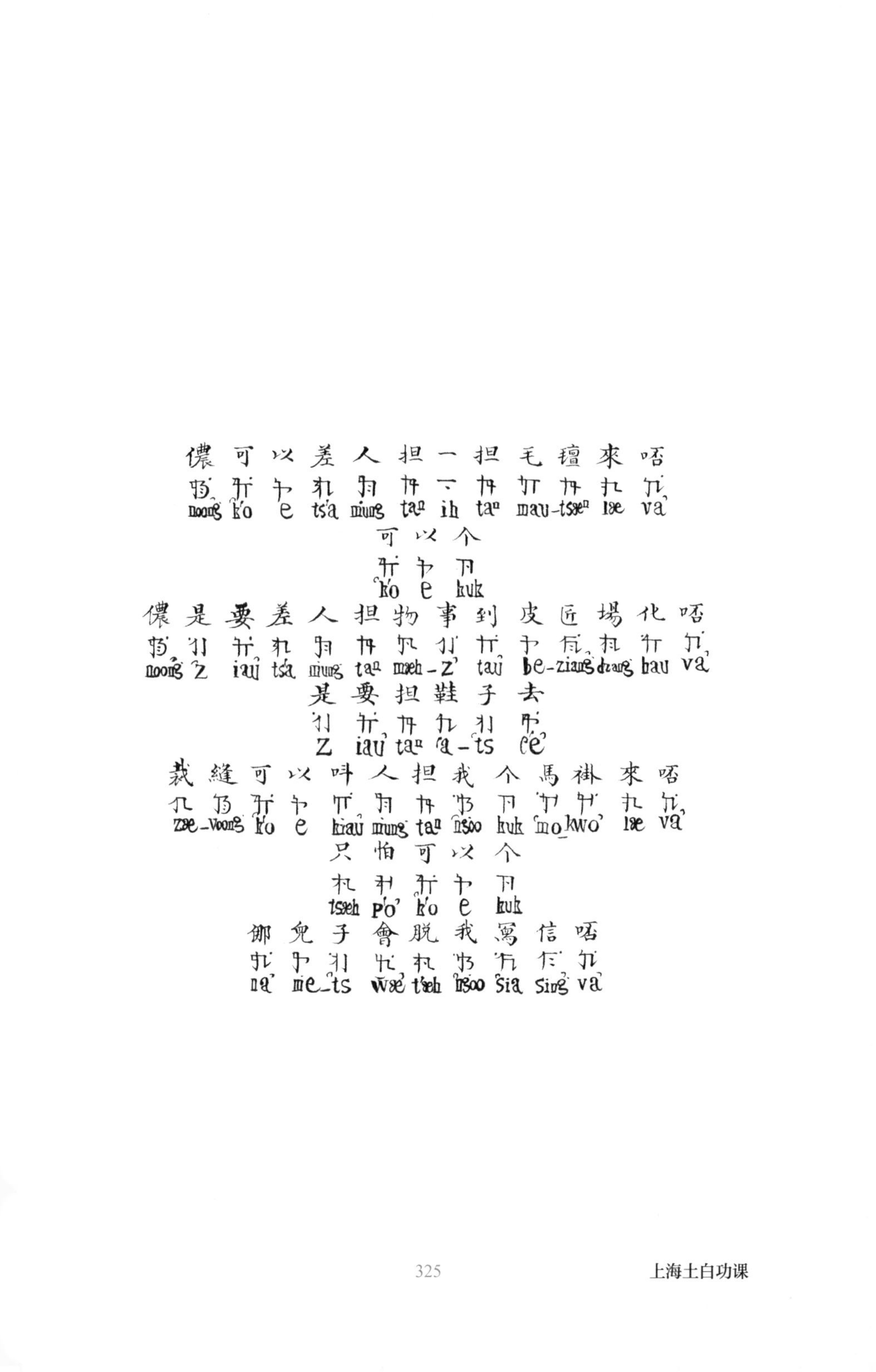

儂 可 以 差 人 担 一 担 毛 氊 來 唔
noong k'o e ts'a niung tan ih tan mau-tsæn læ va
可 以 个
k'o e kuk
儂 是 要 差 人 担 物 事 到 皮 匠 場 化 唔
noong z iau ts'a niung tan mæh-z' tau be-ziang dzang hau va
是 要 担 鞋 子 去
z iau tan 'a-ts c'e
裁 縫 可 以 叫 人 担 我 个 馬 褂 來 唔
zæ-voong k'o e kiau niung tan ngoo kuk 'mo-kwo' læ va
只 怕 可 以 个
tsæh p'o' k'o e kuk
㑚 免 子 會 脫 我 寫 信 唔
na' me-ts wæ t'æh ngoo sia sing va

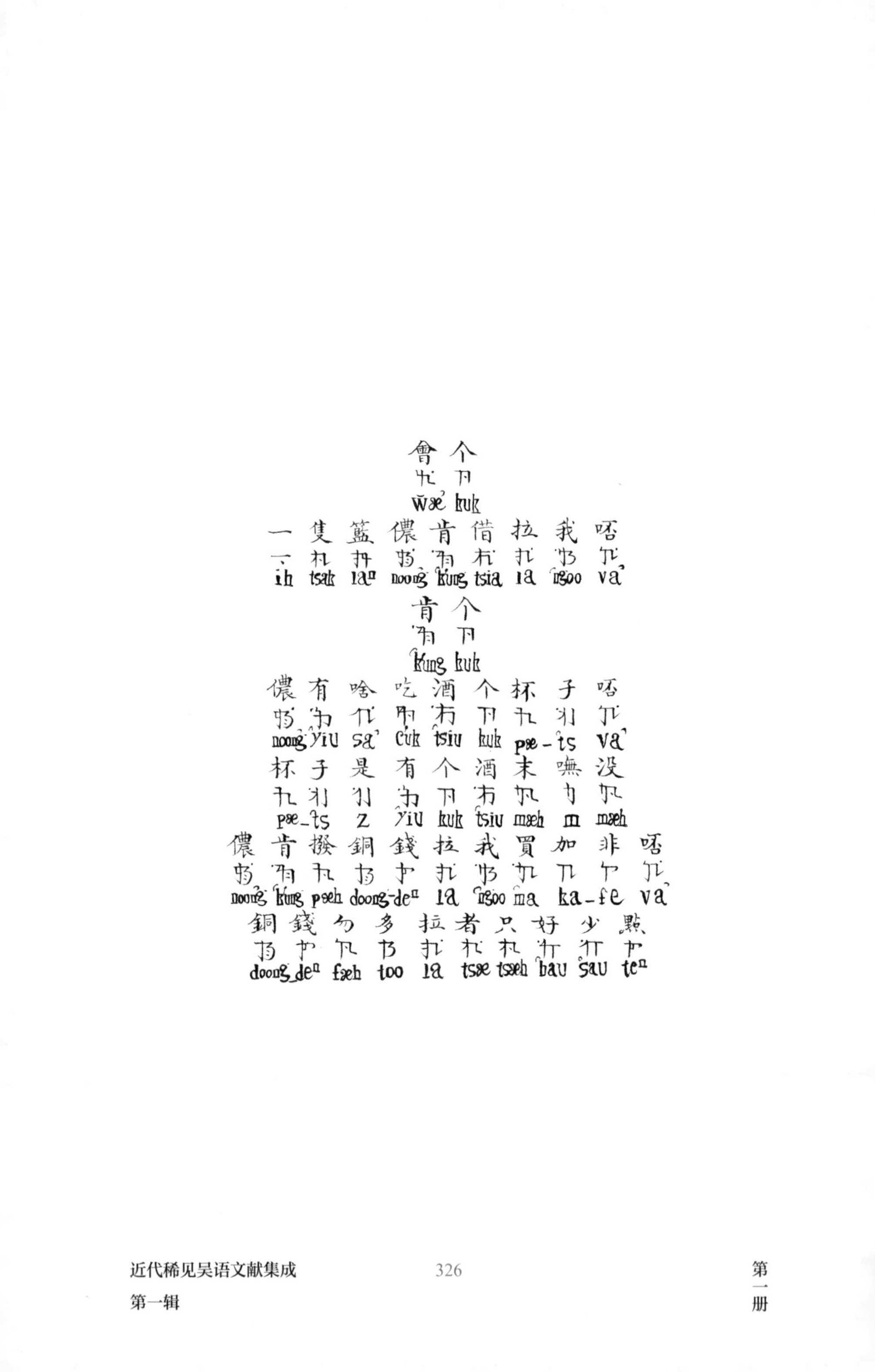

會 个

wæ kuk

一 隻 籃 儂 肯 借 拉 我 啯

ih tsak la^{n} noong kung tsia la ngoo va

肯 个

kung kuk

儂 有 啥 吃 酒 个 杯 子 啯

noong yiu sa cuk tsiu kuk pæ-ts va

杯 子 是 有 个 酒 末 嘸 没

pæ-ts z yiu kuk tsiu mæh m mæh

儂 肯 撥 銅 錢 拉 我 買 加 非 啯

noong kung pæh doong-de^{n} la ngoo ma ka-fe va

銅 錢 勿 多 拉 者 只 好 少 點

doong-de^{n} fæh too la tsæ tsæh hau sau te^{n}

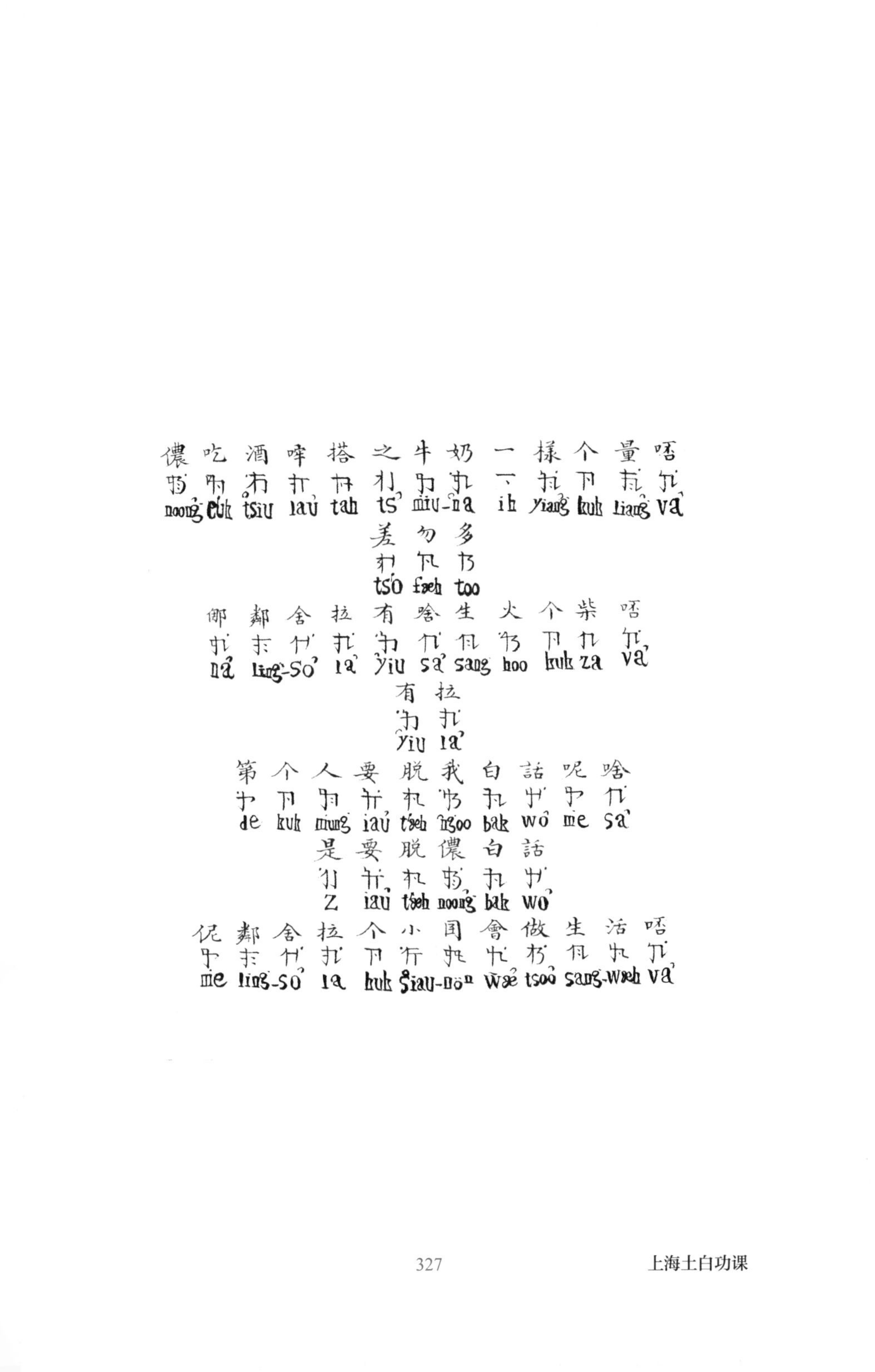

儂吃酒咾搭之牛奶一樣个量否

noong ch'uk tsiu lau tah ts miu-na ih yiang kuh liang va

差勿多

tso feh too

儂鄰舍拉有啥生火个柴否

na ling-so la yiu sa sang hoo kuh za va

有拉

yiu la

第个人要脱我白話呢啥

de kuh niung iau t'seh ngoo bak wo me sa

是要脱儂白話

z iau t'seh noong bak wo

伲鄰舍拉个小囝會做生活否

me ling-so la kuh siau-nön wæ tsoo sang-weh va

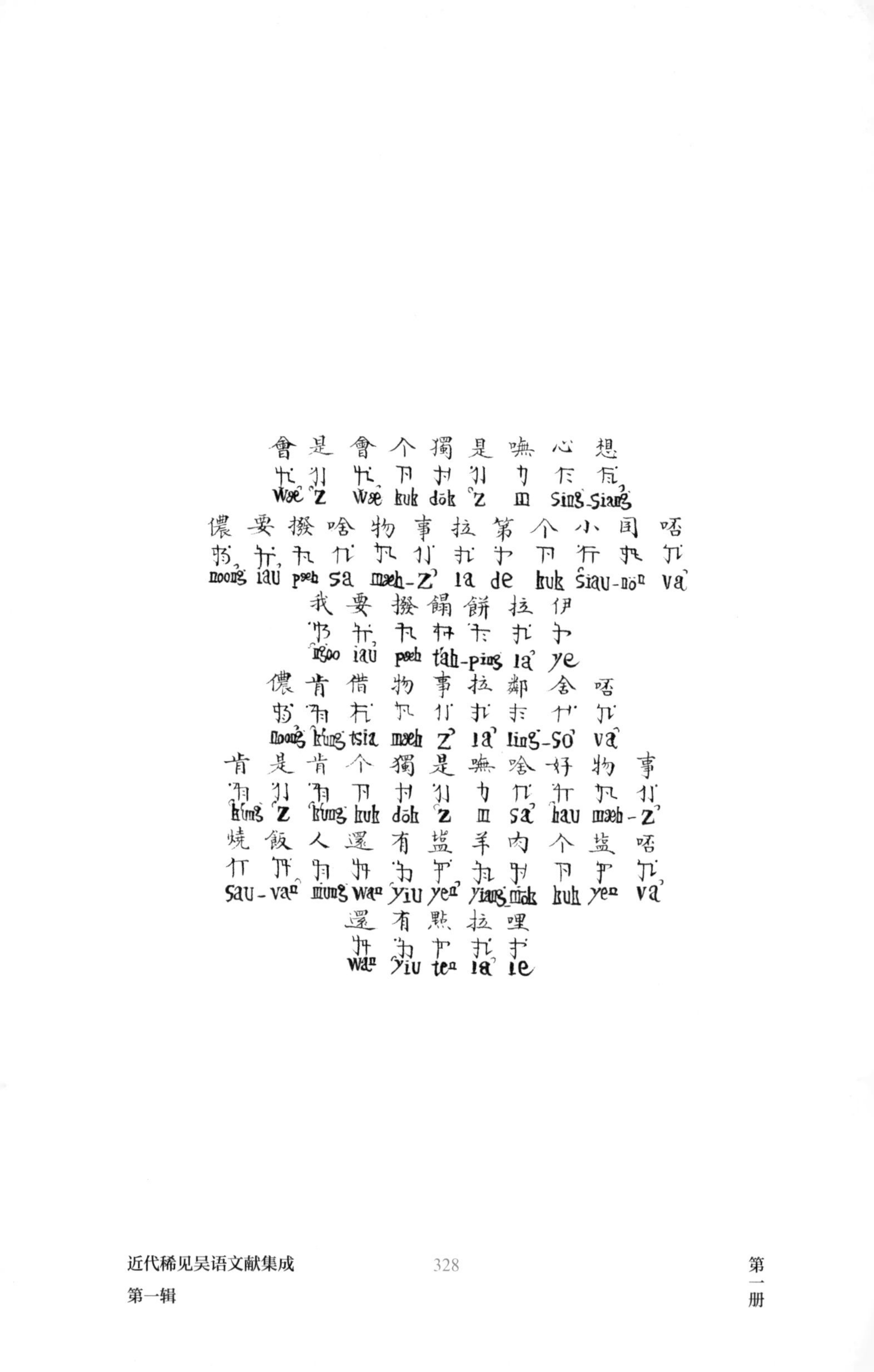

會 是 會 个 獨 是 嘸 心 想

wœ z wœ kuk dōk z m sing-siang

儂 要 撥 啥 物 事 拉 第 个 小 囝 唔

noong iau pæh sa mæh-z la de kuk siau-nön va

我 要 撥 餶 餅 拉 伊

ngoo iau pæh tah-ping la ye

儂 肯 借 物 事 拉 鄰 舍 唔

noong kung tsia mæh z la ling-so va

肯 是 肯 个 獨 是 嘸 啥 好 物 事

kung z kung kuk dōh z m sa hau mæh-z

燒 飯 人 還 有 塩 羊 肉 个 塩 唔

sau-van mung wan yiu yen yiang-niok kuh yen va

還 有 點 拉 哩

wan yiu ten la ie

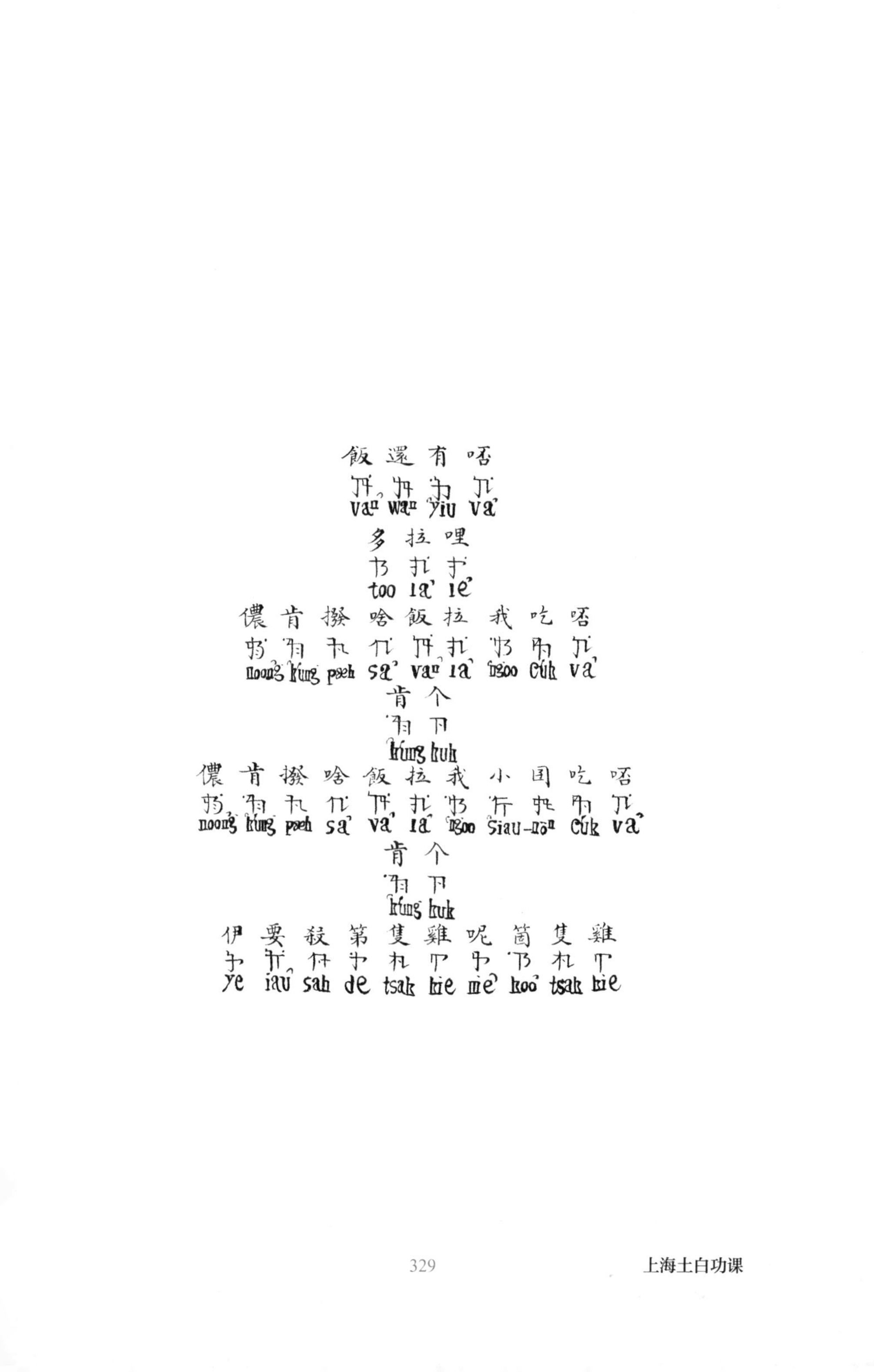

飯 還 有 唔

van wan yiu va

多 拉 哩

too la le

儂 肯 撥 啥 飯 拉 我 吃 唔

noong kung paeh sa van la ngoo cúk va

肯 个

kúng kuh

儂 肯 撥 啥 飯 拉 我 小 囡 吃 唔

noong kúng paeh sa va la ngoo siau-nön cúk va

肯 个

kúng kuk

伊 要 殺 第 隻 雞 呢 箇 隻 雞

ye iau sah de tsak kie me koo tsak kie

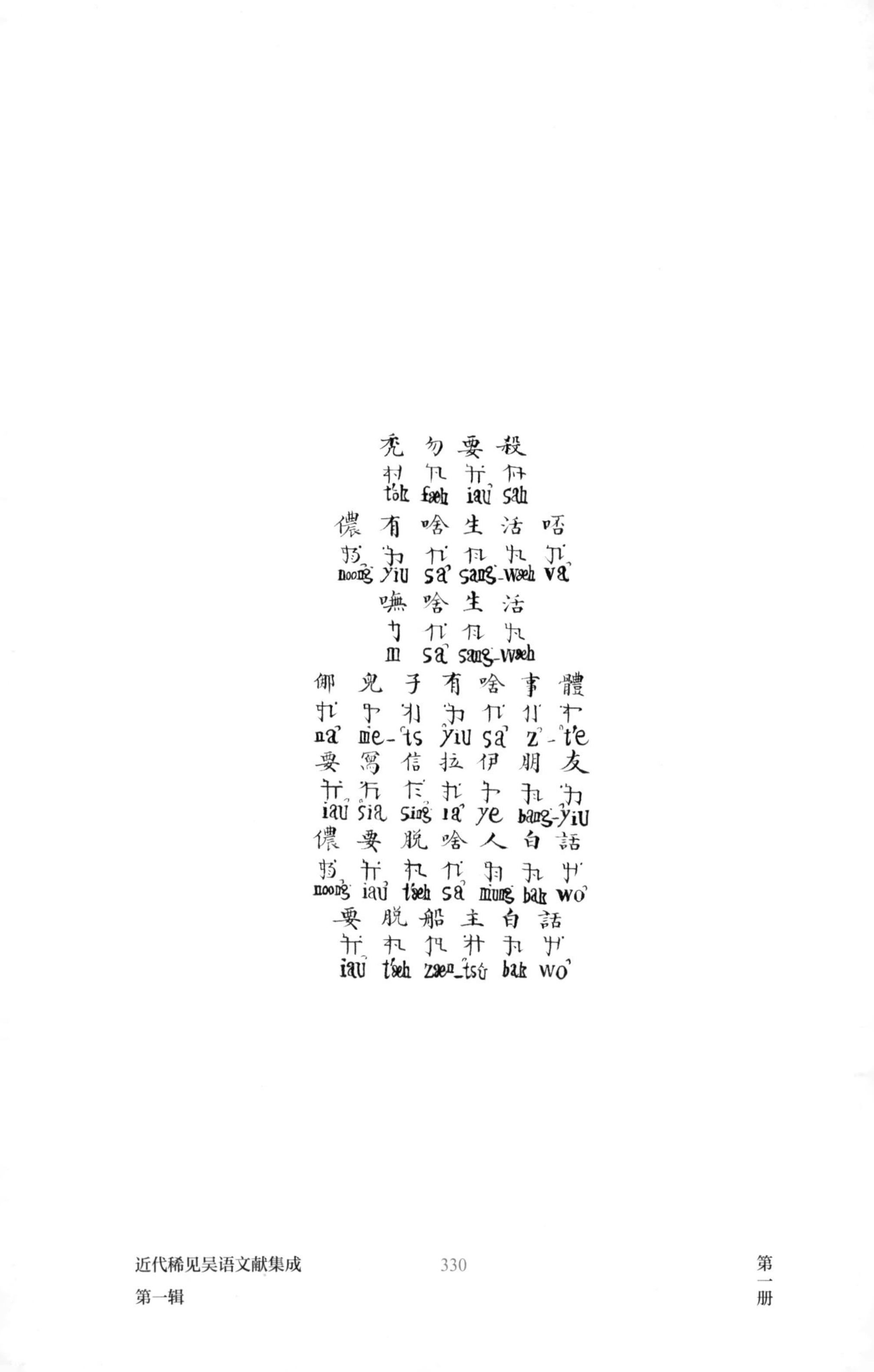

禿 勿 要 殺

t'ok fæh iau sah

儂 有 啥 生 活 唔

noong yiu sa sang-wæh va

嘸 啥 生 活

m sa sang-wæh

㑚 兒 子 有 啥 事 體

na me-ts yiu sa z-t'e

要 寫 信 拉 伊 朋 友

iau sia sing la ye bang-yiu

儂 要 脱 啥 人 白 話

noong iau t'æh sa nung bak wo

要 脱 船 主 白 話

iau t'æh zæn-tsû bak wo

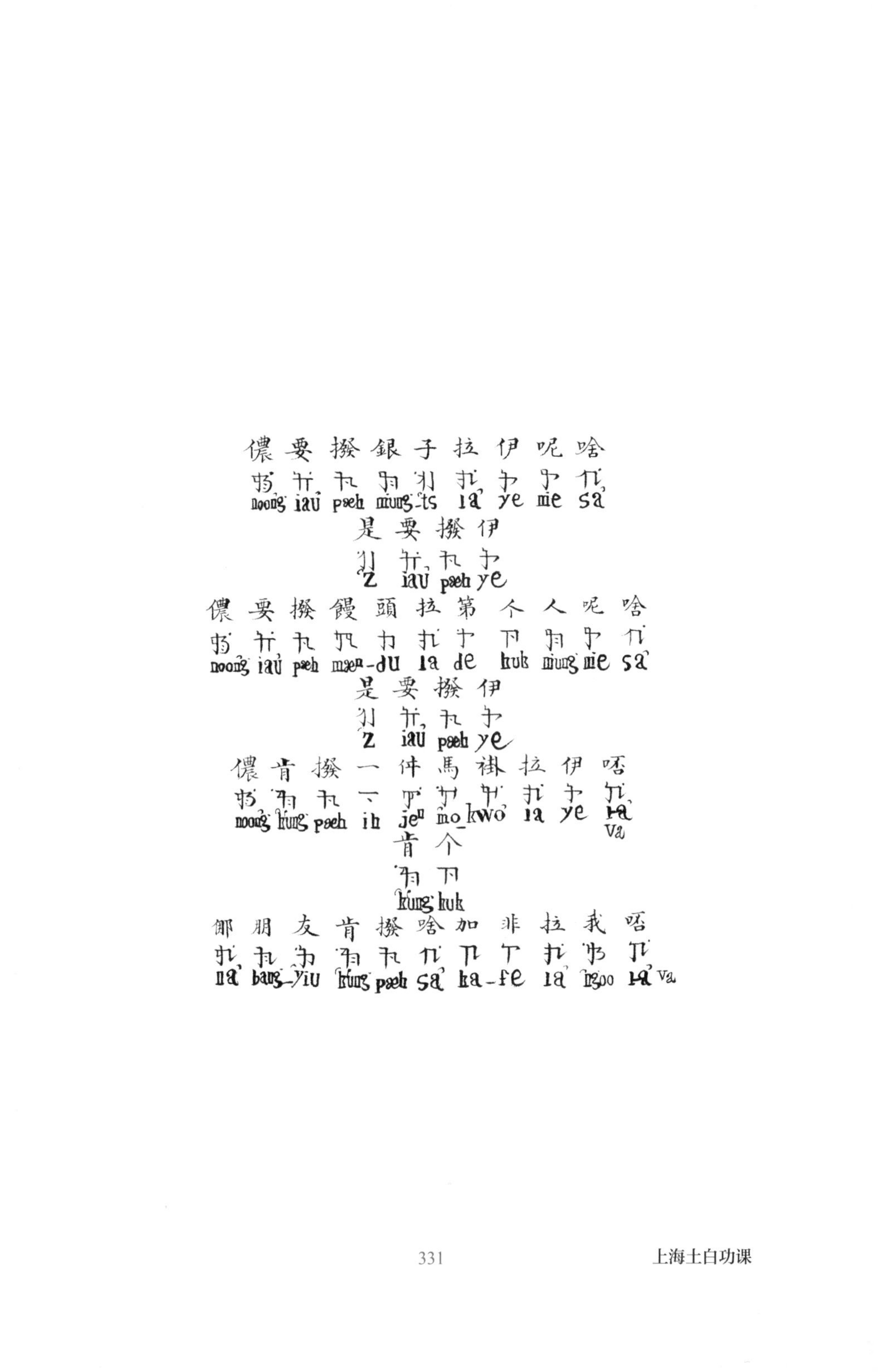

儂要撥銀子拉伊呢啥

noong iau pæh niung-ts la ye nie sa

是要撥伊

z iau pæh ye

儂要撥饅頭拉第个人呢啥

noong iau pæh mæ^n-du la de kuk niung nie sa

是要撥伊

z iau pæh ye

儂肯撥一件馬褂拉伊啞

noong kung pæh ih je^n mo-kwo la ye ha va

肯个

kung kuk

鄉朋友肯撥啥加非拉我啞

na bang-yiu kung pæh sa ka-fe la ngoo ha va

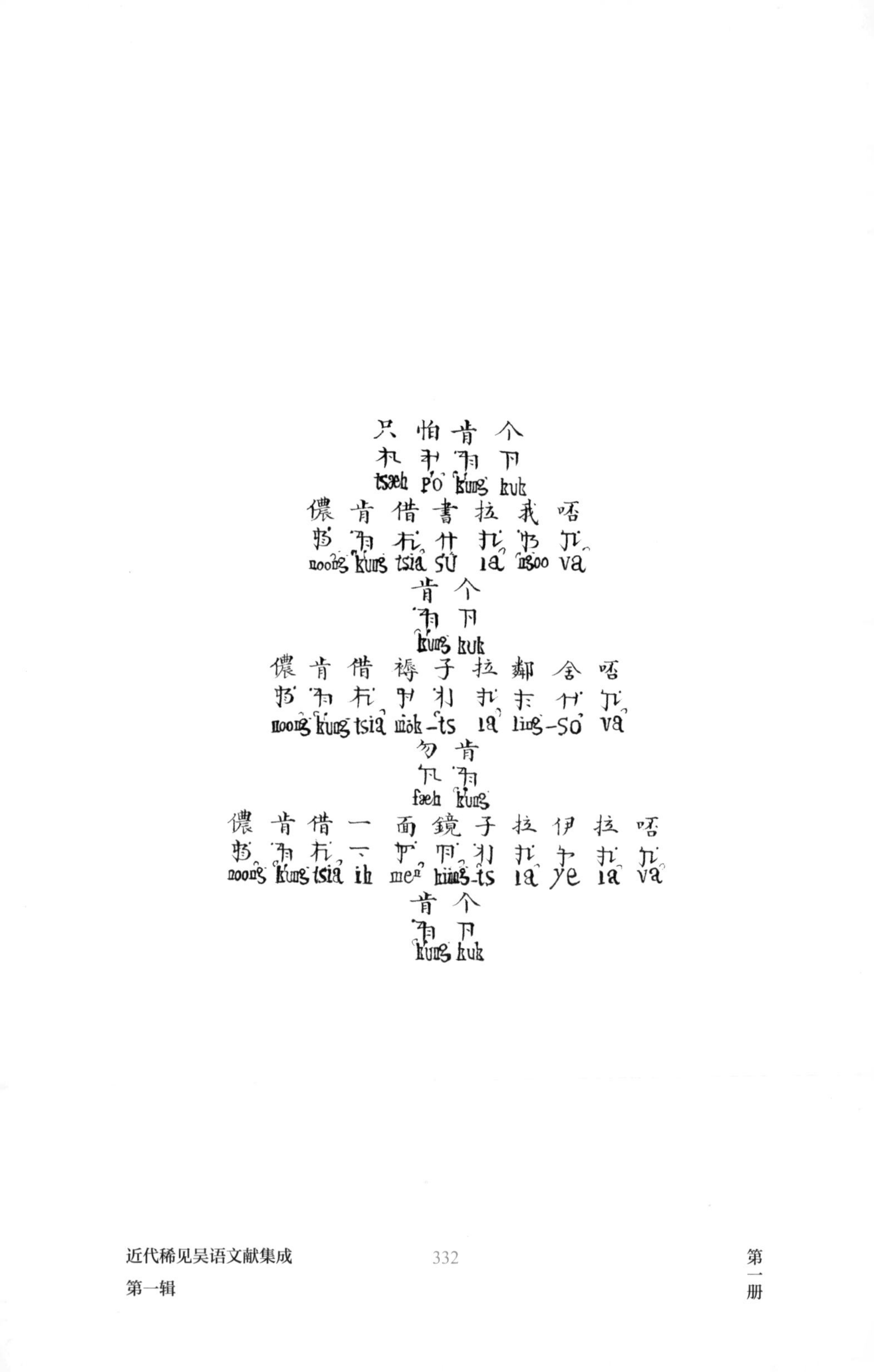

只怕肯个

tsæh p'o k'ung kuk

儂肯借書拉我唔

noong k'ung tsia sü la ngoo va

肯个

k'ung kuk

儂肯借㨪子拉鄰舍唔

noong k'ung tsia mok-ts la ling-so va

勿肯

faeh k'ung

儂肯借一面鏡子拉伊拉唔

noong k'ung tsia ih me^{n} kiing-ts la ye la va

肯个

k'ung kuk

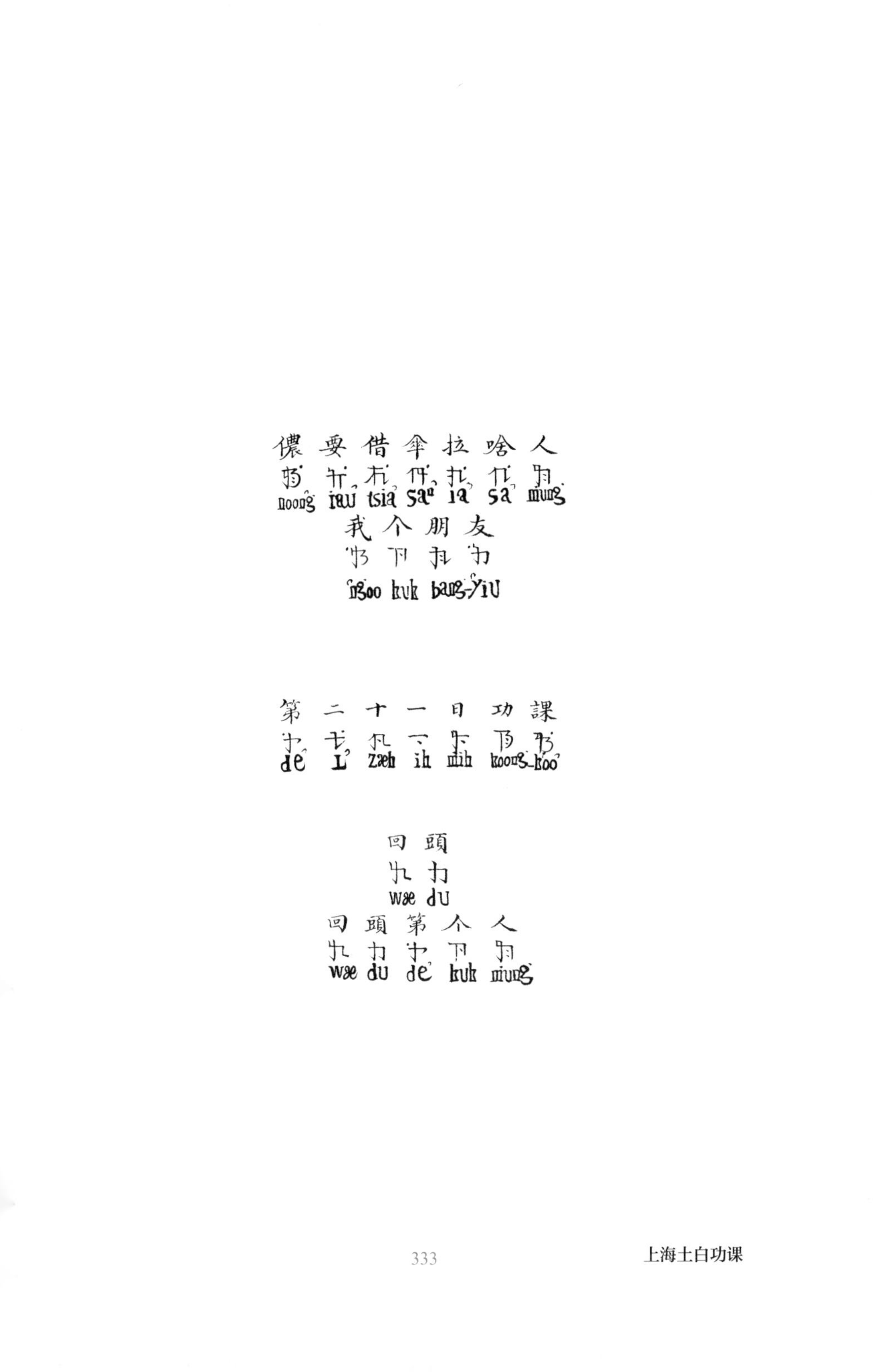

儂要借傘拉啥人

noong iau tsia san ia sa niung

我个朋友

ngoo kuk bang-yiu

第二十一日功課

de ni zaeh ih nih koong-koo

回頭

wae du

回頭第个人

wae du de kuk niung

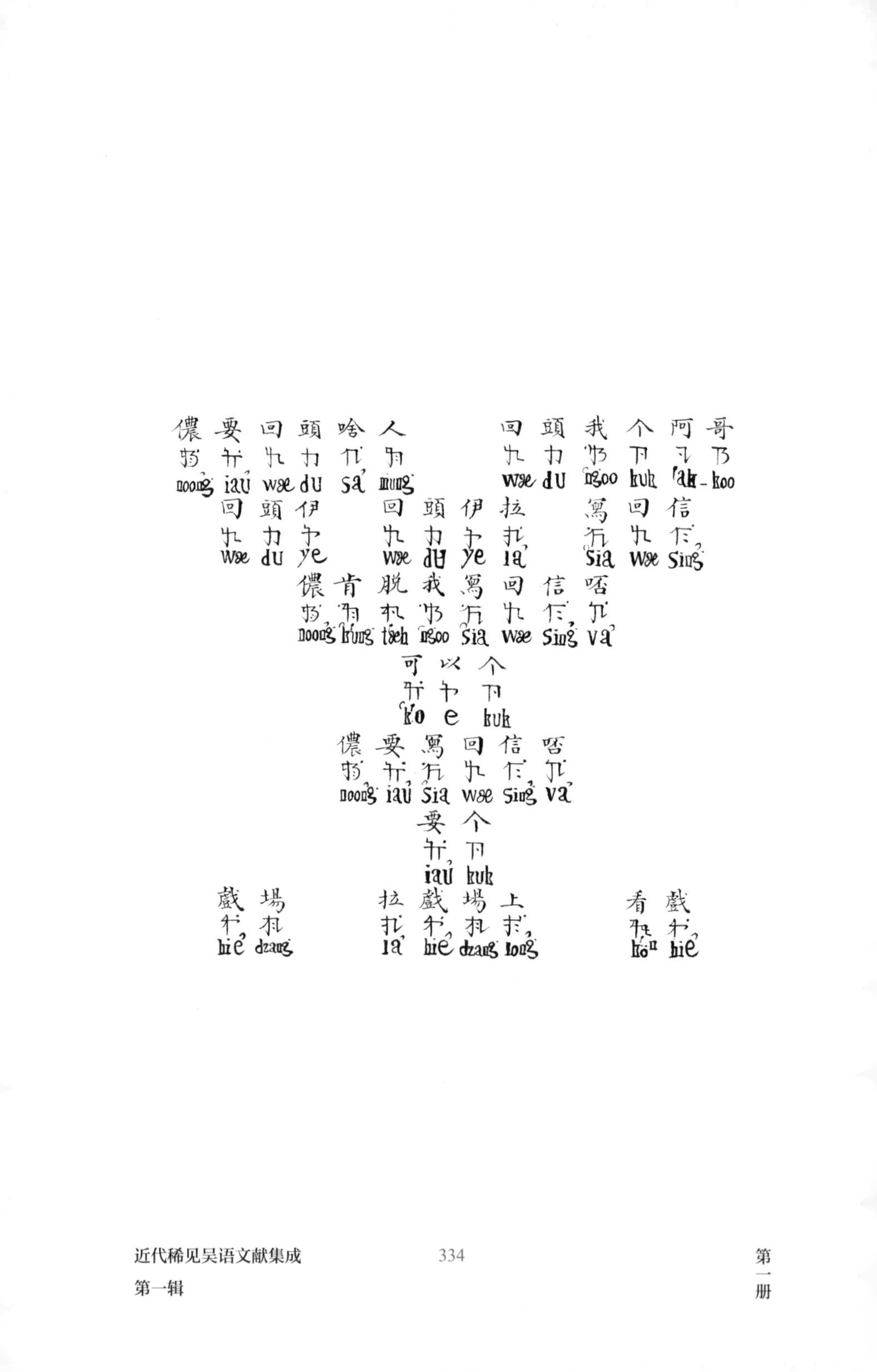

儂要回頭啥人　　　回頭我个阿哥

nooŋ iau wæ du sa muŋ　　　wæ du ŋgoo kuk 'ak-koo

回頭伊　　回頭伊拉　　寫回信

wæ du ye　　wæ du ye la　　sia wæ siŋ

儂肯脱我寫回信咾

nooŋ k'uŋ t'eh ŋgoo sia wæ siŋ va

可以个

k'o e kuk

儂要寫回信咾

nooŋ iau sia wæ siŋ va

要个

iau kuk

戲場　　拉戲場上　　看戲

hie dzaŋ　　la hie dzaŋ loŋ　　k'ön hie

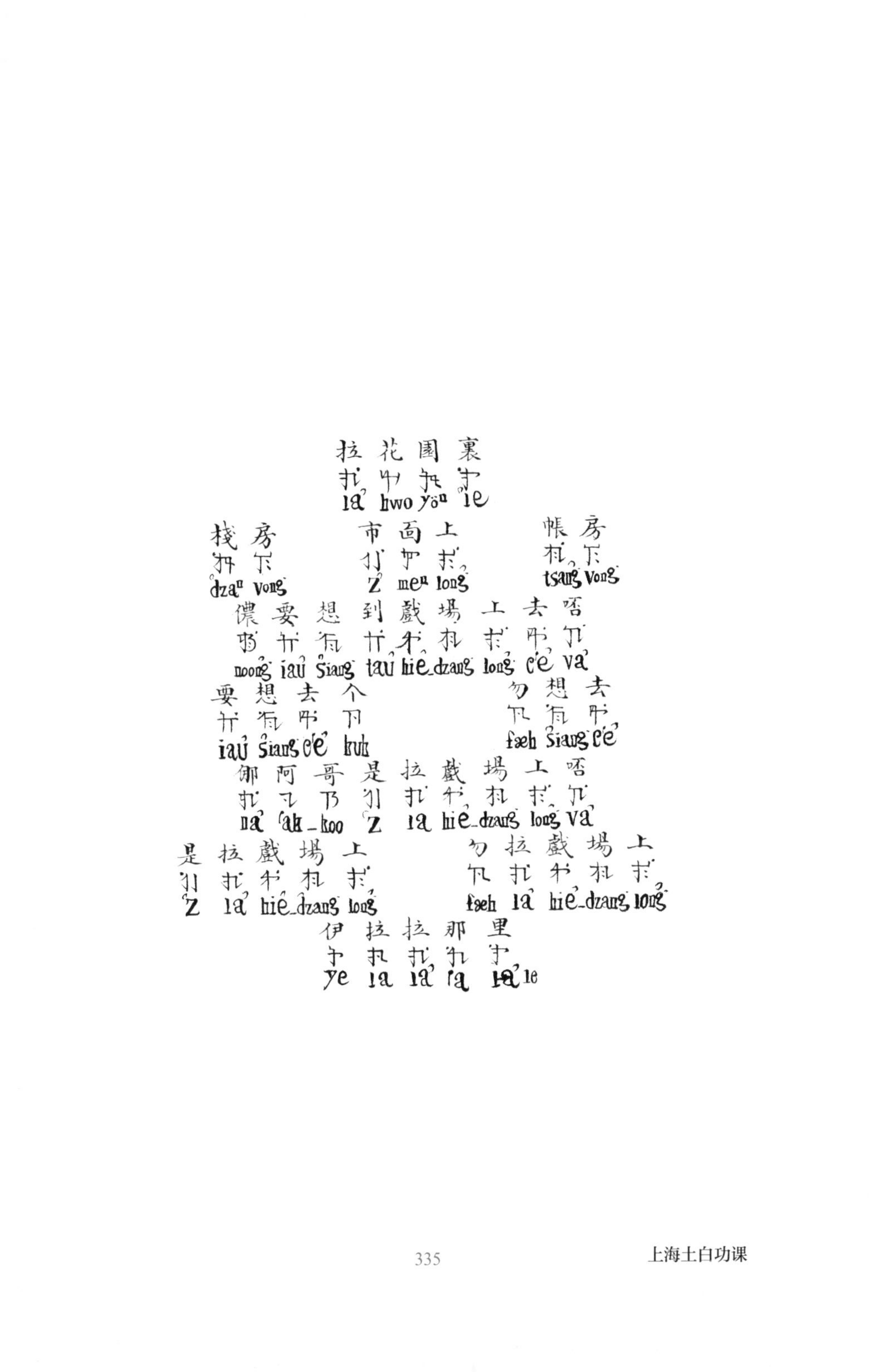

拉花園裏

la hwo yö^{n} le

棧房 市面上 帳房

dza^{n} vong Z me^{n} long tsang vong

儂要想到戲場上去否

noong iau siang tau hie-dzang long ce va

要想去个 勿想去

iau siang ce kuh fæh siang ce

儂阿哥是拉戲場上否

na 'ak-koo Z la hie-dzang long va

是拉戲場上 勿拉戲場上

Z la hie-dzang long fæh la hie-dzang long

伊拉拉那里

ye la la la la le

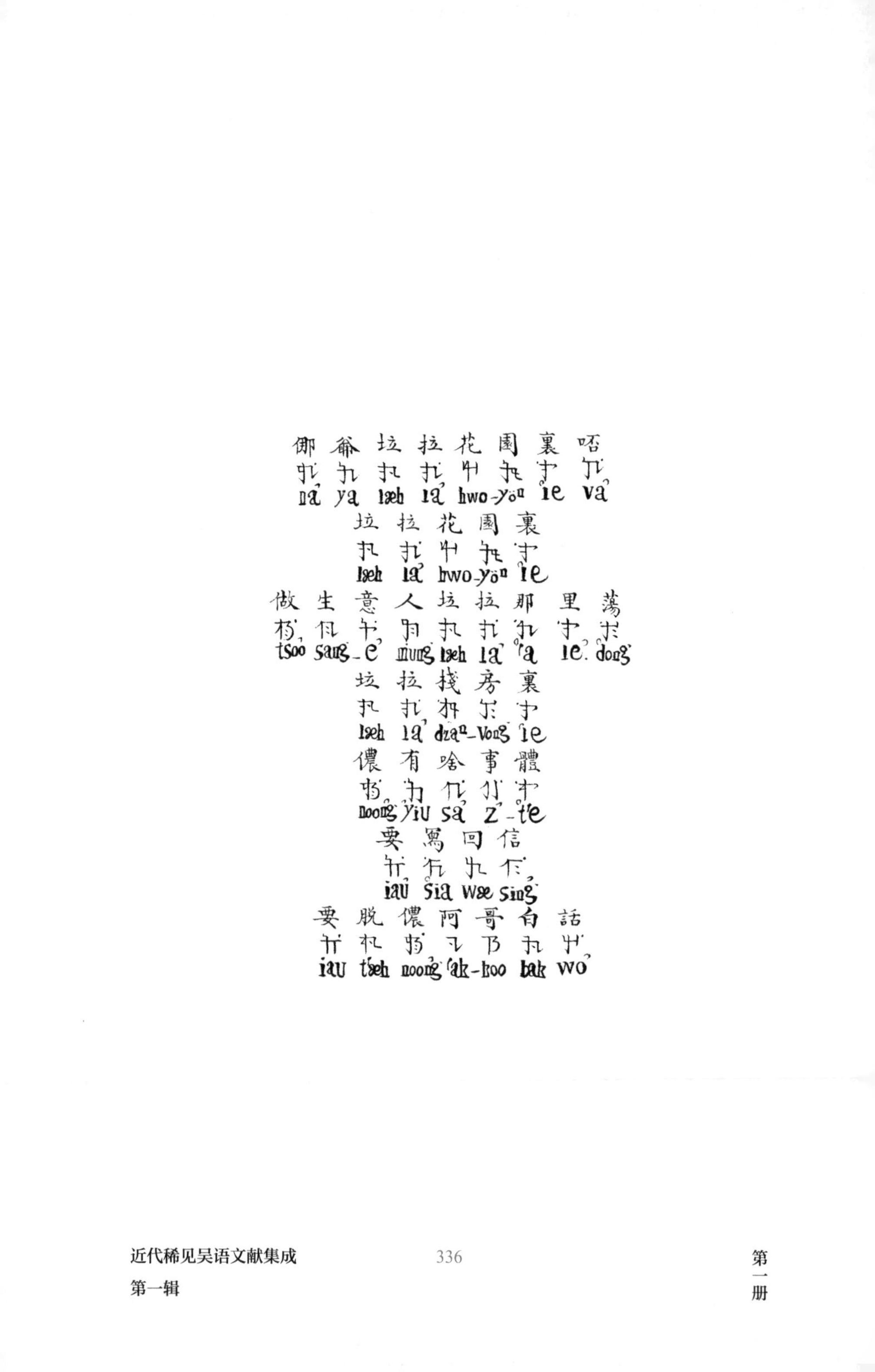

倻爺垃拉花園裏唔

na ya læh la hwo-yö^n ie va

垃拉花園裏

læh la hwo-yö^n ie

做生意人垃拉那里蕩

tsoo sang-e nung læh la 'a ie dong

垃拉棧房裏

læh la dza^n-vong ie

儂有啥事體

noong yiu sa z-te

要寫回信

iau sia wæ sing

要脫儂阿哥白話

iau t'æh noong 'ak-koo bak wo

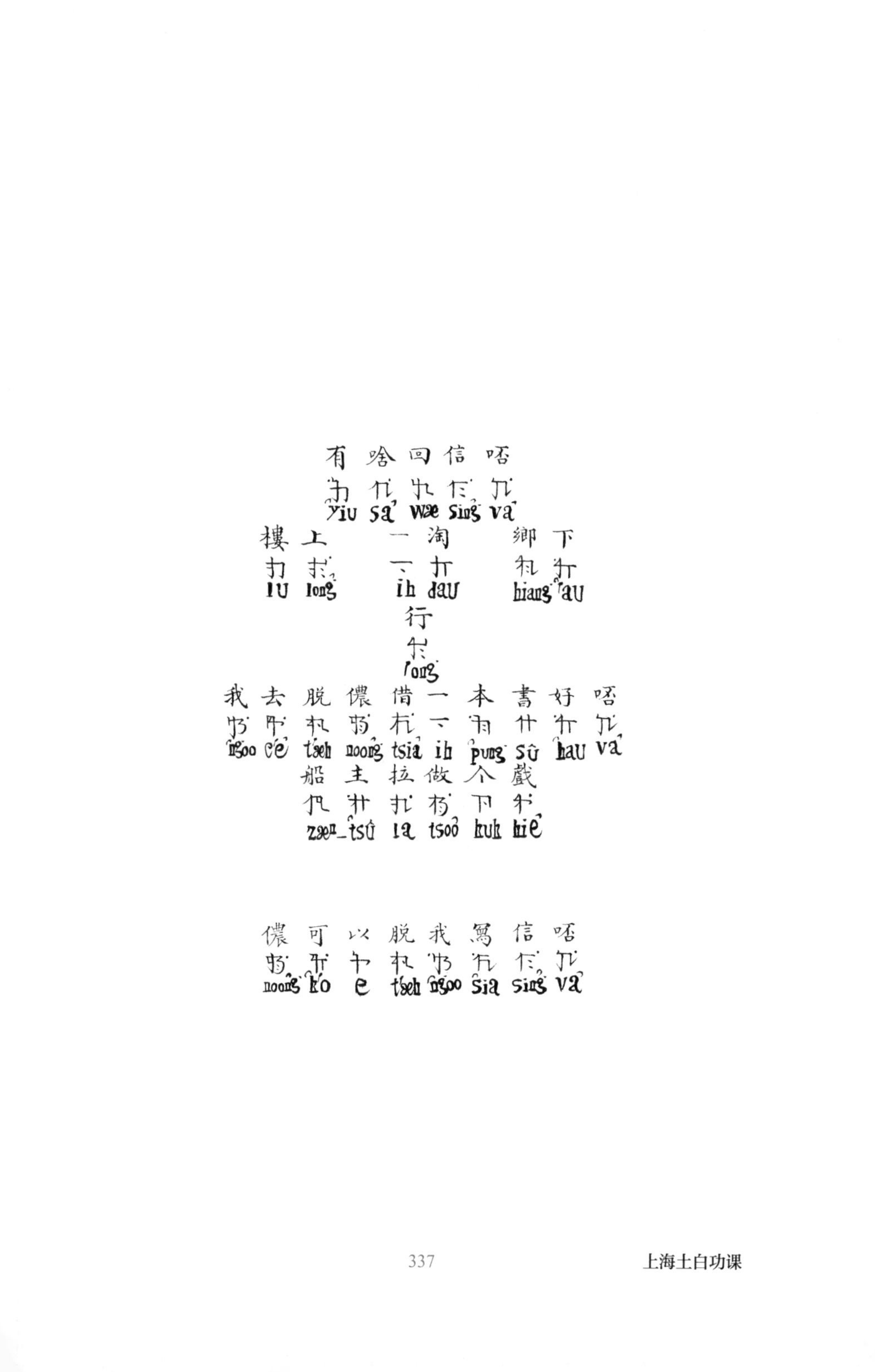

有 啥 回 信 哦
yiu sa' wæ sing va'

樓 上 一 淘 鄉 下
lu long ih dau hiang 'au
行
'ong

我 去 脱 儂 借 一 本 書 好 哦
ngoo c'é tsæh noong tsia' ih pung sû hau va'
船 主 拉 做 个 戲
zæn-tsû la tsoo kuh hié

儂 可 以 脱 我 寫 信 哦
noong k'o e tsæh ngoo sia sing va'

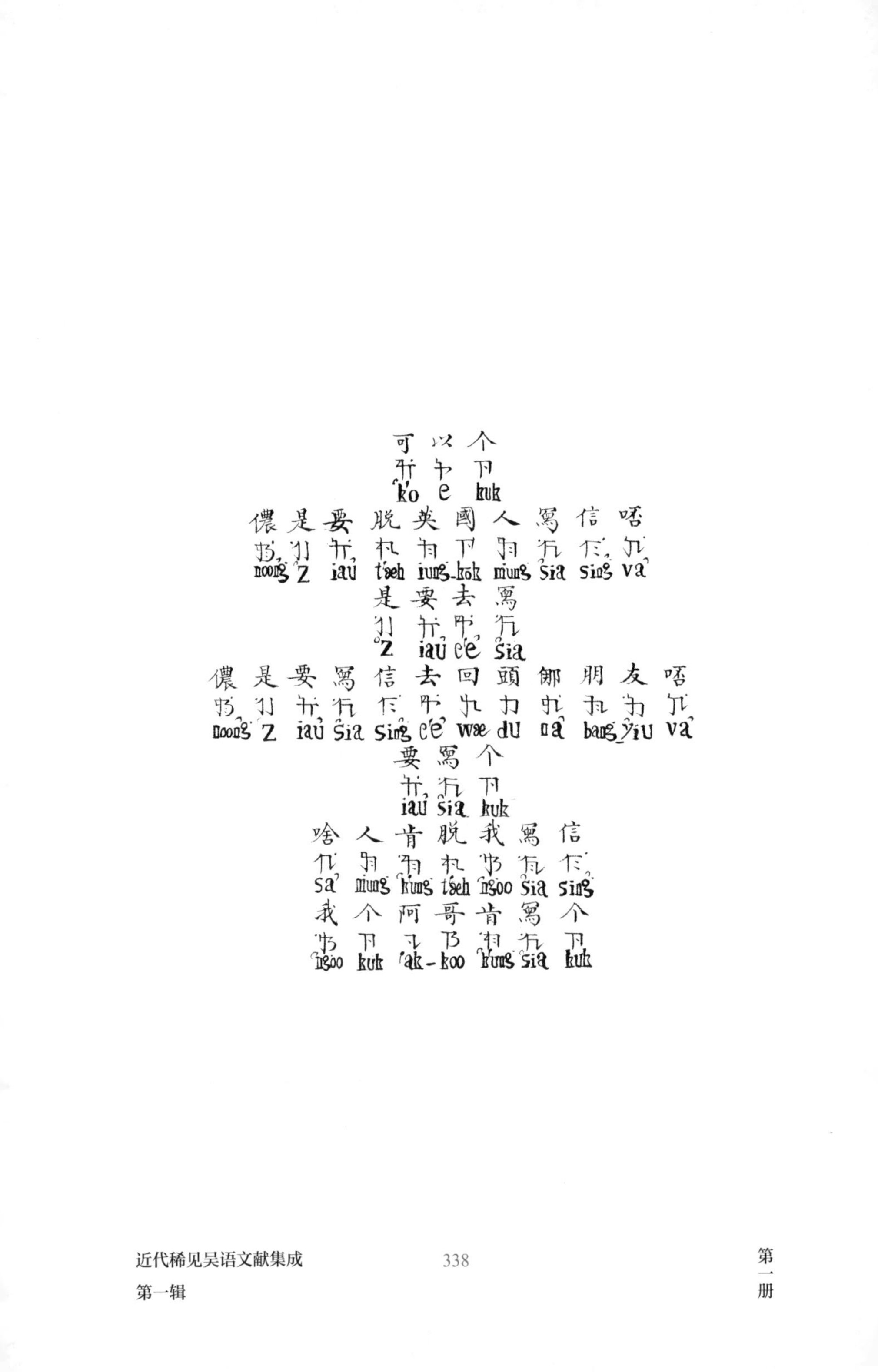

可 以 个

k'o e kuk

儂 是 要 脱 英 國 人 寫 信 㖞

noong z iau t'seh iung-kok niung sia sing va

是 要 去 寫

z iau c'e sia

儂 是 要 寫 信 去 回 頭 㑚 朋 友 㖞

noong z iau sia sing c'e wæ du na bang-yiu va

要 寫 个

iau sia kuk

啥 人 肯 脱 我 寫 信

sa niung k'ung t'seh ngoo sia sing

我 个 阿 哥 肯 寫 个

ngoo kuk 'ak-koo k'ung sia kuk

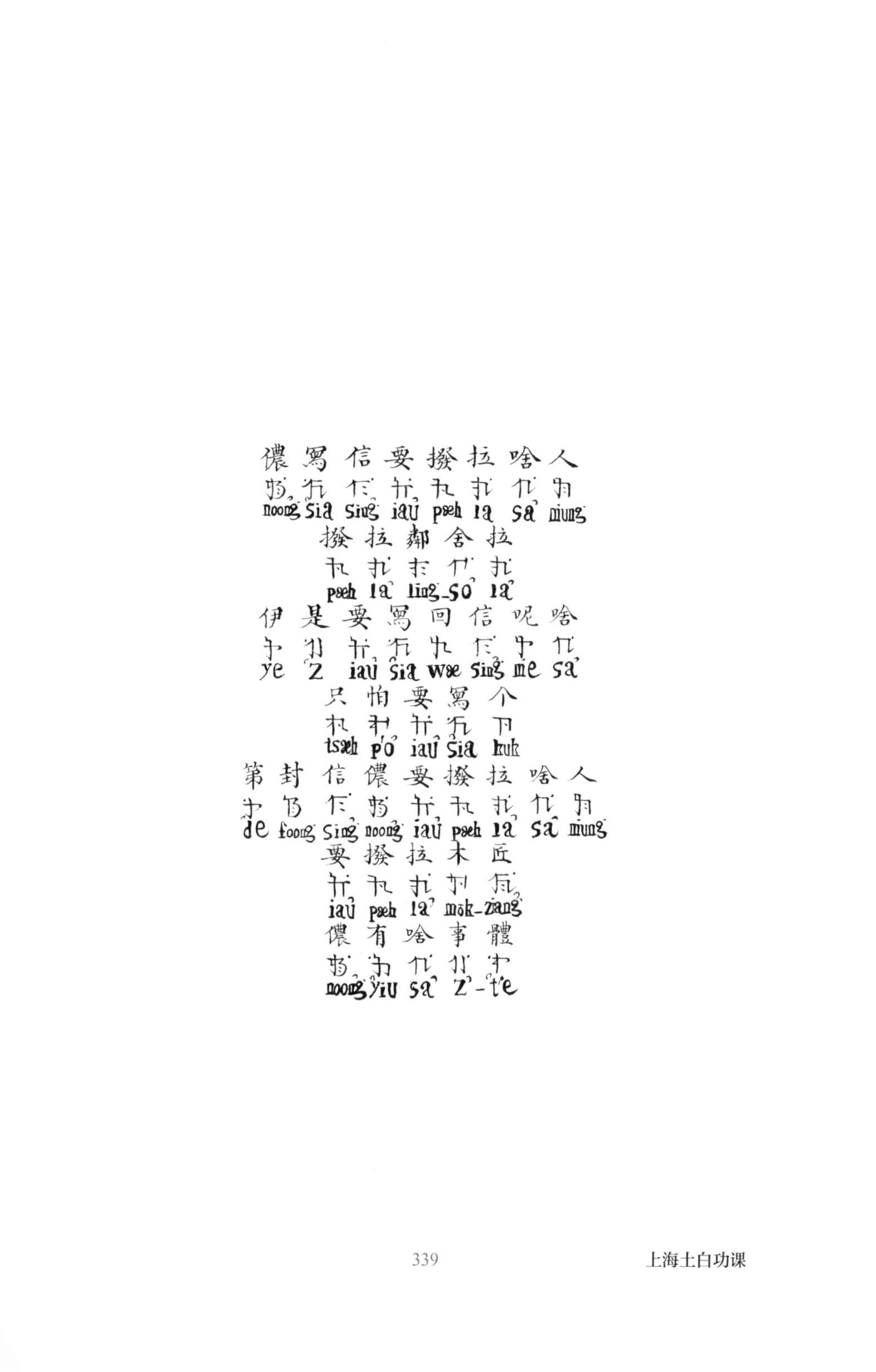

儂寫信要撥拉啥人

noong sia sing iau pæh la sa miung

撥拉鄰舍拉

pæh la ling-so la

伊是要寫回信呢啥

ye z iau sia wæ sing me sa

只怕要寫个

tsæh p'o iau sia kuk

第封信儂要撥拉啥人

de foong sing noong iau pæh la sa miung

要撥拉木匠

iau pæh la mok-ziang

儂有啥事體

noong yiu sa z-t'e

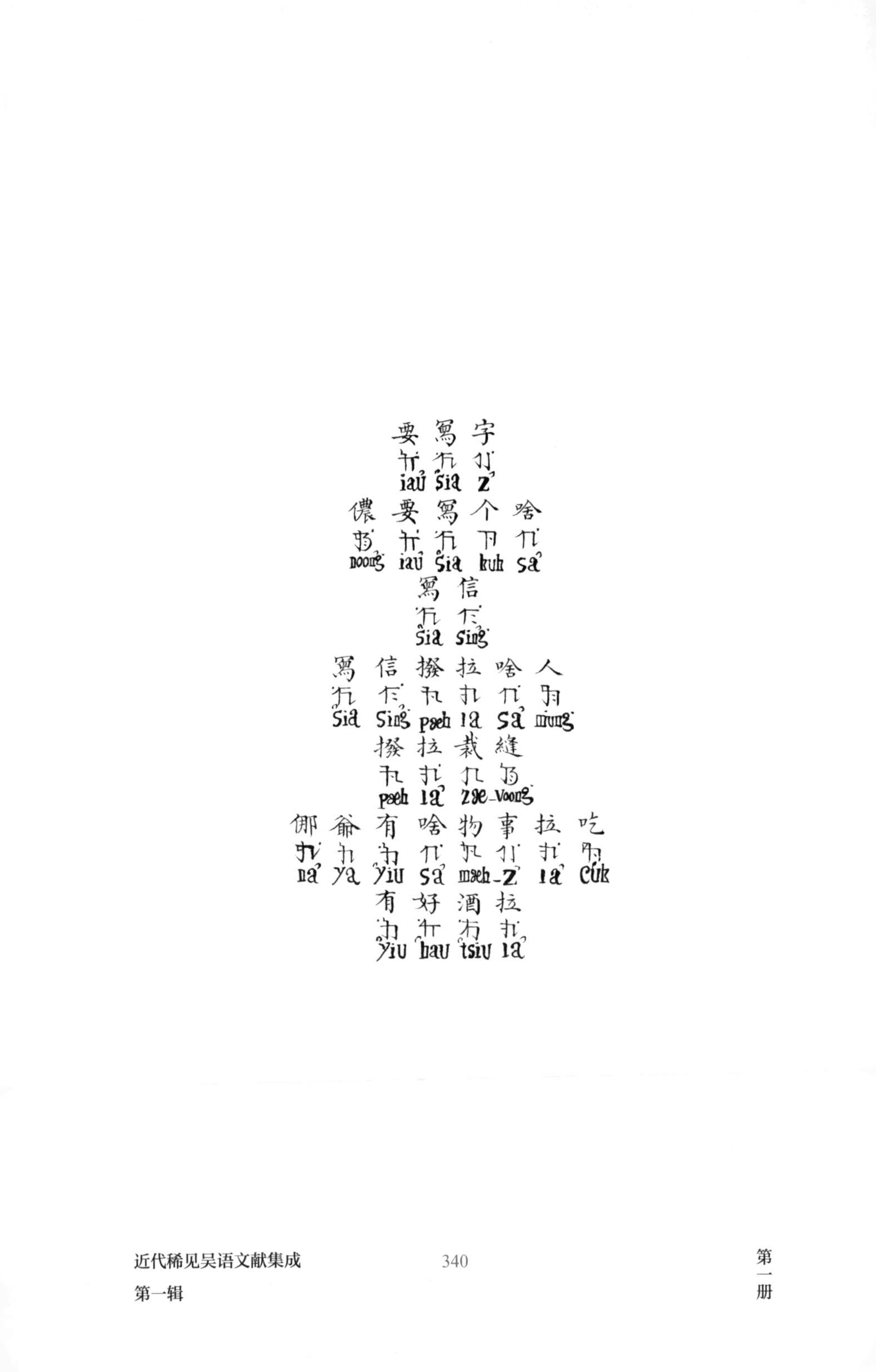

要 寫 字

iau sia z

儂 要 寫 个 啥

noong iau sia kuh sa

寫 信

sia sing

寫 信 撥 拉 啥 人

sia sing pæh la sa niung

撥 拉 裁 縫

pæh la zæ-voong

倻 爺 有 啥 物 事 拉 吃

na ya yiu sa mæh-z la cük

有 好 酒 拉

yiu hau tsiu la

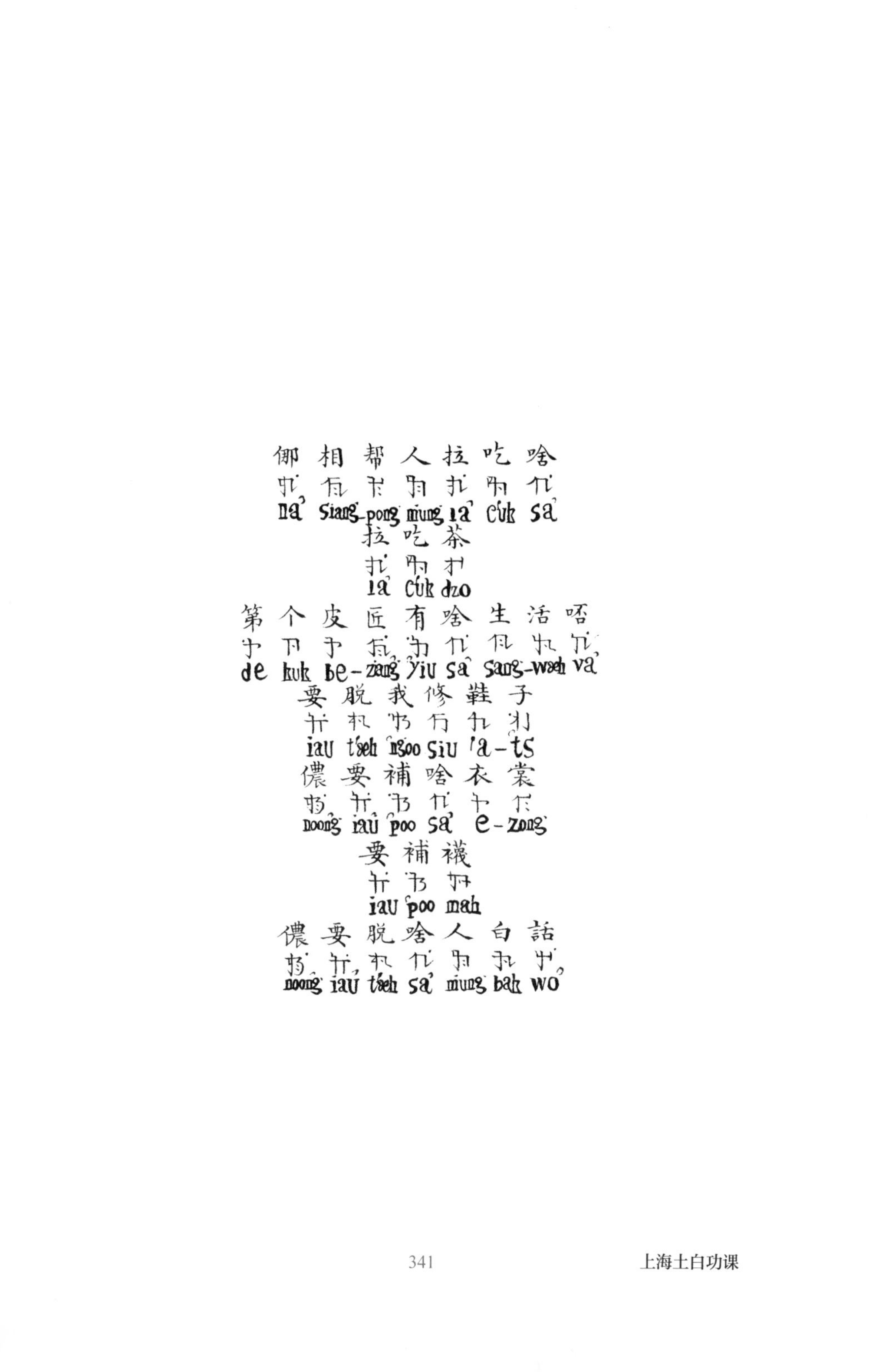

侬相帮人拉吃啥

na siang-pong mung la cuk sa

拉吃茶

la cuk dzo

第个皮匠有啥生活唔

de kuk be-ziang yiu sa sang-weh va

要脱我修鞋子

iau t'seh ngoo siu 'a-ts

侬要補啥衣裳

noong iau poo sa e-zong

要補襪

iau poo mah

侬要脱啥人白話

noong iau t'seh sa mung bah wo

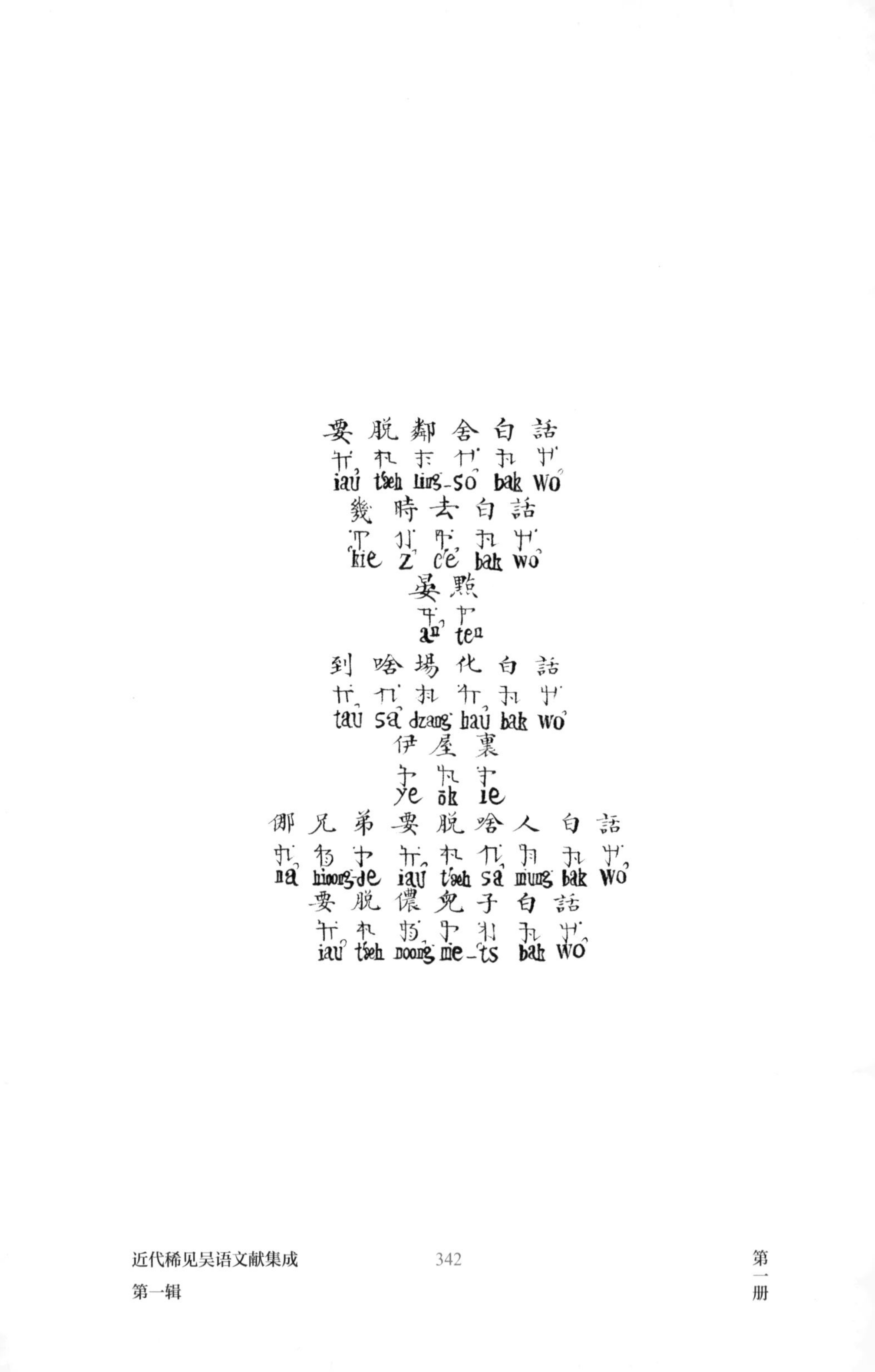

要脱鄰舍白話

iau t'seh ling-so bak wo

幾時去白話

'kie z c'e bak wo

晏點

an ten

到啥場化白話

tau sa dzang hau bak wo

伊屋裏

ye ōk ie

倻兄弟要脱啥人白話

na hioong-de iau t'seh sa mung bak wo

要脱儂兒子白話

iau t'seh noong me-ts bak wo

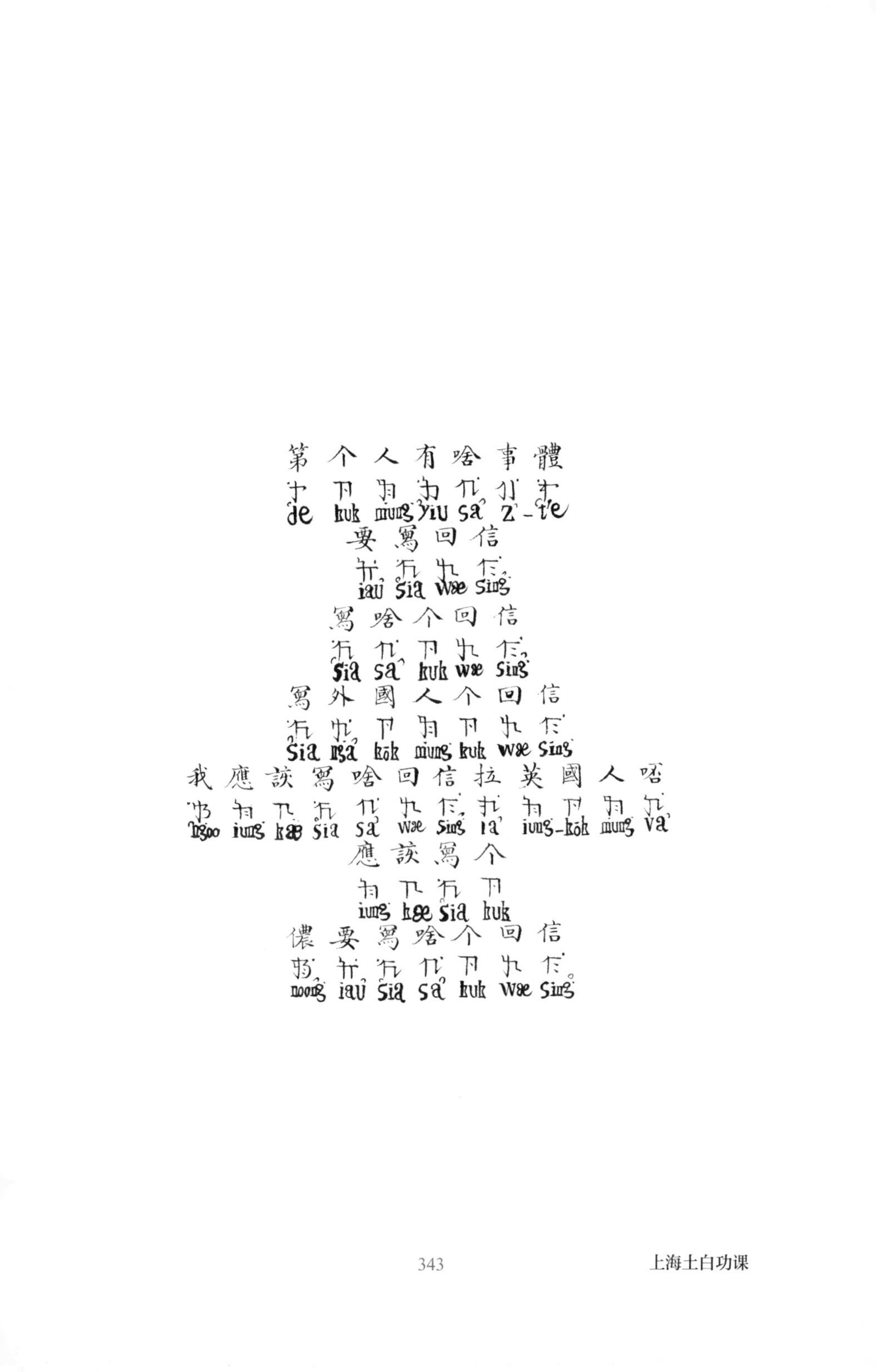

第个人有啥事體

de kuk miung yiu sa z-t'e

要寫回信

iau sia wæ sing

寫啥个回信

sia sa kuk wæ sing

寫外國人个回信

sia nga kok miung kuk wæ sing

我應該寫啥回信拉英國人喥

ngoo iung kæ sia sa wæ sing la iung-kok miung va

應該寫个

iung kæ sia kuk

儂要寫啥个回信

noong iau sia sa kuk wæ sing

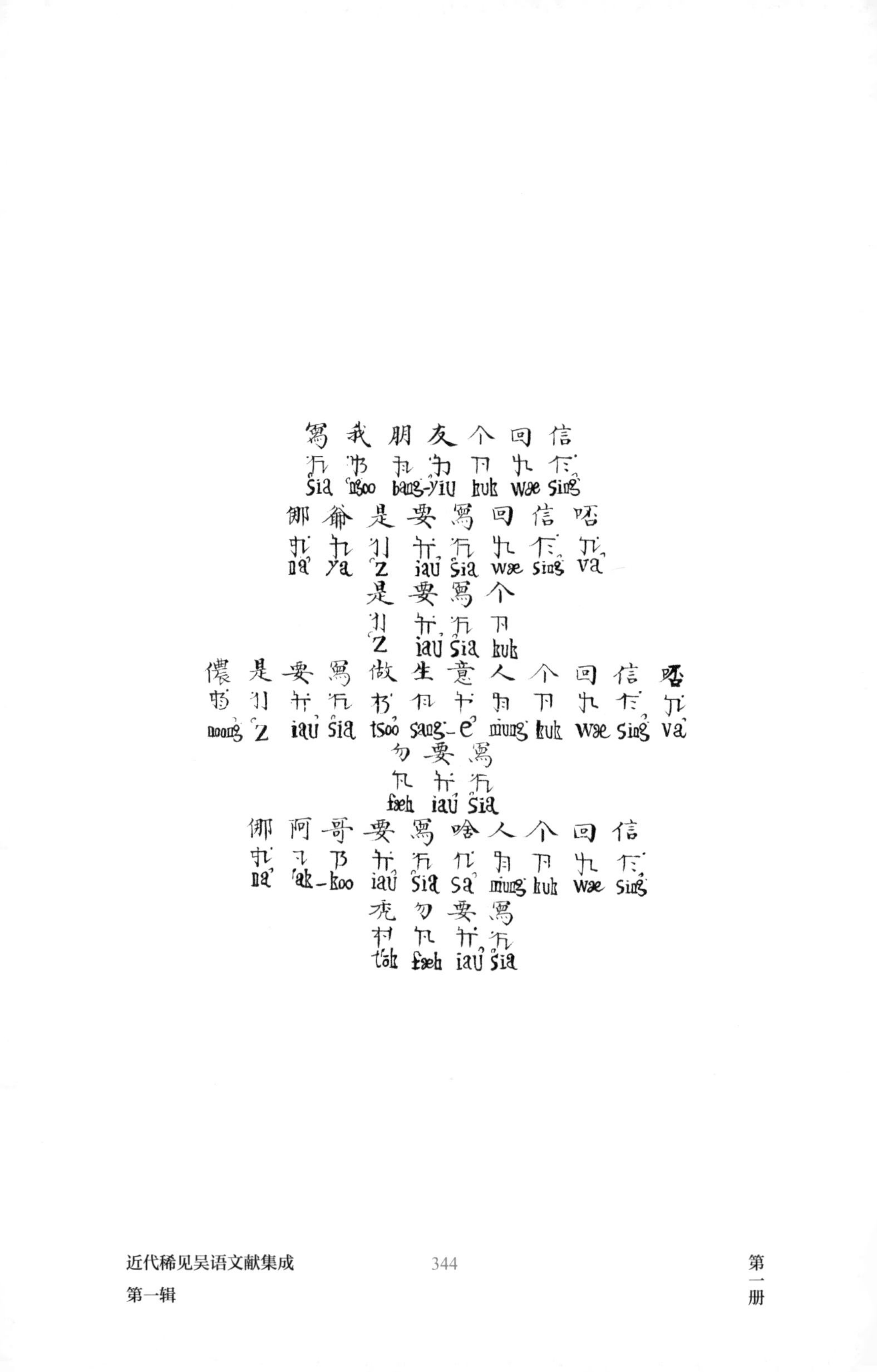

寫我朋友个回信

sia ngoo bang-yiu kuk wæ sing

𠲎爺是要寫回信𠲎

na ya z iau sia wæ sing va

是要寫个

z iau sia kuk

儂是要寫做生意人个回信𠲎

noong z iau sia tsoo sang-e ning kuk wæ sing va

勿要寫

fæh iau sia

𠲎阿哥要寫啥人个回信

na 'ak-koo iau sia sa ning kuk wæ sing

忒勿要寫

t'ok fæh iau sia

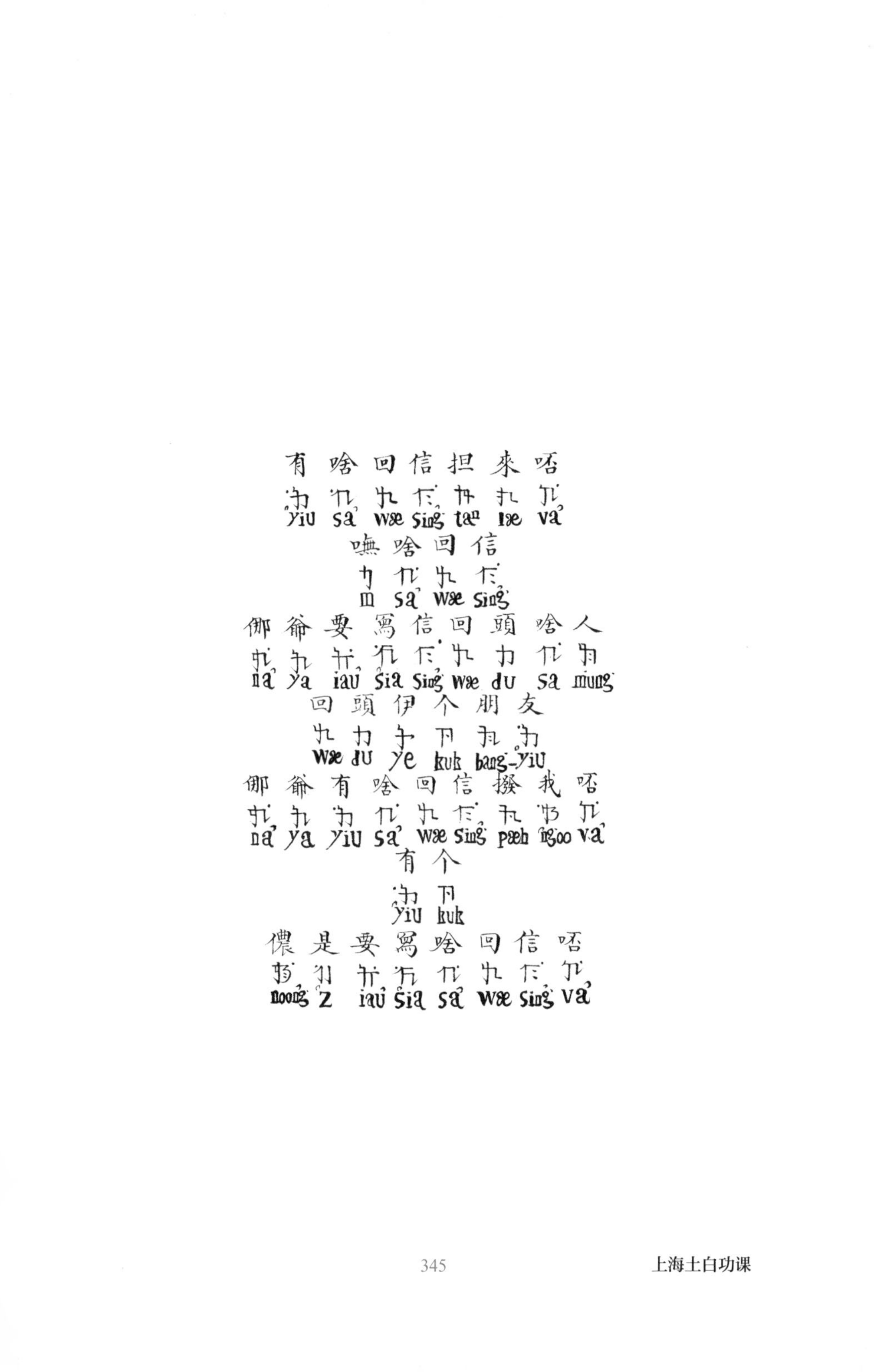

有啥回信担来唔

yiu sa wæ sing tæn læ va

嘸啥回信

m sa wæ sing

伽爺要寫信回頭啥人

na ya iau sia sing wæ du sa niung

回頭伊个朋友

wæ du ye kuk bang-yiu

伽爺有啥回信撥我唔

na ya yiu sa wæ sing pæh ngoo va

有个

yiu kuk

儂是要寫啥回信唔

noong z iau sia sa wæ sing va

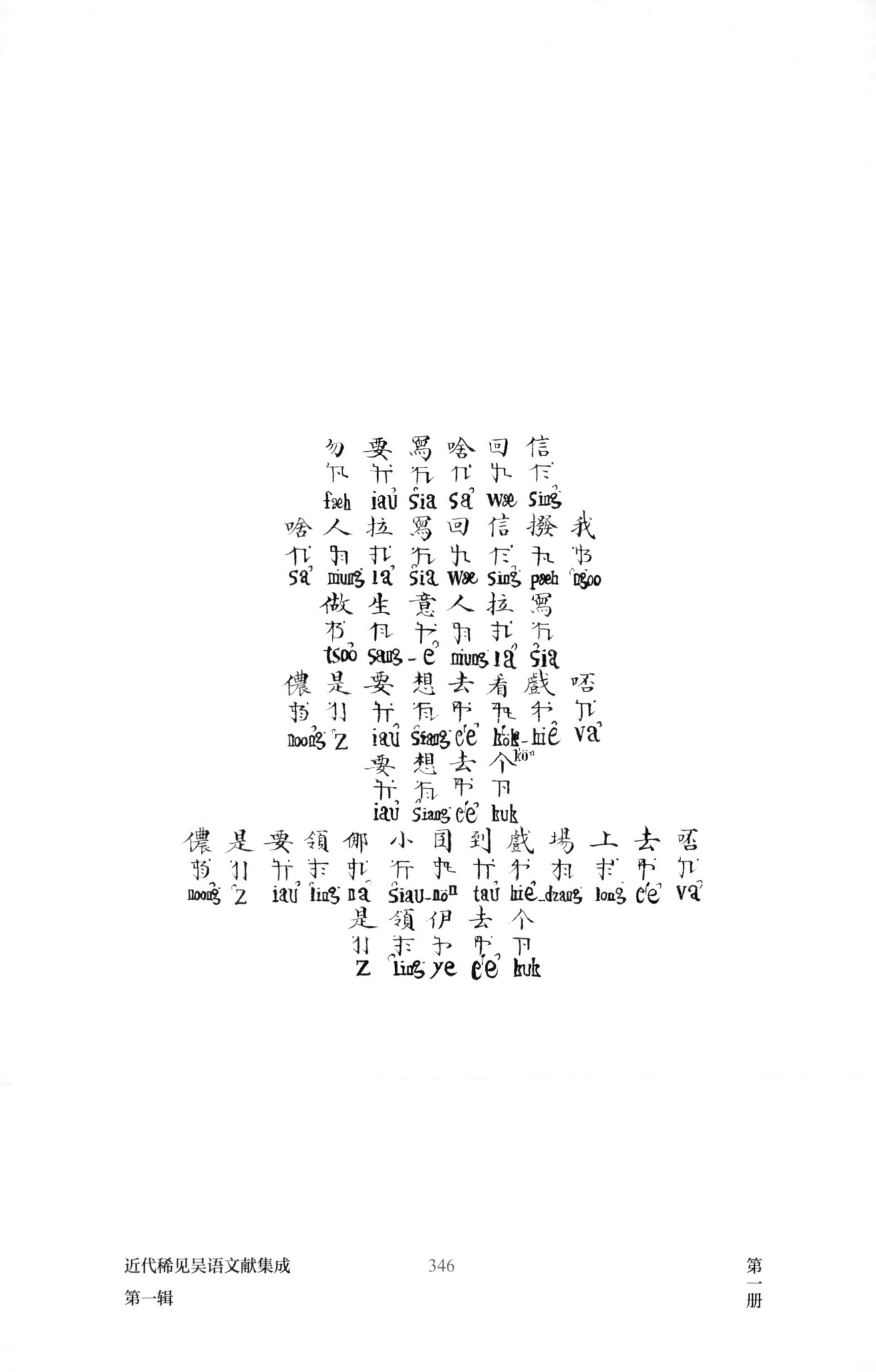

勿要寫啥回信

fæh iau sia sa wæ sing

啥人拉寫回信撥我

sa miung la sia wæ sing pæh ngoo

做生意人拉寫

tsoo sang-e miung la sia

儂是要想去看戲否

noong z iau siang c'e k'ök-hiê va

要想去个 kön

iau siang c'e kuk

儂是要領倻小囝到戲場上去否

noong z iau ling na siau-nön tau hie-dzang long c'e va

是領伊去个

z ling ye c'e kuk

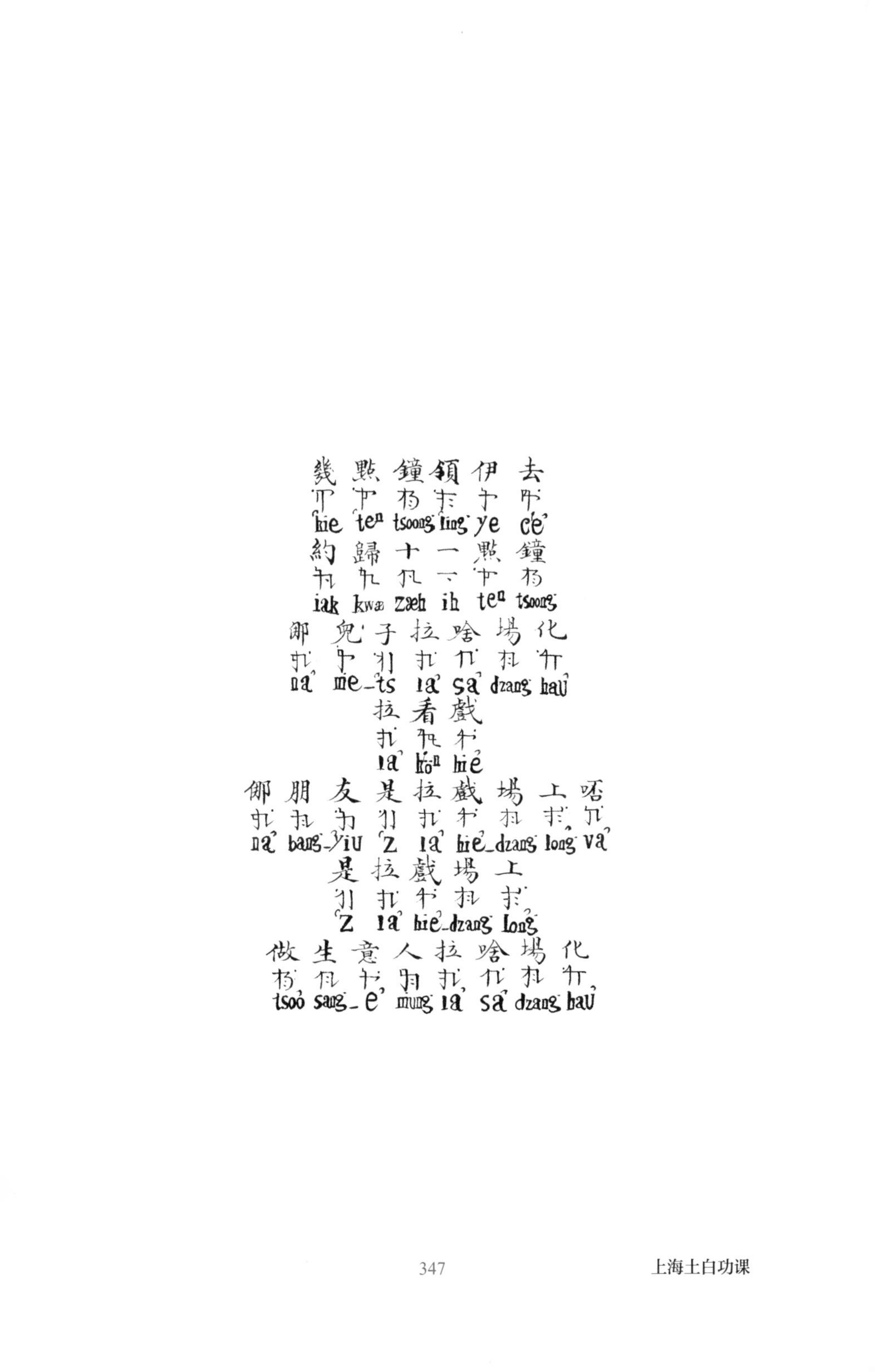

幾點鐘領伊去

hie ten tsoong ling ye ce

約歸十一點鐘

iak kwæ zæh ih ten tsoong

倗兒子拉啥場化

na me-ts la sa dzang hau

拉看戲

la kön hie

倗朋友是拉戲場上啞

na bang-yiu z la hie-dzang long va

是拉戲場上

z la hie-dzang long

做生意人拉啥場化

tsoo sang-e mung la sa dzang hau

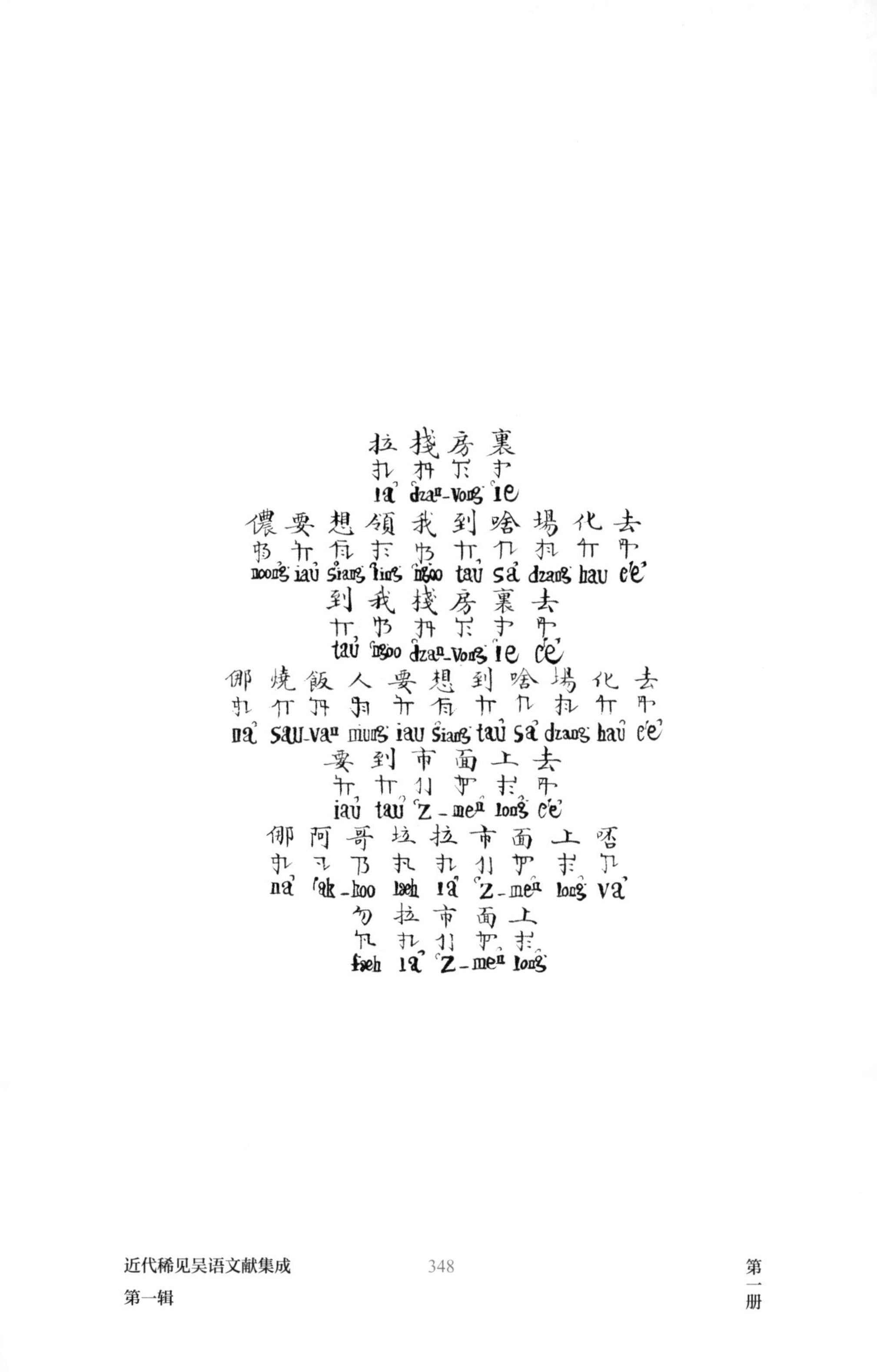

拉 栈 房 裏

la dza^n-vong le

儂 要 想 領 我 到 啥 場 化 去
书 廾 冇 扞 书 廾 几 扨 亇 卉

noong iau siang ling ngoo tau sa dzang hau c'e

到 我 栈 房 裏 去

tau ngoo dza^n-vong le c'e

伽 燒 飯 人 要 想 到 啥 場 化 去

na sau-va^n miung iau siang tau sa dzang hau c'e

要 到 市 面 上 去

iau tau z-me^n long c'e

伽 阿 哥 垃 拉 市 面 上 啞

na 'ak-koo laeh la z-me^n long va

勿 拉 市 面 上

faeh la z-me^n long

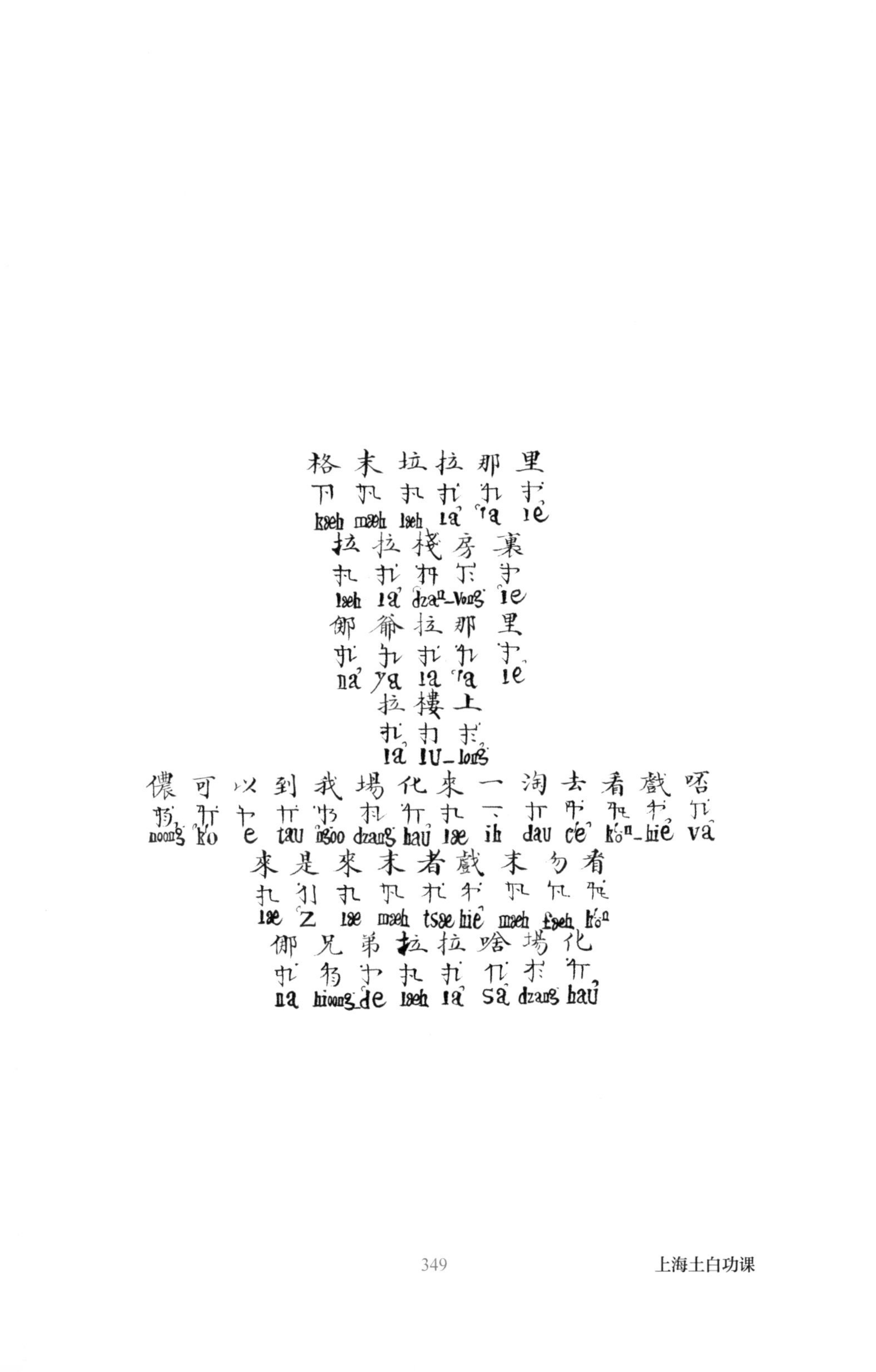

格末拉拉那里

kæh mæh læh la 'a ie

拉拉棧房裏

læh la dzan-vong ie

伽爺拉那里

na ya la 'a ie

拉樓上

la lu-long

儂可以到我場化來一淘去看戲唔

noong k'o e tau ngoo dzang hau læ ih dau c'e k'ön-hie va

來是來末者戲末勿看

læ z læ mæh tsæ hie mæh fæh k'ön

伽兄弟拉拉啥場化

na hioong-de læh la sa dzang hau

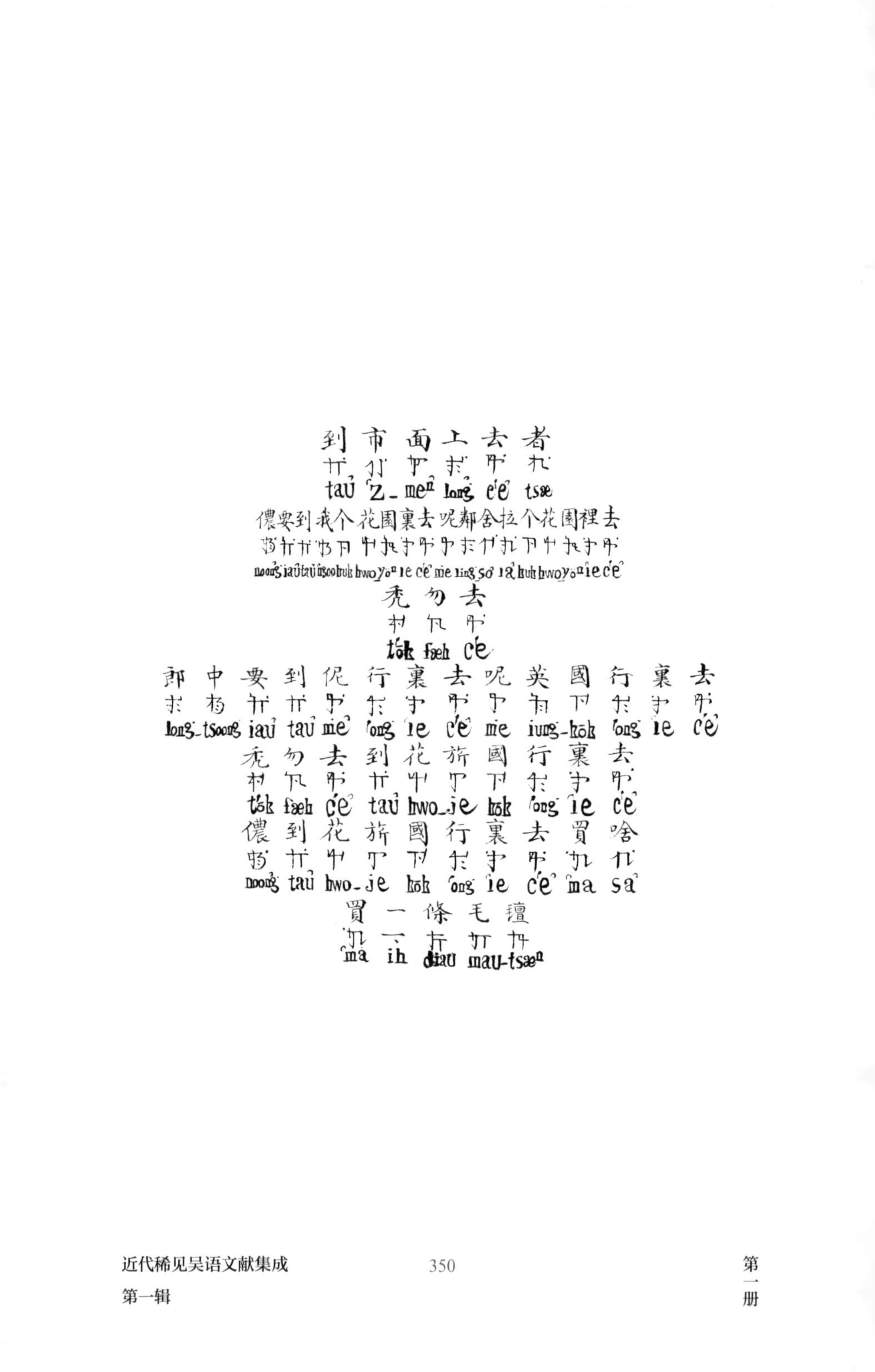

到市面上去者

tau 'z-meⁿ long c'e tsæ

儂要到我个花園裏去呢鄰舍拉个花園裡去

noong iau tau ngoo kuh hwo-yōⁿ 'ie c'e nie ling-sô 'lā kuh hwo-yōⁿ 'ie c'e

禿勿去

t'ŏk fæh c'e

郎中要到伲行裏去呢英國行裏去

long-tsoong iau tau nie 'ong 'ie c'e nie iung-kōk 'ong 'ie c'e

禿勿去到花旂國行裏去

t'ŏk fæh c'e tau hwo-je kōk 'ong 'ie c'e

儂到花旂國行裏去買啥

noong tau hwo-je kōk 'ong 'ie c'e 'ma sa

買一條毛氊

'ma ih diau mau-tsæⁿ

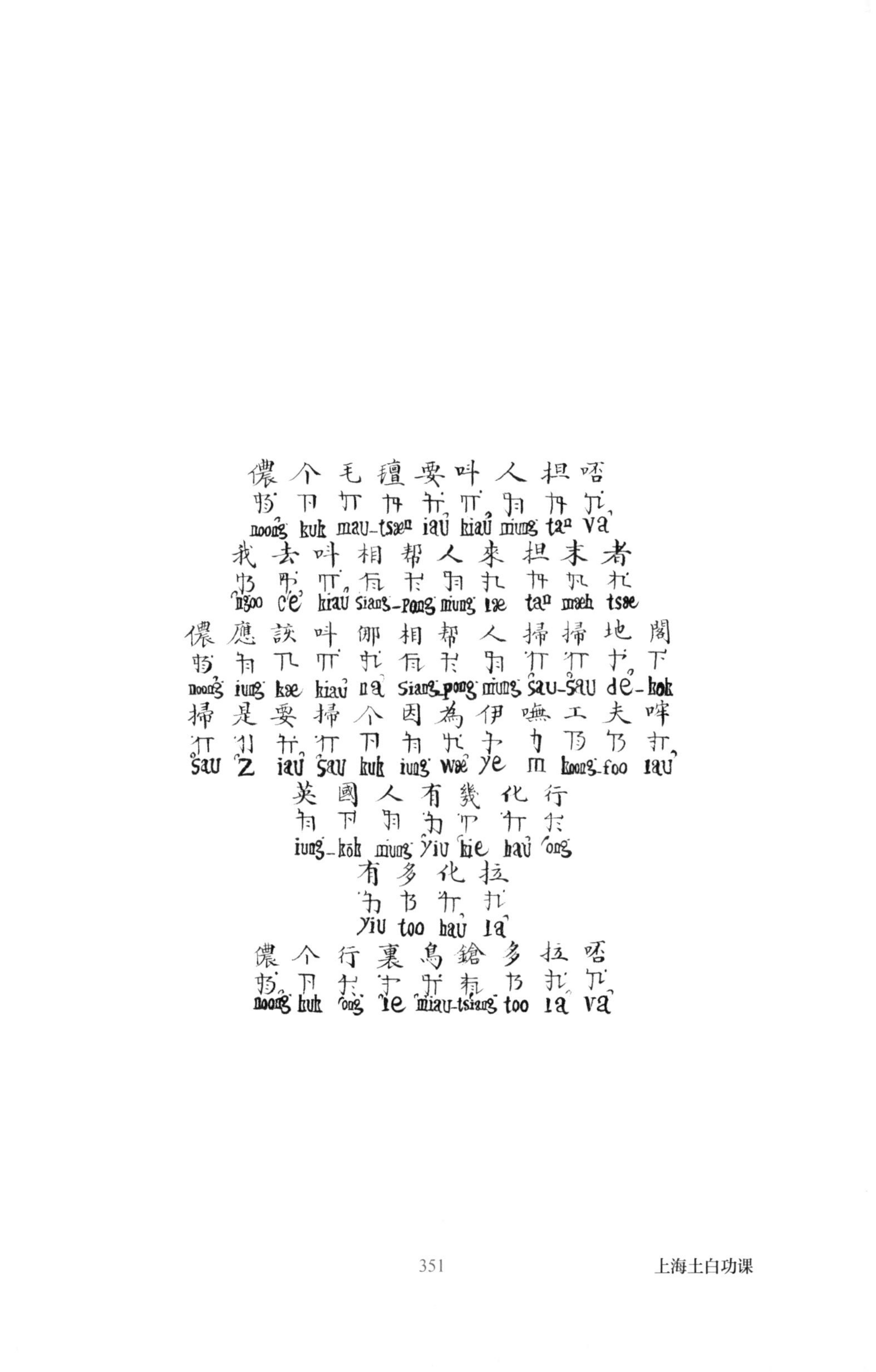

儂 个 毛 疸 要 叫 人 担 唔

noong kuk mau-tsæn iau kiau mung tan va

我 去 叫 相 帮 人 來 担 末 者

ngoo c'e kiau siang-pong mung læ tan mæh tsæ

儂 應 該 叫 㑚 相 帮 人 掃 掃 地 閣

noong iung kæ kiau na siang-pong mung sau-sau de-kok

掃 是 要 掃 个 因 為 伊 嘸 工 夫 咾

sau z iau sau kuk iung wæ ye m koong-foo lau

英 國 人 有 幾 化 行

iung-kok mung yiu kie hau 'ong

有 多 化 拉

yiu too hau la

儂 个 行 裏 鳥 鎗 多 拉 唔

noong kuk 'ong 'ie miau-tsiang too la va

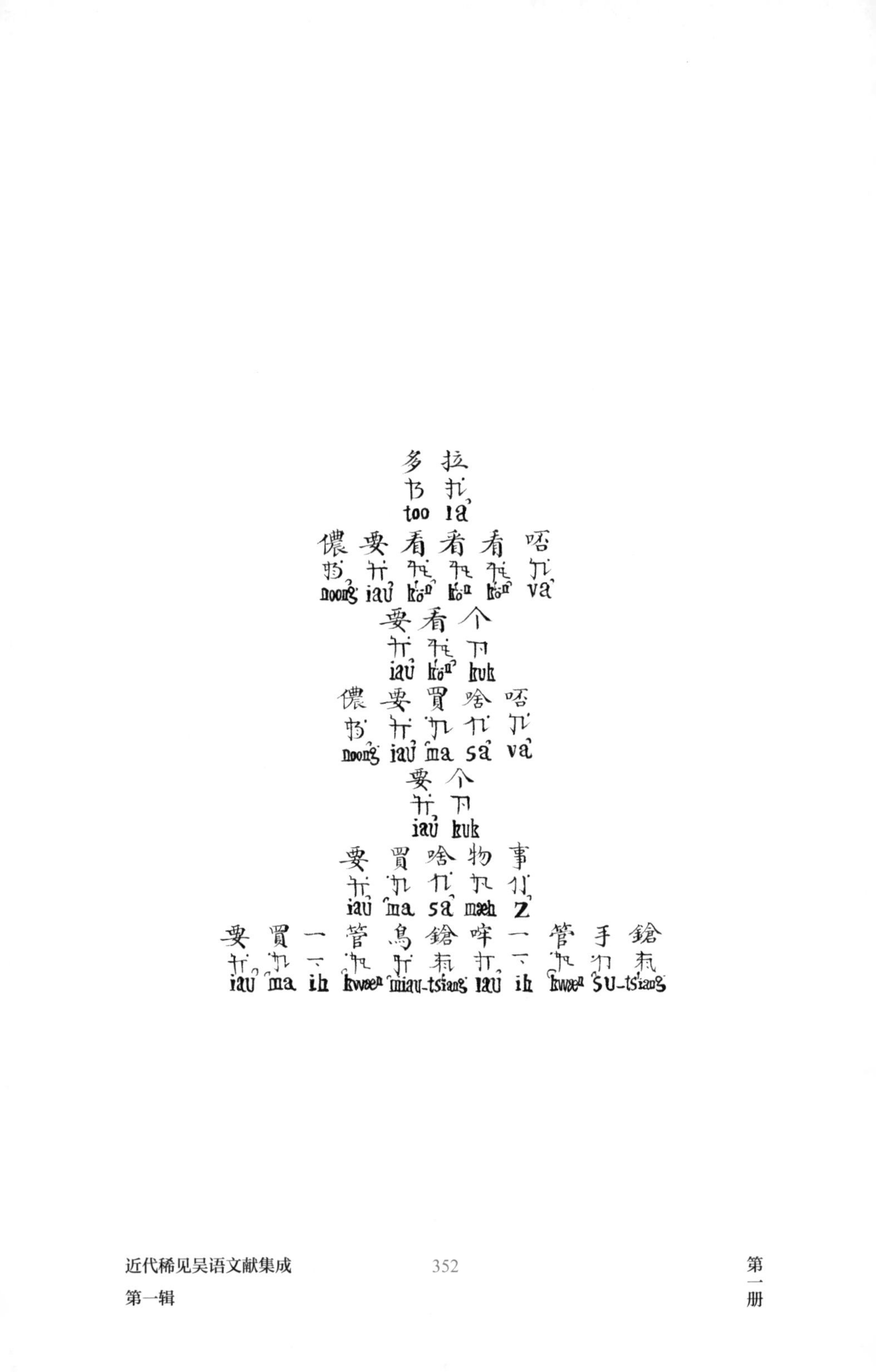

多 拉

too la

儂 要 看 看 看 啞

noong iau k'ön k'ön k'ön va

要 看 个

iau k'ön kuk

儂 要 買 啥 啞

noong iau ma sa va

要 个

iau kuk

要 買 啥 物 事

iau ma sa mæh z

要 買 一 管 鳥 鎗 咾 一 管 手 鎗

iau ma ih kwæn miau-tsiang lau ih kwæn su-tsiang

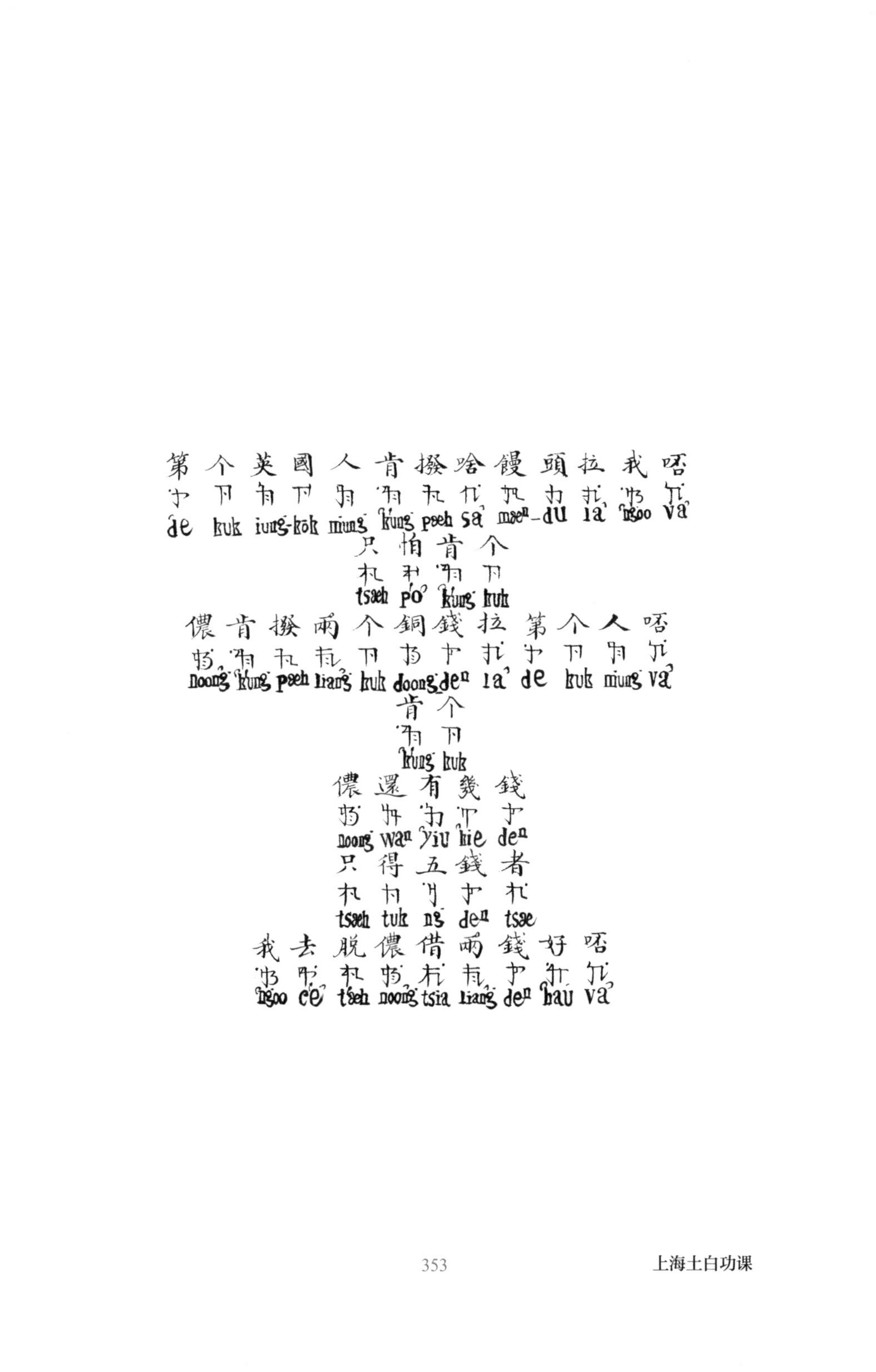

第 个 英 國 人 肯 撥 啥 饅 頭 拉 我 喑

de kuk iung-kok miung kung paeh sa mae^{n}-du la ngoo va

只 怕 肯 个

tsaeh po kung kuk

儂 肯 撥 兩 个 銅 錢 拉 第 个 人 喑

noong kung paeh liang kuk doong den^{n} la de kuk miung va

肯 个

kung kuk

儂 還 有 幾 錢

noong wan^{n} yiu kie den^{n}

只 得 五 錢 者

tsaeh tuk ng den^{n} tsae

我 去 脫 儂 借 兩 錢 好 喑

ngoo ce tseh noong tsia liang den^{n} hau va

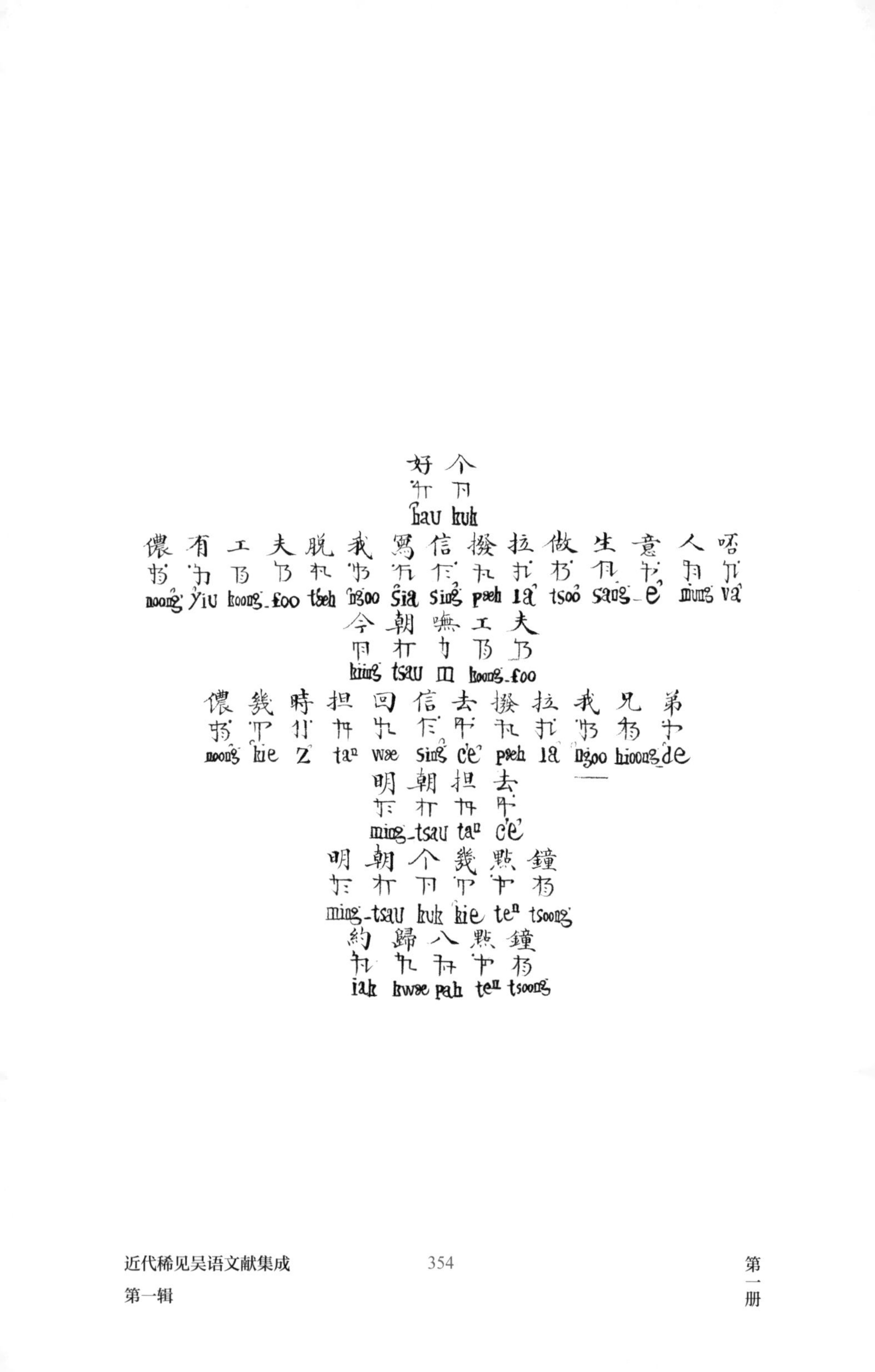

好个

hau kuh

儂有工夫脫我寫信撥拉做生意人唔

noong yiu koong-foo theh ngoo sia sing pæh la tsoo sang-e ming va

今朝嘸工夫

kiing tsau m koong-foo

儂幾時担回信去撥拉我兄弟

noong kie z ta^{n} wæ sing c'e pæh la ngoo hioong-de

明朝担去

ming-tsau ta^{n} c'e

明朝个幾點鐘

ming-tsau kuk kie te^{n} tsoong

約歸八點鐘

iak kwæ pah te^{n} tsoong

倻兄弟要到啥場化去

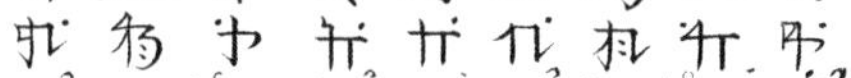

na hioong-de iau tau sa dzang hau c'e

勿要到啥場化去

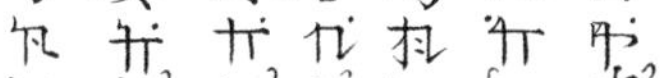

fæh iau tau sa dzoong hau c'e

倻相帮人可以脱我燒一燒雞湯唔

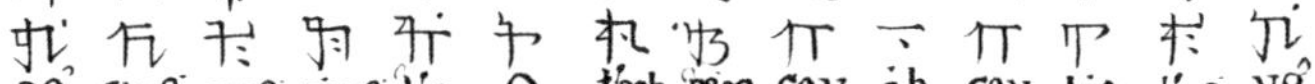

na siang pong mung k'o e t'æh ngoo sau ih sau kie t'ong va

可以个

k'o e kuk

伊肯脱我生一生火唔

ye k'ung t'æh ngoo sang ih sang hoo va

只怕肯个

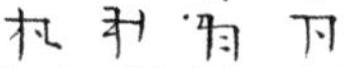

tsæh p'o k'ung kuk

烘物事人要想到啥場化去

hoong-mæh-z mung iau siang tau sa dzang hau c'e

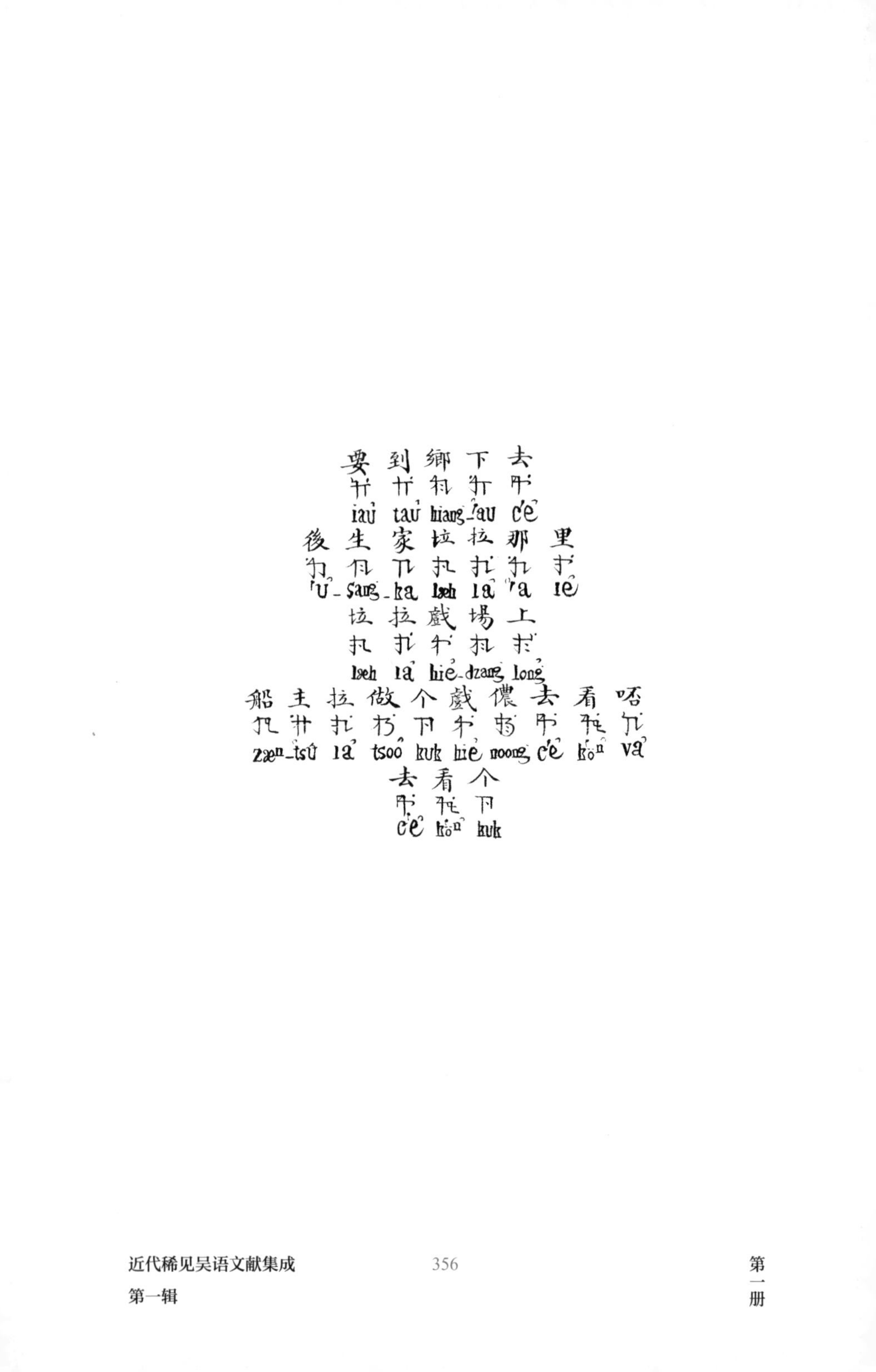

要到鄉下去

iau tau hiang-'au c'e

後生家垃拉那里

'U-sang-ka leh la 'a ie

垃拉戲場上

leh la hie-dzang long

船主拉做个戲儂去看喏

zæn-tsû la tsoo kuk hie noong c'e k'ön va

去看个

c'e k'ön kuk

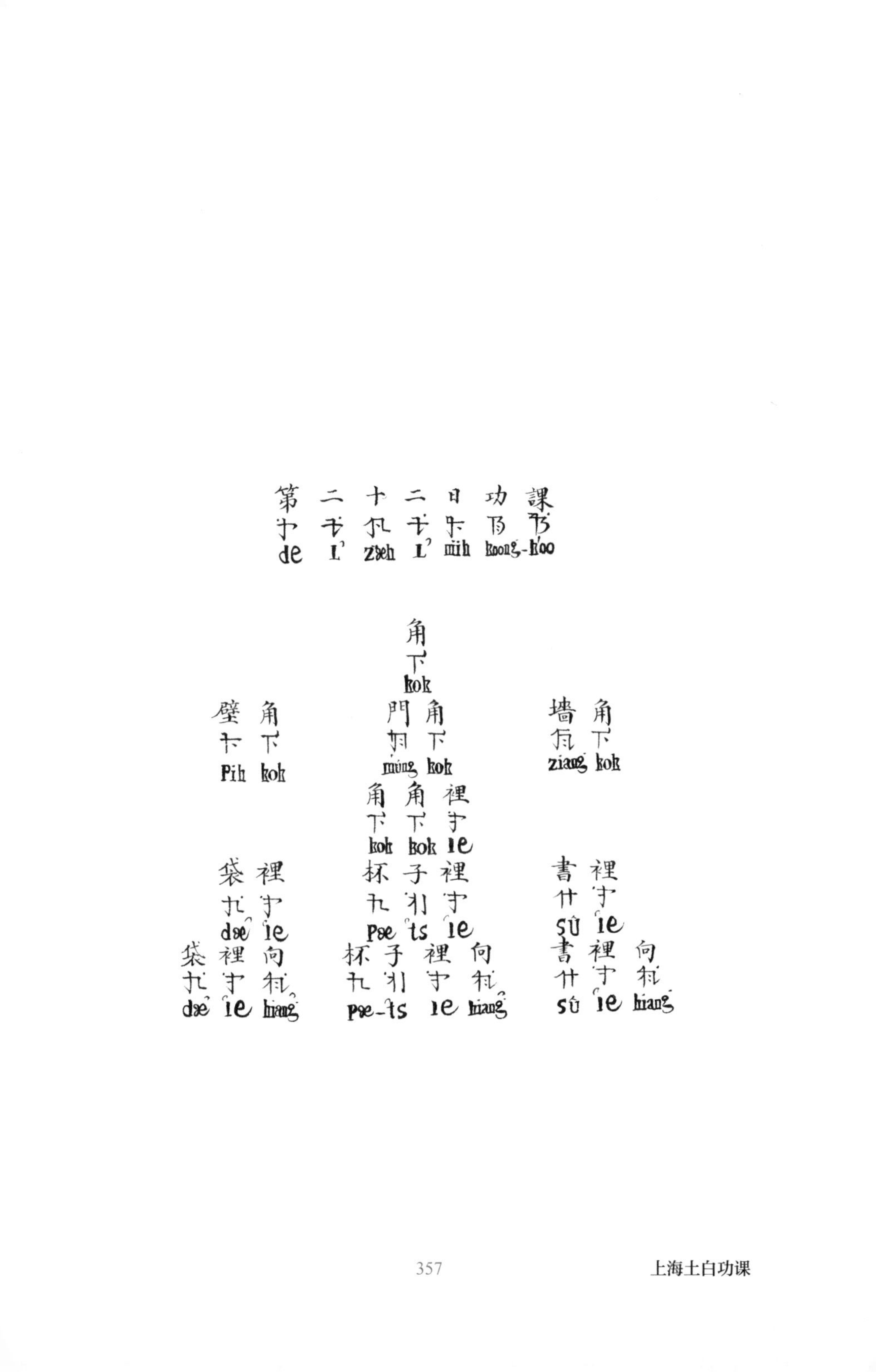

第二十二日功課

de L' Zæh L' nih koong-k'oo

角下

kok

壁角下 Pih kok

門角下 múng kok

墻角下 ziang kok

角角裡 kok kok le

袋裡 dæ le

杯子裡 pæ ts le

書裡 sû le

袋裡向 dæ le hiang

杯子裡向 pæ-ts le hiang

書裡向 sû le hiang

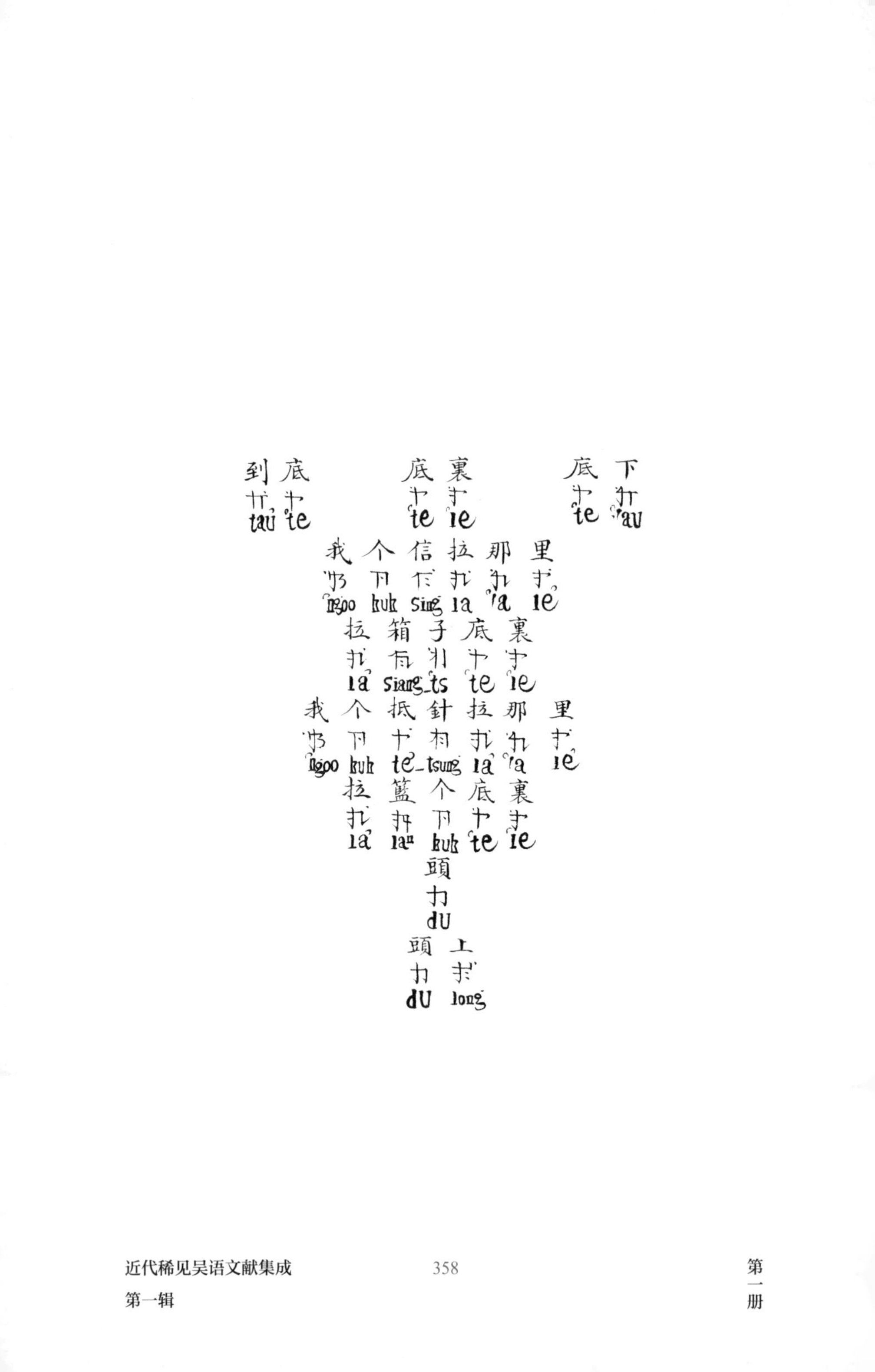

到底 tau te　　底裏 te ie　　底下 te 'au

我个信拉那里
ngoo kuh sing la 'a ie

拉箱子底裏
la siang-ts te ie

我个抵針拉那里
ngoo kuh te-tsung la 'a ie

拉籃个底裏
la la^{n} kuh te ie

頭
du

頭上
du long

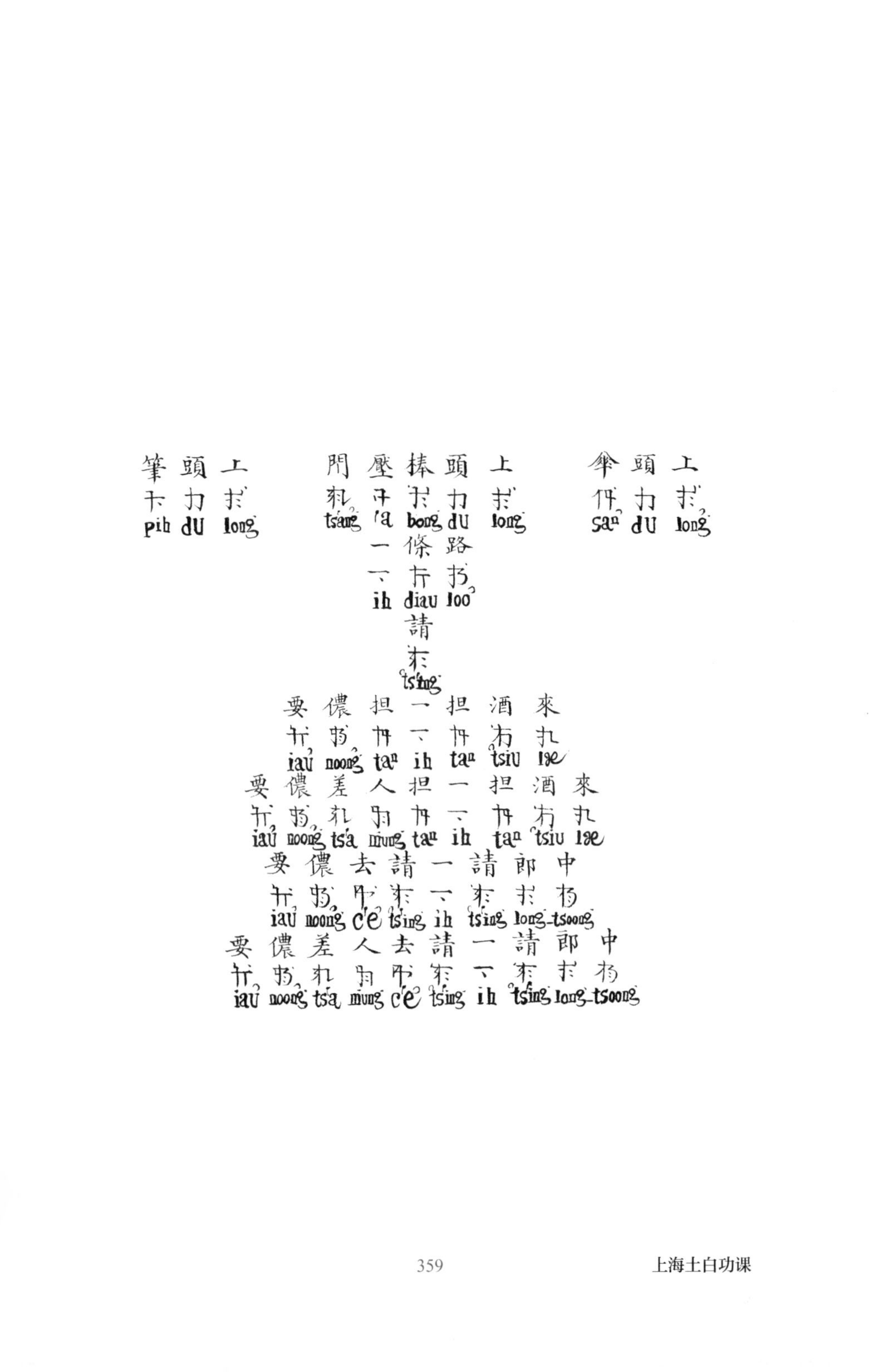

筆頭上
pih dU long

門壓捧頭上
ts'ang 'a bong dU long

傘頭上
san dU long

一條路
ih diau loo

請
ts'ing

要儂担一担酒來
iau noong tan ih tan tsiu læ

要儂差人担一担酒來
iau noong ts'a niung tan ih tan tsiu læ

要儂去請一請郎中
iau noong c'e ts'ing ih ts'ing long-tsoong

要儂差人去請一請郎中
iau noong ts'a niung c'e ts'ing ih ts'ing long-tsoong

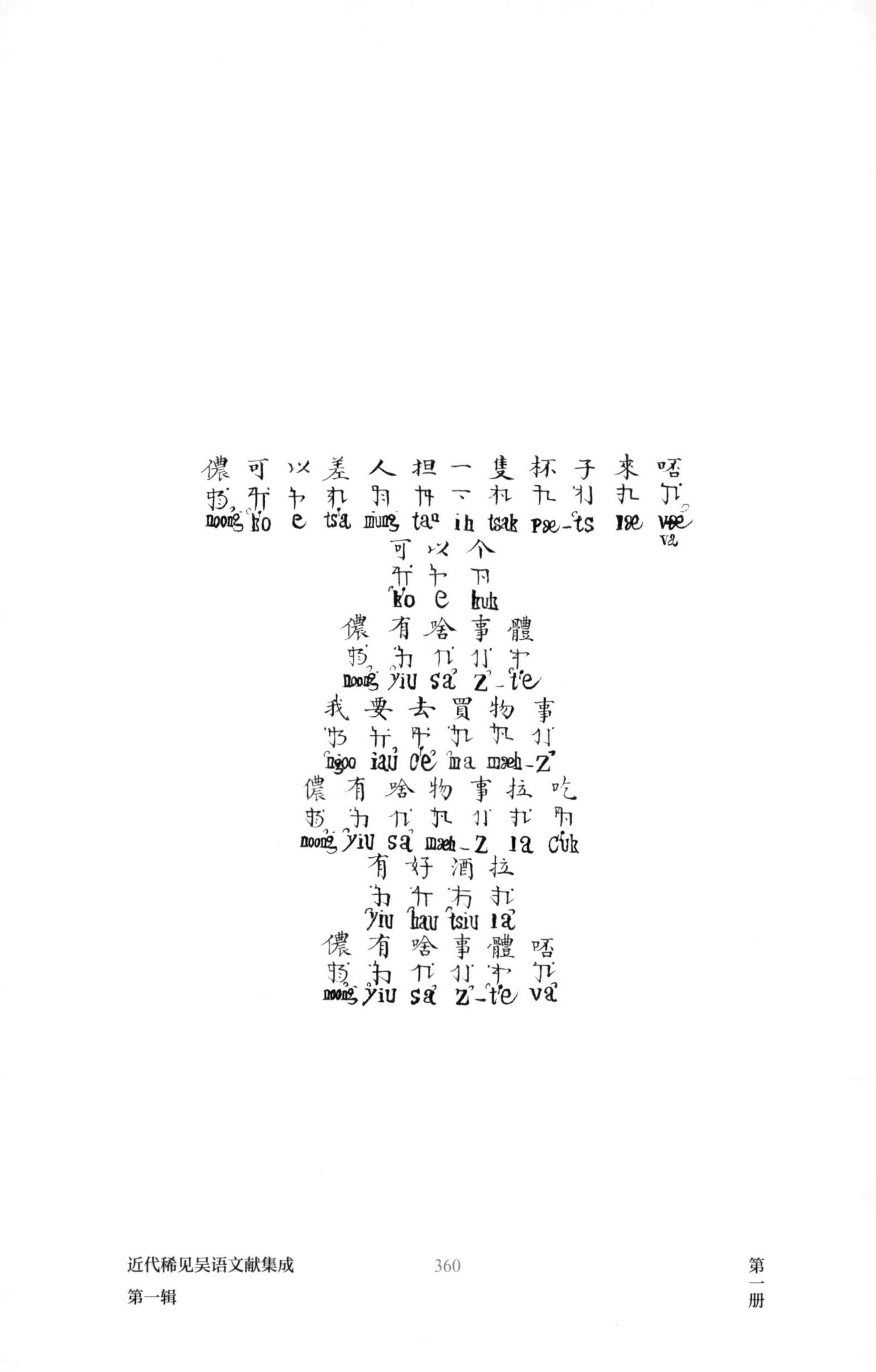

儂可以差人担一隻杯子來喒

noong k'o e ts'a ming ta^{n} ih tsak pæ-ts læ væ

va

可以个

k'o e kuk

儂有啥事體

noong yiu sa z-t'e

我要去買物事

ngoo iau c'e ma mæh-z

儂有啥物事拉吃

noong yiu sa mæh-z la c'uk

有好酒拉

yiu hau tsiu la

儂有啥事體喒

noong yiu sa z-t'e va

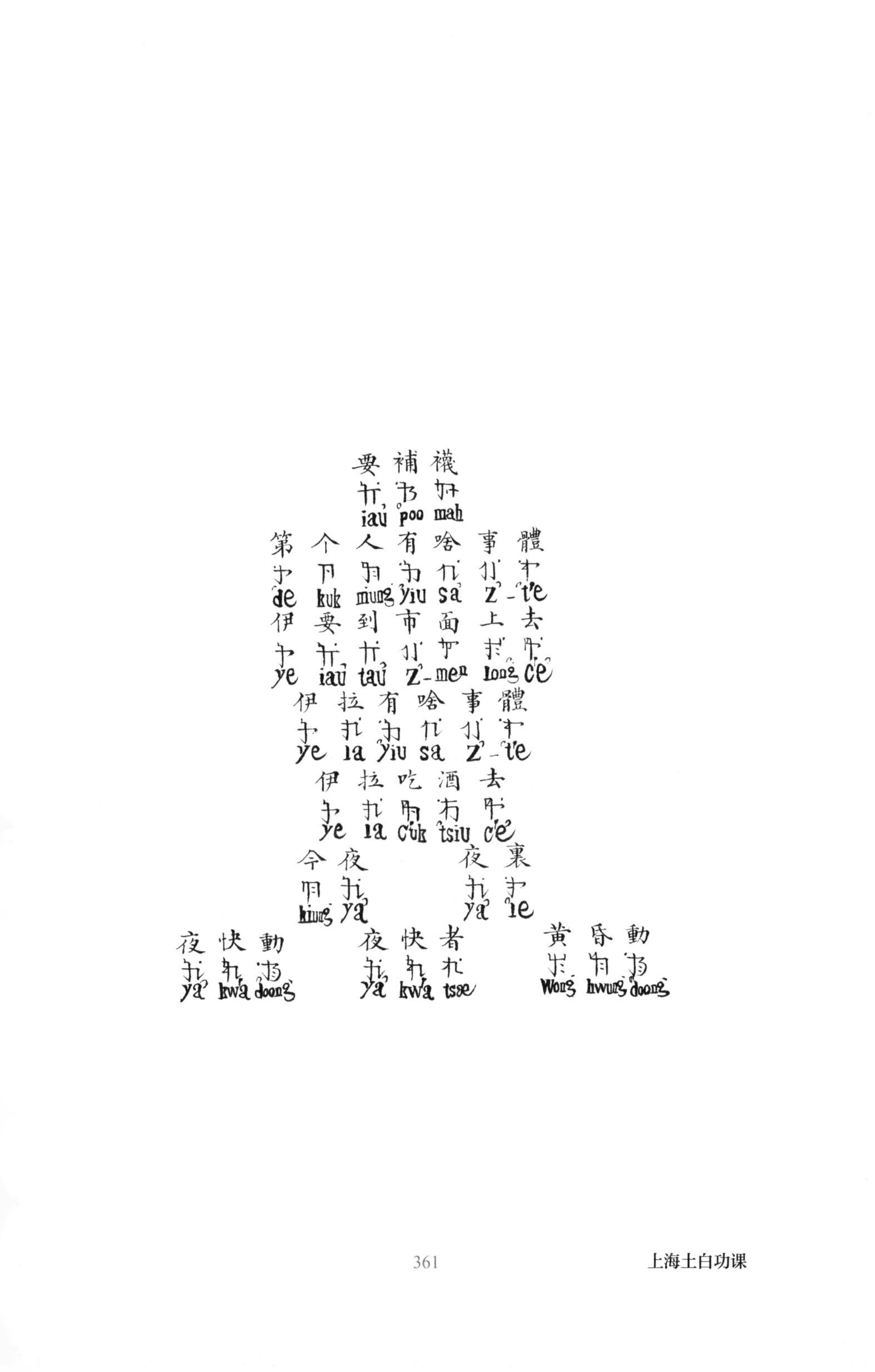

要補襪

iau poo mah

第个人有啥事體

de kuk nuung yiu sa z-t'e

伊要到市面上去

ye iau tau z-men long c'e

伊拉有啥事體

ye la yiu sa z-t'e

伊拉吃酒去

ye la c'uk tsiu c'e

今夜　夜裏

kiung ya　ya ie

夜快動　夜快者　黄昏動

ya kwa doong　ya kwa tsae　wong hwung doong

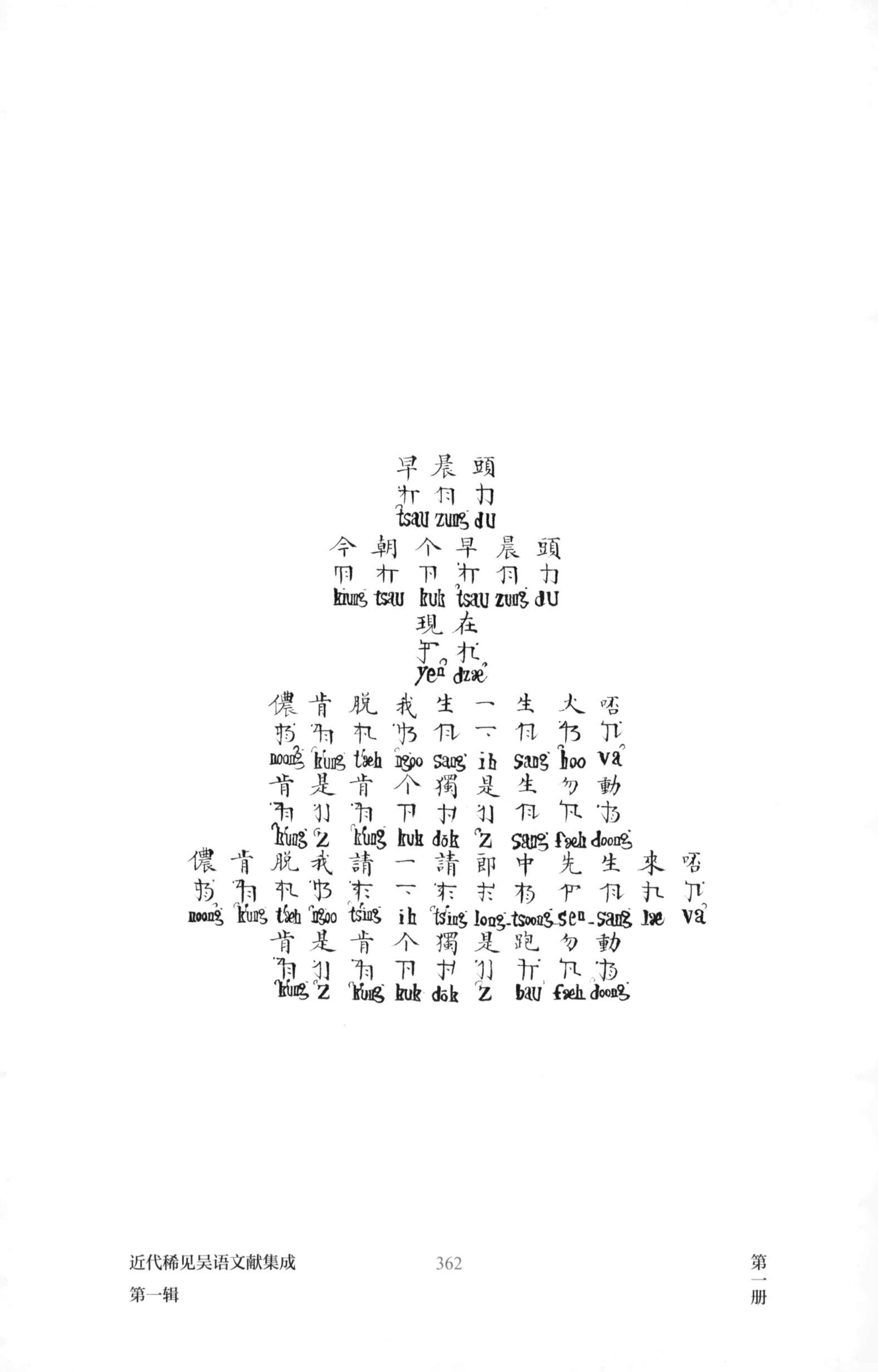

早晨頭

tsau zung du

今朝个早晨頭

kiung tsau kuk tsau zung du

現在

yen dzæ

儂肯脫我生一生火嚜

noong k'ung t'æh ngoo sang ih sang hoo va

肯是肯个獨是生勿動

k'ung z k'ung kuk dōk z sang fæh doong

儂肯脫我請一請郎中先生來嚜

noong k'ung t'æh ngoo tsing ih tsing long-tsoong sen-sang læ va

肯是肯个獨是跑勿動

k'ung z k'ung kuk dōk z bau fæh doong

儂肯脱我修一修鞋子唔

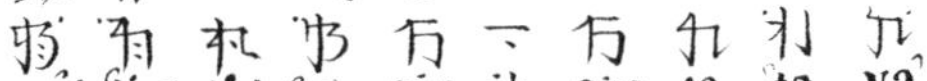

noong kung tsæh ngoo siu ih siu 'a-ts va

肯是肯个獨是修勿動

kung z kung kuk dók z siu fæh doong

伊肯脱我寫一寫唔

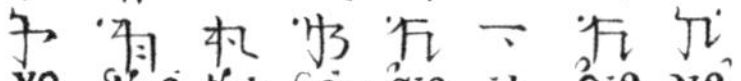

ye kung tsæh ngoo sia ih sia va

只怕伊寫勿動

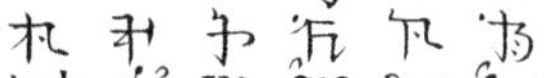

tsæh pó ye sia fæh doong

儂肯脱我担抵針來唔

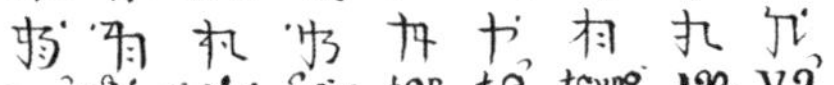

noong kung tsæh ngoo tan te-tsung læ va

肯是肯个獨是尋勿着

kung z kung kuk dók z zing fæh dzak

告訴

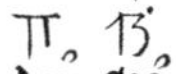

kau soo

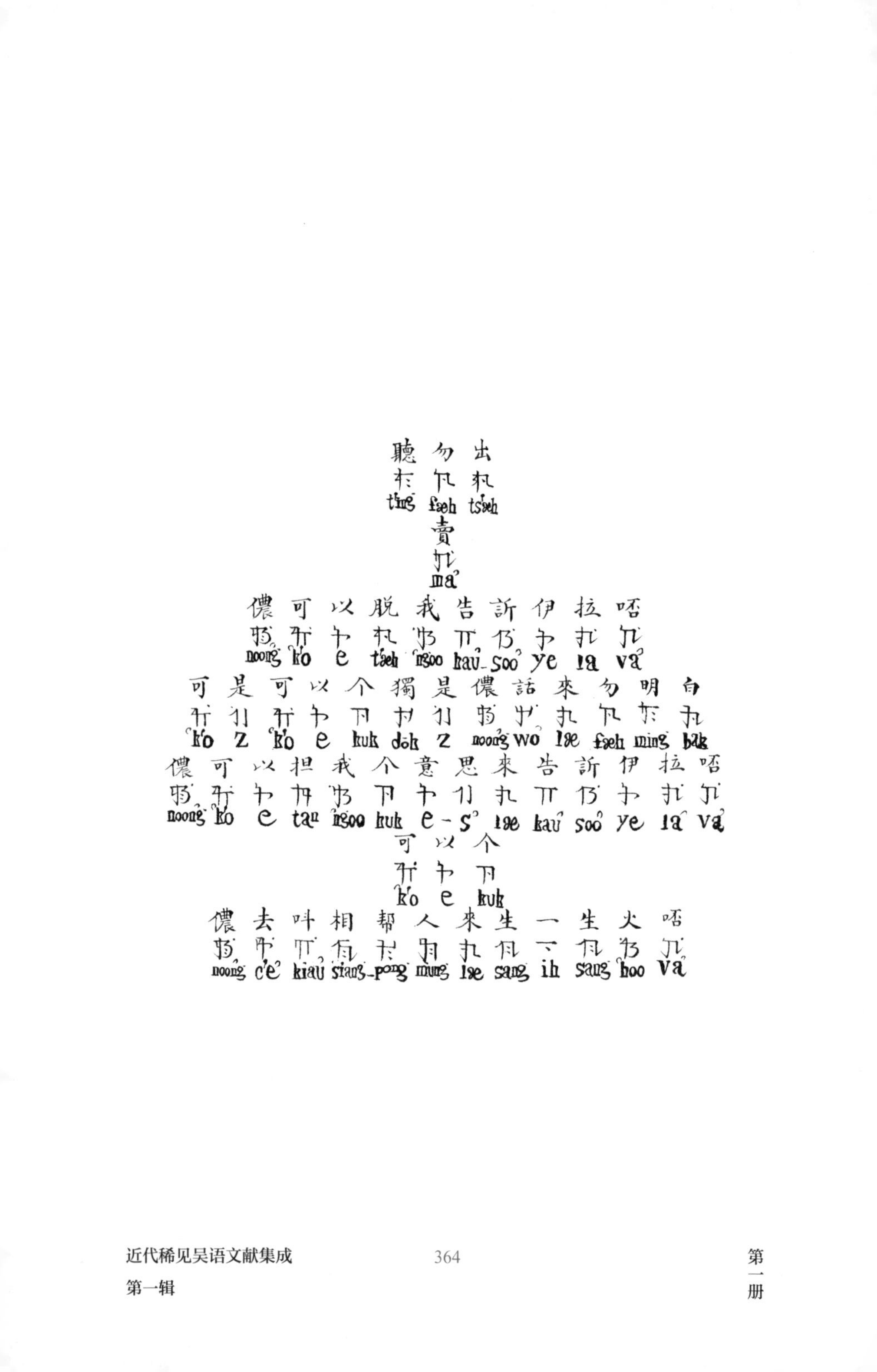

聽勿出
ting fæh ts'æh

賣
ma

儂可以脫我告訴伊拉唔
noong k'o e tæh ngoo kau-soo ye la va

可是可以个獨是儂話來勿明白
k'o z k'o e kuk dôk z noong wo læ fæh ming bak

儂可以担我个意思來告訴伊拉唔
noong k'o e tan ngoo kuk e-s læ kau soo ye la va

可以个
k'o e kuk

儂去叫相帮人來生一生火唔
noong c'e kiau siang-pong nung læ sang ih sang hoo va

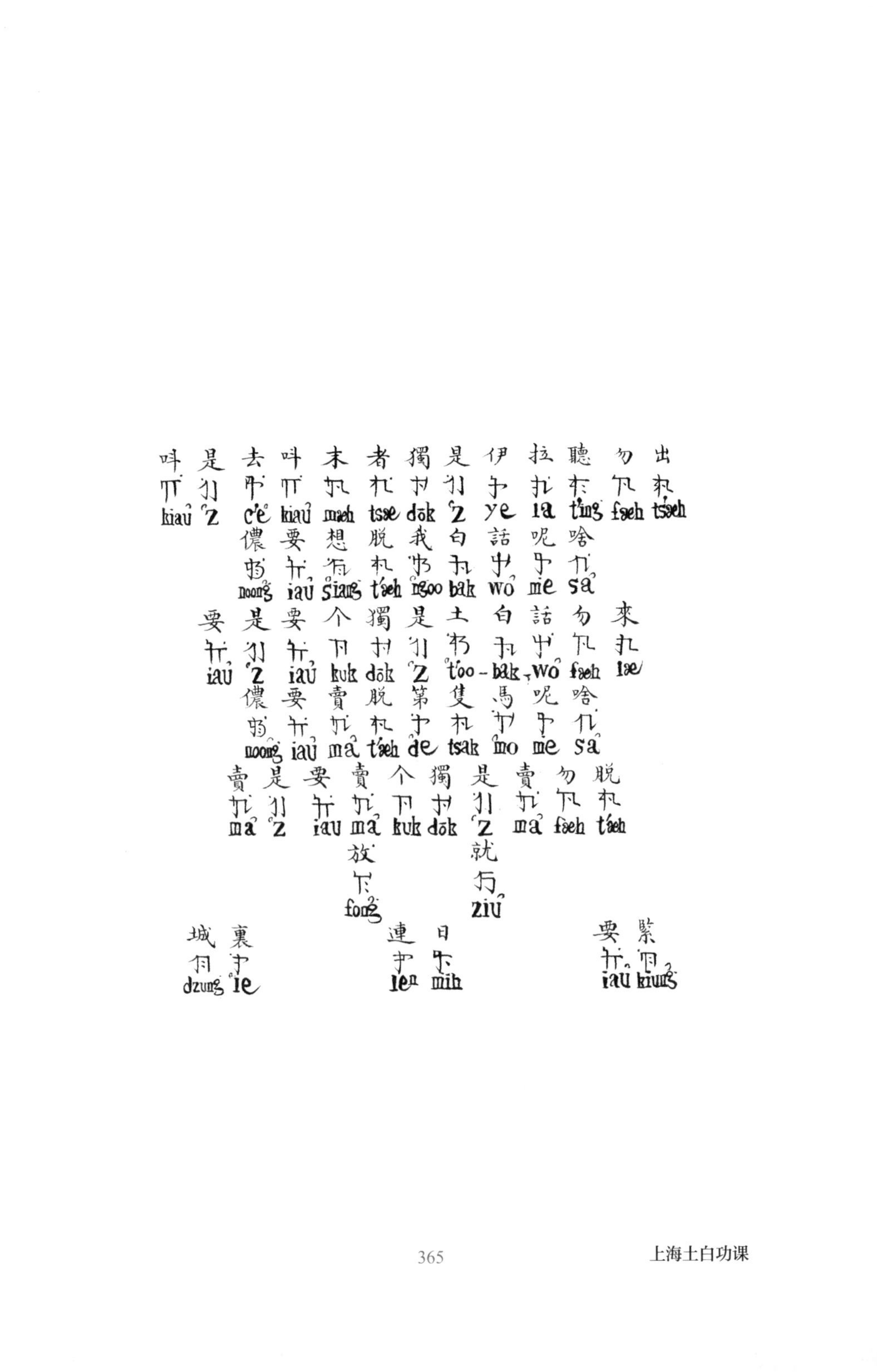

呌 是 去 呌 末 者 獨 是 伊 拉 聽 勿 出

kiau 'z c'e kiau maeh tsæ dōk 'z ye la t'ing fæh ts'æh

儂 要 想 脱 我 白 話 呢 啥

noong iau siang t'æh ngoo bak wo me sa

要 是 要 个 獨 是 土 白 話 勿 來

iau 'z iau kuk dōk 'z t'oo-bak-wo fæh læ

儂 要 賣 脱 第 隻 馬 呢 啥

noong iau ma t'æh de tsak mo me sa

賣 是 要 賣 个 獨 是 賣 勿 脱

ma 'z iau ma kuk dōk 'z ma fæh t'æh

放 就

fong ziu

城 裏 連 日 要 緊

dzung 'le len mih iau kiung

奶油儂放拉啥裏

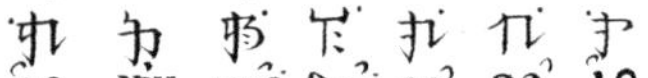

na-yiu noong fong la sa le

伊个酒量搭之吃牛奶一樣唔

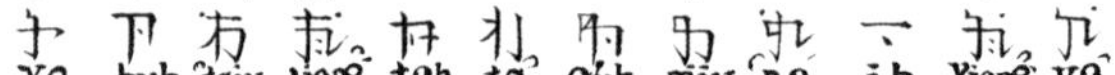

ye kuk tsiu liang tah ts cük miu-na ih yiang va

伊个茶量好唔

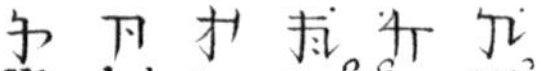

ye kuk dzo liang hau va

伊个肉量那能

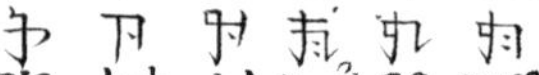

ye kuk mōk liang na nung

伊加非个量到好拉个

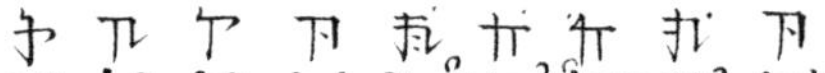

ye ka-fe kuk liang tau hau la kuk

儂肯差人担一担糖來唔

noong k'ung ts'a mung tan ih tan dong læ va

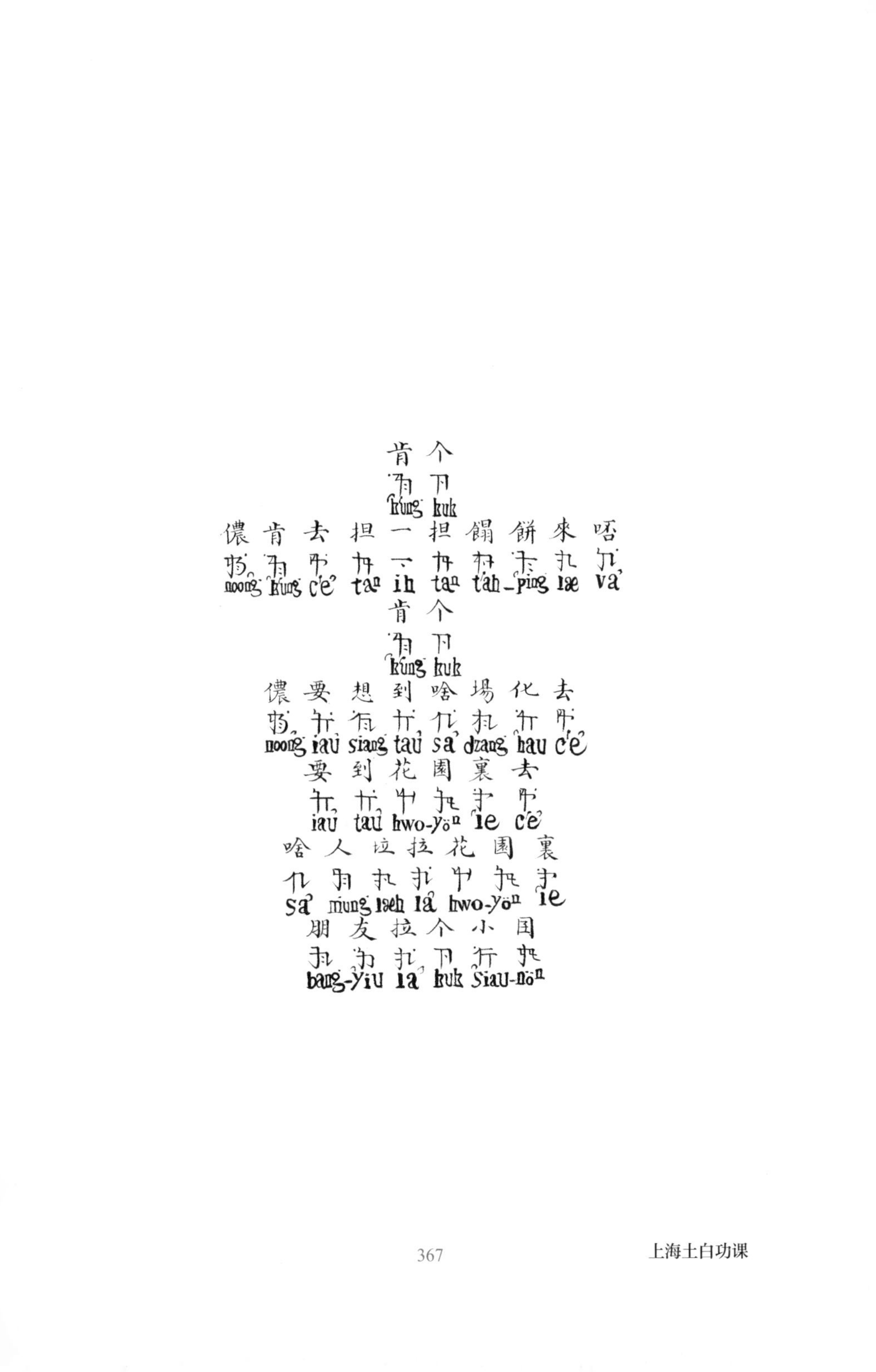

肯 个

k'ung kuk

儂 肯 去 担 一 担 餲 餅 來 唔

noong k'ung c'e ta^n ih ta^n t'ah-ping læ va

肯 个

k'ung kuk

儂 要 想 到 啥 場 化 去

noong iau siang tau sa dzang hau c'e

要 到 花 園 裏 去

iau tau hwo-yö^n le c'e

啥 人 垃 拉 花 園 裏

sa niung læh la hwo-yö^n le

朋 友 拉 个 小 囯

bang-yiu la kuk siau-nö^n

儂　肯　叫　人　請　一　請　郎　中　來　唔

noong kung kiau niung tsing ih tsing long-tsoong lae va

肯　个

kung kuk

啥　人　肯　脱　我　叫　一　叫　阿　哥　來　唔

sa niung kung t'aeh ngoo kiau ih kiau 'ah-koo lae va

叫　我　个　相　帮　人　去　末　者

kiau ngoo kuk siang-pong niung c'e maeh tsae

相　帮　人　拉　那　里　蕩

siang-pong niung la 'a ie dong

拉　拉　栈　房　裏

la la dzan-vong ie

儂　肯　脱　我　担　一　担　雞　湯　來　唔

noong kung t'aeh ngoo tan ih tan kie tong lae va

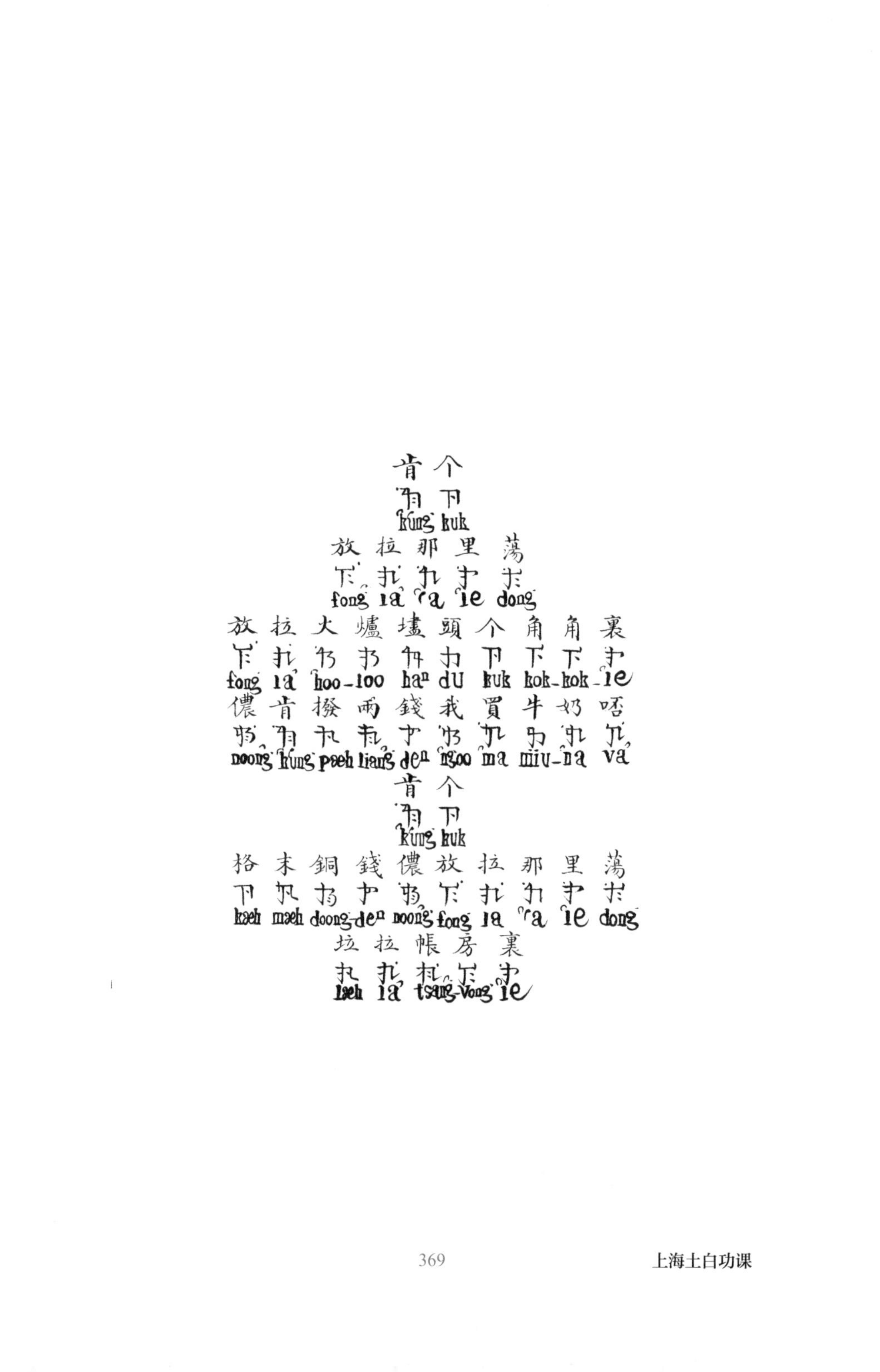

肯 个

kung kuk

放 拉 那 里 蕩

fong la 'a 'ie dong

放 拉 火 爐 墻 頭 个 角 角 裏

fong la hoo-loo ha^{n} du kuk kok-kok 'ie

儂 肯 撥 兩 錢 我 買 牛 奶 唔

noong kung paeh liang de^{n} ngoo ma niu-na va

肯 个

kung kuk

格 末 銅 錢 儂 放 拉 那 里 蕩

kaeh maeh doong-de^{n} noong fong la 'a 'ie dong

垃 拉 帳 房 裏

laeh la tsang-vong 'ie

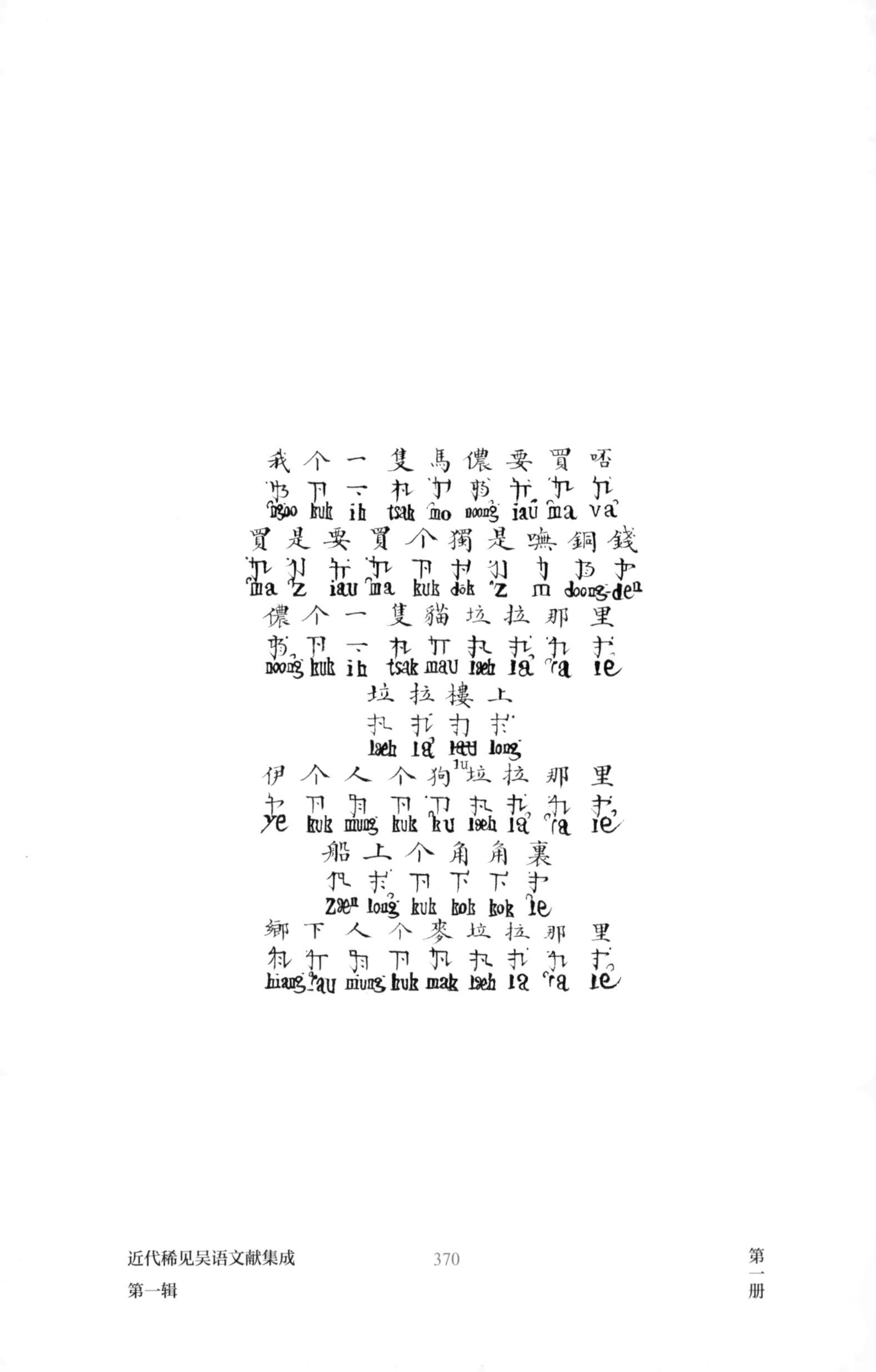

我 个 一 隻 馬 儂 要 買 唔

ngoo kuk ih tsak 'mo noong iau 'ma va

買 是 要 買 个 獨 是 嘸 銅 錢

'ma 'z iau 'ma kuk dok 'z m doong-den

儂 个 一 隻 貓 垃 拉 那 里

noong kuk ih tsak mau laeh la 'a ie

垃 拉 樓 上

laeh la lau long

伊 个 人 个 狗[iu] 垃 拉 那 里

ye kuk mung kuk 'ku laeh la 'a ie

船 上 个 角 角 裏

zæn long kuk kok kok 'ie

鄉 下 人 个 麥 垃 拉 那 里

hiang-'au mung kuk mak laeh la 'a ie

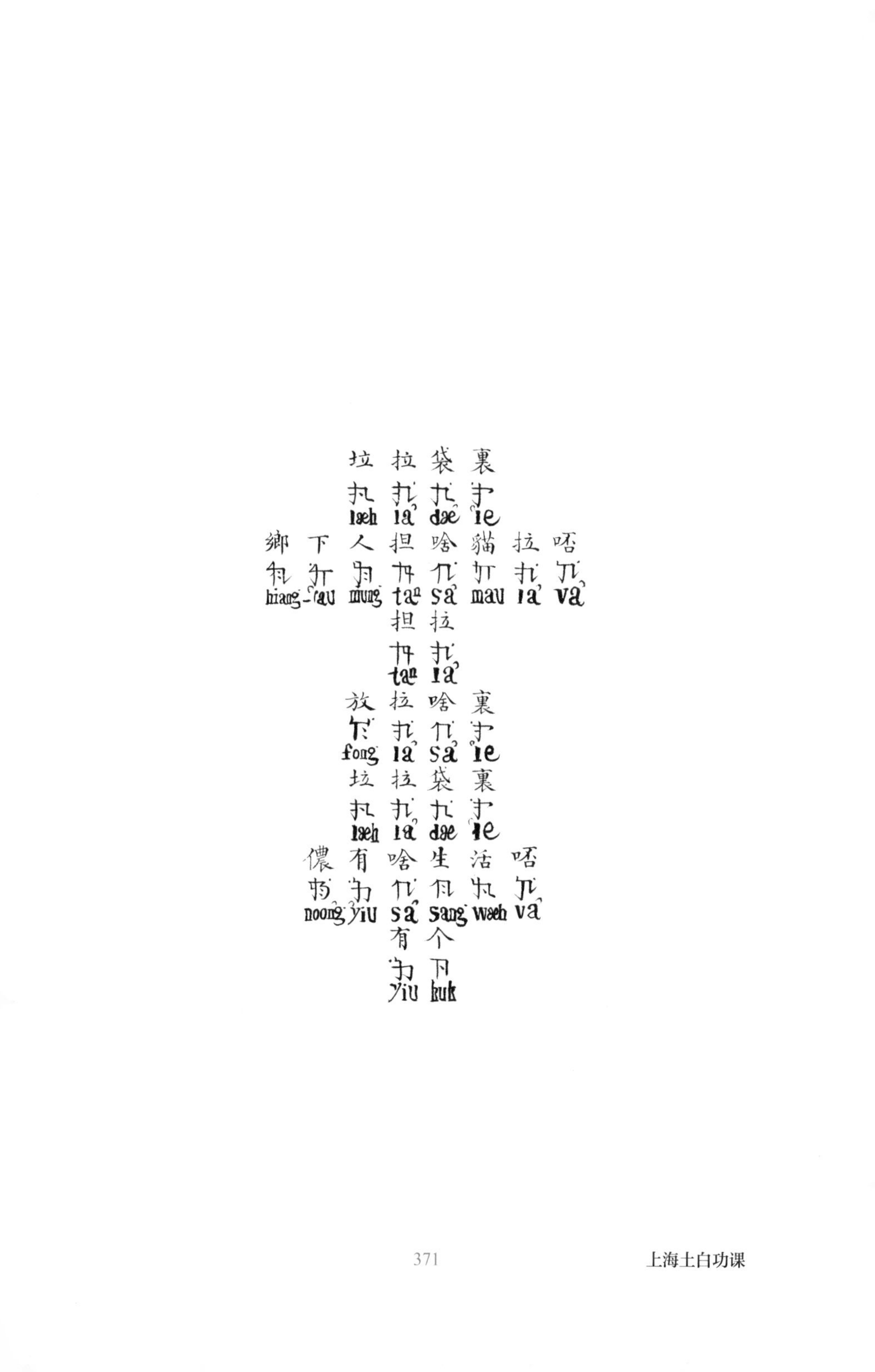

垃 拉 袋 裏

laeh la dae ie

鄉 下 人 担 啥 貓 拉 啞

hiang-'au mung tan sa mau la va

担 拉

tan la

放 拉 啥 裏

fong la sa ie

垃 拉 袋 裏

laeh la dae ie

儂 有 啥 生 活 啞

noong yiu sa sang waeh va

有 个

yiu kuh

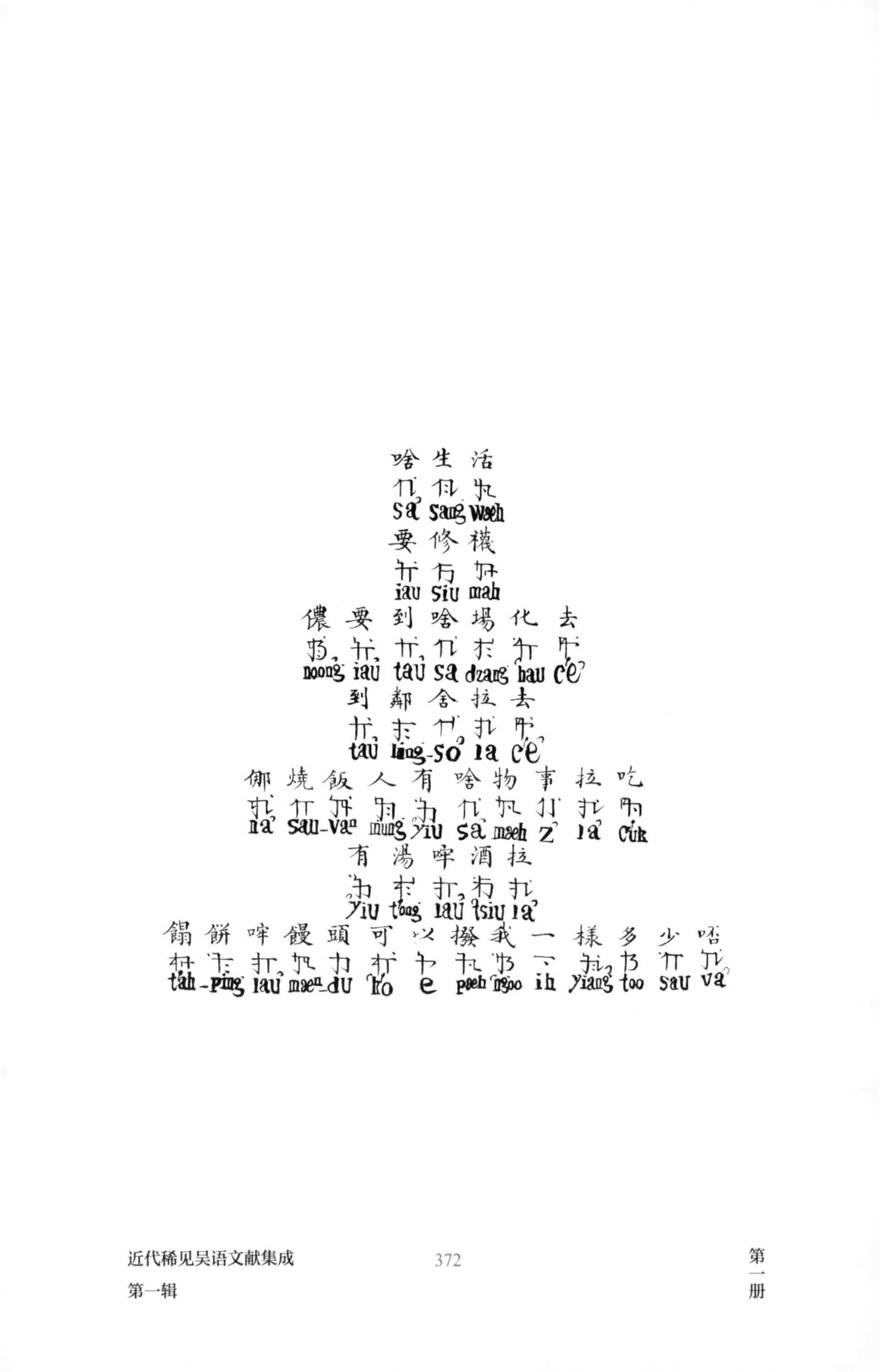

啥生活

sa saung waeh

要修襪

iau siu mah

儂要到啥場化去

noong iau tau sa dzang hau c'e

到鄰舍拉去

tau ling-so la c'e

伽燒飯人有啥物事拉吃

na sau-van nung yiu sa maeh z la c'uk

有湯咾酒拉

yiu t'ong lau tsiu la

餲餅咾饅頭可以撥我一樣多少唔

tah-ping lau maen-du k'o e paeh ngoo ih yiang too sau va

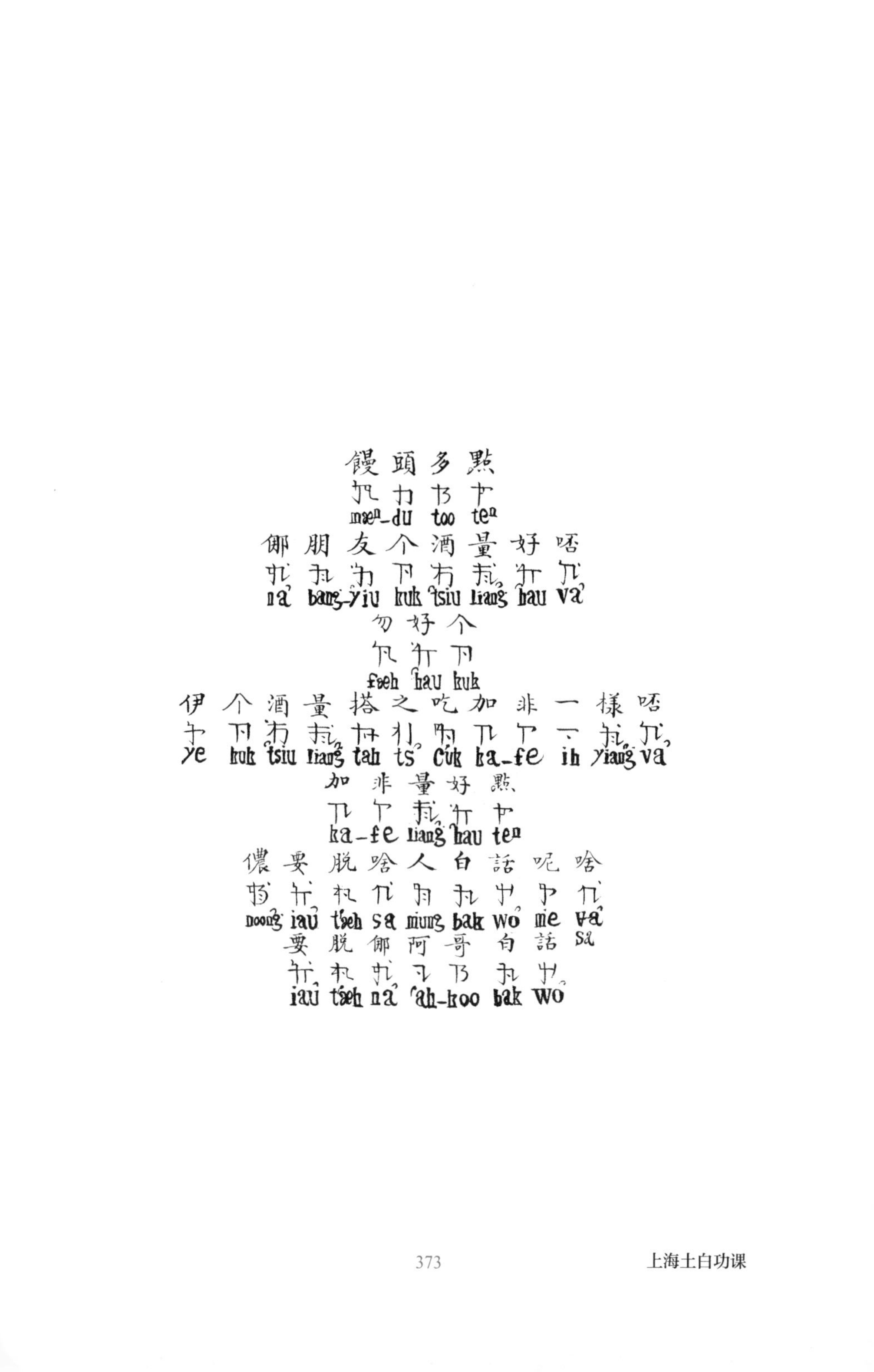

饅頭多點

mæ^{n}-du too te^{n}

儂朋友个酒量好哦

na bang-yiu kuk tsiu liang hau va

勿好个

fæh hau kuk

伊个酒量搭之吃加非一樣哦

ye kuk tsiu liang tah ts c'uk ka-fe ih yiang va

加非量好點

ka-fe liang hau te^{n}

儂要脱啥人白話呢啥

noong iau t'æh sa niung bak wo me va

要脱儂阿哥白話 sa

iau t'æh na ah-koo bak wo

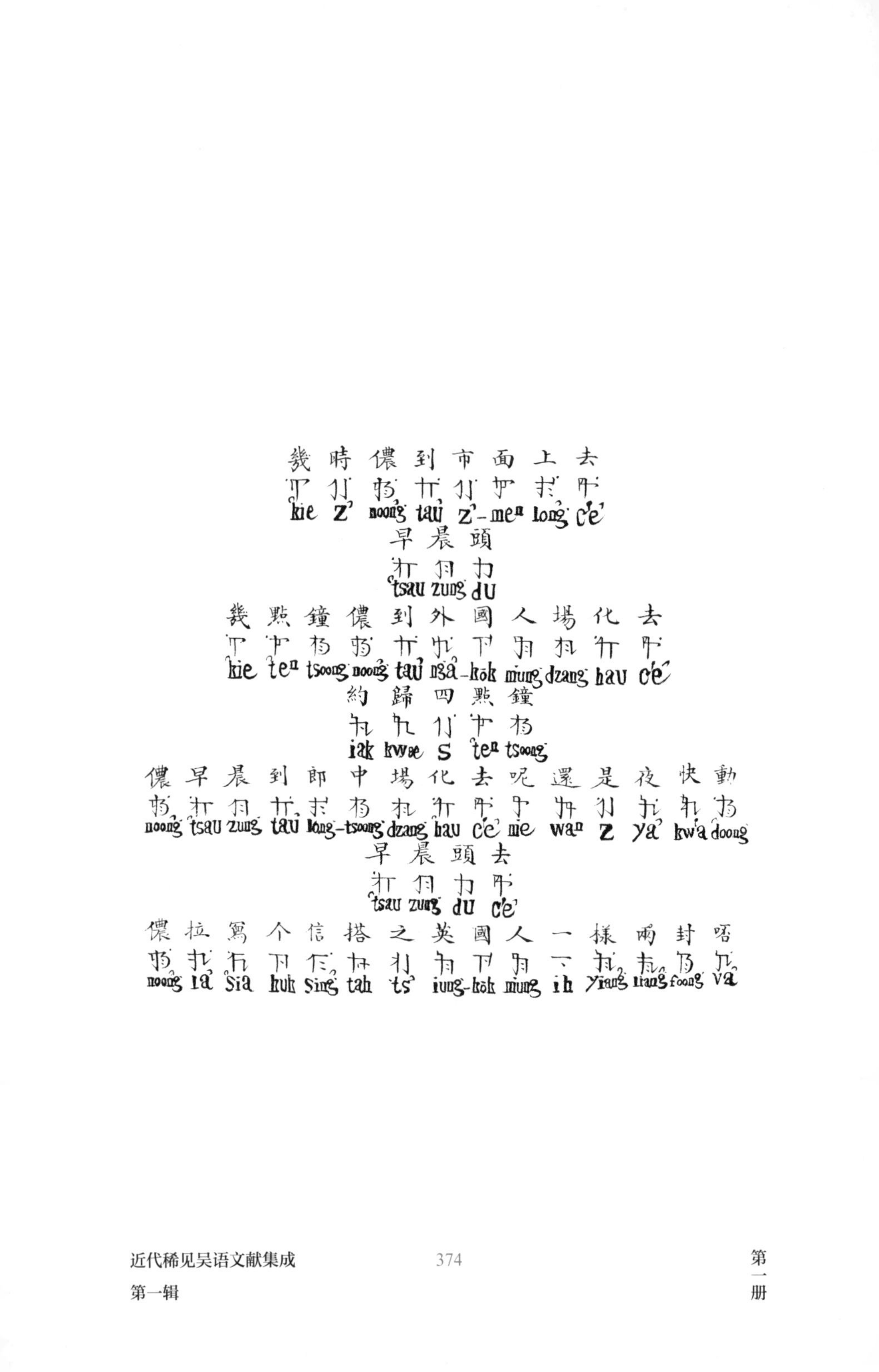

幾時儂到市面上去

kie z' noong tau z'-me^{n} long c'e'

早晨頭

'tsau zung du

幾點鐘儂到外國人場化去

kie te^{n} tsoong noong tau ngâ-kōk miung dzang hau c'e'

約歸四點鐘

iak kwæ s te^{n} tsoong

儂早晨到郎中場化去呢還是夜快動

noong 'tsau zung tau long-tsoong dzang hau c'e' nie wa^{n} z ya' kw'a doong

早晨頭去

'tsau zung du c'e'

儂拉寫个信搭之英國人一樣兩封唔

noong la 'sia kuh sing tah ts' iung-kōk miung ih yiang liang foong va

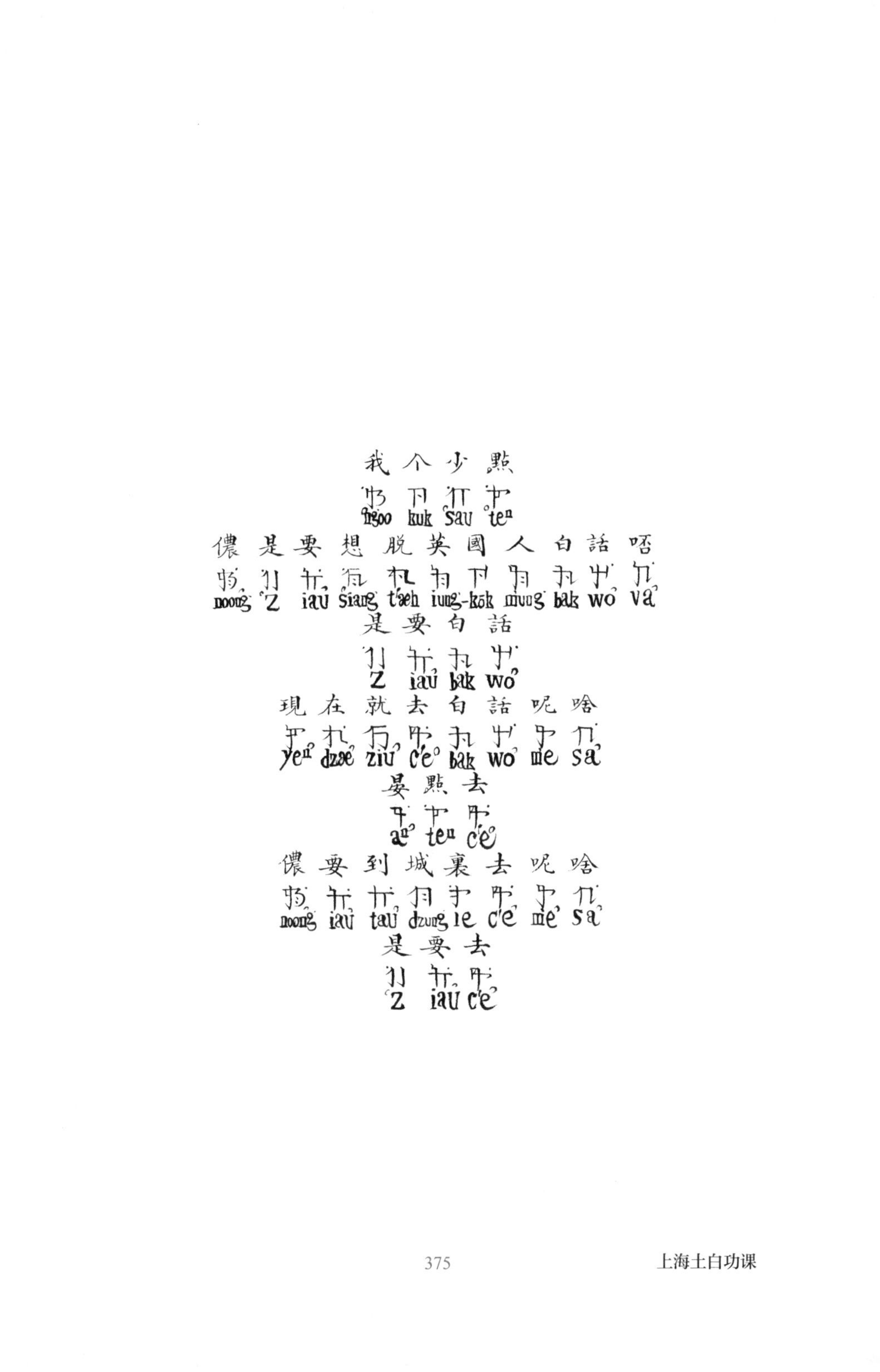

我个少點

ngoo kuk sau ten

儂是要想脱英國人白話唔

noong z iau siang t'æh iung-kok niung bak wo va

是要白話

z iau bak wo

現在就去白話呢啥

yen dzæ ziu c'e bak wo me sa

晏點去

an ten c'e

儂要到城裏去呢啥

noong iau tau dzung le c'e me sa

是要去

z iau c'e

儂可以脫我買一買衣裳唔
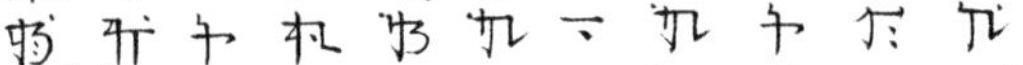
noong k'o e t'æh ngoo ma ih ma e-zong va
可以个

k'o e kuk
鄉鄰舍拉是要到城裏去唔
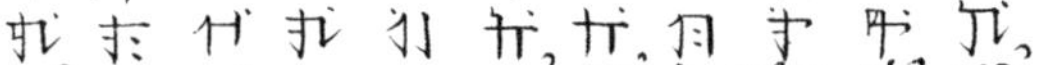
na ling-so la z iau tau dzung le c'e va
只怕勿去
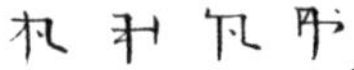
tsæh p'o fæh c'e
鄉爺要到城裏去唔

na ya iau tau dzung le c'e va
伊連日弛跎之哰勿去

ye len-mih sa-doo ts lau fæh c'e
儂有胆量夜裏到鄉下去唔
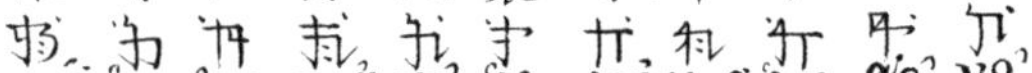
noong yiu tan-liang ya le tau hiang-au c'e va

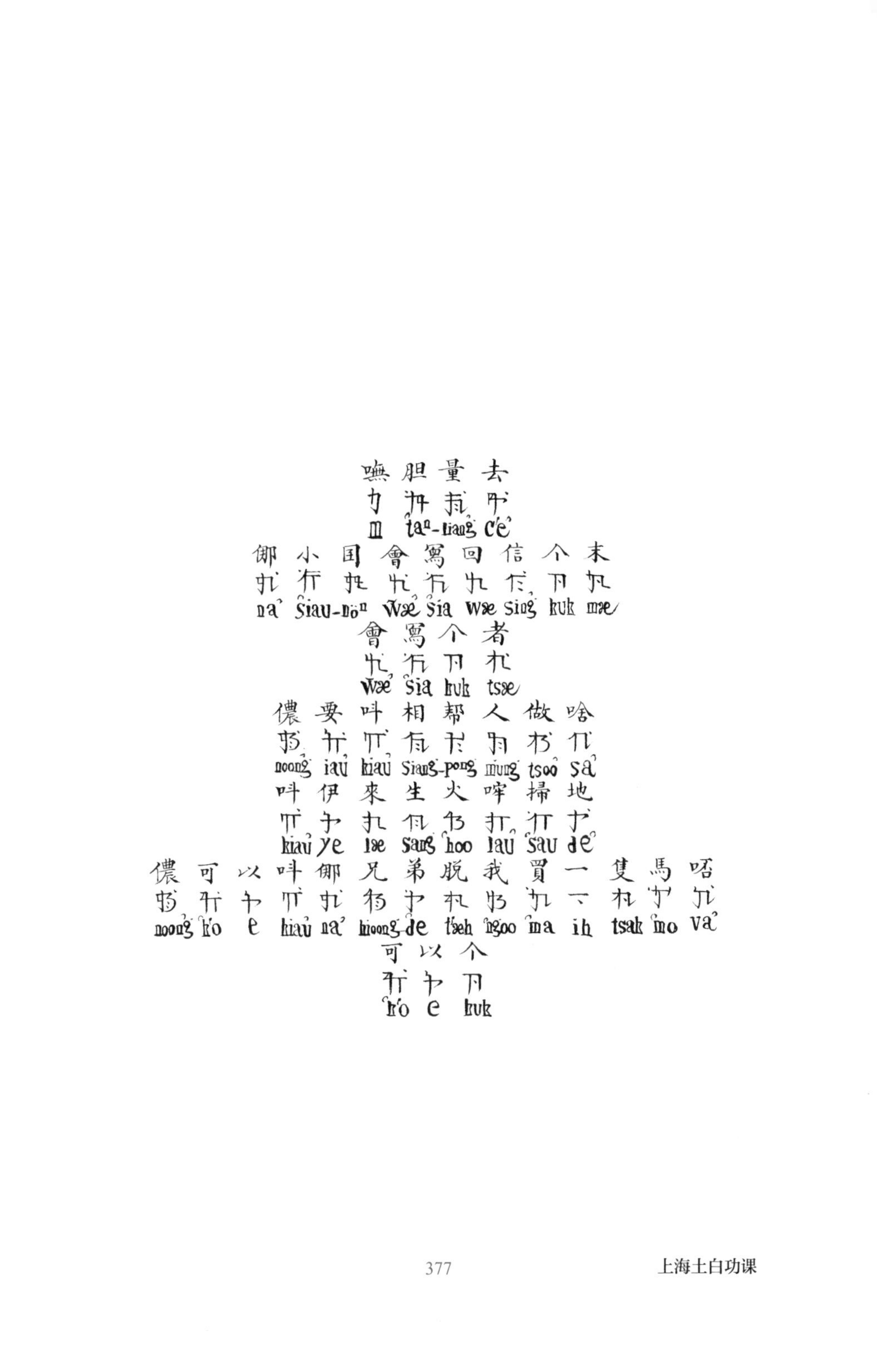

嘸胆量去

m tan-liang c'e

㑚小囝會寫回信个末

na Siau-nön wæ sia wæ sing kuk mæ

會寫个者

wæ sia kuk tsæ

儂要叫相帮人做啥

noong iau kiau Siang-pong mung tsoo sa

叫伊來生火咾掃地

kiau ye læ sang hoo lau sau de

儂可以叫㑚兄弟脱我買一隻馬否

noong k'o e kiau na hioong de t'æh ngoo ma ih tsak mo va

可以个

k'o e kuk

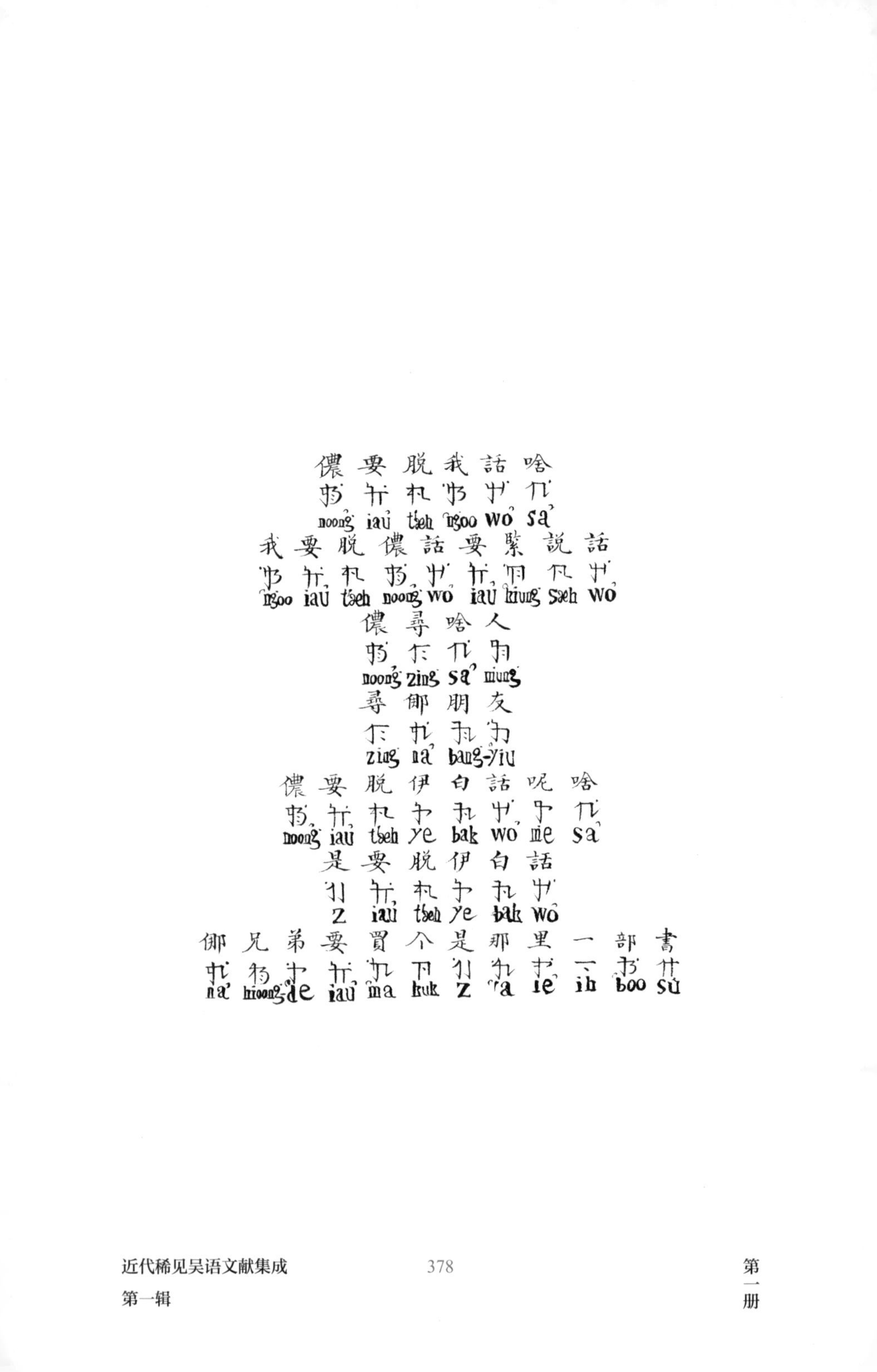

儂 要 脱 我 話 啥
noong iau tseh ngoo wo sa
我 要 脱 儂 話 要 緊 説 話
ngoo iau tseh noong wo iau kiung seh wo
儂 尋 啥 人
noong zing sa niung
尋 㑚 朋 友
zing na bang-yiu
儂 要 脱 伊 白 話 呢 啥
noong iau tseh ye bak wo nie sa
是 要 脱 伊 白 話
z iau tseh ye bak wo
㑚 兄 弟 要 買 个 是 那 里 一 部 書
na hioong-de iau ma kuk z 'a le ih boo su

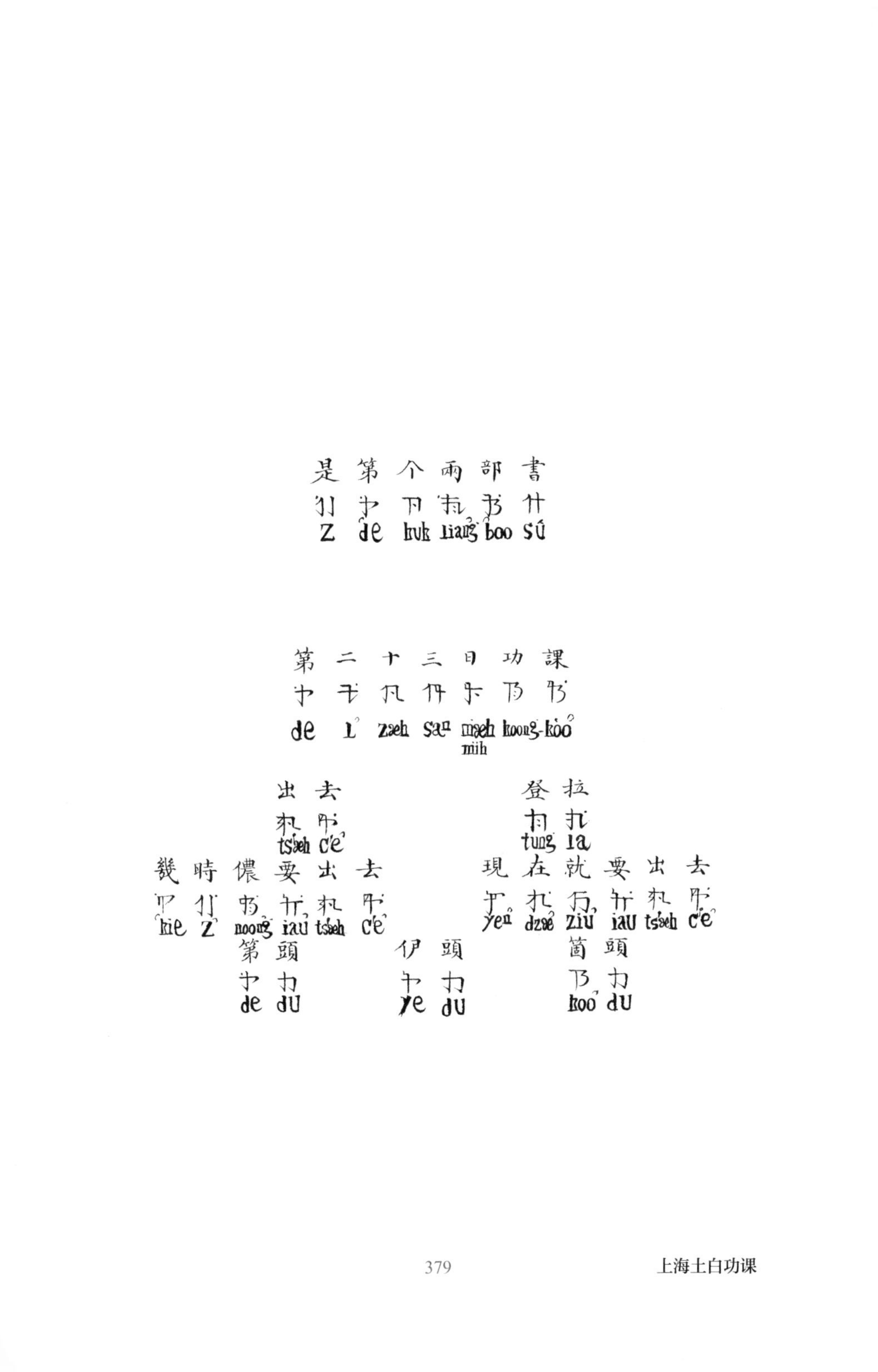

是第个兩部書

Z de kuk liang boo sû

第二十三日功課

de ni zæh san mæh (mih) koong-koo

出去

tsʻæh cʻe

幾時儂要出去

kie z noong iau tsʻæh cʻe

第頭 伊頭

de du ye du

登拉

tung la

現在就要出去

yen dzæ ziu iau tsʻæh cʻe

箇頭

koo du

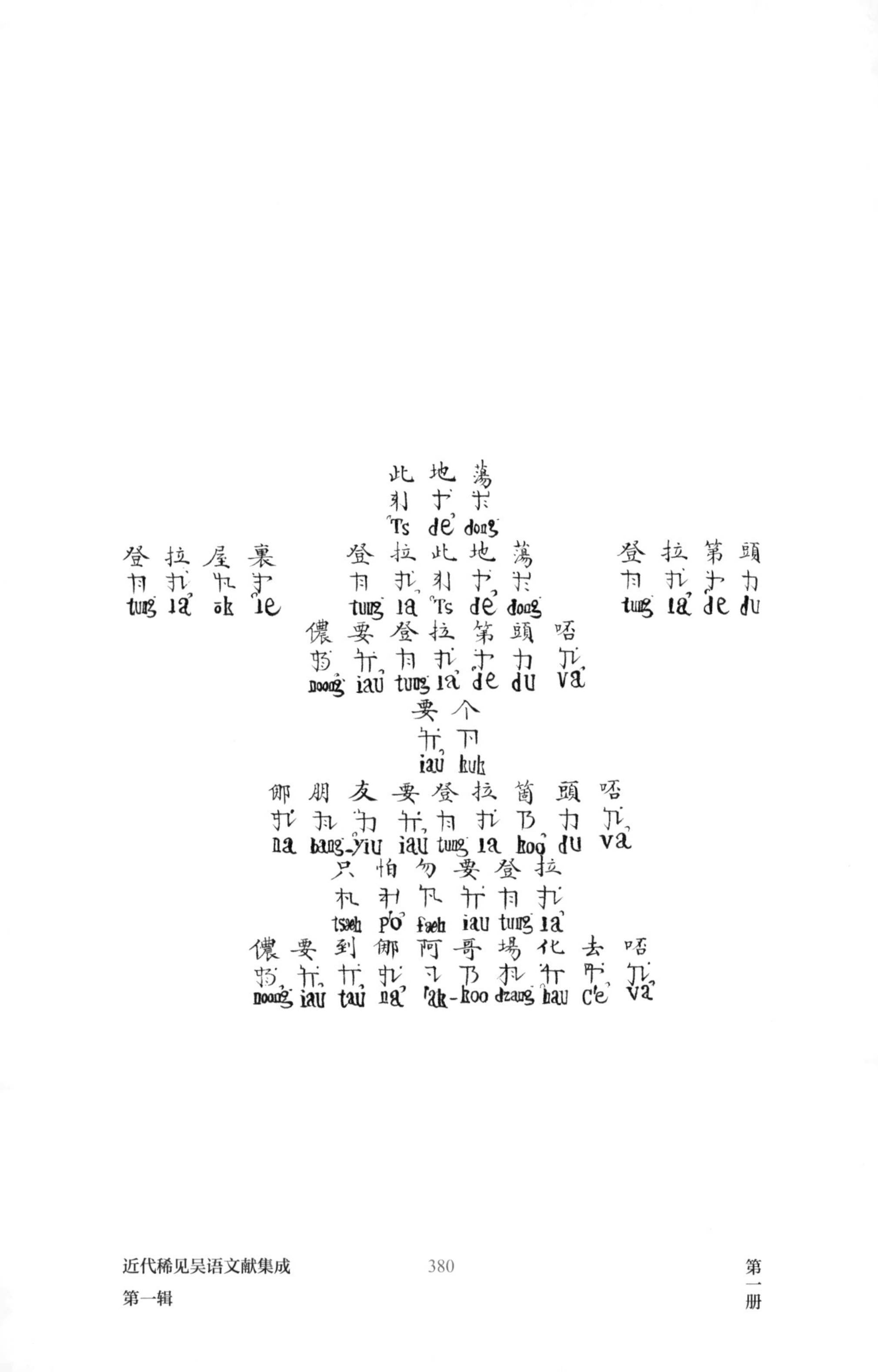

此地蕩

'Ts de dong

登拉屋裏

tung la ok 'ie

登拉此地蕩

tung la 'Ts de dong

登拉第頭

tung la de du

儂要登拉第頭唔

noong iau tung la de du va

要个

iau kuk

伽朋友要登拉箇頭唔

na bang-yiu iau tung la koo du va

只怕勿要登拉

tsaeh p'o faeh iau tung la

儂要到伽阿哥場化去唔

noong iau tau na 'ak-koo dzang hau c'e va

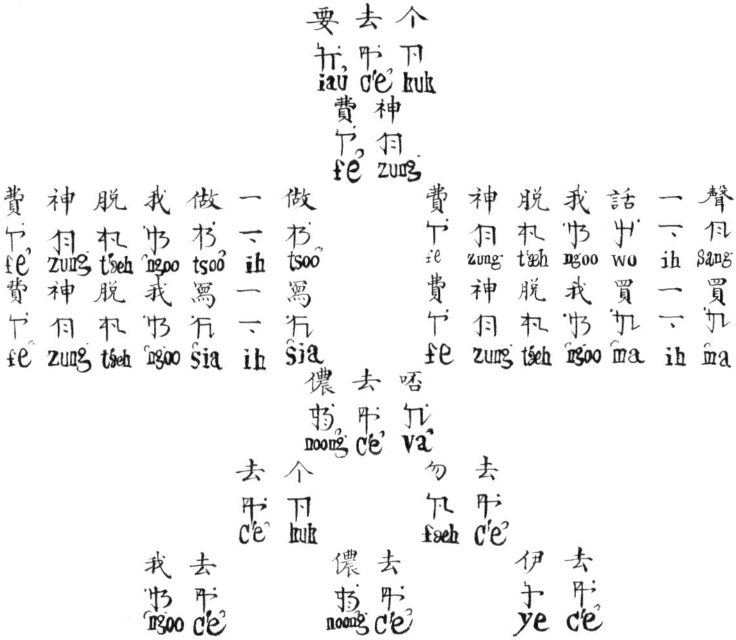
要去个
iau c'e kuk
費神
fe zung
費神脱我做一做
fe zung t'seh ngoo tsoo ih tsoo
費神脱我話一聲
fe zung t'seh ngoo wo ih sang
費神脱我寫一寫
fe zung t'seh ngoo sia ih sia
費神脱我買一買
fe zung t'seh ngoo ma ih ma
儂去唔
noong c'e va
去个
c'e kuk
勿去
feh c'e
我去
ngoo c'e
儂去
noong c'e
伊去
ye c'e

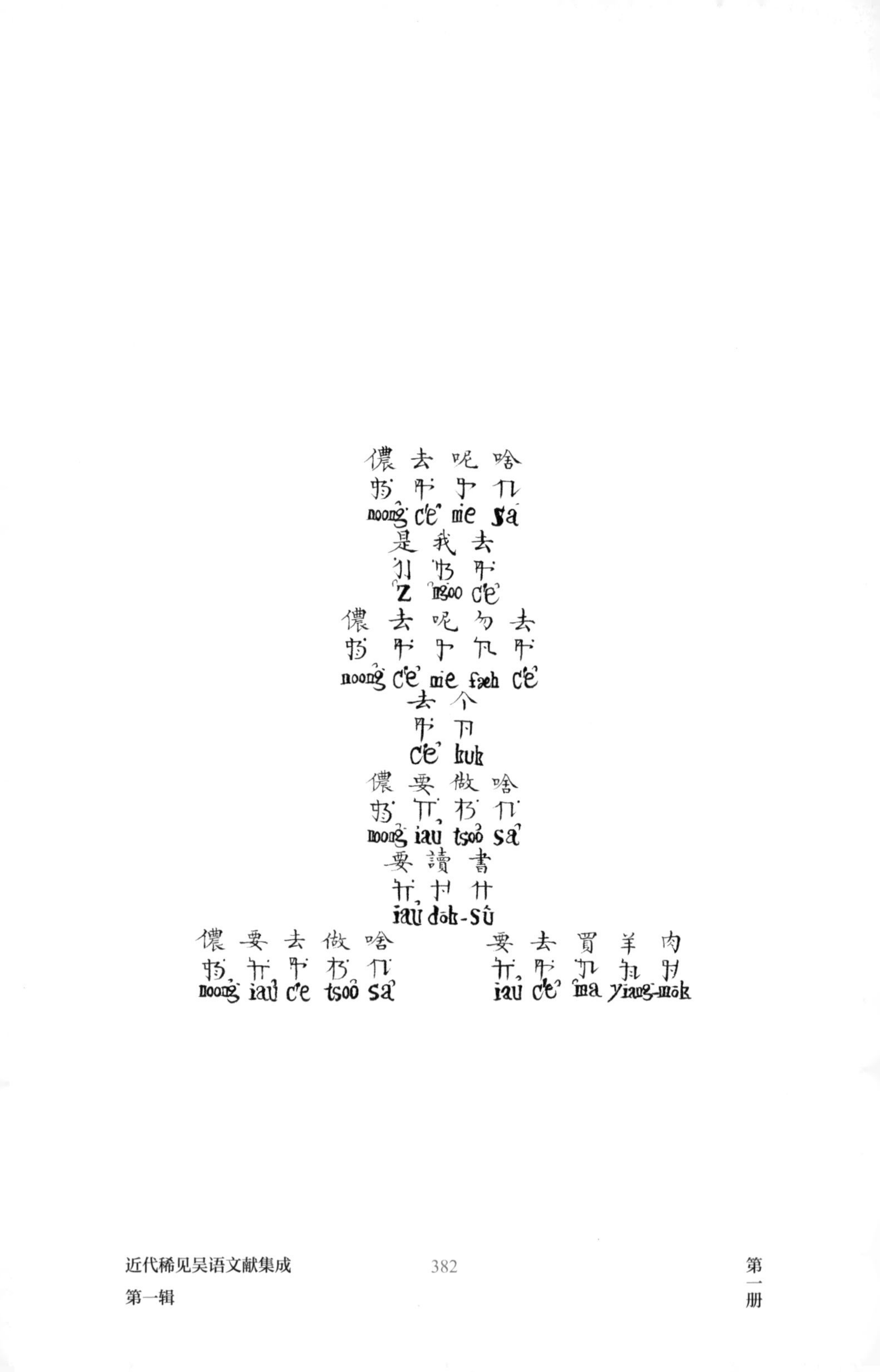

儂 去 呢 啥

noong c'e' mie sa'

是 我 去

z ngoo c'e'

儂 去 呢 勿 去

noong c'e' mie faeh c'e'

去 个

c'e' kuk

儂 要 做 啥

noong iau tsoo sa'

要 讀 書

iau dok-sû

儂 要 去 做 啥

noong iau c'e tsoo sa'

要 去 買 羊 肉

iau c'e' ma yiang-mok

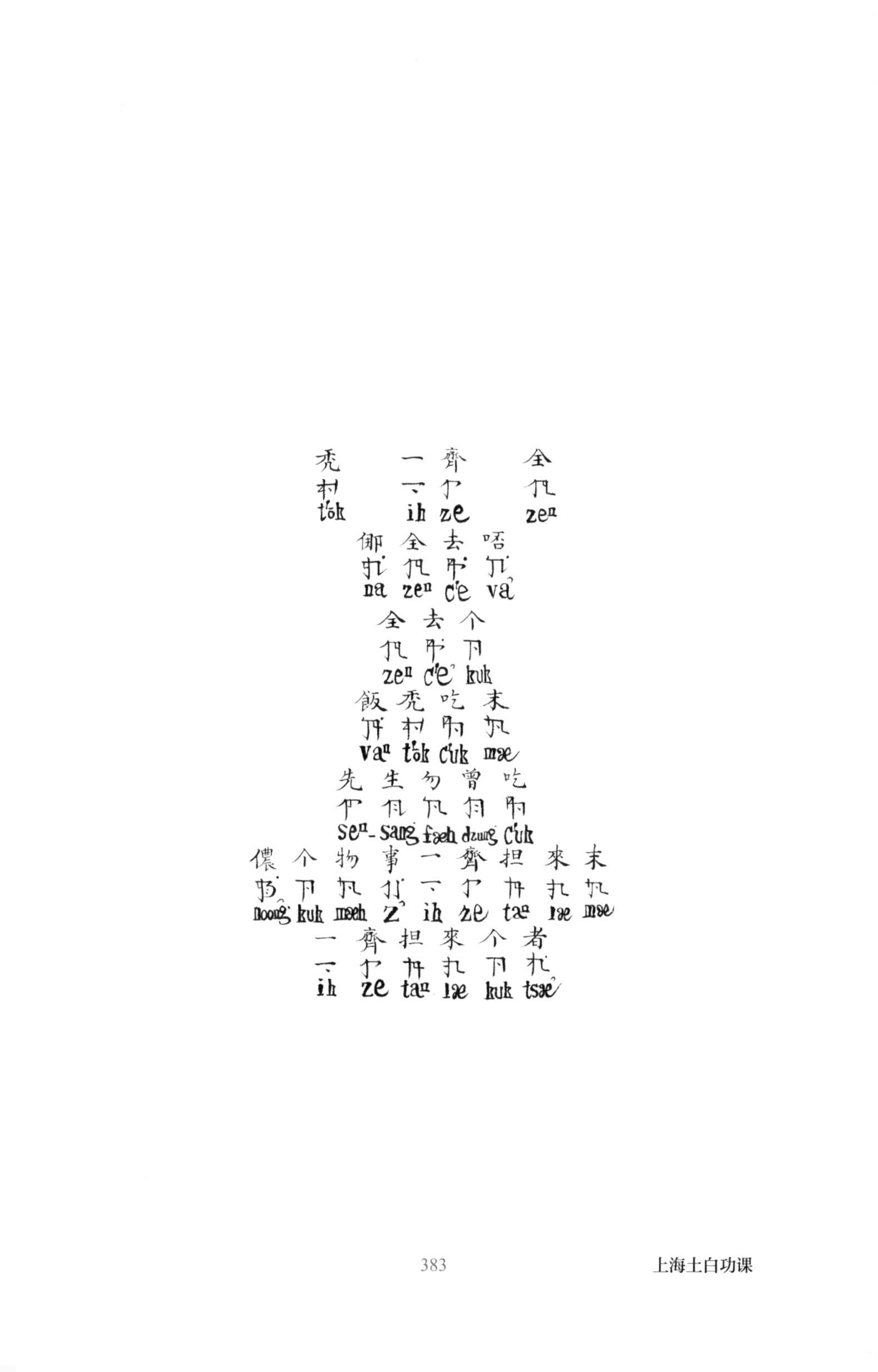

秃　一齊　全
t'ok　ih ze　ze^{n}

倻全去唔
na ze^{n} c'e va'

全去个
ze^{n} c'e' kuk

飯秃吃末
va^{n} t'ok c'uk mæ

先生勿曾吃
se^{n}-sang faeh dzung c'uk

儂个物事一齊担來末
noong kuk meh z' ih ze ta^{n} læ mæ

一齊担來个者
ih ze ta^{n} læ kuk tsæ'

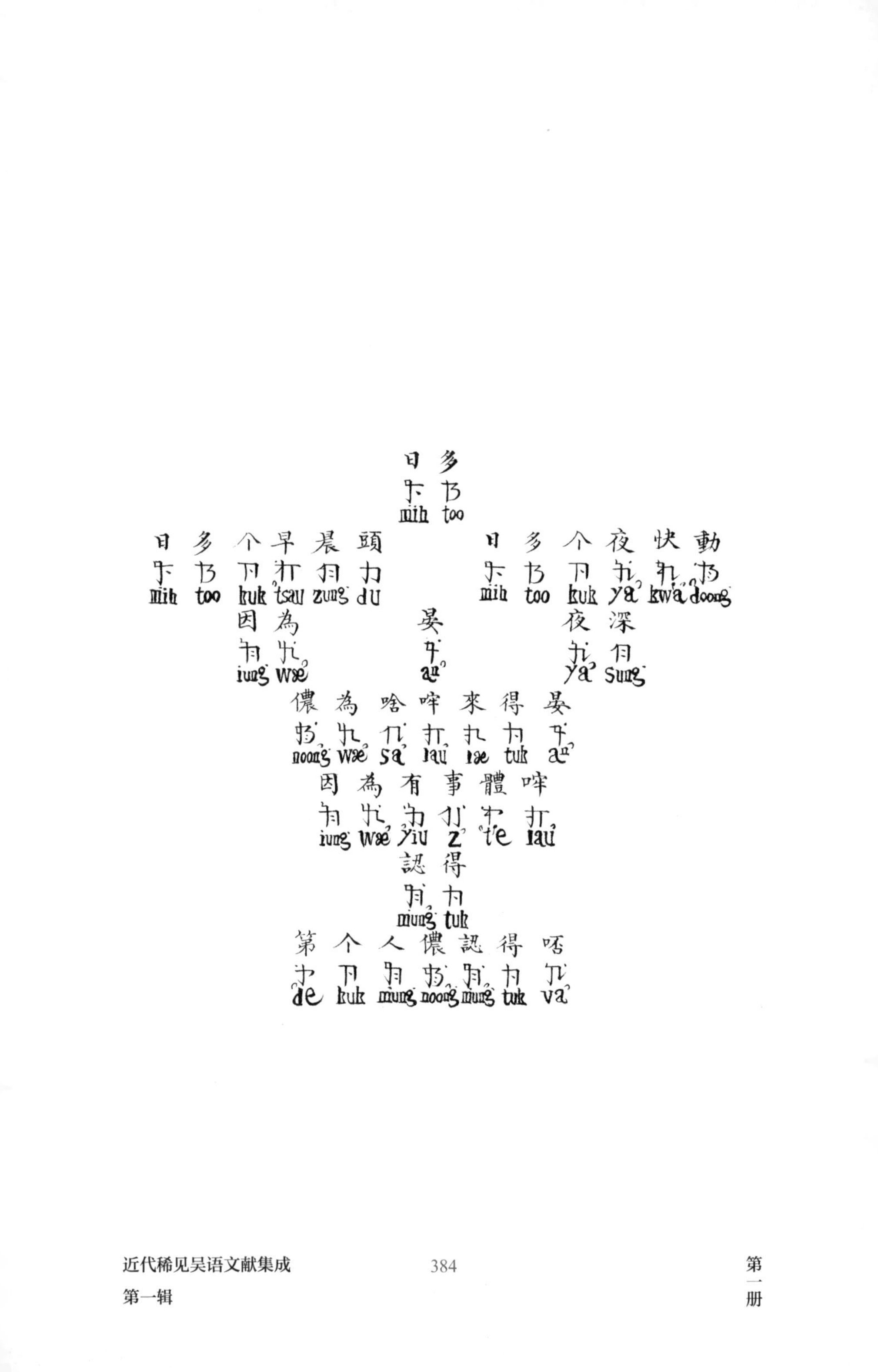

日 多
mih too

日 多 个 早 晨 頭
mih too kuk tsau zung du

因 為
iung wæ

日 多 个 夜 快 動
mih too kuk ya kwa doong

夜 深
ya sung

晏
a^{n}

儂 為 啥 咾 來 得 晏
noong wæ sa lau læ tuk a^{n}

因 為 有 事 體 咾
iung wæ yiu z te lau

認 得
mung tuk

第 个 人 儂 認 得 否
de kuk mung noong mung tuk va

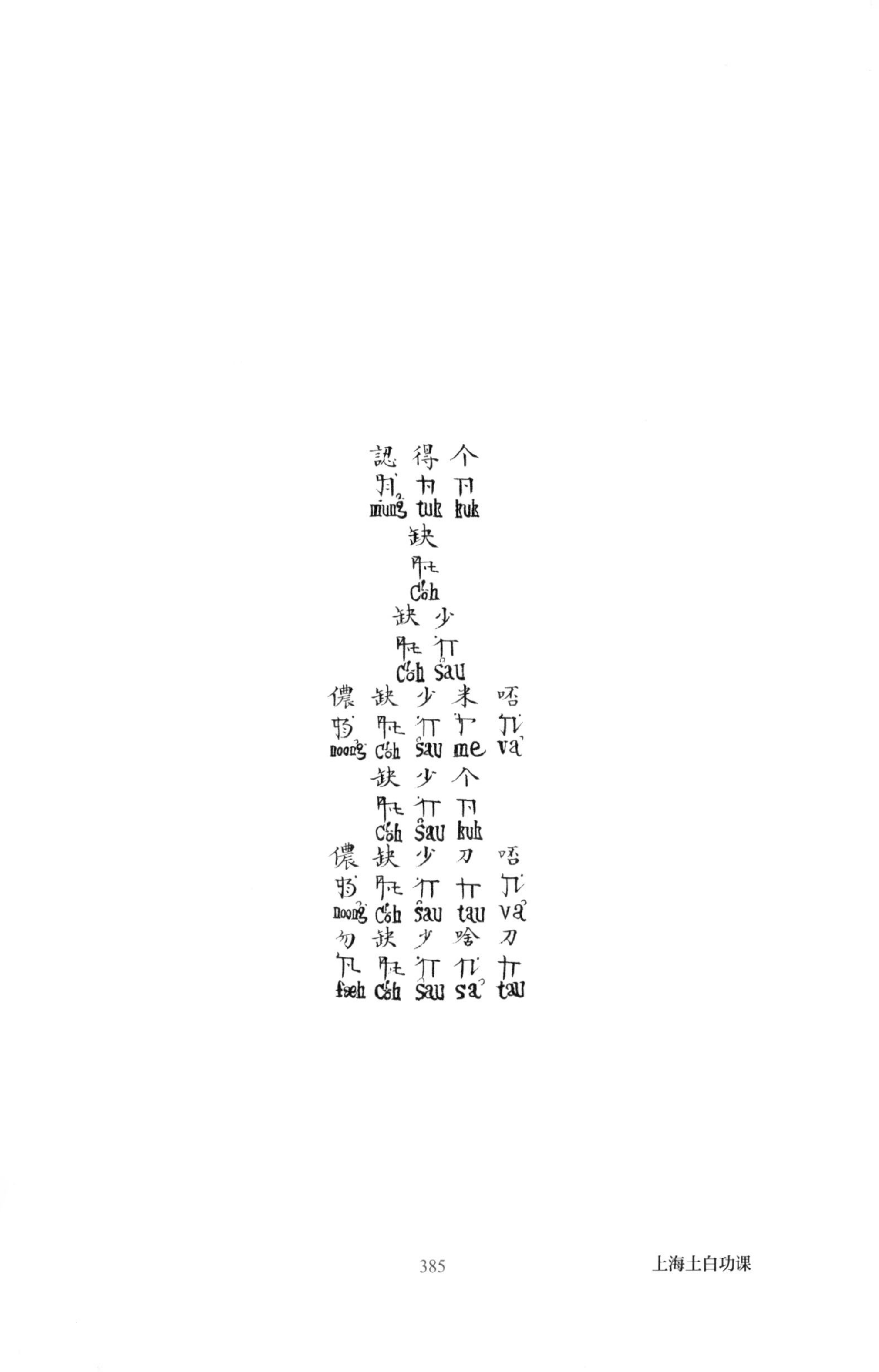

認 得 个

niung tuk kuk

缺

C'oh

缺 少

C'oh sau

儂 缺 少 末 唔

noong C'oh sau me va

缺 少 个

C'oh sau kuh

儂 缺 少 刀 唔

noong C'oh sau tau va

勿 缺 少 啥 刀

fæh C'oh sau sa tau

儂 缺 少 啥 銅 錢 唔

noong cöh sau sa' doong-den va'

是 缺 拉 哩

z' cöh la ie

儂 缺 少 啥 物 事

noong cöh sau sa' meeh z'

勿 缺 少 啥

faeh cöh sau sa'

哪 个 爺 缺 少 啥 相 帮 人 唔

na kuk ya cöh sau sa' siang-pong niung va'

勿 缺 少 啥 相 帮 人

faeh cöh sau sa' siang-pong niung

啥 人 是 我

sa' niung z' ngoo

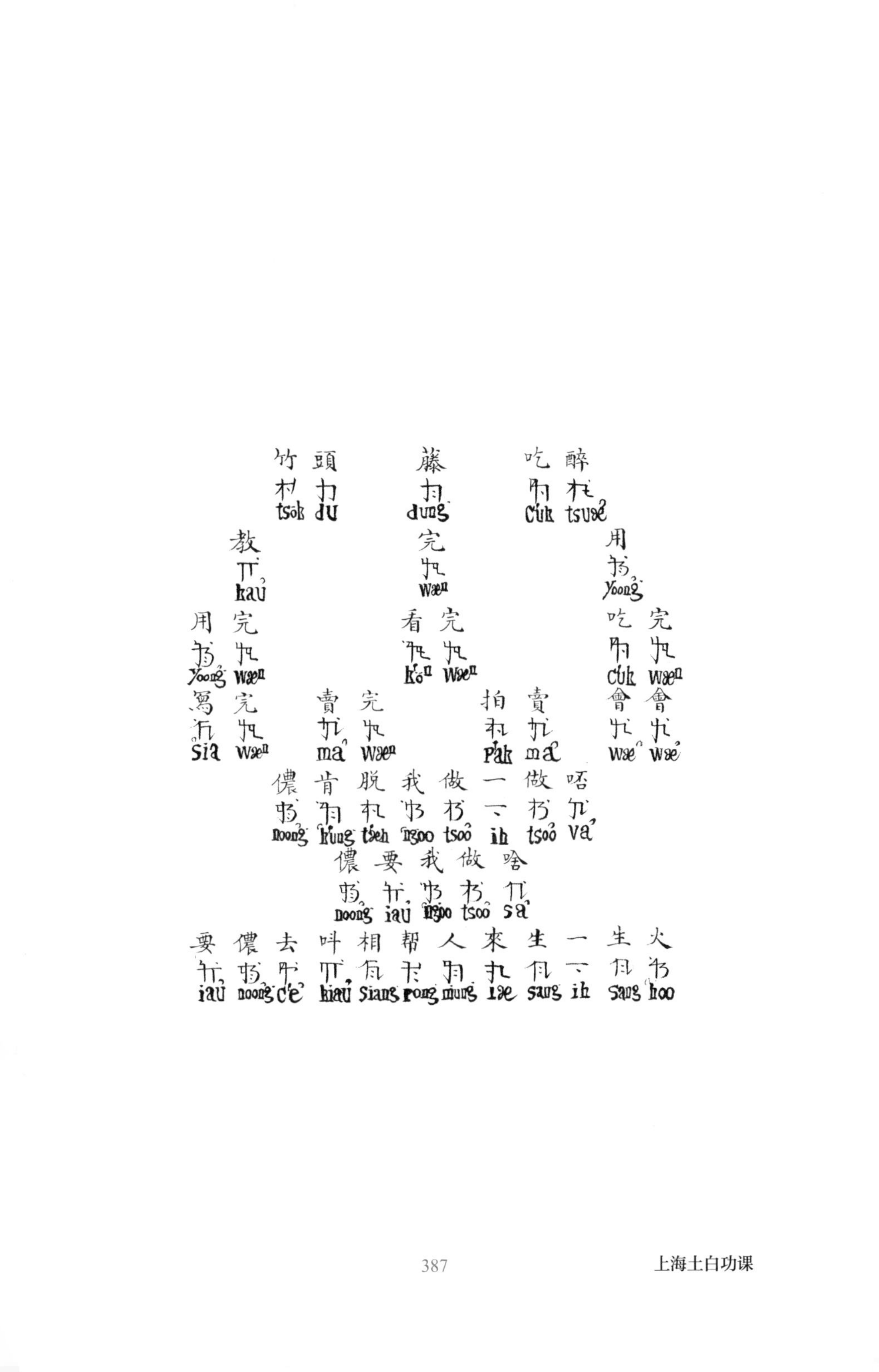

竹頭　　藤　　吃醉

tsŏk du　　dung　　c'uk tsuæ

教　　完　　用

kau　　wæn　　yoong

用完　　看完　　吃完

yoong wæn　　k'ön wæn　　c'uk wæn

寫完　　賣完　　拍賣　　會會

sia wæn　　ma wæn　　p'ak ma　　wæ wæ

儂肯脫我做一做唔

noong k'ung t'eh ngoo tsoo ih tsoo va

儂要我做啥

noong iau ngoo tsoo sa

要儂去叫相帮人來生一生火

iau noong c'e kiau siang pong niung læ sang ih sang hoo

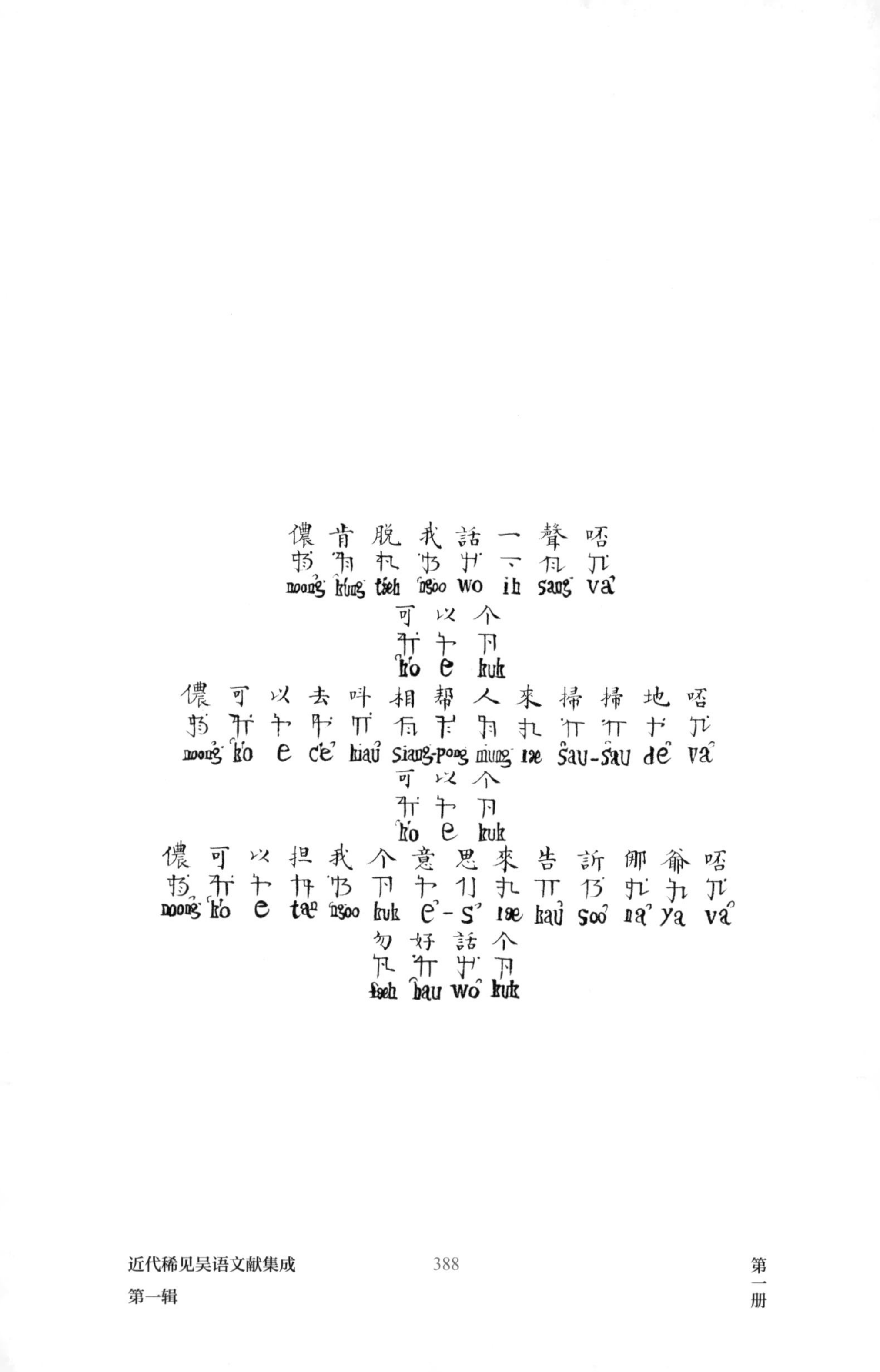

儂肯脱我話一聲唔

noong k'ung tseh ngoo wo ih sang va

可以个

k'o e kuk

儂可以去吽相帮人來掃掃地唔

noong k'o e ce hiau siang-pong nung læ sau-sau de va

可以个

k'o e kuk

儂可以担我个意思來告訴伽爺唔

noong k'o e tan ngoo kuk e-s læ kau soo na ya va

勿好話个

feh hau wo kuk

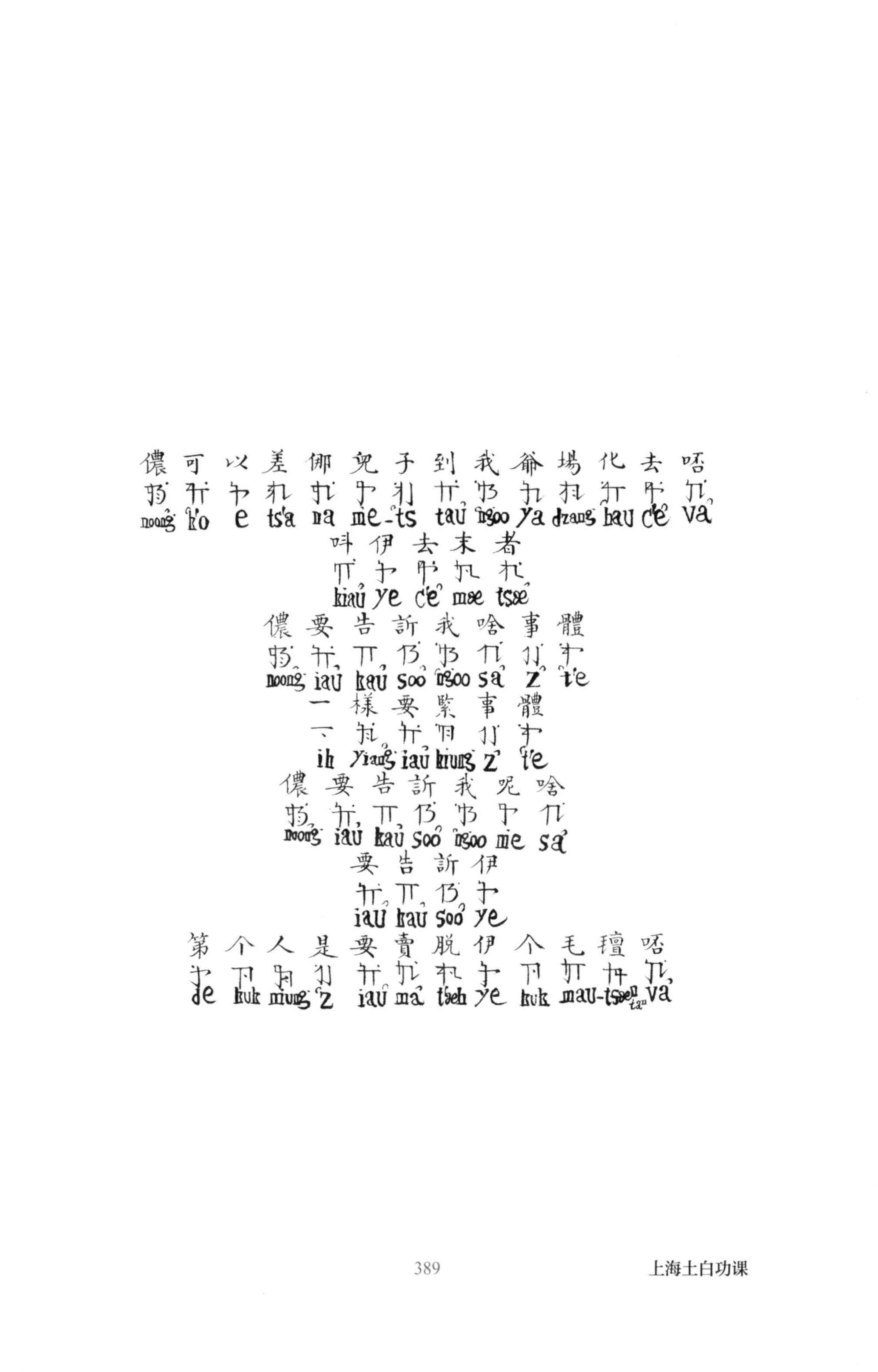

儂可以差倻兒子到我爺場化去唔

noong k'o e ts'a na me-ts tau ngoo ya dzang hau c'e va

吽伊去末者

kiau ye c'e mœ tsæ

儂要告訴我啥事體

noong iau kau soo ngoo sa z t'e

一樣要緊事體

ih yiang iau kiung z t'e

儂要告訴我呢啥

noong iau kau soo ngoo nie sa

要告訴伊

iau kau soo ye

第个人是要賣脫伊个毛氈唔

de kuk niung z iau ma t'eh ye kuk mau-tsœn tan va

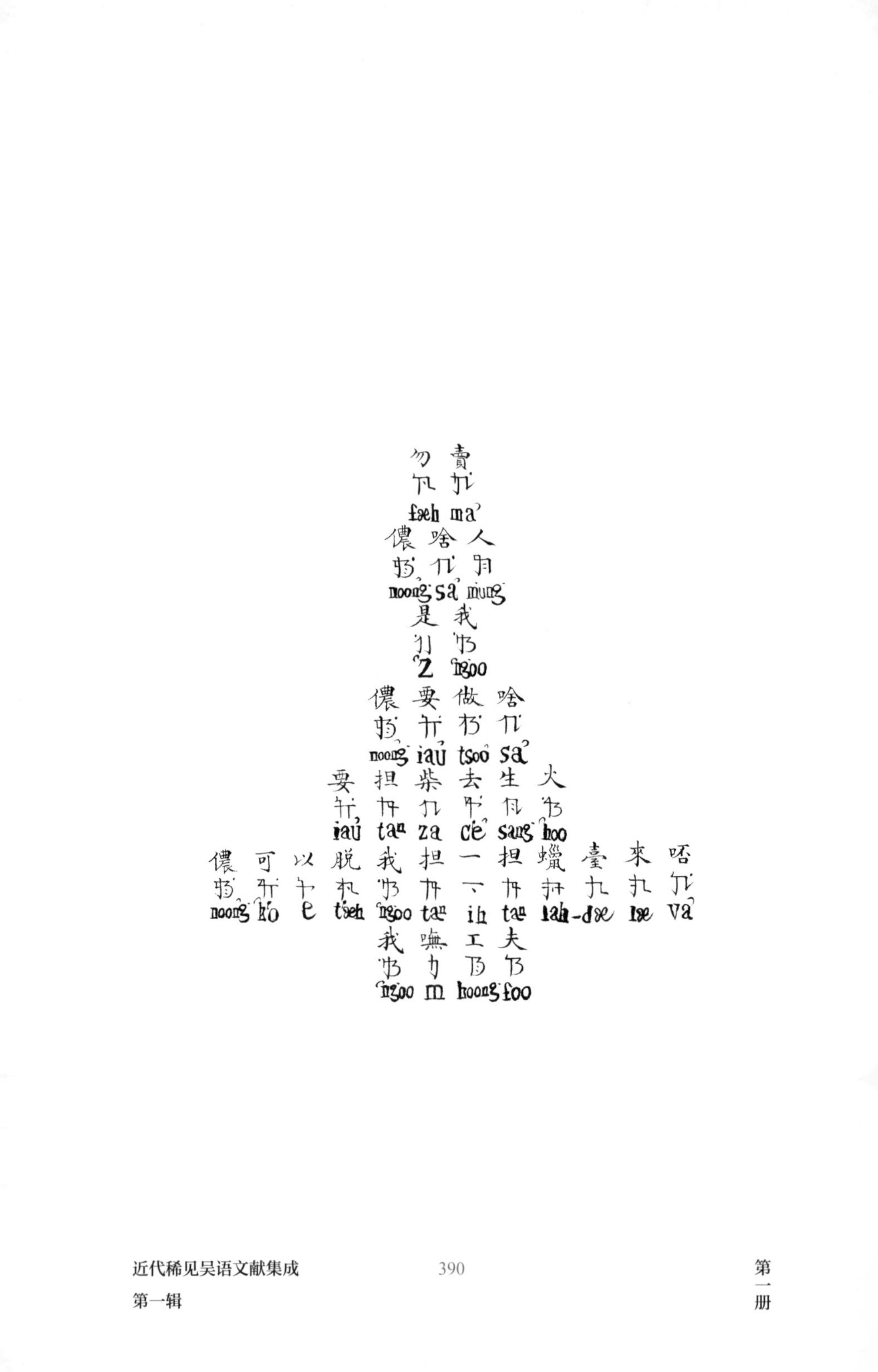

勿 賣

faeh ma

儂 啥 人

noong sa mung

是 我

z ngoo

儂 要 做 啥

noong iau tsoo sa

要 担 柴 去 生 火

iau tan za ce sang hoo

儂 可 以 脱 我 担 一 担 蠟 臺 來 唔

noong k'o e t'seh ngoo tan ih tan lah-dæ læ va

我 嘸 工 夫

ngoo m koong foo

第个做生意人有啥物事拉賣
de kuk tsoo sang-e niung yiu sa maeh z la ma
伊有皮手套哰藤籃拉賣
ye yiu be-su-tau lau dung-lan la ma
竹个籃有拉㕸
tsok kuk lan yiu la va
也有拉
ya yiu la
儂是要想賣馬拉我㕸
noong z iau siang ma mo la ngoo va
是要想賣拉儂
z iau siang ma la noong
儂有啥物事拉賣㕸
noong yiu sa maeh z la ma va

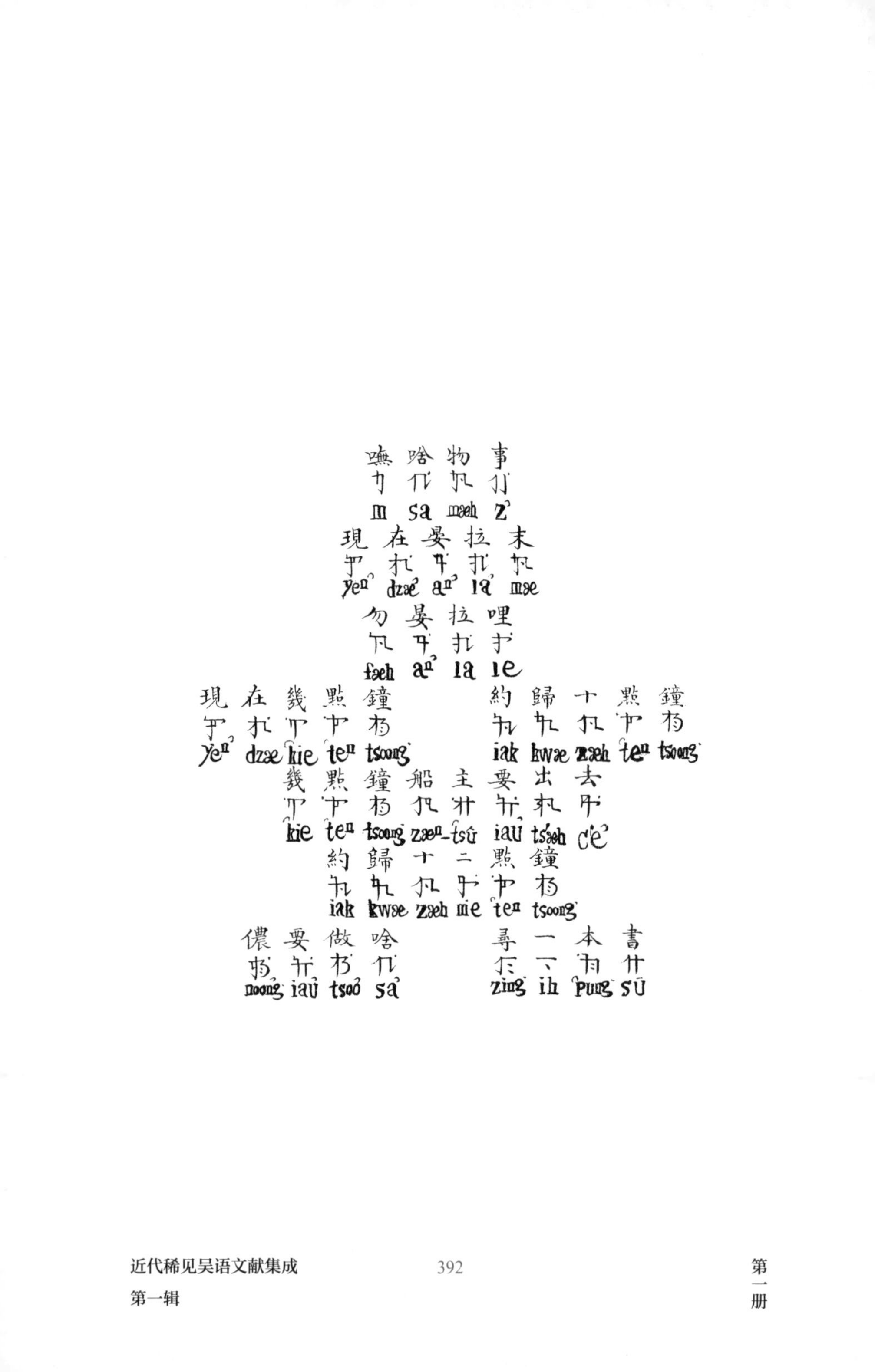

嘸啥物事

m sa maeh z

現在晏拉末

ye^n dzae a^n la mae

勿晏拉哩

faeh a^n la le

現在幾點鐘　約歸十點鐘

ye^n dzae kie te^n tsoong　iak kwae zaeh te^n tsoong

幾點鐘船主要出去

kie te^n tsoong zae^n-tsû iau ts'aeh c'e

約歸十二點鐘

iak kwae zaeh nie te^n tsoong

儂要做啥　尋一本書

noong iau tsoo sa　zing ih pung sû

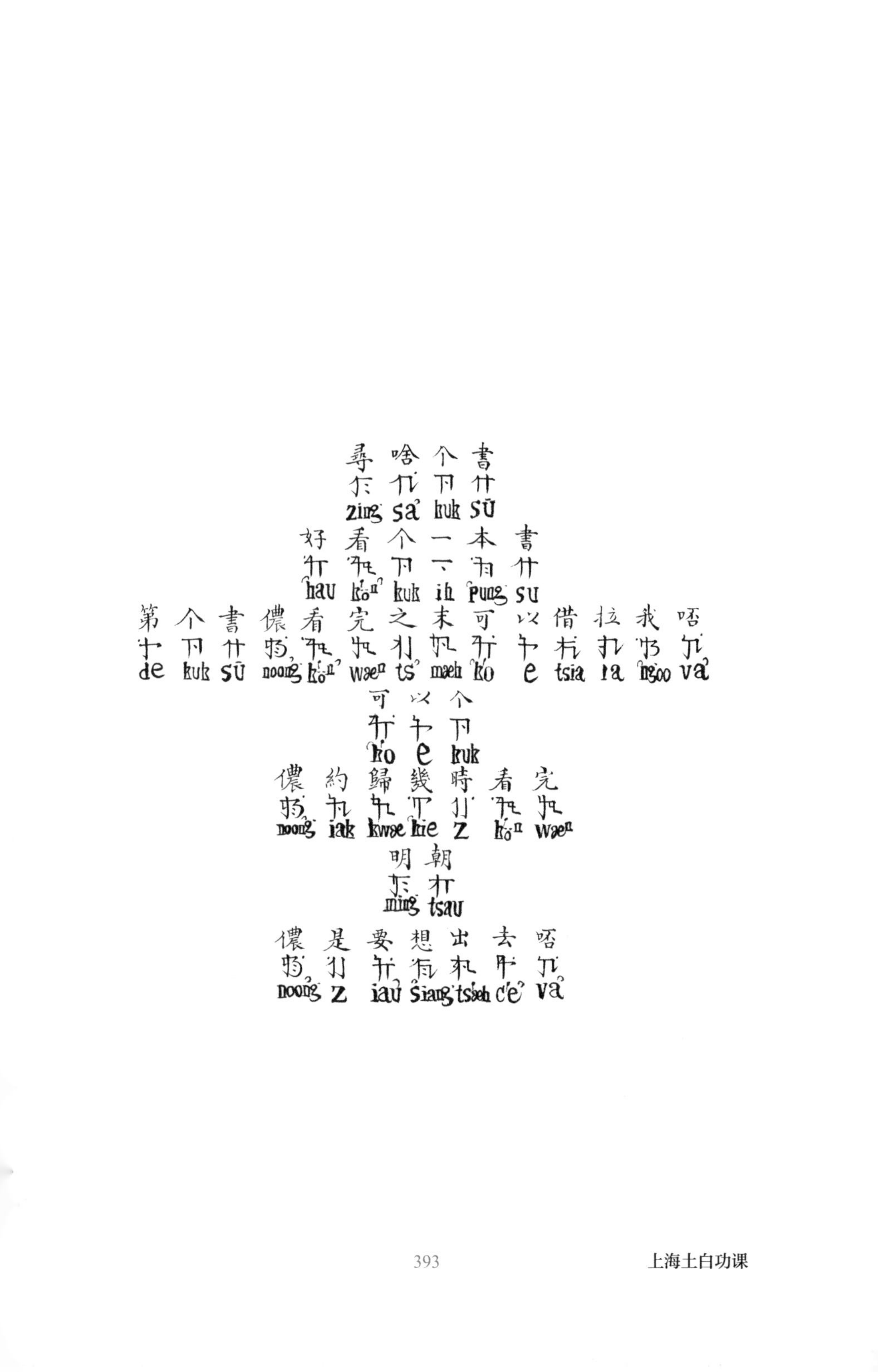

尋 啥 个 書

zing sa kuk sū

好 看 个 一 本 書

hau k'ōn kuk ih pung su

第 个 書 儂 看 完 之 末 可 以 借 拉 我 否

de kuk sū noong k'ōn wæn ts maeh k'o e tsia la ngoo va

可 以 个

k'o e kuk

儂 約 歸 幾 時 看 完

noong iak kwæ kie z k'ōn wæn

明 朝

ming tsau

儂 是 要 想 出 去 否

noong z iau siang ts'æh c'e va

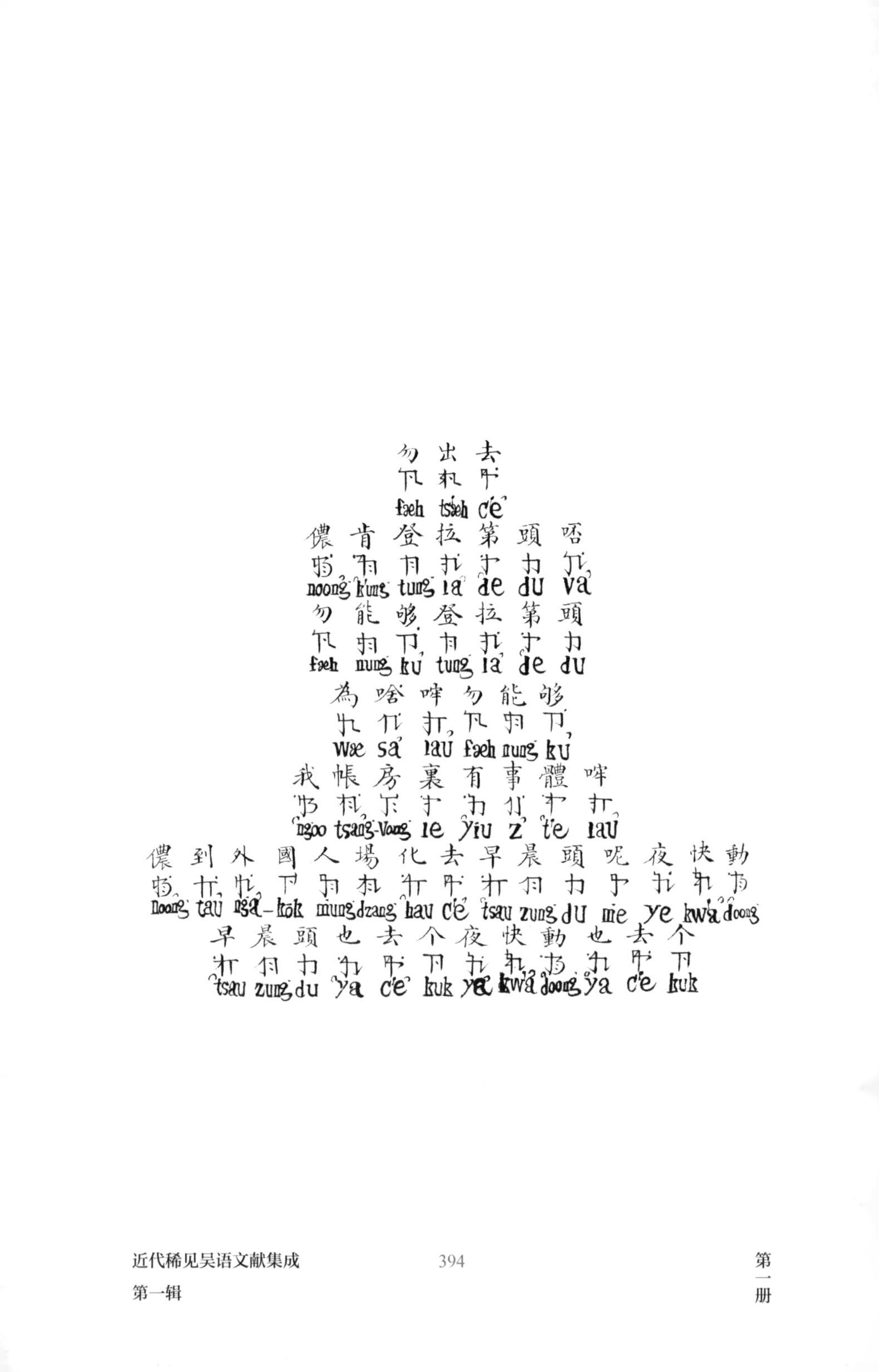

勿出去

fæh tsæh c'e

儂肯登拉第頭唔

noong k'ung tung la de du va

勿能够登拉第頭

fæh nung ku tung la de du

為啥咾勿能够

wæ sa lau fæh nung ku

我帳房裏有事體咾

ngoo tsang-vong le yiu z t'e lau

儂到外國人場化去早晨頭呢夜快動

noong tau nga-kok mung dzang hau c'e tsau zung du nie ye kwa doong

早晨頭也去个夜快動也去个

tsau zung du ya c'e kuk yæ kwa doong ya c'e kuk

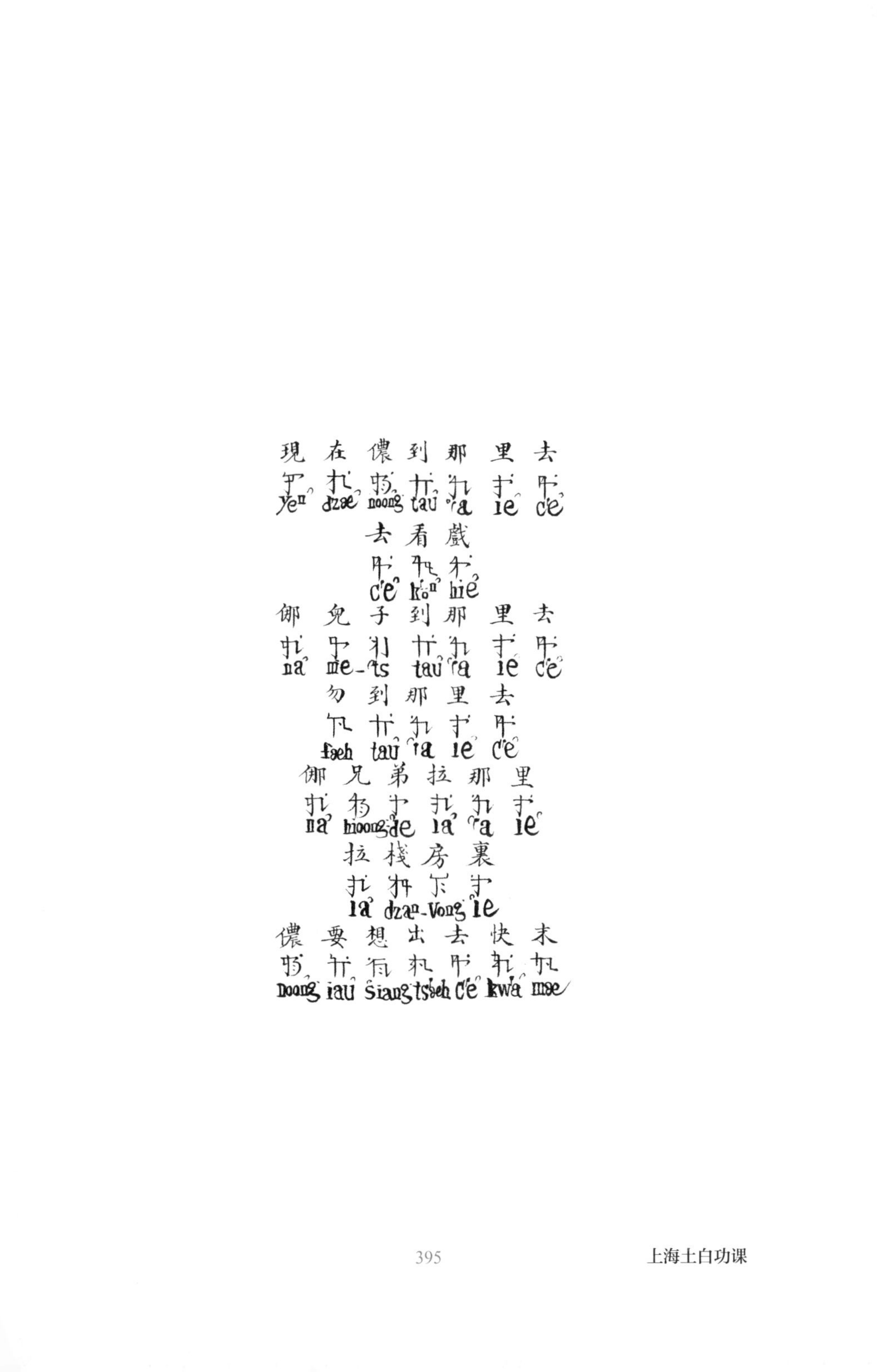

現　在　儂　到　那　里　去

yen dzae noong tau 'a ie c'e

去　看　戲

c'e k'on hie

伽　兒　子　到　那　里　去

na me-ts tau 'a ie c'e

勿　到　那　里　去

faeh tau 'a ie c'e

伽　兄　弟　拉　那　里

na hioong-de la 'a ie

拉　棧　房　裏

la dzan-vong ie

儂　要　想　出　去　快　末

noong iau siang tsaeh c'e kwa mae

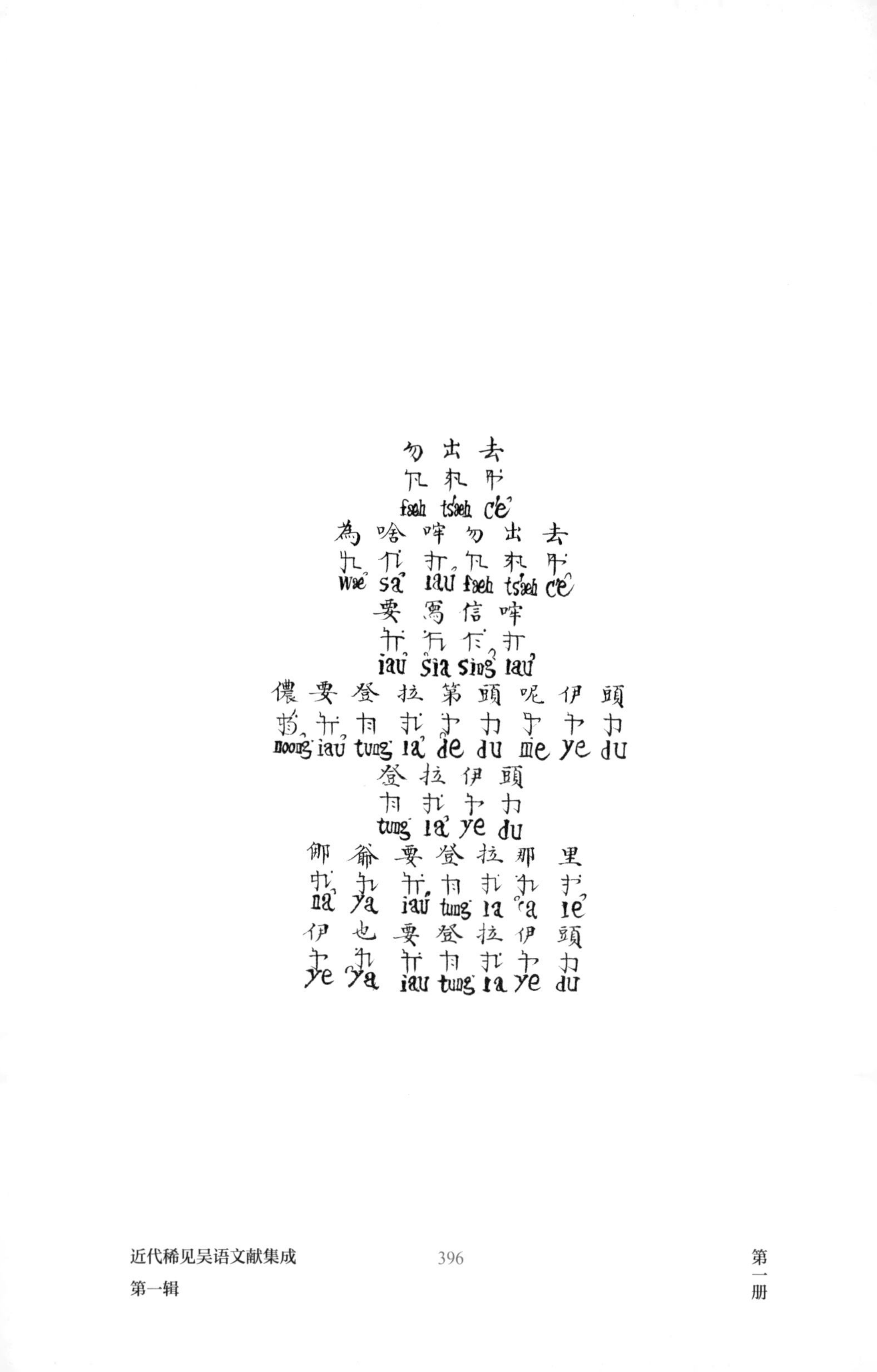

勿出去

fæh ts'æh c'e

為啥咾勿出去

wæ sa lau fæh ts'æh c'e

要寫信咾

iau sia sing lau

儂要登拉第頭呢伊頭

noong iau tung la de du me ye du

登拉伊頭

tung la ye du

伱爺要登拉那里

na ya iau tung la 'a le

伊也要登拉伊頭

ye ya iau tung la ye du

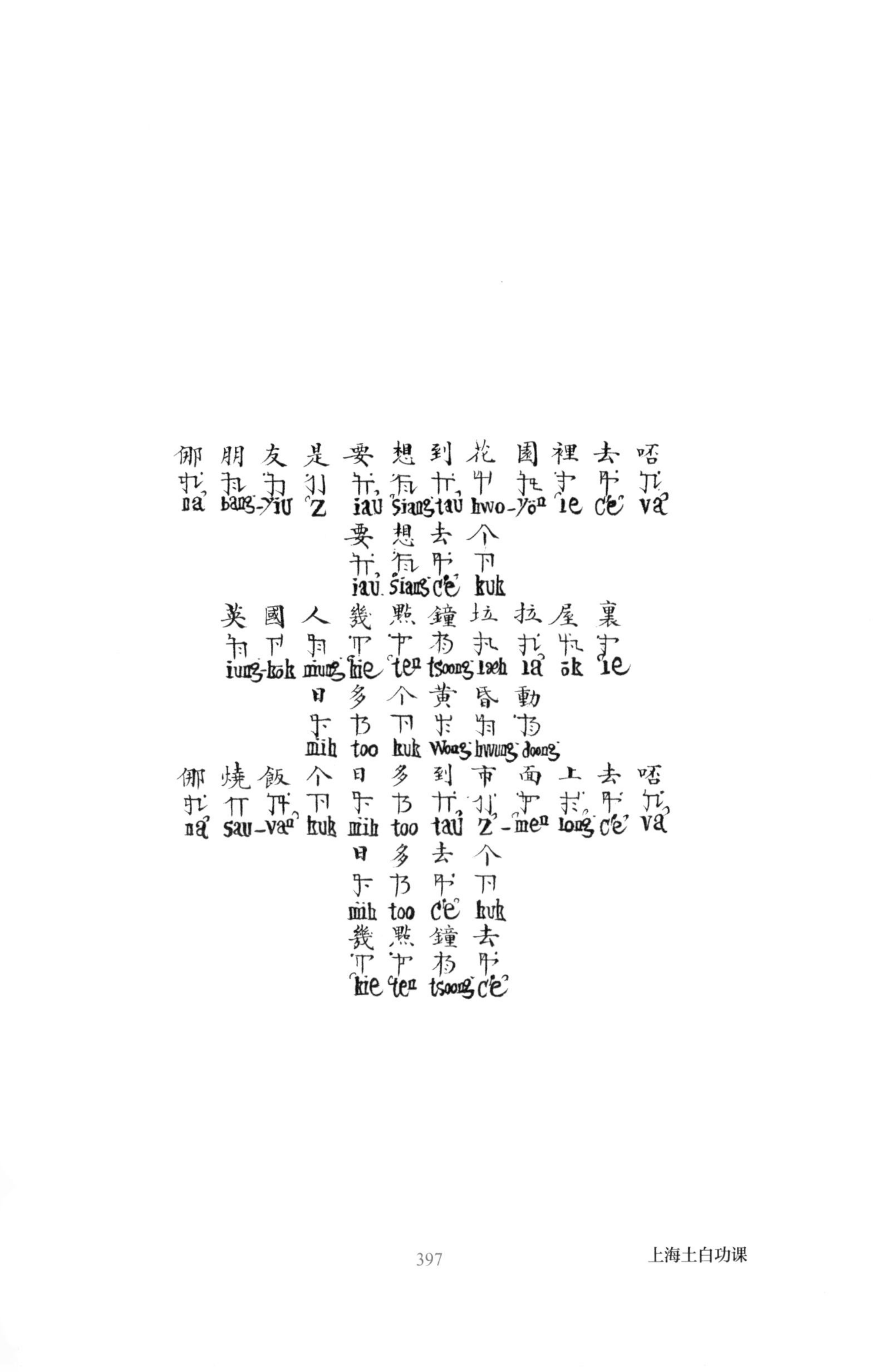

㑚 朋 友 是 要 想 到 花 園 裡 去 唔
na bang-yiu z iau siang tau hwo-yö^n ie c'e va

要 想 去 个
iau siang c'e kuk

英 國 人 幾 點 鐘 垃 拉 屋 裏
iung-kok niung kie te^n tsoong laeh la ok ie

日 多 个 黄 昏 動
mih too kuk Wong hwung doong

㑚 燒 飯 个 日 多 到 市 面 上 去 唔
na sau-va^n kuk mih too tau z-me^n long c'e va

日 多 去 个
mih too c'e kuk

幾 點 鐘 去
kie te^n tsoong c'e

早晨頭个六點鐘
'tsau zung du kuk lok 'teⁿ tsoong

儂鄰舍日多到花旗國人場化去唔
na' ling so' mih too tau hwo-je kok miung dzang hau c'e' va

日多去个
mih too c'e' kuk

幾點鐘去
'kie 'teⁿ tsoong c'e'

約歸早晨頭个八點鐘
iak kwae 'tsau zung du kuk pak 'teⁿ tsoong

儂要買啥物事
noong' iau 'ma sa' maeh z'

我末勿要買啥我个爺末要買一隻牛
ngoo mae faeh iau 'ma sa ngoo kuk ya maeh iau 'ma ih tsak miu

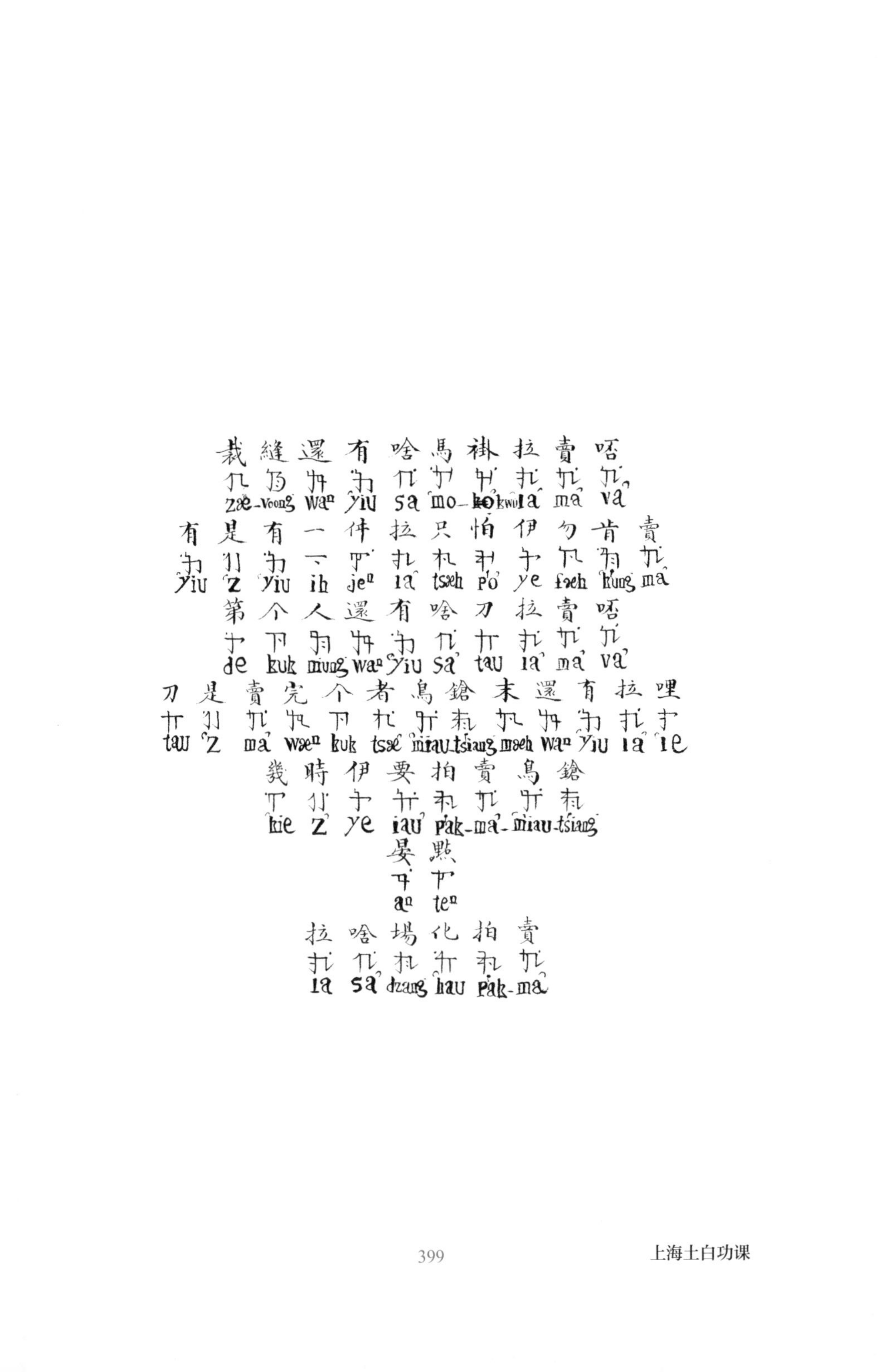

裁 縫 還 有 啥 馬 褂 拉 賣 否

zae-voong wa^{n} yiu sa mo-~~ko~~kwu la ma va

有 是 有 一 件 拉 只 怕 伊 勿 肯 賣

yiu 'z yiu ih je^{n} la tsaeh p'o ye faeh k'ung ma

第 个 人 還 有 啥 刀 拉 賣 否

de kuk niung wa^{n} yiu sa tau la ma va

刀 是 賣 完 个 者 鳥 鎗 末 還 有 拉 哩

tau 'z ma waen kuk tsae niau-tsiang maeh wa^{n} yiu la le

幾 時 伊 要 拍 賣 鳥 鎗

kie 'z ye iau p'ak-ma-niau-tsiang

晏 點

a^{n} te^{n}

拉 啥 場 化 拍 賣

la sa dzang hau p'ak-ma

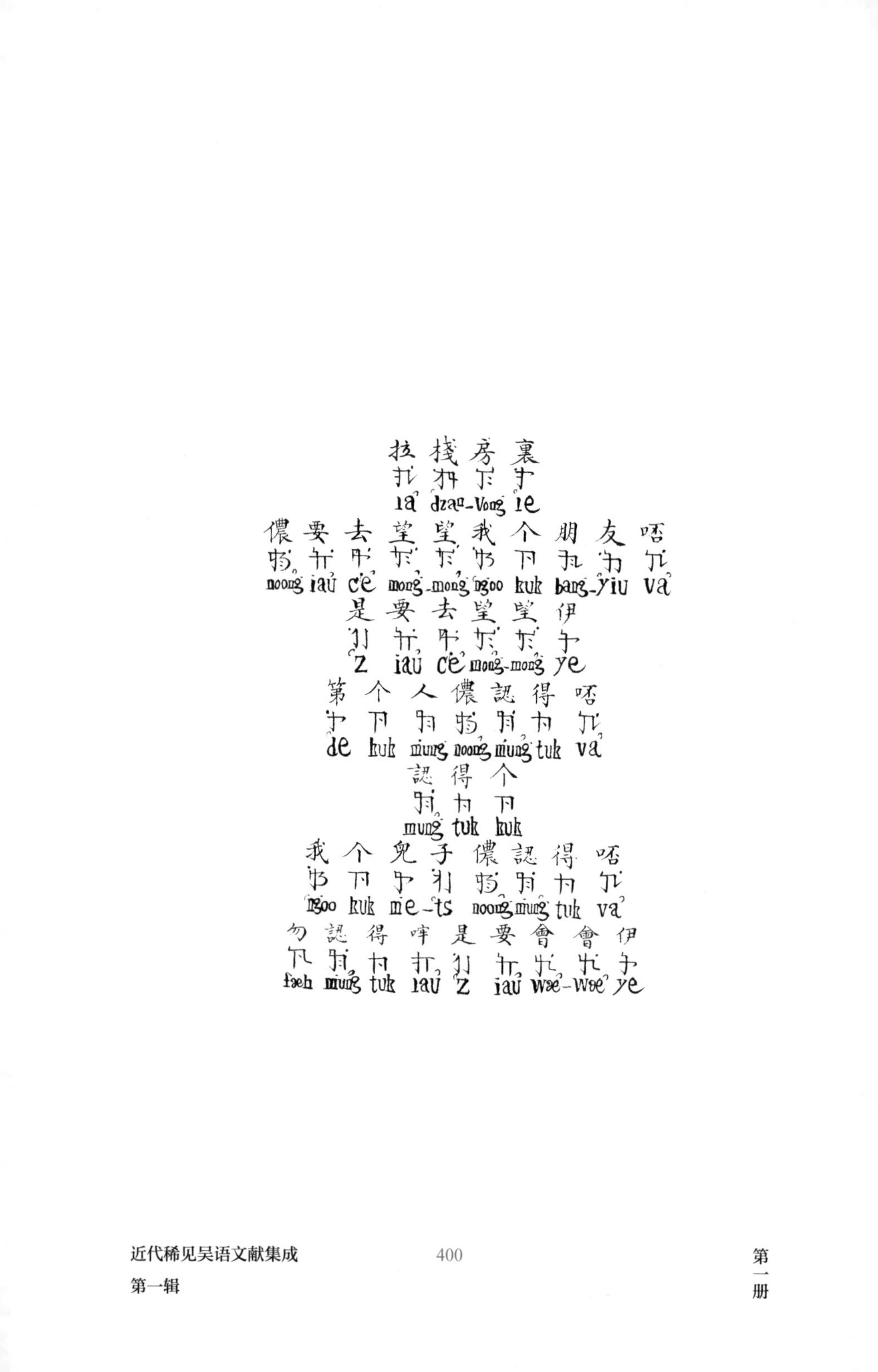

拉 栈 房 裏

ia dzan-vong ie

儂 要 去 望 望 我 个 朋 友 唔

noong iau ce mong-mong ŋgoo kuk bang-yiu va

是 要 去 望 望 伊

z iau ce mong-mong ye

第 个 人 儂 認 得 唔

de kuk mung noong mung tuk va

認 得 个

mung tuk kuk

我 个 兒 子 儂 認 得 唔

ŋgoo kuk me-ts noong mung tuk va

勿 認 得 咩 是 要 會 會 伊

fæh mung tuk iau z iau wæ-wœ ye

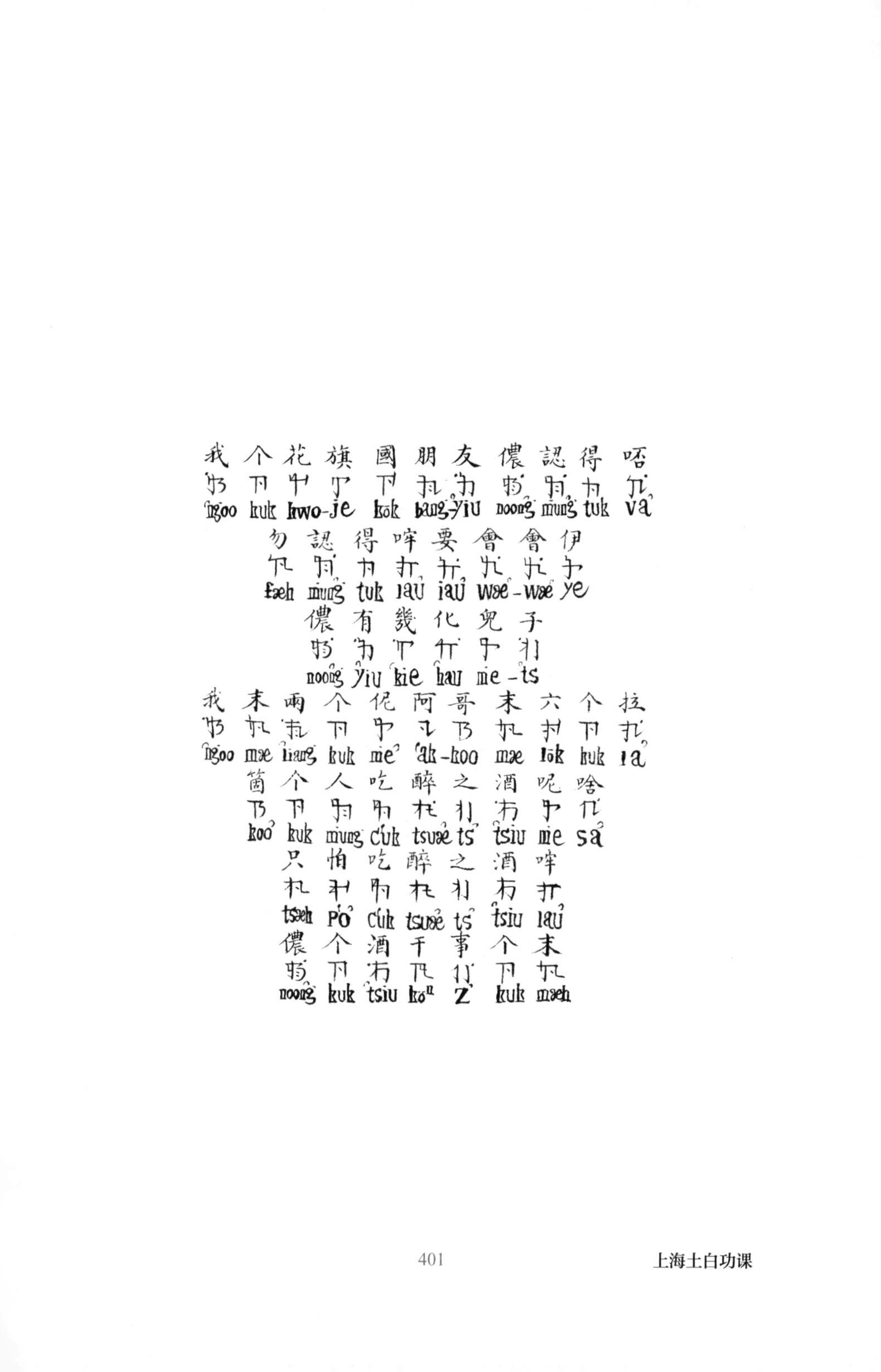

我 个 花 旗 國 朋 友 儂 認 得 唔
ngoo kuk hwo-je kok bang-yiu noong mung tuk va

勿 認 得 哰 要 會 會 伊
fæh mung tuk lau iau wæ-wæ ye

儂 有 幾 化 兒 子
noong yiu kie hau me-ts

我 末 兩 个 伲 阿 哥 末 六 个 拉
ngoo mæ liang kuk me ak-koo mæ lok kuk la

箇 个 人 吃 醉 之 酒 呢 啥
koo kuk mung ćuk tsuæ ts tsiu me sa

只 怕 吃 醉 之 酒 哰
tsæh po ćuk tsuæ ts tsiu lau

儂 个 酒 干 事 个 末
noong kuk tsiu kö^{n} z kuk mæh

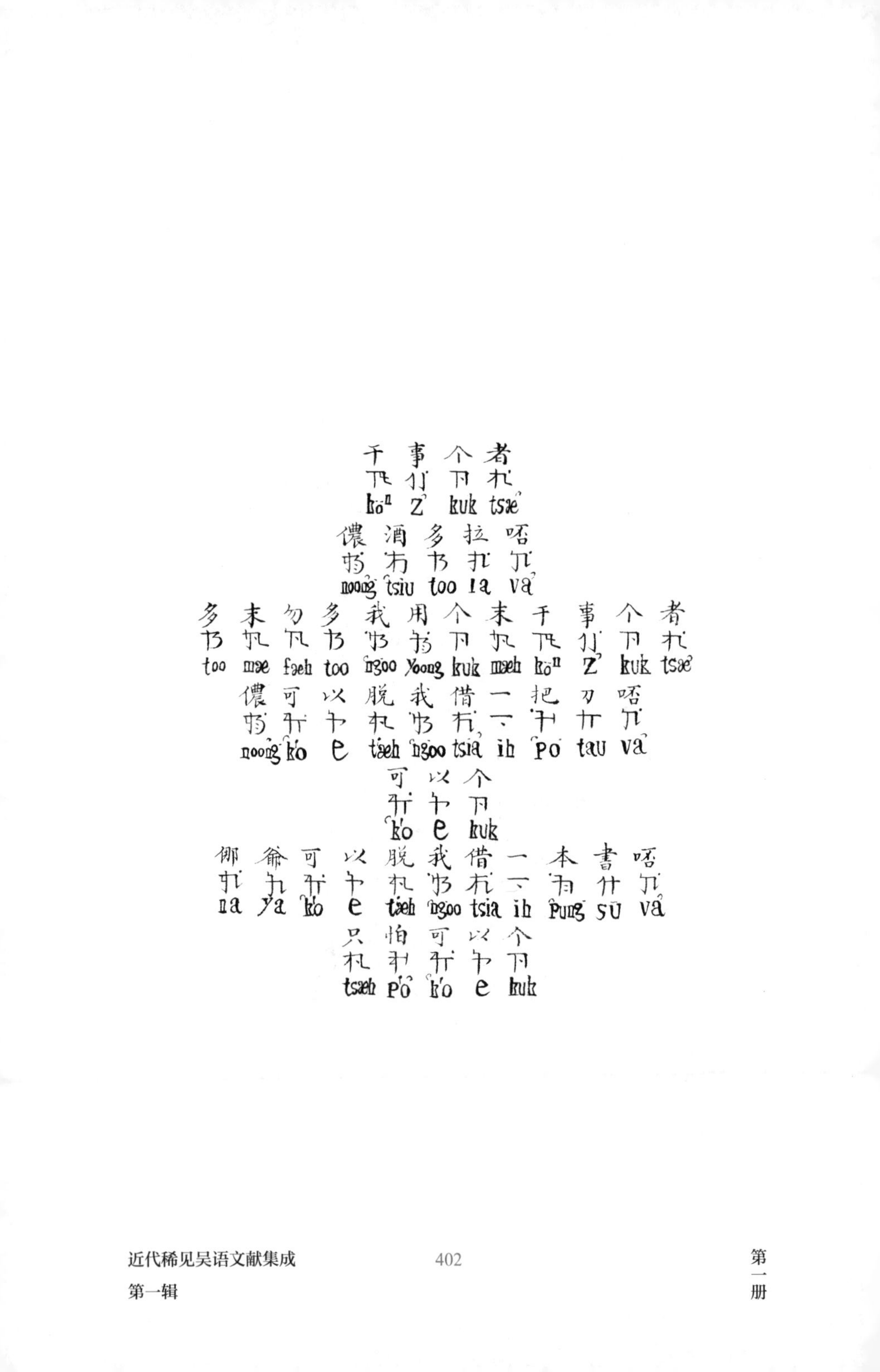

千 事 个 者

kö^n z kuk tsæ

儂 酒 多 拉 啫

noong tsiu too la va

多 末 勿 多 我 用 个 末 千 事 个 者

too mæ fæh too ngoo yoong kuk mæh kö^n z kuk tsæ

儂 可 以 脱 我 借 一 把 刀 啫

noong k'o e t'æh ngoo tsia ih po tau va

可 以 个

k'o e kuk

伽 爺 可 以 脱 我 借 一 本 書 啫

na ya k'o e t'æh ngoo tsia ih pung sū va

只 怕 可 以 个

tsæh p'o k'o e kuk

儂　缺　少　啥　物　事

noong' C'oh sau sa' maeh z'

缺　一　管　鳥　鎗

C'oh ih kwaen miau-tsiang

儂　缺　少　啥　畫　嗯

noong' C'oh sau sa' wo va'

是　缺　拉

'Z C'oh la

哪　兄　弟　缺　少　啥　銅　錢　嗯

na' hioong-de C'oh sau sa' doong-de" va'

勿　缺　少

faeh C'oh sau

第　个　小　囝　缺　少　啥　鞋　子　嗯

de kuk siau-no" C'oh sau sa' 'a-ts va'

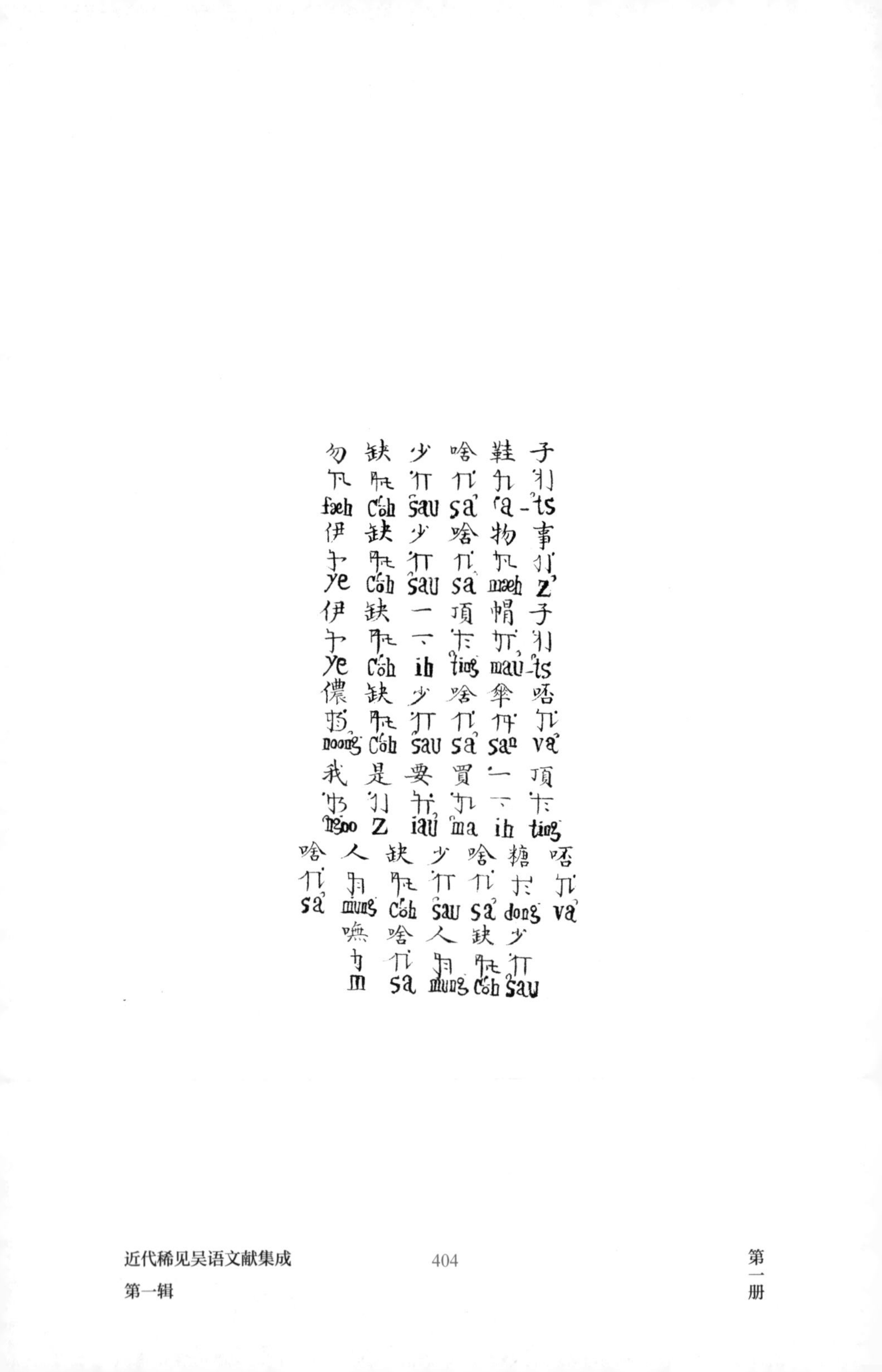

勿 鈌 少 啥 鞋 子

fæh cöh sau sa 'a-ts

伊 鈌 少 啥 物 事

ye cöh sau sa mæh z

伊 鈌 一 頂 帽 子

ye cöh ih ting mau-ts

儂 鈌 少 啥 傘 唔

noong cöh sau sa sa^{n} va

我 是 要 買 一 頂

ngoo z iau ma ih ting

啥 人 鈌 少 啥 糖 唔

sa mung cöh sau sa dong va

嘸 啥 人 鈌 少

m sa mung cöh sau

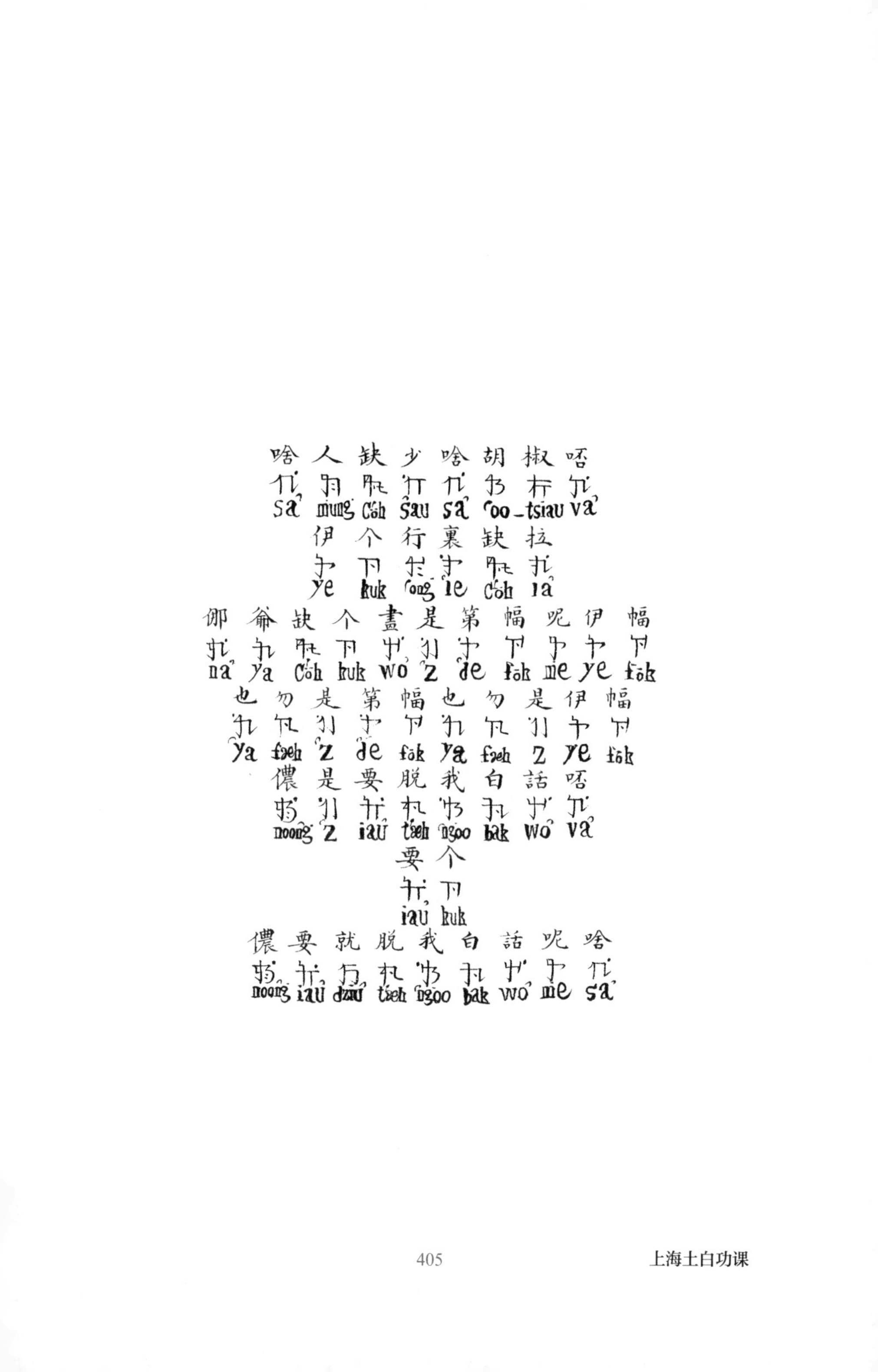

啥 人 缺 少 啥 胡 椒 唔

sa mung c'oh sau sa 'oo-tsiau va

伊 个 行 裏 缺 拉

ye kuk 'ong le c'oh la

倻 爺 缺 个 畫 是 第 幅 呢 伊 幅

na ya c'oh kuk wo z de fok me ye fok

也 勿 是 第 幅 也 勿 是 伊 幅

ya faeh z de fok ya faeh z ye fok

儂 是 要 脱 我 白 話 唔

noong z iau t'aeh ngoo bak wo va

要 个

iau kuk

儂 要 就 脱 我 白 話 呢 啥

noong iau dzau t'aeh ngoo bak wo me sa

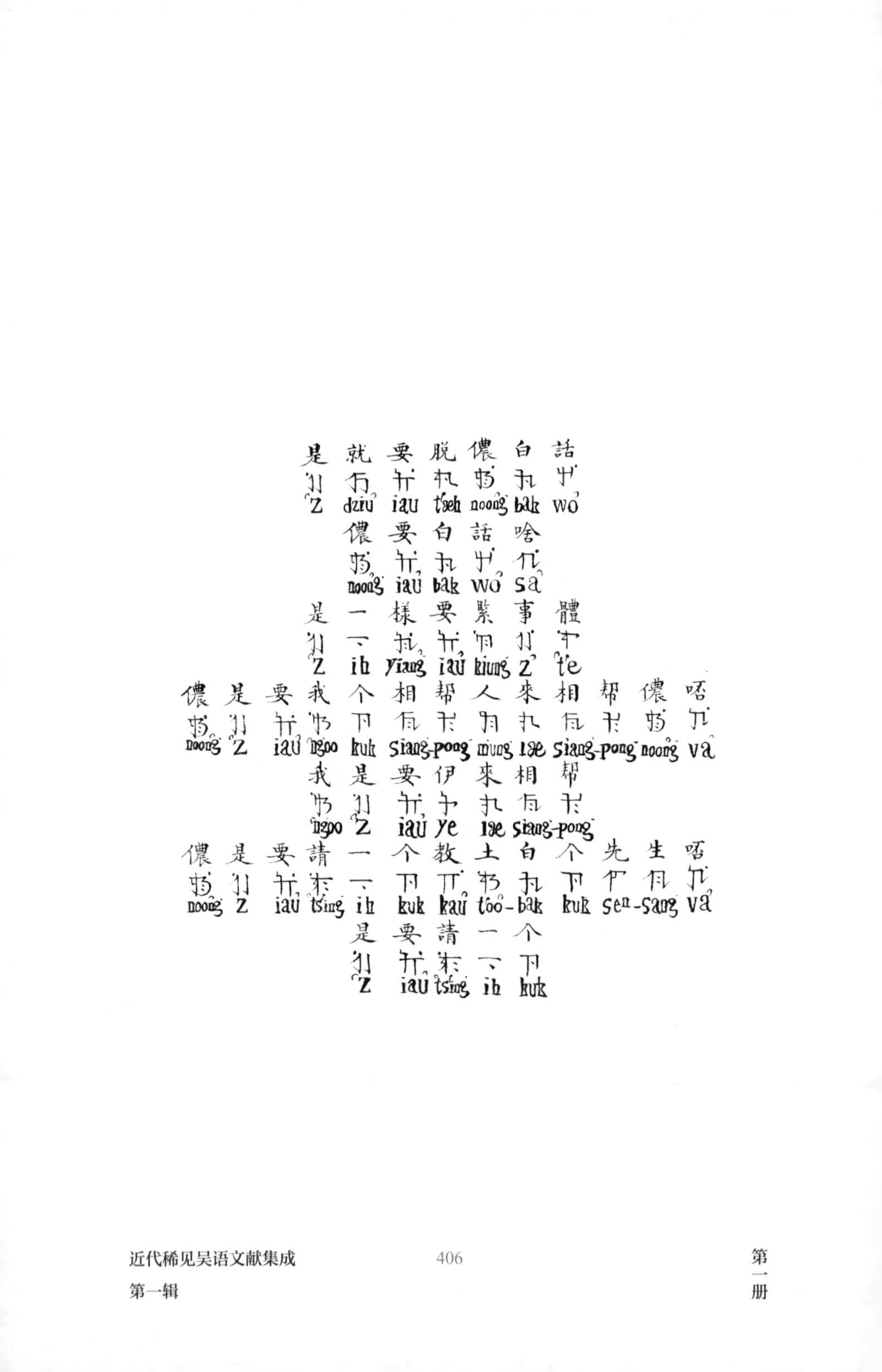

是就要脱儂白話

Z dziu iau t'seh noong bak wo

儂要白話啥

noong iau bak wo sa

是一樣要緊事體

Z ih yiang iau kiung z t'e

儂是要我个相帮人來相帮儂唔

noong Z iau ngoo kuk siang-pong niung lae siang-pong noong va

我是要伊來相帮

ngoo Z iau ye lae siang-pong

儂是要請一个教土白个先生唔

noong Z iau ts'ing ih kuk kau t'oo-bak kuk sen-sang va

是要請一个

Z iau ts'ing ih kuk

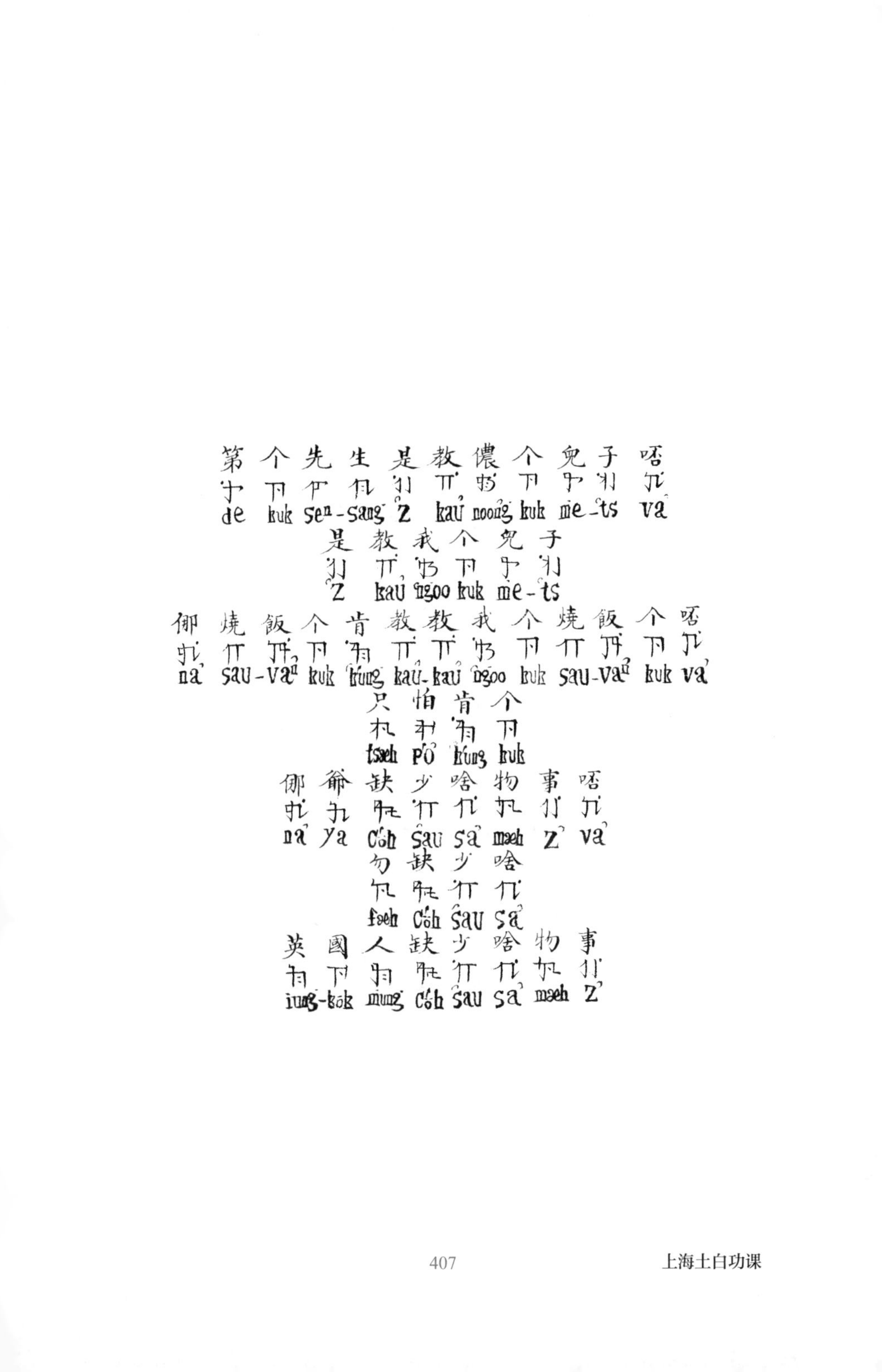

第个先生是教儂个兒子唔

de kuk sen-sang z kau noong kuk me-ts va

是教我个兒子

z kau ngoo kuk me-ts

伲燒飯个肯教教我个燒飯个唔

na sau-van kuk k'ung kau-kau ngoo kuk sau-van kuk va

只怕肯个

tsaeh p'o k'ung kuk

伲爺缺少啥物事唔

na ya c'óh sau sa maeh z va

勿缺少啥

faeh c'óh sau sa

英國人缺少啥物事

iung-kok nyung c'óh sau sa maeh z

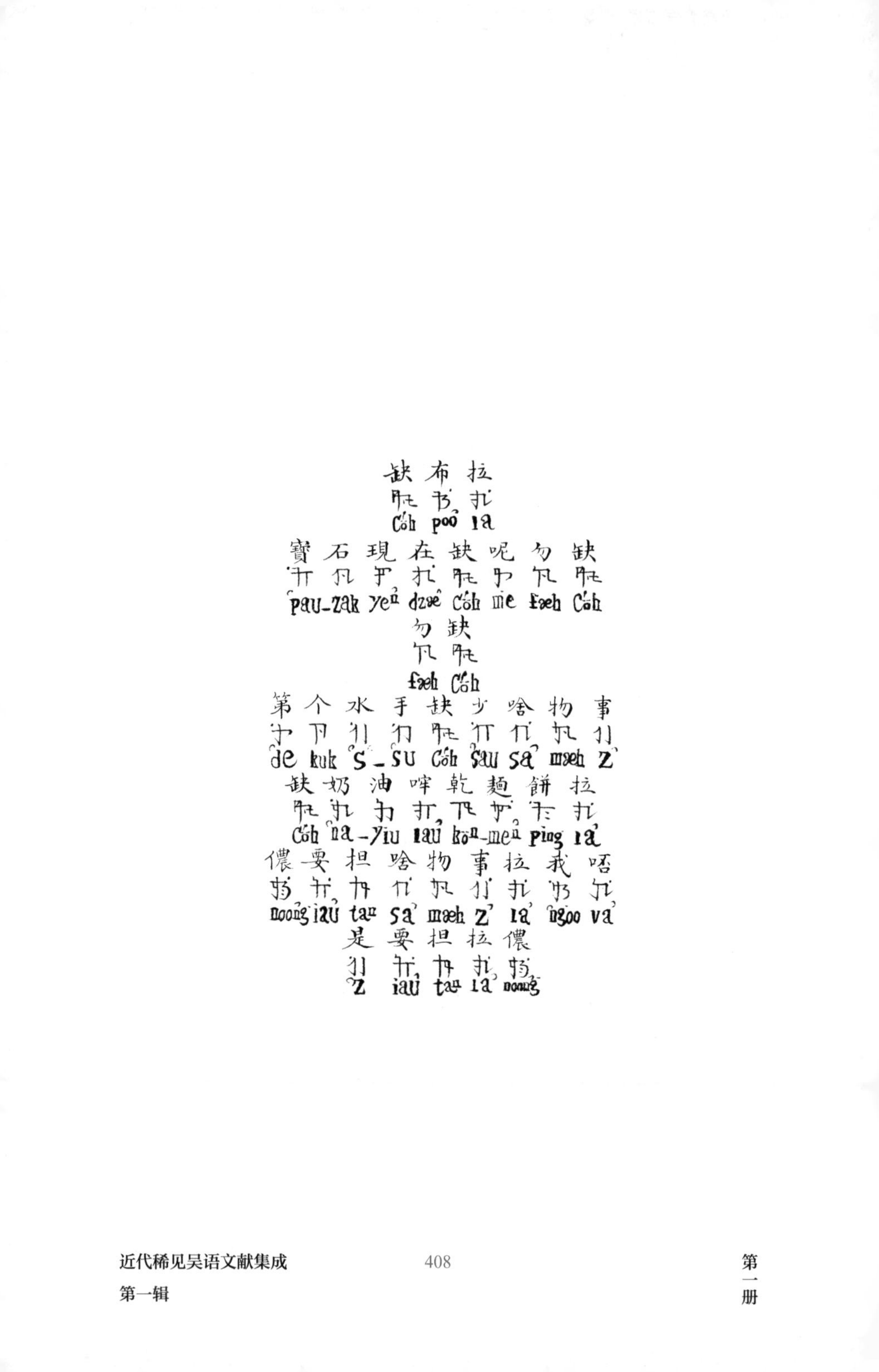

鈌 布 拉

Cóh poô la

寶 石 現 在 鈌 呢 勿 鈌

pau-zak ye^{n} dzæ̂ Cóh me fæh Cóh

勿 鈌

fæh Cóh

第 个 水 手 鈌 少 啥 物 事

de kuk s-su Cóh sau sa mæh z

鈌 奶 油 哰 乾 麵 餅 拉

Cóh na-yiu lau kö^{n}-me^{n} ping la

儂 要 担 啥 物 事 拉 我 唔

noong iau tan sa mæh z la ngoo va

是 要 担 拉 儂

z iau tan la noong

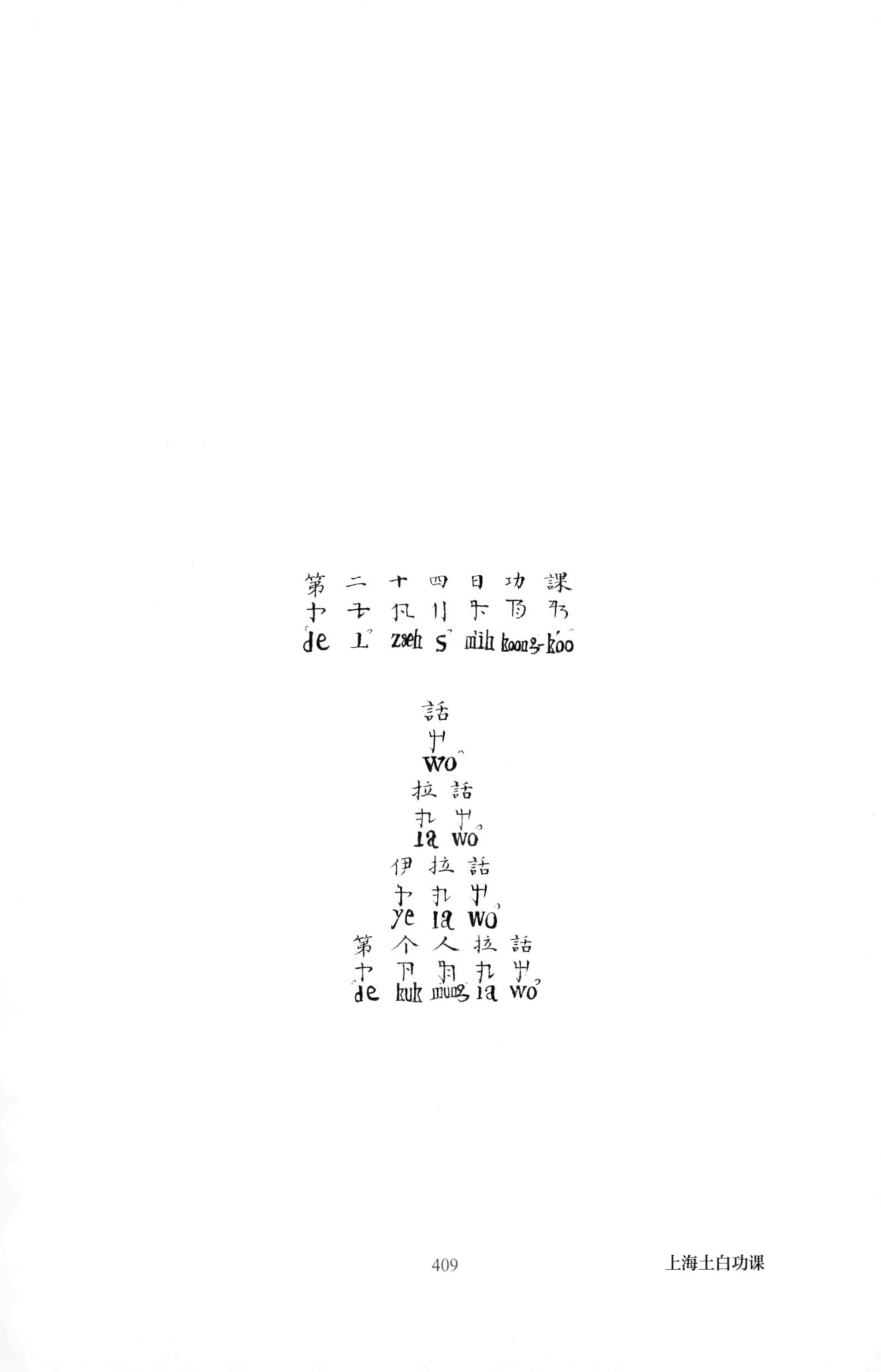

第二十四日功课

de L zeh s mih koong-k'oo

話

wo

拉話

la wo

伊拉話

ye la wo

第个人拉話

de kuk nung la wo

賣 ma'
拉 ia 賣 ma'
拉 ia' 賣 ma' 哩 ie
儂 noong 个 kuk 物 mæh 事 z 拉 ia 賣 ma' 末 mæ
勿 fæh 曾 dzung 拉 ia 賣 ma' 哩 ia le
做 tsoo
拉 ia 做 tsoo

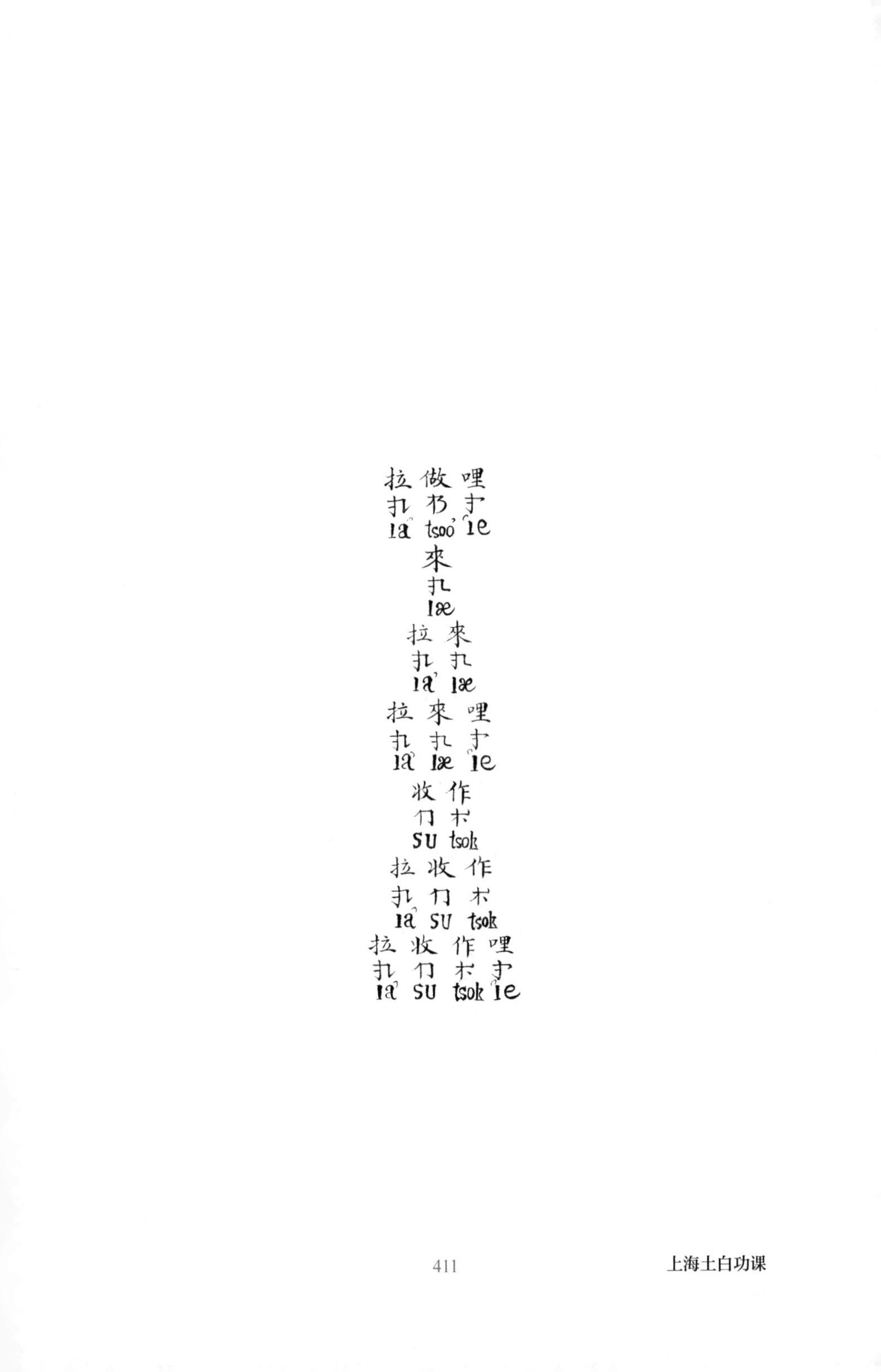

拉 做 哩

la tsoo le

來

læ

拉 來

la læ

拉 來 哩

la læ le

收 作

su tsok

拉 收 作

la su tsok

拉 收 作 哩

la su tsok le

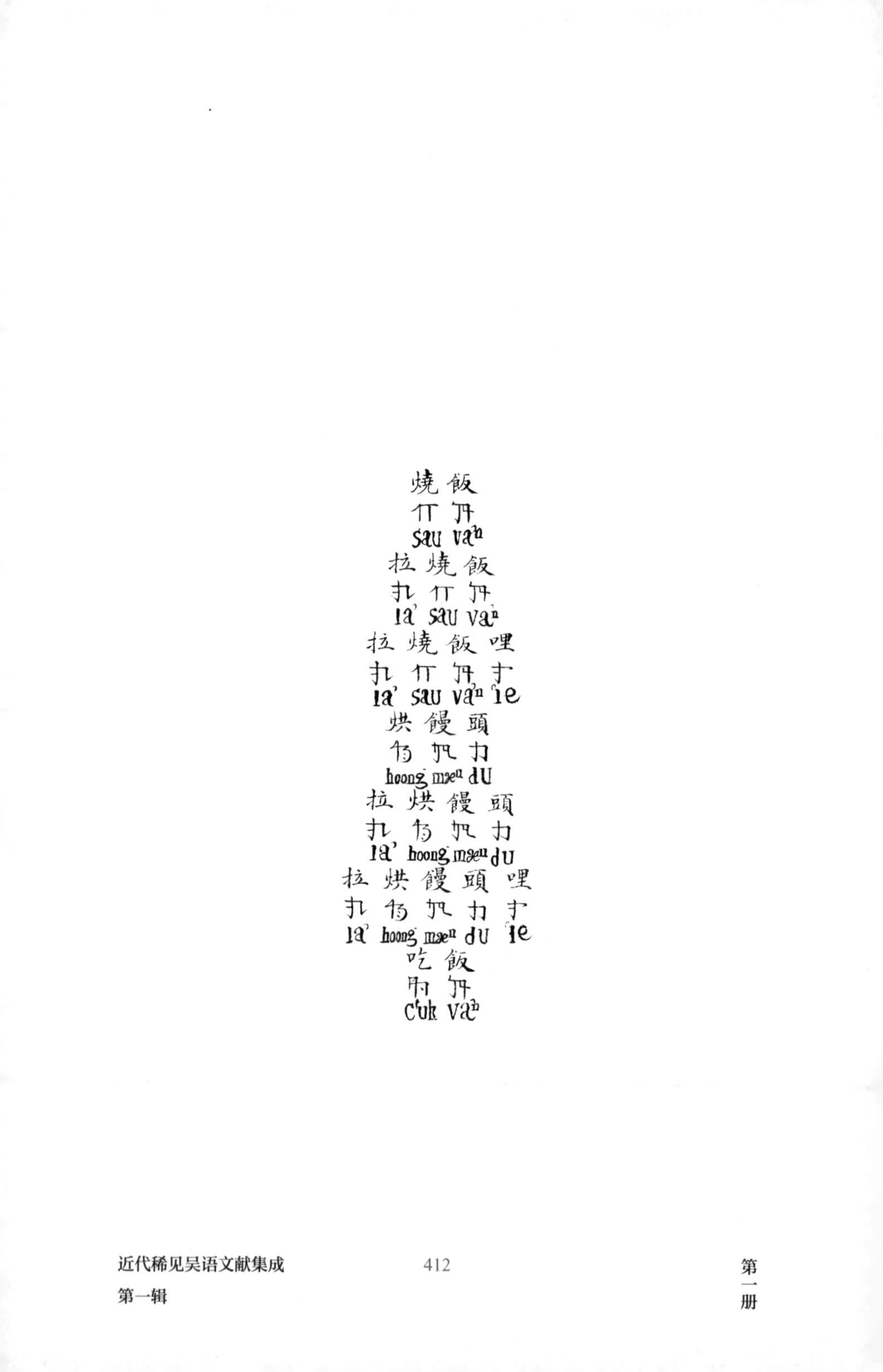

燒飯

sau va^{n}

拉燒飯

la' sau va^{n}

拉燒飯哩

la' sau va^{n} 'ie

烘饅頭

hoong mœ^{n} du

拉烘饅頭

la' hoong mœ^{n} du

拉烘饅頭哩

la' hoong mœ^{n} du 'ie

吃飯

c'uk va^{n}

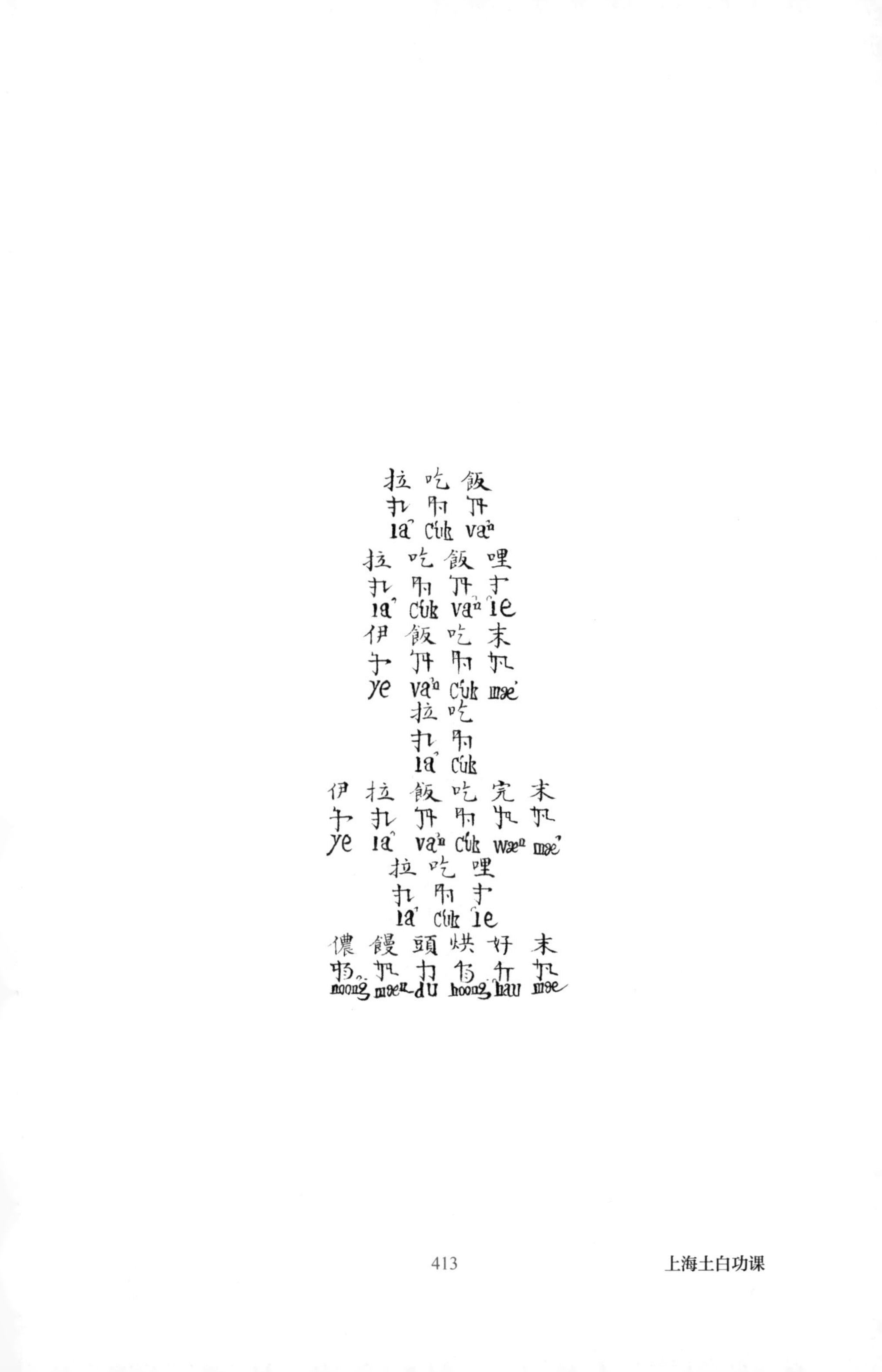

拉 吃 飯

la' c'uk van

拉 吃 飯 哩

la' c'uk van ie

伊 飯 吃 末

ye van c'uk mæ'

拉 吃

la' c'uk

伊 拉 飯 吃 完 末

ye la' van c'uk wæn mæ'

拉 吃 哩

la' c'uk ie

儂 饅 頭 烘 好 末

noong mæn-du hoong' hau mæ

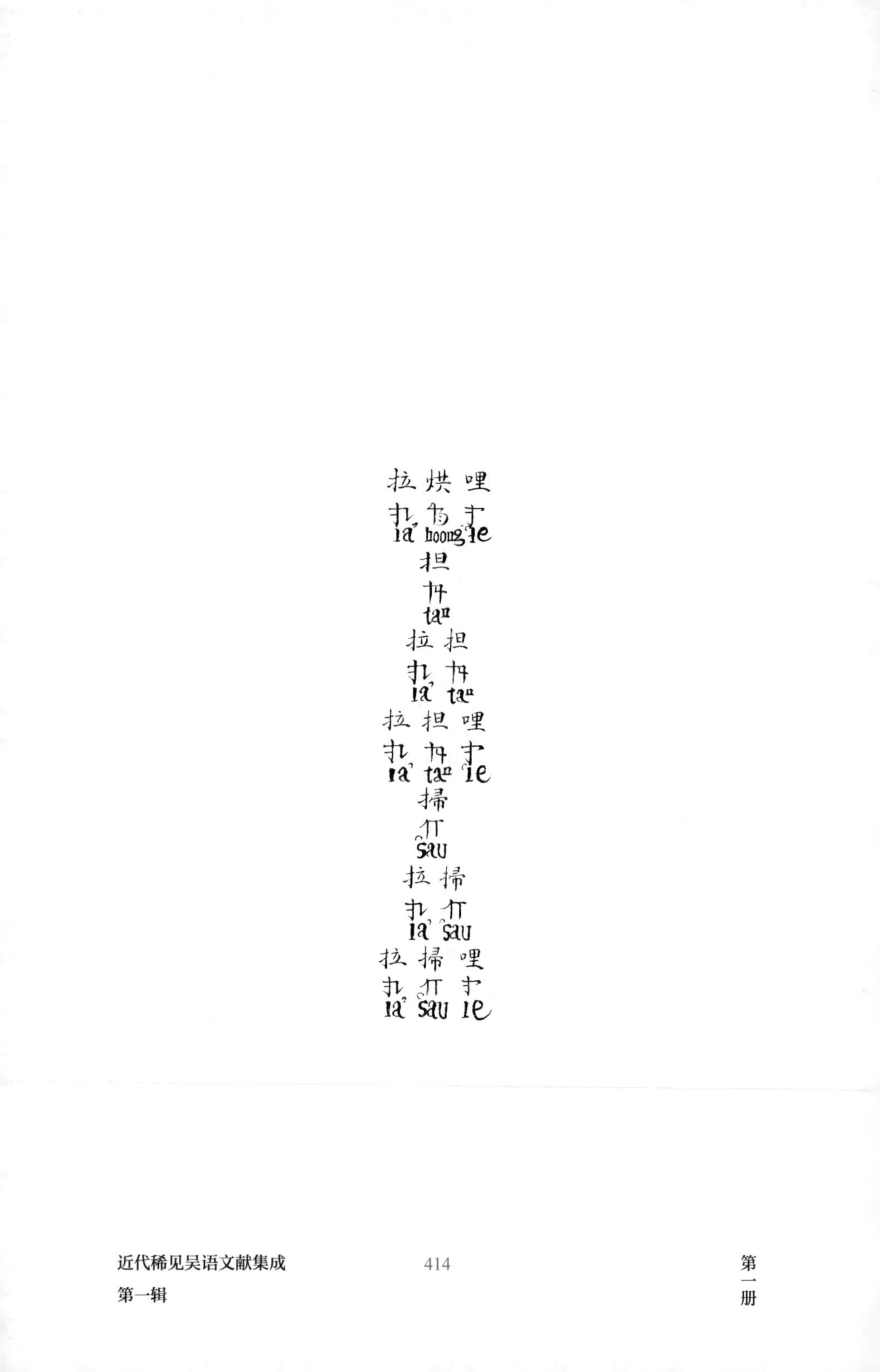

拉 烘 哩

la' hoong ie

担

ta^{n}

拉 担

la' ta^{n}

拉 担 哩

la' ta^{n} ie

掃

sau

拉 掃

la' sau

拉 掃 哩

la' sau ie

寫
sia
拉 寫
la sia
拉 寫 哩
la sia le
讀
dōk
拉 讀
la dōk
拉 讀 哩
la dōk le
看
kōn

拉看
扎孔
la' k'ön'

拉看哩
扎孔才
la' k'ön ie

開
孔
k'æ

拉開
扎孔
la' k'æ

拉開哩
扎孔才
la' k'æ ie

愛
乚
丕'

歡喜
牝朩
hwæn hie

伊歡喜第个小囝
ye hwæ^{n}-hie de kuk siau-nö^{n}

寫拉个 讀拉个 做拉个 話拉个
sia la kuk dōk la kuk tsoo la kuk wo la kuk

掃拉个 收作拉个 燒拉个
sau la kuk su tsok la kuk sau la kuk

烘拉个 歡喜拉个 愛拉个
hoong la kuk hwæ^{n}-hie la kuk æ la kuk

儂歡喜伊唔
noong hwæ^{n}-hie ye va

歡喜伊个
hwæ^{n}-hie ye kuk

酒儂愛吃唔
tsiu noong æ ćuk va

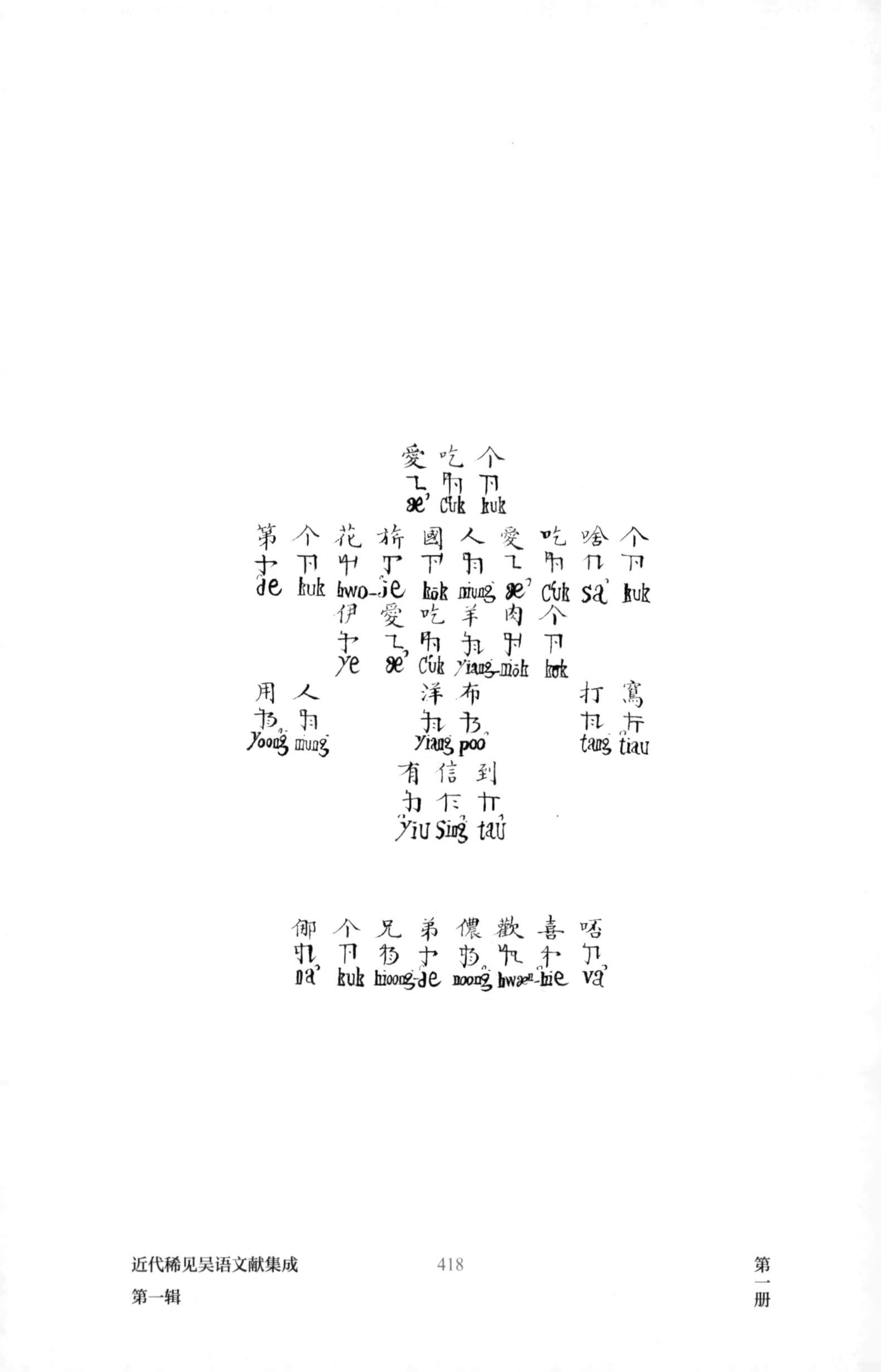

愛吃个

æ Cuk kuk

第个花旂國人愛吃啥个

de kuk hwo-je kŏk miung æ Cuk sa kuk

伊愛吃羊肉个

ye æ Cuk yiang-mŏk kok

用人

Yoong miung

洋布

yiang poo

打鳥

tang tiau

有信到

yiu sing tau

御个兄弟儂歡喜⿰口否

na kuk hioong-de noong hwæn-hie va

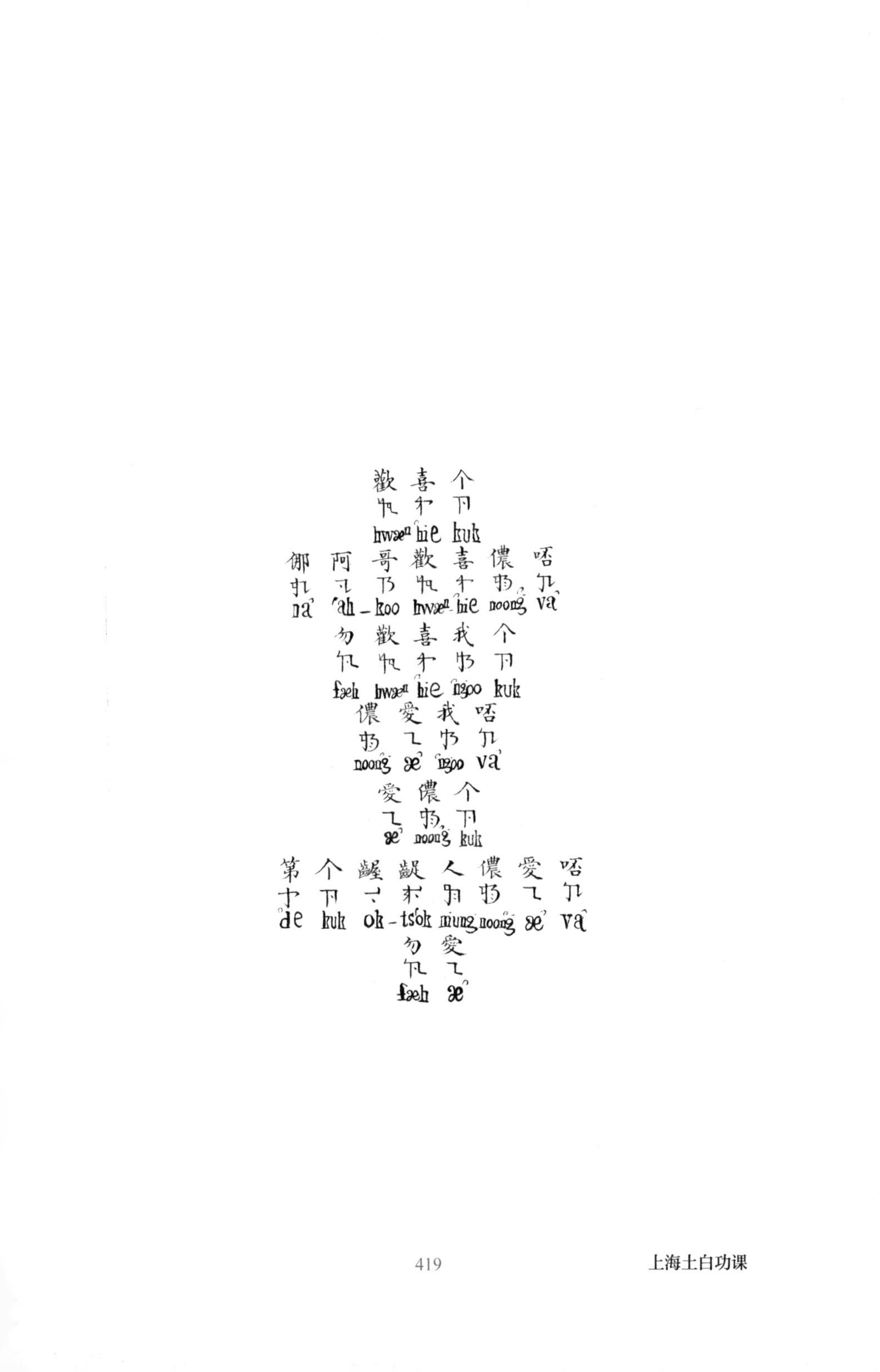

歡喜个

hwæn hie kuk

㑚阿哥歡喜儂㕦

na 'ah-koo hwæn-hie noong va

勿歡喜我个

faeh hwæn hie ngoo kuk

儂愛我㕦

noong æ ngoo va

愛儂个

æ noong kuk

第个齷齪人儂愛㕦

de kuk ok-ts'ok niung noong æ va

勿愛

faeh æ

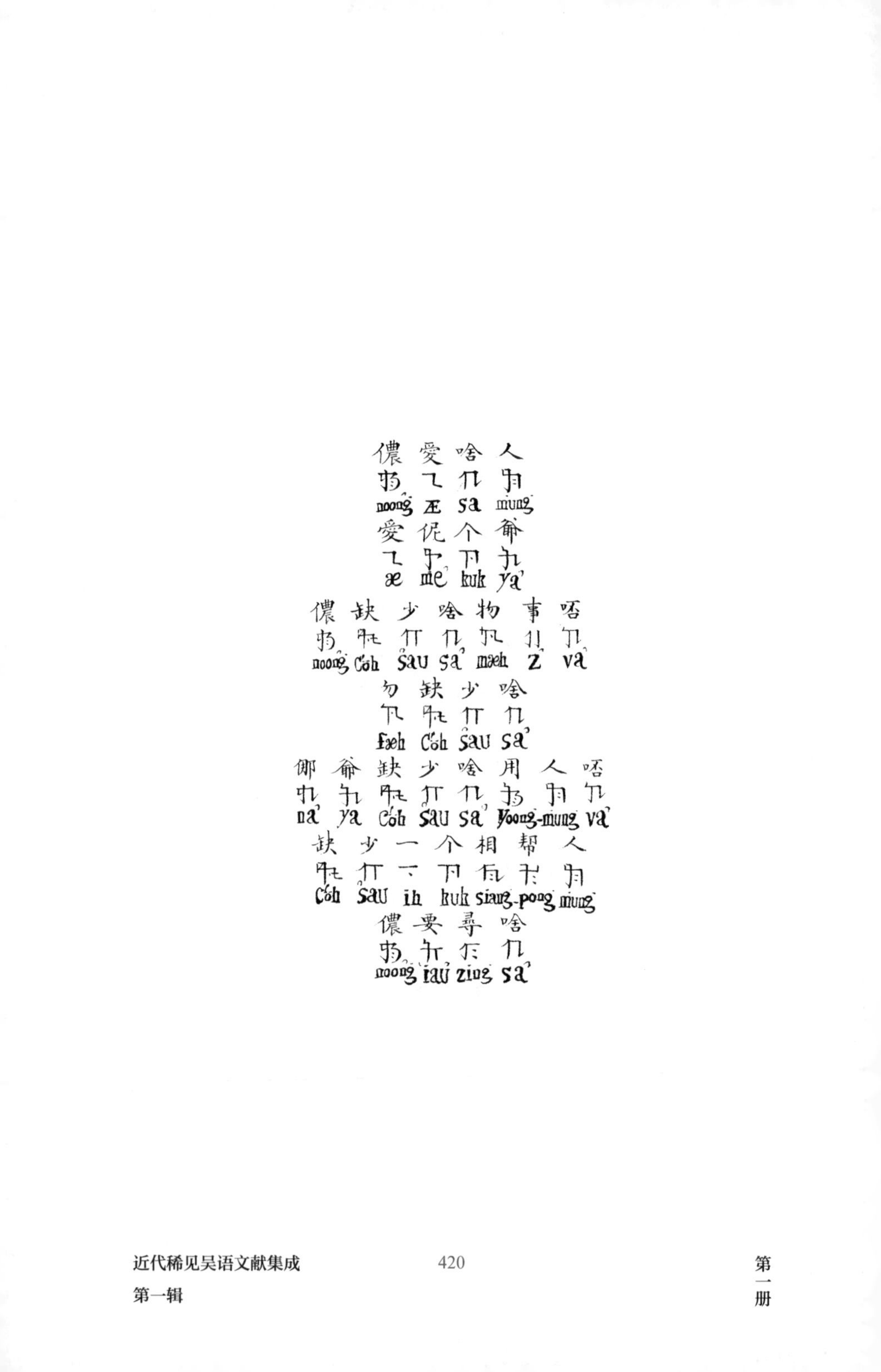

儂愛啥人
noong æ sa mung

愛伲个爺
æ me kuk ya

儂缺少啥物事否
noong cóh sau sa maeh z va

勿缺少啥
faeh cóh sau sa

伽爺缺少啥用人否
na ya cóh sau sa yoong-mung va

缺少一个相帮人
cóh sau ih kuk siang-pong mung

儂要尋啥
noong iau zing sa

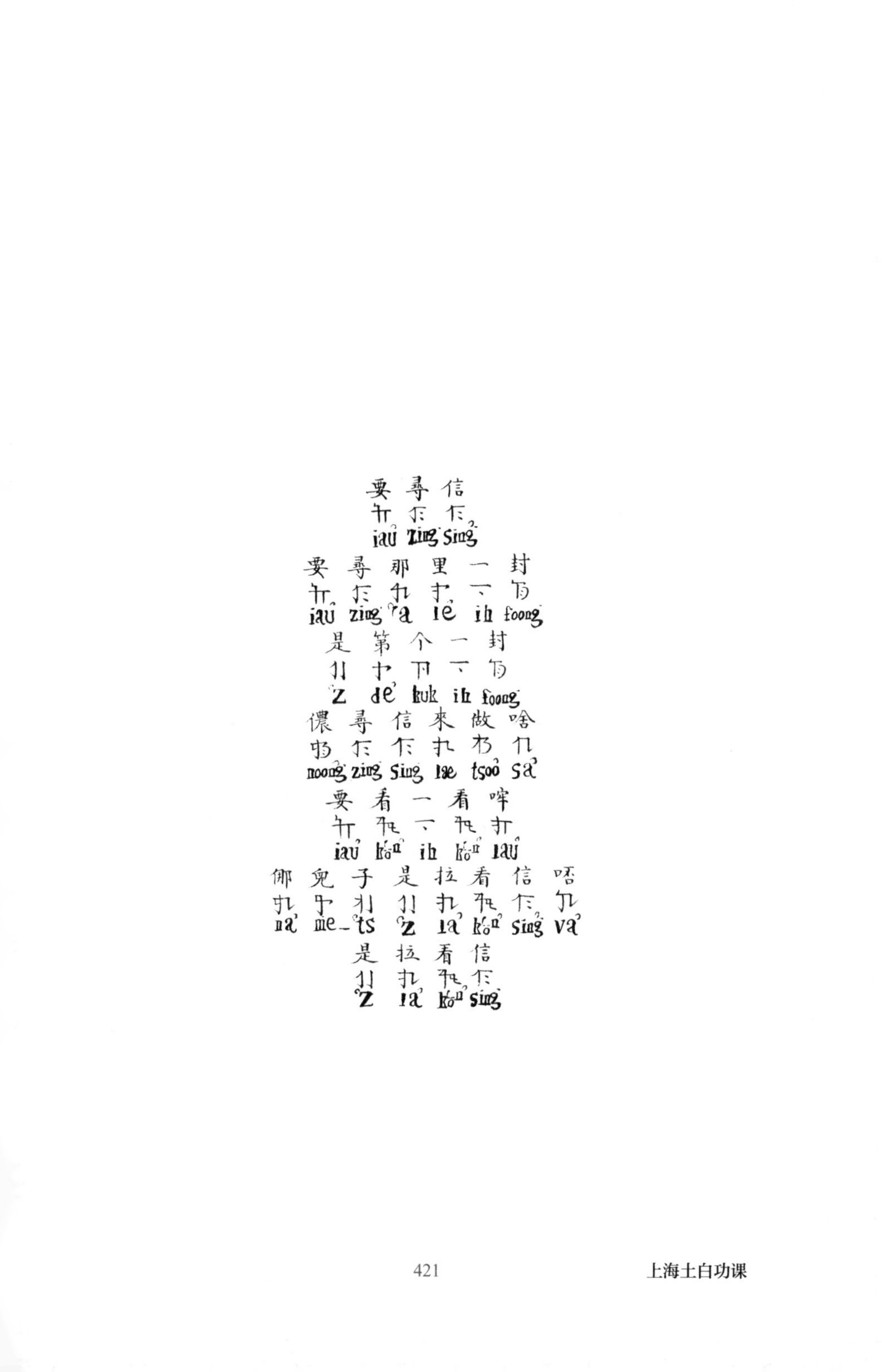

要尋信

iau zing sing

要尋那里一封

iau zing 'a le ih foong

是第个一封

z de kuk ih foong

儂尋信來做啥

noong zing sing lae tsoo sa

要看一看㖸

iau k'ön ih k'ön lau

伽兒子是拉看信唔

na me-ts z la k'ön sing va

是拉看信

z la k'ön sing

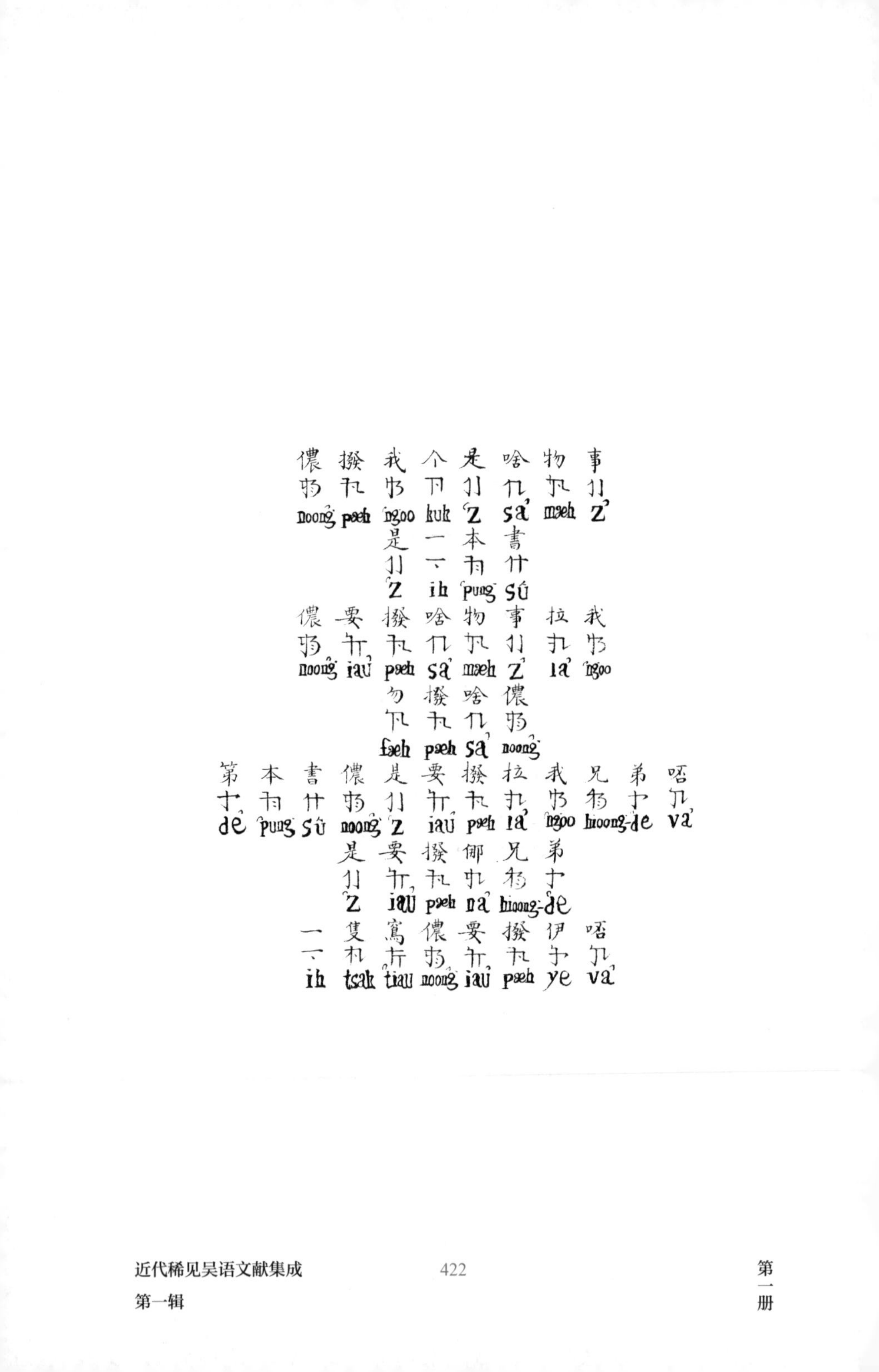

儂撥我个是啥物事

noong pæh 'ngoo kuk 'z sa' mæh z'

是一本書

'z ih 'pung sû

儂要撥啥物事拉我

noong iau' pæh sa' mæh z' la' 'ngoo

勿撥啥儂

fæh pæh sa' noong

第本書儂是要撥拉我兄弟咾

de' 'pung sû noong 'z iau' pæh la' 'ngoo hioong-de va'

是要撥倻兄弟

'z iau' pæh na' hioong-de

一隻寫儂要撥伊咾

ih tsak 'tiau noong iau' pæh ye va'

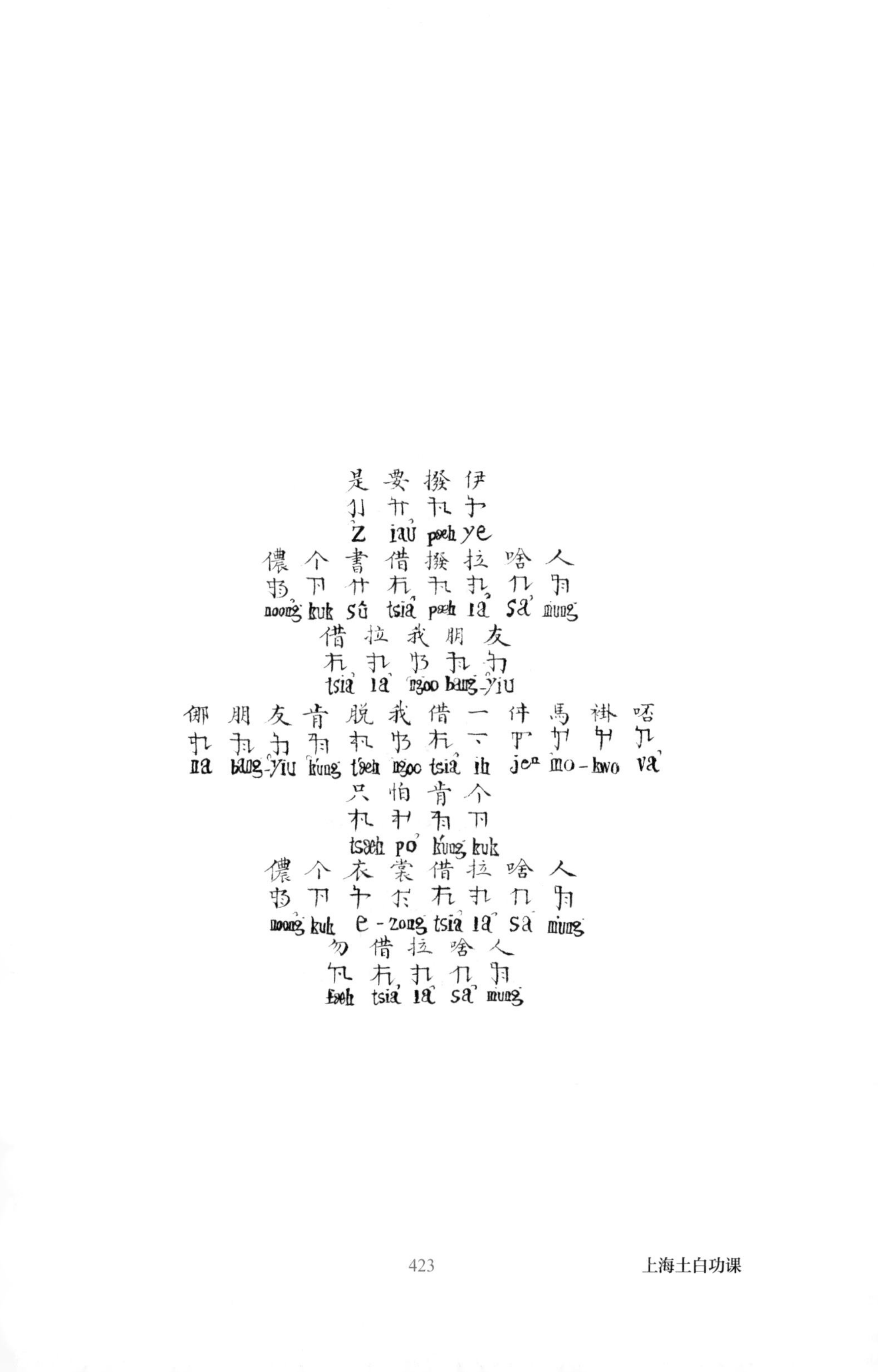

是要撥伊

Z iau poeh ye

儂个書借撥拉啥人

noong kuk sû tsia poeh la sa mung

借拉我朋友

tsia la ngoo bang-yiu

㑚朋友肯脫我借一件馬褂㕸

na bang-yiu kúng t'seh ngoo tsia ih je^{n} mo-kwo va

只怕肯个

tsaeh po kúng kuk

儂个衣裳借拉啥人

noong kuk e-zong tsia la sa mung

勿借拉啥人

fseh tsia la sa mung

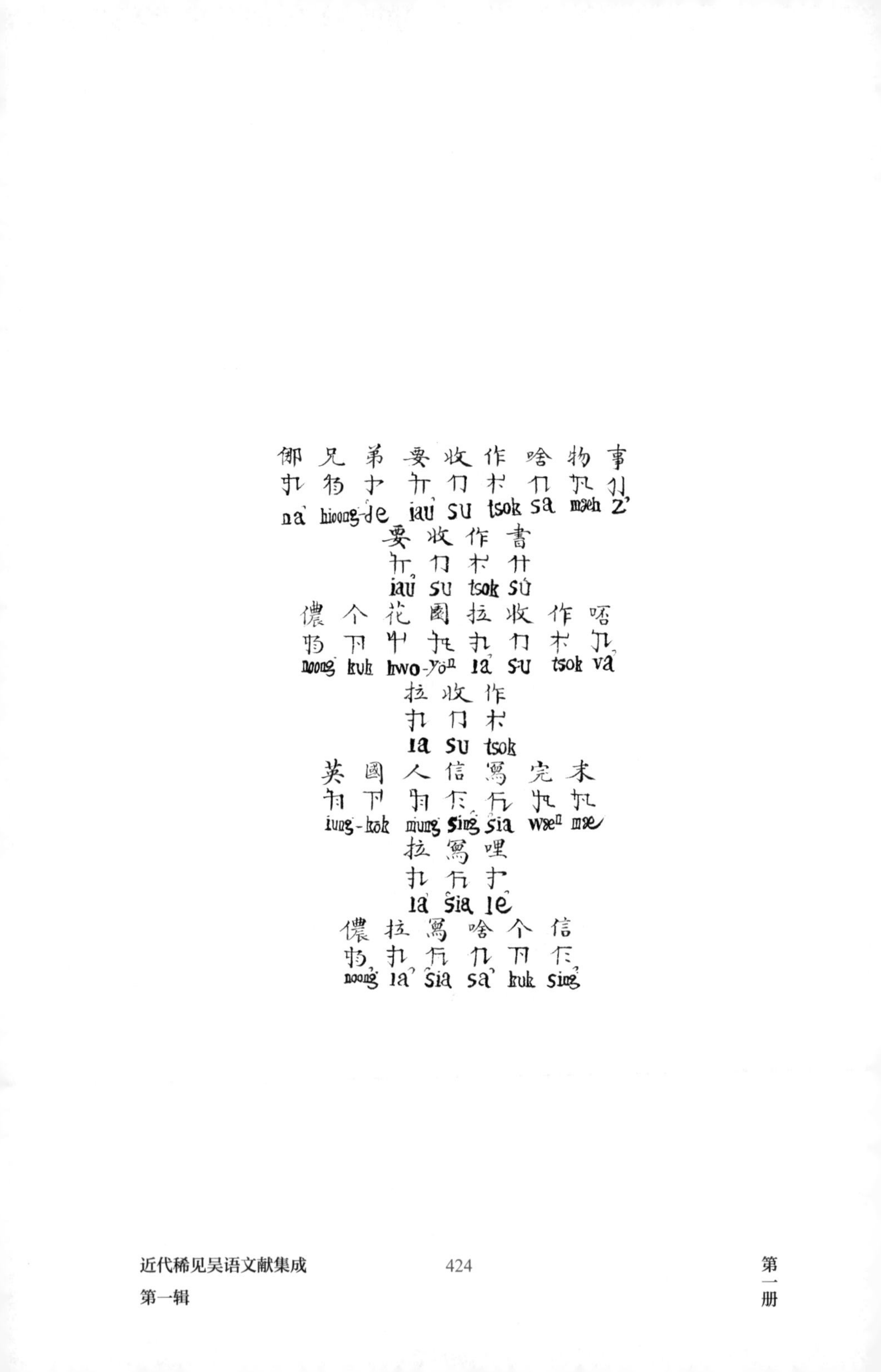

倻兄弟要收作啥物事

na' hioong-de iau su tsok sa mæh z'

要收作書

iau su tsok sû

儂个花園拉收作啥

noong kuk hwo-yön la su tsok va

拉收作

la su tsok

英國人信寫完末

iung-kok mung sing sia wæn mæ

拉寫哩

la sia le

儂拉寫啥个信

noong la sia sa kuk sing

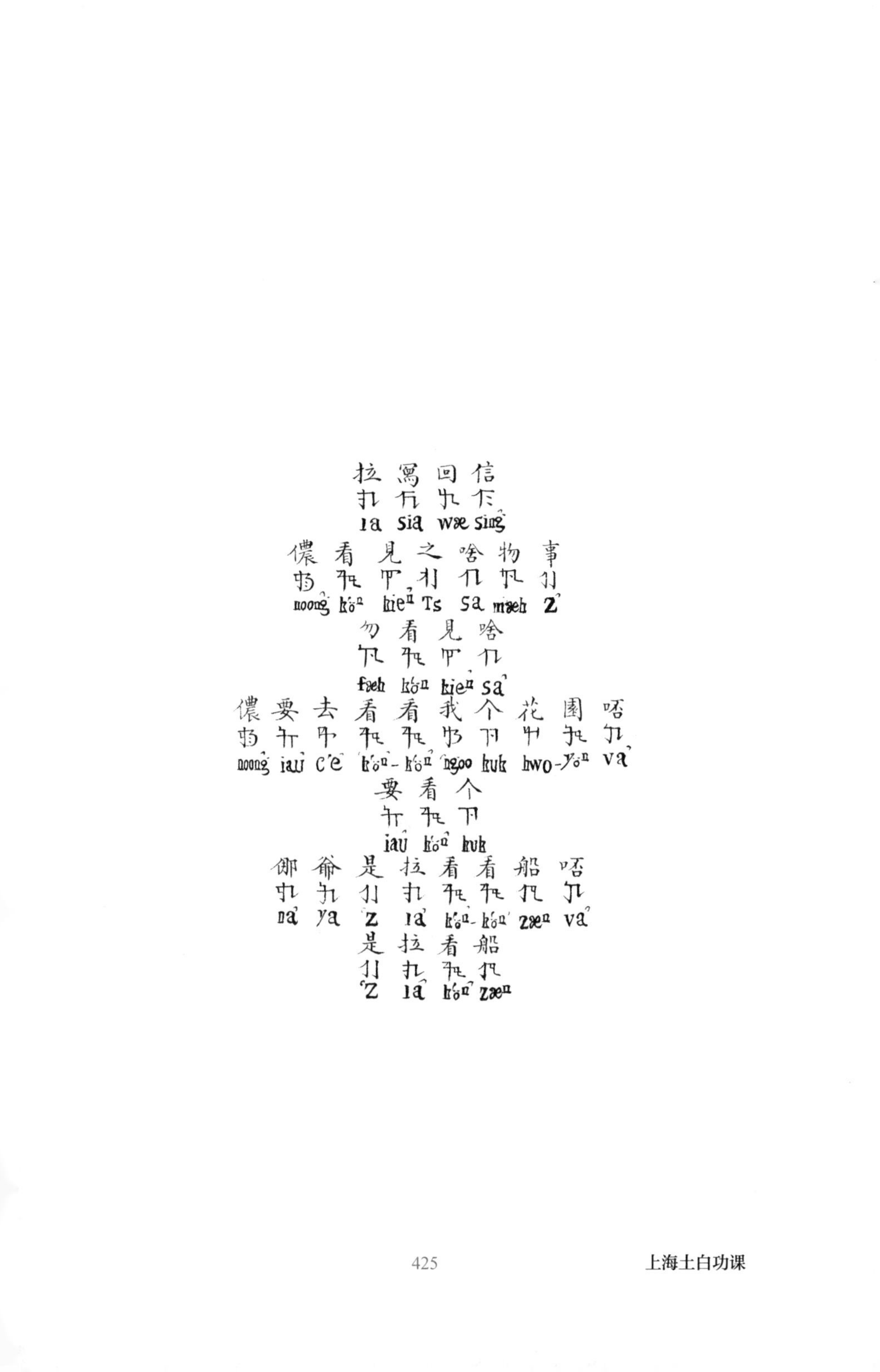

拉寫回信

la sia wæ sing

儂看見之啥物事

noong kön kien Ts sa mæh Z

勿看見啥

fæh kön kien sa

儂要去看看我个花園嗒

noong iau c'e kön-kön ngoo kuk hwo-yön va

要看个

iau kön kuk

伲爺是拉看看船嗒

na ya z la kön-kön zæn va

是拉看船

Z la kön zæn

侬朋友拉做啥
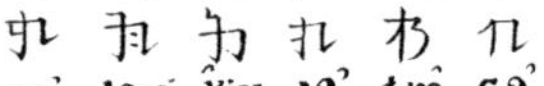
na' bang-ŷiu la' tsoô sa'

拉吃酒
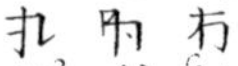
la' cúk tsiu

水手飯吃完末
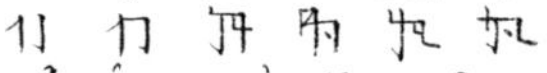
s'-ŝu wa^{n} cúk wæ^{n} mæ

拉吃哩
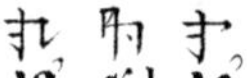
la' cúk le'

侬相帮人地閣掃完末

na' siang-pong mung de'-kok ŝau wæ^{n} mæ

拉掃哩

la' ŝau le'

郎中先生拉來末
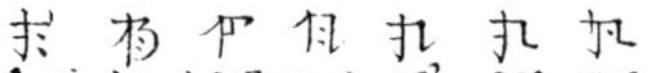
long-tsoong-se^{n}-sang la' læ mæ

拉 來

la læ

第 个 書 儂 看 完 末

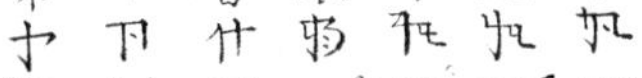

de kuk sû noong k'ön wæ mæ

拉 看 哩

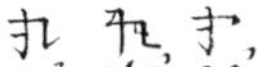

la k'ön le

箱 子 伊 開 好 末

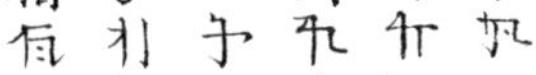

siang-Ts ye k'æ hau mæ

拉 開 哩

la k'æ le

夜 裏 向 儂 是 拉 寫 信 唔

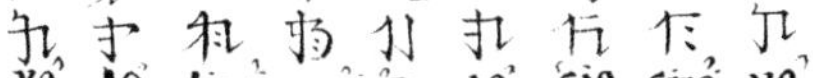

ya le hiang noong z la sia sing va

是 拉 寫 信

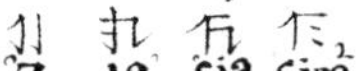

z la sia sing

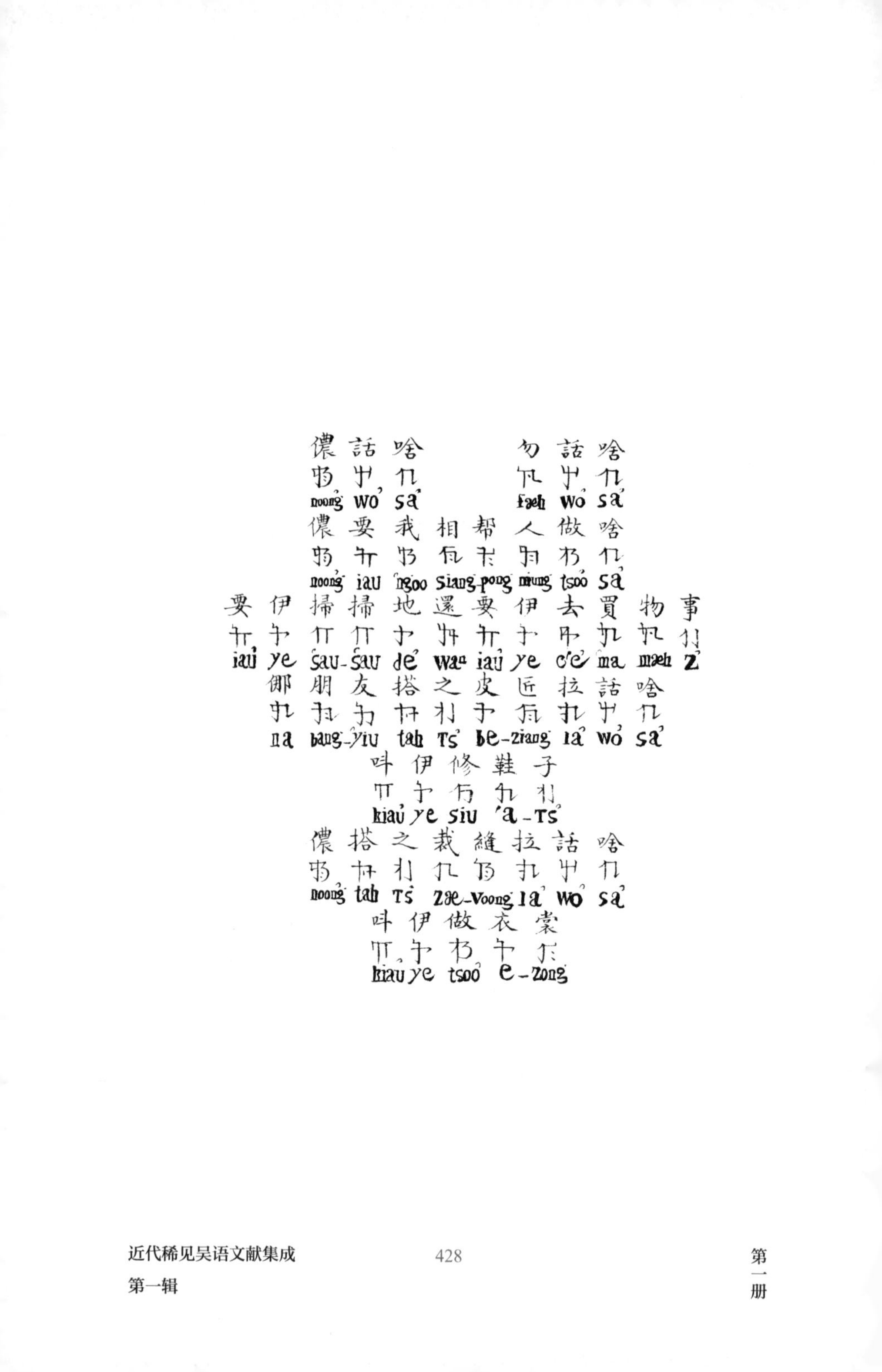

儂話啥　　勿話啥

noong wo sa　　faeh wo sa

儂要我相帮人做啥

noong iau ngoo siang-pong nyung tsoo sa

要伊掃掃地還要伊去買物事

iau ye sau-sau de wan iau ye c'e ma maeh z

倻朋友搭之皮匠拉話啥

na bang-yiu tah ts be-ziang la wo sa

呌伊修鞋子

kiau ye siu 'a-ts

儂搭之裁縫拉話啥

noong tah ts zae-voong la wo sa

呌伊做衣裳

kiau ye tsoo e-zong

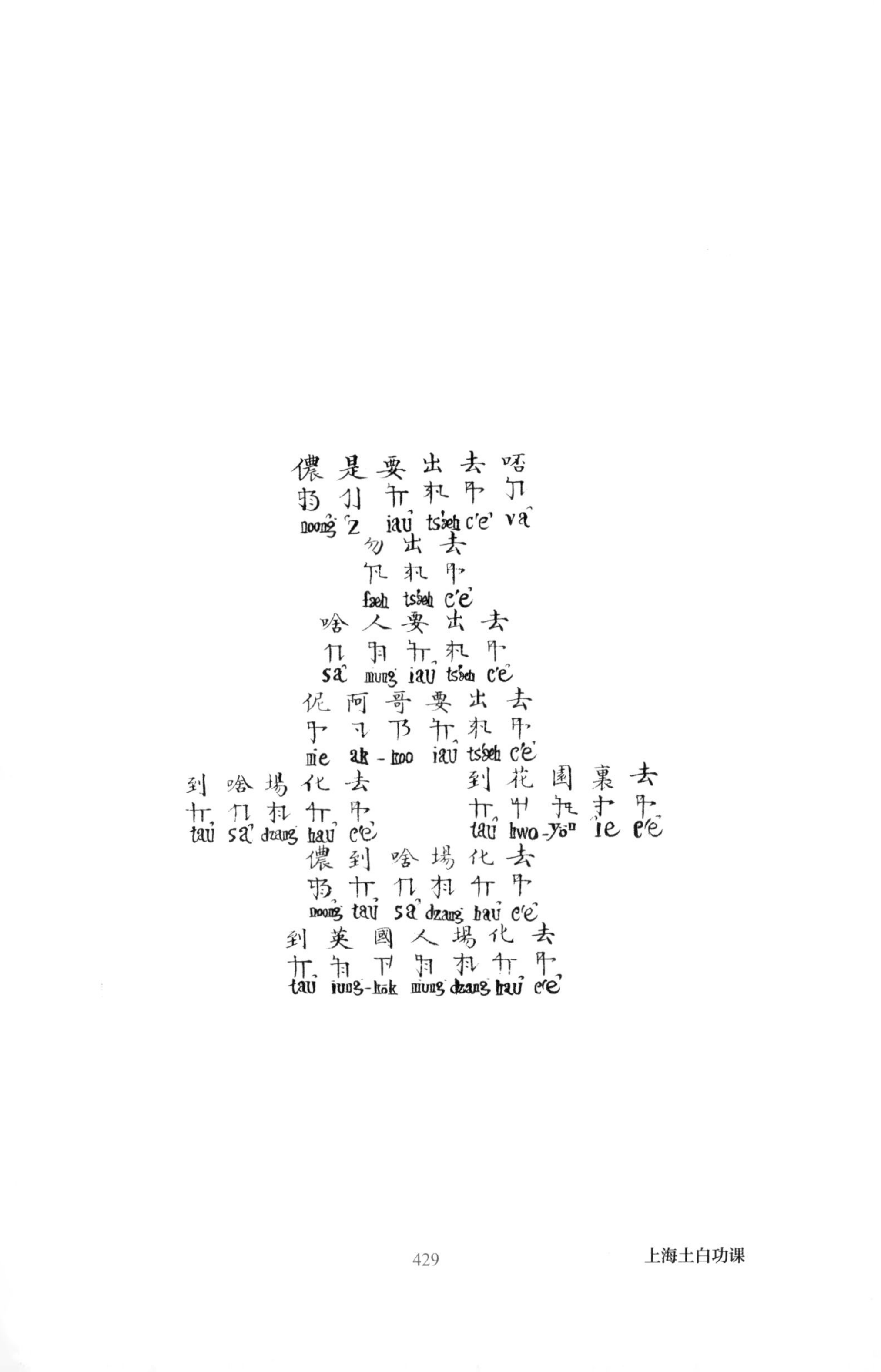

儂是要出去唔

noong 'z iau tsʻeh c'e va

勿出去

faeh tsʻeh c'e

啥人要出去

sa mung iau tsʻeh c'e

伲阿哥要出去

nie ak-koo iau tsʻeh c'e

到啥場化去

tau sa dzang hau c'e

到花園裏去

tau hwo-yön ie c'e

儂到啥場化去

noong tau sa dzang hau c'e

到英國人場化去

tau iung-kok mung dzang hau c'e

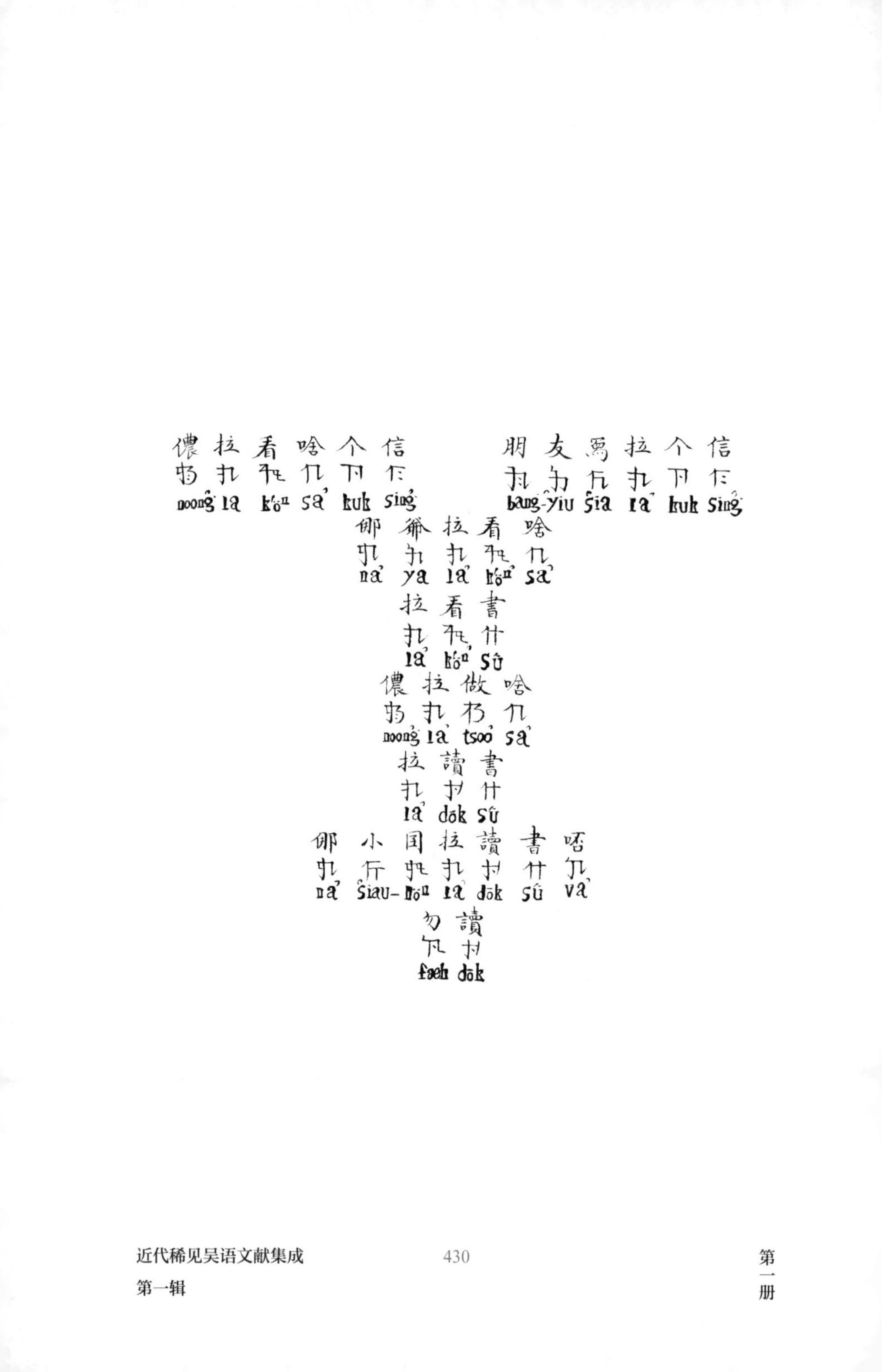

儂拉看啥个信　　朋友寫拉个信

noong la k'ön sa' kuk sing　　bang-yiu sia la' kuk sing

㑚爺拉看啥

na' ya la' k'ön sa'

拉看書

la' k'ön sû

儂拉做啥

noong la' tsoo' sa'

拉讀書

la' dōk sû

㑚小囡拉讀書咶

na' siau-nön la' dōk sû va'

勿讀

faeh dōk

我看个書儂現在拉看唔

'ngoo kön kuk sû noong yen dzæ' la kön va'

勿看

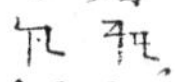

fæh kön

儂拉吃啥

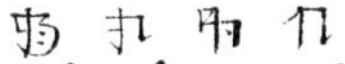

noong la' k'uk sa'

吃饅頭

k'uk mæn-deu

儂拉撇柴呢啥

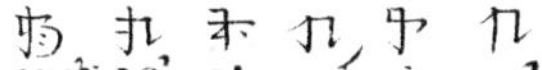

noong la' p'ih za' me sa'

是拉撇柴

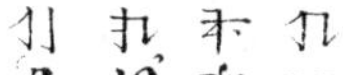

z la' p'ih za

做生意人拉剪啥个布

tsoo' sang-e' nung la' tsen sa' kuk poo'

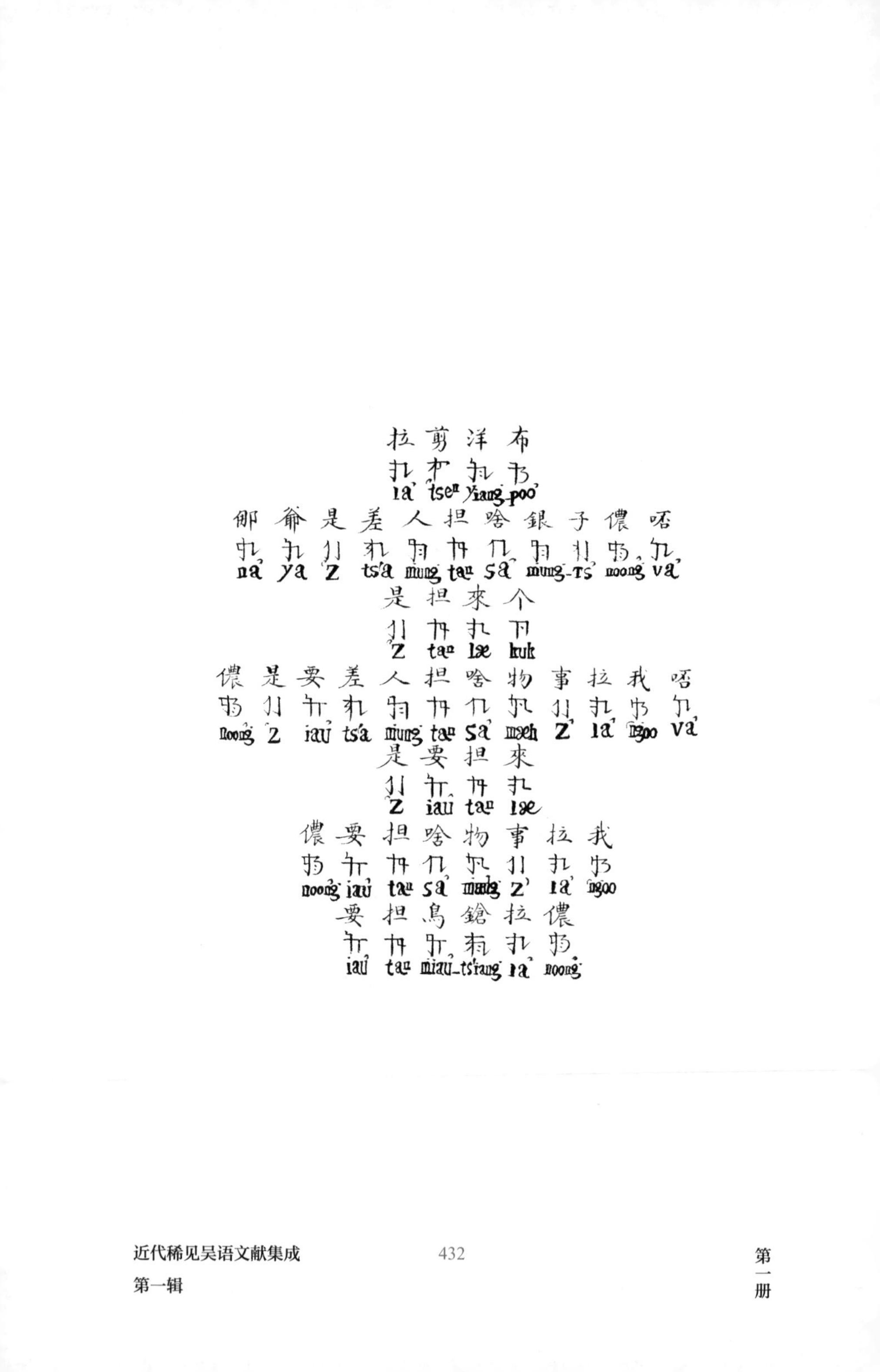

拉剪洋布

la tsen yiang-poo

㑚爺是差人担啥銀子儂唔

na ya z ts'a mung tan sa mung-ts noong va

是担來个

z tan lae kuk

儂是要差人担啥物事拉我唔

noong z iau ts'a mung tan sa maeh z la ngoo va

是要担來

z iau tan lae

儂要担啥物事拉我

noong iau tan sa maeh z la ngoo

要担鳥鎗拉儂

iau tan miau-ts'iang la noong

㑚 爺 差 人 担 之 幾 化 洋 錢 來

na' ya ts'a mung tan ts' kie hau' yiang-den læ

五 廿 多 洋 錢
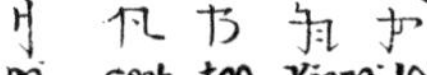
ng sæh too yiang-den

日 多 幾 點 鐘 有 信 到
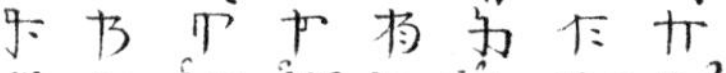
nih too kie ten tsoong yu sing tau'

十 點 鐘
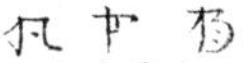
zæh ten tsoong

㑚 兒 子 拉 來 末
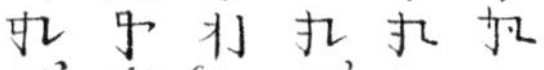
na' nie-ts la' læ mæ

拉 來
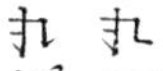
la' læ

儂 是 到 我 場 化 來 唔
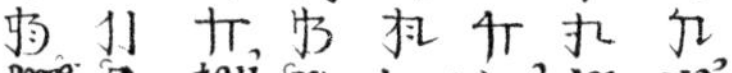
noong z tau ngoo dzang hau' læ va'

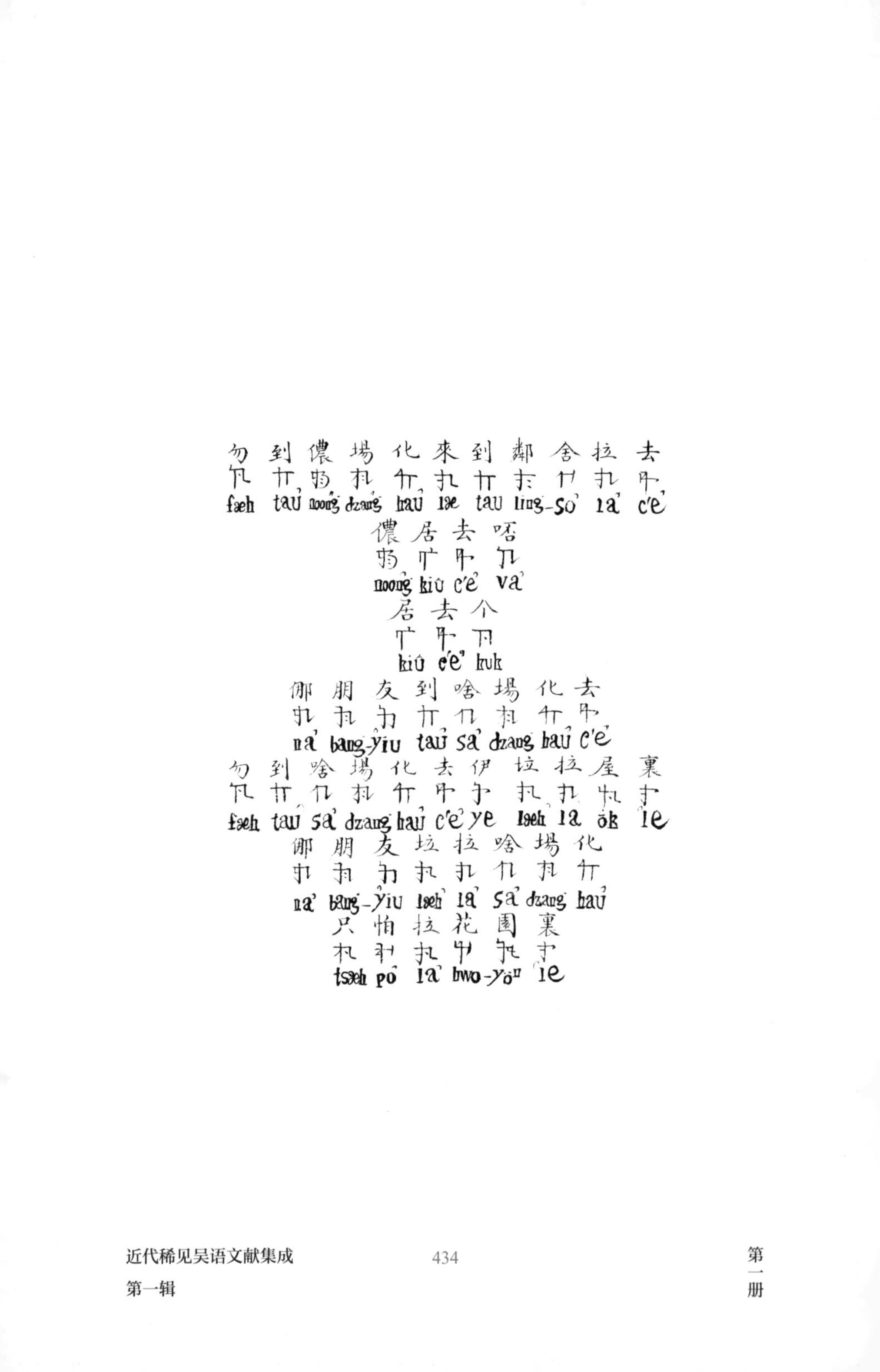

勿到儂場化來到鄰舍拉去

fæh tau' noong' dzang' hau' læ tau ling-so' la' c'e'

儂居去唔

noong' kiu c'e' va'

居去个

kiu c'e' kuk

倻朋友到啥場化去

na' bang-yiu tau' sa' dzang hau' c'e'

勿到啥場化去伊垃拉屋裏

fæh tau sa' dzang hau' c'e' ye læh la ok le

倻朋友垃拉啥場化

na' bang-yiu læh la' sa' dzang hau'

只怕拉花園裏

tsæh po' la' hwo-yön le

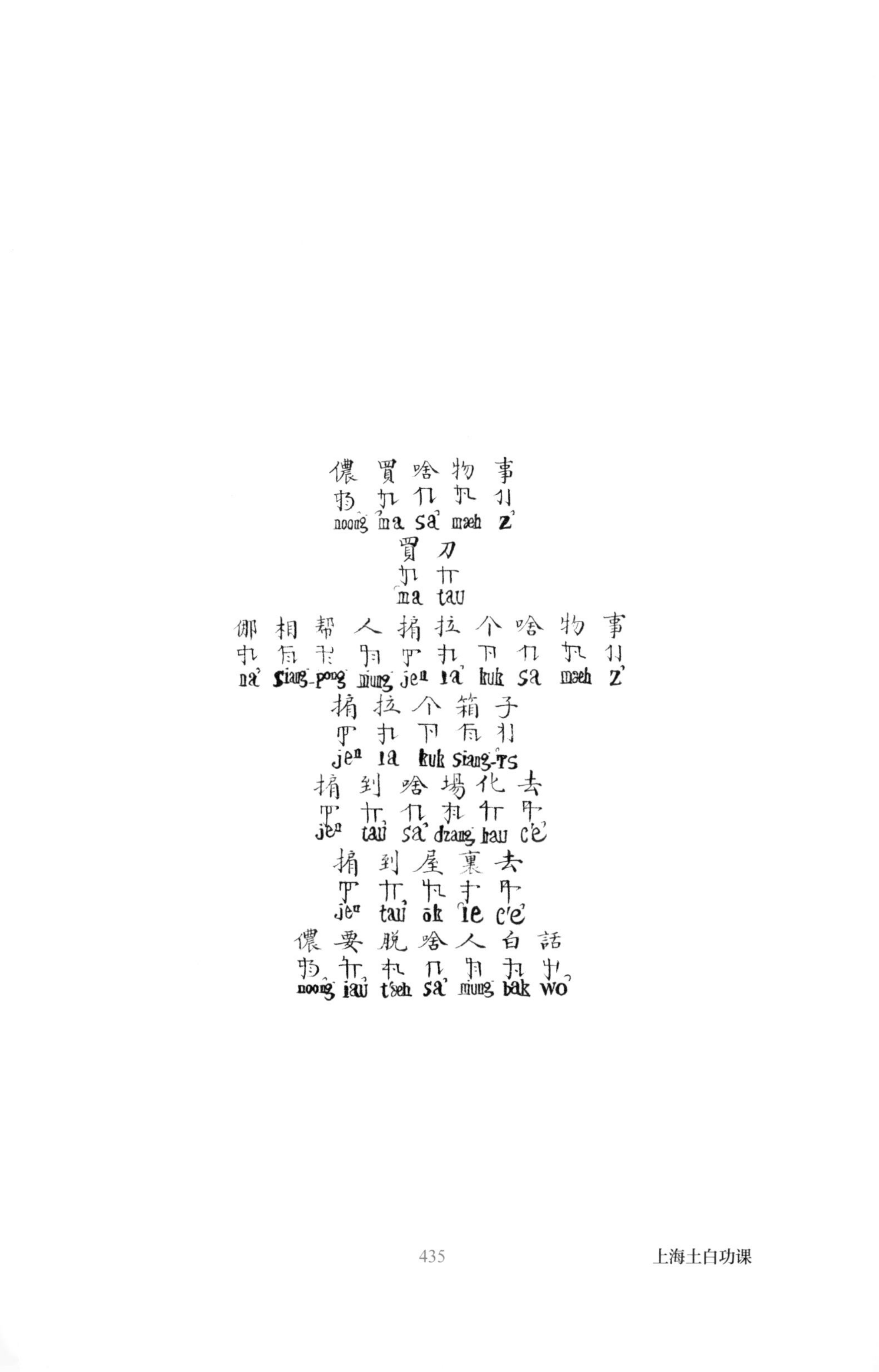

儂買啥物事

noong ma sa maeh z

買刀

ma tau

倻相帮人掮拉个啥物事

na siang-pong niung jen la kuk sa maeh z

掮拉个箱子

jen la kuk siang-ts

掮到啥場化去

jen tau sa dzang hau c'e

掮到屋裏去

jen tau ōk le c'e

儂要脱啥人白話

noong iau t'seh sa niung bak wo

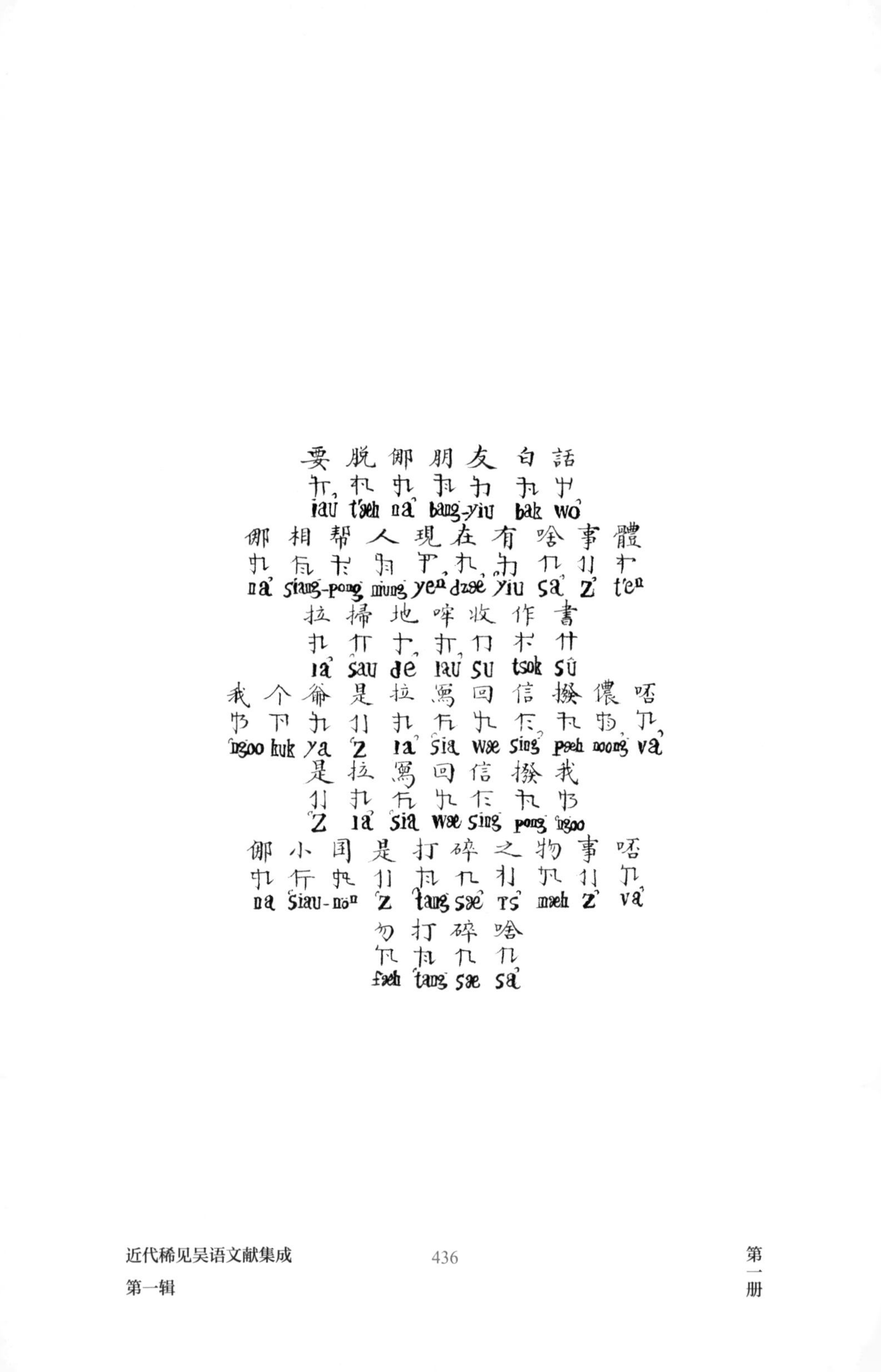

要脱㑚朋友白話

iau t'aeh na bang-yiu bak wo

㑚相帮人現在有啥事體

na siang-pong niung yen dzoe yiu sa z t'en

拉掃地啐收作書

la sau de lau su tsok sû

我个爺是拉寫回信撥儂𠲎

ngoo kuk ya z la sia wae sing paeh noong va

是拉寫回信撥我

z la sia wae sing pong ngoo

㑚小囝是打碎之物事𠲎

na siau-nön z tang sae ts maeh z va

勿打碎啥

faeh tang sae sa

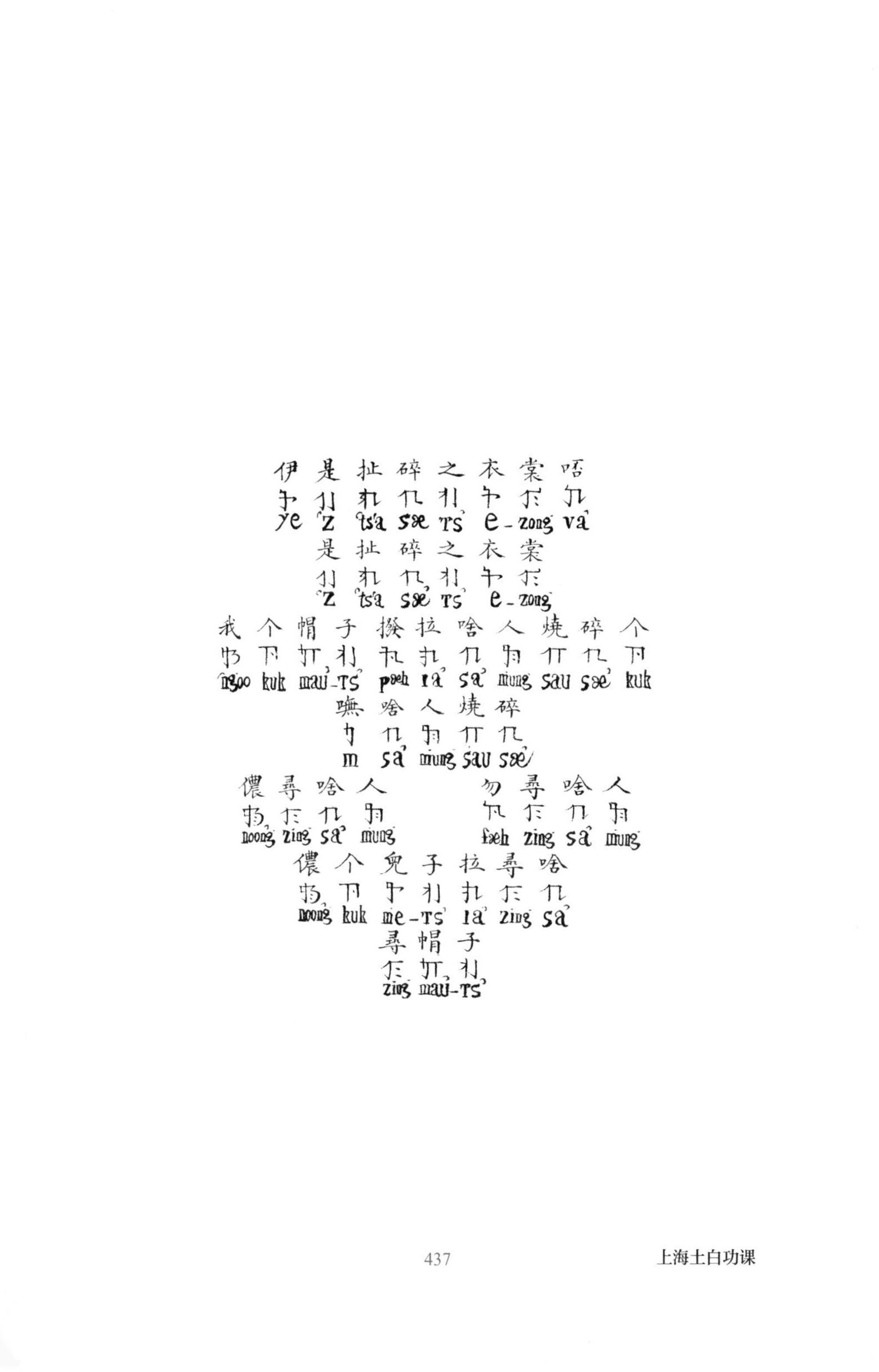

伊是扯碎之衣裳咾
ye z ts'a sæ ts e-zong va

是扯碎之衣裳
z ts'a sæ ts e-zong

我个帽子撥拉啥人燒碎个
ngoo kuk mau-ts pœh la sa niung sau sæ kuk

嘸啥人燒碎
m sa niung sau sæ

儂尋啥人
noong zing sa niung

勿尋啥人
fæh zing sa niung

儂个兒子拉尋啥
noong kuk ne-ts la zing sa

尋帽子
zing mau-ts

哪　燒　飯　個　拉　殺　啥
ŋa' sau-va' kuk la' sak sa'

殺　一　隻　雞
sak ih tsak kie

儂　拉　打　寫　呢　啥
noong la' tang tiau nie' sa'

是　打　寫
'Z tang tiau

哪　燒　飯　個　要　殺　幾　隻　雞
ŋa' sau-va' kuk iau' sak kie tsak kie

三　隻
sa'' tsak

儂　領　哪　兒　子　到　啥　場　化　去
noong ling na' me-ts' tau' sa' dzaug hau c'e'

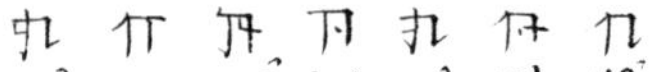

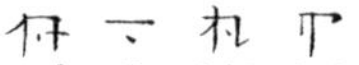

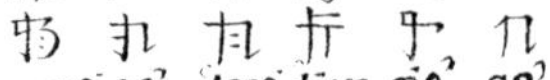

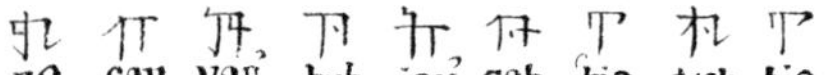

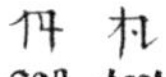

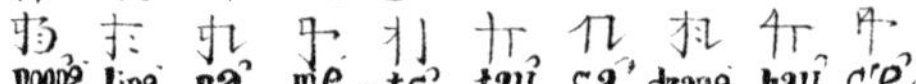

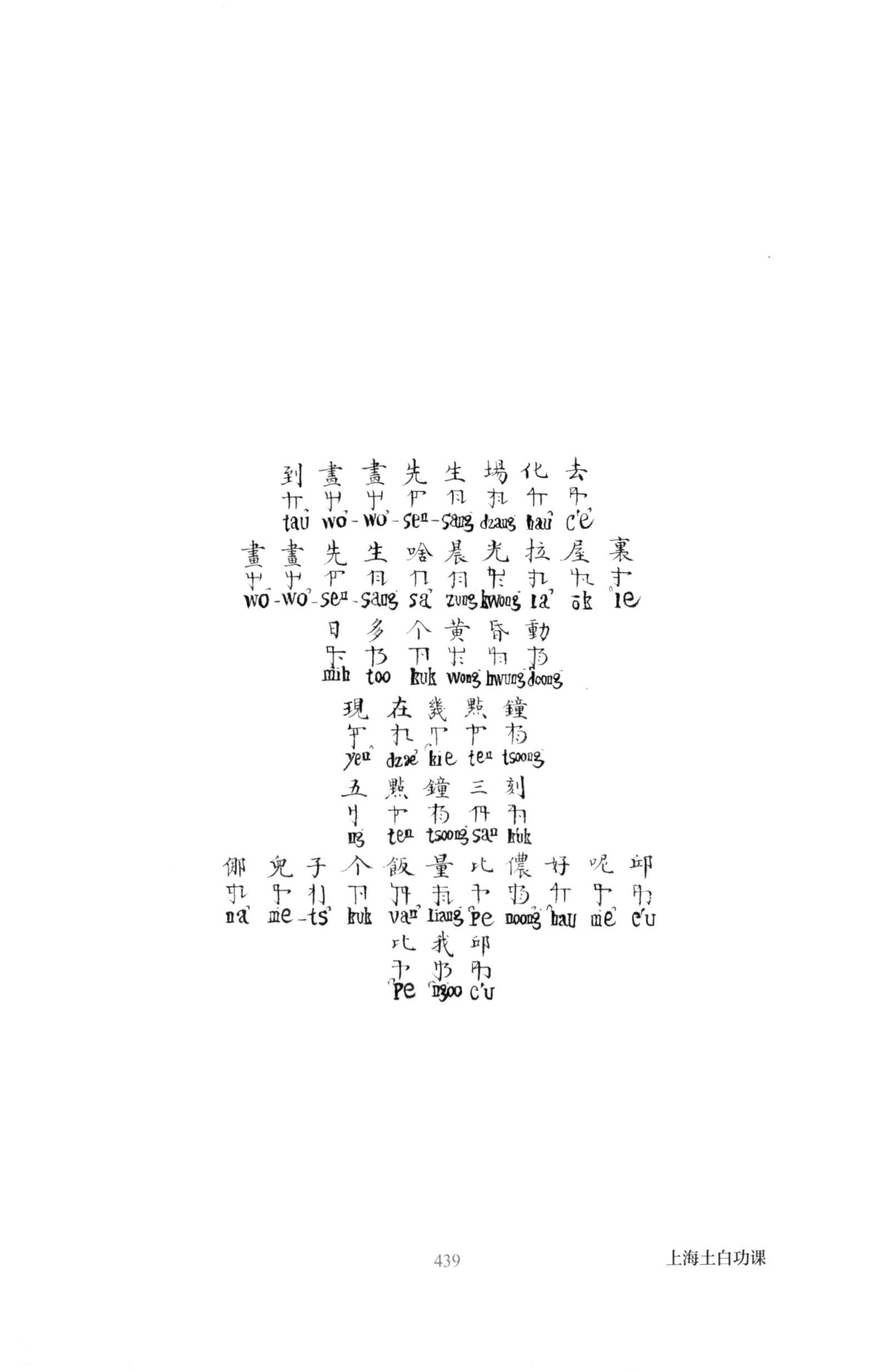

到 畫 畫 先 生 場 化 去

tau' wo'-wo'-se^{n}-sang dzang hau' c'e'

畫 畫 先 生 啥 晨 光 拉 屋 裏

wo'-wo'-se^{n}-sang sa' zung kwong la' ok ie

日 多 个 黃 昏 動

mih too kuk wong hwung doong

現 在 幾 點 鐘

ye^{n} dzæ' kie te^{n} tsoong

五 點 鐘 三 刻

ng te^{n} tsoong sa^{n} kuk

㑚 兒 子 个 飯 量 比 儂 好 呢 邱

na' me-ts' kuk va^{n} liang pe noong hau me' c'u

比 我 邱

pe ngoo c'u

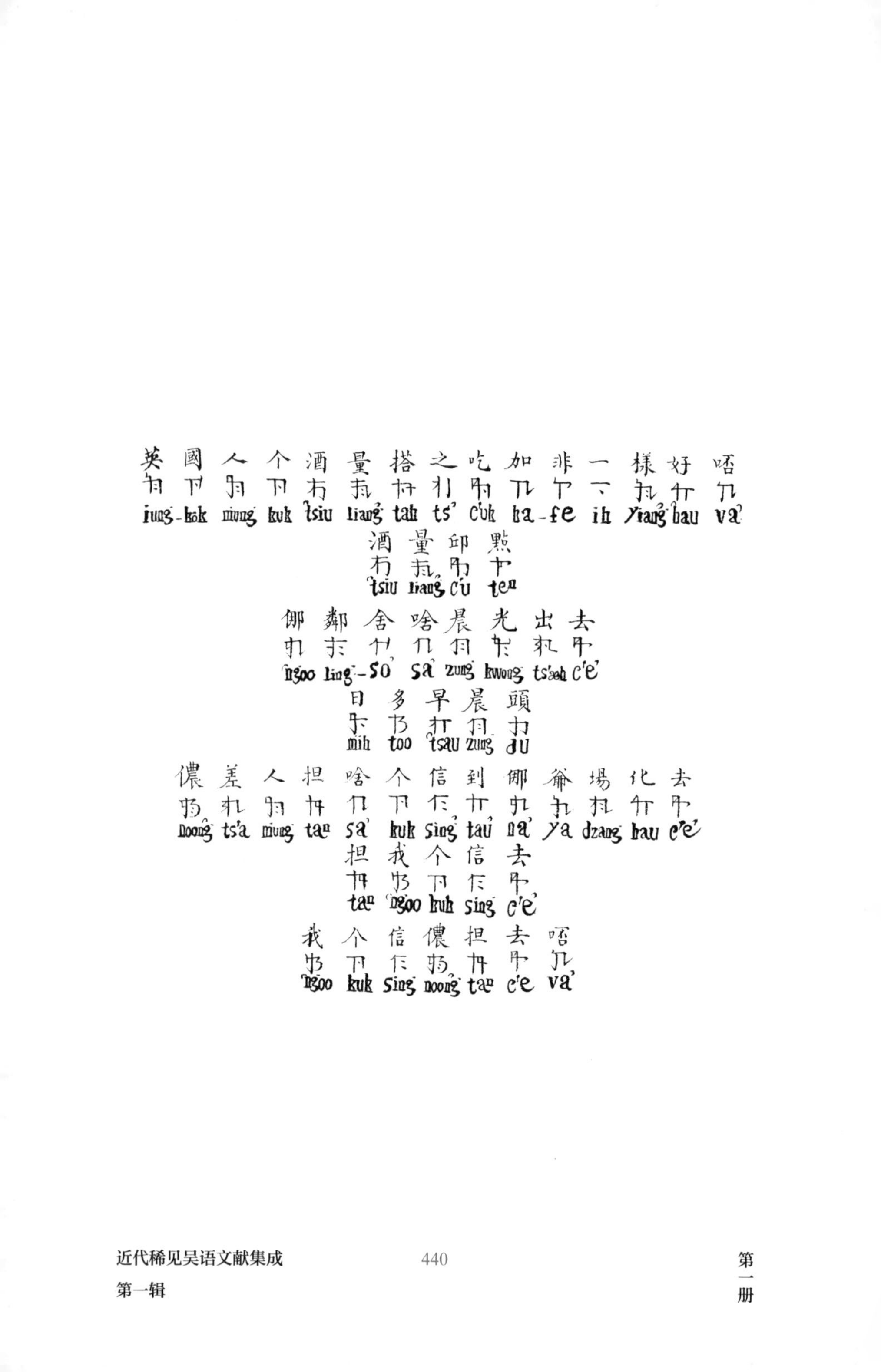

英 國 人 个 酒 量 搭 之 吃 加 非 一 樣 好 唔

iung-kok miung kuk tsiu liang tah ts' c'uk ka-fe ih yiang hau va'

酒 量 卯 點

tsiu liang c'u ten

伽 鄰 舍 啥 晨 光 出 去

ngoo ling-so sa' zung kwong ts'aeh c'e'

日 多 早 晨 頭

mih too tsau zung du

儂 差 人 担 啥 个 信 到 伽 爺 場 化 去

noong ts'a miung tan sa' kuk sing tau' na' ya dzang hau c'e'

担 我 个 信 去

tan ngoo kuk sing c'e'

我 个 信 儂 担 去 唔

ngoo kuk sing noong tan c'e va'

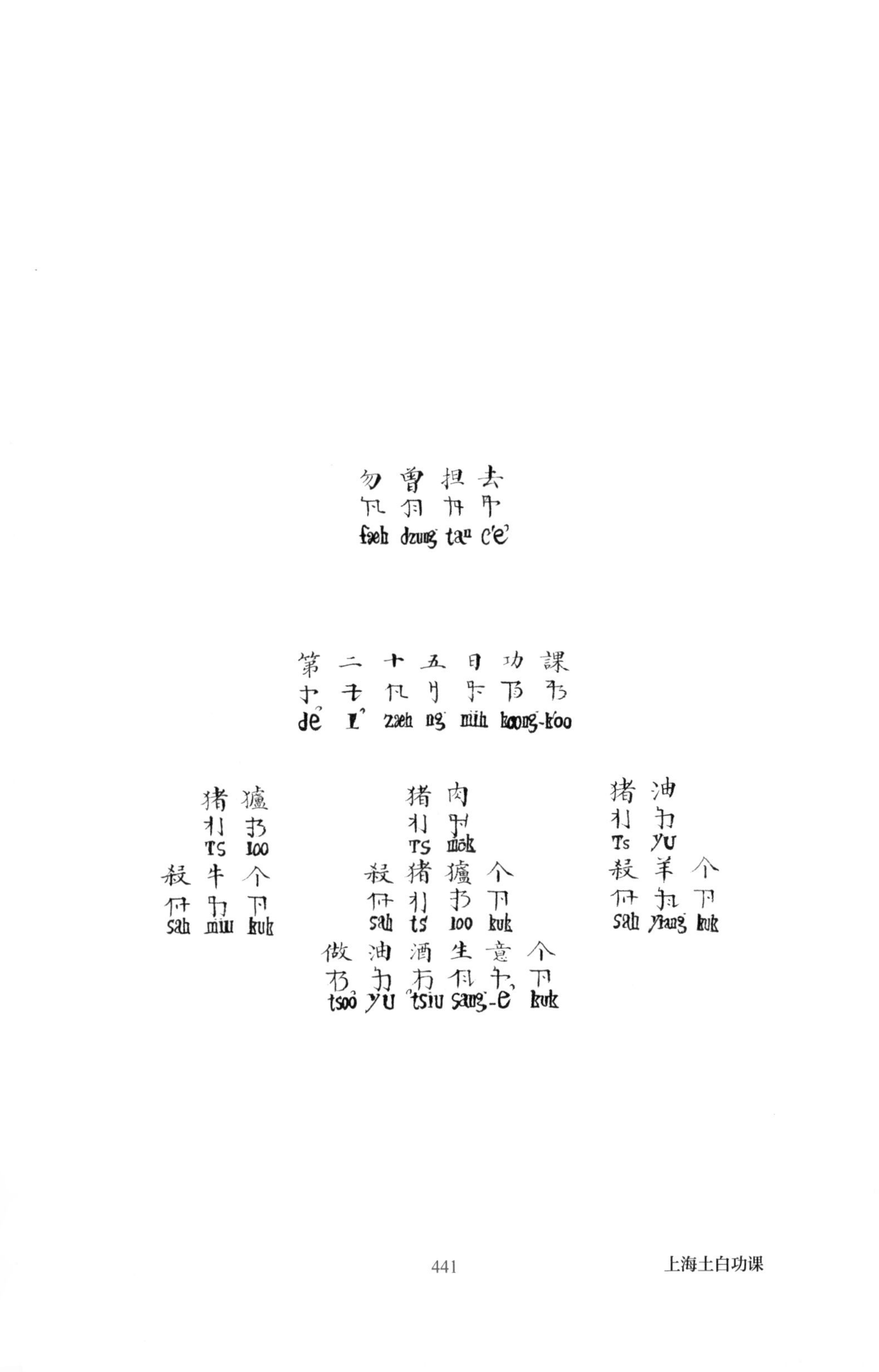

勿曾担去

fæh dzung tan c'e'

第二十五日功課

dé I' zæh ng miih koong-k'oo

猪獹

Ts loo

殺牛个

sah niu kuk

猪肉

Ts mök

殺猪獹个

sah ts loo kuk

做油酒生意个

tsoo yu 'tsiu sang-e kuk

猪油

Ts yu

殺羊个

sah yang kuk

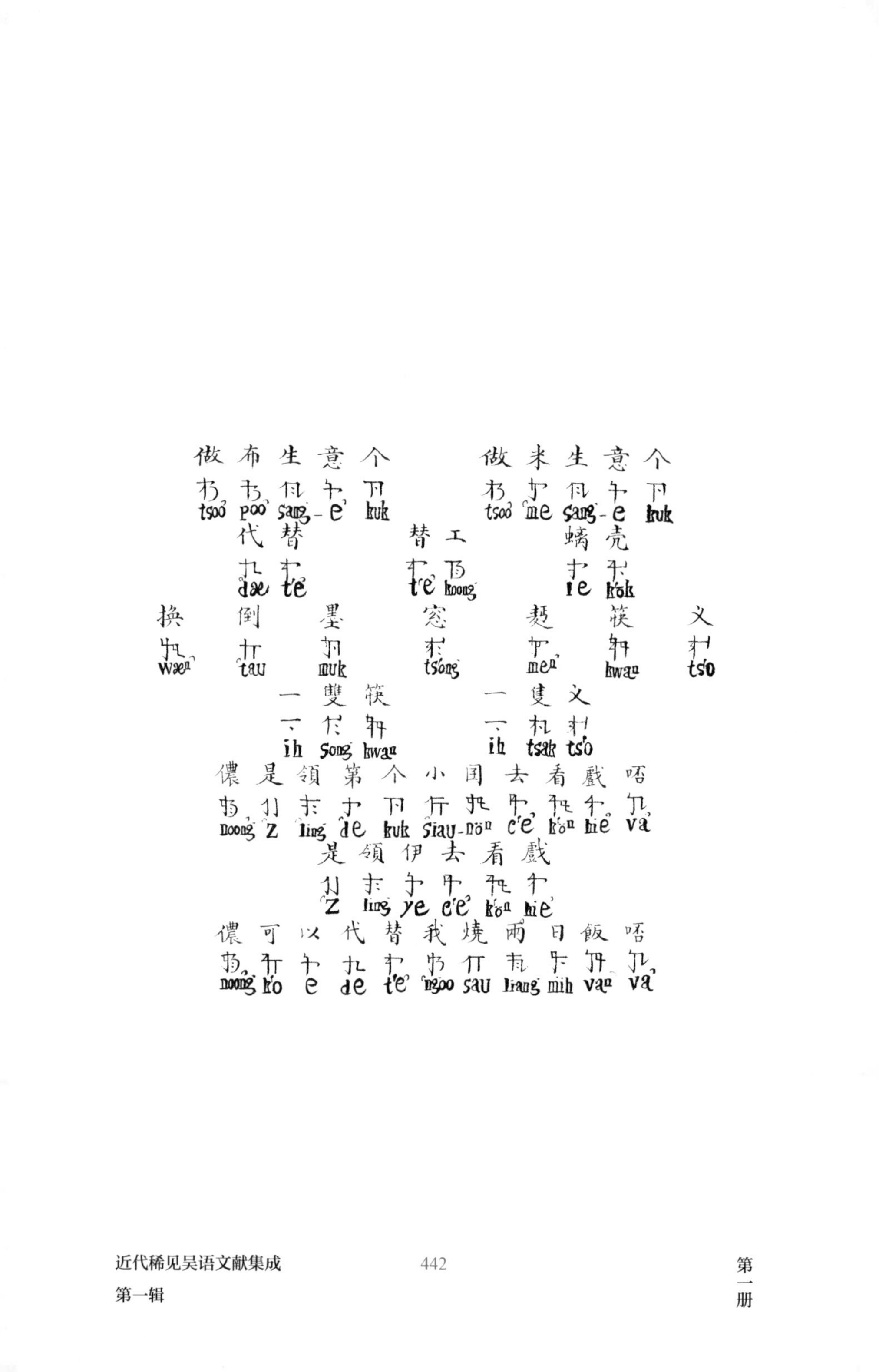

做布生意个　　做米生意个

tsoo poo sang-e kuk　　tsoo me sang-e kuk

代替　　替工　　蝫壳

dæ t'e　　t'e koong　　ie k'ok

换　倒　墨　窓　䊢　筷　义

wæn tau muk ts'ong men kwan ts'o

一雙筷　　一隻义

ih song kwan　　ih tsak ts'o

儂是領第个小囯去看戲唔

noong z ling de kuk siau-nön c'e k'ön hie va

是領伊去看戲

z ling ye c'e k'ön hie

儂可以代替我燒兩日飯唔

noong k'o e de t'e ngoo sau liang mih van va

燒　末　者
sau mœh tsœ

我　叫　一　个　替　工　來　好　唔
'ngoo kiau ih kuk t'e' koong lœ hau va'

好　个
hau kuk

我　担　墨　來　可　以　換　儂　个　筆　唔
'ngoo tan muk lœ k'o e wœn noong kuk pih va'

可　以　个
k'o e kuk

儂　担　羊　肉　來　換　脱　之　猪　肉
noong tau yiang-mok lœ wœn t'eh ts' ts-mok

儂　担　冰　糖　去　換　之　蜜　糖　來
noong tau ping-dong c'e' wœn ts mih-dong lœ

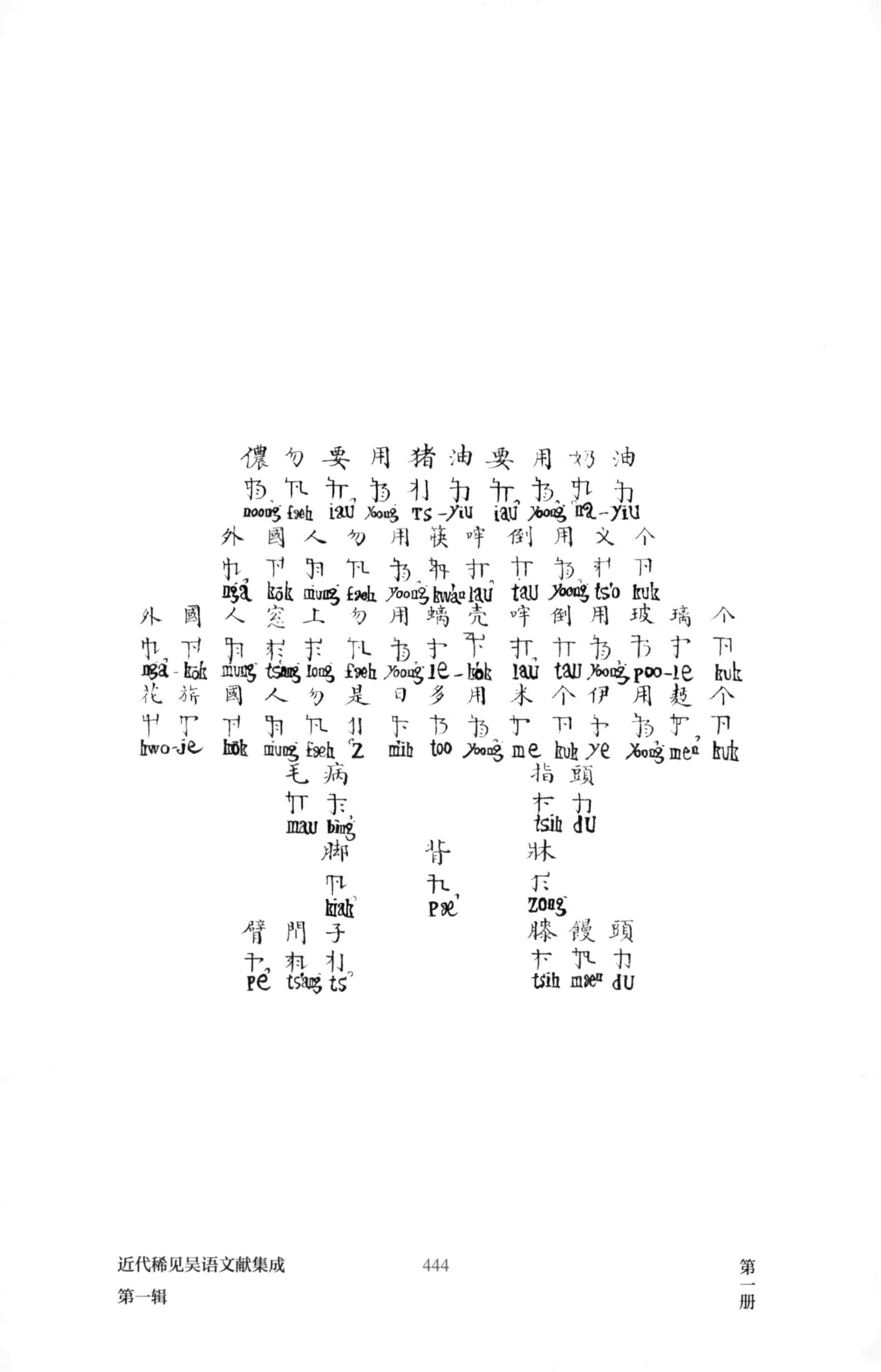

儂勿要用猪油要用奶油

noong fæh iau yoong ts-yiu iau yoong na-yiu

外國人勿用筷哰倒用义个

ngâ kōk mung fæh yoong kwân lau tau yoong ts'o kuk

外國人窓上勿用螭壳哰倒用玻璃个

ngâ-kōk mung ts'ang long fæh yoong le-kōk lau tau yoong poo-le kuk

花旂國人勿是日多用米个伊用麪个

hwo-je kōk mung fæh 'z mih too yoong me kuk ye yoong mien kuk

毛病 mau bing

指頭 tsih du

脚 kiah

背 pæ

牀 zong

臂門子 pe ts'ang ts

膝饅頭 tsih mæn du

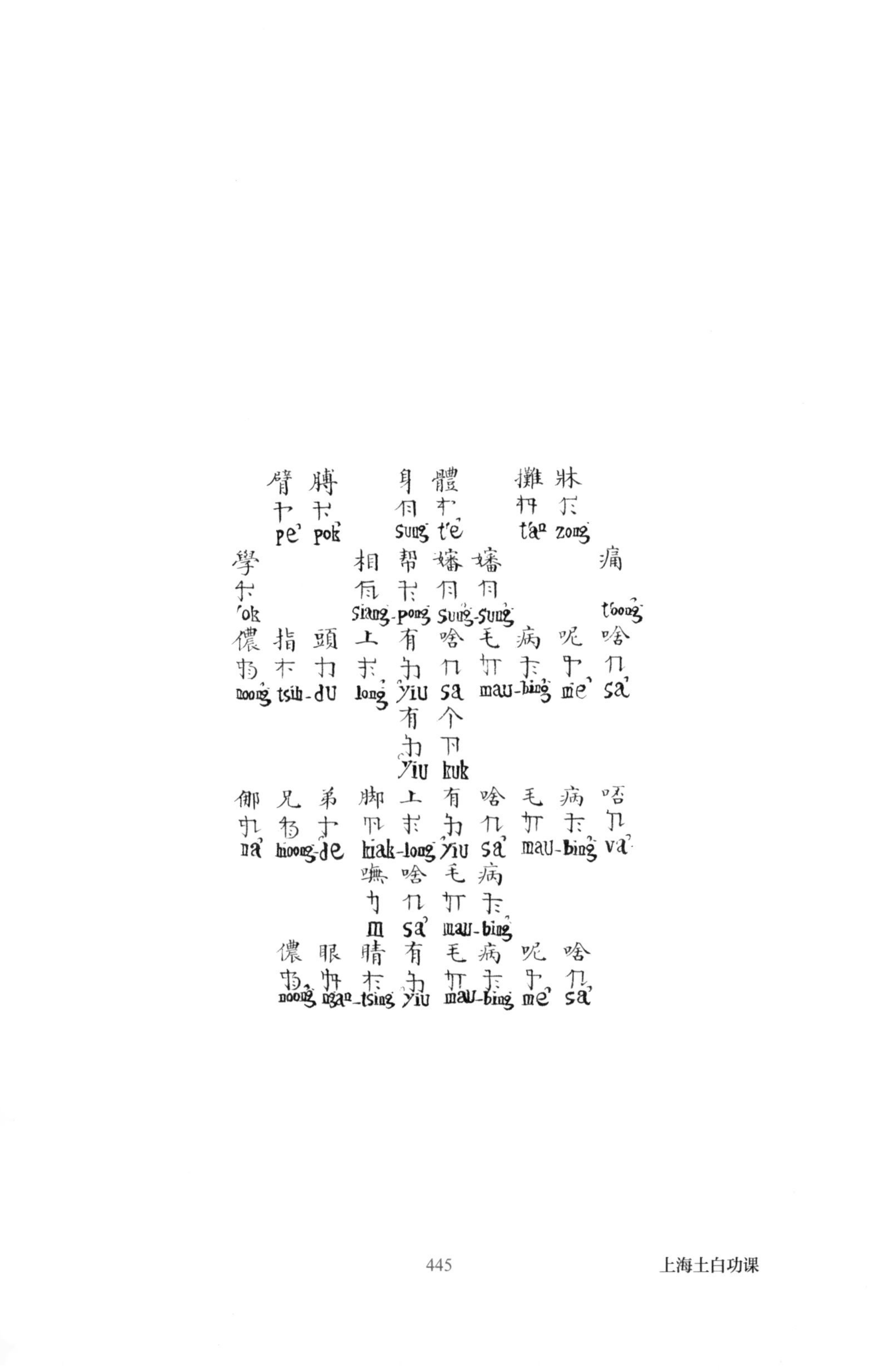

臂膊 身體 攤牀

pe' pok' sung t'e t'an zong

學 相帮嬏嬏 痛

'ok siang-pong sung-sung t'oong

儂指頭上有啥毛病呢啥

noong tsih-du long yiu sa mau-bing me' sa'

有个

yiu kuk

倻兄弟脚上有啥毛病唔

na' hoong-de kiak-long yiu sa' mau-bing va'

嘸啥毛病

m sa' mau-bing

儂眼睛有毛病呢啥

noong ngan-tsing yiu mau-bing me' sa'

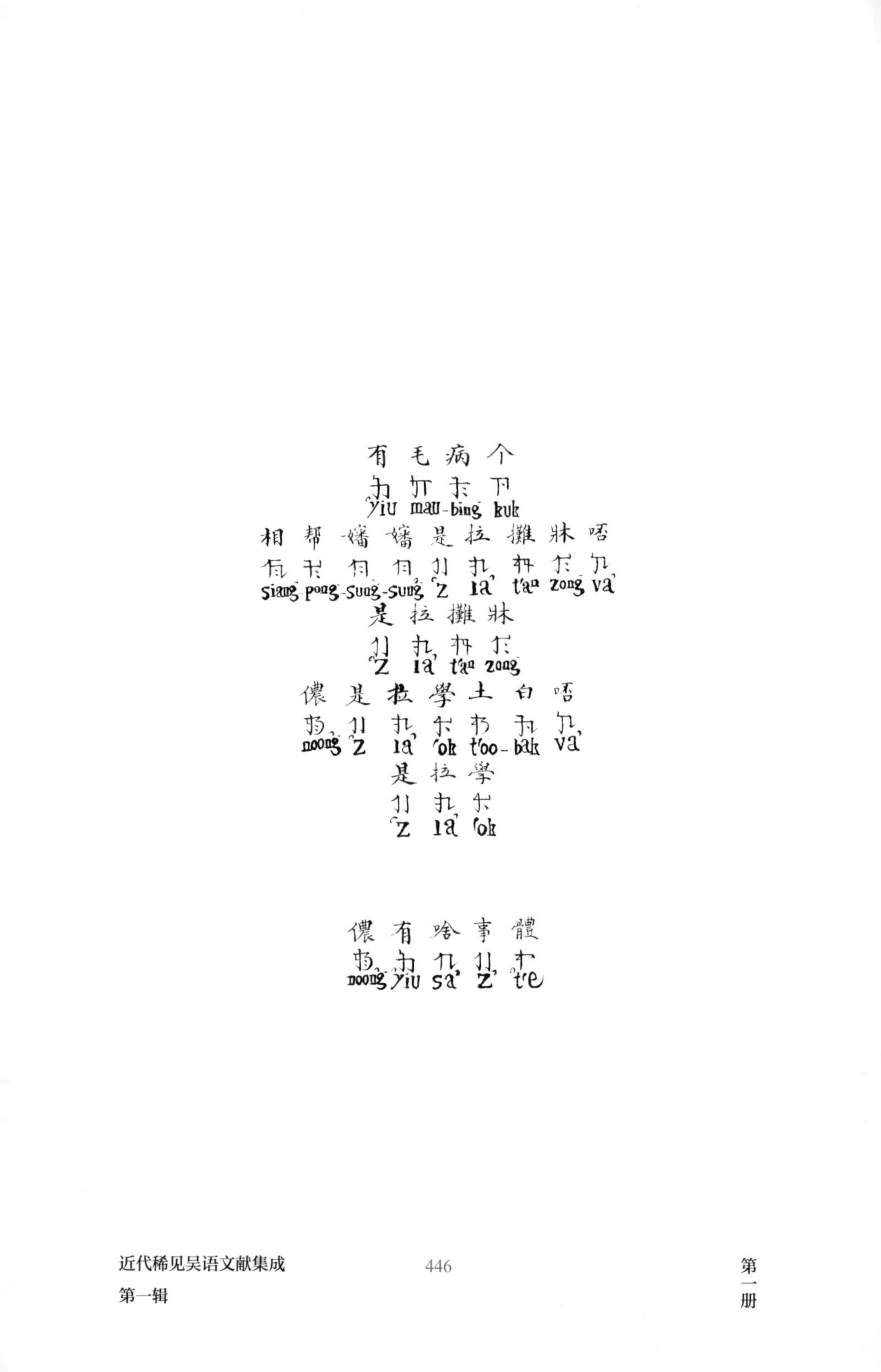

有毛病个

yiu mau-bing kuk

相帮嬏嬏是拉攤牀唔

siang pong-sung-sung z ia t'an zong va

是拉攤牀

z ia t'an zong

儂是拉學土白唔

noong z ia 'ok t'oo-bak va

是拉學

z ia 'ok

儂有啥事體

noong yiu sa z t'e

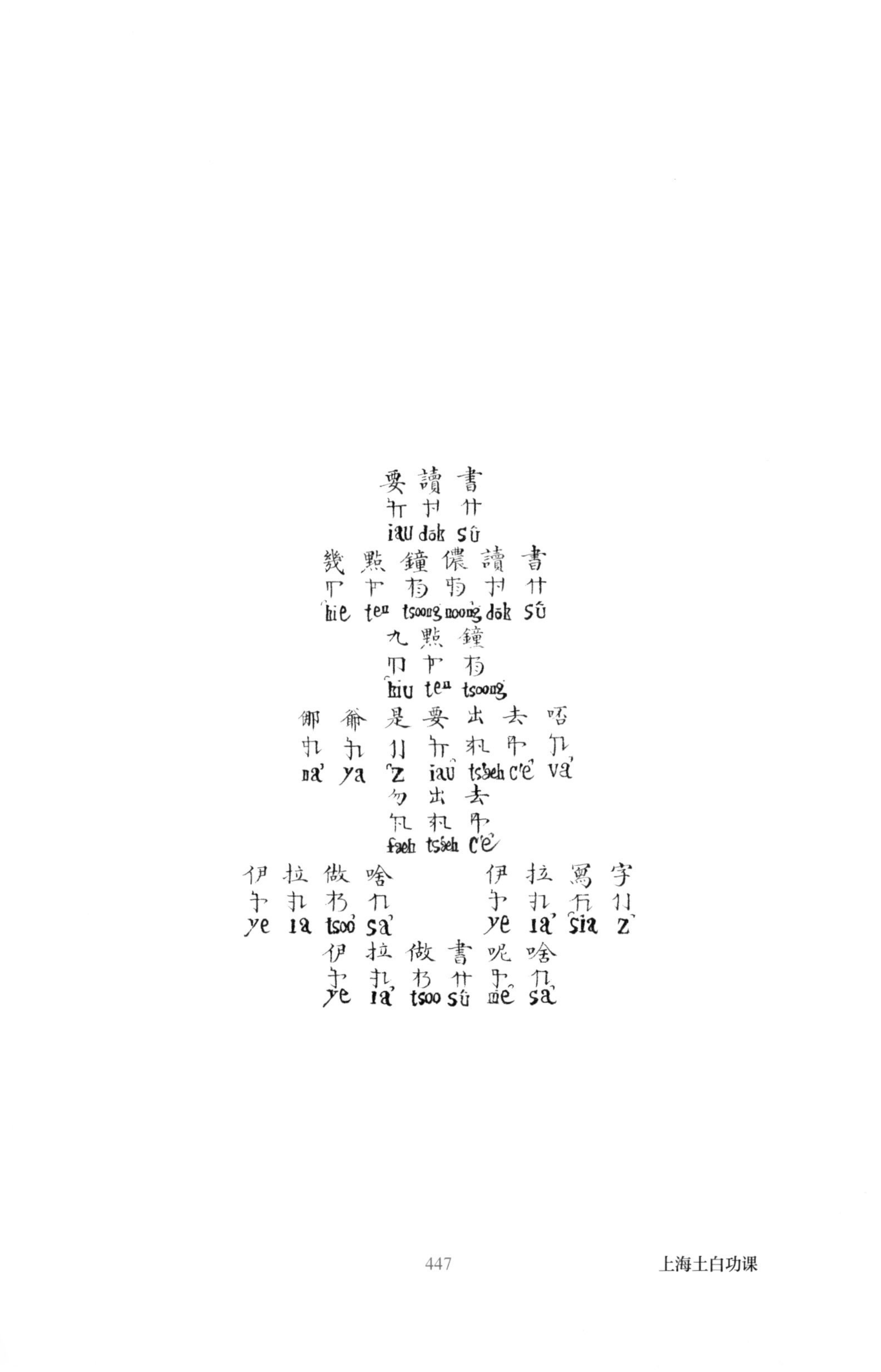

要讀書

iau dōk sû

幾點鐘儂讀書

'kie te^{n} tsoong noong dōk sû

九點鐘

'kiu te^{n} tsoong

㑚爺是要出去唔

na' ya 'z iau tsʻeh c'é va'

勿出去

faeh tsʻeh c'é

伊拉做啥

ye la tsoo' sa'

伊拉寫字

ye la' 'sia z'

伊拉做書呢啥

ye la' tsoo sû me' sa'

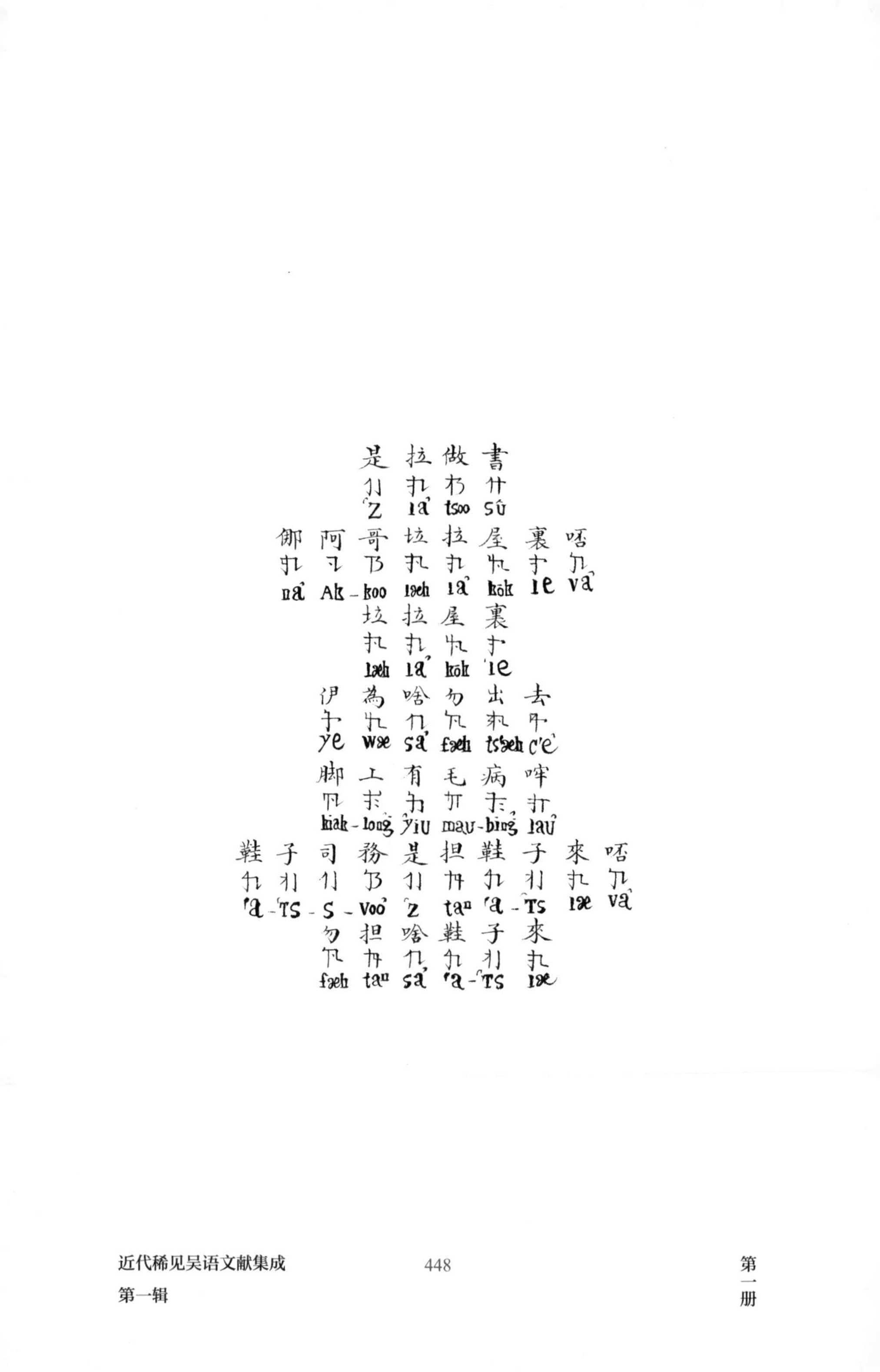

是 拉 做 書

'z la' tsoo sû

㑚 阿 哥 垃 拉 屋 裏 唔

na' Ak-koo læh la' kok le va'

垃 拉 屋 裏

læh la' kok 'le

伊 為 啥 勿 出 去

ye wæ sa' fæh ts'æh c'e'

脚 丄 有 毛 病 咾

kiak-long yiu mau-bing lau

鞋 子 司 務 是 担 鞋 子 來 唔

'a-ts-s-voo' 'z tan 'a-ts læ va'

勿 担 啥 鞋 子 來

fæh tan sa' 'a-ts læ

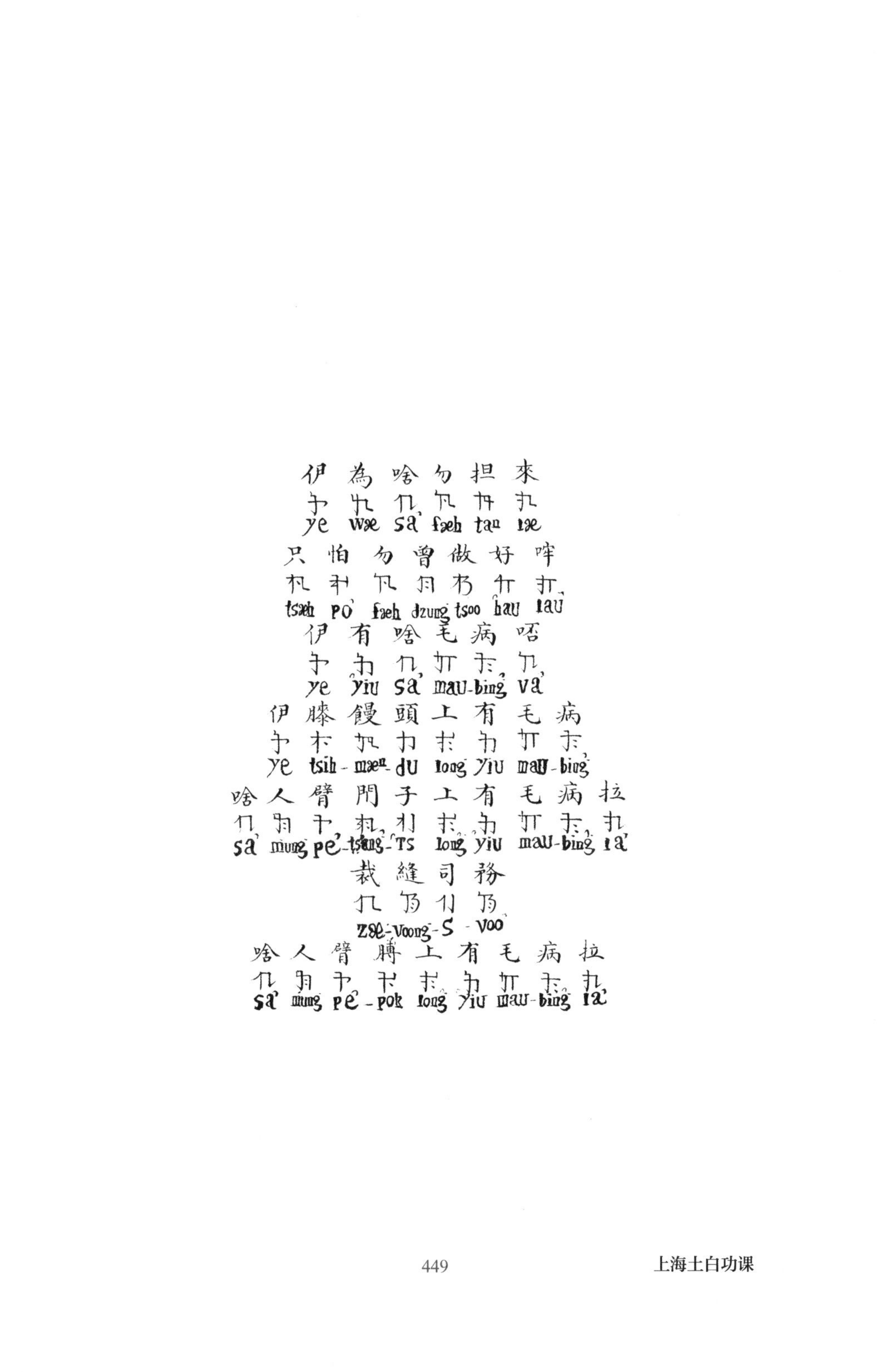

伊為啥勿担來

ye wæ sa' fæh tan læ

只怕勿曾做好哰

tsæh po' fæh dzung tsoo hau lau'

伊有啥毛病唔

ye yiu sa' mau-bing va'

伊膝饅頭上有毛病

ye tsih-mæn-du long yiu mau-bing

啥人臂門子上有毛病拉

sa' mung pe-tsang-ts long yiu mau-bing la'

裁縫司務

zæ-voong-s-voo

啥人臂膊上有毛病拉

sa' mung pe-pok long yiu mau-bing la'

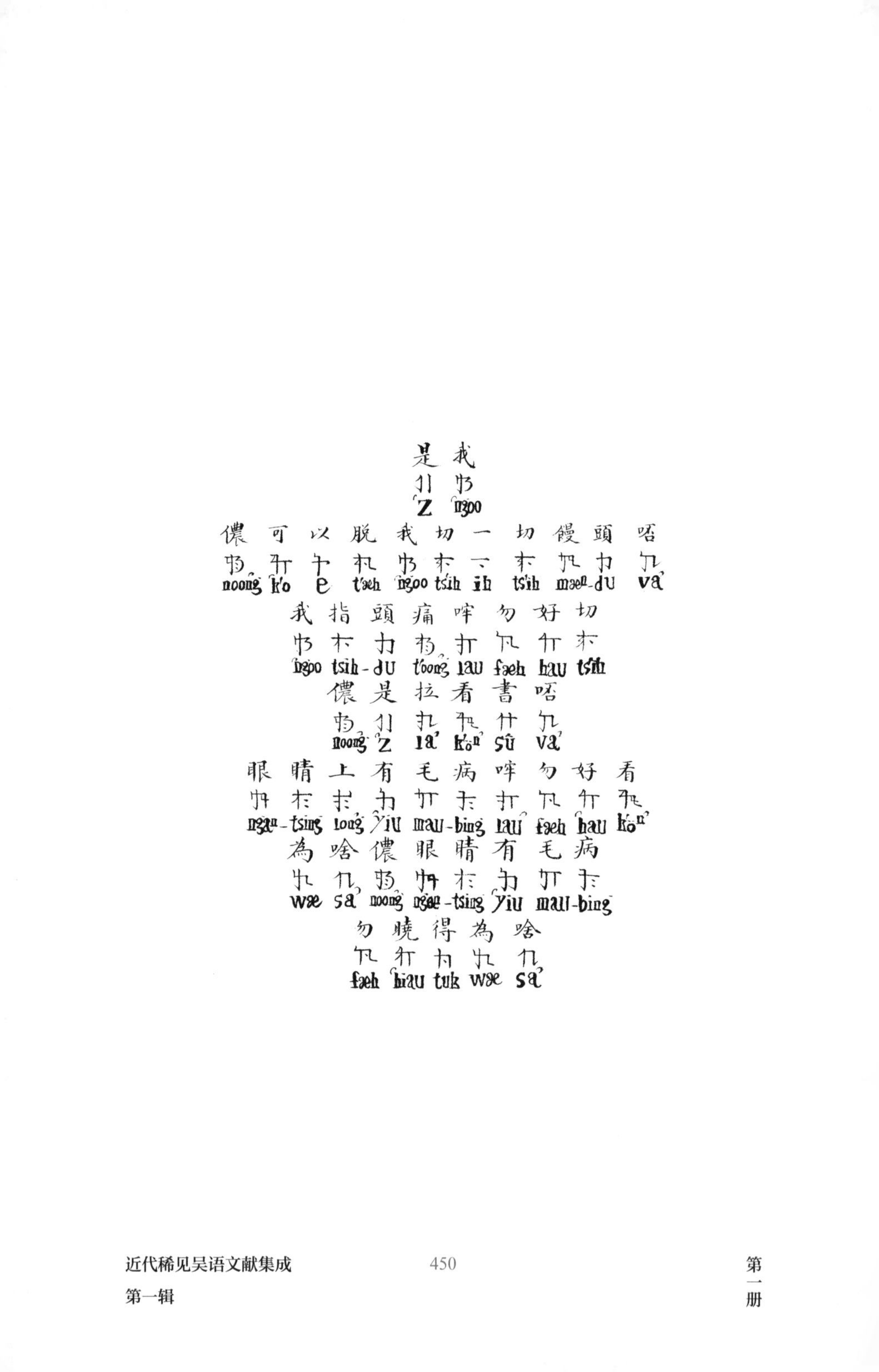

是 我

z ngoo

儂 可 以 脱 我 切 一 切 饅 頭 咯

noong k'o e t'æh ngoo tsih ih ts'ih mæn-du va

我 指 頭 痛 咾 勿 好 切

ngoo tsih-du t'oong lau fæh hau ts'ih

儂 是 拉 看 書 咯

noong z la k'ön sû va

眼 睛 上 有 毛 病 咾 勿 好 看

ngan-tsing long yiu mau-bing lau fæh hau k'ön

為 啥 儂 眼 睛 有 毛 病

wæ sa noong ngæn-tsing yiu mau-bing

勿 曉 得 為 啥

fæh hiau tuk wæ sa

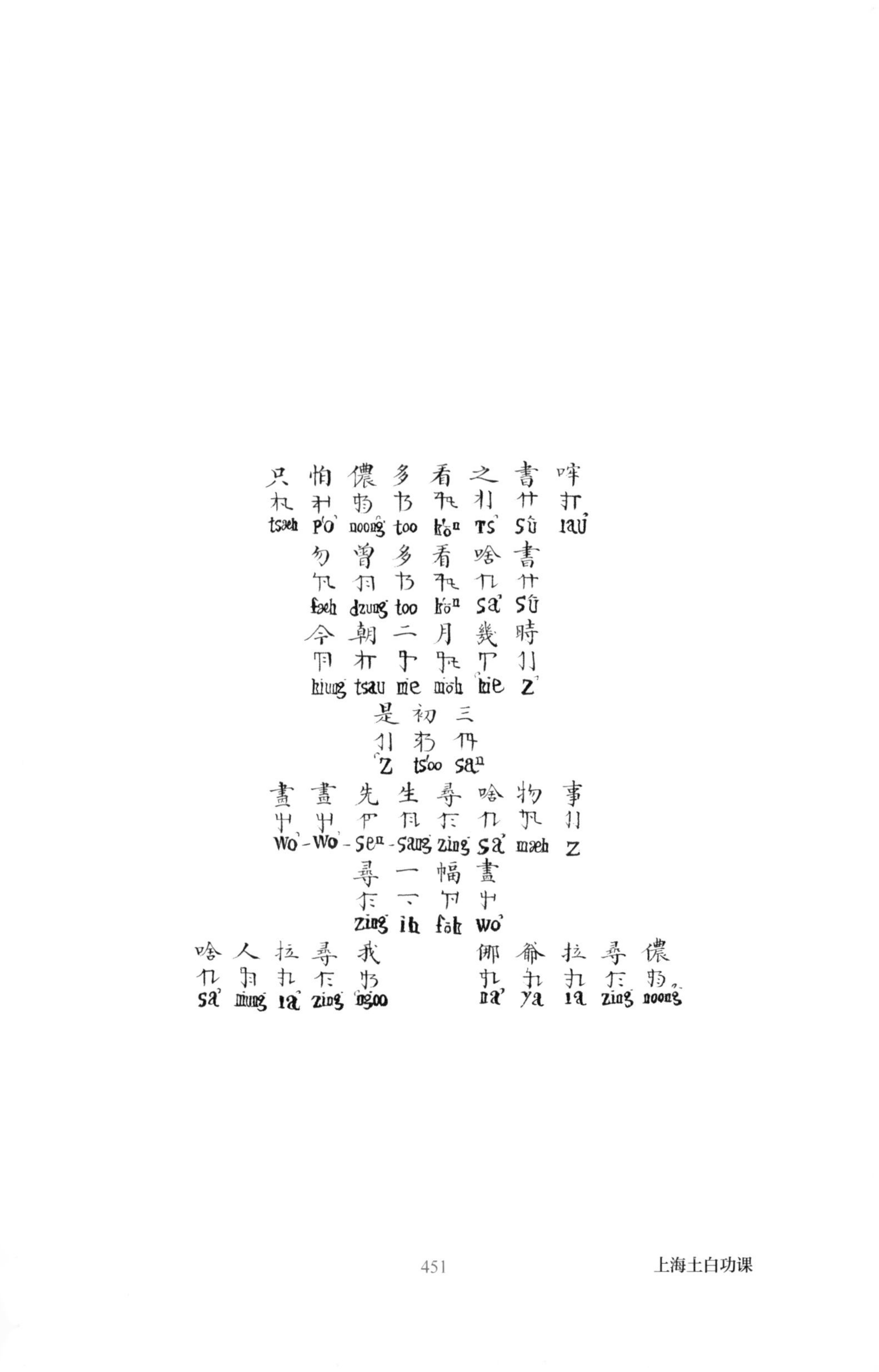

只 怕 儂 多 看 之 書 哰
tsaeh p'o noong too k'ön ts sû lau

勿 曾 多 看 啥 書
faeh dzung too k'ön sa sû

今 朝 二 月 幾 時
kiung tsau nie moh kie z

是 初 三
z ts'oo san

畫 畫 先 生 尋 啥 物 事
wo-wo-sen-sang zing sa maeh z

尋 一 幅 畫
zing ih fok wo

啥 人 拉 尋 我　　伲 爺 拉 尋 儂
sa niung la zing ngoo　　na ya la zing noong

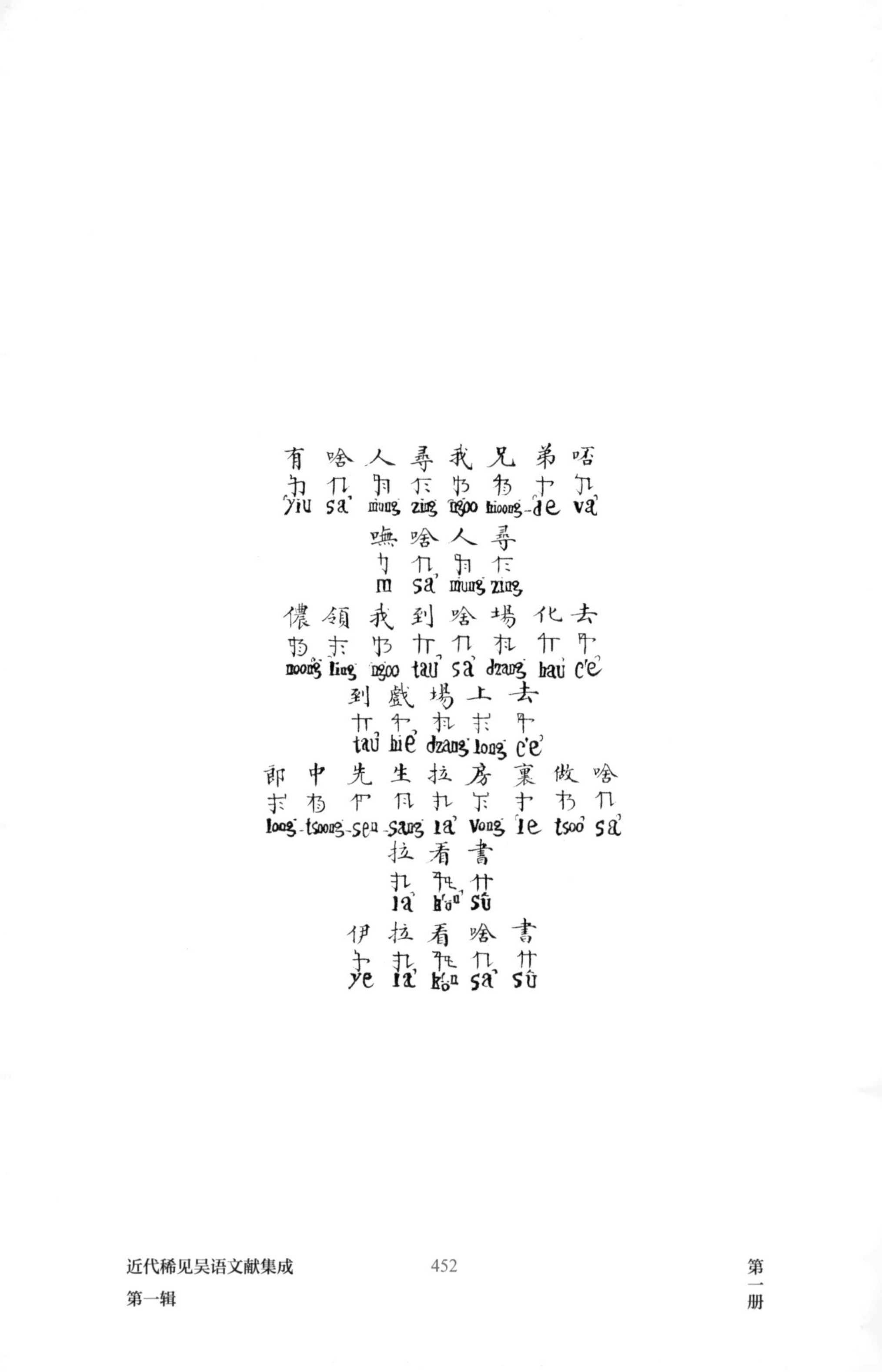

有 啥 人 尋 我 兄 弟 咾

yiu sa ming zing ngoo hioong-de va

嘸 啥 人 尋

m sa ming zing

儂 領 我 到 啥 場 化 去

noong ling ngoo tau sa dzang hau c'e

到 戲 場 上 去

tau hie dzang long c'e

郎 中 先 生 拉 房 裏 做 啥

long-tsoong-sen-sang la vong le tsoo sa

拉 看 書

la k'ön sû

伊 拉 看 啥 書

ye la k'ön sa sû

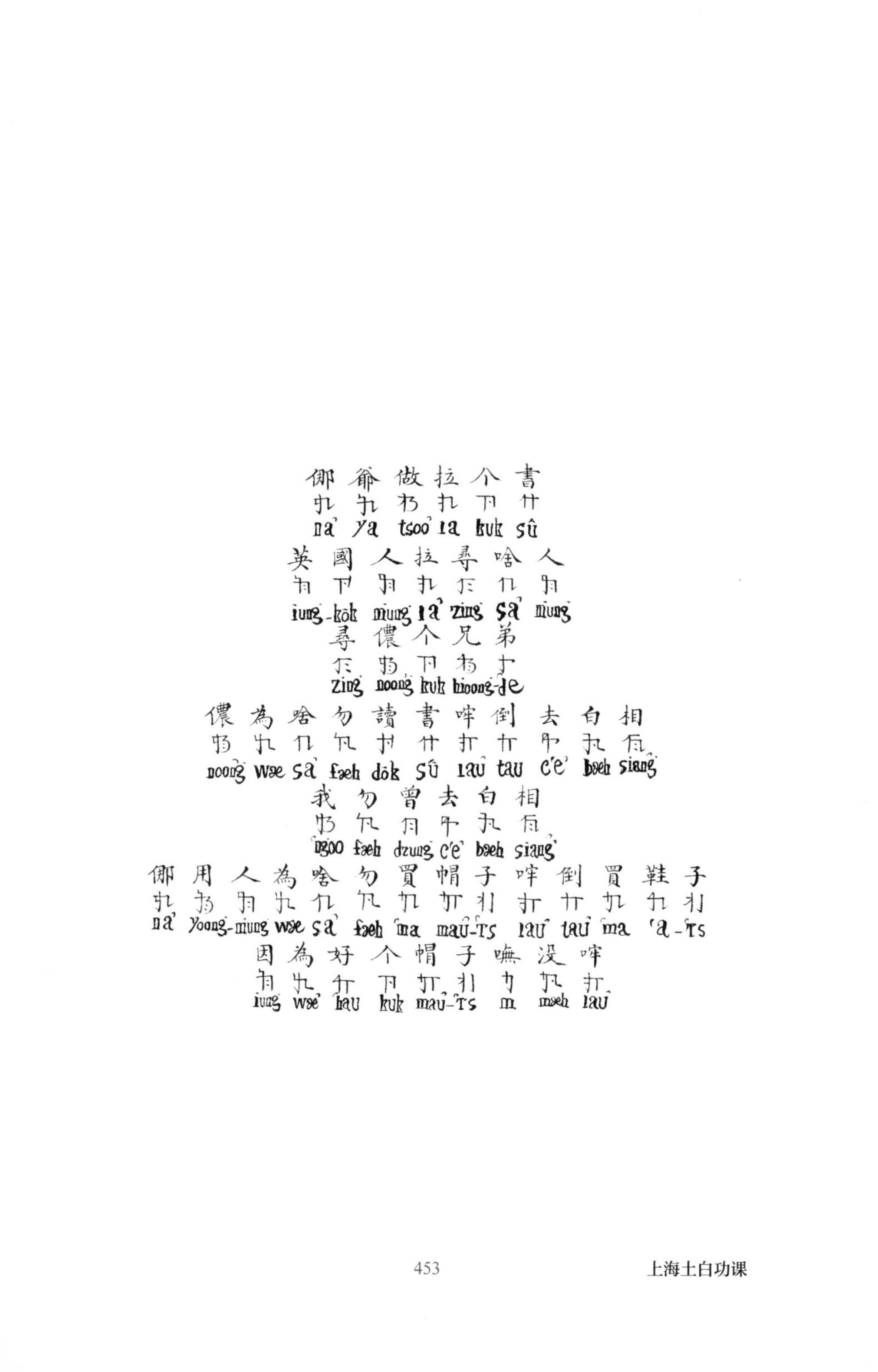

伽爺做拉个書

na' ya tsoo' la kuk sû

英國人拉尋啥人

iung-kok niung la' zing sa' niung

尋儂个兄弟

zing noong kuk hioong-de

儂為啥勿讀書咾倒去白相

noong wae sa' faeh dok sû lau' tau c'e' baeh siang

我勿曾去白相

'ngoo faeh dzung c'e' baeh siang

伽用人為啥勿買帽子咾倒買鞋子

na' yoong-niung wae sa' faeh 'ma mau'-ts lau' tau' 'ma 'a-ts

因為好个帽子嘸没咾

iung wae' hau kuk mau'-ts m maeh lau'

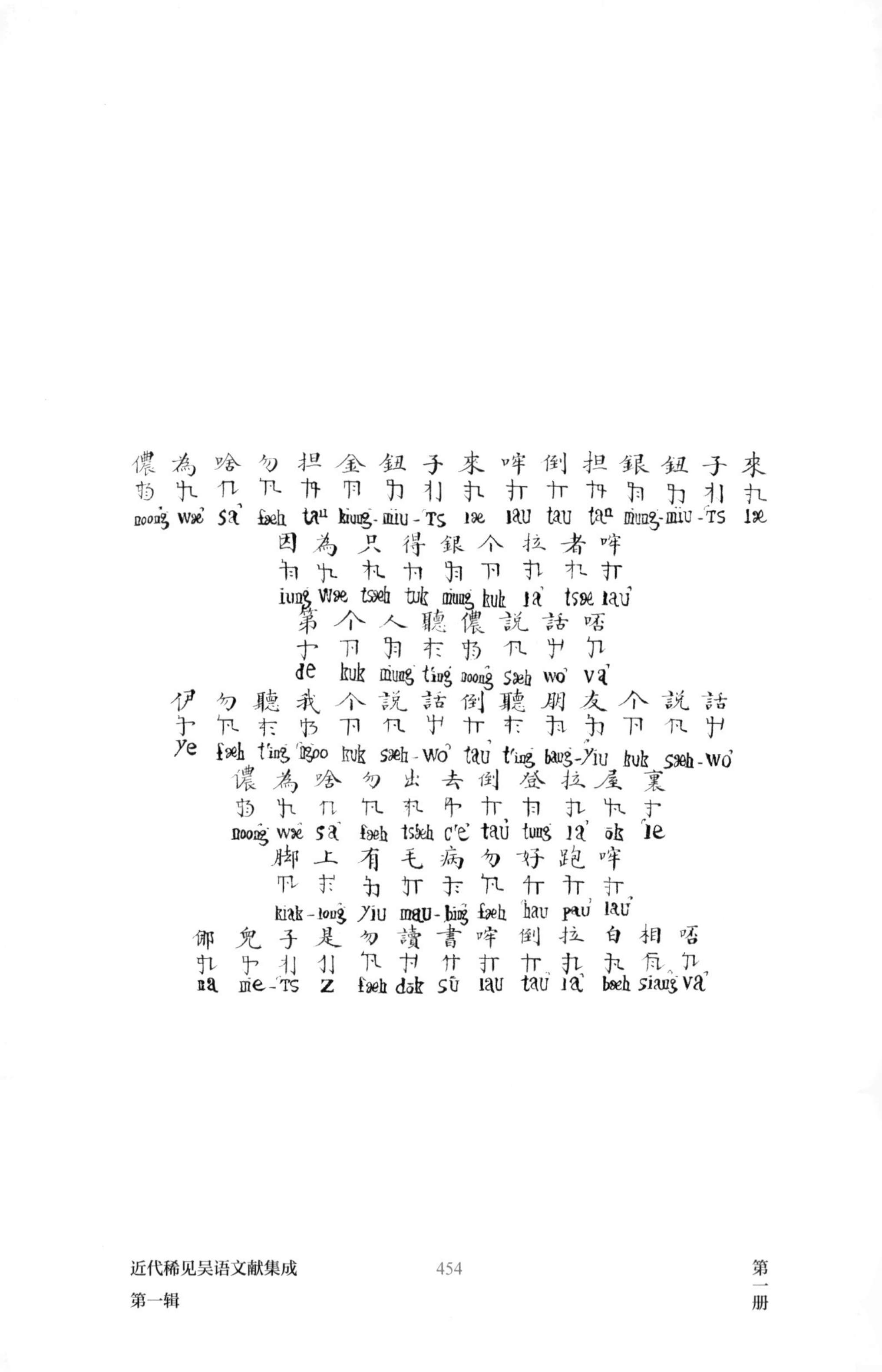

儂為啥勿担金鈕子來哰倒担銀鈕子來

noong wæ sa fæh tau kiung-miu-ts læ lau tau tan miung-miu-ts læ

因為只得銀个拉者哰

iung wæ tsæh tuk miung kuk la tsæ lau

第个人聽儂說話唔

de kuk miung ting noong sæh wo va

伊勿聽我个說話倒聽朋友个說話

ye fæh t'ing ngoo kuk sæh-wo tau t'ing bang-yiu kuk sæh-wo

儂為啥勿出去倒登拉屋裏

noong wæ sa fæh tsæh c'e tau tung la ok le

脚上有毛病勿好跑哰

kiak-long yiu mau-bing fæh hau pau lau

㑚兒子是勿讀書哰倒拉白相唔

na me-ts z fæh dŏk sû lau tau la bæh siang va

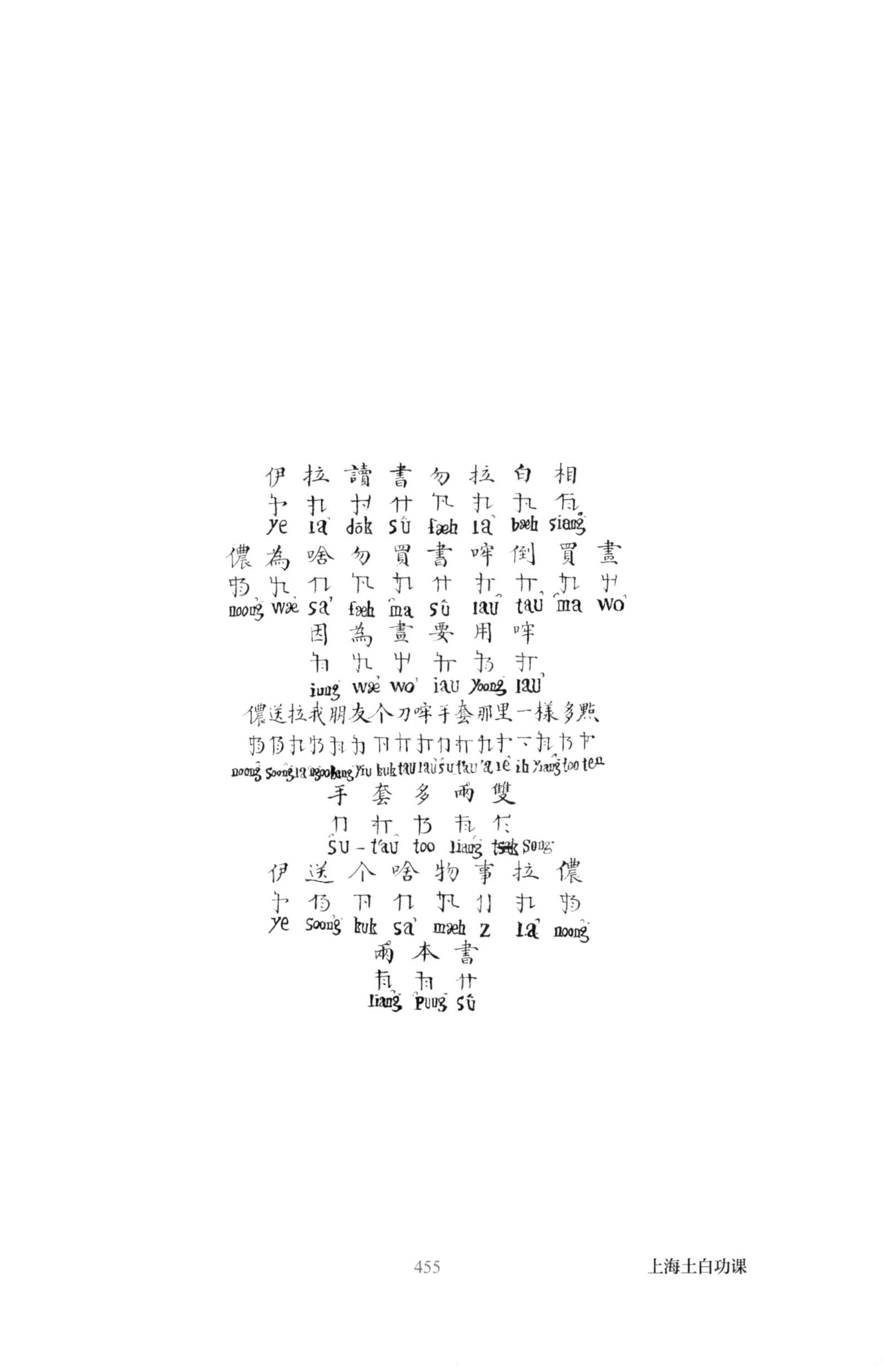

伊拉讀書勿拉白相

ye la dōk sû fæh la bæh siang

儂為啥勿買書咾倒買畫

noong wæ sa fæh ma sû lau tau ma wo

因為畫要用咾

iung wæ wo iau yoong lau

儂送拉我朋友个刀咾手套那里一樣多點

noong soong la ngoo bang yiu kuk tau lau su tau 'a le ih yiang too ten

手套多兩雙

su-tau too liang ~~tsak~~ song

伊送个啥物事拉儂

ye soong kuk sa mæh z la noong

兩本書

liang pung sû

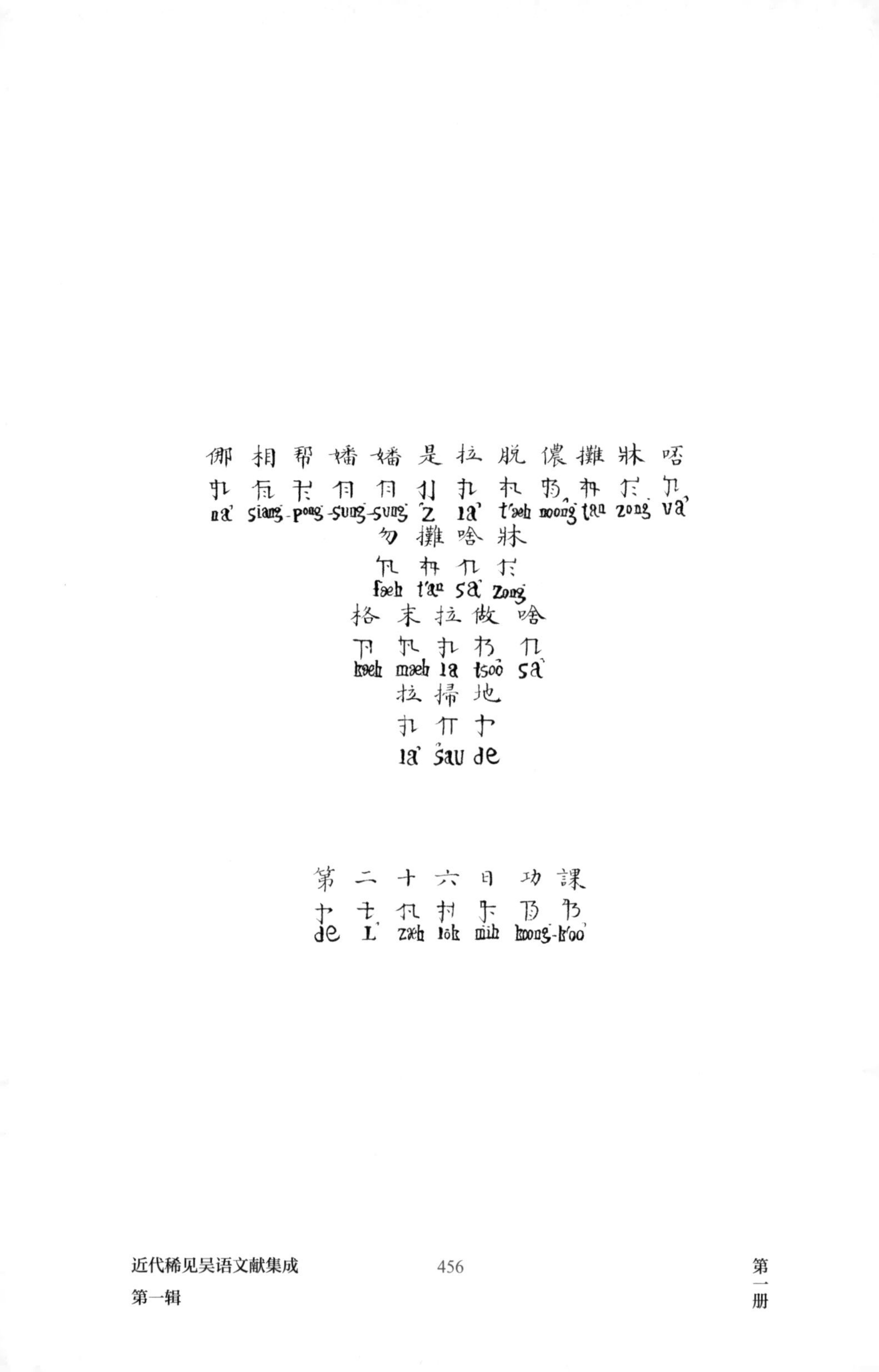

倻相帮𡟇𡟇是拉脱儂攤牀唔

na' siang-pong-sung-sung 'z la' t'æh noông tan zong va'

勿攤啥牀

fæh t'an sa' zong

格末拉做啥

kæh mæh la tsoo sa'

拉掃地

la' sau de

第二十六日功課

de L' zæh lŏk mih koong-k'oo

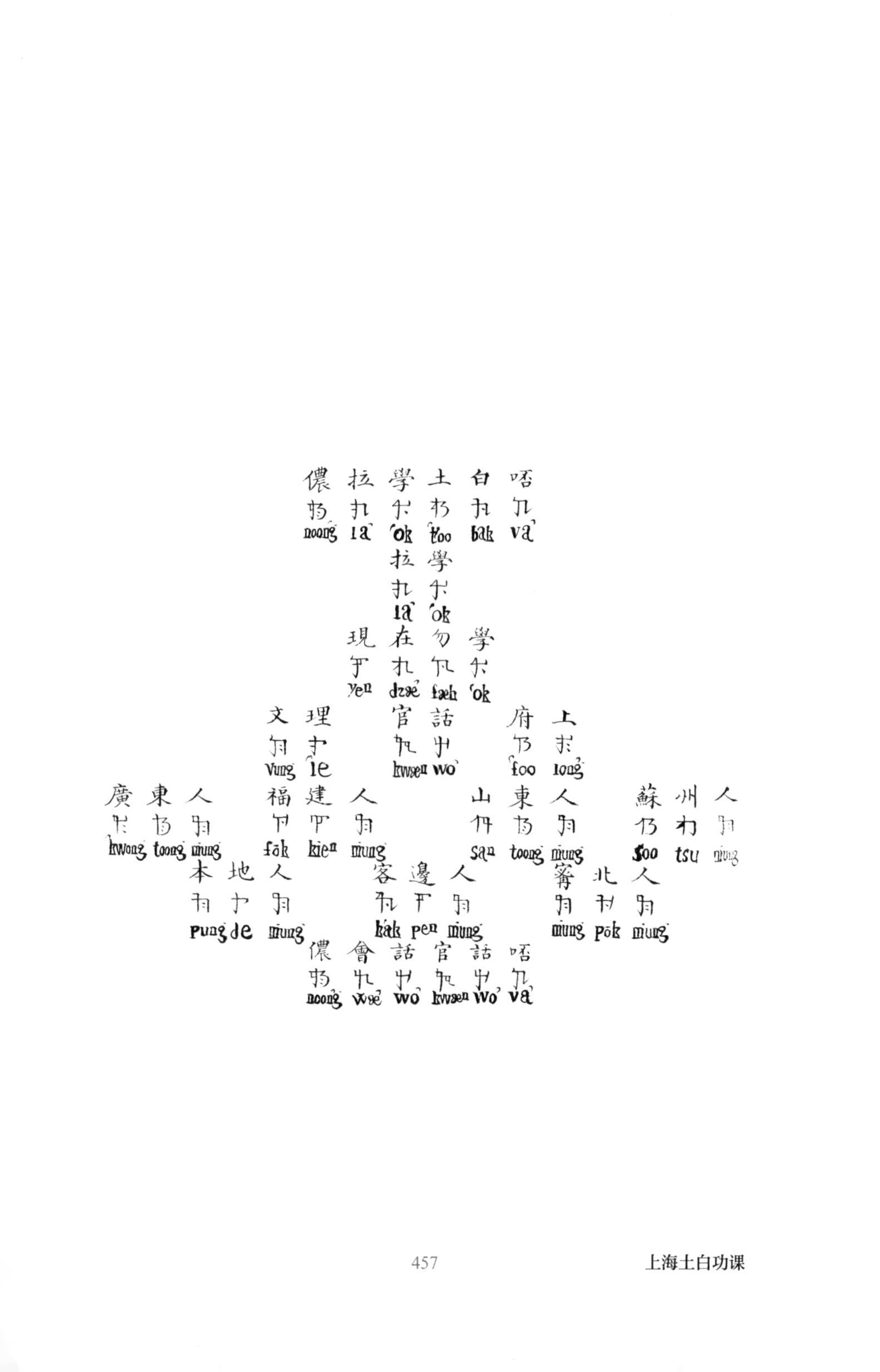

儂 拉 學 土 白 唔

noong la 'ok t'oo bak va

拉 學

la 'ok

現 在 勿 學

yen dzæ fæh 'ok

文 理

vung le

官 話

kwæn wo

府 上

foo long

廣 東 人

kwong toong mung

福 建 人

fōk kien mung

山 東 人

san toong mung

蘇 州 人

soo tsu mung

本 地 人

pung de mung

客 邊 人

k'ak pen mung

甯 北 人

mung pōk mung

儂 會 話 官 話 唔

noong wæ wo kwæn wo va

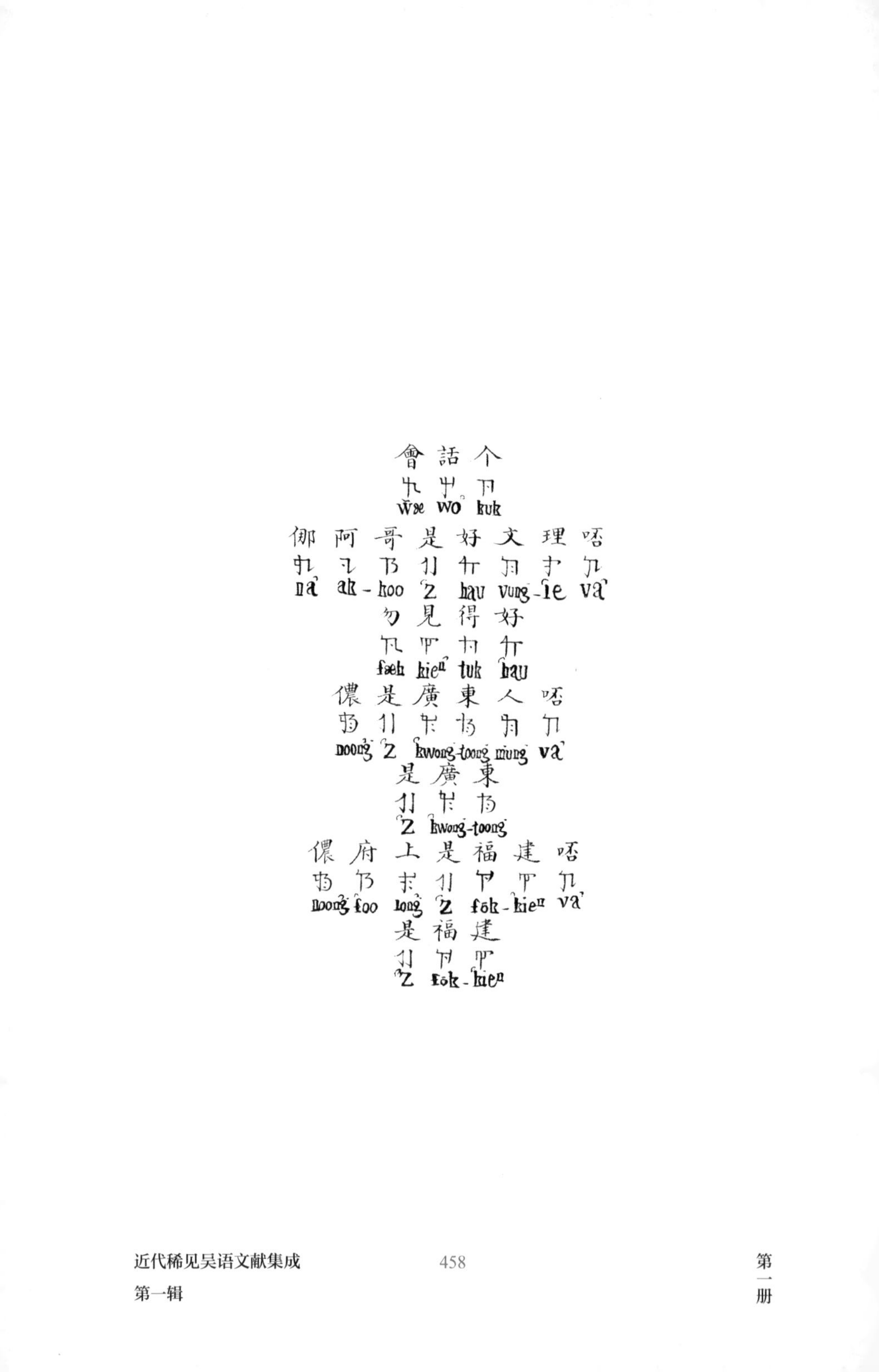

會話个

wæ wo kuk

伽阿哥是好文理唔

na' ak-koo z hau vung-le va'

勿見得好

fæh kie^n tuk hau

儂是廣東人唔

noong z kwong-toong nung va'

是廣東

z kwong-toong

儂府上是福建唔

noong foo long z fok-kie^n va'

是福建

z fok-kie^n

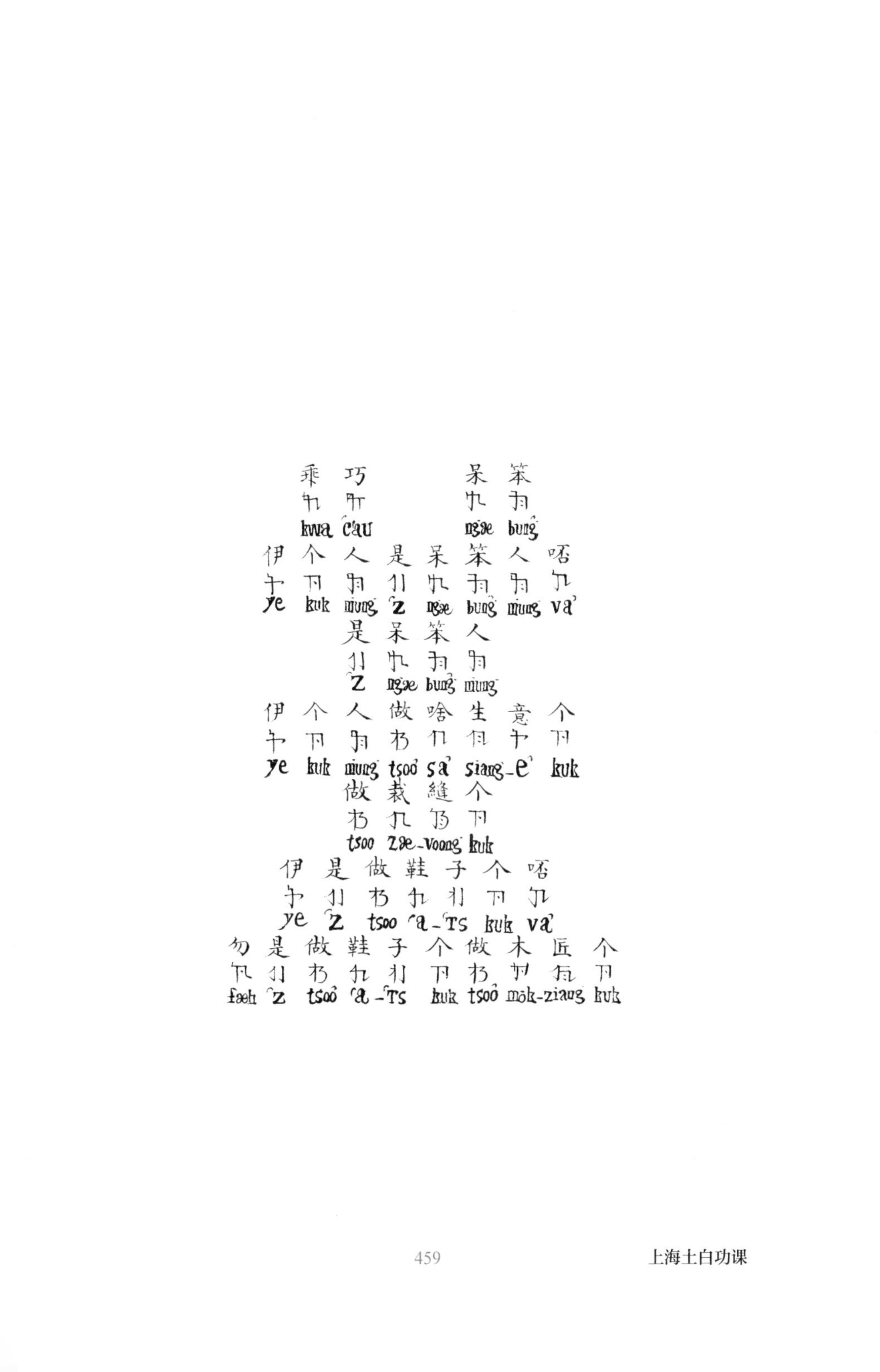

乘巧　呆笨
kwa 'cau　ngæ bung'

伊个人是呆笨人唔
ye kuk miung 'z ngæ bung' miung va'

是呆笨人
'z ngæ bung' miung

伊个人做啥生意个
ye kuk miung tsoo' sa' siang-e' kuk

做裁縫个
tsoo zæ-voong kuk

伊是做鞋子个唔
ye 'z tsoo 'a-'ts kuk va'

勿是做鞋子个做木匠个
fæh 'z tsoo' 'a-'ts kuk tsoo' mŏk-ziang kuk

好 拉 唔
hau laˀ vaˀ

請 請 安
ts'ing ts'ing öⁿ

儂 脫 我 請 請 安
noong t'seh 'ngoo ts'ing ts'ing öⁿ
儂 脫 我 望 望
noong t'seh 'ngoo mong mong

額 角 頭
ngah kok du
青 黃 紅
ts'ing Wong 'oong

眼 烏 珠
ngan 'oo tsü
黑 白 藍
huk bak laⁿ

長
dzang

短
töⁿ

聽
t'ing

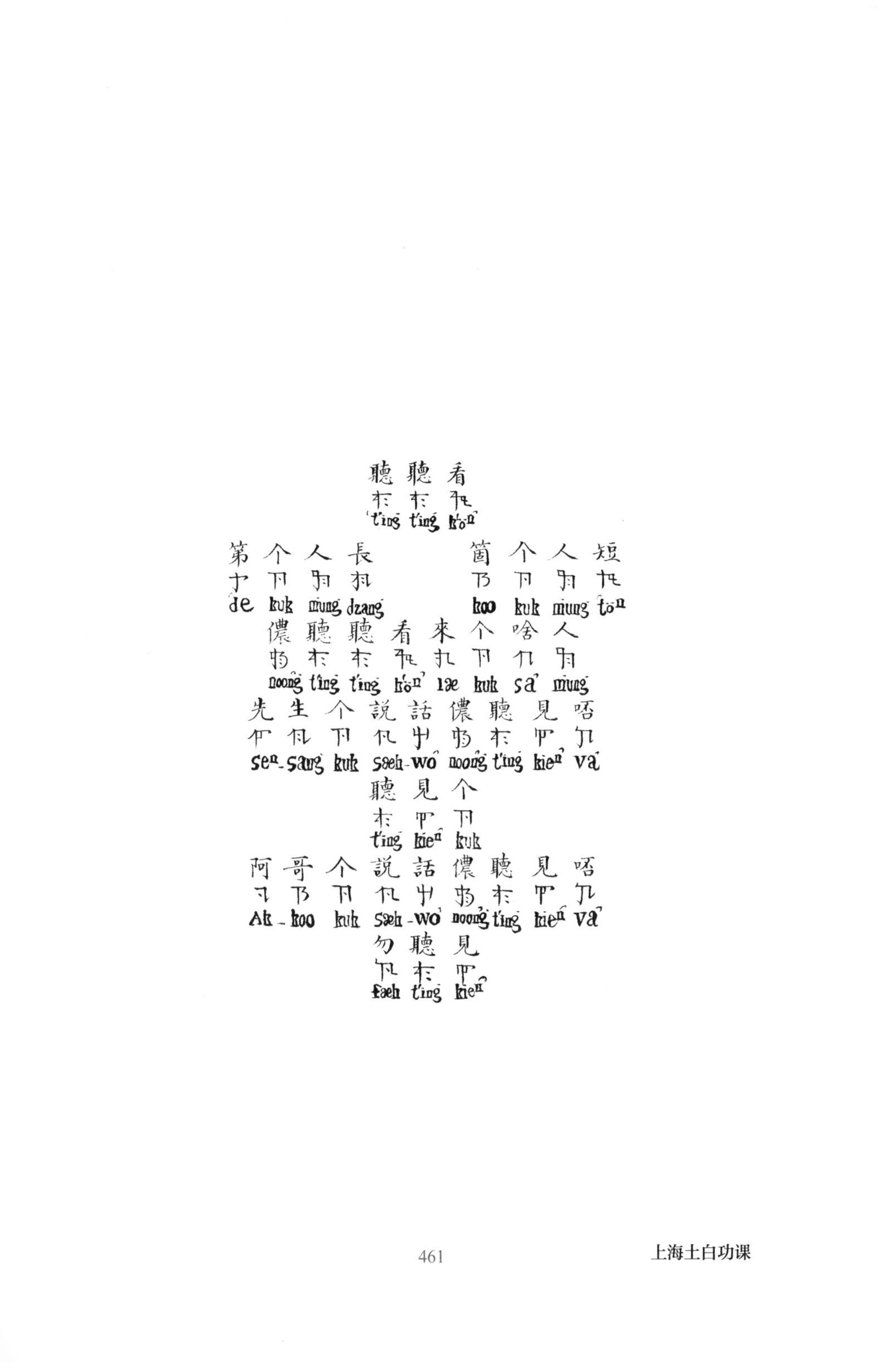

聽聽看

t'ing t'ing k'o^n

第个人長　　箇个人短

de kuk mung dzang　　koo kuk mung to^n

儂聽聽看來个啥人

noong t'ing t'ing k'o^n lae kuk sa mung

先生个説話儂聽見唔

se^n-sang kuk saeh-wo noong t'ing kie^n va

聽見个

t'ing kie^n kuk

阿哥个説話儂聽見唔

Ak-koo kuk saeh-wo noong t'ing kie^n va

勿聽見

faeh t'ing kie^n

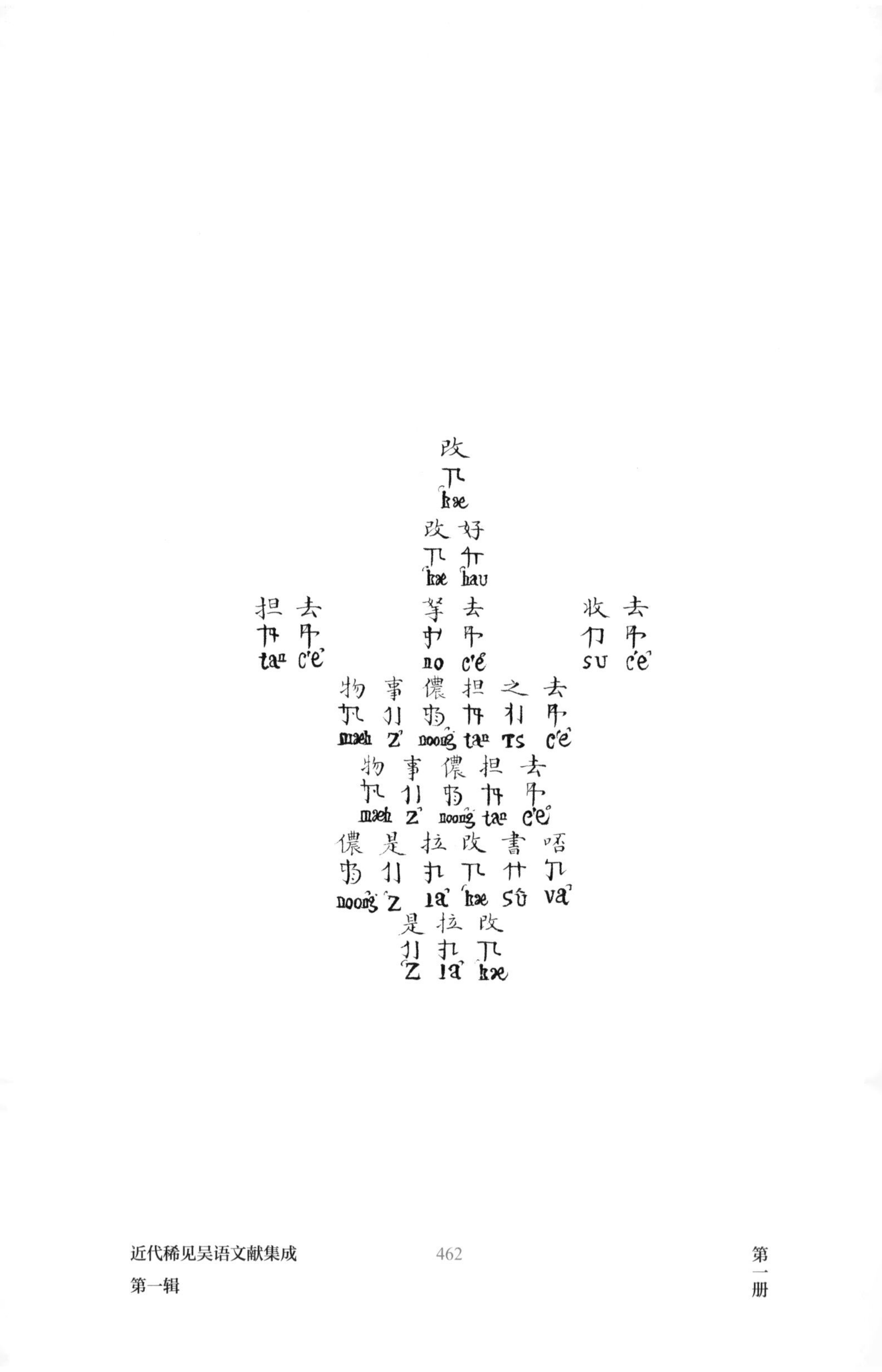

改
kæ

改 好
kæ hau

担 去
taⁿ c'e

拏 去
no c'e

收 去
su c'e

物 事 儂 担 之 去
mæh z' noong taⁿ ts c'e

物 事 儂 担 去
mæh z' noong taⁿ c'e

儂 是 拉 改 書 啞
noong z la' kæ sû va'

是 拉 改
z la' kæ

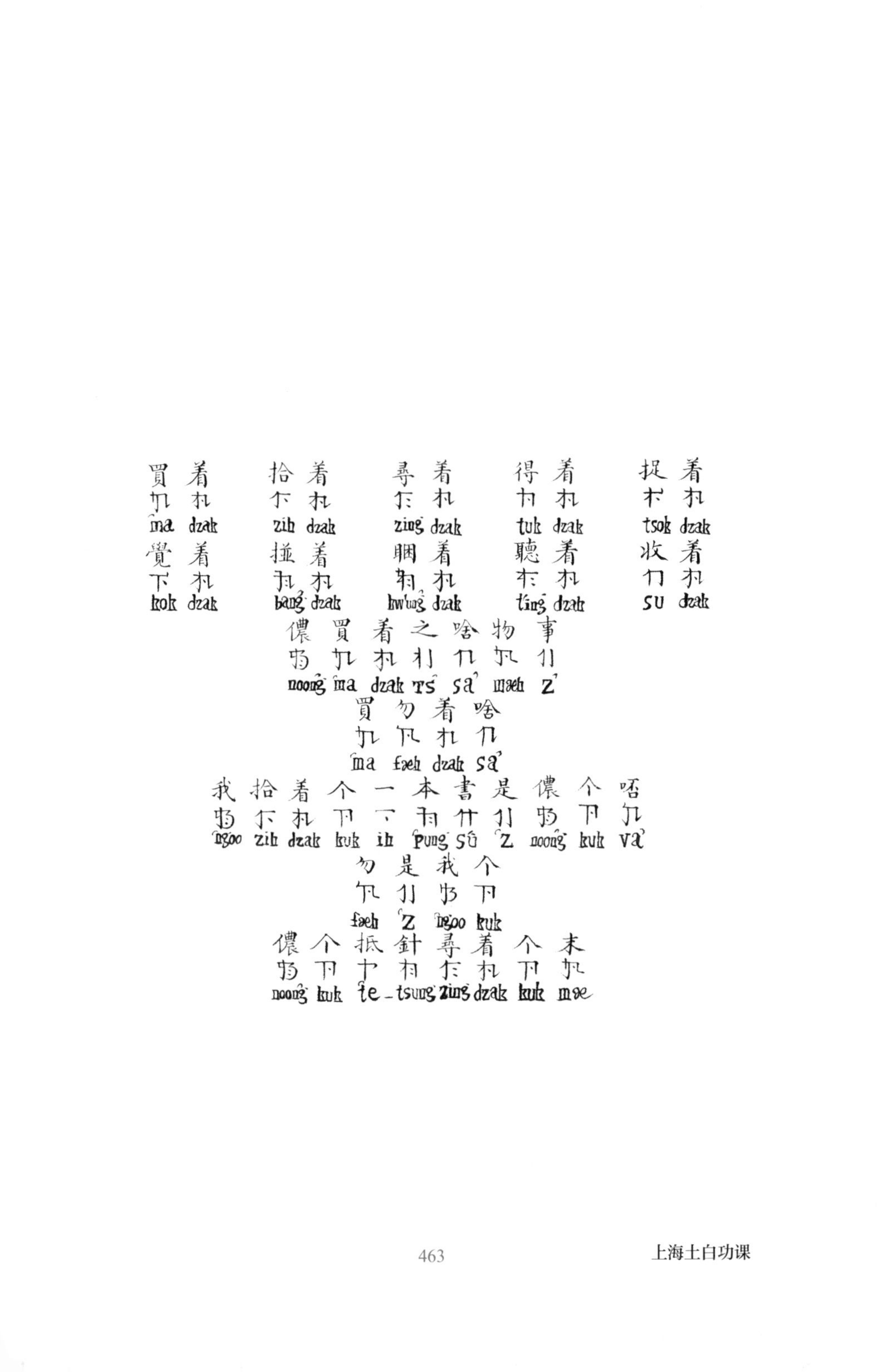

買着	拾着	尋着	得着	捉着
ma dzak	zih dzak	zing dzak	tuk dzak	tsok dzak
覺着	搲着	掴着	聽着	收着
kok dzak	bang dzak	hw'ung dzak	tíng dzak	su dzak

儂 買 着 之 啥 物 事

noong ma dzak ts sa maeh z

買 勿 着 啥

ma faeh dzak sa

我 拾 着 个 一 本 書 是 儂 个 唔

ngoo zih dzak kuk ih pung sû z noong kuk va

勿 是 我 个

faeh z ngoo kuk

儂 个 抵 針 尋 着 个 末

noong kuk te-tsung zing dzak kuk mae

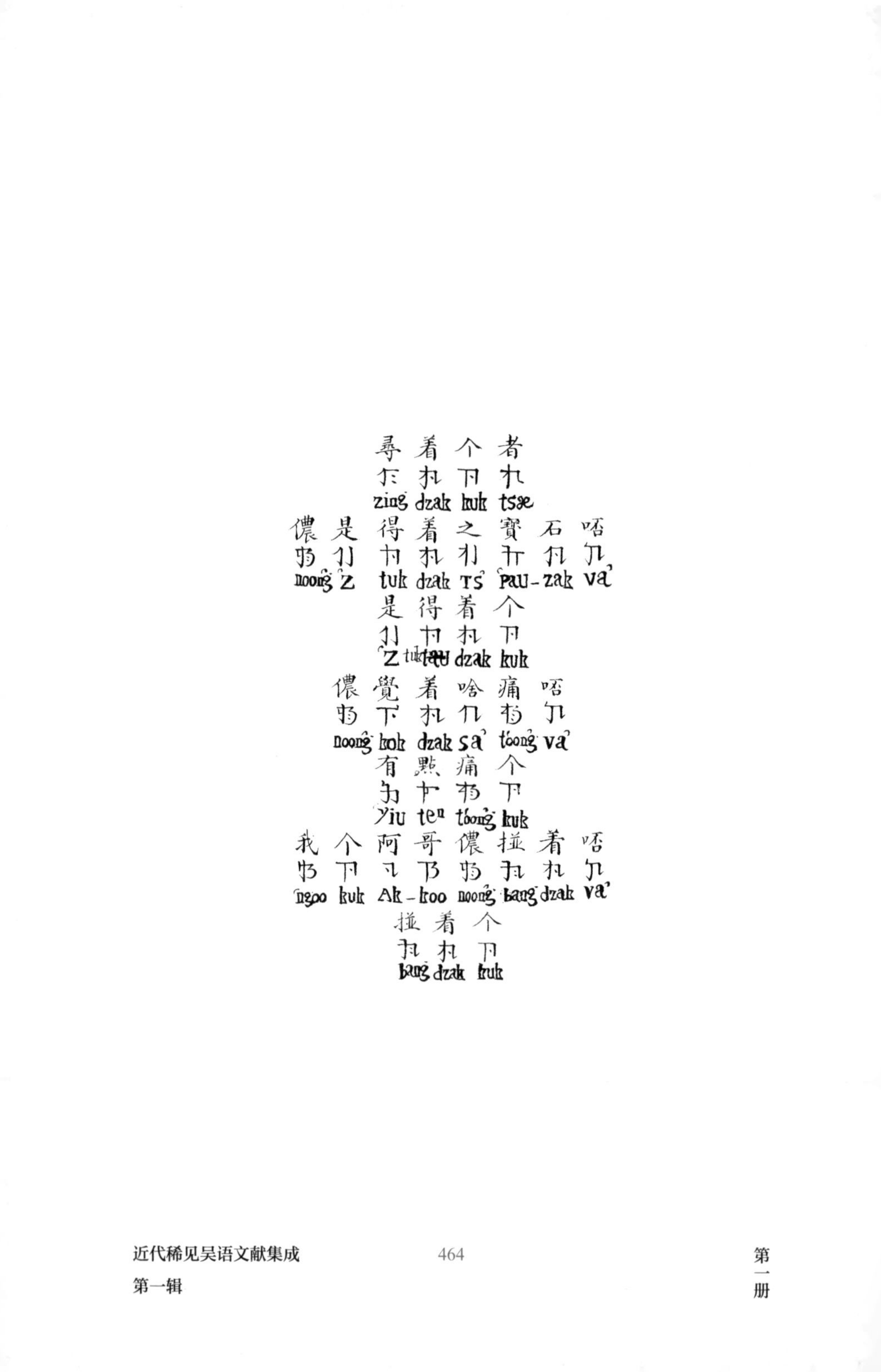

尋着个者

zing dzak kuk tsæ

儂是得着之寶石唔

noong ʿZ tuk dzak TSʿ ʿPAU-zak va'

是得着个

ʿZ tuk tau dzak kuk

儂覺着啥痛唔

noong kok dzak sa' ʿtoong va'

有點痛个

ʿyiu ten ʿtoong kuk

我个阿哥儂摚着唔

ʿngoo kuk Ak-koo noong bang dzak va'

摚着个

bang dzak kuk

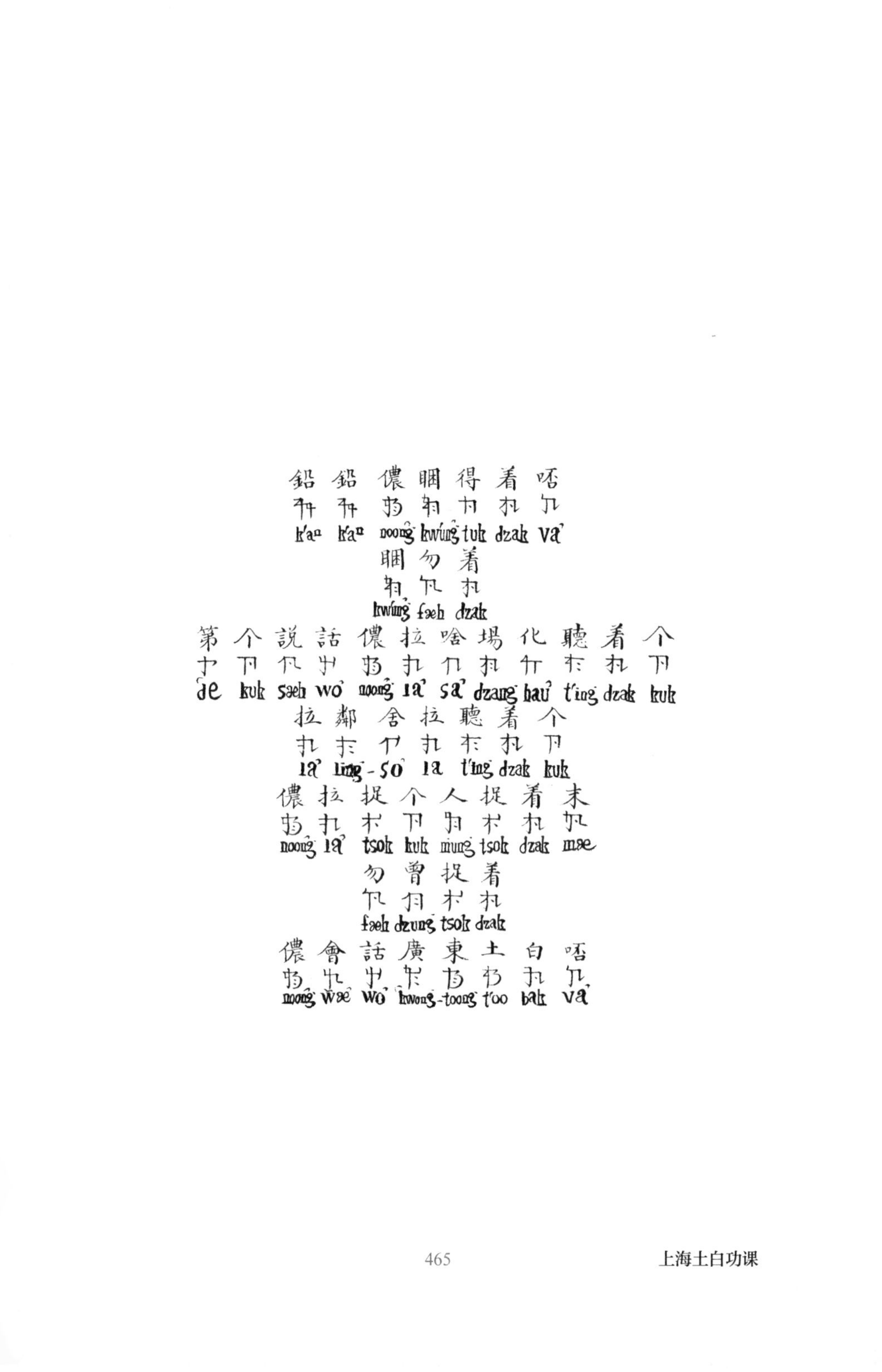

鉛鉛儂睏得着唔

k'an k'an noong kwung tuk dzak va

睏勿着

kwung faeh dzak

第个說話儂拉啥場化聽着个

de kuk saeh wo noong la sa dzang hau t'ing dzak kuk

拉鄰舍拉聽着个

la ling-so la t'ing dzak kuk

儂拉捉个人捉着末

noong la tsok kuk nung tsok dzak mae

勿曾捉着

faeh dzung tsok dzak

儂會話廣東土白唔

noong wae wo kwong-toong t'oo bak va

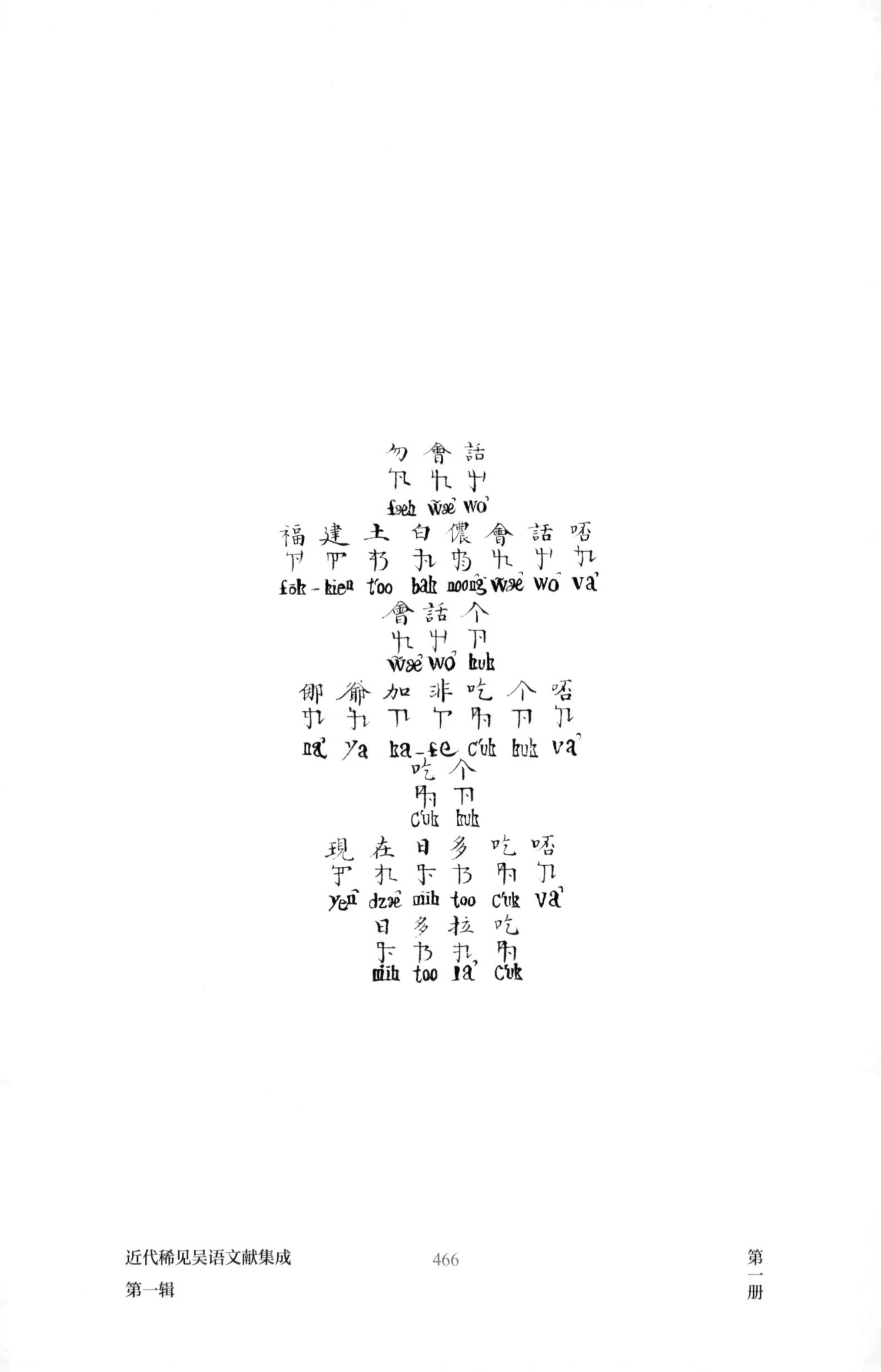

勿會話

fæh w̃æ' wo'

福建土白儂會話嗒

fōk-kien t'oo bak noong w̃æ' wo' va'

會話个

w̃æ' wo' kuk

儞爺加非吃个嗒

na' ya ka-fe c'uk kuk va'

吃个

c'uk kuk

現在日多吃嗒

yen' dzæ' mih too c'uk va'

日多拉吃

mih too la' c'uk

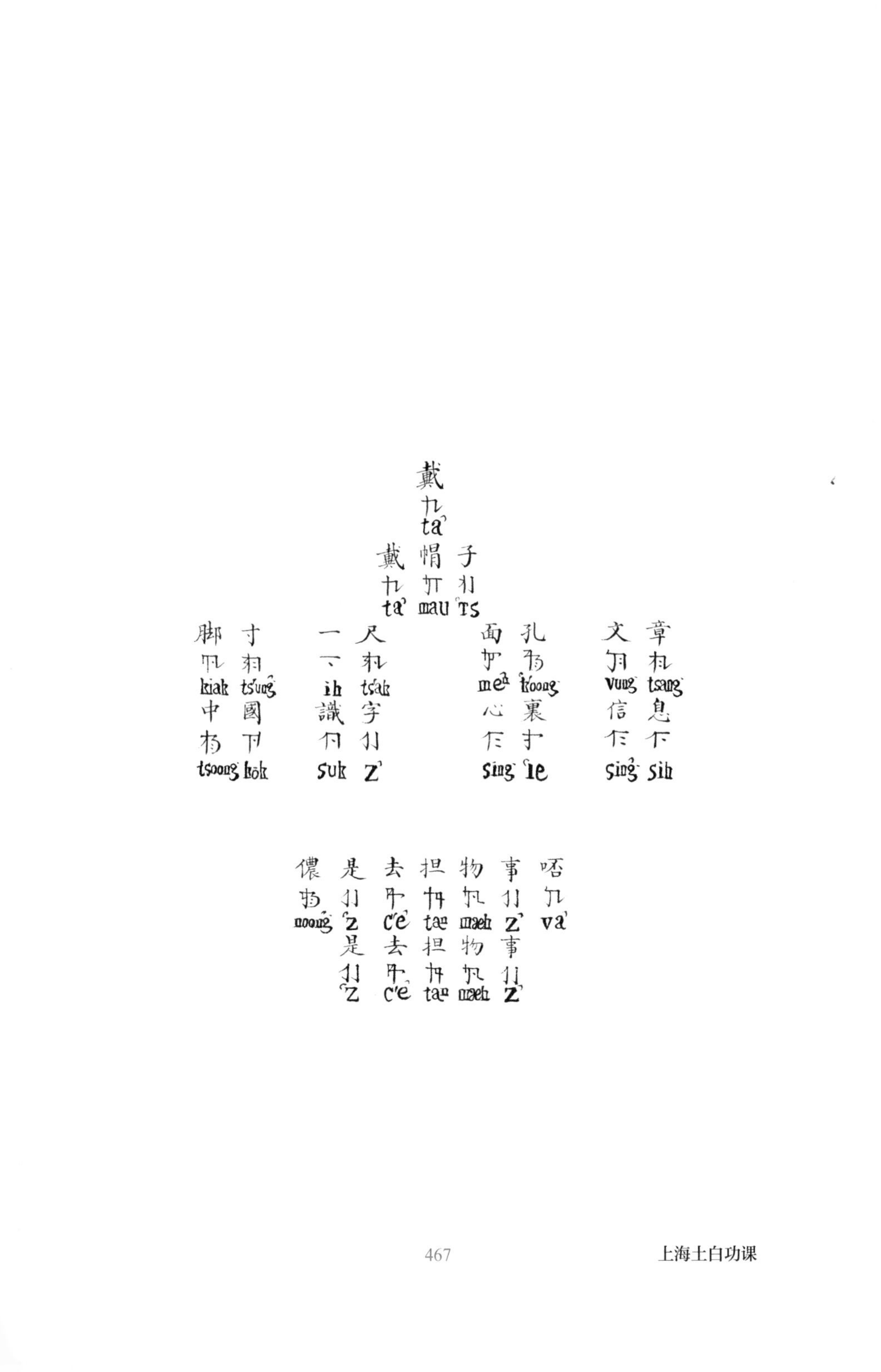

戴
ta'

戴 帽 子
ta' mau 'ts

脚 寸
kiak ts'ung

中 國
tsoong kōk

一 尺
ih ts'ak

識 字
suk z'

面 孔
mea 'k'oong

心 裏
sing 'le

文 章
vung tsang

信 息
sing sih

儂 是 去 担 物 事 唔
noong 'z c'e tae maeh z' va'

是 去 担 物 事
'z c'e tae maeh z'

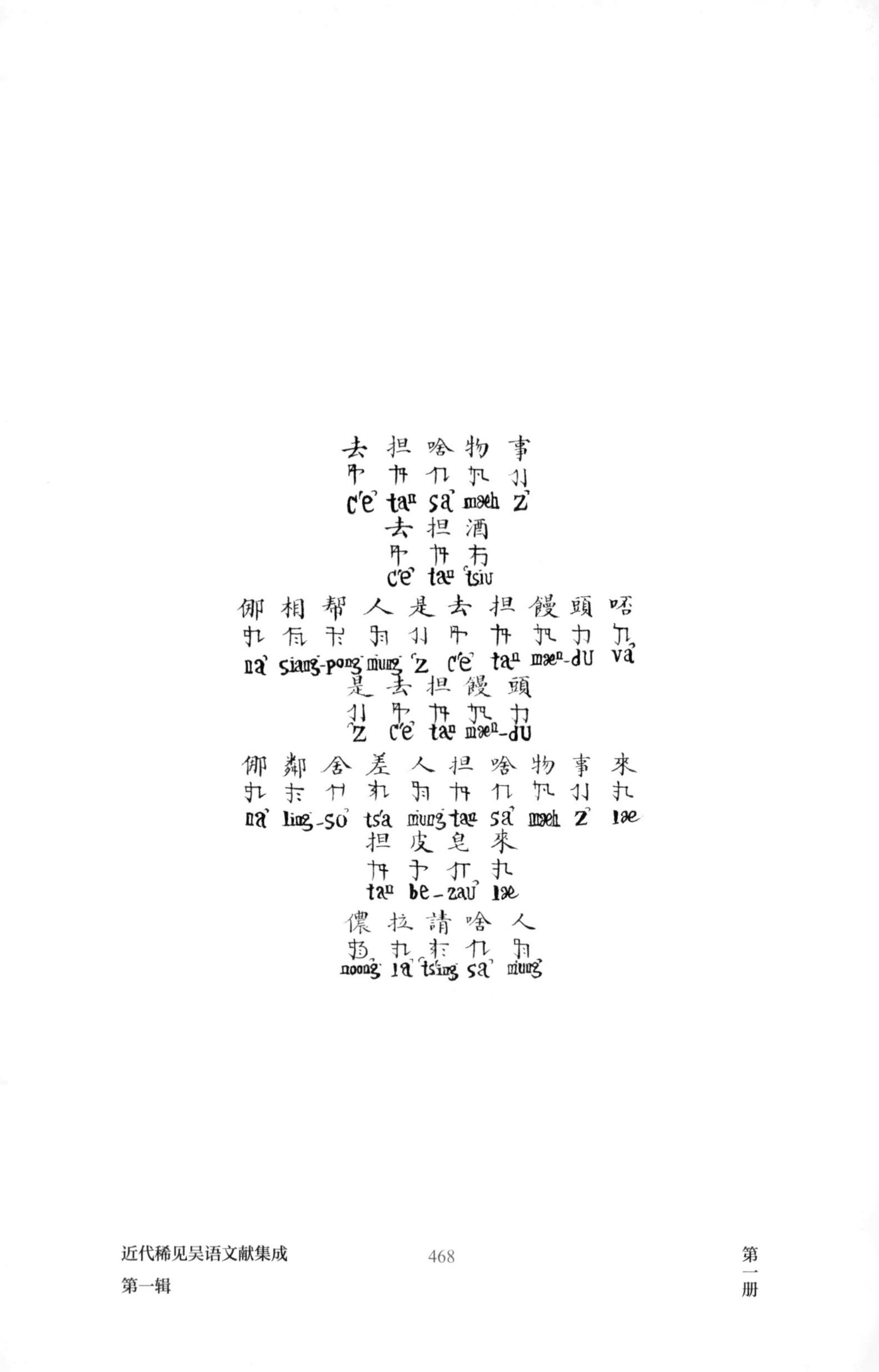

去担啥物事

c'e tan sa mæh z

去担酒

c'e tan tsiu

倻相帮人是去担饅頭啘

na siang-pong miung z c'e tan mæn-du va

是去担饅頭

z c'e tan mæn-du

倻鄰舍差人担啥物事來

na ling-so ts'a miung tan sa mæh z læ

担皮皂來

tan be-zau læ

儂拉請啥人

noong la ts'ing sa miung

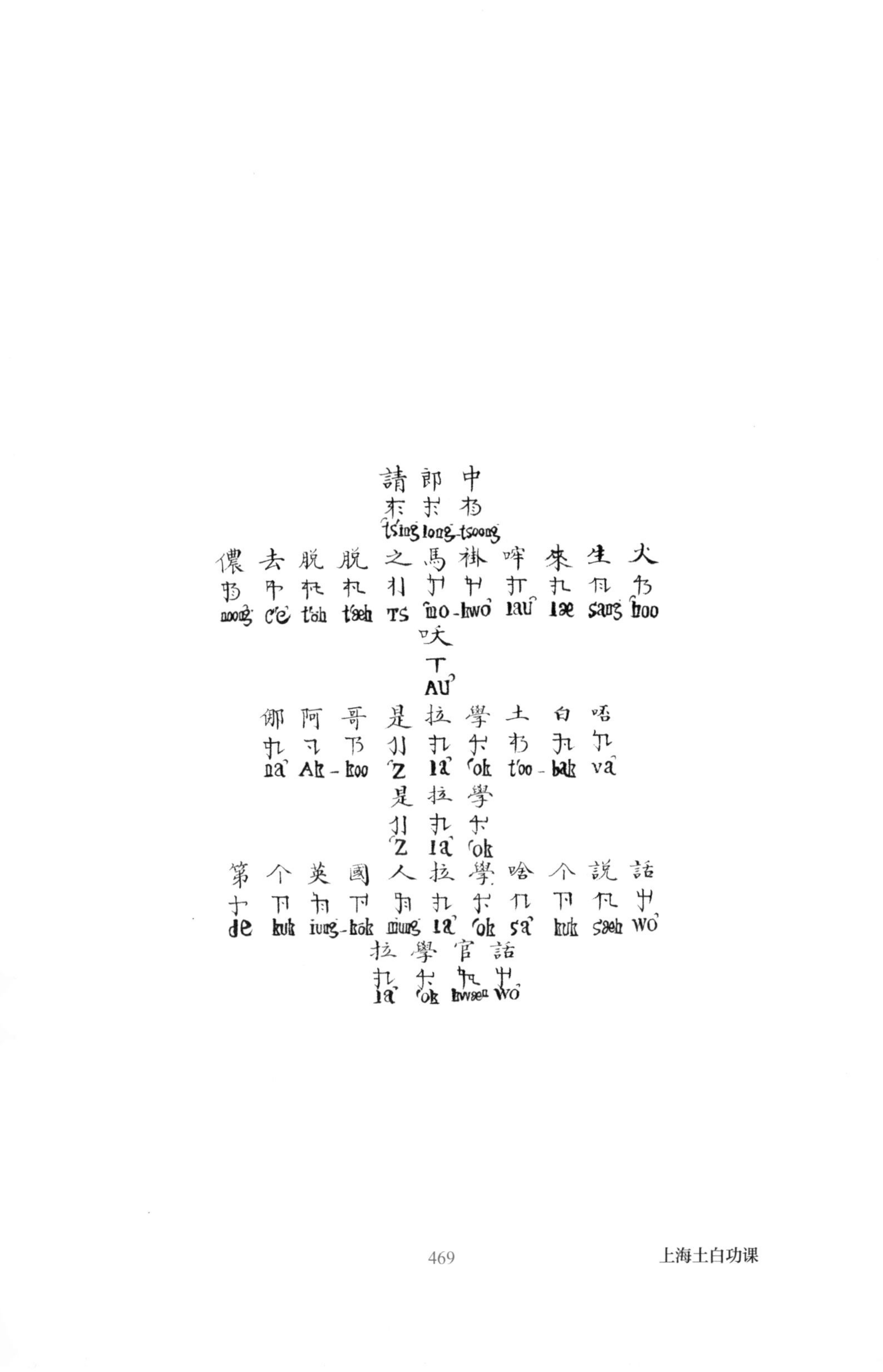

請 郎 中

tsing long-tsoong

儂 去 脱 脱 之 馬 褂 哰 來 生 火

noong c'e t'oh t'seh TS mo-kwo lau læ sang hoo

呹

AU

倻 阿 哥 是 拉 學 土 白 唔

na Ak-koo Z la 'ok t'oo-bak va

是 拉 學

Z la 'ok

第 个 英 國 人 拉 學 啥 个 説 話

de kuk iung-kok nung la 'ok sa kuk seh wo

拉 學 官 話

la 'ok kwæn wo

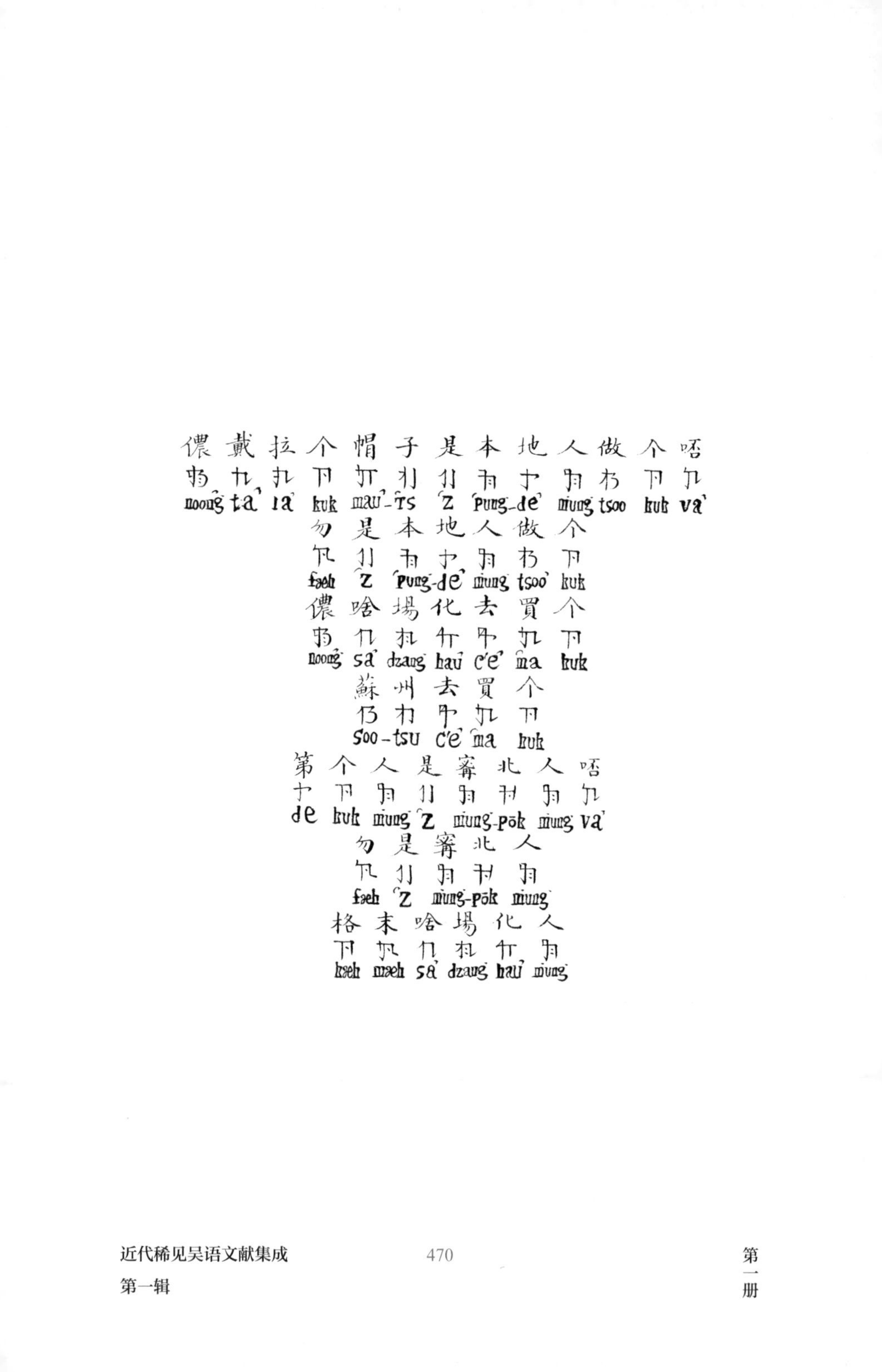

儂 戴 拉 个 帽 子 是 本 地 人 做 个 唔

noong ta' la' kuk mau'-ts 'Z 'pung-de' miung tsoo kuk va'

勿 是 本 地 人 做 个

faeh 'Z 'pung-de' miung tsoo' kuk

儂 啥 場 化 去 買 个

noong sa' dzang hau' c'e' 'ma kuk

蘇 州 去 買 个

soo-tsu c'e' 'ma kuk

第 个 人 是 甯 北 人 唔

de kuk miung 'Z miung-pōk miung va'

勿 是 甯 北 人

faeh 'Z miung-pōk miung

格 末 啥 場 化 人

kaeh maeh sa' dzang hau' miung

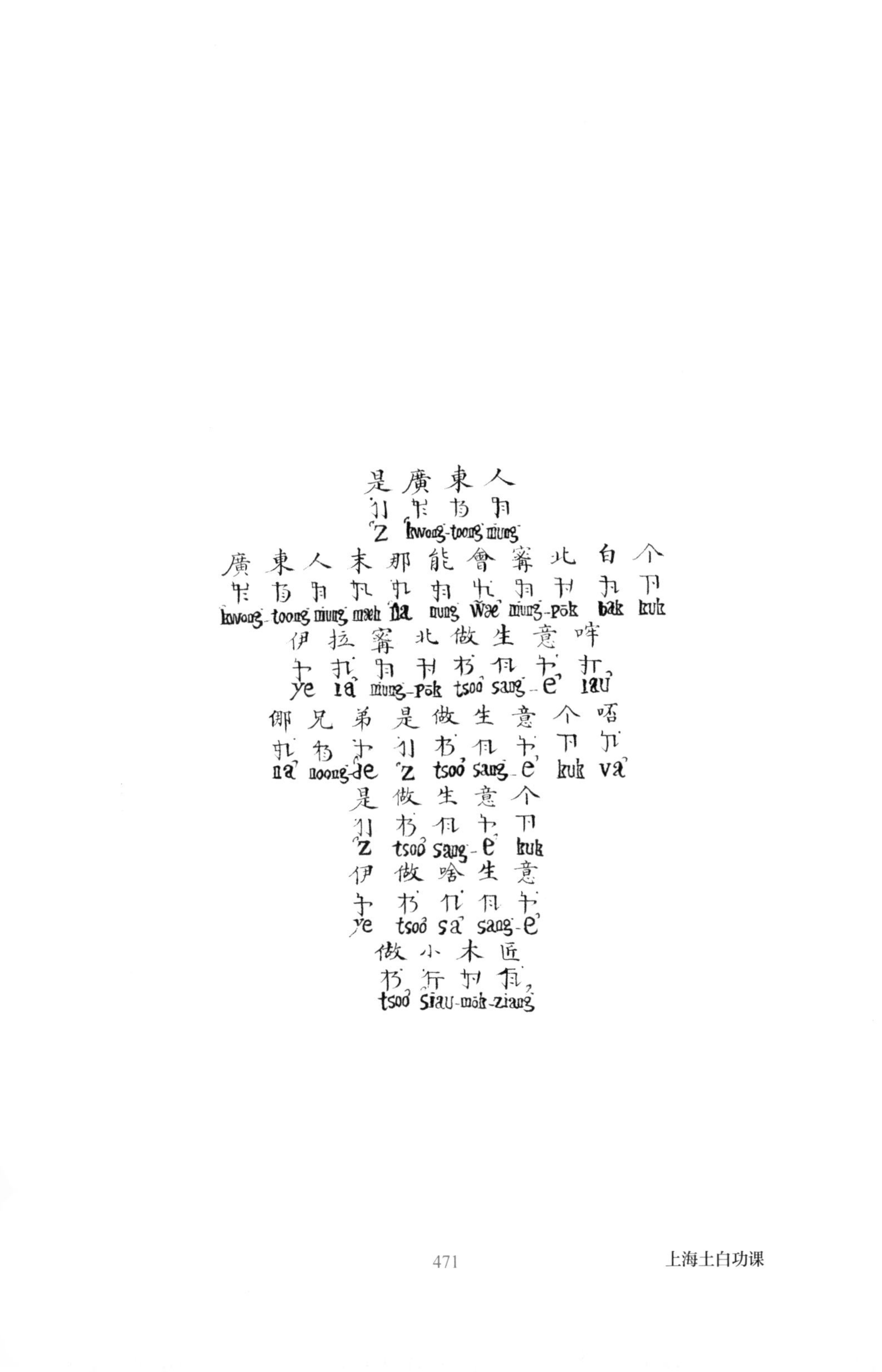

是廣東人

Z kwong-toong mung

廣 東 人 末 那 能 會 寗 北 白 个

kwong-toong mung mæh na nung wæ mung-pōk bak kuk

伊 拉 寗 北 做 生 意 咩

ye la mung-pōk tsoo sang-e iau

㑚 兄 弟 是 做 生 意 个 啞

na noong-de z tsoo sang-e kuk va

是 做 生 意 个

z tsoo sang-e kuk

伊 做 啥 生 意

ye tsoo sa sang-e

做 小 木 匠

tsoo siau-mōk-ziang

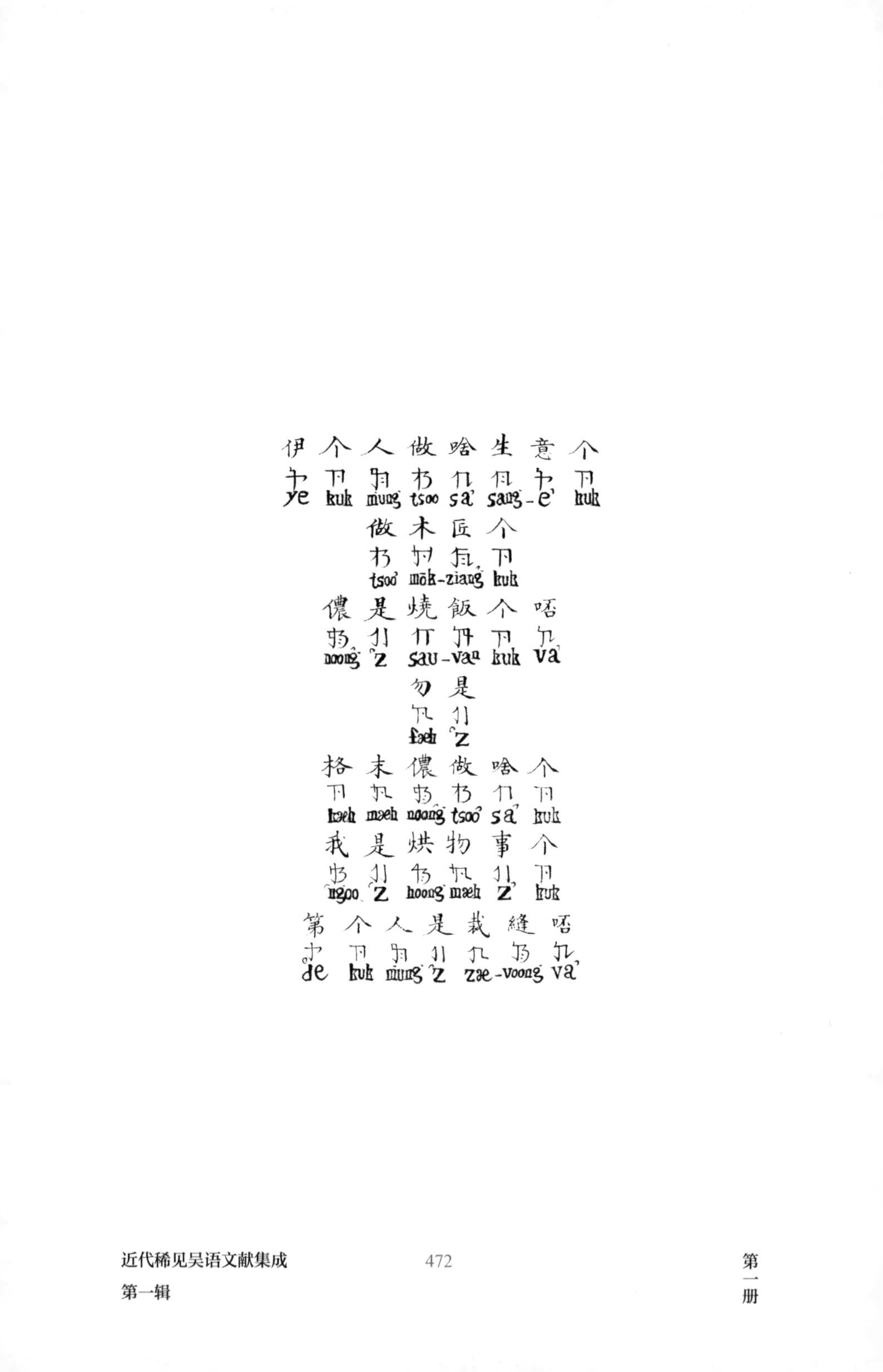

伊 个 人 做 啥 生 意 个

ye kuk mung tsoo sa' sang-e' kuk

做 木 匠 个

tsoo' mŏk-ziang kuk

儂 是 燒 飯 个 唔

noong 'z sau-van kuk va'

勿 是

fæh 'z

格 末 儂 做 啥 个

kæh mæh noong tsoo' sa' kuk

我 是 烘 物 事 个

ngoo 'z hoong mæh z' kuk

第 个 人 是 裁 縫 唔

de kuk mung 'z zæ-voong va'

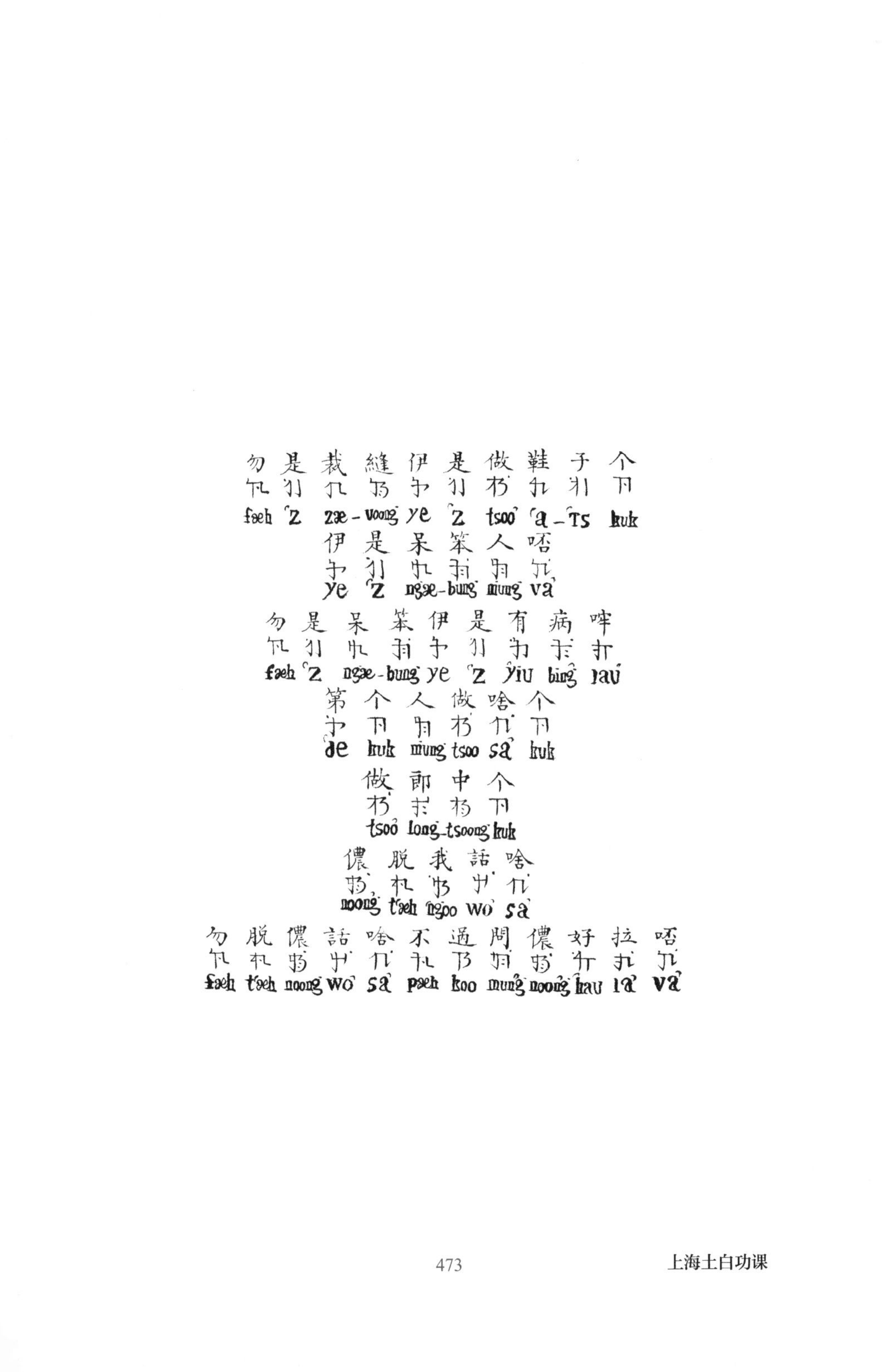

勿是裁縫伊是做鞋子个

fæh ʻz zæ-voong ye ʻz tsoo ʻa-ʻts kuk

伊是呆笨人㖠

ye ʻz ngæ-bung mung va

勿是呆笨伊是有病咾

fæh ʻz ngæ-bung ye ʻz ʻyiu bing lau

第个人做啥个

ʻde kuk mung tsoo sa kuk

做郎中个

tsoo long-tsoong kuk

儂脫我話啥

noong tʻæh ngoo wo sa

勿脫儂話啥不過問儂好拉㖠

fæh tʻæh noong wo sa pæh koo mung noong hau la va

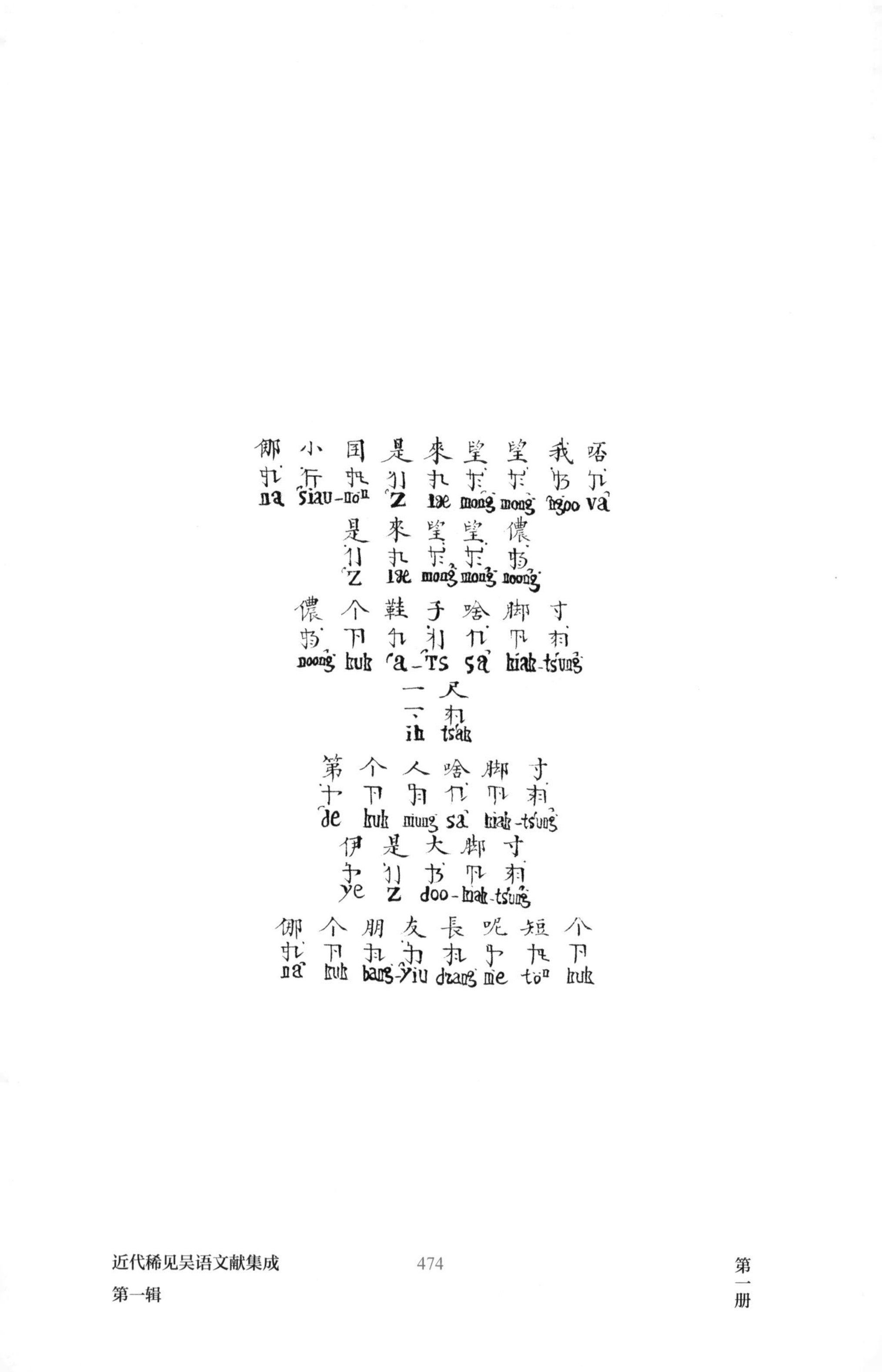

伽 小 囯 是 來 望 望 我 咯
na siau-nön z læ mong mong ngoo va

是 來 望 望 儂
z læ mong mong noong

儂 个 鞋 子 啥 脚 寸
noong kuk 'a-ts sa kiak-tsung

一 尺
ih tsak

第 个 人 啥 脚 寸
de kuk niung sa kiak-tsung

伊 是 大 脚 寸
ye z doo-kiak-tsung

伽 个 朋 友 長 呢 短 个
na kuk bang-yiu dzang me tön kuk

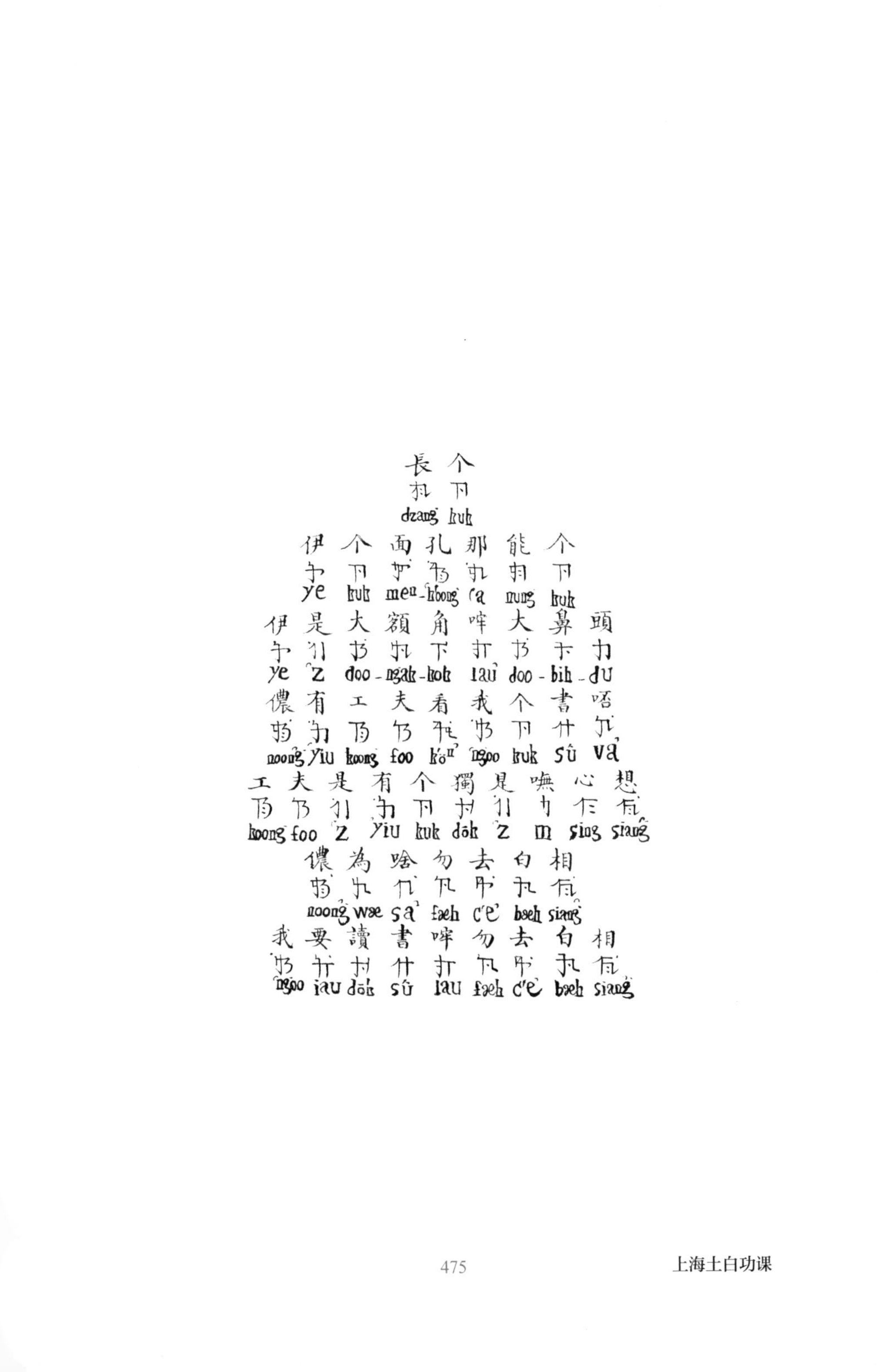

長个
dzang kuk

伊个面孔那能个
ye kuk meu-koong ‘a nung kuk

伊是大額角咩大鼻頭
ye ‘z doo-ngak-kok lau doo-bih-du

儂有工夫看我个書唔
noong ‘yiu koong foo k‘ön ‘ngoo kuk sû va

工夫是有个獨是嘸心想
koong foo ‘z ‘yiu kuk dŏk ‘z m sing siang

儂為啥勿去白相
noong wæ sa fæh c‘e bæh siang

我要讀書咩勿去白相
‘ngoo iau dŏk sû lau fæh c‘e bæh siang

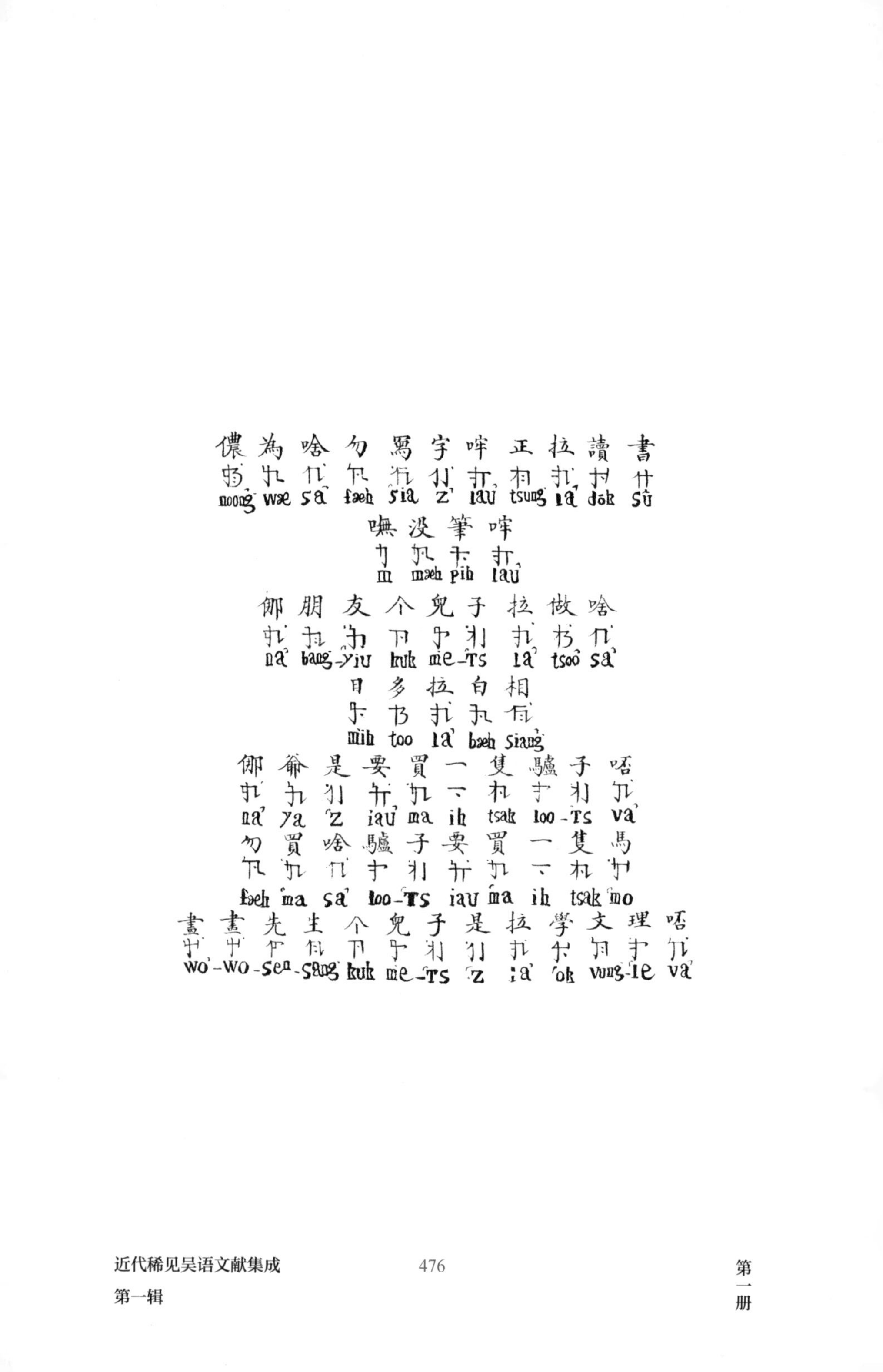

儂 為 啥 勿 寫 字 哰 正 拉 讀 書

noong wæ sa' faeh sia z' lau tsung la' dōk sû

嘸 没 筆 哰

m maeh pih lau

㑚 朋 友 个 兒 子 拉 做 啥

na' bang-yiu kuk me-TS la' tsoo sa'

目 多 拉 白 相

mih too la' baeh siang

㑚 爺 是 要 買 一 隻 驢 子 咟

na' ya 'z iau' ma ih tsak loo-TS va'

勿 買 啥 驢 子 要 買 一 隻 馬

faeh 'ma sa' loo-TS iau 'ma ih tsak 'mo

畫 畫 先 生 个 兒 子 是 拉 學 文 理 咟

wo'-wo-sen-sang kuk me-TS 'z ia' 'ok vung-le va'

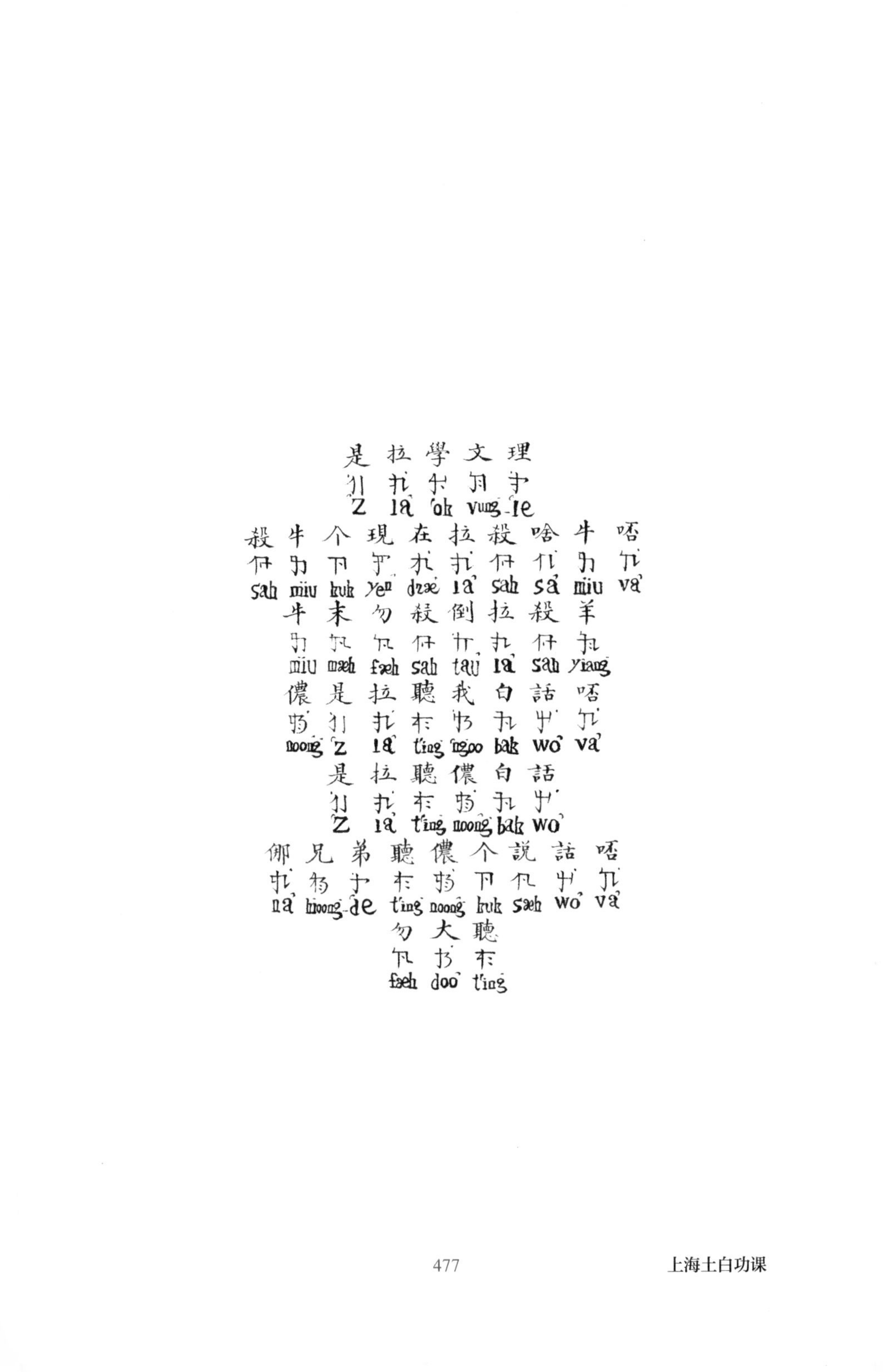

是 拉 學 文 理

Z la 'ok vung-le

殺 牛 个 現 在 拉 殺 啥 牛 唔

sah miu kuk yen dzæ la sah sá miu va

牛 末 勿 殺 倒 拉 殺 羊

miu mæh fæh sah tau la sah yiang

儂 是 拉 聽 我 白 話 唔

noong z la t'ing ngoo bak wo va

是 拉 聽 儂 白 話

z la t'ing noong bak wo

伽 兄 弟 聽 儂 个 說 話 唔

na hioong-de t'ing noong kuk sæh wo va

勿 大 聽

fæh doo t'ing

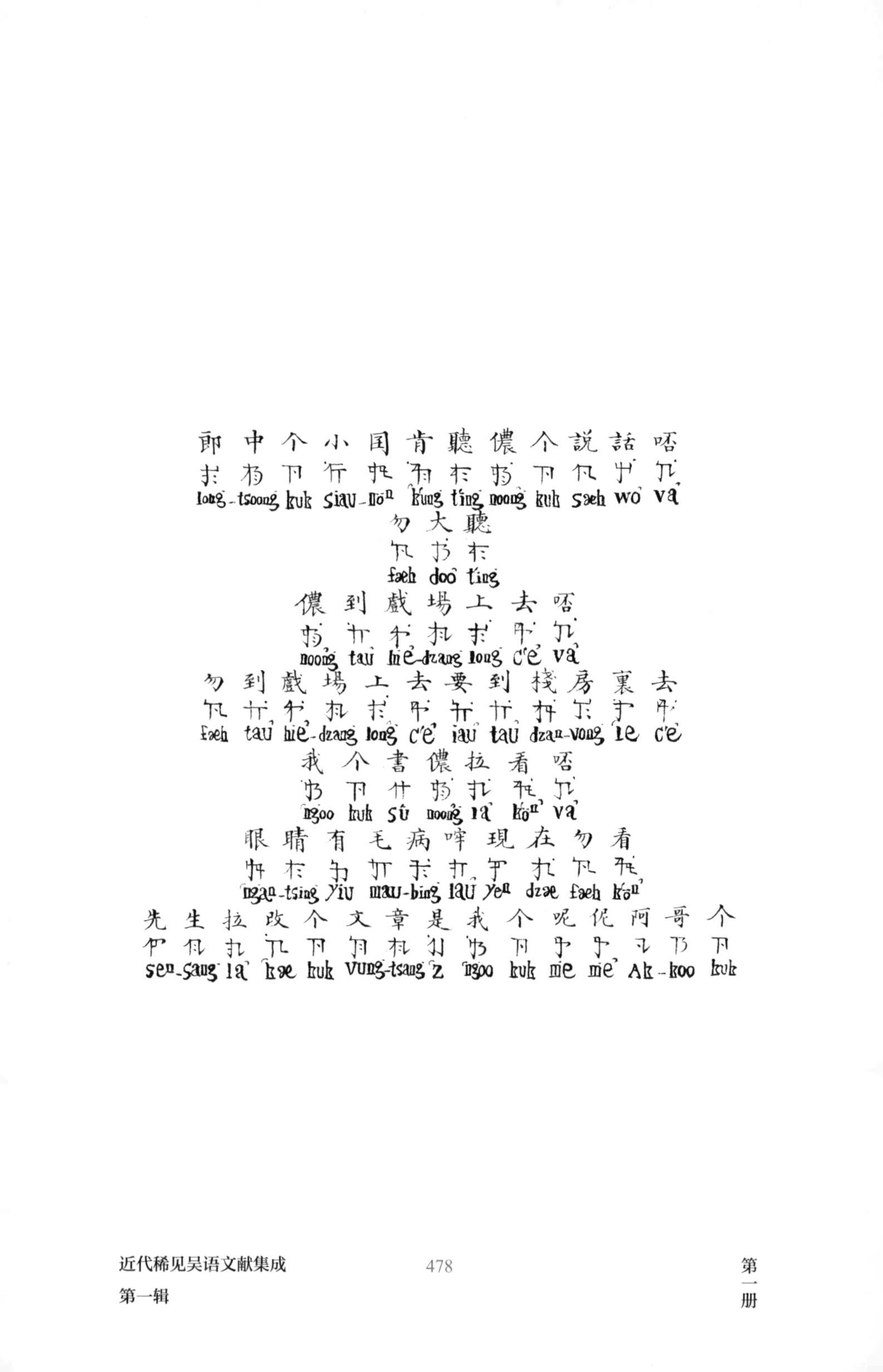

郎中个小国肯聽儂个説話哓
long-tsoong kuk siau-nön k'ung t'ing noong kuk sæh wo va'

勿大聽
fæh doo t'ing

儂到戲場上去哓
noong tau hie-dzang long c'e va'

勿到戲場上去要到棧房裏去
fæh tau hie-dzang long c'e iau tau dzan-vong 'le c'e

我个書儂拉看哓
ngoo kuk sû noong la' k'ön va'

眼睛有毛病哰現在勿看
ngan-tsing yiu mau-bing lau yen dzæ fæh k'ön

先生拉改个文章是我个伲伲阿哥个
sen-sang la' kæ kuk vung-tsang z ngoo kuk nie nie Ak-koo kuk

秃勿是是我个

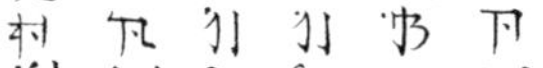

tŏk faeh ʻZ ʻZ ʻngoo kuk

玻璃杯子啥人担去个

poo-le-pæ-ʻTS sa' mung tan c'e kuk

相帮人担去个

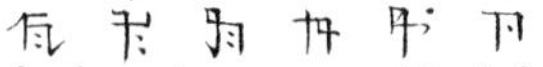

siang-pong mung tan c'e kuk

儂撥我个紙是外國紙呢中國紙

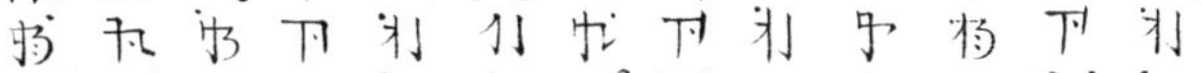

noong paeh ʻngoo kuk ʻTS ʻZ ngâ-kŏk TS me tsoong-kŏk ʻTS

是外國紙

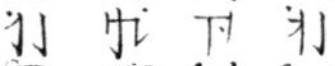

ʻZ nga-kŏk ʻTS

字儂識唔

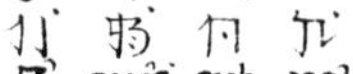

Z' noong suk va'

外國字末我識个

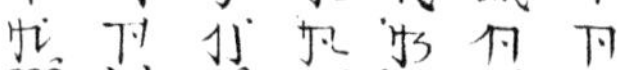

ngâ-kŏk Z' maeh ʻngoo suk kuk

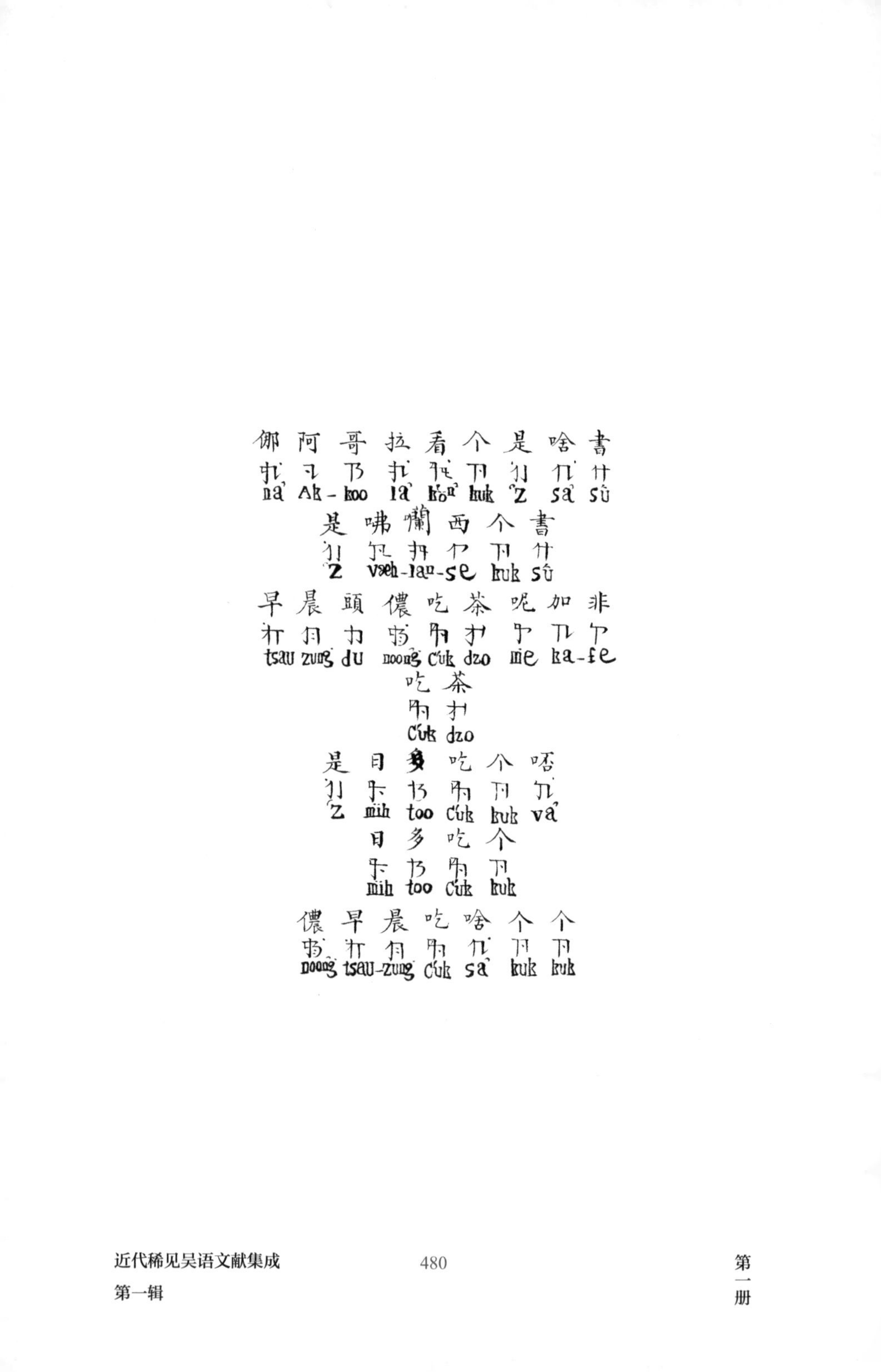

伲阿哥拉看个是啥書

na' Ak-koo la' k'ön kuk 'Z sa' sû

是咈囒西个書

'Z vaeh-lan-se kuk sû

早晨頭儂吃茶呢加非

tsau zung du noong c'uk dzo nie ka-fe

吃茶

c'uk dzo

是日多吃个唔

'Z mih too c'uk kuk va'

日多吃个

mih too c'uk kuk

儂早晨吃啥个个

noong tsau-zung c'uk sa' kuk kuk

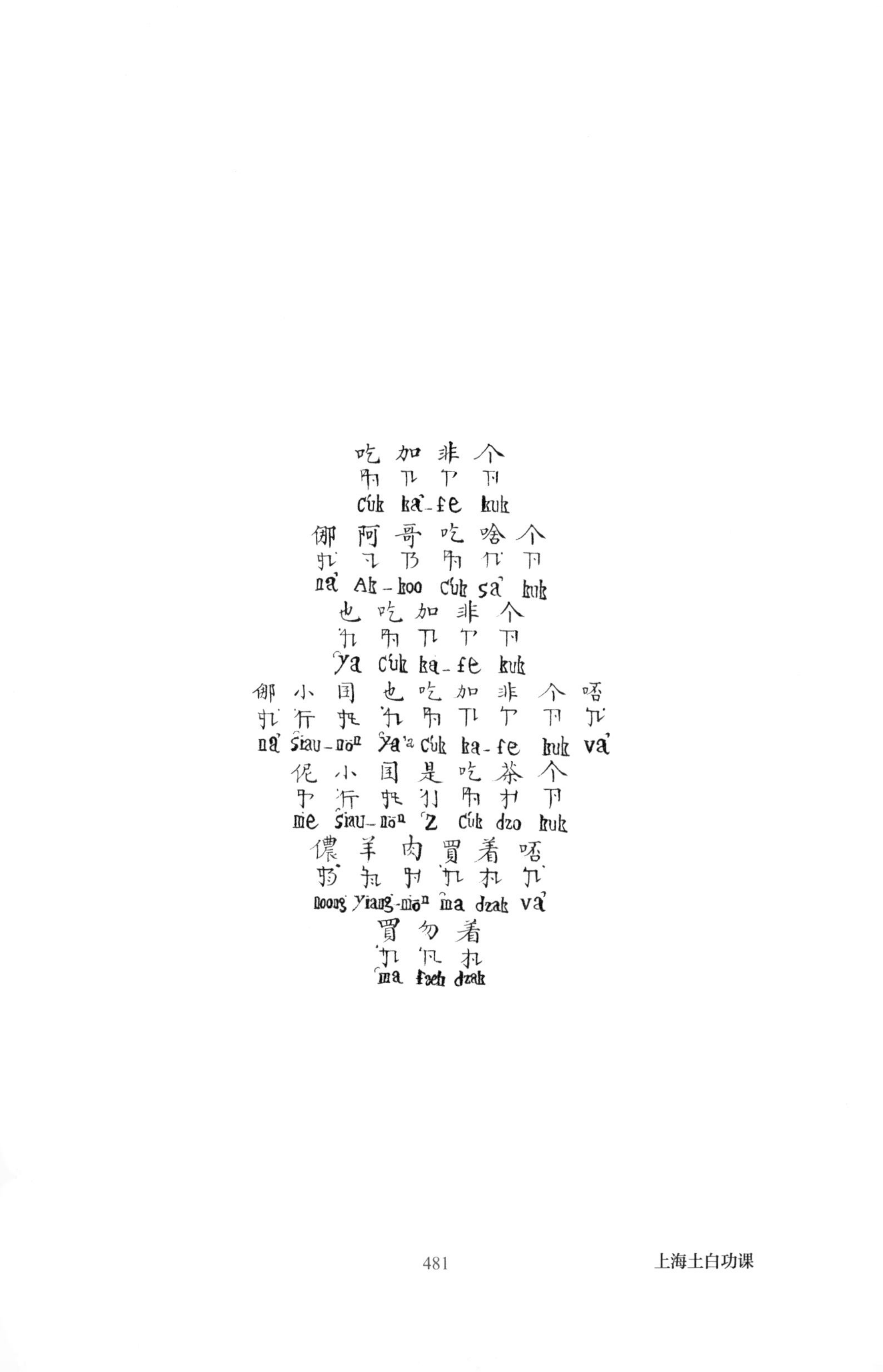

吃 加 非 个

cúk ka'-fe kuk

伽 阿 哥 吃 啥 个

na' Ak-koo cúk sa' kuk

也 吃 加 非 个

ʽya cúk ka-fe kuk

伽 小 囡 也 吃 加 非 个 唔

na' ŝiau-nö^n ʽya'a cúk ka-fe kuk va'

伲 小 囡 是 吃 茶 个

me ŝiau-nö^n ʽz cúk dzo kuk

儂 羊 肉 買 着 唔

noong yiang-mö^n ʽma dzak va'

買 勿 着

ʽma fæh dzak

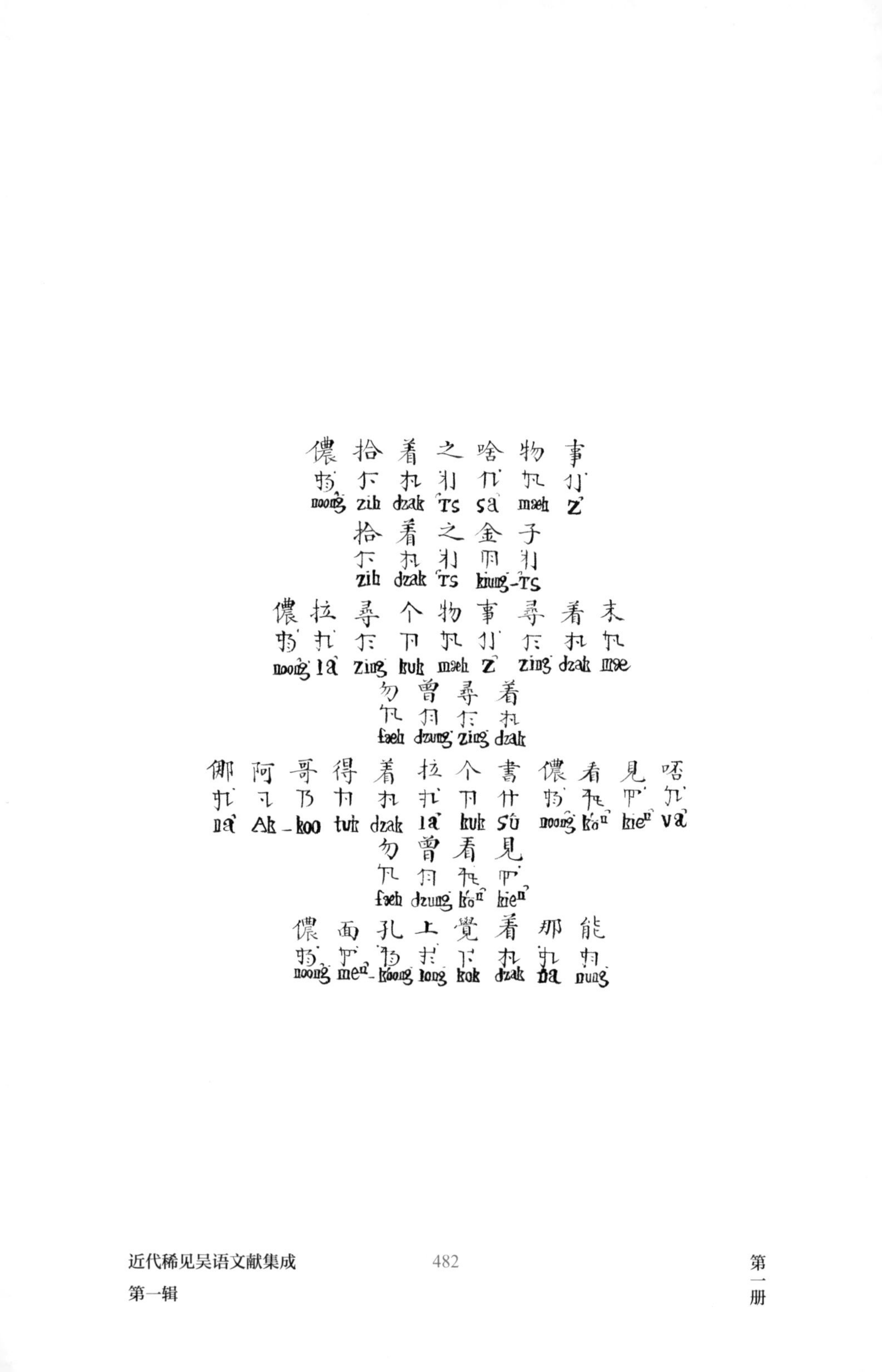

儂拾着之啥物事

noong zih dzak TS sa maeh Z

拾着之金子

zih dzak TS kiung-TS

儂拉尋个物事尋着末

noong la zing kuk maeh Z zing dzak mae

勿曾尋着

faeh dzung zing dzak

伽阿哥得着拉个書儂看見𠲎

na Ak-koo tuk dzak la kuk Sû noong k'ōn kien va

勿曾看見

faeh dzung k'ōn kien

儂面孔上覺着那能

noong men-k'oong long kok dzak na nung

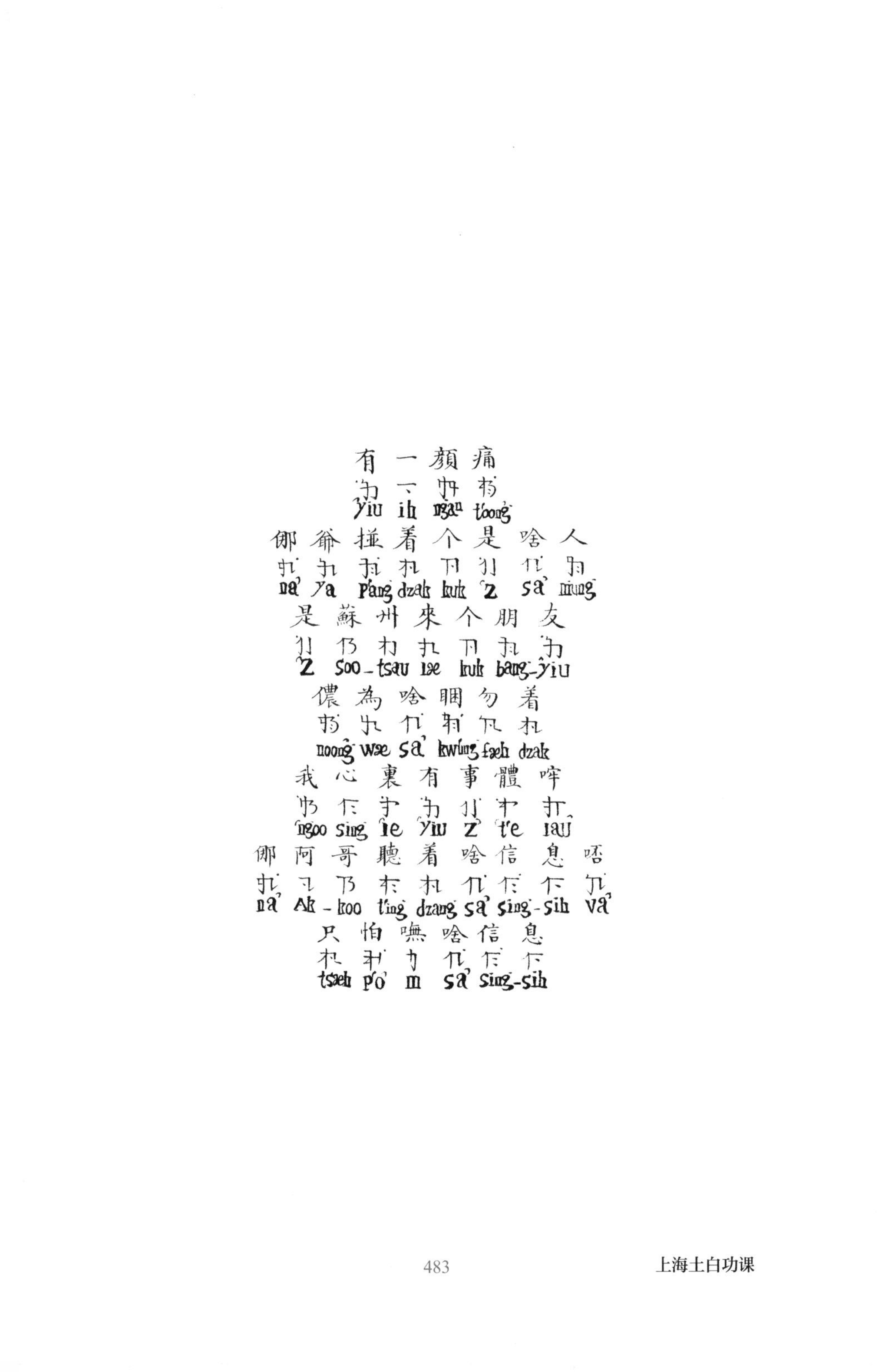

有一額痛

yiu ih ngan t'oong

儂爺搒着个是啥人

na' ya p'ang dzak kuk z sa' nung

是蘇州來个朋友

z soo-tsau lae kuk bang-yiu

儂為啥睏勿着

noong wae sa' kwung faeh dzak

我心裏有事體哰

ngoo sing le yiu z t'e lau

儂阿哥聽着啥信息唔

na' Ak-koo t'ing dzang sa' sing-sih va'

只怕嘸啥信息

tsaeh p'o' m sa' sing-sih

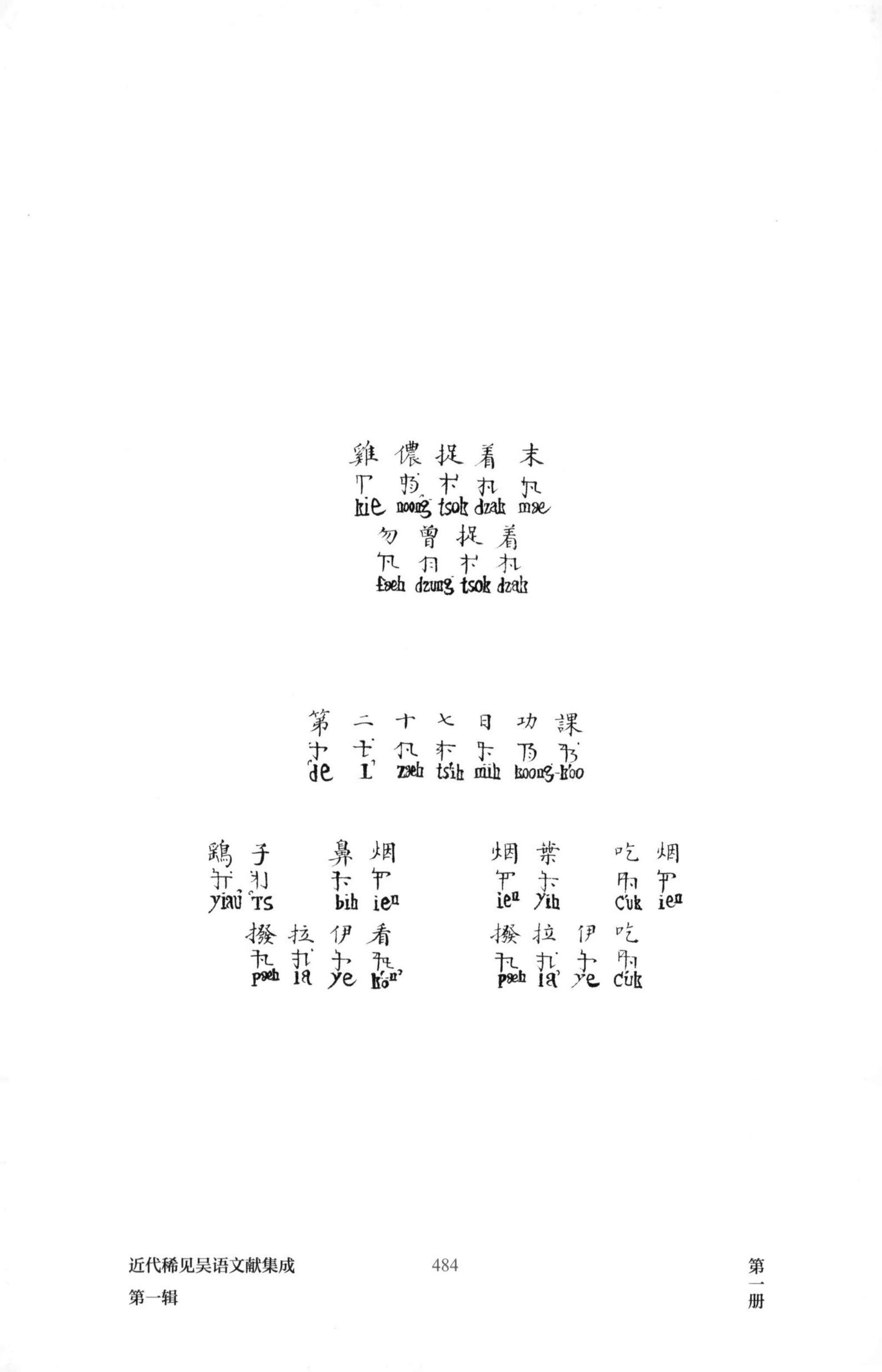

雞儂捉着末
kie nooñg tsok dzak mæ
勿曾捉着
fæh dzung tsok dzak

第二十七日功課
'de 'I' zæh ts'ih mih koong-k'oo

鷄子 鼻烟
yiau' °TS bih ie^{n}
撥拉伊看
pæh la ye k'ö^{n}'

烟葉 吃烟
ie^{n} yih c'ük ie^{n}
撥拉伊吃
pæh la' ye c'ük

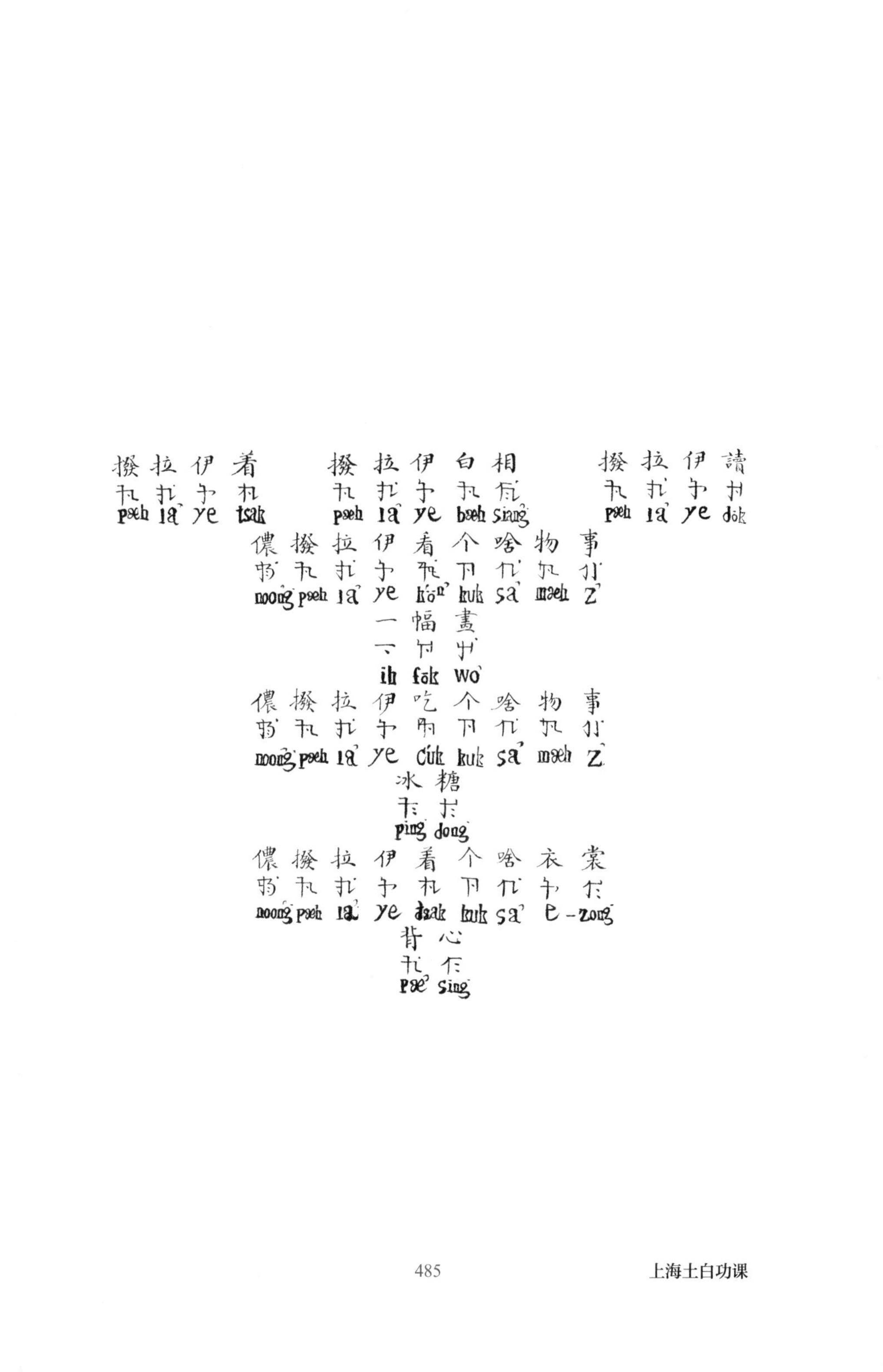

撥 拉 伊 着

pæh la ye tsak

撥 拉 伊 白 相

pæh la ye bæh siang

撥 拉 伊 讀

pæh la ye dōk

儂 撥 拉 伊 看 个 啥 物 事

noong pæh la ye k'ön kuk sa mæh z

一 幅 畫

ih fōk wo

儂 撥 拉 伊 吃 个 啥 物 事

noong pæh la ye cúk kuk sa mæh z

冰 糖

ping dong

儂 撥 拉 伊 着 个 啥 衣 裳

noong pæh la ye dzak kuk sa e-zong

背 心

pæ sing

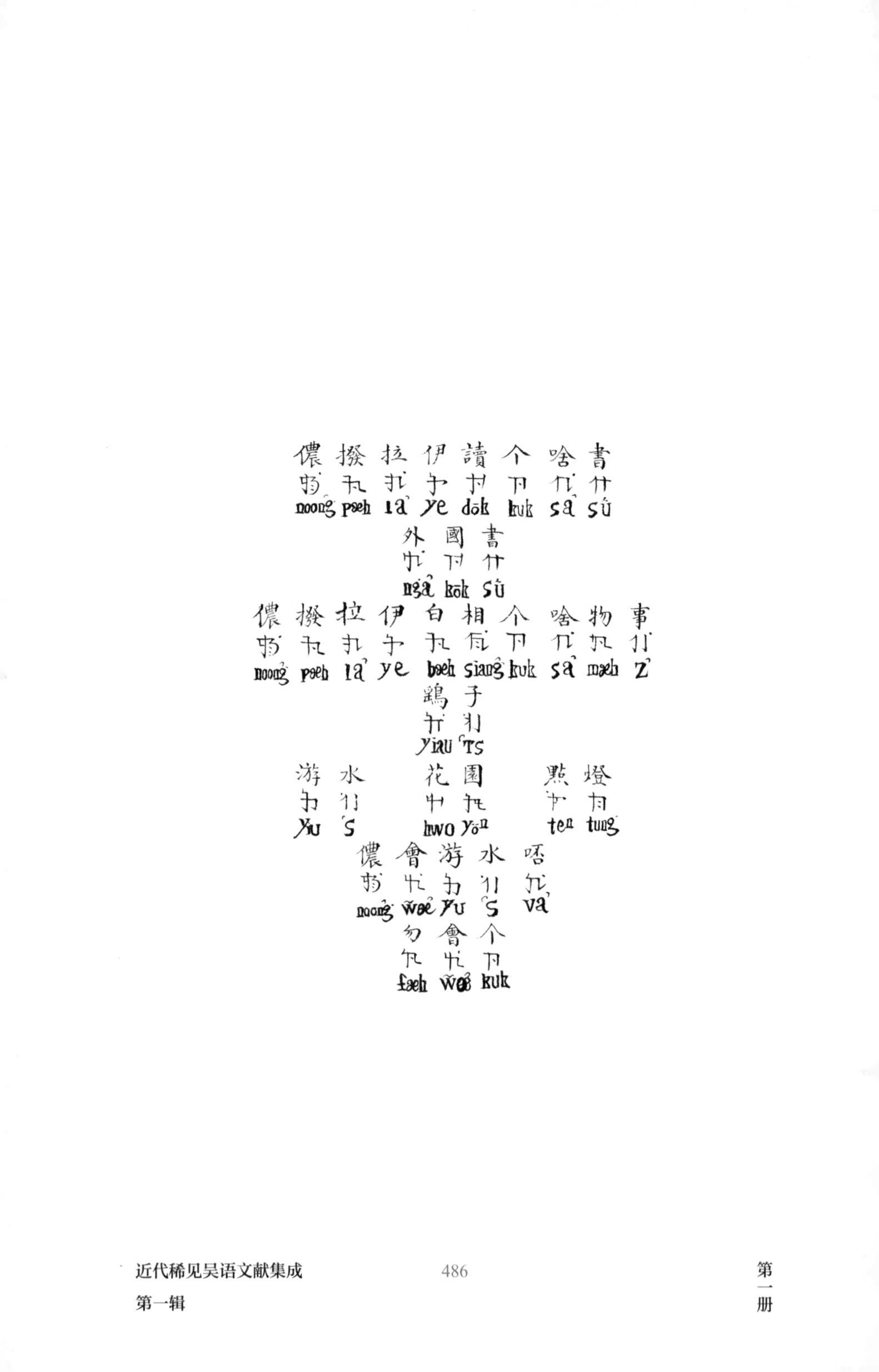

儂 撥 拉 伊 讀 个 啥 書

noong pæh la ye dŏk kuk sa sû

外 國 書

ngâ kŏk sû

儂 撥 拉 伊 白 相 个 啥 物 事

noong pæh la ye bæh siang kuk sa mæh z

鷂 子

yiau ts

游 水　　花 園　　點 燈

yu s　　hwo yön　　ten tung

儂 會 游 水 唔

noong wæ yu s va

勿 會 个

fæh wæ kuk

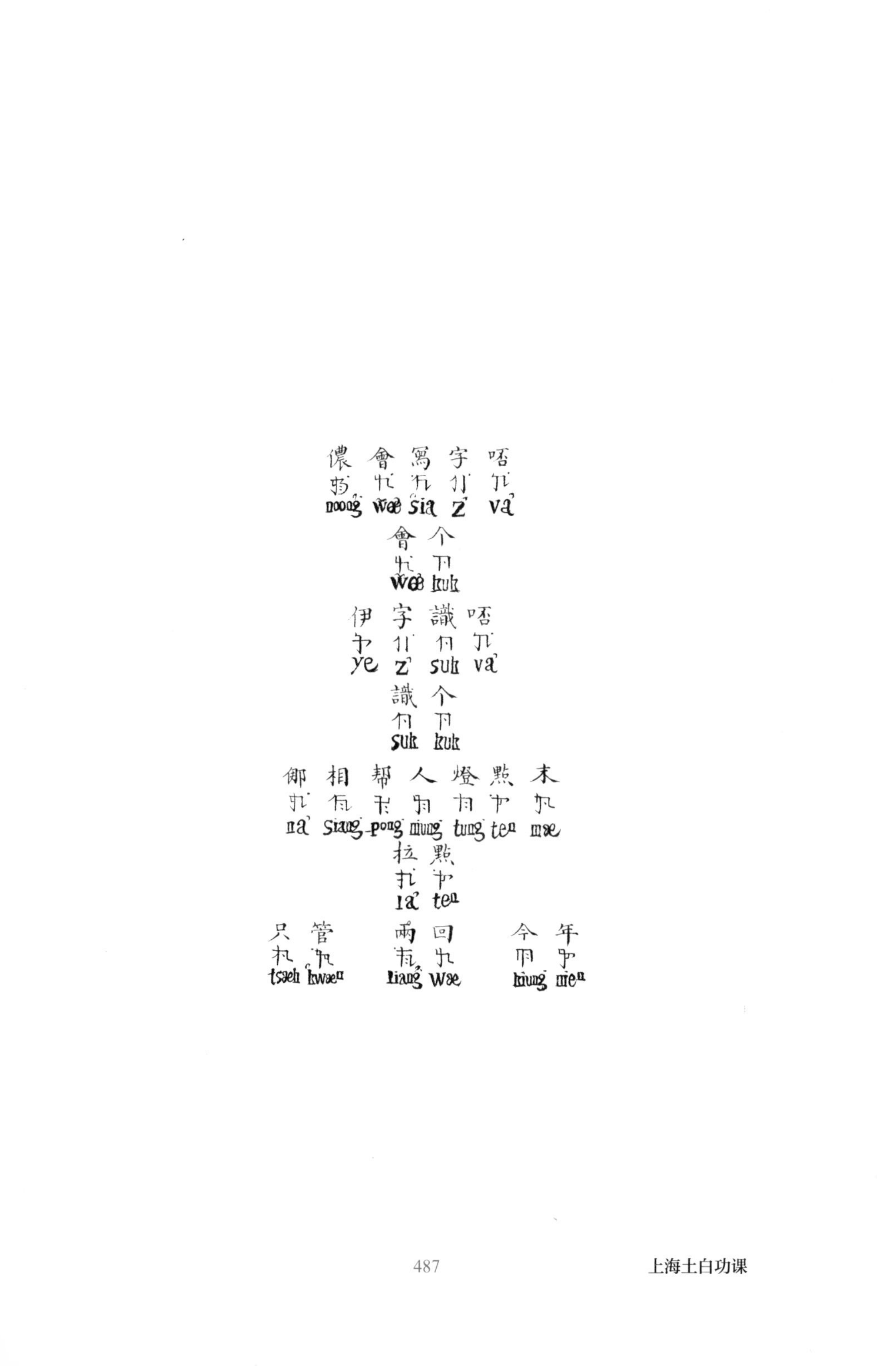

儂 會 寫 字 唔
noong wæ sia z va

會 个
wæ kuk

伊 字 識 唔
ye z suk va

識 个
suk kuk

倻 相 帮 人 燈 點 末
na siang-pong niung tung ten mæ

拉 點
la ten

只 管 兩 回 今 年
tsæh kwæn liang wæ kiung nien

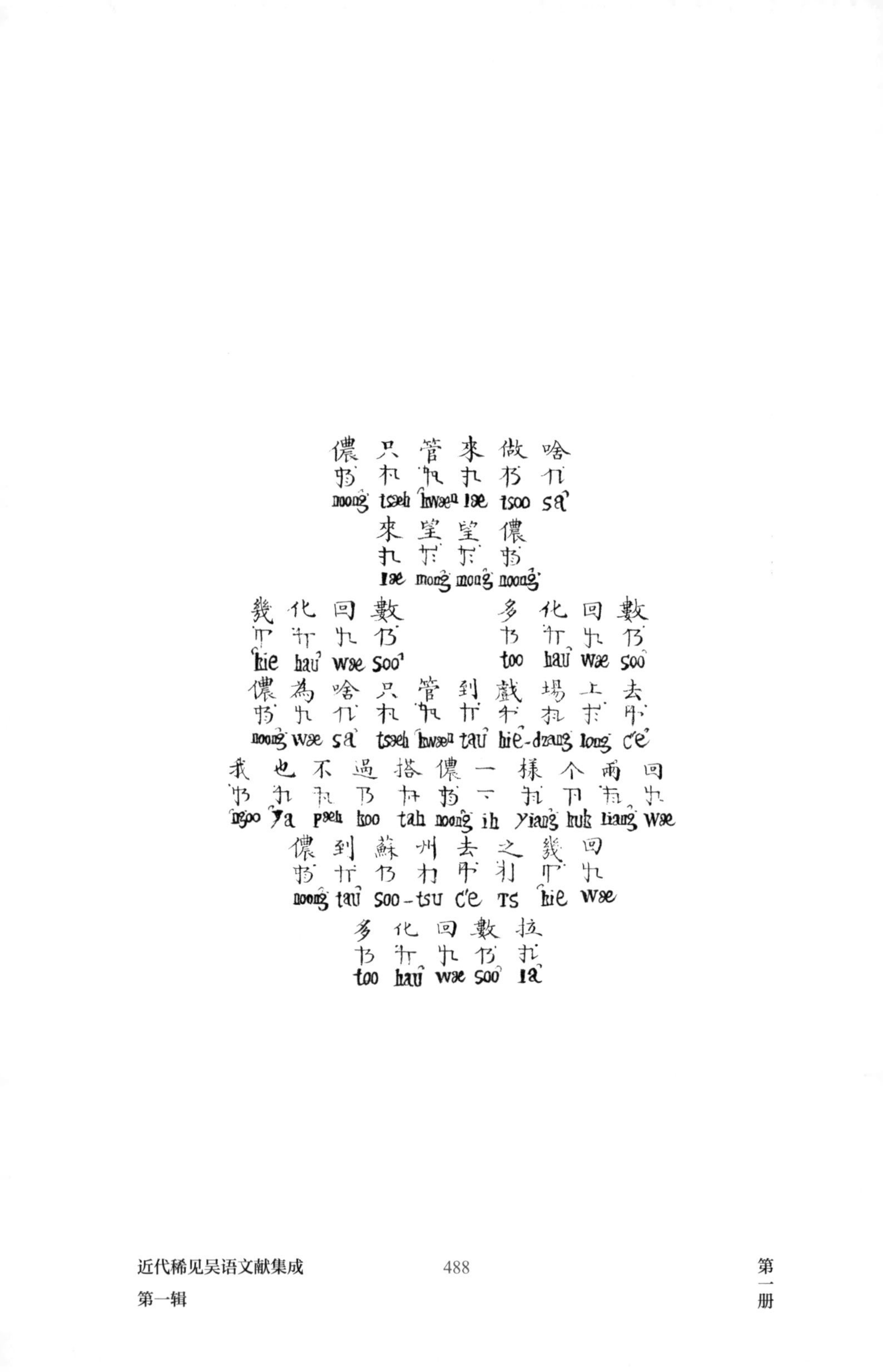

儂只管來做啥
noong tsæh hwæ^{n} læ tsoo sa

來望望儂
læ mong mong noong

幾化回數　　多化回數
kie hau wæ soo　　too hau wæ soo

儂為啥只管到戲場上去
noong wæ sa tsæh hwæ^{n} tau hie-dzang long c'e

我也不過搭儂一樣个兩回
ngoo ya pæh koo tah noong ih yiang kuk liang wæ

儂到蘇州去之幾回
noong tau soo-tsu c'e ts kie wæ

多化回數拉
too hau wæ soo la

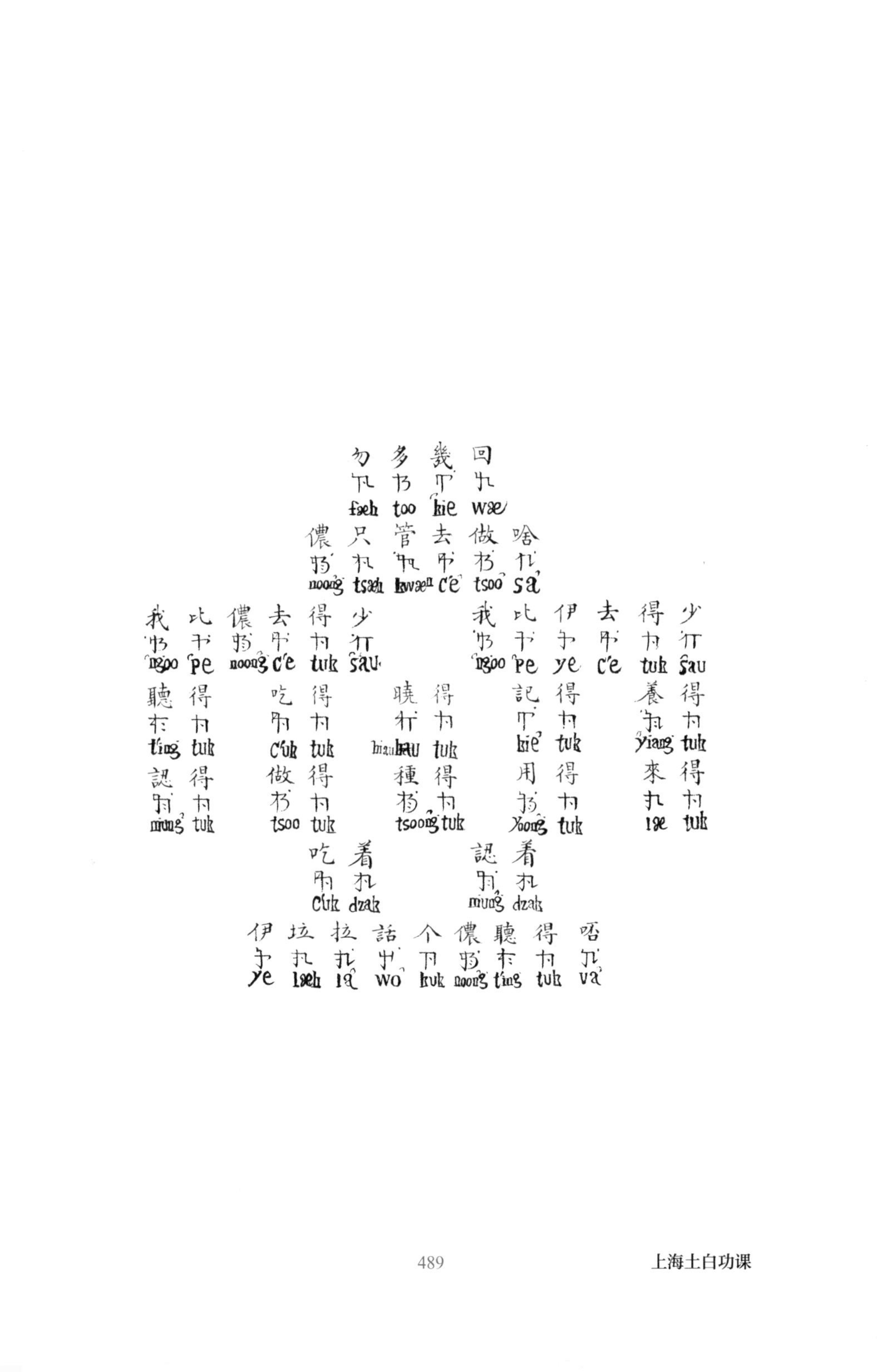

勿 多 幾 回
fæh too kie wæ

儂 只 管 去 做 啥
noong tsæh kwæn c'e tsoo sa

我 比 儂 去 得 少　　我 比 伊 去 得 少
ngoo pe noong c'e tuk sau　　ngoo pe ye c'e tuk sau

聽 得　吃 得　曉 得　記 得　養 得
t'ing tuk　c'uk tuk　hiau tuk　kie tuk　yiang tuk

認 得　做 得　種 得　用 得　來 得
niung tuk　tsoo tuk　tsoong tuk　yoong tuk　læ tuk

吃 着　認 着
c'uk dzak　niung dzak

伊 垃 拉 話 个 儂 聽 得 唔
ye læh la wo kuk noong t'ing tuk va

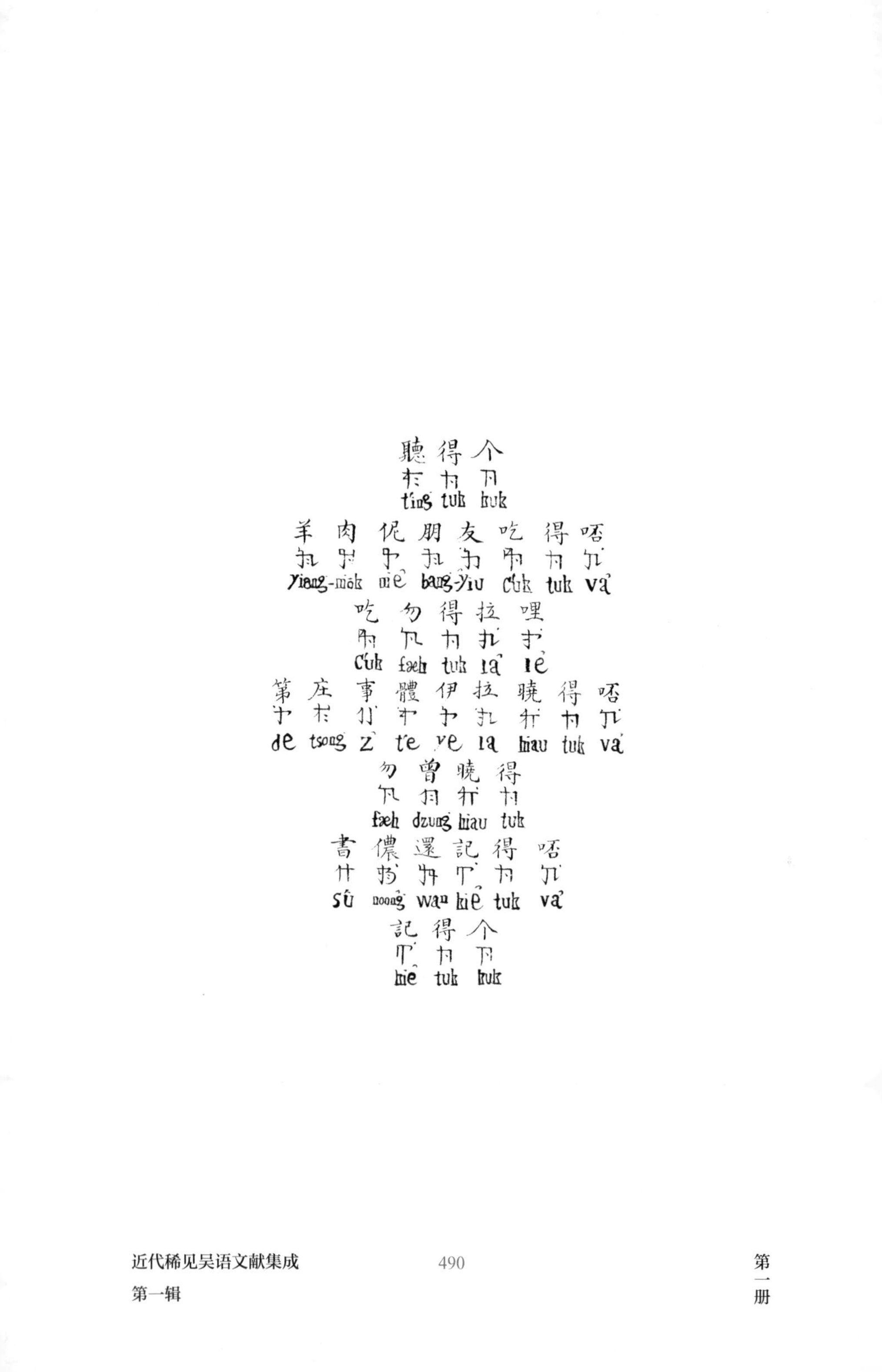

聽得个

t'ing tuk kuk

羊肉伲朋友吃得唔

yiang-mok nie bang-yiu c'uk tuk va'

吃勿得拉哩

c'uk faeh tuk la' ie

第庄事體伊拉曉得唔

de tsong z' t'e ye la hiau tuk va'

勿曾曉得

faeh dzung hiau tuk

書儂還記得唔

sû noong wan kie tuk va'

記得个

kie tuk kuk

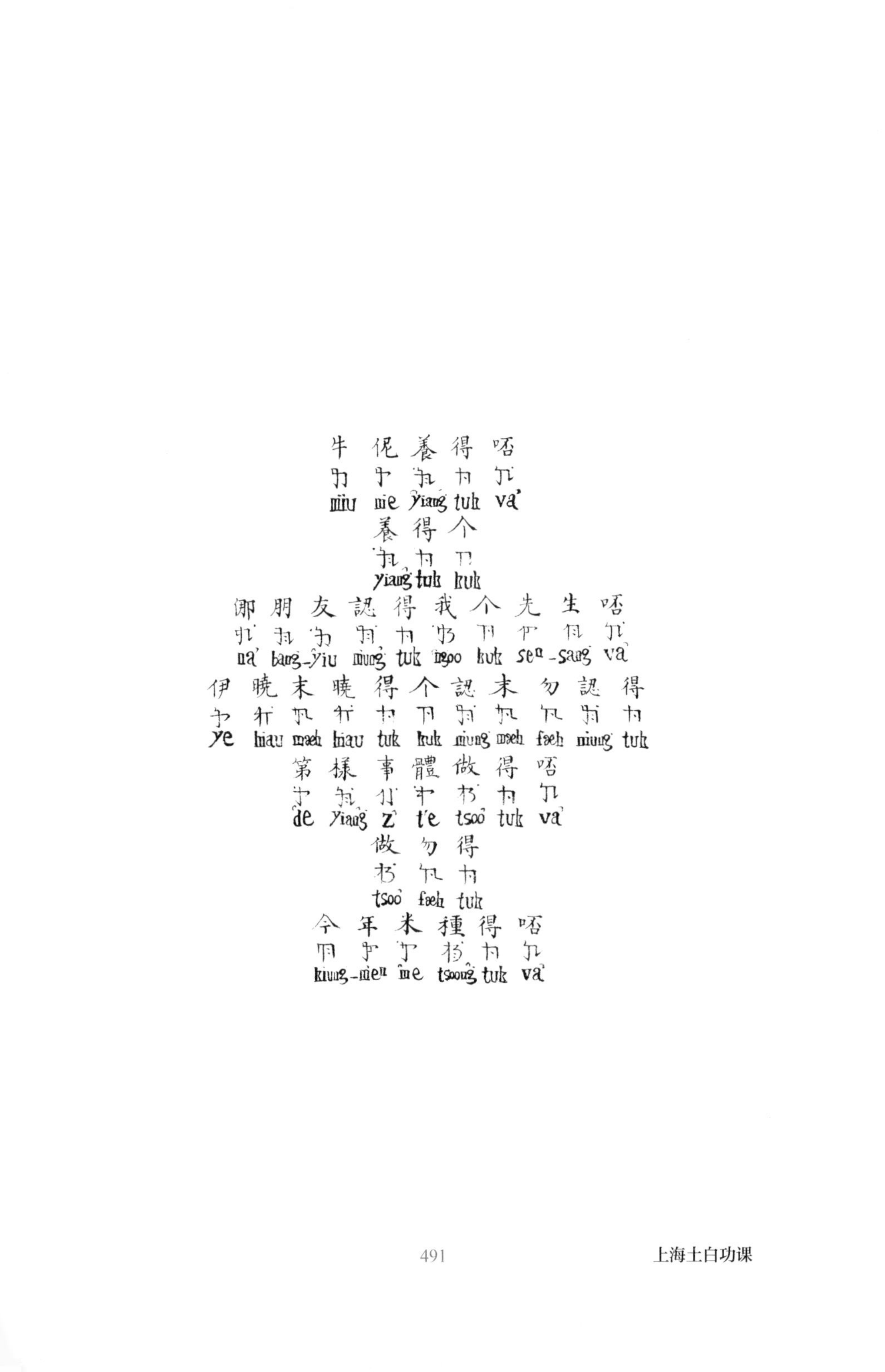

牛伲養得咾

miu mie yiang tuk va

養得个

yiang tuk kuk

吶朋友認得我个先生咾

na bang-yiu niung tuk ngoo kuk sen-sang va

伊曉末曉得个認末勿認得

ye hiau maeh hiau tuk kuk niung maeh faeh niung tuk

第樣事體做得咾

de yiang z t'e tsoo tuk va

做勿得

tsoo faeh tuk

今年米種得咾

kiung-mien me tsoong tuk va

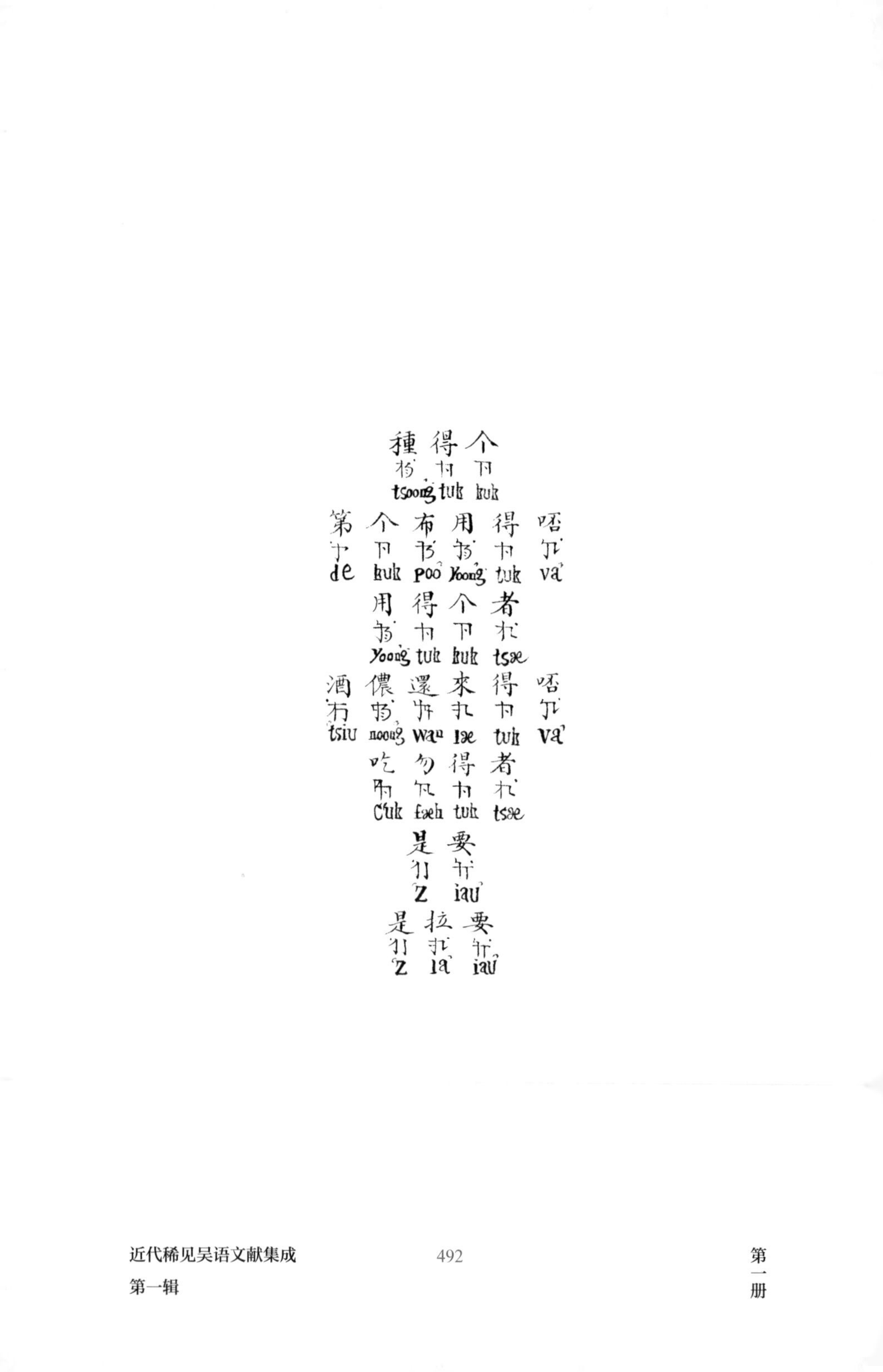

種 得 个

tsoong tuk kuk

第 个 布 用 得 喒

de kuk poo Yoong tuk va

用 得 个 者

Yoong tuk kuk tsæ

酒 儂 還 來 得 喒

tsiu noong wan læ tuk va

吃 勿 得 者

C'uk fæh tuk tsæ

是 要

Z iau

是 拉 要

Z la iau

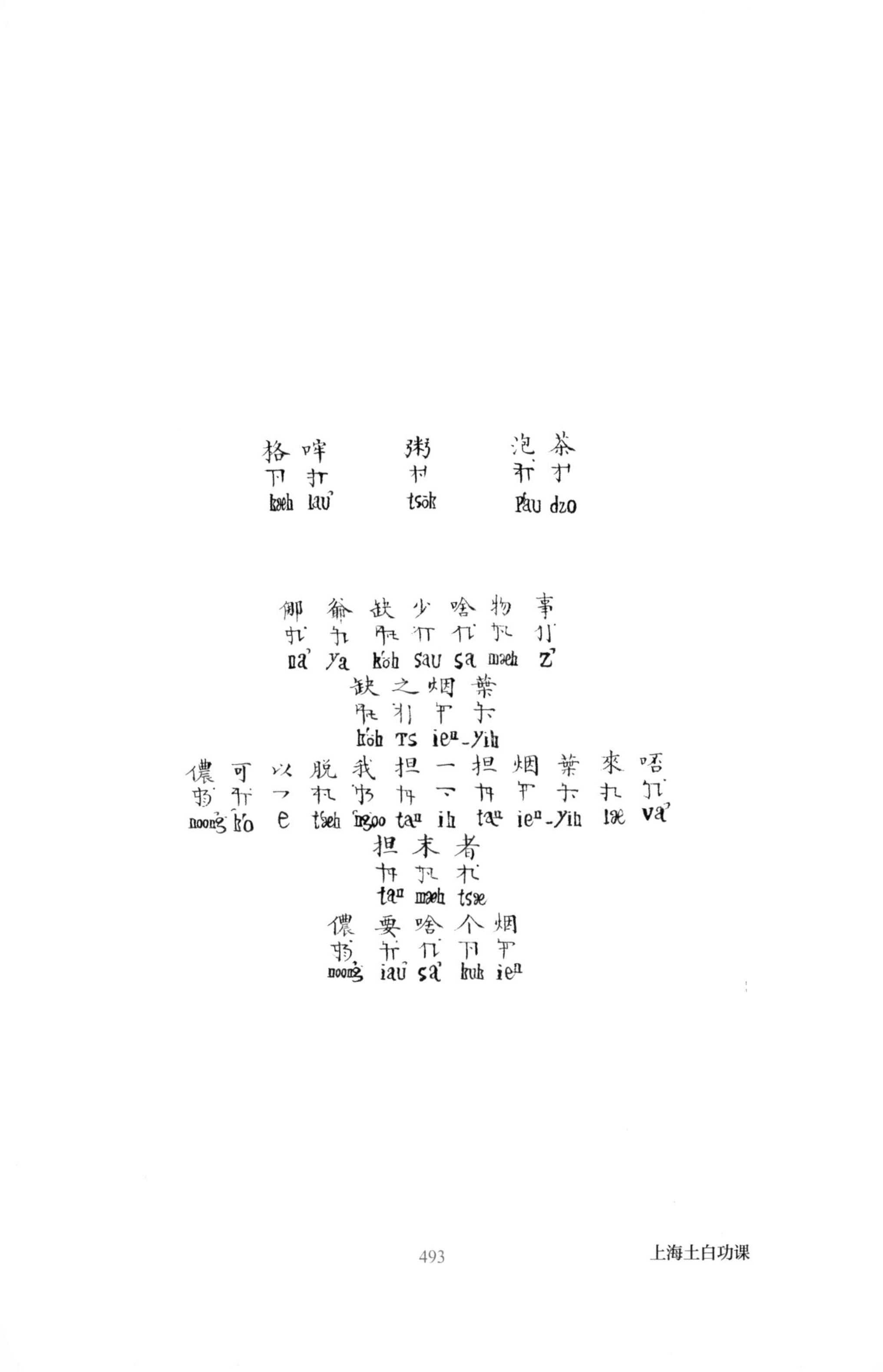

格哰　　粥　　泡茶

kæh lau'　　tsŏk　　p'au dzo

㑚爺缺少啥物事

na' ya k'oh sau sa mæh z'

缺之烟葉

k'oh ts ie^{n}-yih

儂可以脫我担一担烟葉來𠲎

noong' k'o e tsæh 'ngoo ta^{n} ih ta^{n} ie^{n}-yih læ va'

担末者

ta^{n} mæh tsæ

儂要啥个烟

noong' iau' sa' kuh ie^{n}

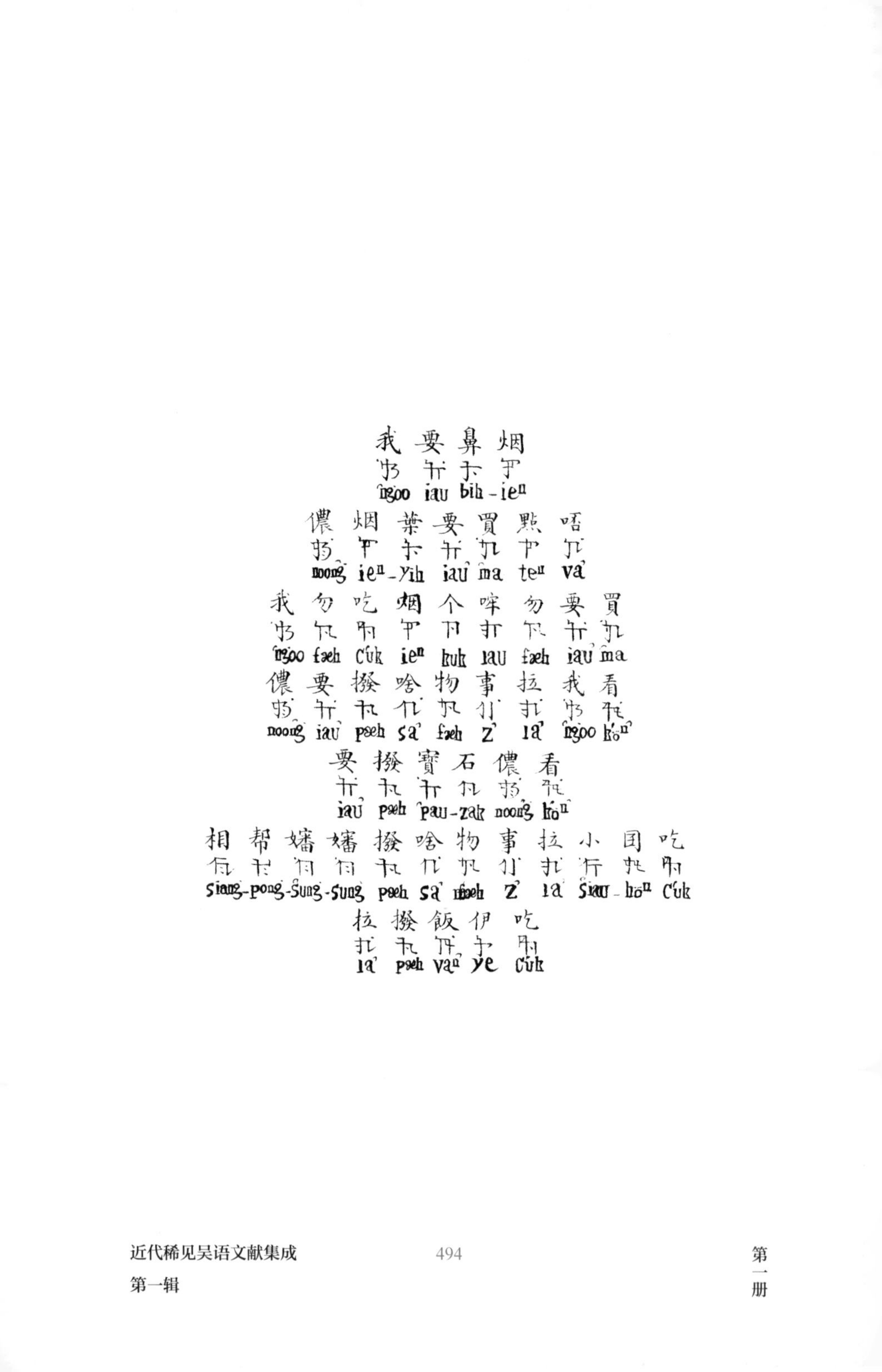

我要鼻烟

ˆngoo iau bih-ie^{n}

儂烟葉要買點唔

noong ie^{n}-yih iau ma te^{n} va'

我勿吃烟个哰勿要買

ˆngoo fæh C'ük ie^{n} kuk lau fæh iau ma

儂要撥啥物事拉我看

noong iau pæh sa' fæh z' la' ˆngoo k'ö^{n}

要撥寶石儂看

iau pæh ˆpau-zak noong k'ö^{n}

相帮孀孀撥啥物事拉小囝吃

siang-pong-ŝung-sung pæh sa' mæh z' la ŝiau-hö^{n} C'ük

拉撥飯伊吃

la' pæh va^{n} ye C'ük

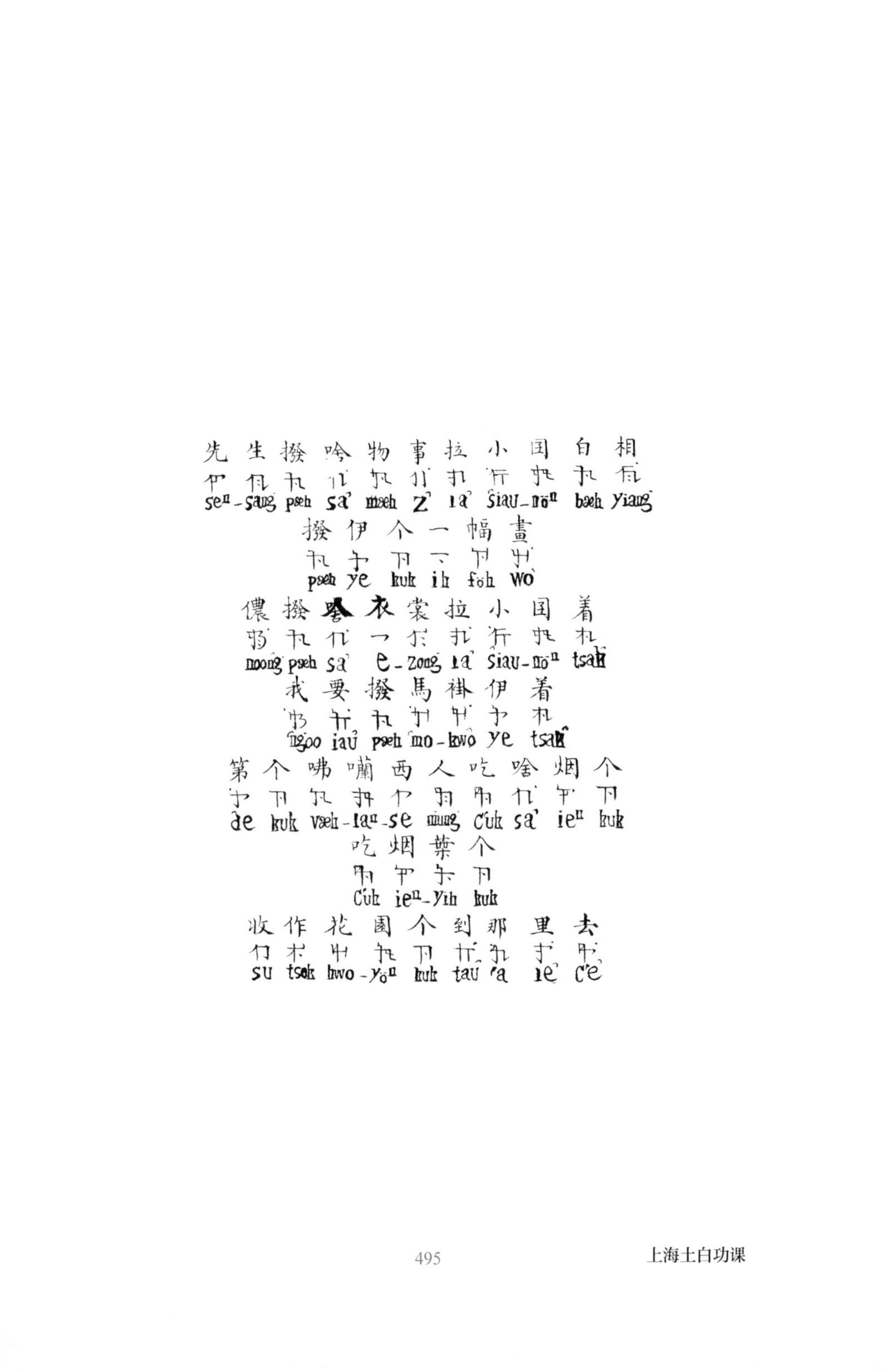

先生撥啥物事拉小囝白相

se^n-sang pæh sa' mæh z' la' siau-nö^n bæh yiang

撥伊个一幅畫

pæh ye kuk ih föh wo

儂撥啥衣裳拉小囝着

noong pæh sa' e-zong la' siau-nö^n tsak

我要撥馬褂伊着

ngoo iau pæh mo-kwo ye tsak

第个咈囒西人吃啥烟个

de kuk væh-la^n-se niung c'uk sa' ie^n kuk

吃烟葉个

c'uk ie^n-yih kuk

收作花園个到那里去

su tsok hwo-yö^n kuk tau 'a ie c'e

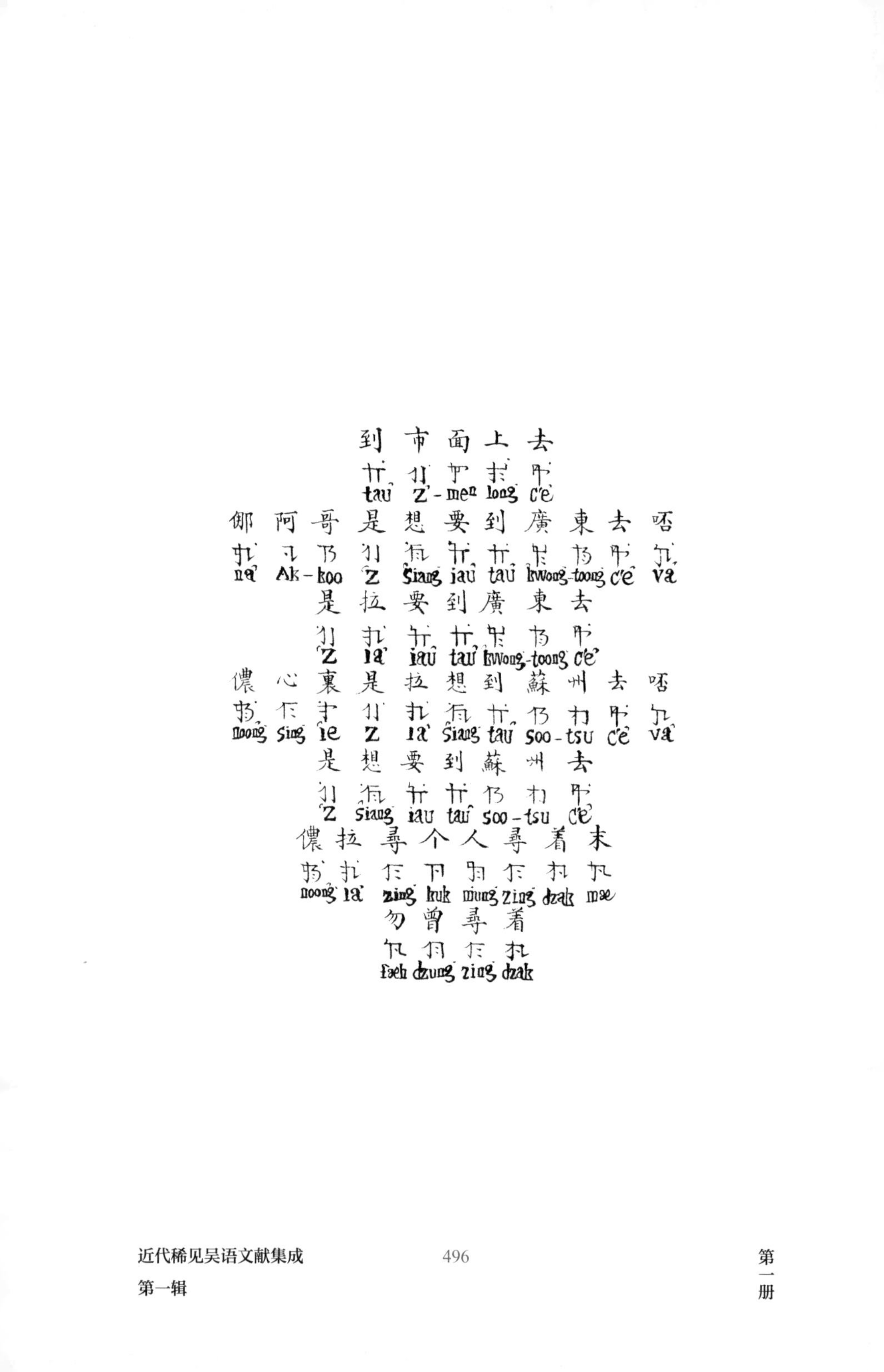

到市面上去

tau Z-men long c'e

倻阿哥是想要到廣東去唔

na Ak-koo Z siang iau tau kwong-toong c'e va

是拉要到廣東去

Z la iau tau kwong-toong c'e

儂心裏是拉想到蘇州去唔

noong sing ie Z la siang tau soo-tsu c'e va

是想要到蘇州去

Z siang iau tau soo-tsu c'e

儂拉尋个人尋着末

noong la zing kuk nung zing dzak mæ

勿曾尋着

fæh dzung zing dzak

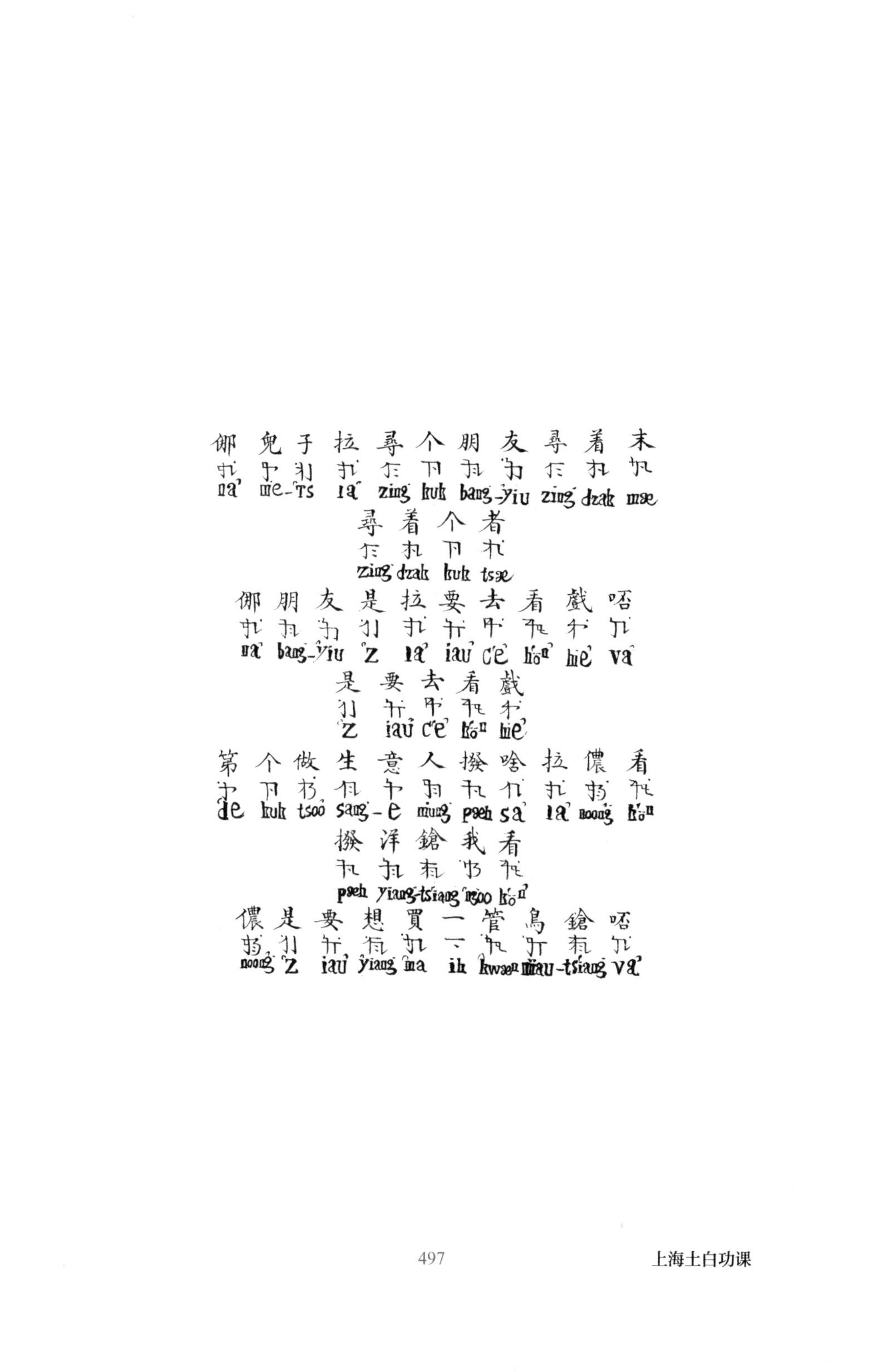

倻兔子拉尋个朋友尋着末

na me-ts la zing kuk bang-yiu zing dzak mæ

尋着个者

zing dzak kuk tsæ

倻朋友是拉要去看戲唔

na bang-yiu z la iau c'e k'ön hie va

是要去看戲

z iau c'e k'ön hie

第个做生意人撥啥拉儂看

de kuk tsoo sang-e ming pœh sa la noong k'ön

撥洋鎗我看

pœh yiang-tsiang ngoo k'ön

儂是要想買一管鳥鎗唔

noong z iau yiang ma ih kwæn niau-tsiang va

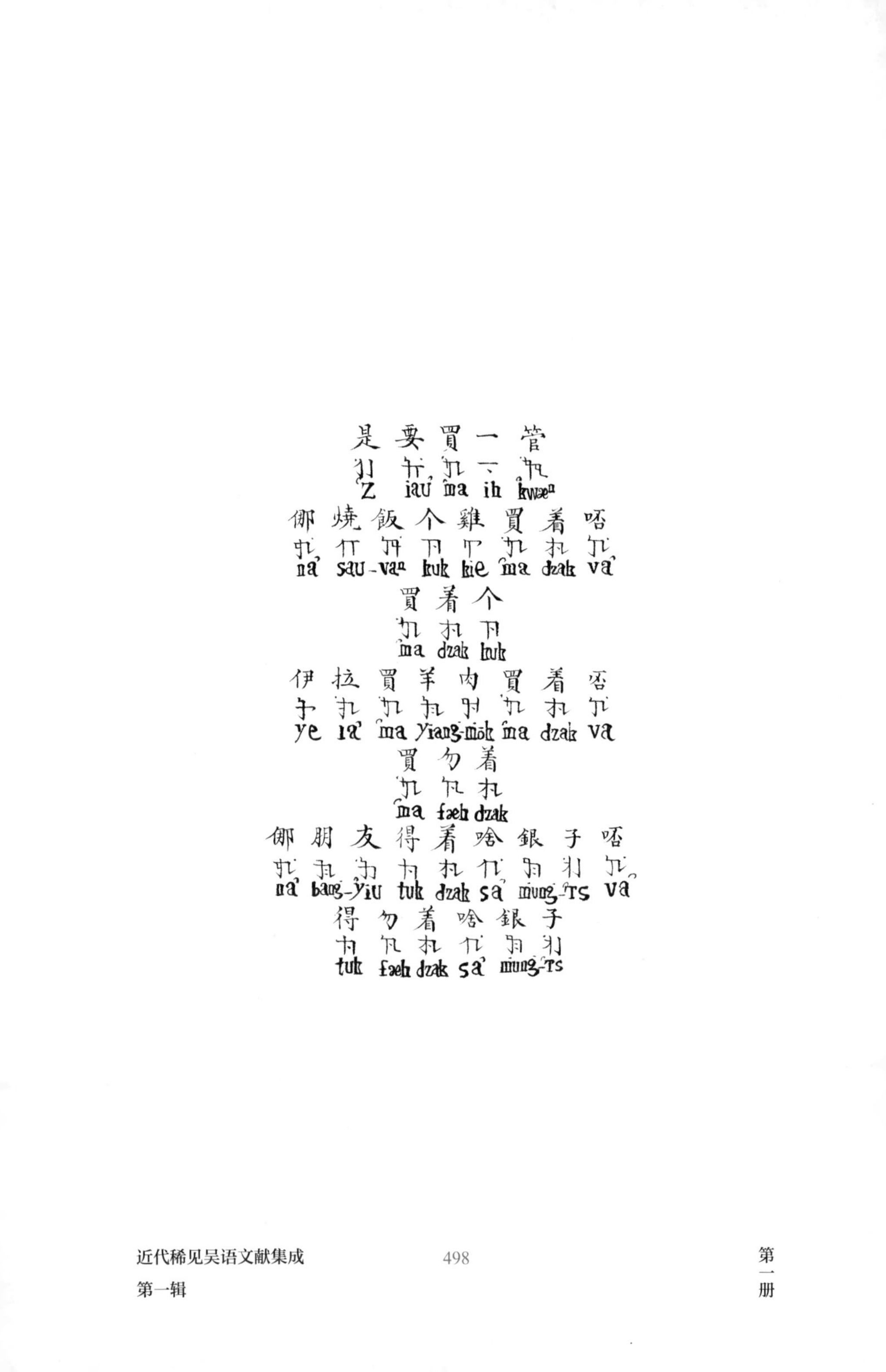

是 要 買 一 管

Z iau ma ih kwæn

倻 燒 飯 个 雞 買 着 唔

na sau-van kuk kie ma dzak va

買 着 个

ma dzak kuk

伊 拉 買 羊 肉 買 着 否

ye la ma yiang-miok ma dzak va

買 勿 着

ma fæh dzak

倻 朋 友 得 着 啥 銀 子 唔

na bang-yiu tuk dzak sa niung-ts va

得 勿 着 啥 銀 子

tuk fæh dzak sa niung-ts

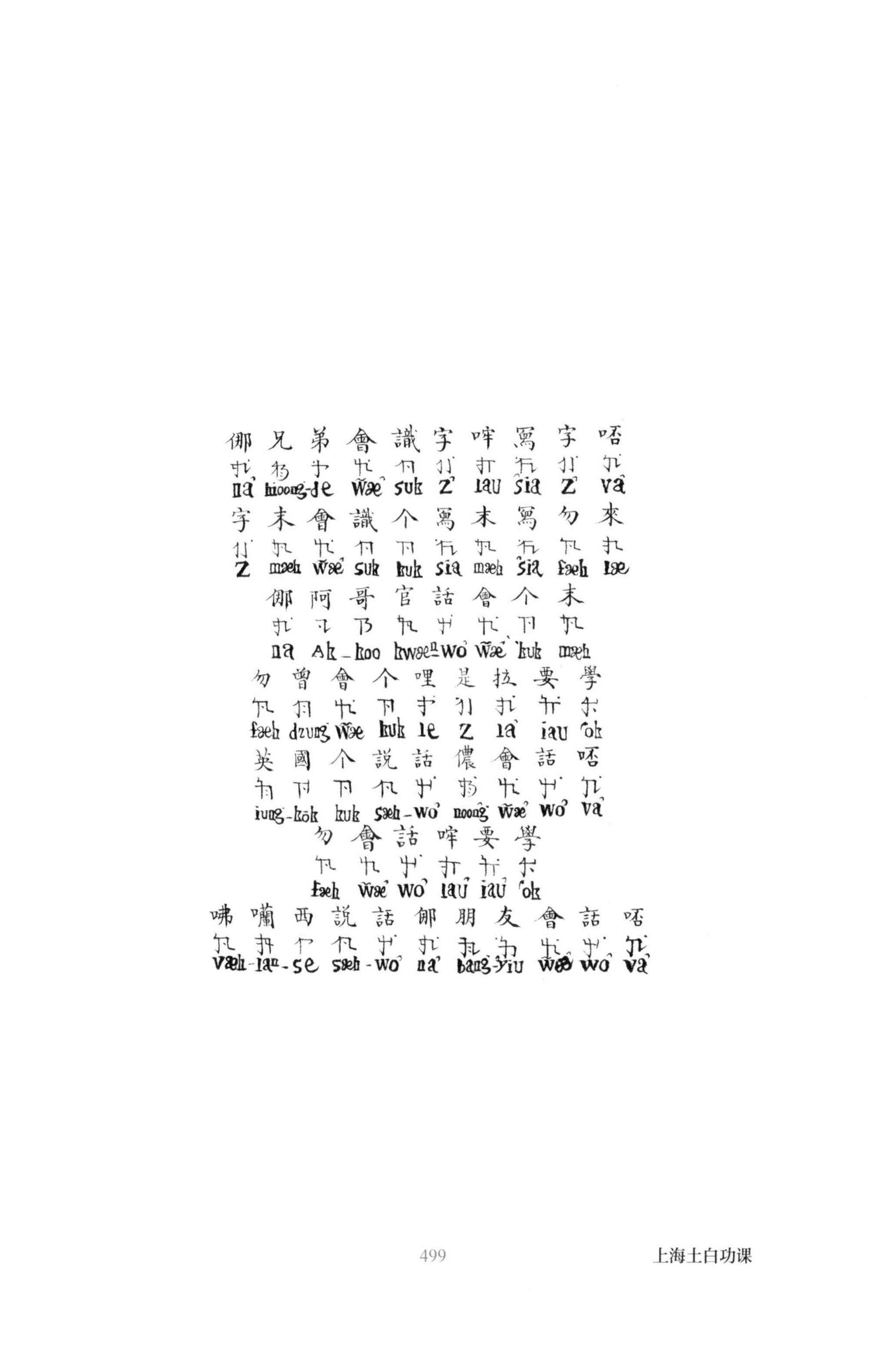

㑚 兄 弟 會 識 字 哰 寫 字 𠲎
na hioong-de wæ̃ suk z iau sia z va

字 末 會 識 个 寫 末 寫 勿 來
z maeh wæ̃ suk kuk sia maeh sia faeh lae

㑚 阿 哥 官 話 會 个 末
na Ak-koo kwœn-wo wæ̃ kuk maeh

勿 曾 會 个 哩 是 拉 要 學
faeh dzung wæ̃ kuk le z la iau ok

英 國 个 説 話 儂 會 話 𠲎
iung-kok kuk saeh-wo noong wæ̃ wo va

勿 會 話 哰 要 學
faeh wæ̃ wo lau iau ok

咈 囒 西 説 話 㑚 朋 友 會 話 𠲎
vaeh-lan-se saeh-wo na bang-yiu wæ̃ wo va

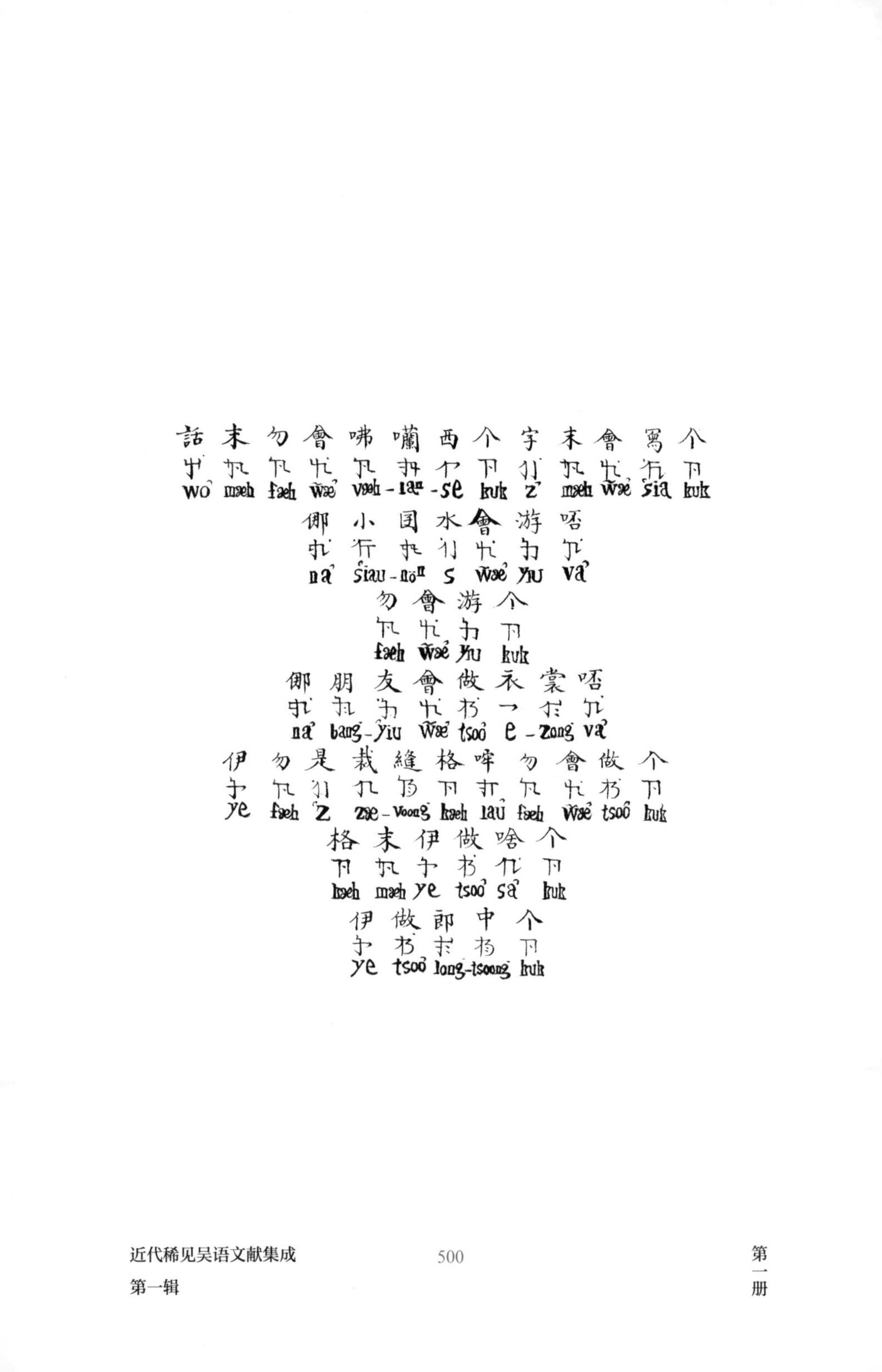

話末勿會咈囒西个字末會寫个

wo maeh faeh w̃æ vaeh-lan-se kuk z maeh w̃æ sia kuk

儂小囝水會游唔

na siau-nön s w̃æ yiu va

勿會游个

faeh w̃æ yiu kuk

儂朋友會做衣裳唔

na bang-yiu w̃æ tsoo e-zong va

伊勿是裁縫格哰勿會做个

ye faeh z zæ-voong kaeh lau faeh w̃æ tsoo kuk

格末伊做啥个

kaeh maeh ye tsoo sa kuk

伊做郎中个

ye tsoo long-tsoong kuk

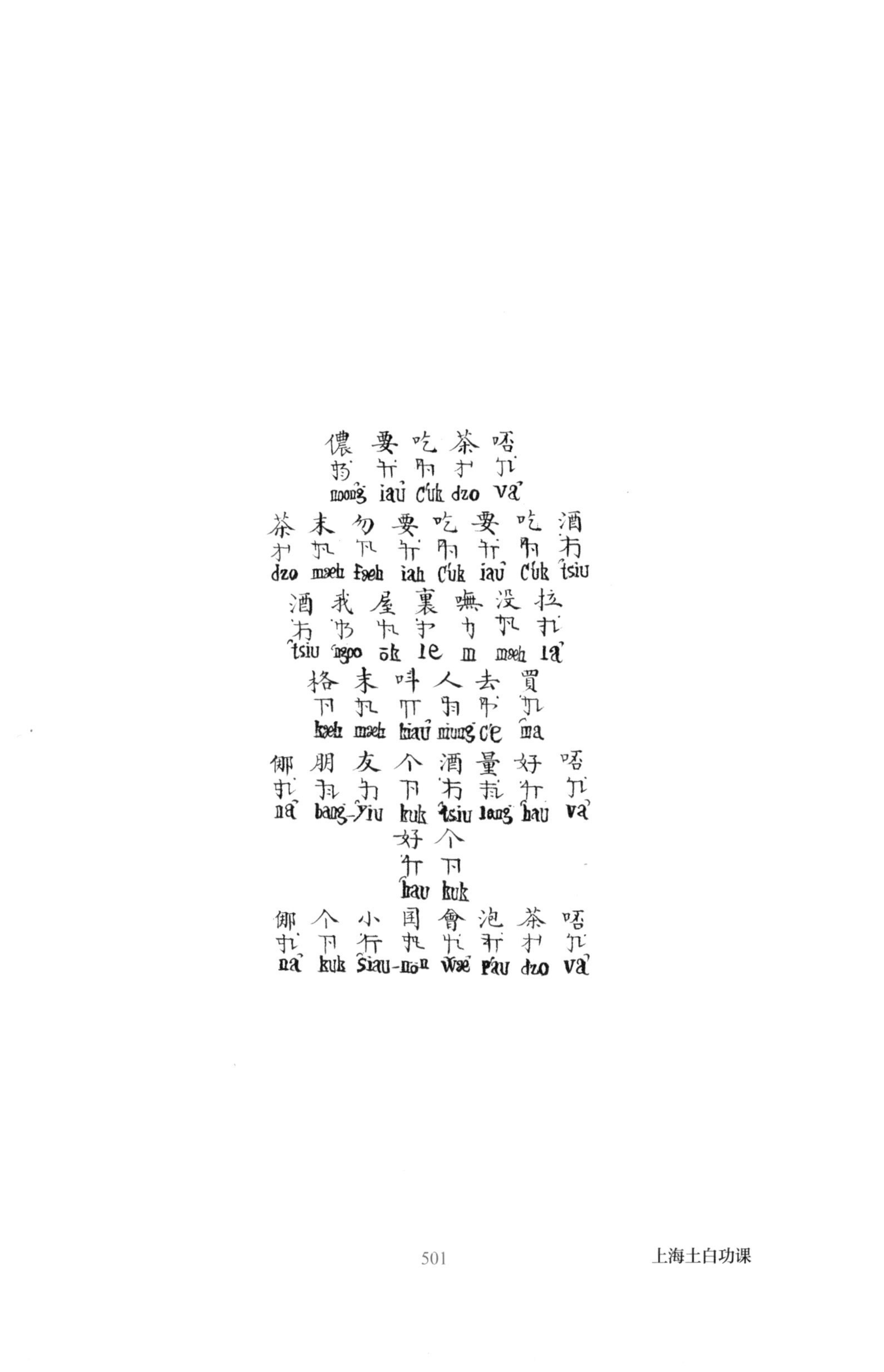

儂要吃茶唔
noong iau c'uk dzo va

茶末勿要吃要吃酒
dzo mæh fæh iah c'uk iau c'uk tsiu

酒我屋裏嘸没拉
tsiu ngoo ok le m mæh la

格末咻人去買
kæh mæh hiau niung c'e ma

倷朋友个酒量好唔
na bang-yiu kuk tsiu lang hau va

好个
hau kuk

倷个小囯會泡茶唔
na kuk siau-nön wæ p'au dzo va

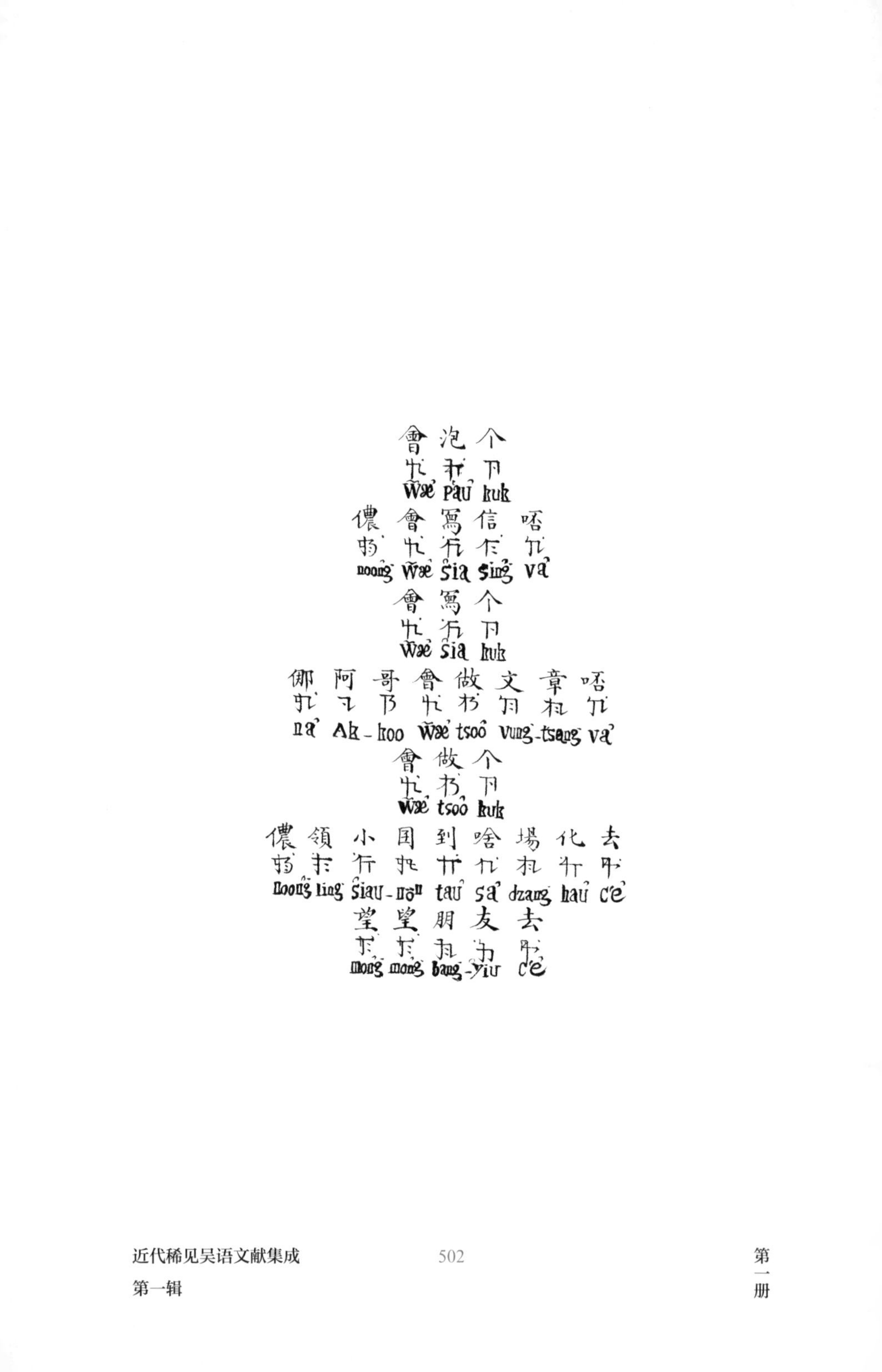

會泡个
w̃æ pau kuk

儂會寫信㖿
noong w̃æ sia sing va

會寫个
w̃æ sia kuk

伱阿哥會做文章㖿
na Ak-koo w̃æ tsoo vung-tsang va

會做个
w̃æ tsoo kuk

儂領小囝到啥場化去
noong ling siau-nön tau sa dzang hau c'e

望望朋友去
mong mong bang-yiu c'e

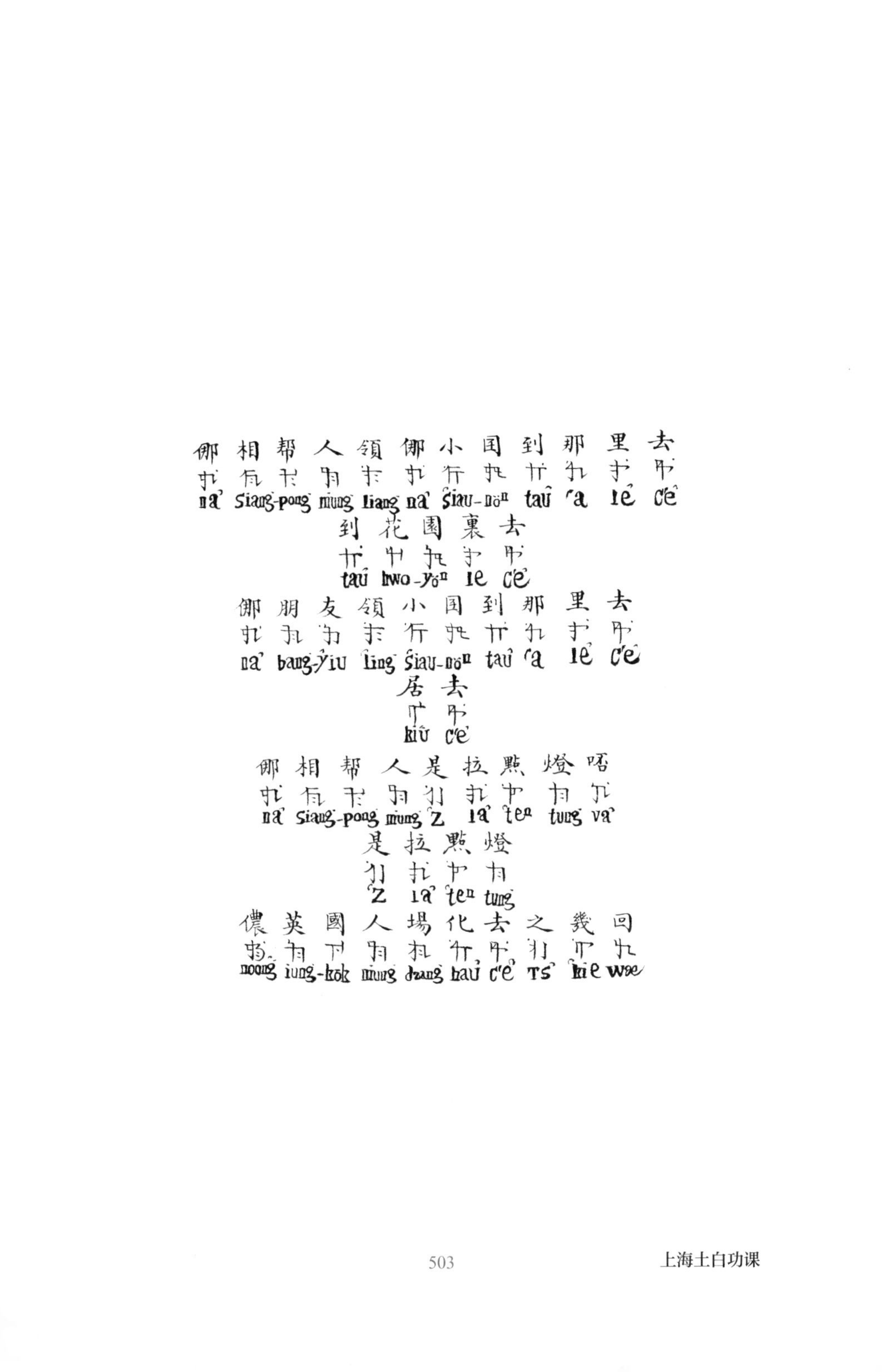

倻相帮人領倻小囝到那里去
na' siang-pong mung liang na' śiau-nön taû 'a le' c'e'

到花園裏去
taû hwo-yön le c'e'

倻朋友領小囝到那里去
na' bang-yiu ling śiau-nön taû 'a le' c'e'

居去
kiû c'e'

倻相帮人是拉點燈嗒
na' siang-pong mung 'z la' ten tung va'

是拉點燈
'z la' ten tung

儂英國人場化去之幾回
noong iung-kok mung dzang haû c'e' ts' kie wœ

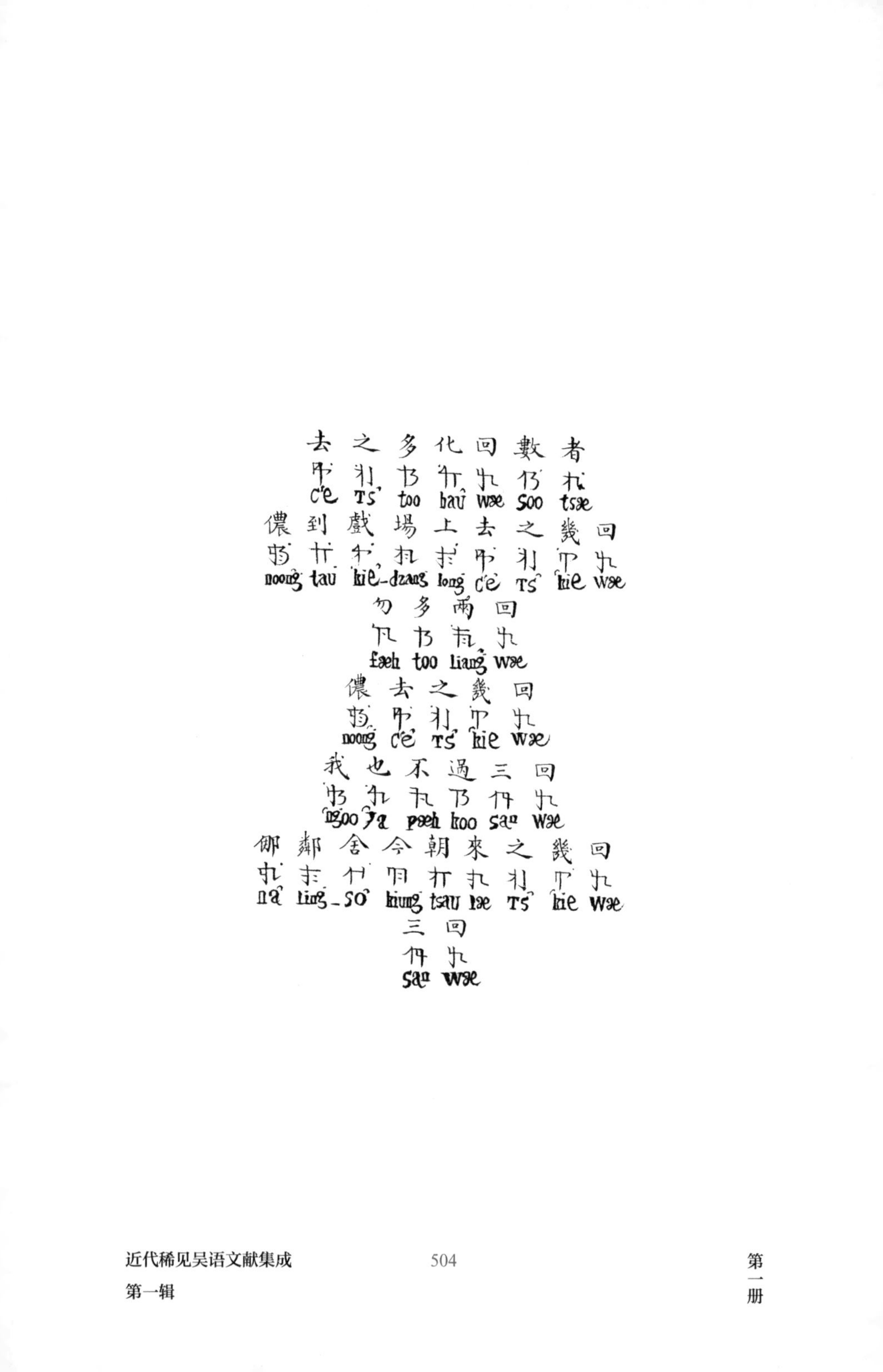

去之多化回數者

c'e ts' too haû wæ soo tsæ

儂到戲場上去之幾回

noong tau kie-dzang long c'e ts' kie wæ

勿多兩回

faeh too liang wæ

儂去之幾回

noong c'e ts' kie wæ

我也不過三回

ngoo 'a pæh koo sa^n wæ

伽鄰舍今朝來之幾回

na ling-so kiung tsau læ ts' kie wæ

三回

sa^n wæ

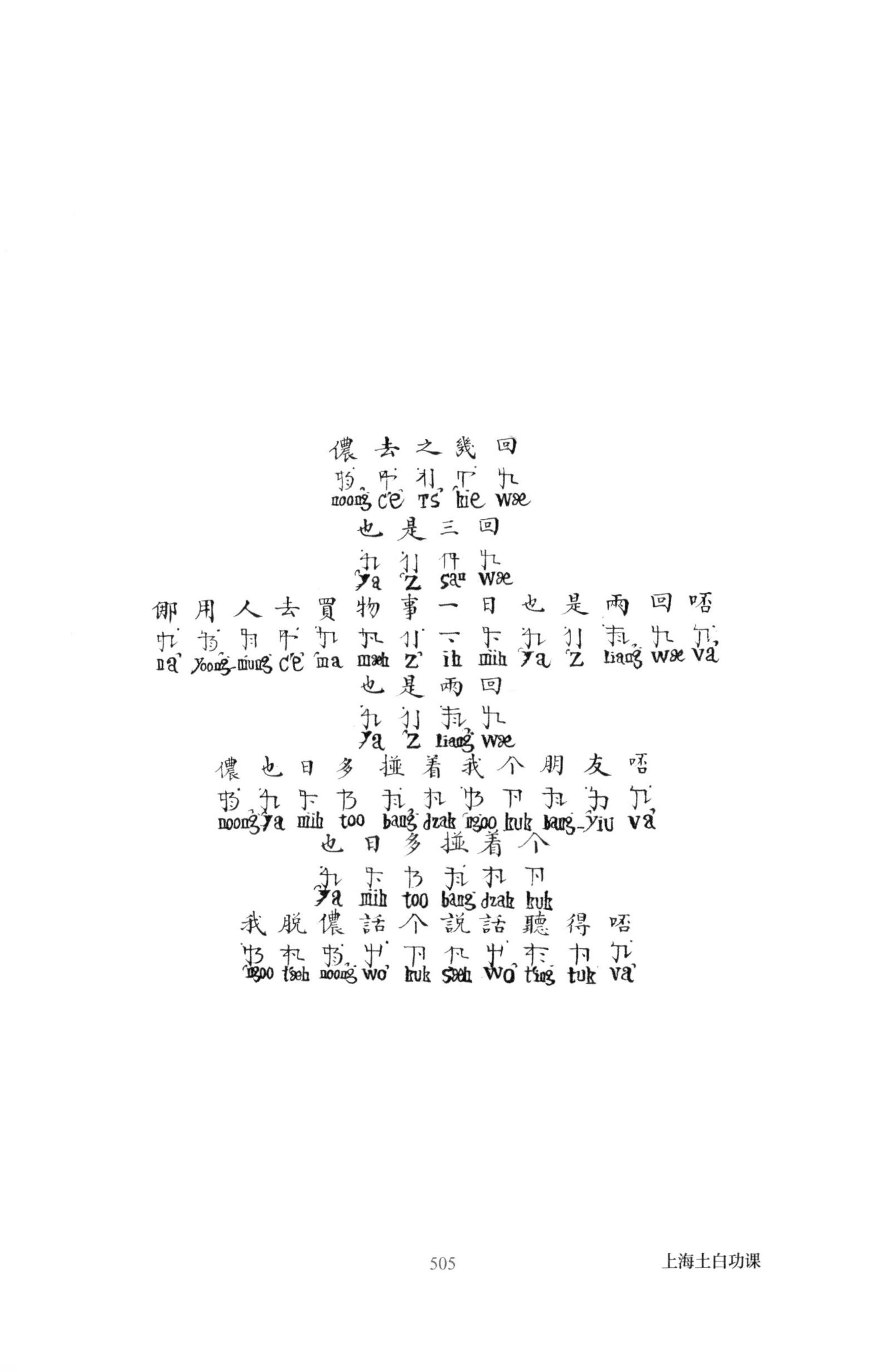

儂去之幾回

noong ce ts kie wæ

也是三回

ya z san wæ

倗用人去買物事一日也是兩回唔

na yoong-mung ce ma mæh z ih mih ya z liang wæ va

也是兩回

ya z liang wæ

儂也日多掽着我个朋友唔

noong ya mih too bang dzak ngoo kuk bang-yiu va

也日多掽着个

ya mih too bang dzak kuk

我脫儂話个說話聽得唔

ngoo tseh noong wo kuk seh wo ting tuk va

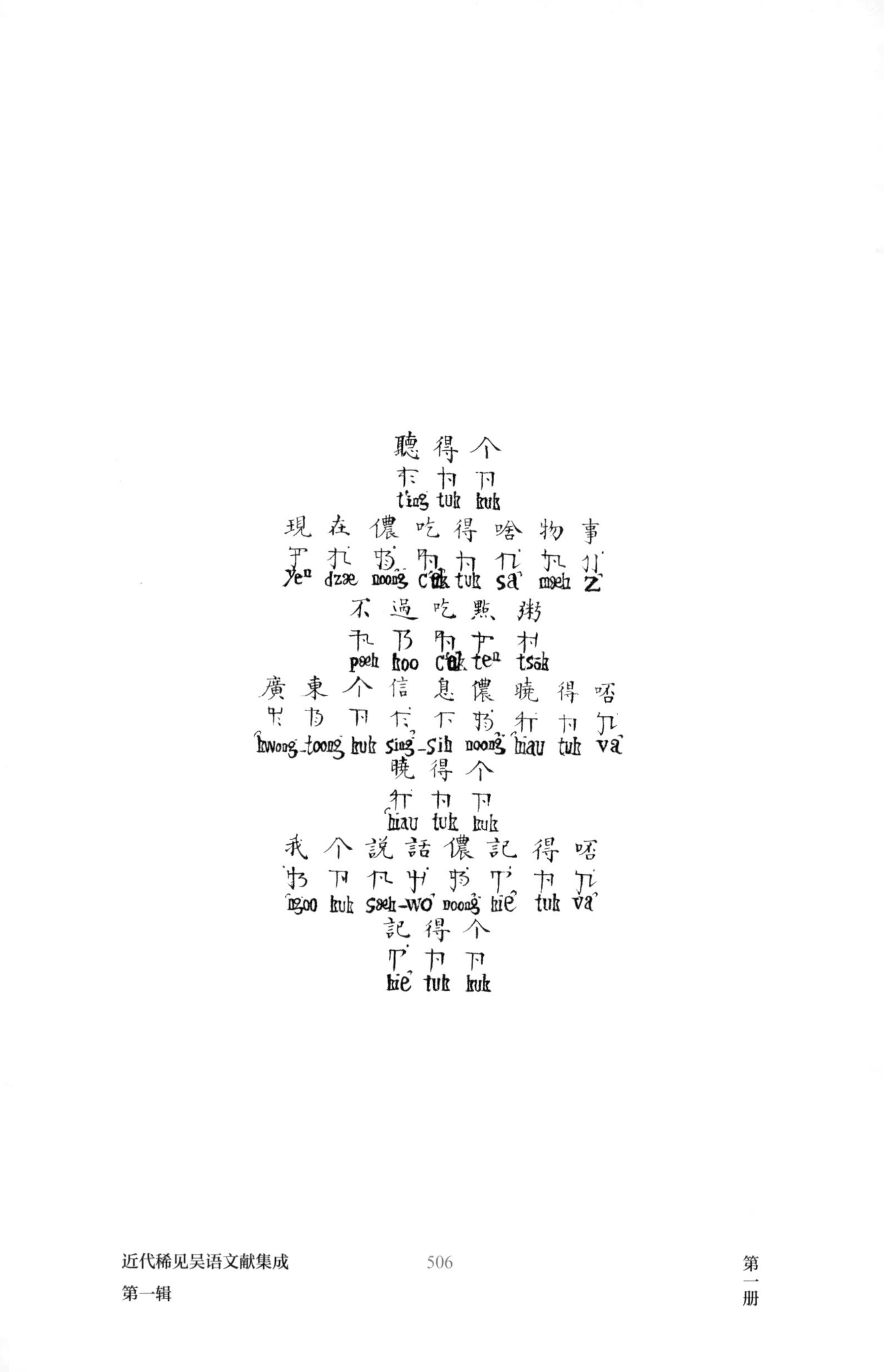

聽得个

t'ing tuh kuh

現在儂吃得啥物事

ye^n dzæ noong c'üh tuh sa mœh z

不過吃點粥

pœh koo c'üh te^n tsoh

廣東个信息儂曉得唔

kwong-toong kuh sing-sih noong hiau tuh va

曉得个

hiau tuh kuh

我个説話儂記得唔

ngoo kuh sœh-wo noong kie tuh va

記得个

kie tuh kuh

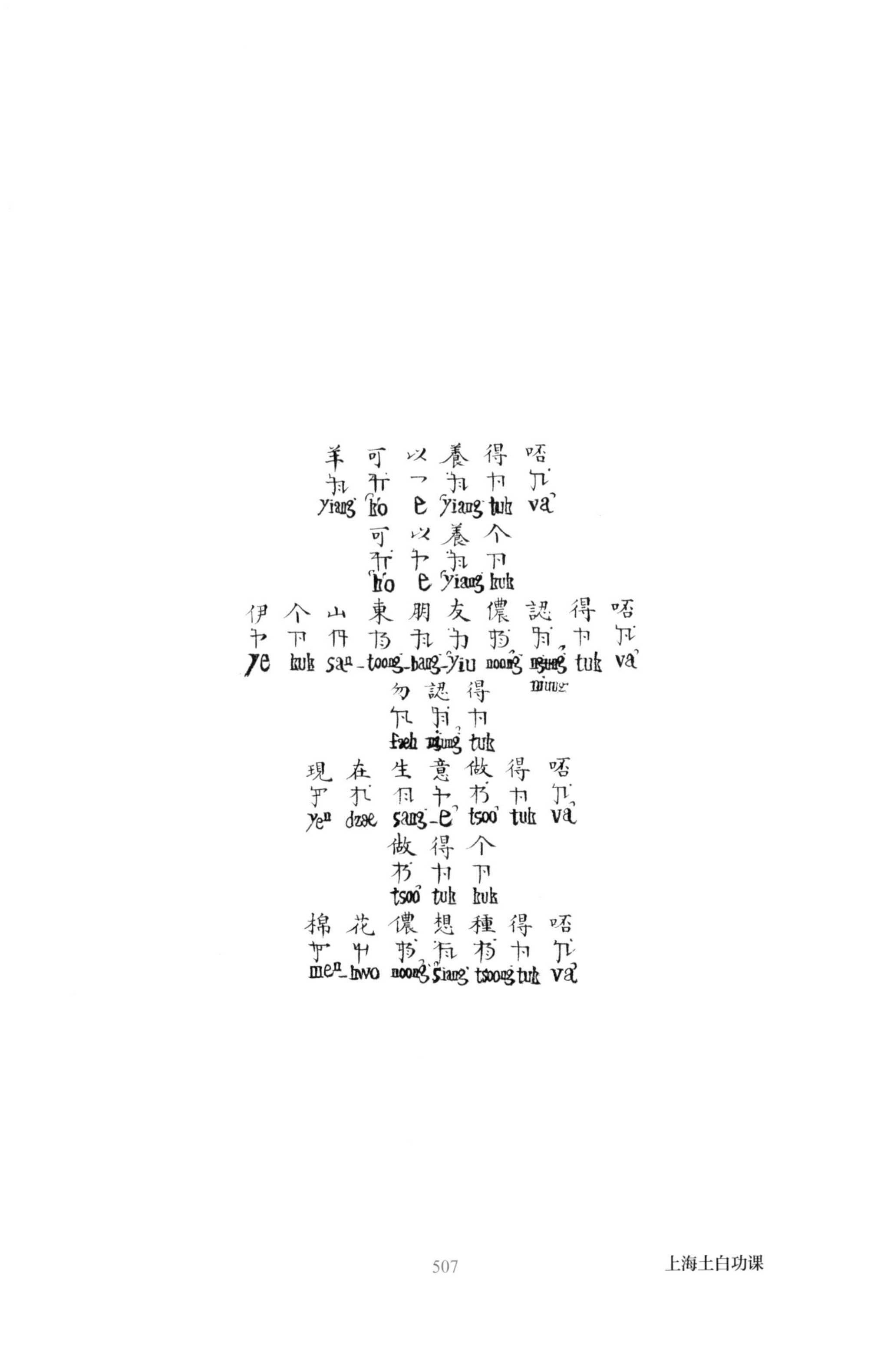

羊 可 以 養 得 唔
yiang k'o e yiang tuk va

可 以 養 个
k'o e yiang kuk

伊 个 山 東 朋 友 儂 認 得 唔
ye kuk san-toong-bang-yiu noong ngung tuk va
niung

勿 認 得
faeh ng'ung tuk

現 在 生 意 做 得 唔
yen dzae sang-e tsoo tuk va

做 得 个
tsoo tuk kuk

棉 花 儂 想 種 得 唔
men-hwo noong siang tsoong tuk va

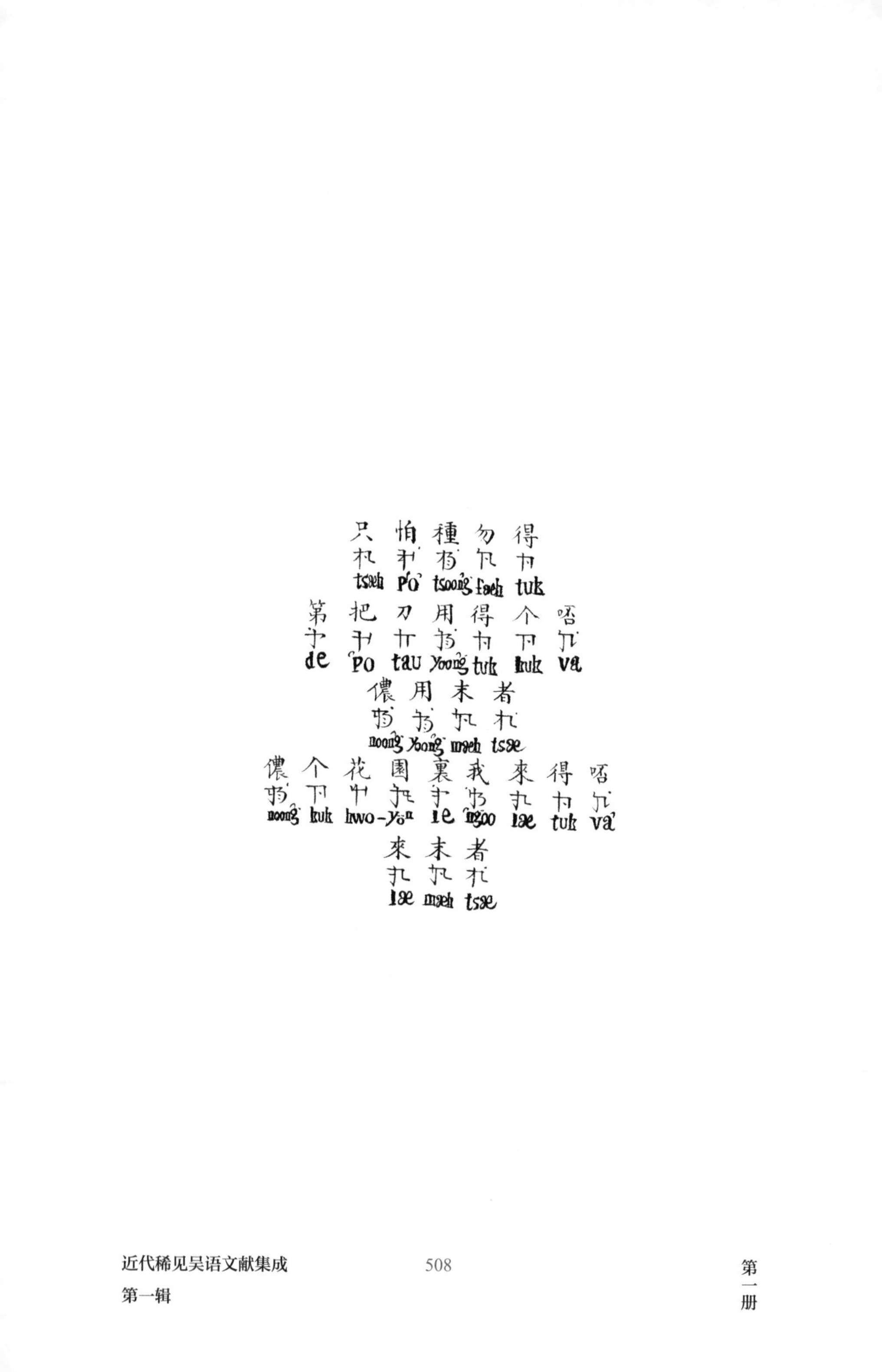

只 怕 種 勿 得

tsæh po tsoong fæh tuk

第 把 刀 用 得 个 喏

de po tau yoong tuk kuk va

儂 用 末 者

noong yoong mæh tsæ

儂 个 花 園 裏 我 來 得 喏

noong kuk hwo-yön le ngoo læ tuk va

來 末 者

læ mæh tsæ

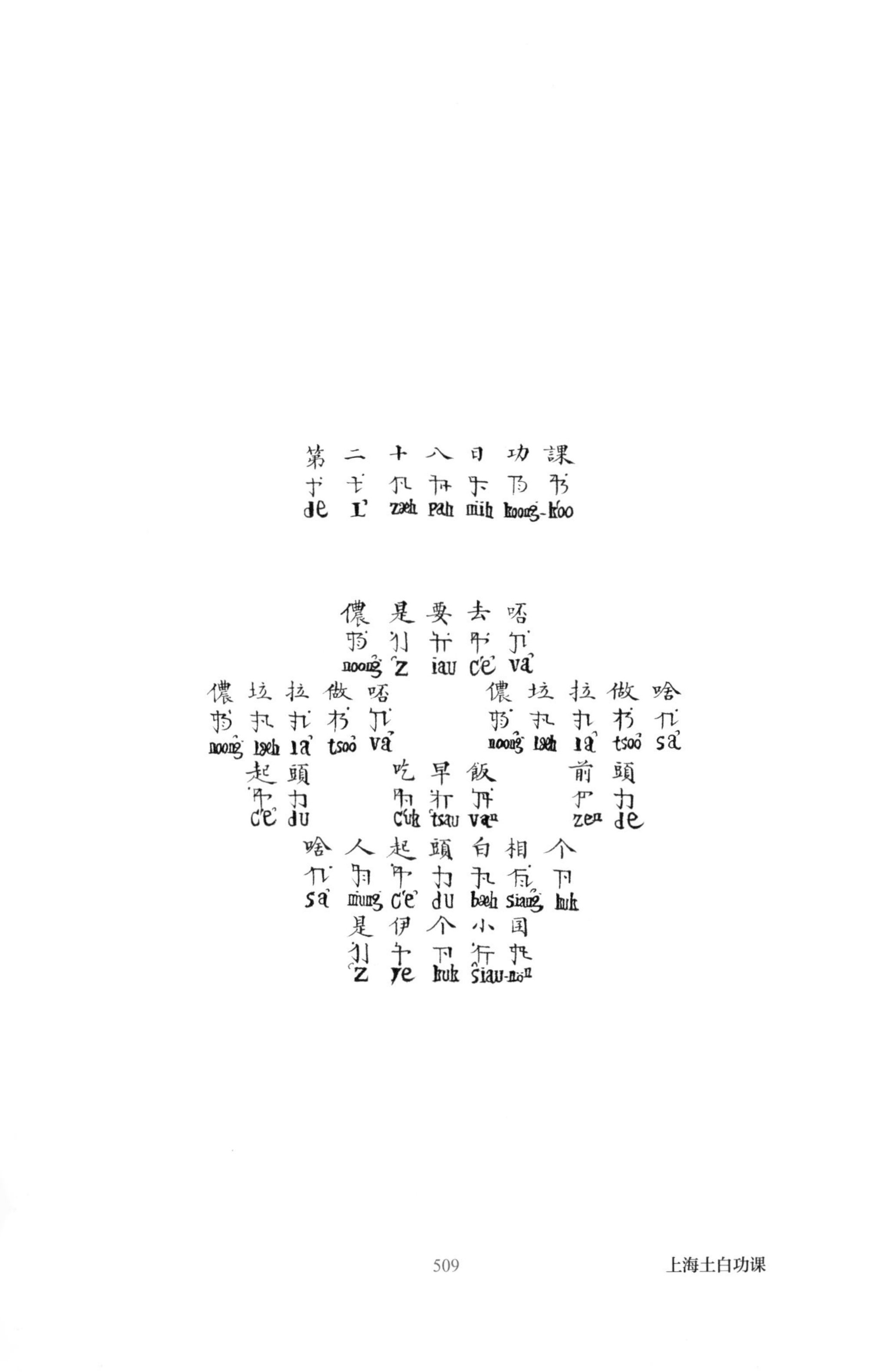

第二十八日功課
de ì zaeh pah nih koong-koo

儂是要去嗎
noong z iau c'e va

儂垃拉做嗎
noong laeh la tsoo va

儂垃拉做啥
noong laeh la tsoo sa

起頭
c'e du

吃早飯
c'uh tsau van

前頭
zen de

啥人起頭白相个
sa niung c'e du baeh siang kuh

是伊个小囡
z yi kuh siau-nön

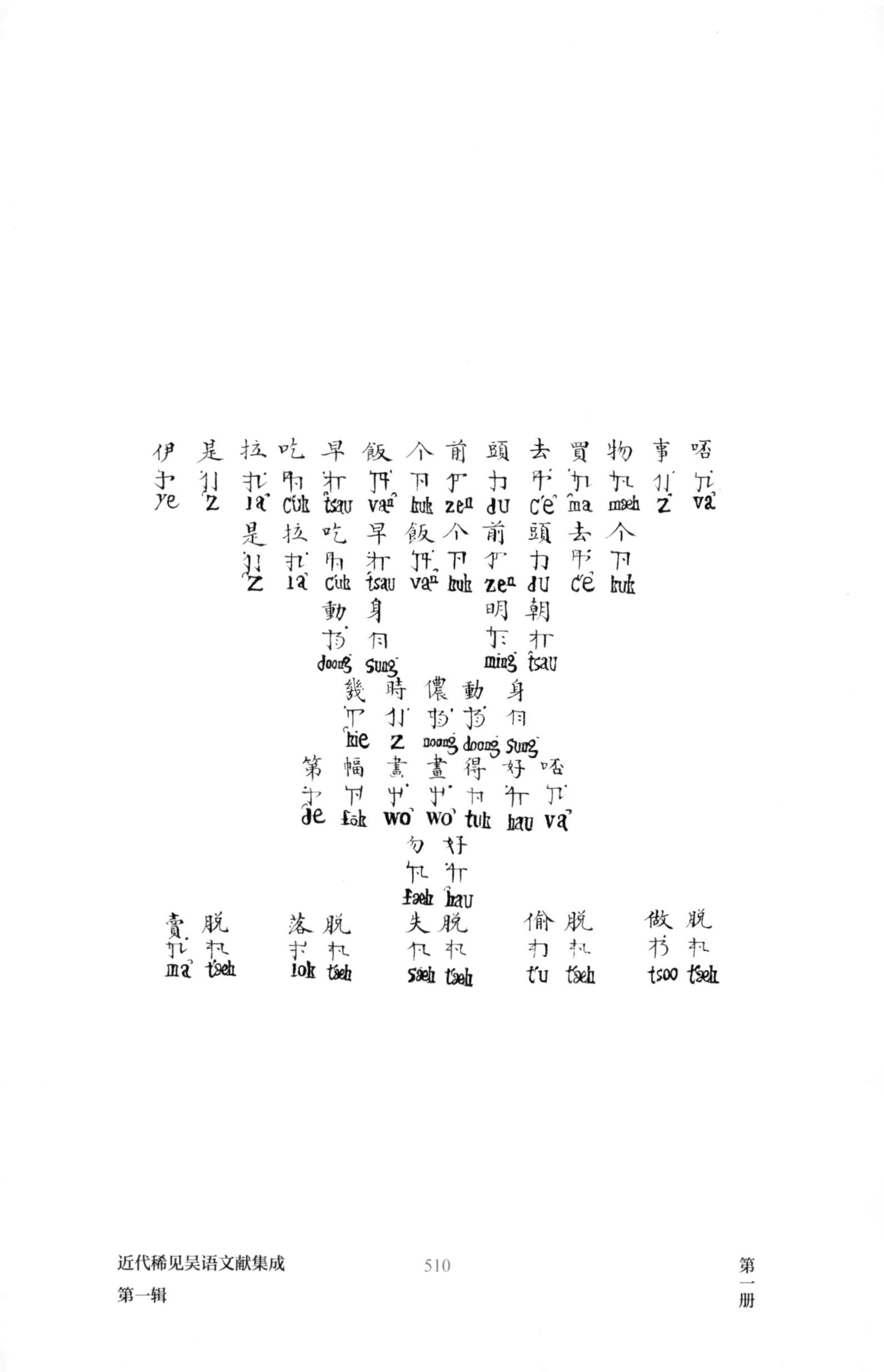

伊 是 拉 吃 早 飯 个 前 頭 去 買 物 事 唔

ye z la' c'uk t̂sau va^{n} kuk ze^{n} du c'e ma maeh z va'

是 拉 吃 早 飯 个 前 頭 去 个

z la' c'uk t̂sau va^{n} kuk ze^{n} du c'e kuk

動 身 — doong sung　　明 朝 — ming t̂sau

幾 時 儂 動 身

kie z noong doong sung

第 幅 畫 畫 得 好 唔

de fok wo' wo' tuk hau va'

勿 好

faeh hau

賣 脫 — ma' t'aeh　　落 脫 — lok t'aeh　　失 脫 — saeh t'aeh　　偷 脫 — t'u t'aeh　　做 脫 — tsoo t'aeh

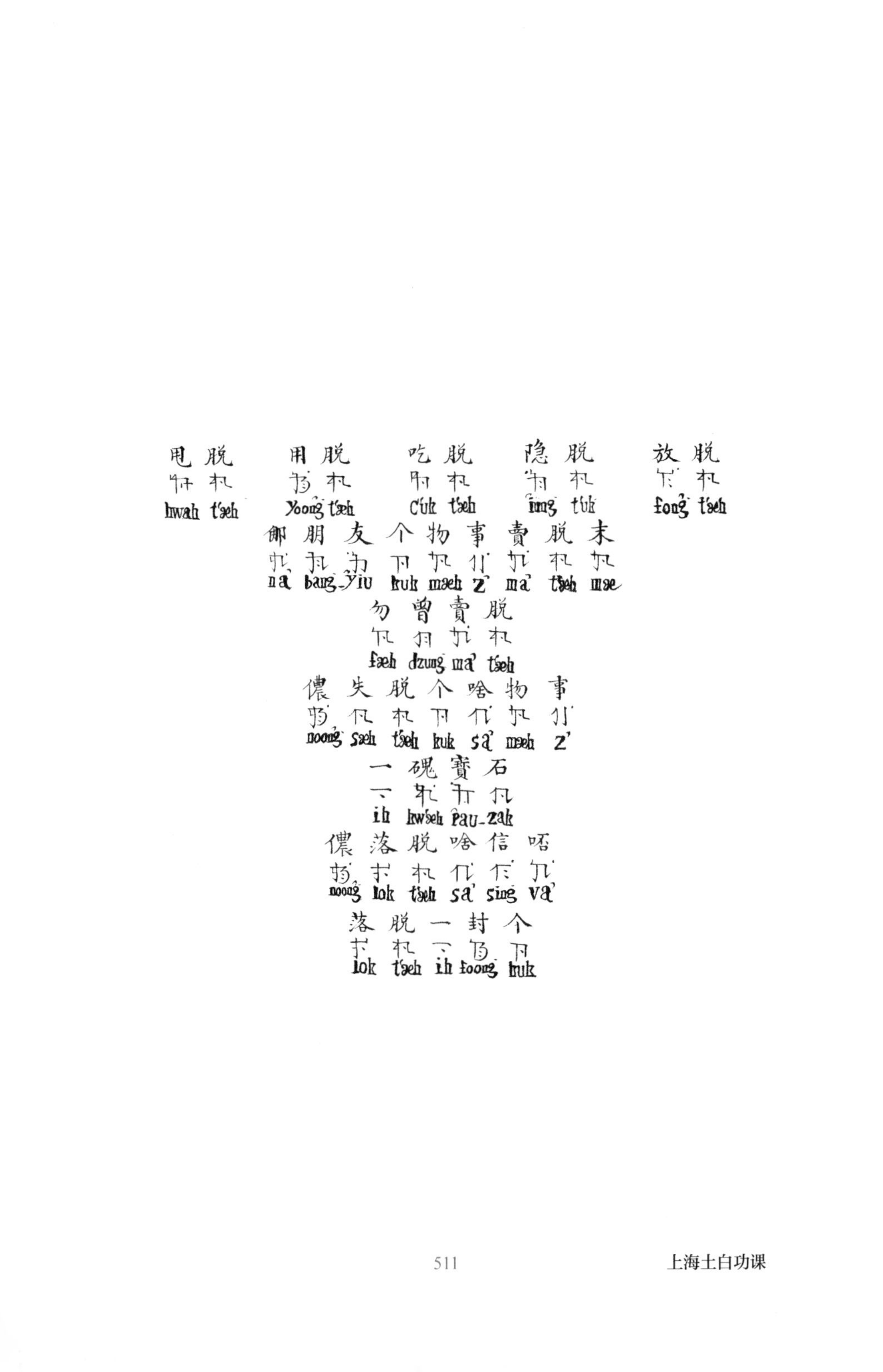

甩脱　　用脱　　吃脱　　隐脱　　放脱

hwah t'æh　　yoong t'æh　　c'uk t'æh　　ing tuk　　fong t'æh

鄉朋友个物事賣脱末

na bang-yiu kuk mæh z' ma' t'æh mæ

勿曾賣脱

fæh dzung ma' t'æh

儂失脱个啥物事

noong sæh t'æh kuk sa' mæh z'

一塊寶石

ih kwæh pau-zak

儂落脱啥信嘸

noong lok t'æh sa' sing va'

落脱一封个

lok t'æh ih foong kuk

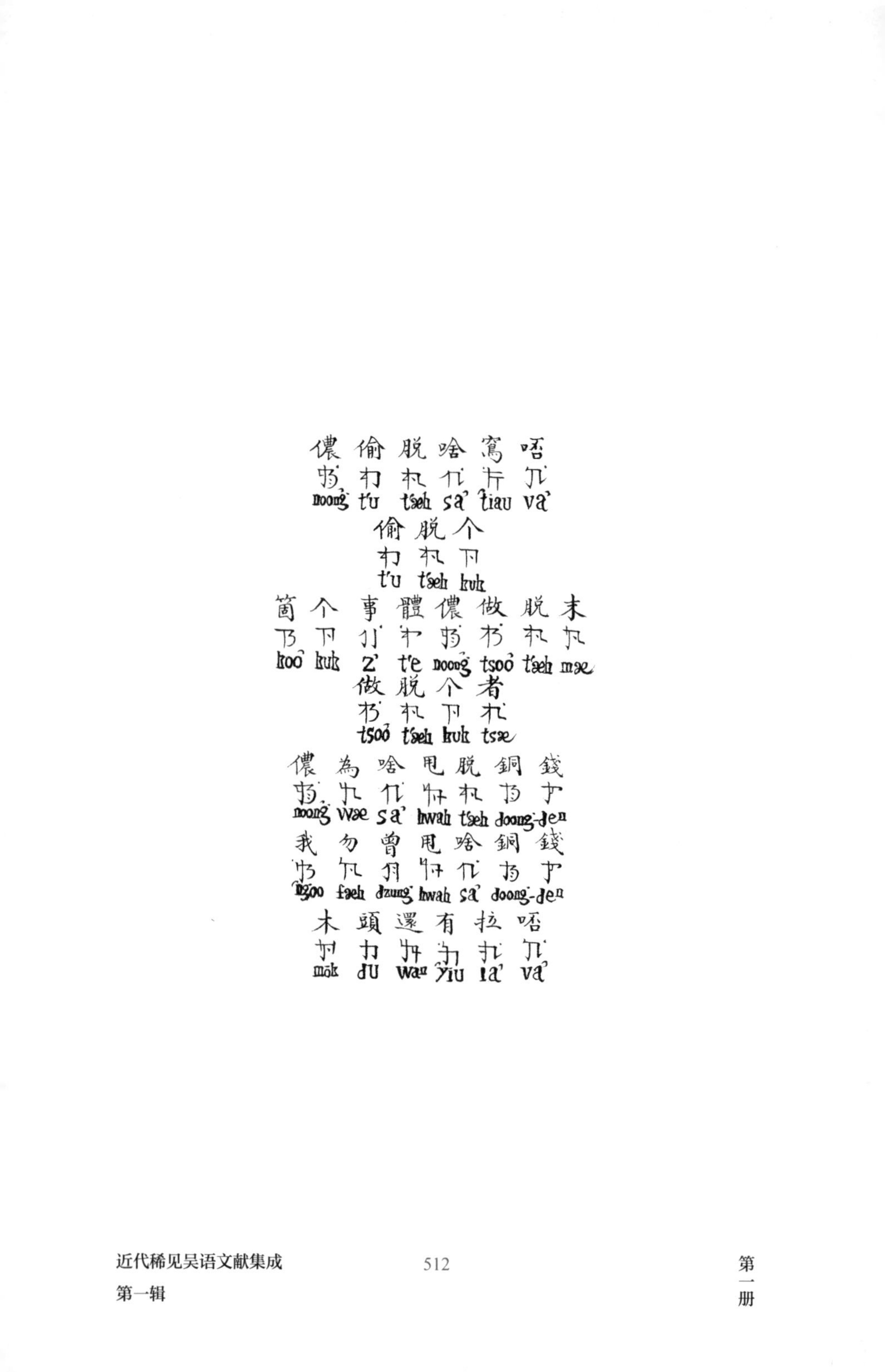

儂偷脱啥寫唔
noong t'u t'seh sa' 'tiau va'

偷脱个
t'u t'seh kuh

箇个事體儂做脱末
koo kuh z' t'e noong tsoo t'seh mæ

做脱个者
tsoo t'seh kuh tsæ

儂為啥甩脱銅錢
noong wæ sa' hwah t'seh doong-den

我勿曾甩啥銅錢
ngoo feh dzung hwah sa' doong-den

木頭還有拉唔
mok du wan yiu la' va'

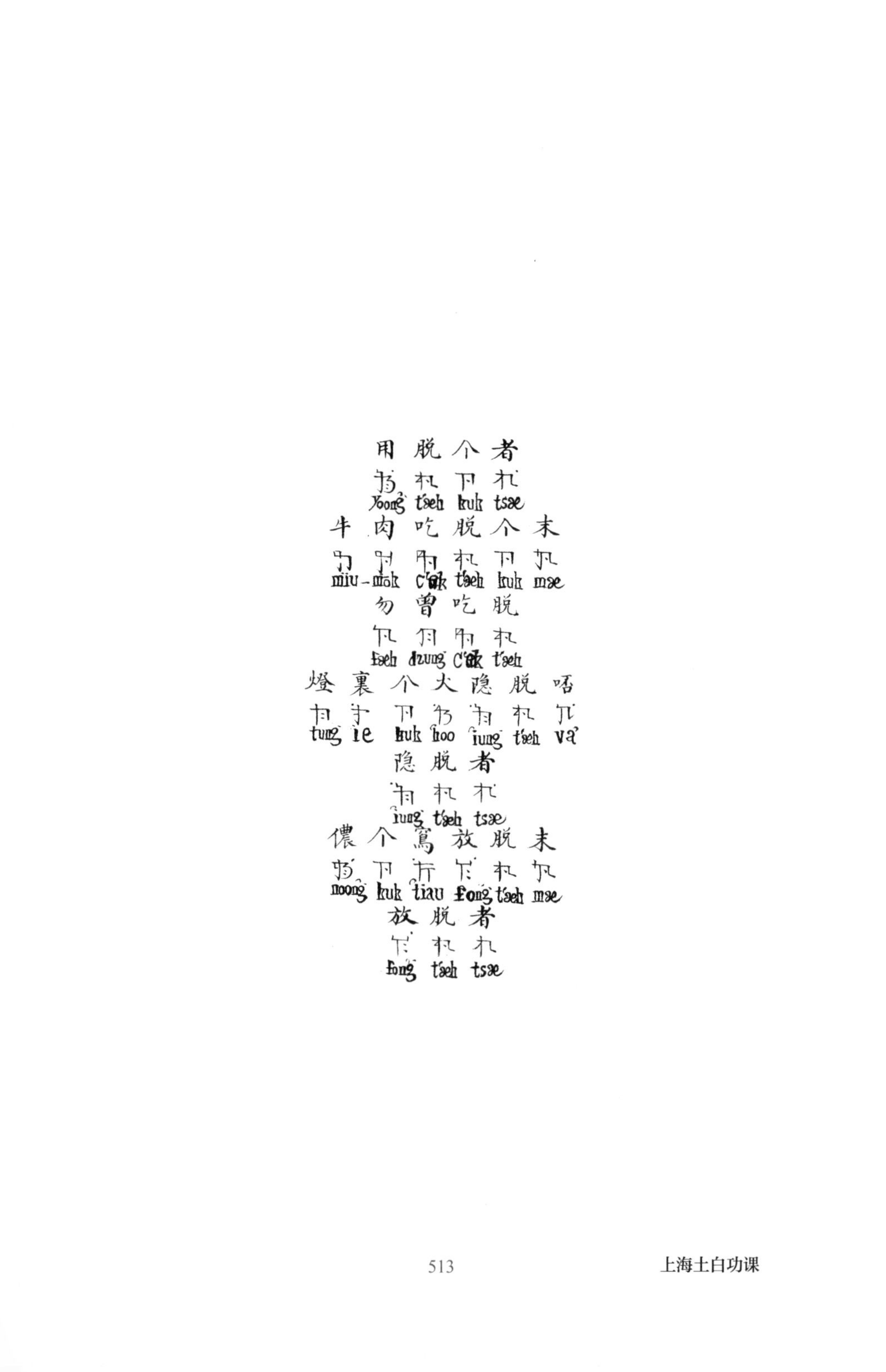

用脱个者

Yoong t'æh kuk tsæ

牛肉吃脱个末

miu-niok c'ak t'æh kuk mæ

勿曾吃脱

fæh dzung c'ak t'æh

燈裏个火隱脱唔

tung ie kuk hoo iung t'æh va'

隱脱者

iung t'æh tsæ

儂个鳥放脱末

noong kuk tiau fong t'æh mæ

放脱者

fong t'æh tsæ

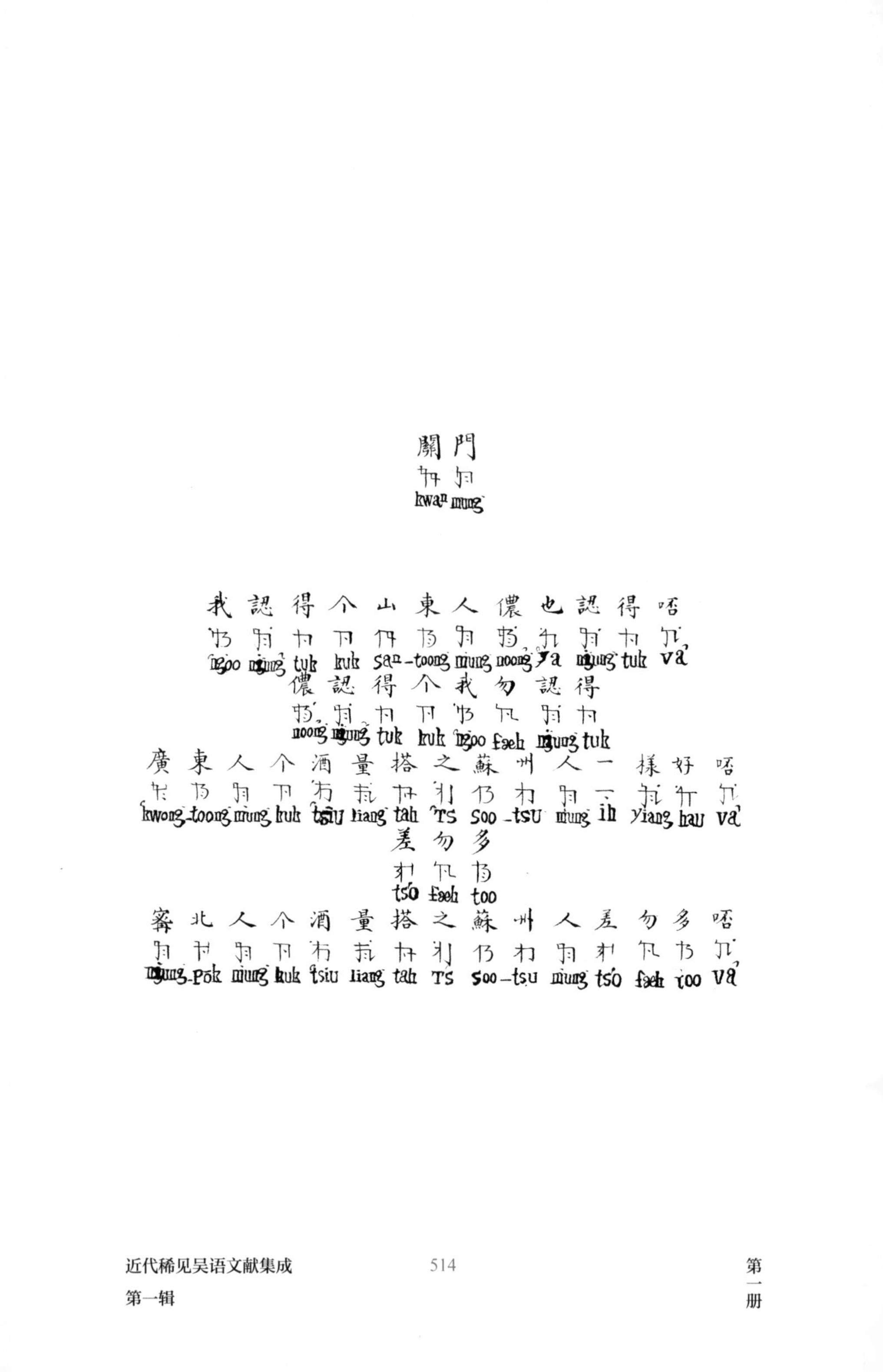

關門

kwan mung

我認得个山東人儂也認得唔

ngoo ngiung tuk kuk san-toong niung noong ya ngiung tuk va

儂認得个我勿認得

noong ngiung tuk kuk ngoo faeh ngiung tuk

廣東人个酒量搭之蘇州人一樣好唔

kwong-toong niung kuk tsiu liang tah ts soo-tsu niung ih yiang hau va

差勿多

tso faeh too

甯北人个酒量搭之蘇州人差勿多唔

ngiung-pok niung kuk tsiu liang tah ts soo-tsu niung tso faeh too va

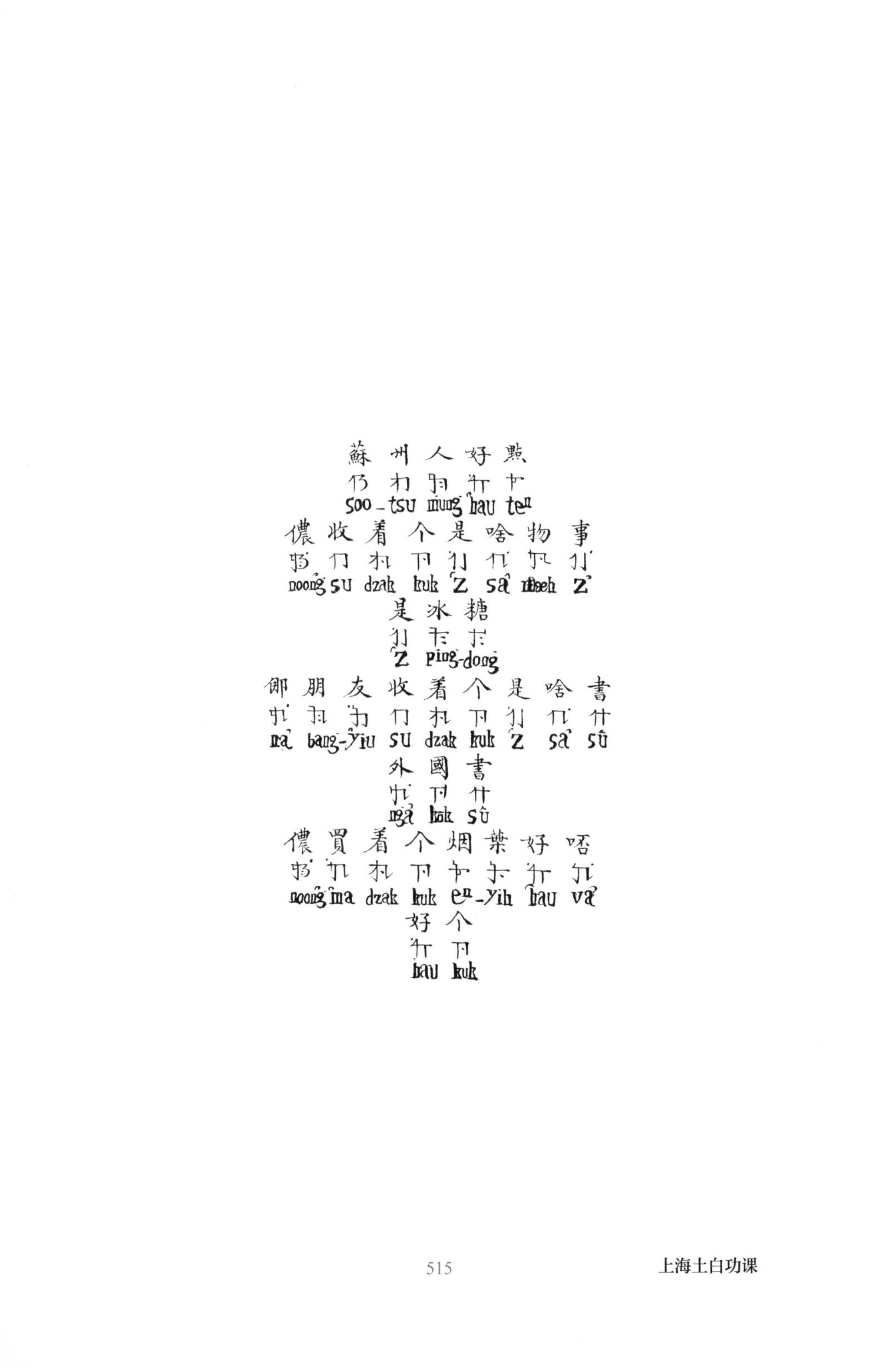

蘇州人好點

soo-tsu niung hau ten

儂收着个是啥物事

noong su dzak kuk z sa meh z

是冰糖

z ping-dong

伲朋友收着个是啥書

nga bang-yiu su dzak kuk z sa sû

外國書

nga kok sû

儂買着个烟葉好唔

noong ma dzak kuk en-yih hau va

好个

hau kuk

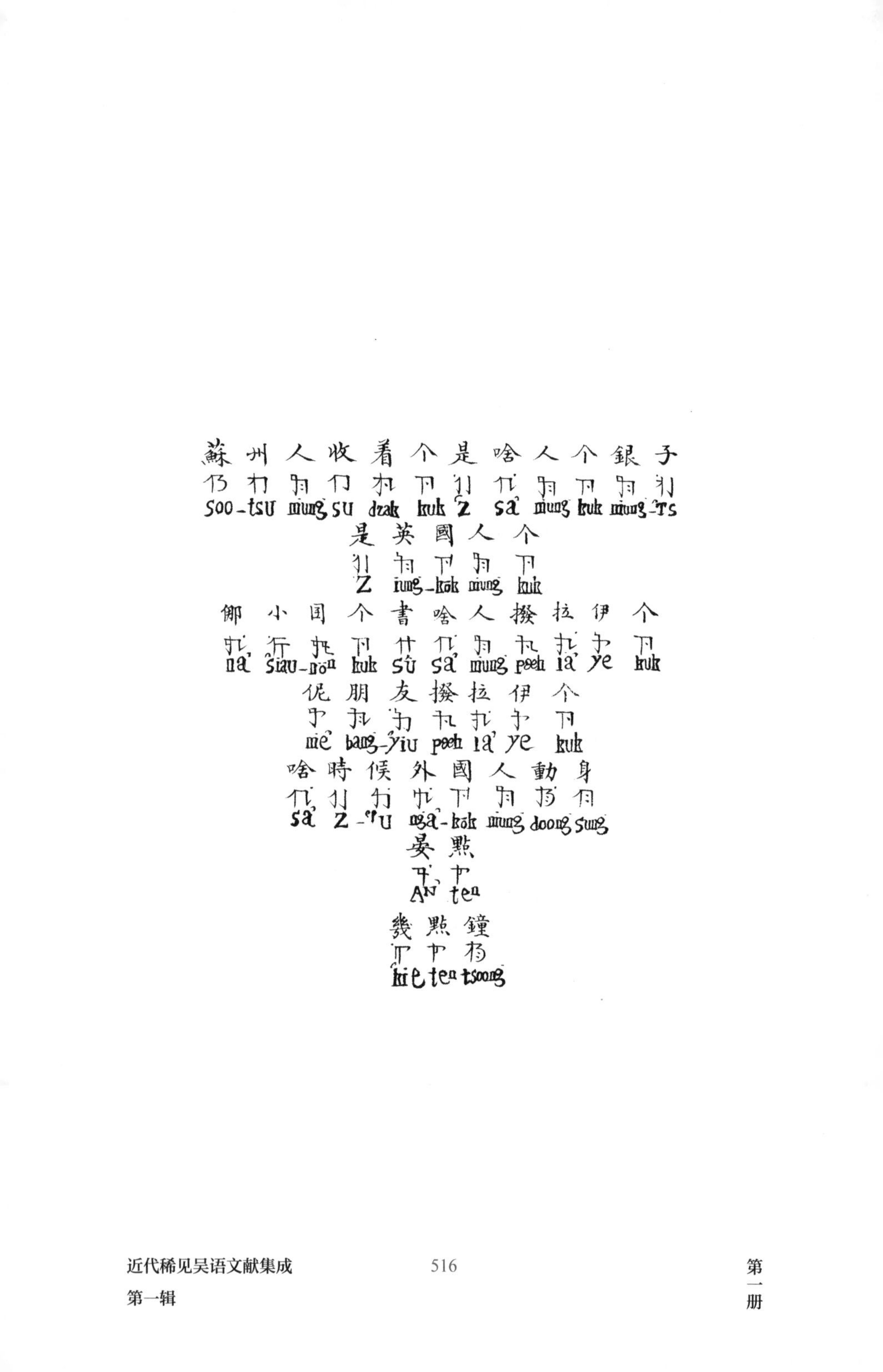

蘇州人收着个是啥人个銀子

soo-tsu niung su dzak kuk z sa' niung kuk niung-ts

是英國人个

z iung-kok niung kuk

儕小囝个書啥人撥拉伊个

na' siau-nön kuk sû sa' niung pœh ia' ye kuk

伲朋友撥拉伊个

me' bang-yiu pœh ia' ye kuk

啥時候外國人動身

sa' z-'u nga-kok niung doong sung

晏點

an ten

幾點鐘

kie ten tsoong

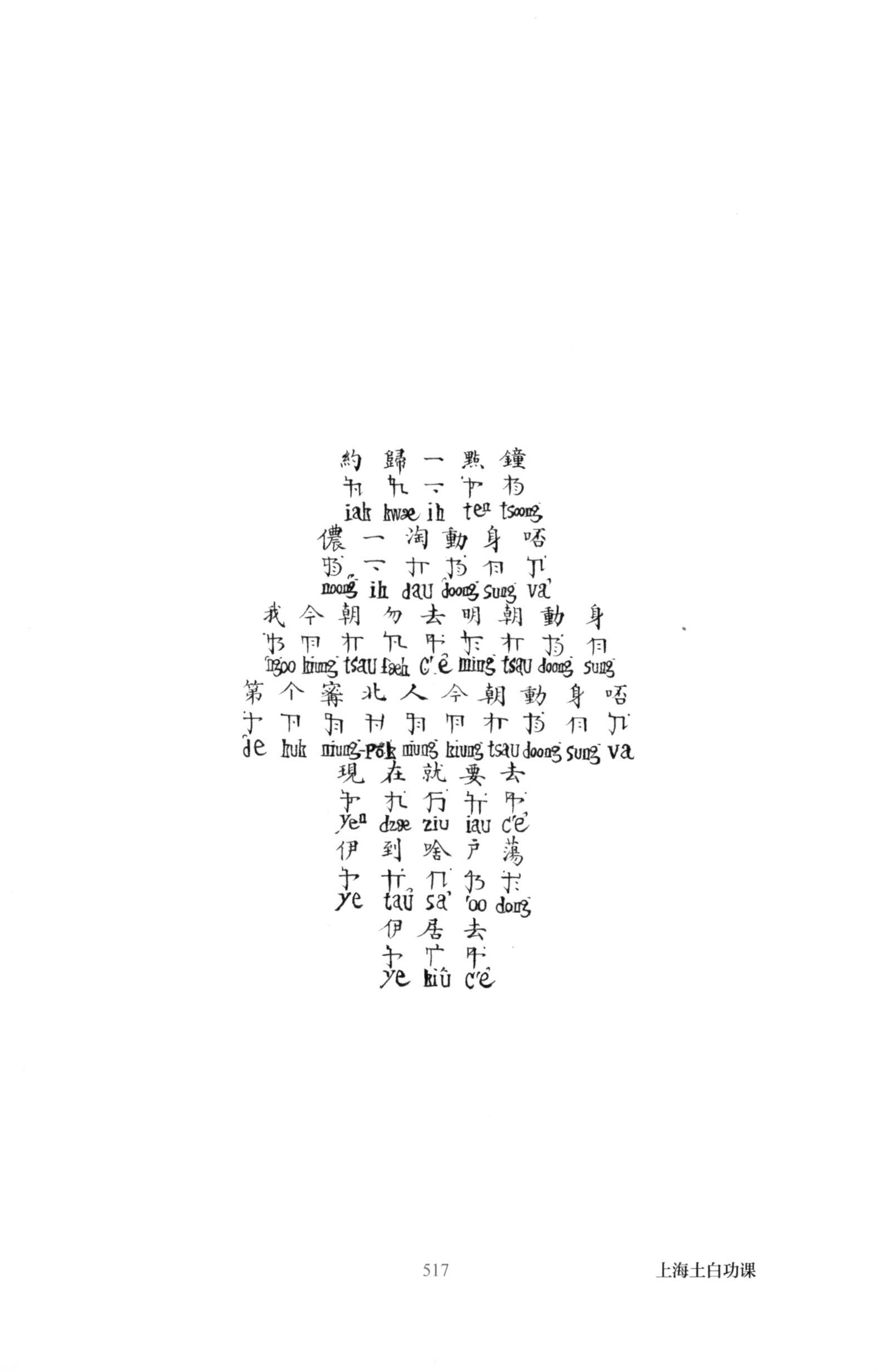

約 歸 一 點 鐘

iak kwæ ih te^{n} tsoong

儂 一 淘 動 身 唔

noong ih dau doong sung va'

我 今 朝 勿 去 明 朝 動 身

ngoo kiung tsau fæh c'ê ming tsau doong sung

第 个 寗 北 人 今 朝 動 身 唔

de kuk niung-Pók niung kiung tsau doong sung va

現 在 就 要 去

ye^{n} dzæ ziu iau c'é

伊 到 啥 戶 蕩

ye taû sa' 'oo dong

伊 居 去

ye kiû c'é

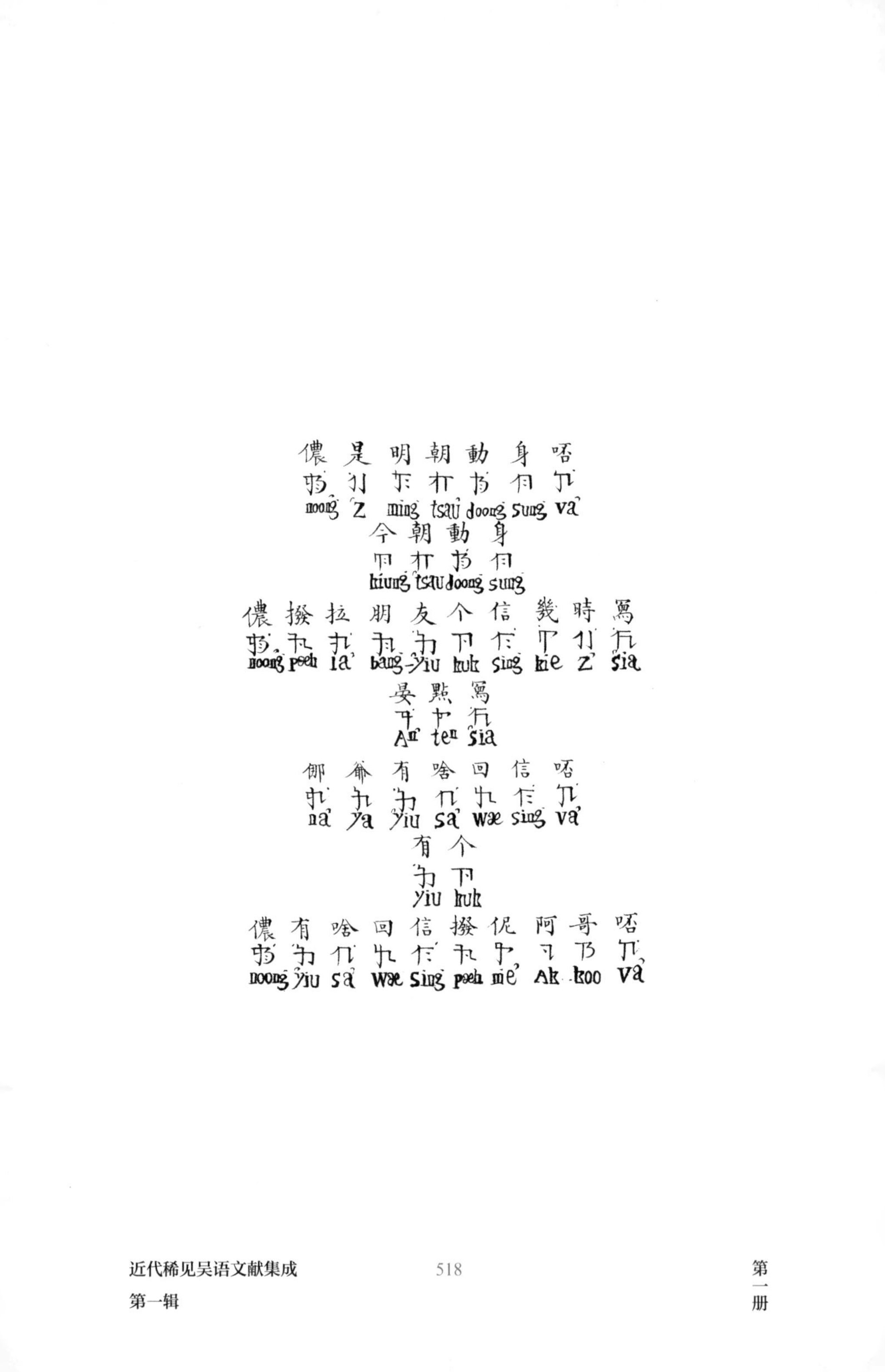

儂是明朝動身唔
noong z ming tsau doong sung va

今朝動身
kiung tsau doong sung

儂撥拉朋友个信幾時寫
noong poeh la bang-yiu kuk sing kie z sia

晏點寫
An ten sia

伽爺有啥回信唔
na ya yiu sa wae sing va

有个
yiu kuk

儂有啥回信撥伲阿哥唔
noong yiu sa wae sing poeh nie Ak koo va

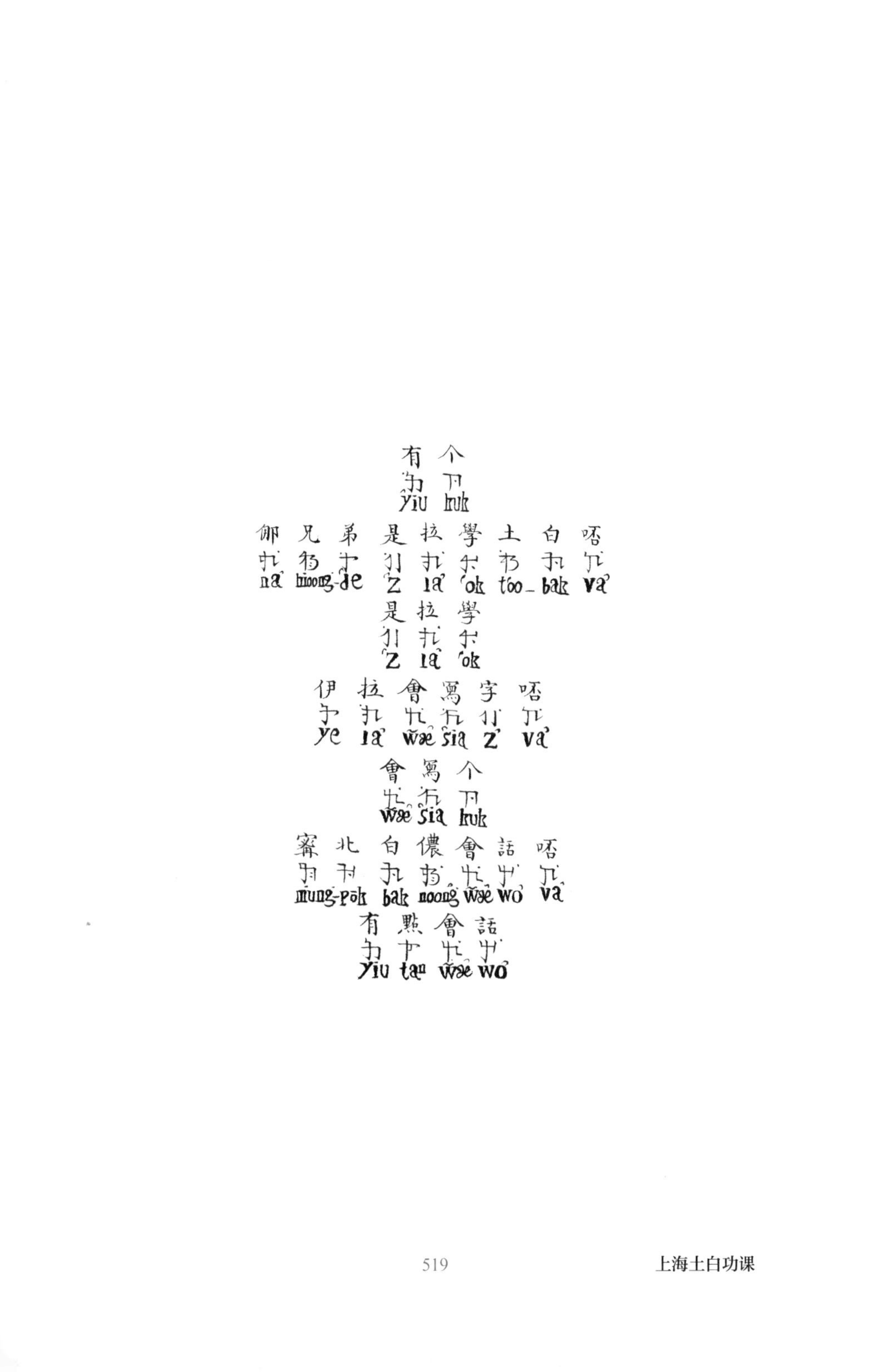

有 个

yiu kuk

儕 兄 弟 是 拉 學 土 白 唔

na hioong-de z la ʻok too-bak va

是 拉 學

z la ʻok

伊 拉 會 寫 字 唔

ye la wœ sia z va

會 寫 个

wœ sia kuk

寗 北 白 儂 會 話 唔

mung-pok bak noong wœ wo va

有 點 會 話

yiu tan wœ wo

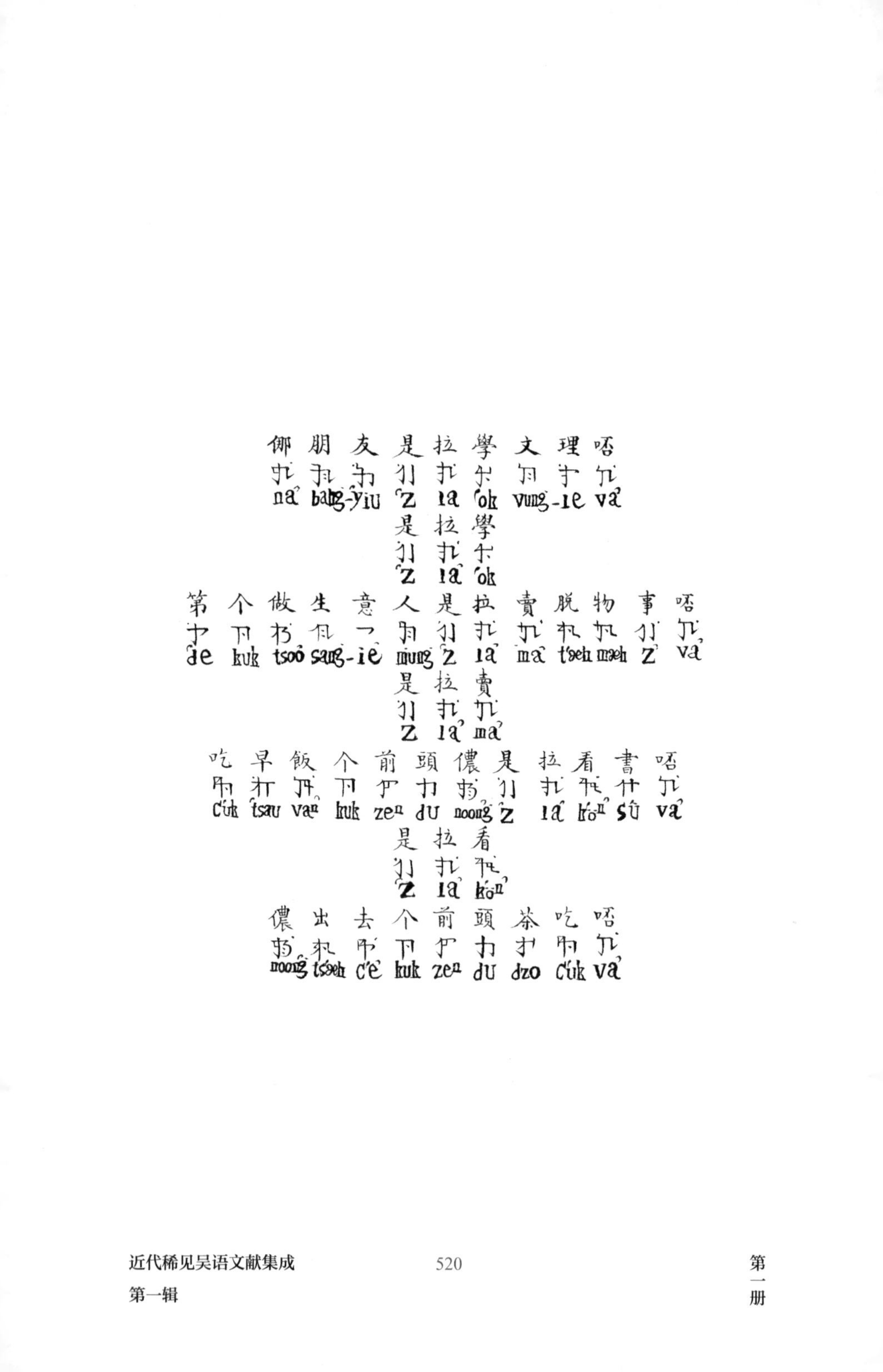

儂朋友是拉學文理唔

na bang-yiu ʻz la ʻok vung-ie va

是拉學

ʻz la ʻok

第个做生意人是拉賣脱物事唔

de kuk tsoo sang-ie mung z la ma t'seh meh z va

是拉賣

z la ma

吃早飯个前頭儂是拉看書唔

c'uk tsau van kuk zen du noong z la k'on sû va

是拉看

z la k'on

儂出去个前頭茶吃唔

noong ts'eh c'e kuk zen du dzo c'uk va

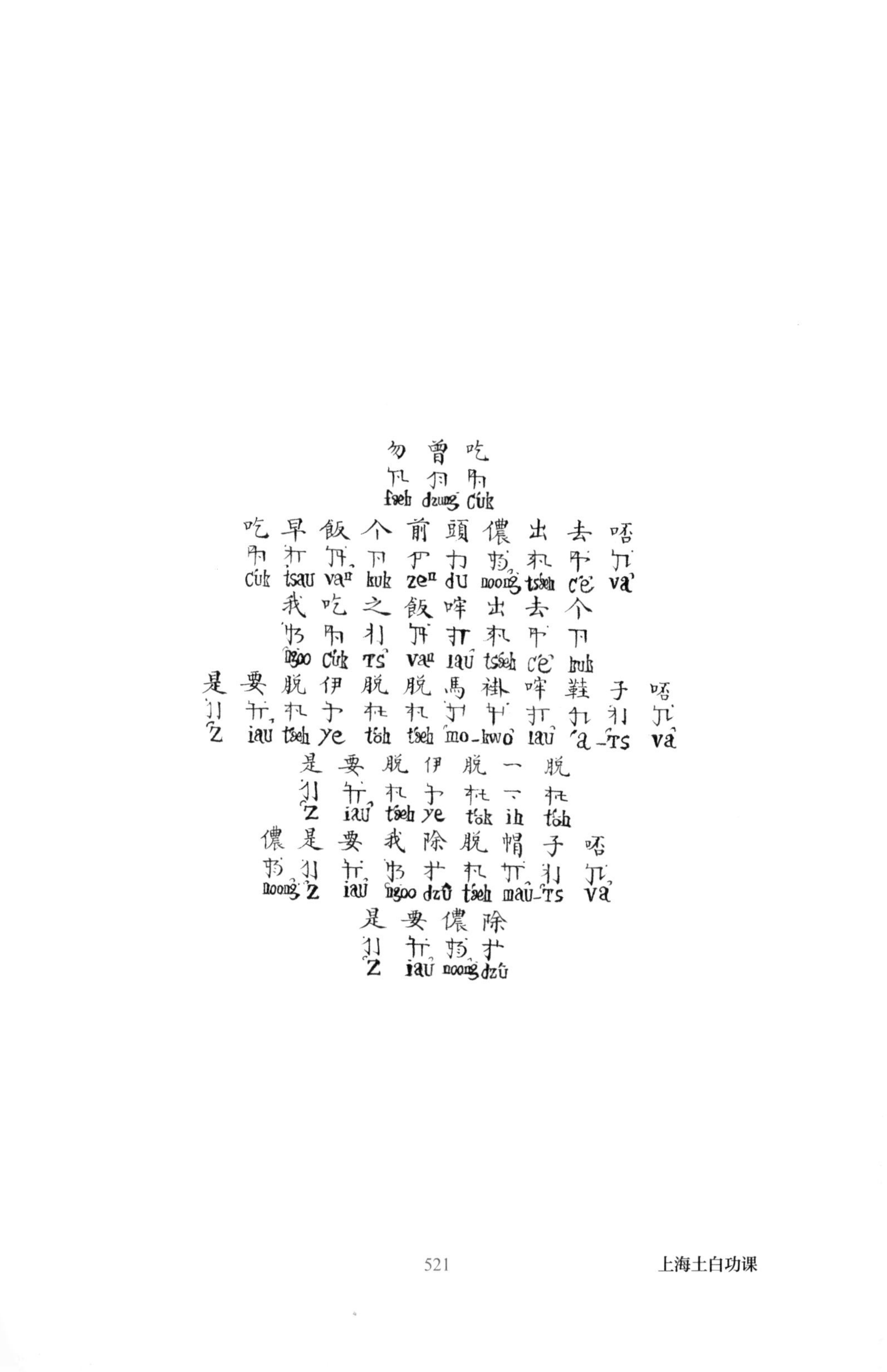

勿 曾 吃

feh dzung cúk

吃 早 飯 个 前 頭 儂 出 去 嗒

cúk tsau va^{n} kuk ze^{n} du noong tseh c'é va'

我 吃 之 飯 咾 出 去 个

ngoo cúk ts va^{n} lau tseh c'é kuk

是 要 脱 伊 脱 脱 馬 褂 咾 鞋 子 嗒

z iau tseh ye tóh tseh mo-kwo lau 'a-ts va

是 要 脱 伊 脱 一 脱

z iau tseh ye tók ih tóh

儂 是 要 我 除 脱 帽 子 嗒

noong z iau ngoo dzû tseh mau-ts va

是 要 儂 除

z iau noong dzû

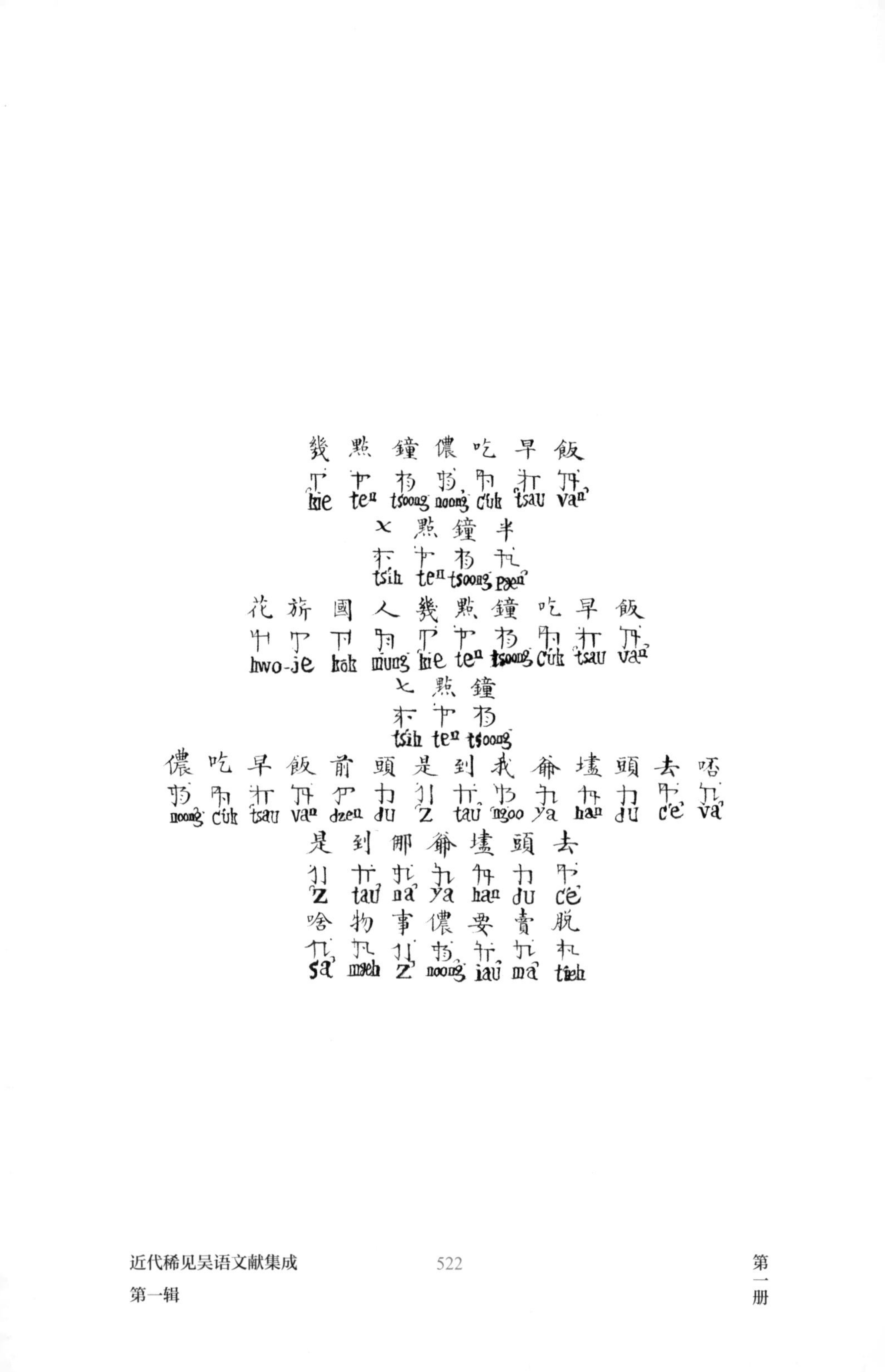

幾點鐘儂吃早飯

kie te^{n} tsoong noong cuk tsau va^{n}

七點鐘半

tsih te^{n} tsoong pe^{n}

花旂國人幾點鐘吃早飯

hwo-je kok mung kie te^{n} tsoong cuk tsau va^{n}

七點鐘

tsih te^{n} tsoong

儂吃早飯前頭是到我爺墻頭去唔

noong cuk tsau va^{n} dze^{n} du z tau ngoo ya ha^{n} du ce va

是到那爺墻頭去

z tau na ya ha^{n} du ce

啥物事儂要賣脫

sa meh z noong iau ma tieh

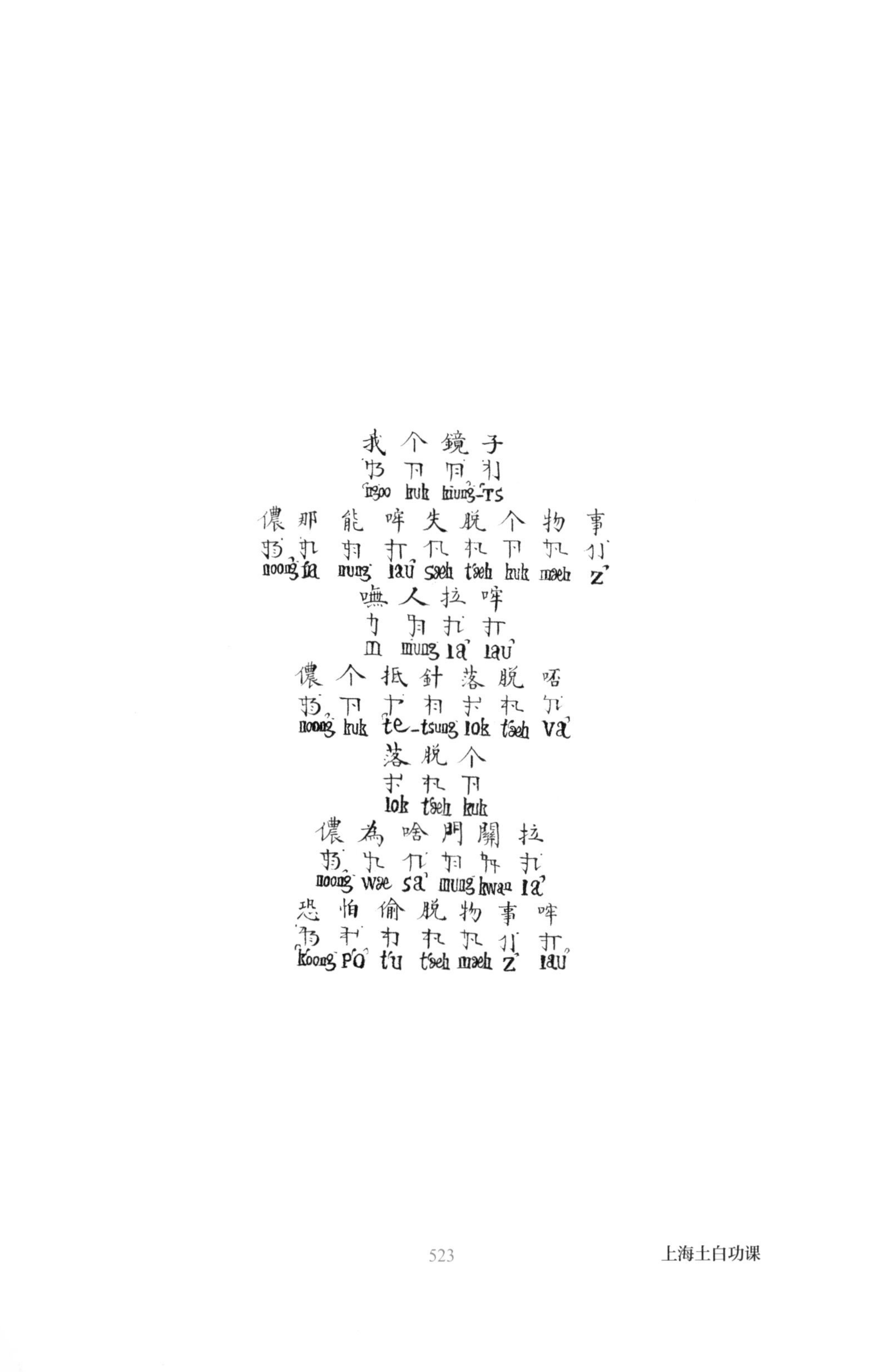

我个鏡子

ngoo kuk kiung-ts

儂那能哰失脱个物事

noong 'fa nung lau' sæh t'æh kuk mæh z'

嘸人拉哰

m mung la' lau'

儂个抵針落脱㕭

noong kuk te-tsung lok t'æh va'

落脱个

lok t'æh kuk

儂為啥門關拉

noong wæ sa' mung kwan la'

恐怕偷脱物事哰

koong p'o t'u t'æh mæh z' lau'

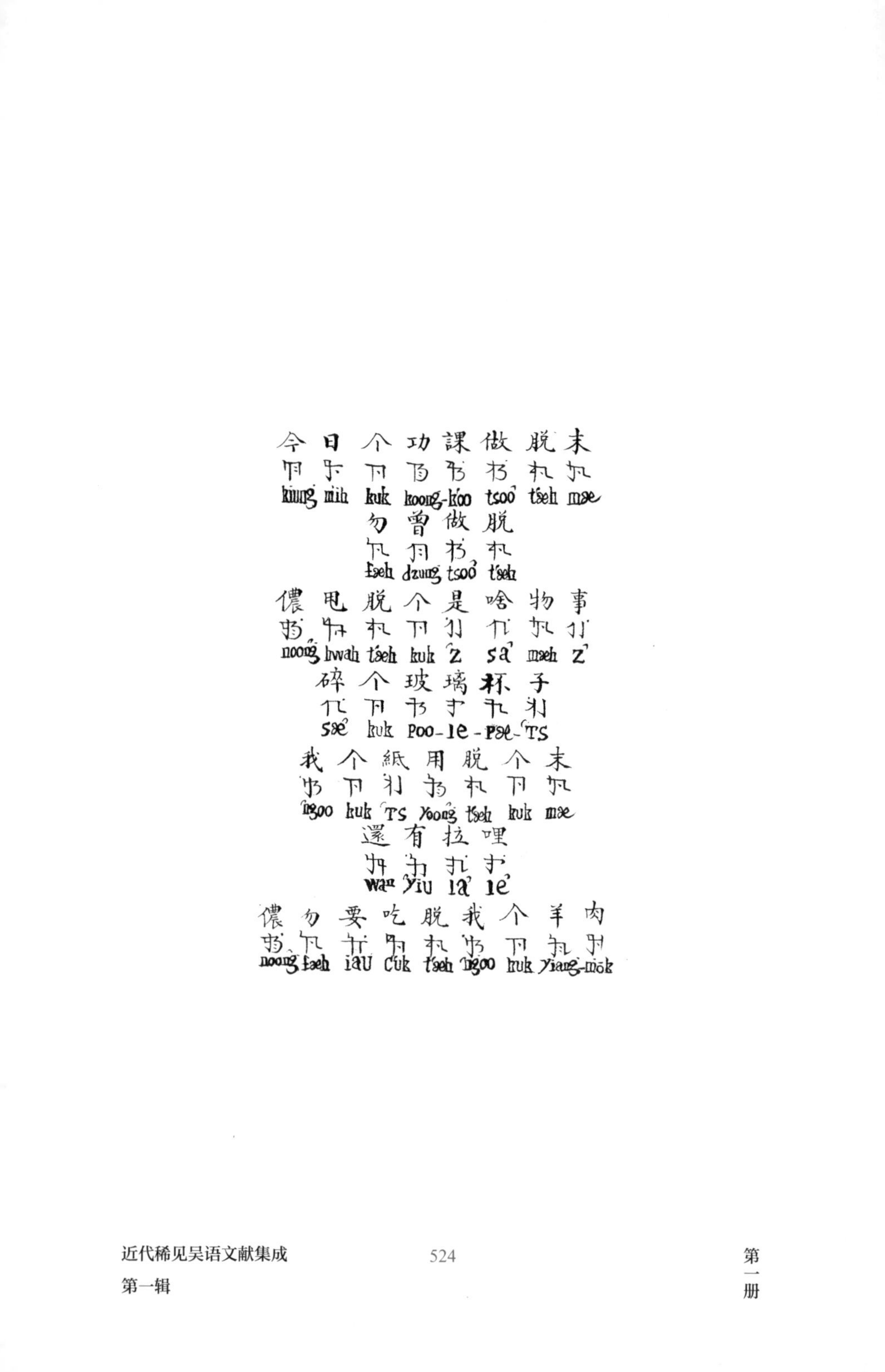

今日个功課做脱末

kiung miħ kuk koong-k'oo tsoo t'seh mæ

勿曾做脱

feh dzung tsoo t'seh

儂甩脱个是啥物事

noong hwah t'seh kuk z sa mæh z

碎个玻璃杯子

sæ kuk poo-le-pæ-ts

我个紙用脱个末

ngoo kuk ts yoong t'seh kuk mæ

還有拉哩

wan yiu la le

儂勿要吃脱我个羊肉

noong feh iau c'uk t'seh ngoo kuk yiang-mok

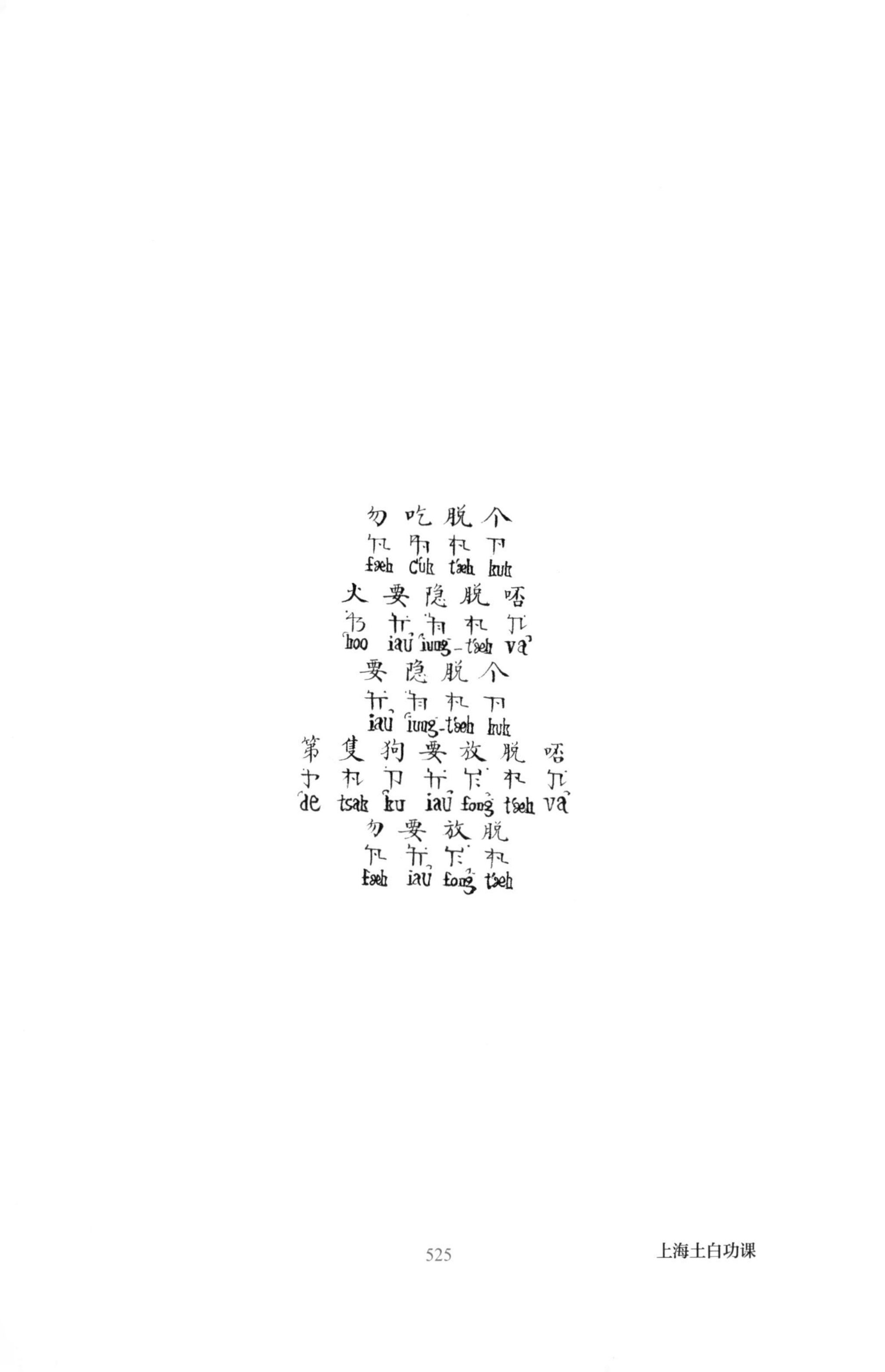

勿吃脱个

fæh c'ük t'æh kuh

火要隐脱唔

'hoo iau' 'iung-t'æh va'

要隐脱个

iau' 'iung-tæh kuh

第隻狗要放脱唔

'de tsak 'ku iau' fong' tæh va'

勿要放脱

fæh iau' fong' t'æh

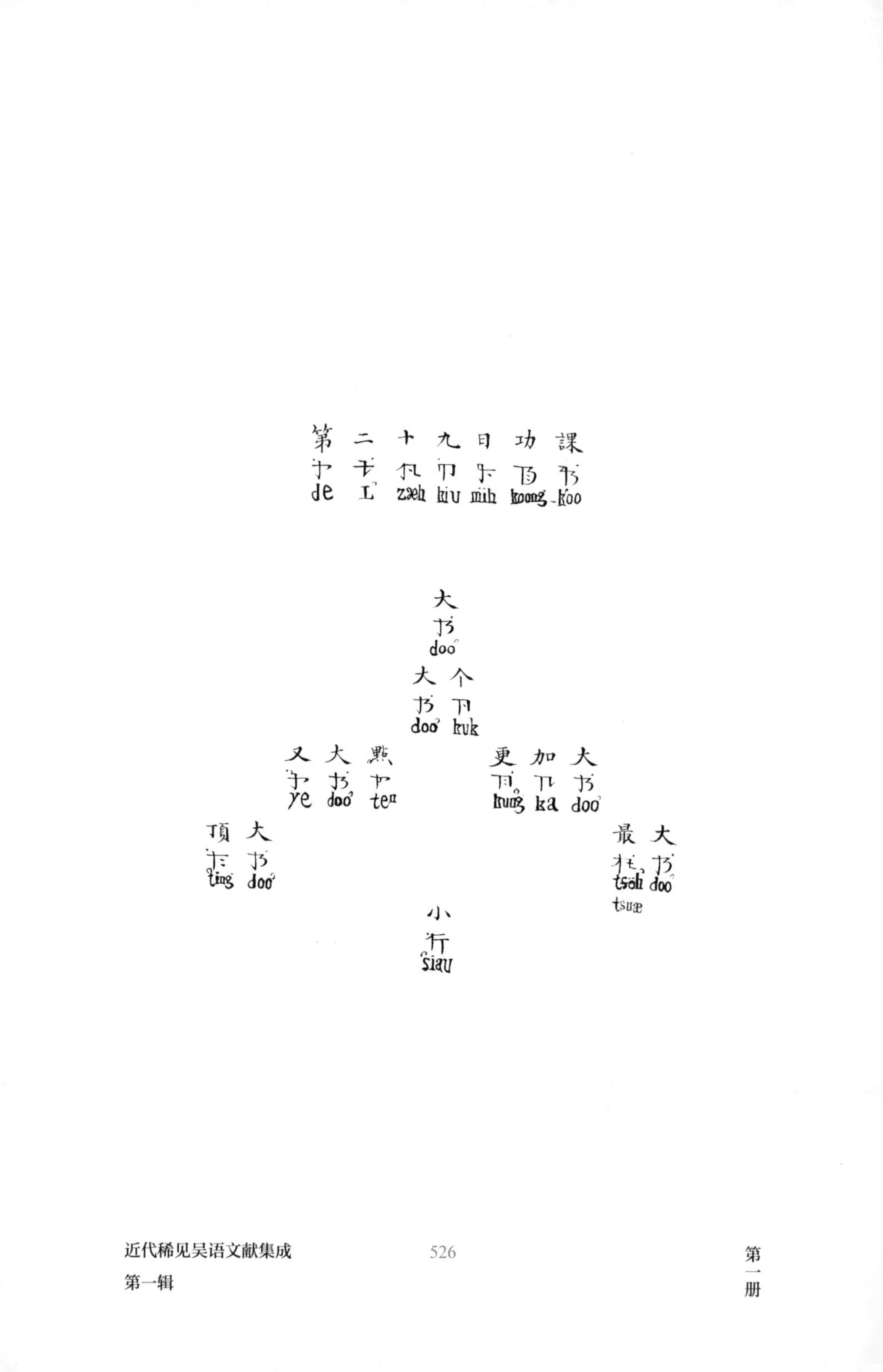

第二十九日功課

de L zaeh kiu mih koong-koo

大
doo

大个
doo kuk

又大點
ye doo ten

更加大
kung ka doo

頂大
ting doo

最大
tsöh doo
tsuæ

小
siau

小个
siau kuk

又小點　　更加小
ye siau te^{n}　　kung ka siau

頂小　　最小
ting siau　　tsoe siau
tsuæ

好
hau

好个
hau kuk

又好點　　更加好
ye hau te^{n}　　kung ka hau

頂好　　最好
tung hau　　tsoe hau

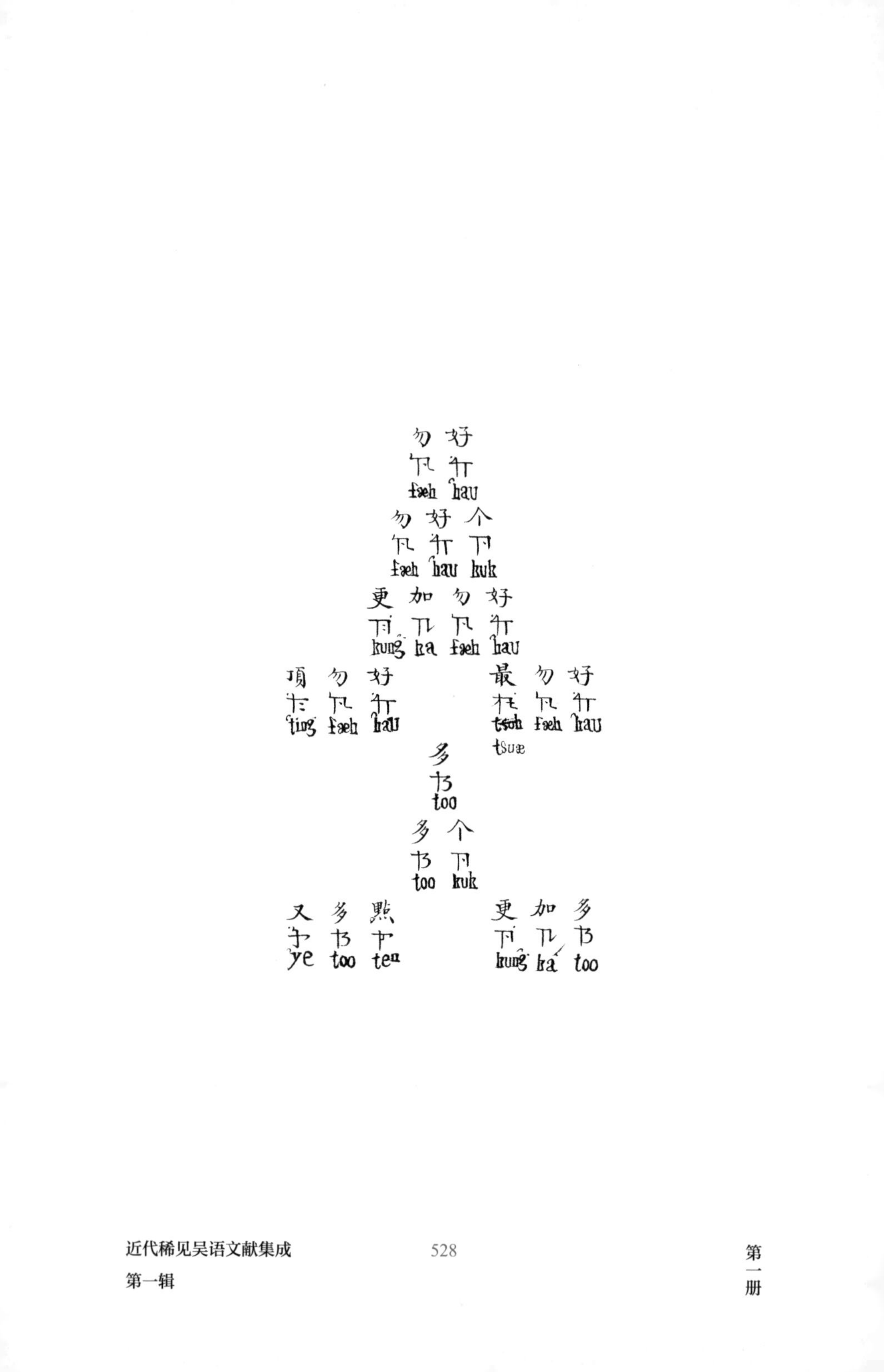

勿 好

fæh hau

勿 好 个

fæh hau kuk

更 加 勿 好

kung ka fæh hau

項 勿 好

ting fæh hau

最 勿 好

~~tsöh~~ fæh hau

tsuæ

多

too

多 个

too kuk

又 多 點

ye too ten

更 加 多

kung ka too

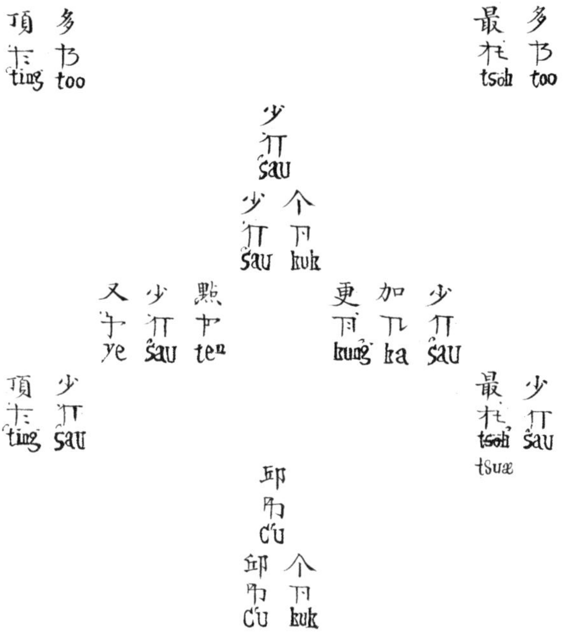
頂多
ting too
最多
tsöh too
少
sau
少个
sau kuk
又少點
ye sau ten
更加少
kung ka sau
頂少
ting sau
最少
tsöh sau
tsuæ
c'u
个
c'u kuk

更加邱
kung ka c'u

頂邱
ting c'u

最邱
tsoh c'u
tsuœ

發財
fah dzœ

發點財拉者
fah teⁿ dzœ la' tsœ

大發財拉者
doo fah dzœ la' tsœ

窮
joong

窮人
joong niung

窮得極
joong tuk juk

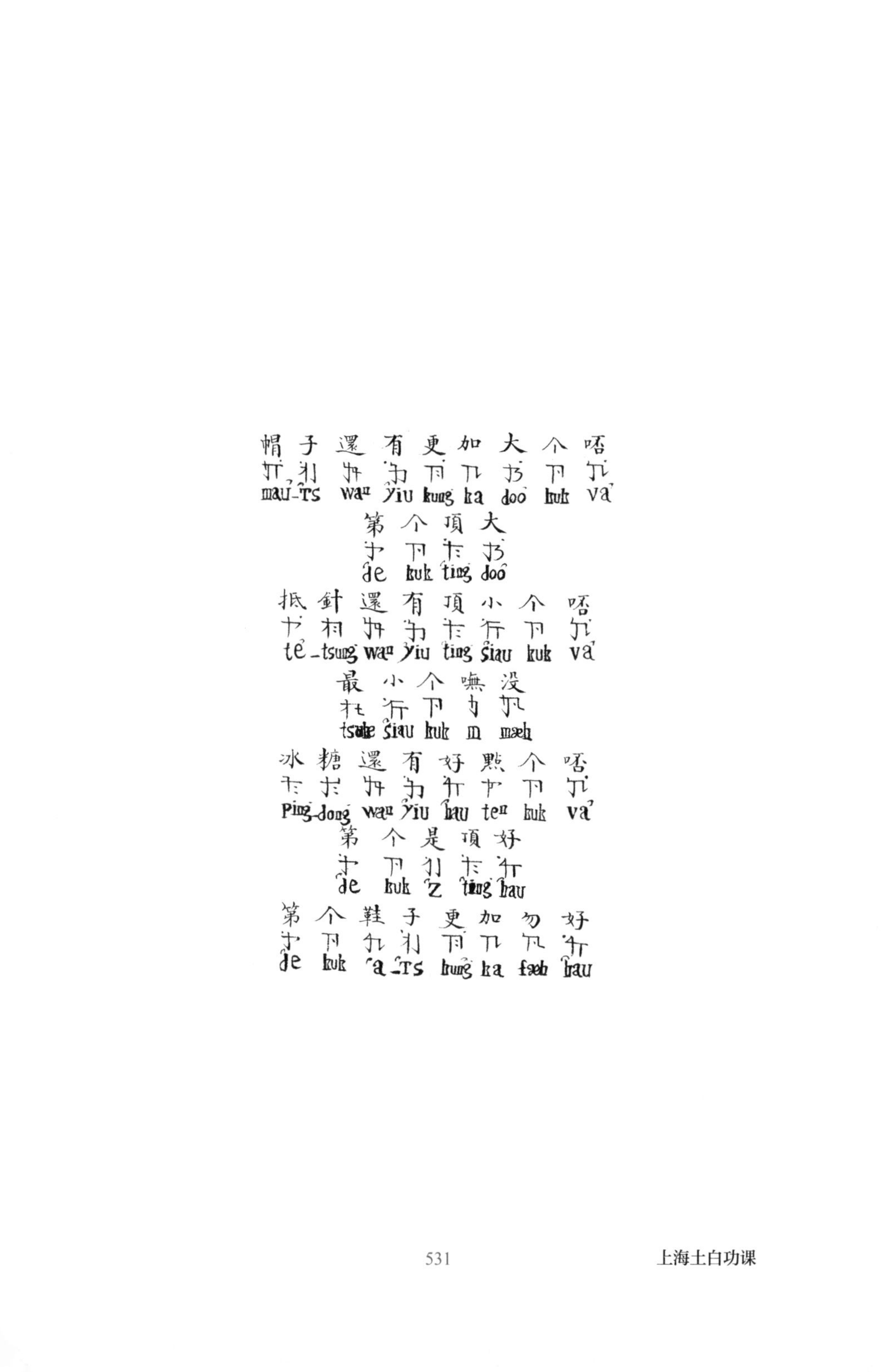

帽 子 還 有 更 加 大 个 唔
mau-ts wan yiu kung ka doo kuk va

第 个 項 大
de kuk ting doo

抵 針 還 有 項 小 个 唔
té-tsung wan yiu ting siau kuk va

最 小 个 嘸 没
tsæe siau kuk m mæh

冰 糖 還 有 好 點 个 唔
ping-dong wan yiu hau ten kuk va

第 个 是 項 好
de kuk z ting hau

第 个 鞋 子 更 加 勿 好
de kuk 'a-ts kung ka fæh hau

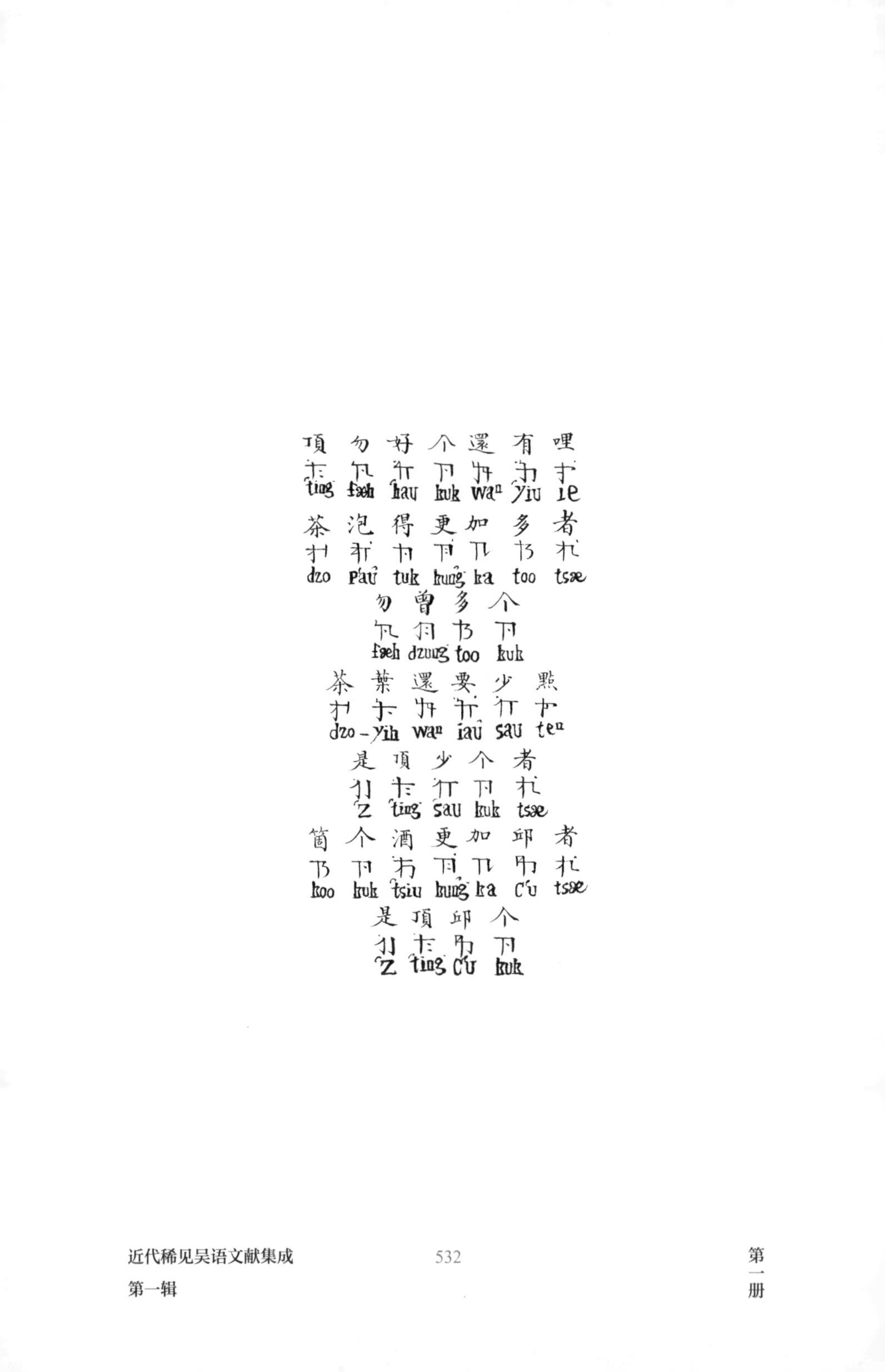

頂 勿 好 个 還 有 哩
ting fæh hau kuk wa^{n} yiu le

茶 泡 得 更 加 多 者
dzo paû tuk kung ka too tsæ

勿 曾 多 个
fæh dzung too kuk

茶 葉 還 要 少 點
dzo-yih wa^{n} iaû sau te^{n}

是 頂 少 个 者
z ting sau kuk tsæ

箇 个 酒 更 加 卬 者
koo kuk tsiu kung ka c'u tsæ

是 頂 卬 个
z ting c'u kuk

俪 朋 友 是 發 點 財 拉 者 唔
ŋa baṅg-yiu 'z fah teᵃ dzæ la tsæ va

大 發 財 拉 者
doo' fah dzæ la tsæ

伊 个 是 窮 人 唔
ye kuk 'z joong-niung va

伊 窮 得 極 拉
ye joong tuk juk la

大 拉　　　　大 个
doo' la　　　doo' kuk

大 來 哰
doo' læ lau'

小 拉　　　　小 个
siau la　　　siau kuk

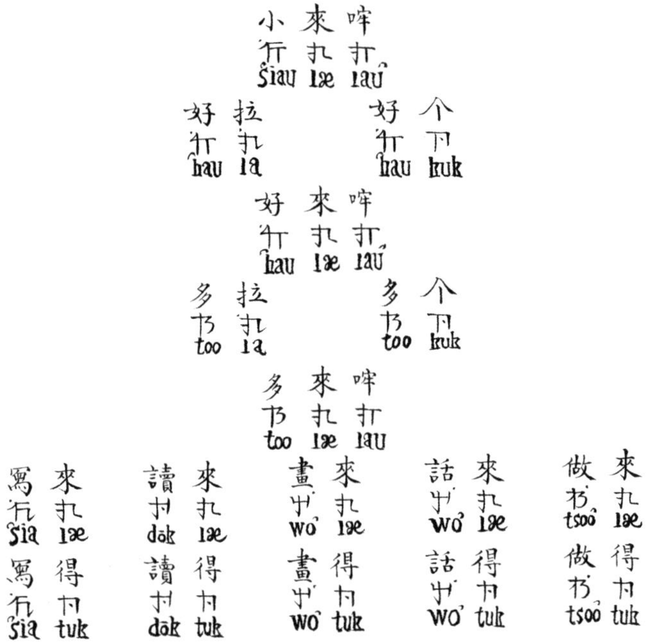
小 來 哰
siau læ lau
好 拉
hau la
好 个
hau kuk
好 來 哰
hau læ lau
多 拉
too la
多 个
too kuk
多 來 哰
too læ lau
寫 來
sia læ
寫 得
sia tuk
讀 來
dōk læ
讀 得
dōk tuk
畫 來
wo læ
畫 得
wo tuk
話 來
wo læ
話 得
wo tuk
做 來
tsoo læ
做 得
tsoo tuk

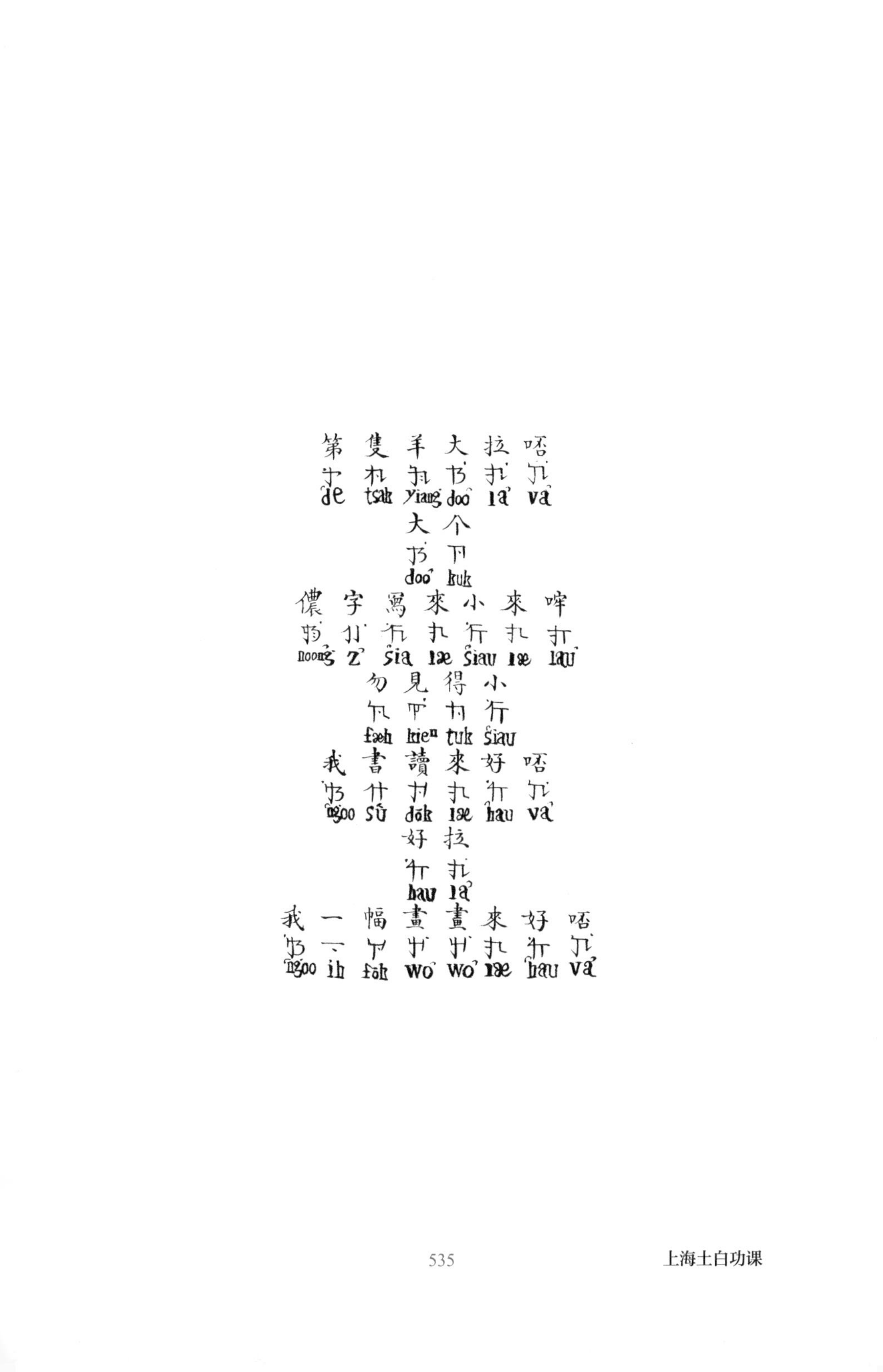

第 隻 羊 大 拉 唔

de tsak yiang doo la va

大 个

doo kuk

儂 字 寫 來 小 來 哰

noong z sia læ siau læ lau

勿 見 得 小

fæh kie^{n} tuk siau

我 書 讀 來 好 唔

ngoo sû dŏk læ hau va

好 拉

hau la

我 一 幅 畫 畫 來 好 唔

ngoo ih fŏh wo wo læ hau va

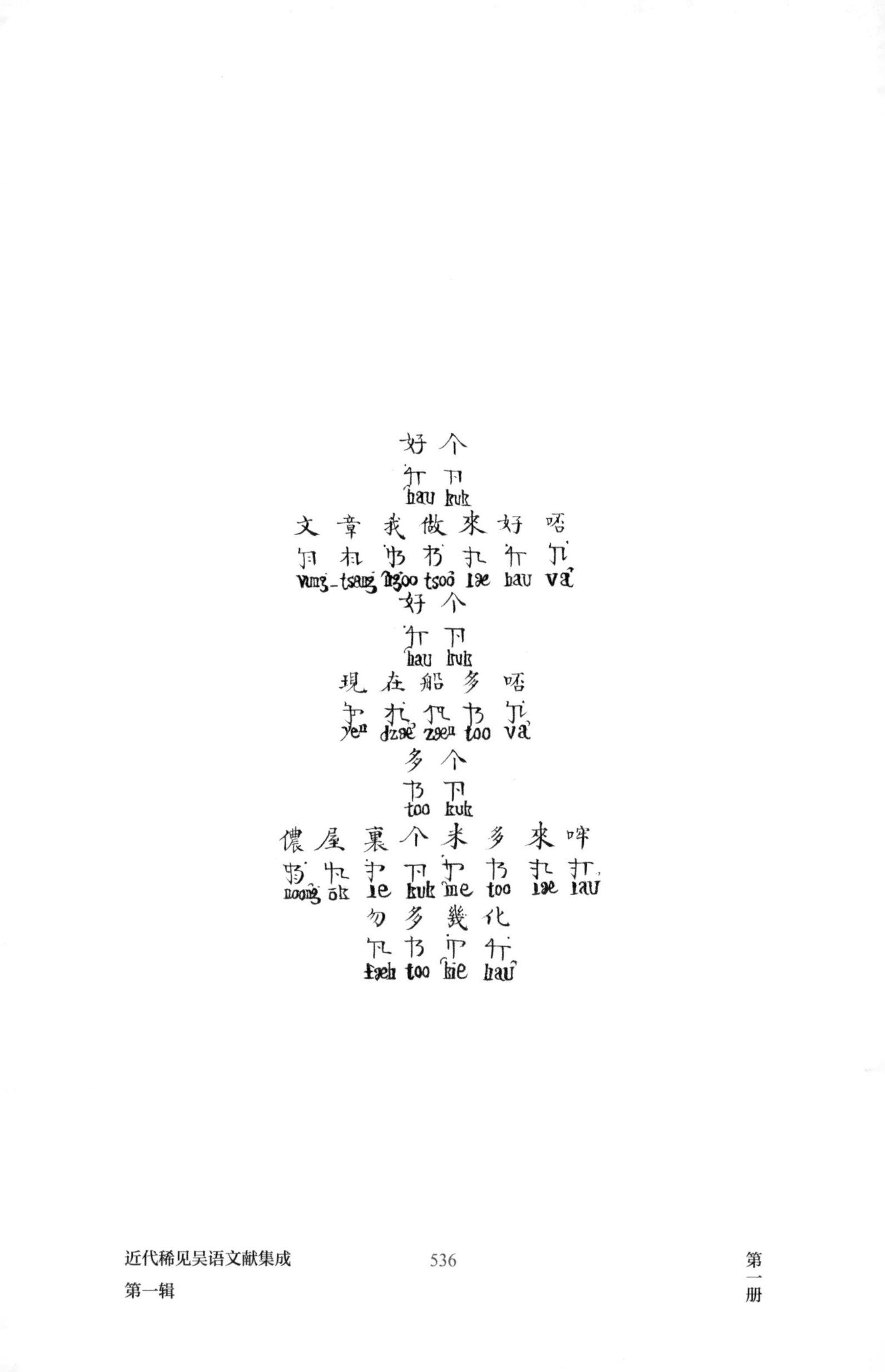

好个

hau kuk

文章我做來好唔

vung-tsang ngoo tsoo læ hau va

好个

hau kuk

現在船多唔

yen dzæ zœn too va

多个

too kuk

儂屋裏个米多來哰

noong ok ie kuk me too læ iau

勿多幾化

fæh too kie hau

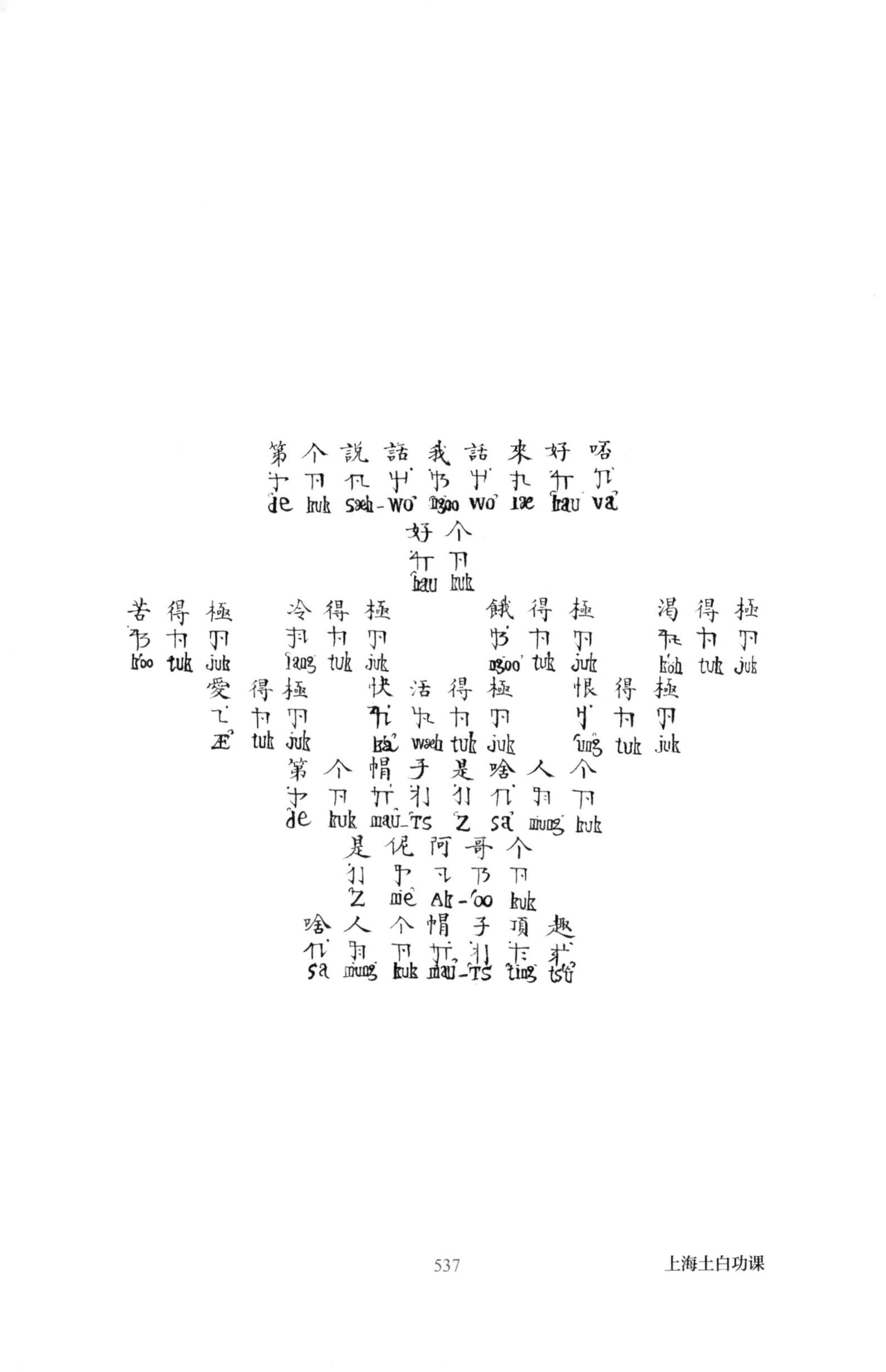

第个説話我話來好唔
de kuk saeh-wo ngoo wo lae hau va

好个
hau kuk

苦得極　冷得極　餓得極　渴得極
koo tuk juk　lang tuk juk　ngoo tuk juk　koh tuk juk

愛得極　快活得極　恨得極
AE tuk juk　ka waeh tuk juk　ung tuk juk

第个帽子是啥人个
de kuk mau-TS Z sa niung kuk

是伲阿哥个
Z nie Ak-oo kuk

啥人个帽子頂趣
sa niung kuk mau-TS ting tsu

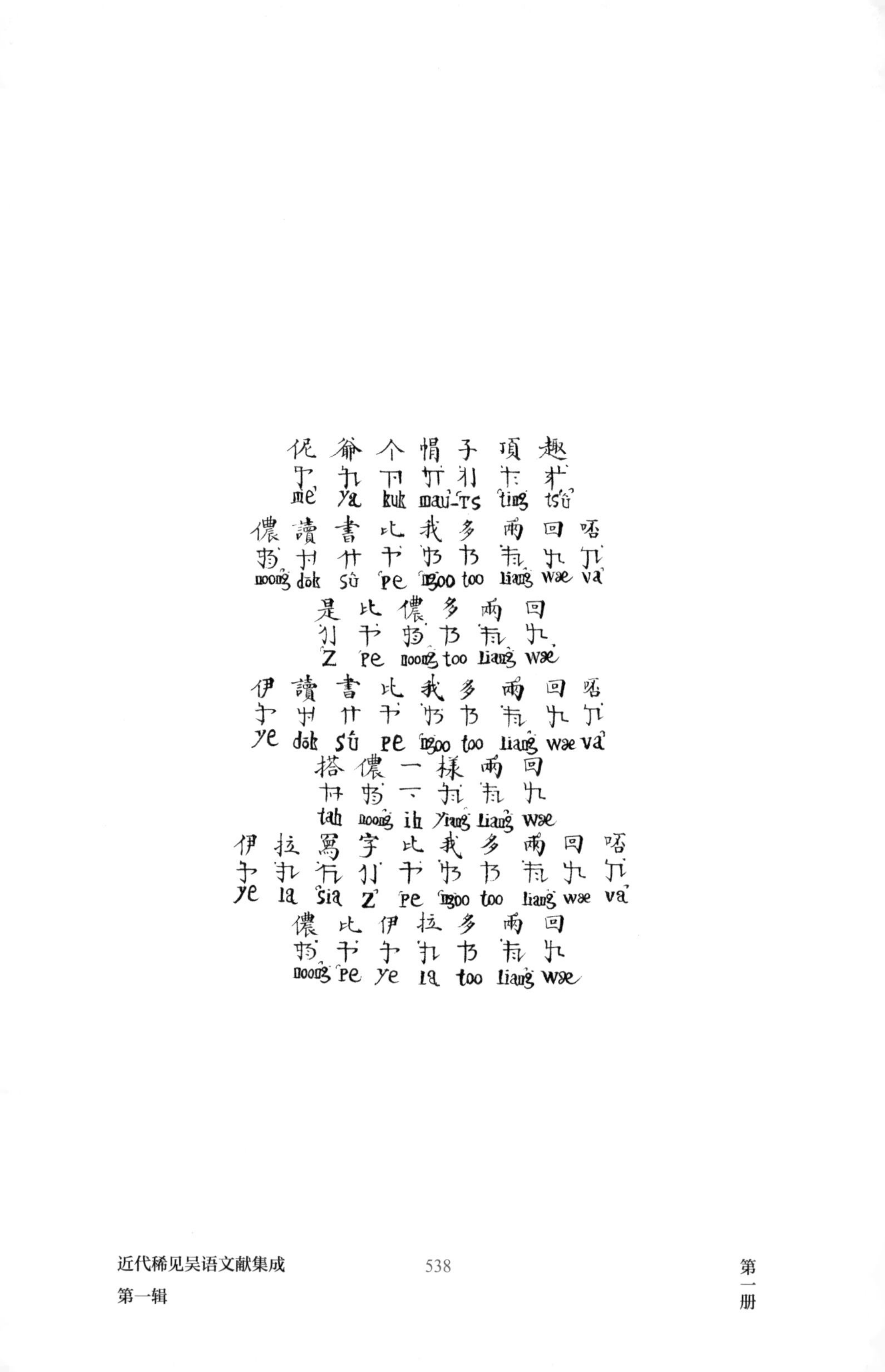

伲 爺 个 帽 子 頂 趣

me ya kuk mau-ts ting ts'û

儂 讀 書 比 我 多 兩 回 啞

noong dok sû pe ngoo too liang wae va

是 比 儂 多 兩 回

z pe noong too liang wae

伊 讀 書 比 我 多 兩 回 啞

ye dok sû pe ngoo too liang wae va

搭 儂 一 樣 兩 回

tah noong ih yiang liang wae

伊 拉 寫 字 比 我 多 兩 回 啞

ye la sia z pe ngoo too liang wae va

儂 比 伊 拉 多 兩 回

noong pe ye la too liang wae

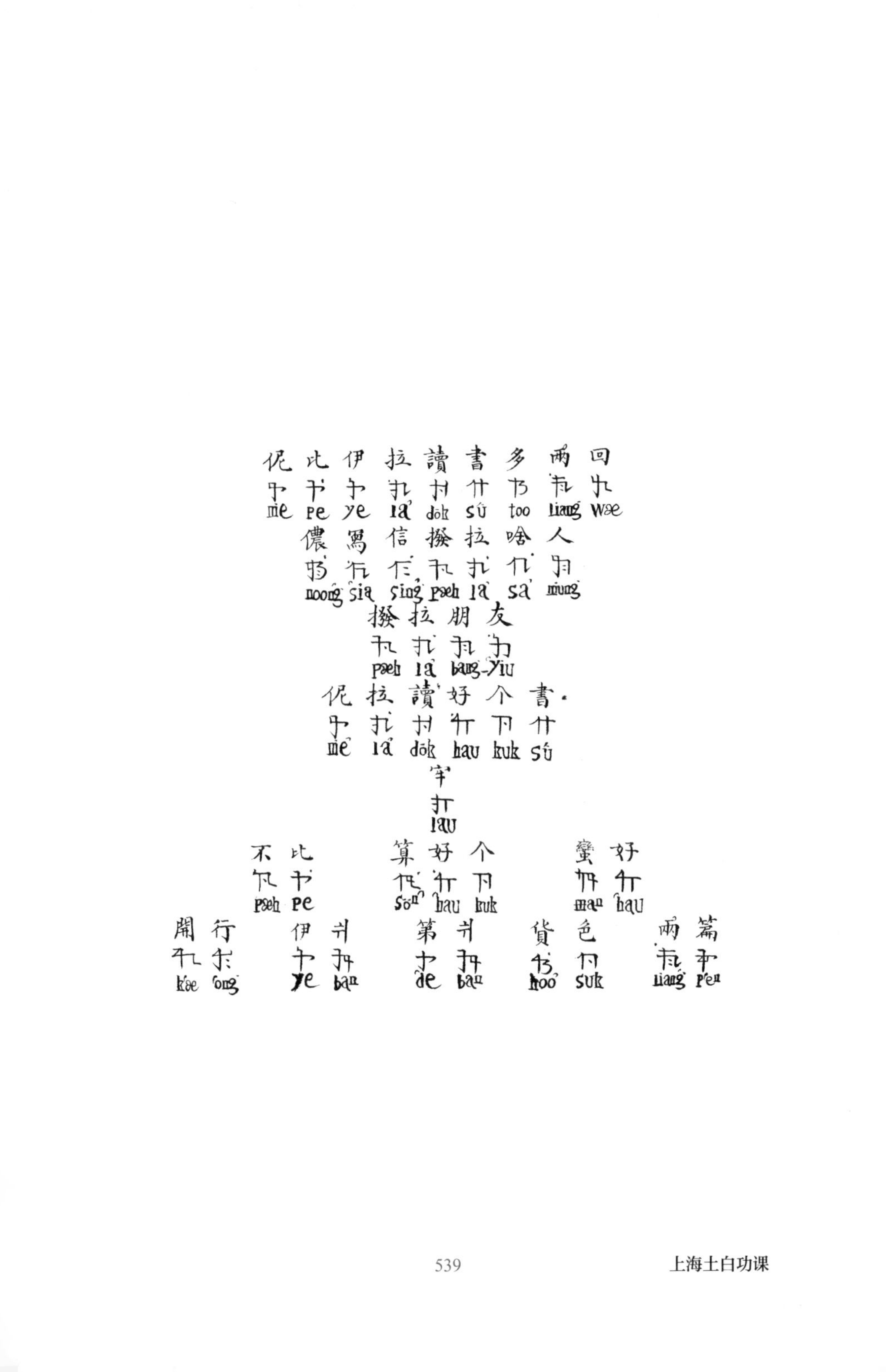

伲 比 伊 拉 讀 書 多 兩 回

me pe ye la dôk sû too liang wæ

儂 寫 信 撥 拉 啥 人

noong sia sing pæh la sa niung

撥 拉 朋 友

pæh la bang-yiu

伲 拉 讀 好 个 書.

me la dōk hau kuk sú

牢

lau

不 比　　算 好 个　　蠻 好

pæh pe　　sön hau kuk　　man hau

開 行　　伊 爿　　第 爿　　貨 色　　兩 篇

k'æ ong　　ye ban　　de ban　　hoo suk　　liang p'en

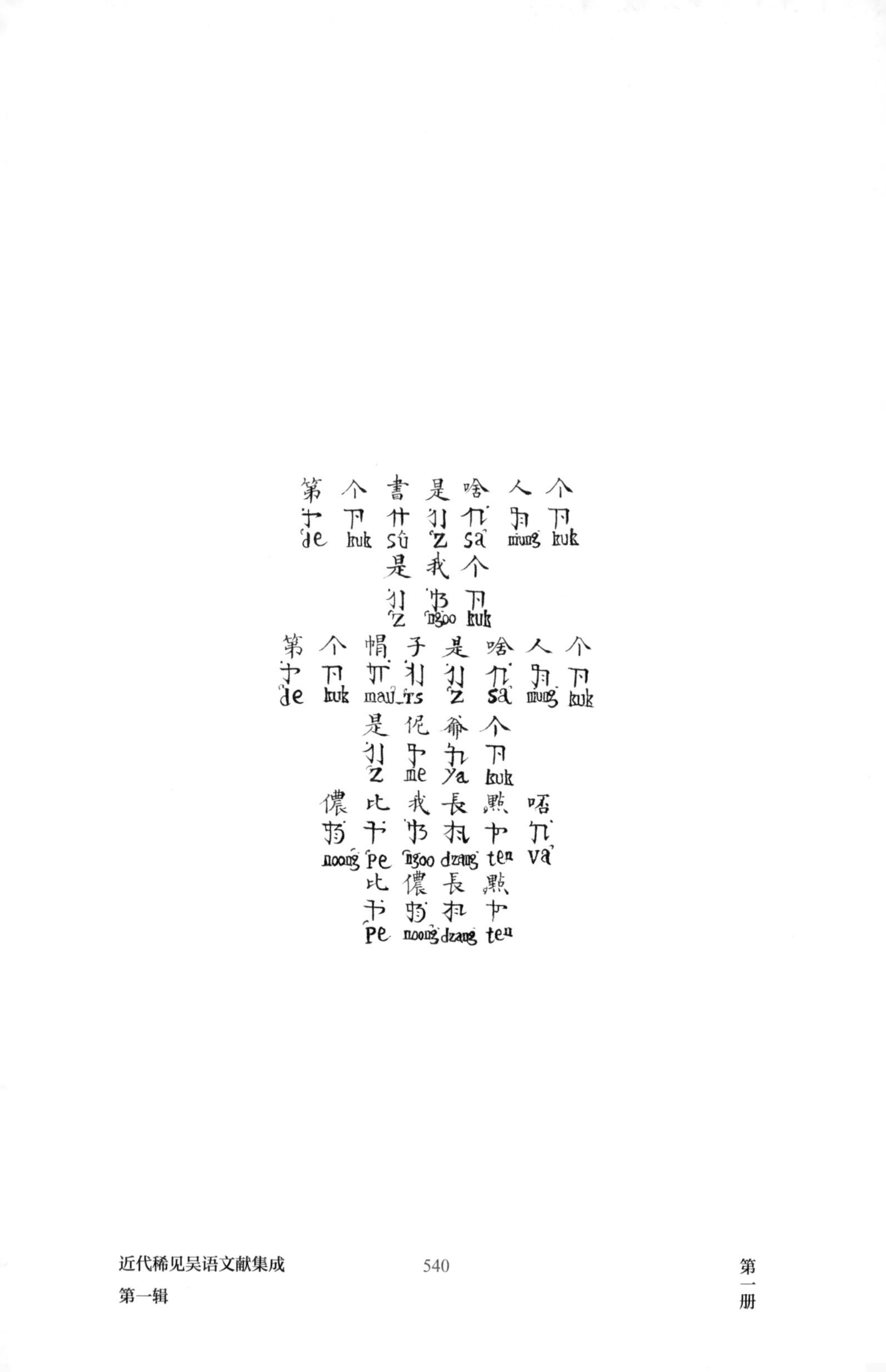

第 个 書 是 啥 人 个

de kuk sû z sa mung kuk

是 我 个

z ngoo kuk

第 个 帽 子 是 啥 人 个

de kuk mau-ts z sa mung kuk

是 伲 爺 个

z nie ya kuk

儂 比 我 長 點 唔

noong pe ngoo dzang ten va

比 儂 長 點

pe noong dzang ten

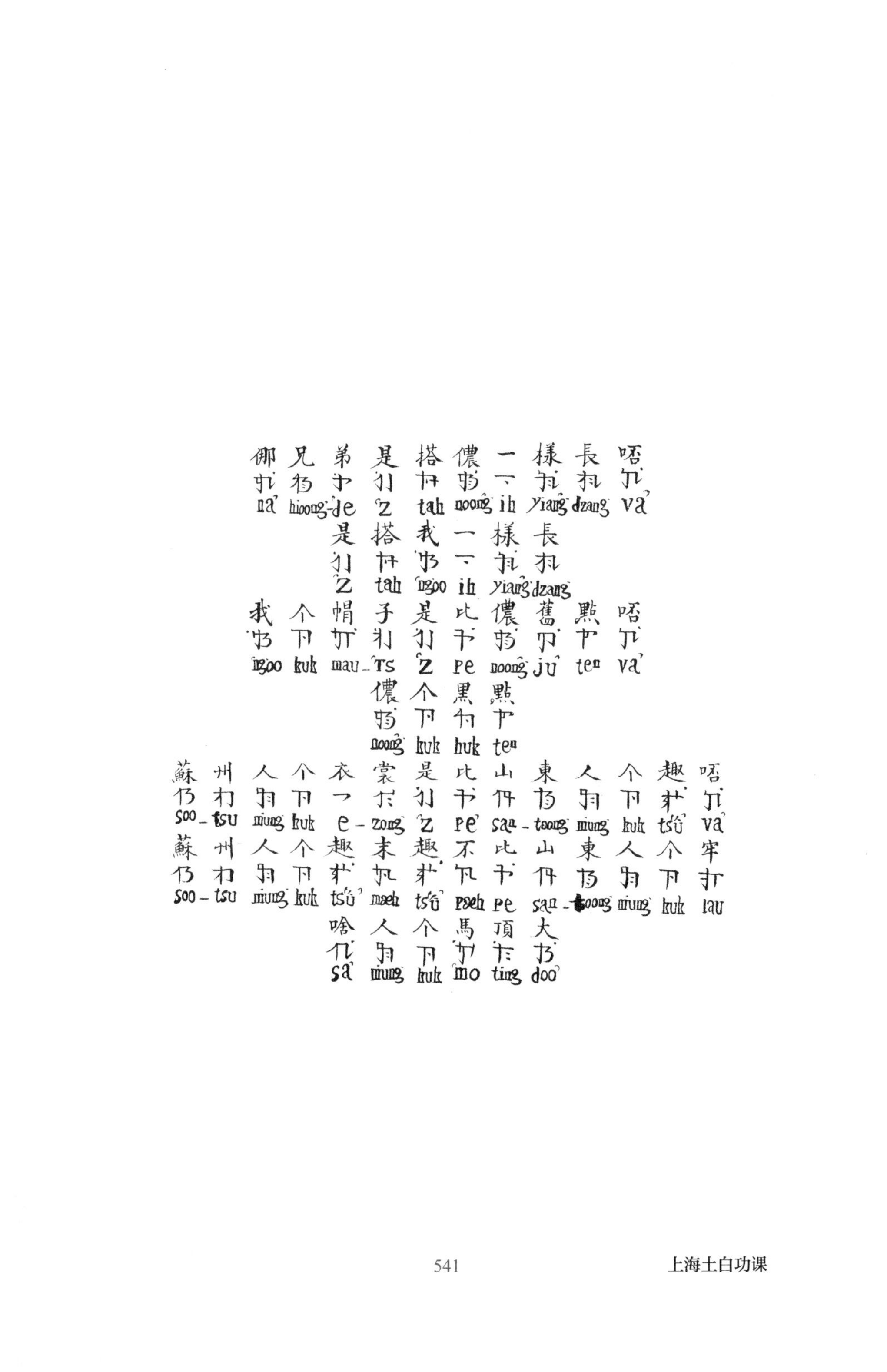

俉兄弟是搭儂一樣長唔

na' hioong-je 'z tah noong ih yiang dzang va'

是搭我一樣長

'z tah ngoo ih yiang dzang

我个帽子是比儂舊點唔

ngoo kuk mau-ts 'z pe noong jü ten va'

儂个黑點

noong kuk huk ten

蘇州人个衣裳是比山東人个趣唔

soo-tsu niung kuk e-zong 'z pe' san-toong niung kuk ts'ü va'

蘇州人个趣末趣不比山東人个牢

soo-tsu niung kuk ts'ü maeh ts'ü paeh pe san-toong niung kuk lau

啥人个馬頂大

sa' niung kuk mo ting doo

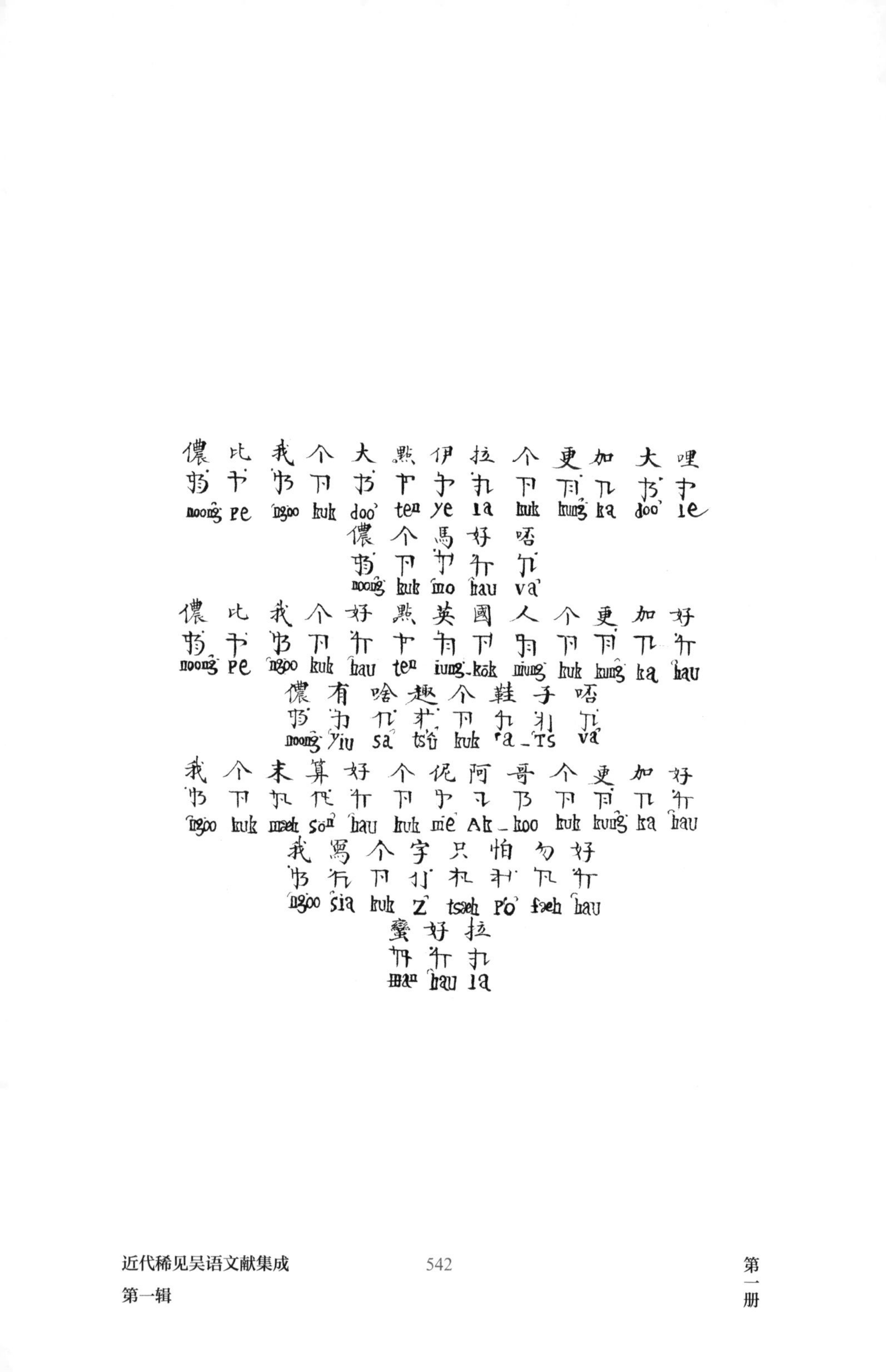

儂 比 我 个 大 點 伊 拉 个 更 加 大 哩
noong pe ngoo kuk doo ten ye la kuk kung ka doo le

儂 个 馬 好 唔
noong kuk mo hau va

儂 比 我 个 好 點 英 國 人 个 更 加 好
noong pe ngoo kuk hau ten iung-kok niung kuk kung ka hau

儂 有 啥 趣 个 鞋 子 唔
noong yiu sa tsû kuk 'a-ts va

我 个 末 算 好 个 伲 阿 哥 个 更 加 好
ngoo kuk maeh sön hau kuk nie Ak-koo kuk kung ka hau

我 寫 个 字 只 怕 勿 好
ngoo sia kuk z tsaeh po faeh hau

蠻 好 拉
man hau la

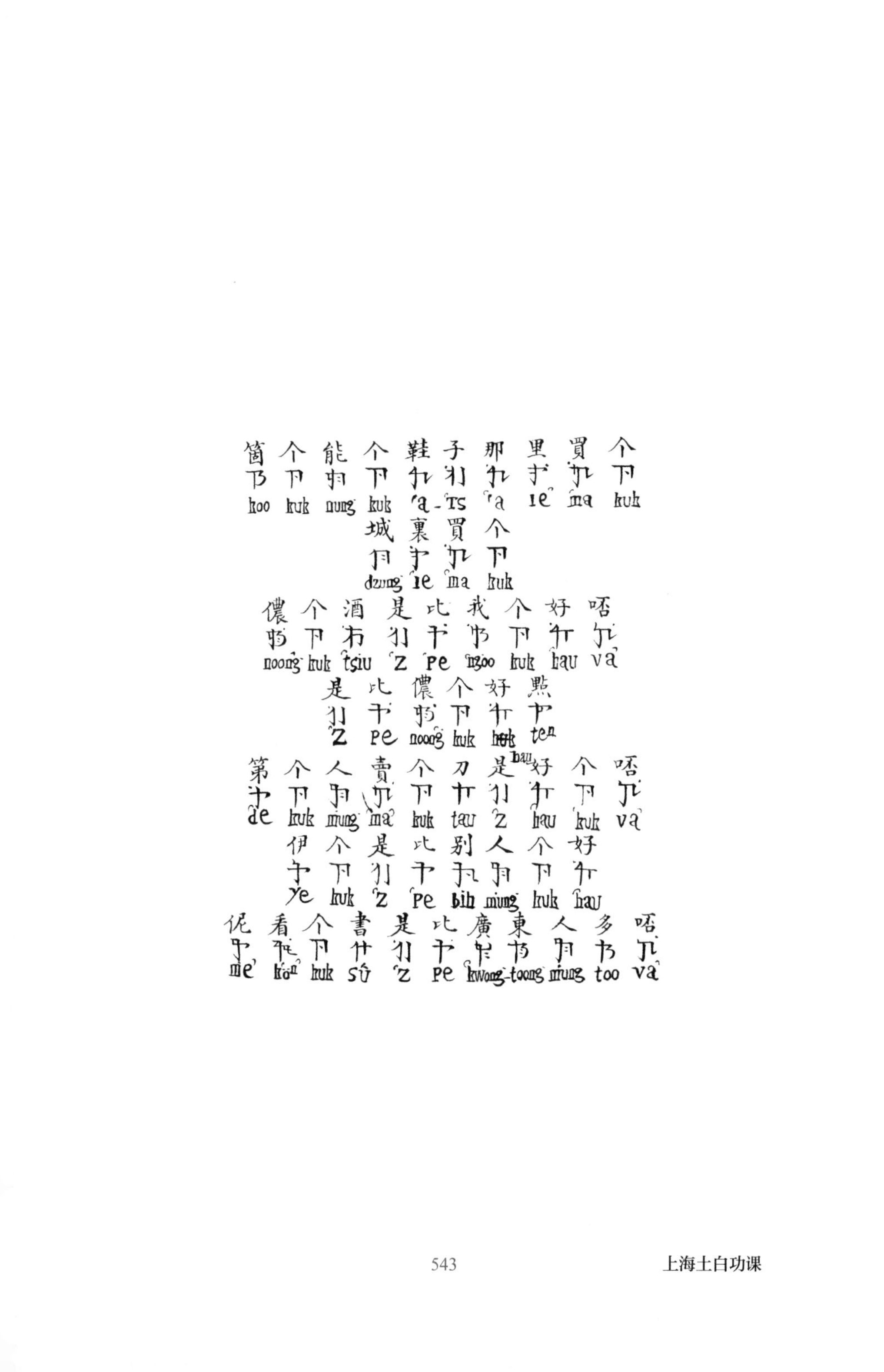

箇個能個鞋子那里買個

koo kuk nung kuk 'a-TS 'a ie ma kuk

城裏買個

dzung ie ma kuk

儂個酒是比我個好唔

noong kuk tsiu 'Z pe ngoo kuk hau va

是比儂個好點

'Z pe noong kuk hau ten

第個人賣個刀是好個唔

de kuk niung ma kuk tau 'z hau kuk va

伊個是比別人個好

ye kuk 'z pe bih niung kuk hau

伲看個書是比廣東人多唔

me kön kuk sû 'z pe kwong-toong niung too va

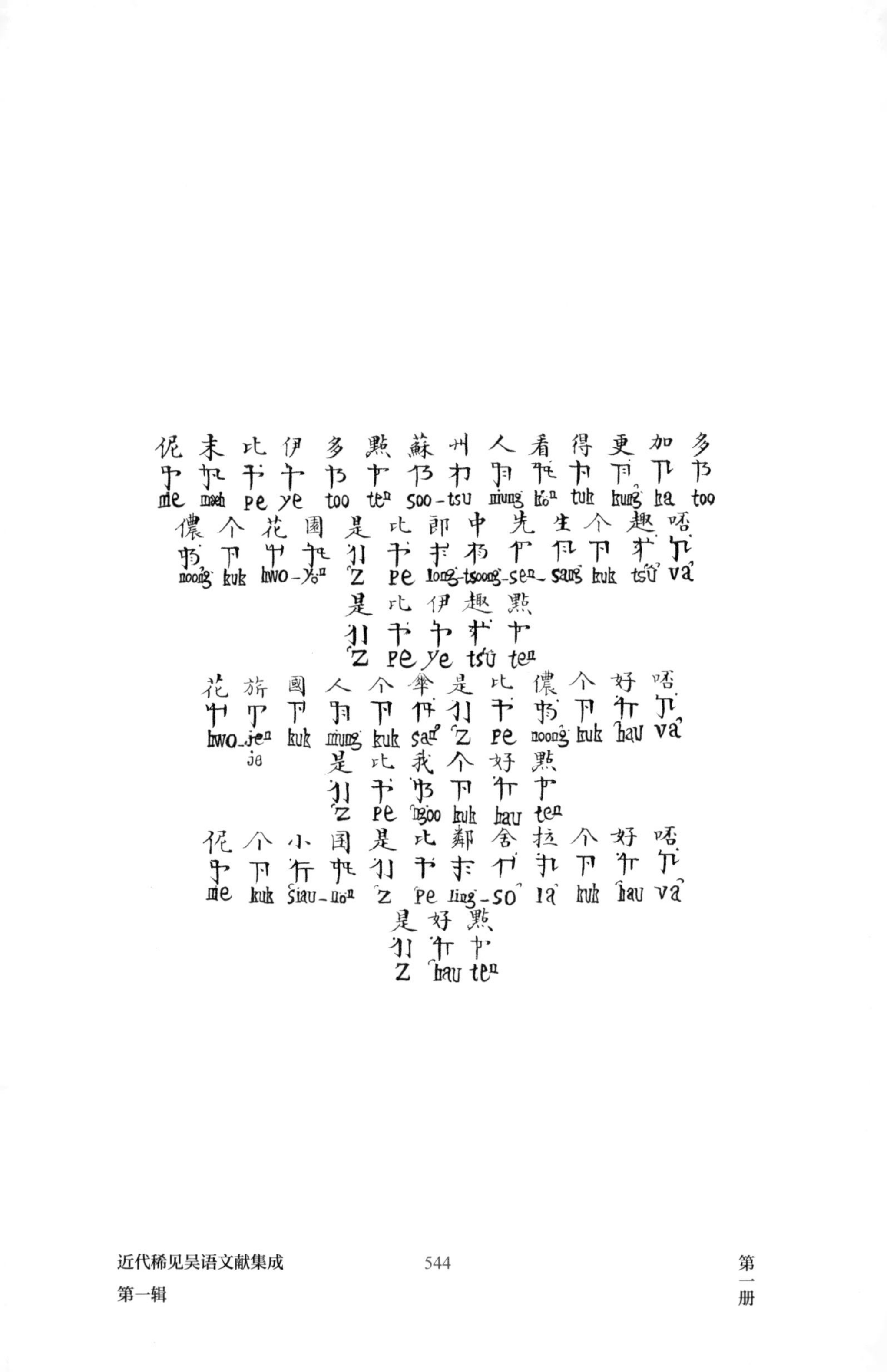

伲末比伊多點蘇州人看得更加多

me maeh pe ye too ten soo-tsu niung k'ön tuk kung ka too

儂个花園是比郎中先生个趣否

noong kuk hwo-yön 'z pe long-tsoong-sen-sang kuk ts'û va

是比伊趣點

'z pe ye ts'û ten

花旂國人个傘是比儂个好否

hwo-jen kuk niung kuk san 'z pe noong kuk hau va
jə

是比我个好點

'z pe ŋoo kuk hau ten

伲个小国是比鄰舍拉个好否

me kuk siau-kön 'z pe ling-so la kuk hau va

是好點

'z hau ten

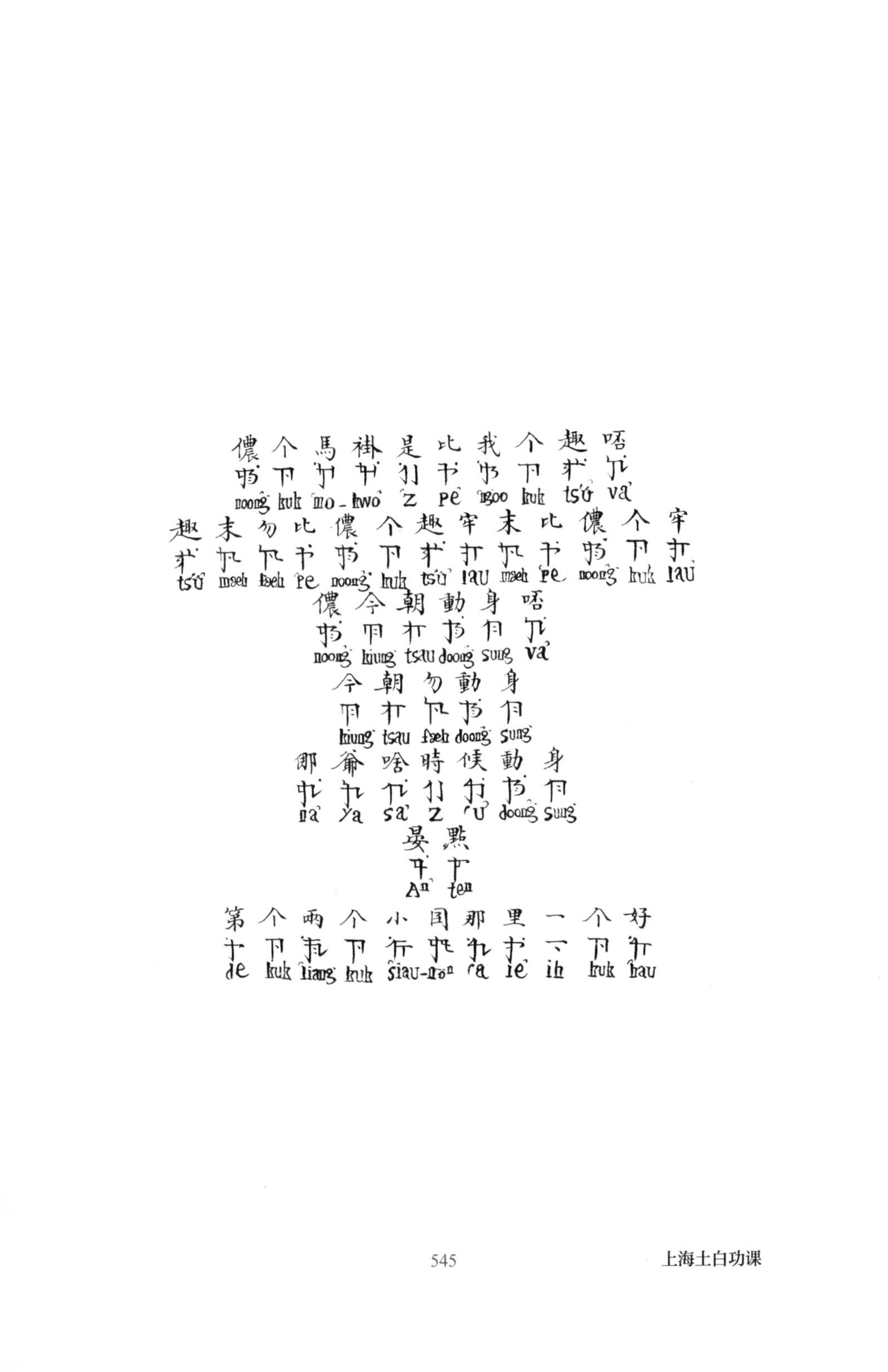

儂个馬褂是比我个趣唔

noong kuk mo-kwo z pe ngoo kuk tsü va

趣末勿比儂个趣牢末比儂个牢

tsü maeh faeh pe noong kuk tsü lau maeh pe noong kuk lau

儂今朝動身唔

noong kiung tsau doong sung va

今朝勿動身

kiung tsau faeh doong sung

介爺啥時候動身

na ya sa z 'u doong sung

晏點

A^{n} te^{n}

第个兩个小囝那里一个好

de kuk liang kuk siau-nŏ^{n} 'a le ih kuk hau

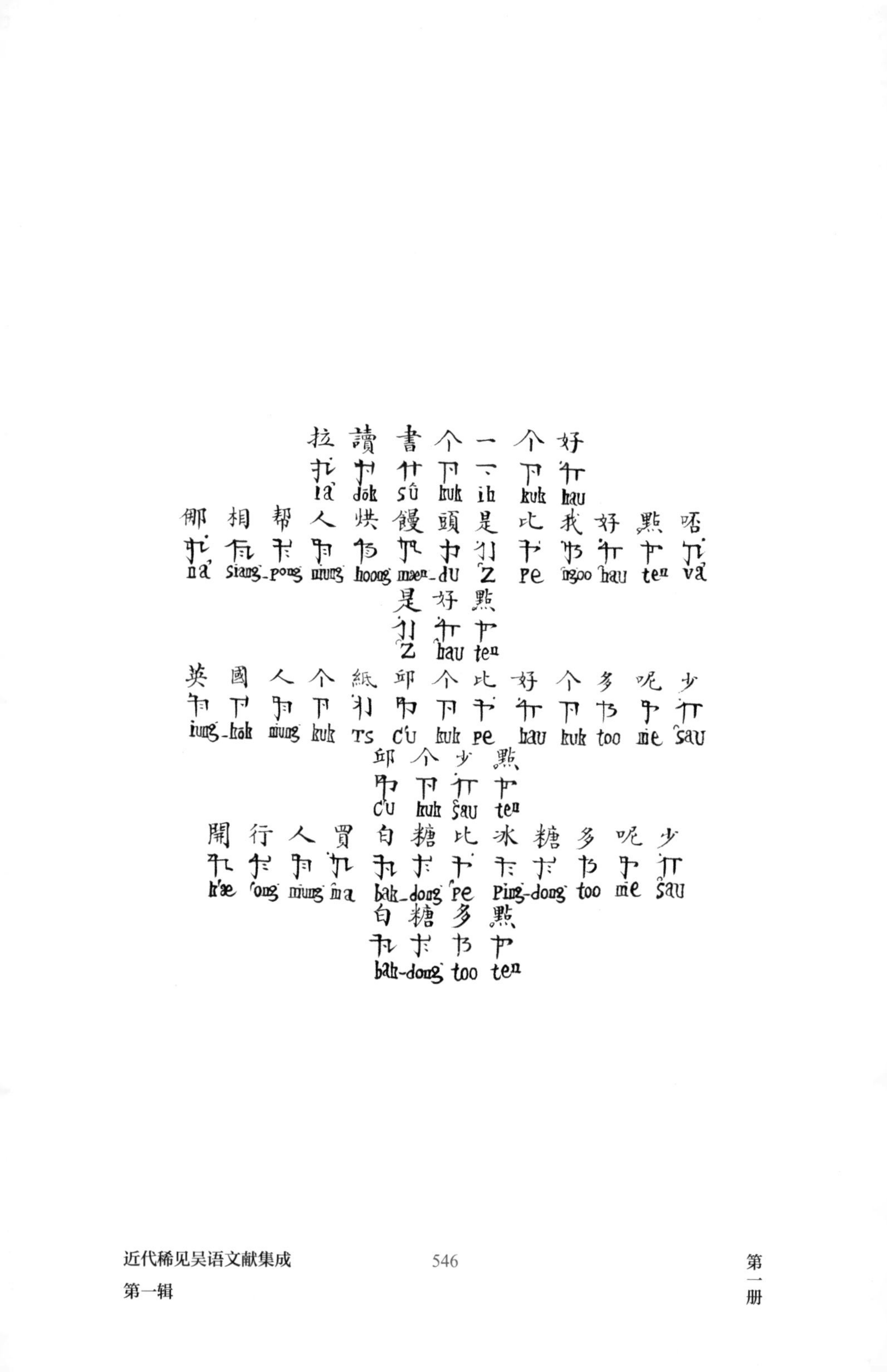

拉 讀 書 个 一 个 好

lă dŏk sû kuk ih kuk hau

倷 相 帮 人 烘 饅 頭 是 比 我 好 點 唔

nă siang-pong niung hoong maen-du z pe ngoo hau ten vă

是 好 點

z hau ten

英 國 人 个 紙 邱 个 比 好 个 多 呢 少

iung-kok niung kuk ts c'u kuk pe hau kuk too nie sau

邱 个 少 點

c'u kuk sau ten

開 行 人 買 白 糖 比 冰 糖 多 呢 少

k'æ ong niung ma bak-dong pe ping-dong too nie sau

白 糖 多 點

bak-dong too ten

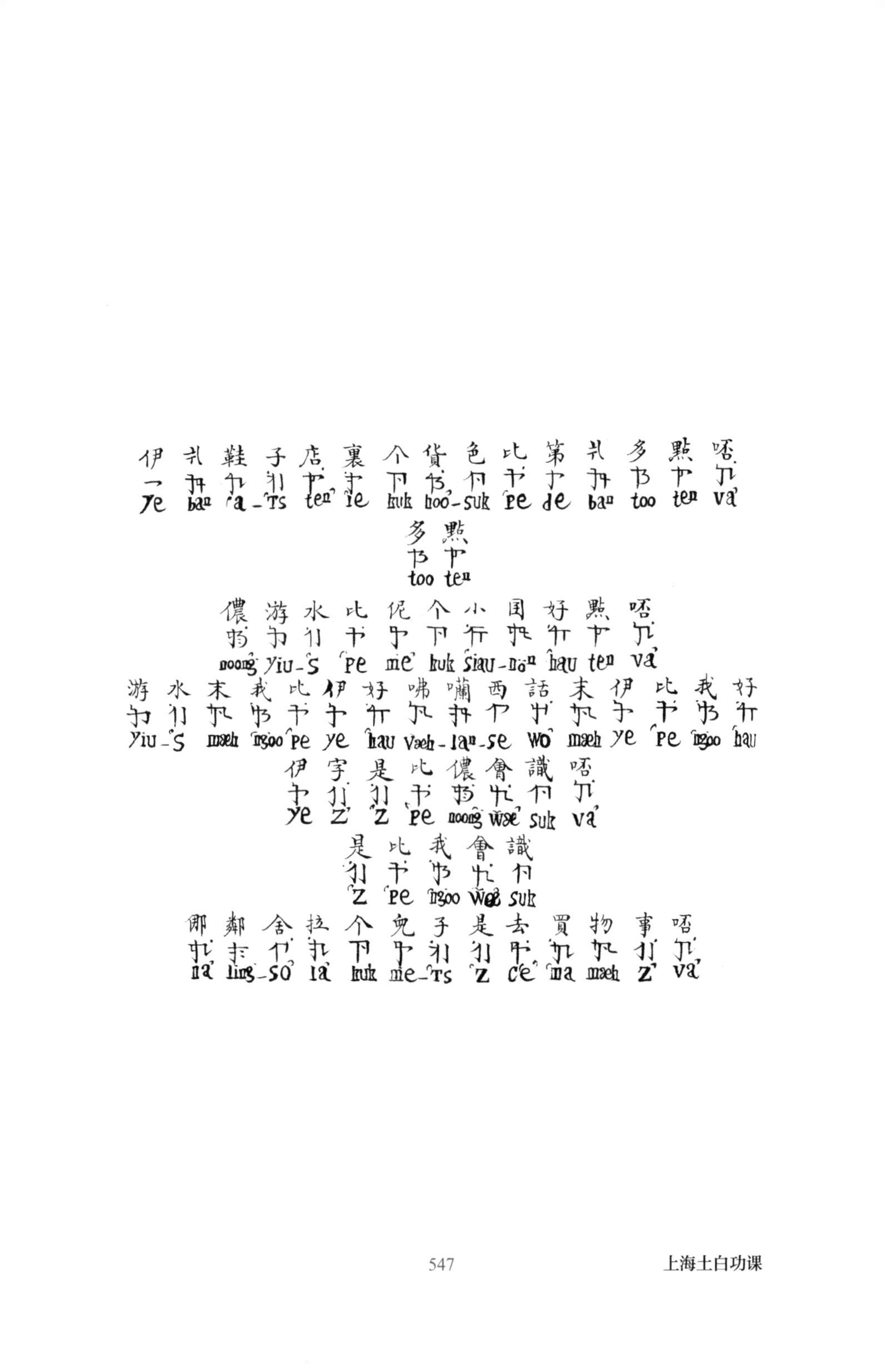

伊扎鞋子店裏个貨色比第扎多點唔

ye ba^{n} 'a-'ts ten' ie kuk hoo'-suk 'pe de ba^{n} too ten va'

多點

too te^{n}

儂游水比伲个小囯好點唔

noong' yiu-'s 'pe me' kuk 'siau-nö^{n} 'hau ten va'

游水末我比伊好咈㘓西話末伊比我好

yiu-'s maeh 'ngoo 'pe ye 'hau vaeh-la^{n}-se wo' maeh ye 'pe 'ngoo 'hau

伊字是比儂會識唔

ye z' 'z 'pe noong' wae' suk va'

是比我會識

'z 'pe 'ngoo wae' suk

伽鄰舍拉个兎子是去買物事唔

na' ling-so' la' kuk me-'ts 'z ce' 'ma maeh z' va'

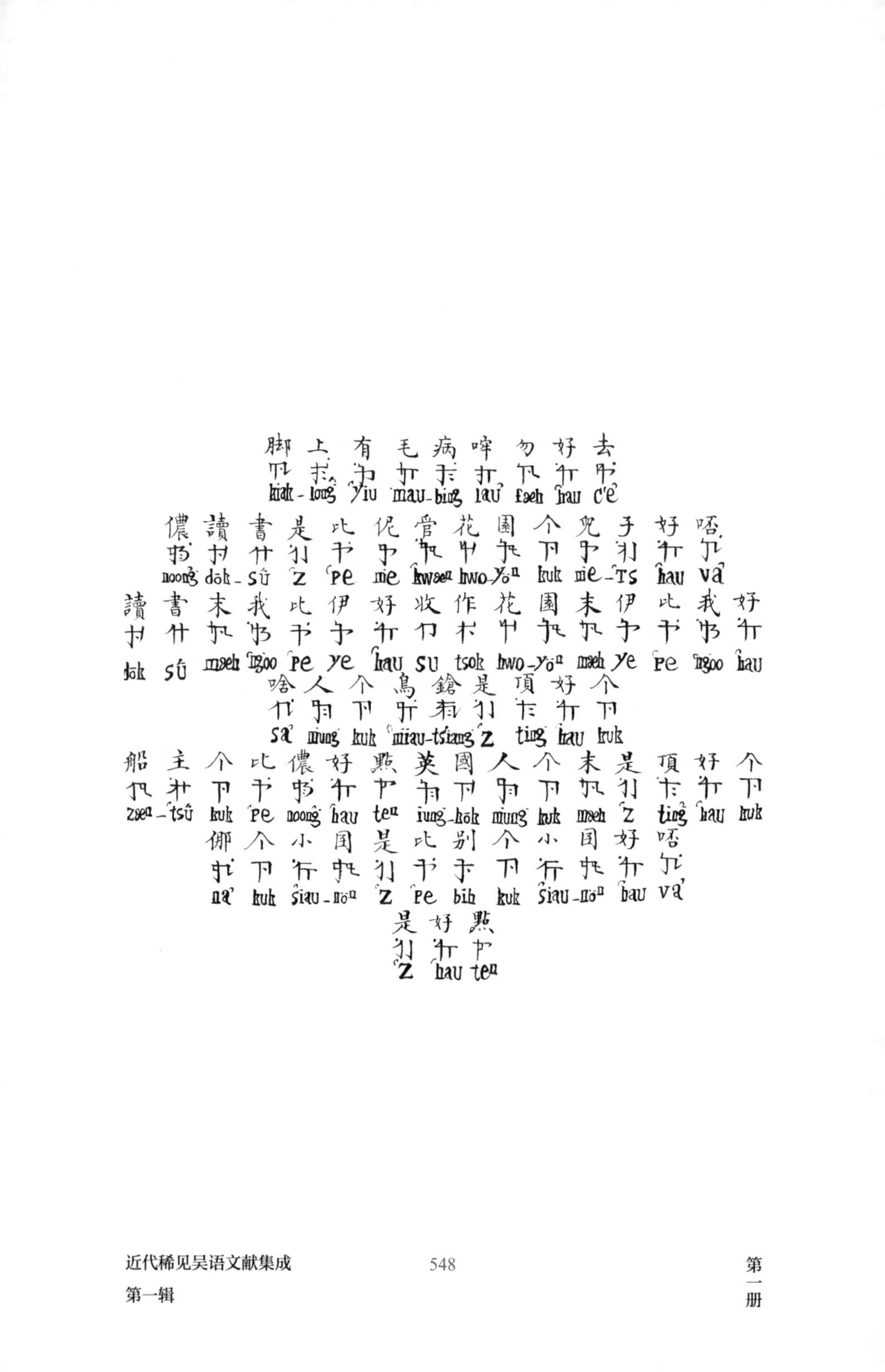

脚 上 有 毛 病 哰 勿 好 去

kiak-long yiu mau-bing lau faeh hau c'e

儂 讀 書 是 比 伲 管 花 園 个 兒 子 好 唔

noong dōk-sû z pe me kwaen hwo-yön kuk me-ts hau va

讀 書 末 我 比 伊 好 收 作 花 園 末 伊 比 我 好

dōk sû maeh ngoo pe ye hau su tsok hwo-yön maeh ye pe ngoo hau

啥 人 个 鳥 鎗 是 頂 好 个

sa mung kuk miau-tsiang z ting hau kuk

船 主 个 比 儂 好 點 英 國 人 个 末 是 頂 好 个

zaen-tsû kuk pe noong hau ten iung-kōk mung kuk maeh z ting hau kuk

倻 个 小 国 是 比 别 个 小 国 好 唔

na kuk siau-nön z pe bih kuk siau-nön hau va

是 好 點

z hau ten

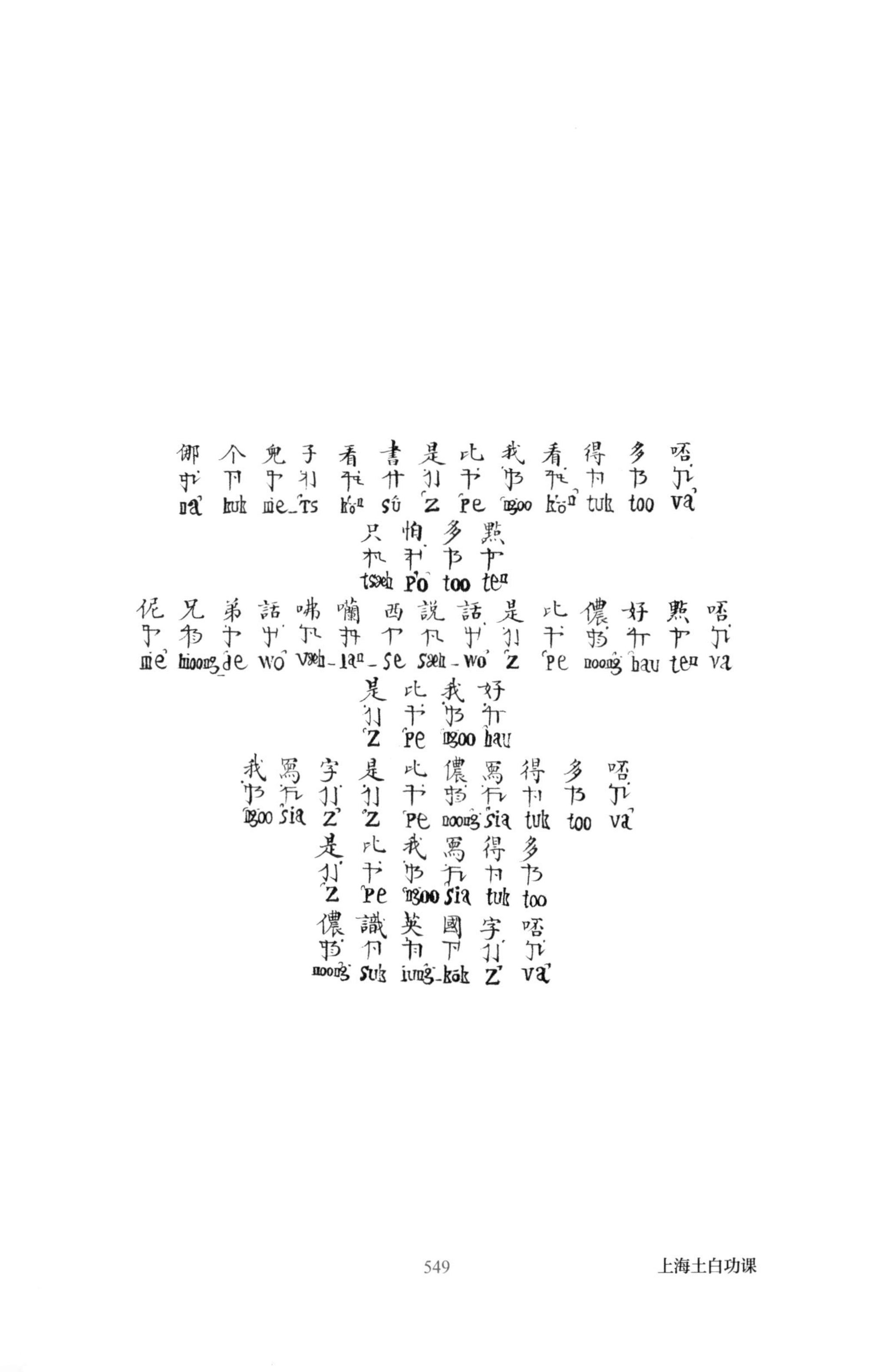

伽 个 兒 子 看 書 是 叱 我 看 得 多 㗅

na' kuk me_ts k'ōn sû 'z 'pe 'ngoo k'ōn tuk too va'

只 怕 多 點

tsæh p'o too ten

伲 兄 弟 話 咈 囒 西 說 話 是 叱 儂 好 點 㗅

me' hioong_de wo' væh-lan_se sæh-wo' 'z 'pe noong 'hau ten va

是 叱 我 好

'z 'pe 'ngoo 'hau

我 寫 字 是 叱 儂 寫 得 多 㗅

'ngoo 'sia z' 'z 'pe noong 'sia tuk too va'

是 叱 我 寫 得 多

'z 'pe 'ngoo 'sia tuk too

儂 識 英 國 字 㗅

noong suk iung_kok z' va'

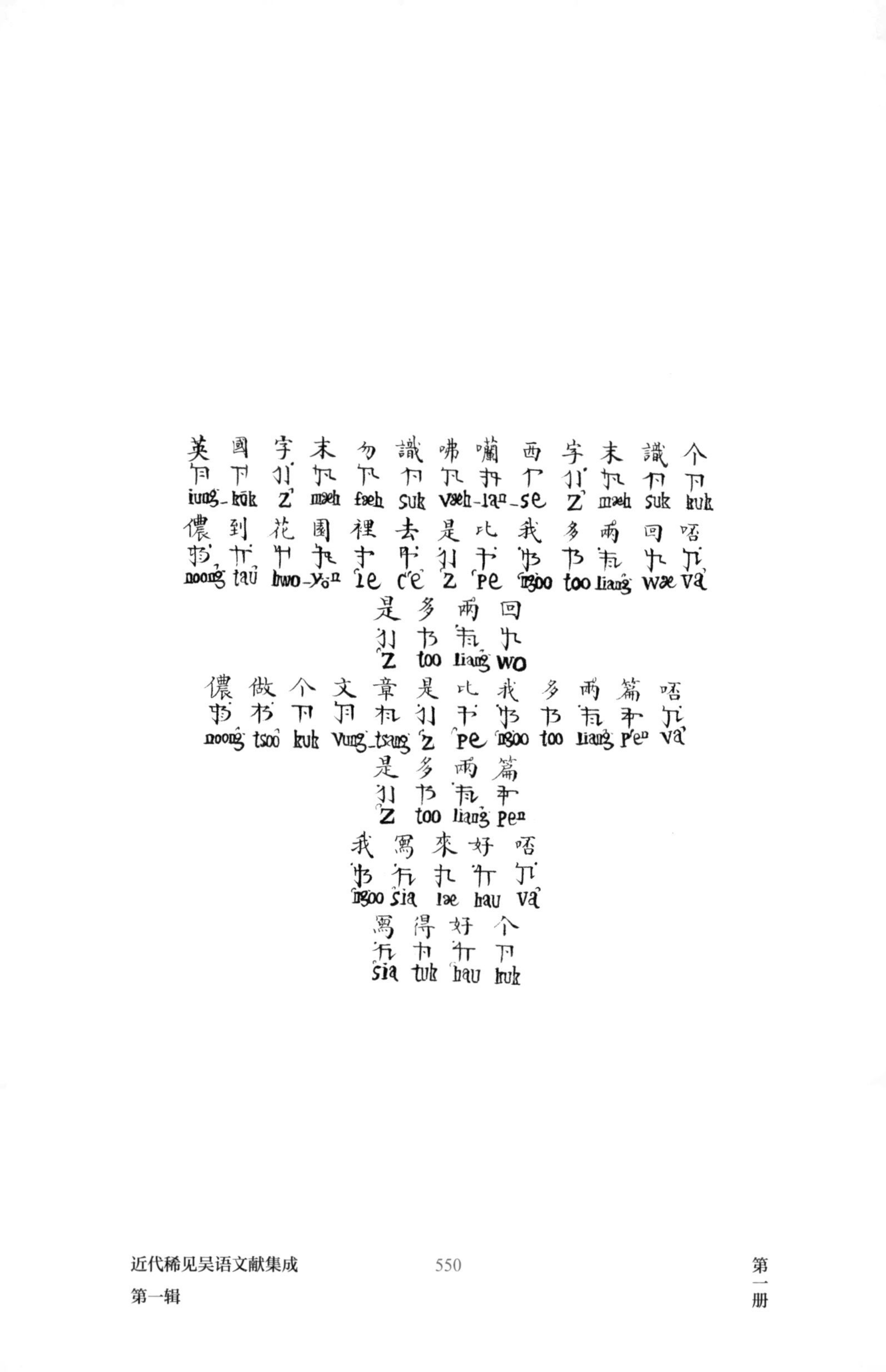

英國字末勿識咈囒西字末識个

iung-kŭk z' mæh fæh suk væh-lan-se z' mæh suk kuk

儂到花園裡去是叱我多兩回唔

noong tau hwo-yön ie c'e z pe ngoo too liang wæ va

是多兩回

z too liang wo

儂做个文章是叱我多兩篇唔

noong tsoo kuk vung-tsang z pe ngoo too liang p'en va

是多兩篇

z too liang pen

我寫來好唔

ngoo sia læ hau va

寫得好个

sia tuk hau kuk

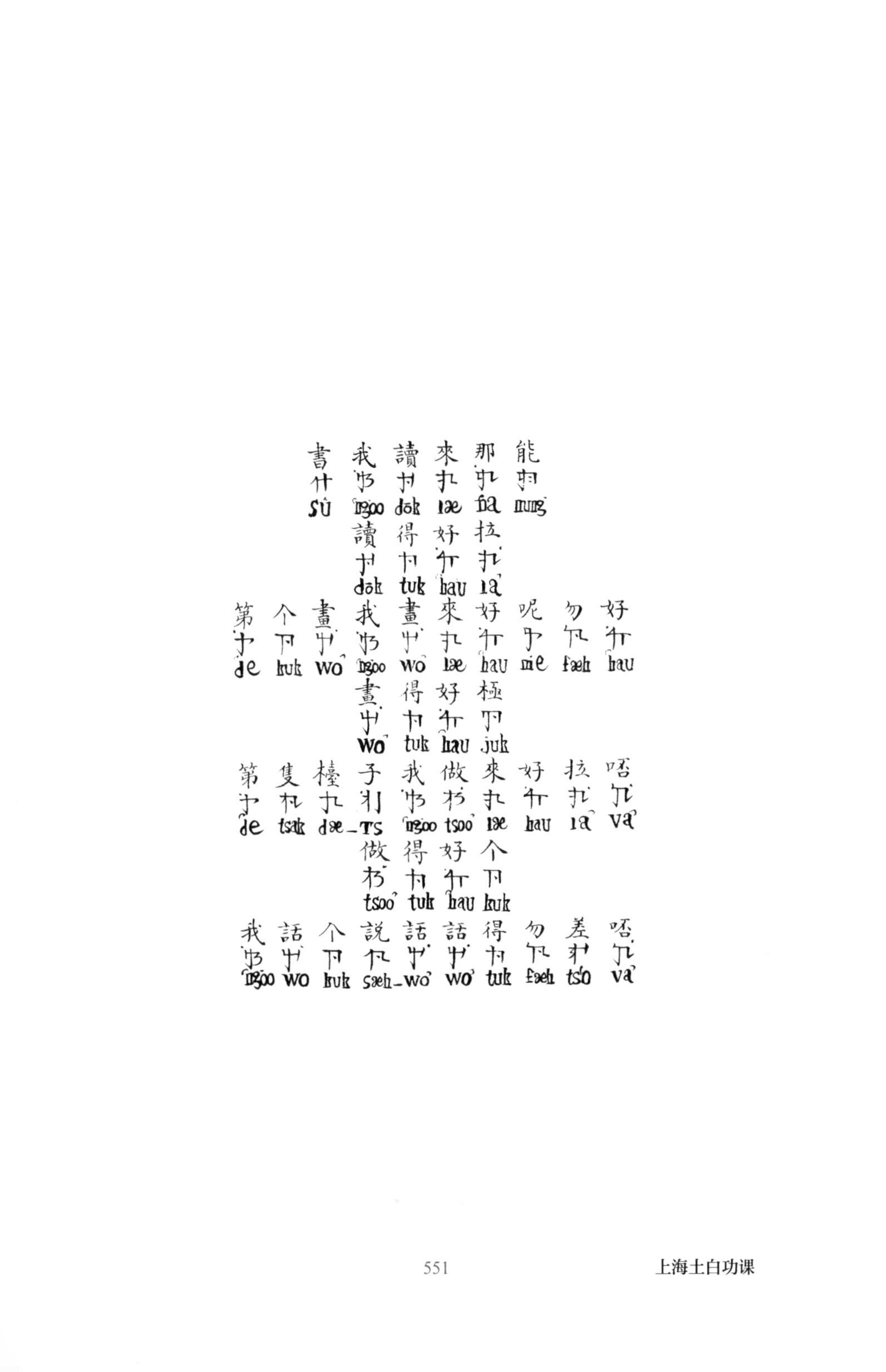

書 我 讀 來 那 能

sû ngoo dok læ na nung

讀 得 好 拉

dok tuk hau la'

第 个 畫 我 畫 來 好 呢 勿 好

de kuk wo' ngoo wo' læ hau nie fæh hau

畫 得 好 極

wo' tuk hau juk

第 隻 檯 子 我 做 來 好 拉 唔

de tsak dæ-ts ngoo tsoo' læ hau la' va'

做 得 好 个

tsoo' tuk hau kuk

我 話 个 說 話 話 得 勿 差 唔

ngoo wo kuk sæh-wo' wo' tuk fæh tso' va'

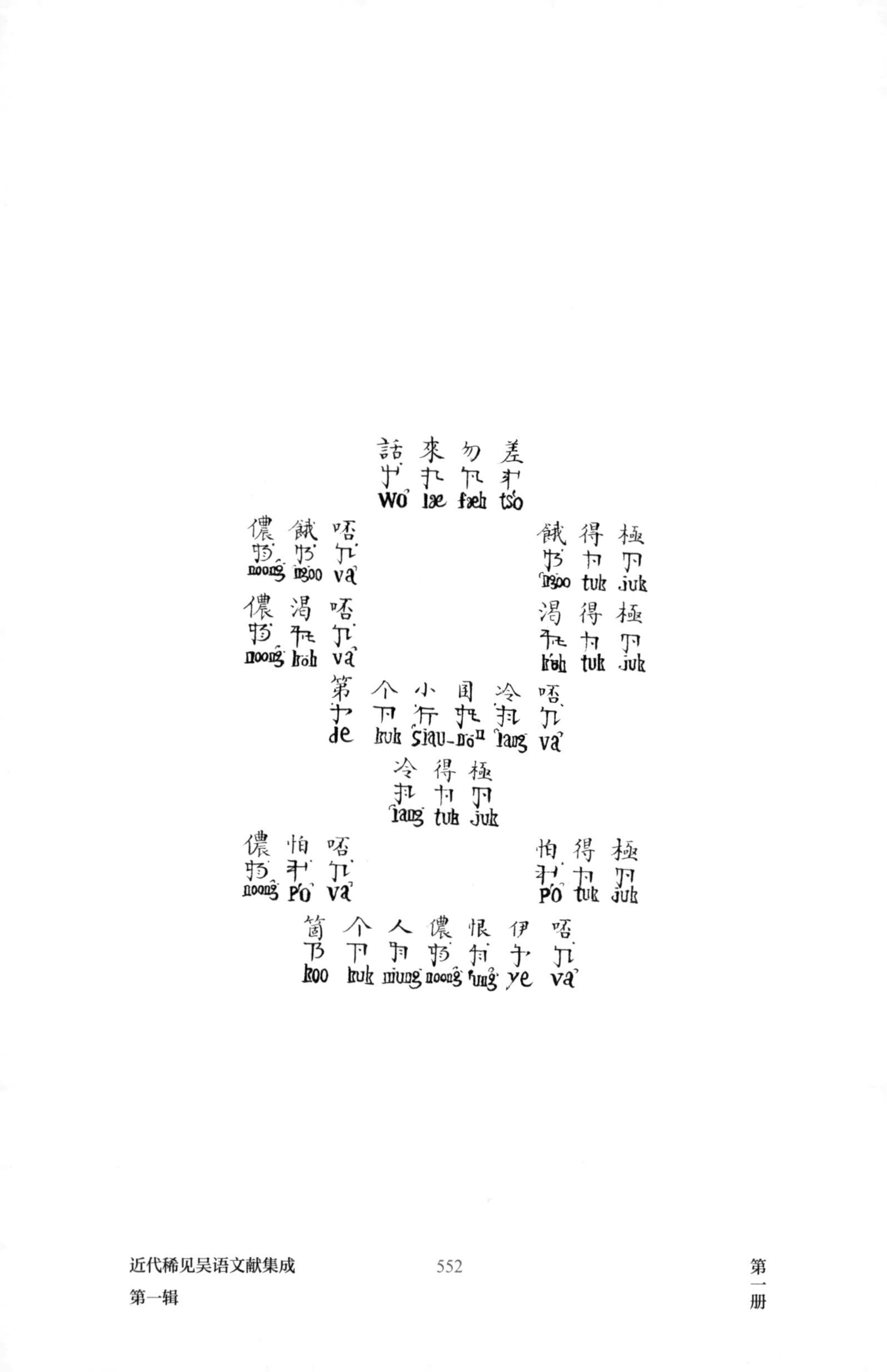

話來勿差
wo lae fæh tso

儂餓嗎
noong ngoo va

餓得極
ngoo tuk juk

儂渴嗎
noong koh va

渴得極
k'oh tuk juk

第个小囯冷嗎
de kuk siau-nön lang va

冷得極
lang tuk juk

儂怕嗎
noong po va

怕得極
po tuk juk

箇个人儂恨伊嗎
koo kuk niung noong hung ye va

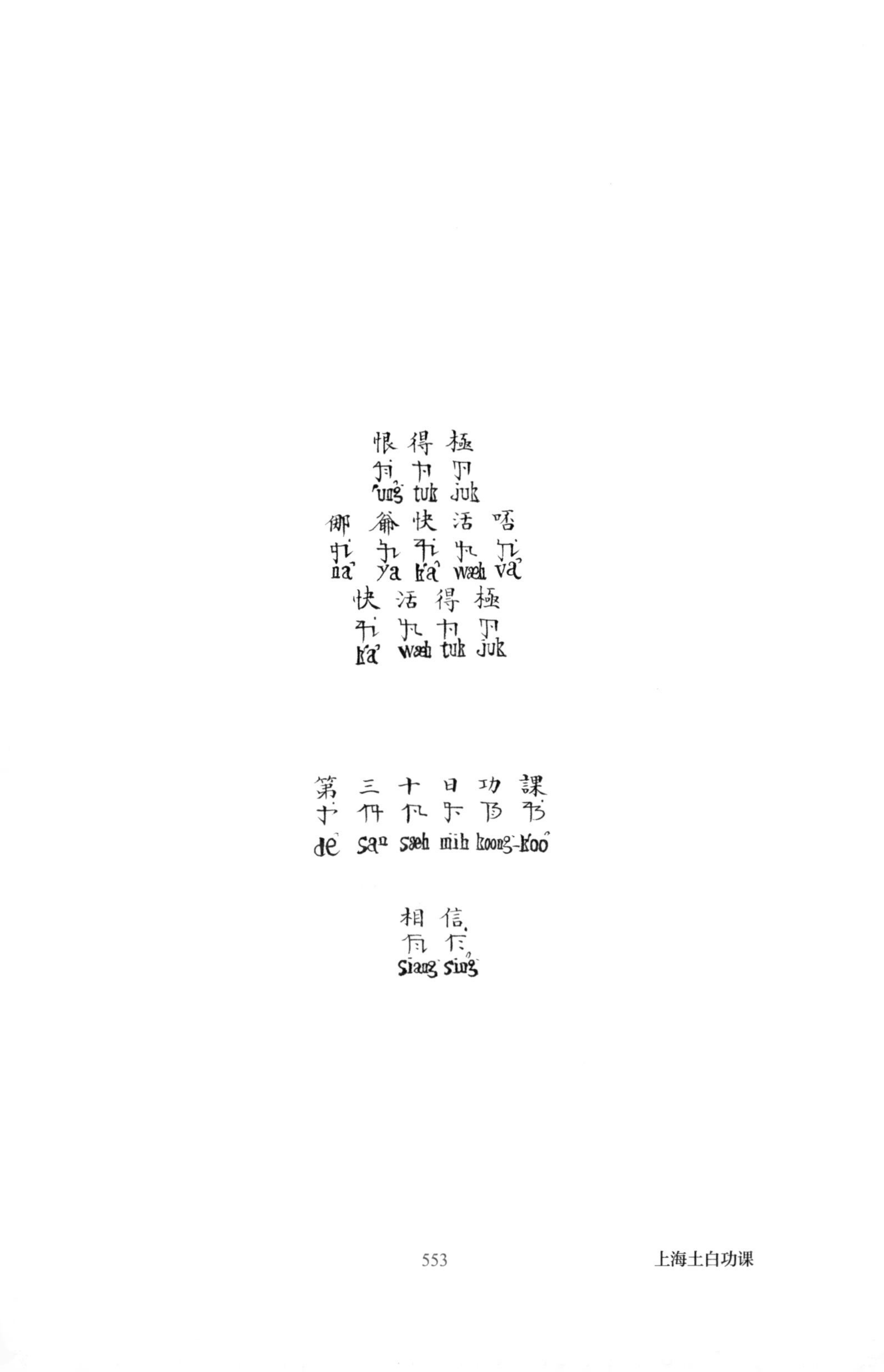

恨 得 極

'ung tuk juk

㑚 爺 快 活 唔

na ya k'a waeh va

快 活 得 極

k'a waeh tuk juk

第 三 十 日 功 課

de san saeh mih koong-k'oo

相 信

siang sing

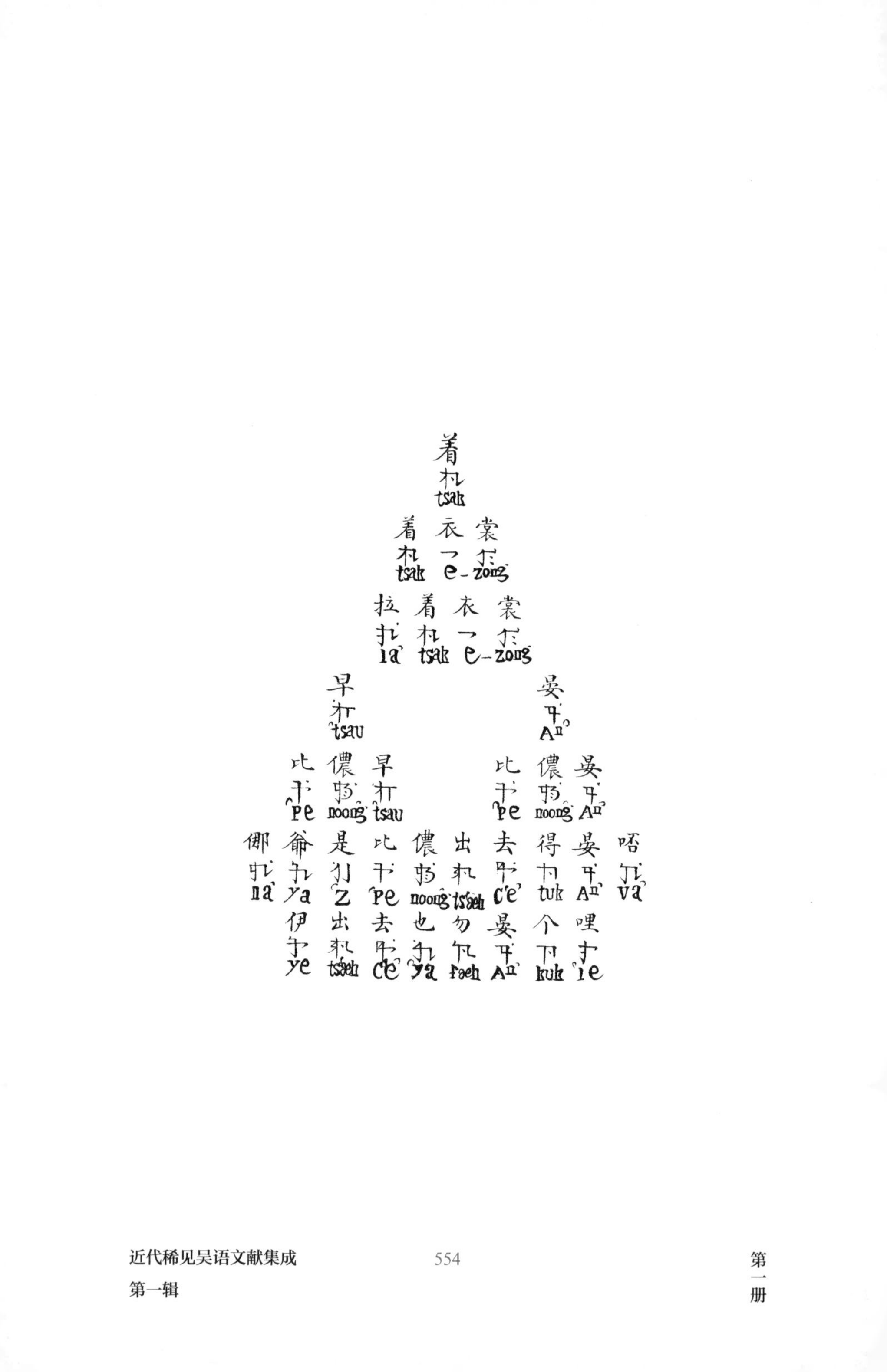

着
tsak

着 衣 裳
tsak e-zong

拉 着 衣 裳
la tsak e-zong

早　　　　　　晏
tsau　　　　　A^{n}

比 儂 早　　比 儂 晏
pe noong tsau　　pe noong A^{n}

㑚 爺 是 比 儂 出 去 得 晏 唔
na ya z pe noong ts'eh c'e tuk A^{n} va

伊 出 去 也 勿 晏 个 哩
ye ts'eh c'e ya feh A^{n} kuk le

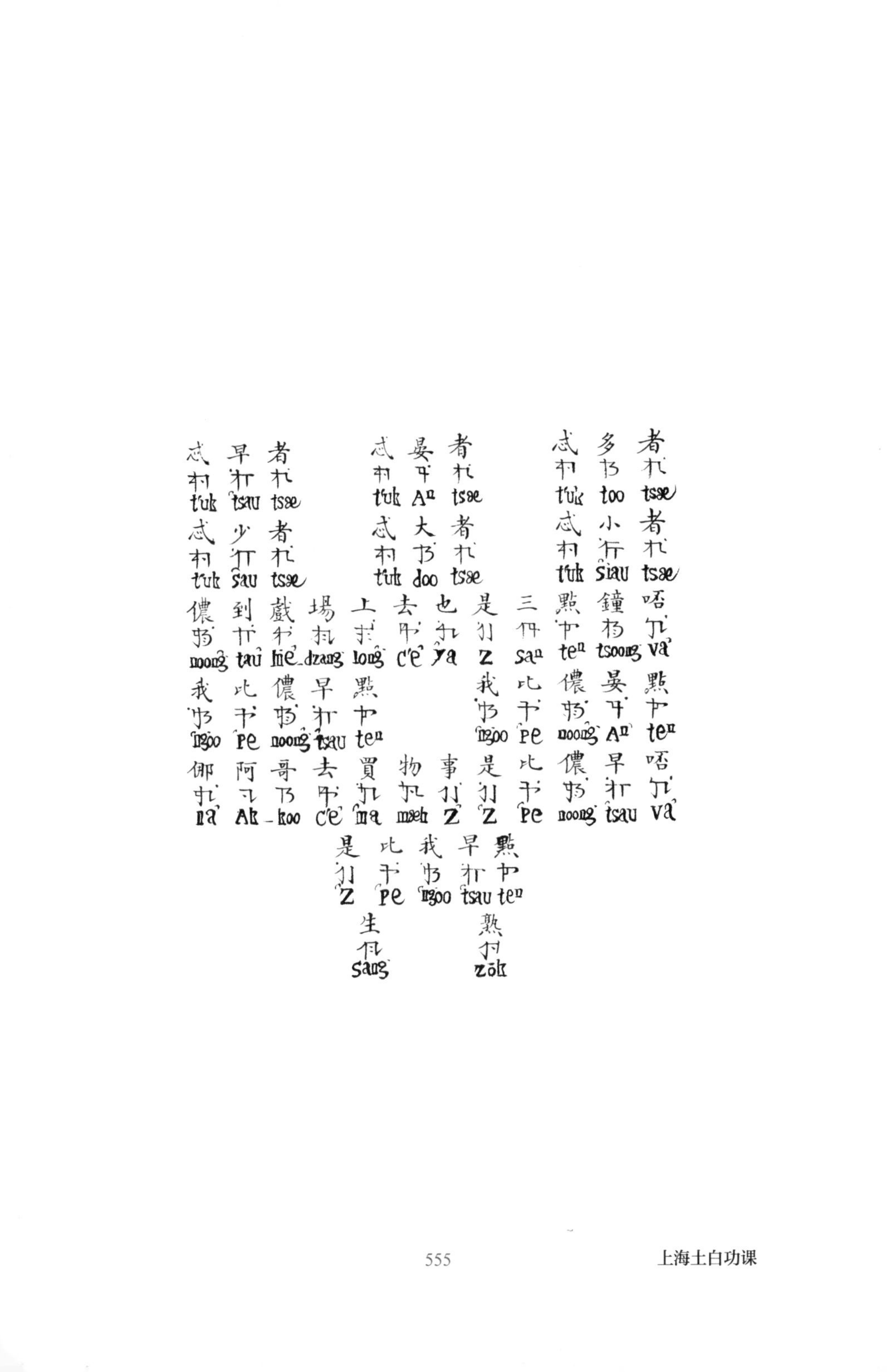

忒 早 者
tuk tsau tsæ

忒 晏 者
tuk A^{n} tsæ

忒 多 者
tuk too tsæ

忒 少 者
tuk sau tsæ

忒 大 者
tuk doo tsæ

忒 小 者
tuk siau tsæ

儂 到 戲 場 上 去 也 是 三 點 鐘 唔
noong tau hie-dzang long c'e ya z sa^{n} te^{n} tsoong va'

我 比 儂 早 點
ngoo pe noong tsau te^{n}

我 比 儂 晏 點
ngoo pe noong A^{n} te^{n}

伲 阿 哥 去 買 物 事 是 比 儂 早 唔
na' Ak-koo c'e ma mæh z z pe noong tsau va'

是 比 我 早 點
z pe ngoo tsau te^{n}

生
sang

熟
zok

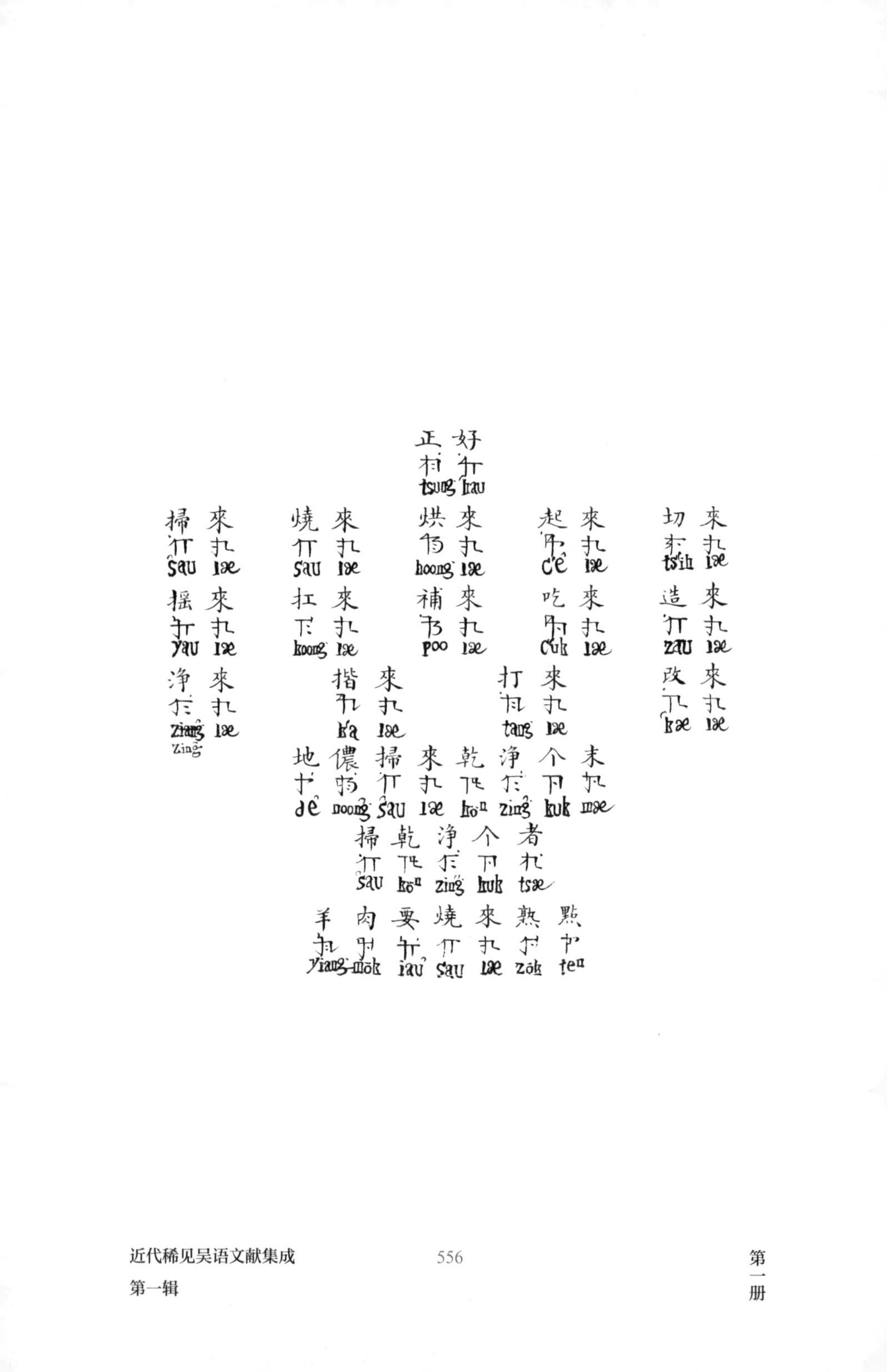

正好
tsung hau

掃來 sau læ　燒來 sau læ　烘來 hoong læ　起來 c'ê læ　切來 ts'ih læ

搖來 yau læ　扛來 koong læ　補來 poo læ　吃來 c'uk læ　造來 zau læ

淨來 ziang (zing) læ　揩來 k'a læ　打來 tang læ　改來 kæ læ

地儂掃來乾淨个末
dê noong sau læ kön zing kuk mæ

掃乾淨个者
sau kön zing kuk tsæ

羊肉要燒來熟點
yiang-mök iau sau læ zök ten

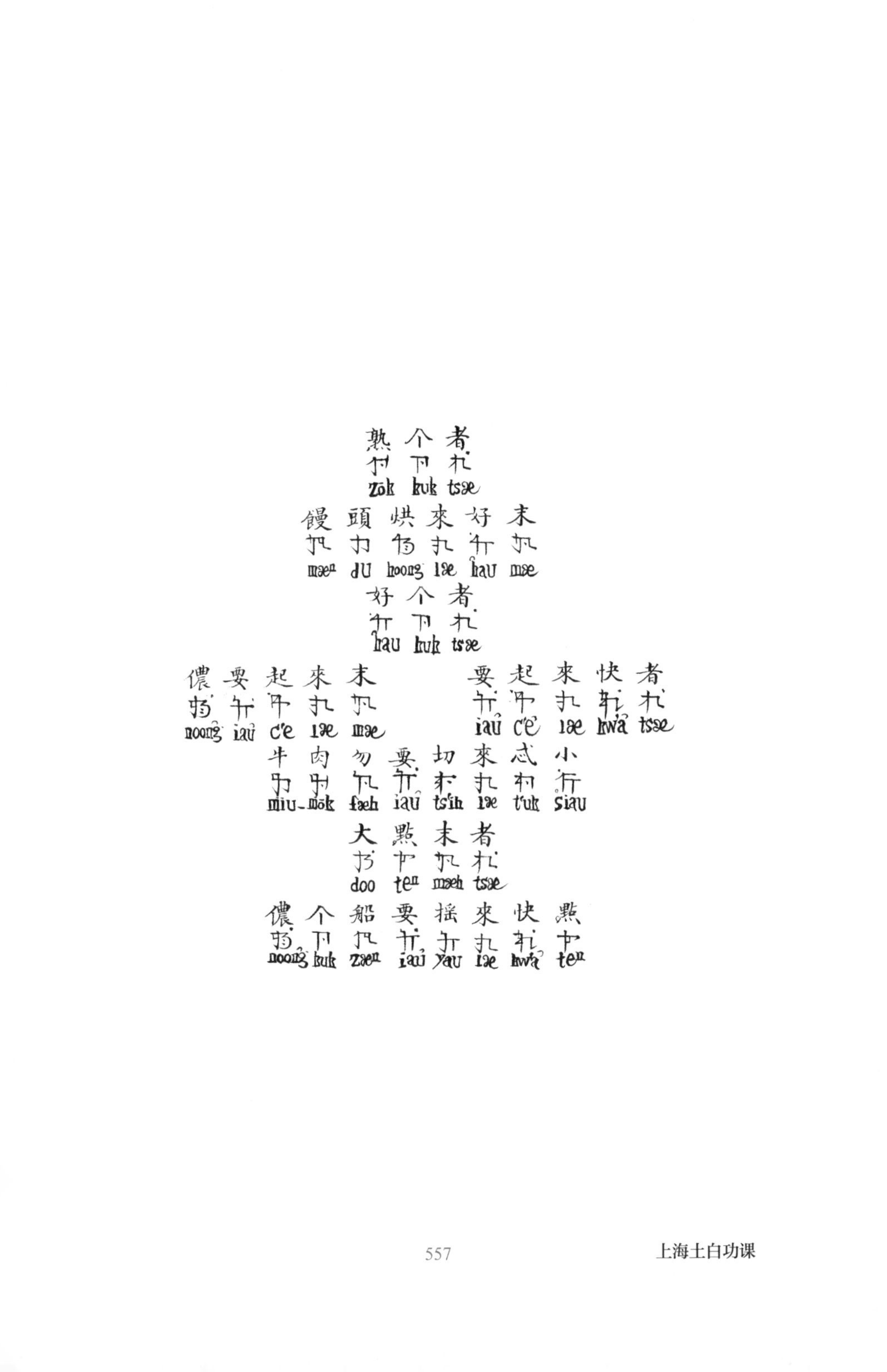

熟 个 者

zok kuk tsæ

饅 頭 烘 來 好 末

mæn dU hoong læ hau mæ

好 个 者

hau kuk tsæ

儂 要 起 來 末　　要 起 來 快 者

noong iaû c'e læ mæ　　iaû c'é læ kwâ tsæ

牛 肉 勿 要 切 來 忒 小

miu-mōk fæh iaû ts'ih læ t'uk siau

大 點 末 者

doo ten mæh tsæ

儂 个 船 要 摇 來 快 點

noong kuk zæn iaû yau læ kwâ ten

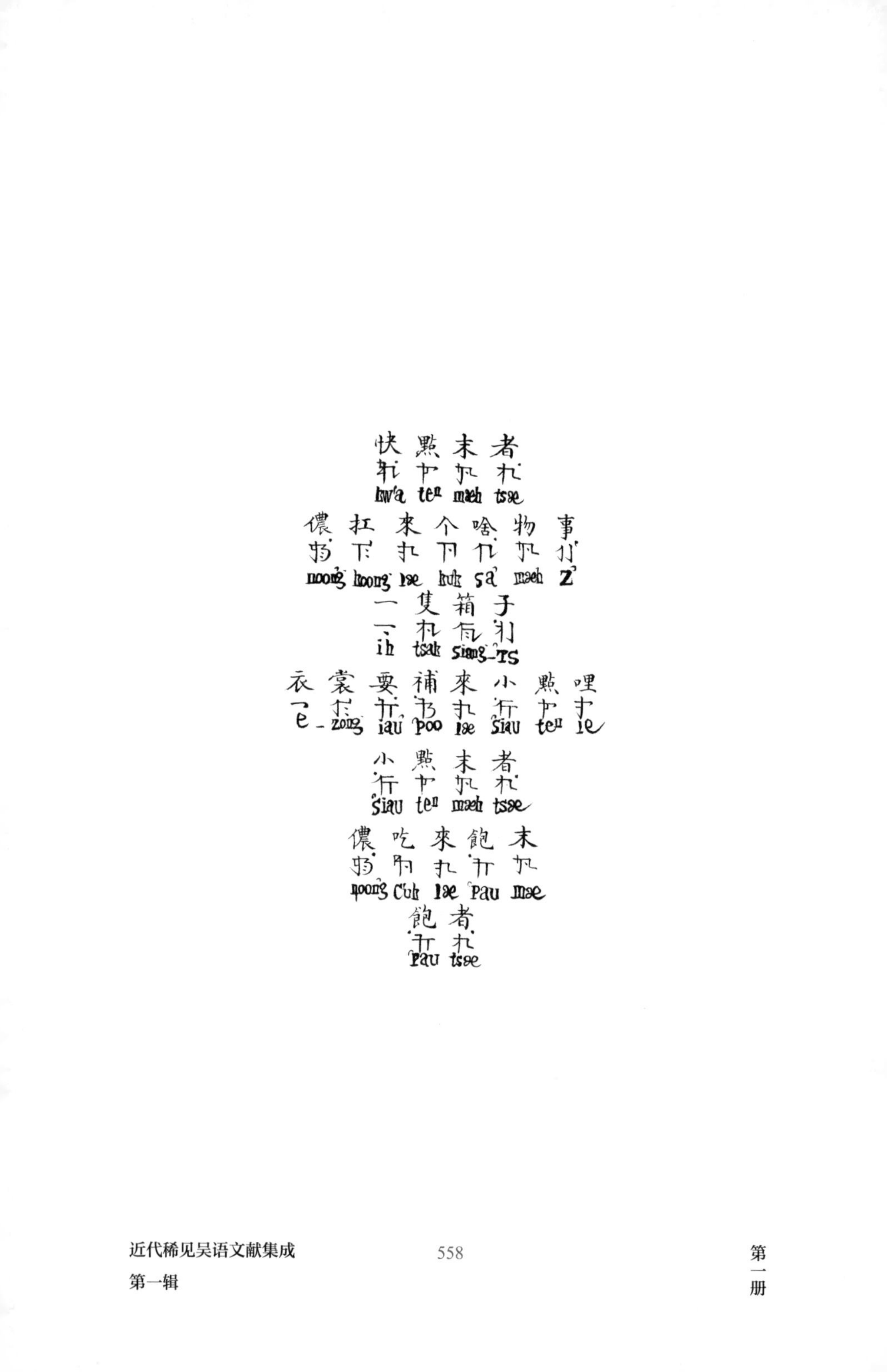

快 點 末 者

kw'a ten maeh tsæ

儂 扛 來 个 啥 物 事

noong koong læ kuh sa maeh z

一 隻 箱 子

ih tsak siang-ts

衣 裳 要 補 來 小 點 哩

e-zong iau poo læ siau ten le

小 點 末 者

siau ten maeh tsæ

儂 吃 來 飽 末

noong c'uh læ pau mæ

飽 者

pau tsæ

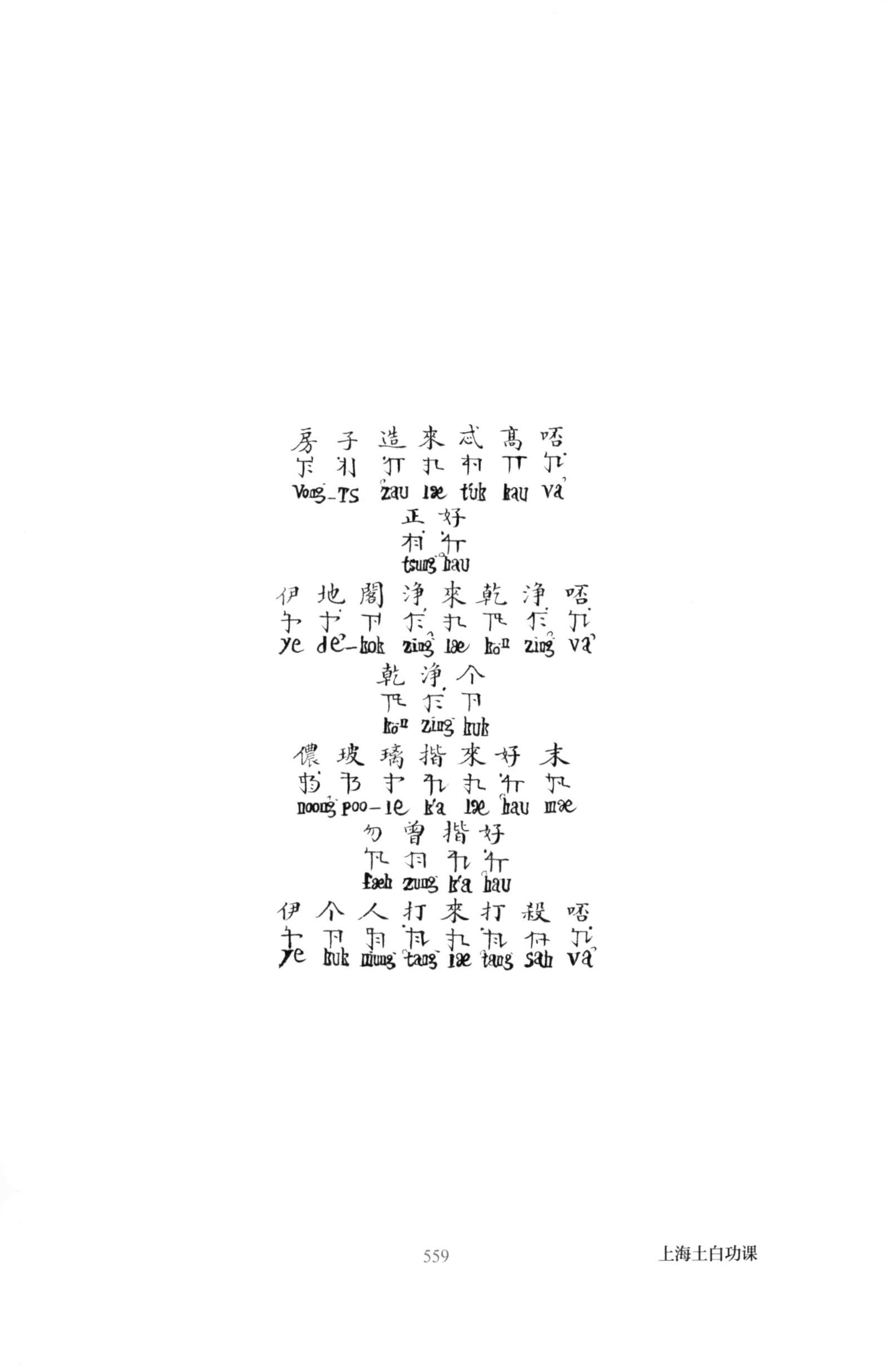

房子造來忒高喥

[illegible]

Vong-TS zau læ túk kau va'

正好

[illegible]

tsung hau

伊地閣淨來乾淨喥

[illegible]

ye de'-kok zing læ kö^{n} zing va'

乾淨个

[illegible]

kö^{n} zing kuk

儂玻璃揩來好末

[illegible]

noong poo-le k'a læ hau mæ

勿曾揩好

[illegible]

faeh zung k'a hau

伊个人打來打殺喥

[illegible]

ye kuk niung tang læ tang sah va'

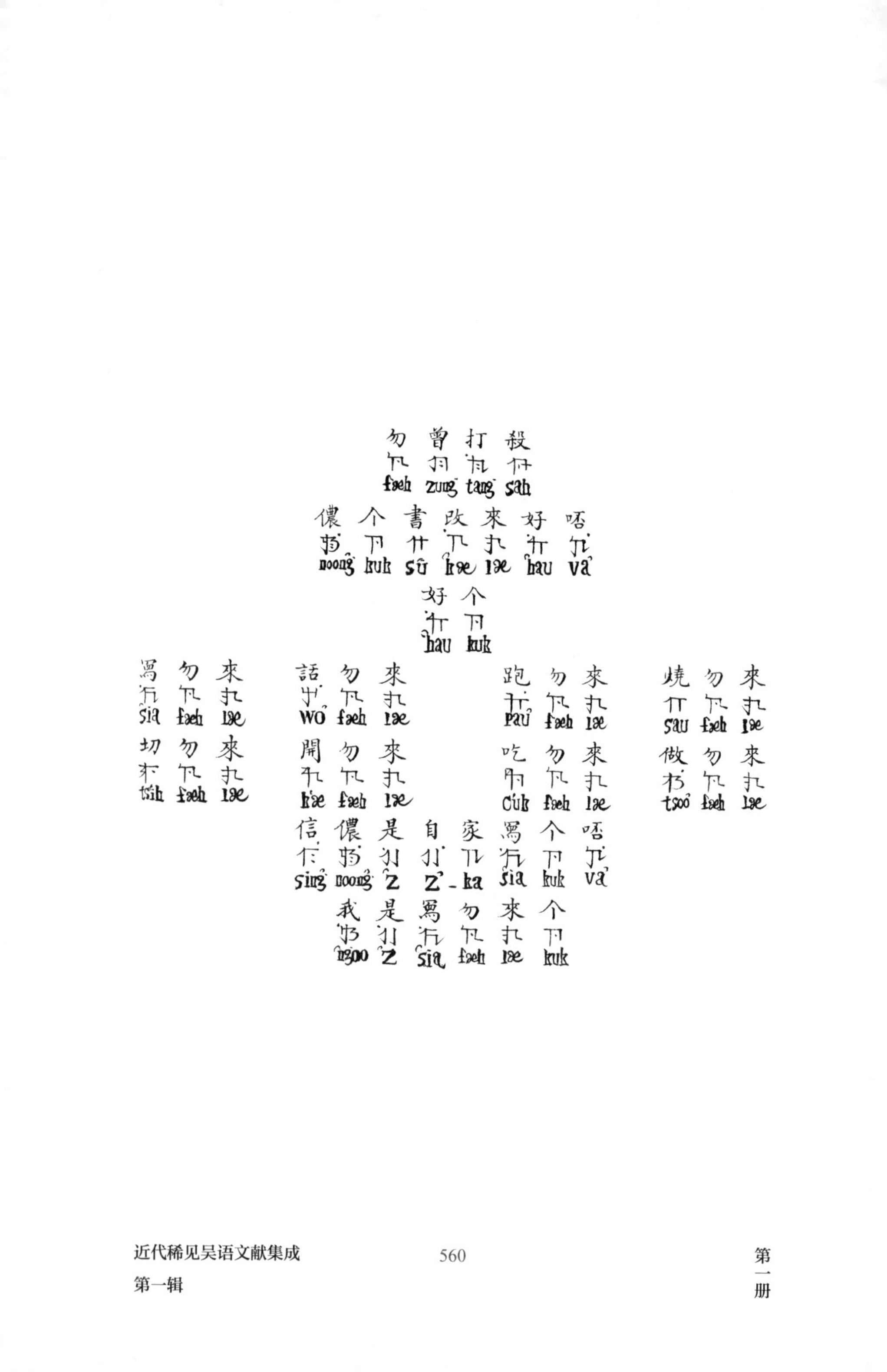

勿 曾 打 殺
fæh zung tang sah

儂 个 書 改 來 好 唔
noong kuk sû kæ læ hau va

好 个
hau kuk

寫 勿 來
sia fæh læ

話 勿 來
wo fæh læ

跑 勿 來
pau fæh læ

燒 勿 來
sau fæh læ

切 勿 來
tsih fæh læ

開 勿 來
k'æ fæh læ

吃 勿 來
cük fæh læ

做 勿 來
tsoo fæh læ

信 儂 是 自 家 寫 个 唔
sing noong z z-ka sia kuk va

我 是 寫 勿 來 个
ngoo z sia fæh læ kuk

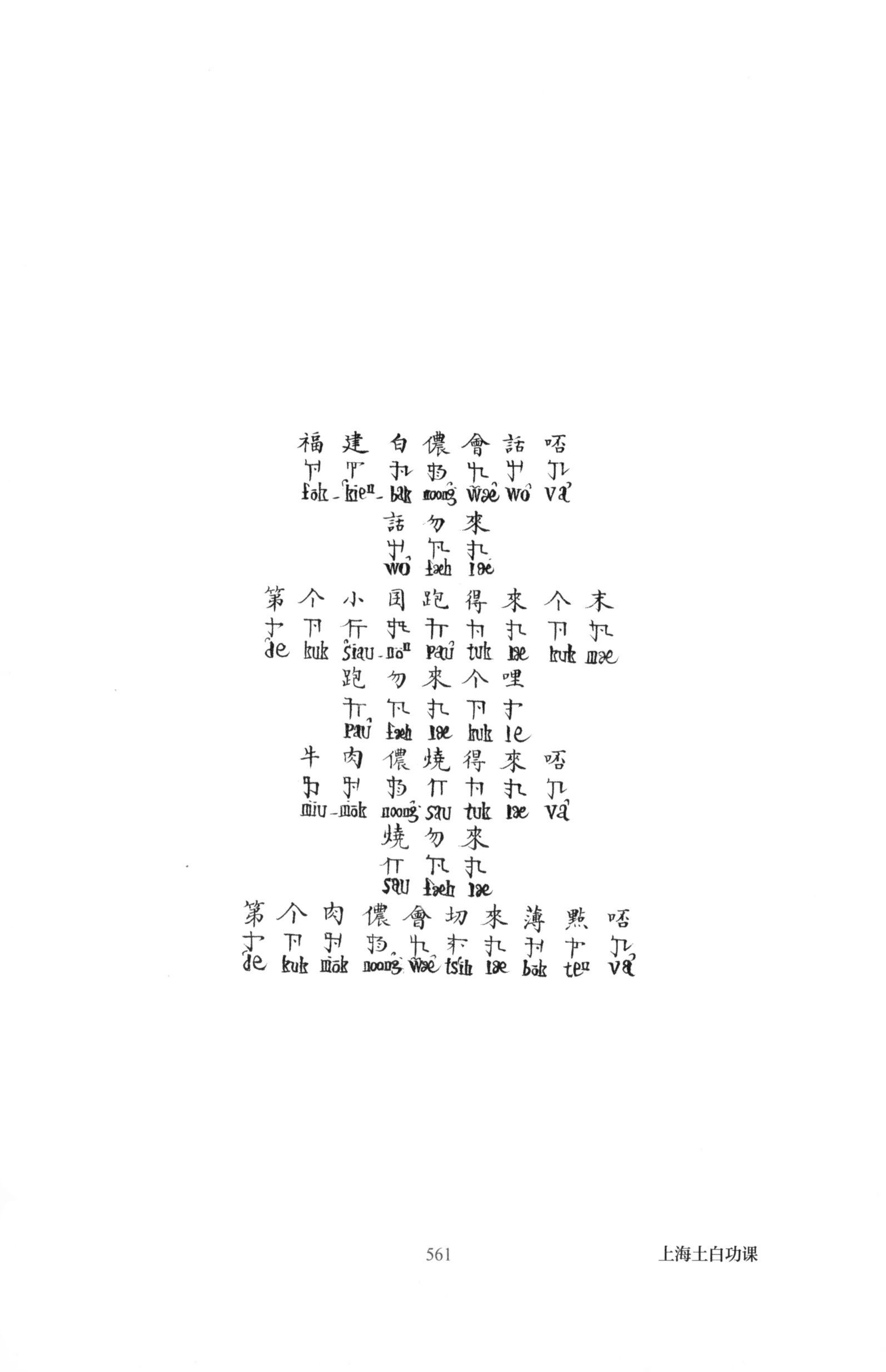

福 建 白 儂 會 話 咾

fok - kie^{n} - bak noong wæ wo va

話 勿 來

wo fæh læ

第 个 小 囝 跑 得 來 个 末

de kuk ŝiau - nö^{n} pau tuk læ kuk mæ

跑 勿 來 个 哩

pau fæh læ kuk le

牛 肉 儂 燒 得 來 咾

miu - mök noong sau tuk læ va

燒 勿 來

sau fæh læ

第 个 肉 儂 會 切 來 薄 點 咾

de kuk mök noong wæ tsih læ bŏk te^{n} va

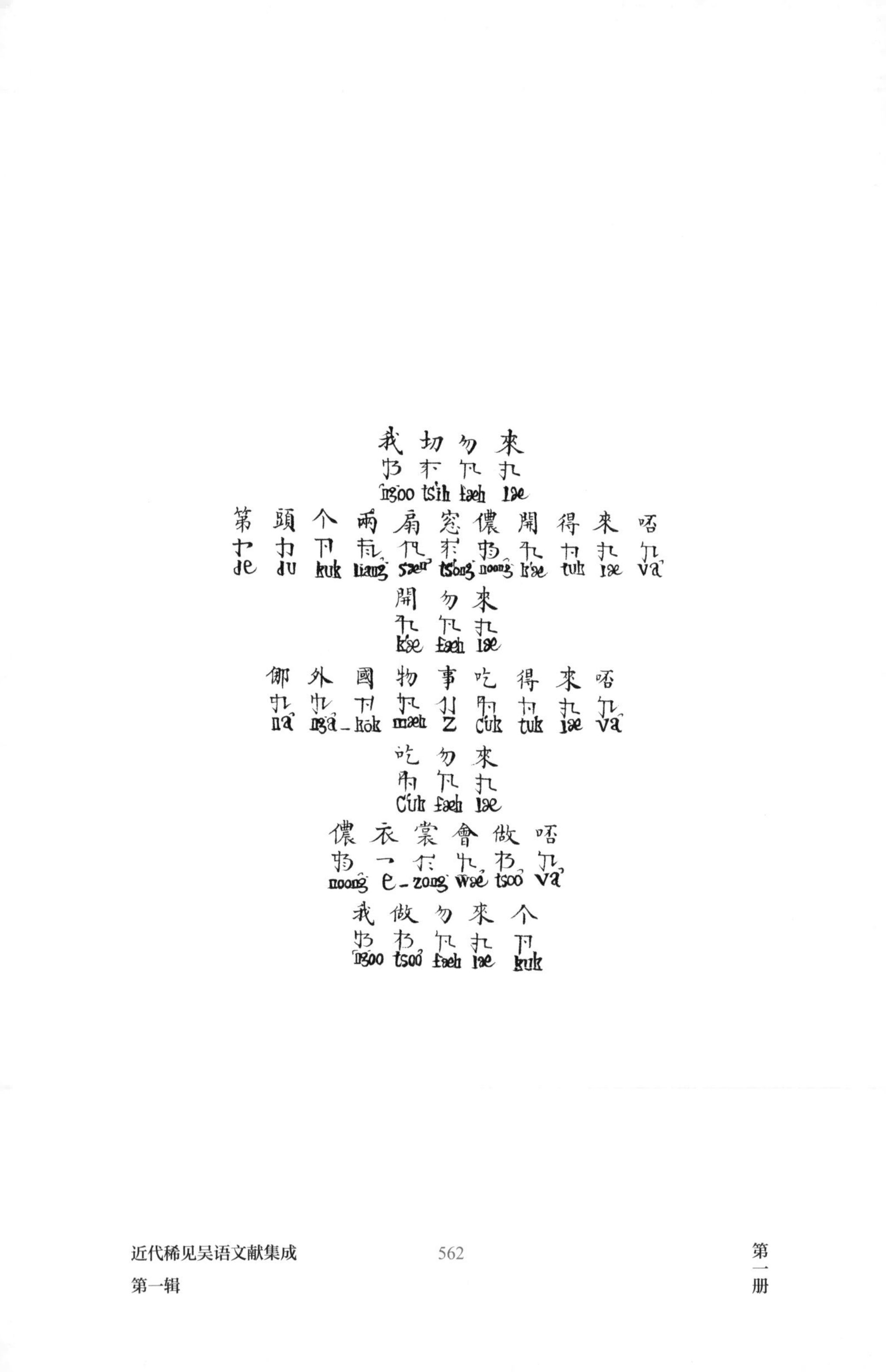

我切勿來

ngoo tsih faeh lae

第頭个兩扇窓儂開得來唔

de du kuk liang saen tsong noong k'ae tuk lae va

開勿來

k'ae faeh lae

伽外國物事吃得來唔

na nga-kok maeh z c'uk tuk lae va

吃勿來

c'uk faeh lae

儂衣裳會做唔

noong e-zong wae tsoo va

我做勿來个

ngoo tsoo faeh lae kuk

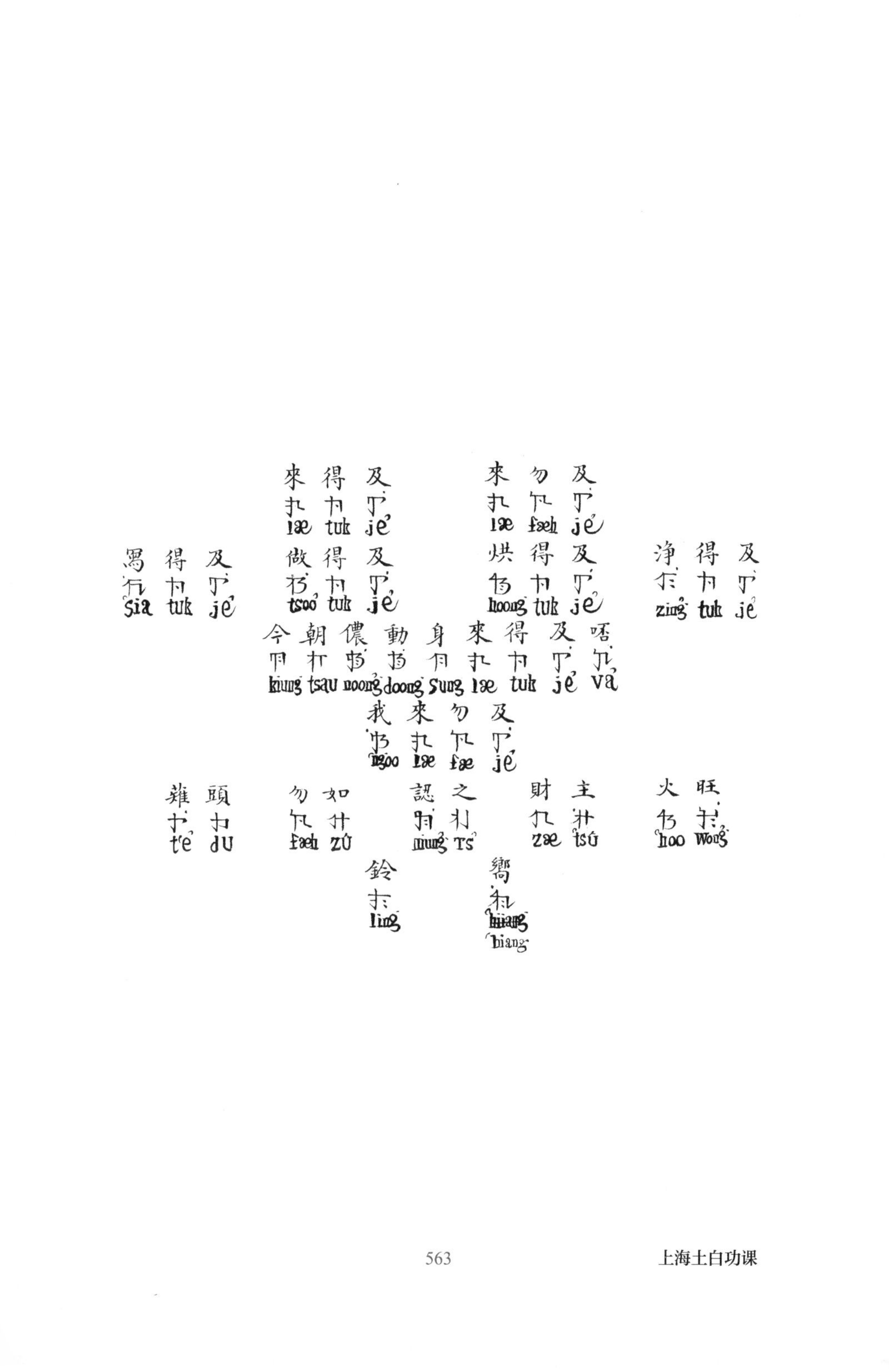

來得及
læ tuk jé

來勿及
læ fæh jé

寫得及
sia tuk jé

做得及
tsoo tuk jé

烘得及
hoong tuk jé

净得及
zing tuk jé

今朝儂動身來得及唔
kiung tsau noong doong sung læ tuk jé va

我來勿及
ngoo læ fæ jé

雜頭
t'é du

勿如
fæh zú

認之
niung ts

財主
zæ tsú

火旺
hoo wong

鈴
ling

響
~~hiang~~
hiang

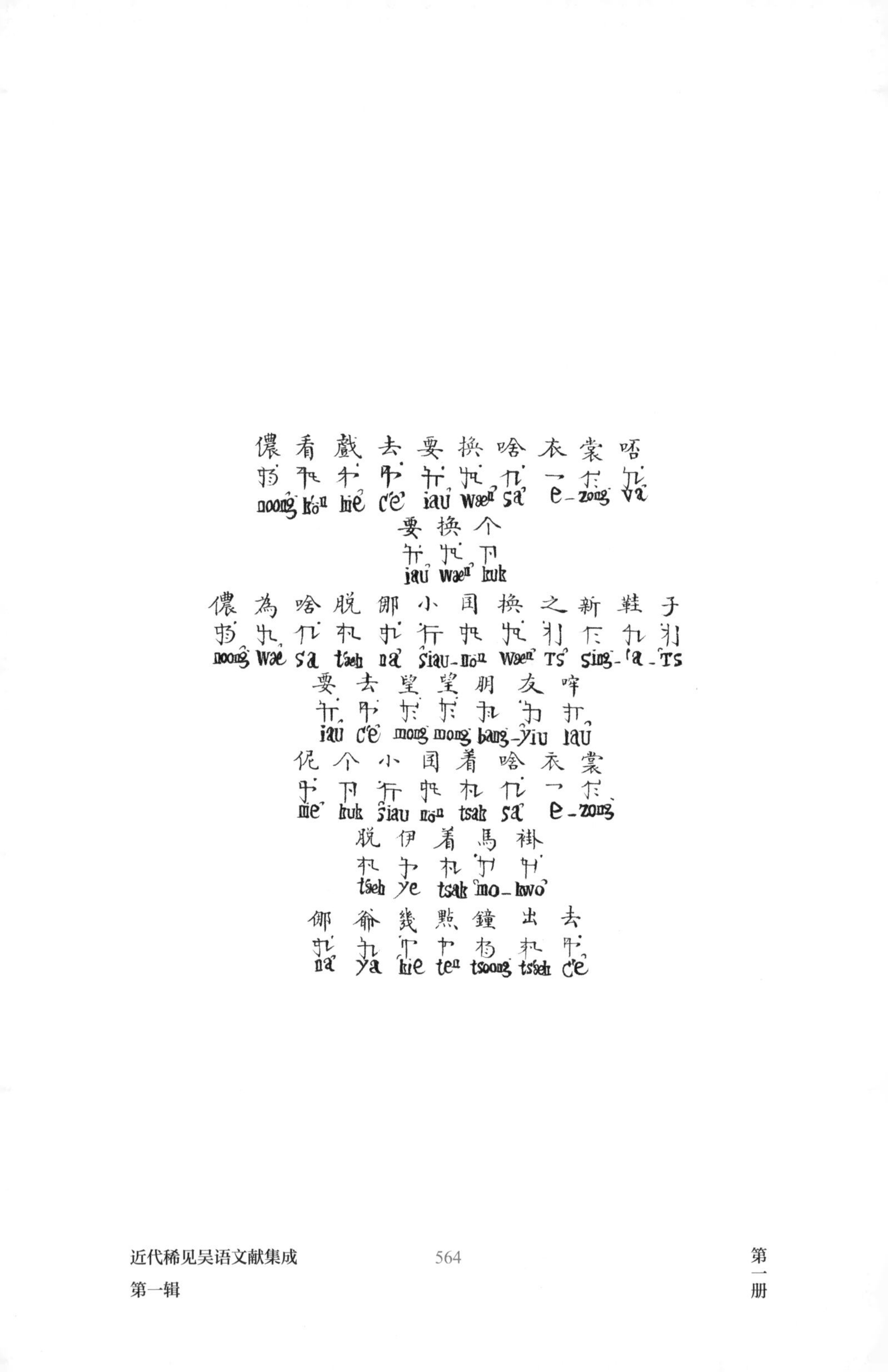

儂看戲去要換啥衣裳唔

noong k'ön hie c'e iau wæn sa e-zong va

要換个

iau wæn kuk

儂為啥脫㑚小囝換之新鞋子

noong wæ sa t'æh na siau-nön wæn ts sing-'a-ts

要去望望朋友咾

iau c'e mong mong bang-yiu lau

伲个小囝着啥衣裳

nie kuk siau nön tsak sa e-zong

脫伊着馬褂

t'æh ye tsak mo-kwo

㑚爺幾點鐘出去

na ya kie ten tsoong ts'æh c'e

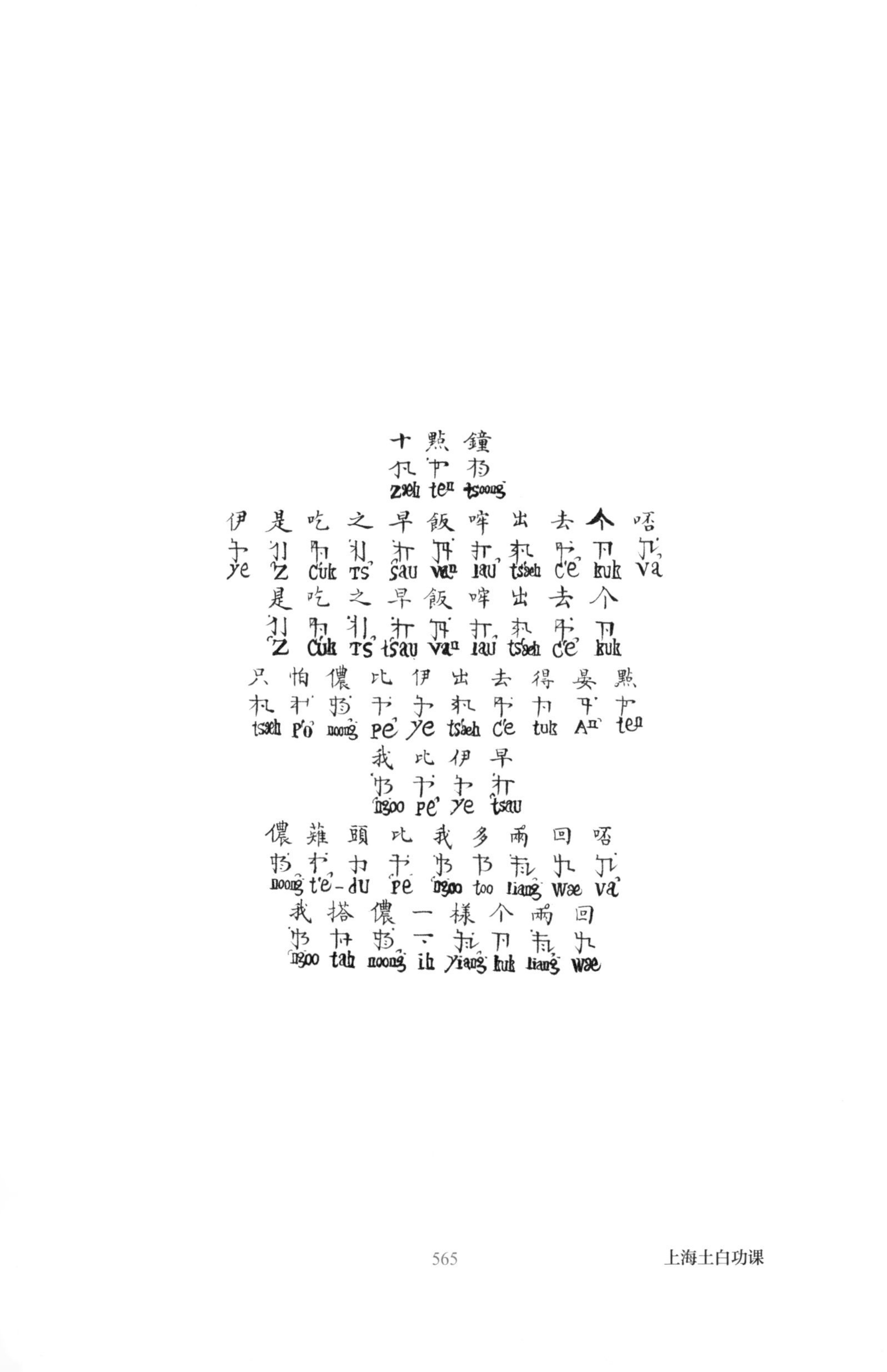

十 點 鐘

zæh te^{n} tsoong

伊 是 吃 之 早 飯 哰 出 去 个 㖞

ye z c'uk ts sau va^{n} lau ts'æh c'e kuk va

是 吃 之 早 飯 哰 出 去 个

z c'uk ts tsau va^{n} lau ts'æh c'e kuk

只 怕 儂 比 伊 出 去 得 晏 點

tsæh p'o noong pe ye ts'æh c'e tuk A^{n} te^{n}

我 比 伊 早

ngoo pe ye tsau

儂 難 頭 比 我 多 兩 回 㖞

noong t'e-du pe ngoo too liang wæ va

我 搭 儂 一 樣 个 兩 回

ngoo tah noong ih yiang kuk liang wæ

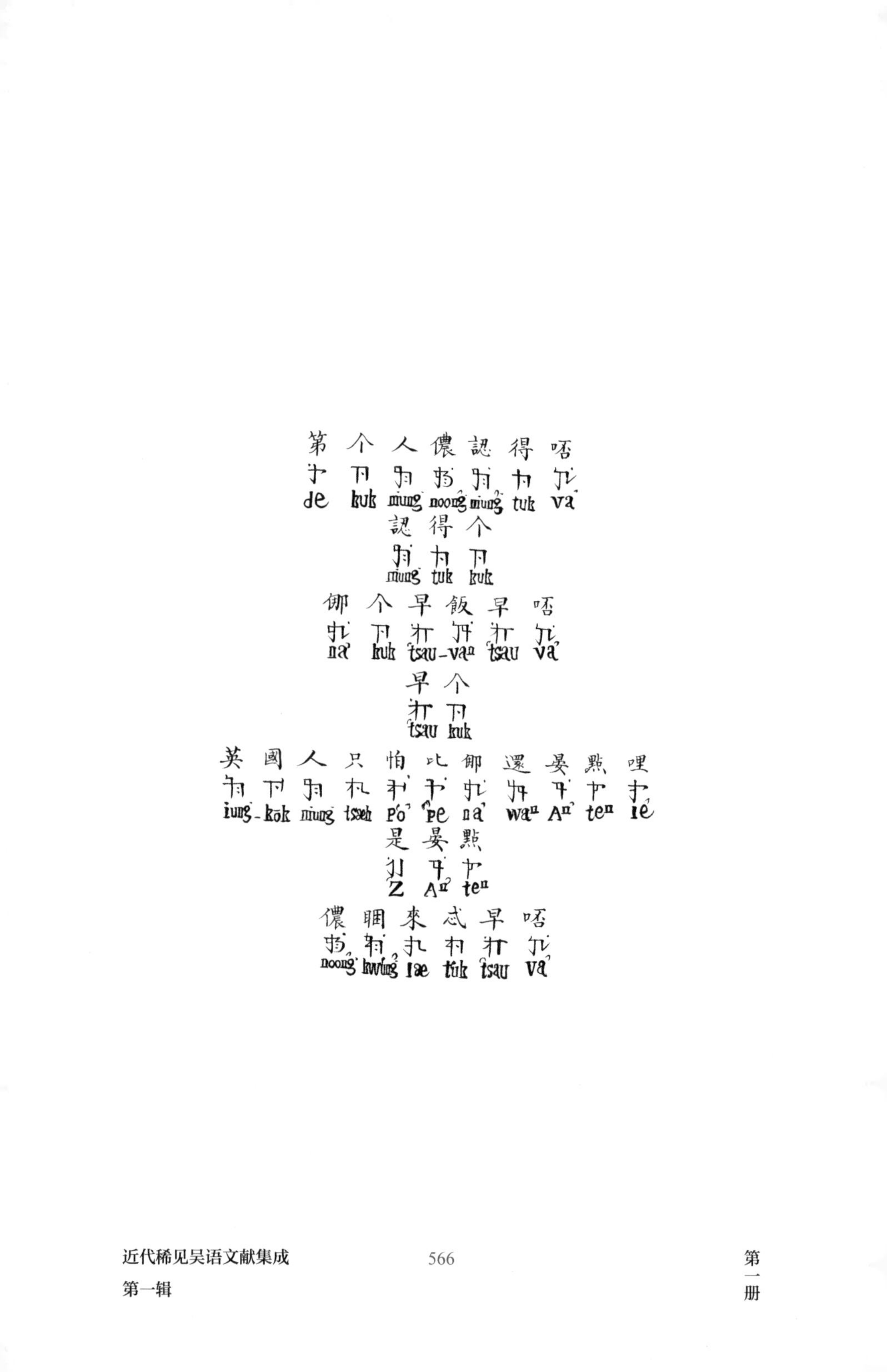

第 个 人 儂 認 得 咾
de kuk miung noong miung tuk va

認 得 个
miung tuk kuk

伽 个 早 飯 早 咾
na kuk tsau-va^{n} tsau va

早 个
tsau kuk

英 國 人 只 怕 比 伽 還 晏 點 哩
iung-kōk miung tsseh p'o pe na wa^{n} A^{n} te^{n} ie

是 晏 點
z A^{n} te^{n}

儂 睏 來 忒 早 咾
noong kwung lae tuk tsau va

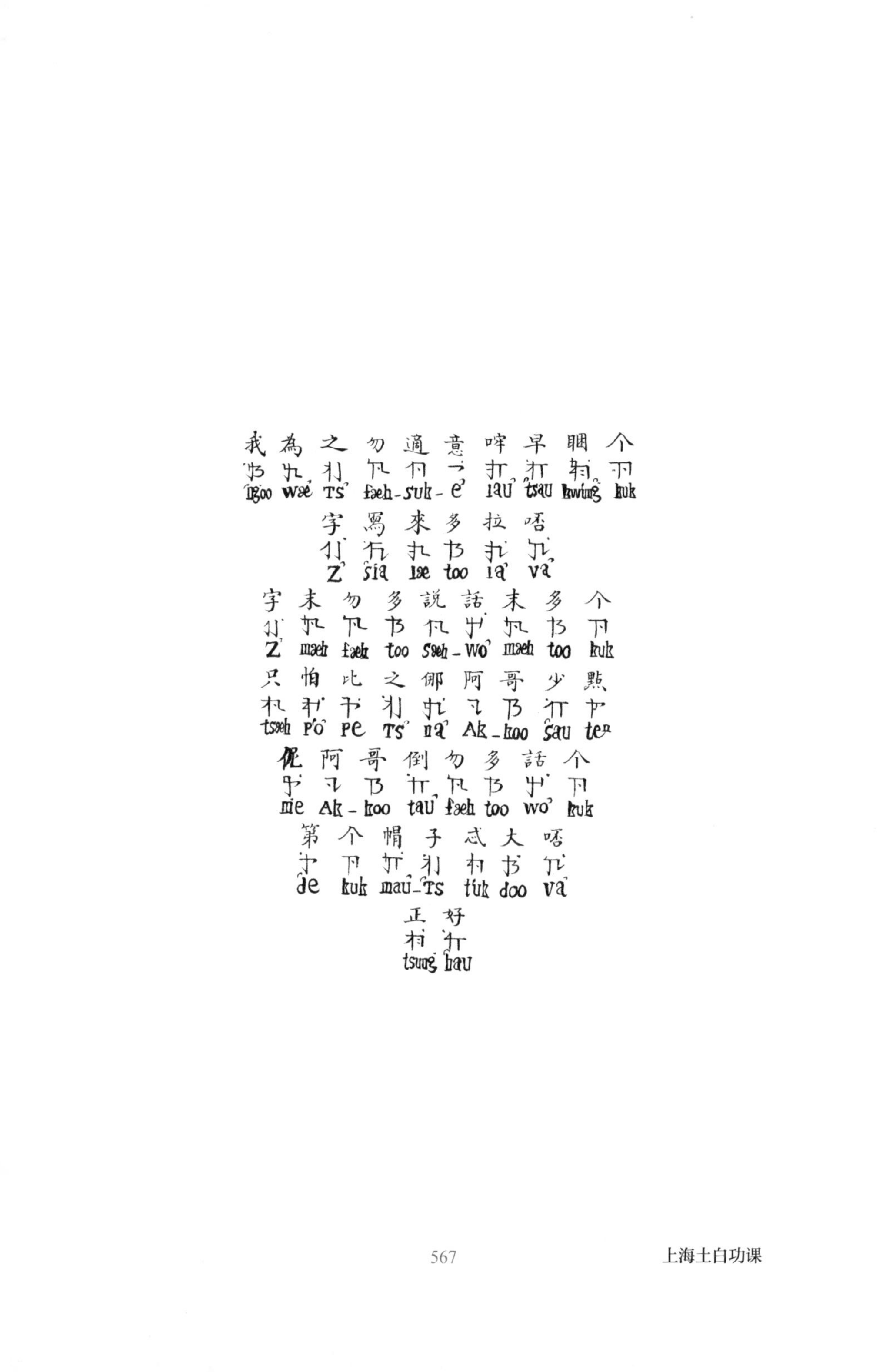

我為之勿適意哰早睏个

Ngoo wæ ts fæh-suk-e iau tsau kwing kuk

字寫來多拉咶

Z sia læ too la va

字末勿多説話末多个

Z mæh fæh too sæh-wo mæh too kuk

只怕比之㑚阿哥少點

tsæh po pe ts na Ak-koo sau te

伲阿哥倒勿多話个

nie Ak-koo tau fæh too wo kuk

第个帽子忒大咶

de kuk mau-ts tuk doo va

正好

tsung hau

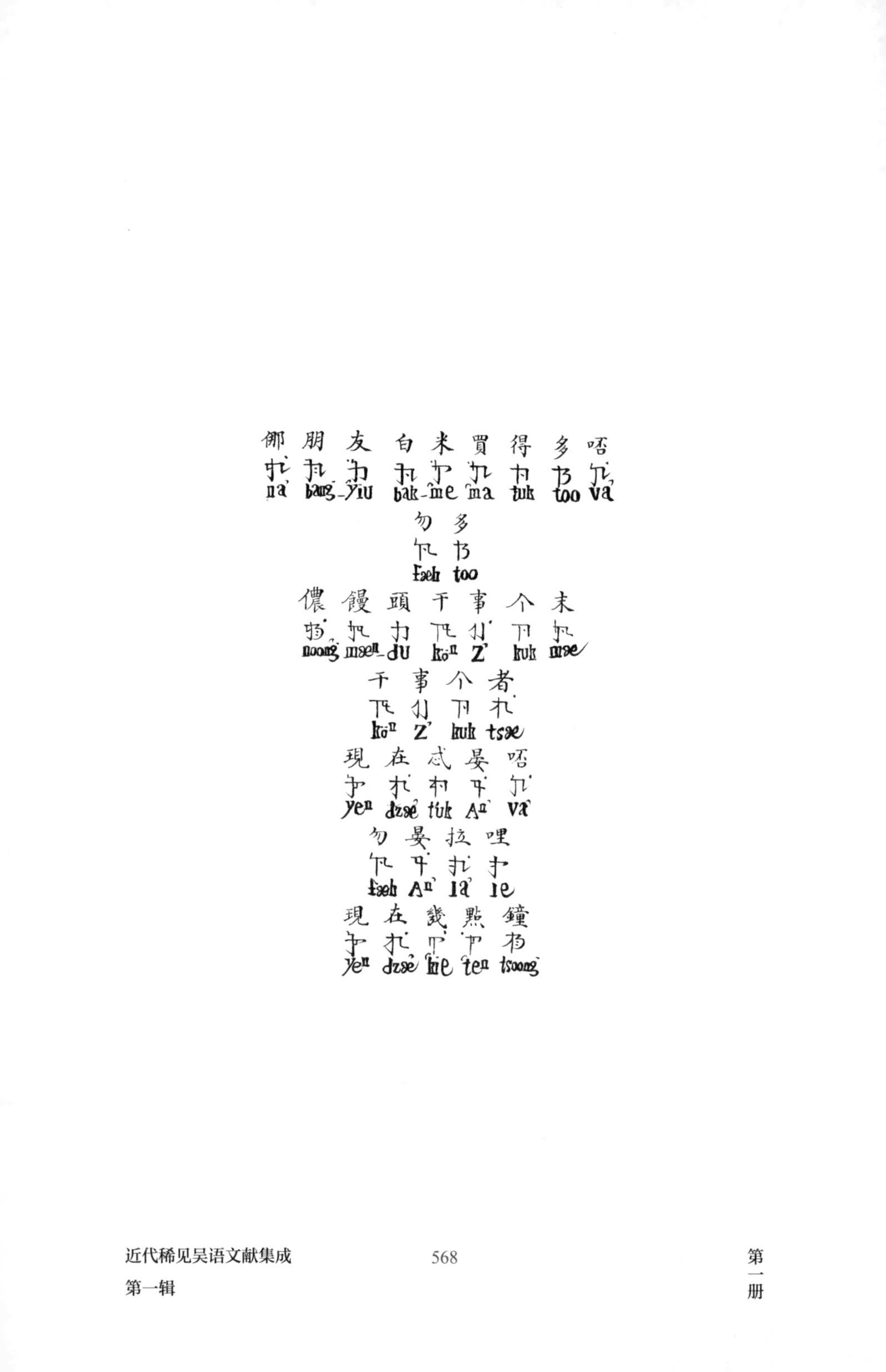

伽朋友白米買得多唔

na bang-yiu bak-me ma tuk too va

勿多

faeh too

儂饅頭干事个末

noong mae^{n}-du kö^{n} z kuk mae

干事个者

kö^{n} z kuk tsae

現在忒晏唔

ye^{n} dzae tuk A^{n} va

勿晏拉哩

faeh A^{n} la le

現在幾點鐘

ye^{n} dzae kie te^{n} tsoong

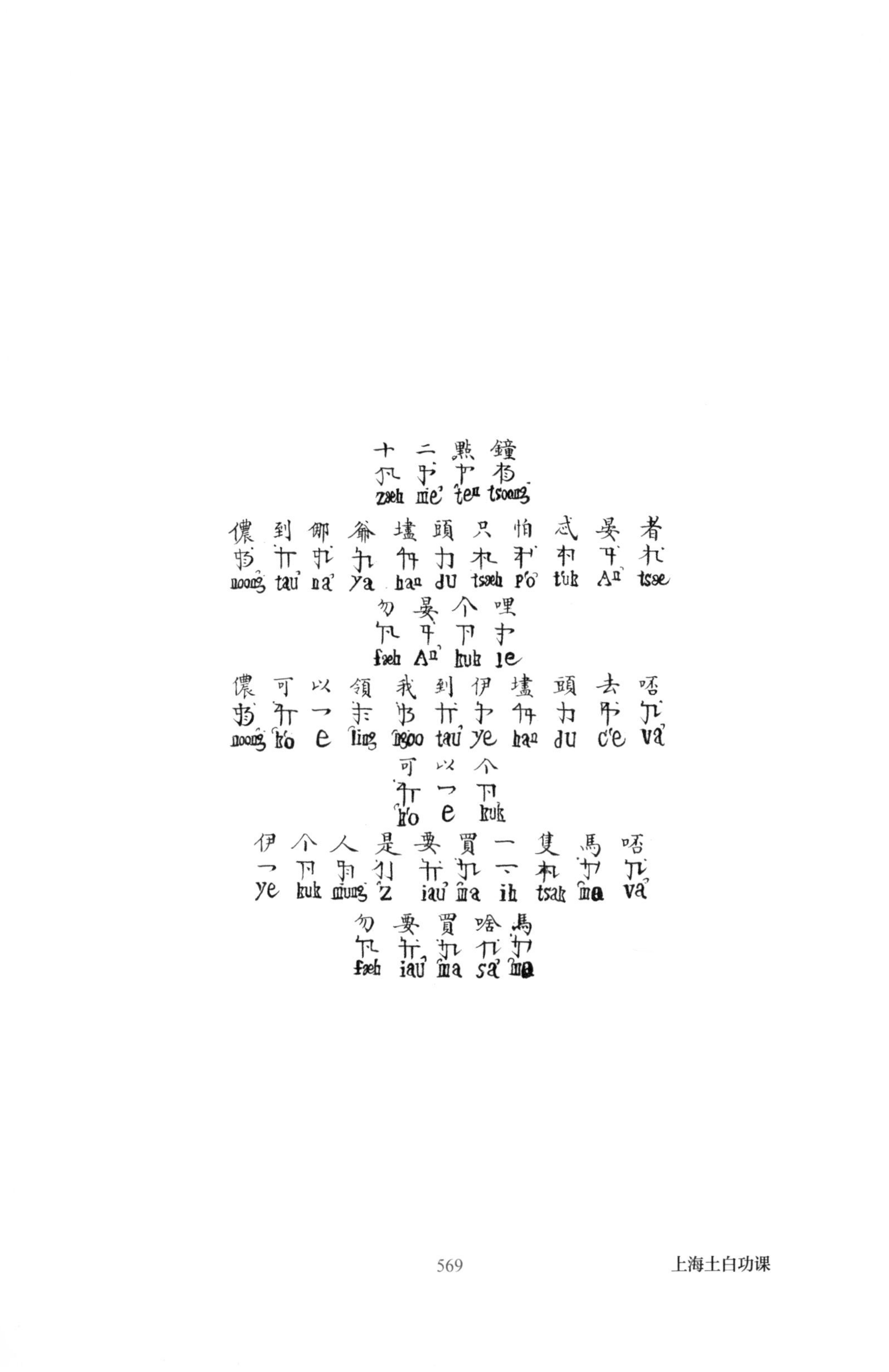

十二點鐘

zæh me' ten tsoong

儂到伲爺壚頭只怕忒晏者

noong tau' na' ya han du tsæh p'o tuk An' tsœ

勿晏个哩

fæh An' kuk le

儂可以領我到伊壚頭去唔

noong k'o e ling ngoo tau' ye han du c'e va'

可以个

k'o e kuk

伊个人是要買一隻馬唔

ye kuk niung z iau' ma ih tsak ma va'

勿要買啥馬

fæh iau' ma sa' ma

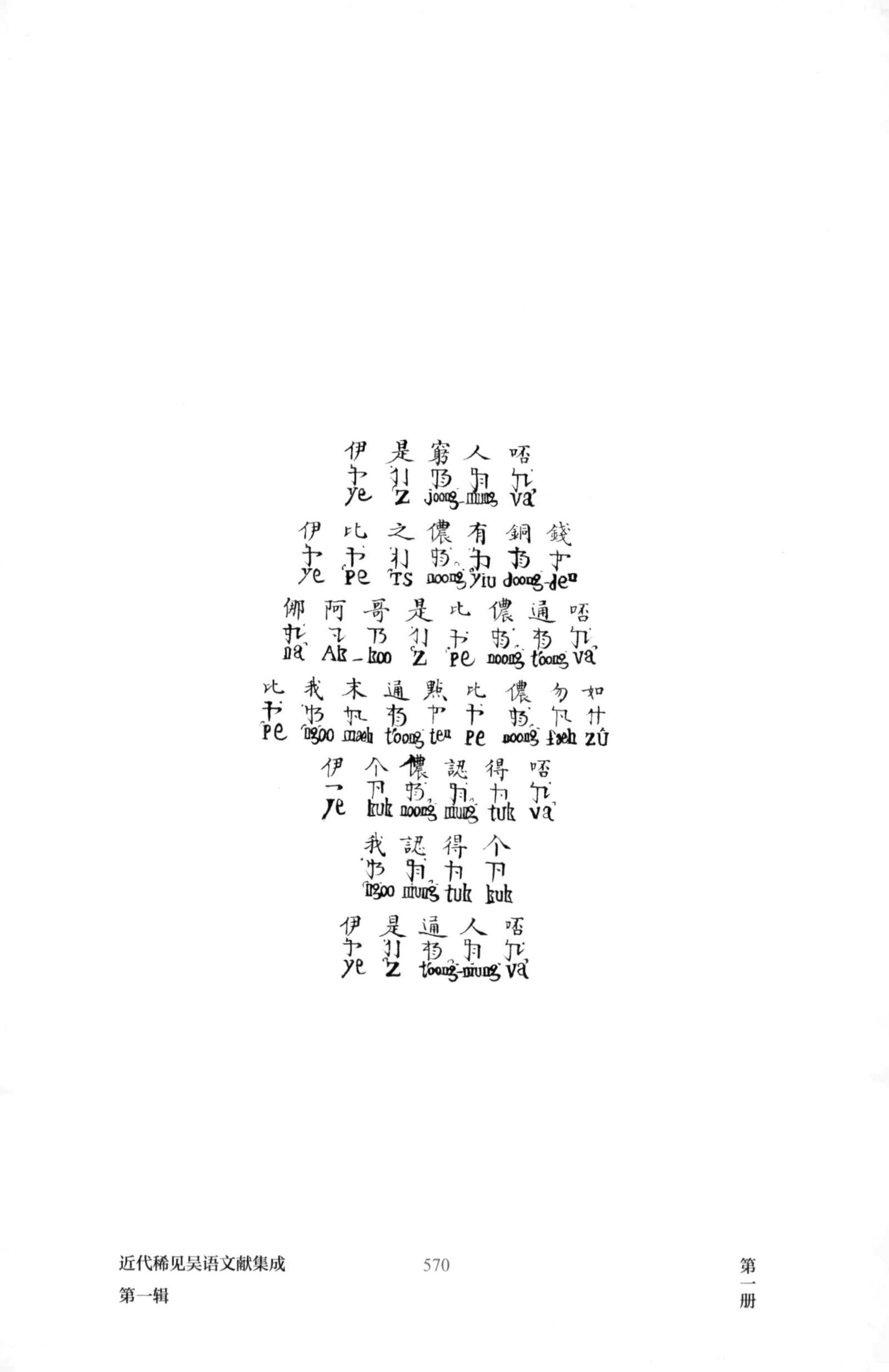

伊 是 窮 人 唔
ye Z joong-mung va

伊 比 之 儂 有 銅 錢
ye pe TS noong yiu doong-de^{n}

倻 阿 哥 是 比 儂 通 唔
na Ak-koo Z pe noong t'oong va

比 我 末 通 點 比 儂 勿 如
pe ngoo maeh t'oong te^{n} pe noong faeh zû

伊 个 儂 認 得 唔
ye kuk noong mung tuk va

我 認 得 个
ngoo mung tuk kuk

伊 是 通 人 唔
ye Z t'oong-mung va

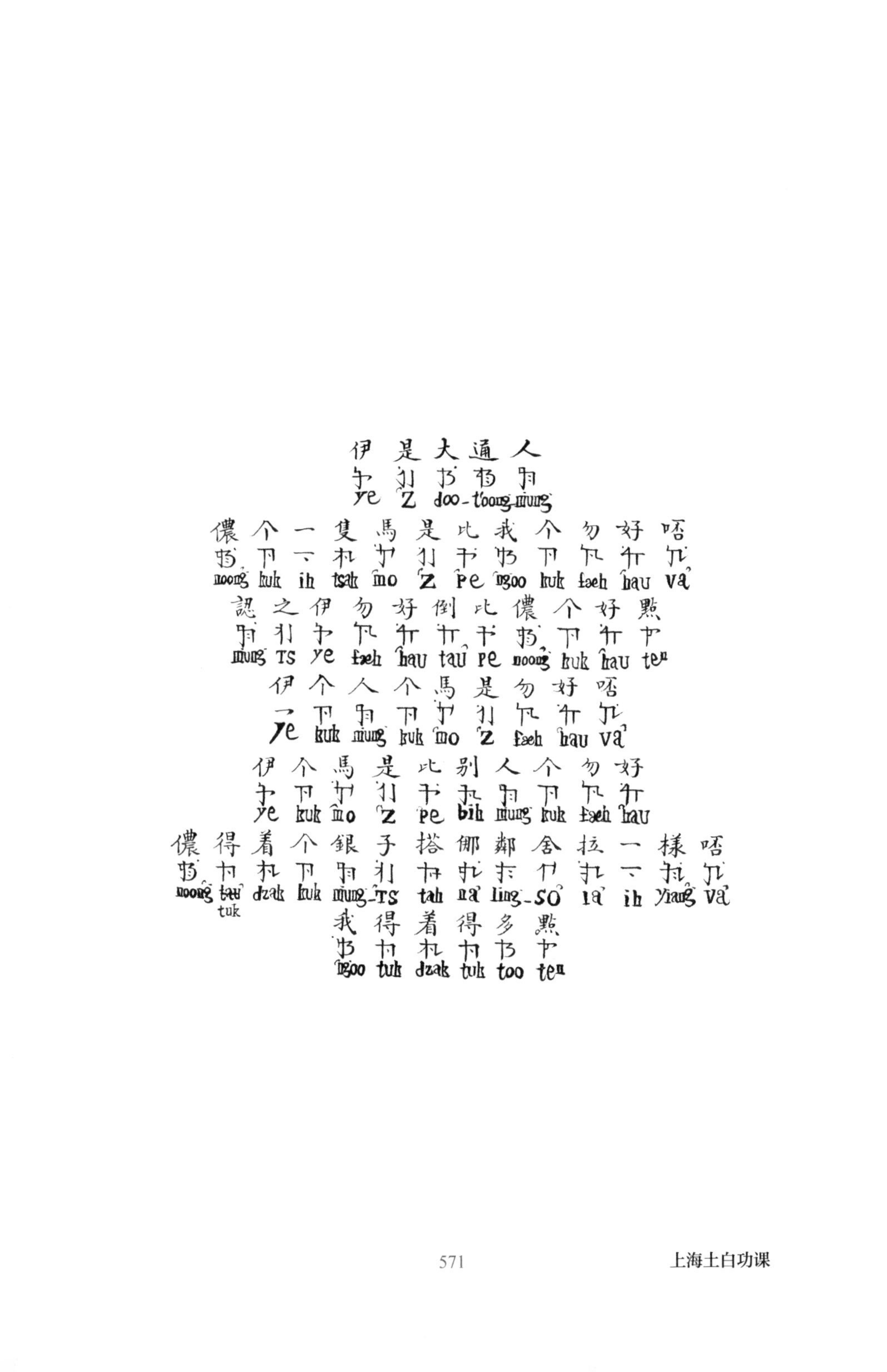

伊是大通人

ye Z doo-toong-mung

儂个一隻馬是比我个勿好唔

noong kuk ih tsak mo Z pe ngoo kuk faeh hau va

認之伊勿好倒比儂个好點

mung TS ye faeh hau tau pe noong kuk hau ten

伊个人个馬是勿好唔

ye kuk mung kuk mo Z faeh hau va

伊个馬是比別人个勿好

ye kuk mo Z pe bih mung kuk faeh hau

儂得着个銀子搭倗鄰舍拉一樣唔

noong ~~tau~~ tuk dzak kuk mung-TS tah na ling-so la ih yiang va

我得着得多點

ngoo tuk dzak tuk too ten

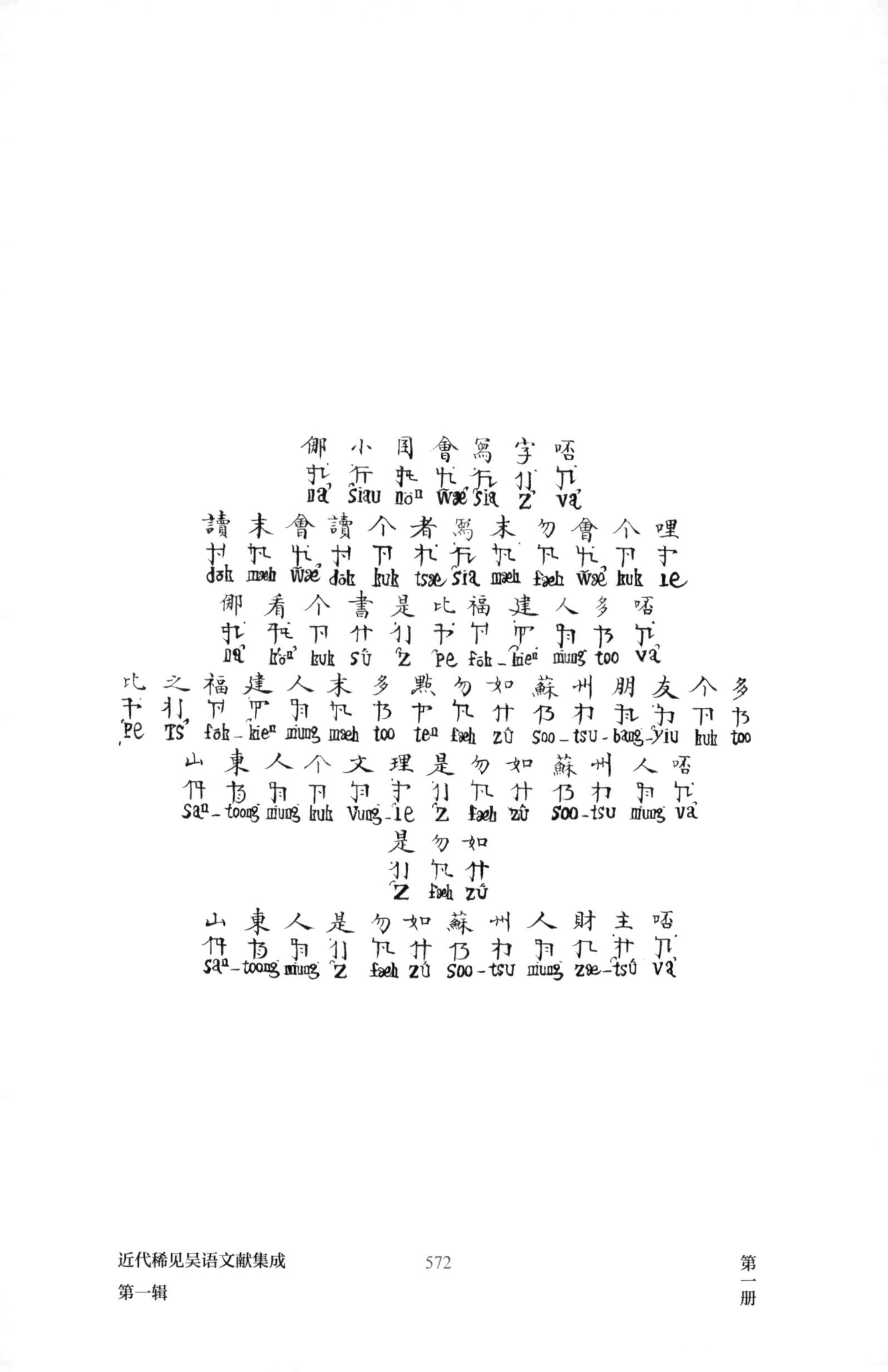

倻小囝會寫字喒
na' siau nön w̃æ' sia z' va'

讀末會讀个者寫末勿會个哩
dŏk mæh w̃æ' dŏk kuk tsæ sia mæh fæh w̃æ' kuk le

倻看个書是比福建人多喒
na' k'ön' kuk sû z' pe fŏk-kien miung too va'

比之福建人末多點勿如蘇州朋友个多
pe ts' fŏk-kien miung mæh too ten fæh zû soo-tsu-bang-yiu kuk too

山東人个文理是勿如蘇州人喒
san-toong miung kuk vung-le z' fæh zû soo-tsu miung va'

是勿如
z' fæh zû

山東人是勿如蘇州人財主喒
san-toong miung z' fæh zû soo-tsu miung zæ-tsû va'

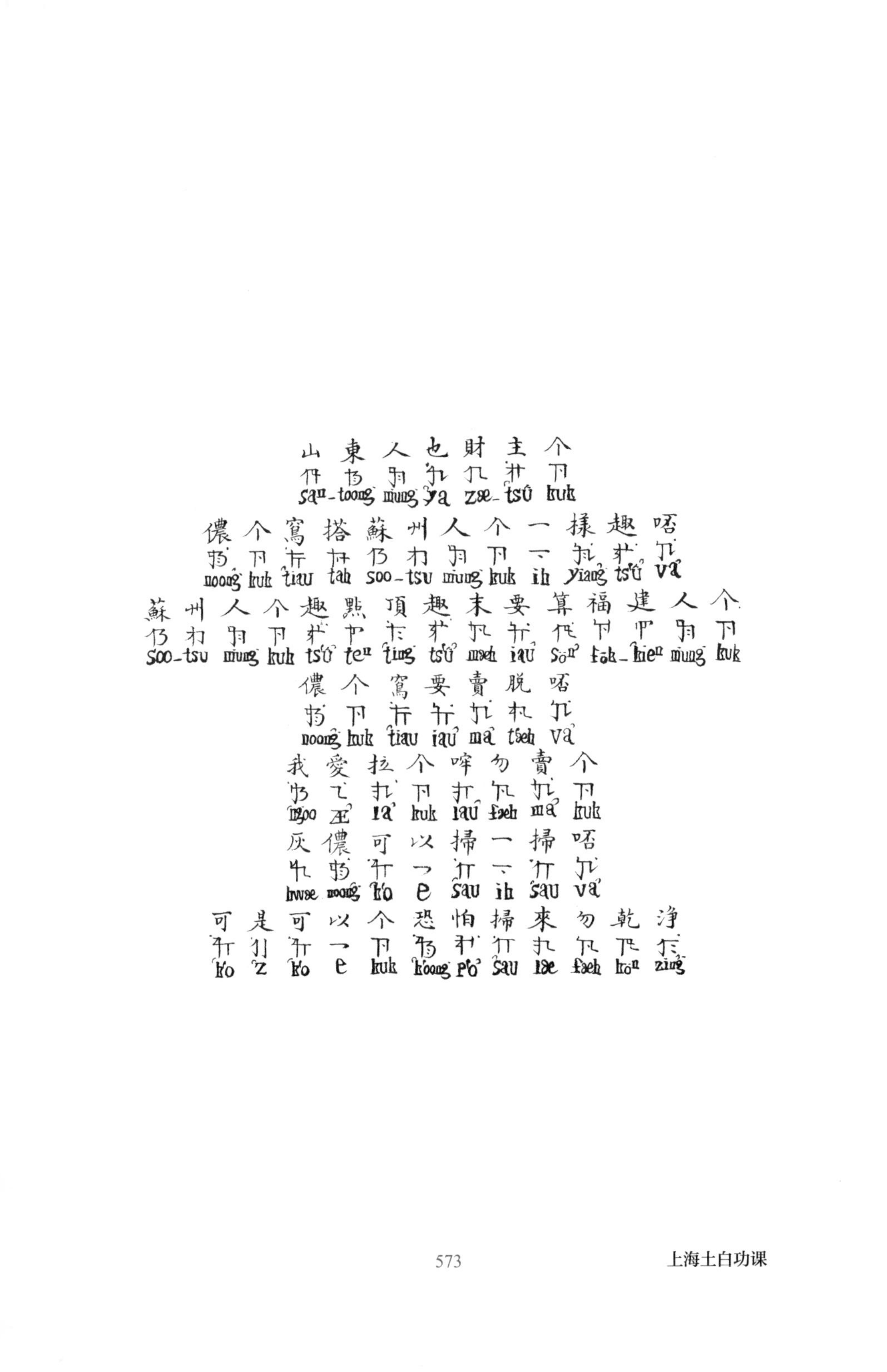

山東人也財主个

sa^n-toong niung ya zæ-tsû kuk

儂个窵搭蘇州人个一樣趣啞

noong kuk tiau tah soo-tsu niung kuk ih yiang tsû va

蘇州人个趣點頂趣末要算福建人个

soo-tsu niung kuk tsû te^n ting tsû mæh iau sö^n fok-kie^n niung kuk

儂个窵要賣脫啞

noong kuk tiau iau ma tseh va

我愛拉个哰勿賣个

ngoo æ la kuk lau fæh ma kuk

灰儂可以掃一掃啞

hwæ noong k'o e sau ih sau va

可是可以个恐怕掃來勿乾淨

k'o z k'o e kuk k'oong p'o sau læ fæh kö^n zing

牛 肉 燒 來 好 吃 唔

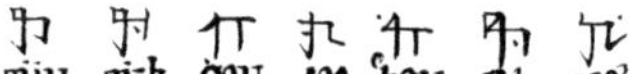

miu-miok ŝau læ ʿhau c'uk vaʾ

好 吃 个

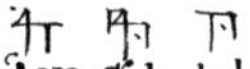

ʿhau c'uk kuk

饅 頭 為 啥 烘 來 黑 之

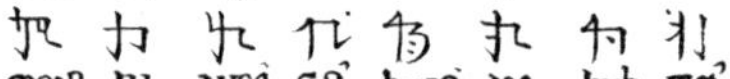

mæn-du wæʾ saʾ hoongʾ læ huk tsʾ

火 旺 哰

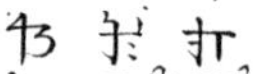

hoo wongʾ laû

儂 為 啥 起 來 早 來 哰

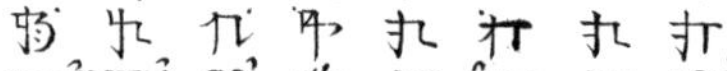

noongʾ wæʾ saʾ c'e læ ŝau læ lauʾ

要 出 去 哰

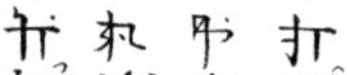

iauʾ tsʿeh c'e laû

肉 儂 曉 得 切 來 大 唔

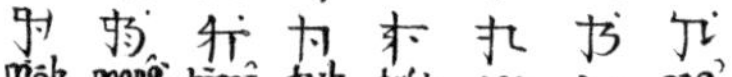

mok noonĝ hiaû tuk ts'ih læ doo vaʾ

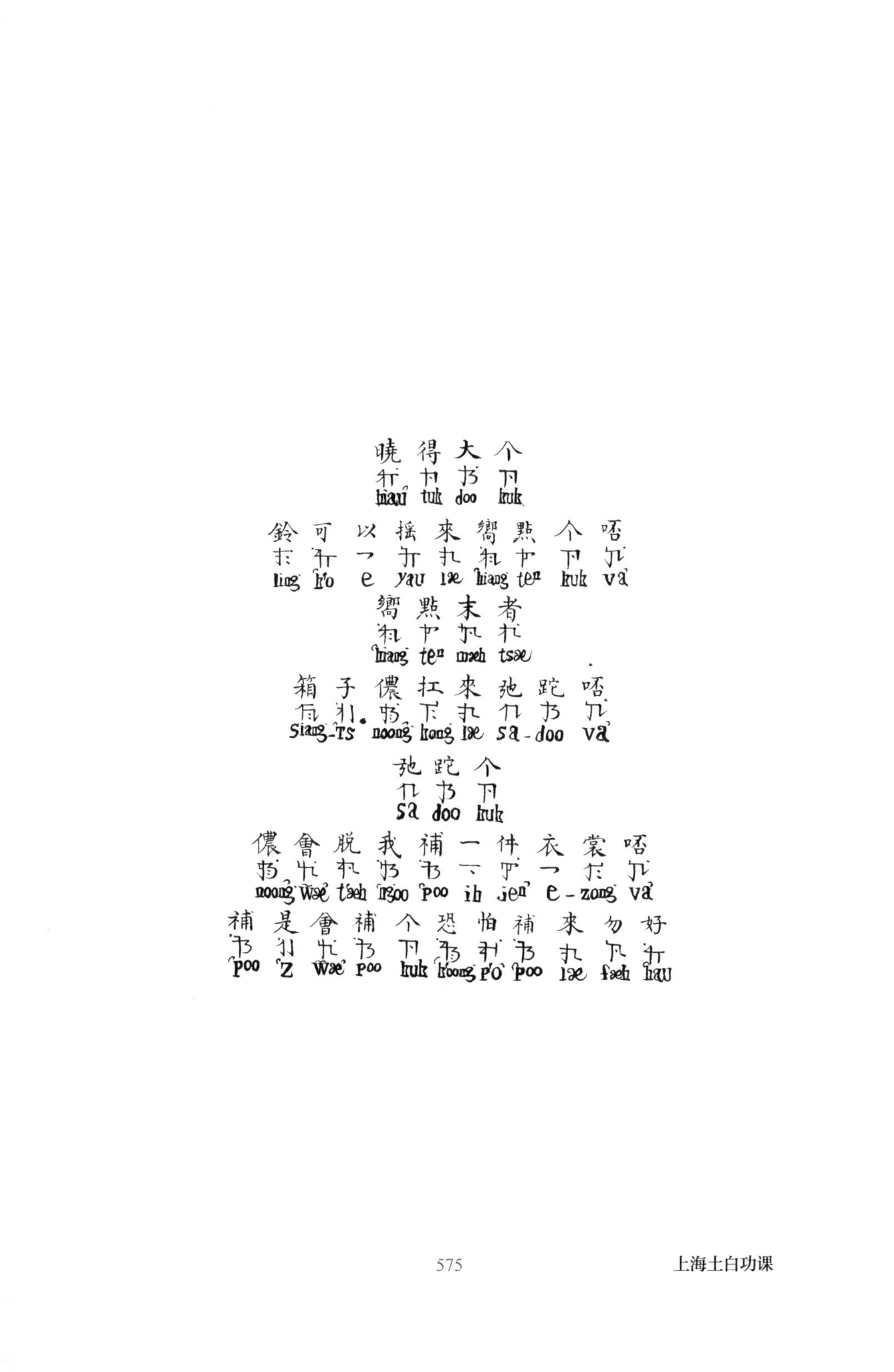

曉得大个
hiau tuk doo kuk

鈴可以搖來響點个唔
ling k'o e yau læ hiang te^{n} kuk va

響點末者
hiang te^{n} mæh tsæ

箱子儂扛來弛跎唔
siang-ts noong kong læ sa-doo va

弛跎个
sa doo kuk

儂會脱我補一件衣裳唔
noong wæ t'æh ngoo p'oo ih jen e-zong va

補是會補个恐怕補來勿好
p'oo z wæ poo kuk k'oong p'o p'oo læ fæh hau

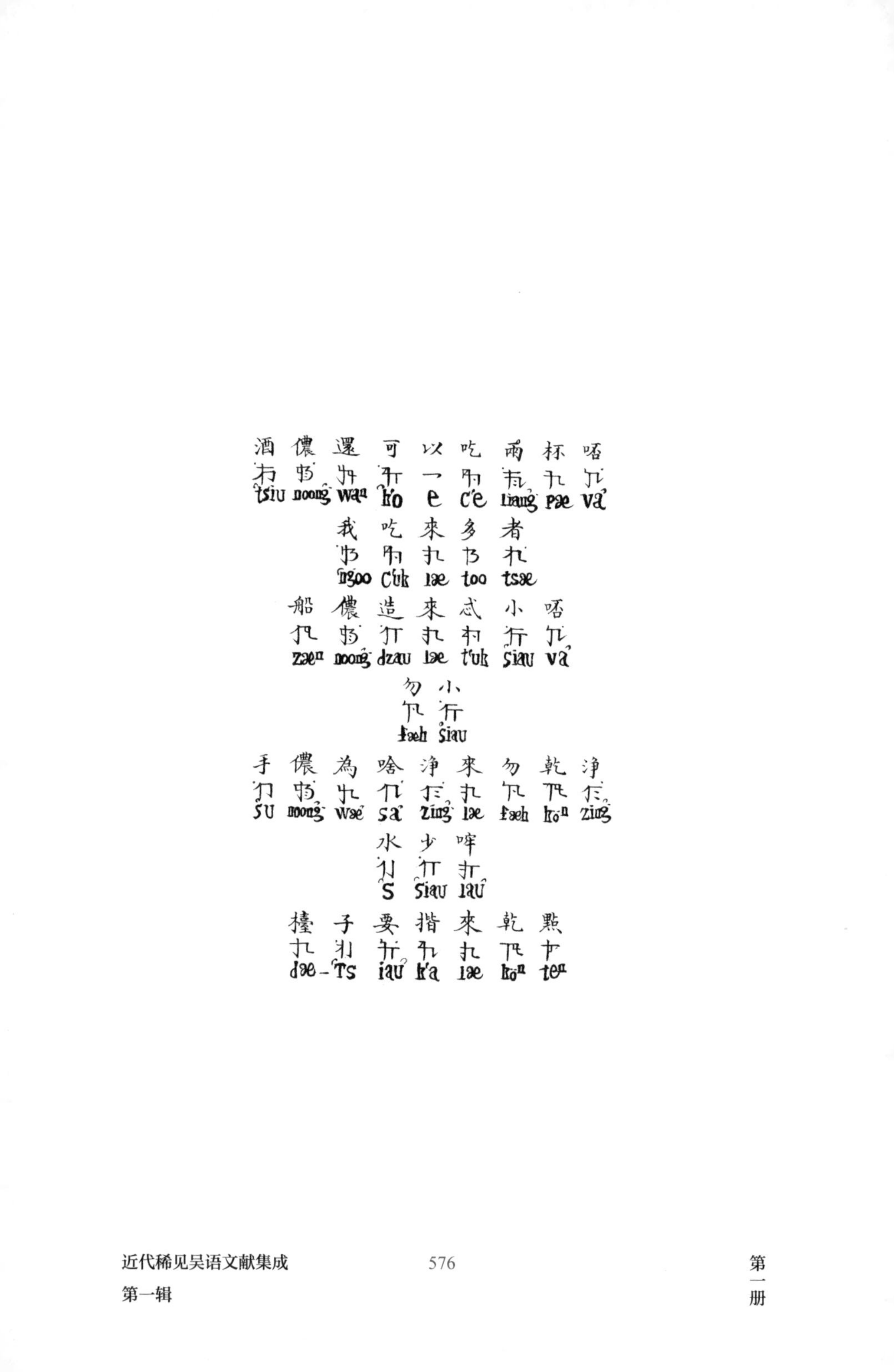

酒	儂	還	可	以	吃	兩	杯	唔
tsiu	noong	wa^{n}	k'o	e	c'e	liang	pæ	va

我	吃	來	多	者
ngoo	c'uk	læ	too	tsæ

船	儂	造	來	忒	小	唔
zæ^{n}	noong	dzau	læ	t'uk	siau	va

勿	小
fæh	siau

手	儂	為	啥	淨	來	勿	乾	淨
su	noong	wæ	sa	zing	læ	fæh	kö^{n}	zing

水	少	哰
s	siau	lau

檯	子	要	揩	來	乾	點
dæ-	ts	iau	k'a	læ	kö^{n}	te^{n}

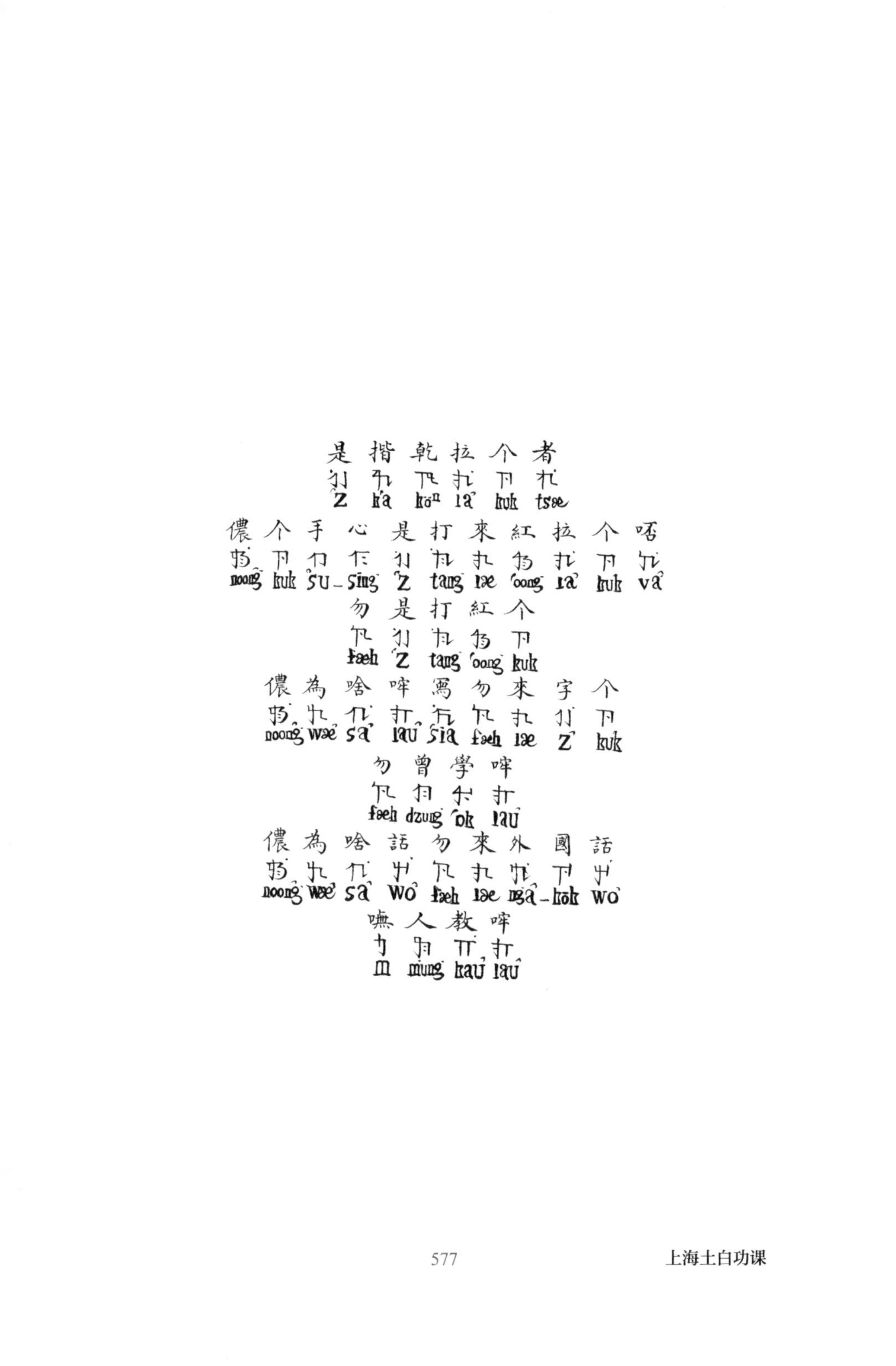

是揩乾拉个者

'Z k'a kön la kuk tsæ

儂个手心是打來紅拉个嗬

noong kuk su-sing 'Z tang læ 'oong la kuk va

勿是打紅个

fæh 'Z tang 'oong kuk

儂為啥哰寫勿來字个

noong wæ sá lau sia fæh læ 'Z kuk

勿曾學哰

fæh dzung 'ok lau

儂為啥話勿來外國話

noong wæ sá wó fæh læ ngá-kok wó

嘸人教哰

m ming kau lau

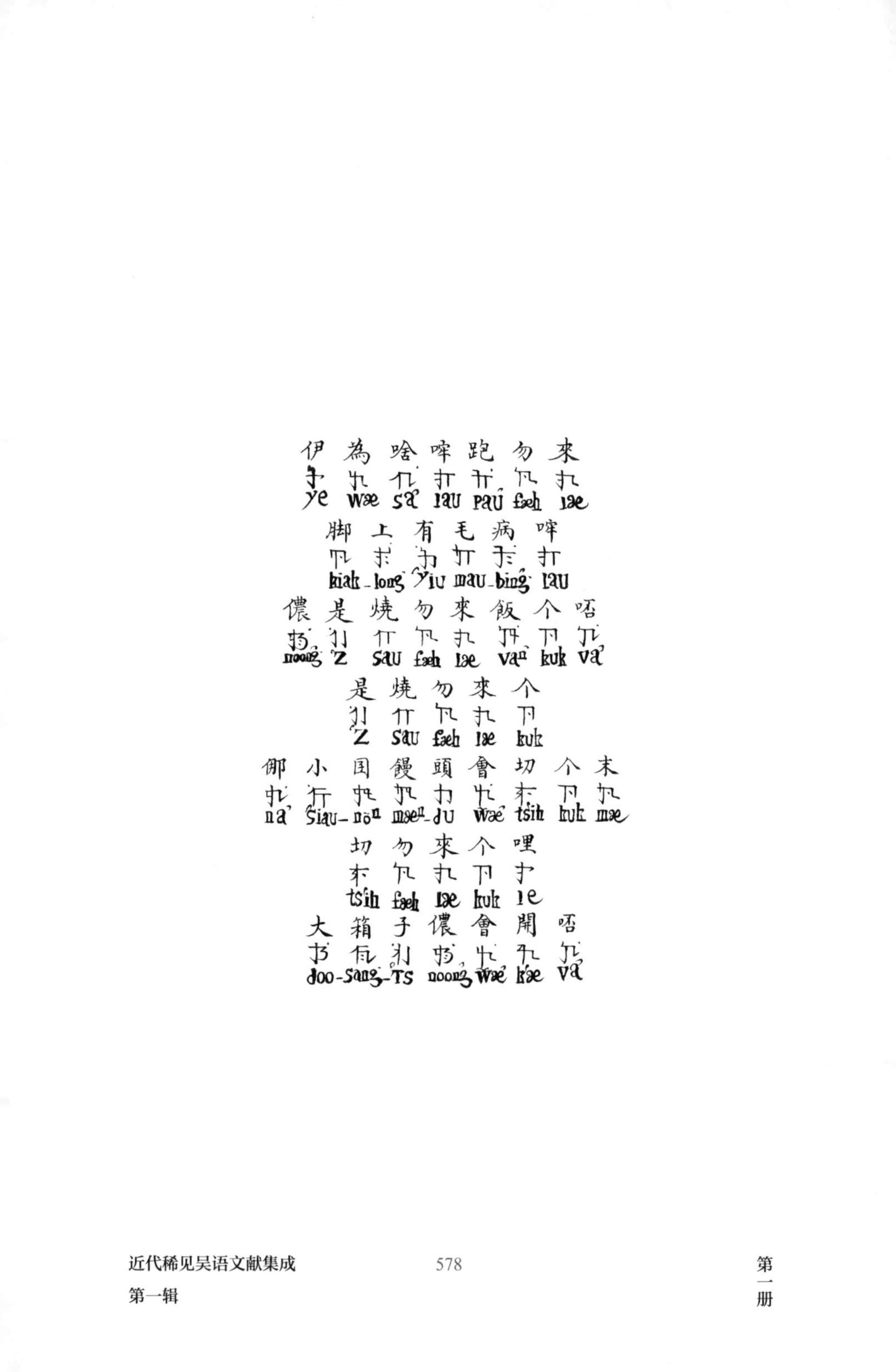

伊為啥哰跑勿來

ye wæ sa' lau pau' fæh læ

脚上有毛病哰

kiak-long yiu mau-bing lau

儂是燒勿來飯个唔

noong z sau fæh læ van kuk va'

是燒勿來个

z sau fæh læ kuk

㑚小囯饅頭會切个末

na' siau-nön mæn-du wæ' tsih kuk mæ

切勿來个哩

tsih fæh læ kuk le

大箱子儂會開唔

doo-sang-ts noong wæ' k'æ va'

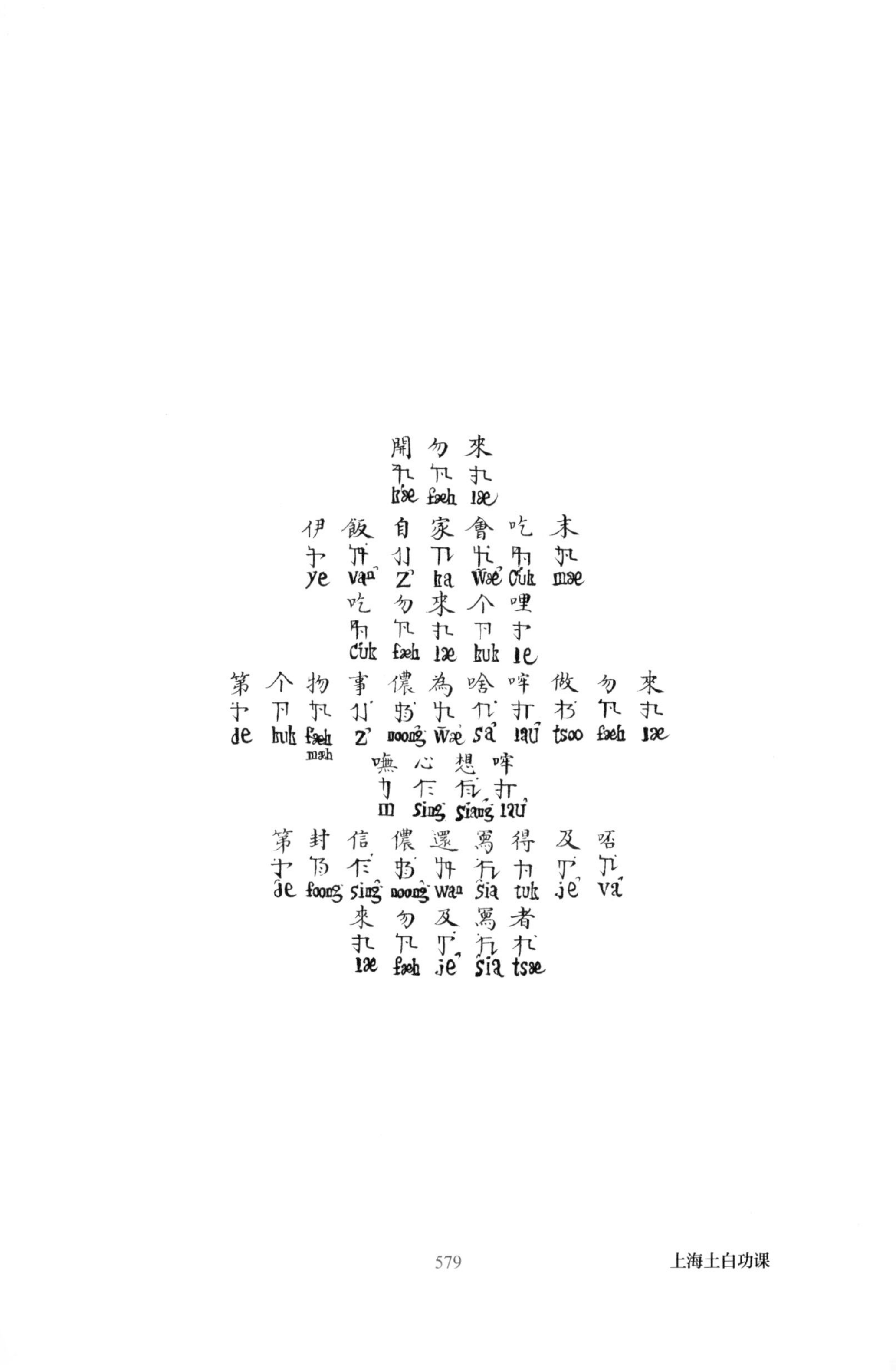

開 勿 來
k'æ fæh læ

伊 飯 自 家 會 吃 末
ye van z' ka wæ cük mæ

吃 勿 來 个 哩
cük fæh læ kuk le

第 个 物 事 儂 為 啥 哰 做 勿 來
de kuk fæh z' noong wæ sa lau tsoo fæh læ
mæh

嘸 心 想 哰
m sing siang lau

第 封 信 儂 還 寫 得 及 唔
de foong sing noong wan sia tuk je va

來 勿 及 寫 者
læ fæh je sia tsæ

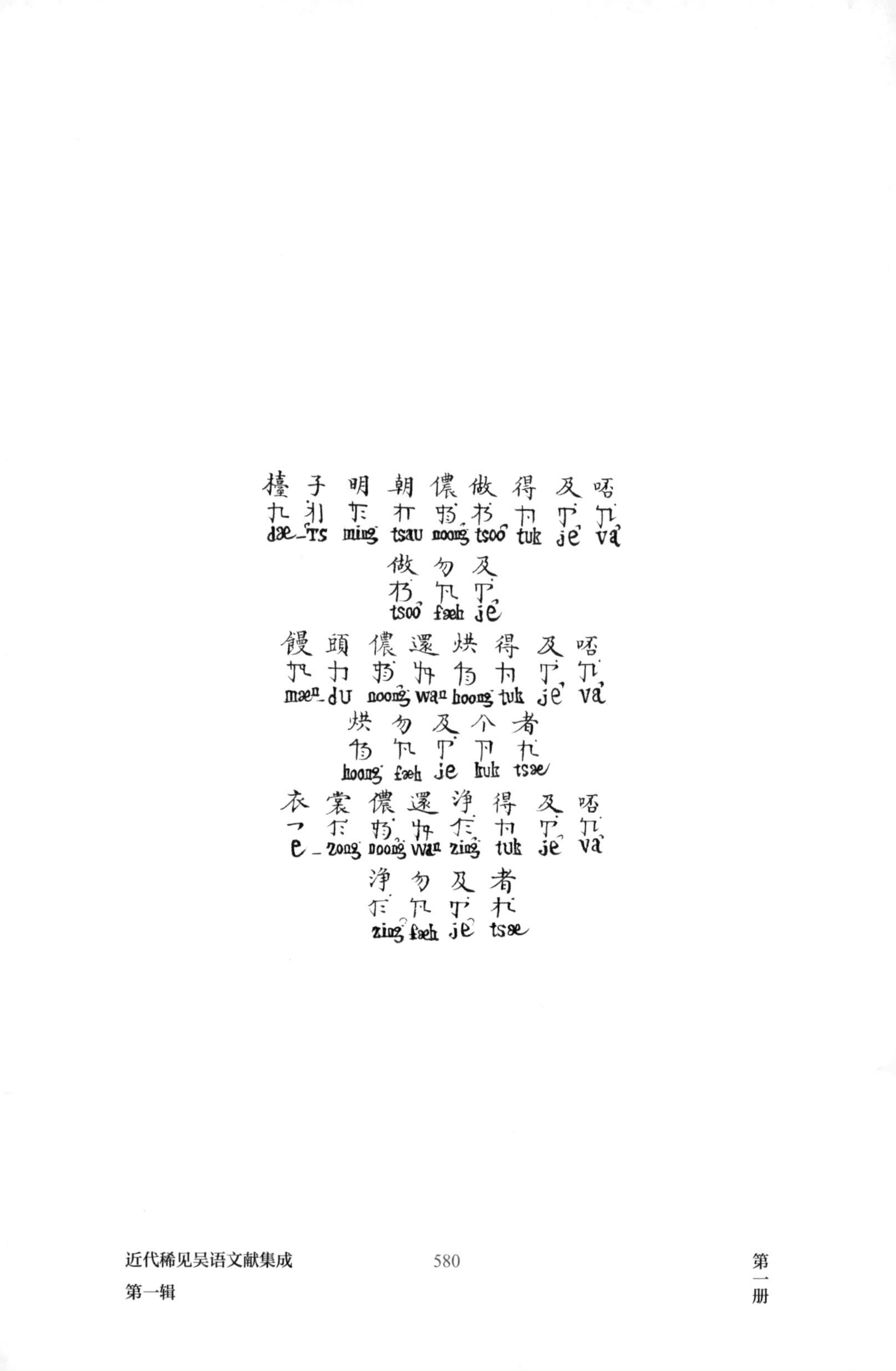

檯子明朝儂做得及唔

dæ-ts ming tsau noong tsoo tuk je va

做勿及

tsoo fæh je

饅頭儂還烘得及唔

mæn-du noong wan hoong tuk je va

烘勿及个者

hoong fæh je kuk tsæ

衣裳儂還淨得及唔

e-zong noong wan zing tuk je va

淨勿及者

zing fæh je tsæ

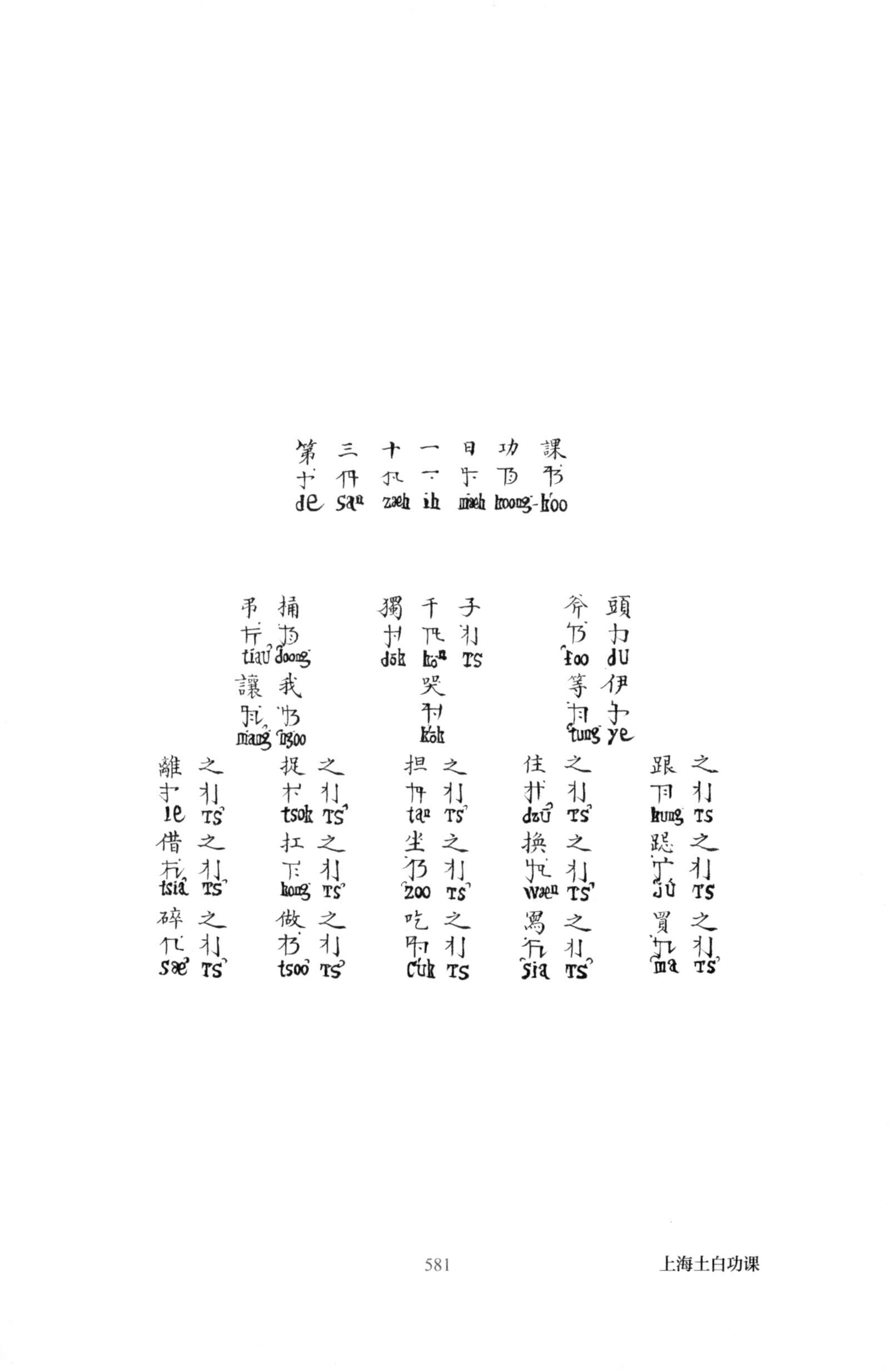

第三十一日功課

de sa^n zaeh ih niaeh koong-k'oo

弔捅		獨千子		斧頭
tiau doong		dŏk ko^n TS		foo dU
讓我		哭		等伊
niang ngoo		k'ŏk		tung ye

離之	捉之	担之	住之	跟之
le TS	tsok TS	ta^n TS	dzû TS	kung TS
借之	扛之	坐之	換之	跽之
tsia TS	kong TS	zoo TS	wae^n TS	jû TS
碎之	做之	吃之	寫之	買之
sæ TS	tsoo TS	c'ŭk TS	sia TS	ma TS

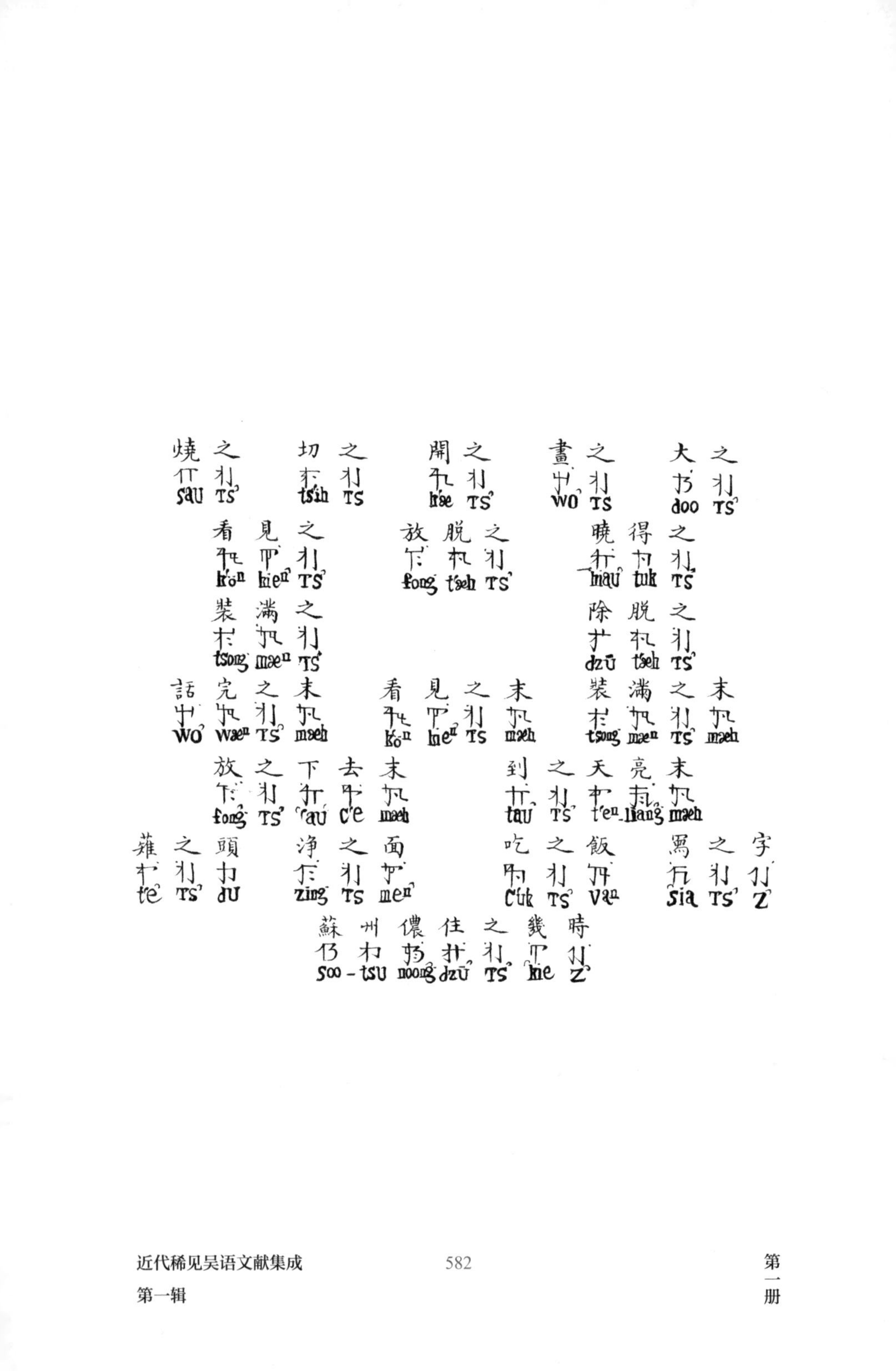

燒之
sau TS'

切之
ts'ih TS

開之
k'ae TS'

畫之
wo' TS

大之
doo TS'

看見之
k'ō^{n} kie^{n}' TS'

放脫之
fong t'aeh TS'

曉得之
hau' tuk TS'

裝滿之
tsong mae^{n} TS'

除脫之
dzū t'aeh TS'

話完之末
wo' wae^{n} TS' maeh

看見之末
k'ō^{n} kie^{n}' TS maeh

裝滿之末
tsong mae^{n} TS' maeh

放之下去末
fong TS' 'au c'e maeh

到之天亮末
tau' TS' t'e^{n}-liang maeh

薙之頭
t'e TS' du

淨之面
zing TS me^{n}'

吃之飯
c'uk TS' va^{n}

寫之字
sia TS' z'

蘇州儂住之幾時
soo-tsu noong dzū' TS' 'kie z'

住 之 一 个 月

dzū TS ih kuk mōh

廣 東 儂 住 之 幾 時 者

kwong-tsoong noong dzū TS kie Z tsæ

住 之 兩 年 者

dzū TS liang mien tsæ

儂 到 蘇 州 是 獨 干 子 去 个 唔

noong tau soo-tsu Z dōk kōn TS c'e kuk va

咭 相 帮 人 跟 之 哰 去 个

kiau siang-pong mung kung TS lau c'e kuk

伊 拉 扛 之 生 病 人 到 那 里 去

ye la kong TS sang-bing-mung tau 'a le c'e

到 郎 中 場 化 去

taû long-tsoong dzang hâu c'e

伊 是 居 去 咯
ye z hiû c'é va

伊 是 担 之 褥 子 哰 居 去
ye z tan ts mök-ts lau hiû c'é

倻 末 裝 滿 之 幾 袋
na me tsong maen ts kie dæ

裝 滿 之 兩 袋
tsong maen ts liang dæ

伊 垃 拉 船 上 做 啥
ye leh la zaen-long tsoo sa

坐 之 哰 拉 白 話
zoo ts lau la bah wo

伊 對 之 先 生 哰 拉 做 啥
ye tæ ts sen-sang lau la tsoo sa

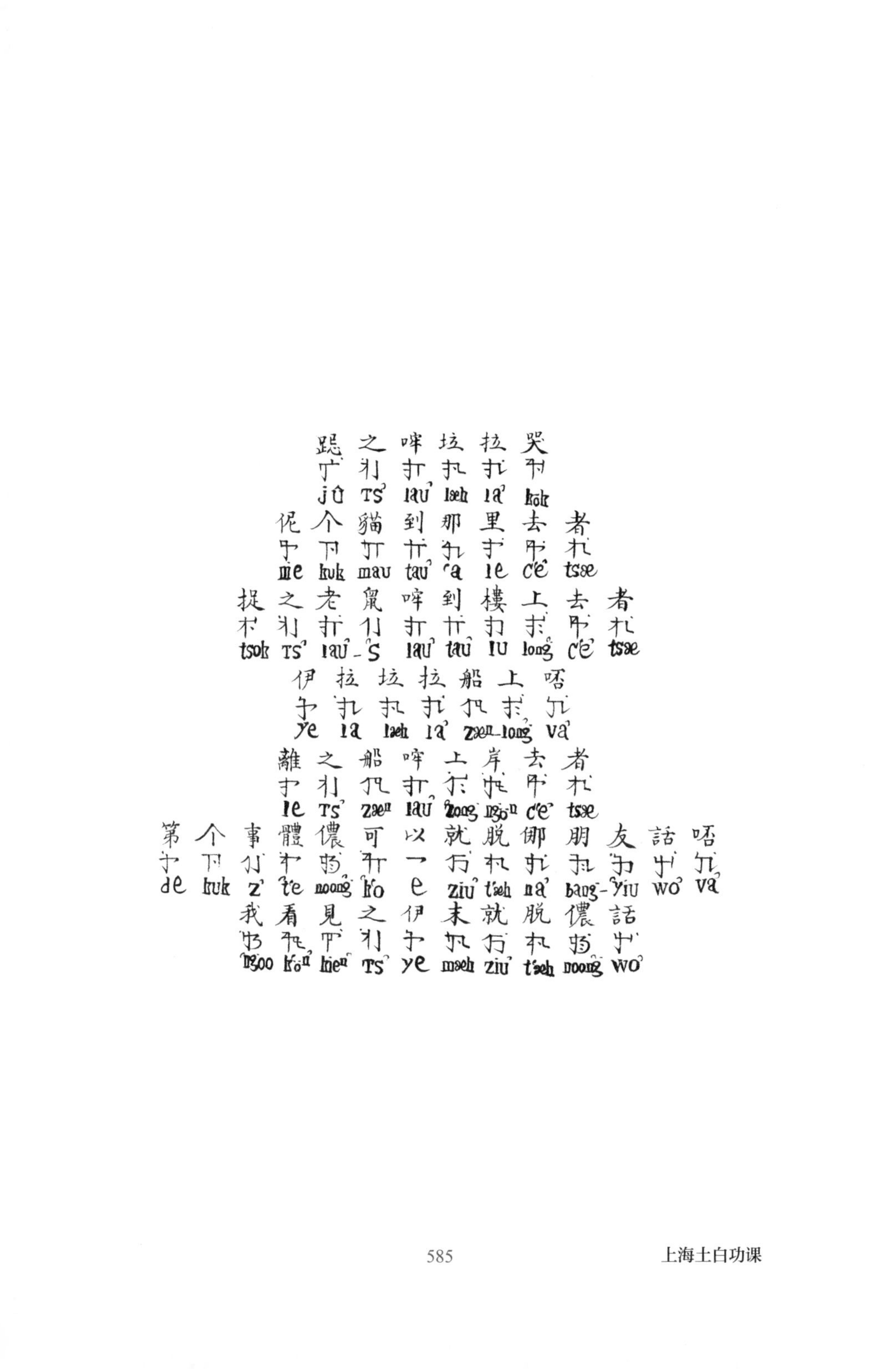

踻之哰垃拉哭

jû ts lau laeh la kok

伲个貓到那里去者

nie kuk mau tau 'a le c'e tsae

捉之老鼠哰到樓上去者

tsok ts lau-s lau tau lu long c'e tsae

伊拉垃拉船上咾

ye la laeh la zaen-long va

離之船哰上岸去者

le ts zaen lau zong ngôn c'e tsae

第个事體儂可以就脫伲朋友話咾

de kuk z t'e noong k'o e ziu t'seh na bang-yiu wo va

我看見之伊末就脫儂話

ngoo k'ôn kien ts ye meh ziu t'seh noong wo

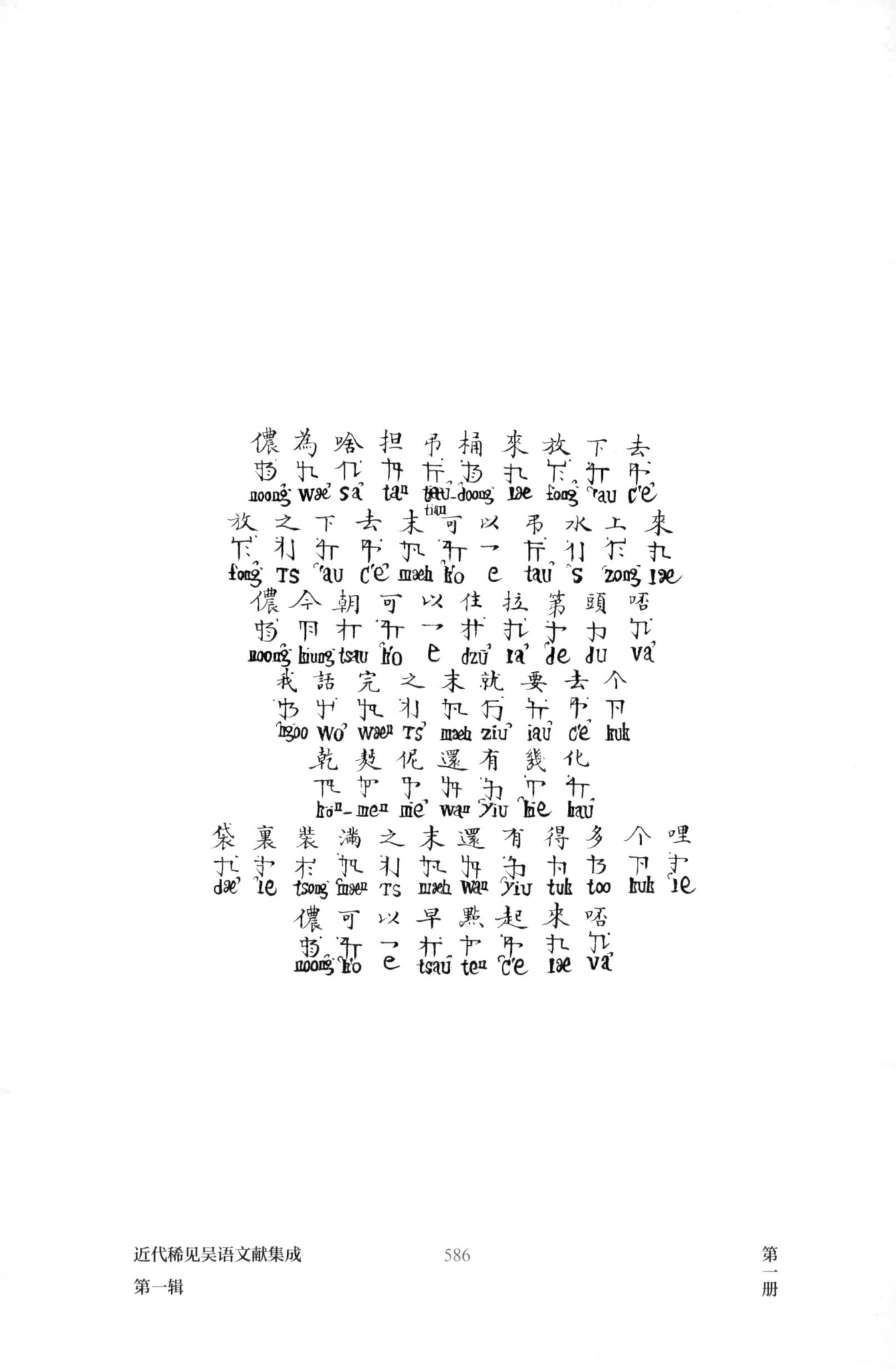

儂為啥担吊桶來放下去

noong wæ sa tan tiau-doong læ fong 'au c'e

tian

放之下去末可以吊水上來

fong ts 'au c'e mæh k'o e tiau s zong læ

儂今朝可以住拉第頭唔

noong kiung tsau k'o e dzu la de du va

我話完之末就要去个

ngoo wo wæn ts mæh ziu iau c'e kuk

乾麪侃還有幾化

kön-men me wan yiu kie hau

袋裏裝滿之末還有得多个哩

dæ le tsong mæn ts mæh wan yiu tuk too kuk le

儂可以早點起來唔

noong k'o e tsau ten c'e læ va

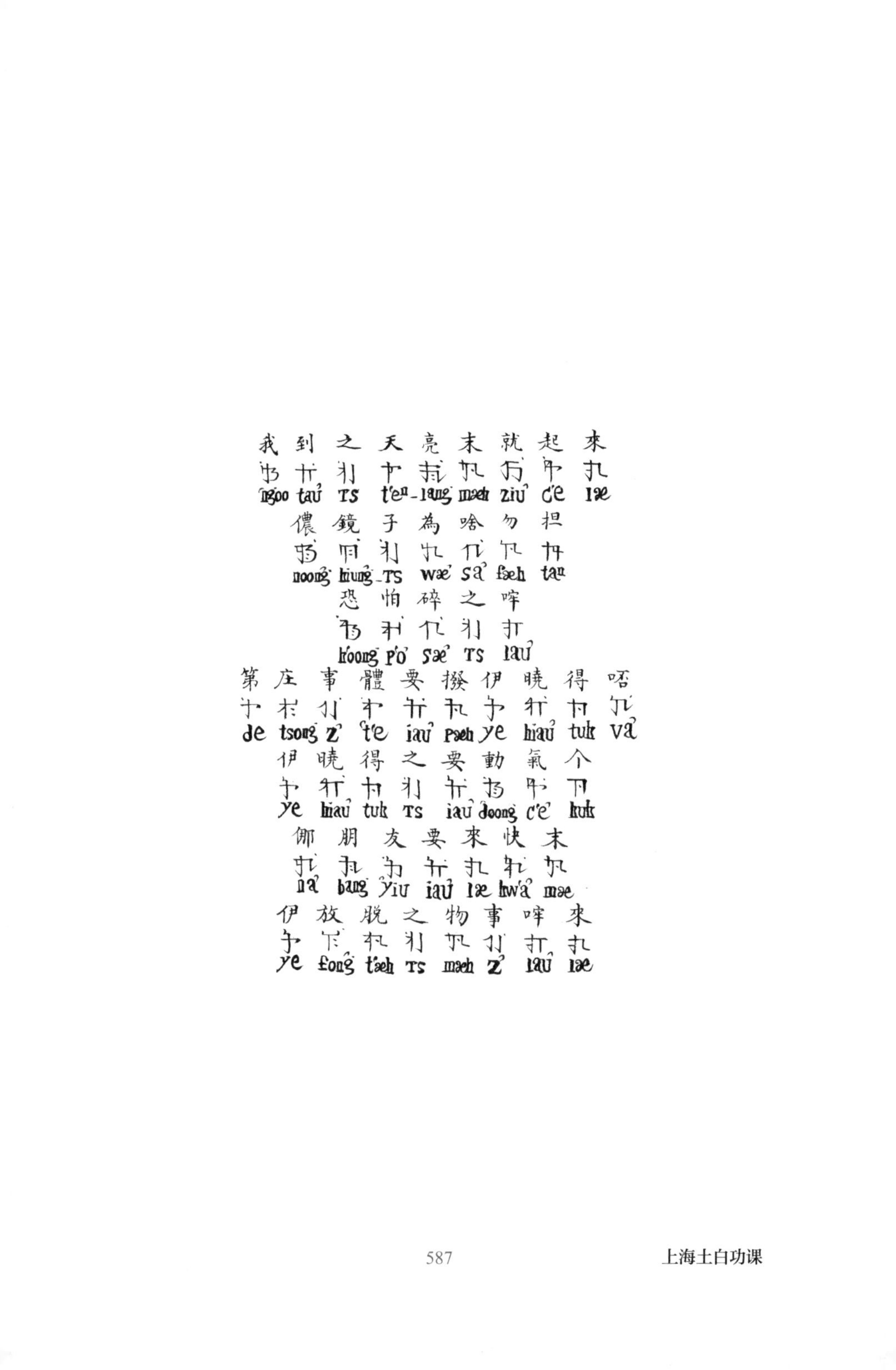

我 到 之 天 亮 末 就 起 來

ngoo tau TS t'en-lang maeh ziu c'e lae

儂 鏡 子 為 啥 勿 担

noong kiung-TS wae sa faeh tan

恐 怕 碎 之 哰

k'oong p'o sae TS lau

第 庄 事 體 要 撥 伊 曉 得 唔

de tsong z t'e iau paeh ye hiau tuk va

伊 曉 得 之 要 動 氣 个

ye hiau tuk TS iau doong c'e kuk

倻 朋 友 要 來 快 末

na bang yiu iau lae kw'a mae

伊 放 脫 之 物 事 哰 來

ye fong t'aeh TS maeh z lau lae

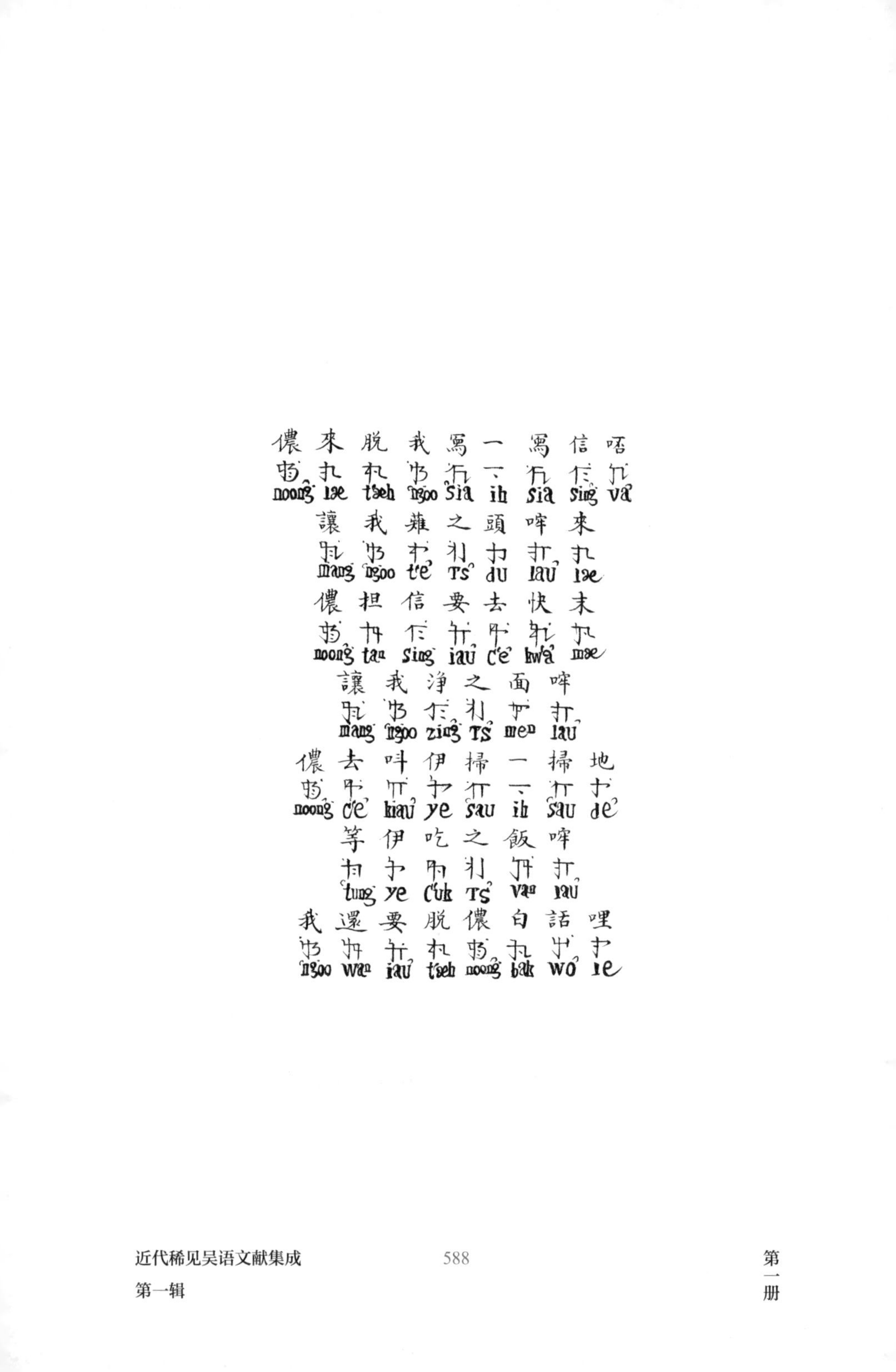

儂 來 脱 我 寫 一 寫 信 唔

noong læ tseh ngoo sia ih sia sing va

讓 我 薙 之 頭 哰 來

mang ngoo t'e ts du lau læ

儂 担 信 要 去 快 末

noong tan sing iau c'e kwa mæ

讓 我 淨 之 面 哰

mang ngoo zing ts men lau

儂 去 吽 伊 掃 一 掃 地

noong c'e kiau ye sau ih sau de

等 伊 吃 之 飯 哰

tung ye c'uk ts van lau

我 還 要 脱 儂 白 話 哩

ngoo wan iau tseh noong bak wo le

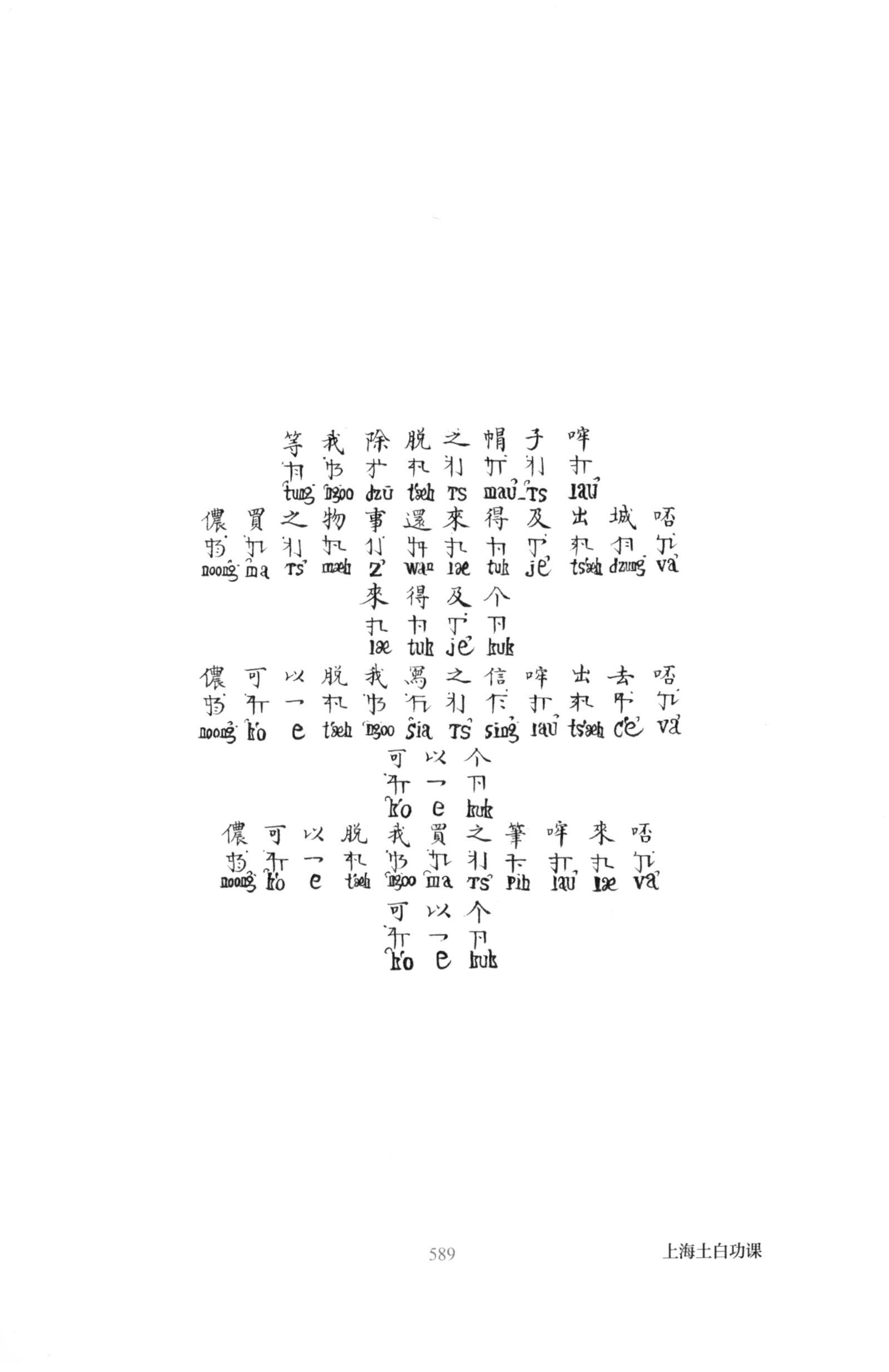

等	我	除	脫	之	帽	子	咾
tung	ngoo	dzū	t'æh	ts	mau	ts	lau

儂	買	之	物	事	還	來	得	及	出	城	唔
noong	ma	ts	mæh	z'	wan	læ	tuk	je	ts'æh	dzung	va

來	得	及	个
læ	tuk	je	kuk

儂	可	以	脫	我	寫	之	信	咾	出	去	唔
noong	k'o	e	t'æh	ngoo	sia	ts	sing	lau	ts'æh	c'e	va

可	以	个
k'o	e	kuk

儂	可	以	脫	我	買	之	筆	咾	來	唔
noong	k'o	e	t'æh	ngoo	ma	ts	pih	lau	læ	va

可	以	个
k'o	e	kuk

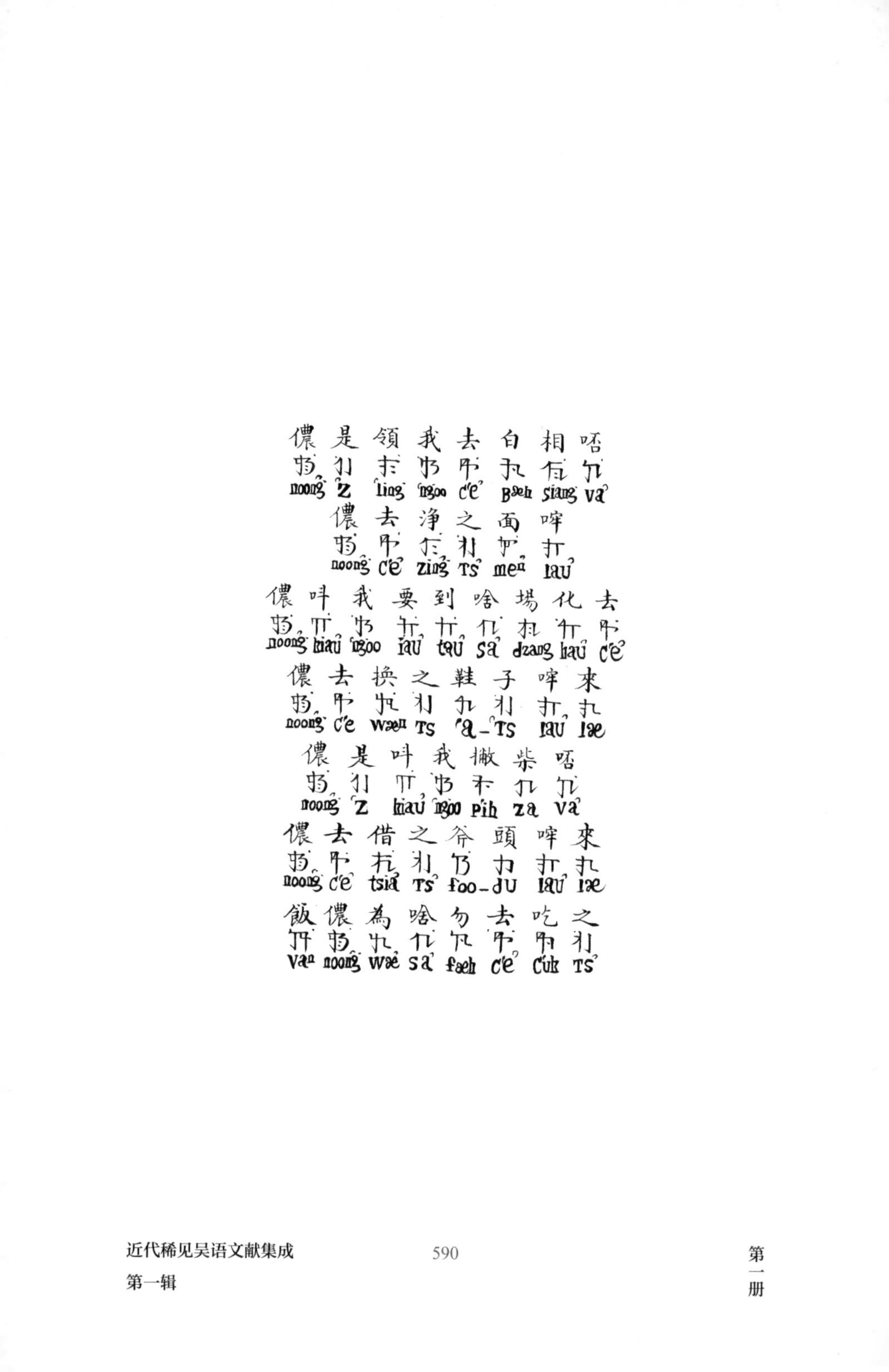

儂 是 領 我 去 白 相 唔
noong z ling ngoo c'e Baeh siang va

儂 去 淨 之 面 哰
noong c'e zing ts meen lau

儂 𠲎 我 要 到 啥 場 化 去
noong kiau ngoo iau tau sa dzang hau c'e

儂 去 換 之 鞋 子 哰 來
noong c'e waen ts 'a-ts lau lae

儂 是 𠲎 我 撇 柴 唔
noong z kiau ngoo pih za va

儂 去 借 之 斧 頭 哰 來
noong c'e tsia ts foo-du lau lae

飯 儂 為 啥 勿 去 吃 之
van noong wae sa faeh c'e c'uh ts

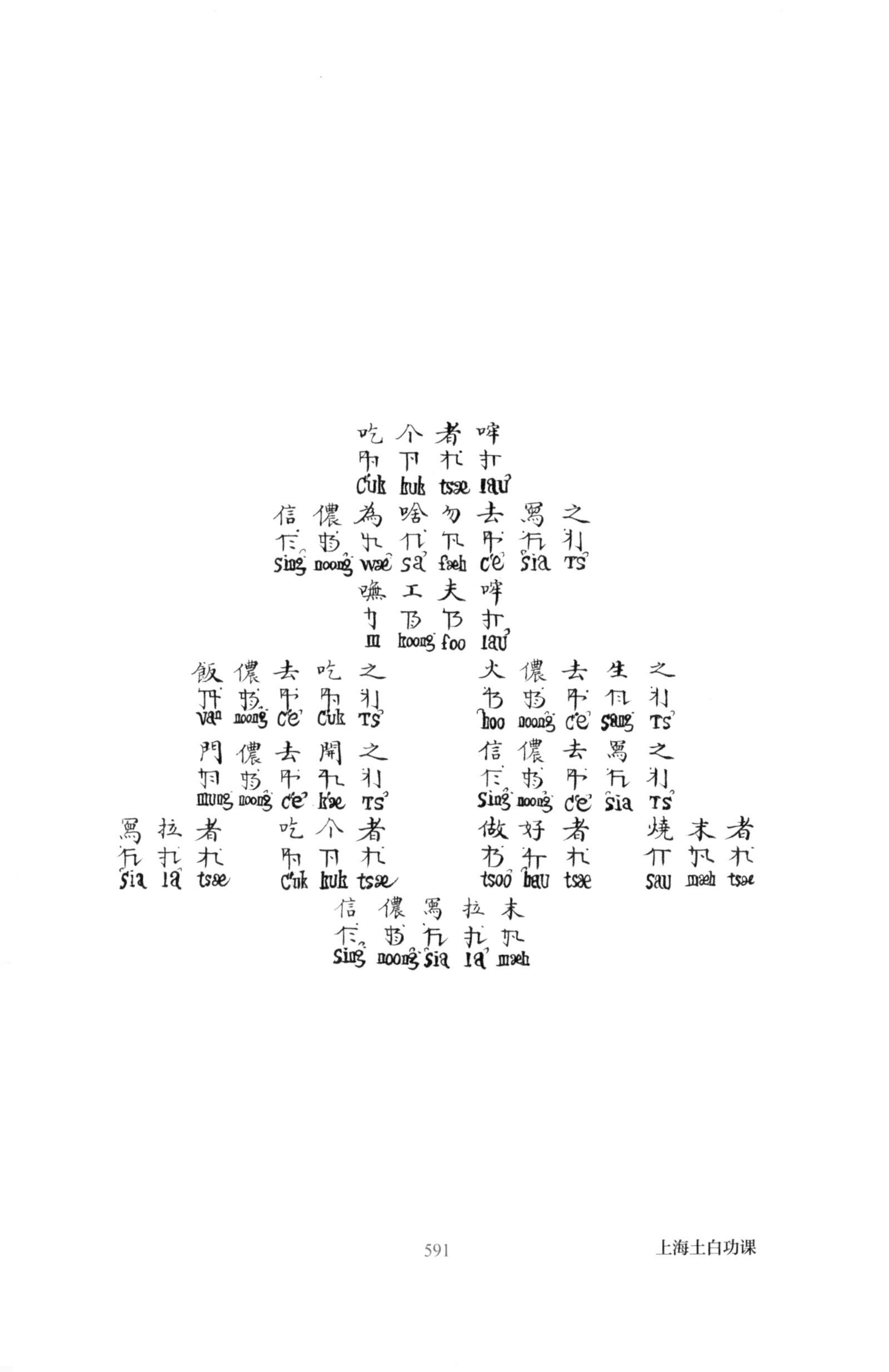

吃个者哰
C'uk kuk tsæ lau

信儂爲啥勿去寫之
Sing noong wæ sa fæh c'e sia TS

嘸工夫哰
m koong foo lau

飯儂去吃之
van noong c'e c'uk TS

火儂去生之
hoo noong c'e sang TS

門儂去開之
mung noong c'e k'æ TS

信儂去寫之
Sing noong c'e sia TS

寫拉者
sia la tsæ

吃个者
C'uk kuk tsæ

做好者
tsoo hau tsæ

燒末者
sau mæh tsæ

信儂寫拉末
Sing noong sia la mæh

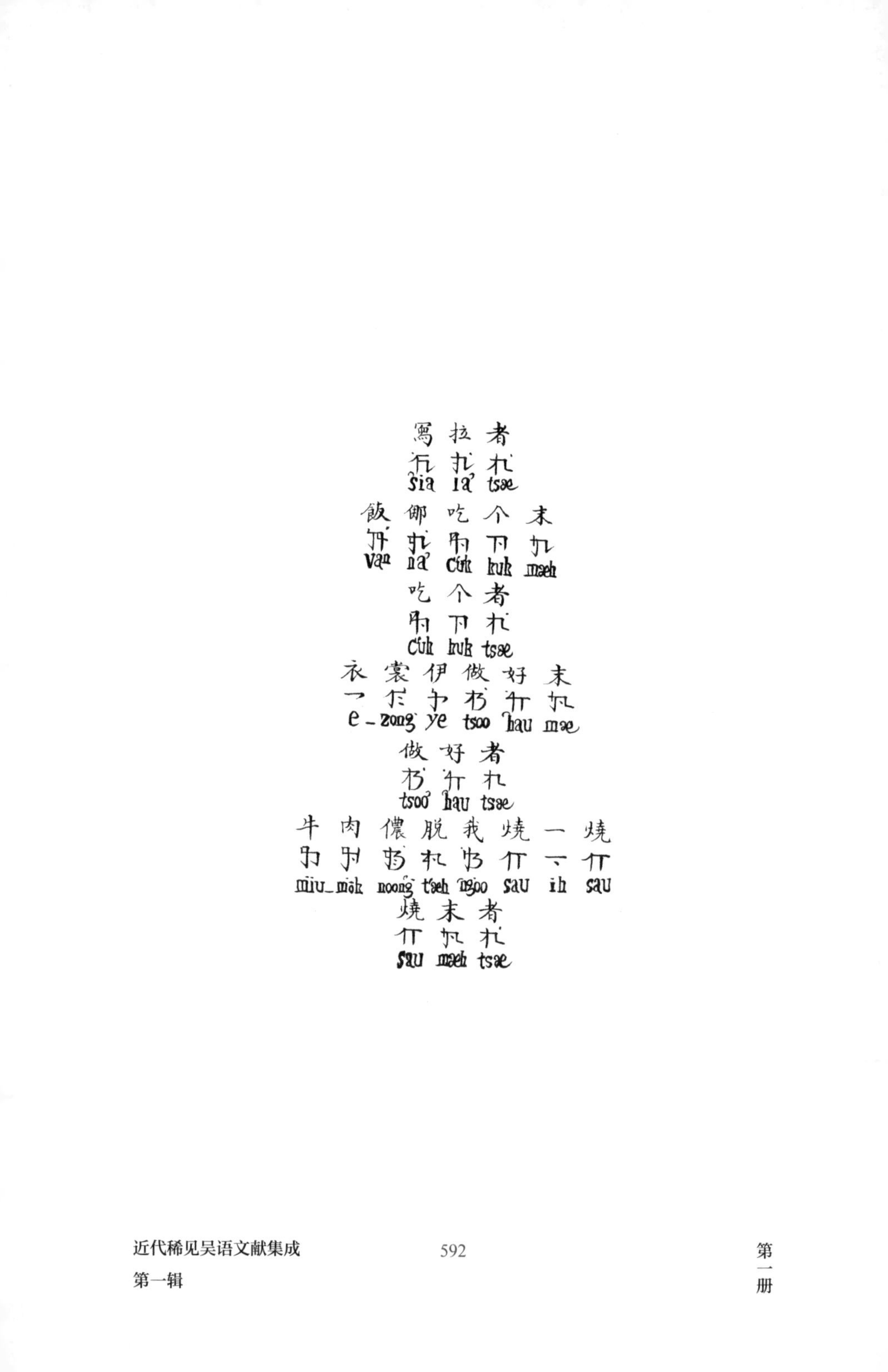

寫拉者

sia la' tsæ

飯㑚吃个末

van na' cük kuk mæh

吃个者

cük kuk tsæ

衣裳伊做好末

e-zong ye tsoo hau mæ

做好者

tsoo' hau tsæ

牛肉儂脱我燒一燒

niu-niök noong t'æh ngoo sau ih sau

燒末者

sau mæh tsæ

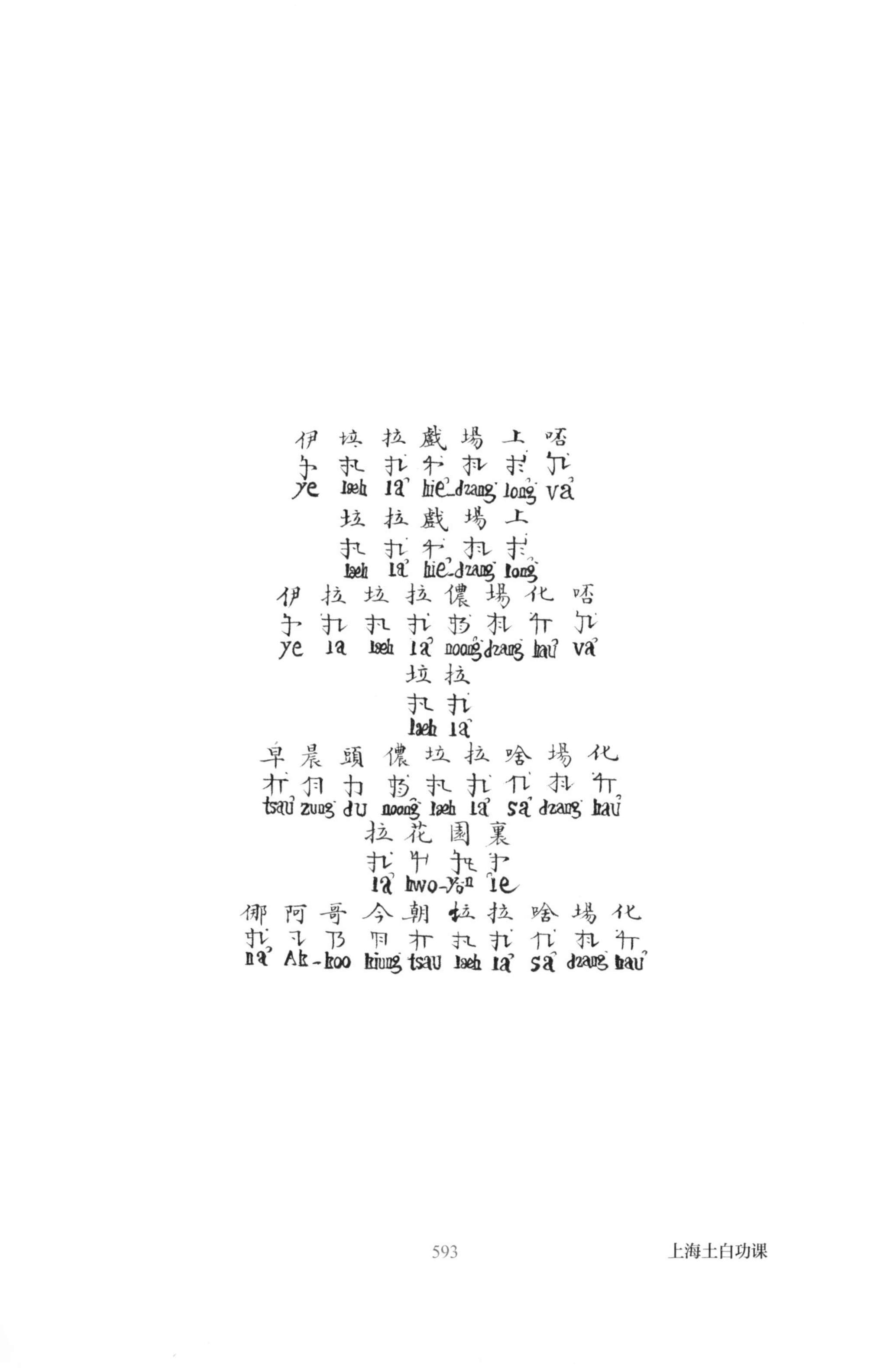

伊垃拉戲場上嗃

ye laeh la hie-dzang long va

垃拉戲場上

laeh la hie-dzang long

伊拉垃拉儂場化嗃

ye la laeh la noong dzang hau va

垃拉

laeh la

早晨頭儂垃拉啥場化

tsau zung du noong laeh la sa dzang hau

拉花園裏

la hwo-yön le

㑚阿哥今朝垃拉啥場化

na Ak-koo kiung tsau laeh la sa dzang hau

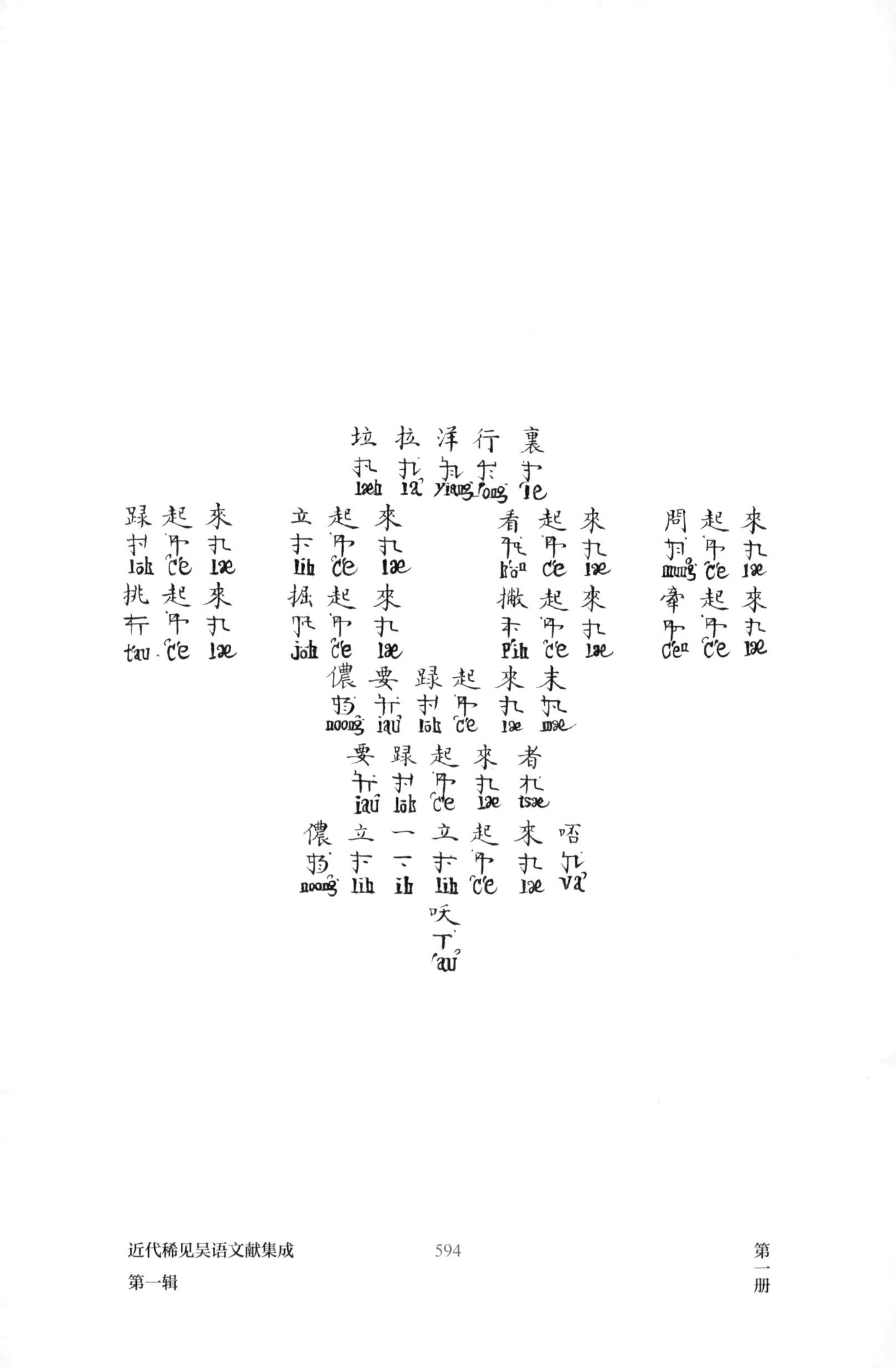

垃拉洋行裏
læh la yiang 'ong 'ie

趚起來　立起來　看起來　悶起來
lōk c'e læ　lih c'e læ　k'ön c'e læ　mung c'e læ

挑起來　搖起來　撇起來　牽起來
t'au c'e læ　joh c'e læ　p'ih c'e læ　c'en c'e læ

儂要趚起來末
noong iau lōk c'e læ mæ

要趚起來者
iau lōk c'e læ tsæ

儂立一立起來唔
noong lih ih lih c'e læ va

呟
'au

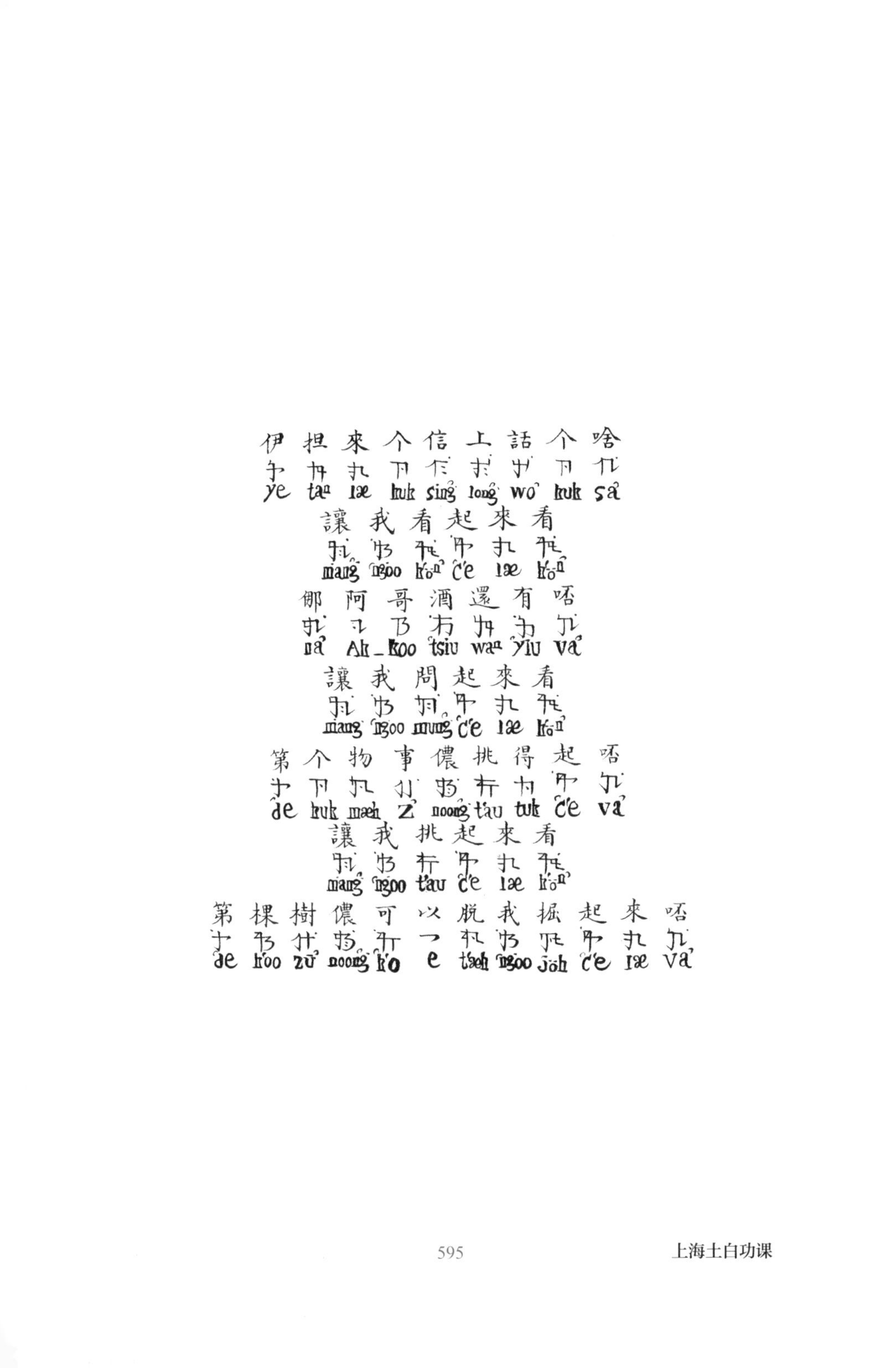

伊担來个信上話个啥

ye tan læ kuk sing long wo kuk sa

讓我看起來看

mang ngoo k'on c'e læ k'on

儂阿哥酒還有唔

na Ah-koo tsiu wan yiu va

讓我問起來看

mang ngoo mung c'e læ k'on

第个物事儂挑得起唔

de kuk maeh z noong t'au tuk c'e va

讓我挑起來看

mang ngoo t'au c'e læ k'on

第棵樹儂可以脫我掘起來唔

de k'oo zu noong k'o e t'aeh ngoo joh c'e læ va

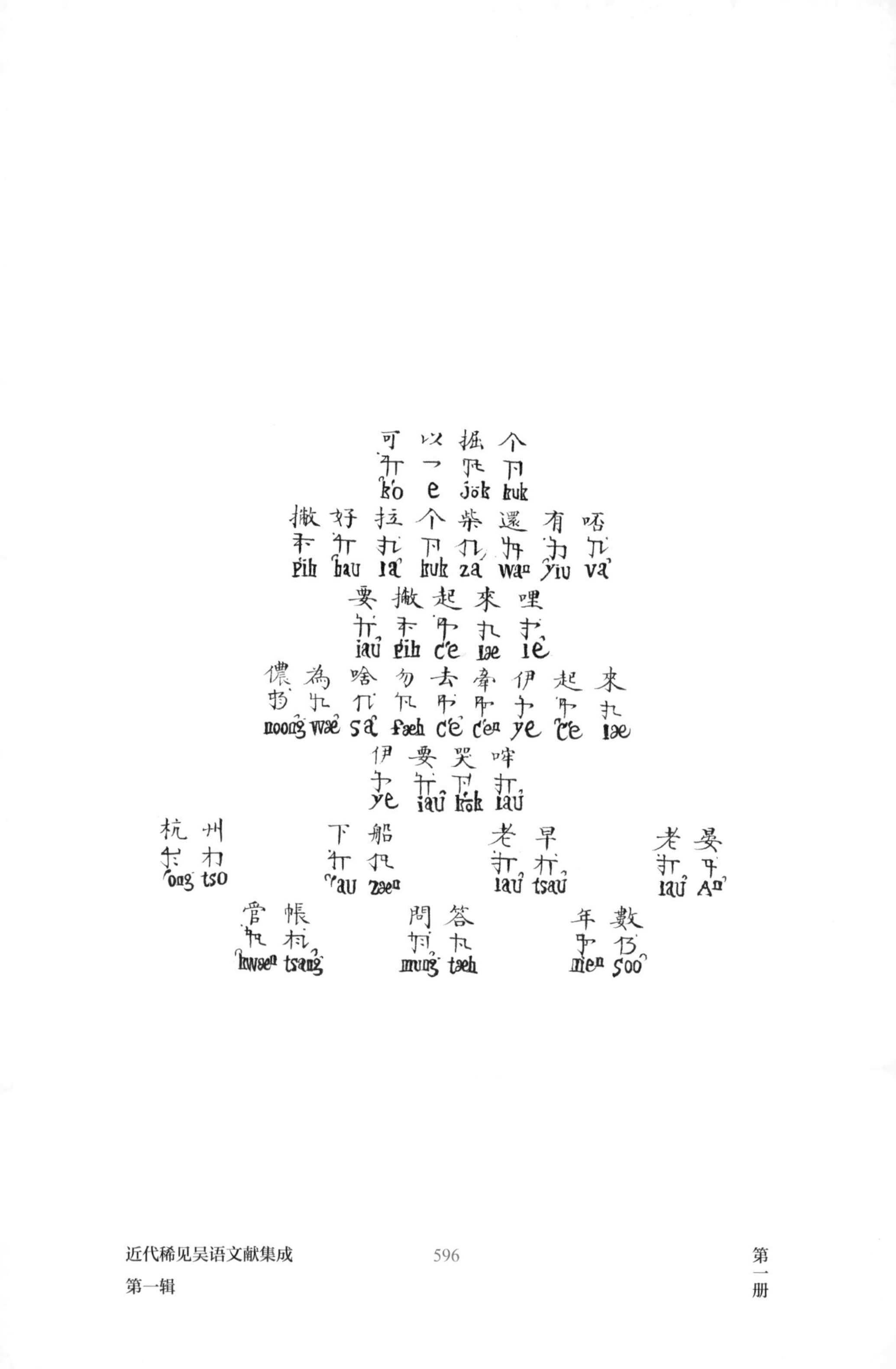

可以掘个
k'o e jök kuk

撇好拉个柴還有咾
pih hau la kuk za wan yiu va

要撇起來哩
iau pih c'e lae lê

儂為啥勿去牽伊起來
noong wae sa faeh c'e c'en ye c'e lae

伊要哭哰
ye iau k'ok lau

杭州 'ong tso　　下船 'au zaen　　老早 lau tsau　　老晏 lau An

管帳 kwaen tsang　　問答 mung taeh　　年數 nien soo

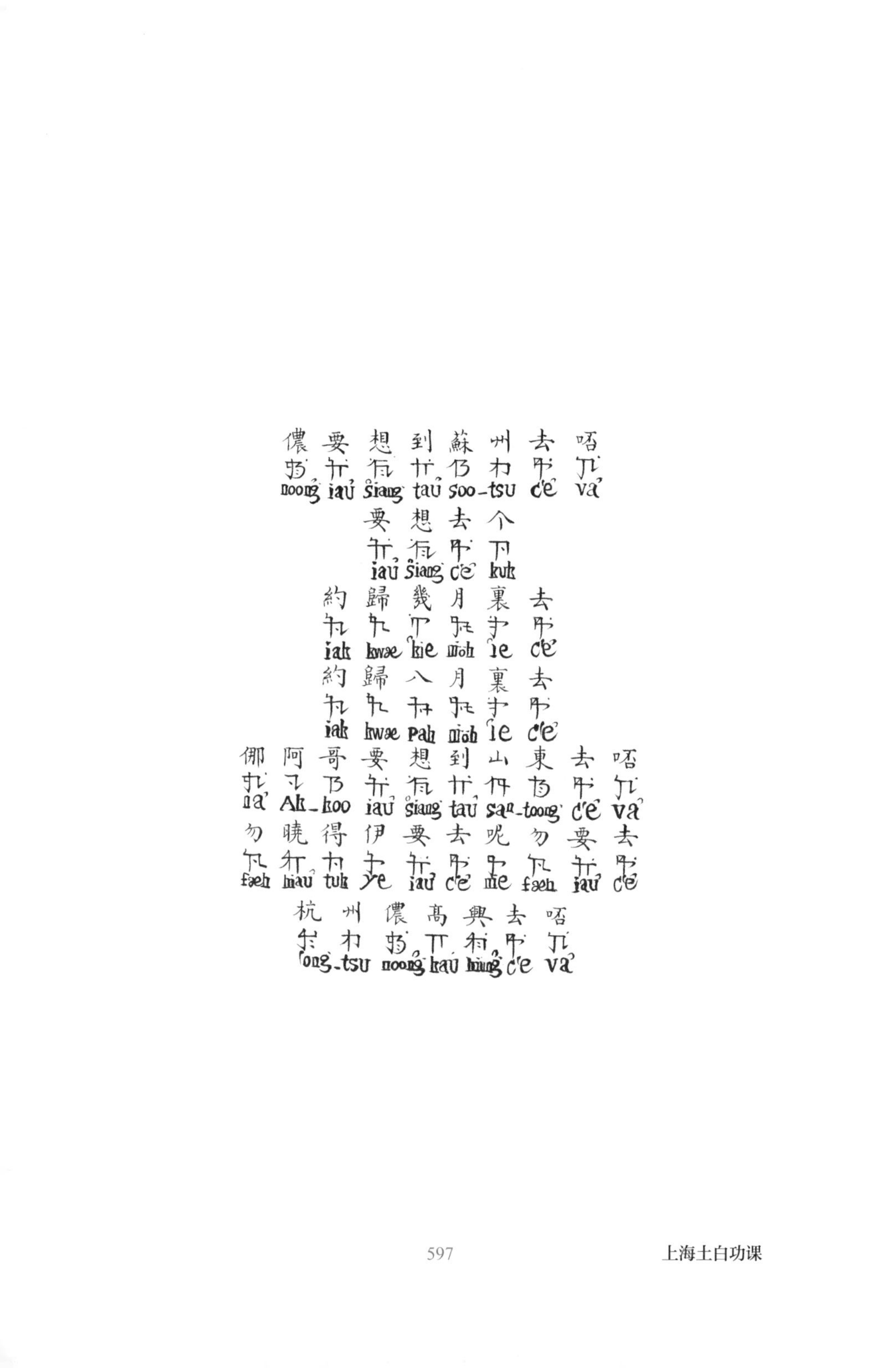

儂 要 想 到 蘇 州 去 唔

noong iau siang tau soo-tsu c'e va

要 想 去 个

iau siang c'e kuh

約 歸 幾 月 裏 去

iak kwæ kie nioh 'ie c'e

約 歸 八 月 裏 去

iak kwæ pah nioh 'ie c'e

伽 阿 哥 要 想 到 山 東 去 唔

na Ak-koo iau siang tau san-toong c'e va

勿 曉 得 伊 要 去 呢 勿 要 去

fæh hiau tuh ye iau c'e me fæh iau c'e

杭 州 儂 高 興 去 唔

'ong-tsu noong kau hing c'e va

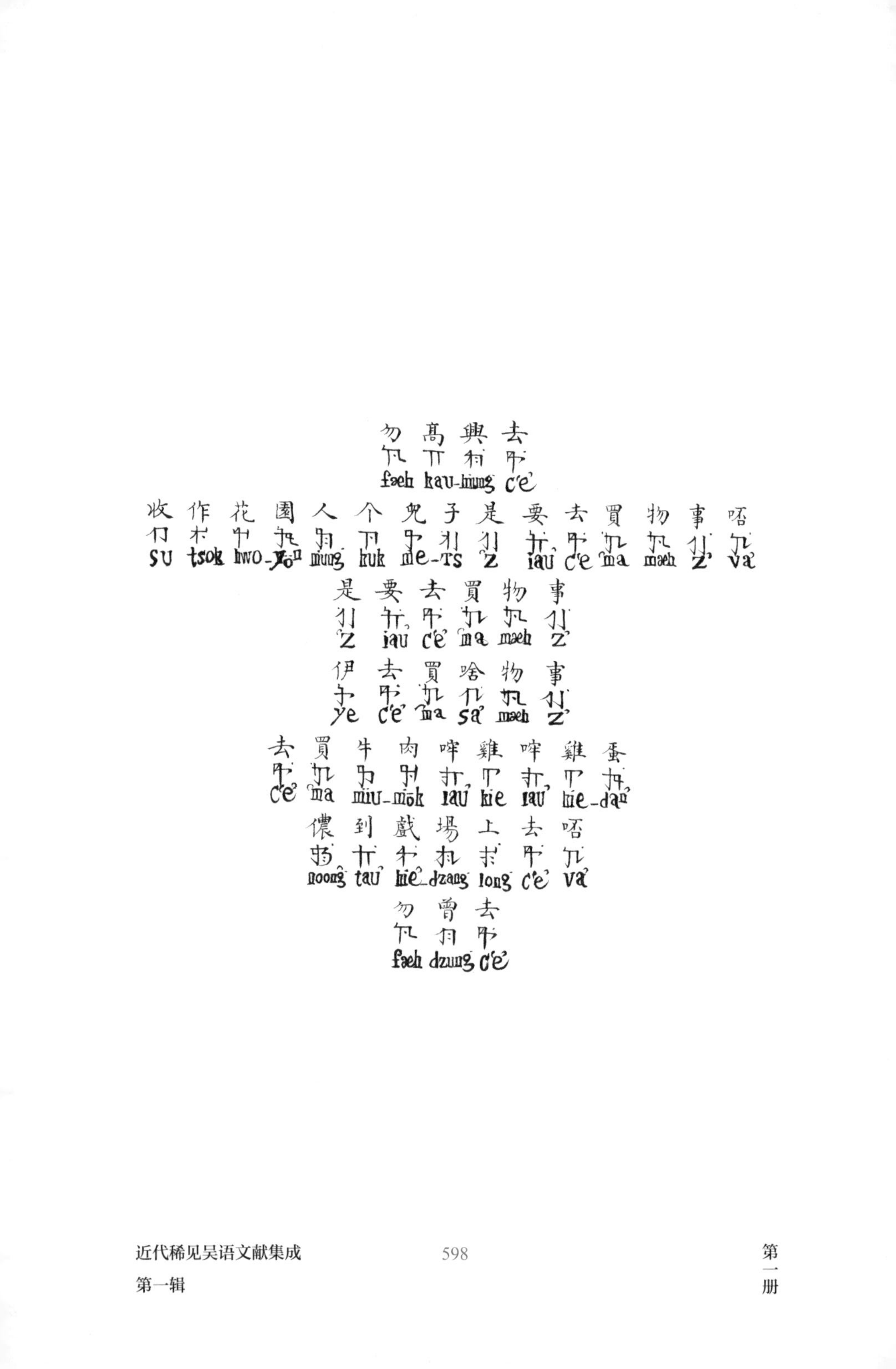

勿高興去

fæh kau-hiung c'e

收作花園人个兒子是要去買物事唔

su tsok hwo-yön niung kuk ne-ts z iau c'e ma mæh z va

是要去買物事

z iau c'e ma mæh z

伊去買啥物事

ye c'e ma sa mæh z

去買牛肉咩雞咩雞蛋

c'e ma niu-niok iau kie iau kie-dan

儂到戲場上去唔

noong tau hie-dzang long c'e va

勿曾去

fæh dzung c'e

儂高興做文章唔
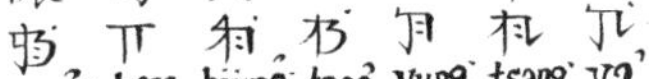
noong kau-hiung tsoo vung-tsang va

高興个
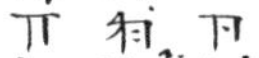
kau-hiung kuk

儂要寫信撥拉啥人
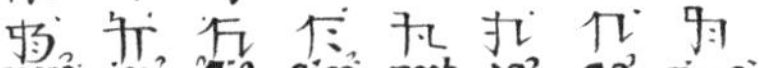
noong iau sia sing paeh la sa niung

寫信撥拉兒子
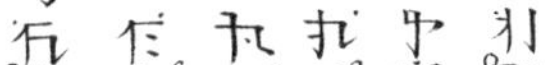
sia sing paeh la nie-TS

倻爺明朝是要動身唔
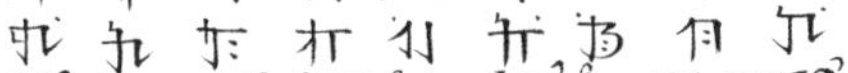
na ya ming tsau z iau doong sung va

是要動身
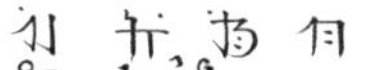
z iau doong sung

明朝个幾點鐘
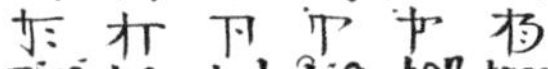
ming tsau kuk kie ten tsoong

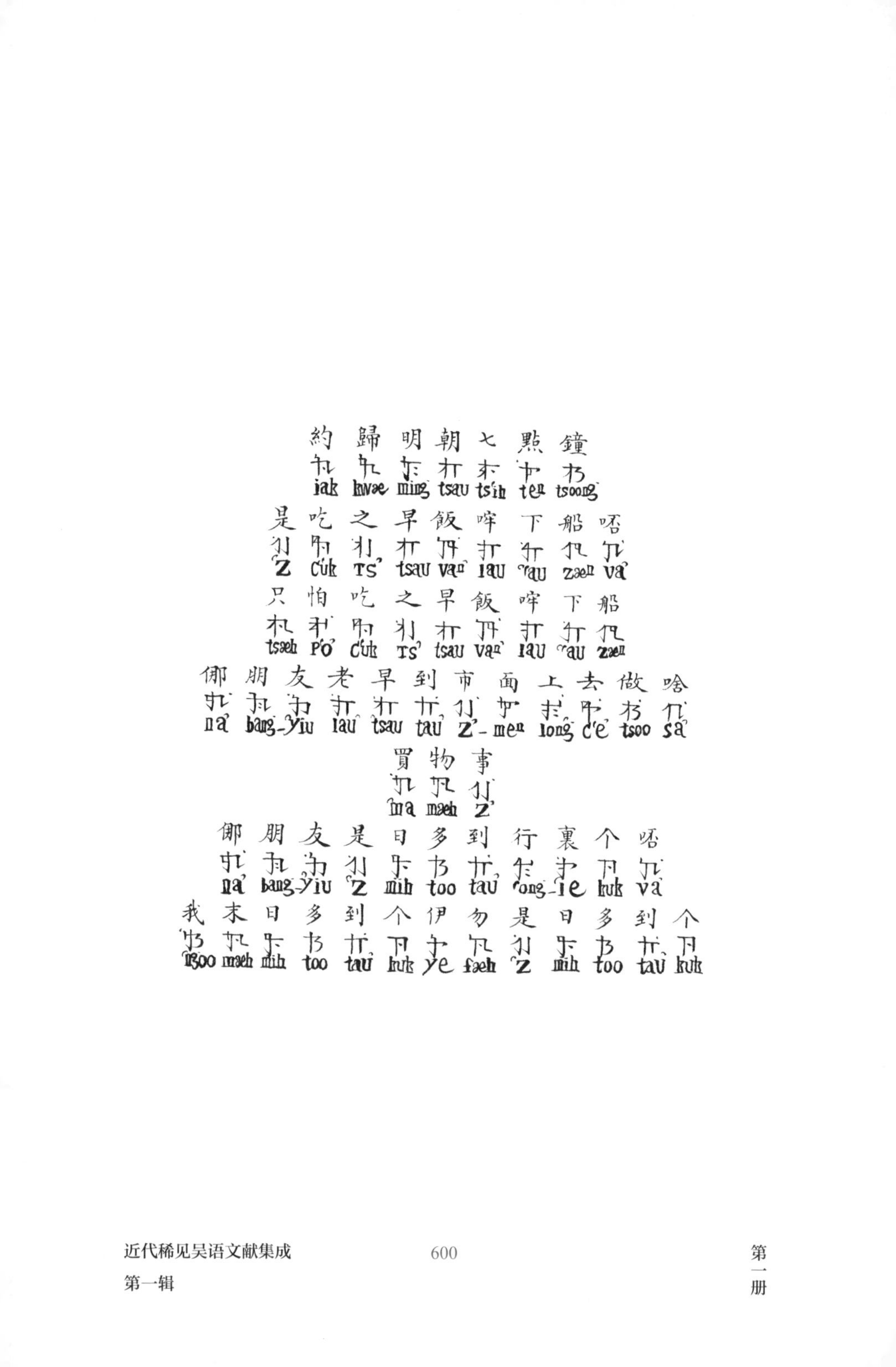

約 歸 明 朝 七 點 鐘
iak kwæ ming tsau ts'ih teu tsoong

是 吃 之 早 飯 哰 下 船 唔
Z c'uk ts' tsau vau' lau 'au zæn va'

只 怕 吃 之 早 飯 哰 下 船
tsæh p'o' c'uk ts' tsau vau' lau 'au zæn

倻 朋 友 老 早 到 市 面 上 去 做 啥
na' bang-yiu lau' tsau tau' z'-meu long' c'e' tsoo sa'

買 物 事
'ma mæh z'

倻 朋 友 是 日 多 到 行 裏 个 唔
na' bang-yiu 'z mih too tau' 'ong-le kuk va'

我 末 日 多 到 个 伊 勿 是 日 多 到 个
'ŋoo mæh mih too tau' kuk ye fæh 'z mih too tau' kuk

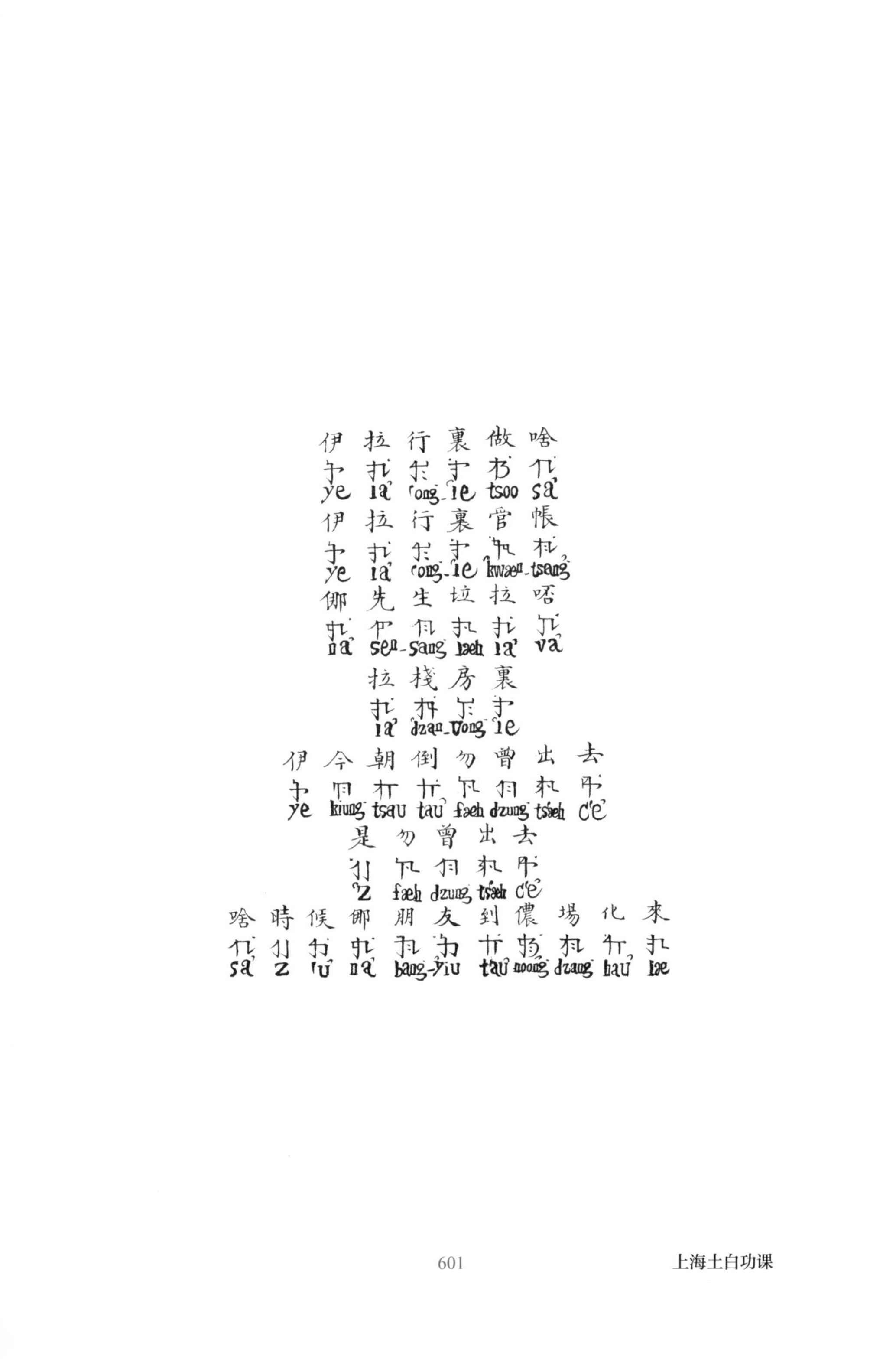

伊拉行裏做啥
ye ia 'ong-'ie tsoo sa

伊拉行裏管帳
ye ia 'ong-'ie kwaen-tsang

倻先生垃拉唔
na sen-sang laeh ia va

拉棧房裏
ia dzan-vong 'ie

伊今朝倒勿曾出去
ye kiung tsau tau faeh dzung tsaeh c'e

是勿曾出去
z faeh dzung tsaeh c'e

啥時候倻朋友到儂場化來
sa z 'u na bang-yiu tau noong dzang hau lae

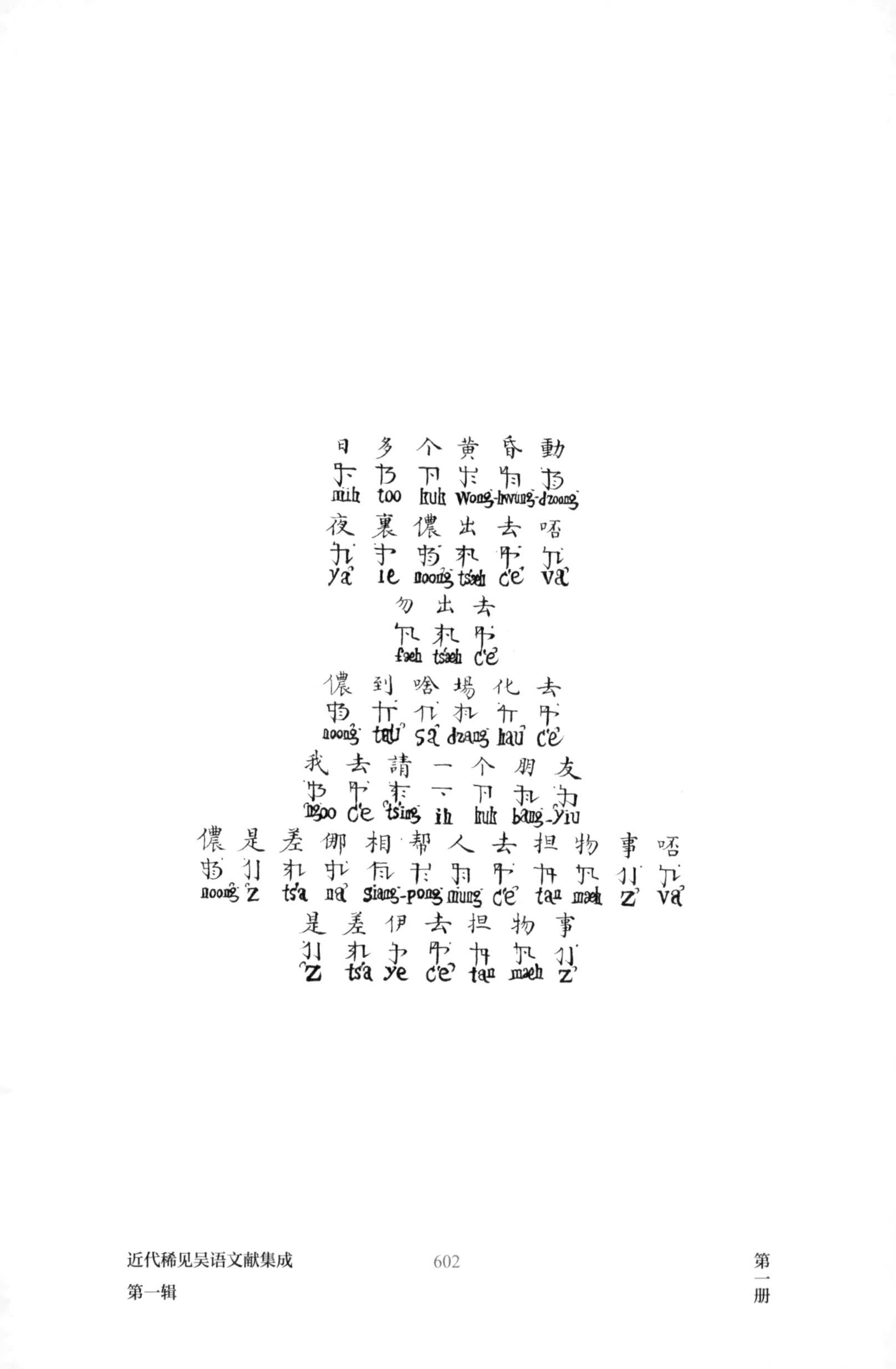

日多个黄昏動

mih too kuh Wong-hwung-dzoong

夜裏儂出去唔

ya ie noong ts'aeh c'e va

勿出去

faeh ts'aeh c'e

儂到啥場化去

noong tau sa dzang hau c'e

我去請一个朋友

ngoo c'e ts'ing ih kuh bang-yiu

儂是差伽相帮人去担物事唔

noong z ts'a na siang-pong nung c'e tan maeh z va

是差伊去担物事

z ts'a ye c'e tan maeh z

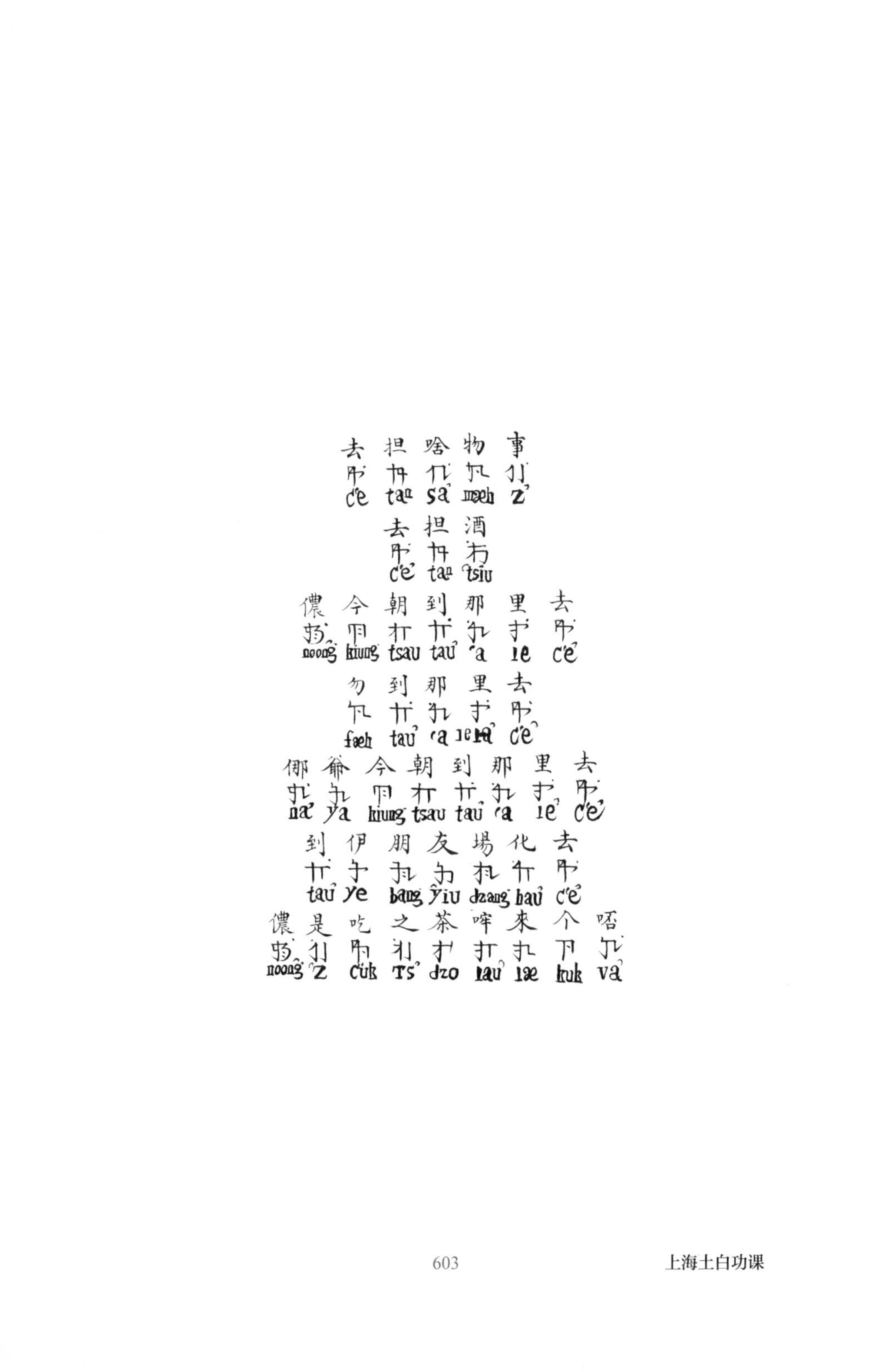

去担啥物事

c'e tan sa maeh z

去担酒

c'e tan tsiu

儂今朝到那里去

noong kiung tsau tau 'a le c'e

勿到那里去

faeh tau 'a lela c'e

㑚爺今朝到那里去

na ya kiung tsau tau 'a le c'e

到伊朋友場化去

tau ye bang yiu dzang hau c'e

儂是吃之茶哰來个唔

noong z c'uk ts dzo lau lae kuk va

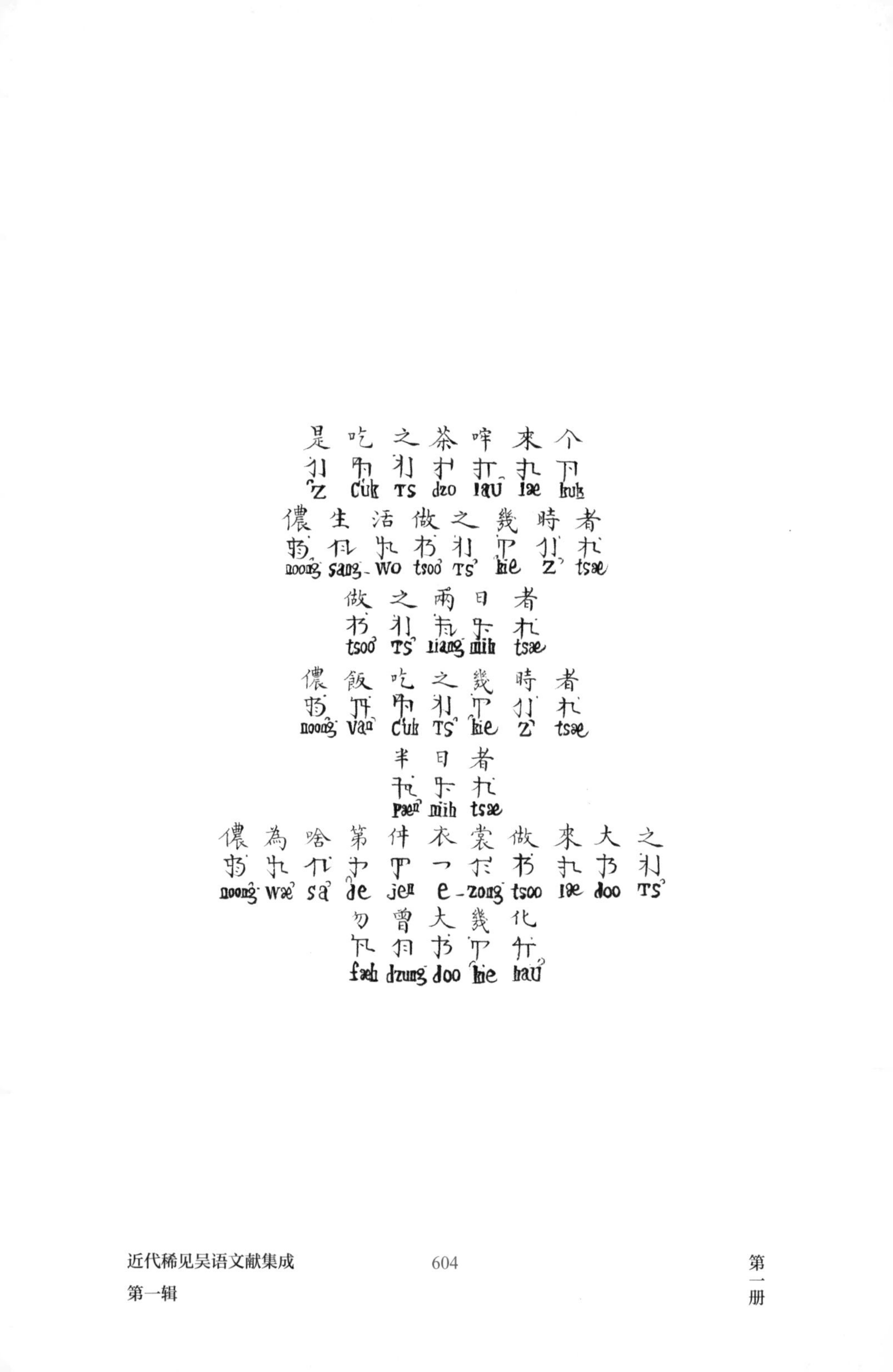

是 吃 之 茶 哰 來 个

z cuk ts dzo lau læ kuk

儂 生 活 做 之 幾 時 者

noong sang-wo tsoo ts kie z tsæ

做 之 兩 日 者

tsoo ts liang nih tsæ

儂 飯 吃 之 幾 時 者

noong van cuk ts kie z tsæ

半 日 者

pæn nih tsæ

儂 為 啥 第 件 衣 裳 做 來 大 之

noong wæ sa de jen e-zong tsoo læ doo ts

勿 曾 大 幾 化

fæh dzung doo kie hau

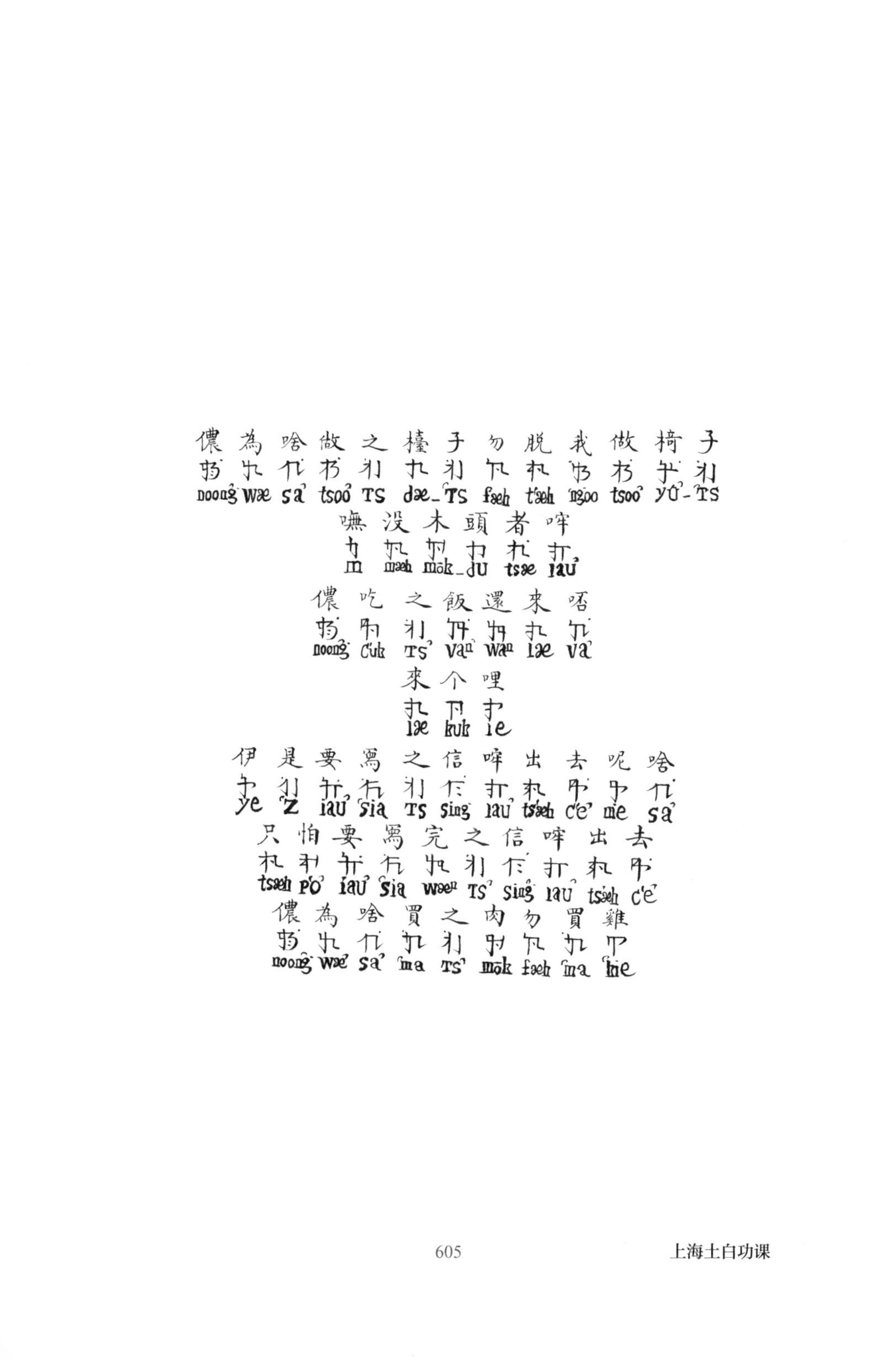

儂為啥做之檯子勿脫我做椅子

noong wæ sa tsoo TS dæ-TS fæh t'æh 'ngoo tsoo yü-TS

嘸没木頭者哰

m mæh mŏk-du tsæ lau

儂吃之飯還來㕸

noong c'ük TS van wan læ va

來个哩

læ kŭk le

伊是要寫之信哰出去呢啥

ye 'z iau 'sia TS sing lau ts'æh c'e nie sa

只怕要寫完之信哰出去

tsæh p'o iau 'sia wæn TS sing lau ts'æh c'e

儂為啥買之肉勿買雞

noong wæ sa 'ma TS mŏk fæh 'ma kie

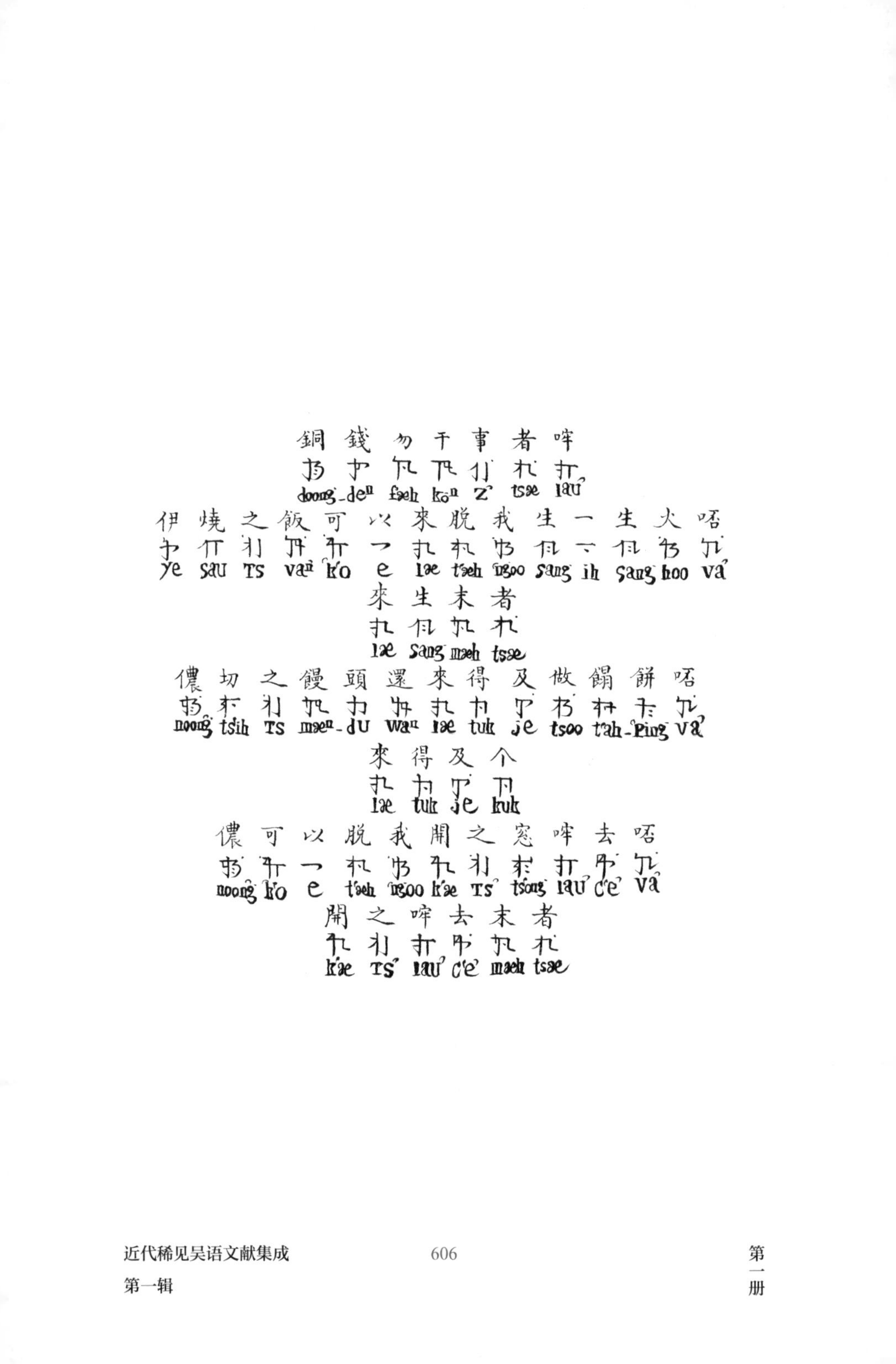

銅 錢 勿 干 事 者 哰

doong-de^n faeh kö^n z' tsæ lau´

伊 燒 之 飯 可 以 來 脫 我 生 一 生 火 唔

ye sau TS va^n k'o e læ t'æh ngoo sang ih sang hoo va´

來 生 末 者

læ sang mæh tsæ

儂 切 之 饅 頭 還 來 得 及 做 餲 餅 唔

noong tsih TS mæ^n-du wa^n læ tuk je tsoo tah-ping va´

來 得 及 个

læ tuk je kuk

儂 可 以 脫 我 開 之 窓 哰 去 唔

noong k'o e t'æh ngoo k'æ TS' ts'ong lau´ c'e´ va´

開 之 哰 去 末 者

k'æ TS' lau´ c'e´ mæh tsæ

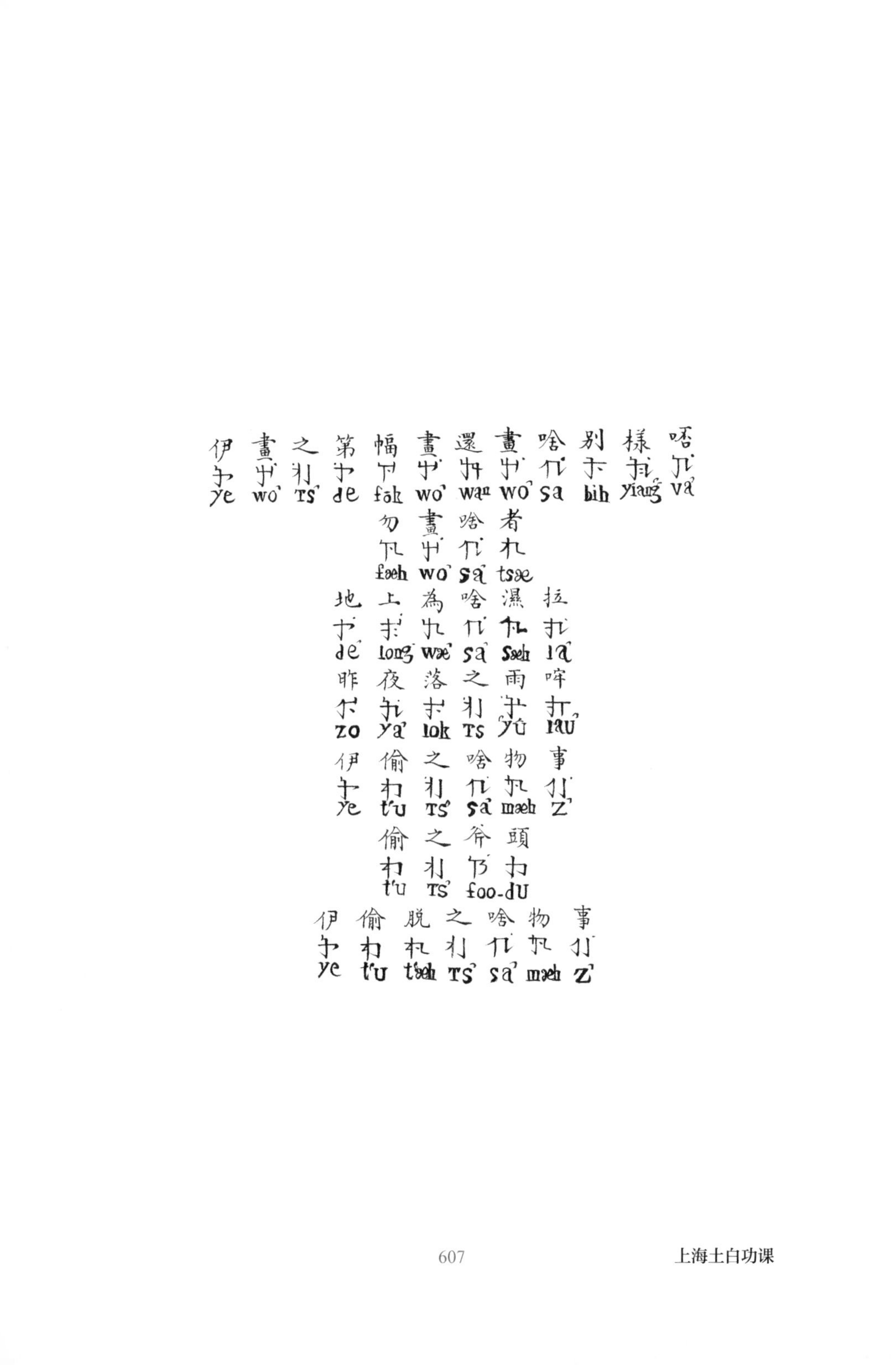

伊畫之第幅畫還畫啥別樣唔

ye wo' ts' de fok wo' wan wo' sa bih yiang' va'

勿畫啥者

faeh wo' sa' tsae

地上為啥濕拉

de' long' wae' sa' saeh la'

昨夜落之雨哰

zo ya' lok ts yu' lau'

伊偷之啥物事

ye t'u ts' sa' maeh z'

偷之斧頭

t'u ts' foo-du

伊偷脫之啥物事

ye t'u t'aeh ts' sa' maeh z'

偷脱之衣裳

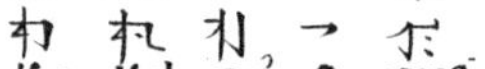

t'u t'æh TS e-zong

伊看見之啥事體

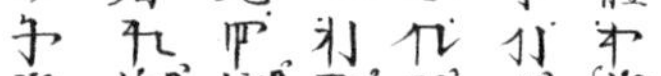

ye k'ön kien TS sa Z t'e

看見别人相打

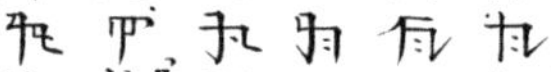

k'ön kien bih niung siang tang

伊聽得之啥説話

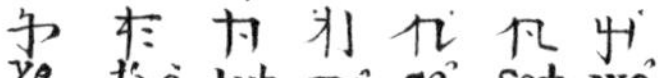

ye t'ing tuk TS sa sæh wo

伊聽得别人拉話儂

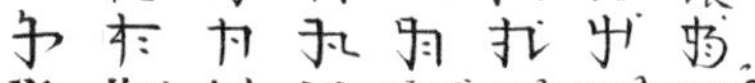

ye t'ing tuk bih niung la wo noong

儂落脱之啥物事

noong lok t'æh TS sa mæh Z

落脱之一本書

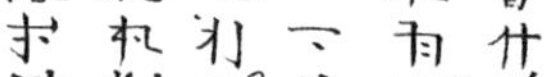

lôk t'æh TS ih pung sû

書 儂 讀 之 幾 時

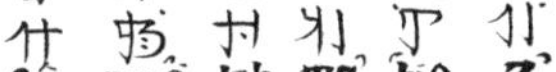

sû noong dōk ts' hie z'

讀 之 多 化 年 數 拉

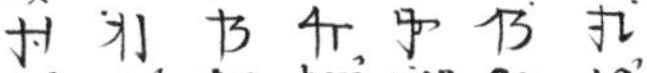

dōk ts' too hau' mie^{n} soo la'

病 儂 生 之 幾 時

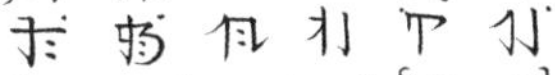

bing noong sang ts' hie z'

勿 多 兩 日

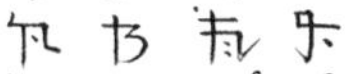

fæh too liang mih

書 儂 讀 之 幾 時 者

sû noong dōk ts' hie z' tsæ

勿 多 幾 時 哩

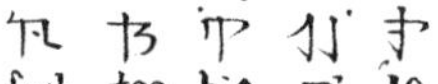

fæh too hie z' le

土 白 儂 學 之 幾 時 者

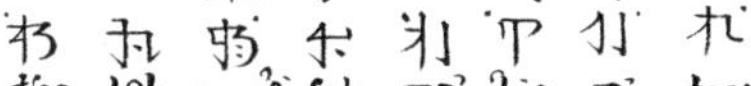

t'oo bak noong ɦok ts' hie z' tsæ

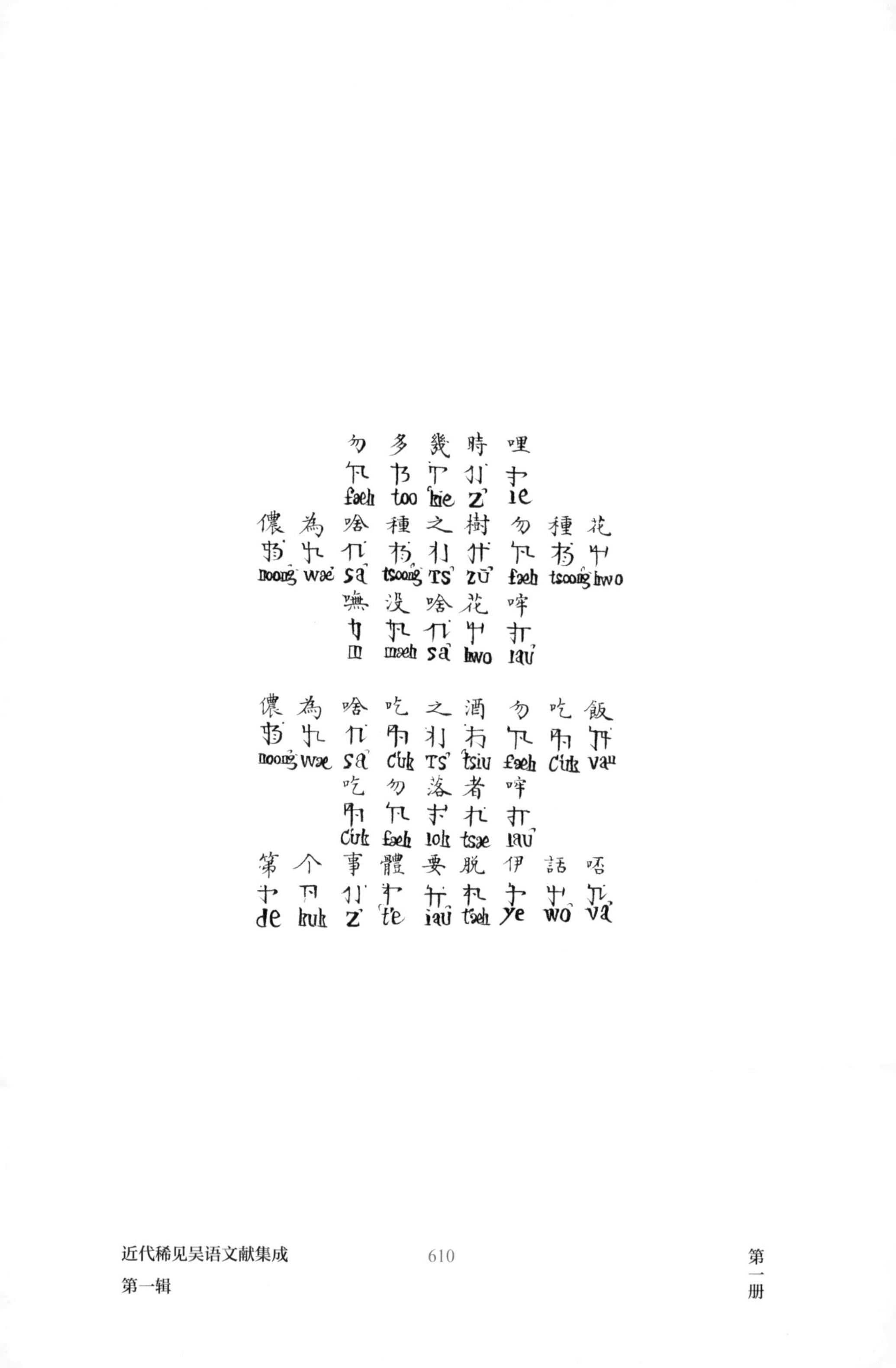

勿 多 幾 時 哩
fæh too kie z ie

儂 為 啥 種 之 樹 勿 種 花
noong wæ sa tsoong ts zu fæh tsoong hwo

嘸 没 啥 花 哰
m mæh sa hwo lau

儂 為 啥 吃 之 酒 勿 吃 飯
noong wæ sa c'uk ts tsiu fæh c'uk va

吃 勿 落 者 哰
c'uk fæh loh tsæ lau

第 个 事 體 要 脱 伊 話 唔
de kuk z t'e iau t'æh ye wo va

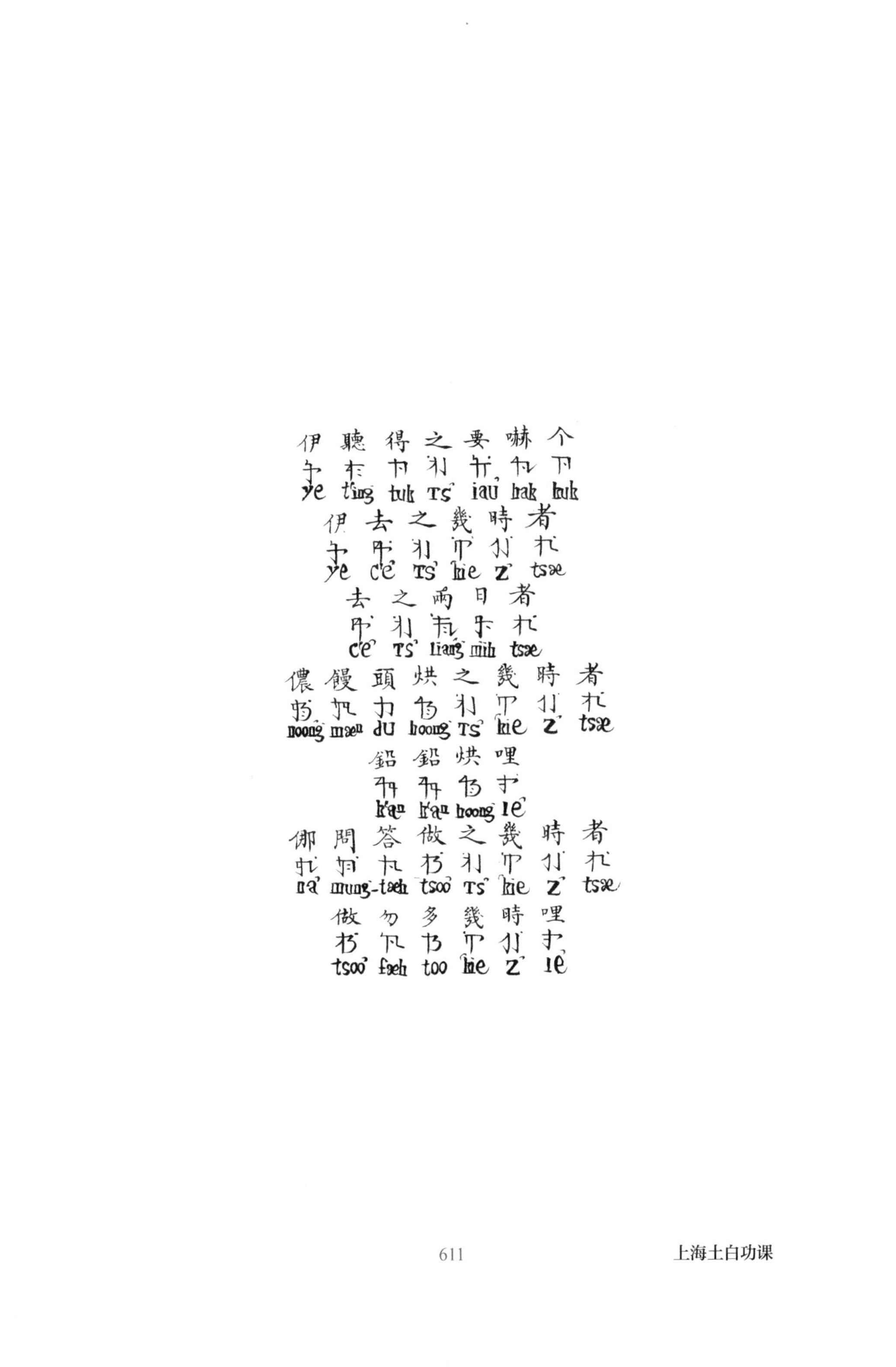

伊 聽 得 之 要 嚇 个

ye t'ing tuk ts iau hak kuk

伊 去 之 幾 時 者

ye ce ts kie z tsæ

去 之 兩 日 者

ce ts liang nih tsæ

儂 饅 頭 烘 之 幾 時 者

noong mæn du hoong ts kie z tsæ

鉛 鉛 烘 哩

k'an k'an hoong le

倻 問 答 做 之 幾 時 者

na mung-tæh tsoo ts kie z tsæ

做 勿 多 幾 時 哩

tsoo fæh too kie z le

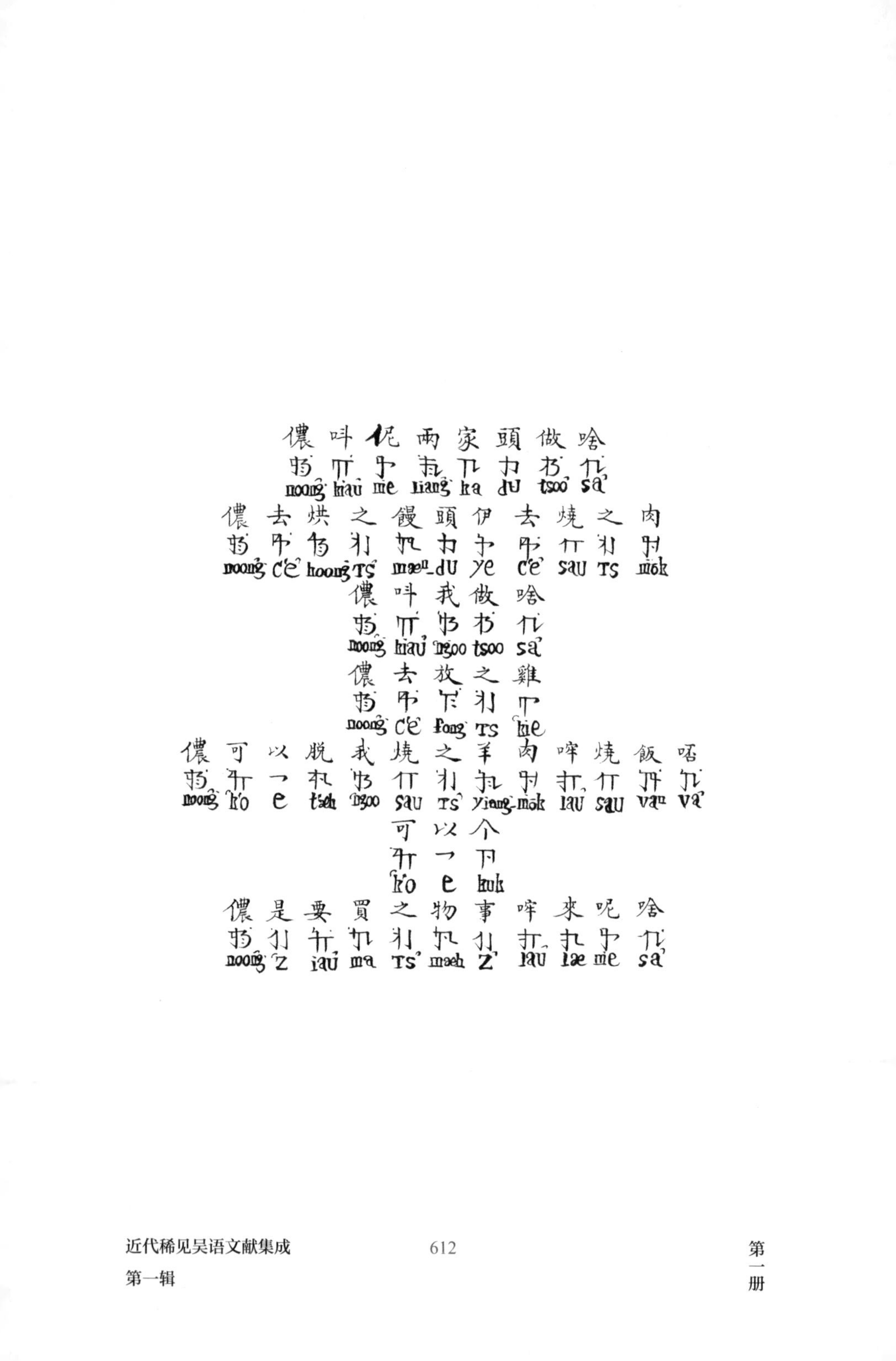

儂 叫 伲 兩 家 頭 做 啥

noong kiau me liang ka dU tsoo sa

儂 去 烘 之 饅 頭 伊 去 燒 之 肉

noong c'e hoong TS maen-dU ye c'e sau TS mok

儂 叫 我 做 啥

noong kiau ngoo tsoo sa

儂 去 放 之 雞

noong c'e fong TS kie

儂 可 以 脫 我 燒 之 羊 肉 哰 燒 飯 啞

noong k'o e t'seh ngoo sau TS yiang-mok lau sau van va

可 以 个

k'o e kuk

儂 是 要 買 之 物 事 哰 來 呢 啥

noong z iau ma TS maeh z lau lae me sa

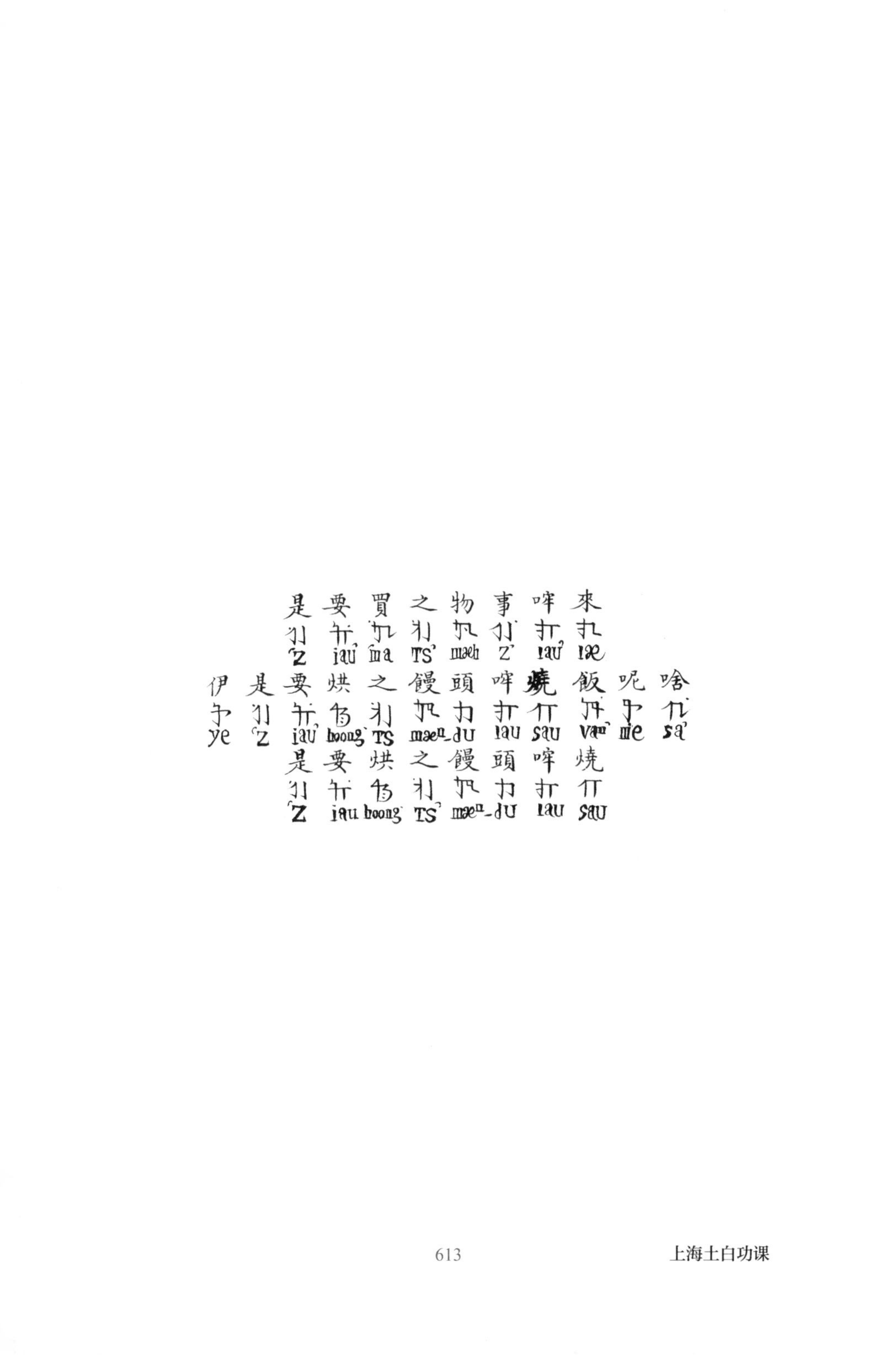

是 要 買 之 物 事 哰 來
Z iau ma TS' maeh Z' lau lae

伊 是 要 烘 之 饅 頭 哰 燒 飯 呢 啥
ye 'Z iau hoong TS maen-du lau sau van me sa'

是 要 烘 之 饅 頭 哰 燒
'Z iau hoong TS' maen-du lau sau

苏州土白集字

A Syllabary of the Soochow Dialect

美国圣经会苏州协会

（A Committee of Soochow Literary Association）编

上海：美华书馆

1892年

导读

Introduction

盛益民

A Syllabary of the Soochow Dialect 是一本苏州方言的同音字汇，由美国圣经会苏州分会（A Committee of Soochow Literary Association）编制，上海美华书馆 1892 年印制。原书只有英文名，我们根据上海土白会（Shanghai Christian Vernacular Society）编 *Syllabary of the Shanghai Vernacular* 的中文名《上海土白集字》，将该书命名为《苏州土白集字》。

该书包括三个部分：3 页的凡例（Introductory Note），26 页的同音字汇，54 页的汉字索引表。根据凡例部分的介绍，该书同音字汇所收 4000 个汉字是从此前出版的《新约》《赞美诗》等作品中搜集到

的，编写该书旨在帮助苏州的传教士学习苏州方言；除了成书背景，凡例部分还介绍了苏州方言的声韵调系统以及罗马字注音系统的实际读音问题，并对书中所用的符号进行了说明。正文为 26 页的同音字汇，分成 579 个音节，按照音节首字母以 A—Z 的顺序排列。该字汇只印于书籍左页，右页为空白页面，供增补（见图 1）。空白页本书不影印，特此说明。

下面介绍《苏州土白集字》所记苏州方言的音系。凡例部分列出声母（initials），共计 40 个，不包括零声母，但包括可以自成音节的 r、m、ng。由于苏州话只有见系可以拼合口呼韵母，因此该书设立了一套圆唇舌根音。我们将自成音节的三个音归入韵母，加上零声母，仍然得到 40 个声母。重新整理为表 1，［ ］中为笔者的拟音。

表 1　声母表 ***A Syllabary of the Soochow Dialect***

p［p］包	p‘［p^h］票	b［b］盘	m［m］毛	f［f］分	v［v］佛	
t［t］刀	t‘［t^h］土	d［d］田	n［n］南			l［l］楼
ts［ts］姿	ts‘［$ʦ^h$］猜	ʣ［ʣ］坐		s［s］山	z［z］上	
ch［tʂ］中	ch‘［$tʂ^h$］抽	dj［dʐ］池		sh［ʂ］书	zh［ʐ］船	
ky［ʨ］肩	ky‘［$ʨ^h$］丘	gy［ʥ］桥	ny［ȵ］牛	hy［ɕ］虚		y［j］油
k［k］高	k‘［k^h］开	g［g］共	ng［ŋ］硬	h［h］好	‘［ɦ］后	
kw［k^w］乖	kw‘［k^{wh}］快	gw［g^w］	ngw［$ŋ^w$］危	hw［h^w］灰		w［w］

凡例部分列出的韵母（finals）总共 32 个，由于舌尖元音［ɿ］原书不标，加上可以自成音节的 r、m、ng，一共得到 36 个韵母。为照顾四呼系统，我们把部分因为介音而取消的韵母补全，并用（ ）表示。重新整理为表 2，［ ］中为笔者的拟音。

表 2　韵母表 ***A Syllabary of the Soochow Dialect***

	i［i］披齐	u［u］婆姑	ü［y］居雨
［ɿ］姿词		ŭ［ʮ］书时	
a［ᴀ］摆啥	ia［iᴀ］爹写	（wa［uᴀ］歪快）	
æ［ᴇ］培开	（yæ［iᴇ］骇懈）	（wæ［iᴇ］归危）	
o［o］怕下		（wo［uo］瓜花）	
ô［ɔ］多拿			
ao［ɑ］包刀	iao［iɑ］票桥		
eu［əʏ］授藕	iu［iʏ］就丘		
a*n*［ɛ̃］谈山	ie*n*［iẽ］边天	（wa*n*［uɛ̃］关环）	
ö*n*［ø̃］盘乱	（yö*n*［iø̃］捐圆）	（wö*n*［uø̃］官完）	
en［ən］灯真	ien［iən］金琴	（wen［uən］滚昏）	
	in［in］平青		üin［yn］军云
ang［ᴀŋ］打张	iang［iᴀŋ］良羊	（wang［uᴀŋ］横）	
ông［ɔŋ］方床	（yông［iɔŋ］旺）	（wông［uɔŋ］光黄）	
ong［oŋ］送翁	iong［ioŋ］穷胸		
ah［ᴀʔ］白若	iah［iᴀʔ］脚药	（wah［uᴀʔ］挖劃）	
ăh［æʔ］袜瞎			
eh［əʔ］直月	ih［iɪʔ］密极	（weh［uəʔ］骨阔）	üih［yɪʔ］缺血
oh［oʔ］昨学	ioh［ioʔ］菊肉	（woh［uoʔ］镬）	
m［m̩］呒	ng［ŋ̍］鱼五	r［l̩］而	

声调一共 8 个，区分阳上与阳去。书中用发圈法分平上去，入声音节因为有 -h 尾做标记，所以没有特殊的表示。

《苏州土白集字》出版后，在当时产生了重要影响。比如根据穆麟德著《宁波方言音节》序中所言，其中的同音字汇就是参考了该书

编成的。

苏州方言较少有罗马字的文献，除了该书外，还有就是上海美华书馆 1891 年出版的 *Mo-k‘u djön foh in sh. Su-cheu t’u-bah*（《马可传福音书・苏州土白》，大美国圣经会托印）。《苏州土白集字》是第一本用罗马字为苏州方言注音的同音字汇，在苏州方言的语音史研究上，具有极其重要的作用。对于该书的进一步研究，可参蔡佞（2010）《19 世纪末的苏州话》（《吴语研究》第 5 辑，上海教育出版社，2010）一文的讨论。不过本文的处理与之有所差异。

该书现今主要有两个藏本，一个是国家图书馆馆藏，为穆麟德藏书之一种；另一种藏于加州大学洛杉矶分校图书馆，谷歌（Google）已经将其数字化。本次影印的底本依据加州大学的馆藏，感谢该馆中文部程洪主任提供电子版。需要特别说明的是，该书中有后人的手写补入，补入者已经不可考。

2020 年 12 月 18 日

A SYLLABARY

OF THE

SOOCHOW DIALECT

PREPARED BY

A COMMITTEE OF THE SOOCHOW LITERARY ASSOCIATION.

SHANGHAI:
AMERICAN PRESBYTERIAN MISSION PRESS.
—
1892.

INTRODUCTORY NOTE.

The Soochow Syllabary is intended to be a help to missionaries in acquiring the language, and a guide to Romanization.

There are something less than 4,000 characters, embracing those found in the New Testament and the Soochow Hymn Book, together with a number from other sources.

These are arranged under 579 syllables, which are made by combining the following 40 initials and 32 finals :—

INITIALS.

B, Ch, Ch‘, D, Dj, Dz, F, G, Gw, Gy, ‘, H, Hw, Hy, K, K‘, Kw, Kw‘, Ky, Ky‘, L, M, N, Ng, Ngw, Ny, P, P‘, R, S, Sh, T, T‘, Ts, Ts‘, V, W, Y, Z, Zh.

FINALS.

a, æ, ah, ăh, an, ang, ao, eh, en, eu, i, ia, iah, iang, iao, ien, ih, in, ioh, iong, iu, o, ô, oh, ön, ong, ông, u, ŭ, ü, üih, üin.

The impossibility of representing all the sounds exactly by Roman letters, makes the use of a few diacritical marks necessary, and even then the sounds, in some cases, are only approximated.

Italicizing a letter, shows that the sound is somewhat modified or partially suppressed.

Tones are marked as in Williams, except the 入聲, which is sufficiently indicated by h final, and the distinction between upper and lower 平, which is not important in Soochow.

Sounds of letters as used in this Syllabary :—

CONSONANTS.

b, d, f, g, h, k, l, m, n, p, r, s, t, v, w, y, z, as in English.

ch—between ch in church and ts in rats.

dj—English j with a slight d sound before it.

dz—as in adze.

gy—a soft g suppressed, with a tendency toward dy.

ky—The k sound not hard as in Mandarin, but tending towards ty.

ʻ=the Greek *spiritus asper.*

ng—as in singing, often as simple n.

sh—nearly as sh in hush!

ts—as in rats.

zh—as z in azure.

VOWELS.

a—as in father ; before final n as in fat.

ă— „ „ fat.

e—between e in men and u in dun, or as e in open.

i—as in machine, except before final h and n, when it is short, as in pin.

o—as in no.

ô—as aw in law.

ö—as in German könig.

u—as oo in fool.

ü—The French ü, or as u in abuse.

DIPHTHONGS.

æ—as ay in stay.

ao—as ow in how.

eu—as au in Capernaum.

iu—as ew in few.

The aspirate after initials ch, k, kw, ky, p, t, and ts, give to them an explosive sound, marked by a sudden expulsion of breath.

All that can be claimed for any system of Romanization, is that it represents the Chinese sounds approximately.

No more is claimed for this system. It is hoped, however, that it may be found very useful to those wishing to learn Soochow, especially in enabling them to make the important distinction between the aspirated and non-aspirated words.

A blank page is left for the addition of any characters that may have been omitted, or for a more extended list embracing those used in *Wen-li*.

Prepared by a committee of the Soochow Missionary Association, November 20th, 1891.

I

A	啊 挨 矮
ʻA	鞋
Æ	哀 藹 靄 毀 愛 僾 噯 曖
ʻÆ	咳 孩 荄 唉 亥 害 閡
Ah	押 壓
ʻAh	匣 狹
Ăh	阿 鴨
A*n*	晚
ʻA*n*	閒 言 鹽 閑 限 (陷)
Ang	櫻
ʻAng	行 杏
Ao	凹 坳 鏖 懊 墺 奧 澳 袄
ʻAo	毫 豪 濠 昊 浩 號 号
Ba	排 牌 簰 粺 罷 稗 敗
Bæ	掊 培 陪 賠 ⿸疒咅 裴 蓓 佩 背 倍 珮 焙 備 (悖)
Bah	白 帛
Băh	拔
Ba*n*	辦 爿 瓣
Bang	朋 螃 鬅 彭 膨 蟛 髼 蚌 掽 碰 磞
Bao	咆 庖 炰 袍 跑 匏 勽 菢 抱 鉋 暴 鮑
Beh	孛 勃 浡 荸 脖 鈸 綍 跋
Ben	盆 笨 坌
Bi	皮 毘 毗 俾 被 蚍 疲 脾 琵 陴 貔 羆 鼙 髲 狴 敝 弊 獘 幣 箆 避 甓 婢

Biao 縹 飄
Bien 緶 卞 便 弁 忭 辨 辮 辯
Bih 別 弼 鼻
Bin 平 枰 苹 屏 瓶 貧 萍 評 憑 頻
鼙 鉼 倂 牝 竝 並 病
Bo 杷 趴 爬 琶 把 耙
Boh 匐 蔔 薄 瀑 僕 箔 曝 雹 樸
Bö*n* 盤 槃 磐 蟠 鞶 伴 叛 拌 畔
Bong 蓬 篷 芃
Bông 防 旁 傍 徬 滂 磅 膀 龐 雱 謗
棒
Bu (bo) 踣 婆 菩 蒲 餔 蔀 簿 婺 埠 步
捕 部
Ch'a 扯
C*h*ah 着 酌 勺
C*h*'ah 綽
C*h*ang 張 彰 章 麞 倀 掌 長 漲 帳 障
瘴 幛 脹 賬 仗 鬯
C*h*'ang 昌 猖 颺 娼 敞 廠 氅 暢 倡 悵
C*h*ao 昭 朝 招 沼 照 詔 笤 炤 釗
C*h*'ao 超
C*h*eh 拙 質 執 浙 折 汁 炙 摺 鷙 織
職
C*h*'eh 出 飭 敕 勅 赤 尺
C*h*en 眞 蒸 征 貞 針 鍼 烝 砧 甄 斟
徵 箴 珍 準 整 枕 拯 袗 畛 疹
准 正 振 震 政 症 証 賑 鎮
C*h*'en 春 稱 蠢 逞 秤 趁 趂

C*h*'in 頃 慶 捻

Cheu 州 舟 侜 周 洲 週 輈 賙 肘 帚
箒 咒 晝 詋

Ch'eu 抽 丑 醜 臭

Choh 祝 燭 囑 築 捉 竹 粥 啄

Ch'oh 畜 矗 觸 齪

Chön 苫 占 沾 毡 專 覘 詹 甎 磚 瞻
霑 碾 輾 轉 展 剸 玷 佔 戰

Ch'ön 川 穿 舛 喘 串 釧 諂

Chong 中 忠 衷 終 悰 鐘 騌 冢 腫 塚
瘇 種 踵 衆

Ch'ong 充 冲 忡 狆 衝 寵 ⿰扌充 銃

Chông 莊 裝 妝 樁 庄 壯

Ch'ông 窗 牕 窻 瘡 闖

Chŭ 珠 肢 芝 猪 之 支 知 躇 蜘 枝 諸
主 蛀 祉 止 旨 嘴 指 嬓 緻 鑄
至 熾 懥 智 致 志 寘 置 誌 製

Ch'ŭ 痴 癡 吹 笞 絺 處 鼠 楮 杵 恥
耻 渚 翅

Da 汏 大 玳 吠

Dæ 枱 檯 苔 臺 抬 袋 代 兊 岱 埭
怠 迨 殆 待 貸 逮 黛 靆 隊 兇 擡

Dah 沓 達 遝 踏 噠

Dan 痰 談 壇 檀 澹 但 蛋 啖 淡 彈

Dao 桃 陶 萄 逃 淘 道 稻 導 盜 蹈

Deh 突 特 奪 凸

Den 騰 謄 滕 籐 豚 屯 沌 遁 囤 鈍

Deu 頭 投 骰 豆 荳 痘

Di 苐 堤 啼 提 蹄 題 地 弟 悌 棣

第꜃ 隸꜃

Diao ꜀條 ꜀調 ꜀鰷 ꜀條 ꜀苕 窕꜃ 蓧꜃ 掉꜃

Di*en* ꜀田 ꜀鈿 ꜀甜 ꜀填 ꜀滇 ꜀蹎 佃꜃ 殿꜃ 墊꜃ 電꜃
甸꜃ 奠꜃ 靛꜃ 錢

Dih 狄 迪 廸 垤 絰 笛 瓞 耋 碟 叠
疊 敵 蝶 糴 覿 凸

Din ꜀廷 ꜀庭 ꜀亭 ꜀停 ꜀蜓 錠꜃ 定꜃

*Dj ꜀池 ꜀持 ꜀蚳 ꜀遲 ꜀踟 ꜀廚 ꜀除 ꜂苧 ꜂乳 治꜃
雉꜃ 豸꜃ 住꜃ 柱꜃ 豎꜃

Djah 着

Djang ꜀常 ꜀嫦 ꜀場 ꜀腸 ꜀長 ꜀嘗 ꜀裳 ꜀償 丈꜃ 杖꜃
賸꜃ 剩꜃ 臟꜃ 仗꜃

Djao ꜀朝 ꜀潮 召꜃ 趙꜃ 邵꜃ 詔꜃

Djeh 术 直 姪 值 涉 陟 殖 述 術

Djen ꜀仍 ꜀成 ꜀丞 ꜀沉 ꜀臣 ꜀呈 ꜀承 ꜀城 ꜀乘 ꜀陣
꜀陳 ꜀程 ꜀純 ꜀塵 鄭꜃ 盛꜃

Djeu ꜀綢 ꜀紬 ꜀籌 ꜀躊 ꜀疇 ꜀仇 ꜀柔 ꜀惆 ꜀讎 ꜂酬
宙꜃ 紂꜃ 售꜃

Djö*n* ꜀傳 ꜀纏

Djong ꜀虫 仲꜃ 重꜃

Djông ꜀床 撞꜃ 狀꜃

Doh 讀 獨 犢 瀆 度 毒 牘 踱 鐸

Dö*n* ꜀覃 ꜀鐔 ꜀醰 ꜀團 ꜀摶 ꜀糰 ꜀譚 斷꜃ 段꜃ 緞꜃
瑖꜃

Dong ꜀銅 ꜀童 ꜀同 ꜀桐 ꜀僮 ꜀筒 ꜀仝 ꜀艟 洞꜃ 動꜃

Dông ꜀唐 ꜀堂 ꜀搪 ꜀塘 ꜀膛 ꜀螗 ꜀糖 ꜀螳 ꜀溏 蕩꜃
宕꜃

* This initial is often pronounced as zh.

Du (do)	牠 砣 跎 鮀 駝 馱 鼉 徒 圖 途
	屠 陀 瘏 鴕 肚 舵 渡 惰 杜 大
	度 鍍 塗
*Dz	慈 磁 辭 詞 嗣
Dza	瀉
Dzæ	財 才 材 裁 垂 隋 瑞 在 罪 遂
	穗 銳 隨 全
Dzah	宅 鍘
Dza*n*	讒 饞 鑱 嚵 殘 涎 纔 慚 棧 站
	賺 撰 綻 暫 饌
Dzang	澄 橙
Dzao	曹 嘈 螬 槽 漕 皂 造
Dzeh	澤 賊 擇 雜
Dzen	存 曾 層 蹭 贈
Dzeu	愁 囚 袖 驟
Dzi	齊 臍 徐 蠐 鱭 薺 聚 序 敘 署 緒
Dzia	邪 斜 謝 榭
Dziah	嚼
Dziang	祥 詳 牆 庠 薔 翔 檣 象 像 匠 墻
Dziao	樵 瞧 焦
Dzie*n*	錢 泉 潛 旋 全 前 痊 漸 賤
Dzih	截 夕 席 絶 籍 習 疾 寂 襲 嫉 蕺 集
Dzin	尋 情 秦 撏 循 巡 晴 盡 凈 靜 旬
	淨
Dziu	就
Dzo	茶 查 蛇 麝 社

* This initial is usually pronounced as z, by the common people. Scholars, however, prefer dz.

Dzoh 俗 鑿 族 蜀 續 啄

Dzö*n* ꜀攢 ꜀蠶

Dzong ꜀從 ꜀戎 ꜀叢 ꜀崇 誦꜃ 頌꜃ 訟꜃

Dzông ꜀藏 ꜀償 ꜀臟

Dzu (dzo) ꜀鋤 坐꜃ 助꜃ 座꜃

Eh 遏 曷

'Eh 合 盍 闔

En ꜀恩

'En ꜀恒 ꜀衡 ꜀痕 ꜂狠 恨꜃

Eu ꜀歐 ꜀鷗 ꜀甌 ꜂嘔 ꜂傴 漚꜃

'Eu ꜀侯 ꜀猴 ꜀喉 候꜃ 厚꜃ 後꜃ 后꜃

Fah 法 發 髮 呿

Fa*n* ꜀番 ꜀繙 ꜀翻 ꜀旛 ꜀幡 ꜀㕨 ꜂反 ꜂阪 ꜂返 販꜃
泛꜃ 汎꜃ 譒꜃

Feh 弗 咈 拂 髴 勿 彿 黻 沸

Fen ꜀分 ꜀氛 ꜀酚 ꜀雰 ꜀吩 ꜂粉 糞꜃ 奮꜃ 紛

Feu ꜂否

Fi ꜀非 ꜀霏 ꜀妃 ꜀飛 ꜀腓 ꜂匪 ꜂菲 ꜂棐 ꜂榧 翡꜃
費꜃ 廢꜃ 肺꜃

Foh 福 幅 蝠 輻 腹 馥 覆 複

Fong ꜀風 ꜀封 ꜀豐 ꜀峯 ꜀楓 ꜀蜂 ꜀瘋 ꜀烽 ꜀葑 ꜂捧
俸꜃ 諷꜃

Fông ꜀方 ꜀妨 ꜀芳 ꜀坊 ꜂訪 ꜂彷 ꜂紡 ꜂髣 ꜂倣 ꜂仿
放꜃

Fu ꜀夫 ꜀敷 ꜀膚 ꜀麩 ꜀孚 ꜂拊 ꜂俯 ꜂腑 ꜂釜 ꜂甫
꜂脯 ꜂黼 ꜂斧 ꜂府 ꜂撫 付꜃ 咐꜃ 傅꜃ 富꜃ 副꜃
賦꜃ 赴꜃ 訃꜃ 附꜃

Ga ꜀茄 ꜀骱

Gah	軋 劼
Gæ	頦 戤
Geh	擠
Gen	啃
Gong	共
Gwæ	葵 睽 揆 夔 愧 潰 饋 匱 櫃 跪
Gwan	儇 圜 寰 環 鐶 闤 鬟
Gwang	狂
Gyang	强 繦
Gyao	喬 橋 轎 撟
Gyi	其 期 棋 旗 碁 奇 騎 祈 耆 鬐
	祁 麒 忌 妓 娸 企 奇
Gyien	乾 虔 鉗 箝 掮 揵 件 儉 健 拑
Gyih	極 傑 及 蝎 屐 亟
Gyin	勤 琴 禽 擒 芹 懃 鯨 近 覲 勁
Gyiu	求 虬 俅 毬 裘 絿 觩 球 臼 咎
	柩 舅 舊
Gyoh	局 軸 跼
Gyong	罠 蛩 筇 窮 煢 瓊
Gyön	權 拳 踡 鬈 踡 倦
Gyü	瞿 衢 劬 鸜 渠 俱 跽 懼 具 拒
Gyüih	掘 崛 撅 倔
Gyüin	羣 裙 郡
Ha	哈 蟹
Hah	嚇
Hăh	瞎 呷 喝
Hæ	海
Han	喊 儖

Hang	哼 亨
Hao	蒿 好 耗
Heh	喝 黑 赫
Hen	狠
Heu	吼 鱟
Hoh	霍 臛 藿 涸
Hön	酣 憨 暵 蚶 罕 漢 熯 憾
Hong	烘 訇 轟 哄 閧
Hu (ho)	呼 呵 火 伙 虎 琥 夥 貨 戽
Hwa	歪
Hwah	豁 㧾
Hwæ	悔 揮 暉 輝 灰 徽 毀 燬 晦 卉
	虺 諱 誨 譭
Hwan	甩
Hweh	忽 笏 惚
Hwen	昏 婚 葷 惛 閽
Hwo	花 譁 化
Hwông	盲 荒 謊 恍 況 慌
Hwön	歡 讙 獾 渙 煥 喚
Hyæ (hyien)	顯
Hyah	謔
Hyang	香 鄉 响 餉 饗 響 享 向 嚮
Hyao	哮 嘵 曉 孝 搗
Hyi	希 嘻 熙 嬉 禧 喜 唏 饎 戲 戱
Hyien	軒 蜆 險 顯 俔 莧 憲 獻
Hyih	歇 脅 噏 蠍 吸 蝎 脇
Hyin	欣 馨 興
Hyiu	休 庥 貅 朽

Hyoh	旭	畜	蓄							
Hyö*n*	喧	萱	暄	諼	諠	楦				
Hyong	兄	凶	兇	胸						
Hyü	吁	盱	虛	訏	嘘	許	栩			
Hyüih	血	闃								
Hyüin	熏	勳	薰	醺	塤	獯	燻	焄	訓	
I	兮	伊	衣	㕧	依	猗	醫	儀	已	以
	矣	苡	扆	倚	掎	椅	錡	呬	意	義
Ia	也									
Iæ	也	懈								
Iah	約									
Iang	央	殃	鴦	養	癢	映	怏			
Iao	么	夭	吠	吆	腰	邀	鷕	殀	杳	妖
	要									
Ie*n*	烟	胭	偃	揜	蝘	鰋	演	咽	煙	宴
	晏	厭	燕	醆	鷃	[illegible]				
Ih(iih)	一	乙	壹	抑	揖	益	嗌	鷁	疙	
In(iin)	因	音	英	殷	姻	陰	愍	應	膺	蠅
	嬰	鷹	茵	尹	引	蚓	飲	影	頴	隱
	印	蔭	窨							
Ioh	育	毓								
Iong	永	勇	湧	擁	泳	詠				
Iu	幽	悠	憂	有	友	酉	幼	又		
Ka	家	枷	加	袈	階	街	傢	嘉	假	解
	尬	價	嫁	架	戒	芥	界	疥	蚧	誡
	骱	咖								
K'a	卡	揩								
Kæ	該	改	葢	概	槩	盖	鍇			

K'æ 開 闓 鎧 愾
Kah 甲 夾 丐 革 隔 槅 胳
K'ah 客 掐
Kan 奸 姦 間 柬 減 揀 橄 監 鑑 艱
K'an 嵌 鉛
Kang 庚 粳 更 羹 鶊 耕 梗 鯁 骾
K'ang 坑
Kao 羔 高 餻 膏 糕 茭 膠 交 槁
絞 攪 告 誥 酵 教 覺
K'ao 尻 考 攷 拷 烤 靠
Keh 蛤 个 袷 割 鴿 羯 鬲
K'eh 刻 渴 克 磕 瞌 欬
Ken 根 跟 耿 艮 更
K'en 硜 懇 肯 墾
Keu 溝 鉤 勾 狗 苟 購 彀 夠
K'eu 摳 口 叩 扣 寇
Koh 各 谷 角 郭 閣 穀 擱 咯 覺
K'oh 哭 殼 壳
Kön 干 乾 杆 肝 竿 甘 疳 趕 桿 敢
感 銲 幹 旰
K'ön 刊 堪 龕 坎 砍 看 侃
Kong 公 工 弓 功 供 宮 恭 蚣 躬 攻
拱 貢
K'ong 空 孔 恐 控
Kông 疘 扛 肛 缸 剛 釭 江 矼 講 港
降
K'ông 康 糠 慷 亢 匟 抗 炕
Ku (ko) 戈 哥 歌 鍋 姑 孤 鼓 辜 鴣 箍

	果 菓 古 估 股 賈 臌 咕 個 過
	固 故 僱 顧
K'u(k'o)	枯 骷 窠 科 顆 棵 苛 苦 可 庫
	褲 課
Kwa	乖 拐 枴 夬 怪
Kw'a	蒯 快
Kwae	歸 圭 規 閨 龜 瑰 窺 癸 晷 詭
	劊 膾 繪 貴 桂
Kw'ae	恢 奎 盔 魁 虧 塊
Kwah	刮 括 佸 聒 颳
Kwa*n*	關 瘝 闗 慣
Kw'a*n*	筷
Kweh	骨 國 汩
Kw'eh	窟 闊 濶
Kwen	滾 棍
Kw'en	坤 昆 崑 髡 捆 綑 困 睏
Kwo	瓜 寡 罣 掛
Kwö*n*	官 冠 棺 觀 管 舘 館 錧 貫 灌 鑵
Kw'ö*n*	寬 欵
Kwông	光 胱 洸 廣 礦
Kw'ông	匡 筐 鑛 曠 壙 眶
Kya	皆 伽 佳 吤 介
Kyah	脚
Ky'ah	却 卻 恰
Kyang	繮 姜 薑 韁
Ky'ang	强
Kyao	驕 嬌 蛟 交 澆 僥 狡 矯 姣 徼
	較 校 教 叫

Ky'ao	蹺	巧	竅							
Kyi	肌	鷄	譏	饑	基	磯	璣	機	箕	幾
	羈	嘰	几	己	季	記	計	罽	暨	繼
	旣	寄	冀							
Ky'i	豈	欺	溪	起	啟	去	契	氣	棄	器
Kyien	肩	兼	堅	慳	繭	簡	見	建	劍	諫
	鑒	澗								
Ky'ien	牽	遣	蹇	欠	謙					
Kyih	吉	劼	刼	拮	急	級	戟	揭	結	給
	絜	潔	擊	汲	激	莢	棘			
Ky'ih	乞	吃	迄	泣	訖	喫				
Kyin	巾	斤	今	京	金	觔	荆	涇	經	驚
	鯨	矜	景	境	緊	錦	頸	謹	儆	脛
	徑	逕	竟	禁	敬	鏡				
Ky'in	卿	衾	欽	傾	輕	頃	搇	慶		
Kyiu	鬮	鳩	九	久	韭	灸	究	玖	疚	救
Ky'iu	邱	坵	蚯	[illegible]						
Kyoh	掬	踘	麴	鞠	菊					
Ky'oh	曲	麯	蛐	確						
Kyön	捐	蜎	鐫	捲	卷	眷	絹	睠		
Ky'ön	圈	棬	犬	券	勸					
Kyong	扃	龔	駉	坰	炯					
Ky'ong	芎	穹								
Kyü	居	拘	椐	駒	据	矩	舉	鬼	句	據
	遽	貴								
Ky'ü	區	樞	軀	驅						
Kyüih	抉	決	訣	厥	橘	蹶	譎	倔	决	
Ky'üih	屈	倔	缺	闕	觖					

Kyüin	皸	君	均	鈞	軍					
Ky'üin	窘									
La	拉	喇	挪	賴	癩					
Lah	拉	辣	爉	蠟	臈	啦				
Lae	來	萊	雷	擂	累	儡	類			
Lan	藍	蘭	欄	攔	籃	覽	攬	爛	欖	濫
	纜									
Lang	冷									
Lao	牢	佬	勞	撈	蟧	嘮	老	恅	咾	癆
Leh	扐	艻	肋	勒	捋	垃				
Len	倫	圇	崙	綸	蜦	[illegible]	輪	淪	論	
Leu	婁	摟	樓	蔞	膢	螻	髏	流	劉	留
	榴	硫	瘤	褸	簍	僂	柳	陋	漏	瘺
Li	狸	梨	蜊	璃	蠡	離	厘	鸝	籬	犁
	李	里	俚	理	娌	裏	鯉	禮	呂	哩
	吏	利	例	俐	唎	淚	痢	儷	荔	屢
	勵	麗								
Liah	掠	畧								
Liang	良	涼	梁	樑	糧	兩	量	亮	輛	諒
Liao	聊	寥	僚	嫽	鷯	鐐	遼	了	燎	繚
	料									
Lien	帘	連	廉	奩	蓮	憐	縺	聯	鐮	鰜
	鰱	簾	摙	璉	臉	斂	煉	練	戀	鍊
	殮									
Lih	力	立	列	冽	律	笠	栗	烈	粒	裂
	溧	歷	瀝	癧	靂	獵	聿			
Lin	伶	林	玲	苓	瓴	陵	蛉	淋	羚	翎
	菱	鈴	領	鴒	霖	臨	鱗	齡	麟	靈

鄰 拾 凜 嶺 另 令 零 [illegible]

Loh 六 洛 烙 鹿 陸 絡 落 祿 碌 樂

綠 駱 籙 騄 菉 錄 [illegible]

Lön 鑾 鸞 卵 孌 亂

Long 隆 龍 癃 嚨 瓏 礱 聾 籠 攏 弄

哢 衖

Lông 狼 郎 榔 螂 廊 朗 浪

Lu (lo) 蘆 爐 艫 鱸 羅 籮 鑼 騾 螺 獹 擄

鹵 滷 噜 櫓 魯 囉 鷺 路 露 鑪 路

M 嘸 無

Ma 買 媽 賣 埋

Mæ 梅 枚 煤 眉 每 美 媒 妹 痗 寐

昧 霉 昧 埋

Mah 麥 蛨 脈 脉 陌

Măh 襪

Man 蠻 慢 鬘 萬 嫚 卍

Mang 蝱 蜢 猛 孟 [illegible]

Mao 毛 茅 猫 錨 卯 芼 冒 帽 貌

Meh 末 沒 默 墨 歿 抹 物

Men 門 們 捫 蚊 們 悶 問 燜

Meu 謀 牟 侔 眸 某 牡 畝 茂 謬 矛

Mi 迷 麋 彌 糜 瀰 獼 米 靡 味 乜

Miao 苗 描 眇 妙 渺 廟 貌

Mien 棉 綿 眠 緜 免 勉 冕 緬 面 麵

Mih 宓 密 蜜 滅 覓

Min 名 明 民 冥 銘 鳴 茗 皿 敏 閔

憫 命 盟 螟 黽

Mo 麻 痳 蔴 磨 摩 摹 魔 沫 魔 馬

瑪 碼 螞 罵 暮 墓 幕 慕 嗎

Moh 木 目 沐 牧 莫 睦 摸 麼 寞 漠

穆 糢 模

Mön 瞞 饅 鰻 樠 滿 幔 漫 鏝

Mong 蒙 濛 矇 朦 夢

Mông 芒 忙 忘 網 望 妄

Mu 母

Na 㑚 挪 奶 艿 那 哪

Næ 乃 餒 柰 耐 內 倷 奈

Nah 捺

Nan 難

Nao 鐃 猱 惱 腦 瑙 鬧

Neh 訥 納 吶 𡄔

Nen 能 嫩

Ng 吳 魚 吪 五 午 [illegible] 忤 迕

Nga 牙 芽 衙 齖 外

Ngæ 呆 礙 碍

Ngan 巖 顏 眼 雁

Ngang 硬

Ngáo 敖 厫 鼇 咬 齩 傲

Ngeh 杌 兀 厄 軛 卼 月 疙 [illegible]

Ngeu 偶 耦 藕

Ngo 瓦

Ngoh 嶽 鄂 岳 鶴 鱷

Ngön 軟 輭 岸

Ngông 昂

Ngu(ngo) 吾 峩 俄 蛾 鵝 梧 訛 哦 我 [illegible]

臥 餓 互 悞 誤

Ngwæ	危										
Nô	拿	嗱									
Nôh	諾	喏									
Nö*n*	男	南	柟	囡	暖						
Nong	癑	農	濃	儂							
Nông	囊	瓤									
Nu (no)	奴	駑	努	怒	糯						
Nyah	捏	瘧	虐	搦	箬						
Nyang	娘	孃	仰	讓	釀						
Nyao	饒	嫋	鳥	繞	嬓						
Nyen	人	忍	仞	認	迎						
Nyi	伲	呢	坭	宜	泥	妮	柅	倪	疑	鯢	
	兒	尼	霓	耳	蟻	尾	誼	藝	議	二	
Nyie*n*	年	研	拈	染	嚴	儼	捻	念	騐	硯	驗
	唁	卄	廿	彥							
Nyih	逆	臬	匿	惄	業	溺	日	熱	孽	聶	
Nyin	甯	迎	銀	壬	凝	佞	任				
Nyiu	牛	紐									
Nyoh	玉	肉	褥	獄							
Nyö*n*	原	源	願	愿							
Nyong	濃	絨									
Nyü	愚	隅	娛	女	語	寓	遇				
O	啞	丫	鴉	亞							
'O	下	夏									
Oh	惡	屋	握								
'Oh	學	鑊	斛								
Ö*n*	鞍	安	菴	揞	按	案	暗				
'Ö*n*	函	寒	韓	汗	扞	旱	翰	捍			

Ong	翁 滃 齆
'Ong	紅 虹 洪 鴻
Ông	盎
'Ông	杭 行 降 航 項 巷
Pa	擺 拜 叭
P'a	派 憊
Pae	杯 碑 悲 卑 盃 彼 貝 輩 狽 背
P'ae	胚 呸 配 沛
Pah	百 伯 柏 爸 [illegible] 擘
P'ah	拍 珀 魄
Pan	班 斑 板 版 [illegible] 扮 扳
P'an	攀 襻 盼
Pang	浜 迸
P'ang	碰
Pao	包 胞 褒 保 寶 飽 鴇 豹 報
P'ao	抛 炮 脬 泡 砲
Peh	撥 不 鉢 缽
P'eh	潑 迫
Pen	奔 崩 賁 本 畚
P'en	烹 淜 噴
Pi	吡 鄙 閉 臂 閟 庇 比
P'i	批 砒 屁 披 譬 庇
Piao	彪 儦 鑣 表 婊 剽 標
P'iao	飄 漂 殍 票 剽 縹
Pien	蝙 鞭 鯿 籩 邊 扁 匾 遍 變 徧
P'ien	篇 偏 翩 片 騙
Pih	必 畢 筆 逼 碧 嗶 璧 鱉 煏 別
P'ih	匹 疋 辟 撇 僻 劈 闢 霹 癖

P'in	冰 兵 梹 彬 賓 咏 丙 秉 稟 餅 柄 併 并 摒 殯 拼 鬢
P'in	娉 品 聘
Po	巴 芭 疤 吧 肥 豝 把 霸 壩 [illegible] [illegible]
P'o	葩 怕
Poh	卜 北 博 剝 搏 駁 膊 八
P'oh	扑 撲 帕
Pö*n*	般 搬 半 絆
P'ö*n*	拚 潘 判 泮
Pong	棚
P'ong	捧
Pông	邦 梆 幇 幫 綁 榜 髈
P'ông	滂 [illegible] 胖
Pu (po)	波 玻 播 補 譜 圃 簸 布 佈 怖 哺 啵
P'u(p'o)	坡 鋪 頗 普 浦 舖 破 [illegible]
R	而 兒 耳
S	司 私 思 師 獅 斯 絲 螄 撕 緦 史 使 屎 駛 四 肆 賜 梳
Sa	篩 洒 灑 曬
Sae	雖 鰓 顋 賽 碎 歲 帥 衰
Sah	殺 撒 煞 薩 柵 霎 眨 [illegible]
Sa*n*	三 山 衫 珊 叁 舢 [illegible] 散 傘 疝
Sang	生 牲 甥 笙 省 眚
Sao	筲 蛸 騷 嫂 稍 掃 燥 [illegible] [illegible]
Seh	色 瑟 塞 蝨 虱 圾 率 摔
Sen	甡 孫 參 僧 遜 損
Seu	搜 脩 修 羞 瘦 嗽 秀 繡 銹 [illegible]

Si	胥	西	些	栖	犀	洗	壐	死	細	婿	[illegible]
Sia	寫	瀉	卸								
Siah	削										
Siang	相	廂	箱	鑲	想	鮝					
Siao	宵	消	逍	簫	銷	硝	霄	小	笑	肖	
	嘯	誚									
Sie*n*	仙	先	宣	硃	籼	铣	選	燹	獮	癬	
	線	鮮									
Sih	屑	戍	息	雪	惜	悉	薛	錫	褻	鄎	
	膝										
Sin	心	星	恂	郇	莘	猩	新	薪	媳	腥	
	醒	迅	辛	姓	信	訊					
So	沙	砂	賒	痧	鯊	紗	裟	赦	晒	[illegible]	[illegible]
Soh	索	宿	速	搽	肅	粟	朔	搠			
Sö*n*	酸	痠	算	蒜							
Song	松	嵩	聳	鬆	竦	宋	送				
Sȯng	桑	傷	喪	孀	顙	賞					
Su (so)	穌	蘇	酥	簑	梭	蔬	鎖	數	塑	素	
	訴	[illegible]	[illegible]								
S*h* (ssŭ)	書	抒	紓	輸	施	尸	屍	水	始	矢	
	豕	庶	恕	尿	世	試	勢	[illegible]	[illegible]		
S*h*a	啥	耍									
S*h*æ	奢	[illegible]									
S*h*ah	爍	十									
S*h*ao	燒	少									
S*h*eh	餙	識	說	拭	失	刷	式	設	室	濕	
	釋	十									
S*h*en	升	昇	申	伸	身	紳	深	勝	聲	沈	

	審 嬸 聖 舜 [illegible]
S*h*eu	收 手 守 首 獸 狩
S*h*oh	叔 縮
S*h*ö*n*	煽 閂 陜 閃 扇 [illegible]
S*h*ông	霜 雙 孀 商 爽
Ta	帶 戴
T'a	他 太 泰
Tae	堆 歹 對 戴 碓
T'ae	推 台 腿 退
Tah	搭 答 褡 [illegible]
T'ah	塔 搨 獺 遢 榻 蹋 塌 撻
Ta*n*	丹 耽 躭 單 担 胆 膽 擔 旦 誕
T'a*n*	坍 盝 攤 灘 擹 坦 毯 歎 炭 嘆
Tang	打
Tao	刀 島 倒 禱 到 [illegible]
T'ao	叨 滔 討 套
Teh	德 得 答 掇
T'eh	忒 脫 忑
Ten	敦 墩 燉 灯 登 燈 等 戥 凳 頓
T'en	吞 哼 氽 褪
Teu	兜 丢 斗 抖 陡 鬭
T'eu	偷 透
Ti	低 抵 邸 底 氐 帝
T'i	梯 體 剃 涕 屜 替
Tia	爹
Tiao	刁 凋 貂 雕 屌 鳶 吊 釣 〇 [illegible]
T'iao	挑 眺 跳 糶
Tie*n*	顛 癲 典 点 颭 店 玷 [illegible]

T'ien	天 添 忝 舔 餂 腆
Tih	的 跌 滴 摘 嫡
T'ih	帖 剔 惕 踢 鐵 貼 銕
Tin	汀 丁 仃 叮 疔 釘 玎 頂 鼎 訂
T'in	聽 廳 挺 梃 艇
To	多
Toh	督 篤 [illegible] 厾 漉 熝
T'oh	托 託 禿
Tön	端 短 煅 鍛 斷 籪
T'ön	探 貪 湍 猭 彖
Tong	冬 佟 東 蝀 鼕 董 懂 凍 棟
T'ong	通 桶 統 痛
Tông	當 襠 鐺 擋 黨
T'ông	倘 躺 淌 [illegible]
Tu (to)	都 多 堵 賭 睹 覩 躱 垜 妒 妬 朶
T'u (t'o)	拖 妥 捶 土 吐 兔 唾
Ts	之 茲 姿 滋 資 孜 孳 貲 輜 淄
	咨 諮 子 仔 紙 梓 紫
T's	疵 雌 此 跐 齒 次 刺
Tsa	齋 債
Ts'a	差 蔡
Tsæ	災 栽 哉 追 搥 者 宰 載 再 最
	醉
Ts'æ	猜 崔 催 采 採 彩 綵 菜 脆 啐
	翠 燦 睬
Tsah	札 紮 只 隻 扎 摘 仄 窄 榨
Ts'ah	拆 尺 冊 赤 察 插 礤 銛 測 策
	擦 [illegible]

Tsa*n* 戔 斬 盞 賛 讚 蘸
Tsʻa*n* 劖 攙 產 剷 鏟 剗 懺
Tsang 爭 諍
Tsʻang 撐
Tsao 抓 遭 糟 醩 爪 早 找 蚤 棗
搔 罩 竈 竃 灶
Tsʻao 抄 操 吵 炒 草 鈔 糙 躁
Tseh 昃 則 側 責 只
Tsʻeh 敕 測 惻 撮
Tsen 棦 睜 榛 錚 珍 增 尊 樽 罇 墫
遵 甑
Tsʻen 村 忖 襯 寸 櫬
Tseu 鄒 陬 掫 輈 騶 鯫 走 酒 奏 皺
縐
Tsʻẹu 秋 楸 鰍 湊
Tsi 鯽 虀 疽 苴 擠 祭 濟 際 癠
Tsʻi 妻 淒 蛆 且 取 娶 砌 趣
Tsia 姊 姐 借
Tsʻia 且
Tsiah 爵
Tsʻiah 鵲 雀
Tsiang 將 漿 螿 獎 蔣 醬
Tsʻiang 槍 蹌 鎗 鏘 搶 蹡
Tsiao 焦 椒 噍 蕉 鐎 燋 醮
Tsʻiao 俏 悄
Tsie*n* 尖 煎 剪 攢 牮 箭 薦 餞
Tsʻie*n* 千 扦 阡 芊 拴 遷 鑯 淺
Tsih 即 脊 癤 接 節 跡 稷 積 績 蹟

Ts'ih 切 柒 七 妾 戚 戢 漆 葺 竊 趨
Tsin 津 旌 晶 睛 精 井 儘 俊 浸 晉
進 縉
Ts'in 青 凊 親 鯖 寢 請
Tso 揸 渣 遮 咋 痄 醡 詐 蔗 樜
Ts'o 扠 差 叉 奼 杈 詫 岔 搓 車
Tsoh 足 作 琢
Ts'oh 促 蹙 戳 鏃 撮 束 齪
Tsön 鑽 攢 纘
Ts'ön 攛 驂 参 飧 篡 竄 躥 慘 餐
Tsong 宗 踪 鬃 騘 縱 總 粽 綜
Ts'ong 怱 悤 葱 聰 驄
Tsông 章 獐 樟 臧 贓 葬 髒 障
Ts'ông 倉 菖 創 滄 瑲 蒼 閶 艙 唱
Tsu (tso) 租 左 祖 詛 阻 做
Ts'u (ts'o) 蹉 初 粗 楚 剉 挫 銼 錯 措 醋
U 汚 烏 鄔 惡
'U 和 河 湖 何 胡 荷 禾 咊 賀 禍
戶
Vah 伐 乏 罰 閥
Van 凡 煩 繁 礬 燔 藩 頑 犯 范 萬
飯
Veh 物 佛
Ven 文 聞 坟 忿 分 份 墳 紋
Veu 浮 蜉 阜
Vi 惟 微 肥 薇 維 未
Voh 伏 服 縛 袱 復
Vong 逢 縫 馮 奉 鳳

Vông	房 亡 罔 妄
Vu	扶 無 符 芙 趺 腐 舞 武 務 父
	附 霧 婦 負 侮
Wa	槐 懷 壞
Wae	威 滙 幃 茴 回 桅 韋 圍 違 蛔
	煨 帷 迴 葦 薈 委 惠 胃 彗 爲
	彙 慧 衛 魏 位 緯 畏 慰 穢 尉
Wah	穵 挖 滑 猾 劃 刎
Wa*n*	還 灣 幻 患 宦
Wang	橫
Weh	或 囫 活 惑 核
Wen	渾 魂 餛 溫 瘟 混 稳 穩
Wo	划 娃 華 話 畫
Woh	鑊
Wö*n*	桓 完 丸 垣 宛 碗 婉 浣 緩 換
Wông	王 皇 黃 凰 蝗 磺 惶 徨 遑 煌
	篁 枉 往 旺
Ya	耶 爺 涯 睚 鴉 野 夜
Yae	埃 獬
Yah	藥 瀹 鑰
Yang	羊 佯 洋 徉 陽 揚 暘 煬 楊 樣
	恙
Yao	遙 瑤 堯 謠 爻 姚 搖 窰 舀 効
	耀 效
Yi	夷 匜 移 貤 奚 痍 遺 係 肄 異
	易
Yie*n*	延 言 弦 絃 筵 賢 咸 簷 鹹 沿
	邑 湮 鹽 現 焰

Yih	葉 易 佾 逸 斁 譯 驛 頁 呹 邑
	蜴 協 弋
Yin	行 刑 寅 淫 營 盈 幸
Yiu	尤 由 游 猶 遊 油 誘 酉 右 佑
	幼 祐
Yoh	浴 欲 彧 慾
Yong	容 庸 雄 榮 熊 傭 用
Yông (yüông)	旺
Yön	元 芫 員 袁 園 猿 圓 緣 轅 寃
	鴛 淵 玄 遠 院 縣 怨
Yü	于 余 漁 餘 榆 逾 愈 雨 與 羽 宇
	喩 御 預 諭 於 俞 予 歟
Yüih	曰 月 穴 悅 越 粵 鉞 閱 疫 鬱
	役
Yüin	云 芸 匀 紜 雲 惲 允 吮 運 暈
	韵 孕 熨
Z	匙 巳 士 市 仕 字 自 似 寺 伺
	事 祀 是 氏
Za	柴 惹
Zah	石
Zăh	閘 煠 煮
Zeh	賊 雜
Zoh	昨
Zông	上 尙 裳
Zh (zŭ)	時 如 茹 儒 殳 孺 樹 侍 誓
Zhah	弱 芍
Zhao	韶 繞 兆 召 旐
Zheh	十 入 拾 什 日 舌 實 蟄 蝕 食

26

Z*h*en 神 仁 唇 辰 潤 甚 順 任 葚 宸 繩

Z*h*eu 受 授 壽

Z*h*oh 孰 塾 熟 贖 辱 淑 射 屬

Z*h*ön 蟬 船 善 蟮 鱔 繕 然

9	一
23	七
21	丁
18	三
4	丈
25	上
16	下
17	不
10	丐
3	丑
19	世
18	丙
22	且
4	丞
20	丟
2	並
	丨
16	丫
10	个
3	中
3	串
	丶
24	丸
20	丹
3	主
	丿
15	乃
12	久
3+21	之
23	乏
11	乖
4	乘
9	乙
14	乜
12	九
12	乞
9	也
21	乩
4	乳
7+10	乾
13	亂
	亅
13	了
25	事
16	二
25	于
23	井
25	云
15	五
15	互
8	兕
19	些
7	亟
16	亞
	亠
24	亡
10	亢
10+11	交
1	亥
8	亨
12	京
8	享
13	亮
4	亭
16	人
21	仃
4	仍
21	仄

6	俗
18	修
11	個
22	借
16	倪
20	倒
9	倚
2	倡
6	俯
15	倸
13	倫
6	候
23	倉
4	條
7+12	偪
1	倍
7	健
21	倘
6	俸
15	偶
4	停
18	脩
6	倣
2	倀
4	值
9	假
9	偃
23	做

22	側
17	偏
20	偷
7	倦
1	俾
6	傅
9	傢
18	傘
2	傍
13	僂
7	傑
12	傾
15	傲
21	催
19	傷
25	傭
6	傴
4	傳
5	像
21	債
9	價
1	備
4	僮
2	僕
11	僥
22	僭
13	僚
11	僱

18	僧
20	僣
17	僻
12	儌
7	儇
23	儘
25	儒
6+4	償
9	儀
1	儍
7	儉
13	儡
17	儦
13	儷
16	儼
	儿
15	兀
25	允
25	元
3	兇
9	兄
3	充
11	光
19	先
25	兆
9	兒

人

儿

儿 入 八 冂 冖 冫 几 凵 刀

10 克
3 兌
14 免
15 兤
21 兔
16+18 兒
20 兟
20 兜

25 入
15 内
13 兩
5 全
7 共

18 八
10 公
14 六
9 兮
18 兵
7 其
7 具
20 典
12 兼
12 冀

冂
21 冊
21 再
14 冒
14 冕

冖
11 冠
3 冢
14 冥

冫
21 冬
3 冲
12 决
8 况
13 冷
18 冰
22 凄
20 凋
5 净
21 凍
2 准
13 凉
23 馮

10 减
13 凓
14 凜
4 凟
16 凝

12 几
23 凡
24 凰
20 兜
20 凳

凵
2 出
9 凶
1 凹
3+4 凸
16 函

20 刀
20 刁
6+23 分
23 切
10 刋
25 刑

13 列
24 划
24 刎
13 利
2+17 別
18 判
12 刧
23 初
11 刮
12 ⿰吉刂
20 到
21 制
10 刻
19 刷
22 則
21 剌
22 剉
5 前
19 削
20 剃
22 剗
2 釗
10 剛
2[illegible] 剔
6 副
18 剝
22 剪
23 創

10 割
4 剩
3 剸
22 剿
17 剽
22 剷
12 劍
11 劊
17 劈
13 劉
22 劖
24 劃

13 力
9 加
10 功
7 劬
6 助
16 努
24 効
7 劼
1 勃
7 勁
9 勇
12 劵
14 勉
24 務

4 動
13 勞
9 勳
13 勒
5 勦
19 勢
7 勤
13 勵
12 勸

勹
2 勺
25 匀
10 勾
6 勿
1 匆
17 包
4 甸
1 匏
2 匐

匕
8 化
18 北
25 匙

刀 力 勹 匕

匚
匸
十
卜
卩
厂
厶
又
口

匚
24 匜
11 匡
10 匹
5 匠
1 匣
6 匪
7 匱

匸
17 匹
17 匾
12 區
16 匿

19+25 十
16 卄
16 廿
22 千
19 升
15 午
8 卉
18 半
14 卍
17 卑
24 協
16 南
18 博

18 卜
3 占
2 卞
9 卡

卩
14 卯
16 危
9 印
14 卵
19 郵
12 卷
12 巻
19 卸
22 即
12 卿

厂
15 厄
13 厘
6 厚
16 原
12 厥
15 厫
9 厭

厶
9 么
12 去
18 叁
23 参
18 參

9 又
23 叉
6 反
9 友
20 收
26 受
20 叔
22 取
5 敘
2 叛
6 叢

10 口

口

20	台	13	吏	23	和
10	叩	17	吥	7	咎
4+25	召	10	各	16	呢
17	叭	4	呈	14	味
18	史	6	否	8	呵
25	右	8	吸	23	咊
20	叨	9	吟	24	呀
21+22	只	13	君	[illegible]	咖
11	可	9	呋	14	命
11	古	13	呂	8	呼
12	句	9	呟	9	㕥
14	另	15	唔	17	吡
18	司	15	吶	6	咐
1	号	3	吹	7	呷
21	吐	15	吳	1	咆
9	吁	22	吵	18	咏
18	叵	11	吤	3	呪
12	吃	10	告	3	周
24	回	15	吾	11	咕
6	合	8	吼	24	咸
14	名	6	吩	21	咨
4	同	25	吭	8	响
8	向	20	吞	18	品
21	叮	6	㕩	9	咽
6	后	15	呃	13	咾
3	吠	18	吧	17	咟
20	吊	11	呌	1	哀
12	吉	6	咈	25	㖂

口

7	哈
15	哪
14	咪
10	咯
15	咬
8	哄
8	哮
8	唏
8	啍
13	唎
13	哢
18	哺
15	哦
1	啊
16	唁
26	唇
25	員
10	哥
13	哩
14	[口門]
1	咳
4	唐
1	唉
10	哭
6	啄
7	啨
3	啖
4	售
19	啥
13	啦
13	喇
6	呿
20	啍
23	唱
21	啐
18	[口皮]
17	[口板]
20	啇
16	啞
6	喉
7	喬
20	單
8	喚
26	善
8	喜
9	喧
16	喏
15	嗎
15	啢
25	喩
12	喫
3	啼
19	喪
3	喘
8	喝
21	唾
7	喊
24	喂
9	嗌
16	嗱
6	[口候]
5	嗣
9	噓
5	嘈
6	嘔
9	嘉
12	[口甚]
18	嗽
4	嘗
17	嗶
14	嗚
22	噍
8	嘵
20	嘆
8	嗃
14	嘸
8	嗡
3	噠
13	嘮
14	囇
17	噴
12	器
3	嘴
14	[口路]

1 噯
19 嘯
7 嚇
18 噭
14 嚕
8 嚮
5 嚼
14 嚨
16 嚴
5 嚵
16 囊
3 囑

囗
[illegible] 囚
18 四
24 回
9 因
16 囡
3 囤
11 困
囥
24 囫
15 囯
11 固
18 圃

11 國
13 圇
12 圈
25 圍
24 園
4 團
5 圖
25 圓
7 圜

21 土
11 圭
5 在
3 地
10 坎
18 圾
23 坆
10 坑
1 坌
20 坍
13 均
6 坐
6 坊
1 坳
18 坡
13 垃
11 坤

12 坵
12 垌
24 垣
20 坦
16 坭
4 垤
4 城
21 埰
14 埋
24 埃
3 埭
2 埠
1 培
21 堵
12 基
20 堆
4 堂
2 執
3 堤
[illegible] 場
21 埵
21 塠
24 堯
12 堅
17 報
10 堪
19 塑
3 塚

口
囗
土

土 士 夂 夕 大

9 埧
20 塔
4 塡
15 墓
5 塗
18 塞
11 塊
4 塘
20 塌
4 墊
12 境
4 塲
26 塾
22 墫
14 墨
4 塵
23 墳
20 墩
22 增
3 壇
1 壓
5 墻
24 壞
1 墺
10 墾
19 壐
18 壩

25 士
16 壬
10 壳
3 壯
5 垂
9 壹
26 壽

夂

夊
16 夏

5 夕
15 外
21 多
24 夜
10 夠
10 够
15 夢
8 夥

3 大
5 犬
6+21 天
20 太
9 夭
6 夫
11 夬
9 央
19 失
24 夷
10 夾
7 奇
15 奈
17 奔
23 奉
22 奏
11 奎
12 契
20 套
24 奚
17 奋
19 奢
1 奥
4 奠
3 奪
13 奩
22 獎
1 獘
6 奮

女 子

16 女
15 奶
16 奴
23 奼
8 好
25 如
10 奸
6 妃
6 妨
15+24 妄
8 妝
14 妙
9 妖
22 姊
21 妥
7 妓
21 妒
22 妻
10 姑
14 妹
16 妮
22 姐
19 始
23 妾
19 姓
24 委

21 妬
11 姜
24 姚
11 姣
4 姪
21 姿
10 姦
24 娃
9 姻
24 威
18 娉
12 娌
7 ⿰女恳
24 婉
22 娶
16 娘
13 婁
2 娼
16 娛
17 婊
18 嫂
19 婿
2 婆
24 婦
14 媒
8 婚
14 媽
1 婢

9 嫁
16 嫋
16 嫐
5 嫉
21 嫡
8 嬉
19 媳
15 嫩
11 嬌
2 嫖
3 嬞
4 嫦
14 嫚
13 嫽
20 嬏
16 孃
14 孌
19 孀

21 子
10 孔
25 孕
25 字
5 存
21 孜
8 孝
1 孛
12 季

子 宀 寸 小 尢

子

6 孚
14 孟
10 孤
12 孨
18 孫
26 孰
21 孳
16 學
15 孽
1 孩
25 孺

宀

5 宅
20 守
16 安
19 宋
24 完
4 宙
11 官
14 宓
16 宜
24 宛
4 定
23 宗
4 宕
19 宣
10 客
19 室
10 宮
24 宦
9 宴
9 家
19 宵
25 容
21 宰
1 害
10 寇
12 寄
25 寅
5 寂
25 寃
14 密
16 宿
16 寒
6 富
16 寓
16 寧
11 寬
3 寘
23 寢
11 寡
13 寥
15 寞
15 寤
19 寫
20 審
21 察
25 實
7 寰
3 寵
17 寶

寸

22 寸
25 寺
6 封
26 射
3 專
5 尋
22 尊
20 對
3 導
24 尉

小

19 小
19 少
22 尖
25 尚

尢

25 尢
9 尬
5 就

19 尸
21 尺
10 尻
16 尼
7 局
19 尿
16 尾
17 屁
12 居
12 屈
16 屋
20 屌
18 屎
2 屏
19 屍
3 展
7 屐
19 屑
5 屠
20 屣
13 屢
5 層
26 屬

屮
3 屯

18 山
15 岳
23 岔
3 岱
15 岸
15 峩
6 峯
20 島
11 崑
21 崔
7 崛
17 崩
6 崇
13 崙
10 嵌
19 嵩
2 嶂
14 嶺
15 嶽
15 巖

巛
5 巡
3 川
3 州

10 工
10 功
12 巧
23 左
21+23 差

12 己
9 已
25 巳
18 巴
17 巷

12 巾
25 市
18 布
8 希
3 帚
13 帘
18 帕
1 帛

巾 干 幺 广 廴 廾

心

15	忤
21	忝
11	怏
23	忿
8	怱
16	念
3	忠
18	思
9	快
18	怕
16	怒
19	性
18	怖
11	怪
23	怨
10	恐
12	怯
3	怘
8	恍
19	恕
9	悠
12	急
11	恰
3	恥
13	恅
6	恨
24	恙
6	恒
6	恩
19	息
25	怨
11	恢
25	恊
19	恂
19	恤
22	悄
19	悉
23	悤
8	悔
25	悅
3	悌
15	惱
1	悖
24	患
10	恭
15	悞
21	惕
2	悵
23	惟
3	悰
5	情
4	惆
23 + 16	惡
8	惚
8	惛
24	惠
16	恝
17	悲
24	惑
9	意
19	惜
16	愚
19	想
22	惻
25	愈
24	惶
5	慈
25	惲
12	愆
5	愁
5	惰
25	惹
10	感
10	愾
7	愧
8	慌
26	慎
9	慇
16	愿
10	慷
14	慢
24	慧
24	慰
5	慚

9 憂
15 慕
25 慾
2 憑
23 慘
14 憫
13 慮
8 憨
12 慳
13 憐
3 窻
11 慣
9 懈
1 懊
1 愛
21 懂
8 憲
17 憊
9 應
10 懇
16 懦
7 懃
8 懋
8 憶
13 懶
24 懷
25 懸
22 懺

7 懽
13 戀

12 戈
6 戎
19 戍
4 成
9 戒
15 我
22 戔
24 或
21 哉
23 戚
12 戢
20 戥
5 截
23 戡
7 戤
20 戴
3 戰
5 戲
8 戲
23 戳

23 戶
5 扉

24 房
19 所
12 扃
17 扁
20 扇
扆

20 手
21 扎
5 才
13 扐
20 打
18 扑
23 扠
10 扣
16 扞
10 扛
22 扦
21 托
10 抗
2+18 把
12 抉
20 抖
19 抒
2 折
22 找
22 抄

心
戈
戶
手

手

14	捨
23	措
1	掽
12	捲
26	授
18	掃
1	排
2	掌
16	捻
8	揔
21	探
24	挩
9	掩
18	搜
9	拚
5	撻
9	揖
14	描
9	揩
16	揞
17	揆
7	揵
3	提
16	握
12	揭
18	摒
23	揸
24	揚
	搥
10	揀
24	換
16	揑
21	插
5	撰
20	搨
10	搯
20	搭
12	[illegible]
23	搓
13	摟
12	損
15	捺
18	搬
	搗
22	搶
24	搖
19	搠
7	掎
4	搪
13	摙
18	摔
16	搦
18	搏
19	搽
4	摶
15	摸
21	摘
2	摺
22	搔
14	摹
14	摩
5	[illegible]
23	擨
10	摳
5	撏
18	撕
17	撇
22	擋
17	撥
22	撐
7	[illegible]
7	撅
6	撫
18	撒
13	撈
18	撲
18	播
	擠
22	撮
4	撞
5	擇
	攙
13	擂
10	擱

手
支
攴
文
斗
斤
方

22 操
10 攪
12 擽
22 擠
12 擊
7 擒
21 擋
20 擔
21 擦
11 擯
9 擁
7 擎
17 擘
14 擄
3 擡
5 擲
21 擕
17 擺
25 擾
13 攔
14 攏
17 攀
22 攙
6+23 攢
20 攤
13 攬
23 攩

3 支

攴
9 攷
20 ~~19~~ 收
10 攺
10 攻
6 放
11 故
24 效
3 致
15 敖
22 敕
14 敏
1 敝
12 啟
10+11 教
12 救
1 敗
20 敦
2 敞
18 散
10 敢
12 敬
16 敲
19 數

4 敵
1 斃
6 斅

23 文
2 政
17 斑
2 整

20 斗
13 料
5 斜
2 斟

12 斤
6 斧
22 斬
18 斯
19 新
4+21 斷

6 方
25 於
6 旅

方 旡 日 曰

2 旁
19 施
23 旌
5 旋
6 族
25 旒
7 旗
6 旛

旡
12 既

16+25 日
20 旦
9 旭
22 早
5 旬
3 旨
10 旰
16 旱
11 昆
24+25 旺
2 昌
19 昇
1 昊
24+25 易
22 昃
8 昏
14 明
9 映
19 星
15 昂
2 春
44 昧
25 是
2 昭
23+25 昨
9 晏
25 時
23 晋
19 晒
5 晌
21 睬
26 晨
8 晦
5 曹
11 晷
23 晶
5 晴
12 景
3 智
18 普
1 晚
25 暈
7 暌
16 暗
16 暖
9 暄
24 暘
2 暢
8 暉
1 暴
5 暫
8 暵
8 曉
12 暨
15 暮
2 曝
11 曠
15 曬

25 曰
12 曲
10 更
6 曷
19 書
3 晝
5 曾
24 會
20 替
21 最

月

15+25	月
9	有
1	朋
23	服
23	胡
19	朔
14	朗
15	望
2	朝
4	朝
7	期

木

15	木
4	朮
23	朱
21	札
17	本
14	末
8	朽
21	朶
5	杜
13	李
10	杆
4	杖
23	杈
15	呆
1	杏
22	村
15	杌
5	材
23	東
3	杵
17	杯
9	杳
3	枝
14	枚
2	枕
17	杭
17	板
19	松
13	林
11	果
21	東
24	枉
2	杷
16	染
18	柵
19	相
11	枴
23	柒
7	柩
14	某
3	枱
2	枰
18	柄
10	柬
11	枯
13	柳
16	枏
19	臬
9	枷
9	架
15	柰
5	查
16	柅
4	柔
17	柏
10	格
4	桐
18	梹
4	條
4	柱
18	椰
3	桃
24	桅
10	根
11	校
24	核
10	栲
13	梁
11	桂

木

木 欠 止 歹 殳 毋 比 毛 氏

3 檯
10 檻
13 欖
7 權
1 櫻
3 檀
14 櫓
13 欄
22 櫬

12 欠
21 次
8 欣
10 欬
25 欲
11 欵
12 欺
8 歇
10 歌
6 歐
13 歛
20 歎
25 歟
8 歡

3 止
2 正
21 此
2 步
24 武
8 歪
18 歲
13 歷
11 歸

20 歹
19 死
9 殀
14 殁
9 殃
3 殆
5 殘
4 殖
17 殍
13 殮

25 殳
4 段
9 殷
18 殺
8 毀
4 殿
10 殼

毋
15 母
14 每
4 毒
9 毓

17 比
1 毘
1 毗

14 毛
3 毡
19 毨
1 毫
7 毬
20 毯
2 氅

25 氏
20 氐
14 民

气
6 氛
12 氣

19 水
21 汀
9 永
7 求
20 氽
2 汁
4 池
6 汎
3 汏
23 汚
10 江
16 汗
15 沐
3 沌
6 泛
19 沈
11 汨
4 沉
12 汲
19 沙
3 沓
12 決

14 沒
17 沛
20 泰
24 沿
4 治
2 沼
23 河
3 沾
6 沸
6 法
9 泳
16 泥
12 泣
18 波
13 洌
25 油
17 泡
18 泮
4 治
14 沫
5 泉
3 洲
17 派
11 洸
24 活
17 洪
18 洒
14 洛

23 津
19 洗
4 洞
23 浮
24 浣
4 涉
13 流
12 涇
24 洋
20 涕
21 滋
7 海
1 浩
18 浦
1 浡
19 消
2 浙
22 酒
23 浸
25 浴
17 浜
14 浪
13 淋
20 添
17 淜
8 涸
21 淌
24 涯

水

13	淪	24	湮	12	澗
25	淑	25	游	15	漠
3	淡	5	渡	9	演
	滛	24	混	15	漫
19	深	21+22	測	13	漏
23	淸	24	溫	22	漿
13	淚	10	減	21	滴
22	淺	12	溪	23	漆
3	淘	18	滂	5	漸
	涼	4	溏	25	淵
5	涎	23	滄	24	滙
5	淨	2	準	11	滾
4	涉	10	溝	21	漉
21	滋	3	滕	8	漢
24	滑	4	滇	1	濠
10	港	20	滔	5	澄
25	淫	16	溺	12	潔
8	渙	17	滃	5	潛
9	湧	16	源	7	潰
9	演	14	滅	24	潢
14	渺	2	滂		潭
3	渚	25	漁	17	潑
21	湍	5	漕	15	潚
23	湖	17	漂	18	潘
22	湊	26	潤	11	澆
10	渴	6	漚	4	潮
23	渣	2	漲	19	潟
24	渾	14	滷	3	澹

5 澤
1 澳
12 激
22 濟
11 潤
16 濃
19 濕
4 瀆
15 濛
2 瀑
13 濫
5 瀉
14 瀰
18 潏
13 瀝
11 灌
20 灘
24 淪
18 灑
24 灣

8 火
20 灯
22 灶
12 灸
8 灰
22 炒

21 災
10 炕
2 炙
9 烟
17 炮
1 炰
12 烔
20 点
2 炤
20 炭
8 烘
2 烝
14 烙
10 烤
13 烈
21 烖
24 烊
23 烏
9 焄
6 烽
26 然
14+24 無
17 烹
1 焙
25 煠
24 焰
5+22 焦
23 煩

8 煥
2 照
14 煤
7 煢
24 煬
18 煞
17 煏
22 煎
9 煙
24 煨
24 煌
25 熊
21 煅
13 煉
9 熏
8 熙
20 煽
14 燜
26 熟
16 熱
9 燕
21 熝
19 燒
20 燉
3 熾
22 燋
8 熯
20 燈

水
火

火 爪 父 爻 爿 片 牙 牛 犬

犬 玄 玉 瓜 瓦

2 猖
14 猛
21 猜
14 猫
19 猩
15 猱
6 猴
25 猶
21 猭
24 猾
23 獐
25 猿
9 獯
18 獅
24 獬
16 獄
22 獎
4 獨
19 獮
20 獸
20 獺
8 獻
14 獹
14 獼
13 獵
8 玀

25 玄
18 率

16 玉
24 王
21 玎
12 玖
13 玲
17 珀
18 珊
3+20 玷
3 玳
2+22 珍
1 琵
18 玻
1 珮
17 班
3 珠
7 球
13 理
24 現
23 琢
7 琴
8 琥
2 琶
18 瑟
5 瑞
15 瑙
24 瑤
4 瑕
11 瑰
13 璃
13 璉
15 瑪
23 瑲
7 環
12 璣
17 璧
7 瓊
14 瓏

11 瓜
4 瓞
2 瓢
16 瓤

15 瓦
13 瓴
2 瓶
2 甄
3 甎
6 甌
1 甏

甘 生 用 田 疋 疒

22 甑

10 甘
26 甚
14 甜

18 生
18 甡
22 產
18 甥

25 用
6 甫
8 甩
16 甯
16 寗

4 田
10 甲
19 申
25 由
16 男
24 畏
9 界
2 畔
2 畛
3+9 畜
14 畝
13 留
24 異
13 略
13 畧
6 番
17 畢
24 畫
21 當
4 疊
4 疉
4 疇

17 疋
16 疑

疒
21 疔
18 疝
10 疘
12 疚
2 疹
9 疙
9 疥
18 疤
25 疫
5 疕
5 疾
10 瘄
2 病
22 疽
1 疲
23 痄
2 症
21 疷
24 瘐
6 痕
19 痠
5 痊
14 痗
13 痢
3 痘
19 痧
14 痳
21 痛
3 痰
3 痴
16 瘧
3 瘇
1 瘖
5 瘏

6 瘋
24 瘟
8 瘡
18 瘦
13 瘤
癎
13 癟
22 瘙
13 癨
2 瘴
11 ⿸疒隶
13 癆
17 癖
22 癠
16 ⿸疒憂
3 癡
9 癢
13 癩
22 ⿸疒鄰
13 癧
19 癬
20 癲
20 癰

癶
11 癸
20 登

6 發

1 白
17 百
5 皂
20 的
24 皇
11 皆

1 皮
18 ⿺皮巴
13 皸
22 皺

14 皿
8 盂
1 盆
16 盃
17 盇
6 盍
9 盒
4 盛
9 盖
11 盔
3 盗

22 盞
25 盈
14 盟
5 盡
9 蓋
2 盤
10 監

15 目
9 盱
4 直
18 眨
17 盼
18 省
19 相
14 眉
盾
14 眇
10 看
14 眛
2 眞
11 眶
3 衆
14 睟
12 眷
14 眠
18 眚

疒 癶 白 皮 皿 目

目 矛 矢 石

15 眼
20 眺
11 睏
21 督
21 睹
24 眭
5 署
22 睜
15 睦
23 睛
7 睘
10 瞌
7 瞎
24 睚
20 睒
15 瞞
5 瞧
1 瞹
7 瞿
3 瞻
8 矆
15 矇
3 矗

14 矛
12 矜

19 矢
9 矣
3 知
12 矩
21 短
1 矮
4 雉
11 矯

25 石
10 矼
16 研
10 砍
19 砂
5 砣
22 砌
2 砧
17 砲
17 砒
18 破
19 硗
15 硬
13 硫
10 硜
19 硝
16 硯
1+17 碰
15 碍
7 碁
18 碎
2 碆
24 碗
20 碓
17 碑
4 碟
5 磁
14 碌
15 碼
17 碧
磓
2 磐
10 磕
2 磅
12 確
3 碾
14 磨
3 磚
24 磺
1 ⿰石彭
12 磯
21 礤
15 礙
23 礬
11 礦

22 竈
23 竊

13 立
2 竝
7 竒
5 站
2+23 章
12 竟
19 竦
4 童
21 端
7 竭
4 豎

3 竹
10 竿
8 笏
19 笑
18 笙
15 笆
4 笛
4 笞
24 符
2 笤
3 笞

4 第
1 笨
11 筐
21 策
20+20 答
4 筒
17 筆
20 等
11 筷
18 筲
24 筵
7 箝
11 管
2 箔
12 箕
19 算
22 節
3 箒
1 箆
22 箭
2 箴
17 篇
16 箬
19 箱
21 篤
24 篁
18 篩
3 築

10 箍
19 簑
13 簍
2 篷
23 篡
12 簡
1 簞
13 簾
18 簸
24 簷
2 簿
17 籩
5 籍
4 籌
13 籃
21 籪
19 簫
14 籠
14 籙
22 籤
13 籬
14 籮

14 米
19 籼
13 料
6 粉

米 糸

13 粒
23 粗
19 粟
25 粵
19 粞
10 粳
14 粮
23 粽
23 精
1 粺
23 糊
22 糙
4 糖
10 糕
10 糠
22 糟
15 糢
14 糜
6 糞
13 糧
16 糯
4 糰
4 糴
20 糶

糸

4 紂
12 紀
17 紅
9 約
25 紜
19 紓
4 純
15 納
19 紗
6 紡
19 索
19 素
24 絃
6 紛
23 紋
21 紮
12 級
4 紬
19 細
16 紐
3 終
19 紳
18 絆
13 累
10 絞
5 絶
12 給
12 絜
14 絡
21 統
16 絨
4 経
21 紙
18 絲
4 絛
12 結
23 縉
21 紫
18 綁
7 綠
18 綉
21 綵
11 綑
1 綍
3 絺
12 經
12 絹
4 綢
15 網
25 緒
2 綽
23 維
5 綻
14 縕
13 綸
24 緩
14 緬

糸
缶
网
羊
羽

14 緜
23 綜
13 練
14 綠
4 緞
2 緶
19 線
18 緦
14 綿
24 緯
12 緊
13 縺
22 縐
25 緣
25 縣
3 繳
23 縫
23 縛
22 績
23 總
20 縮
23 縱
17 縹
23 繁
7 繦
26 繩
16+25 繞
6 繙
26 繕
2 織
13 繚
11 繮
2 辮
18 繡
12 繭
12 繼
4 纆
6 續
5 纔
23 纘
13 纜

缶
10 缸
17 缽
12 缺
2 缾
22 罇
4 罈
11 罐

网
8 罕
24 罔
11 罣
3 置
22 罩
5 罪
23 罰
15 罵
1 罷
14 羅
12 罽
1 羆

24 羊
14 美
10 羔
13 羚
18 羞
2+4 着
9 義
7 羣
10 羹
10 羯

25 羽
3 翀
3 翅
17 翁

5 習
13 翎
5 翔
6 翡
21 翠
17 翩
22 翦
16 翰
6 翻
24 耀

13 老
10 考
21 者
7 耆
4 耋

18 而
15 耐
19 耍

耒
10 耕
2 耙
8 耗
15 耦

16+18 耳
24 耶
20 耽
3 恥
3 耻
10 耿
11 聒
13 聊
20 聖
18 聘
5 聚
23 聰
13 聯
19 聳
19 聲
16 聶
2 職
1 聱
14 聾
21 聽

13 聿
18 肄
19 肅
24 肆

16 肉
12 肌
13 肋
10 肛
19 肖
3 肘
5 肚
10 肝
11 股
23 肥
3 肢
9 育
10 肯
18 胖
12 肩
6 肺
20 胛
17 胚
9 胸
17 胞
20 胆
19 胥
21 胎
24 胃
14 脉

羽老而耒耳聿肉

肉 臣 自 至 臼 舌

舛
舟
艮
色
艸

艸

1 孛
19 莘
15 莫
12 莢
8 莧
3 荳
16 菴
12 菊
23 菖
著
13 菱
2 萍
1 蓭
2 菩
6 菲
9 萱
6 葑
7 葵
11 菓
24 華
23 葺
14 蒃
25 葉
23 蔥
18 葩
24 葦
1 葡
21 董
14+23 萬
14 落
8 葷
8 蓧
19 蒜
13 蔓
2 蒲
9 蓄
2 蔀
2 蒸
1 蓓
9 薰
23 葬
8 蒿
5 蔟
11 蒯
19 蔬
13 蓮
15 蒙
23 蔗
21 蔡
9 蔭
22 蔣
9 蓋
2 蔔
23 蒼
2 蓬
14 蔴
2 蔞
19 薪
22 蕉
11 薑
5 薺
5 薔
24 薈
19 薜
4 蕩
23 薇
13 藜
2 薄
18 薩
22 薦
15 藕
14 藐
23 藩
24 藥
16 藝
6 藏
13 藍
19 蕭
13 藺
19 蘇
8 藿
14 蘆
7 虁
22 蘸

1 藹

虍

5 虎
16 虐
7 虔
3 處
9 虛
1 號
11 虧

虫

15 虱
4 虬
17 虹
14 蚩
14 蚊
10 蚣
8 風
24 蚨
9 蚧
9 蚓
1 蚌
22 蛆
22 蚤
12 蚯

8 蚶
5 蛇
12 蛐
10 蛤
24 蛔
11 蛟
7 蛩
13 蛉
1 蚍
3 蛙
4 蚳
3 蛋
4 蜓
8 蜆
18 蛸
6 蜂
23 蜉
6 蜀
12 蜎
13 蜊
15 蛾
3 蜘
14 蜜
13 蜦
14 蜢
25 蜴
14 蝍
9 蝘

17 蝸
6 蝠
8 蝎
15 螞
18 螄
25 蝗
4 螗
18 蝥
1 螃
21 蝀
4 蝶
14 螟
26 蟬
13 螻
4 螳
22 蟄
14 螺
26 蟮
5 螬
4 蝨
1 蟛
8 蟢
9 蠅
13 蟧
8 蠍
2 蟠
5 蠐
16 蟻

虫 血 行 衣 襾 見

7	蟹
2	蠶
13	蠟
12	蠲
6	蠹
14	蠻

9	血
3	衆
14	衇

25+17+1	行
14	衖
4	術
9	街
15	衕
3	衝
6	衡
24	衛
7	衢

9	衣
18	衫
12	衾
17	表
15	衰
25	袁
9	袈
3	衷
5	袖
1	袍
1	被
2	袗
3	袋
10	袷
5	裁
23	袱
13	裡
7	裟
18	補
7	裙
3	裝
19	装
13	裏
4	裳
1	裴
3	製
11	裹
20	褪
17	褒
6	複
16	褥
11	褲
13	褸
22	襯
19	褻
15	襔
20	褡
21	襠
14	襪
17	襻
5	襲

	襾
19	西
9	要
4	覃
6	覆
12	覊

12	見
11	規
14	覓
3	覘
21	覩
23	親
7	覲
10	覺
4	覷

見 角 言

13	覽
10	角
10	觖
9	解
7	觮
3	觸
12	觔
1+24	言
21	訂
6	訃
8	訇
12	計
9	訏
9	訓
12	訖
21	託
19	訊
20	討
12	記
12	訣
19	設
15	訥
6	訪
15	訛
9	許
6	訟
8	詋
19	訴
9	詠
2	評
23	詛
23	詐
19	詩
5	詞
2+4	詔
2	証
3	詹
24	話
23	詫
9	該
11	誇
5	詳
11	詭
4	誠
19	試
9	詡
10	誥
8	誌
6	誦
19	說
16	語
25	誘
15	誤
9	誡
8	誨
22	誚
16	認
25	誓
11	課
4	調
16	誼
20	誕
13	論
22	諍
3	談
13	諒
23	請
8	諄
25	諭
6	諷
21	諮
14	謀
24	謠
22	讃
16	諾
8	諠
8	詖
5	謝

言 谷 豆 豕 豸 貝

19 賞
5 賤
21 賭
14 賣
18 賜
2 質
6 賦
2 賬
13 賴
24 賢
10 購
5 賺
18 賽
22 贊
5 贈
26 贖
9 嬰
23 贓

21 赤
19 赦
8 赫

22 走
6 赴
12 起
10 赶
25 越
2 趑
2 趁
2 超
4 趙
10 趕
22 趣
23 趨

23 足
2 趴
1 跑
1 跋
21 跌
7 跪
21 跐
14 路
10 跟
20 跳
22 跡
22 跨
7 跼
7 跽
23 蹉
25 趲
12 踘
23 踪
4 踱
4 踟
23 蹩
22 蹟
22 蹌
21 踼
20 疊
1 躄
3 踏
20 蹋
7 踡
[illegible]
3 踵
3 蹄
3 蹈
18 [illegible]
4 蹎
7 [illegible]
12 蹇
3 躇
5 蹭
12 蹶
12 蹺
22 躁
4 躊

貝
赤
走
足

身 車 辛 辰 辵

19 身
10 躬
21 躭
21 躱
21 躺
軀

23 車
7 軋
13 軍
8 軒
15 軛
15 軟
7 軸
3+22 輈
11 較
21 載
12 輕
8 輝
13 輪
17 輩
21 輜
13 輛
6 輻
19 輸
15 輭
3 輾
25 轅
3 轉
7 轎
8 轟

19 辛
17 辟
10 辜
13 辣
2 辨
1 辦
2 辯
5 辭
2 辮

26 辰
26 辱
16 農

辵
19 迅
12 迄
5 巡
6 返
7 近
16 迎
15 迋
3 迨
4 迪
11 迦
4 述
17 迫
21 追
12 逕
14 迷
24 迴
20 退
3 逃
19 送
16 逆
17 迸
19 逍
5 途
5 造
19 速
13 連
23 逢
21 通
20 透
2 逞
3 逮
3 達
11 過

23	進
25	遠
3	過
16	遇
25	逸
24	達
17	逼
24	遑
17	遍
24	遥
25	運
3	道
3	遁
5	遂
6	遏
25	逾
25	遊
12	遣
18	遜
20	遢
4	遞
3	遝
22	遭
23	遮
24	還
13	遼
24	遺
22	遵
19	選
4	遲
22	遷
9	邀
1	避
12	遽
17	邊

24+25	邑
9	印
18	邦
15	那
20	邸
4	邵
12	邱
5	邪
19	郇
14	郎
7	郡
11	郤
21	都
10	郭
2	部
15	鄂
8	鄉
22	鄒
23	鄔
4	鄭
17	鄙
14	鄰

9+25	酉
17	配
2	酌
5	酡
19	酥
8	酣
4	酬
2	酺
19	酸
10	酵
23	醋
21	醉
19	醒
23	醡
3	醜
22	醬
22	醩
22	醮
9	醺
9	醫
16	釀

辵 邑 酉

金 長 門 阜

17 鏢
24 鑰
19 鑲
6 鑿
21 鑭
5 鑱
14 鑾
14 鑼
9 鋁

4+2 長

14 門
20 閂
20 閃
14 問
17 閉
14 閔
14 閟
10 開
10 間
1 閒
1 閑
25 閘
17 閡
23 聞
23 閥
15 閙
1 閡
10 閣
25 閱
11 閨
8 闍
9 闃
11 闊
23 閭
12 闋
3 闖
10 闓
11 闕
6 闔
17 闢
7 闐

23 阜
22 阡
6 阪
2 防
5 陀
6+24 附
23 阻
1 阿
13 陋
1 限
14 陌
20 陡
25 院
10+17 降
4 除
4 陟
4 陣
3 陶
9 陰
13 陵
13 陸
4 陳
22 陬
1 陪
3 隊
1 陴
24 陽
5 隋
9 階
14 隆
1 陷
16 隅
22 際
2+23 障
10 隔
5 隨
8 險
14 隣

阜隶隹雨青非面革韋韭

2 隴
9 隱

隶
4 隸

隹
11 佳
21 隻
22 雀
15 雁
25 雄
5 集
24 雅
21 雌
20 雕
18 雖
13 離
12 雞
20 雙
5+25 雜
15 難

25 雨
25 雲
19 雩
6 雰
2 雹
13 零
4 電
13 雷
19 霄
2 震
16 霓
3 霑
18 霎
8 霍
13 霖
6 霏
20 霜
24 霧
14 露
2 ⿱雨涛
18 霸
3 靆
17 霹
13 靈
1 靄
1 靉

23 青
5 靜
4 靛

6 非
10 靠

14 面

10 革
18 靶
16 鞍
1 鞋
12 鞠
2+17 鞭
2 鞶

24 韋
16 韓

12 韭
22 韱

音 頁 風 飛 食 首 香

馬 骨 高 髟 門 鬯 鬲 鬼

14 馬
5 馱
18 駁
12 駧
5 駝
16 駑
12 駒
18 駛
14 駱
8 駭
7 騎
3 騌
16 騐
14 騄
22 騶
18 騷
17 騙
3 騰
23 驂
12 驅
23 驄
14 騾
11 驕
15 驗
25 驛
12 驚
5 驟

11 骨
3 骰
6 骱
11 骷
10 骾
13 髏
18 髈
14 髓
20 體
23 髀

10 高

髟
11 髡
6 髴
6 髮
1 髪
7 鬈
23 鬃
19 鬆
14 鬘
19 鬚
7 鬢
18 鬣

門
15 鬧
8 鬨
12 鬩
20 鬪
12 鬮

2 鬯
25 鬱

鬲

12 鬼
24 魂
12 魄
11 魁
24 魏
14 魔

15	魚
14	魯
9	魪
1	鮑
19	鮮
19	鮝
23	鯖
22	鰍
19	鯊
13	鯉
10	鯁
22	鯫
16	鯢
7+12	鯨
9	鰋
17	鯿
15	鰲
17	鱉
18	鰓
22	鯽
26	鱔
4	鰷
15	鰻
13	鱗
13	鰱
13	鰜
15	鱷
8	鱟
5	鱭
11	鱠
14	鱸

16	鳥
12	鳩
23	鳳
17	鴇
4	鳶
5	鴕
24	鴉
25	鴛
20	鴦
10	鴣
1	鴨
17	鴻
13	鴿
	鵓
15	鵝
22	鵲
10	鷓
9	鷃
15	鶴
9	鷂
9	鷲
13	鷯
9	鷹
12	鷄
6	鷗
14	鷺
7	鸚
14	鷥
13	鸝

14	鹵
24	鹹
24	鹽

14	鹿
14	麋
7	麒
13	麗
5	麝
25	麞
13	麟

14	麥
	麪
6	麩
14	麵
12	麯
12	麴

魚 鳥 鹵 鹿 麥

麻 黃 黍 黑 黹 黽 鼎 鼓 鼠 鼻 齊 齒 龍 龜 龠

14 麻
15 麽

24 黄

黍

8 黑
14 默
3 黛
20 點
21 黨

黹
6 黼
6 黻

17 黽
[illegible] 鼉

21 鼎

10 鼓
21 鼕
1 鼙

3 鼠

2 鼻
17 齆

5 齊
21 齋
22 齏

21 齒
15 齩
15 齖
13 齡
[illegible]2 齪
16 齷

14 龍
12 龔
10 龕

11 龜

24 龠
25 [illegible]

鄞邑土音

A List of all the Different Sounds in the Ningpo Colloquial

岳腓烈
（Frederick Foster Gough）著

宁　波
1853年前

导读

Introduction

盛益民

自宁波开埠以来，1843年基督教新教传教士美国浸礼会玛高温（Daniel Jerome MacGowan，1814—1893）首先到达宁波。传教士到达宁波之后，也开启了宁波方言罗马化的工作。丁韪良（William A. Martin，1827—1916）在《花甲记忆》一书中回忆道："在1851年1月这个令人难忘的一天结束之前，我们组成了一个学社，其宗旨就是为了确定一个用以把'宁波口语'写下来的拼音系统。其他传教士也陆续加入到这一运动中来。"除了美国传教士，英国圣公会的陆赐（William Armstrong Russell，又称"禄赐"）、郭保德（Robert Henry Cobbold，又称"哥伯播义""柯播义"）、岳腓烈（Frederick Foster

Gough，又称“高富”）等也都是宁波方言拼写方案的积极参与者与推动者，丁韪良在《花甲记忆》中就提到郭保德和陆赐提出过宁波方言的一种“巧妙的简化方案”。

《鄞邑土音》记录了一份宁波方言的罗马字拼写方案，全书一共 7 页，第一页首行是汉字标题“鄞邑土音”，之后罗列出宁波方言的 753 个音节。原书无封面、无作者信息和出版信息。

伟烈亚力《基督教新教传教士在华名录》(*Memorials of Protestant Missionaries to the Chinese: Giving a List of Their Publications, and Obituary Notices of the Deceased. With Copious Indexes*，上海：美华书馆，1867 年）在郭保德下列出一种图书：“*Spelling Book in the Ningpo Colloquial Dialect*. 8 leaves. Ningpo. This was drawn up by Mr. Cobbold, in concert with other missionaries.”。黄时鉴先生《宁波华花书房刊本知见略述》(载《黄时鉴文集》第 3 卷，上海：中西书局，2011 年）认为《鄞邑土音》可能就是 *Spelling Book in the Ningpo Colloquial Dialect*，或者就是该书的修订本。不过，根据伟烈亚力的记载，*Spelling Book in the Ningpo Colloquial Dialect* 页码有 16 页，两者并不能对上，恐怕不是同一本书。

我们在 *Additions to the Library and Cabinet of the American Oriental Society, August, 1854-August, 1855* 中发现一种 7 页的书籍 *A List of all the Different Sounds in the Ningpo Colloquial*。根据苏精教授（私人交流）惠告，在兰显理（Hvan Vleck Rankin，又称“蓝亨利”）1853 年 11 月 5 日写给长老传教会秘书的信中，提到英国圣公会传教士岳腓烈所撰

A List of Ningpo Colloquial Sounds 一书，7 页，木刻。由于《鄞邑土音》也是 7 页且是木刻，因此应当就是岳腓烈所撰，出版年份在 1853 年之前。

下面介绍《鄞邑土音》所记宁波方言音系。该书只列声韵而未标调。声母一共 45 个，该声母系统的特点如下：第一，鼻音、边音、近音区分两类，用加ˇ符号表示紧喉的鼻音；第二，设有一套圆唇舌根音声母；第三，有一套舌叶音 c、c‘、dj、sh、j。我们把该声母系统整理为表 1，[　] 中为笔者拟音。

表 1 《鄞邑土音》声母表

p [p]	p‘ [p^{h}]	b [b]	m [m]	m̆ [ʔm]	f [f]	v [v]		
t [t]	t‘ [t^{h}]	d [d]	n [n]	ň [ʔn]			l [l]	l̆ [ʔl]
ts [ts]	ts‘ [ʦ^{h}]	dz [ʣ]			s [s]	z [z]		
c [ʧ]	c‘ [ʧ^{h}]	dj [ʤ]			sh [ʃ]	j [ʒ]		
k [k]	k‘ [k^{h}]	g [g]	ng [ŋ]	nğ [ʔŋ]	h [h]	‘ [ɦ]		
kw [k^{w}]	kw‘ [k^{wh}]	gw [g^{w}]			hw [h^{w}]		w [w]	w̆ [ʔw]
ky [ʨ]	ky‘ [ʨ^{h}]	gy [ʥ]	ny [ȵ]	ny̆ [ʔȵ]	hy [ɕ]		y [j]	
ø								

《鄞邑土音》列出韵母一共 44 个，舌尖元音 [ɿ] 不单独标出。为了配齐四呼，我们把处理在圆唇舌根音中的韵母也列出，置于（ ）中。现将该书的韵母表整理如表 2，其中 [　] 内为笔者的拟音。

表 2 《鄞邑土音》韵母表

[ɿ]	i [i]	u [u]	ü [y]
a [ᴀ]	ia [iᴀ]	(wa [uᴀ])	

（续表）

æ [ɛ]	iæ [iɛ]	(wæ [uɛ])	
e [e]		(we [ue])	
o [o]			
ô [ɔ]		(wô [uɔ])	üo [yɔ]
eo [ʏ]	iu [iʏ]		
ao [au]	iao [iau]		
æn [ɛ̃]	iæn [iɛ̃]	(wæn [uɛ̃])	
en [ẽ]	in [iĩ]		ün [yĩ]
ön [ø̃]		un [uø̃]	
ang [ʌŋ]	iang [iʌŋ]	(wang [uʌŋ])	
ông [ɔŋ]		(wông [uɔŋ])	üông [yɔŋ]
eng [əŋ]	ing [iŋ]	(weng [uəŋ])	üing [yŋ]
ong [oŋ]		(wong [uoŋ])	üong [yoŋ]
ah [aʔ]	iah [iaʔ]	(wah [uaʔ])	
eh [əʔ]	ih [iɪʔ]	(weh [uəʔ])	üih [yɪʔ]
oh [oʔ]			üoh [yoʔ]
ôh [ɔʔ]			üôh [yɔʔ]
m [m̩]	m̆ [ʔm̩]	ng [ŋ̍]	r [l̩]

虽然郭保德的 *Spelling Book in the Ningpo Colloquial Dialect* 可能已经亡佚，不过根据伟烈亚力《基督教新教传教士在华名录》的记载，兰显理的 *Nying-po T'u-wô Ts'u-'ôh*（《宁波土话初学》）“经几位传教士的不断增补，由郭保德的拼写手册发展而来”。我们比对了《鄞邑土音》与《宁波土话初学》的音系，两者基本上完全一致。这套罗马字方案后被广泛使用。睦礼逊在 *An Anglo-Chinese Vocabulary of the Ningpo Dialect*（《宁波方言字语汇解》）的序中说：“这个宁波方言的拼音系统，现在已经在所有的传教士宁波方言著作中使用。”睦礼逊

的《宁波方言字语汇解》和穆麟德的 *The Ningpo Syllabary*（《宁波方言音节》）、*Ningpo Colloquial Handbook*（《宁波方言便览》）中都沿用了这套方案，足见其影响之深远。

《鄞邑土音》现藏于哈佛大学哈佛燕京学社图书馆（编号：TA5155/99），该馆已经将此书电子化，本影印本即根据该馆提供的电子版。

2020 年 12 月 19 日

鄞邑土音

Ka kʻa ga nga n̆ga a ha ʻa ta tʻa da na n̆a la l̆a pa pʻa ba ma m̆a tsa tsʻa dza sa za kwa kwʻa gwa w̆a hwa wa.

Gyia ia yia tia tsia tsʻia dzia sia zia.

Kang kʻang gang ngang ang hang ʻang tang tʻang dang lang l̆ang pang pʻang bang mang m̆ang tsang tsʻang dzang sang zang kwang kwʻang gwang w̆ang hwang wang.

Kyiang kyʻiang gyiang nyiang iang hyiang yiang liang tsiang tsʻiang dziang siang ziang.

Kao kʻao gao ngao n̆gao ao hao ʻao tao tʻao dao nao lao l̆ao pao pʻao bao mao m̆ao tsao tsʻao dzao

sao zao.

Kyiao ky‘iao gyiao nyiao n̆yiao iao
hyiao yiao tiao t‘iao diao liao piao
p‘iao biao miao tsiao ts‘iao dziao
siao ziao.

Kæ k‘æ gæ ngæ æ hæ ‘æ tæ t‘æ
dæ næ n̆æ læ pæ p‘æ bæ mæ m̆æ
fæ tsæ ts‘æ dzæ sæ zæ kwæ kw‘æ
w̆æ wæ.

Kyiæ ky‘iæ iæ hyiæ yiæ ciæ c‘iæ
shiæ jiæ.

Gyiæn nyiæn n̆yiæn.

Kæn k‘æn gæn ngæn æn hæn ‘æn
tæn t‘æn dæn næn læn pæn p‘æn bæn
mæn m̆æn fæn væn tsæn ts‘æn dzæn
sæn zæn kwæn kw‘æn gwæn ngwæn
w̆æn hwæn wæn.

Ke e he ‘e te t‘e de le l̆e pe p‘e
be me m̆e ve tse ts‘e se ze kwe
kw‘e gwe ngwe w̆e hwe we.

Ken kʻen gen ngen en hen ʻen ten tʻen den nen n̆en len pen men tsen sen zen.

Keng kʻeng geng ngeng eng heng ʻeng teng tʻeng deng neng n̆eng leng peng pʻeng beng meng m̆eng feng veng tseng tsʻeng dzeng seng zeng kweng kwʻeng gweng w̆eng hweng weng.

Keo kʻeo geo ngeo eo heo ʻeo teo tʻeo deo neo leo l̆eo peo pʻeo meo feo veo tseo tsʻeo dzeo seo zeo.

Kyi kyʻi gyi nyi i hyi yi ti tʻi di ni li l̆i pi pʻi bi mi m̆i fi vi tsi tsʻi dzi si zi.

Kyin kyʻin gyin nyin in hyin yin tin tʻin din lin pin pʻin bin min tsin tsʻin dzin sin zin.

Kying kyʻing gying nying ing hying ying ting tʻing ding ling l̆ing ping pʻing bing ming tsing tsʻing dzing

sing zing cing cʻing djing shing jing.
Kyüing kyʻüing gyüing nyüing üing
hyüing yüing.
Kyiu kyʻiu gyiu nyiu n̆yiu iu hyiu
yiu tiu liu l̆iu miu tsiu tsʻiu dziu
siu ziu.
Ko kʻo go ngo o ho ʻo to tʻo do
no lo l̆o po pʻo bo mo m̆o tso tsʻo
so zo.
Kong kʻong gong ong hong ʻong tong
tʻong dong nong n̆ong long pong pʻong
bong mong fong vong tsong tsʻong
dzong song zong kwong cong cʻong
djong shong
Kyüong kyʻüong gyüong nyüong üong
hyüong yüong.
Kô kʻô gô ngô n̆gô ô hô ʻô tô tʻô
dô nô lô l̆ô pô pʻô bô mô m̆ô tsô
tsʻô dzô sô zô cô cʻô djô shô jô
kwô kwʻô w̆ô hwô wô.

Kyüô üô hyüô yüô.

Kông k‘ông gông ngông ông ‘ông
tông t‘ông dông nông lông l̆ông pông
p‘ông bông mông fông vông tsông
ts‘ông dzông sông zông công c‘ông
djông shông jông kwông kw‘ông
gwông w̆ông hwông wông.

Kyüông.

Kwu kw‘u gwu ngwu u hwu wu
tu t‘u du nu lu l̆u pu p‘u bu fu
vu tsu ts‘u dzu su zu.

Kwun kw‘un ngwun un hwun wun
tön t‘ön dön nön lön pun p‘un bun m=
un tsön ts‘ön dzön sön.

Kyü ky‘ü gyü nyü ü hyü yü cü c‘ü
djü shü jü.

Kyün ky‘ün gyün nyün ün hyün yün
cün c‘ün djün shün jün.

Kah K‘ah gah ngah n̆gah ah hah
‘ah tah t‘ah dah nah lah l̆ah pah

pʻah bah mah m̆ah fah vah tsah
tsʻah dzah sah zah kwah gwah w̆ah
hwah wah.
Kyiah kyʻiah gyiah nyiah iah hyiah
yiah tiah tʻiah diah liah tsiah tsʻiah
dziah siah ziah.
Keh kʻeh geh ngeh eh ʻeh teh tʻeh
deh neh n̆eh leh peh pʻeh beh meh
feh veh tseh tsʻeh dzeh seh zeh kw=
eh kwʻeh gweh ngweh w̆eh hweh weh.
Kyih kyʻih gyih nyih ih hyih yih
tih tʻih dih lih l̆ih pih pʻih bih
mih tsih tsʻih dzih sih zih cih cʻih
djih shih jih
Kyüih kyʻüih gyüih nyüih üih hyüih
yüih.
Koh kʻon oh hoh ʻoh ton doh noh
loh l̆oh poh pʻoh boh moh m̆oh foh
voh tsoh tsʻoh dzoh soh coh cʻoh
djoh sboh joh.

Kyüoh kyʻüoh gyüoh nyüoh üoh
hyüoh yüoh.

Kôh kʻôh gôh ngôh ôh hôh ʻôh tôh
tʻôh dôh lôh tsôh tsʻôh sôh zôh
djôh.

Kyüôh kyʻüôh yüôh.

Ts tsʻ dz s z ng m m̆ r.